中国哲学社会科学学科年鉴
CHINESE ACADEMIC ALMANAC

ALMANAC OF
CHINESE REGIONAL
ECONOMICS

张其仔 主编

中国区域经济学年鉴
2012—2022

中国社会科学出版社

图书在版编目（CIP）数据

中国区域经济学年鉴. 2012—2022 / 张其仔主编.
北京：中国社会科学出版社，2024. 10. -- ISBN 978-7-5227-4306-6

Ⅰ. F127-54

中国国家版本馆CIP数据核字第2024RX5370号

出 版 人	赵剑英
责任编辑	王鸣迪
责任校对	韩海超
责任印制	张雪娇
出　　版	中国社会科学出版社
社　　址	北京鼓楼西大街甲158号
邮　　编	100720
网　　址	http://www.csspw.cn
发 行 部	010-84083685
门 市 部	010-84029450
经　　销	新华书店及其他书店
印刷装订	三河市东方印刷有限公司
版　　次	2024年10月第1版
印　　次	2024年10月第1次印刷
开　　本	787×1092 1/16
印　　张	41.5
插　　页	2
字　　数	1040千字
定　　价	348.00元

凡购买中国社会科学出版社图书，如有质量问题请与本社营销中心联系调换
电话：010-84083683
版权所有　侵权必究

编委会主任

史 丹　曲永义

编 委 会

（按姓氏笔画排序）

丁任重　尹 涛　王兴骥　史 丹　邓宏兵　兰建平　曲永义　孙久文
刘荣增　刘秉镰　刘耀彬　刘 勇　刘戒骄　吴传清　冷志明　李 敬
张可云　张学良　陈 耀　杨开忠　杨世伟　杨丹辉　周民良　郑江淮
覃成林　贺灿飞　郭爱君　蔡玉胜　魏后凯

主　　编：张其仔
副 主 编：叶振宇
编　　辑：刘佳骏　孙承平　申桂萍　贺佳宇

供稿及协作单位

（按拼音排序）

安徽大学长三角一体化发展研究院
安徽财经大学经济学院
安徽工业大学商学院
北京大学政府管理学院
重庆工商大学长江上游经济研究中心
成都理工大学商学院
东北大学中国东北振兴研究院
湖南大学经济与贸易学院

华中师范大学经济与工商管理学院
合肥工业大学经济学院
暨南大学经纬粤港澳大湾区经济发展研究院
集美大学财经学院
吉首大学商学院
《经济管理》编辑部
辽宁师范大学海洋可持续发展研究院
南开大学经济学院和经济与社会发展研究院
南京大学经济学院
南通大学江苏长江经济带研究院
《区域经济评论》编辑部
四川大学经济学院
上海财经大学城市与区域科学学院（财经研究所）
首都经济贸易大学城市经济与公共管理学院
西南大学经济管理学院
中国人民大学应用经济学院
中国社会科学院大学应用经济学院
中央财经大学经济学院
中央财经大学财经研究院
中国地质大学（武汉）经济管理学院
《中国工业经济》编辑部
《中国经济学人》编辑部

编辑说明

为全面系统地展现中国区域经济学的发展动态和最新研究进展，中国社会科学院工业经济研究所、中国区域经济学会以学术性、权威性、代表性、广泛性为编纂宗旨，自2022年开始启动《中国区域经济学年鉴》的编纂工作。

2012—2022卷共有7个栏目："重要文献""学科综述""论文荟萃""专著选介""重大课题""学界活动""学科建设"。

"重要文献"栏目收录了2012—2022年中共中央国务院和中办、国办印发关于推动区域发展的重要政策文件，这些文件均出自于《国务院公报》。

"学科综述"栏目邀请了有关专家对中国区域经济学、空间量化分析、空间计量等领域研究的发展脉络和进展趋势进行梳理和综述。

"论文荟萃"栏目提供了2012—2022年发表在顶级权威经济学期刊上的有代表性的论文的学术观点概述。涉及区域差距与协调发展、区域关系与一体化发展、城镇化格局与城乡发展、产业集聚与企业区位、空间经济学的理论与实证、区域创新体系、资源环境与区域增长、区域政策评估等8个领域。

"专著选介"栏目介绍了2012—2022年公开出版的具有一定学术影响力、专业权威性和公众认知度的区域经济学专著或智库报告。内容涉及中国区域协调发展、区域重大战略、脱贫攻坚、"一带一路"等领域的现实问题研究。

"重大课题"栏目提供了2012—2022年度立项的关于区域经济相关领域国家社会科学基金重大项目和教育部哲学社会科学研究重大课题攻关项目。

"学界活动"栏目介绍了2012—2022年中国区域经济学会举办的年会或专题研讨会以及其他机构主办的全国性学术研讨会的召开情况和主要观点综述。

"学科建设"栏目介绍了国内20余所高等院校的区域经济学学科发展和智库建设的基本情况，主要内容涉及学科与专业动向、科研团队与成果、教学与课程创新以及人才培养与社会效益等。

编纂得到国内区域经济学界的大力支持，《中国区域经济学年鉴》尤其是"论文荟萃""专著选介""学界活动""学科建设"等栏目编纂，有关高校为此提供了内容和资料方面的支持。

目 录

重要文献

中共中央　国务院关于促进区域协调发展的重要文件 …………………………（3）
　中共中央　国务院关于打赢脱贫攻坚战的决定
　　（2015年11月29日）………………………………………………………………（3）
　中共中央　国务院关于全面振兴东北地区等老工业基地的若干意见
　　（2016年4月26日）…………………………………………………………………（13）
　中共中央　国务院关于实施乡村振兴战略的意见
　　（2018年1月2日）……………………………………………………………………（21）
　中共中央　国务院关于支持海南全面深化改革开放的指导意见
　　（2018年4月11日）…………………………………………………………………（33）
　中共中央　国务院关于打赢脱贫攻坚战三年行动的指导意见
　　（2018年6月15日）…………………………………………………………………（42）
　中共中央　国务院关于建立更加有效的区域协调发展新机制的意见
　　（2018年11月18日）………………………………………………………………（55）
　中共中央　国务院关于支持河北雄安新区全面深化改革和扩大开放的指导意见
　　（2019年1月24日）…………………………………………………………………（62）
　中共中央　国务院关于建立健全城乡融合发展体制机制和政策体系的意见
　　（2019年4月15日）…………………………………………………………………（72）
　中共中央　国务院关于建立国土空间规划体系并监督实施的若干意见
　　（2019年5月23日）…………………………………………………………………（79）
　中共中央　国务院关于支持深圳建设中国特色社会主义先行示范区的意见
　　（2019年8月9日）……………………………………………………………………（83）
　中共中央　国务院关于新时代推进西部大开发形成新格局的指导意见
　　（2020年5月17日）…………………………………………………………………（87）
　中共中央　国务院关于实现巩固拓展脱贫攻坚成果同乡村振兴有效衔接的意见
　　（2020年12月16日）………………………………………………………………（95）
　中共中央　国务院关于全面推进乡村振兴加快农业农村现代化的意见
　　（2021年1月4日）……………………………………………………………………（102）

中共中央　国务院关于新时代推动中部地区高质量发展的意见
（2021 年 4 月 23 日） ……………………………………………………………………（110）
中共中央　国务院关于支持浦东新区高水平改革开放打造社会主义现代化建设引领区的意见
（2021 年 4 月 23 日） ……………………………………………………………………（117）
中共中央　国务院关于支持浙江高质量发展建设共同富裕示范区的意见
（2021 年 5 月 20 日） ……………………………………………………………………（123）

中共中央　国务院印发关于推动区域发展的重要规划文件 ………………………………（130）
粤港澳大湾区发展规划纲要
（2019 年 2 月 18 日） ……………………………………………………………………（130）
长江三角洲区域一体化发展规划纲要
（2019 年 12 月 1 日） ……………………………………………………………………（151）
海南自由贸易港建设总体方案
（2020 年 6 月 1 日） ……………………………………………………………………（174）
横琴粤澳深度合作区建设总体方案
（2021 年 9 月 5 日） ……………………………………………………………………（185）
全面深化前海深港现代服务业合作区改革开放方案
（2021 年 9 月 6 日） ……………………………………………………………………（191）
黄河流域生态保护和高质量发展规划纲要
（2021 年 10 月 8 日） ……………………………………………………………………（195）

国务院印发关于推动区域发展的规划文件和支持政策 ……………………………………（215）
国务院关于支持福建省深入实施生态省战略加快生态文明先行示范区建设的若干意见
国发〔2014〕12 号 ………………………………………………………………………（215）
国务院关于近期支持东北振兴若干重大政策举措的意见
国发〔2014〕28 号 ………………………………………………………………………（220）
国务院关于支持沿边重点地区开发开放若干政策措施的意见
国发〔2015〕72 号 ………………………………………………………………………（227）
上海系统推进全面创新改革试验加快建设具有全球影响力的科技创新中心方案
（2016 年 4 月 12 日） ……………………………………………………………………（235）
北京加强全国科技创新中心建设总体方案
（2016 年 9 月 11 日） ……………………………………………………………………（247）
国务院关于建立粮食生产功能区和重要农产品生产保护区的指导意见
国发〔2017〕24 号 ………………………………………………………………………（254）
国务院关于支持山西省进一步深化改革促进资源型经济转型发展的意见
国发〔2017〕42 号 ………………………………………………………………………（258）
国务院关于推进国家级经济技术开发区创新提升打造改革开放新高地的意见
国发〔2019〕11 号 ………………………………………………………………………（265）
国务院关于促进国家高新技术产业开发区高质量发展的若干意见
国发〔2020〕7 号 ………………………………………………………………………（270）

国务院关于新时代支持革命老区振兴发展的意见
　　国发〔2021〕3号 ……………………………………………………（274）
国务院关于支持北京城市副中心高质量发展的意见
　　国发〔2021〕15号 …………………………………………………（279）
国务院关于支持贵州在新时代西部大开发上闯新路的意见
　　国发〔2022〕2号 ……………………………………………………（284）
广州南沙深化面向世界的粤港澳全面合作总体方案
　　（2022年6月6日） …………………………………………………（291）

中共中央办公厅、国务院办公厅印发关于推动区域发展的重要文件 ………（297）
关于加大脱贫攻坚力度支持革命老区开发建设的指导意见
　　（2016年2月1日） …………………………………………………（297）
关于进一步加强东西部扶贫协作工作的指导意见
　　（2016年12月7日） …………………………………………………（303）
关于推进以县城为重要载体的城镇化建设的意见
　　（2022年5月6日） …………………………………………………（306）

学科综述

以习近平新时代中国特色社会主义思想为指导创建中国特色区域
　　经济学 ……………………………………… 吴殿廷　安虎森　孙久文（315）
中国区域经济学的学科发展与创新 ………………………………… 孙久文（320）
区域经济学的研究逻辑：兼论中国气派的区域经济学构建 …… 张可云　孙鹏（325）
区域派生理论与经验研究进展 ………………………………… 张可云　李晨（334）
城市收缩问题研究进展 ……………………………………………… 高新雨（351）
量化空间经济学的理论方法与应用 ………………………………… 陈晓佳（369）
空间计量经济学研究进展 …………………………………………… 古恒宇（387）

论文荟萃

区域差距与协调发展 ………………………………………………………（411）
　城市、区域和国家发展
　　——空间政治经济学的现在与未来 ……………………………………（411）
　经济增长目标管理 …………………………………………………………（411）
　中国地区经济差距动态趋势重估
　　——基于卫星灯光数据的考察 …………………………………………（412）
　中国区域经济增长的空间关联及其解释
　　——基于网络分析方法 …………………………………………………（413）
　中国区域经济增长绩效、源泉与演化：基于要素分解视角 ……………（414）

中国区域经济时空演变的加权空间马尔可夫链分析 …………………………………… (414)
产业异质性、产业结构与中国省际经济收敛 ……………………………………………… (415)
中国西部省份工业结构同构度测算及其决定因素
　　——基于 SIP 框架的分析与实证检验 …………………………………………………… (416)
中国地区经济增长差异：基于分级教育的效应 …………………………………………… (417)
技术能力匹配、劳动力流动与中国地区差距 ……………………………………………… (417)
中国区域投资多寡的空间尺度检验
　　——基于省份投资与其增长效应一致性视角 ………………………………………… (418)

区际关系与一体化发展 (419)

地区偏袒下的市场整合 ……………………………………………………………………… (419)
央地关系：财政分权度量及作用机制再评估 ……………………………………………… (420)
中国国内市场整合程度的演变：基于要素价格均等化的分析 …………………………… (421)
中国地区间市场分割的策略互动研究 ……………………………………………………… (421)
市场分割促进区域经济增长的实现机制与经验辨识 ……………………………………… (422)
产业政策推动地方产业结构升级了吗？
　　——基于发展型地方政府的理论解释与实证检验 ………………………………… (423)
地方官员晋升与经济效率：基于政绩考核观和官员异质性视角的实证考察 …………… (424)
均衡发展的隐形壁垒：方言、制度与技术扩散 …………………………………………… (425)
基于空间计量模型的中国县级政府间税收竞争的实证分析 ……………………………… (425)
财政转移支付结构与地区经济增长 ………………………………………………………… (426)
市场化转型、就业动态与中国地区生产率增长 …………………………………………… (427)
钱随官走：地方官员与地区间的资金流动 ………………………………………………… (427)
资源产业依赖如何影响经济发展效率？
　　——有条件资源诅咒假说的检验及解释 ……………………………………………… (428)
区域发展战略、市场分割与经济增长
　　——基于相对价格指数法的实证分析 ………………………………………………… (429)
税收竞争、区域环境与资本跨区流动
　　——基于企业异地并购视角的实证研究 ……………………………………………… (430)
政治资源禀赋的经济效应
　　——来自长征沿线地区发展的证据 …………………………………………………… (430)
中央投资对中国区域资本流动的影响 ……………………………………………………… (431)
中国沿海地区的崛起：市场的力量 ………………………………………………………… (432)
市场分割与企业生产率：来自中国制造业企业的证据 …………………………………… (432)
官员绩效与晋升锦标赛
　　——来自城市数据的证据 ……………………………………………………………… (433)
出口内生型市场邻近、空间外部性与城镇工薪差距 ……………………………………… (434)
中国城市边界效应下降了吗？
　　——基于一价定律的研究 ……………………………………………………………… (434)

城镇化格局与城乡发展 ……………………………………………………………（435）
中国城镇化进程中两极化倾向与规模格局重构 …………………………（435）
发展战略、城市化与中国城乡收入差距 …………………………………（436）
居住模式与中国城镇化
——基于土地供给视角的经验研究 ……………………………………（437）
"强县扩权"的体制困境：行政层级间的博弈 …………………………（437）
中国主要城市化地区测度
——基于人口聚集视角 …………………………………………………（438）
中国城乡发展一体化水平的时序变化与地区差异分析 …………………（439）
中国城市化迟滞的所有制基础：理论与经验证据 ………………………（439）
中国城市幸福感的空间差异及影响因素 …………………………………（440）
中国大城市的工资高吗？
——来自农村外出劳动力的收入证据 …………………………………（441）
密度效应、最优城市人口密度与集约型城镇化 …………………………（442）
行政区划调整与人口城市化：来自撤县设区的经验证据 ………………（442）
城镇化与不均等：分析方法和中国案例 …………………………………（443）
自然条件、行政等级与中国城市发展 ……………………………………（444）
城市蔓延、多中心集聚与生产率 …………………………………………（445）
中国城市规模偏差研究 ……………………………………………………（446）
城市规模、空间集聚与电力强度 …………………………………………（446）
城市规模与包容性就业 ……………………………………………………（447）
中国城市结构调整与模式选择的空间溢出效应 …………………………（448）
城市化、大城市化与中国地方政府规模的变动 …………………………（449）
地理与服务业
——内需是否会使城市体系分散化？ …………………………………（450）
产业结构、最优规模与中国城市化路径选择 ……………………………（450）
倒"U"型城市规模效率曲线及其政策含义
——基于中国地级以上城市经济、社会和环境效率的比较研究 ……（451）
中国城镇化进程中的城市序贯增长机制 …………………………………（452）
政府合作、市场整合与城市群经济绩效
——基于长三角城市经济协调会的实证检验 …………………………（453）
城市群、集聚效应与"投资潮涌"
——基于中国20个城市群的实证研究 …………………………………（453）
中国城市群功能分工测度与分析 …………………………………………（454）

产业集聚与企业区位 ………………………………………………………（455）
产业集群动态演化规律与地方政府政策 …………………………………（455）
产业集群的虚拟转型 ………………………………………………………（456）
中国制造业产业集聚的程度及其演变趋势：1998—2009年 ……………（456）

空间集聚与企业出口：基于中国工业企业数据的经验研究 ………………………… (457)
现代服务业聚集的形成机制：空间视角下的理论与经验分析 ………………… (458)
追踪我国制造业集聚的空间来源：基于马歇尔外部性与新经济地理的综合视角 ……… (458)
生产性服务业集聚与制造业升级 ………………………………………………… (459)
产业集聚和企业的融资约束 ……………………………………………………… (460)
地方政府对集聚租征税了吗？
　——基于中国地级市企业微观数据的经验研究 ………………………………… (461)
空间集聚、企业动态与经济增长：基于中国制造业的分析 ……………………… (462)
生产者服务业与制造业的空间集聚：基于贸易成本的研究 ……………………… (462)
地理集聚会促进企业间商业信用吗？ ……………………………………………… (463)
经济集聚中马歇尔外部性的识别
　——基于中国制造业数据的研究 ………………………………………………… (464)
经济集聚与制造业工资不平等：基于历史工具变量的研究 ……………………… (465)
产业集聚与地区工资差距
　——基于我国269个城市的实证研究 …………………………………………… (465)
集聚类型、劳动力市场特征与工资-生产率差异 ………………………………… (466)
空间集聚、市场拥挤与我国出口企业的过度扩张 ………………………………… (467)
金融集聚对工业效率提升的空间外溢效应 ………………………………………… (468)
城镇化与服务业集聚
　——基于系统耦合互动的观点 …………………………………………………… (468)
总部集聚与工厂选址 ………………………………………………………………… (469)
产业转移的潜在收益估算
　——一个劳动力成本视角 ………………………………………………………… (470)
外商投资企业撤资：动因与影响机理
　——基于东部沿海10个城市问卷调查的实证分析 ……………………………… (471)
中国制造业对外直接投资的空心化效应研究 ……………………………………… (472)
"飞雁模式"发生了吗？
　——对1998—2008年中国制造业的分析 ……………………………………… (472)
省际财政竞争、政府治理能力与企业迁移 ………………………………………… (473)
产能过剩引致对外直接投资吗？
　——2005—2007年中国的经验研究 …………………………………………… (474)
资源配置的"跷跷板"：中国的城镇化进程 ……………………………………… (475)
可达性、集聚和新建企业选址
　——来自中国制造业的微观证据 ………………………………………………… (475)

空间经济学的理论与实证 ………………………………………………………… (476)
中国经济核心-边缘格局与空间优化发展 …………………………………………… (476)
空间品质、创新活力与中国城市生产率 …………………………………………… (477)
城市空间结构与地区经济效率

——兼论中国城镇化发展道路的模式选择 ………………………………………… (478)
　转移支付与区际经济发展差距 ……………………………………………………… (478)
　区际知识溢出不对称、产业区位与内生经济增长 ………………………………… (479)
　经济集聚、选择效应与企业生产率 ………………………………………………… (480)
　中国大城市的企业生产率溢价之谜 ………………………………………………… (481)
　大城市的生产率优势：集聚与选择 ………………………………………………… (482)
　大城市生产率优势：集聚、选择还是群分效应 …………………………………… (482)
　市场一体化、企业异质性与地区补贴
　　——一个解释中国地区差距的新视角 ………………………………………… (483)
　国际产能合作与重塑中国经济地理 ………………………………………………… (484)
　中国产业布局调整的福利经济学分析 ……………………………………………… (485)
　贸易开放对中国区域增长的空间效应研究：1987—2009 ………………………… (485)
　市场邻近、供给邻近与中国制造业空间分布
　　——基于中国省区间投入产出模型的分析 …………………………………… (486)

区域创新体系 ……………………………………………………………………………… (487)
　协同创新、空间关联与区域创新绩效 ……………………………………………… (487)
　我国区域创新效率的空间外溢效应与价值链外溢效应
　　——创新价值链视角下的多维空间面板模型研究 …………………………… (487)
　研发要素流动、空间知识溢出与经济增长 ………………………………………… (488)
　FDI 对中国创业的空间外溢效应 …………………………………………………… (489)
　中国城市生产性服务业模式选择研究
　　——以工业效率提升为导向 …………………………………………………… (490)
　中国区域创新活动的"协同效应"与"挤占效应"
　　——基于创新价值链视角的研究 ……………………………………………… (490)
　中国区域间经济互动的来源：知识溢出还是技术扩散？ ………………………… (491)
　高速铁路影响下的经济增长溢出与区域空间优化 ………………………………… (492)

资源环境与区域增长 ……………………………………………………………………… (493)
　集聚与减排：城市规模差距影响工业污染强度的经验研究 ……………………… (493)
　中国雾霾污染的空间效应及经济、能源结构影响 ………………………………… (494)
　中国雾霾污染治理的经济政策选择
　　——基于空间溢出效应的视角 ………………………………………………… (494)
　从"污染天堂"到绿色增长
　　——区域间高耗能产业转移的调控机制研究 ………………………………… (495)
　主体功能区生态预算系统合作机理研究 …………………………………………… (496)
　"以地生财，以财养地"
　　——中国特色城市建设投融资模式研究 ……………………………………… (497)
　中央政府土地政策及其对地方政府土地出让行为的影响
　　——对"土地财政"现象成因的一个假说 …………………………………… (498)

7

市场邻近、技术外溢与城市土地利用效率 ……………………………………………（498）
偏向中西部的土地供应如何推升了东部的工资 ………………………………………（499）
房价、土地财政与城市集聚特征：中国式城市发展之路 ……………………………（500）
地方政府土地出让基础设施投资与地方经济增长 ……………………………………（501）

区域政策评估

大区域协调：新时期我国区域经济政策的趋向分析
　　——兼论区域经济政策"碎片化"现象 ……………………………………………（501）
比较优势与产业政策效果
　　——来自出口加工区准实验的证据 ………………………………………………（502）
国家高新区推动了地区经济发展吗？
　　——基于双重差分方法的验证 ……………………………………………………（503）
开发区与企业成本加成率分布 ……………………………………………………………（504）
西部大开发：增长驱动还是政策陷阱
　　——基于PSM-DID方法的研究 ……………………………………………………（504）
区域振兴战略与中国工业空间结构变动
　　——对中国工业企业调查数据的实证分析 ………………………………………（505）
经济特区、契约制度与比较优势 …………………………………………………………（506）
省级开发区、主导产业与县域工业发展 …………………………………………………（506）

专著选介

中国区域协调发展研究 ……………………………………………………………………（511）
中国区域发展
　　——理论、战略与布局 ………………………………………………………………（512）
大国治理：发展与平衡的空间政治经济学 ………………………………………………（513）
长三角高质量一体化发展研究 ……………………………………………………………（514）
推动郑洛西高质量发展合作带建设战略研究 ……………………………………………（516）
大国发展道路：经验和理论 ………………………………………………………………（517）
中国区域创新战略研究 ……………………………………………………………………（518）
都市圈中小城市功能提升 …………………………………………………………………（520）
京津冀协同与首都城市群发展研究 ………………………………………………………（521）
长三角区域一体化发展战略研究
　　——基于与京津冀地区比较视角 …………………………………………………（522）
生态文明的区域经济协调发展战略 ………………………………………………………（524）
经济区位论 …………………………………………………………………………………（525）
京津冀产业转移协作研究 …………………………………………………………………（526）
东北振兴中的产业结构调整 ………………………………………………………………（527）
长江上游地区水电资源开发研究 …………………………………………………………（529）

京津冀区域技术创新协同度测评及其提升要素研究 …………………………………… (530)
大城市知识密集型服务业时空格局研究
　——基于演化经济地理学的视角 ………………………………………………… (531)
资源枯竭型地区经济转型政策研究 ……………………………………………………… (533)
产业集聚与集聚经济圈的演进 …………………………………………………………… (535)
深度贫困边疆地区人口与经济协调发展研究
　——以南疆为例 …………………………………………………………………… (536)
新时代长江经济带高质量发展研究 ……………………………………………………… (538)
三峡库区复合生态系统研究 ……………………………………………………………… (539)
中国园区经济发展质量调研报告（2020版）…………………………………………… (540)
成渝地区双城经济圈发展研究报告（2021）…………………………………………… (541)
京津冀发展报告（2022）
　——数字经济助推区域协同发展 ………………………………………………… (542)
中国连片特困区发展报告（年度系列）………………………………………………… (543)
"一带一路"相关国家贸易投资关系研究（国别系列）……………………………… (545)

重大课题

2012—2022年国家社会科学基金重大项目 …………………………………………… (551)
2012—2022年教育部哲学社会科学研究重大课题攻关项目 ………………………… (559)

学界活动

中国区域经济学会2012年会暨后发赶超与转型发展高层论坛 ……………………… (563)
中国区域经济学会2013年会暨区域与城乡一体化学术研讨会 ……………………… (564)
中国区域经济学会2014年会暨全面深化改革背景下的中国区域发展学术研讨会 …… (565)
中国区域经济学会2015年会暨"一带一路"战略与中国区域经济发展学术
　研讨会 ……………………………………………………………………………… (566)
中国区域经济学会2016年会暨"十三五"区域发展新理念、新空间与新动能学术
　研讨会 ……………………………………………………………………………… (567)
中国区域经济学会2017年会暨区域创新驱动与产业转型升级学术研讨会 ………… (568)
中国区域经济学会2018年会暨提升区域发展质量与促进区域协调发展的学术
　研讨会 ……………………………………………………………………………… (569)
中国区域经济学会2019年会暨"区域协调发展新征程、新战略、新机制"学术
　研讨会 ……………………………………………………………………………… (570)
中国区域经济学会2021年会暨新时代中国区域高质量发展学术研讨会 …………… (571)
中国区域经济学会2022年会暨新时代区域协调发展与共同富裕学术研讨会 ……… (572)
中英"一带一路"战略合作论坛 ………………………………………………………… (573)

2017年中国区域经济高峰论坛暨十九大后中国区域经济发展学术研讨会……（574）
首届区域经济学科发展学术研讨会……（575）
第三届珠江-西江经济带发展高端论坛暨中国区域经济学会珠江-西江经济带专业委员会
　　成立大会……（576）
第二届国家中心城市建设高层论坛……（576）
首届中国北部湾发展论坛暨新时代高水平开放与西部陆海新通道建设理论
　　研讨会……（577）
第二届中国北部湾发展论坛暨新型全球化与民族地区自贸区建设研讨会……（578）
第三届中国北部湾发展论坛暨新理念新格局与西部向海高质量发展研讨会……（579）
民族地区经济与"一带一路"战略研讨会暨2016年中国区域经济学会少数民族地区
　　经济专业委员会年会……（580）
民族地区融入"一带一路"倡议研讨会暨2017年中国区域经济学会少数民族地区
　　经济专业委员会年会……（581）
"一带一路"背景下的中国区域现代化发展战略理论研讨会暨2018年中国区域经济学会
　　少数民族地区经济专业委员会年会……（582）
2019年中国区域经济学会少数民族地区经济专业委员会年会暨全球化与民族地区经济发展
　　研讨会……（583）
中国区域经济学会少数民族地区经济专业委员会2021年年会暨新发展格局下民族地区
　　经济发展线上主题研讨会……（584）
中国区域经济学会少数民族地区经济专业委员会2022年年会暨中国式现代化与民族地区
　　高质量发展学术研讨会……（585）

学科建设

安徽大学长三角一体化发展研究院……（589）
安徽财经大学经济学院……（590）
安徽工业大学商学院……（592）
北京大学政府管理学院……（595）
重庆工商大学长江上游经济研究中心……（596）
成都理工大学商学院……（599）
东北大学中国东北振兴研究院……（603）
湖南大学经济与贸易学院……（605）
华中师范大学经济与工商管理学院……（607）
合肥工业大学经济学院……（610）
暨南大学经纬粤港澳大湾区经济发展研究院……（612）
集美大学财经学院……（614）
吉首大学商学院……（616）
辽宁师范大学海洋可持续发展研究院……（619）

南开大学经济学院和经济与社会发展研究院 …………………………………（622）
南京大学经济学院 …………………………………………………………（623）
南通大学江苏长江经济带研究院 …………………………………………（625）
四川大学经济学院 …………………………………………………………（627）
上海财经大学城市与区域科学学院（财经研究所）………………………（629）
首都经济贸易大学城市经济与公共管理学院 ……………………………（632）
西南大学经济管理学院 ……………………………………………………（634）
中国人民大学应用经济学院 ………………………………………………（636）
中国社会科学院大学应用经济学院 ………………………………………（638）
中央财经大学经济学院 ……………………………………………………（639）
中央财经大学财经研究院 …………………………………………………（641）
中国地质大学（武汉）经济管理学院 ……………………………………（643）

重要文献

重要文献

中共中央 国务院关于促进区域协调发展的重要文件[*]

中共中央 国务院关于打赢脱贫攻坚战的决定[①]

(2015年11月29日)

确保到2020年农村贫困人口实现脱贫,是全面建成小康社会最艰巨的任务。现就打赢脱贫攻坚战作出如下决定。

一、增强打赢脱贫攻坚战的使命感紧迫感

消除贫困、改善民生、逐步实现共同富裕,是社会主义的本质要求,是我们党的重要使命。改革开放以来,我们实施大规模扶贫开发,使7亿农村贫困人口摆脱贫困,取得了举世瞩目的伟大成就,谱写了人类反贫困历史上的辉煌篇章。党的十八大以来,我们把扶贫开发工作纳入"四个全面"战略布局,作为实现第一个百年奋斗目标的重点工作,摆在更加突出的位置,大力实施精准扶贫,不断丰富和拓展中国特色扶贫开发道路,不断开创扶贫开发事业新局面。

我国扶贫开发已进入啃硬骨头、攻坚拔寨的冲刺期。中西部一些省(自治区、直辖市)贫困人口规模依然较大,剩下的贫困人口贫困程度较深,减贫成本更高,脱贫难度更大。实现到2020年让7000多万农村贫困人口摆脱贫困的既定目标,时间十分紧迫、任务相当繁重。必须在现有基础上不断创新扶贫开发思路和办法,坚决打赢这场攻坚战。

扶贫开发事关全面建成小康社会,事关人民福祉,事关巩固党的执政基础,事关国家长治久安,事关我国国际形象。打赢脱贫攻坚战,是促进全体人民共享改革发展成果、实现共同富裕的重大举措,是体现中国特色社会主义制度优越性的重要标志,也是经济发展新常态下扩大国内需求、促进经济增长的重要途径。各级党委和政府必须把扶贫开发工作作为重大政治任务来抓,切实增强责任感、使命感和紧迫感,切实解决好思想认识不到位、体制机制不健全、工作措施不落实等突出问题,不辱使命、勇于担当,只争朝夕、真抓实干,加快补齐全面建成小康社会中的这块突出短板,决不让一个地区、一个民族掉队,实现《中共中央关于制定国民经济和社会发展第十三个五年规划的建议》确定的脱贫攻坚目标。

---

[*] 仅限公开发布的政策文件。
[①] 原文发表在《求是》2019年第24期。

二、打赢脱贫攻坚战的总体要求

（一）指导思想

全面贯彻落实党的十八大和十八届二中、三中、四中、五中全会精神，以邓小平理论、"三个代表"重要思想、科学发展观为指导，深入贯彻习近平总书记系列重要讲话精神，围绕"四个全面"战略布局，牢固树立并切实贯彻创新、协调、绿色、开放、共享的发展理念，充分发挥政治优势和制度优势，把精准扶贫、精准脱贫作为基本方略，坚持扶贫开发与经济社会发展相互促进，坚持精准帮扶与集中连片特殊困难地区开发紧密结合，坚持扶贫开发与生态保护并重，坚持扶贫开发与社会保障有效衔接，咬定青山不放松，采取超常规举措，拿出过硬办法，举全党全社会之力，坚决打赢脱贫攻坚战。

（二）总体目标

到2020年，稳定实现农村贫困人口不愁吃、不愁穿，义务教育、基本医疗和住房安全有保障。实现贫困地区农民人均可支配收入增长幅度高于全国平均水平，基本公共服务主要领域指标接近全国平均水平。确保我国现行标准下农村贫困人口实现脱贫，贫困县全部摘帽，解决区域性整体贫困。

（三）基本原则

——坚持党的领导，夯实组织基础。充分发挥各级党委总揽全局、协调各方的领导核心作用，严格执行脱贫攻坚一把手负责制，省市县乡村五级书记一起抓。切实加强贫困地区农村基层党组织建设，使其成为带领群众脱贫致富的坚强战斗堡垒。

——坚持政府主导，增强社会合力。强化政府责任，引领市场、社会协同发力，鼓励先富帮后富，构建专项扶贫、行业扶贫、社会扶贫互为补充的大扶贫格局。

——坚持精准扶贫，提高扶贫成效。扶贫开发贵在精准，重在精准，必须解决好扶持谁、谁来扶、怎么扶的问题，做到扶真贫、真扶贫、真脱贫，切实提高扶贫成果可持续性，让贫困人口有更多的获得感。

——坚持保护生态，实现绿色发展。牢固树立绿水青山就是金山银山的理念，把生态保护放在优先位置，扶贫开发不能以牺牲生态为代价，探索生态脱贫新路子，让贫困人口从生态建设与修复中得到更多实惠。

——坚持群众主体，激发内生动力。继续推进开发式扶贫，处理好国家、社会帮扶和自身努力的关系，发扬自力更生、艰苦奋斗、勤劳致富精神，充分调动贫困地区干部群众积极性和创造性，注重扶贫先扶智，增强贫困人口自我发展能力。

——坚持因地制宜，创新体制机制。突出问题导向，创新扶贫开发路径，由"大水漫灌"向"精准滴灌"转变；创新扶贫资源使用方式，由多头分散向统筹集中转变；创新扶贫开发模式，由偏重"输血"向注重"造血"转变；创新扶贫考评体系，由侧重考核地区生产总值向主要考核脱贫成效转变。

三、实施精准扶贫方略，加快贫困人口精准脱贫

（四）健全精准扶贫工作机制。

抓好精准识别、建档立卡这个关键环节，为打赢脱贫攻坚战打好基础，为推进城乡发展一体化、逐步实现基本公共服务均等化创造条件。按照扶持对象精准、项目安排精准、资金使用精准、措施到户精准、因村派人精准、脱贫成效精准的要求，

使建档立卡贫困人口中有 5000 万人左右通过产业扶持、转移就业、易地搬迁、教育支持、医疗救助等措施实现脱贫，其余完全或部分丧失劳动能力的贫困人口实行社保政策兜底脱贫。对建档立卡贫困村、贫困户和贫困人口定期进行全面核查，建立精准扶贫台账，实行有进有出的动态管理。根据致贫原因和脱贫需求，对贫困人口实行分类扶持。建立贫困户脱贫认定机制，对已经脱贫的农户，在一定时期内让其继续享受扶贫相关政策，避免出现边脱贫、边返贫现象，切实做到应进则进、应扶则扶。抓紧制定严格、规范、透明的国家扶贫开发工作重点县退出标准、程序、核查办法。重点县退出，由县提出申请，市（地）初审，省级审定，报国务院扶贫开发领导小组备案。重点县退出后，在攻坚期内国家原有扶贫政策保持不变，抓紧制定攻坚期后国家帮扶政策。加强对扶贫工作绩效的社会监督，开展贫困地区群众扶贫满意度调查，建立对扶贫政策落实情况和扶贫成效的第三方评估机制。评价精准扶贫成效，既要看减贫数量，更要看脱贫质量，不提不切实际的指标，对弄虚作假搞"数字脱贫"的，要严肃追究责任。

（五）**发展特色产业脱贫**。制定贫困地区特色产业发展规划。出台专项政策，统筹使用涉农资金，重点支持贫困村、贫困户因地制宜发展种养业和传统手工业等。实施贫困村"一村一品"产业推进行动，扶持建设一批贫困人口参与度高的特色农业基地。加强贫困地区农民合作社和龙头企业培育，发挥其对贫困人口的组织和带动作用，强化其与贫困户的利益联结机制。支持贫困地区发展农产品加工业，加快一二三产业融合发展，让贫困户更多分享农业全产业链和价值链增值收益。加大对贫困地区农产品品牌推介营销支持力度。依托贫困地区特有的自然人文资源，深入实施乡村旅游扶贫工程。科学合理有序开发贫困地区水电、煤炭、油气等资源，调整完善资源开发收益分配政策。探索水电利益共享机制，将从发电中提取的资金优先用于水库移民和库区后续发展。引导中央企业、民营企业分别设立贫困地区产业投资基金，采取市场化运作方式，主要用于吸引企业到贫困地区从事资源开发、产业园区建设、新型城镇化发展等。

（六）**引导劳务输出脱贫**。加大劳务输出培训投入，统筹使用各类培训资源，以就业为导向，提高培训的针对性和有效性。加大职业技能提升计划和贫困户教育培训工程实施力度，引导企业扶贫与职业教育相结合，鼓励职业院校和技工学校招收贫困家庭子女，确保贫困家庭劳动力至少掌握一门致富技能，实现靠技能脱贫。进一步加大就业专项资金向贫困地区转移支付力度。支持贫困地区建设县乡基层劳动就业和社会保障服务平台，引导和支持用人企业在贫困地区建立劳务培训基地，开展好订单定向培训，建立和完善输出地与输入地劳务对接机制。鼓励地方对跨省务工的农村贫困人口给予交通补助。大力支持家政服务、物流配送、养老服务等产业发展，拓展贫困地区劳动力外出就业空间。加大对贫困地区农民工返乡创业政策扶持力度。对在城镇工作生活一年以上的农村贫困人口，输入地政府要承担相应的帮扶责任，并优先提供基本公共服务，促进有能力在城镇稳定就业和生活的农村贫困人口有序实现市民化。

（七）**实施易地搬迁脱贫**。对居住在生存条件恶劣、生态环境脆弱、自然灾害频发等地区的农村贫困人口，加快实施易地扶贫搬迁工程。坚持群众自愿、积极稳妥的原则，因地制宜选择搬迁安置方式，合理确定住房建设标准，完善搬迁后续扶持政策，确保搬迁对象有业可就、稳定脱贫，做到搬得出、稳得住、能致富。要紧密结合推进新型城镇化，编制实施易地扶贫搬迁规划，支持有条件的地方依托小城镇、工业园区安置搬迁群众，帮助其尽快实现转移就业，享有与当地群众同等的基本公共服务。加大中央预算内投资和地方各级政府投入力度，创新投融资机制，拓宽资金来源渠道，提高补助标准。积极整合交通建设、农田水利、土地整治、地质灾害防治、林业生态等支农资金和社会资金，支持安置区配套公共设施建设和迁出区生态修复。利用城乡建设用地增减挂钩政策支持易地扶贫搬迁。为符合条件的搬迁户提供建房、生产、创业贴息贷款支持。支持搬迁安置点发展物业经济，增加搬迁户财产性收入。探索利用农民进城落户后自愿有偿退出的农村空置房屋和土地安置易地搬迁农户。

（八）结合生态保护脱贫。国家实施的退耕还林还草、天然林保护、防护林建设、石漠化治理、防沙治沙、湿地保护与恢复、坡耕地综合整治、退牧还草、水生态治理等重大生态工程，在项目和资金安排上进一步向贫困地区倾斜，提高贫困人口参与度和受益水平。加大贫困地区生态保护修复力度，增加重点生态功能区转移支付。结合建立国家公园体制，创新生态资金使用方式，利用生态补偿和生态保护工程资金使当地有劳动能力的部分贫困人口转为护林员等生态保护人员。合理调整贫困地区基本农田保有指标，加大贫困地区新一轮退耕还林还草力度。开展贫困地区生态综合补偿试点，健全公益林补偿标准动态调整机制，完善草原生态保护补助奖励政策，推动地区间建立横向生态补偿制度。

（九）着力加强教育脱贫。加快实施教育扶贫工程，让贫困家庭子女都能接受公平有质量的教育，阻断贫困代际传递。国家教育经费向贫困地区、基础教育倾斜。健全学前教育资助制度，帮助农村贫困家庭幼儿接受学前教育。稳步推进贫困地区农村义务教育阶段学生营养改善计划。加大对乡村教师队伍建设的支持力度，特岗计划、国培计划向贫困地区基层倾斜，为贫困地区乡村学校定向培养留得下、稳得住的一专多能教师，制定符合基层实际的教师招聘引进办法，建立省级统筹乡村教师补充机制，推动城乡教师合理流动和对口支援。全面落实连片特困地区乡村教师生活补助政策，建立乡村教师荣誉制度。合理布局贫困地区农村中小学校，改善基本办学条件，加快标准化建设，加强寄宿制学校建设，提高义务教育巩固率。普及高中阶段教育，率先从建档立卡的家庭经济困难学生实施普通高中免除学杂费、中等职业教育免除学杂费，让未升入普通高中的初中毕业生都能接受中等职业教育。加强有专业特色并适应市场需求的中等职业学校建设，提高中等职业教育国家助学金资助标准。努力办好贫困地区特殊教育和远程教育。建立保障农村和贫困地区学生上重点高校的长效机制，加大对贫困家庭大学生的救助力度。对贫困家庭离校未就业的高校毕业生提供就业支持。实施教育扶贫结对帮扶行动计划。

（十）开展医疗保险和医疗救助脱贫。实施健康扶贫工程，保障贫困人口享有基本医疗卫生服务，努力防止因病致贫、因病返贫。对贫困人口参加新型农村合作医疗个人缴费部分由财政给予补贴。新型农村合作医疗和大病保险制度对贫困人口实行政策倾斜，门诊统筹率先覆盖所有贫困地区，降低贫困人口大病费用实际支出，对新型农村合作医疗和大病保险支付后自负费用仍有困难的，加大医疗救助、临时救助、慈善救助等帮扶力度，将贫困人口全部纳入重特大疾病救助范围，使贫困人口大病医治得到有效保障。加大农村贫困残疾人康复服务和医疗救助力度，扩大纳入基本医疗保险范围的残疾人医疗康复项目。建立贫困人口健康卡。对贫困人口大病实行分类救治和先诊疗后付费的结算机制。建立全国三级医院（含军队和武警部队医院）与连片特困地区县和国家扶贫开发工作重点县县级医院稳定持续的一对一帮扶关系。完成贫困地区县乡村三级医疗卫生服务网络标准化建设，积极促进远程医疗诊治和保健咨询服务向贫困地区延伸。为贫困地区县乡医疗卫生机构订单定向免费培养医学类本专科学生，支持贫困地区实施全科医生和专科医生特设岗位计划，制定符合基层实际的人才招聘引进办法。支持和引导符合条件的贫困地区乡村医生按规定参加城镇职工基本养老保险。采取针对性措施,加强贫困地区传染病、地方病、慢性病等防治工作。全面实施贫困地区儿童营养改善、新生儿疾病免费筛查、妇女"两癌"免费筛查、孕前优生健康免费检查等重大公共卫生项目。加强贫困地区计划生育服务管理工作。

(十一)**实行农村最低生活保障制度兜底脱贫**。完善农村最低生活保障制度,对无法依靠产业扶持和就业帮助脱贫的家庭实行政策性保障兜底。加大农村低保省级统筹力度,低保标准较低的地区要逐步达到国家扶贫标准。尽快制定农村最低生活保障制度与扶贫开发政策有效衔接的实施方案。进一步加强农村低保申请家庭经济状况核查工作,将所有符合条件的贫困家庭纳入低保范围,做到应保尽保。加大临时救助制度在贫困地区落实力度。提高农村特困人员供养水平,改善供养条件。抓紧建立农村低保和扶贫开发的数据互通、资源共享信息平台,实现动态监测管理、工作机制有效衔接。加快完善城乡居民基本养老保险制度,适时提高基础养老金标准,引导农村贫困人口积极参保续保,逐步提高保障水平。有条件、有需求地区可以实施"以粮济贫"。

(十二)**探索资产收益扶贫**。在不改变用途的情况下,财政专项扶贫资金和其他涉农资金投入设施农业、养殖、光伏、水电、乡村旅游等项目形成的资产,具备条件的可折股量化给贫困村和贫困户,尤其是丧失劳动能力的贫困户。资产可由村集体、合作社或其他经营主体统一经营。要强化监督管理,明确资产运营方对财政资金形成资产的保值增值责任,建立健全收益分配机制,确保资产收益及时回馈持股贫困户。支持农民合作社和其他经营主体通过土地托管、牲畜托养和吸收农民土地经营权入股等方式,带动贫困户增收。贫困地区水电、矿产等资源开发,赋予土地被占用的村集体股权,让贫困人口分享资源开发收益。

(十三)**健全留守儿童、留守妇女、留守老人和残疾人关爱服务体系**。对农村"三留守"人员和残疾人进行全面摸底排查,建立详实完备、动态更新的信息管理系统。加强儿童福利院、救助保护机构、特困人员供养机构、残疾人康复托养机构、社区儿童之家等服务设施和队伍建设,不断提高管理服务水平。建立家庭、学校、基层组织、政府和社会力量相衔接的留守儿童关爱服务网络。加强对未成年人的监护。健全孤儿、事实无人抚养儿童、低收入家庭重病重残等困境儿童的福利保障体系。健全发现报告、应急处置、帮扶干预机制,帮助特殊贫困家庭解决实际困难。加大贫困残疾人康复工程、特殊教育、技能培训、托养服务实施力度。针对残疾人的特殊困难,全面建立困难残疾人生活补贴和重度残疾人护理补贴制度。对低保家庭中的老年人、未成年人、重度残疾人等重点救助对象,提高救助水平,确保基本生活。引导和鼓励社会力量参与特殊群体关爱服务工作。

四、加强贫困地区基础设施建设,加快破除发展瓶颈制约

(十四)**加快交通、水利、电力建设**。推动国家铁路网、国家高速公路网连接贫困地区的重大交通项目建设,提高国道省道技术标准,构建贫困地区外通内联的交通运输通道。大幅度增加中央投资投入中西部地区和贫困地区的铁路、公路建设,继续实施车购税对农村公路建设的专项转移政策,提高贫困地区农村公路建设补助标准,加快完成具备条件的乡镇和建制村通硬化路的建设任务,加强农村公路安全防护和危桥改造,推动一定人口规模的自然村通公路。加强贫困地区重大水利工程、病险水库水闸除险加固、灌区续建配套与节水改造等水利项目建设。实施农村饮水安全巩固提升工程,全面解决贫困人口饮水安全问题。小型农田水利、"五小

水利"工程等建设向贫困村倾斜。对贫困地区农村公益性基础设施管理养护给予支持。加大对贫困地区抗旱水源建设、中小河流治理、水土流失综合治理力度。加强山洪和地质灾害防治体系建设。大力扶持贫困地区农村水电开发。加强贫困地区农村气象为农服务体系和灾害防御体系建设。加快推进贫困地区农网改造升级,全面提升农网供电能力和供电质量,制定贫困村通动力电规划,提升贫困地区电力普遍服务水平。增加贫困地区年度发电指标。提高贫困地区水电工程留存电量比例。加快推进光伏扶贫工程,支持光伏发电设施接入电网运行,发展光伏农业。

(十五)加大"互联网+"扶贫力度。完善电信普遍服务补偿机制,加快推进宽带网络覆盖贫困村。实施电商扶贫工程。加快贫困地区物流配送体系建设,支持邮政、供销合作等系统在贫困乡村建立服务网点。支持电商企业拓展农村业务,加强贫困地区农产品网上销售平台建设。加强贫困地区农村电商人才培训。对贫困家庭开设网店给予网络资费补助、小额信贷等支持。开展互联网为农便民服务,提升贫困地区农村互联网金融服务水平,扩大信息进村入户覆盖面。

(十六)加快农村危房改造和人居环境整治。加快推进贫困地区农村危房改造,统筹开展农房抗震改造,把建档立卡贫困户放在优先位置,提高补助标准,探索采用贷款贴息、建设集体公租房等多种方式,切实保障贫困户基本住房安全。加大贫困村生活垃圾处理、污水治理、改厕和村庄绿化美化力度。加大贫困地区传统村落保护力度。继续推进贫困地区农村环境连片整治。加大贫困地区以工代赈投入力度,支持农村山水田林路建设和小流域综合治理。财政支持的微小型建设项目,涉及贫困村的,允许按照一事一议方式直接委托村级组织自建自管。以整村推进为平台,加快改善贫困村生产生活条件,扎实推进美丽宜居乡村建设。

(十七)重点支持革命老区、民族地区、边疆地区、连片特困地区脱贫攻坚。出台加大脱贫攻坚力度支持革命老区开发建设指导意见,加快实施重点贫困革命老区振兴发展规划,扩大革命老区财政转移支付规模。加快推进民族地区重大基础设施项目和民生工程建设,实施少数民族特困地区和特困群体综合扶贫工程,出台人口较少民族整体脱贫的特殊政策措施。改善边疆民族地区义务教育阶段基本办学条件,建立健全双语教学体系,加大教育对口支援力度,积极发展符合民族地区实际的职业教育,加强民族地区师资培训。加强少数民族特色村镇保护与发展。大力推进兴边富民行动,加大边境地区转移支付力度,完善边民补贴机制,充分考虑边境地区特殊需要,集中改善边民生产生活条件,扶持发展边境贸易和特色经济,使边民能够安心生产生活、安心守边固边。完善片区联系协调机制,加快实施集中连片特殊困难地区区域发展与脱贫攻坚规划。加大中央投入力度,采取特殊扶持政策,推进西藏、四省藏区和新疆南疆四地州脱贫攻坚。

五、强化政策保障,健全脱贫攻坚支撑体系

(十八)加大财政扶贫投入力度。发挥政府投入在扶贫开发中的主体和主导作用,积极开辟扶贫开发新的资金渠道,确保政府扶贫投入力度与脱贫攻坚任务相适应。中央财政继续加大对贫困地区的转移支付力度,中央财政专项扶贫资金规模实现较大幅度增长,一般性转移支付资金、各类涉及民生的专项转移支付资金和中央预算内投资进一步向贫困地区和贫困人口倾斜。加大中央集中彩票公益金对扶贫的支持力度。农业综合开发、农村综合改革转移支付等涉农资金要明确一定比例用于贫困村。各部门安排的各项惠民政策、项目和工程,要最大限度地向贫困地区、贫困村、贫困人口倾斜。各省(自治区、直辖市)要根据本地脱贫攻坚需要,积极调

整省级财政支出结构，切实加大扶贫资金投入。从2016年起通过扩大中央和地方财政支出规模，增加对贫困地区水电路气网等基础设施建设和提高基本公共服务水平的投入。建立健全脱贫攻坚多规划衔接、多部门协调长效机制，整合目标相近、方向类同的涉农资金。按照权责一致原则，支持连片特困地区县和国家扶贫开发工作重点县围绕本县突出问题，以扶贫规划为引领，以重点扶贫项目为平台，把专项扶贫资金、相关涉农资金和社会帮扶资金捆绑集中使用。严格落实国家在贫困地区安排的公益性建设项目取消县级和西部连片特困地区地市级配套资金的政策，并加大中央和省级财政投资补助比重。在扶贫开发中推广政府与社会资本合作、政府购买服务等模式。加强财政监督检查和审计、稽查等工作，建立扶贫资金违规使用责任追究制度。纪检监察机关对扶贫领域虚报冒领、截留私分、贪污挪用、挥霍浪费等违法违规问题，坚决从严惩处。推进扶贫开发领域反腐倡廉建设，集中整治和加强预防扶贫领域职务犯罪工作。贫困地区要建立扶贫公告公示制度，强化社会监督，保障资金在阳光下运行。

（十九）**加大金融扶贫力度**。鼓励和引导商业性、政策性、开发性、合作性等各类金融机构加大对扶贫开发的金融支持。运用多种货币政策工具，向金融机构提供长期、低成本的资金，用于支持扶贫开发。设立扶贫再贷款，实行比支农再贷款更优惠的利率，重点支持贫困地区发展特色产业和贫困人口就业创业。运用适当的政策安排，动用财政贴息资金及部分金融机构的富余资金，对接政策性、开发性金融机构的资金需求，拓宽扶贫资金来源渠道。由国家开发银行和中国农业发展银行发行政策性金融债，按照微利或保本的原则发放长期贷款，中央财政给予90%的贷款贴息，专项用于易地扶贫搬迁。国家开发银行、中国农业发展银行分别设立"扶贫金融事业部"，依法享受税收优惠。中国农业银行、邮政储蓄银行、农村信用社等金融机构要延伸服务网络，创新金融产品，增加贫困地区信贷投放。对有稳定还款来源的扶贫项目，允许采用过桥贷款方式，撬动信贷资金投入。按照省（自治区、直辖市）负总责的要求，建立和完善省级扶贫开发投融资主体。支持农村信用社、村镇银行等金融机构为贫困户提供免抵押、免担保扶贫小额信贷，由财政按基础利率贴息。加大创业担保贷款、助学贷款、妇女小额贷款、康复扶贫贷款实施力度。优先支持在贫困地区设立村镇银行、小额贷款公司等机构。支持贫困地区培育发展农民资金互助组织，开展农民合作社信用合作试点。支持贫困地区设立扶贫贷款风险补偿基金。支持贫困地区设立政府出资的融资担保机构，重点开展扶贫担保业务。积极发展扶贫小额贷款保证保险，对贫困户保证保险保费予以补助。扩大农业保险覆盖面，通过中央财政以奖代补等支持贫困地区特色农产品保险发展。加强贫困地区金融服务基础设施建设，优化金融生态环境。支持贫困地区开展特色农产品价格保险，有条件的地方可给予一定保费补贴。有效拓展贫困地区抵押物担保范围。

（二十）**完善扶贫开发用地政策**。支持贫困地区根据第二次全国土地调查及最新年度变更调查成果，调整完善土地利用总体规划。新增建设用地计划指标优先保障扶贫开发用地需要，专项安排国家扶贫开发工作重点县年度新增建设用地计划指标。中央和省级在安排土地整治工程和项目、分配下达高标准基本农田建设计划和补助资金时，要向贫困地区倾斜。在连片特困地区和国家扶贫开发工作重点县开展易地扶贫搬迁，允许将城乡建设用地增减挂钩指标在省域范围内使用。在有条件的贫困地区，优先安排国土资源管理制度改革试点，支持开展历史遗留工矿废弃地复垦利用、城镇低效用地再开发和低丘缓坡荒滩等未利用地开发利用试点。

（二十一）**发挥科技、人才支撑作用**。加大科技扶贫力度，解决贫困地区特色产业发展和生态建设中的关键技术问题。加大技术创新引导专项（基金）对科技扶贫的支持，加快先进适用技术成果在贫困地区的转化。深入推行科技特派员制度，支持科技特派员开展创业式扶贫服务。强化贫困地区基层农技推广体系建设，加强新型职业农民培训。加大政策激励力度，鼓励各类人才扎根贫困地区基层建功立业，对表现优秀的人员在职称评聘等方面给予倾斜。大力实施边远贫困地区、边疆民族地区和革命老区人才支持计划，贫困地区本土人才培养计划。积极推进贫困村创业致富带头人培训工程。

六、广泛动员全社会力量，合力推进脱贫攻坚

（二十二）健全东西部扶贫协作机制。加大东西部扶贫协作力度，建立精准对接机制，使帮扶资金主要用于贫困村、贫困户。东部地区要根据财力增长情况，逐步增加对口帮扶财政投入，并列入年度预算。强化以企业合作为载体的扶贫协作，鼓励东西部按照当地主体功能定位共建产业园区，推动东部人才、资金、技术向贫困地区流动。启动实施经济强县（市）与国家扶贫开发工作重点县"携手奔小康"行动，东部各省（直辖市）在努力做好本区域内扶贫开发工作的同时，更多发挥县（市）作用，与扶贫协作省份的国家扶贫开发工作重点县开展结对帮扶。建立东西部扶贫协作考核评价机制。

（二十三）健全定点扶贫机制。进一步加强和改进定点扶贫工作，建立考核评价机制，确保各单位落实扶贫责任。深入推进中央企业定点帮扶贫困革命老区县"百县万村"活动。完善定点扶贫牵头联系机制，各牵头部门要按照分工督促指导各单位做好定点扶贫工作。

（二十四）健全社会力量参与机制。鼓励支持民营企业、社会组织、个人参与扶贫开发，实现社会帮扶资源和精准扶贫有效对接。引导社会扶贫重心下移，自愿包村包户，做到贫困户都有党员干部或爱心人士结对帮扶。吸纳农村贫困人口就业的企业，按规定享受税收优惠、职业培训补贴等就业支持政策。落实企业和个人公益扶贫捐赠所得税税前扣除政策。充分发挥各民主党派、无党派人士在人才和智力扶贫上的优势和作用。工商联系统组织民营企业开展"万企帮万村"精准扶贫行动。通过政府购买服务等方式，鼓励各类社会组织开展到村到户精准扶贫。完善扶贫龙头企业认定制度，增强企业辐射带动贫困户增收的能力。鼓励有条件的企业设立扶贫公益基金和开展扶贫公益信托。发挥好"10·17"全国扶贫日社会动员作用。实施扶贫志愿者行动计划和社会工作专业人才服务贫困地区计划。着力打造扶贫公益品牌，全面及时公开扶贫捐赠信息，提高社会扶贫公信力和美誉度。构建社会扶贫信息服务网络，探索发展公益众筹扶贫。

七、大力营造良好氛围，为脱贫攻坚提供强大精神动力

（二十五）创新中国特色扶贫开发理论。深刻领会习近平总书记关于新时期扶贫开发的重要战略思想，系统总结我们党和政府领导亿万人民摆脱贫困的历史经验，提炼升华精准扶贫的实践成果，不断丰富完善中国特色扶贫开发理论，为脱贫攻坚注入强大思想动力。

（二十六）加强贫困地区乡风文明建设。培育和践行社会主义核心价值观，大力弘扬中华民族自强不息、扶贫济困传统美德，振奋贫困地区广大干部群众精神，坚定改变贫困落后面貌的信心和决心，凝聚全党全社会扶贫开发强大合力。倡导现代文明理念和生活方式，改变落后风俗习惯，善于发挥乡规民约在扶贫济困中的积极作用，激发贫困群众奋发脱贫的热情。推动文化投入向贫困地区倾斜，集中实施一批文化惠民扶贫项目，普遍建立村级文化中心。深化贫

困地区文明村镇和文明家庭创建。推动贫困地区县级公共文化体育设施达到国家标准。支持贫困地区挖掘保护和开发利用红色、民族、民间文化资源。鼓励文化单位、文艺工作者和其他社会力量为贫困地区提供文化产品和服务。

（二十七）**扎实做好脱贫攻坚宣传工作**。坚持正确舆论导向，全面宣传我国扶贫事业取得的重大成就，准确解读党和政府扶贫开发的决策部署、政策举措，生动报道各地区各部门精准扶贫、精准脱贫丰富实践和先进典型。建立国家扶贫荣誉制度，表彰对扶贫开发作出杰出贡献的组织和个人。加强对外宣传，讲好减贫的中国故事，传播好减贫的中国声音，阐述好减贫的中国理念。

（二十八）**加强国际减贫领域交流合作**。通过对外援助、项目合作、技术扩散、智库交流等多种形式，加强与发展中国家和国际机构在减贫领域的交流合作。积极借鉴国际先进减贫理念与经验。履行减贫国际责任，积极落实联合国2030年可持续发展议程，对全球减贫事业作出更大贡献。

八、切实加强党的领导，为脱贫攻坚提供坚强政治保障

（二十九）**强化脱贫攻坚领导责任制**。实行中央统筹、省（自治区、直辖市）负总责、市（地）县抓落实的工作机制，坚持片区为重点、精准到村到户。党中央、国务院主要负责统筹制定扶贫开发大政方针，出台重大政策举措，规划重大工程项目。省（自治区、直辖市）党委和政府对扶贫开发工作负总责，抓好目标确定、项目下达、资金投放、组织动员、监督考核等工作。市（地）党委和政府要做好上下衔接、域内协调、督促检查工作，把精力集中在贫困县如期摘帽上。县级党委和政府承担主体责任，书记和县长是第一责任人，做好进度安排、项目落地、资金使用、人力调配、推进实施等工作。要层层签订脱贫攻坚责任书，扶贫开发任务重的省（自治区、直辖市）党政主要领导要向中央签署脱贫责任书，每年要向中央作扶贫脱贫进展情况的报告。省（自治区、直辖市）党委和政府要向市（地）、县（市）、乡镇提出要求，层层落实责任制。中央和国家机关各部门要按照部门职责落实扶贫开发责任，实现部门专项规划与脱贫攻坚规划有效衔接，充分运用行业资源做好扶贫开发工作。军队和武警部队要发挥优势，积极参与地方扶贫开发。改进县级干部选拔任用机制，统筹省（自治区、直辖市）内优秀干部，选好配强扶贫任务重的县党政主要领导，把扶贫开发工作实绩作为选拔使用干部的重要依据。脱贫攻坚期内贫困县县级领导班子要保持稳定，对表现优秀、符合条件的可以就地提级。加大选派优秀年轻干部特别是后备干部到贫困地区工作的力度，有计划地安排省部级后备干部到贫困县挂职任职，各省（自治区、直辖市）党委和政府也要选派厅局级后备干部到贫困县挂职任职。各级领导干部要自觉践行党的群众路线，切实转变作风，把严的要求、实的作风贯穿于脱贫攻坚始终。

（三十）**发挥基层党组织战斗堡垒作用**。加强贫困乡镇领导班子建设，有针对性地选配政治素质高、工作能力强、熟悉"三农"工作的干部担任贫困乡镇党政主要领导。抓好以村党组织为领导核心的村级组织配套建设，集中整顿软弱涣散村党组织，提高贫困村党组织的创造力、凝聚力、战斗力，发挥好工会、共青团、妇联等群团组织的作用。选好配强村级领导班子，突出抓好村党组织带头人队伍建设，充分发挥党员先锋模范作用。完善村级组织运转经费保障机制，将村干部报酬、村办公经费和其他必要支出作为保障重点。注重选派思想好、作风正、能力强的优秀年轻干部到贫困地区驻村，选聘高校毕业生到贫困村工作。根据贫困村的实际需求，

精准选配第一书记，精准选派驻村工作队，提高县以上机关派出干部比例。加大驻村干部考核力度，不稳定脱贫不撤队伍。对在基层一线干出成绩、群众欢迎的驻村干部，要重点培养使用。加快推进贫困村村务监督委员会建设，继续落实好"四议两公开"、村务联席会等制度，健全党组织领导的村民自治机制。在有实际需要的地区，探索在村民小组或自然村开展村民自治，通过议事协商，组织群众自觉广泛参与扶贫开发。

（三十一）**严格扶贫考核督查问责**。抓紧出台中央对省（自治区、直辖市）党委和政府扶贫开发工作成效考核办法。建立年度扶贫开发工作逐级督查制度，选择重点部门、重点地区进行联合督查，对落实不力的部门和地区，国务院扶贫开发领导小组要向党中央、国务院报告并提出责任追究建议，对未完成年度减贫任务的省份要对党政主要领导进行约谈。各省（自治区、直辖市）党委和政府要加快出台对贫困县扶贫绩效考核办法，大幅度提高减贫指标在贫困县经济社会发展实绩考核指标中的权重，建立扶贫工作责任清单。加快落实对限制开发区域和生态脆弱的贫困县取消地区生产总值考核的要求。落实贫困县约束机制，严禁铺张浪费，厉行勤俭节约，严格控制"三公"经费，坚决刹住穷县"富衙""戴帽"炫富之风，杜绝不切实际的形象工程。建立重大涉贫事件的处置、反馈机制，在处置典型事件中发现问题，不断提高扶贫工作水平。加强农村贫困统计监测体系建设，提高监测能力和数据质量，实现数据共享。

（三十二）**加强扶贫开发队伍建设**。稳定和强化各级扶贫开发领导小组和工作机构。扶贫开发任务重的省（自治区、直辖市）、市（地）、县（市）扶贫开发领导小组组长由党政主要负责同志担任，强化各级扶贫开发领导小组决策部署、统筹协调、督促落实、检查考核的职能。加强与精准扶贫工作要求相适应的扶贫开发队伍和机构建设，完善各级扶贫开发机构的设置和职能，充实配强各级扶贫开发工作力度。扶贫任务重的乡镇要有专门干部负责扶贫开发工作。加强贫困地区县级领导干部和扶贫干部思想作风建设，加大培训力度，全面提升扶贫干部队伍能力水平。

（三十三）**推进扶贫开发法治建设**。各级党委和政府要切实履行责任，善于运用法治思维和法治方式推进扶贫开发工作，在规划编制、项目安排、资金使用、监督管理等方面，提高规范化、制度化、法治化水平。强化贫困地区社会治安防控体系建设和基层执法队伍建设。健全贫困地区公共法律服务制度，切实保障贫困人口合法权益。完善扶贫开发法律法规，抓紧制定扶贫开发条例。

让我们更加紧密地团结在以习近平同志为总书记的党中央周围，凝心聚力，精准发力，苦干实干，坚决打赢脱贫攻坚战，为全面建成小康社会、实现中华民族伟大复兴的中国梦而努力奋斗。

中共中央 国务院关于全面振兴东北地区等老工业基地的若干意见

(2016年4月26日)

实施东北地区等老工业基地振兴战略，是党中央、国务院在新世纪作出的重大决策。当前和今后一个时期是推进老工业基地全面振兴的关键时期。为适应把握引领经济发展新常态，贯彻落实发展新理念，加快实现东北地区等老工业基地全面振兴，现提出如下意见。本意见主要针对东北地区，全国其他老工业基地参照执行。

一、重大意义和总体要求

（一）**面临形势**。党中央、国务院对东北地区发展历来高度重视，2003年作出实施东北地区等老工业基地振兴战略的重大决策，采取一系列支持、帮助、推动振兴发展的专门措施。10多年来，在各方面共同努力下，东北老工业基地振兴取得明显成效和阶段性成果，经济总量迈上新台阶，结构调整扎实推进，国有企业竞争力增强，重大装备研制走在全国前列，粮食综合生产能力显著提高，社会事业蓬勃发展，民生有了明显改善。实践证明，党中央、国务院关于实施东北地区等老工业基地振兴战略重大决策是正确的，东北老工业基地实现全面振兴的前景是广阔的。当前，国际政治经济形势纷繁复杂，我国经济发展进入新常态，东北地区经济下行压力增大，部分行业和企业生产经营困难，体制机制的深层次问题进一步显现，经济增长新动力不足和旧动力减弱的结构性矛盾突出，发展面临新的困难和挑战，主要是：市场化程度不高，国有企业活力仍然不足，民营经济发展不充分；科技与经济发展融合不够，偏资源型、传统型、重化工型的产业结构和产品结构不适应市场变化，新兴产业发展偏慢；资源枯竭、产业衰退、结构单一地区（城市）转型面临较多困难，社会保障和民生压力较大；思想观念不够解放，基层地方党委和政府对经济发展新常态的适应引领能力有待进一步加强。这些矛盾和问题归根结底是体制机制问题，是产业结构、经济结构问题，解决这些问题归根结底要靠全面深化改革。

（二）**重大意义**。东北地区是新中国工业的摇篮和我国重要的工业与农业基地，拥有一批关系国民经济命脉和国家安全的战略性产业，资源、产业、科教、人才、基础设施等支撑能力较强，发展空间和潜力巨大。东北地区区位条件优越，沿边沿海优势明显，是全国经济的重要增长极，在国家发展全局中举足轻重，在全国现代化建设中至关重要。加快东北老工业基地全面振兴，是推进经济结构战略性调整、提高我国产业国际竞争力的战略举措，是促进区域协调发展、打造新经济支撑带的重大任务，是优化调整国有资产布局、更好发挥国有经济主导作用的客观要求，是完善我国对外开放战略布局的重要部署，是维护国家粮食安全、打造北方生态安全屏障的有力保障。要充分认识推进东北老工业基地全面振兴的重要性和紧迫性，坚定不移地把这项宏伟事业推向新阶段。

（三）**总体思路**。全面贯彻落实党的十八大和十八届三中、四中、五中全会精神，以邓小平理论、"三个代表"重要思想、科学发展观为指导，深入学习贯彻习近平总书记系列重要讲话精神，坚持"四个全面"战略布局，按照党中央、国务院决策部署，牢固树立并切实贯彻创新、协调、绿色、开放、共享的发展理念，适应和把握我国经济进入新常态的趋势性特征，坚持稳中求进工作总基调，做好与"一带一路"建设、京津冀协同发展、长江经济带发展"三大战略"互动衔接，以提高经济发展质量和效益为中心，保持战略定力，增强发展自信，坚持变中求新、变中求进、变中突破，着力完善体制机制，着力推进结构调整，着力鼓励创新创业，着力保障和改善民生，加大供给侧结构性改革力度，解决突出矛盾和问题，不断提升东北老工业基地的发展活力、内生动力和整体竞争力，努力走出一条质量更高、效益更好、结构更优、优势充分释放的发展新路，推动我国经济向形态更高级、分工更优化、结构更合理的阶段演进，为实现"两个一百年"奋斗目标作出更大贡献。

（四）发展目标。到2020年，东北地区在重要领域和关键环节改革上取得重大成果，转变经济发展方式和结构性改革取得重大进展，经济保持中高速增长，与全国同步实现全面建成小康社会目标。产业迈向中高端水平，自主创新和科研成果转化能力大幅提升，重点行业和企业具备较强国际竞争力，经济发展质量和效益明显提高；新型工业化、信息化、城镇化、农业现代化协调发展新格局基本形成；人民生活水平和质量普遍提高，城乡居民收入增长和经济发展同步，基本公共服务水平大幅提升；资源枯竭、产业衰退地区转型发展取得显著成效。在此基础上，争取再用10年左右时间，东北地区实现全面振兴，走进全国现代化建设前列，成为全国重要的经济支撑带，具有国际竞争力的先进装备制造业基地和重大技术装备战略基地，国家新型原材料基地、现代农业生产基地和重要技术创新与研发基地。

二、着力完善体制机制

全面深化改革、扩大开放是振兴东北老工业基地的治本之策，要以知难而进的勇气和战胜困难的信心坚决破除体制机制障碍，加快形成同市场完全对接、充满内在活力的新体制和新机制。

（五）加快转变政府职能。进一步理顺政府和市场关系，着力解决政府直接配置资源、管得过多过细以及职能错位、越位、缺位、不到位等问题。以建设法治政府、创新政府、廉洁政府、服务型政府为目标，进一步推动简政放权、放管结合、优化服务。继续深化行政审批制度改革，大幅减少行政审批事项，凡能取消的一律取消，凡能下放的一律下放，着力简化办事流程，压缩审批时限，提高审批效率，同步强化事中事后监管。深入推进商事制度改革，优化营商环境，进一步放开搞活市场，激发市场内在活力。大力推进投融资体制改革，积极推广政府和社会资本合作（PPP）模式。依法履行政府职能，加快建立和完善权力清单、责任清单、负面清单管理模式。健全依法决策机制，强化对权力的约束和监督。完善地方政府绩效评价体系和评估机制。

（六）进一步推进国资国企改革。深化国有企业改革，完善国有企业治理模式和经营机制，真正确立企业市场主体地位，解决好历史遗留问题，切实增强企业内在活力、市场竞争力和发展引领力，使其成为东北老工业基地振兴的重要支撑力量。东北各省区要根据党中央、国务院统一部署，研究制定深化国有企业改革具体实施意见。按照不同国有企业功能类别推进改革，以产业转型升级为引领，改组组建国有资本投资、运营公司，扎实推进国有经济布局战略调整，创新发展一批国有企业，重组整合一批国有企业，促进国有资产保值增值。支持人才资本和技术要素贡献占比较高的转制科研院所、高新技术企业和科技服务型企业通过增资扩股、出资新设等方式开展员工持股试点。加强国有企业党的建设，强化国有资产监督，严格责任追究，防止国有资产流失。支持总部设在东北地区的中央企业先行开展改革试点。研究中央企业与地方协同发展、融合发展的政策，支持共建一批产业园区。加大中央国有资本经营预算对东北地区中央企业的支持力度。加快推进地方国有企业改革，支持探索发展混合所有制经济的具体模式和途径。

（七）**大力支持民营经济发展**。加快转变发展理念，建立健全体制机制，支持民营经济做大做强，使民营企业成为推动发展、增强活力的重要力量。进一步放宽民间资本进入的行业和领域，促进民营经济公开公平公正参与市场竞争。支持民营企业通过多种形式参与国有企业改制重组。改善金融服务，疏通金融进入中小企业和小微企业的通道，鼓励民间资本依法合规投资入股金融法人机构，支持在东北地区兴办民营银行、消费金融公司等金融机构。壮大一批主业突出、核心竞争力强的民营企业集团和龙头企业，支持建立现代企业制度。推进民营企业公共服务平台建设。

（八）**深入推进重点专项领域改革**。加大中央支持力度，允许国有企业划出部分股权转让收益、地方政府出让部分国有企业股权，专项解决厂办大集体和分离企业办社会职能等历史遗留问题。中央财政继续对厂办大集体改革实施"奖补结合"政策，允许中央财政奖励和补助资金统筹用于支付改革成本。稳步推进国有林区、林场改革，统筹考虑改革成本，加快构建政事企分开的国有林区管理体制。推进重点国有林区深山远山林业职工搬迁和林场调整，支持重点国有林业局和森工城市开展生态保护与经济转型试点。进一步推进农垦系统改革发展，理顺政企、社企关系，深化农场企业化、垦区集团化、股份多元化改革，推进分离办社会职能改革，提高垦区公共服务水平，支持农垦企业按规定参与国家大宗农产品政策性收储和境外农业综合开发。

（九）**主动融入、积极参与"一带一路"建设战略**。协同推进战略互信、经贸合作、人文交流，加强与周边国家基础设施互联互通，努力将东北地区打造成为我国向北开放的重要窗口和东北亚地区合作的中心枢纽。推动丝绸之路经济带建设与欧亚经济联盟、蒙古国草原之路倡议的对接，推进中蒙俄经济走廊建设，加强东北振兴与俄远东开发战略衔接，深化毗邻地区合作。以推进中韩自贸区建设为契机，选择适宜地区建设中韩国际合作示范区，推进共建中日经济和产业合作平台。推动对欧美等国家（地区）相关合作机制和平台建设，高水平推进中德（沈阳）高端装备制造产业园建设。推进沿边重点开发开放试验区建设，推动黑瞎子岛保护与开发开放。提升边境城市规模和综合实力。进一步加大对重点口岸基础设施建设支持力度。在中央预算内投资中安排资金支持东北地区面向东北亚开放合作平台基础设施建设。提高边境经济合作区、跨境经济合作区发展水平。积极扩大与周边国家的边境贸易，创新边贸方式，实现边境贸易与东北腹地优势产业发展的互动，促进东北进出口贸易水平不断提高。支持有实力的企业、优势产业、骨干产品走出去，重点推进国际产能和装备制造合作，培育开放型经济新优势。

（十）**对接京津冀等经济区构建区域合作新格局**。推动东北地区与京津冀地区融合发展，在创新合作、基础设施联通、产业转移承接、生态环境联合保护治理等重点领域取得突破，加强在科技研发和成果转化、能源保障、统一市场建设等领域务实合作，建立若干产业合作与创新转化平台。支持辽宁西部地区加快发展，打造对接京津冀协同发展战略的先行区。加强与环渤海地区的经济联系,积极推进东北地区与山东半岛经济区互动合作。支持东北地区与长江经济带、港澳台地区加强经贸投资合作。深化东北地区内部合作,完善区域合作与协同发展机制,支持省(区)毗邻地区探索合作新模式,鼓励开展协同创新,规划建设产业合作园区。加快推动东北地区通关一体化。

三、着力推进结构调整

坚持多策并举,"加减乘除"一起做,全面推进经济结构优化升级,加快构建战略性新兴产业和传统制造业并驾齐驱、现代服务业和传统服务业相互促进、信息化和工业化深度融合的产业发展新格局。

(十一)促进装备制造等优势产业提质增效。准确把握经济发展新常态下东北地区产业转型升级的战略定位,控制重化工业规模、练好内功、提高水平、深化改革,提高制造业核心竞争力,再造产业竞争新优势,努力将东北地区打造成为实施"中国制造2025"的先行区。做优做强电力装备、石化和冶金装备、重型矿山和工程机械、先进轨道交通装备、新型农机装备、航空航天装备、海洋工程装备及高技术船舶等先进装备制造业,提升重大技术装备以及核心技术与关键零部件研发制造水平,优先支持东北装备制造业走出去,推进东北装备"装备中国"、走向世界。提升原材料产业精深加工水平,推进钢铁、有色、化工、建材等行业绿色改造升级,积极稳妥化解过剩产能。推进国防科技工业军民融合式发展,开展军民融合创新示范区建设。加快信息化和工业化深度融合,推进制造业智能化改造,促进工业互联网、云计算、大数据在企业研发设计、生产制造、经营管理、销售服务的综合集成应用。加强质量、品牌和标准建设,打造一批具有国际竞争力的产业基地和区域特色产业集群。设立老工业基地产业转型升级示范区和示范园区,促进产业向高端化、集聚化、智能化升级。研究制定支持产业衰退地区振兴发展的政策措施。

(十二)积极培育新产业新业态。大力促进产业多元化发展,努力改变许多地区(城市)"一企独大、一业独大"状况,尽快形成多点多业支撑的新格局。制定实施东北地区培育发展新兴产业行动计划,发展壮大高档数控机床、工业机器人及智能装备、燃气轮机、先进发动机、集成电路装备、卫星应用、光电子、生物医药、新材料等一批有基础、有优势、有竞争力的新兴产业。支持沈阳、大连、长春、哈尔滨等地打造国内领先的新兴产业集群。充分发挥特色资源优势,积极支持中等城市做大做强农产品精深加工、现代中药、高性能纤维及高端石墨深加工等特色产业集群。积极支持产业结构单一地区(城市)加快转型,研究制定促进经济转型和产业多元化发展的政策措施,建立新兴产业集聚发展园区,安排中央预算内投资资金支持园区基础设施和公共平台建设。积极推进落实"互联网+"行动。依托本地实体经济积极发展电子商务、供应链物流、互联网金融等新兴业态,支持跨境电子商务发展。

(十三)大力发展以生产性服务业为重点的现代服务业。实施老工业基地服务型制造行动计划,引导和支持制造业企业从生产制造型向生产服务型转变。开展生产性服务业发展示范工作,鼓励企业分离和外包非核心业务,向价值链高端延伸。积极发展金融业,鼓励各类金融机构在东北地区设立分支机构,支持地方金融机构发展,加快建立健全多层次的资本市场,拓宽企业直接融资渠道。大力发展现代物流业,提高物流社会化、标准化、信息化、专业化水平。积极发挥冰雪、森林、草原、湖泊、湿地、边境、民俗等自然人文资源和独特气候条件优势,加快发展旅游、养老、健康、文体、休闲等产业,把东北地区建成世界知名生态休闲旅游目的地。

（十四）**加快发展现代化大农业**。率先构建现代农业产业体系、生产体系、经营体系，着力提高农业生产规模化、集约化、专业化、标准化水平和可持续发展能力，使现代农业成为重要的产业支撑。进一步提升国家商品粮生产核心区地位，加快实施高标准农田建设、黑土地保护等重大工程，支持开展定期深松整地、耕地质量保护与提升补贴试点，研究开展黑土地轮种试点。重点支持东北地区加快推进重大水利工程建设，完善大型灌区基础设施。探索划定粮食生产功能区，加快建设国家现代农业示范区。在稳定粮食生产、确保粮食安全的基础上，发展现代畜牧业、园艺业、水产业以及农畜产品加工和流通业，优化农业产业结构和区域布局，提高农业整体效益和竞争力。深入推进对粮食生产关键环节农机具购置实施敞开补贴。加快发展现代种业，推广一批突破性新品种。健全农业社会化服务体系，提高农业机械化、信息化、标准化水平，提高农业生产效率。鼓励发展专业大户、农民合作社、家庭农场、农业企业等新型经营主体，积极培育绿色生态农产品知名品牌，大力发展"互联网+"现代农业。继续实施农产品产地初加工补助，提升就地加工转化水平，培育一批农产品加工产业集群和绿色食品加工产业基地。加强东北地区粮食仓储和物流设施建设，完善粮食物流体系。创新涉农金融产品和服务，加大对新型农业经营主体的金融支持力度。加快推进黑龙江省"两大平原"现代农业综合配套改革试验和吉林省农村金融综合改革试验。坚持规划先行，科学推进新农村建设。

（十五）**不断提升基础设施水平**。实施东北地区低标准铁路扩能改造工程，改善路网结构，提升老旧铁路速度和运力。科学规划建设快速铁路网，尽早建成京沈高铁及其联络线，研究建设东北地区东部和西部快速铁路通道。规划建设东北地区沿边铁路。加快推进国家高速公路和国省干线公路建设。加大对东北高寒地区和交通末端干线公路建设支持力度。研究新建、扩建一批干支线机场，鼓励中外航空公司开辟至东北地区的国际航线，支持哈尔滨建设面向东北亚地区的航空枢纽。研究加快大连东北亚国际航运中心建设的政策。加快黑龙江等河流高等级航道建设，推进国际陆海联运、江海联运。加强油气资源勘探开发利用，推进蒙东、黑龙江东部等地区大型煤炭和火电基地、现代煤化工基地及吉林千万吨级油页岩综合利用基地建设。适当扩大东北地区燃料乙醇生产规模，研究布局新的生产基地。控制新增火电装机，有序发展清洁能源，研究建设电力外送通道，从供需两侧推动解决东北地区"窝电"问题。加快中俄原油管道二线和东线天然气管道建设。要千方百计加快重大项目落地，增加有效合理投资，充分发挥对稳增长的关键作用。

四、着力鼓励创新创业

抓创新就是抓发展，谋创新就是谋未来。要大力实施创新驱动发展战略，把创新作为培育东北老工业基地内生发展动力的主要生成点，加快形成以创新为主要引领和支撑的经济体系和发展模式。

（十六）**完善区域创新体系**。把鼓励支持创新放在更加突出的位置，激发调动全社会的创新激情，推动科技创新、产业创新、企业创新、市场创新、产品创新、业态创新、管理创新。积极营造有利于创新的政策和制度环境，研究制定合理的、差别化的激励政策，完善区域创新创业条件，全面持续推动大众创业、万众创新。支持东北地区推进创新链整合，加快构建以企业为主体，科研院所、高校、职业院校、科技服务机构等参加的产业技术创新联盟，打通基础研究、应用开发、中试和产业化之间的有效通道。组织实施东北振兴重大创新工程。支持老工业城市创建国家创新型城市和设立国家高新技术产业开发区。支持沈阳市开展全面创新改革试验，加快完善创新政策和人才政策，打破制约科技与经济结合的体制机制障碍。在沈阳－大连等创新资源集聚地区布局国家自主创新示范区。依托城区老工业区或其搬迁改造承接地，建设创新创业发展示范区，开展老工业城市创新发展试点。落实支持自主创新的有关政策，鼓励在促进科技成果转化、股权激励等方面探索试验。制定支持东北老工业基地振兴的知识产权政策。

（十七）促进科教机构与区域发展紧密结合。扶持东北地区科研院所和高校、职业院校加快发展，支持布局建设国家重大科技基础设施。深化中国科学院与东北地区"院地合作"，组织实施东北振兴科技引领行动计划。提高高校、职业院校办学水平，支持高校、职业院校建设研发转化平台。引导各类院校办出特色，支持引导一批地方本科高校向应用型高校转变，建设一批高水平应用技术型大学。大力推进现代职业教育改革创新，探索行业、企业参与职业教育的新模式。支持高校、职业院校加强国际交流与合作，引进国外优质教育资源开展合作办学。

（十八）加大人才培养和智力引进力度。把引进人才、培养人才、留住人才、用好人才放在优先位置。研究支持东北地区吸引和用好人才的政策措施。完善人才激励机制，鼓励高校、科研院所和国有企业强化对科技、管理人才的激励。支持在中心城市建立人才管理改革试验区，率先探索人才发展体制机制改革，面向全球吸引和集聚人才。围绕产业升级核心技术需求，大力引进海外高层次工程技术人才，国家"千人计划"、"万人计划"等重大人才计划对东北地区给予重点支持。继续实施老工业基地国外引智和对外交流专项。鼓励高校培养东北振兴紧缺专业人才。鼓励设立高校、职业院校毕业生创新创业基金，引导大学毕业生在本地就业创业。加大高素质技术技能人才培养和引进力度，组织开展老工业基地产业转型技术技能人才双元培育改革试点。

五、着力保障和改善民生

抓民生也是抓发展，人民生活水平不断提高是判断东北老工业基地振兴成功的重要标准。要坚持把保障和改善民生作为推动东北老工业基地振兴的出发点和落脚点，使发展成果更多更公平惠及全体人民，让人民群众有更多获得感。

（十九）切实解决好社保、就业等重点民生问题。加大民生建设资金投入，全力解决好人民群众关心的教育、就业、收入、社保、医疗卫生、食品安全等问题，保障民生链正常运转。要坚决守住民生底线，防止经济发展下行压力传导到民生领域。采取务实举措，做好增收节支，坚决压缩一般性支出，切实保障各项民生重点支出。中央财政对企业职工基本养老保险的投入继续向东北地区倾斜，进一步提高企业退休人员基本养老金水平，妥善解决厂办大集体职工的生活困难和社会保障问题。坚持就业优先，制定具体措施，加强专业培训，重点做好高校毕业生就业和失业人员再就业工作，帮助就业困难人员实现就业，确保零就业家庭实现至少一人就业。稳定城乡居民就业和收入，确保社会和谐稳定。

（二十）全面实施棚户区、独立工矿区改造等重大民生工程。中央财政和中央预算内投资继续加大对棚户区改造支持力度，鼓励国家开发银行、中国农业发展银行等加强金融支持，重点推进资源枯竭城市及独立工矿区、老工业城市、国有林区和垦区棚户区改造。继续推进"暖房子"工程。继续安排中央预算内投资，因地制宜加快推进独立工矿区搬迁改造工程，切实改善矿区发展条件和居民生产生活条件。制定采煤沉陷区综合治理政策，在中央预算内投资中安排资金，加快采煤沉陷区居民避险安置及配套基础设施、公共服务设施和接续替代产业平台建设。加强矿区生态和地质环境整治，开展露天矿坑、矸石山、尾矿库等综合治理。

（二十一）**推进城市更新改造和城乡公共服务均等化**。针对城市基础设施老旧问题，加大城市道路、城市轨道交通、城市地下综合管廊等设施建设与更新改造力度，改善薄弱环节，优化城市功能，提高城市综合承载和辐射能力。对城市内部二元结构明显的城市，组织开展更新改造试点。积极稳妥推进城区老工业区搬迁改造，对相关企业视情况实施异地迁建、就地改造和依法关停，促进调整产业结构、完善功能布局、修复生态环境和改善民生。以哈（尔滨）长（春）沈（阳）大（连）为主轴，做好空间规划顶层设计，培育形成东北地区城市群，促进大中小城市和小城镇协调发展。积极推进建设大连金普新区、哈尔滨新区、长春新区，努力打造转变政府职能和创新管理体制的先行区。扶持条件好、潜力大的县城、中心镇和重要边境口岸发展成为中小城市。依托自然、历史、文化、民族等优势，加快发展一批特色魅力城镇。支持林区、垦区城镇化建设。加快农村饮水、电网、道路、污水和垃圾处理等基础设施建设，推进城乡规划、建设和基本公共服务一体化，建设美丽宜居乡村。

（二十二）**促进资源型城市可持续发展**。资源型城市是保障和改善民生的重点区域。完善资源型城市可持续发展的长效机制，促进资源产业与非资源产业、城区与矿区、经济与社会协调发展。进一步完善对资源枯竭城市财政转移支付制度，支持资源枯竭城市、独立工矿区等加快解决社会民生和生态环境方面的历史遗留问题。鼓励地方设立资源型城市接续替代产业投资基金，支持东北地区资源枯竭城市实施产业转型攻坚行动计划。完善资源枯竭城市转型绩效评价制度，支持创建可持续发展示范市，选择典型资源富集地区创建转型创新试验区。探索建立资源开发与城市可持续发展协调评价制度，加快资源型城市可持续发展立法工作。

（二十三）**打造北方生态屏障和山青水绿的宜居家园**。生态环境也是民生。牢固树立绿色发展理念，坚决摒弃损害甚至破坏生态环境的发展模式和做法，努力使东北地区天更蓝、山更绿、水更清，生态环境更美好。推进大小兴安岭和长白山等重点林区保护，坚持以生态建设为主的林业发展战略，全面停止重点国有林区天然林商业采伐。推进呼伦贝尔、锡林郭勒等重点草原保护，继续实施退牧还草工程。推进三江平原、松辽平原等重点湿地保护，全面禁止湿地开垦，在有条件的地区开展退耕还湿。开展林区、草原、湿地、沙地等生态脆弱区生态移民试点。支持兴凯湖、呼伦湖等开展流域生态和环境综合治理工程。加大自然保护区建设力度，加强野生东北虎等珍稀物种保护。完善对重点生态功能区的补偿机制。支持创建国家生态文明试验区。全面推行绿色制造，强化节能减排，推进清洁生产，构建循环链接的产业体系，严格控制高耗能、高排放和产能过剩产业发展。搞好大气、水和土壤污染防治，进一步改善辽河、松花江等重点流域水质。加快实施近岸海域污染防治方案，加强渤海入海河流及排污口的环境治理。加强边境地区跨界水质监测和应急能力建设，推动边境地区开展环境保护国际合作。

六、切实抓好组织落实

（二十四）**明确主体责任**。东北各省区党委和政府是推进东北老工业基地振兴的责任主体，要守土有责、守土尽责，更多从内因着眼、着手、着力，进一步提高认识、求真务实、精心组织、主动作为，团结带领广大干部群众，形成新一轮东北振兴的好势头，打赢全面振兴这场硬仗。要解放思想、振奋精神、攻坚克难、锐意改革，下大力气摆脱计划经济思维束缚，下决心破解体制机制障碍。要强化责任落实，以踏石留印、抓铁有痕的精神，认真细化实际举措并一项一项予以落实，确保党中央、国务院各项部署落到实处，取得实效。要按照好干部标准和

"三严三实"的要求,着力加强地方领导班子和干部队伍建设,大力选拔忠诚、干净、担当的优秀干部进入各级领导班子。要切实改进工作作风,把群众利益和民生改善放在突出位置,及时发现新情况,勇于解决新问题。要大力弘扬艰苦奋斗、开拓进取、甘于奉献、勇于担当精神,充分发挥大庆精神、铁人精神、北大荒精神等激励作用,大力宣传振兴成就和先进典型,调动广大人民群众特别是工人群众的积极性,广泛凝聚正能量,努力营造全社会支持参与东北振兴的良好氛围。驻东北地区的中央企业要带头深化改革,积极履行社会责任,支持地方振兴发展。

我国中西部和东部地区也有不少典型的老工业城市和资源枯竭城市,他们与东北老工业基地一样,是当前推进结构性改革的重点和难点地区。要统筹支持全国其他地区老工业基地振兴发展,相关地区党委和政府要把本地区老工业基地振兴工作纳入重要议事日程,落实具体政策,加大支持力度,积极探索各具特色的转型发展道路。

(二十五)**加大政策支持**。要研究在注重质量和效益前提下保持经济稳定增长的举措和办法。中央财政要进一步加大对东北地区一般性转移支付和社保、教育、就业、保障性住房等领域财政支持力度。完善粮食主产区利益补偿机制,按粮食商品量等因素对地方给予新增奖励。资源税分配向资源产地基层政府倾斜。进一步加大信贷支持力度,鼓励政策性金融、开发性金融、商业性金融机构探索支持东北振兴的有效模式,研究引导金融机构参与资源枯竭、产业衰退地区和独立工矿区转型的政策。推动产业资本与金融资本融合发展,允许重点装备制造企业发起设立金融租赁和融资租赁公司。要进一步加大中央预算内投资对资源枯竭、产业衰退地区和城区老工业区、独立工矿区、采煤沉陷区、国有林区等困难地区支持力度。制定东北地区产业发展指导目录,设立东北振兴产业投资基金。国家重大生产力布局特别是战略性新兴产业布局重点向东北地区倾斜。实施差别化用地政策,保障重大项目建设用地。支持城区老工业区和独立工矿区开展城镇低效用地再开发和工矿废弃地复垦利用。

(二十六)**强化组织协调**。国务院振兴东北地区等老工业基地领导小组要加强领导,研究审议重大政策和重点规划,协调解决重大问题,督促推进重大事项。中央和国家机关有关部门要加强指导,抓紧出台落实本意见的具体措施和实施细则,加大政策支持和推进落实工作力度。国家发展改革委要加强综合协调和调查研究,制定重点任务分工方案,牵头推进重点工作,强化督促检查,及时发现问题并提出整改建议,重大事项向党中央、国务院报告。

全面振兴东北地区等老工业基地是一项伟大而艰巨的任务,事关我国区域发展总体战略的实现,事关我国新型工业化、信息化、城镇化、农业现代化的协调发展,事关我国周边和东北亚地区的安全稳定,意义重大,影响深远。各地区各部门要高举中国特色社会主义伟大旗帜,紧密团结在以习近平同志为总书记的党中央周围,凝神聚力、开拓创新、敢于担当、扎实工作,要像抓"三大战略"一样,持续用力,抓好新一轮东北地区等老工业基地振兴战略的实施,加快实现全面振兴,为全面建成小康社会、不断夺取中国特色社会主义新胜利、实现中华民族伟大复兴的中国梦作出新的更大贡献。

中共中央 国务院关于实施乡村振兴战略的意见

(2018年1月2日)

实施乡村振兴战略,是党的十九大作出的重大决策部署,是决胜全面建成小康社会、全面建设社会主义现代化国家的重大历史任务,是新时代"三农"工作的总抓手。现就实施乡村振兴战略提出如下意见。

一、新时代实施乡村振兴战略的重大意义

党的十八大以来,在以习近平同志为核心的党中央坚强领导下,我们坚持把解决好"三农"问题作为全党工作重中之重,持续加大强农惠农富农政策力度,扎实推进农业现代化和新农村建设,全面深化农村改革,农业农村发展取得了历史性成就,为党和国家事业全面开创新局面提供了重要支撑。5年来,粮食生产能力跨上新台阶,农业供给侧结构性改革迈出新步伐,农民收入持续增长,农村民生全面改善,脱贫攻坚战取得决定性进展,农村生态文明建设显著加强,农民获得感显著提升,农村社会稳定和谐。农业农村发展取得的重大成就和"三农"工作积累的丰富经验,为实施乡村振兴战略奠定了良好基础。

农业农村农民问题是关系国计民生的根本性问题。没有农业农村的现代化,就没有国家的现代化。当前,我国发展不平衡不充分问题在乡村最为突出,主要表现在:农产品阶段性供过于求和供给不足并存,农业供给质量亟待提高;农民适应生产力发展和市场竞争的能力不足,新型职业农民队伍建设亟需加强;农村基础设施和民生领域欠账较多,农村环境和生态问题比较突出,乡村发展整体水平亟待提升;国家支农体系相对薄弱,农村金融改革任务繁重,城乡之间要素合理流动机制亟待健全;农村基层党建存在薄弱环节,乡村治理体系和治理能力亟待强化。实施乡村振兴战略,是解决人民日益增长的美好生活需要和不平衡不充分的发展之间矛盾的必然要求,是实现"两个一百年"奋斗目标的必然要求,是实现全体人民共同富裕的必然要求。

在中国特色社会主义新时代,乡村是一个可以大有作为的广阔天地,迎来了难得的发展机遇。我们有党的领导的政治优势,有社会主义的制度优势,有亿万农民的创造精神,有强大的经济实力支撑,有历史悠久的农耕文明,有旺盛的市场需求,完全有条件有能力实施乡村振兴战略。必须立足国情农情,顺势而为,切实增强责任感使命感紧迫感,举全党全国全社会之力,以更大的决心、更明确的目标、更有力的举措,推动农业全面升级、农村全面进步、农民全面发展,谱写新时代乡村全面振兴新篇章。

二、实施乡村振兴战略的总体要求

(一)指导思想。全面贯彻党的十九大精神,以习近平新时代中国特色社会主义思想为指导,加强党对"三农"工作的领导,坚持稳中求进工作总基调,牢固树立新发展理念,落实高

质量发展的要求，紧紧围绕统筹推进"五位一体"总体布局和协调推进"四个全面"战略布局，坚持把解决好"三农"问题作为全党工作重中之重，坚持农业农村优先发展，按照产业兴旺、生态宜居、乡风文明、治理有效、生活富裕的总要求，建立健全城乡融合发展体制机制和政策体系，统筹推进农村经济建设、政治建设、文化建设、社会建设、生态文明建设和党的建设，加快推进乡村治理体系和治理能力现代化，加快推进农业农村现代化，走中国特色社会主义乡村振兴道路，让农业成为有奔头的产业，让农民成为有吸引力的职业，让农村成为安居乐业的美丽家园。

（二）目标任务。按照党的十九大提出的决胜全面建成小康社会、分两个阶段实现第二个百年奋斗目标的战略安排，实施乡村振兴战略的目标任务是：

到2020年，乡村振兴取得重要进展，制度框架和政策体系基本形成。农业综合生产能力稳步提升，农业供给体系质量明显提高，农村一二三产业融合发展水平进一步提升；农民增收渠道进一步拓宽，城乡居民生活水平差距持续缩小；现行标准下农村贫困人口实现脱贫，贫困县全部摘帽，解决区域性整体贫困；农村基础设施建设深入推进，农村人居环境明显改善，美丽宜居乡村建设扎实推进；城乡基本公共服务均等化水平进一步提高，城乡融合发展体制机制初步建立；农村对人才吸引力逐步增强；农村生态环境明显好转，农业生态服务能力进一步提高；以党组织为核心的农村基层组织建设进一步加强，乡村治理体系进一步完善；党的农村工作领导体制机制进一步健全；各地区各部门推进乡村振兴的思路举措得以确立。

到2035年，乡村振兴取得决定性进展，农业农村现代化基本实现。农业结构得到根本性改善，农民就业质量显著提高，相对贫困进一步缓解，共同富裕迈出坚实步伐；城乡基本公共服务均等化基本实现，城乡融合发展体制机制更加完善；乡风文明达到新高度，乡村治理体系更加完善；农村生态环境根本好转，美丽宜居乡村基本实现。

到2050年，乡村全面振兴，农业强、农村美、农民富全面实现。

（三）基本原则

——坚持党管农村工作。毫不动摇地坚持和加强党对农村工作的领导，健全党管农村工作领导体制机制和党内法规，确保党在农村工作中始终总揽全局、协调各方，为乡村振兴提供坚强有力的政治保障。

——坚持农业农村优先发展。把实现乡村振兴作为全党的共同意志、共同行动，做到认识统一、步调一致，在干部配备上优先考虑，在要素配置上优先满足，在资金投入上优先保障，在公共服务上优先安排，加快补齐农业农村短板。

——坚持农民主体地位。充分尊重农民意愿，切实发挥农民在乡村振兴中的主体作用，调动亿万农民的积极性、主动性、创造性，把维护农民群众根本利益、促进农民共同富裕作为出发点和落脚点，促进农民持续增收，不断提升农民的获得感、幸福感、安全感。

——坚持乡村全面振兴。准确把握乡村振兴的科学内涵，挖掘乡村多种功能和价值，统筹谋划农村经济建设、政治建设、文化建设、社会建设、生态文明建设和党的建设，注重协同性、关联性，整体部署，协调推进。

——坚持城乡融合发展。坚决破除体制机制弊端，使市场在资源配置中起决定性作用，更好发挥政府作用，推动城乡要素自由流动、平等交换，推动新型工业化、信息化、城镇化、农业现代化同步发展，加快形成工农互促、城乡互补、全面融合、共同繁荣的新型工农城乡关系。

——坚持人与自然和谐共生。牢固树立和践行绿水青山就是金山银山的理念，落实节约优先、保护优先、自然恢复为主的方针，统筹山水林田湖草系统治理，严守生态保护红线，以绿色发展引领乡村振兴。

——坚持因地制宜、循序渐进。科学把握乡村的差异性和发展走势分化特征，做好顶层设计，注重规划先行、突出重点、分类施策、典型引路。既尽力而为，又量力而行，不搞层层加码，不搞一刀切，不搞形式主义，久久为功，扎实推进。

三、提升农业发展质量，培育乡村发展新动能

乡村振兴，产业兴旺是重点。必须坚持质量兴农、绿色兴农，以农业供给侧结构性改革为主线，加快构建现代农业产业体系、生产体系、经营体系，提高农业创新力、竞争力和全要素生产率，加快实现由农业大国向农业强国转变。

（一）**夯实农业生产能力基础**。深入实施藏粮于地、藏粮于技战略，严守耕地红线，确保国家粮食安全，把中国人的饭碗牢牢端在自己手中。全面落实永久基本农田特殊保护制度，加快划定和建设粮食生产功能区、重要农产品生产保护区，完善支持政策。大规模推进农村土地整治和高标准农田建设，稳步提升耕地质量，强化监督考核和地方政府责任。加强农田水利建设，提高抗旱防洪除涝能力。实施国家农业节水行动，加快灌区续建配套与现代化改造，推进小型农田水利设施达标提质，建设一批重大高效节水灌溉工程。加快建设国家农业科技创新体系，加强面向全行业的科技创新基地建设。深化农业科技成果转化和推广应用改革。加快发展现代农作物、畜禽、水产、林木种业，提升自主创新能力。高标准建设国家南繁育种基地。推进我国农机装备产业转型升级，加强科研机构、设备制造企业联合攻关，进一步提高大宗农作物机械国产化水平，加快研发经济作物、养殖业、丘陵山区农林机械，发展高端农机装备制造。优化农业从业者结构，加快建设知识型、技能型、创新型农业经营者队伍。大力发展数字农业，实施智慧农业林业水利工程，推进物联网试验示范和遥感技术应用。

（二）**实施质量兴农战略**。制定和实施国家质量兴农战略规划，建立健全质量兴农评价体系、政策体系、工作体系和考核体系。深入推进农业绿色化、优质化、特色化、品牌化，调整优化农业生产力布局，推动农业由增产导向转向提质导向。推进特色农产品优势区创建，建设现代农业产业园、农业科技园。实施产业兴村强县行动，推行标准化生产，培育农产品品牌，保护地理标志农产品，打造一村一品、一县一业发展新格局。加快发展现代高效林业，实施兴林富民行动，推进森林生态标志产品建设工程。加强植物病虫害、动物疫病防控体系建设。优化养殖业空间布局，大力发展绿色生态健康养殖，做大做强民族奶业。统筹海洋渔业资源开发，科学布局近远海养殖和远洋渔业，建设现代化海洋牧场。建立产学研融合的农业科技创新联盟，加强农业绿色生态、提质增效技术研发应用。切实发挥农垦在质量兴农中的带动引领作用。实施食品安全战略，完善农产品质量和食品安全标准体系，加强农业投入品和农产品质量安全追溯体系建设，健全农产品质量和食品安全监管体制，重点提高基层监管能力。

（三）**构建农村一二三产业融合发展体系**。大力开发农业多种功能，延长产业链、提升价值链、完善利益链，通过保底分红、股份合作、利润返还等多种形式，让农民合理分享全产业链增值收益。实施农产品加工业提升行动，鼓励企业兼并重组，淘汰落后产能，支持主产区农产品就地加工转化增值。重点解决农产品销售中的突出问题，加强农产品产后分级、包装、营销，建设现代化农产品冷链仓储物流体系，打造农产品销售公共服务平台，支持供销、邮政及

各类企业把服务网点延伸到乡村，健全农产品产销稳定衔接机制，大力建设具有广泛性的促进农村电子商务发展的基础设施，鼓励支持各类市场主体创新发展基于互联网的新型农业产业模式，深入实施电子商务进农村综合示范，加快推进农村流通现代化。实施休闲农业和乡村旅游精品工程，建设一批设施完备、功能多样的休闲观光园区、森林人家、康养基地、乡村民宿、特色小镇。对利用闲置农房发展民宿、养老等项目，研究出台消防、特种行业经营等领域便利市场准入、加强事中事后监管的管理办法。发展乡村共享经济、创意农业、特色文化产业。

（四）**构建农业对外开放新格局**。优化资源配置，着力节本增效，提高我国农产品国际竞争力。实施特色优势农产品出口提升行动，扩大高附加值农产品出口。建立健全我国农业贸易政策体系。深化与"一带一路"沿线国家和地区农产品贸易关系。积极支持农业走出去，培育具有国际竞争力的大粮商和农业企业集团。积极参与全球粮食安全治理和农业贸易规则制定，促进形成更加公平合理的农业国际贸易秩序。进一步加大农产品反走私综合治理力度。

（五）**促进小农户和现代农业发展有机衔接**。统筹兼顾培育新型农业经营主体和扶持小农户，采取有针对性的措施，把小农生产引入现代农业发展轨道。培育各类专业化市场化服务组织，推进农业生产全程社会化服务，帮助小农户节本增效。发展多样化的联合与合作，提升小农户组织化程度。注重发挥新型农业经营主体带动作用，打造区域公用品牌，开展农超对接、农社对接，帮助小农户对接市场。扶持小农户发展生态农业、设施农业、体验农业、定制农业，提高产品档次和附加值，拓展增收空间。改善小农户生产设施条件，提升小农户抗风险能力。研究制定扶持小农生产的政策意见。

四、推进乡村绿色发展，打造人与自然和谐共生发展新格局

乡村振兴，生态宜居是关键。良好生态环境是农村最大优势和宝贵财富。必须尊重自然、顺应自然、保护自然，推动乡村自然资本加快增值，实现百姓富、生态美的统一。

（一）**统筹山水林田湖草系统治理**。把山水林田湖草作为一个生命共同体，进行统一保护、统一修复。实施重要生态系统保护和修复工程。健全耕地草原森林河流湖泊休养生息制度，分类有序退出超载的边际产能。扩大耕地轮作休耕制度试点。科学划定江河湖海限捕、禁捕区域，健全水生生态保护修复制度。实行水资源消耗总量和强度双控行动。开展河湖水系连通和农村河塘清淤整治，全面推行河长制、湖长制。加大农业水价综合改革工作力度。开展国土绿化行动，推进荒漠化、石漠化、水土流失综合治理。强化湿地保护和恢复，继续开展退耕还湿。完善天然林保护制度，把所有天然林都纳入保护范围。扩大退耕还林还草、退牧还草，建立成果巩固长效机制。继续实施三北防护林体系建设等林业重点工程，实施森林质量精准提升工程。继续实施草原生态保护补助奖励政策。实施生物多样性保护重大工程，有效防范外来生物入侵。

（二）**加强农村突出环境问题综合治理**。加强农业面源污染防治，开展农业绿色发展行动，实现投入品减量化、生产清洁化、废弃物资源化、产业模式生态化。推进有机肥替代化肥、畜禽粪污处理、农作物秸秆综合利用、废弃农膜回收、病虫害绿色防控。加强农村水环境治理和农村饮用水水源保护，实施农村生态清洁小流域建设。扩大华北地下水超采区综合治理范围。推进重金属污染耕地防控和修复，开展土壤污染治理与修复技术应用试点，加大东北黑土地保护力度。实施流域环境和近岸海域综合治理。严禁工业和城镇污染向农业农村转移。加强农村环境监管能力建设，落实县乡两级农村环境保护主体责任。

（三）**建立市场化多元化生态补偿机制**。落实农业功能区制度，加大重点生态功能区转移

支付力度，完善生态保护成效与资金分配挂钩的激励约束机制。鼓励地方在重点生态区位推行商品林赎买制度。健全地区间、流域上下游之间横向生态保护补偿机制，探索建立生态产品购买、森林碳汇等市场化补偿制度。建立长江流域重点水域禁捕补偿制度。推行生态建设和保护以工代赈做法，提供更多生态公益岗位。

（四）增加农业生态产品和服务供给。正确处理开发与保护的关系，运用现代科技和管理手段，将乡村生态优势转化为发展生态经济的优势，提供更多更好的绿色生态产品和服务，促进生态和经济良性循环。加快发展森林草原旅游、河湖湿地观光、冰雪海上运动、野生动物驯养观赏等产业，积极开发观光农业、游憩休闲、健康养生、生态教育等服务。创建一批特色生态旅游示范村镇和精品线路，打造绿色生态环保的乡村生态旅游产业链。

五、繁荣兴盛农村文化，焕发乡风文明新气象

乡村振兴，乡风文明是保障。必须坚持物质文明和精神文明一起抓，提升农民精神风貌，培育文明乡风、良好家风、淳朴民风，不断提高乡村社会文明程度。

（一）加强农村思想道德建设。以社会主义核心价值观为引领，坚持教育引导、实践养成、制度保障三管齐下，采取符合农村特点的有效方式，深化中国特色社会主义和中国梦宣传教育，大力弘扬民族精神和时代精神。加强爱国主义、集体主义、社会主义教育，深化民族团结进步教育，加强农村思想文化阵地建设。深入实施公民道德建设工程，挖掘农村传统道德教育资源，推进社会公德、职业道德、家庭美德、个人品德建设。推进诚信建设，强化农民的社会责任意识、规则意识、集体意识、主人翁意识。

（二）传承发展提升农村优秀传统文化。立足乡村文明，吸取城市文明及外来文化优秀成果，在保护传承的基础上，创造性转化、创新性发展，不断赋予时代内涵、丰富表现形式。切实保护好优秀农耕文化遗产，推动优秀农耕文化遗产合理适度利用。深入挖掘农耕文化蕴含的优秀思想观念、人文精神、道德规范，充分发挥其在凝聚人心、教化群众、淳化民风中的重要作用。划定乡村建设的历史文化保护线，保护好文物古迹、传统村落、民族村寨、传统建筑、农业遗迹、灌溉工程遗产。支持农村地区优秀戏曲曲艺、少数民族文化、民间文化等传承发展。

（三）加强农村公共文化建设。按照有标准、有网络、有内容、有人才的要求，健全乡村公共文化服务体系。发挥县级公共文化机构辐射作用，推进基层综合性文化服务中心建设，实现乡村两级公共文化服务全覆盖，提升服务效能。深入推进文化惠民，公共文化资源要重点向乡村倾斜，提供更多更好的农村公共文化产品和服务。支持"三农"题材文艺创作生产，鼓励文艺工作者不断推出反映农民生产生活尤其是乡村振兴实践的优秀文艺作品，充分展示新时代农村农民的精神面貌。培育挖掘乡土文化本土人才，开展文化结对帮扶，引导社会各界人士投身乡村文化建设。活跃繁荣农村文化市场，丰富农村文化业态，加强农村文化市场监管。

（四）开展移风易俗行动。广泛开展文明村镇、星级文明户、文明家庭等群众性精神文明创建活动。遏制大操大办、厚葬薄养、人情攀比等陈规陋习。加强无神论宣传教育，丰富农民群众精神文化生活，抵制封建迷信活动。深化农村殡葬改革。加强农村科普工作，提高农民科学文化素养。

六、加强农村基层基础工作，构建乡村治理新体系

乡村振兴，治理有效是基础。必须把夯实基层基础作为固本之策，建立健全党委领导、政

府负责、社会协同、公众参与、法治保障的现代乡村社会治理体制，坚持自治、法治、德治相结合，确保乡村社会充满活力、和谐有序。

（一）**加强农村基层党组织建设**。扎实推进抓党建促乡村振兴，突出政治功能，提升组织力，抓乡促村，把农村基层党组织建成坚强战斗堡垒。强化农村基层党组织领导核心地位，创新组织设置和活动方式，持续整顿软弱涣散村党组织，稳妥有序开展不合格党员处置工作，着力引导农村党员发挥先锋模范作用。建立选派第一书记工作长效机制，全面向贫困村、软弱涣散村和集体经济薄弱村党组织派出第一书记。实施农村带头人队伍整体优化提升行动，注重吸引高校毕业生、农民工、机关企事业单位优秀党员干部到村任职，选优配强村党组织书记。健全从优秀村党组织书记中选拔乡镇领导干部、考录乡镇机关公务员、招聘乡镇事业编制人员制度。加大在优秀青年农民中发展党员力度。建立农村党员定期培训制度。全面落实村级组织运转经费保障政策。推行村级小微权力清单制度，加大基层小微权力腐败惩处力度。严厉整治惠农补贴、集体资产管理、土地征收等领域侵害农民利益的不正之风和腐败问题。

（二）**深化村民自治实践**。坚持自治为基，加强农村群众性自治组织建设，健全和创新村党组织领导的充满活力的村民自治机制。推动村党组织书记通过选举担任村委会主任。发挥自治章程、村规民约的积极作用。全面建立健全村务监督委员会，推行村级事务阳光工程。依托村民会议、村民代表会议、村民议事会、村民理事会、村民监事会等，形成民事民议、民事民办、民事民管的多层次基层协商格局。积极发挥新乡贤作用。推动乡村治理重心下移，尽可能把资源、服务、管理下放到基层。继续开展以村民小组或自然村为基本单元的村民自治试点工作。加强农村社区治理创新。创新基层管理体制机制，整合优化公共服务和行政审批职责，打造"一门式办理"、"一站式服务"的综合服务平台。在村庄普遍建立网上服务站点，逐步形成完善的乡村便民服务体系。大力培育服务性、公益性、互助性农村社会组织，积极发展农村社会工作和志愿服务。集中清理上级对村级组织考核评比多、创建达标多、检查督查多等突出问题。维护村民委员会、农村集体经济组织、农村合作经济组织的特别法人地位和权利。

（三）**建设法治乡村**。坚持法治为本，树立依法治理理念，强化法律在维护农民权益、规范市场运行、农业支持保护、生态环境治理、化解农村社会矛盾等方面的权威地位。增强基层干部法治观念、法治为民意识，将政府涉农各项工作纳入法治化轨道。深入推进综合行政执法改革向基层延伸，创新监管方式，推动执法队伍整合、执法力量下沉，提高执法能力和水平。建立健全乡村调解、县市仲裁、司法保障的农村土地承包经营纠纷调处机制。加大农村普法力度，提高农民法治素养，引导广大农民增强尊法学法守法用法意识。健全农村公共法律服务体系，加强对农民的法律援助和司法救助。

（四）**提升乡村德治水平**。深入挖掘乡村熟人社会蕴含的道德规范，结合时代要求进行创新，强化道德教化作用，引导农民向上向善、孝老爱亲、重义守信、勤俭持家。建立道德激励约束机制，引导农民自我管理、自我教育、自我服务、自我提高，实现家庭和睦、邻里和谐、干群融洽。广泛开展好媳妇、好儿女、好公婆等评选表彰活动，开展寻找最美乡村教师、医生、村官、家庭等活动。深入宣传道德模范、身边好人的典型事迹，弘扬真善美，传播正能量。

（五）**建设平安乡村**。健全落实社会治安综合治理领导责任制，大力推进农村社会治安防控体系建设，推动社会治安防控力量下沉。深入开展扫黑除恶专项斗争，严厉打击农村黑恶势力、宗族恶势力，严厉打击黄赌毒盗拐骗等违法犯罪。依法加大对农村非法宗教活动和境外渗透活动打击力度，依法制止利用宗教干预农村公共事务，继续整治农村乱建庙宇、滥塑宗教造像。完善县乡村三级综治中心功能和运行机制。健全农村公共安全体系，持续开展农村安全隐患治理。加强农村警务、消防、安全生产工作，坚决遏制重特大安全事故。探索以网格化管理为抓手、以现代信息技术为支撑，实现基层服务和管理精细化精准化。推进农村"雪亮工程"建设。

七、提高农村民生保障水平，塑造美丽乡村新风貌

乡村振兴，生活富裕是根本。要坚持人人尽责、人人享有，按照抓重点、补短板、强弱项的要求，围绕农民群众最关心最直接最现实的利益问题，一件事情接着一件事情办，一年接着一年干，把乡村建设成为幸福美丽新家园。

（一）**优先发展农村教育事业**。高度重视发展农村义务教育，推动建立以城带乡、整体推进、城乡一体、均衡发展的义务教育发展机制。全面改善薄弱学校基本办学条件，加强寄宿制学校建设。实施农村义务教育学生营养改善计划。发展农村学前教育。推进农村普及高中阶段教育，支持教育基础薄弱县普通高中建设，加强职业教育，逐步分类推进中等职业教育免除学杂费。健全学生资助制度，使绝大多数农村新增劳动力接受高中阶段教育、更多接受高等教育。把农村需要的人群纳入特殊教育体系。以市县为单位，推动优质学校辐射农村薄弱学校常态化。统筹配置城乡师资，并向乡村倾斜，建好建强乡村教师队伍。

（二）**促进农村劳动力转移就业和农民增收**。健全覆盖城乡的公共就业服务体系，大规模开展职业技能培训，促进农民工多渠道转移就业，提高就业质量。深化户籍制度改革，促进有条件、有意愿、在城镇有稳定就业和住所的农业转移人口在城镇有序落户，依法平等享受城镇公共服务。加强扶持引导服务，实施乡村就业创业促进行动，大力发展文化、科技、旅游、生态等乡村特色产业，振兴传统工艺。培育一批家庭工场、手工作坊、乡村车间，鼓励在乡村地区兴办环境友好型企业，实现乡村经济多元化，提供更多就业岗位。拓宽农民增收渠道，鼓励农民勤劳守法致富，增加农村低收入者收入，扩大农村中等收入群体，保持农村居民收入增速快于城镇居民。

（三）**推动农村基础设施提挡升级**。继续把基础设施建设重点放在农村，加快农村公路、供水、供气、环保、电网、物流、信息、广播电视等基础设施建设，推动城乡基础设施互联互通。以示范县为载体全面推进"四好农村路"建设，加快实施通村组硬化路建设。加大成品油消费税转移支付资金用于农村公路养护力度。推进节水供水重大水利工程，实施农村饮水安全巩固提升工程。加快新一轮农村电网改造升级，制定农村通动力电规划，推进农村可再生能源开发利用。实施数字乡村战略，做好整体规划设计，加快农村地区宽带网络和第四代移动通信网络覆盖步伐，开发适应"三农"特点的信息技术、产品、应用和服务，推动远程医疗、远程教育等应用普及，弥合城乡数字鸿沟。提升气象为农服务能力。加强农村防灾减灾救灾能力建设。抓紧研究提出深化农村公共基础设施管护体制改革指导意见。

（四）**加强农村社会保障体系建设**。完善统一的城乡居民基本医疗保险制度和大病保险制度，做好农民重特大疾病救助工作。巩固城乡居民医保全国异地就医联网直接结算。完善城乡居民基本养老保险制度，建立城乡居民基本养老保险待遇确定和基础养老金标准正常调整机制。统筹城乡社会救助体系，完善最低生活保障制度，做好农村社会救助兜底工作。将进城落户农业转移人口全部纳入城镇住房保障体系。构建多层次农村养老保障体系，创新多元化照料服务

模式。健全农村留守儿童和妇女、老年人以及困境儿童关爱服务体系。加强和改善农村残疾人服务。

（五）**推进健康乡村建设**。强化农村公共卫生服务，加强慢性病综合防控，大力推进农村地区精神卫生、职业病和重大传染病防治。完善基本公共卫生服务项目补助政策，加强基层医疗卫生服务体系建设，支持乡镇卫生院和村卫生室改善条件。加强乡村中医药服务。开展和规范家庭医生签约服务，加强妇幼、老人、残疾人等重点人群健康服务。倡导优生优育。深入开展乡村爱国卫生运动。

（六）**持续改善农村人居环境**。实施农村人居环境整治三年行动计划，以农村垃圾、污水治理和村容村貌提升为主攻方向，整合各种资源，强化各种举措，稳步有序推进农村人居环境突出问题治理。坚持不懈推进农村"厕所革命"，大力开展农村户用卫生厕所建设和改造，同步实施粪污治理，加快实现农村无害化卫生厕所全覆盖，努力补齐影响农民群众生活品质的短板。总结推广适用不同地区的农村污水治理模式，加强技术支撑和指导。深入推进农村环境综合整治。推进北方地区农村散煤替代，有条件的地方有序推进煤改气、煤改电和新能源利用。逐步建立农村低收入群体安全住房保障机制。强化新建农房规划管控，加强"空心村"服务管理和改造。保护保留乡村风貌，开展田园建筑示范，培养乡村传统建筑名匠。实施乡村绿化行动，全面保护古树名木。持续推进宜居宜业的美丽乡村建设。

八、打好精准脱贫攻坚战，增强贫困群众获得感

乡村振兴，摆脱贫困是前提。必须坚持精准扶贫、精准脱贫，把提高脱贫质量放在首位，既不降低扶贫标准，也不吊高胃口，采取更加有力的举措、更加集中的支持、更加精细的工作，坚决打好精准脱贫这场对全面建成小康社会具有决定性意义的攻坚战。

（一）**瞄准贫困人口精准帮扶**。对有劳动能力的贫困人口，强化产业和就业扶持，着力做好产销衔接、劳务对接，实现稳定脱贫。有序推进易地扶贫搬迁，让搬迁群众搬得出、稳得住、能致富。对完全或部分丧失劳动能力的特殊贫困人口，综合实施保障性扶贫政策，确保病有所医、残有所助、生活有兜底。做好农村最低生活保障工作的动态化精细化管理，把符合条件的贫困人口全部纳入保障范围。

（二）**聚焦深度贫困地区集中发力**。全面改善贫困地区生产生活条件，确保实现贫困地区基本公共服务主要指标接近全国平均水平。以解决突出制约问题为重点，以重大扶贫工程和到村到户帮扶为抓手，加大政策倾斜和扶贫资金整合力度，着力改善深度贫困地区发展条件，增强贫困农户发展能力，重点攻克深度贫困地区脱贫任务。新增脱贫攻坚资金项目主要投向深度贫困地区，增加金融投入对深度贫困地区的支持，新增建设用地指标优先保障深度贫困地区发展用地需要。

（三）**激发贫困人口内生动力**。把扶贫同扶志、扶智结合起来，把救急纾困和内生脱贫结合起来，提升贫困群众发展生产和务工经商的基本技能，实现可持续稳固脱贫。引导贫困群众克服等靠要思想，逐步消除精神贫困。要打破贫困均衡，促进形成自强自立、争先脱贫的精神风貌。改进帮扶方式方法，更多采用生产奖补、劳务补助、以工代赈等机制，推动贫困群众通过自己的辛勤劳动脱贫致富。

（四）**强化脱贫攻坚责任和监督**。坚持中央统筹省负总责市县抓落实的工作机制，强化党政一把手负总责的责任制。强化县级党委作为全县脱贫攻坚总指挥部的关键作用，脱贫攻坚期

内贫困县县级党政正职要保持稳定。开展扶贫领域腐败和作风问题专项治理，切实加强扶贫资金管理，对挪用和贪污扶贫款项的行为严惩不贷。将2018年作为脱贫攻坚作风建设年，集中力量解决突出作风问题。科学确定脱贫摘帽时间，对弄虚作假、搞数字脱贫的严肃查处。完善扶贫督查巡查、考核评估办法，除党中央、国务院统一部署外，各部门一律不准再组织其他检查考评。严格控制各地开展增加一线扶贫干部负担的各类检查考评，切实给基层减轻工作负担。关心爱护战斗在扶贫第一线的基层干部，制定激励政策，为他们工作生活排忧解难，保护和调动他们的工作积极性。做好实施乡村振兴战略与打好精准脱贫攻坚战的有机衔接。制定坚决打好精准脱贫攻坚战三年行动指导意见。研究提出持续减贫的意见。

九、推进体制机制创新，强化乡村振兴制度性供给

实施乡村振兴战略，必须把制度建设贯穿其中。要以完善产权制度和要素市场化配置为重点，激活主体、激活要素、激活市场，着力增强改革的系统性、整体性、协同性。

（一）**巩固和完善农村基本经营制度**。落实农村土地承包关系稳定并长久不变政策，衔接落实好第二轮土地承包到期后再延长30年的政策，让农民吃上长效"定心丸"。全面完成土地承包经营权确权登记颁证工作，实现承包土地信息联通共享。完善农村承包地"三权分置"制度，在依法保护集体土地所有权和农户承包权前提下，平等保护土地经营权。农村承包土地经营权可以依法向金融机构融资担保、入股从事农业产业化经营。实施新型农业经营主体培育工程，培育发展家庭农场、合作社、龙头企业、社会化服务组织和农业产业化联合体，发展多种形式适度规模经营。

（二）**深化农村土地制度改革**。系统总结农村土地征收、集体经营性建设用地入市、宅基地制度改革试点经验，逐步扩大试点，加快土地管理法修改，完善农村土地利用管理政策体系。扎实推进房地一体的农村集体建设用地和宅基地使用权确权登记颁证。完善农民闲置宅基地和闲置农房政策，探索宅基地所有权、资格权、使用权"三权分置"，落实宅基地集体所有权，保障宅基地农户资格权和农民房屋财产权，适度放活宅基地和农民房屋使用权，不得违规违法买卖宅基地，严格实行土地用途管制，严格禁止下乡利用农村宅基地建设别墅大院和私人会馆。在符合土地利用总体规划前提下，允许县级政府通过村土地利用规划，调整优化村庄用地布局，有效利用农村零星分散的存量建设用地；预留部分规划建设用地指标用于单独选址的农业设施和休闲旅游设施等建设。对利用收储农村闲置建设用地发展农村新产业新业态的，给予新增建设用地指标奖励。进一步完善设施农用地政策。

（三）**深入推进农村集体产权制度改革**。全面开展农村集体资产清产核资、集体成员身份确认，加快推进集体经营性资产股份合作制改革。推动资源变资产、资金变股金、农民变股东，探索农村集体经济新的实现形式和运行机制。坚持农村集体产权制度改革正确方向，发挥村党组织对集体经济组织的领导核心作用，防止内部少数人控制和外部资本侵占集体资产。维护进城落户农民土地承包权、宅基地使用权、集体收益分配权，引导进城落户农民依法自愿有偿转让上述权益。研究制定农村集体经济组织法，充实农村集体产权权能。全面深化供销合作社综合改革，深入推进集体林权、水利设施产权等领域改革，做好农村综合改革、农村改革试验区等工作。

（四）**完善农业支持保护制度**。以提升农业质量效益和竞争力为目标，强化绿色生态导向，创新完善政策工具和手段，扩大"绿箱"政策的实施范围和规模，加快建立新型农业支持保护政策体系。深化农产品收储制度和价格形成机制改革，加快培育多元市场购销主体，改革完善中央储备粮管理体制。通过完善拍卖机制、定向销售、包干销售等，加快消化政策性粮食库存。落实和完善对农民直接补贴制度，提高补贴效能。健全粮食主产区利益补偿机制。探索开展稻谷、小麦、玉米三大粮食作物完全成本保险和收入保险试点，加快建立多层次农业保险体系。

十、汇聚全社会力量，强化乡村振兴人才支撑

实施乡村振兴战略，必须破解人才瓶颈制约。要把人力资本开发放在首要位置，畅通智力、技术、管理下乡通道，造就更多乡土人才，聚天下人才而用之。

（一）大力培育新型职业农民。 全面建立职业农民制度，完善配套政策体系。实施新型职业农民培育工程。支持新型职业农民通过弹性学制参加中高等农业职业教育。创新培训机制，支持农民专业合作社、专业技术协会、龙头企业等主体承担培训。引导符合条件的新型职业农民参加城镇职工养老、医疗等社会保障制度。鼓励各地开展职业农民职称评定试点。

（二）加强农村专业人才队伍建设。 建立县域专业人才统筹使用制度，提高农村专业人才服务保障能力。推动人才管理职能部门简政放权，保障和落实基层用人主体自主权。推行乡村教师"县管校聘"。实施好边远贫困地区、边疆民族地区和革命老区人才支持计划，继续实施"三支一扶"、特岗教师计划等，组织实施高校毕业生基层成长计划。支持地方高等学校、职业院校综合利用教育培训资源，灵活设置专业（方向），创新人才培养模式，为乡村振兴培养专业化人才。扶持培养一批农业职业经理人、经纪人、乡村工匠、文化能人、非遗传承人等。

（三）发挥科技人才支撑作用。 全面建立高等院校、科研院所等事业单位专业技术人员到乡村和企业挂职、兼职和离岗创新创业制度，保障其在职称评定、工资福利、社会保障等方面的权益。深入实施农业科研杰出人才计划和杰出青年农业科学家项目。健全种业等领域科研人员以知识产权明晰为基础、以知识价值为导向的分配政策。探索公益性和经营性农技推广融合发展机制，允许农技人员通过提供增值服务合理取酬。全面实施农技推广服务特聘计划。

（四）鼓励社会各界投身乡村建设。 建立有效激励机制，以乡情乡愁为纽带，吸引支持企业家、党政干部、专家学者、医生教师、规划师、建筑师、律师、技能人才等，通过下乡担任志愿者、投资兴业、包村包项目、行医办学、捐资捐物、法律服务等方式服务乡村振兴事业。研究制定管理办法，允许符合要求的公职人员回乡任职。吸引更多人才投身现代农业，培养造就新农民。加快制定鼓励引导工商资本参与乡村振兴的指导意见，落实和完善融资贷款、配套设施建设补助、税费减免、用地等扶持政策，明确政策边界，保护好农民利益。发挥工会、共青团、妇联、科协、残联等群团组织的优势和力量，发挥各民主党派、工商联、无党派人士等积极作用，支持农村产业发展、生态环境保护、乡风文明建设、农村弱势群体关爱等。实施乡村振兴"巾帼行动"。加强对下乡组织和人员的管理服务，使之成为乡村振兴的建设性力量。

（五）创新乡村人才培育引进使用机制。 建立自主培养与人才引进相结合，学历教育、技能培训、实践锻炼等多种方式并举的人力资源开发机制。建立城乡、区域、校地之间人才培养合作与交流机制。全面建立城市医生教师、科技文化人员等定期服务乡村机制。研究制定鼓励城市专业人才参与乡村振兴的政策。

十一、开拓投融资渠道，强化乡村振兴投入保障

实施乡村振兴战略，必须解决钱从哪里来的问题。要健全投入保障制度，创新投融资机制，

加快形成财政优先保障、金融重点倾斜、社会积极参与的多元投入格局，确保投入力度不断增强、总量持续增加。

（一）确保财政投入持续增长。建立健全实施乡村振兴战略财政投入保障制度，公共财政更大力度向"三农"倾斜，确保财政投入与乡村振兴目标任务相适应。优化财政供给结构，推进行业内资金整合与行业间资金统筹相互衔接配合，增加地方自主统筹空间，加快建立涉农资金统筹整合长效机制。充分发挥财政资金的引导作用，撬动金融和社会资本更多投向乡村振兴。切实发挥全国农业信贷担保体系作用，通过财政担保费率补助和以奖代补等，加大对新型农业经营主体支持力度。加快设立国家融资担保基金，强化担保融资增信功能，引导更多金融资源支持乡村振兴。支持地方政府发行一般债券用于支持乡村振兴、脱贫攻坚领域的公益性项目。稳步推进地方政府专项债券管理改革，鼓励地方政府试点发行项目融资和收益自平衡的专项债券，支持符合条件、有一定收益的乡村公益性项目建设。规范地方政府举债融资行为，不得借乡村振兴之名违法违规变相举债。

（二）拓宽资金筹集渠道。调整完善土地出让收入使用范围，进一步提高农业农村投入比例。严格控制未利用地开垦，集中力量推进高标准农田建设。改进耕地占补平衡管理办法，建立高标准农田建设等新增耕地指标和城乡建设用地增减挂钩节余指标跨省域调剂机制，将所得收益通过支出预算全部用于巩固脱贫攻坚成果和支持实施乡村振兴战略。推广一事一议、以奖代补等方式，鼓励农民对直接受益的乡村基础设施建设投工投劳，让农民更多参与建设管护。

（三）提高金融服务水平。坚持农村金融改革发展的正确方向，健全适合农业农村特点的农村金融体系，推动农村金融机构回归本源，把更多金融资源配置到农村经济社会发展的重点领域和薄弱环节，更好满足乡村振兴多样化金融需求。要强化金融服务方式创新，防止脱实向虚倾向，严格管控风险，提高金融服务乡村振兴能力和水平。抓紧出台金融服务乡村振兴的指导意见。加大中国农业银行、中国邮政储蓄银行"三农"金融事业部对乡村振兴支持力度。明确国家开发银行、中国农业发展银行在乡村振兴中的职责定位，强化金融服务方式创新，加大对乡村振兴中长期信贷支持。推动农村信用社省联社改革，保持农村信用社县域法人地位和数量总体稳定，完善村镇银行准入条件，地方法人金融机构要服务好乡村振兴。普惠金融重点要放在乡村。推动出台非存款类放贷组织条例。制定金融机构服务乡村振兴考核评估办法。支持符合条件的涉农企业发行上市、新三板挂牌和融资、并购重组，深入推进农产品期货期权市场建设，稳步扩大"保险+期货"试点，探索"订单农业+保险+期货（权）"试点。改进农村金融差异化监管体系，强化地方政府金融风险防范处置责任。

十二、坚持和完善党对"三农"工作的领导

实施乡村振兴战略是党和国家的重大决策部署，各级党委和政府要提高对实施乡村振兴战略重大意义的认识，真正把实施乡村振兴战略摆在优先位置，把党管农村工作的要求落到实处。

（一）完善党的农村工作领导体制机制。各级党委和政府要坚持工业农业一起抓、城市农村一起抓，把农业农村优先发展原则体现到各个方面。健全党委统一领导、政府负责、党委农村工作部门统筹协调的农村工作领导体制。建立实施乡村振兴战略领导责任制，实行中央统筹省负总责市县抓落实的工作机制。党政一把手是第一责任人，五级书记抓乡村振兴。县委书记要下大气力抓好"三农"工作，当好乡村振兴"一线总指挥"。各部门要按照职责，加强工作指导，强化资源要素支持和制度供给，做好协同配合，形成乡村振兴工作合力。切实加强各级

党委农村工作部门建设，按照《中国共产党工作机关条例（试行）》有关规定，做好党的农村工作机构设置和人员配置工作，充分发挥决策参谋、统筹协调、政策指导、推动落实、督导检查等职能。各省（自治区、直辖市）党委和政府每年要向党中央、国务院报告推进实施乡村振兴战略进展情况。建立市县党政领导班子和领导干部推进乡村振兴战略的实绩考核制度，将考核结果作为选拔任用领导干部的重要依据。

（二）**研究制定中国共产党农村工作条例**。根据坚持党对一切工作的领导的要求和新时代"三农"工作新形势新任务新要求，研究制定中国共产党农村工作条例，把党领导农村工作的传统、要求、政策等以党内法规形式确定下来，明确加强对农村工作领导的指导思想、原则要求、工作范围和对象、主要任务、机构职责、队伍建设等，完善领导体制和工作机制，确保乡村振兴战略有效实施。

（三）**加强"三农"工作队伍建设**。把懂农业、爱农村、爱农民作为基本要求，加强"三农"工作干部队伍培养、配备、管理、使用。各级党委和政府主要领导干部要懂"三农"工作、会抓"三农"工作，分管领导要真正成为"三农"工作行家里手。制定并实施培训计划，全面提升"三农"干部队伍能力和水平。拓宽县级"三农"工作部门和乡镇干部来源渠道。把到农村一线工作锻炼作为培养干部的重要途径，注重提拔使用实绩优秀的干部，形成人才向农村基层一线流动的用人导向。

（四）**强化乡村振兴规划引领**。制定国家乡村振兴战略规划（2018—2022年），分别明确至2020年全面建成小康社会和2022年召开党的二十大时的目标任务，细化实化工作重点和政策措施，部署若干重大工程、重大计划、重大行动。各地区各部门要编制乡村振兴地方规划和专项规划或方案。加强各类规划的统筹管理和系统衔接，形成城乡融合、区域一体、多规合一的规划体系。根据发展现状和需要分类有序推进乡村振兴，对具备条件的村庄，要加快推进城镇基础设施和公共服务向农村延伸；对自然历史文化资源丰富的村庄，要统筹兼顾保护与发展；对生存条件恶劣、生态环境脆弱的村庄，要加大力度实施生态移民搬迁。

（五）**强化乡村振兴法治保障**。抓紧研究制定乡村振兴法的有关工作，把行之有效的乡村振兴政策法定化，充分发挥立法在乡村振兴中的保障和推动作用。及时修改和废止不适应的法律法规。推进粮食安全保障立法。各地可以从本地乡村发展实际需要出发，制定促进乡村振兴的地方性法规、地方政府规章。加强乡村统计工作和数据开发应用。

（六）**营造乡村振兴良好氛围**。凝聚全党全国全社会振兴乡村强大合力，宣传党的乡村振兴方针政策和各地丰富实践，振奋基层干部群众精神。建立乡村振兴专家决策咨询制度，组织智库加强理论研究。促进乡村振兴国际交流合作，讲好乡村振兴中国故事，为世界贡献中国智慧和中国方案。

让我们更加紧密地团结在以习近平同志为核心的党中央周围，高举中国特色社会主义伟大旗帜，以习近平新时代中国特色社会主义思想为指导，迎难而上、埋头苦干、开拓进取，为决胜全面建成小康社会、夺取新时代中国特色社会主义伟大胜利作出新的贡献！

中共中央　国务院关于支持海南全面深化改革开放的指导意见

(2018年4月11日)

海南建省和兴办经济特区是党中央着眼于我国改革开放和社会主义现代化建设全局作出的重大战略决策。2018年是贯彻党的十九大精神的开局之年，是改革开放40周年，也是海南建省和兴办经济特区30周年。在新的历史条件下，为全面贯彻党的十九大精神和习近平总书记重要批示精神，更进一步凸显我国改革开放40年的重大意义，更进一步彰显党的十八大以来习近平总书记带领全国各族人民全面深化改革开放的重大意义，推动海南成为新时代全面深化改革开放的新标杆，形成更高层次改革开放新格局，探索实现更高质量、更有效率、更加公平、更可持续的发展，现提出以下意见。

一、重大意义

海南省因改革开放而生，也因改革开放而兴。1988年，党中央批准海南建省办经济特区。30年来，海南省切实履行党中央、国务院赋予的历史使命，大胆创新、奋勇拼搏，推动经济社会发展取得重大成就，把一个边陲海岛发展成为我国改革开放的重要窗口，实现了翻天覆地的变化，为全国提供了宝贵经验。实践证明，党中央关于海南建省和兴办经济特区的决策是完全正确的。

在中国特色社会主义进入新时代的大背景下，赋予海南经济特区改革开放新的使命，是习近平总书记亲自谋划、亲自部署、亲自推动的重大国家战略，必将对构建我国改革开放新格局产生重大而深远影响。支持海南全面深化改革开放有利于探索可复制可推广的经验，压茬拓展改革广度和深度，完善和发展中国特色社会主义制度；有利于我国主动参与和推动经济全球化进程，发展更高层次的开放型经济，加快推动形成全面开放新格局；有利于推动海南加快实现社会主义现代化，打造成新时代中国特色社会主义新亮点，彰显中国特色社会主义制度优越性，增强中华民族的凝聚力和向心力。

二、总体要求

(一) 指导思想。全面贯彻党的十九大和十九届二中、三中全会精神，以习近平新时代中国特色社会主义思想为指导，坚持党的全面领导，坚持稳中求进工作总基调，坚持新发展理念，统筹推进"五位一体"总体布局和协调推进"四个全面"战略布局，以供给侧结构性改革为主线，赋予海南经济特区改革开放新使命，建设自由贸易试验区和中国特色自由贸易港，解放思想、大胆创新，着力在建设现代化经济体系、实现高水平对外开放、提升旅游消费水平、服务国家重大战略、加强社会治理、打造一流生态环境、完善人才发展制度等方面进行探索，在贯彻落实党的十九大的重大决策部署上走在前列，打造实践中国特色社会主义的生动范例，开创新时代中国特色社会主义新局面，为把我国建设成为富强民主文明和谐美丽的社会主义现代化强国作出更大贡献。

（二）战略定位

——全面深化改革开放试验区。大力弘扬敢闯敢试、敢为人先、埋头苦干的特区精神，在经济体制改革和社会治理创新等方面先行先试。适应经济全球化新形势，实行更加积极主动的开放战略，探索建立开放型经济新体制，把海南打造成为我国面向太平洋和印度洋的重要对外开放门户。

——国家生态文明试验区。牢固树立和践行绿水青山就是金山银山的理念，坚定不移走生产发展、生活富裕、生态良好的文明发展道路，推动形成人与自然和谐发展的现代化建设新格局，为推进全国生态文明建设探索新经验。

——国际旅游消费中心。大力推进旅游消费领域对外开放，积极培育旅游消费新热点，下大气力提升服务质量和国际化水平，打造业态丰富、品牌集聚、环境舒适、特色鲜明的国际旅游消费胜地。

——国家重大战略服务保障区。深度融入海洋强国、"一带一路"建设、军民融合发展等重大战略，全面加强支撑保障能力建设，切实履行好党中央赋予的重要使命，提升海南在国家战略格局中的地位和作用。

（三）基本原则

——坚持和加强党对改革开放的领导。把党的领导贯穿于海南全面深化改革开放的全过程，增强"四个意识"，坚定"四个自信"，自觉维护以习近平同志为核心的党中央权威和集中统一领导，培育践行社会主义核心价值观，确保改革开放的社会主义方向。

——坚持整体推进和稳步实施。强化顶层设计，增强改革的系统性、协调性，使各项改革举措相互配合、相得益彰，提高改革整体效益。科学把握改革举措实施步骤，加强风险评估和跟踪预警，注重纠错调整，积极防范潜在风险。

——坚持统筹陆地和海洋保护发展。加强海洋生态文明建设，加大海洋保护力度，加强海洋权益维护，科学有序开发利用海洋资源，培育壮大特色海洋经济，形成陆海资源、产业、空间互动协调发展新格局。

——坚持发挥人才的关键性作用。坚持人才是第一资源，在人才培养、引进、使用上大胆创新，聚天下英才而用之，努力让各类人才引得进、留得住、用得好，使海南成为人才荟萃之岛、技术创新之岛。

（四）发展目标

到2020年，与全国同步实现全面建成小康社会目标，确保现行标准下农村贫困人口实现脱贫，贫困县全部摘帽；自由贸易试验区建设取得重要进展，国际开放度显著提高；公共服务体系更加健全，人民群众获得感明显增强；生态文明制度基本建立，生态环境质量持续保持全国一流水平。

到2025年，经济增长质量和效益显著提高；自由贸易港制度初步建立，营商环境达到国内一流水平；民主法制更加健全，治理体系和治理能力现代化水平明显提高；公共服务水平和质量达到国内先进水平，基本公共服务均等化基本实现；生态环境质量继续保持全国领先水平。

到2035年，在社会主义现代化建设上走在全国前列；自由贸易港的制度体系和运作模式更加成熟，营商环境跻身全球前列；人民生活更为宽裕，全体人民共同富裕迈出坚实步伐，优质公共服务和创新创业环境达到国际先进水平；生态环境质量和资源利用效率居于世界领先水平；现代社会治理格局基本形成，社会充满活力又和谐有序。

到本世纪中叶，率先实现社会主义现代化，形成高度市场化、国际化、法治化、现代化的制度体系，成为综合竞争力和文化影响力领先的地区，全体人民共同富裕基本实现，建成经济繁荣、社会文明、生态宜居、人民幸福的美好新海南。

三、建设现代化经济体系

坚持质量第一、效益优先，以供给侧结构性改革为主线，推动经济发展质量变革、效率变革、动力变革，提高全要素生产率，加快建立开放型生态型服务型产业体系，进一步完善社会主义市场经济体制，不断增强海南的经济创新力和竞争力。

（五）**深化供给侧结构性改革**。坚持把实体经济作为发展经济的着力点，紧紧围绕提高供给体系质量，支持海南传统产业优化升级，加快发展现代服务业，培育新动能。推动旅游业转型升级，加快构建以观光旅游为基础、休闲度假为重点、文体旅游和健康旅游为特色的旅游产业体系，推进全域旅游发展。瞄准国际先进水平，大力发展现代服务业，加快服务贸易创新发展。统筹实施网络强国战略、大数据战略、"互联网+"行动，大力推进新一代信息技术产业发展，推动互联网、物联网、大数据、卫星导航、人工智能和实体经济深度融合。鼓励发展虚拟现实技术，大力发展数字创意产业。高起点发展海洋经济，积极推进南海天然气水合物、海底矿物商业化开采，鼓励民营企业参与南海资源开发，加快培育海洋生物、海水淡化与综合利用、海洋可再生能源、海洋工程装备研发与应用等新兴产业，支持建设现代化海洋牧场。实施乡村振兴战略，做强做优热带特色高效农业，打造国家热带现代农业基地，支持创设海南特色农产品期货品种，加快推进农业农村现代化。

（六）**实施创新驱动发展战略**。面向深海探测、海洋资源开发利用、航天应用等战略性领域，支持海南布局建设一批重大科研基础设施与条件平台，建设航天领域重大科技创新基地和国家深海基地南方中心，打造空间科技创新战略高地。加强国家南繁科研育种基地（海南）建设，打造国家热带农业科学中心，支持海南建设全球动植物种质资源引进中转基地。设立海南国际离岸创新创业示范区。建立符合科研规律的科技创新管理制度和国际科技合作机制。鼓励探索知识产权证券化，完善知识产权信用担保机制。

（七）**深入推进经济体制改革**。深化国有企业改革，推进集团层面混合所有制改革，健全公司法人治理结构，完善现代企业制度。完善各类国有资产管理体制，探索政府直接授权国有资本投资、运营公司，加快国有企业横向联合、纵向整合和专业化重组，推动国有资本做强做优做大。完善产权保护制度，加强政务诚信和营商环境建设，清理废除妨碍统一市场和公平竞争的规定与做法，严厉打击不正当竞争行为，激发和保护企业家精神，支持民营企业发展，鼓励更多市场主体和社会主体投身创新创业。深化农垦改革，推进垦区集团化、农场企业化改革，有序推行土地资产化和资本化，鼓励社会资本通过设立农业产业投资基金、农垦产业发展股权投资基金等方式，参与农垦项目和国有农场改革。扎实推进房地一体的农村集体建设用地和宅基地使用权确权登记颁证，在海南全省统筹推进农村土地征收、集体经营性建设用地入市、宅基地制度改革试点，建立不同权属、不同用途建设用地合理比价调节机制和增值收益分配机制，统筹不同地区、拥有不同类型土地的农民收益。支持依法合规在海南设立国际能源、航运、大宗商品、产权、股权、碳排放权等交易场所。创新投融资方式，规范运用政府和社会资本合作

（PPP）模式，引导社会资本参与基础设施和民生事业。支持海南以电力和天然气体制改革为重点，开展能源综合改革。理顺民用机场管理体制，先行先试通用航空分类管理改革。

（八）提高基础设施网络化智能化水平。 按照适度超前、互联互通、安全高效、智能绿色的原则，大力实施一批重大基础设施工程，加快构建现代基础设施体系。建设"数字海南"，推进城乡光纤网络和高速移动通信网络全覆盖，加快实施信息进村入户工程，着力提升南海海域通信保障能力。落实国家网络安全等级保护制度，提升网络安全保障水平。推进海口机场改扩建工程，开展三亚新机场、儋州机场、东方/五指山机场前期工作，加密海南直达全球主要客源地的国际航线。优化整合港口资源，重点支持海口、洋浦港做优做强。推进电网主网架结构建设和城乡电网智能化升级改造，开展智能电网、微电网等示范项目建设。构建覆盖城乡的供气管网。加强城市地下空间利用和综合管廊建设。完善海岛型水利设施网络。

四、推动形成全面开放新格局

坚持全方位对外开放，按照先行先试、风险可控、分步推进、突出特色的原则，第一步，在海南全境建设自由贸易试验区，赋予其现行自由贸易试验区试点政策；第二步，探索实行符合海南发展定位的自由贸易港政策。

（九）高标准高质量建设自由贸易试验区。 以现有自由贸易试验区试点内容为主体，结合海南特点，建设中国（海南）自由贸易试验区，实施范围为海南岛全岛。以制度创新为核心，赋予更大改革自主权，支持海南大胆试、大胆闯、自主改，加快形成法治化、国际化、便利化的营商环境和公平统一高效的市场环境。更大力度转变政府职能，深化简政放权、放管结合、优化服务改革，全面提升政府治理能力。实行高水平的贸易和投资自由化便利化政策，对外资全面实行准入前国民待遇加负面清单管理制度，围绕种业、医疗、教育、体育、电信、互联网、文化、维修、金融、航运等重点领域，深化现代农业、高新技术产业、现代服务业对外开放，推动服务贸易加快发展，保护外商投资合法权益。推进航运逐步开放。发挥海南岛全岛试点的整体优势，加强改革系统集成，力争取得更多制度创新成果，彰显全面深化改革和扩大开放试验田作用。

（十）探索建设中国特色自由贸易港。 根据国家发展需要，逐步探索、稳步推进海南自由贸易港建设，分步骤、分阶段建立自由贸易港政策体系。海南自由贸易港建设要体现中国特色，符合海南发展定位，学习借鉴国际自由贸易港建设经验，不以转口贸易和加工制造为重点，而以发展旅游业、现代服务业和高新技术产业为主导，更加强调通过人的全面发展，充分激发发展活力和创造力，打造更高层次、更高水平的开放型经济。及时总结59国外国人入境旅游免签政策实施效果，加大出入境安全措施建设，为进一步扩大免签创造条件。完善国际贸易"单一窗口"等信息化平台。积极吸引外商投资以及先进技术、管理经验，支持外商全面参与自由贸易港建设。在内外贸、投融资、财政税务、金融创新、出入境等方面探索更加灵活的政策体系、监管模式和管理体制，打造开放层次更高、营商环境更优、辐射作用更强的开放新高地。

（十一）加强风险防控体系建设。 出台有关政策要深入论证、严格把关，成熟一项推出一项。打好防范化解重大风险攻坚战，有效履行属地金融监管职责，构建金融宏观审慎管理体系，建立金融监管协调机制，加强对重大风险的识别和系统性金融风险的防范，严厉打击洗钱、恐怖融资及逃税等金融犯罪活动，有效防控金融风险。优化海关监管方式，强化进出境安全准入管理，完善对国家禁止和限制入境货物、物品的监管，高效精准打击走私活动。建立检验检疫风险分类监管综合评定机制。强化企业投资经营事中事后监管，实行"双随机、一公开"监管全覆盖。

五、创新促进国际旅游消费中心建设的体制机制

深入推进国际旅游岛建设，不断优化发展环境，进一步开放旅游消费领域，积极培育旅游消费新业态、新热点，提升高端旅游消费水平，推动旅游消费提质升级，进一步释放旅游消费潜力，积极探索消费型经济发展的新路径。

（十二）**拓展旅游消费发展空间**。实施更加开放便利的离岛免税购物政策，实现离岛旅客全覆盖，提高免税购物限额。支持海南开通跨国邮轮旅游航线，支持三亚等邮轮港口开展公海游航线试点，加快三亚向邮轮母港方向发展。放宽游艇旅游管制。有序推进西沙旅游资源开发，稳步开放海岛游。全面落实完善博鳌乐城国际医疗旅游先行区政策，鼓励医疗新技术、新装备、新药品的研发应用，制定支持境外患者到先行区诊疗的便利化政策。推动文化和旅游融合发展，大力发展动漫游戏、网络文化、数字内容等新兴文化消费，促进传统文化消费升级。允许外资在海南试点设立在本省经营的演出经纪机构，允许外资在海南省内经批准的文化旅游产业集聚区设立演出场所经营单位，演出节目需符合国家法律和政策规定。允许旅游酒店经许可接收国家批准落地的境外电视频道。支持在海南建设国家体育训练南方基地和省级体育中心，鼓励发展沙滩运动、水上运动、赛马运动等项目，支持打造国家体育旅游示范区。探索发展竞猜型体育彩票和大型国际赛事即开彩票。探索从空间规划、土地供给、资源利用等方面支持旅游项目建设。

（十三）**提升旅游消费服务质量**。鼓励海南旅游企业优化重组，支持符合条件的企业上市融资，促进旅游产业规模化、品牌化、网络化经营，形成一批具有国际竞争力的旅游集团。推进经济型酒店连锁经营，鼓励发展各类生态、文化主题酒店和特色化、中小型家庭旅馆，积极引进国内外高端酒店集团和著名酒店管理品牌。高标准布局建设具有国际影响力的大型消费商圈，完善"互联网+"消费生态体系，鼓励建设"智能店铺"、"智慧商圈"，支持完善跨境消费服务功能。加强旅游公共服务设施的统筹规划和建设。健全旅游服务的标准体系、监管体系、诚信体系、投诉体系，建立企业信誉等级评价、重大信息公告、消费投诉信息和违规记录公示制度。严厉打击扰乱旅游市场秩序的违法违规行为，完善旅游纠纷调解机制，切实维护旅游者合法权益。支持海南整合旅游营销资源，强化整体宣传营销，促进海南旅游形象提升。

（十四）**大力推进旅游消费国际化**。支持海南积极引进国际优质资本和智力资源，采用国际先进理念进行旅游资源保护和开发。允许在海南注册的符合条件的中外合资旅行社从事除台湾地区以外的出境旅游业务。支持海南积极参与国际旅游合作与分工，与国际组织和企业在引资引智、市场开发、教育培训、体育赛事等方面开展务实合作。加快建立与国际通行规则相衔接的旅游管理体制，推动更多企业开展国际标准化组织（ISO）质量和环境管理体系认证，提升企业管理水平。系统提升旅游设施和旅游要素的国际化、标准化、信息化水平。指导海南进一步办好国际体育赛事，支持再引入一批国际一流赛事。支持海南举办国际商品博览会和国际电影节。

六、服务和融入国家重大战略

支持海南履行好党中央赋予的重要使命，持续加强支撑保障能力建设，更好服务海洋强国、

"一带一路"建设、军民融合发展等国家重大战略实施。

（十五）加强南海维权和开发服务保障能力建设。加快完善海南的维权、航运、渔业等重点基础设施，显著提升我国对管辖海域的综合管控和开发能力。实施南海保障工程，建立完善的救援保障体系。保障法院行使对我国管辖海域的司法管辖权。支持三亚海上旅游合作开发基地、澄迈等油气勘探生产服务基地建设。加强重点渔港和避风港建设。

（十六）深化对外交往与合作。充分利用博鳌亚洲论坛等国际交流平台，推动海南与"一带一路"沿线国家和地区开展更加务实高效的合作，建设21世纪海上丝绸之路重要战略支点。鼓励境外机构落户海南。支持海南推进总部基地建设，鼓励跨国企业、国内大型企业集团在海南设立国际总部和区域总部。支持在海南设立21世纪海上丝绸之路文化、教育、农业、旅游交流平台，推动琼海农业对外开放合作试验区建设。加强海南与东南亚国家的沟通交流，重点开展旅游、环境保护、海洋渔业、人文交流、创新创业、防灾减灾等领域合作。

（十七）推进军民融合深度发展。落实经济建设项目贯彻国防要求的有关部署，加强军地在基础设施、科技、教育和医疗服务等领域的统筹发展，建立军地共商、科技共兴、设施共建、后勤共保的体制机制，将海南打造成为军民融合发展示范基地。依托海南文昌航天发射场，推动建设海南文昌国际航天城。完善南海岛礁民事服务设施与功能，建设生态岛礁，打造南海军民融合精品工程。深化空域精细化管理改革，提升军民航空域使用效率。完善军地土地置换政策，保障军事用地需求，促进存量土地盘活利用。建设国家战略能源储备基地。

（十八）加强区域合作交流互动。依托泛珠三角区域合作机制，鼓励海南与有关省区共同参与南海保护与开发，共建海洋经济示范区、海洋科技合作区。密切与香港、澳门在海事、海警、渔业、海上搜救等领域的合作，积极对接粤港澳大湾区建设。加强与台湾地区在教育、医疗、现代农业、海洋资源保护与开发等领域的合作。深化琼州海峡合作，推进港航、旅游协同发展。

七、加强和创新社会治理

始终坚持以人民为中心的发展思想，完善公共服务体系，加强社会治理制度建设，不断满足人民日益增长的美好生活需要，形成有效的社会治理、良好的社会秩序，使人民获得感、幸福感、安全感更加充实、更有保障、更可持续。

（十九）健全改善民生长效机制。坚决打赢精准脱贫攻坚战，建立稳定脱贫长效机制，促进脱贫提质增效。深化户籍制度改革，有序推进农业转移人口市民化，推动基本公共服务覆盖全部常住人口。大力实施基础教育提质工程，全面提升学前教育和中小学教育质量。完善劳动用工制度，健全最低工资标准调整和工资支付保障长效机制。开展激发重点群体增收活力改革试点，推进事业单位改革和人才评价机制改革，在国家政策框架内，加快完善与自由贸易试验区和自由贸易港建设相适应、体现工作绩效和分级分类管理的机关事业单位工资分配政策。创新社会救助模式，完善专项救助制度，在重点保障城乡低保对象、特困人员的基础上，将专项救助向低收入家庭延伸。全面实施全民参保计划。建立和完善房地产长效机制，防止房价大起大落。继续深化医药卫生体制改革。

（二十）打造共建共治共享的社会治理格局。加强预防和化解社会矛盾机制建设，正确处理人民内部矛盾。加强人口动态数据收集分析，建立人口监测预警报告制度。推动建立以社会保障卡为载体的"一卡通"服务管理模式。探索行业协会商会类、科技类、公益慈善类、城乡社区服务类社会组织依法直接登记制度，支持社会组织在规范市场秩序、开展行业监管、加强行业自律、调解贸易纠纷等方面发挥更大作用，推进行业协会商会脱钩改革。全面加强基层治理，统筹推进基层政权建设和基层群众自治，促进乡镇（街道）治理和城乡社区治理有效衔接，构建简约高效的基层管理体制。全面推进社会信用体系建设，加快构建守信激励和失信惩戒机制。围绕行政管理、司法管理、城市管理、环境保护等社会治理的热点难点问题，促进人工智能技术应用，提高社会治理智能化水平。

（二十一）深化行政体制改革。全面贯彻党的十九届三中全会精神，认真落实《中共中央关于深化党和国家机构改革的决定》、《深化党和国家机构改革方案》，坚决维护党中央权威和集中统一领导，率先完成地方党政机构改革。深化"放管服"改革，在进一步简政放权、放管结合、优化服务方面走在全国前列，推动自由贸易试验区和自由贸易港建设。按照宜放则放、不宜放则不放的原则，赋予海南省级政府更多自主权，将贴近基层和群众的管理服务事务交由下级政府承担。推进海南行政区划改革创新，优化行政区划设置和行政区划结构体系。支持海南按照实际需要统筹使用各类编制资源。深化"多规合一"改革，推动形成全省统一的空间规划体系。积极探索与行政体制改革相适应的司法体制改革。

八、加快生态文明体制改革

牢固树立社会主义生态文明观，像对待生命一样对待生态环境，实行最严格的生态环境保护制度，还自然以宁静、和谐、美丽，提供更多优质生态产品以满足人民日益增长的优美生态环境需要，谱写美丽中国海南篇章。

（二十二）完善生态文明制度体系。加快建立健全生态文明建设长效机制，压紧压实生态环境保护责任。率先建立生态环境和资源保护现代监管体制，设立国有自然资源资产管理和自然生态监管机构。落实环境保护"党政同责、一岗双责"，构建以绿色发展为导向的评价考核体系，严格执行党政领导干部自然资源资产离任审计、生态环境损害责任追究制度。编制自然资源资产负债表，实行省以下环保机构监测监察执法垂直管理制度。支持海南在建立完善自然资源资产产权制度和有偿使用制度方面率先进行探索。加快完善生态保护成效与财政转移支付资金分配相挂钩的生态保护补偿机制。全面实施河长制、湖长制、湾长制、林长制。探索建立水权制度。鼓励海南国家级、省级自然保护区依法合规探索开展森林经营先行先试。加强对海洋生态环境的司法保护。开展海洋生态系统碳汇试点。研究构建绿色标准体系，建立绿色产品政府采购制度，创建绿色发展示范区。实行碳排放总量和能耗增量控制。建立环境污染"黑名单"制度，健全环保信用评价、信息强制性披露、严惩重罚等制度。在环境高风险领域建立环境污染强制责任保险制度。

（二十三）构建国土空间开发保护制度。深入落实主体功能区战略，健全国土空间用途管制制度，完善主体功能区配套政策，制定实施海南省海洋主体功能区规划。完成生态保护红线、永久基本农田、城镇开发边界和海洋生物资源保护线、围填海控制线划定工作，严格自然生态空间用途管制。实行最严格的节约用地制度，实施建设用地总量和强度双控行动，推进城市更新改造，对低效、零散用地进行统筹整合、统一开发，确保海南建设用地总量在现有基础上不增加，人均城镇工矿用地和单位国内生产总值建设用地使用面积稳步下降。加强自然保护区监督管理。研究设立热带雨林等国家公园，构建以国家公园为主体的自然保护地体系，按照自然生态系统整体性、系统性及其内在规律实行整体保护、系统修复、综合治理。实施重要生态系统保护和修复重大工程，构建生态廊道和生物多样性保护网络，提升生态系统质量和稳定性。鼓励在重点生态区位推行商品林赎买制度，探索通过租赁、置换、地役权合同等方式规范流转集体土地和经济林，逐步恢复和扩大热带雨林等自然生态空间。实施国家储备林质量精准提升工程，建设乡土珍稀树种木材储备基地。对生态环境脆弱和敏感区域内居民逐步实施生态移民搬迁。严格保护海洋生态环境，更加重视以海定陆，加快建立重点海域入海污染物总量控制制度，制定实施海岸带保护与利用综合规划。

（二十四）推动形成绿色生产生活方式。 坚持"绿色、循环、低碳"理念，建立产业准入负面清单制度，全面禁止高能耗、高污染、高排放产业和低端制造业发展，推动现有制造业向智能化、绿色化和服务型转变，加快构建绿色产业体系。实施能源消费总量和强度双控行动。支持海南建设生态循环农业示范省，加快创建农业绿色发展先行区。实行生产者责任延伸制度，推动生产企业切实落实废弃产品回收责任。减少煤炭等化石能源消耗，加快构建安全、绿色、集约、高效的清洁能源供应体系。建立闲置房屋盘活利用机制，鼓励发展度假民宿等新型租赁业态。探索共享经济发展新模式，在出行、教育、职业培训等领域开展试点示范。科学合理控制机动车保有量，加快推广新能源汽车和节能环保汽车，在海南岛逐步禁止销售燃油汽车。全面禁止在海南生产、销售和使用一次性不可降解塑料袋、塑料餐具，加快推进快递业绿色包装应用。

九、完善人才发展制度

实施人才强国战略，深化人才发展体制机制改革，实行更加积极、更加开放、更加有效的人才政策，加快形成人人渴望成才、人人努力成才、人人皆可成才、人人尽展其才的良好环境。

（二十五）创新人才培养支持机制。 鼓励海南充分利用国内外优质教育培训资源，加强教育培训合作，培养高水平的国际化人才。支持海南大学创建世界一流学科，支持相关高校培育建设重点实验室。鼓励国内知名高校和研究机构在海南设立分支机构。完善职业教育和培训体系，深化产教融合、校企合作，鼓励社会力量通过独资、合资、合作等多种形式举办职业教育。鼓励海南引进境外优质教育资源，举办高水平中外合作办学机构和项目，探索建立本科以上层次中外合作办学项目部省联合审批机制。支持海南通过市场化方式设立专业人才培养专项基金。完善促进终身教育培训的体制机制。

（二十六）构建更加开放的引才机制。 加大国家级人才计划对海南省人才队伍建设的支持力度。紧紧围绕强化公益属性的目标深化事业单位改革，除仅为机关提供支持保障的事业单位外，原则上取消行政级别，允许改革后的事业单位结合实际完善有利于激励人才的绩效工资内部分配办法。促进教师、医生、科研人员等合理流动。创新"候鸟型"人才引进和使用机制，设立"候鸟"人才工作站，允许内地国企、事业单位的专业技术和管理人才按规定在海南兼职兼薪、按劳取酬。支持海南开展国际人才管理改革试点，允许外籍和港澳台地区技术技能人员按规定在海南就业、永久居留。允许在中国高校获得硕士及以上学位的优秀外国留学生在海南就业和创业，扩大海南高校留学生规模。支持海南探索建立吸引外国高科技人才的管理制度。

（二十七）建设高素质专业化干部队伍。 坚持党管干部原则，坚持正确选人用人导向，突出政治标准，注重培养专业能力、专业精神，增强干部队伍助推海南全面深化改革开放的能力。推进公务员聘任制和分类管理改革，拓宽社会优秀人才进入党政干部队伍渠道，允许在专业性较强的政府机构设置高端特聘职位，实施聘期管理和协议工资。加强海南与国内发达地区的公务员学习交流，开展公务员国际交流合作，稳妥有序开展公务人员境外培训。加强优秀后备干部储备，完善鼓励干部到基层一线、困难艰苦地区历练的机制。

（二十八）**全面提升人才服务水平**。加大优质公共服务供给，满足人才对高品质公共服务的需求。大力引进优质医疗资源，鼓励社会力量发展高水平医疗机构，推进国际国内医疗资源合作，积极引进优秀卫生专业技术人员。深度推进跨省异地就医住院医疗费用直接结算，鼓励发展商业补充保险。推进社会养老服务设施建设。加快数字图书馆、数字博物馆、网上剧院等建设，构建标准统一、互联互通的公共数字文化服务网络。出台专门政策解决引进人才的任职、住房、就医、社保、子女教育等问题。

十、保障措施

毫不动摇加强党对改革开放的领导，进一步强化政策支持，建立健全"中央统筹、部门支持、省抓落实"的工作机制，坚定自觉地把党中央、国务院的决策部署落到实处。

（二十九）**加强党的领导**。坚持党对一切工作的领导，充分发挥党总揽全局、协调各方的作用。海南省委要把党的政治建设摆在首位，用习近平新时代中国特色社会主义思想武装海南党员干部。着眼于健全加强党的全面领导的制度，优化党的组织机构，建立健全省委对全面深化改革开放工作的领导体制机制，更好发挥党的职能部门作用，提高党把方向、谋大局、定政策、促改革的能力和定力。加强基层党组织建设，着力提升组织力，增强政治功能，引导广大党员发挥先锋模范作用，把基层党组织建设成为推动海南全面深化改革开放的坚强战斗堡垒。完善体现新发展理念和正确政绩观要求的干部考核评价体系，建立激励机制和容错纠错机制，旗帜鲜明地为敢于担当、踏实做事、不谋私利的干部撑腰鼓劲。牢牢掌握意识形态工作领导权，把社会主义核心价值观融入社会发展各方面，坚定文化自信。持之以恒正风肃纪，强化纪检监察工作，营造风清气正良好环境。深化政治巡视。全面落实监察法。

（三十）**强化政策保障**。本意见提出的各项改革政策措施，凡涉及调整现行法律或行政法规的，经全国人大或国务院统一授权后实施。中央有关部门根据海南省建设自由贸易试验区、探索实行符合海南发展定位的自由贸易港政策需要，及时向海南省下放相关管理权限，给予充分的改革自主权。按照市场化方式，设立海南自由贸易港建设投资基金。深化司法体制综合配套改革，全面落实司法责任制，实行法院、检察院内设机构改革试点，建立法官、检察官员额退出机制。支持建立国际经济贸易仲裁机构和国际争端调解机构等多元纠纷解决机构。

（三十一）**完善实施机制**。海南省要发挥主体责任，主动作为、真抓实干，敢为人先、大胆探索，以"功成不必在我"的精神境界和"功成必定有我"的历史担当，一任接着一任干，一茬接着一茬干，将蓝图一绘到底。要制定预案，稳定市场预期，坚决防范炒房炒地投机行为。研究建立重大问题协调机制，统筹推进海南全面深化改革开放工作。中央有关部门要真放真改真支持，切实贯彻落实本意见提出的各项任务和政策措施，会同海南省抓紧制定实施方案。国家发展改革委要加强综合协调，强化督促检查，适时组织对本意见实施情况进行评估，及时发现问题并提出整改建议，重大事项向党中央、国务院报告。

中共中央 国务院关于打赢脱贫攻坚战三年行动的指导意见

(2018年6月15日)

党的十八大以来，以习近平同志为核心的党中央把脱贫攻坚工作纳入"五位一体"总体布局和"四个全面"战略布局，作为实现第一个百年奋斗目标的重点任务，作出一系列重大部署和安排，全面打响脱贫攻坚战。过去5年，我们采取超常规举措，以前所未有的力度推进脱贫攻坚，农村贫困人口显著减少，贫困发生率持续下降，解决区域性整体贫困迈出坚实步伐，贫困地区农民生产生活条件显著改善，贫困群众获得感显著增强，脱贫攻坚取得决定性进展，创造了我国减贫史上的最好成绩。过去5年，我们充分发挥政治优势和制度优势，构筑了全社会扶贫的强大合力，建立了中国特色的脱贫攻坚制度体系，为全球减贫事业贡献了中国智慧和中国方案，谱写了人类反贫困史上的辉煌篇章。

党的十九大明确把精准脱贫作为决胜全面建成小康社会必须打好的三大攻坚战之一，作出了新的部署。从脱贫攻坚任务看，未来3年，还有3000万左右农村贫困人口需要脱贫，其中因病、因残致贫比例居高不下，在剩余3年时间内完成脱贫目标，任务十分艰巨。特别是西藏、四省藏区、南疆四地州和四川凉山州、云南怒江州、甘肃临夏州（以下简称"三区三州"）等深度贫困地区，不仅贫困发生率高、贫困程度深，而且基础条件薄弱、致贫原因复杂、发展严重滞后、公共服务不足，脱贫难度更大。从脱贫攻坚工作看，形式主义、官僚主义、弄虚作假、急躁和厌战情绪以及消极腐败现象仍然存在，有的还很严重，影响脱贫攻坚有效推进。必须清醒地把握打赢脱贫攻坚战的困难和挑战，切实增强责任感和紧迫感，一鼓作气、尽锐出战、精准施策，以更有力的行动、更扎实的工作，集中力量攻克贫困的难中之难、坚中之坚，确保坚决打赢脱贫这场对如期全面建成小康社会、实现第一个百年奋斗目标具有决定性意义的攻坚战。

按照党的十九大关于打赢脱贫攻坚战总体部署，根据各地区各部门贯彻落实《中共中央、国务院关于打赢脱贫攻坚战的决定》的进展和实践中存在的突出问题，现就完善顶层设计、强化政策措施、加强统筹协调，推动脱贫攻坚工作更加有效开展，制定以下指导意见。

一、全面把握打赢脱贫攻坚战三年行动的总体要求

（一）指导思想

全面贯彻党的十九大和十九届二中、三中全会精神，以习近平新时代中国特色社会主义思想为指导，充分发挥政治优势和制度优势，坚持精准扶贫精准脱贫基本方略，坚持中央统筹、省负总责、市县抓落实的工作机制，坚持大扶贫工作格局，坚持脱贫攻坚目标和现行扶贫标准，聚焦深度贫困地区和特殊贫困群体，突出问题导向，优化政策供给，下足绣花功夫，着力激发贫困人口内生动力，着力夯实贫困人口稳定脱贫基础，着力加强扶贫领域作风建设，切实提高贫困人口获得感，确保到2020年贫困地区和贫困群众同全国一道进入全面小康社会，为实施乡

村振兴战略打好基础。

（二）任务目标

到2020年，巩固脱贫成果，通过发展生产脱贫一批，易地搬迁脱贫一批，生态补偿脱贫一批，发展教育脱贫一批，社会保障兜底一批，因地制宜综合施策，确保现行标准下农村贫困人口实现脱贫，消除绝对贫困；确保贫困县全部摘帽，解决区域性整体贫困。实现贫困地区农民人均可支配收入增长幅度高于全国平均水平。实现贫困地区基本公共服务主要领域指标接近全国平均水平，主要有：贫困地区具备条件的乡镇和建制村通硬化路，贫困村全部实现通动力电，全面解决贫困人口住房和饮水安全问题，贫困村达到人居环境干净整洁的基本要求，切实解决义务教育学生因贫失学辍学问题，基本养老保险和基本医疗保险、大病保险实现贫困人口全覆盖，最低生活保障实现应保尽保。集中连片特困地区和革命老区、民族地区、边疆地区发展环境明显改善，深度贫困地区如期完成全面脱贫任务。

（三）工作要求

坚持严格执行现行扶贫标准。严格按照"两不愁、三保障"要求，确保贫困人口不愁吃、不愁穿；保障贫困家庭孩子接受九年义务教育，确保有学上、上得起学；保障贫困人口基本医疗需求，确保大病和慢性病得到有效救治和保障；保障贫困人口基本居住条件，确保住上安全住房。要量力而行，既不能降低标准，也不能擅自拔高标准、提不切实际的目标，避免陷入"福利陷阱"，防止产生贫困村和非贫困村、贫困户和非贫困户待遇的"悬崖效应"，留下后遗症。

坚持精准扶贫精准脱贫基本方略。做到扶持对象精准、项目安排精准、资金使用精准、措施到户精准、因村派人（第一书记）精准、脱贫成效精准，因地制宜、从实际出发，解决好扶持谁、谁来扶、怎么扶、如何退问题，做到扶真贫、真扶贫，脱真贫、真脱贫。

坚持把提高脱贫质量放在首位。牢固树立正确政绩观，不急功近利，不好高骛远，更加注重帮扶的长期效果，夯实稳定脱贫、逐步致富的基础。要合理确定脱贫时序，不搞层层加码，不赶时间进度、搞冲刺，不搞拖延耽误，确保脱贫攻坚成果经得起历史和实践检验。

坚持扶贫同扶志扶智相结合。正确处理外部帮扶和贫困群众自身努力的关系，强化脱贫光荣导向，更加注重培养贫困群众依靠自力更生实现脱贫致富的意识，更加注重提高贫困地区和贫困人口自我发展能力。

坚持开发式扶贫和保障性扶贫相统筹。把开发式扶贫作为脱贫基本途径，针对致贫原因和贫困人口结构，加强和完善保障性扶贫措施，造血输血协同，发挥两种方式的综合脱贫效应。

坚持脱贫攻坚与锤炼作风、锻炼队伍相统一。把脱贫攻坚战场作为培养干部的重要阵地，强化基层帮扶力量，密切党同人民群众血肉联系，提高干部干事创业本领，培养了解国情和农村实际的干部队伍。

坚持调动全社会扶贫积极性。充分发挥政府和社会两方面力量作用，强化政府责任，引导市场、社会协同发力，构建专项扶贫、行业扶贫、社会扶贫互为补充的大扶贫格局。

二、集中力量支持深度贫困地区脱贫攻坚

（一）着力改善深度贫困地区发展条件

推进深度贫困地区交通建设攻坚，加快实施深度贫困地区具备条件的建制村通硬化路工程。

加快实施深度贫困地区农村饮水安全巩固提升工程。加快深度贫困地区小型水利工程建设，推进深度贫困地区在建重大水利工程建设进度。推进深度贫困地区农村电网建设攻坚，实现农网动力电全覆盖。加强"三区三州"电网建设，加快解决网架结构薄弱、供电质量偏低等问题。加大深度贫困地区互联网基础设施建设投资力度，加快实现深度贫困地区贫困村网络全覆盖。推进深度贫困地区整合资金、统一规划、统筹实施农村土地综合整治和高标准农田建设。推进西藏、四省藏区、新疆南疆退耕还林还草、退牧还草工程。加快岩溶地区石漠化综合治理、西藏生态安全屏障、青海三江源生态保护、祁连山生态保护和综合治理等重点工程建设。实施贫困村提升工程。

（二）着力解决深度贫困地区群众特殊困难

全面实施"三区三州"健康扶贫攻坚行动，重点做好包虫病、艾滋病、大骨节病、结核病等疾病综合防治。加强禁毒脱贫工作，分级分类落实禁毒脱贫举措。采取特殊措施和手段推动人口较少民族贫困人口精准脱贫。全面落实边民补助、住房保障等守边固边政策，改善抵边一线乡村交通、饮水等条件，启动实施抵边村寨电网升级改造攻坚计划，加快推进边境村镇宽带网络建设。稳妥推进新疆南疆土地清理再分配改革，建立土地经营与贫困户直接挂钩的利益分配机制。

（三）着力加大深度贫困地区政策倾斜力度

中央财政进一步增加对深度贫困地区专项扶贫资金、教育医疗保障等转移支付，加大重点生态功能区转移支付、农村危房改造补助资金、中央预算内投资、车购税收入补助地方资金、县级基本财力保障机制奖补资金等对深度贫困地区的倾斜力度，增加安排深度贫困地区一般债券限额。规范扶贫领域融资，依法发行地方政府债券，加大深度贫困地区扶贫投入。新增金融资金优先满足深度贫困地区，新增金融服务优先布局深度贫困地区，对深度贫困地区发放的精准扶贫贷款实行差异化贷款利率。保障深度贫困地区产业发展、基础设施建设、易地扶贫搬迁、民生发展等用地，对土地利用规划计划指标不足部分由中央协同所在省份解决。深度贫困地区开展城乡建设用地增减挂钩可不受指标规模限制，建立深度贫困地区城乡建设用地增减挂钩节余指标跨省域调剂使用机制。深度贫困地区建设用地涉及农用地转用和土地征收的，依法加快审批。在援藏援疆援青工作中，进一步加大对"三区三州"等深度贫困地区干部选派倾斜支持力度。

三、强化到村到户到人精准帮扶举措

（一）加大产业扶贫力度

深入实施贫困地区特色产业提升工程，因地制宜加快发展对贫困户增收带动作用明显的种植养殖业、林草业、农产品加工业、特色手工业、休闲农业和乡村旅游，积极培育和推广有市场、有品牌、有效益的特色产品。将贫困地区特色农业项目优先列入优势特色农业提质增效行动计划，加大扶持力度，建设一批特色种植养殖基地和良种繁育基地。支持有条件的贫困县创办一二三产业融合发展扶贫产业园。组织国家级龙头企业与贫困县合作创建绿色食品、有机农产品原料标准化基地。实施中药材产业扶贫行动计划，鼓励中医药企业到贫困地区建设中药材基地。多渠道拓宽农产品营销渠道，推动批发市场、电商企业、大型超市等市场主体与贫困村建立长期稳定的产销关系，支持供销、邮政及各类企业把服务网点延伸到贫困村，推广以购代捐的扶贫模式，组织开展贫困地区农产品定向直供直销学校、医院、机关食堂和交易市场活动。加快推进"快递下乡"工程，完善贫困地区农村物流配送体系，加强特色优势农产品生产基地冷链设施建设。推动邮政与快递、交通运输企业在农村地区扩展合作范围、合作领域和服务内容。完善新型农业经营主体与贫困户联动发展的利益联结机制，推广股份合作、订单帮扶、生产托管等有效做法，实现贫困户与现代农业发展有机衔接。建立贫困户产业发展指导员制度，明确到户帮扶干部承担产业发展指导职责，帮助贫困户协调解决生产经营中的问题。鼓励各地通过政府购买服务方式向贫困户提供便利高效的农业社会化服务。实施电商扶贫，优先在贫困县建设农村电子商务服务站点。继续实施电子商务进农村综合示范项目。动员大型电商企业和电商强县对口帮扶贫困县，推进电商扶贫网络频道建设。积极推动贫困地区农村资源变资产、资金变股金、农民变股东改革，制定实施贫困地区集体经济薄弱村发展提升计划，通过盘活集体资源、入股或参股、量化资产收益等渠道增加集体经济收入。在条件适宜地区，以贫困村村级光伏电站建设为重点，有序推进光伏扶贫。支持贫困县整合财政涉农资金发展特色产业。鼓励地方从实际出发利用扶贫资金发展短期难见效、未来能够持续发挥效益的产业。规范和推动资产收益扶贫工作，确保贫困户获得稳定收益。将产业扶贫纳入贫困县扶贫成效考核和党政一把手离任审计，引导各地发展长期稳定的脱贫产业项目。

（二）全力推进就业扶贫

实施就业扶贫行动计划，推动就业意愿、就业技能与就业岗位精准对接，提高劳务组织化程度和就业脱贫覆盖面。鼓励贫困地区发展生态友好型劳动密集型产业，通过岗位补贴、场租补贴、贷款支持等方式，扶持企业在贫困乡村发展一批扶贫车间，吸纳贫困家庭劳动力就近就业。推进贫困县农民工创业园建设，加大创业担保贷款、创业服务力度，推动创业带动就业。鼓励开发多种形式的公益岗位，通过以工代赈、以奖代补、劳务补助等方式，动员更多贫困群众参与小型基础设施、农村人居环境整治等项目建设，吸纳贫困家庭劳动力参与保洁、治安、护路、管水、扶残助残、养老护理等，增加劳务收入。深入推进扶贫劳务协作，加强劳务输出服务工作，在外出劳动力就业较多的城市建立服务机构，提高劳务对接的组织化程度和就业质量。东部地区要组织企业到西部地区建设产业园区，吸纳贫困人口稳定就业。西部地区要组织贫困人口到东部地区就业。实施家政和护工服务劳务对接扶贫行动，打造贫困地区家政和护工服务品牌，完善家政和护工就业保障机制。实施技能脱贫专项行动，统筹整合各类培训资源，组织有就业培训意愿的贫困家庭劳动力参加劳动预备制培训、岗前培训、订单培训和岗位技能提升培训，按规定落实职业培训补贴政策。推进职业教育东西协作行动，实现东西部职业院校结对帮扶全覆盖，深入实施技能脱贫千校行动，支持东部地区职业院校招收对口帮扶的西部地区贫困家庭学生，帮助有在东部地区就业意愿的毕业生实现就业。在人口集中和产业发展需要的贫困地区办好一批中等职业学校（含技工学校），建设一批职业技能实习实训基地。

（三）深入推动易地扶贫搬迁

全面落实国家易地扶贫搬迁政策要求和规范标准，结合推进新型城镇化，进一步提高集中安置比例，稳妥推进分散安置并强化跟踪监管，完善安置区配套基础设施和公共服务设施，严守贫困户住房建设面积和自筹资金底线，统筹各项扶贫和保障措施，确保完成剩余390万左右贫困人口搬迁建设任务，确保搬迁一户、稳定脱贫一户。按照以岗定搬、以业定迁原则，加强后续产业发展和转移就业工作，确保贫困搬迁家庭至少1个劳动力实现稳定就业。在自然条件和发展环境异常恶劣地区，结合行政村规划布局调整，鼓励实施整村整组搬迁。今后3年集中力量完成"十三五"规划的建档立卡贫困人口搬迁任务，确保具备搬迁安置条件的贫困人口应搬尽搬，逐步实施同步搬迁。对目前不具备搬迁安置条件的贫困人口，优先解决其"两不愁、三保障"问题，今后可结合实施乡村振兴战略压茬推进，通过实施生态宜居搬迁和有助于稳定脱贫、逐步致富的其他形式搬迁，继续稳步推进。加强安置区社区管理和服务，切实做好搬迁群众户口迁移、上学就医、社会保障、心理疏导等接续服务工作，引导搬迁群众培养良好生活习惯，尽快融入新环境新社区。强化易地扶贫搬迁督促检查，确保高质量完成易地扶贫搬迁目标任务。

（四）加强生态扶贫

创新生态扶贫机制，加大贫困地区生态保护修复力度，实现生态改善和脱贫双赢。推进生态保护扶贫行动，到2020年在有劳动能力的贫困人口中新增选聘生态护林员、草管员岗位40万个。加大对贫困地区天然林保护工程建设支持力度。探索天然林、集体公益林托管，推广"合作社+管护+贫困户"模式，吸纳贫困人口参与管护。建设生态扶贫专业合作社（队），吸纳贫困人口参与防沙治沙、石漠化治理、防护林建设和储备林营造。推进贫困地区低产低效林提质增效工程。加大贫困地区新一轮退耕还林还草支持力度，将新增退耕还林还草任务向贫困地区倾斜，在确保省级耕地保有量和基本农田保护任务前提下，将25度以上坡耕地、重要水源地15—25度坡耕地、陡坡梯田、严重石漠化耕地、严重污染耕地、移民搬迁撂荒耕地纳入新一轮退耕还林还草工程范围，对符合退耕政策的贫困村、贫困户实现全覆盖。结合建立国家公园体制，多渠道筹措资金，对生态核心区内的居民实施生态搬迁，带动贫困群众脱贫。深化贫困地区集体林权制度改革，鼓励贫困人口将林地经营权入股造林合作社，增加贫困人口资产性收入。完善横向生态保护补偿机制，让保护生态的贫困县、贫困村、贫困户更多受益。鼓励纳入碳排放权交易市场的重点排放单位购买贫困地区林业碳汇。

（五）着力实施教育脱贫攻坚行动

以保障义务教育为核心，全面落实教育扶贫政策，进一步降低贫困地区特别是深度贫困地区、民族地区义务教育辍学率，稳步提升贫困地区义务教育质量。强化义务教育控辍保学联保联控责任，在辍学高发区"一县一策"制定工作方案，实施贫困学生台账化精准控辍，确保贫困家庭适龄学生不因贫失学辍学。全面推进贫困地区义务教育薄弱学校改造工作，重点加强乡镇寄宿制学校和乡村小规模学校建设，确保所有义务教育学校达到基本办学条件。实施好农村义务教育学生营养改善计划。在贫困地区优先实施教育信息化2.0行动计划，加强学校网络教学环境建设，共享优质教育资源。改善贫困地区乡村教师待遇，落实教师生活补助政策，均衡配置城乡教师资源。加大贫困地区教师特岗计划实施力度，深入推进义务教育阶段教师校长交流轮岗和对口帮扶工作，国培计划、公费师范生培养、中小学教师信息技术应用能力提升工程等重点支持贫困地区。鼓励通过公益捐赠等方式，设立贫困地区优秀教师奖励基金，用于表彰长期扎根基层的优秀乡村教师。健全覆盖各级各类教育的资助政策体系，学生资助政策实现应助尽助。加大贫困地区推广普及国家通用语言文字工作力度。开展民族地区学前儿童学习普通话行动。

（六）深入实施健康扶贫工程

将贫困人口全部纳入城乡居民基本医疗保险、大病保险和医疗救助保障范围。落实贫困人口参加城乡居民基本医疗保险个人缴费财政补贴政策，实施扶贫医疗救助。切实降低贫困人口就医负担，在严格费用管控、确定诊疗方案、确定单病种收费标准、规范转诊和集中定点救治的基础上，对城乡居民基本医疗保险和大病保险支付后自负费用仍有困难的患者，加大医疗救助和其他保障政策的帮扶力度。全面落实农村贫困人口县域内定点医疗机构住院治疗先诊疗后付费，在定点医院设立综合服务窗口，实现各项医疗保障政策"一站式"信息交换和即时结算。在贫困地区加快推进县乡村三级卫生服务标准化建设，确保每个贫困县建好1—2所县级公立医院（含中医院），加强贫困地区乡镇卫生院和村卫生室能力建设。深入实施医院对口帮扶，全国963家三级医院与832个贫困县的1180家县级医院结对帮扶，为贫困县医院配置远程医疗设施设备，全面建成从三级医院到县医院互联互通的远程医疗服务网络。贫困地区每个乡镇卫生院至少设立1个全科医生特岗。支持地方免费培养农村高职（专科）医学生，经助理全科医生培训合格后，补充到贫困地区村卫生室和乡镇卫生院。贫困地区可在现有编制总量内直接面向人才市场选拔录用医技人员，选拔录用时优先考虑当地医疗卫生事业紧缺人才。全面实施贫困地区县乡村医疗卫生机构一体化管理，构建三级联动的医疗服务和健康管理平台，为贫困群众提供基本健康服务。加强对贫困地区慢性病、常见病的防治，开展专项行动，降低因病致贫返贫风险。开展地方病和重大传染病攻坚行动，实施预防、筛查、治疗、康复、管理的全过程综合防治。贫困地区妇女宫颈癌、乳腺癌检查和儿童营养改善、新生儿疾病筛查项目扩大到所有贫困县。开展和规范家庭医生（乡村医生）签约服务，落实签约服务政策，优先为妇幼、老人、残疾人等重点人群开展健康服务和慢性病综合防控，做好高血压、糖尿病、结核病、严重精神障碍等慢性病规范管理。实施贫困地区健康促进三年行动计划。将脱贫攻坚与落实生育政策紧密结合，倡导优生优育，利用基层计划生育服务力量，加强出生缺陷综合防治宣传教育。

（七）加快推进农村危房改造

允许各省（自治区、直辖市）根据国务院主管部门制定的原则，结合各自实际推广简便易行的危房鉴定程序，规范对象认定程序，建立危房台账并实施精准管理，改造一户、销档一户，确保完成建档立卡贫困户等4类重点对象危房改造任务。明确农村危房改造基本安全要求，保证正常使用安全和基本使用功能。因地制宜推广农房加固改造，在危房改造任务较重的省份开展农房加固改造示范，结合地方实际推广现代生土农房等改良型传统民居，鼓励通过闲置农房置换或长期租赁等方式，兜底解决特殊贫困群体基本住房安全问题。落实各级补助资金，完善分类分级补助标准。加强补助资金使用管理和监督检查，支付给农户的资金要及时足额直接拨付到户。建立完善危房改造信息公示制度。

（八）强化综合保障性扶贫

统筹各类保障措施，建立以社会保险、社会救助、社会福利制度为主体，以社会帮扶、社工助力为辅助的综合保障体系，为完全丧失劳动能力和部分丧失劳动能力且无法依靠产业就业帮扶脱贫的贫困人口提供兜底保障。完善城乡居民基本养老保险制度，对符合条件的贫困人口由地方政府代缴城乡居民养老保险费。继续实施社会服务兜底工程，加快建设为老年人、残疾人、精神障碍患者等特殊群体提供服务的设施。鼓励各地通过互助养老、设立孝善基金等途径，创新家庭养老方式。加快建立贫困家庭"三留守"关爱服务体系，落实家庭赡养、监护照料法定义务，探索建立信息台账和定期探访制度。完善农村低保制度，健全低保对象认定方法，将完全丧失劳动能力和部分丧失劳动能力且无法依靠产业就业帮扶脱贫的贫困人口纳入低保范围。

对地广人稀的贫困地区适度降低国家救灾应急响应启动条件。加大临时救助力度，及时将符合条件的返贫人口纳入救助范围。

（九）开展贫困残疾人脱贫行动

将符合条件的建档立卡贫困残疾人纳入农村低保和城乡医疗救助范围。完善困难残疾人生活补贴和重度残疾人护理补贴制度，有条件的地方逐步扩大政策覆盖面。深入实施"福康工程"等残疾人精准康复服务项目，优先为贫困家庭有康复需求的残疾人提供基本康复服务和辅助器具适配服务。对16周岁以上有长期照料护理需求的贫困重度残疾人，符合特困人员救助供养条件的纳入特困人员救助供养；不符合救助供养条件的，鼓励地方通过政府补贴、购买服务、设立公益岗位、集中托养等多种方式，为贫困重度残疾人提供集中照料或日间照料、邻里照护服务。逐步推进农村贫困重度残疾人家庭无障碍改造。实施第二期特殊教育提升计划，帮助贫困家庭残疾儿童多种形式接受义务教育，加快发展非义务教育阶段特殊教育。资产收益扶贫项目要优先安排贫困残疾人家庭。

（十）开展扶贫扶志行动

加强教育引导，开展扶志教育活动，创办脱贫攻坚"农民夜校"、"讲习所"等，加强思想、文化、道德、法律、感恩教育，弘扬自尊、自爱、自强精神，防止政策养懒汉，助长不劳而获和"等靠要"等不良习气。加大以工代赈实施力度，动员更多贫困群众投工投劳。推广以表现换积分、以积分换物品的"爱心公益超市"等自助式帮扶做法，实现社会爱心捐赠与贫困群众个性化需求的精准对接。鼓励各地总结推广脱贫典型，宣传表彰自强不息、自力更生脱贫致富的先进事迹和先进典型，用身边人身边事示范带动贫困群众。大力开展移风易俗活动，选树一批文明村镇和星级文明户，推广"星级评比"等做法，引导贫困村修订完善村规民约，发挥村民议事会、道德评议会、红白理事会、禁毒禁赌会等群众组织作用，坚持自治、法治、德治相结合，教育引导贫困群众弘扬传统美德、树立文明新风。加强对高额彩礼、薄养厚葬、子女不赡养老人等问题的专项治理。深入推进文化扶贫工作，提升贫困群众的公共文化服务获得感。把扶贫领域诚信纳入国家信用监管体系，将不履行赡养义务、虚报冒领扶贫资金、严重违反公序良俗等行为人列入失信人员名单。

四、加快补齐贫困地区基础设施短板

（一）加快实施交通扶贫行动

在贫困地区加快建成外通内联、通村畅乡、客车到村、安全便捷的交通运输网络。尽快实现具备条件的乡镇、建制村通硬化路。以示范县为载体，推进贫困地区"四好农村路"建设。扩大农村客运覆盖范围，到2020年实现具备条件的建制村通客车目标。加快贫困地区农村公路安全生命防护工程建设，基本完成乡道及以上行政等级公路安全隐患治理。推进窄路基路面农村公路合理加宽改造和危桥改造。改造建设一批贫困乡村旅游路、产业路、资源路，优先改善自然人文、少数民族特色村寨和风情小镇等旅游景点景区交通设施。加大成品油税费改革转移支付用于贫困地区农村公路养护力度。推进国家铁路网、国家高速公路网连接贫困地区项目建设，加快贫困地区普通国省道改造和支线机场、通用机场、内河航道建设。

（二）大力推进水利扶贫行动

加快实施贫困地区农村饮水安全巩固提升工程，落实工程建设和管护责任，强化水源保护和水质保障，因地制宜加强供水工程建设与改造，显著提高农村集中供水率、自来水普及率、供水保证率和水质达标率，到2020年全面解决贫困人口饮水安全问题。加快贫困地区大中型灌区续建配套与节水改造、小型农田水利工程建设，实现灌溉水源、灌排骨干工程与田间工程协调配套。切实加强贫困地区防洪工程建设和运行管理。继续推进贫困地区水土保持和水生态建设工程。

（三）大力实施电力和网络扶贫行动

实施贫困地区农网改造升级，加强电力基础设施建设，建立贫困地区电力普遍服务监测评价体系，引导电网企业做好贫困地区农村电力建设管理和供电服务，到2020年实现大电网延伸覆盖至全部县城。大力推进贫困地区农村可再生能源开发利用。

深入实施网络扶贫行动，统筹推进网络覆盖、农村电商、网络扶智、信息服务、网络公益5大工程向纵深发展，创新"互联网+"扶贫模式。完善电信普遍服务补偿机制，引导基础电信企业加大投资力度，实现90%以上贫困村宽带网络覆盖。鼓励基础电信企业针对贫困地区和贫困群众推出资费优惠举措，鼓励企业开发有助精准脱贫的移动应用软件、智能终端。

（四）大力推进贫困地区农村人居环境整治

开展贫困地区农村人居环境整治三年行动，因地制宜确定贫困地区村庄人居环境整治目标，重点推进农村生活垃圾治理、卫生厕所改造。开展贫困地区农村生活垃圾治理专项行动，有条件的地方探索建立村庄保洁制度。因地制宜普及不同类型的卫生厕所，同步开展厕所粪污治理。有条件的地方逐步开展生活污水治理。加快推进通村组道路建设，基本解决村内道路泥泞、村民出行不便等问题。

五、加强精准脱贫攻坚行动支撑保障

（一）强化财政投入保障

坚持增加政府扶贫投入与提高资金使用效益并重，健全与脱贫攻坚任务相适应的投入保障机制，支持贫困地区围绕现行脱贫目标，尽快补齐脱贫攻坚短板。加大财政专项扶贫资金和教育、医疗保障等转移支付支持力度。规范扶贫领域融资，增强扶贫投入能力，疏堵并举防范化解扶贫领域融资风险。进一步加强资金整合，赋予贫困县更充分的资源配置权，确保整合资金围绕脱贫攻坚项目精准使用，提高使用效率和效益。全面加强各类扶贫资金项目绩效管理，落实资金使用者的绩效主体责任，明确绩效目标，加强执行监控，强化评价结果运用，提高扶贫资金使用效益。建立县级脱贫攻坚项目库，健全公告公示制度。加强扶贫资金项目常态化监管，强化主管部门监管责任，确保扶贫资金尤其是到户到人的资金落到实处。

（二）加大金融扶贫支持力度

加强扶贫再贷款使用管理，优化运用扶贫再贷款发放贷款定价机制，引导金融机构合理合规增加对带动贫困户就业的企业和贫困户生产经营的信贷投放。加强金融精准扶贫服务。支持国家开发银行和中国农业发展银行进一步发挥好扶贫金融事业部的作用，支持中国农业银行、中国邮政储蓄银行、农村信用社、村镇银行等金融机构增加扶贫信贷投放，推动大中型商业银行完善普惠金融事业部体制机制。创新产业扶贫信贷产品和模式，建立健全金融支持产业发展与带动贫困户脱贫的挂钩机制和扶持政策。规范扶贫小额信贷发放，在风险可控前提下可办理无还本续贷业务，对确因非主观因素不能到期偿还贷款的贫困户可协助其办理贷款展期业务。

加强扶贫信贷风险防范，支持贫困地区完善风险补偿机制。推进贫困地区信用体系建设。支持贫困地区金融服务站建设，推广电子支付方式，逐步实现基础金融服务不出村。支持贫困地区开发特色农业险种，开展扶贫小额贷款保证保险等业务，探索发展价格保险、产值保险、"保险+期货"等新型险种。扩大贫困地区涉农保险保障范围，开发物流仓储、设施农业、"互联网+"等险种。鼓励上市公司、证券公司等市场主体依法依规设立或参与市场化运作的贫困地区产业投资基金和扶贫公益基金。贫困地区企业首次公开发行股票、在全国中小企业股份转让系统挂牌、发行公司债券等按规定实行"绿色通道"政策。

（三）加强土地政策支持

支持贫困地区编制村级土地利用规划，挖掘土地优化利用脱贫的潜力。贫困地区建设用地符合土地利用总体规划修改条件的，按规定及时审查批复。新增建设用地计划、增减挂钩节余指标调剂计划、工矿废弃地复垦利用计划向贫困地区倾斜。脱贫攻坚期内，国家每年对集中连片特困地区、国家扶贫开发工作重点县专项安排一定数量新增建设用地计划。贫困地区建设用地增减挂钩节余指标和工矿废弃地复垦利用节余指标，允许在省域内调剂使用。建立土地整治和高标准农田建设等新增耕地指标跨省域调剂机制。贫困地区符合条件的补充和改造耕地项目，优先用于跨省域补充耕地国家统筹，所得收益通过支出预算用于支持脱贫攻坚。优先安排贫困地区土地整治项目和高标准农田建设补助资金，指导和督促贫困地区完善县级土地整治规划。

（四）实施人才和科技扶贫计划

深入实施边远贫困地区、边疆民族地区、革命老区人才支持计划，扩大急需紧缺专业技术人才选派培养规模。贫困地区在县乡公务员考试录用中，从大学生村官、"三支一扶"等人员中定向招录公务员，从贫困地区优秀村干部中招录乡镇公务员。

动员全社会科技力量投入脱贫攻坚主战场，开展科技精准帮扶行动。以县为单位建立产业扶贫技术专家组，各类涉农院校和科研院所组建产业扶贫技术团队，重点为贫困村、贫困户提供技术服务。支持有条件的贫困县建设农业科技园和星创天地等载体，展示和推广农业先进科技成果。在贫困地区全面实施农技推广特聘计划，从农村乡土专家、种养能手等一线服务人员招聘一批特聘农技员，由县级政府聘为贫困村科技扶贫带头人。加强贫困村创业致富带头人培育培养，提升创业项目带贫减贫效果。建立科技特派员与贫困村结对服务关系，实现科技特派员对贫困村科技服务和创业带动全覆盖。

六、动员全社会力量参与脱贫攻坚

（一）加大东西部扶贫协作和对口支援力度

把人才支持、市场对接、劳务协作、资金支持等作为协作重点，深化东西部扶贫协作，推进携手奔小康行动贫困县全覆盖，并向贫困村延伸。强化东西部扶贫协作责任落实，加强组织协调、工作指导和督导检查，建立扶贫协作台账制度，每年对账考核。优化结对协作关系，实化细化县之间、乡镇之间、行政村之间结对帮扶措施，推广"闽宁示范村"模式。突出产业帮扶，鼓励合作建设承接产业转移的基地，引导企业精准结对帮扶。突出劳务协作，有组织地开展人岗对接，提高协作规模和质量。突出人才支援，加大力度推进干部双向挂职、人才双向交流，提高干部人才支持和培训培养精准性。突出资金支持，切实加强资金监管，确保东西部扶贫协作资金精准使用。将帮扶贫困残疾人脱贫纳入东西部扶贫协作范围。

实施好"十三五"对口支援新疆、西藏和四省藏区经济社会发展规划，严格落实中央确定的80%以上资金用于保障和改善民生、用于县及县以下基层的要求，进一步聚焦脱贫攻坚的重点和难点，确保更多资金、项目和工作精力投向贫困人口。

（二）深入开展定点扶贫工作

落实定点扶贫工作责任，把定点扶贫县脱贫工作纳入本单位工作重点，加强工作力量，出台具体帮扶措施。定点扶贫单位主要负责同志要承担第一责任人职责，定期研究帮扶工作。强化定点扶贫牵头单位责任。加强对定点扶贫县脱贫攻坚工作指导，督促落实脱贫主体责任。把定点扶贫县作为转变作风、调查研究的基地，通过解剖麻雀，总结定点扶贫县脱贫经验，完善本部门扶贫政策，推动脱贫攻坚工作。选派优秀中青年干部、后备干部到贫困地区挂职，落实艰苦地区挂职干部生活补助政策。

（三）扎实做好军队帮扶工作

加强军地脱贫攻坚工作协调，驻地部队要积极承担帮扶任务，参与扶贫行动，广泛开展扶贫济困活动。接续做好"八一爱民学校"援建工作，组织开展多种形式的结对助学活动。组织军队系统医院对口帮扶贫困县县级医院，深入贫困村送医送药、巡诊治病。帮助革命老区加强红色资源开发，培育壮大红色旅游产业，带动贫困人口脱贫。帮助培育退役军人和民兵预备役人员脱贫致富带头人。

（四）激励各类企业、社会组织扶贫

落实国有企业精准扶贫责任，通过发展产业、对接市场、安置就业等多种方式帮助贫困户脱贫。深入推进"万企帮万村"精准扶贫行动，引导民营企业积极开展产业扶贫、就业扶贫、公益扶贫，鼓励有条件的大型民营企业通过设立扶贫产业投资基金等方式参与脱贫攻坚。持续开展"光彩行"活动，提高精准扶贫成效。

支持社会组织参与脱贫攻坚，加快建立社会组织帮扶项目与贫困地区需求信息对接机制，确保贫困人口发展需求与社会帮扶有效对接。鼓励引导社会各界使用贫困地区产品和服务，推动贫困地区和贫困户融入大市场。实施全国性社会组织参与"三区三州"深度贫困地区脱贫攻坚行动。实施社会工作"专业人才服务三区计划"、"服务机构牵手计划"、"教育对口扶贫计划"，为贫困人口提供生计发展、能力提升、心理支持等专业服务。加强对社会组织扶贫的引导和管理，优化环境、整合力量、创新方式，提高扶贫效能。落实社会扶贫资金所得税税前扣除政策。

（五）大力开展扶贫志愿服务活动

动员组织各类志愿服务团队、社会各界爱心人士开展扶贫志愿服务。实施社会工作专业人才服务贫困地区系列行动计划，支持引导专业社会工作和志愿服务力量积极参与精准扶贫。推进扶贫志愿服务制度化，建立扶贫志愿服务人员库，鼓励国家机关、企事业单位、人民团体、社会组织等组建常态化、专业化服务团队。制定落实扶贫志愿服务支持政策。

七、夯实精准扶贫精准脱贫基础性工作

（一）强化扶贫信息的精准和共享

进一步加强建档立卡工作，提高精准识别质量，完善动态管理机制，做到"脱贫即出、返贫即入"。剔除不合条件的人口，及时纳入符合条件但遗漏在外的贫困人口和返贫人口，确保应

扶尽扶。抓紧完善扶贫开发大数据平台，通过端口对接、数据交换等方式，实现户籍、教育、健康、就业、社会保险、住房、银行、农村低保、残疾人等信息与贫困人口建档立卡信息有效对接。完善贫困人口统计监测体系，为脱贫攻坚提供科学依据。加强贫困人口建档立卡数据和农村贫困统计监测数据衔接，逐步形成指标统一、项目规范的贫困监测体系。强化扶贫开发大数据平台共享使用，拓展扶贫数据系统服务功能，为脱贫攻坚决策和工作指导等提供可靠手段和支撑。建立脱贫成效巩固提升监测机制，对脱贫户实施跟踪和动态监测，及时了解其生产生活情况。按照国家信息安全标准构建扶贫开发信息安全防护体系，确保系统和数据安全。开展建档立卡专项评估检查。

（二）健全贫困退出机制

严格执行贫困退出标准和程序，规范贫困县、贫困村、贫困人口退出组织实施工作。指导地方修订完善扶贫工作考核评估指标和贫困县验收指标，对超出"两不愁、三保障"标准的指标，予以剔除或不作为硬性指标，取消行业部门与扶贫无关的搭车任务。改进贫困县退出专项评估检查，由各省（自治区、直辖市）统一组织，因地制宜制定符合贫困地区实际的检查方案，并对退出贫困县的质量负责。中央结合脱贫攻坚督查巡查工作，对贫困县退出进行抽查。脱贫攻坚期内扶贫政策保持稳定，贫困县、贫困村、贫困户退出后，相关政策保持一段时间。

（三）开展国家脱贫攻坚普查

2020年至2021年年初对脱贫摘帽县进行一次普查，全面了解贫困人口脱贫实现情况。普查工作由国务院统一部署实施，重点围绕脱贫结果的真实性和准确性，调查贫困人口"两不愁、三保障"实现情况、获得帮扶情况、贫困人口参与脱贫攻坚项目情况等。地方各级党委和政府要认真配合做好普查工作。

八、加强和改善党对脱贫攻坚工作的领导

（一）进一步落实脱贫攻坚责任制

强化中央统筹、省负总责、市县抓落实的工作机制。中央统筹，重在做好顶层设计，在政策、资金等方面为地方创造条件，加强脱贫效果监管；省负总责，重在把党中央大政方针转化为实施方案，加强指导和督导，促进工作落实；市县抓落实，重在从当地实际出发推动脱贫攻坚各项政策措施落地生根。各级党委和政府要把打赢脱贫攻坚战作为重大政治任务，增强政治担当、责任担当和行动自觉，层层传导压力，建立落实台账，压实脱贫责任，加大问责问效力度。健全脱贫攻坚工作机制，脱贫攻坚任务重的省（自治区、直辖市）党委和政府每季度至少专题研究一次脱贫攻坚工作，贫困县党委和政府每月至少专题研究一次脱贫攻坚工作。贫困县党政正职每个月至少要有5个工作日用于扶贫。实施五级书记遍访贫困对象行动，省（自治区、直辖市）党委书记遍访贫困县，市（地、州、盟）党委书记遍访脱贫攻坚任务重的乡镇，县（市、区、旗）党委书记遍访贫困村，乡镇党委书记和村党组织书记遍访贫困户。以遍访贫困对象行动带头转变作风，接地气、查实情，了解贫困群体实际需求，掌握第一手资料，发现突出矛盾，解决突出问题。

（二）压实中央部门扶贫责任

党中央、国务院各相关部门单位要按照中央脱贫攻坚系列重大决策部署要求制定完善配套政策举措，实化细化三年行动方案，并抓好组织实施工作。国务院扶贫开发领导小组要分解落

实各地区脱贫目标任务,实化细化脱贫具体举措,分解到年、落实到人。国务院扶贫开发领导小组成员单位每年向中央报告本部门本单位脱贫攻坚工作情况。脱贫攻坚期内,国务院扶贫开发领导小组成员以及部门扶贫干部、定点扶贫干部要按政策规定保持稳定,不能胜任的要及时调整。

(三) 完善脱贫攻坚考核监督评估机制

进一步完善扶贫考核评估工作,充分体现省负总责原则,切实解决基层疲于迎评迎检问题。改进对省级党委和政府扶贫开发工作成效第三方评估方式,缩小范围,简化程序,精简内容,重点评估"两不愁、三保障"实现情况,提高考核评估质量和水平。改进省市两级对县及县以下扶贫工作考核,原则上每年对县的考核不超过2次,加强对县委书记的工作考核,注重发挥考核的正向激励作用。未经省里批准,市级以下不得开展第三方评估。改进约谈省级领导的方式,开展常态化约谈,随时发现问题随时约谈。完善监督机制,国务院扶贫开发领导小组每年组织脱贫攻坚督查巡查,纪检监察机关和审计、扶贫等部门按照职能开展监督工作。充分发挥人大、政协、民主党派监督作用。

(四) 建强贫困村党组织

深入推进抓党建促脱贫攻坚,全面强化贫困地区农村基层党组织领导核心地位,切实提升贫困村党组织的组织力。防止封建家族势力、地方黑恶势力、违法违规宗教活动侵蚀基层政权,干扰破坏村务。大力整顿贫困村软弱涣散党组织,以县为单位组织摸排,逐村分析研判,坚决撤换不胜任、不合格、不尽职的村党组织书记。重点从外出务工经商创业人员、大学生村官、本村致富能手中选配,本村没有合适人员的,从县乡机关公职人员中派任。建立健全回引本土大学生、高校培养培训、县乡统筹招聘机制,为每个贫困村储备1至2名后备干部。加大在贫困村青年农民、外出务工青年中发展党员力度。支持党员创办领办脱贫致富项目,完善贫困村党员结对帮扶机制。全面落实贫困村"两委"联席会议、"四议两公开"和村务监督等工作制度。派强用好第一书记和驻村工作队,从县以上党政机关选派过硬的优秀干部参加驻村帮扶。加强考核和工作指导,对不适应的及时召回调整。派出单位要严格落实项目、资金、责任捆绑要求,加大保障支持力度。强化贫困地区农村基层党建工作责任落实,将抓党建促脱贫攻坚情况作为县乡党委书记抓基层党建工作述职评议考核的重点内容。对不够重视贫困村党组织建设、措施不力的地方,上级党组织要及时约谈提醒相关责任人,后果严重的要问责追责。

(五) 培养锻炼过硬的脱贫攻坚干部队伍

保持贫困县党政正职稳定,确需调整的,必须符合中央规定,对于不能胜任的要及时撤换,对于弄虚作假的要坚决问责。实施全国脱贫攻坚全面培训,落实分级培训责任,保证贫困地区主要负责同志和扶贫系统干部轮训一遍。对县级以上领导干部,重点是通过培训提高思想认识,引导树立正确政绩观,掌握精准脱贫方法论,提升研究攻坚问题、解决攻坚难题能力。对基层干部,重点是通过采取案例教学、现场教学等实战培训方法,提高实战能力,增强精准扶贫工作本领。加大对贫困村干部培训力度,每年对村党组织书记集中轮训一次,突出需求导向和实战化训练,着重提高落实党的扶贫政策、团结带领贫困群众脱贫致富的本领。加强对扶贫挂职干部跟踪管理和具体指导,采取"挂包结合"等方式,落实保障支持措施,激励干部人在心在、履职尽责。加强对脱贫一线干部的关爱激励,注重在脱贫攻坚一线考察识别干部,对如期完成任务且表现突出的贫困县党政正职应予以重用,对在脱贫攻坚中工作出色、表现优秀的扶贫干部、基层干部注重提拔使用。对奋战在脱贫攻坚一线的县乡干部要落实好津补贴、周转房等政策，改善工作条件。对在脱贫攻坚中因公牺牲的干部和基层党员的家属及时给予抚恤，长期帮扶慰问。全面落实贫困村干部报酬待遇和正常离任村干部生活补贴。

（六）营造良好舆论氛围

深入宣传习近平总书记关于扶贫工作的重要论述，宣传党中央关于精准扶贫精准脱贫的重大决策部署，宣传脱贫攻坚典型经验，宣传脱贫攻坚取得的伟大成就，为打赢脱贫攻坚战注入强大精神动力。组织广播电视、报刊杂志等媒体推出一批脱贫攻坚重点新闻报道。积极利用网站、微博、微信、移动客户端等新媒体平台开展宣传推广。推出一批反映扶贫脱贫感人事迹的优秀文艺作品，加大扶贫题材文化产品和服务的供给。继续开展全国脱贫攻坚奖和全国脱贫攻坚模范评选表彰，选树脱贫攻坚先进典型。按程序设立脱贫攻坚组织创新奖，鼓励各地从实际出发开展脱贫攻坚工作创新。每年组织报告团，分区域巡回宣讲脱贫先进典型。讲好中国脱贫攻坚故事，反映中国为全球减贫事业作出的重大贡献。加强减贫领域国际交流与合作，帮助受援国建好国际扶贫示范村，为全球减贫事业贡献中国方案。适时对脱贫攻坚精神进行总结。

（七）开展扶贫领域腐败和作风问题专项治理

把作风建设贯穿脱贫攻坚全过程，集中力量解决扶贫领域"四个意识"不强、责任落实不到位、工作措施不精准、资金管理使用不规范、工作作风不扎实、考核评估不严不实等突出问题，确保取得明显成效。改进调查研究，深入基层、深入群众，多层次、多方位、多渠道调查了解实际情况，注重发现并解决问题，力戒"走过场"。注重工作实效，减轻基层工作负担，减少村级填表报数，精简会议文件，让基层干部把精力放在办实事上。严格扶贫资金审计，加强扶贫事务公开。严肃查处贪污挪用、截留私分、虚报冒领、强占掠夺等行为。依纪依法坚决查处贯彻党中央脱贫攻坚决策部署不坚决不到位、弄虚作假问题，主体责任、监督责任和职能部门监管职责不落实问题，坚决纠正脱贫攻坚工作中的形式主义、官僚主义。把扶贫领域腐败和作风问题作为巡视巡察工作重点。中央巡视机构组织开展扶贫领域专项巡视。加强警示教育工作，集中曝光各级纪检监察机关查处的扶贫领域典型案例。

（八）做好脱贫攻坚风险防范工作

防范产业扶贫市场风险，防止产业项目盲目跟风、一刀切导致失败造成损失，各地要对扶贫主导产业面临的技术和市场等风险进行评估，制定防范和处置风险的应对措施。防范扶贫小额贷款还贷风险，纠正户贷企用、违规用款等问题。防范加重地方政府债务风险，防止地方政府以脱贫攻坚名义盲目举债，防止金融机构借支持脱贫攻坚名义违法违规提供融资，坚决遏制地方政府隐性债务增量。

（九）统筹衔接脱贫攻坚与乡村振兴

脱贫攻坚期内，贫困地区乡村振兴主要任务是脱贫攻坚。乡村振兴相关支持政策要优先向贫困地区倾斜，补齐基础设施和基本公共服务短板，以乡村振兴巩固脱贫成果。抓紧研究制定2020年后减贫战略。研究推进扶贫开发立法。

中共中央 国务院关于建立更加有效的区域协调发展新机制的意见

(2018年11月18日)

实施区域协调发展战略是新时代国家重大战略之一，是贯彻新发展理念、建设现代化经济体系的重要组成部分。党的十八大以来，各地区各部门围绕促进区域协调发展与正确处理政府和市场关系，在建立健全区域合作机制、区域互助机制、区际利益补偿机制等方面进行积极探索并取得一定成效。同时要看到，我国区域发展差距依然较大，区域分化现象逐渐显现，无序开发与恶性竞争仍然存在，区域发展不平衡不充分问题依然比较突出，区域发展机制还不完善，难以适应新时代实施区域协调发展战略需要。为全面落实区域协调发展战略各项任务，促进区域协调发展向更高水平和更高质量迈进，现就建立更加有效的区域协调发展新机制提出如下意见。

一、总体要求

（一）指导思想。 以习近平新时代中国特色社会主义思想为指导，全面贯彻党的十九大和十九届二中、三中全会精神，认真落实党中央、国务院决策部署，坚持新发展理念，紧扣我国社会主要矛盾变化，按照高质量发展要求，紧紧围绕统筹推进"五位一体"总体布局和协调推进"四个全面"战略布局，立足发挥各地区比较优势和缩小区域发展差距，围绕努力实现基本公共服务均等化、基础设施通达程度比较均衡、人民基本生活保障水平大体相当的目标，深化改革开放，坚决破除地区之间利益藩篱和政策壁垒，加快形成统筹有力、竞争有序、绿色协调、共享共赢的区域协调发展新机制，促进区域协调发展。

（二）基本原则

——坚持市场主导与政府引导相结合。充分发挥市场在区域协调发展新机制建设中的主导作用，更好发挥政府在区域协调发展方面的引导作用，促进区域协调发展新机制有效有序运行。

——坚持中央统筹与地方负责相结合。加强中央对区域协调发展新机制的顶层设计，明确地方政府的实施主体责任，充分调动地方按照区域协调发展新机制推动本地区协调发展的主动性和积极性。

——坚持区别对待与公平竞争相结合。进一步细化区域政策尺度，针对不同地区实际制定差别化政策，同时更加注重区域一体化发展，维护全国统一市场的公平竞争，防止出现制造政策洼地、地方保护主义等问题。

——坚持继承完善与改革创新相结合。坚持和完善促进区域协调发展行之有效的机制，同时根据新情况新要求不断改革创新，建立更加科学、更加有效的区域协调发展新机制。

——坚持目标导向与问题导向相结合。瞄准实施区域协调发展战略的目标要求，破解区域协调发展机制中存在的突出问题，增强区域发展的协同性、联动性、整体性。

（三）总体目标

——到2020年，建立与全面建成小康社会相适应的区域协调发展新机制，在建立区域战略统筹机制、基本公共服务均等化机制、区域政策调控机制、区域发展保障机制等方面取得突破，在完善市场一体化发展机制、深化区域合作机制、优化区域互助机制、健全区际利益补偿机制等方面取得新进展，区域协调发展新机制在有效遏制区域分化、规范区域开发秩序、推动区域一体化发展中发挥积极作用。

——到2035年，建立与基本实现现代化相适应的区域协调发展新机制，实现区域政策与财政、货币等政策有效协调配合，区域协调发展新机制在显著缩小区域发展差距和实现基本公共服务均等化、基础设施通达程度比较均衡、人民基本生活保障水平大体相当中发挥重要作用，为建设现代化经济体系和满足人民日益增长的美好生活需要提供重要支撑。

——到本世纪中叶，建立与全面建成社会主义现代化强国相适应的区域协调发展新机制，区域协调发展新机制在完善区域治理体系、提升区域治理能力、实现全体人民共同富裕等方面更加有效，为把我国建成社会主义现代化强国提供有力保障。

二、建立区域战略统筹机制

（四）推动国家重大区域战略融合发展。 以"一带一路"建设、京津冀协同发展、长江经济带发展、粤港澳大湾区建设等重大战略为引领，以西部、东北、中部、东部四大板块为基础，促进区域间相互融通补充。以"一带一路"建设助推沿海、内陆、沿边地区协同开放，以国际经济合作走廊为主骨架加强重大基础设施互联互通，构建统筹国内国际、协调国内东中西和南北方的区域发展新格局。以疏解北京非首都功能为"牛鼻子"推动京津冀协同发展，调整区域经济结构和空间结构，推动河北雄安新区和北京城市副中心建设，探索超大城市、特大城市等人口经济密集地区有序疏解功能、有效治理"大城市病"的优化开发模式。充分发挥长江经济带横跨东中西三大板块的区位优势，以共抓大保护、不搞大开发为导向，以生态优先、绿色发展为引领，依托长江黄金水道，推动长江上中下游地区协调发展和沿江地区高质量发展。建立以中心城市引领城市群发展、城市群带动区域发展新模式，推动区域板块之间融合互动发展。以北京、天津为中心引领京津冀城市群发展，带动环渤海地区协同发展。以上海为中心引领长三角城市群发展，带动长江经济带发展。以香港、澳门、广州、深圳为中心引领粤港澳大湾区建设，带动珠江-西江经济带创新绿色发展。以重庆、成都、武汉、郑州、西安等为中心，引领成渝、长江中游、中原、关中平原等城市群发展，带动相关板块融合发展。加强"一带一路"建设、京津冀协同发展、长江经济带发展、粤港澳大湾区建设等重大战略的协调对接，推动各区域合作联动。推进海南全面深化改革开放，着力推动自由贸易试验区建设，探索建设中国特色自由贸易港。

（五）统筹发达地区和欠发达地区发展。 推动东部沿海等发达地区改革创新、新旧动能转换和区域一体化发展，支持中西部条件较好地区加快发展，鼓励国家级新区、自由贸易试验区、国家级开发区等各类平台大胆创新，在推动区域高质量发展方面发挥引领作用。坚持"输血"和"造血"相结合，推动欠发达地区加快发展。建立健全长效普惠性的扶持机制和精准有效的差别化支持机制，加快补齐基础设施、公共服务、生态环境、产业发展等短板，打赢精准脱贫攻坚战，确保革命老区、民族地区、边疆地区、贫困地区与全国同步实现全面建成小康社会。健全国土空间用途管制制度，引导资源枯竭地区、产业衰退地区、生态严重退化地区积极探索特色转型发展之路,推动形成绿色发展方式和生活方式。以承接产业转移示范区、跨省合作园区等为平台,支持发达地区与欠发达地区共建产业合作基地和资源深加工基地。建立发达地区与欠发达地区区域联动机制,先富带后富,促进发达地区和欠发达地区共同发展。

(六) 推动陆海统筹发展。加强海洋经济发展顶层设计,完善规划体系和管理机制,研究制定陆海统筹政策措施,推动建设一批海洋经济示范区。以规划为引领,促进陆海在空间布局、产业发展、基础设施建设、资源开发、环境保护等方面全方位协同发展。编制实施海岸带保护与利用综合规划,严格围填海管控,促进海岸地区陆海一体化生态保护和整治修复。创新海域海岛资源市场化配置方式,完善资源评估、流转和收储制度。推动海岸带管理立法,完善海洋经济标准体系和指标体系,健全海洋经济统计、核算制度,提升海洋经济监测评估能力,强化部门间数据共享,建立海洋经济调查体系。推进海上务实合作,维护国家海洋权益,积极参与维护和完善国际和地区海洋秩序。

三、健全市场一体化发展机制

(七) 促进城乡区域间要素自由流动。实施全国统一的市场准入负面清单制度,消除歧视性、隐蔽性的区域市场准入限制。深入实施公平竞争审查制度,消除区域市场壁垒,打破行政性垄断,清理和废除妨碍统一市场和公平竞争的各种规定和做法,进一步优化营商环境,激发市场活力。全面放宽城市落户条件,完善配套政策,打破阻碍劳动力在城乡、区域间流动的不合理壁垒,促进人力资源优化配置。加快深化农村土地制度改革,推动建立城乡统一的建设用地市场,进一步完善承包地所有权、承包权、经营权三权分置制度,探索宅基地所有权、资格权、使用权三权分置改革。引导科技资源按照市场需求优化空间配置,促进创新要素充分流动。

(八) 推动区域市场一体化建设。按照建设统一、开放、竞争、有序的市场体系要求,推动京津冀、长江经济带、粤港澳等区域市场建设,加快探索建立规划制度统一、发展模式共推、治理方式一致、区域市场联动的区域市场一体化发展新机制,促进形成全国统一大市场。进一步完善长三角区域合作工作机制,深化三省一市在规划衔接、跨省际重大基础设施建设、环保联防联控、产业结构布局调整、改革创新等方面合作。

(九) 完善区域交易平台和制度。建立健全用水权、排污权、碳排放权、用能权初始分配与交易制度,培育发展各类产权交易平台。进一步完善自然资源资产有偿使用制度,构建统一的自然资源资产交易平台。选择条件较好地区建设区域性排污权、碳排放权等交易市场,推进水权、电力市场化交易,进一步完善交易机制。建立健全用能预算管理制度。促进资本跨区域有序自由流动,完善区域性股权市场。

四、深化区域合作机制

(十) 推动区域合作互动。深化京津冀地区、长江经济带、粤港澳大湾区等合作,提升合作层次和水平。积极发展各类社会中介组织,有序发展区域性行业协会商会,鼓励企业组建跨地区跨行业产业、技术、创新、人才等合作平台。加强城市群内部城市间的紧密合作,推动城市间产业分工、基础设施、公共服务、环境治理、对外开放、改革创新等协调联动,加快构建大中小城市和小城镇协调发展的城镇化格局。积极探索建立城市群协调治理模式,鼓励成立多种形式的城市联盟。

(十一) 促进流域上下游合作发展。加快推进长江经济带、珠江-西江经济带、淮河生态经济带、汉江生态经济带等重点流域经济带上下游间合作发展。建立健全上下游毗邻省市规划对接机制，协调解决地区间合作发展重大问题。完善流域内相关省市政府协商合作机制，构建流域基础设施体系，严格流域环境准入标准，加强流域生态环境共建共治，推进流域产业有序转移和优化升级，推动上下游地区协调发展。

（十二）加强省际交界地区合作。支持晋陕豫黄河金三角、粤桂、湘赣、川渝等省际交界地区合作发展，探索建立统一规划、统一管理、合作共建、利益共享的合作新机制。加强省际交界地区城市间交流合作，建立健全跨省城市政府间联席会议制度，完善省际会商机制。

（十三）积极开展国际区域合作。以"一带一路"建设为重点，实行更加积极主动的开放战略，推动构建互利共赢的国际区域合作新机制。充分发挥"一带一路"国际合作高峰论坛、上海合作组织、中非合作论坛、中俄东北-远东合作、长江-伏尔加河合作、中国-东盟合作、东盟与中日韩合作、中日韩合作、澜沧江-湄公河合作、图们江地区开发合作等国际区域合作机制作用，加强区域、次区域合作。支持沿边地区利用国际合作平台，积极主动开展国际区域合作。推进重点开发开放试验区建设，支持边境经济合作区发展，稳步建设跨境经济合作区，更好发挥境外产能合作园区、经贸合作区的带动作用。

五、优化区域互助机制

（十四）深入实施东西部扶贫协作。加大东西部扶贫协作力度，推动形成专项扶贫、行业扶贫、社会扶贫等多方力量多种举措有机结合互为支撑的"三位一体"大扶贫格局。强化以企业合作为载体的扶贫协作，组织企业到贫困地区投资兴业、发展产业、带动就业。完善劳务输出精准对接机制，实现贫困人口跨省稳定就业。进一步加强扶贫协作双方党政干部和专业技术人员交流，推动人才、资金、技术向贫困地区和边境地区流动，深化实施携手奔小康行动。积极引导社会力量广泛参与深度贫困地区脱贫攻坚，帮助深度贫困群众解决生产生活困难。

（十五）深入开展对口支援。深化全方位、精准对口支援，推动新疆、西藏和青海、四川、云南、甘肃四省藏区经济社会持续健康发展，促进民族交往交流交融，筑牢社会稳定和长治久安基础。强化规划引领，切实维护规划的严肃性，进一步完善和规范对口支援规划的编制实施和评估调整机制。加强资金和项目管理，科学开展绩效综合考核评价，推动对口支援向更深层次、更高质量、更可持续方向发展。

（十六）创新开展对口协作（合作）。面向经济转型升级困难地区，组织开展对口协作（合作），构建政府、企业和相关研究机构等社会力量广泛参与的对口协作（合作）体系。深入开展南水北调中线工程水源区对口协作，推动水源区绿色发展。继续开展对口支援三峡库区，支持库区提升基本公共服务供给能力，加快库区移民安稳致富，促进库区社会和谐稳定。进一步深化东部发达省市与东北地区对口合作，开展干部挂职交流和系统培训，建设对口合作重点园区，实现互利共赢。

六、健全区际利益补偿机制

（十七）完善多元化横向生态补偿机制。贯彻绿水青山就是金山银山的重要理念和山水林田湖草是生命共同体的系统思想，按照区际公平、权责对等、试点先行、分步推进的原则，不断完善横向生态补偿机制。鼓励生态受益地区与生态保护地区、流域下游与流域上游通过资金补偿、对口协作、产业转移、人才培训、共建园区等方式建立横向补偿关系。支持在具备重要饮用水功能及生态服务价值、受益主体明确、上下游补偿意愿强烈的跨省流域开展省际横向生态补偿。在京津冀水源涵养区、安徽浙江新安江、广西广东九洲江、福建广东汀江-韩江、江西广东东江、广西广东西江流域等深入开展跨地区生态保护补偿试点，推广可复制的经验。

（十八）**建立粮食主产区与主销区之间利益补偿机制**。研究制定粮食主产区与主销区开展产销合作的具体办法，鼓励粮食主销区通过在主产区建设加工园区、建立优质商品粮基地和建立产销区储备合作机制以及提供资金、人才、技术服务支持等方式开展产销协作。加大对粮食主产区的支持力度，促进主产区提高粮食综合生产能力，充分调动主产区地方政府抓粮食生产和农民种粮的积极性，共同维护国家粮食安全。

（十九）**健全资源输出地与输入地之间利益补偿机制**。围绕煤炭、石油、天然气、水能、风能、太阳能以及其他矿产等重要资源，坚持市场导向和政府调控相结合，加快完善有利于资源集约节约利用和可持续发展的资源价格形成机制，确保资源价格能够涵盖开采成本以及生态修复和环境治理等成本。鼓励资源输入地通过共建园区、产业合作、飞地经济等形式支持输出地发展接续产业和替代产业，加快建立支持资源型地区经济转型长效机制。

七、完善基本公共服务均等化机制

（二十）**提升基本公共服务保障能力**。在基本公共服务领域，深入推进财政事权和支出责任划分改革，逐步建立起权责清晰、财力协调、标准合理、保障有力的基本公共服务制度体系和保障机制。规范中央与地方共同财政事权事项的支出责任分担方式，调整完善转移支付体系，基本公共服务投入向贫困地区、薄弱环节、重点人群倾斜，增强市县财政特别是县级财政基本公共服务保障能力。强化省级政府统筹职能，加大对省域范围内基本公共服务薄弱地区扶持力度，通过完善省以下财政事权和支出责任划分、规范转移支付等措施，逐步缩小县域间、市地间基本公共服务差距。

（二十一）**提高基本公共服务统筹层次**。完善企业职工基本养老保险基金中央调剂制度，尽快实现养老保险全国统筹。完善基本医疗保险制度，不断提高基本医疗保险统筹层级。巩固完善义务教育管理体制，增加中央财政对义务教育转移支付规模，强化省、市统筹作用，加大对"三区三州"等深度贫困地区和集中连片特困地区支持力度。

（二十二）**推动城乡区域间基本公共服务衔接**。加快建立医疗卫生、劳动就业等基本公共服务跨城乡跨区域流转衔接制度，研究制定跨省转移接续具体办法和配套措施，强化跨区域基本公共服务统筹合作。鼓励京津冀、长三角、珠三角地区积极探索基本公共服务跨区域流转衔接具体做法，加快形成可复制可推广的经验。

八、创新区域政策调控机制

（二十三）**实行差别化的区域政策**。充分考虑区域特点，发挥区域比较优势，提高财政、产业、土地、环保、人才等政策的精准性和有效性，因地制宜培育和激发区域发展动能。坚持用最严格制度最严密法治保护生态环境的前提下，进一步突出重点区域、行业和污染物，有效防范生态环境风险。加强产业转移承接过程中的环境监管，防止跨区域污染转移。对于生态功能重要、生态环境敏感脆弱区域，坚决贯彻保护生态环境就是保护生产力、改善生态环境就是发展生产力的政策导向，严禁不符合主体功能定位的各类开发活动。相关中央预算内投资和中央财政专项转移支付继续向中西部等欠发达地区和东北地区等老工业基地倾斜，研究制定深入推进西部大开发和促进中部地区崛起的政策措施。动态调整西部地区有关产业指导目录，对西部地区优势产业和适宜产业发展给予必要的政策倾斜。在用地政策方面，保障跨区域重大基础设施和民生工程用地需求，对边境和特殊困难地区实行建设用地计划指标倾斜。研究制定鼓励人才到中西部地区、东北地区特别是"三区三州"等深度贫困地区工作的优惠政策，支持地方政府根据发展需要制定吸引国内外人才的区域性政策。

（二十四）**建立区域均衡的财政转移支付制度**。根据地区间财力差异状况，调整完善中央对地方一般性转移支付办法，加大均衡性转移支付力度，在充分考虑地区间支出成本因素、切实增强中西部地区自我发展能力的基础上，将常住人口人均财政支出差异控制在合理区间。严守生态保护红线，完善主体功能区配套政策，中央财政加大对重点生态功能区转移支付力度，提供更多优质生态产品。省级政府通过调整收入划分、加大转移支付力度，增强省以下政府区域协调发展经费保障能力。

（二十五）**建立健全区域政策与其他宏观调控政策联动机制**。加强区域政策与财政、货币、投资等政策的协调配合，优化政策工具组合，推动宏观调控政策精准落地。财政、货币、投资政策要服务于国家重大区域战略，围绕区域规划及区域政策导向，采取完善财政政策、金融依法合规支持、协同制定引导性和约束性产业政策等措施，加大对跨区域交通、水利、生态环境保护、民生等重大工程项目的支持力度。对因客观原因造成的经济增速放缓地区给予更有针对性的关心、指导和支持，在风险可控的前提下加大政策支持力度，保持区域经济运行在合理区间。加强对杠杆率较高地区的动态监测预警，强化地方金融监管合作和风险联防联控，更加有效防范和化解系统性区域性金融风险。

九、健全区域发展保障机制

（二十六）**规范区域规划编制管理**。加强区域规划编制前期研究，完善区域规划编制、审批和实施工作程序，实行区域规划编制审批计划管理制度，进一步健全区域规划实施机制，加强中期评估和后评估，形成科学合理、管理严格、指导有力的区域规划体系。对实施到期的区域规划，在后评估基础上，确需延期实施的可通过修订规划延期实施，不需延期实施的要及时废止。根据国家重大战略和重大布局需要，适时编制实施新的区域规划。

（二十七）**建立区域发展监测评估预警体系**。围绕缩小区域发展差距、区域一体化、资源环境协调等重点领域，建立区域协调发展评价指标体系，科学客观评价区域发展的协调性，为区域政策制定和调整提供参考。引导社会智库研究发布区域协调发展指数。加快建立区域发展风险识别和预警预案制度，密切监控突出问题，预先防范和妥善应对区域发展风险。

（二十八）**建立健全区域协调发展法律法规体系**。研究论证促进区域协调发展的法规制度，明确区域协调发展的内涵、战略重点和方向，健全区域政策制定、实施、监督、评价机制，明确有关部门在区域协调发展中的职责，明确地方政府在推进区域协调发展中的责任和义务，发挥社会组织、研究机构、企业在促进区域协调发展中的作用。

十、切实加强组织实施

（二十九）**加强组织领导**。坚持和加强党对区域协调发展工作的领导，充分发挥中央与地方区域性协调机制作用，强化地方主体责任，广泛动员全社会力量，共同推动建立更加有效的区域协调发展新机制，为实施区域协调发展战略提供强有力的保障。中央和国家机关有关部门要按照职能分工，研究具体政策措施，协同推动区域协调发展。各省、自治区、直辖市要制定相应落实方案，完善相关配套政策，确保区域协调发展新机制顺畅运行。

（三十）**强化协调指导**。国家发展改革委要会同有关部门加强对区域协调发展新机制实施情况跟踪分析和协调指导，研究新情况、总结新经验、解决新问题，重大问题要及时向党中央、国务院报告。

中共中央 国务院关于支持河北雄安新区全面深化改革和扩大开放的指导意见

(2019年1月24日)

设立河北雄安新区，是以习近平同志为核心的党中央深入推进京津冀协同发展作出的一项重大决策部署，是继深圳经济特区和上海浦东新区之后又一具有全国意义的新区，是重大的历史性战略选择，是千年大计、国家大事。为支持雄安新区全面深化改革和扩大开放，提出以下意见。

一、总体要求

（一）指导思想

以习近平新时代中国特色社会主义思想为指导，全面贯彻党的十九大和十九届二中、三中全会精神，坚持和加强党的全面领导，坚持稳中求进工作总基调，坚持新发展理念，按照统筹推进"五位一体"总体布局和协调推进"四个全面"战略布局要求，以供给侧结构性改革为主线，始终坚持世界眼光、国际标准、中国特色、高点定位，牢牢把握北京非首都功能疏解集中承载地这个初心，紧紧围绕创造"雄安质量"、建设"廉洁雄安"和打造推动高质量发展的全国样板，进一步解放思想、勇于创新，赋予雄安新区更大的改革自主权，着力在创新发展、城市治理、公共服务等方面先行先试、率先突破，构建有利于增强对优质北京非首都功能吸引力、符合高质量发展要求和未来发展方向的制度体系，推动雄安新区实现更高质量、更有效率、更加公平、更可持续发展，努力打造贯彻落实新发展理念的创新发展示范区，为全国改革开放大局作出贡献。

（二）基本原则

——坚持党的集中统一领导。充分发挥党总揽全局、协调各方的领导核心作用，把党的建设始终贯穿雄安新区规划建设和改革开放各个阶段、各个领域、各个环节，旗帜鲜明讲政治，把党的政治优势、组织优势转化为推进雄安新区改革开放的强大动力和坚强保障。

——坚持高点站位、统筹谋划。着眼建设北京非首都功能疏解集中承载地，按照思路再宽一些、再活一点的原则，与雄安新区规划纲要相衔接，加强改革开放的通盘谋划和顶层设计。坚持问题导向，在重点领域和关键环节改革创新上集中发力，争取早日取得实效。

——坚持大胆探索、先行先试。坚持敢为天下先，坚决破除不合时宜的思想观念、条条框框和利益藩篱，根据雄安新区实际情况和特点，推动各领域改革开放前沿政策措施和具有前瞻性的创新试点示范项目在雄安新区落地、先行先试，为全国提供可复制可推广的经验。

——坚持立足当前、着眼长远。把握改革开放工作推进的节奏和力度，既在起步阶段给予必要的政策支持，增强启动能力和持续发展动力，又着眼于破解深层次矛盾和问题，为雄安新区长远发展提供制度保障。

(三) 主要目标

系统推进体制机制改革和治理体系、治理能力现代化，推动雄安新区在承接中促提升，在改革发展中谋创新，把雄安新区建设成为北京非首都功能集中承载地、京津冀城市群重要一极、高质量高水平社会主义现代化城市，发挥对全面深化改革的引领示范带动作用，走出一条新时代推动高质量发展的新路径，打造新时代高质量发展样板。

到 2022 年，适应雄安新区定位和高质量发展要求、使市场在资源配置中起决定性作用和更好发挥政府作用的制度体系基本建立，重点领域和关键环节改革取得明显成效，优质宽松的发展环境和活跃高效的创新氛围基本形成，对北京非首都功能和人口吸引力明显增强，改革开放作为雄安新区发展根本动力的作用得到显现。

到 2035 年，雄安新区全面深化改革和扩大开放各项举措得到全面贯彻落实，构建形成系统完备、科学规范、运行有效的制度体系，疏解到新区的非首都功能得到进一步优化发展，"雄安质量"标准体系基本成熟并逐步推广，对推动高质量发展的引领带动作用进一步凸显。

到本世纪中叶，雄安新区社会主义市场经济体制更加完善，治理体系和治理能力实现现代化，经济发展的质量变革、效率变革、动力变革基本完成，社会充满活力又和谐有序，改革开放经验和成果在全国范围内得到广泛推广，形成较强国际影响力。

二、重点任务

(一) 强化创新驱动，建设现代化经济体系

坚持把创新作为引领雄安新区高质量发展的第一动力，以供给侧结构性改革为主线，系统推进有利于承接北京非首都功能、集聚创新要素资源的体制机制改革，着力建设具有核心竞争力的产业集群，培育新增长点、形成新动能，努力构建市场机制高效、主体活力强劲的经济体系。

1. 深入推进疏解到雄安新区的国有企业和事业单位改革。支持在京国有企业总部及分支机构向雄安新区转移，在疏解中推动国有经济布局优化、结构调整、战略性重组，促进国有资产保值增值，推动国有资本做强做优做大。完善资产管理体制，建立以管资本为主的新区国有资产监管机制，率先形成有效制衡的法人治理结构和灵活高效的市场化经营机制。坚持分类指导、宜混则混的原则，积极稳妥发展混合所有制经济，培育企业竞争力，雄安新区国有企业除涉及国民经济命脉或承担重大专项任务外，原则上可以探索发展混合所有制经济。推动在京各类事业单位向雄安新区疏解，在疏解过程中加快推进事业单位改革，优化职能和人员结构，推进政事分开、事企分开、管办分离。

2. 推动高端高新产业发展。把提高供给体系质量作为主攻方向，激发雄安新区经济发展内生动力。支持雄安新区吸引北京创新型、高成长性科技企业疏解转移。创造有利于一二三产业融合发展的新机制、新模式。严格产业准入标准，建立入区产业项目科学评估论证机制，制定雄安新区限制承接和布局的产业负面清单，对符合新区定位和发展方向的本地传统产业进行现代化改造提升，有力有序淘汰落后产能。

3. 加强创新能力建设和科技成果转化。引导现有在京科研机构和创新平台有序向雄安新区疏解，新设立的国家实验室、国家技术创新中心等国家级科技创新平台优先在雄安新区布局，支持建设雄安新区中关村科技园。支持雄安新区企业联合金融机构、高校、科研院所和行业上

下游共建产业协同创新共同体，建设产业创新中心，联合承担重大科研任务。建设服务于雄安新区创新发展的专业化高水平科技创新智库，鼓励社会力量创办新型研发机构。创新国际科技合作模式，鼓励科技创新领域国际组织落户雄安新区。支持雄安新区在前沿领域技术创新试验和应用方面先行先试。推进职务发明科技成果权属混合所有制改革，鼓励科技人员以职务发明科技成果投资入股，提高科技人员成果转化收益比例，放宽转制科研院所、高新技术企业科技人员在混合所有制员工持股改革中的持股比例。设立雄安科技成果转化基金，推动创新成果标准化、专利化并在雄安新区及相关地区转化利用。改革科技管理制度和科技政策决策咨询制度，将创新驱动发展能力作为重要指标纳入政府绩效考核体系。

4. 充分激发市场主体活力。深入推进简政放权、放管结合、优化服务改革，减少微观管理事务和具体审批事项，最大限度减少政府对市场资源的直接配置，最大限度减少政府对市场活动的直接干预，打造产权有效激励、要素自由流动、竞争公平有序、企业优胜劣汰的发展环境。破除信贷、创新、招投标等方面对民营企业的隐性壁垒，构建亲清政商关系，健全企业家参与涉企政策制定机制。激发和保护企业家精神，在市场监管和公共服务过程中，对诚实守信、注重创新、积极履行社会责任的企业实行优先办理、简化程序等"绿色通道"支持激励政策。营造鼓励创新、宽容失败的环境氛围，制定实施支持雄安新区中小微企业的发展政策。

5. 构建现代产权保护体系。建立并不断完善平等保护各类市场主体的产权保护制度，充分发挥产权激励作用。支持在雄安新区建设知识产权保护中心，提供知识产权快速审查、确权和维权服务，构建快速反应的知识产权执法机制，落实侵权惩罚性赔偿制度，将故意侵权行为纳入全国信用信息共享平台、国家企业信用信息公示系统和国家金融信用信息基础数据库，加大惩戒力度，大幅提高知识产权侵权成本。鼓励开展知识产权证券化融资和知识产权质押融资，建立健全知识产权质押融资风险分担机制。放宽知识产权服务业准入，扩大代理领域开放，放宽对专利代理机构股东和合伙人的条件限制。

6. 深入实施军民融合发展战略。统筹军民共用重大科研基地和基础设施布局建设，建立军民融合重大研发任务协同创新机制，推动双向开放、信息交互、资源共享。放宽国防科技领域市场准入。

（二）完善城市治理体系，建设现代智慧城市

坚持以人民为中心的发展思想，按照强化服务、源头治理、权责一致、协调创新的要求，把智能治理思维、手段、模式贯穿雄安新区治理始终，创新城市规划设计模式，推进住房供给体系建设，提高城市管理科学化、精细化水平，建设高质量高水平的社会主义现代化城市。

7. 建立科学高效的城市规划设计机制。突出专家在雄安新区规划编制中的基础和关键作用，让专业的人干专业的事，探索建立专家遴选、方案比选、评审决策的工作程序，形成专家领衔、政府组织、多方参与、科学决策的规划编制工作机制。建立各类规划编制统筹和协调联动机制，控制性详细规划、修建性详细规划及相关专项规划应符合国土空间总体规划。推进地下空间统筹开发利用，健全规划、用地、建设、产权、使用、管理等相关制度。建立健全雄安新区城市规划设计建设管理标准体系，推进基础设施、城市建筑等领域标准化，为现代城市规划建设管理提供样板。

8. 探索智慧城市管理新模式。应用新技术创新城市管理模式，建设智能高效宜居新型城市，实现城市管理网络化、数字化、智能化。研究在雄安新区建设国家级互联网骨干直联点，

探索建设新型互联网交换中心。开展大数据应用综合性试验,推动建设跨部门、跨层级、跨业务的大数据中心,实现数据信息共享和深度应用。支持雄安新区在构建世界先进的城市信息基础设施基础上,深入推进"城市大脑"建设,探索建立基于全面感知的数据研判决策治理一体化智能城市管理模式,为交通、安全、环卫等精细化管理提供瞬时反应、高效联动的解决方案。

9. 构建新型住房供给体系。坚持房子是用来住的、不是用来炒的定位,落实职住平衡要求,推动雄安新区居民实现住有所居。针对多层次住房需求建立多主体供应、多渠道保障、租购并举的住房制度,个人产权住房以共有产权房为主。严禁大规模开发商业房地产,严控周边房价,严加防范炒地炒房投机行为。制定与住房制度相配套、与开发建设方式相适应的土地供应政策,完善土地出让、租赁、租让结合、混合空间出让、作价出资入股等多元化土地利用和供应模式。探索不同供地方式下的不动产登记模式,创新购房与住房租赁积分制度。创新投融资机制,吸引各类社会主体参与雄安新区住房开发建设,支持专业化、机构化住房租赁企业发展,支持发行房地产投资信托基金(REITs)等房地产金融创新产品,明确管理制度和运行方式,探索与之相适应的税收政策。支持在雄安新区设立住宅政策性金融机构,探索住房公积金制度改革。

10. 推进社会治理现代化。完善党委领导、政府负责、社会协同、公众参与、法治保障的社会治理体制,形成共建共治共享社会治理格局。推进法治社会建设,努力建设及时、精准、普惠的公共法律服务体系,提升全民法治素养。搭建城市综合管理服务平台,鼓励社会力量参与城市管理,更好发挥社会组织作用,建立公共服务公众全过程参与机制。推进基层管理体制创新,强化党的组织在同级组织中的领导地位,优化政府职能配置,统筹党政机构设置和人力资源配置,推动资源、服务、管理向基层倾斜。推进直接服务民生的公共事业部门改革,探索建立分级社区服务供给网络,加大政府购买服务力度,推进城乡社区服务社会化运作。构建"互联网+政务服务"体系,推动各类政务服务事项"一网通办、一窗核发",着力打通便民服务"最后一公里"。

11. 强化城市安全稳定保障。建立高效联动智能的新型城市综合防灾减灾救灾体系,完善重大安全风险联防联控、监测预警和应急管控处置机制。深入推进立体化、信息化社会治安防控体系建设,完善重大决策社会稳定风险评估机制,率先打造智慧公安。加强安全稳定工作集中统一领导,建立跨部门情报信息工作机制和交流合作机制。

(三)创新公共服务供给机制,提高保障和改善民生水平

坚持以满足人民日益增长的美好生活需要为根本出发点和落脚点,围绕有效吸引北京非首都功能疏解和人口转移,加强雄安新区与北京在教育、医疗卫生、社会保障等领域合作,形成优质高效、保障多元、城乡一体、开放共享的公共服务体系,创造高品质的生产生活环境。

12. 推进现代教育体系建设。支持雄安新区引进京津及国内外优质教育资源,教育布局要与城市发展布局和产业布局相匹配,推动雄安新区教育质量逐步达到国内领先水平。引导和支持在京高校、有创新特色的中等职业学校等通过整体搬迁、办分校、联合小学等多种方式向雄安新区疏解转移,支持"双一流"建设高校在雄安新区办学,以新机制、新模式组建雄安大学,统一建设公共服务设施、科研设施、科技创新平台,努力建设世界一流大学和一流学科。建立雄安新区企业举办或参与举办职业教育、高等教育新机制,创建产教融合型城市。

13. 创新医疗卫生体系和制度。围绕建设"健康雄安",优化医疗卫生服务组织和供应模

式，建立健全现代医院管理制度，探索建立高度共享、优质高效的整合型医疗卫生服务体系。支持在京医院通过整体搬迁、办分院、联合办医等多种方式向雄安新区疏解转移，允许在京医院在雄安新区设立法人机构。在京医院和雄安新区医院实行双向转诊、检验结果互认和影像资料共享制度，推进执业医师多机构备案，实现医疗人才在北京与雄安新区之间无障碍流动。允许设立外商独资的医疗咨询机构，支持境外医师来雄安新区行医。鼓励社会资本参与提供医疗卫生服务，放宽医疗机构大型设备配置条件，完善政府购买基本公共卫生服务机制。推动健康医疗大数据应用，实现全人群全生命周期的健康管理。

14. 推进文化领域改革创新。支持京津优质文化艺术资源向雄安新区疏解，放宽文化市场准入，培养具有雄安特色、中国元素的特色文化底蕴和氛围，培育新时代雄安精神。探索公共文化服务新模式，实行公共图书馆、文化馆总分馆制，建设公共文化服务"云平台"，实现农村、城市社区公共文化服务资源整合和互联互通。健全面向雄安新区基层群众的公共文化设施网络，全面提升公共文化设施免费开放水平，提高基本公共文化服务标准化、均等化水平。开展文化产业创新实验，研究建立推动数字文化产业发展的有效机制，培育各类新型文化业态，推进文化与前沿科技领域融合发展。支持雄安新区建立健全文物保护协调机制，将文物保护措施相关审批权限向雄安新区下放，促进雄安新区与京津冀区域加强文物保护交流合作。

15. 完善社会保障和就业创业体系。支持雄安新区创新社会保障政策，推动雄安新区基本公共服务和社会保障水平与京津相衔接。制定适合雄安新区的养老保险缴费政策。引导具备条件的用人单位建立企业年金，鼓励建立个人储蓄性养老保险和商业养老保险，结合个人税收递延型商业养老保险试点实施情况研究制定配套税收政策。完善统一的城乡居民基本医疗保险制度和大病保险制度，推行以按病种付费为主的多元复合式医保支付方式，推进异地就医结算。完善社会保险关系转移接续政策，推动社会保险公共服务平台在雄安新区率先落地，形成以社会保障卡为载体的"一卡通"服务管理模式。建立城乡一体化、均等化的就业制度，更好惠及各类劳动者，实现更高质量、更充分就业。完善创业引导政策，政府补贴职业培训项目全部向具备资质的职业培训机构开放，探索建立支持雄安新区失地农民就业创业新机制。

（四）创新选人用人机制，建设高端人才集聚区

坚持聚天下英才而用之，深入实施人才优先发展战略，建立适应雄安新区开发建设与高质量发展的选人用人机制，建立高层次人才引进与激励政策体系，优化就业创业、成长成才环境，形成具有国际竞争力的人才制度优势。

16. 构建灵活高效的用人制度。面向全国选拔优秀人才到雄安新区工作，构建适应雄安新区定位和发展需要的干部人才管理制度，完善考核评价机制，创新激励方式方法，建立雄安新区与北京市、天津市和长三角、珠三角等地区的常态化干部人才交流机制。创新人员编制管理，赋予雄安新区统筹使用各类编制资源的自主权和更大用人自主权。制定实施符合雄安新区发展需求的人才政策，对特殊人才实行特岗特薪。对高校、科研院所、公立医疗机构等公益二类事业单位急需紧缺的高层次专业技术人才、高技能人才，可采用特设岗位等灵活方式聘用。

17. 建立科技人才激励机制。赋予雄安新区科研机构和高校更大的收入分配自主权，建立以增加知识价值为导向的薪酬分配制度。建立健全前沿科技领域人才和团队稳定支持机制，探索在科研经费和科技成果管理等方面实行负面清单制度。建立柔性引才机制，允许高校、科研院所等事业单位及国有企业的科技人才按规定在雄安新区兼职兼薪、按劳取酬。

18. 优化境外人才引进和服务管理。建立吸引海外人才回国创新创业服务机制，探索实行更开放的境外人才引进和出入境管理制度，支持雄安新区开展国际人才管理改革试点，为外籍创新创业人员提供更多签证和居留便利，建立外籍高层次人才申请永久居留和工作居留直通车制度。

（五）深化土地和人口管理体制改革，推进城乡统筹发展

坚持保障经济社会发展、保护土地资源、维护群众权益，创建产权明晰、配置有效、节约集约的土地管理和利用体制，创新以服务为导向的人口管理机制，推进城乡统筹发展综合配套改革试验，建设宜居城市、特色小镇、美丽乡村，保障雄安新区城乡居民共享改革发展和现代文明成果。

19. 创新土地管理制度。推进"多规合一"，划定并严守生态保护红线、永久基本农田、城镇开发边界三条控制线，研究建立雄安新区空间规划体系，强化国土空间规划对各专项规划的指导约束作用。建立健全程序规范、补偿合理、保障多元的土地征收制度。完善国土空间开发利用差别化准入制度，在雄安新区实行产业准入负面清单管理。建立土地利用全生命周期管理制度。探索建立建设用地多功能复合利用开发模式，研究制定符合雄安新区特点的建设用地标准，建立"人地挂钩"、"增存挂钩"机制，将土地节约集约利用水平纳入目标责任考核。

20. 深化人口管理服务制度改革。制定有利于承接北京非首都功能疏解的人口迁移政策，建立以居住证为载体的公共服务提供机制，实行积分落户制度。建立科学的人口预测和统计体系，加强雄安新区人口全口径信息化管理，实行新型实有人口登记制度，逐步实现跨部门跨地区人口信息整合共享，推动人口登记与统计工作精准化。建立服务型人口管理新模式，完善基础设施建设、公共服务供给、社会保障服务与雄安新区人口发展的协同匹配机制。根据雄安新区资源环境承载能力和经济社会发展水平，建立行政、法律、市场等多手段结合的人口引导和调控机制。

21. 大力实施乡村振兴战略。将美丽乡村建设与特色小城镇发展有机结合起来，实现差异化特色发展，打造美丽乡村样板。根据雄安新区近远期发展特点，统筹设计城乡融合发展体制机制和政策体系，促进公共服务和基础设施建设均衡配置，创新农村人居环境治理模式。以乡村空间规划为依据，积极开展农村土地综合整治，改善农村生产生活生态环境。支持雄安新区培育新型农业经营主体，创新农业绿色发展体制机制，发展都市型现代高效农业。深化农村土地制度改革，深入推进农村土地征收、集体经营性建设用地入市、宅基地制度改革。深入推进农村集体产权制度改革，允许农民转让土地承包权、宅基地资格权，以集体资产股权入股企业或经济组织，推动资源变资产、资金变股金、农民变股东，建立农民持续稳定的收入增长机制。严禁损害农民合法利益，维护被征地农民权益，完善被征地农民就业、养老保险等社会保障制度。

（六）推进生态文明改革创新，建成绿色发展城市典范

贯彻习近平生态文明思想，践行生态文明理念，实行最严格生态环境保护制度，将雄安新区自然生态优势转化为经济社会发展优势，建设蓝绿交织、水城共融的新时代生态文明典范城市，走出一条人与自然和谐共生的现代化发展道路。

22. 创新生态保护修复治理体系。建立雄安新区及周边区域生态环境协同治理长效机制，推进白洋淀及上下游协同保护和生态整体修复，支持将雄安新区纳入国家山水林田湖草生态保

护修复工程试点，支持白洋淀上游开展新建规模化林场试点。构建以白洋淀为主体的自然保护地体系，合理划分白洋淀生态环境治理保护的财政事权和支出责任，统筹各类资金渠道和试点政策，加大对白洋淀生态修复的支持力度。推进白洋淀水安全综合治理，发挥蓄滞洪功能，探索洪水保险制度。健全休养生息制度，实施白洋淀流域污染综合治理示范工程和水生生物资源养护工程。探索在全国率先建立移动源污染物低排放控制区。

23. 推进资源节约集约利用。创新体制推进资源全面节约和循环利用，实现生产和生活系统循环链接。建立资源环境承载能力监测预警长效机制，实施最严格的水资源管理制度，实行能源、水资源消费总量和强度"双控"，开展地热等地质资源综合利用示范。开展自然资源资产产权制度试点，建立健全权责明确的自然资源资产产权体系，实施自然资源统一确权登记。建立具有国际先进水平的生活垃圾强制分类制度，探索和推广先进的城市资源循环利用模式，率先建成"无废城市"。将雄安新区植树造林纳入国家储备林，建设全国森林城市示范区，创建国际湿地城市。

24. 完善市场化生态保护机制。构建市场导向的绿色技术创新体系，建立符合雄安新区功能定位和发展实际的资源环境价格机制、多样化生态补偿制度和淀区生态搬迁补偿机制，全面推行生态环境损害赔偿制度，探索企业环境风险评级制度。积极创新绿色金融产品和服务，支持设立雄安绿色金融产品交易中心，研究推行环境污染责任保险等绿色金融制度，发展生态环境类金融衍生品。

25. 创新生态文明体制机制。推进雄安新区国家生态文明试验区建设，依托国土空间基础信息平台，构建智能化资源环境监测网络系统和区域智慧资源环境监管体系，实行自然资源与环境统一监管。构建流域管理与区域管理相结合的水管理体制，在雄安新区强化水资源统一管理。建立绿色生态城区指标体系，为全国绿色城市发展建设提供示范引领。开展生态文明建设目标评价考核，探索将资源消耗、环境损害、生态破坏计入发展成本，实施生态环境损害责任终身追究制度。健全环保信用评价、信息强制性披露、严惩重罚等制度。

（七）扩大对内对外开放，构筑开放发展新高地

坚持全方位对外开放，支持雄安新区积极融入"一带一路"建设，以开放促发展、以合作促协同，着力发展贸易新业态新模式，加快培育合作和竞争新优势，构筑我国对外合作新平台，打造层次更高、领域更广、辐射更强的开放型经济新高地。

26. 加强引智引技引资并举。支持引入国际国内各类资本参与雄安新区建设，充分保护投资者合法权益。加强供应链创新和应用，开展服务贸易创新发展试点，支持设立跨境电商综合试验区。建设面向全球的数字化贸易平台，便利跨境支付结算。支持在雄安新区设立外商独资或中外合资金融机构，在符合条件的情况下尽快放宽或取消股比限制。允许设立专业从事境外股权投资的项目公司，支持符合条件的投资者设立境外股权投资基金。创新本外币账户管理模式，允许跨国公司总部在雄安新区开展本外币资金集中运营。

27. 建立扩大开放新机制。营造法治化、国际化、便利化市场环境，实施外资准入前国民待遇加负面清单管理模式，建立与国际投资贸易通行规则相衔接的制度体系，构建公平竞争制度。支持在雄安新区设立国际性仲裁、认证、鉴定权威机构，探索建立商事纠纷多元解决机制。雄安新区涉及企业生产经营的财政、科技、金融等支持政策同等适用内外资企业。拓宽中外金融市场合作领域，金融领域负面清单以外事项实行内外资统一管理。放宽外汇资金进出管制，促进雄安新区投融资汇兑便利化，稳步推进人民币资本项目可兑换。对标国际先进水平建设国际贸易"单一窗口"，推进雄安新区"智慧海关"建设，探索建立海关特殊监管区域。

28. 深化区域交流合作。研究制定促进雄安新区与北京、天津、石家庄、保定等城市合理分工、协同发展的政策措施。在具备条件的情况下，支持雄安新区优势产业向周边地区拓展形成产业集群，发挥对周边地区创新发展和就业创业的辐射带动作用。按照网络化布局、智能化管理、一体化服务的要求，推动雄安新区及周边交通基础设施互联互通，强化协同发展基础保障。支持雄安新区与长三角、珠三角等地区在制造业、科研、金融、互联网、文化和旅游等方面加强合作交流。鼓励开放型平台、"一带一路"建设相关国际合作平台优先在雄安新区布局，推动与相关国家和地区开展更加务实高效的合作。

（八）深化财税金融体制改革，创新投融资模式

加快建立有利于创新驱动发展、生态环境保护、公共服务质量提升的现代财税制度，建设现代金融体系，为雄安新区经济社会发展提供有力支撑。

29. 加大财政支持力度。加大起步建设阶段中央财政转移支付和河北省省级财政支持力度，保障雄安新区运转，逐步实现雄安新区财政自求平衡。统筹安排其他转移支付，用于雄安新区基础设施建设和维护、产业基金注资、地方政府债务利息支出等方面，以及对雄安新区及周边地区交通、水利、科技创新、生态保护修复和公共服务等领域予以支持。

30. 推进税收政策创新。加强北京市企业向雄安新区搬迁的税收政策引导，推动符合雄安新区功能定位的北京市高新技术企业加快转移迁入。对需要分步实施或开展试点的税收政策，凡符合雄安新区实际情况和功能定位的，支持在雄安新区优先实施或试点。

31. 多渠道筹措资金。加大对雄安新区直接融资支持力度，建立长期稳定的建设资金筹措机制。在保持政府债务风险总体可控、坚决遏制地方政府隐性债务增量的前提下，加大对地方政府债券发行的支持力度，单独核定雄安新区债券额度，支持发行10年期及以上的雄安新区建设一般债和专项债。支持中国雄安集团有限公司提高市场化融资能力，规范运用社会化、市场化方式筹资，严禁金融机构违规向雄安新区提供融资。优先支持符合条件的雄安新区企业发行上市、并购重组、股权转让、债券发行、资产证券化。支持在雄安新区探索推广知识产权证券化等新型金融产品。鼓励保险公司根据需要创新开发保险产品，推进京津冀地区的保险公司跨区域经营备案管理试点。

32. 有序推动金融资源集聚。吸引在京民营金融企业到雄安新区发展。支持设立雄安银行，加大对雄安新区重大工程项目和疏解到雄安新区的企业单位支持力度。研究建立金融资产交易平台等金融基础设施，筹建雄安股权交易所，支持股权众筹融资等创新业务先行先试。有序推进金融科技领域前沿性研究成果在雄安新区率先落地，建设高标准、高技术含量的雄安金融科技中心。鼓励银行业金融机构加强与外部投资机构合作，在雄安新区开展相关业务。支持建立资本市场学院（雄安），培养高素质金融人才。研究在雄安新区设立人民银行机构，推进综合性、功能性金融监管体制改革，探索建立符合国际规则的金融监管框架，加强本外币协同监管，实现雄安新区所有金融活动监管全覆盖，牢牢守住不发生系统性、区域性金融风险底线。

（九）完善治理体制机制，打造服务型政府

坚持人民主体地位，深入推进政府治理体系和治理能力现代化，深化简政放权、放管结合、优化服务改革，加快转变政府职能，优化雄安新区机构设置和职能配置，建设让人民满意、让群众放心、运行高效的新时代服务型政府。

33. 科学设置雄安新区管理机构。按照优化、协同、高效的原则优化雄安新区行政管理机构，逐步赋予雄安新区省级经济社会管理权限。完善大部门制运行模式，雄安新区党工委和管委会可根据建设需要按程序调整内设机构，宜大则大、宜小则小。逐步理顺雄安新区与托管的雄县、容城、安新三县及周边区域的关系，实行扁平化管理。推动雄安新区逐步从新区管理体制过渡到城市管理体制。

34. 推动行政管理体制创新。中央和国家机关有关部委、河北省政府根据雄安新区不同阶段的建设任务和承接能力，适时向雄安新区下放工程建设、市场准入、社会管理等方面的审批和行政许可事项。健全重大行政决策程序，推进法治政府建设，推行党政机关法律顾问和公职律师制度，提升政府依法行政能力。赋予雄安新区地方标准制定权限，构建适合雄安新区高标准建设、高质量发展的标准体系。全面推行清单管理制度，制定实施权力责任清单和市场准入负面清单，并根据实际需要实行动态调整。深化商事制度改革，持续推进"证照分离"、"多证合一"，推动"照后减证"。推进投融资体制改革，在雄安新区开展工程建设项目审批制度改革试点，探索实行行政审批告知承诺制，推行容缺受理承诺。

35. 构建事中事后监管体系。完善行业监管制度和资格审查制度，建立协同监管机制，推动智能监管全覆盖，健全第三方机构和社会力量参与监管的制度。开展综合行政执法体制改革试点，清理规范行政执法事项，全面实施"双随机、一公开"监管。深化分类综合执法改革，推动执法力量下沉，探索实行城市管理非现场执法。强化市场主体责任，扩大市场主体社会责任报告制度和责任追溯制度覆盖范围。完善社会信用体系和商务诚信体系，探索建立覆盖所有机构和个人的诚信账户，实行信用风险分类监管，建立完善守信联合激励和失信联合惩戒机制。

三、保障措施

（一）全面加强党的领导

坚持党对一切工作的领导，以党的政治建设为统领，全面推进党的政治建设、思想建设、组织建设、作风建设、纪律建设，把制度建设贯穿其中，深入推进反腐败斗争，不断提高党的建设质量。用习近平新时代中国特色社会主义思想武装党员干部，严格遵守政治纪律和政治规矩，在政治立场、政治方向、政治原则、政治道路上同以习近平同志为核心的党中央保持高度一致。加强雄安新区各级党组织和领导班子建设，以提升组织力为重点，突出政治功能，健全基层组织，优化组织设置，新区开发建设到哪里，党的组织就建到哪里，实现党的组织和工作全覆盖，充分发挥基层党组织战斗堡垒作用和党员先锋模范作用。坚持党管干部原则，坚持德才兼备、以德为先、任人唯贤，坚持正确选人用人导向，突出政治标准，注重培养专业能力、专业精神，建设一支政治过硬、改革意识强、能力水平高、敢闯敢干的高素质专业化干部队伍。完善干部考核评价机制，建立激励机制和容错纠错机制，宽容干部在工作中特别是改革创新中的失误，旗帜鲜明为敢于担当的干部撑腰鼓劲。切实加强党风廉政建设，持之以恒正风肃纪，完善不敢腐、不能腐、不想腐的制度机制，建设"廉洁雄安"。加强对权力运行的制约和监督，把权力关进制度的笼子，建立与雄安新区体制机制创新相适应的巡视巡察制度，深入推进监察体制改革，强化监督执纪问责和监督调查处置，营造风清气正良好环境。

（二）完善实施机制

按照党中央、国务院决策部署，京津冀协同发展领导小组加强对雄安新区改革开放工作的统筹指导，河北省委和省政府切实履行主体责任，雄安新区党工委和管委会承担雄安新区改革开放工作任务具体落实责任，并赋予其更大的自主发展、自主改革和自主创新的管理权限。各有关方面要按照职责分工，分领域分阶段逐项制定支持雄安新区改革开放的实施方案，作为本指导意见的配套文件，明确具体任务措施和时间表、路线图、责任分工，成熟一项推出一项，成熟一批推出一批。积极探索与行政体制改革相适应的司法体制改革，全面落实司法责任制。强化改革措施的法治保障，本指导意见提出的各项改革开放举措，凡涉及调整现行法律或行政法规的，按法定程序经全国人大或国务院统一授权后实施。

（三）狠抓督促落实

在京津冀协同发展领导小组的直接领导下，领导小组办公室加强综合协调和督促检查，密切跟踪了解雄安新区改革开放工作推进情况和实施效果，适时组织开展评估，及时协调解决遇到的困难和问题，重大事项及时向党中央和国务院报告。雄安新区要结合不同发展阶段和实际需要，放开手脚，大胆尝试，确保各项改革举措有效实施。各有关方面要及时总结提炼好的政策措施和做法，形成可复制可推广可操作的经验，在京津冀地区乃至全国范围内推广，发挥示范带动作用。

（四）加强协调配合

加强各领域政策措施之间的统筹协调和综合配套，建立多地区多部门信息沟通共享和协同推进机制，增强工作的系统性、整体性、协同性。河北省要全力支持雄安新区改革开放各项工作，积极主动与中央和国家机关有关部委、北京市、天津市等加强沟通衔接。中央和国家机关有关部委要牢固树立大局意识，积极作为、通力合作，在政策安排和举措落地等方面加强指导支持。北京市、天津市要积极主动对接和支持雄安新区改革开放各项工作。

中共中央　国务院关于建立健全城乡融合发展体制机制和政策体系的意见

(2019 年 4 月 15 日)

建立健全城乡融合发展体制机制和政策体系，是党的十九大作出的重大决策部署。改革开放特别是党的十八大以来，我国在统筹城乡发展、推进新型城镇化方面取得了显著进展，但城乡要素流动不顺畅、公共资源配置不合理等问题依然突出，影响城乡融合发展的体制机制障碍尚未根本消除。为重塑新型城乡关系，走城乡融合发展之路，促进乡村振兴和农业农村现代化，现提出以下意见。

一、总体要求

（一）指导思想。以习近平新时代中国特色社会主义思想为指导，全面贯彻党的十九大和十九届二中、三中全会精神，紧紧围绕统筹推进"五位一体"总体布局和协调推进"四个全面"战略布局，坚持和加强党的全面领导，坚持以人民为中心的发展思想，坚持稳中求进工作总基调，坚持新发展理念，坚持推进高质量发展，坚持农业农村优先发展，以协调推进乡村振兴战略和新型城镇化战略为抓手，以缩小城乡发展差距和居民生活水平差距为目标，以完善产权制度和要素市场化配置为重点，坚决破除体制机制弊端，促进城乡要素自由流动、平等交换和公共资源合理配置，加快形成工农互促、城乡互补、全面融合、共同繁荣的新型工农城乡关系，加快推进农业农村现代化。

（二）基本原则

——坚持遵循规律、把握方向。顺应城镇化大趋势，牢牢把握城乡融合发展正确方向，树立城乡一盘棋理念，突出以工促农、以城带乡，构建促进城乡规划布局、要素配置、产业发展、基础设施、公共服务、生态保护等相互融合和协同发展的体制机制。

——坚持整体谋划、重点突破。围绕乡村全面振兴和社会主义现代化国家建设目标，强化统筹谋划和顶层设计，增强改革的系统性、整体性、协同性，着力破除户籍、土地、资本、公共服务等方面的体制机制弊端，为城乡融合发展提供全方位制度供给。

——坚持因地制宜、循序渐进。充分考虑不同地区城乡融合发展阶段和乡村差异性，稳妥把握改革时序、节奏和步骤，尊重基层首创精神，充分发挥地方积极性，分类施策、梯次推进、试点先行、久久为功，形成符合实际、各具特色的改革路径和城乡融合发展模式。

——坚持守住底线、防范风险。正确处理改革发展稳定关系，在推进体制机制破旧立新过程中，守住土地所有制性质不改变、耕地红线不突破、农民利益不受损底线，守住生态保护红线，守住乡村文化根脉，高度重视和有效防范各类政治经济社会风险。

——坚持农民主体、共享发展。发挥农民在乡村振兴中的主体作用，充分尊重农民意愿，切实保护农民权益，调动亿万农民积极性、主动性、创造性，推动农业全面升级、农村全面进步、农民全面发展，不断提升农民获得感、幸福感、安全感。

（三）主要目标

——到 2022 年，城乡融合发展体制机制初步建立。城乡要素自由流动制度性通道基本打通，城市落户限制逐步消除，城乡统一建设用地市场基本建成，金融服务乡村振兴的能力明显提升，农村产权保护交易制度框架基本形成，基本公共服务均等化水平稳步提高，乡村治理体系不断健全，经济发达地区、都市圈和城市郊区在体制机制改革上率先取得突破。

——到 2035 年，城乡融合发展体制机制更加完善。城镇化进入成熟期，城乡发展差距和居民生活水平差距显著缩小。城乡有序流动的人口迁徙制度基本建立，城乡统一建设用地市场全面形成，城乡普惠金融服务体系全面建成，基本公共服务均等化基本实现，乡村治理体系更加完善，农业农村现代化基本实现。

——到本世纪中叶，城乡融合发展体制机制成熟定型。城乡全面融合，乡村全面振兴，全体人民共同富裕基本实现。

二、建立健全有利于城乡要素合理配置的体制机制

坚决破除妨碍城乡要素自由流动和平等交换的体制机制壁垒，促进各类要素更多向乡村流动，在乡村形成人才、土地、资金、产业、信息汇聚的良性循环，为乡村振兴注入新动能。

（四）健全农业转移人口市民化机制。 有力有序有效深化户籍制度改革，放开放宽除个别超大城市外的城市落户限制。加快实现城镇基本公共服务常住人口全覆盖。以城市群为主体形态促进大中小城市和小城镇协调发展，增强中小城市人口承载力和吸引力。建立健全由政府、企业、个人共同参与的农业转移人口市民化成本分担机制，全面落实支持农业转移人口市民化的财政政策、城镇建设用地增加规模与吸纳农业转移人口落户数量挂钩政策，以及中央预算内投资安排向吸纳农业转移人口落户数量较多的城镇倾斜政策。维护进城落户农民土地承包权、宅基地使用权、集体收益分配权，支持引导其依法自愿有偿转让上述权益。提升城市包容性，推动农民工特别是新生代农民工融入城市。

（五）建立城市人才入乡激励机制。 制定财政、金融、社会保障等激励政策，吸引各类人才返乡入乡创业。鼓励原籍普通高校和职业院校毕业生、外出农民工及经商人员回乡创业兴业。推进大学生村官与选调生工作衔接，鼓励引导高校毕业生到村任职、扎根基层、发挥作用。建立选派第一书记工作长效机制。建立城乡人才合作交流机制，探索通过岗编适度分离等多种方式，推进城市教科文卫体等工作人员定期服务乡村。推动职称评定、工资待遇等向乡村教师、医生倾斜，优化乡村教师、医生中高级岗位结构比例。引导规划、建筑、园林等设计人员入乡。允许农村集体经济组织探索人才加入机制，吸引人才、留住人才。

（六）改革完善农村承包地制度。 保持农村土地承包关系稳定并长久不变，落实第二轮土地承包到期后再延长 30 年政策。加快完成农村承包地确权登记颁证。完善农村承包地"三权分置"制度，在依法保护集体所有权和农户承包权前提下，平等保护并进一步放活土地经营权。健全土地流转规范管理制度，强化规模经营管理服务，允许土地经营权入股从事农业产业化经营。

（七）稳慎改革农村宅基地制度。 加快完成房地一体的宅基地使用权确权登记颁证。探索宅基地所有权、资格权、使用权"三权分置"，落实宅基地集体所有权，保障宅基地农户资格权和农民房屋财产权，适度放活宅基地和农民房屋使用权。鼓励农村集体经济组织及其成员盘活利用闲置宅基地和闲置房屋。在符合规划、用途管制和尊重农民意愿前提下，允许县级政府优化村庄用地布局，有效利用乡村零星分散存量建设用地。推动各地制定省内统一的宅基地面积标准，探索对增量宅基地实行集约有奖、对存量宅基地实行退出有偿。

（八）建立集体经营性建设用地入市制度。加快完成农村集体建设用地使用权确权登记颁证。按照国家统一部署，在符合国土空间规划、用途管制和依法取得前提下，允许农村集体经营性建设用地入市，允许就地入市或异地调整入市；允许村集体在农民自愿前提下，依法把有偿收回的闲置宅基地、废弃的集体公益性建设用地转变为集体经营性建设用地入市；推动城中村、城边村、村级工业园等可连片开发区域土地依法合规整治入市；推进集体经营性建设用地使用权和地上建筑物所有权房地一体、分割转让。完善农村土地征收制度，缩小征地范围，规范征地程序，维护被征地农民和农民集体权益。

（九）健全财政投入保障机制。鼓励各级财政支持城乡融合发展及相关平台和载体建设，发挥财政资金四两拨千斤作用，撬动更多社会资金投入。建立涉农资金统筹整合长效机制，提高资金配置效率。调整土地出让收入使用范围，提高农业农村投入比例。支持地方政府在债务风险可控前提下发行政府债券，用于城乡融合公益性项目。

（十）完善乡村金融服务体系。加强乡村信用环境建设，推动农村信用社和农商行回归本源，改革村镇银行培育发展模式，创新中小银行和地方银行金融产品提供机制，加大开发性和政策性金融支持力度。依法合规开展农村集体经营性建设用地使用权、农民房屋财产权、集体林权抵押融资，以及承包地经营权、集体资产股权等担保融资。实现已入市集体土地与国有土地在资本市场同地同权。建立健全农业信贷担保体系，鼓励有条件有需求的地区按市场化方式设立担保机构。加快完善农业保险制度，推动政策性保险扩面、增品、提标，降低农户生产经营风险。支持通过市场化方式设立城乡融合发展基金，引导社会资本培育一批国家城乡融合典型项目。完善农村金融风险防范处置机制。

（十一）建立工商资本入乡促进机制。深化"放管服"改革，强化法律规划政策指导和诚信建设，打造法治化便利化基层营商环境，稳定市场主体预期，引导工商资本为城乡融合发展提供资金、产业、技术等支持。完善融资贷款和配套设施建设补助等政策，鼓励工商资本投资适合产业化规模化集约化经营的农业领域。通过政府购买服务等方式，支持社会力量进入乡村生活性服务业。支持城市搭建城中村改造合作平台，探索在政府引导下工商资本与村集体合作共赢模式，发展壮大村级集体经济。建立工商资本租赁农地监管和风险防范机制，严守耕地保护红线，确保农地农用，防止农村集体产权和农民合法利益受到侵害。

（十二）建立科技成果入乡转化机制。健全涉农技术创新市场导向机制和产学研用合作机制，鼓励创建技术转移机构和技术服务网络，建立科研人员到乡村兼职和离岗创业制度，探索其在涉农企业技术入股、兼职兼薪机制。建立健全农业科研成果产权制度，赋予科研人员科技成果所有权。发挥政府引导推动作用，建立有利于涉农科研成果转化推广的激励机制与利益分享机制。探索公益性和经营性农技推广融合发展机制，允许农技人员通过提供增值服务合理取酬。

三、建立健全有利于城乡基本公共服务普惠共享的体制机制

推动公共服务向农村延伸、社会事业向农村覆盖，健全全民覆盖、普惠共享、城乡一体的基本公共服务体系，推进城乡基本公共服务标准统一、制度并轨。

（十三）建立城乡教育资源均衡配置机制。优先发展农村教育事业，建立以城带乡、整体

推进、城乡一体、均衡发展的义务教育发展机制。鼓励省级政府建立统筹规划、统一选拔的乡村教师补充机制，为乡村学校输送优秀高校毕业生。推动教师资源向乡村倾斜，通过稳步提高待遇等措施增强乡村教师岗位吸引力。实行义务教育学校教师"县管校聘"，推行县域内校长教师交流轮岗和城乡教育联合体模式。完善教育信息化发展机制，推动优质教育资源城乡共享。多渠道增加乡村普惠性学前教育资源，推行城乡义务教育学校标准化建设，加强寄宿制学校建设。

（十四）**健全乡村医疗卫生服务体系**。建立和完善相关政策制度，增加基层医务人员岗位吸引力，加强乡村医疗卫生人才队伍建设。改善乡镇卫生院和村卫生室条件，因地制宜建立完善医疗废物收集转运体系，提高慢性病、职业病、地方病和重大传染病防治能力，加强精神卫生工作，倡导优生优育。健全网络化服务运行机制，鼓励县医院与乡镇卫生院建立县域医共体，鼓励城市大医院与县医院建立对口帮扶、巡回医疗和远程医疗机制。全面建立分级诊疗制度，实行差别化医保支付政策。因地制宜建立完善全民健身服务体系。

（十五）**健全城乡公共文化服务体系**。统筹城乡公共文化设施布局、服务提供、队伍建设，推动文化资源重点向乡村倾斜，提高服务的覆盖面和适用性。推行公共文化服务参与式管理模式，建立城乡居民评价与反馈机制，引导居民参与公共文化服务项目规划、建设、管理和监督，推动服务项目与居民需求有效对接。支持乡村民间文化团体开展符合乡村特点的文化活动。推动公共文化服务社会化发展，鼓励社会力量参与。建立文化结对帮扶机制，推动文化工作者和志愿者等投身乡村文化建设。划定乡村建设的历史文化保护线，保护好农业遗迹、文物古迹、民族村寨、传统村落、传统建筑和灌溉工程遗产，推动非物质文化遗产活态传承。发挥风俗习惯、村规民约等优秀传统文化基因的重要作用。

（十六）**完善城乡统一的社会保险制度**。完善统一的城乡居民基本医疗保险、大病保险和基本养老保险制度。巩固医保全国异地就医联网直接结算。建立完善城乡居民基本养老保险待遇确定和基础养老金正常调整机制。做好社会保险关系转移接续工作，建立以国家政务服务平台为统一入口的社会保险公共服务平台。构建多层次农村养老保障体系，创新多元化照料服务模式。

（十七）**统筹城乡社会救助体系**。做好城乡社会救助兜底工作，织密兜牢困难群众基本生活安全网。推进低保制度城乡统筹，健全低保标准动态调整机制，确保动态管理下应保尽保。全面实施特困人员救助供养制度，提高托底保障能力和服务质量。做好困难农民重特大疾病救助工作。健全农村留守儿童和妇女、老年人关爱服务体系。健全困境儿童保障工作体系，完善残疾人福利制度和服务体系。改革人身损害赔偿制度，统一城乡居民赔偿标准。

（十八）**建立健全乡村治理机制**。建立健全党组织领导的自治、法治、德治相结合的乡村治理体系，发挥群众参与治理主体作用，增强乡村治理能力。强化农村基层党组织领导作用，全面推行村党组织书记通过法定程序担任村委会主任和村级集体经济组织、合作经济组织负责人，健全以财政投入为主的稳定的村级组织运转经费保障机制。加强农村新型经济组织和社会组织的党建工作，引导其坚持为农村服务。加强自治组织规范化制度化建设，健全村级议事协商制度。打造一门式办理、一站式服务、线上线下结合的村级综合服务平台，完善网格化管理体系和乡村便民服务体系。

四、建立健全有利于城乡基础设施一体化发展的体制机制

把公共基础设施建设重点放在乡村，坚持先建机制、后建工程，加快推动乡村基础设施提挡升级，实现城乡基础设施统一规划、统一建设、统一管护。

（十九）**建立城乡基础设施一体化规划机制**。以市县域为整体，统筹规划城乡基础设施，统筹布局道路、供水、供电、信息、广播电视、防洪和垃圾污水处理等设施。统筹规划重要市政公用设施，推动向城市郊区乡村和规模较大中心镇延伸。推动城乡路网一体规划设计，畅通城乡交通运输连接，加快实现县乡村（户）道路联通、城乡道路客运一体化，完善道路安全防范措施。统筹规划城乡污染物收运处置体系，严防城市污染上山下乡，因地制宜统筹处理城乡垃圾污水，加快建立乡村生态环境保护和美丽乡村建设长效机制。加强城乡公共安全视频监控规划、建设和联网应用，统一技术规范、基础数据和数据开放标准。

（二十）**健全城乡基础设施一体化建设机制**。明确乡村基础设施的公共产品定位，构建事权清晰、权责一致、中央支持、省级统筹、市县负责的城乡基础设施一体化建设机制。健全分级分类投入机制，对乡村道路、水利、渡口、公交和邮政等公益性强、经济性差的设施，建设投入以政府为主；对乡村供水、垃圾污水处理和农贸市场等有一定经济收益的设施，政府加大投入力度，积极引入社会资本，并引导农民投入；对乡村供电、电信和物流等经营性为主的设施，建设投入以企业为主。支持有条件的地方政府将城乡基础设施项目整体打包，实行一体化开发建设。

（二十一）**建立城乡基础设施一体化管护机制**。合理确定城乡基础设施统一管护运行模式，健全有利于基础设施长期发挥效益的体制机制。对城乡道路等公益性设施，管护和运行投入纳入一般公共财政预算。明确乡村基础设施产权归属，由产权所有者建立管护制度，落实管护责任。以政府购买服务等方式引入专业化企业，提高管护市场化程度。推进城市基础设施建设运营事业单位改革，建立独立核算、自主经营的企业化管理模式，更好行使城乡基础设施管护责任。

五、建立健全有利于乡村经济多元化发展的体制机制

围绕发展现代农业、培育新产业新业态，完善农企利益紧密联结机制，实现乡村经济多元化和农业全产业链发展。

（二十二）**完善农业支持保护制度**。以市场需求为导向，深化农业供给侧结构性改革，走质量兴农之路，不断提高农业综合效益和竞争力。全面落实永久基本农田特殊保护制度，划定粮食生产功能区和重要农产品生产保护区，完善支持政策。按照增加总量、优化存量、提高效能的原则，强化高质量发展导向，加快构建农业补贴政策体系。发展多种形式农业适度规模经营，健全现代农业产业体系、生产体系、经营体系。完善支持农业机械化政策，推进农业机械化全程全面发展，加强面向小农户的社会化服务。完善农业绿色发展制度，推行农业清洁生产方式，健全耕地草原森林河流湖泊休养生息制度和轮作休耕制度。

（二十三）**建立新产业新业态培育机制**。构建农村一二三产业融合发展体系，依托"互联网+"和"双创"推动农业生产经营模式转变，健全乡村旅游、休闲农业、民宿经济、农耕文化体验、健康养老等新业态培育机制，探索农产品个性化定制服务、会展农业和农业众筹等新模式，完善农村电子商务支持政策，实现城乡生产与消费多层次对接。适应居民消费升级趋势，

制定便利市场准入、加强事中事后监管政策，制定相关标准，引导乡村新产业改善服务环境、提升品质。在年度新增建设用地计划指标中安排一定比例支持乡村新产业新业态发展，探索实行混合用地等方式。严格农业设施用地管理，满足合理需求。

（二十四）**探索生态产品价值实现机制**。牢固树立绿水青山就是金山银山的理念，建立政府主导、企业和社会各界参与、市场化运作、可持续的城乡生态产品价值实现机制。开展生态产品价值核算，通过政府对公共生态产品采购、生产者对自然资源约束性有偿使用、消费者对生态环境附加值付费、供需双方在生态产品交易市场中的权益交易等方式，构建更多运用经济杠杆进行生态保护和环境治理的市场体系。完善自然资源资产产权制度，维护参与者权益。完善自然资源价格形成机制，建立自然资源政府公示价格体系，推进自然资源资产抵押融资，增强市场活力。

（二十五）**建立乡村文化保护利用机制**。立足乡村文明，吸取城市文明及外来文化优秀成果，推动乡村优秀传统文化创造性转化、创新性发展。推动优秀农耕文化遗产保护与合理适度利用。建立地方和民族特色文化资源挖掘利用机制，发展特色文化产业。创新传统工艺振兴模式，发展特色工艺产品和品牌。健全文物保护单位和传统村落整体保护利用机制。鼓励乡村建筑文化传承创新，强化村庄建筑风貌规划管控。培育挖掘乡土文化本土人才，引导企业积极参与，显化乡村文化价值。

（二十六）**搭建城乡产业协同发展平台**。培育发展城乡产业协同发展先行区，推动城乡要素跨界配置和产业有机融合。把特色小镇作为城乡要素融合重要载体，打造集聚特色产业的创新创业生态圈。优化提升各类农业园区。完善小城镇联结城乡的功能，探索创新美丽乡村特色化差异化发展模式，盘活用好乡村资源资产。创建一批城乡融合典型项目，形成示范带动效应。

（二十七）**健全城乡统筹规划制度**。科学编制市县发展规划，强化城乡一体设计，统筹安排市县农田保护、生态涵养、城镇建设、村落分布等空间布局，统筹推进产业发展和基础设施、公共服务等建设，更好发挥规划对市县发展的指导约束作用。按照"多规合一"要求编制市县空间规划，实现土地利用规划、城乡规划等有机融合，确保"三区三线"在市县层面精准落地。加快培育乡村规划设计、项目建设运营等方面人才。综合考虑村庄演变规律、集聚特点和现状分布，鼓励有条件的地区因地制宜编制村庄规划。

六、建立健全有利于农民收入持续增长的体制机制

拓宽农民增收渠道，促进农民收入持续增长，持续缩小城乡居民生活水平差距。

（二十八）**完善促进农民工资性收入增长环境**。推动形成平等竞争、规范有序、城乡统一的劳动力市场，统筹推进农村劳动力转移就业和就地创业就业。规范招工用人制度，消除一切就业歧视，健全农民工劳动权益保护机制，落实农民工与城镇职工平等就业制度。健全城乡均等的公共就业创业服务制度，努力增加就业岗位和创业机会。提高新生代农民工职业技能培训的针对性和有效性，健全农民工输出输入地劳务对接机制。

（二十九）**健全农民经营性收入增长机制**。完善财税、信贷、保险、用地等政策，加强职业农民培训，培育发展新型农业经营主体。建立农产品优质优价正向激励机制，支持新型经营主体发展"三品一标"农产品、打造区域公用品牌，提高产品档次和附加值。引导龙头企业与农民共建农业产业化联合体，让农民分享加工销售环节收益。完善企业与农民利益联结机制，引导农户自愿以土地经营权等入股企业，通过利润返还、保底分红、股份合作等多种形式，拓

宽农民增收渠道。促进小农户和现代农业发展有机衔接，突出抓好农民合作社和家庭农场两类农业经营主体发展，培育专业化市场化服务组织，帮助小农户节本增收。

（三十）**建立农民财产性收入增长机制**。以市场化改革为导向，深化农村集体产权制度改革，推动资源变资产、资金变股金、农民变股东。加快完成农村集体资产清产核资，把所有权确权到不同层级的农村集体经济组织成员集体。加快推进经营性资产股份合作制改革，将农村集体经营性资产以股份或者份额形式量化到本集体成员。对财政资金投入农业农村形成的经营性资产，鼓励各地探索将其折股量化到集体经济组织成员。创新农村集体经济运行机制，探索混合经营等多种实现形式，确保集体资产保值增值和农民收益。完善农村集体产权权能，完善农民对集体资产股份占有、收益、有偿退出及担保、继承权。

（三十一）**强化农民转移性收入保障机制**。履行好政府再分配调节职能，完善对农民直接补贴政策，健全生产者补贴制度，逐步扩大覆盖范围。在统筹整合涉农资金基础上，探索建立普惠性农民补贴长效机制。创新涉农财政性建设资金使用方式，支持符合条件的农业产业化规模化项目。

（三十二）**强化打赢脱贫攻坚战体制机制**。坚持精准扶贫、精准脱贫，进一步完善中央统筹、省负总责、市县抓落实的工作机制，采取更加有力的举措、更加集中的支持、更加精细的工作，着力提高脱贫质量。改进帮扶方式方法，更多采用生产奖补、劳务补助、以工代赈等机制，推动贫困群众通过自己的辛勤劳动脱贫致富。对完全或部分丧失劳动能力的特殊贫困人口，综合实施保障性扶贫政策。聚焦深度贫困地区，以解决突出制约问题为重点，以重大扶贫工程和到村到户帮扶为抓手，加大政策倾斜和扶贫资金整合力度，着力改善发展条件，增强贫困农户发展能力。

七、组织保障

各地区各部门要统一思想，深刻认识建立健全城乡融合发展体制机制的重要意义，顺应经济社会发展规律，根据城乡关系发展特征，把握节奏、持续用力、久久为功，确保各项改革任务扎实有序推进。

（三十三）**加强党的领导**。确保党在推动城乡融合发展中始终总揽全局、协调各方，做到"两个维护"。加强各级党组织的领导，充分发挥城乡基层党组织战斗堡垒作用，为城乡融合发展提供坚强政治保障。

（三十四）**强化分工协作**。国家发展改革委牵头建立城乡融合发展工作协同推进机制，明确分工、强化责任，加强统筹协调和跟踪督导。各有关部门要围绕人口、土地、财政、金融和产权等任务，制定细化配套改革措施。重大事项及时向党中央、国务院报告。

（三十五）**压实地方责任**。地方党委和政府要增强主体责任意识，当好改革促进派和实干家，结合本地实际制定细化可操作的城乡融合发展体制机制政策措施，整合力量、扭住关键、精准发力，以钉钉子精神抓好落实。

（三十六）**注重试点引路**。把试点作为重要改革方法，选择有一定基础的市县两级设立国家城乡融合发展试验区，支持制度改革和政策安排率先落地，先行先试、观照全局，及时总结提炼可复制的典型经验并加以宣传推广。

中共中央 国务院关于建立国土空间规划体系并监督实施的若干意见

(2019 年 5 月 23 日)

国土空间规划是国家空间发展的指南、可持续发展的空间蓝图，是各类开发保护建设活动的基本依据。建立国土空间规划体系并监督实施，将主体功能区规划、土地利用规划、城乡规划等空间规划融合为统一的国土空间规划，实现"多规合一"，强化国土空间规划对各专项规划的指导约束作用，是党中央、国务院作出的重大部署。为建立国土空间规划体系并监督实施，现提出如下意见。

一、重大意义

各级各类空间规划在支撑城镇化快速发展、促进国土空间合理利用和有效保护方面发挥了积极作用，但也存在规划类型过多、内容重叠冲突、审批流程复杂、周期过长、地方规划朝令夕改等问题。建立全国统一、责权清晰、科学高效的国土空间规划体系，整体谋划新时代国土空间开发保护格局，综合考虑人口分布、经济布局、国土利用、生态环境保护等因素，科学布局生产空间、生活空间、生态空间，是加快形成绿色生产方式和生活方式、推进生态文明建设、建设美丽中国的关键举措，是坚持以人民为中心、实现高质量发展和高品质生活、建设美好家园的重要手段，是保障国家战略有效实施、促进国家治理体系和治理能力现代化、实现"两个一百年"奋斗目标和中华民族伟大复兴中国梦的必然要求。

二、总体要求

(一) **指导思想**。以习近平新时代中国特色社会主义思想为指导，全面贯彻党的十九大和十九届二中、三中全会精神，紧紧围绕统筹推进"五位一体"总体布局和协调推进"四个全面"战略布局，坚持新发展理念，坚持以人民为中心，坚持一切从实际出发，按照高质量发展要求，做好国土空间规划顶层设计，发挥国土空间规划在国家规划体系中的基础性作用，为国家发展规划落地实施提供空间保障。健全国土空间开发保护制度，体现战略性、提高科学性、强化权威性、加强协调性、注重操作性，实现国土空间开发保护更高质量、更有效率、更加公平、更可持续。

(二) **主要目标**。到 2020 年，基本建立国土空间规划体系，逐步建立"多规合一"的规划编制审批体系、实施监督体系、法规政策体系和技术标准体系；基本完成市县以上各级国土空间总体规划编制，初步形成全国国土空间开发保护"一张图"。到 2025 年，健全国土空间规划法规政策和技术标准体系；全面实施国土空间监测预警和绩效考核机制；形成以国土空间规划为基础，以统一用途管制为手段的国土空间开发保护制度。到 2035 年，全面提升国土空间治理体系和治理能力现代化水平，基本形成生产空间集约高效、生活空间宜居适度、生态空间山清水秀，安全和谐、富有竞争力和可持续发展的国土空间格局。

三、总体框架

（三）**分级分类建立国土空间规划**。国土空间规划是对一定区域国土空间开发保护在空间和时间上作出的安排，包括总体规划、详细规划和相关专项规划。国家、省、市县编制国土空间总体规划，各地结合实际编制乡镇国土空间规划。相关专项规划是指在特定区域（流域）、特定领域，为体现特定功能，对空间开发保护利用作出的专门安排，是涉及空间利用的专项规划。国土空间总体规划是详细规划的依据、相关专项规划的基础；相关专项规划要相互协同，并与详细规划做好衔接。

（四）**明确各级国土空间总体规划编制重点**。全国国土空间规划是对全国国土空间作出的全局安排，是全国国土空间保护、开发、利用、修复的政策和总纲，侧重战略性，由自然资源部会同相关部门组织编制，由党中央、国务院审定后印发。省级国土空间规划是对全国国土空间规划的落实，指导市县国土空间规划编制，侧重协调性，由省级政府组织编制，经同级人大常委会审议后报国务院审批。市县和乡镇国土空间规划是本级政府对上级国土空间规划要求的细化落实，是对本行政区域开发保护作出的具体安排，侧重实施性。需报国务院审批的城市国土空间总体规划，由市政府组织编制，经同级人大常委会审议后，由省级政府报国务院审批；其他市县及乡镇国土空间规划由省级政府根据当地实际，明确规划编制审批内容和程序要求。各地可因地制宜，将市县与乡镇国土空间规划合并编制，也可以几个乡镇为单元编制乡镇级国土空间规划。

（五）**强化对专项规划的指导约束作用**。海岸带、自然保护地等专项规划及跨行政区域或流域的国土空间规划，由所在区域或上一级自然资源主管部门牵头组织编制，报同级政府审批；涉及空间利用的某一领域专项规划，如交通、能源、水利、农业、信息、市政等基础设施，公共服务设施，军事设施，以及生态环境保护、文物保护、林业草原等专项规划，由相关主管部门组织编制。相关专项规划可在国家、省和市县层级编制，不同层级、不同地区的专项规划可结合实际选择编制的类型和精度。

（六）**在市县及以下编制详细规划**。详细规划是对具体地块用途和开发建设强度等作出的实施性安排，是开展国土空间开发保护活动、实施国土空间用途管制、核发城乡建设项目规划许可、进行各项建设等的法定依据。在城镇开发边界内的详细规划，由市县自然资源主管部门组织编制，报同级政府审批；在城镇开发边界外的乡村地区，以一个或几个行政村为单元，由乡镇政府组织编制"多规合一"的实用性村庄规划，作为详细规划，报上一级政府审批。

四、编制要求

（七）**体现战略性**。全面落实党中央、国务院重大决策部署，体现国家意志和国家发展规划的战略性，自上而下编制各级国土空间规划，对空间发展作出战略性系统性安排。落实国家安全战略、区域协调发展战略和主体功能区战略，明确空间发展目标，优化城镇化格局、农业生产格局、生态保护格局，确定空间发展策略，转变国土空间开发保护方式，提升国土空间开发保护质量和效率。

（八）**提高科学性**。坚持生态优先、绿色发展，尊重自然规律、经济规律、社会规律和城乡发展规律，因地制宜开展规划编制工作；坚持节约优先、保护优先、自然恢复为主的方针，在资源环境承载能力和国土空间开发适宜性评价的基础上，科学有序统筹布局生态、农业、城镇等功能空间，划定生态保护红线、永久基本农田、城镇开发边界等空间管控边界以及各类海域保护线，强化底线约束，为可持续发展预留空间。坚持山水林田湖草生命共同体理念，加强生态环境分区管治，量水而行，保护生态屏障，构建生态廊道和生态网络，推进生态系统保护和修复，依法开展环境影响评价。坚持陆海统筹、区域协调、城乡融合，优化国土空间结构和布局，统筹地上地下空间综合利用，着力完善交通、水利等基础设施和公共服务设施，延续历史文脉，加强风貌管控，突出地域特色。坚持上下结合、社会协同，完善公众参与制度，发挥不同领域专家的作用。运用城市设计、乡村营造、大数据等手段，改进规划方法，提高规划编制水平。

（九）**加强协调性**。强化国家发展规划的统领作用，强化国土空间规划的基础作用。国土空间总体规划要统筹和综合平衡各相关专项领域的空间需求。详细规划要依据批准的国土空间总体规划进行编制和修改。相关专项规划要遵循国土空间总体规划，不得违背总体规划强制性内容，其主要内容要纳入详细规划。

（十）**注重操作性**。按照谁组织编制、谁负责实施的原则，明确各级各类国土空间规划编制和管理的要点。明确规划约束性指标和刚性管控要求，同时提出指导性要求。制定实施规划的政策措施，提出下级国土空间总体规划和相关专项规划、详细规划的分解落实要求，健全规划实施传导机制，确保规划能用、管用、好用。

五、实施与监管

（十一）**强化规划权威**。规划一经批复，任何部门和个人不得随意修改、违规变更，防止出现换一届党委和政府改一次规划。下级国土空间规划要服从上级国土空间规划，相关专项规划、详细规划要服从总体规划；坚持先规划、后实施，不得违反国土空间规划进行各类开发建设活动；坚持"多规合一"，不在国土空间规划体系之外另设其他空间规划。相关专项规划的有关技术标准应与国土空间规划衔接。因国家重大战略调整、重大项目建设或行政区划调整等确需修改规划的，须先经规划审批机关同意后，方可按法定程序进行修改。对国土空间规划编制和实施过程中的违规违纪违法行为，要严肃追究责任。

（十二）**改进规划审批**。按照谁审批、谁监管的原则，分级建立国土空间规划审查备案制度。精简规划审批内容，管什么就批什么，大幅缩减审批时间。减少需报国务院审批的城市数量，直辖市、计划单列市、省会城市及国务院指定城市的国土空间总体规划由国务院审批。相关专项规划在编制和审查过程中应加强与有关国土空间规划的衔接及"一张图"的核对，批复后纳入同级国土空间基础信息平台，叠加到国土空间规划"一张图"上。

（十三）**健全用途管制制度**。以国土空间规划为依据，对所有国土空间分区分类实施用途管制。在城镇开发边界内的建设，实行"详细规划+规划许可"的管制方式；在城镇开发边界外的建设，按照主导用途分区，实行"详细规划+规划许可"和"约束指标+分区准入"的管制方式。对以国家公园为主体的自然保护地、重要海域和海岛、重要水源地、文物等实行特殊保护制度。因地制宜制定用途管制制度，为地方管理和创新活动留有空间。

（十四）**监督规划实施**。依托国土空间基础信息平台，建立健全国土空间规划动态监测评估预警和实施监管机制。上级自然资源主管部门要会同有关部门组织对下级国土空间规划中各类管控边界、约束性指标等管控要求的落实情况进行监督检查，将国土空间规划执行情况纳入自然资源执法督察内容。健全资源环境承载能力监测预警长效机制，建立国土空间规划定期评估制度，结合国民经济社会发展实际和规划定期评估结果，对国土空间规划进行动态调整完善。

（十五）**推进"放管服"改革**。以"多规合一"为基础，统筹规划、建设、管理三大环节，推动"多审合一"、"多证合一"。优化现行建设项目用地（海）预审、规划选址以及建设用地规划许可、建设工程规划许可等审批流程，提高审批效能和监管服务水平。

六、法规政策与技术保障

（十六）**完善法规政策体系**。研究制定国土空间开发保护法，加快国土空间规划相关法律法规建设。梳理与国土空间规划相关的现行法律法规和部门规章，对"多规合一"改革涉及突破现行法律法规规定的内容和条款，按程序报批，取得授权后施行，并做好过渡时期的法律法规衔接。完善适应主体功能区要求的配套政策，保障国土空间规划有效实施。

（十七）**完善技术标准体系**。按照"多规合一"要求，由自然资源部会同相关部门负责构建统一的国土空间规划技术标准体系，修订完善国土资源现状调查和国土空间规划用地分类标准，制定各级各类国土空间规划编制办法和技术规程。

（十八）**完善国土空间基础信息平台**。以自然资源调查监测数据为基础，采用国家统一的测绘基准和测绘系统，整合各类空间关联数据，建立全国统一的国土空间基础信息平台。以国土空间基础信息平台为底板，结合各级各类国土空间规划编制，同步完成县级以上国土空间基础信息平台建设，实现主体功能区战略和各类空间管控要素精准落地，逐步形成全国国土空间规划"一张图"，推进政府部门之间的数据共享以及政府与社会之间的信息交互。

七、工作要求

（十九）**加强组织领导**。各地区各部门要落实国家发展规划提出的国土空间开发保护要求，发挥国土空间规划体系在国土空间开发保护中的战略引领和刚性管控作用，统领各类空间利用，把每一寸土地都规划得清清楚楚。坚持底线思维，立足资源禀赋和环境承载能力，加快构建生态功能保障基线、环境质量安全底线、自然资源利用上线。严格执行规划，以钉钉子精神抓好贯彻落实，久久为功，做到一张蓝图干到底。地方各级党委和政府要充分认识建立国土空间规划体系的重大意义，主要负责人亲自抓，落实政府组织编制和实施国土空间规划的主体责任，明确责任分工，落实工作经费，加强队伍建设，加强监督考核，做好宣传教育。

（二十）**落实工作责任**。各地区各部门要加大对本行业本领域涉及空间布局相关规划的指导、协调和管理，制定有利于国土空间规划编制实施的政策，明确时间表和路线图，形成合力。组织、人事、审计等部门要研究将国土空间规划执行情况纳入领导干部自然资源资产离任审计，作为党政领导干部综合考核评价的重要参考。纪检监察机关要加强监督。发展改革、财政、金融、税务、自然资源、生态环境、住房城乡建设、农业农村等部门要研究制定完善主体功能区的配套政策。自然资源主管部门要会同相关部门加快推进国土空间规划立法工作。组织部门在对地方党委和政府主要负责人的教育培训中要注重提高其规划意识。教育部门要研究加强国土空间规划相关学科建设。自然资源部要强化统筹协调工作，切实负起责任，会同有关部门按照国土空间规划体系总体框架，不断完善制度设计，抓紧建立规划编制审批体系、实施监督体系、法规政策体系和技术标准体系，加强专业队伍建设和行业管理。自然资源部要定期对本意见贯彻落实情况进行监督检查，重大事项及时向党中央、国务院报告。

中共中央 国务院关于支持深圳建设中国特色社会主义先行示范区的意见

(2019年8月9日)

党和国家作出兴办经济特区重大战略部署以来，深圳经济特区作为我国改革开放的重要窗口，各项事业取得显著成绩，已成为一座充满魅力、动力、活力、创新力的国际化创新型城市。当前，中国特色社会主义进入新时代，支持深圳高举新时代改革开放旗帜、建设中国特色社会主义先行示范区，有利于在更高起点、更高层次、更高目标上推进改革开放，形成全面深化改革、全面扩大开放新格局；有利于更好实施粤港澳大湾区战略，丰富"一国两制"事业发展新实践；有利于率先探索全面建设社会主义现代化强国新路径，为实现中华民族伟大复兴的中国梦提供有力支撑。为全面贯彻落实习近平新时代中国特色社会主义思想和习近平总书记关于深圳工作的重要讲话和指示批示精神，现就支持深圳建设中国特色社会主义先行示范区提出如下意见。

一、总体要求

（一）**指导思想**。以习近平新时代中国特色社会主义思想为指导，全面贯彻党的十九大和十九届二中、三中全会精神，紧紧围绕统筹推进"五位一体"总体布局和协调推进"四个全面"战略布局，坚持和加强党的全面领导，坚持新发展理念，坚持以供给侧结构性改革为主线，坚持全面深化改革，坚持全面扩大开放，坚持以人民为中心，践行高质量发展要求，深入实施创新驱动发展战略，抓住粤港澳大湾区建设重要机遇，增强核心引擎功能，朝着建设中国特色社会主义先行示范区的方向前行，努力创建社会主义现代化强国的城市范例。

（二）**战略定位**。

——高质量发展高地。深化供给侧结构性改革，实施创新驱动发展战略，建设现代化经济体系，在构建高质量发展的体制机制上走在全国前列。

——法治城市示范。全面提升法治建设水平，用法治规范政府和市场边界，营造稳定公平透明、可预期的国际一流法治化营商环境。

——城市文明典范。践行社会主义核心价值观，构建高水平的公共文化服务体系和现代文化产业体系，成为新时代举旗帜、聚民心、育新人、兴文化、展形象的引领者。

——民生幸福标杆。构建优质均衡的公共服务体系，建成全覆盖可持续的社会保障体系，实现幼有善育、学有优教、劳有厚得、病有良医、老有颐养、住有宜居、弱有众扶。

——可持续发展先锋。牢固树立和践行绿水青山就是金山银山的理念，打造安全高效的生产空间、舒适宜居的生活空间、碧水蓝天的生态空间，在美丽湾区建设中走在前列，为落实联合国2030年可持续发展议程提供中国经验。

（三）**发展目标**。到2025年，深圳经济实力、发展质量跻身全球城市前列，研发投入强度、产业创新能力世界一流，文化软实力大幅提升，公共服务水平和生态环境质量达到国际先进水

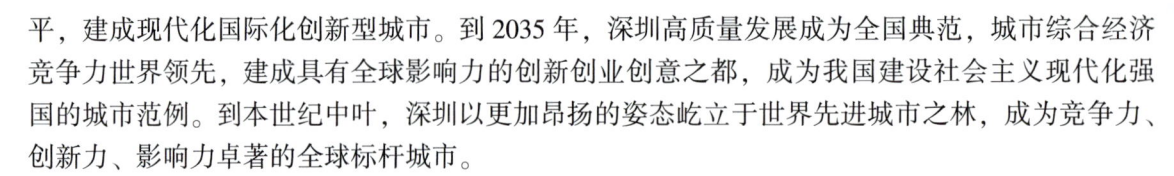

平，建成现代化国际化创新型城市。到 2035 年，深圳高质量发展成为全国典范，城市综合经济竞争力世界领先，建成具有全球影响力的创新创业创意之都，成为我国建设社会主义现代化强国的城市范例。到本世纪中叶，深圳以更加昂扬的姿态屹立于世界先进城市之林，成为竞争力、创新力、影响力卓著的全球标杆城市。

二、率先建设体现高质量发展要求的现代化经济体系

（四）加快实施创新驱动发展战略。支持深圳强化产学研深度融合的创新优势，以深圳为主阵地建设综合性国家科学中心，在粤港澳大湾区国际科技创新中心建设中发挥关键作用。支持深圳建设 5G、人工智能、网络空间科学与技术、生命信息与生物医药实验室等重大创新载体，探索建设国际科技信息中心和全新机制的医学科学院。加强基础研究和应用基础研究，实施关键核心技术攻坚行动，夯实产业安全基础。探索知识产权证券化，规范有序建设知识产权和科技成果产权交易中心。支持深圳具备条件的各类单位、机构和企业在境外设立科研机构，推动建立全球创新领先城市科技合作组织和平台。支持深圳实行更加开放便利的境外人才引进和出入境管理制度，允许取得永久居留资格的国际人才在深圳创办科技型企业、担任科研机构法人代表。

（五）加快构建现代产业体系。大力发展战略性新兴产业，在未来通信高端器件、高性能医疗器械等领域创建制造业创新中心。开展市场准入和监管体制机制改革试点，建立更具弹性的审慎包容监管制度，积极发展智能经济、健康产业等新产业新业态，打造数字经济创新发展试验区。提高金融服务实体经济能力，研究完善创业板发行上市、再融资和并购重组制度，创造条件推动注册制改革。支持在深圳开展数字货币研究与移动支付等创新应用。促进与港澳金融市场互联互通和金融（基金）产品互认。在推进人民币国际化上先行先试，探索创新跨境金融监管。

（六）加快形成全面深化改革开放新格局。坚持社会主义市场经济改革方向，探索完善产权制度，依法有效保护各种所有制经济组织和公民财产权。支持深圳开展区域性国资国企综合改革试验。高标准高质量建设自由贸易试验区，加快构建与国际接轨的开放型经济新体制。支持深圳试点深化外汇管理改革。推动更多国际组织和机构落户深圳。支持深圳举办国际大型体育赛事和文化交流活动，建设国家队训练基地，承办重大主场外交活动。支持深圳加快建设全球海洋中心城市，按程序组建海洋大学和国家深海科考中心，探索设立国际海洋开发银行。

（七）助推粤港澳大湾区建设。进一步深化前海深港现代服务业合作区改革开放，以制度创新为核心，不断提升对港澳开放水平。加快深港科技创新合作区建设，探索协同开发模式，创新科技管理机制，促进人员、资金、技术和信息等要素高效便捷流动。推进深莞惠联动发展，促进珠江口东西两岸融合互动，创新完善、探索推广深汕特别合作区管理体制机制。

三、率先营造彰显公平正义的民主法治环境

（八）全面提升民主法治建设水平。在党的领导下扩大人民有序政治参与，坚持和完善人民代表大会制度，加强社会主义协商民主制度建设。用足用好经济特区立法权，在遵循宪法和法律、行政法规基本原则前提下，允许深圳立足改革创新实践需要，根据授权对法律、行政法规、地方性法规作变通规定。加强法治政府建设，完善重大行政决策程序制度，提升政府依法行政能力。加大全面普法力度，营造尊法学法守法用法的社会风尚。

（九）**优化政府管理和服务**。健全政企沟通机制，加快构建亲清政商关系，进一步激发和弘扬优秀企业家精神，完善企业破产制度，打造法治化营商环境。深化"放管服"改革，全面推行权力清单、责任清单、负面清单制度，推进"数字政府"改革建设，实现主动、精准、整体式、智能化的政府管理和服务。改革完善公平竞争审查和公正监管制度，推进"双随机、一公开"监管，推行信用监管改革，促进各类市场主体守法诚信经营。

（十）**促进社会治理现代化**。综合应用大数据、云计算、人工智能等技术，提高社会治理智能化专业化水平。加强社会信用体系建设，率先构建统一的社会信用平台。加快建设智慧城市，支持深圳建设粤港澳大湾区大数据中心。探索完善数据产权和隐私保护机制，强化网络信息安全保障。加强基层治理，改革创新群团组织、社会力量参与社会治理模式。

四、率先塑造展现社会主义文化繁荣兴盛的现代城市文明

（十一）**全面推进城市精神文明建设**。进一步弘扬开放多元、兼容并蓄的城市文化和敢闯敢试、敢为人先、埋头苦干的特区精神，大力弘扬粤港澳大湾区人文精神，把社会主义核心价值观融入社会发展各方面，加快建设区域文化中心城市和彰显国家文化软实力的现代文明之城。推进公共文化服务创新发展，率先建成普惠性、高质量、可持续的城市公共文化服务体系。支持深圳规划建设一批重大公共文化设施，鼓励国家级博物馆在深圳设立分馆，研究将深圳列为城市社区运动场地设施建设试点城市。鼓励深圳与香港、澳门联合举办多种形式的文化艺术活动，开展跨界重大文化遗产保护，涵养同宗同源的文化底蕴，不断增强港澳同胞的认同感和凝聚力。

（十二）**发展更具竞争力的文化产业和旅游业**。支持深圳大力发展数字文化产业和创意文化产业，加强粤港澳数字创意产业合作。支持深圳建设创新创意设计学院，引进世界高端创意设计资源，设立面向全球的创意设计大奖，打造一批国际性的中国文化品牌。用好香港、澳门会展资源和行业优势，组织举办大型文创展览。推动文化和旅游融合发展，丰富中外文化交流内容。有序推动国际邮轮港建设，进一步增加国际班轮航线，探索研究简化邮轮、游艇及旅客出入境手续。

五、率先形成共建共治共享共同富裕的民生发展格局

（十三）**提升教育医疗事业发展水平**。支持深圳在教育体制改革方面先行先试，高标准办好学前教育，扩大中小学教育规模，高质量普及高中阶段教育。充分落实高等学校办学自主权，加快创建一流大学和一流学科。建立健全适应"双元"育人职业教育的体制机制，打造现代职业教育体系。加快构建国际一流的整合型优质医疗服务体系和以促进健康为导向的创新型医保制度。扩大优质医疗卫生资源供给，鼓励社会力量发展高水平医疗机构，为港资澳资医疗机构发展提供便利。探索建立与国际接轨的医学人才培养、医院评审认证标准体系，放宽境外医师到内地执业限制，先行先试国际前沿医疗技术。

（十四）**完善社会保障体系**。实施科学合理、积极有效的人口政策，逐步实现常住人口基本公共服务均等化。健全多层次养老保险制度体系，构建高水平养老和家政服务体系。推动统一的社会保险公共服务平台率先落地，形成以社会保险卡为载体的"一卡通"服务管理模式。推进在深圳工作和生活的港澳居民民生方面享有"市民待遇"。建立和完善房地产市场平稳健康发展长效机制，加快完善保障性住房与人才住房制度。

六、率先打造人与自然和谐共生的美丽中国典范

（十五）**完善生态文明制度**。落实生态环境保护"党政同责、一岗双责"，实行最严格的生态环境保护制度，加强生态环境监管执法，对违法行为"零容忍"。构建以绿色发展为导向的生态文明评价考核体系，探索实施生态系统服务价值核算制度。完善环境信用评价、信息强制性披露等生态环境保护政策，健全环境公益诉讼制度。深化自然资源管理制度改革，创新高度城市化地区耕地和永久基本农田保护利用模式。

（十六）**构建城市绿色发展新格局**。坚持生态优先，加强陆海统筹，严守生态红线，保护自然岸线。实施重要生态系统保护和修复重大工程，强化区域生态环境联防共治，推进重点海域污染物排海总量控制试点。提升城市灾害防御能力，加强粤港澳大湾区应急管理合作。加快建立绿色低碳循环发展的经济体系，构建以市场为导向的绿色技术创新体系，大力发展绿色产业，促进绿色消费，发展绿色金融。继续实施能源消耗总量和强度双控行动，率先建成节水型城市。

七、保障措施

（十七）**全面加强党的领导和党的建设**。落实新时代党的建设总要求，坚持把党的政治建设摆在首位，增强"四个意识"，坚定"四个自信"，做到"两个维护"。贯彻落实新时代党的组织路线，激励特区干部新时代新担当新作为。坚定不移推动全面从严治党向纵深发展，持之以恒正风肃纪反腐。

（十八）**强化法治政策保障**。本意见提出的各项改革政策措施，凡涉及调整现行法律的，由有关方面按法定程序向全国人大或其常委会提出相关议案，经授权或者决定后实施；涉及调整现行行政法规的，由有关方面按法定程序经国务院授权或者决定后实施。在中央改革顶层设计和战略部署下，支持深圳实施综合授权改革试点，以清单式批量申请授权方式，在要素市场化配置、营商环境优化、城市空间统筹利用等重点领域深化改革、先行先试。

（十九）**完善实施机制**。在粤港澳大湾区建设领导小组领导下，中央和国家机关有关部门要加强指导协调，及时研究解决深圳建设中国特色社会主义先行示范区工作推进中遇到的重大问题，重大事项按程序向党中央、国务院请示报告。广东省要积极创造条件、全力做好各项指导支持工作。深圳市要落实主体责任，继续解放思想、真抓实干，改革开放再出发，在新时代走在前列、新征程勇当尖兵。

中共中央 国务院关于新时代推进西部大开发形成新格局的指导意见

（2020年5月17日）

强化举措推进西部大开发形成新格局，是党中央、国务院从全局出发，顺应中国特色社会主义进入新时代、区域协调发展进入新阶段的新要求，统筹国内国际两个大局作出的重大决策部署。党的十八大以来，在以习近平同志为核心的党中央坚强领导下，西部地区经济社会发展取得重大历史性成就，为决胜全面建成小康社会奠定了比较坚实的基础，也扩展了国家发展的战略回旋空间。但同时，西部地区发展不平衡不充分问题依然突出，巩固脱贫攻坚任务依然艰巨，与东部地区发展差距依然较大，维护民族团结、社会稳定、国家安全任务依然繁重，仍然是全面建成小康社会、实现社会主义现代化的短板和薄弱环节。新时代继续做好西部大开发工作，对于增强防范化解各类风险能力，促进区域协调发展，决胜全面建成小康社会，开启全面建设社会主义现代化国家新征程，具有重要现实意义和深远历史意义。为加快形成西部大开发新格局，推动西部地区高质量发展，现提出如下意见。

一、总体要求

以习近平新时代中国特色社会主义思想为指导，全面贯彻党的十九大和十九届二中、三中全会精神，统筹推进"五位一体"总体布局，协调推进"四个全面"战略布局，落实总体国家安全观，坚持稳中求进工作总基调，坚持新发展理念，坚持推动高质量发展，坚持以供给侧结构性改革为主线，深化市场化改革、扩大高水平开放，坚定不移推动重大改革举措落实，防范化解推进改革中的重大风险挑战。强化举措抓重点、补短板、强弱项，形成大保护、大开放、高质量发展的新格局，推动经济发展质量变革、效率变革、动力变革，促进西部地区经济发展与人口、资源、环境相协调，实现更高质量、更有效率、更加公平、更可持续发展，确保到2020年西部地区生态环境、营商环境、开放环境、创新环境明显改善，与全国一道全面建成小康社会；到2035年，西部地区基本实现社会主义现代化，基本公共服务、基础设施通达程度、人民生活水平与东部地区大体相当，努力实现不同类型地区互补发展、东西双向开放协同并进、民族边疆地区繁荣安全稳固、人与自然和谐共生。

二、贯彻新发展理念，推动高质量发展

（一）打好三大攻坚战。把打好三大攻坚战特别是精准脱贫攻坚战作为决胜全面建成小康社会的关键任务，集中力量攻坚克难。重点解决实现"两不愁三保障"面临的突出问题，加大深度贫困地区和特殊贫困群体脱贫攻坚力度，减少和防止贫困人口返贫，确保到2020年现行标准下西部地区农村贫困人口全部实现脱贫，贫困县全部摘帽。在全面完成脱贫任务基础上压茬推进乡村振兴战略，巩固脱贫攻坚成果。结合西部地区发展实际，打好污染防治标志性重大战役，实施环境保护重大工程，构建生态环境分区管控体系。精准研判可能出现的主要风险点，

结合西部地区实际，进一步完善体制机制，拿出改革创新举措。坚持底线思维，强化源头管控，有效稳住杠杆率。

（二）不断提升创新发展能力。以创新能力建设为核心，加强创新开放合作，打造区域创新高地。完善国家重大科研基础设施布局，支持西部地区在特色优势领域优先布局建设国家级创新平台和大科学装置。加快在西部具备条件的地区创建国家自主创新示范区、科技成果转移转化示范区等创新载体。进一步深化东西部科技创新合作，打造协同创新共同体。在西部地区布局建设一批应用型本科高校、高职学校，支持"双一流"高校对西部地区开展对口支援。深入推进大众创业万众创新，促进西部地区创新创业高质量发展，打造"双创"升级版。健全以需求为导向、以企业为主体的产学研一体化创新体制，鼓励各类企业在西部地区设立科技创新公司。支持国家科技成果转化引导基金在西部地区设立创业投资子基金。加强知识产权保护、应用和服务体系建设，支持开展知识产权国际交流合作。

（三）推动形成现代化产业体系。充分发挥西部地区比较优势，推动具备条件的产业集群化发展，在培育新动能和传统动能改造升级上迈出更大步伐，促进信息技术在传统产业广泛应用并与之深度融合，构建富有竞争力的现代化产业体系。推动农村一二三产业深度融合，促进农牧业全产业链、价值链转型升级。加快推进高标准农田、现代化生态牧场、粮食生产功能区和棉油糖等重要农产品生产保护区建设，支持发展生态集约高效、用地规范的设施农业。加快高端、特色农机装备生产研发和推广应用。推动发展现代制造业和战略性新兴产业。积极发展大数据、人工智能和"智能+"产业，大力发展工业互联网。推动"互联网+教育"、"互联网+医疗"、"互联网+旅游"等新业态发展，推进网络提速降费，加快发展跨境电子商务。支持西部地区发挥生态、民族民俗、边境风光等优势，深化旅游资源开放、信息共享、行业监管、公共服务、旅游安全、标准化服务等方面国际合作，提升旅游服务水平。依托风景名胜区、边境旅游试验区等，大力发展旅游休闲、健康养生等服务业，打造区域重要支柱产业。加快发展现代服务业特别是专业服务业，加强现代物流服务体系建设。

（四）优化能源供需结构。优化煤炭生产与消费结构，推动煤炭清洁生产与智能高效开采，积极推进煤炭分级分质梯级利用，稳步开展煤制油、煤制气、煤制烯烃等升级示范。建设一批石油天然气生产基地。加快煤层气等勘探开发利用。加强可再生能源开发利用，开展黄河梯级电站大型储能项目研究，培育一批清洁能源基地。加快风电、光伏发电就地消纳。继续加大西电东送等跨省区重点输电通道建设，提升清洁电力输送能力。加强电网调峰能力建设，有效解决弃风弃光弃水问题。积极推进配电网改造行动和农网改造升级，提高偏远地区供电能力。加快北煤南运通道和大型煤炭储备基地建设，继续加强油气支线、终端管网建设。构建多层次天然气储备体系，在符合条件的地区加快建立地下储气库。支持符合环保、能效等标准要求的高载能行业向西部清洁能源优势地区集中。

（五）大力促进城乡融合发展。深入实施乡村振兴战略，做好新时代"三农"工作。培养新型农民，优化西部地区农业从业者结构。以建设美丽宜居村庄为目标，加强农村人居环境和综合服务设施建设。在加强保护基础上盘活农村历史文化资源，形成具有地域和民族特色的乡村文化产业和品牌。因地制宜优化城镇化布局与形态，提升并发挥国家和区域中心城市功能作用，推动城市群高质量发展和大中小城市网络化建设，培育发展一批特色小城镇。加大对西部地区资源枯竭等特殊类型地区振兴发展的支持力度。有序推进农业转移人口市民化。推动基本公共服务常住人口全覆盖，保障符合条件的未落户农民工在流入地平等享受城镇基本公共服务。总结城乡"资源变资产、资金变股金、农（市）民变股东"等改革经验，探索"联股联业、联股联责、联股联心"新机制。统筹城乡市政公用设施建设，促进城镇公共基础设施向周边农村地区延伸。

（六）**强化基础设施规划建设**。提高基础设施通达度、通畅性和均等化水平，推动绿色集约发展。加强横贯东西、纵贯南北的运输通道建设，拓展区域开发轴线。强化资源能源开发地干线通道规划建设。加快川藏铁路、沿江高铁、渝昆高铁、西（宁）成（都）铁路等重大工程规划建设。注重高速铁路和普通铁路协同发展，继续开好多站点、低票价的"慢火车"。打通断头路、瓶颈路，加强出海、扶贫通道和旅游交通基础设施建设。加强综合客运枢纽、货运枢纽（物流园区）建设。完善国家物流枢纽布局，提高物流运行效率。加强航空口岸和枢纽建设，扩大枢纽机场航权，积极发展通用航空。进一步提高农村、边远地区信息网络覆盖水平。合理规划建设一批重点水源工程、江河湖泊骨干治理工程和大型灌区工程，加强大中型灌区续建配套与现代化改造、中小河流治理和病险水库除险加固、抗旱水源工程建设和山洪灾害防治。推进城乡供水一体化和人口分散区域重点小型标准化供水设施建设，加强饮用水水源地规范化建设。

（七）**切实维护国家安全和社会稳定**。统筹发展与安全两件大事，更好发挥西部地区国家安全屏障作用。巩固和发展平等团结互助和谐的社会主义民族关系，促进各民族共同团结奋斗和共同繁荣发展。深入推进立体化社会治安防控，构建坚实可靠的社会安全体系。

三、以共建"一带一路"为引领，加大西部开放力度

（八）**积极参与和融入"一带一路"建设**。支持新疆加快丝绸之路经济带核心区建设，形成西向交通枢纽和商贸物流、文化科教、医疗服务中心。支持重庆、四川、陕西发挥综合优势，打造内陆开放高地和开发开放枢纽。支持甘肃、陕西充分发掘历史文化优势，发挥丝绸之路经济带重要通道、节点作用。支持贵州、青海深化国内外生态合作，推动绿色丝绸之路建设。支持内蒙古深度参与中蒙俄经济走廊建设。提升云南与澜沧江-湄公河区域开放合作水平。

（九）**强化开放大通道建设**。积极实施中新（重庆）战略性互联互通示范项目。完善北部湾港口建设，打造具有国际竞争力的港口群，加快培育现代海洋产业，积极发展向海经济。积极发展多式联运，加快铁路、公路与港口、园区连接线建设。强化沿江铁路通道运输能力和港口集疏运体系建设。依托长江黄金水道，构建陆海联运、空铁联运、中欧班列等有机结合的联运服务模式和物流大通道。支持在西部地区建设无水港。优化中欧班列组织运营模式，加强中欧班列枢纽节点建设。进一步完善口岸、跨境运输和信息通道等开放基础设施，加快建设开放物流网络和跨境邮递体系。加快中国-东盟信息港建设。

（十）**构建内陆多层次开放平台**。鼓励重庆、成都、西安等加快建设国际门户枢纽城市，提高昆明、南宁、乌鲁木齐、兰州、呼和浩特等省会（首府）城市面向毗邻国家的次区域合作支撑能力。支持西部地区自由贸易试验区在投资贸易领域依法依规开展先行先试，探索建设适应高水平开放的行政管理体制。加快内陆开放型经济试验区建设，研究在内陆地区增设国家一类口岸。研究按程序设立成都国际铁路港经济开发区。有序推进国家级新区等功能平台建设。整合规范现有各级各类基地、园区，加快开发区转型升级。鼓励国家级开发区实行更加灵活的人事制度，引进发展优质医疗、教育、金融、物流等服务。办好各类国家级博览会，提升西部

地区影响力。

（十一）**加快沿边地区开放发展**。完善沿边重点开发开放试验区、边境经济合作区、跨境经济合作区布局，支持在跨境金融、跨境旅游、通关执法合作、人员出入境管理等方面开展创新。扎实推进边境旅游试验区、跨境旅游合作区、农业对外开放合作试验区等建设。统筹利用外经贸发展专项资金支持沿边地区外经贸发展。完善边民互市贸易管理制度。深入推进兴边富民行动。

（十二）**发展高水平开放型经济**。推动西部地区对外开放由商品和要素流动型逐步向规则制度型转变。落实好外商投资准入前国民待遇加负面清单管理制度，有序开放制造业，逐步放宽服务业准入，提高采矿业开放水平。支持西部地区按程序申请设立海关特殊监管区域，支持区域内企业开展委内加工业务。加强农业开放合作。推动西部优势产业企业积极参与国际产能合作，在境外投资经营中履行必要的环境、社会和治理责任。支持建设一批优势明显的外贸转型升级基地。建立东中西部开放平台对接机制，共建项目孵化、人才培养、市场拓展等服务平台，在西部地区打造若干产业转移示范区。对向西部地区梯度转移企业，按原所在地区已取得的海关信用等级实施监督。

（十三）**拓展区际互动合作**。积极对接京津冀协同发展、长江经济带发展、粤港澳大湾区建设等重大战略。支持青海、甘肃等加快建设长江上游生态屏障，探索协同推进生态优先、绿色发展新路径。依托陆桥综合运输通道，加强西北省份与江苏、山东、河南等东中部省份互惠合作。加快珠江-西江经济带和北部湾经济区建设，鼓励广西积极参与粤港澳大湾区建设和海南全面深化改革开放。推动东西部自由贸易试验区交流合作，加强协同开放。支持跨区域共建产业园区，鼓励探索"飞地经济"等模式。加强西北地区与西南地区合作互动，促进成渝、关中平原城市群协同发展，打造引领西部地区开放开发的核心引擎。推动北部湾、兰州-西宁、呼包鄂榆、宁夏沿黄、黔中、滇中、天山北坡等城市群互动发展。支持南疆地区开放发展。支持陕甘宁、川陕、左右江等革命老区和川渝、川滇黔、渝黔等跨省（自治区、直辖市）毗邻地区建立健全协同开放发展机制。加快推进重点区域一体化进程。

四、加大美丽西部建设力度，筑牢国家生态安全屏障

（十四）**深入实施重点生态工程**。坚定贯彻绿水青山就是金山银山理念，坚持在开发中保护、在保护中开发，按照全国主体功能区建设要求，保障好长江、黄河上游生态安全，保护好冰川、湿地等生态资源。进一步加大水土保持、天然林保护、退耕还林还草、退牧还草、重点防护林体系建设等重点生态工程实施力度，开展国土绿化行动，稳步推进自然保护地体系建设和湿地保护修复，展现大美西部新面貌。加快推进国家公园体系建设。

（十五）**稳步开展重点区域综合治理**。大力推进青海三江源生态保护和建设、祁连山生态保护与综合治理、岩溶地区石漠化综合治理、京津风沙源治理等。以汾渭平原、成渝地区、乌鲁木齐及周边地区为重点，加强区域大气污染联防联控，提高重污染天气应对能力。开展西部地区土壤污染状况详查，积极推进受污染耕地分类管理和安全利用，有序推进治理与修复。

（十六）**加快推进西部地区绿色发展**。落实市场导向的绿色技术创新体系建设任务，推动西部地区绿色产业加快发展。实施国家节水行动以及能源消耗总量和强度双控制度，全面推动重点领域节能减排。大力发展循环经济，推进资源循环利用基地建设和园区循环化改造，鼓励探索低碳转型路径。全面推进河长制、湖长制，推进绿色小水电改造。加快西南地区城镇污水

管网建设和改造，加强入河排污口管理，强化西北地区城中村、老旧城区和城乡结合部污水截流、收集、纳管工作。加强跨境生态环境保护合作。

五、深化重点领域改革，坚定不移推动重大改革举措落实

（十七）深化要素市场化配置改革。探索集体荒漠土地市场化路径，设定土地用途，鼓励个人申领使用权。深入推进主业为充分竞争行业的商业类地方国有企业混合所有制改革。深化资源性产品等要素价格形成机制改革，建立健全定价成本信息公开制度。有序放开竞争性环节电价，深化输配电价改革。推进增量配电业务改革试点，开展电力现货交易试点。实施丰水期居民生活电能替代等电价政策，促进西部地区清洁能源消纳。建立健全天然气弹性价格机制和上下游价格传导机制。建立健全市场化、多元化生态保护补偿机制，进一步完善生态保护补偿市场体系。构建统一的自然资源资产交易平台，健全自然资源资产收益分配制度。提高西部地区直接融资比例，支持符合条件的企业在境内外发行上市融资、再融资，通过发行公司信用类债券、资产证券化产品融资。西部贫困地区企业首次公开发行上市、新三板挂牌、发行债券、并购重组等适用绿色通道政策。

（十八）积极推进科技体制改革。开展探索赋予科研人员职务科技成果所有权或长期使用权试点工作。支持扩大科研经费使用自主权，提高智力密集型项目间接经费比例并向创新绩效突出的团队和个人倾斜。加快科技人员薪酬制度改革，扩大高校和科研院所工资分配自主权，健全绩效工资分配机制。

（十九）持续推进信用体系建设。建立健全地方信用法规体系。加强政务诚信建设，建立健全政府失信责任追究制度。完善省市县信用信息共享平台。加快征信市场建设，培育有良好信誉的信用服务机构，鼓励研发适合西部地区的征信产品。

（二十）努力营造良好营商环境。深化"放管服"改革，加快建设服务型政府。落实全国统一的市场准入负面清单制度，推动"非禁即入"普遍落实。推行政务服务"最多跑一次"和企业投资项目承诺制改革，大幅压缩工程建设项目审批时间。落实减税降费各项政策措施，着力降低物流、用能等费用。实施"双随机、一公开"监管，对新技术、新业态、新模式实行审慎包容监管，提高监管效能，防止任意检查、执法扰民。强化竞争政策的基础性地位，进一步落实公平竞争审查制度，加快清理废除妨碍统一市场和公平竞争的各种规定和做法，持续深入开展不正当竞争行为治理，形成优化营商环境长效机制。

六、坚持以人民为中心，把增强人民群众获得感、幸福感、安全感放到突出位置

（二十一）着力强化公共就业创业服务。完善城乡劳动者终身职业技能培训政策和组织实施体系。强化就业和国家通用语言培训。加大对高校毕业生在西部地区就业的扶持力度。积极引导农村劳动力转移就业和农民工返乡创业就业。妥善做好化解过剩产能中的职工分流安置工作。加大力度支持灵活就业和新就业形态。

（二十二）支持教育高质量发展。加强普惠性幼儿园建设，大力培养培训贫困地区幼儿园教师。加快改善贫困地区义务教育薄弱学校基本办学条件，全面加强乡村小规模学校、乡镇寄宿制学校建设。在县域义务教育学校学位供需矛盾突出地区有序增加义务教育供给，有效解决"大班额"问题，做好控辍保学工作。发展现代职业教育，推进职业教育东西协作，促进产教融合、校企合作。逐步普及高中阶段教育。加强学校语言文字工作，确保国家通用语言文字作为教育教学基本用语用字。支持探索利用人工智能、互联网开展远程教育，促进优质教学资源共享。支持西部地区高校"双一流"建设，着力加强适应西部地区发展需求的学科建设。持续推动东西部地区教育对口支援，继续实施东部地区高校对口支援西部地区高校计划、国家支援中西部地区招生协作计划，实施东部地区职业院校对口西部职业院校计划。促进西部高校国际人才交流，相关人才引进平台建设向西部地区倾斜。鼓励支持部委属高校和地方高校"订单式"培养西部地区专业化人才。

（二十三）**提升医疗服务能力和水平**。重点加强西部地区县级（含兵团团场）医院综合能力建设，持续改善农村医疗卫生条件，加快基层医疗卫生机构标准化建设。改善医疗基础设施和装备条件，提高医护人员专业技术水平。支持在西部地区建立若干区域医疗中心。探索利用人工智能、互联网等开展远程医疗，支持宁夏建设"互联网+医疗健康"示范区。充分发挥中医药在医疗卫生服务中的作用。加快补齐3岁以下婴幼儿照护服务短板。支持西部地区医疗机构与东中部地区医疗机构间开展双向交流。

（二十四）**完善多层次广覆盖的社会保障体系**。加快推进养老保险省级统筹，推进落实城乡居民基本养老保险待遇确定和基础养老金正常调整机制。合理确定基本医疗保险保障水平，完善医疗保险关系转移接续措施。完善失业保险制度，逐步提高失业保障水平。科学制定低保标准，逐步拓展低保覆盖范围。建设统一的社会保险公共服务平台，推广以社会保障卡为载体的"一卡通"服务管理模式。

（二十五）**健全养老服务体系**。加快构建以居家为基础、社区为依托、机构为补充、医养相结合的养老服务体系。稳步推进公办养老机构改革和建设，全面放开养老服务市场，积极引导社会资本进入养老服务业，扩大西部地区养老服务有效供给，探索建立长期照护保障体系。加大对养老服务设施建设支持力度，加强农村特困人员供养服务机构建设管理，稳步提高托底保障能力和服务质量。实施养老服务专业人才培养等工程。

（二十六）**强化公共文化体育服务**。完善公共文化服务设施网络，强化数字技术运用，推动文化惠民工程整合创新、提挡升级。推进县级融媒体中心建设，推动广播电视户户通，建立健全应急广播平台及传输覆盖网络。鼓励发展含少数民族传统体育在内的群众体育。加强公共体育场馆建设，推进相关场馆免费或低收费开放。

（二十七）**改善住房保障条件**。完善分类分级补助标准，加大对农村危房改造补助资金倾斜支持力度。鼓励通过闲置农房置换或长期租赁等方式，解决农村特困群体基本住房安全问题。落实易地扶贫搬迁政策，完善安置区配套基础设施和公共服务设施。积极改善城镇中等偏下及以下收入住房困难家庭、新就业无房职工和城镇稳定就业的无房外来务工人员居住条件。

（二十八）**增强防灾减灾与应急管理能力**。推进西部地区城乡基层防灾减灾救灾能力建设，完善事故灾害综合风险评估技术标准体系，推进事故灾害综合风险评估和隐患排查治理。结合西部地区实际，推进实施灾害风险防控、监测预警、应急抢险救援、信息服务保障、救灾物资储备以及防灾减灾救灾科技支撑、宣传教育等能力建设工程。实施地震易发区房屋设施加固工程。推进西部地区灾害应急救援联动指挥平台建设，建立应急救援资源共享及联合处置机制。打造符合西部地区需求的防灾减灾救灾科技创新团队、实验基地和实验平台。加快提高骨干救援队伍专业化技术装备水平。

七、加强政策支持和组织保障

（二十九）**分类考核**。参照高质量发展综合评价指标和分领域评价指标，根据西部地区不同地域特点，设置各有侧重、各具特色的考核内容和指标，实施差异化考核。深入研究制定分类考核的具体措施。

（三十）**财税支持**。稳妥有序推进中央和地方收入划分改革。中央财政在一般性转移支付和各领域专项转移支付分配中，继续通过加大资金分配系数、提高补助标准或降低地方财政投入比例等方式，对西部地区实行差别化补助，加大倾斜支持力度。考虑重点生态功能区占西部地区比例较大的实际，继续加大中央财政对重点生态功能区转移支付力度，完善资金测算分配办法。考虑西部地区普遍财力较为薄弱的实际，加大地方政府债券对基础设施建设的支持力度，将中央财政一般性转移支付收入纳入地方政府财政承受能力计算范畴。指导推动省以下财政事权和支出责任划分，调动市县积极性。对设在西部地区的鼓励类产业企业所得税优惠等政策到期后继续执行。赋予西部地区具备条件且有需求的海关特殊监管区域内企业增值税一般纳税人资格。对西部地区鼓励类产业项目在投资总额内进口的自用设备，在政策规定范围内免征关税。

（三十一）**金融支持**。支持商业金融、合作金融等更好为西部地区发展服务。引导金融机构加大对西部地区小微企业融资支持力度。落实无还本续贷、尽职免责等监管政策，在风险总体可控前提下加大对西部地区符合条件的小微企业续贷支持力度。引导和鼓励银行业金融机构合理调配信贷资源，加大对西部贫困地区扶贫产业支持力度。支持轻资产实体经济企业或项目以适当方式融资。增加绿色金融供给，推动西部地区经济绿色转型升级。依法合规探索建立西部地区基础设施领域融资风险分担机制。

（三十二）**产业政策**。实行负面清单与鼓励类产业目录相结合的产业政策，提高政策精准性和精细度。在执行全国统一的市场准入负面清单基础上，对西部地区鼓励类产业目录进行动态调整，与分类考核政策相适应。适时修订中西部地区外商投资优势产业目录并进行动态调整。继续完善产业转移引导政策，适时更新产业转移指导目录。加大中央财政对西部地区自然资源调查评价的支持力度，自然资源调查计划优先安排西部地区项目。凡有条件在西部地区就地加工转化的能源、资源开发利用项目，支持在当地优先布局建设并优先审批核准。鼓励新设在西部地区的中央企业及其分支机构在当地注册。适当降低社会保险费率，确保总体上不增加企业负担。

（三十三）**用地政策**。继续实施差别化用地政策，新增建设用地指标进一步向西部地区倾斜，合理增加荒山、沙地、戈壁等未利用土地开发建设指标。加强对基础设施领域补短板项目的用地保障。支持西部地区开放平台建设，对国家级新区、开发区利用外资项目以及重点开发开放试验区、边境经济合作区、跨境经济合作区产业发展所需建设用地，在计划指标安排上予以倾斜支持。推进耕地指标和城乡建设用地指标在国家统筹管理下实现跨省域调剂。

（二十四）**人才政策**。努力造就忠诚干净担当的西部地区高素质干部队伍，注重选拔符合西部地区需要的专业化人才，建立健全有利于吸引、激励和留住人才的体制机制。落实完善工资待遇倾斜政策，结合事业单位改革，鼓励引导机关事业单位人员特别是基层公务员、教师、医护人员、科技人员等扎根西部。鼓励符合条件的企业实施股权激励、分红等中长期激励。允许国有企事业单位专业技术和管理人才按有关规定在西部地区兼职并取得合法报酬。允许退休公职人员按有关规定在西部地区创业。

（三十五）帮扶政策。深入开展对口支援新疆、西藏和青海等省藏区以及对口帮扶贵州等工作。继续实施中央和国家机关及企事业单位等定点帮扶。支持军队发挥优势，积极参与西部大开发。推动统一战线继续支持毕节试验区改革发展。鼓励东中部城市帮助边境城市对口培训亟需的管理和技术人才。鼓励企业结对帮扶贫困县（村）。进一步推动从中央和国家机关、东部地区选派优秀干部到西部地区挂职任职，注重提拔使用在西部地区作出突出贡献的优秀干部。继续做好公务员对口培训工作。

（三十六）组织保障。加强党对西部大开发工作的领导，强化各级党组织在推进西部大开发形成新格局进程中的领导作用。强化基层党组织建设，健全以党组织为领导的组织体系，着力提升基层党组织的组织力，引导广大党员干部在西部大开发中发挥先锋模范作用。激励干部担当作为，鼓励创造性贯彻落实。国务院西部地区开发领导小组要加强统筹指导，各成员单位和有关部门要各司其职、压实责任，密切配合、通力协作，制定配套政策措施并推进落实。国家发展改革委要切实承担国务院西部地区开发领导小组办公室职责，适时对政策实施情况进行评估，发挥好督查促落实作用。西部地区各级党委和政府要切实承担主体责任，主动作为、真抓实干，结合本地区实际出台贯彻落实本意见的具体举措，团结带领广大干部群众认真抓好各项任务落实。要切实解决困扰基层的形式主义问题，让西部地区基层干部腾出更多精力干实事。东中部地区及社会各界要继续支持和参与西部大开发。

各地区各部门要在以习近平同志为核心的党中央坚强领导下，增强"四个意识"，坚定"四个自信"，做到"两个维护"，认真落实党中央、国务院决策部署，解放思想、锐意进取、深化改革、破解矛盾，加快建立更加有效的区域协调发展新机制，以更大力度、更强举措推进西部大开发形成新格局。

中共中央 国务院关于实现巩固拓展脱贫攻坚成果同乡村振兴有效衔接的意见

(2020年12月16日)

打赢脱贫攻坚战、全面建成小康社会后,要进一步巩固拓展脱贫攻坚成果,接续推动脱贫地区发展和乡村全面振兴。为实现巩固拓展脱贫攻坚成果同乡村振兴有效衔接,现提出如下意见。

一、重大意义

党的十八大以来,以习近平同志为核心的党中央把脱贫攻坚摆在治国理政的突出位置,作为实现第一个百年奋斗目标的重点任务,纳入"五位一体"总体布局和"四个全面"战略布局,作出一系列重大部署和安排,全面打响脱贫攻坚战,困扰中华民族几千年的绝对贫困问题即将历史性地得到解决,脱贫攻坚成果举世瞩目。到2020年我国现行标准下农村贫困人口全部实现脱贫,贫困县全部摘帽、区域性整体贫困得到解决。"两不愁"质量水平明显提升,"三保障"突出问题彻底消除。贫困人口收入水平大幅度提高,自主脱贫能力稳步增强。贫困地区生产生活条件明显改善,经济社会发展明显加快。脱贫攻坚取得全面胜利,提前10年实现《联合国2030年可持续发展议程》减贫目标,实现了全面小康路上一个都不掉队,在促进全体人民共同富裕的道路上迈出了坚实一步。完成脱贫攻坚这一伟大事业,不仅在中华民族发展史上具有重要里程碑意义,更是中国人民对人类文明和全球反贫困事业的重大贡献。

脱贫攻坚的伟大实践,充分展现了我们党领导亿万人民坚持和发展中国特色社会主义创造的伟大奇迹,充分彰显了中国共产党领导和我国社会主义制度的政治优势。脱贫攻坚的伟大成就,极大增强了全党全国人民的凝聚力和向心力,极大增强了全党全国人民的道路自信、理论自信、制度自信、文化自信。

这些成就的取得,归功于以习近平同志为核心的党中央坚强领导,习近平总书记亲自谋划、亲自挂帅、亲自督战,推动实施精准扶贫精准脱贫基本方略;归功于全党全社会众志成城、共同努力,中央统筹、省负总责、市县抓落实,省市县乡村五级书记抓扶贫,构建起专项扶贫、行业扶贫、社会扶贫互为补充的大扶贫格局;归功于广大干部群众辛勤工作和不懈努力,数百万干部战斗在扶贫一线,亿万贫困群众依靠自己的双手和智慧摆脱贫困;归功于行之有效的政策体系、制度体系和工作体系,脱贫攻坚政策体系覆盖面广、含金量高,脱贫攻坚制度体系完备、上下贯通,脱贫攻坚工作体系目标明确、执行力强,为打赢脱贫攻坚战提供了坚强支撑,为全面推进乡村振兴提供了宝贵经验。

脱贫摘帽不是终点,而是新生活、新奋斗的起点。打赢脱贫攻坚战、全面建成小康社会后,要在巩固拓展脱贫攻坚成果的基础上,做好乡村振兴这篇大文章,接续推进脱贫地区发展和群众生活改善。做好巩固拓展脱贫攻坚成果同乡村振兴有效衔接,关系到构建以国内大循环为主体、国内国际双循环相互促进的新发展格局,关系到全面建设社会主义现代化国家全局和实现第二个百年奋斗目标。全党务必站在践行初心使命、坚守社会主义本质要求的政治高度，充分认识实现巩固拓展脱贫攻坚成果同乡村振兴有效衔接的重要性、紧迫性，举全党全国之力，统筹安排、强力推进，让包括脱贫群众在内的广大人民过上更加美好的生活，朝着逐步实现全体人民共同富裕的目标继续前进，彰显党的根本宗旨和我国社会主义制度优势。

二、总体要求

（一）**指导思想**。以习近平新时代中国特色社会主义思想为指导，深入贯彻党的十九大和十九届二中、三中、四中、五中全会精神，坚定不移贯彻新发展理念，坚持稳中求进工作总基调，坚持以人民为中心的发展思想，坚持共同富裕方向，将巩固拓展脱贫攻坚成果放在突出位置，建立农村低收入人口和欠发达地区帮扶机制，健全乡村振兴领导体制和工作体系，加快推进脱贫地区乡村产业、人才、文化、生态、组织等全面振兴，为全面建设社会主义现代化国家开好局、起好步奠定坚实基础。

（二）**基本思路和目标任务**。脱贫攻坚目标任务完成后，设立5年过渡期。脱贫地区要根据形势变化，理清工作思路，做好过渡期内领导体制、工作体系、发展规划、政策举措、考核机制等有效衔接，从解决建档立卡贫困人口"两不愁三保障"为重点转向实现乡村产业兴旺、生态宜居、乡风文明、治理有效、生活富裕，从集中资源支持脱贫攻坚转向巩固拓展脱贫攻坚成果和全面推进乡村振兴。到2025年，脱贫攻坚成果巩固拓展，乡村振兴全面推进，脱贫地区经济活力和发展后劲明显增强，乡村产业质量效益和竞争力进一步提高，农村基础设施和基本公共服务水平进一步提升，生态环境持续改善，美丽宜居乡村建设扎实推进，乡风文明建设取得显著进展，农村基层组织建设不断加强，农村低收入人口分类帮扶长效机制逐步完善，脱贫地区农民收入增速高于全国农民平均水平。到2035年，脱贫地区经济实力显著增强，乡村振兴取得重大进展，农村低收入人口生活水平显著提高，城乡差距进一步缩小，在促进全体人民共同富裕上取得更为明显的实质性进展。

（三）**主要原则**

——坚持党的全面领导。坚持中央统筹、省负总责、市县乡抓落实的工作机制，充分发挥各级党委总揽全局、协调各方的领导作用，省市县乡村五级书记抓巩固拓展脱贫攻坚成果和乡村振兴。总结脱贫攻坚经验，发挥脱贫攻坚体制机制作用。

——坚持有序调整、平稳过渡。过渡期内在巩固拓展脱贫攻坚成果上下更大功夫、想更多办法、给予更多后续帮扶支持，对脱贫县、脱贫村、脱贫人口扶上马送一程，确保脱贫群众不返贫。在主要帮扶政策保持总体稳定的基础上，分类优化调整，合理把握调整节奏、力度和时限，增强脱贫稳定性。

——坚持群众主体、激发内生动力。坚持扶志扶智相结合，防止政策养懒汉和泛福利化倾向，发挥奋进致富典型示范引领作用，激励有劳动能力的低收入人口勤劳致富。

——坚持政府推动引导、社会市场协同发力。坚持行政推动与市场机制有机结合，发挥集中力量办大事的优势，广泛动员社会力量参与，形成巩固拓展脱贫攻坚成果、全面推进乡村振兴的强大合力。

三、建立健全巩固拓展脱贫攻坚成果长效机制

（一）**保持主要帮扶政策总体稳定**。过渡期内严格落实"四个不摘"要求，摘帽不摘责任，

防止松劲懈怠；摘帽不摘政策，防止急刹车；摘帽不摘帮扶，防止一撤了之；摘帽不摘监管，防止贫困反弹。现有帮扶政策该延续的延续、该优化的优化、该调整的调整，确保政策连续性。兜底救助类政策要继续保持稳定。落实好教育、医疗、住房、饮水等民生保障普惠性政策，并根据脱贫人口实际困难给予适度倾斜。优化产业就业等发展类政策。

（二）健全防止返贫动态监测和帮扶机制。对脱贫不稳定户、边缘易致贫户，以及因病因灾因意外事故等刚性支出较大或收入大幅缩减导致基本生活出现严重困难户，开展定期检查、动态管理，重点监测其收入支出状况、"两不愁三保障"及饮水安全状况，合理确定监测标准。建立健全易返贫致贫人口快速发现和响应机制，分层分类及时纳入帮扶政策范围，实行动态清零。健全防止返贫大数据监测平台，加强相关部门、单位数据共享和对接，充分利用先进技术手段提升监测准确性，以国家脱贫攻坚普查结果为依据，进一步完善基础数据库。建立农户主动申请、部门信息比对、基层干部定期跟踪回访相结合的易返贫致贫人口发现和核查机制，实施帮扶对象动态管理。坚持预防性措施和事后帮扶相结合，精准分析返贫致贫原因，采取有针对性的帮扶措施。

（三）巩固"两不愁三保障"成果。落实行业主管部门工作责任。健全控辍保学工作机制，确保除身体原因不具备学习条件外脱贫家庭义务教育阶段适龄儿童少年不失学辍学。有效防范因病返贫致贫风险，落实分类资助参保政策，做好脱贫人口参保动员工作。建立农村脱贫人口住房安全动态监测机制，通过农村危房改造等多种方式保障低收入人口基本住房安全。巩固维护好已建农村供水工程成果，不断提升农村供水保障水平。

（四）做好易地扶贫搬迁后续扶持工作。聚焦原深度贫困地区、大型特大型安置区，从就业需要、产业发展和后续配套设施建设提升完善等方面加大扶持力度，完善后续扶持政策体系，持续巩固易地搬迁脱贫成果，确保搬迁群众稳得住、有就业、逐步能致富。提升安置区社区管理服务水平，建立关爱机制，促进社会融入。

（五）加强扶贫项目资产管理和监督。分类摸清各类扶贫项目形成的资产底数。公益性资产要落实管护主体，明确管护责任，确保继续发挥作用。经营性资产要明晰产权关系，防止资产流失和被侵占，资产收益重点用于项目运行管护、巩固拓展脱贫攻坚成果、村级公益事业等。确权到农户或其他经营主体的扶贫资产，依法维护其财产权利，由其自主管理和运营。

四、聚力做好脱贫地区巩固拓展脱贫攻坚成果同乡村振兴有效衔接重点工作

（六）**支持脱贫地区乡村特色产业发展壮大**。注重产业后续长期培育，尊重市场规律和产业发展规律，提高产业市场竞争力和抗风险能力。以脱贫县为单位规划发展乡村特色产业，实施特色种养业提升行动，完善全产业链支持措施。加快脱贫地区农产品和食品仓储保鲜、冷链物流设施建设，支持农产品流通企业、电商、批发市场与区域特色产业精准对接。现代农业产业园、科技园、产业融合发展示范园继续优先支持脱贫县。支持脱贫地区培育绿色食品、有机农产品、地理标志农产品，打造区域公用品牌。继续大力实施消费帮扶。

（七）促进脱贫人口稳定就业。搭建用工信息平台，培育区域劳务品牌，加大脱贫人口有组织劳务输出力度。支持脱贫地区在农村人居环境、小型水利、乡村道路、农田整治、水土保持、产业园区、林业草原基础设施等涉农项目建设和管护时广泛采取以工代赈方式。延续支持扶贫车间的优惠政策。过渡期内逐步调整优化生态护林员政策。统筹用好乡村公益岗位，健全按需设岗、以岗聘任、在岗领补、有序退岗的管理机制，过渡期内逐步调整优化公益岗位政策。

（八）持续改善脱贫地区基础设施条件。继续加大对脱贫地区基础设施建设的支持力度，重点谋划建设一批高速公路、客货共线铁路、水利、电力、机场、通信网络等区域性和跨区域重大基础设施建设工程。按照实施乡村建设行动统一部署，支持脱贫地区因地制宜推进农村厕所革命、生活垃圾和污水治理、村容村貌提升。推进脱贫县"四好农村路"建设，推动交通项目更多向进村入户倾斜，因地制宜推进较大人口规模自然村（组）通硬化路，加强通村公路和村内主干道连接，加大农村产业路、旅游路建设力度。加强脱贫地区农村防洪、灌溉等中小型水利工程建设。统筹推进脱贫地区县乡村三级物流体系建设，实施"快递进村"工程。支持脱贫地区电网建设和乡村电气化提升工程实施。

（九）进一步提升脱贫地区公共服务水平。继续改善义务教育办学条件，加强乡村寄宿制学校和乡村小规模学校建设。加强脱贫地区职业院校（含技工院校）基础能力建设。继续实施家庭经济困难学生资助政策和农村义务教育学生营养改善计划。在脱贫地区普遍增加公费师范生培养供给，加强城乡教师合理流动和对口支援。过渡期内保持现有健康帮扶政策基本稳定，完善大病专项救治政策，优化高血压等主要慢病签约服务，调整完善县域内先诊疗后付费政策。继续开展三级医院对口帮扶并建立长效机制，持续提升县级医院诊疗能力。加大中央倾斜支持脱贫地区医疗卫生机构基础设施建设和设备配备力度，继续改善疾病预防控制机构条件。继续实施农村危房改造和地震高烈度设防地区农房抗震改造，逐步建立农村低收入人口住房安全保障长效机制。继续加强脱贫地区村级综合服务设施建设，提升为民服务能力和水平。

五、健全农村低收入人口常态化帮扶机制

（十）加强农村低收入人口监测。以现有社会保障体系为基础，对农村低保对象、农村特困人员、农村易返贫致贫人口，以及因病因灾因意外事故等刚性支出较大或收入大幅缩减导致基本生活出现严重困难人口等农村低收入人口开展动态监测。充分利用民政、扶贫、教育、人力资源社会保障、住房城乡建设、医疗保障等政府部门现有数据平台，加强数据比对和信息共享，完善基层主动发现机制。健全多部门联动的风险预警、研判和处置机制，实现对农村低收入人口风险点的早发现和早帮扶。完善农村低收入人口定期核查和动态调整机制。

（十一）分层分类实施社会救助。完善最低生活保障制度，科学认定农村低保对象，提高政策精准性。调整优化针对原建档立卡贫困户的低保"单人户"政策。完善低保家庭收入财产认定方法。健全低保标准制定和动态调整机制。加大低保标准制定省级统筹力度。鼓励有劳动能力的农村低保对象参与就业，在计算家庭收入时扣减必要的就业成本。完善农村特困人员救助供养制度，合理提高救助供养水平和服务质量。完善残疾儿童康复救助制度，提高救助服务质量。加强社会救助资源统筹，根据对象类型、困难程度等，及时有针对性地给予困难群众医疗、教育、住房、就业等专项救助，做到精准识别、应救尽救。对基本生活陷入暂时困难的群众加强临时救助，做到凡困必帮、有难必救。鼓励通过政府购买服务对社会救助家庭中生活不能自理的老年人、未成年人、残疾人等提供必要的访视、照料服务。

（十二）合理确定农村医疗保障待遇水平。坚持基本标准，统筹发挥基本医疗保险、大病保险、医疗救助三重保障制度综合梯次减负功能。完善城乡居民基本医疗保险参保个人缴费资助政策，继续全额资助农村特困人员，定额资助低保对象，过渡期内逐步调整脱贫人口资助政策。在逐步提高大病保障水平基础上，大病保险继续对低保对象、特困人员和返贫致贫人口进行倾斜支付。进一步夯实医疗救助托底保障，合理设定年度救助限额，合理控制救助对象政策范围内自付费用比例。分阶段、分对象、分类别调整脱贫攻坚期超常规保障措施。重点加大医疗救助资金投入,倾斜支持乡村振兴重点帮扶县。

(十三) **完善养老保障和儿童关爱服务**。完善城乡居民基本养老保险费代缴政策,地方政府结合当地实际情况,按照最低缴费档次为参加城乡居民养老保险的低保对象、特困人员、返贫致贫人口、重度残疾人等缴费困难群体代缴部分或全部保费。在提高城乡居民养老保险缴费档次时,对上述困难群体和其他已脱贫人口可保留现行最低缴费档次。强化县乡两级养老机构对失能、部分失能特困老年人口的兜底保障。加大对孤儿、事实无人抚养儿童等保障力度。加强残疾人托养照护、康复服务。

(十四) **织密兜牢丧失劳动能力人口基本生活保障底线**。对脱贫人口中完全丧失劳动能力或部分丧失劳动能力且无法通过产业就业获得稳定收入的人口,要按规定纳入农村低保或特困人员救助供养范围,并按困难类型及时给予专项救助、临时救助等,做到应保尽保、应兜尽兜。

六、着力提升脱贫地区整体发展水平

(十五) **在西部地区脱贫县中集中支持一批乡村振兴重点帮扶县**。按照应减尽减原则,在西部地区处于边远或高海拔、自然环境相对恶劣、经济发展基础薄弱、社会事业发展相对滞后的脱贫县中,确定一批国家乡村振兴重点帮扶县,从财政、金融、土地、人才、基础设施建设、公共服务等方面给予集中支持,增强其区域发展能力。支持各地在脱贫县中自主选择一部分县作为乡村振兴重点帮扶县。支持革命老区、民族地区、边疆地区巩固脱贫攻坚成果和乡村振兴。建立跟踪监测机制,对乡村振兴重点帮扶县进行定期监测评估。

(十六) **坚持和完善东西部协作和对口支援、社会力量参与帮扶机制**。继续坚持并完善东西部协作机制,在保持现有结对关系基本稳定和加强现有经济联系的基础上,调整优化结对帮扶关系,将现行一对多、多对一的帮扶办法,调整为原则上一个东部地区省份帮扶一个西部地区省份的长期固定结对帮扶关系。省际间要做好帮扶关系的衔接,防止出现工作断档、力量弱化。中部地区不再实施省际间结对帮扶。优化协作帮扶方式,在继续给予资金支持、援建项目基础上,进一步加强产业合作、劳务协作、人才支援,推进产业梯度转移,鼓励东西部共建产业园区。教育、文化、医疗卫生、科技等行业对口支援原则上纳入新的东西部协作结对关系。更加注重发挥市场作用,强化以企业合作为载体的帮扶协作。继续坚持定点帮扶机制,适当予以调整优化,安排有能力的部门、单位和企业承担更多责任。军队持续推进定点帮扶工作,健全完善长效机制,巩固提升帮扶成效。继续实施"万企帮万村"行动。定期对东西部协作和定点帮扶成效进行考核评价。

七、加强脱贫攻坚与乡村振兴政策有效衔接

(十七) **做好财政投入政策衔接**。过渡期内在保持财政支持政策总体稳定的前提下,根据巩固拓展脱贫攻坚成果同乡村振兴有效衔接的需要和财力状况,合理安排财政投入规模,优化支出结构,调整支持重点。保留并调整优化原财政专项扶贫资金,聚焦支持脱贫地区巩固拓展脱贫攻坚成果和乡村振兴,适当向国家乡村振兴重点帮扶县倾斜,并逐步提高用于产业发展的比例。各地要用好城乡建设用地增减挂钩政策,统筹地方可支配财力,支持"十三五"易地扶贫搬迁融资资金偿还。对农村低收入人口的救助帮扶,通过现有资金支出渠道支持。过渡期前3年脱贫县继续实行涉农资金统筹整合试点政策,此后调整至国家乡村振兴重点帮扶县实施,

其他地区探索建立涉农资金整合长效机制。确保以工代赈中央预算内投资落实到项目，及时足额发放劳务报酬。现有财政相关转移支付继续倾斜支持脱贫地区。对支持脱贫地区产业发展效果明显的贷款贴息、政府采购等政策，在调整优化基础上继续实施。过渡期内延续脱贫攻坚相关税收优惠政策。

（十八）做好金融服务政策衔接。继续发挥再贷款作用，现有再贷款帮扶政策在展期期间保持不变。进一步完善针对脱贫人口的小额信贷政策。对有较大贷款资金需求、符合贷款条件的对象，鼓励其申请创业担保贷款政策支持。加大对脱贫地区优势特色产业信贷和保险支持力度。鼓励各地因地制宜开发优势特色农产品保险。对脱贫地区继续实施企业上市"绿色通道"政策。探索农产品期货期权和农业保险联动。

（十九）做好土地支持政策衔接。坚持最严格耕地保护制度，强化耕地保护主体责任，严格控制非农建设占用耕地，坚决守住18亿亩耕地红线。以国土空间规划为依据，按照应保尽保原则，新增建设用地计划指标优先保障巩固拓展脱贫攻坚成果和乡村振兴用地需要，过渡期内专项安排脱贫县年度新增建设用地计划指标，专项指标不得挪用；原深度贫困地区计划指标不足的，由所在省份协调解决。过渡期内，对脱贫地区继续实施城乡建设用地增减挂钩节余指标省内交易政策；在东西部协作和对口支援框架下，对现行政策进行调整完善，继续开展增减挂钩节余指标跨省域调剂。

（二十）做好人才智力支持政策衔接。延续脱贫攻坚期间各项人才智力支持政策，建立健全引导各类人才服务乡村振兴长效机制。继续实施农村义务教育阶段教师特岗计划、中小学幼儿园教师国家级培训计划、银龄讲学计划、乡村教师生活补助政策，优先满足脱贫地区对高素质教师的补充需求。继续实施高校毕业生"三支一扶"计划，继续实施重点高校定向招生专项计划。全科医生特岗和农村订单定向医学生免费培养计划优先向中西部地区倾斜。在国家乡村振兴重点帮扶县对农业科技推广人员探索"县管乡用、下沉到村"的新机制。继续支持脱贫户"两后生"接受职业教育，并按规定给予相应资助。鼓励和引导各方面人才向国家乡村振兴重点帮扶县基层流动。

八、全面加强党的集中统一领导

（二十一）做好领导体制衔接。健全中央统筹、省负总责、市县乡抓落实的工作机制，构建责任清晰、各负其责、执行有力的乡村振兴领导体制，层层压实责任。充分发挥中央和地方各级党委农村工作领导小组作用，建立统一高效的实现巩固拓展脱贫攻坚成果同乡村振兴有效衔接的决策议事协调工作机制。

（二十二）做好工作体系衔接。脱贫攻坚任务完成后，要及时做好巩固拓展脱贫攻坚成果同全面推进乡村振兴在工作力量、组织保障、规划实施、项目建设、要素保障方面的有机结合，做到一盘棋、一体化推进。持续加强脱贫村党组织建设，选好用好管好乡村振兴带头人。对巩固拓展脱贫攻坚成果和乡村振兴任务重的村，继续选派驻村第一书记和工作队，健全常态化驻村工作机制。

（二十三）做好规划实施和项目建设衔接。将实现巩固拓展脱贫攻坚成果同乡村振兴有效衔接的重大举措纳入"十四五"规划。将脱贫地区巩固拓展脱贫攻坚成果和乡村振兴重大工程项目纳入"十四五"相关规划。科学编制"十四五"时期巩固拓展脱贫攻坚成果同乡村振兴有效衔接规划。

（二十四）**做好考核机制衔接**。脱贫攻坚任务完成后，脱贫地区开展乡村振兴考核时要把巩固拓展脱贫攻坚成果纳入市县党政领导班子和领导干部推进乡村振兴战略实绩考核范围。与高质量发展综合绩效评价做好衔接，科学设置考核指标，切实减轻基层负担。强化考核结果运用，将考核结果作为干部选拔任用、评先奖优、问责追责的重要参考。

决战脱贫攻坚目标任务胜利完成，我们要更加紧密地团结在以习近平同志为核心的党中央周围，乘势而上、埋头苦干，巩固拓展脱贫攻坚成果，全面推进乡村振兴，朝着全面建设社会主义现代化国家、实现第二个百年奋斗目标迈进。

中共中央　国务院关于全面推进乡村振兴加快农业农村现代化的意见

(2021年1月4日)

党的十九届五中全会审议通过的《中共中央关于制定国民经济和社会发展第十四个五年规划和二〇三五年远景目标的建议》，对新发展阶段优先发展农业农村、全面推进乡村振兴作出总体部署，为做好当前和今后一个时期"三农"工作指明了方向。

"十三五"时期，现代农业建设取得重大进展，乡村振兴实现良好开局。粮食年产量连续保持在1.3万亿斤以上，农民人均收入较2010年翻一番多。新时代脱贫攻坚目标任务如期完成，现行标准下农村贫困人口全部脱贫，贫困县全部摘帽，易地扶贫搬迁任务全面完成，消除了绝对贫困和区域性整体贫困，创造了人类减贫史上的奇迹。农村人居环境明显改善，农村改革向纵深推进，农村社会保持和谐稳定，农村即将同步实现全面建成小康社会目标。农业农村发展取得新的历史性成就，为党和国家战胜各种艰难险阻、稳定经济社会发展大局，发挥了"压舱石"作用。实践证明，以习近平同志为核心的党中央驰而不息重农强农的战略决策完全正确，党的"三农"政策得到亿万农民衷心拥护。

"十四五"时期，是乘势而上开启全面建设社会主义现代化国家新征程、向第二个百年奋斗目标进军的第一个五年。民族要复兴，乡村必振兴。全面建设社会主义现代化国家，实现中华民族伟大复兴，最艰巨最繁重的任务依然在农村，最广泛最深厚的基础依然在农村。解决好发展不平衡不充分问题，重点难点在"三农"，迫切需要补齐农业农村短板弱项，推动城乡协调发展；构建新发展格局，潜力后劲在"三农"，迫切需要扩大农村需求，畅通城乡经济循环；应对国内外各种风险挑战，基础支撑在"三农"，迫切需要稳住农业基本盘，守好"三农"基础。党中央认为，新发展阶段"三农"工作依然极端重要，须臾不可放松，务必抓紧抓实。要坚持把解决好"三农"问题作为全党工作重中之重，把全面推进乡村振兴作为实现中华民族伟大复兴的一项重大任务，举全党全社会之力加快农业农村现代化，让广大农民过上更加美好的生活。

一、总体要求

（一）指导思想。 以习近平新时代中国特色社会主义思想为指导，全面贯彻党的十九大和十九届二中、三中、四中、五中全会精神，贯彻落实中央经济工作会议精神，统筹推进"五位一体"总体布局，协调推进"四个全面"战略布局，坚定不移贯彻新发展理念，坚持稳中求进工作总基调，坚持加强党对"三农"工作的全面领导，坚持农业农村优先发展，坚持农业现代化与农村现代化一体设计、一并推进，坚持创新驱动发展，以推动高质量发展为主题，统筹发展和安全，落实加快构建新发展格局要求，巩固和完善农村基本经营制度，深入推进农业供给侧结构性改革，把乡村建设摆在社会主义现代化建设的重要位置，全面推进乡村产业、人才、文化、生态、组织振兴，充分发挥农业产品供给、生态屏障、文化传承等功能，走中国特色社会主义乡村振兴道路，加快农业农村现代化，加快形成工农互促、城乡互补、协调发展、共同繁荣的新型工农城乡关系，促进农业高质高效、乡村宜居宜业、农民富裕富足，为全面建设社会主义现代化国家开好局、起好步提供有力支撑。

（二）**目标任务**。2021年，农业供给侧结构性改革深入推进，粮食播种面积保持稳定、产量达到1.3万亿斤以上，生猪产业平稳发展，农产品质量和食品安全水平进一步提高，农民收入增长继续快于城镇居民，脱贫攻坚成果持续巩固。农业农村现代化规划启动实施，脱贫攻坚政策体系和工作机制同乡村振兴有效衔接、平稳过渡，乡村建设行动全面启动，农村人居环境整治提升，农村改革重点任务深入推进，农村社会保持和谐稳定。

到2025年，农业农村现代化取得重要进展，农业基础设施现代化迈上新台阶，农村生活设施便利化初步实现，城乡基本公共服务均等化水平明显提高。农业基础更加稳固，粮食和重要农产品供应保障更加有力，农业生产结构和区域布局明显优化，农业质量效益和竞争力明显提升，现代乡村产业体系基本形成，有条件的地区率先基本实现农业现代化。脱贫攻坚成果巩固拓展，城乡居民收入差距持续缩小。农村生产生活方式绿色转型取得积极进展，化肥农药使用量持续减少，农村生态环境得到明显改善。乡村建设行动取得明显成效，乡村面貌发生显著变化，乡村发展活力充分激发，乡村文明程度得到新提升，农村发展安全保障更加有力，农民获得感、幸福感、安全感明显提高。

二、实现巩固拓展脱贫攻坚成果同乡村振兴有效衔接

（三）**设立衔接过渡期**。脱贫攻坚目标任务完成后，对摆脱贫困的县，从脱贫之日起设立5年过渡期，做到扶上马送一程。过渡期内保持现有主要帮扶政策总体稳定，并逐项分类优化调整，合理把握节奏、力度和时限，逐步实现由集中资源支持脱贫攻坚向全面推进乡村振兴平稳过渡，推动"三农"工作重心历史性转移。抓紧出台各项政策完善优化的具体实施办法，确保工作不留空档、政策不留空白。

（四）**持续巩固拓展脱贫攻坚成果**。健全防止返贫动态监测和帮扶机制，对易返贫致贫人口及时发现、及时帮扶，守住防止规模性返贫底线。以大中型集中安置区为重点，扎实做好易地搬迁后续帮扶工作，持续加大就业和产业扶持力度，继续完善安置区配套基础设施、产业园区配套设施、公共服务设施，切实提升社区治理能力。加强扶贫项目资产管理和监督。

（五）**接续推进脱贫地区乡村振兴**。实施脱贫地区特色种养业提升行动，广泛开展农产品产销对接活动，深化拓展消费帮扶。持续做好有组织劳务输出工作。统筹用好公益岗位，对符合条件的就业困难人员进行就业援助。在农业农村基础设施建设领域推广以工代赈方式，吸纳更多脱贫人口和低收入人口就地就近就业。在脱贫地区重点建设一批区域性和跨区域重大基础设施工程。加大对脱贫县乡村振兴支持力度。在西部地区脱贫县中确定一批国家乡村振兴重点帮扶县集中支持。支持各地自主选择部分脱贫县作为乡村振兴重点帮扶县。坚持和完善东西部协作和对口支援、社会力量参与帮扶等机制。

（六）**加强农村低收入人口常态化帮扶**。开展农村低收入人口动态监测，实行分层分类帮扶。对有劳动能力的农村低收入人口，坚持开发式帮扶，帮助其提高内生发展能力，发展产业、参与就业，依靠双手勤劳致富。对脱贫人口中丧失劳动能力且无法通过产业就业获得稳定收入的人口，以现有社会保障体系为基础，按规定纳入农村低保或特困人员救助供养范围，并按困难类型及时给予专项救助、临时救助。

三、加快推进农业现代化

（七）提升粮食和重要农产品供给保障能力。 地方各级党委和政府要切实扛起粮食安全政治责任，实行粮食安全党政同责。深入实施重要农产品保障战略，完善粮食安全省长责任制和"菜篮子"市长负责制，确保粮、棉、油、糖、肉等供给安全。"十四五"时期各省（自治区、直辖市）要稳定粮食播种面积、提高单产水平。加强粮食生产功能区和重要农产品生产保护区建设。建设国家粮食安全产业带。稳定种粮农民补贴，让种粮有合理收益。坚持并完善稻谷、小麦最低收购价政策，完善玉米、大豆生产者补贴政策。深入推进农业结构调整，推动品种培优、品质提升、品牌打造和标准化生产。鼓励发展青贮玉米等优质饲草饲料，稳定大豆生产，多措并举发展油菜、花生等油料作物。健全产粮大县支持政策体系。扩大稻谷、小麦、玉米三大粮食作物完全成本保险和收入保险试点范围，支持有条件的省份降低产粮大县三大粮食作物农业保险保费县级补贴比例。深入推进优质粮食工程。加快构建现代养殖体系，保护生猪基础产能，健全生猪产业平稳有序发展长效机制，积极发展牛羊产业，继续实施奶业振兴行动，推进水产绿色健康养殖。推进渔港建设和管理改革。促进木本粮油和林下经济发展。优化农产品贸易布局，实施农产品进口多元化战略，支持企业融入全球农产品供应链。保持打击重点农产品走私高压态势。加强口岸检疫和外来入侵物种防控。开展粮食节约行动，减少生产、流通、加工、存储、消费环节粮食损耗浪费。

（八）打好种业翻身仗。 农业现代化，种子是基础。加强农业种质资源保护开发利用，加快第三次农作物种质资源、畜禽种质资源调查收集，加强国家作物、畜禽和海洋渔业生物种质资源库建设。对育种基础性研究以及重点育种项目给予长期稳定支持。加快实施农业生物育种重大科技项目。深入实施农作物和畜禽良种联合攻关。实施新一轮畜禽遗传改良计划和现代种业提升工程。尊重科学、严格监管，有序推进生物育种产业化应用。加强育种领域知识产权保护。支持种业龙头企业建立健全商业化育种体系，加快建设南繁硅谷，加强制种基地和良种繁育体系建设，研究重大品种研发与推广后补助政策，促进育繁推一体化发展。

（九）坚决守住18亿亩耕地红线。 统筹布局生态、农业、城镇等功能空间，科学划定各类空间管控边界，严格实行土地用途管制。采取"长牙齿"的措施，落实最严格的耕地保护制度。严禁违规占用耕地和违背自然规律绿化造林、挖湖造景，严格控制非农建设占用耕地，深入推进农村乱占耕地建房专项整治行动，坚决遏制耕地"非农化"、防止"非粮化"。明确耕地利用优先序，永久基本农田重点用于粮食特别是口粮生产，一般耕地主要用于粮食和棉、油、糖、蔬菜等农产品及饲草饲料生产。明确耕地和永久基本农田不同的管制目标和管制强度，严格控制耕地转为林地、园地等其他类型农用地，强化土地流转用途监管，确保耕地数量不减少、质量有提高。实施新一轮高标准农田建设规划，提高建设标准和质量，健全管护机制，多渠道筹集建设资金，中央和地方共同加大粮食主产区高标准农田建设投入，2021年建设1亿亩旱涝保收、高产稳产高标准农田。在高标准农田建设中增加的耕地作为占补平衡补充耕地指标在省域内调剂，所得收益用于高标准农田建设。加强和改进建设占用耕地占补平衡管理，严格新增耕地核实认定和监管。健全耕地数量和质量监测监管机制，加强耕地保护督察和执法监督，开展"十三五"时期省级政府耕地保护责任目标考核。

（十）强化现代农业科技和物质装备支撑。 实施大中型灌区续建配套和现代化改造。到2025年全部完成现有病险水库除险加固。坚持农业科技自立自强，完善农业科技领域基础研究稳定支持机制，深化体制改革，布局建设一批创新基地平台。深入开展乡村振兴科技支撑行动。支持高校为乡村振兴提供智力服务。加强农业科技社会化服务体系建设，深入推行科技特派员制度。打造国家热带农业科学中心。提高农机装备自主研制能力，支持高端智能、丘陵山区农机装备研发制造，加大购置补贴力度，开展农机作业补贴。强化动物防疫和农作物病虫害防治体系建设，提升防控能力。

（十一）**构建现代乡村产业体系**。依托乡村特色优势资源，打造农业全产业链，把产业链主体留在县域，让农民更多分享产业增值收益。加快健全现代农业全产业链标准体系，推动新型农业经营主体按标生产，培育农业龙头企业标准"领跑者"。立足县域布局特色农产品产地初加工和精深加工，建设现代农业产业园、农业产业强镇、优势特色产业集群。推进公益性农产品市场和农产品流通骨干网络建设。开发休闲农业和乡村旅游精品线路，完善配套设施。推进农村一二三产业融合发展示范园和科技示范园区建设。把农业现代化示范区作为推进农业现代化的重要抓手，围绕提高农业产业体系、生产体系、经营体系现代化水平，建立指标体系，加强资源整合、政策集成，以县（市、区）为单位开展创建，到 2025 年创建 500 个左右示范区，形成梯次推进农业现代化的格局。创建现代林业产业示范区。组织开展"万企兴万村"行动。稳步推进反映全产业链价值的农业及相关产业统计核算。

（十二）**推进农业绿色发展**。实施国家黑土地保护工程，推广保护性耕作模式。健全耕地休耕轮作制度。持续推进化肥农药减量增效，推广农作物病虫害绿色防控产品和技术。加强畜禽粪污资源化利用。全面实施秸秆综合利用和农膜、农药包装物回收行动，加强可降解农膜研发推广。在长江经济带、黄河流域建设一批农业面源污染综合治理示范县。支持国家农业绿色发展先行区建设。加强农产品质量和食品安全监管，发展绿色农产品、有机农产品和地理标志农产品，试行食用农产品达标合格证制度，推进国家农产品质量安全县创建。加强水生生物资源养护，推进以长江为重点的渔政执法能力建设，确保十年禁渔令有效落实，做好退捕渔民安置保障工作。发展节水农业和旱作农业。推进荒漠化、石漠化、坡耕地水土流失综合治理和土壤污染防治、重点区域地下水保护与超采治理。实施水系连通及农村水系综合整治，强化河湖长制。巩固退耕还林还草成果，完善政策、有序推进。实行林长制。科学开展大规模国土绿化行动。完善草原生态保护补助奖励政策，全面推进草原禁牧轮牧休牧，加强草原鼠害防治，稳步恢复草原生态环境。

（十三）**推进现代农业经营体系建设**。突出抓好家庭农场和农民合作社两类经营主体，鼓励发展多种形式适度规模经营。实施家庭农场培育计划，把农业规模经营户培育成有活力的家庭农场。推进农民合作社质量提升，加大对运行规范的农民合作社扶持力度。发展壮大农业专业化社会化服务组织，将先进适用的品种、投入品、技术、装备导入小农户。支持市场主体建设区域性农业全产业链综合服务中心。支持农业产业化龙头企业创新发展、做大做强。深化供销合作社综合改革，开展生产、供销、信用"三位一体"综合合作试点，健全服务农民生产生活综合平台。培育高素质农民，组织参加技能评价、学历教育，设立专门面向农民的技能大赛。吸引城市各方面人才到农村创业创新，参与乡村振兴和现代农业建设。

四、大力实施乡村建设行动

（十四）**加快推进村庄规划工作**。2021 年基本完成县级国土空间规划编制，明确村庄布局分类。积极有序推进"多规合一"实用性村庄规划编制，对有条件、有需求的村庄尽快实现村庄规划全覆盖。对暂时没有编制规划的村庄，严格按照县乡两级国土空间规划中确定的用途管制和建设管理要求进行建设。编制村庄规划要立足现有基础，保留乡村特色风貌，不搞大拆大建。按照规划有序开展各项建设，严肃查处违规乱建行为。健全农房建设质量安全法律法规和监管体制，3年内完成安全隐患排查整治。完善建设标准和规范，提高农房设计水平和建设质量。继续实施农村危房改造和地震高烈度设防地区农房抗震改造。加强村庄风貌引导，保护传统村落、传统民居和历史文化名村名镇。加大农村地区文化遗产遗迹保护力度。乡村建设是为农民而建，要因地制宜、稳扎稳打，不刮风搞运动。严格规范村庄撤并，不得违背农民意愿、强迫农民上楼，把好事办好、把实事办实。

（十五）加强乡村公共基础设施建设。继续把公共基础设施建设的重点放在农村，着力推进往村覆盖、往户延伸。实施农村道路畅通工程。有序实施较大人口规模自然村（组）通硬化路。加强农村资源路、产业路、旅游路和村内主干道建设。推进农村公路建设项目更多向进村入户倾斜。继续通过中央车购税补助地方资金、成品油税费改革转移支付、地方政府债券等渠道，按规定支持农村道路发展。继续开展"四好农村路"示范创建。全面实施路长制。开展城乡交通一体化示范创建工作。加强农村道路桥梁安全隐患排查，落实管养主体责任。强化农村道路交通安全监管。实施农村供水保障工程。加强中小型水库等稳定水源工程建设和水源保护，实施规模化供水工程建设和小型工程标准化改造，有条件的地区推进城乡供水一体化，到2025年农村自来水普及率达到88%。完善农村水价水费形成机制和工程长效运营机制。实施乡村清洁能源建设工程。加大农村电网建设力度，全面巩固提升农村电力保障水平。推进燃气下乡，支持建设安全可靠的乡村储气罐站和微管网供气系统。发展农村生物质能源。加强煤炭清洁化利用。实施数字乡村建设发展工程。推动农村千兆光网、第五代移动通信（5G）、移动物联网与城市同步规划建设。完善电信普遍服务补偿机制，支持农村及偏远地区信息通信基础设施建设。加快建设农业农村遥感卫星等天基设施。发展智慧农业，建立农业农村大数据体系，推动新一代信息技术与农业生产经营深度融合。完善农业气象综合监测网络，提升农业气象灾害防范能力。加强乡村公共服务、社会治理等数字化智能化建设。实施村级综合服务设施提升工程。加强村级客运站点、文化体育、公共照明等服务设施建设。

（十六）实施农村人居环境整治提升五年行动。分类有序推进农村厕所革命，加快研发干旱、寒冷地区卫生厕所适用技术和产品，加强中西部地区农村户用厕所改造。统筹农村改厕和污水、黑臭水体治理，因地制宜建设污水处理设施。健全农村生活垃圾收运处置体系，推进源头分类减量、资源化处理利用，建设一批有机废弃物综合处置利用设施。健全农村人居环境设施管护机制。有条件的地区推广城乡环卫一体化第三方治理。深入推进村庄清洁和绿化行动。开展美丽宜居村庄和美丽庭院示范创建活动。

（十七）提升农村基本公共服务水平。建立城乡公共资源均衡配置机制，强化农村基本公共服务供给县乡村统筹，逐步实现标准统一、制度并轨。提高农村教育质量，多渠道增加农村普惠性学前教育资源供给，继续改善乡镇寄宿制学校办学条件，保留并办好必要的乡村小规模学校，在县城和中心镇新建改扩建一批高中和中等职业学校。完善农村特殊教育保障机制。推进县域内义务教育学校校长教师交流轮岗，支持建设城乡学校共同体。面向农民就业创业需求，发展职业技术教育与技能培训，建设一批产教融合基地。开展耕读教育。加快发展面向乡村的网络教育。加大涉农高校、涉农职业院校、涉农学科专业建设力度。全面推进健康乡村建设，提升村卫生室标准化建设和健康管理水平，推动乡村医生向执业（助理）医师转变，采取派驻、巡诊等方式提高基层卫生服务水平。提升乡镇卫生院医疗服务能力，选建一批中心卫生院。加强县级医院建设，持续提升县级疾控机构应对重大疫情及突发公共卫生事件能力。加强县域紧密型医共体建设，实行医保总额预算管理。加强妇幼、老年人、残疾人等重点人群健康服务。健全统筹城乡的就业政策和服务体系，推动公共就业服务机构向乡村延伸。深入实施新生代农民工职业技能提升计划。完善统一的城乡居民基本医疗保险制度，合理提高政府补助标准和个人缴费标准，健全重大疾病医疗保险和救助制度。落实城乡居民基本养老保险待遇确定和正常调整机制。推进城乡低保制度统筹发展，逐步提高特困人员供养服务质量。加强对农村留守儿童和妇女、老年人以及困境儿童的关爱服务。健全县乡村衔接的三级养老服务网络，推动村级幸福院、日间照料中心等养老服务设施建设，发展农村普惠型养老服务和互助性养老。推进农村公益性殡葬设施建设。推进城乡公共文化服务体系一体建设，创新实施文化惠民工程。

（十八）**全面促进农村消费。**加快完善县乡村三级农村物流体系，改造提升农村寄递物流基础设施，深入推进电子商务进农村和农产品出村进城，推动城乡生产与消费有效对接。促进农村居民耐用消费品更新换代。加快实施农产品仓储保鲜冷链物流设施建设工程，推进田头小型仓储保鲜冷链设施、产地低温直销配送中心、国家骨干冷链物流基地建设。完善农村生活性服务业支持政策，发展线上线下相结合的服务网点，推动便利化、精细化、品质化发展，满足农村居民消费升级需要，吸引城市居民下乡消费。

（十九）**加快县域内城乡融合发展。**推进以人为核心的新型城镇化，促进大中小城市和小城镇协调发展。把县域作为城乡融合发展的重要切入点，强化统筹谋划和顶层设计，破除城乡分割的体制弊端，加快打通城乡要素平等交换、双向流动的制度性通道。统筹县域产业、基础设施、公共服务、基本农田、生态保护、城镇开发、村落分布等空间布局，强化县城综合服务能力，把乡镇建设成为服务农民的区域中心，实现县乡村功能衔接互补。壮大县域经济，承接适宜产业转移，培育支柱产业。加快小城镇发展，完善基础设施和公共服务，发挥小城镇连接城市、服务乡村作用。推进以县城为重要载体的城镇化建设，有条件的地区按照小城市标准建设县城。积极推进扩权强镇，规划建设一批重点镇。开展乡村全域土地综合整治试点。推动在县域就业的农民工就地市民化，增加适应进城农民刚性需求的住房供给。鼓励地方建设返乡入乡创业园和孵化实训基地。

（二十）**强化农业农村优先发展投入保障。**继续把农业农村作为一般公共预算优先保障领域。中央预算内投资进一步向农业农村倾斜。制定落实提高土地出让收益用于农业农村比例考核办法，确保按规定提高用于农业农村的比例。各地区各部门要进一步完善涉农资金统筹整合长效机制。支持地方政府发行一般债券和专项债券用于现代农业设施建设和乡村建设行动，制定出台操作指引，做好高质量项目储备工作。发挥财政投入引领作用，支持以市场化方式设立乡村振兴基金，撬动金融资本、社会力量参与，重点支持乡村产业发展。坚持为农服务宗旨，持续深化农村金融改革。运用支农支小再贷款、再贴现等政策工具，实施最优惠的存款准备金率，加大对机构法人在县域、业务在县域的金融机构的支持力度，推动农村金融机构回归本源。鼓励银行业金融机构建立服务乡村振兴的内设机构。明确地方政府监管和风险处置责任，稳妥规范开展农民合作社内部信用合作试点。保持农村信用合作社等县域农村金融机构法人地位和数量总体稳定，做好监督管理、风险化解、深化改革工作。完善涉农金融机构治理结构和内控机制，强化金融监管部门的监管责任。支持市县构建域内共享的涉农信用信息数据库，用3年时间基本建成比较完善的新型农业经营主体信用体系。发展农村数字普惠金融。大力开展农户小额信用贷款、保单质押贷款、农机具和大棚设施抵押贷款业务。鼓励开发专属金融产品支持新型农业经营主体和农村新产业新业态，增加首贷、信用贷。加大对农业农村基础设施投融资的中长期信贷支持。加强对农业信贷担保放大倍数的量化考核，提高农业信贷担保规模。将地方优势特色农产品保险以奖代补做法逐步扩大到全国。健全农业再保险制度。发挥"保险+期货"在服务乡村产业发展中的作用。

（二十一）**深入推进农村改革**。完善农村产权制度和要素市场化配置机制，充分激发农村发展内生动力。坚持农村土地农民集体所有制不动摇，坚持家庭承包经营基础性地位不动摇，有序开展第二轮土地承包到期后再延长30年试点，保持农村土地承包关系稳定并长久不变，健全土地经营权流转服务体系。积极探索实施农村集体经营性建设用地入市制度。完善盘活农村存量建设用地政策，实行负面清单管理，优先保障乡村产业发展、乡村建设用地。根据乡村休闲观光等产业分散布局的实际需要，探索灵活多样的供地新方式。加强宅基地管理，稳慎推进农村宅基地制度改革试点，探索宅基地所有权、资格权、使用权分置有效实现形式。规范开展房地一体宅基地日常登记颁证工作。规范开展城乡建设用地增减挂钩，完善审批实施程序、节余指标调剂及收益分配机制。2021年基本完成农村集体产权制度改革阶段性任务，发展壮大新型农村集体经济。保障进城落户农民土地承包权、宅基地使用权、集体收益分配权，研究制定依法自愿有偿转让的具体办法。加强农村产权流转交易和管理信息网络平台建设，提供综合性交易服务。加快农业综合行政执法信息化建设。深入推进农业水价综合改革。继续深化农村集体林权制度改革。

五、加强党对"三农"工作的全面领导

（二十二）**强化五级书记抓乡村振兴的工作机制**。全面推进乡村振兴的深度、广度、难度都不亚于脱贫攻坚，必须采取更有力的举措，汇聚更强大的力量。要深入贯彻落实《中国共产党农村工作条例》，健全中央统筹、省负总责、市县乡抓落实的农村工作领导体制，将脱贫攻坚工作中形成的组织推动、要素保障、政策支持、协作帮扶、考核督导等工作机制，根据实际需要运用到推进乡村振兴，建立健全上下贯通、精准施策、一抓到底的乡村振兴工作体系。省、市、县级党委要定期研究乡村振兴工作。县委书记应当把主要精力放在"三农"工作上。建立乡村振兴联系点制度，省、市、县级党委和政府负责同志都要确定联系点。开展县乡村三级党组织书记乡村振兴轮训。加强党对乡村人才工作的领导，将乡村人才振兴纳入党委人才工作总体部署，健全适合乡村特点的人才培养机制，强化人才服务乡村激励约束。加快建设政治过硬、本领过硬、作风过硬的乡村振兴干部队伍，选派优秀干部到乡村振兴一线岗位，把乡村振兴作为培养锻炼干部的广阔舞台，对在艰苦地区、关键岗位工作表现突出的干部优先重用。

（二十三）**加强党委农村工作领导小组和工作机构建设**。充分发挥各级党委农村工作领导小组牵头抓总、统筹协调作用，成员单位出台重要涉农政策要征求党委农村工作领导小组意见并进行备案。各地要围绕"五大振兴"目标任务，设立由党委和政府负责同志领导的专项小组或工作专班，建立落实台账，压实工作责任。强化党委农村工作领导小组办公室决策参谋、统筹协调、政策指导、推动落实、督促检查等职能，每年分解"三农"工作重点任务，落实到各责任部门，定期调度工作进展。加强党委农村工作领导小组办公室机构设置和人员配置。

（二十四）加强党的农村基层组织建设和乡村治理。充分发挥农村基层党组织领导作用，持续抓党建促乡村振兴。有序开展乡镇、村集中换届，选优配强乡镇领导班子、村"两委"成员特别是村党组织书记。在有条件的地方积极推行村党组织书记通过法定程序担任村民委员会主任，因地制宜、不搞"一刀切"。与换届同步选优配强村务监督委员会成员，基层纪检监察组织加强与村务监督委员会的沟通协作、有效衔接。坚决惩治侵害农民利益的腐败行为。坚持和完善向重点乡村选派驻村第一书记和工作队制度。加大在优秀农村青年中发展党员力度，加强对农村基层干部激励关怀，提高工资补助待遇，改善工作生活条件，切实帮助解决实际困难。推进村委会规范化建设和村务公开"阳光工程"。开展乡村治理试点示范创建工作。创建民主法治示范村，培育农村学法用法示范户。加强乡村人民调解组织队伍建设，推动就地化解矛盾纠纷。深入推进平安乡村建设。建立健全农村地区扫黑除恶常态化机制。加强县乡村应急管理和消防安全体系建设，做好对自然灾害、公共卫生、安全隐患等重大事件的风险评估、监测预警、应急处置。

（二十五）加强新时代农村精神文明建设。弘扬和践行社会主义核心价值观，以农民群众喜闻乐见的方式，深入开展习近平新时代中国特色社会主义思想学习教育。拓展新时代文明实践中心建设，深化群众性精神文明创建活动。建强用好县级融媒体中心。在乡村深入开展"听党话、感党恩、跟党走"宣讲活动。深入挖掘、继承创新优秀传统乡土文化，把保护传承和开发利用结合起来，赋予中华农耕文明新的时代内涵。持续推进农村移风易俗，推广积分制、道德评议会、红白理事会等做法，加大高价彩礼、人情攀比、厚葬薄养、铺张浪费、封建迷信等不良风气治理，推动形成文明乡风、良好家风、淳朴民风。加大对农村非法宗教活动和境外渗透活动的打击力度，依法制止利用宗教干预农村公共事务。办好中国农民丰收节。

（二十六）健全乡村振兴考核落实机制。各省（自治区、直辖市）党委和政府每年向党中央、国务院报告实施乡村振兴战略进展情况。对市县党政领导班子和领导干部开展乡村振兴实绩考核，纳入党政领导班子和领导干部综合考核评价内容，加强考核结果应用，注重提拔使用乡村振兴实绩突出的市县党政领导干部。对考核排名落后、履职不力的市县党委和政府主要负责同志进行约谈，建立常态化约谈机制。将巩固拓展脱贫攻坚成果纳入乡村振兴考核。强化乡村振兴督查，创新完善督查方式，及时发现和解决存在的问题，推动政策举措落实落地。持续纠治形式主义、官僚主义，将减轻村级组织不合理负担纳入中央基层减负督查重点内容。坚持实事求是、依法行政，把握好农村各项工作的时度效。加强乡村振兴宣传工作，在全社会营造共同推进乡村振兴的浓厚氛围。

让我们紧密团结在以习近平同志为核心的党中央周围，开拓进取，真抓实干，全面推进乡村振兴，加快农业农村现代化，努力开创"三农"工作新局面，为全面建设社会主义现代化国家、实现第二个百年奋斗目标作出新的贡献！

中共中央 国务院关于新时代推动中部地区高质量发展的意见

(2021 年 4 月 23 日)

促进中部地区崛起战略实施以来，特别是党的十八大以来，在以习近平同志为核心的党中央坚强领导下，中部地区经济社会发展取得重大成就，粮食生产基地、能源原材料基地、现代装备制造及高技术产业基地和综合交通运输枢纽地位更加巩固，经济总量占全国的比重进一步提高，科教实力显著增强，基础设施明显改善，社会事业全面发展，在国家经济社会发展中发挥了重要支撑作用。同时，中部地区发展不平衡不充分问题依然突出，内陆开放水平有待提高，制造业创新能力有待增强，生态绿色发展格局有待巩固，公共服务保障特别是应对公共卫生等重大突发事件能力有待提升。受新冠肺炎疫情等影响，中部地区特别是湖北省经济高质量发展和民生改善需要作出更大努力。顺应新时代新要求，为推动中部地区高质量发展，现提出如下意见。

一、总体要求

（一）指导思想。以习近平新时代中国特色社会主义思想为指导，全面贯彻党的十九大和十九届二中、三中、四中、五中全会精神，坚持稳中求进工作总基调，立足新发展阶段，贯彻新发展理念，构建新发展格局，坚持统筹发展和安全，以推动高质量发展为主题，以深化供给侧结构性改革为主线，以改革创新为根本动力，以满足人民日益增长的美好生活需要为根本目的，充分发挥中部地区承东启西、连南接北的区位优势和资源要素丰富、市场潜力巨大、文化底蕴深厚等比较优势，着力构建以先进制造业为支撑的现代产业体系，着力增强城乡区域发展协调性，着力建设绿色发展的美丽中部，着力推动内陆高水平开放，着力提升基本公共服务保障水平，着力改革完善体制机制，推动中部地区加快崛起，在全面建设社会主义现代化国家新征程中作出更大贡献。

（二）主要目标。到 2025 年，中部地区质量变革、效率变革、动力变革取得突破性进展，投入产出效益大幅提高，综合实力、内生动力和竞争力进一步增强。创新能力建设取得明显成效，科创产业融合发展体系基本建立，全社会研发经费投入占地区生产总值比重达到全国平均水平。常住人口城镇化率年均提高 1 个百分点以上，分工合理、优势互补、各具特色的协调发展格局基本形成，城乡区域发展协调性进一步增强。绿色发展深入推进，单位地区生产总值能耗降幅达到全国平均水平，单位地区生产总值二氧化碳排放进一步降低，资源节约型、环境友好型发展方式普遍建立。开放水平再上新台阶，内陆开放型经济新体制基本形成。共享发展达到新水平，居民人均可支配收入与经济增长基本同步，统筹应对公共卫生等重大突发事件能力显著提高，人民群众获得感、幸福感、安全感明显增强。

到 2035 年，中部地区现代化经济体系基本建成，产业整体迈向中高端，城乡区域协调发展达到较高水平，绿色低碳生产生活方式基本形成，开放型经济体制机制更加完善，人民生活更加幸福安康，基本实现社会主义现代化，共同富裕取得更为明显的实质性进展。

二、坚持创新发展，构建以先进制造业为支撑的现代产业体系

（三）**做大做强先进制造业**。统筹规划引导中部地区产业集群（基地）发展，在长江沿线建设中国（武汉）光谷、中国（合肥）声谷，在京广沿线建设郑州电子信息、长株潭装备制造产业集群，在京九沿线建设南昌、吉安电子信息产业集群，在大湛沿线建设太原新材料、洛阳装备制造产业集群。建设智能制造、新材料、新能源汽车、电子信息等产业基地。打造集研究开发、检验检测、成果推广等功能于一体的产业集群（基地）服务平台。深入实施制造业重大技术改造升级工程，重点促进河南食品轻纺、山西煤炭、江西有色金属、湖南冶金、湖北化工建材、安徽钢铁有色等传统产业向智能化、绿色化、服务化发展。加快推进山西国家资源型经济转型综合配套改革试验区建设和能源革命综合改革试点。

（四）**积极承接制造业转移**。推进皖江城市带、晋陕豫黄河金三角、湖北荆州、赣南、湘南湘西承接产业转移示范区和皖北承接产业转移集聚区建设，积极承接新兴产业转移，重点承接产业链关键环节。创新园区建设运营方式，支持与其他地区共建产业转移合作园区。依托园区搭建产业转移服务平台，加强信息沟通及区域产业合作，推动产业转移精准对接。加大中央预算内投资对产业转移合作园区基础设施建设支持力度。在坚持节约集约用地前提下，适当增加中部地区承接制造业转移项目新增建设用地计划指标。创新跨区域制造业转移利益分享机制，建立跨区域经济统计分成制度。

（五）**提高关键领域自主创新能力**。主动融入新一轮科技和产业革命，提高关键领域自主创新能力，以科技创新引领产业发展，将长板进一步拉长，不断缩小与东部地区尖端技术差距，加快数字化、网络化、智能化技术在各领域的应用。加快合肥综合性国家科学中心建设，探索国家实验室建设运行模式，推动重大科技基础设施集群化发展，开展关键共性技术、前沿引领技术攻关。选择武汉等有条件城市布局一批重大科技基础设施。加快武汉信息光电子、株洲先进轨道交通装备、洛阳农机装备等国家制造业创新中心建设，新培育一批产业创新中心和制造业创新中心。支持建设一批众创空间、孵化器、加速器等创新创业孵化平台和双创示范基地，鼓励发展创业投资。联合区域创新资源，实施一批重要领域关键核心技术攻关。发挥企业在科技创新中的主体作用，支持领军企业组建创新联合体，带动中小企业创新活动。促进产学研融通创新，布局建设一批综合性中试基地，依托龙头企业建设一批专业中试基地。加强知识产权保护，更多鼓励原创技术创新，依托现有国家和省级技术转移中心、知识产权交易中心等，建设中部地区技术交易市场联盟，推动技术交易市场互联互通。完善科技成果转移转化机制，支持有条件地区创建国家科技成果转移转化示范区。

（六）**推动先进制造业和现代服务业深度融合**。依托产业集群（基地）建设一批工业设计中心和工业互联网平台，推动大数据、物联网、人工智能等新一代信息技术在制造业领域的应用创新，大力发展研发设计、金融服务、检验检测等现代服务业，积极发展服务型制造业，打造数字经济新优势。加强新型基础设施建设，发展新一代信息网络，拓展第五代移动通信应用。积极发展电商网购、在线服务等新业态，推动生活服务业线上线下融合，支持电商、快递进农村。加快郑州、长沙、太原、宜昌、赣州国家物流枢纽建设，支持建设一批生产服务型物流枢纽。增加郑州商品交易所上市产品，支持山西与现有期货交易所合作开展能源商品期现结合交易。推进江西省赣江新区绿色金融改革创新试验区建设。

三、坚持协调发展，增强城乡区域发展协同性

（七）**主动融入区域重大战略**。加强与京津冀协同发展、长江经济带发展、粤港澳大湾区建设、长三角一体化发展、黄河流域生态保护和高质量发展等区域重大战略互促共进，促进区域间融合互动、融通补充。支持安徽积极融入长三角一体化发展，打造具有重要影响力的科技创新策源地、新兴产业聚集地和绿色发展样板区。支持河南、山西深度参加黄河流域生态保护和高质量发展战略实施，共同抓好大保护，协同推进大治理。支持湖北、湖南、江西加强生态保护、推动绿色发展，在长江经济带建设中发挥更大作用。

（八）**促进城乡融合发展**。以基础设施互联互通、公共服务共建共享为重点，加强长江中游城市群、中原城市群内城市间合作。支持武汉、长株潭、郑州、合肥等都市圈及山西中部城市群建设，培育发展南昌都市圈。加快武汉、郑州国家中心城市建设，增强长沙、合肥、南昌、太原等区域中心城市辐射带动能力，促进洛阳、襄阳、阜阳、赣州、衡阳、大同等区域重点城市经济发展和人口集聚。推进以县城为重要载体的城镇化建设，以县域为单元统筹城乡发展。发展一批特色小镇，补齐县城和小城镇基础设施与公共服务短板。有条件地区推进城乡供水一体化、农村供水规模化建设和水利设施改造升级，加快推进引江济淮、长江和淮河干流治理、鄂北水资源配置、江西花桥水库、湖南椒花水库等重大水利工程建设。

（九）**推进城市品质提升**。实施城市更新行动，推进城市生态修复、功能完善工程，合理确定城市规模、人口密度，优化城市布局，推动城市基础设施体系化网络化建设，推进基于数字化的新型基础设施建设。加快补齐市政基础设施和公共服务设施短板，系统化全域化推进海绵城市建设，增强城市防洪排涝功能。推动地级及以上城市加快建立生活垃圾分类投放、分类收集、分类运输、分类处理系统。建设完整居住社区，开展城市居住社区建设补短板行动。加强建筑设计管理，优化城市空间和建筑布局，塑造城市时代特色风貌。

（十）**加快农业农村现代化**。大力发展粮食生产，支持河南等主产区建设粮食生产核心区，确保粮食种植面积和产量保持稳定，巩固提升全国粮食生产基地地位。实施大中型灌区续建配套节水改造和现代化建设，大力推进高标准农田建设，推广先进适用的农机化技术和装备，加强种质资源保护和利用，支持发展高效旱作农业。高质量推进粮食生产功能区、重要农产品生产保护区和特色农产品优势区建设，大力发展油料、生猪、水产品等优势农产品生产，打造一批绿色农产品生产加工供应基地。支持农产品加工业发展，加快农村产业融合发展示范园建设，推动农村一二三产业融合发展。加快培育农民合作社、家庭农场等新兴农业经营主体，大力培育高素质农民，健全农业社会化服务体系。加快农村公共基础设施建设，因地制宜推进农村改厕、生活垃圾处理和污水治理，改善农村人居环境，建设生态宜居的美丽乡村。

（十一）**推动省际协作和交界地区协同发展**。围绕对话交流、重大事项协商、规划衔接，建立健全中部地区省际合作机制。加快落实支持赣南等原中央苏区、大别山等革命老区振兴发展的政策措施。推动中部六省省际交界地区以及与东部、西部其他省份交界地区合作，务实推进晋陕豫黄河金三角区域合作，深化大别山、武陵山等区域旅游与经济协作。加强流域上下游产业园区合作共建，充分发挥长江流域园区合作联盟作用，建立淮河、汉江流域园区合作联盟，促进产业协同创新、有序转移、优化升级。加快重要流域上下游、左右岸地区融合发展，推动长株潭跨湘江、南昌跨赣江、太原跨汾河、荆州和芜湖等跨长江发展。

四、坚持绿色发展，打造人与自然和谐共生的美丽中部

（十二）**共同构筑生态安全屏障**。牢固树立绿水青山就是金山银山理念，统筹推进山水林田湖草沙系统治理。将生态保护红线、环境质量底线、资源利用上线的硬约束落实到环境管控单元，建立全覆盖的生态环境分区管控体系。坚持以水而定、量水而行，把水资源作为最大刚性约束，严格取用水管理。继续深化做实河长制湖长制。强化长江岸线分区管理与用途管制，保护自然岸线和水域生态环境，加强鄱阳湖、洞庭湖等湖泊保护和治理，实施好长江十年禁渔，保护长江珍稀濒危水生生物。加强黄河流域水土保持和生态修复，实施河道和滩区综合提升治理工程。加快解决中小河流、病险水库、重要蓄滞洪区和山洪灾害等防汛薄弱环节，增强城乡防洪能力。以河道生态整治和河道外两岸造林绿化为重点，建设淮河、汉江、湘江、赣江、汾河等河流生态廊道。构建以国家公园为主体的自然保护地体系，科学推进长江中下游、华北平原国土绿化行动，积极开展国家森林城市建设，推行林长制，大力推进森林质量精准提升工程，加强生物多样性系统保护，加大地下水超采治理力度。

（十三）**加强生态环境共保联治**。深入打好污染防治攻坚战，强化全民共治、源头防治，落实生态保护补偿和生态环境损害赔偿制度，共同解决区域环境突出问题。以城市群、都市圈为重点，协同开展大气污染联防联控，推进重点行业大气污染深度治理。强化移动源污染防治，全面治理面源扬尘污染。以长江、黄河等流域为重点，推动建立横向生态保护补偿机制，逐步完善流域生态保护补偿等标准体系，建立跨界断面水质目标责任体系，推动恢复水域生态环境。加快推进城镇污水收集处理设施建设和改造，推广污水资源化利用。推进土壤污染综合防治先行区建设。实施粮食主产区永久基本农田面源污染专项治理工程，加强畜禽养殖污染综合治理和资源化利用。加快实施矿山修复重点工程、尾矿库污染治理工程，推动矿业绿色发展。严格防控港口船舶污染。加强白色污染治理。强化噪声源头防控和监督管理，提高声环境功能区达标率。

（十四）**加快形成绿色生产生活方式**。加大园区循环化改造力度，推进资源循环利用基地建设，支持新建一批循环经济示范城市、示范园区。支持开展低碳城市试点，积极推进近零碳排放示范工程，开展节约型机关和绿色家庭、绿色学校、绿色社区、绿色建筑等创建行动，鼓励绿色消费和绿色出行，促进产业绿色转型发展，提升生态碳汇能力。因地制宜发展绿色小水电、分布式光伏发电，支持山西煤层气、鄂西页岩气开发转化，加快农村能源服务体系建设。进一步完善和落实资源有偿使用制度，依托规范的公共资源和产权交易平台开展排污权、用能权、用水权、碳排放权市场化交易。按照国家统一部署，扎实做好碳达峰、碳中和各项工作。健全有利于节约用水的价格机制，完善促进节能环保的电价机制。支持许昌、铜陵、瑞金等地深入推进"无废城市"建设试点。

五、坚持开放发展，形成内陆高水平开放新体制

（十五）**加快内陆开放通道建设**。全面开工呼南纵向高速铁路通道中部段，加快沿江、厦渝横向高速铁路通道中部段建设。实施汉江、湘江、赣江、淮河航道整治工程，研究推进水系沟通工程，形成水运大通道。加快推进长江干线过江通道建设，继续实施省际高速公路连通工程。加强武汉长江中游航运中心建设，发展沿江港口铁水联运功能，优化中转设施和集疏运网络。加快推进郑州国际物流中心、湖北鄂州货运枢纽机场和合肥国际航空货运集散中心建设，

提升郑州、武汉区域航空枢纽功能，积极推动长沙、合肥、南昌、太原形成各具特色的区域枢纽，提高支线机场服务能力。完善国际航线网络，发展全货机航班，增强中部地区机场连接国际枢纽机场能力。发挥长江黄金水道和京广、京九、浩吉、沪昆、陇海—兰新交通干线作用，加强与长三角、粤港澳大湾区、海峡西岸等沿海地区及内蒙古、广西、云南、新疆等边境口岸合作，对接新亚欧大陆桥、中国—中南半岛、中国—中亚—西亚经济走廊、中蒙俄经济走廊及西部陆海新通道，全面融入共建"一带一路"。

（十六）**打造内陆高水平开放平台**。高标准建设安徽、河南、湖北、湖南自由贸易试验区，支持先行先试，形成可复制可推广的制度创新成果，进一步发挥辐射带动作用。支持湖南湘江新区、江西赣江新区建成对外开放重要平台。充分发挥郑州航空港经济综合实验区、长沙临空经济示范区在对外开放中的重要作用，鼓励武汉、南昌、合肥、太原等地建设临空经济区。加快郑州—卢森堡"空中丝绸之路"建设，推动江西内陆开放型经济试验区建设。支持建设服务外包示范城市。加快跨境电子商务综合试验区建设，构建区域性电子商务枢纽。支持有条件地区设立综合保税区、创建国家级开放口岸，深化与长江经济带其他地区、京津冀、长三角、粤港澳大湾区等地区通关合作，提升与"一带一路"沿线国家主要口岸互联互通水平。支持有条件地区加快建设具有国际先进水平的国际贸易"单一窗口"。

（十七）**持续优化市场化法治化国际化营商环境**。深化简政放权、放管结合、优化服务改革，全面推行政务服务"一网通办"，推进"一次办好"改革，做到企业开办全程网上办理。推进与企业发展、群众生活密切相关的高频事项"跨省通办"，实现更多事项异地办理。对标国际一流水平，建设与国际通行规则接轨的市场体系，促进国际国内要素有序自由流动、资源高效配置。加强事前事中事后全链条监管，加大反垄断和反不正当竞争执法司法力度，为各类所有制企业发展创造公平竞争环境。改善中小微企业发展生态，放宽小微企业、个体工商户登记经营场所限制，便利各类创业者注册经营、及时享受扶持政策，支持大中小企业融通发展。

六、坚持共享发展，提升公共服务保障水平

（十八）**提高基本公共服务保障能力**。认真总结新冠肺炎疫情防控经验模式，加强公共卫生体系建设，完善公共卫生服务项目，建立公共卫生事业稳定投入机制，完善突发公共卫生事件监测预警处置机制，防范化解重大疫情和突发公共卫生风险，着力补齐公共卫生风险防控和应急管理短板，重点支持早期监测预警能力、应急医疗救治体系、医疗物资储备设施及隔离设施等传染病防治项目建设，加快实施传染病医院、疾控中心标准化建设，提高城乡社区医疗服务能力。推动基本医疗保险信息互联共享，完善住院费用异地直接结算。建立统一的公共就业信息服务平台，加强对重点行业、重点群体就业支持，引导重点就业群体跨地区就业，促进多渠道灵活就业。支持农民工、高校毕业生和退役军人等人员返乡入乡就业创业。合理提高孤儿基本生活费、事实无人抚养儿童基本生活补贴标准，推动儿童福利机构优化提质和转型发展。完善农村留守老人关爱服务工作体系，健全农村养老服务设施。建立健全基本公共服务标准体系并适时进行动态调整。推动居住证制度覆盖全部未落户城镇常住人口，完善以居住证为载体的随迁子女就学、住房保障等公共服务政策。

（十九）**增加高品质公共服务供给**。加快推进世界一流大学和一流学科建设，支持国内一流科研机构在中部地区设立分支机构，鼓励国外著名高校在中部地区开展合作办学。大力开展职业技能培训，加快高水平高职学校和专业建设，打造一批示范性职业教育集团（联盟），支

持中部省份共建共享一批产教融合实训基地。支持建设若干区域医疗中心，鼓励国内外大型综合性医疗机构依法依规在中部地区设立分支机构。支持县级医院与乡镇（社区）医疗机构建立医疗联合体，提升基层医疗机构服务水平。条件成熟时在中部地区设立药品、医疗器械审评分中心，加快创新药品、医疗器械审评审批进程。深入挖掘和利用地方特色文化资源，打响中原文化、楚文化、三晋文化品牌。传承和弘扬赣南等原中央苏区、井冈山、大别山等革命老区红色文化，打造爱国主义教育基地和红色旅游目的地。积极发展文化创意、广播影视、动漫游戏、数字出版等产业，推进国家文化与科技融合示范基地、国家级文化产业示范园区建设，加快建设景德镇国家陶瓷文化传承创新试验区。加大对足球场地等体育设施建设支持力度。

（二十）加强和创新社会治理。完善突发事件监测预警、应急响应平台和决策指挥系统，建设区域应急救援平台和区域保障中心，提高应急物资生产、储备和调配能力。依托社会管理信息化平台，推动政府部门业务数据互联共享，打造智慧城市、智慧社区。推进城市社区网格化管理，推动治理重心下移，实现社区服务规范化、全覆盖。完善村党组织领导乡村治理的体制机制，强化村级组织自治功能，全面实施村级事务阳光工程。全面推进"一区一警、一村一辅警"建设，打造平安社区、平安乡村。加强农村道路交通安全监督管理。加强农村普法教育和法律援助，依法解决农村社会矛盾。

（二十一）实现巩固拓展脱贫攻坚成果同乡村振兴有效衔接。聚焦赣南等原中央苏区、大别山区、太行山区、吕梁山区、罗霄山区、武陵山区等地区，健全防止返贫监测和帮扶机制，保持主要帮扶政策总体稳定，实施帮扶对象动态管理，防止已脱贫人口返贫。进一步改善基础设施和市场环境，因地制宜推动特色产业可持续发展。

七、完善促进中部地区高质量发展政策措施

（二十二）建立健全支持政策体系。确保支持湖北省经济社会发展的一揽子政策尽快落实到位，支持保就业、保民生、保运转，促进湖北经济社会秩序全面恢复。中部地区欠发达县（市、区）继续比照实施西部大开发有关政策，老工业基地城市继续比照实施振兴东北地区等老工业基地有关政策，并结合实际调整优化实施范围和有关政策内容。对重要改革开放平台建设用地实行计划指标倾斜，按照国家统筹、地方分担原则，优先保障先进制造业、跨区域基础设施等重大项目新增建设用地指标。鼓励人才自由流动，实行双向挂职、短期工作、项目合作等灵活多样的人才柔性流动政策，推进人力资源信息共享和服务政策有机衔接，吸引各类专业人才到中部地区就业创业。允许中央企事业单位专业技术人员和管理人才按有关规定在中部地区兼职并取得合法报酬，鼓励地方政府设立人才引进专项资金，实行专业技术人才落户"零门槛"。

（二十三）加大财税金融支持力度。中央财政继续加大对中部地区转移支付力度，支持中部地区提高基本公共服务保障水平，在风险可控前提下适当增加省级政府地方政府债券分配额度。全面实施工业企业技术改造综合奖补政策，对在投资总额内进口的自用设备按现行规定免征关税。积极培育区域性股权交易市场，支持鼓励类产业企业上市融资，支持符合条件的企业通过债券市场直接融资，引导各类金融机构加强对中部地区的支持，加大对重点领域和薄弱环节信贷支持力度，提升金融服务质效，增强金融普惠性。

八、认真抓好组织实施

（二十四）加强组织领导。坚持和加强党的全面领导，把党的领导贯穿推动中部地区加快

崛起的全过程。山西、安徽、江西、河南、湖北、湖南等中部六省要增强"四个意识"、坚定"四个自信"、做到"两个维护",落实主体责任,完善推进机制,加强工作协同,深化相互合作,确保党中央、国务院决策部署落地见效。

（二十五）**强化协调指导**。中央有关部门要按照职责分工,密切与中部六省沟通衔接,在规划编制和重大政策制定、项目安排、改革创新等方面予以积极支持。国家促进中部地区崛起工作办公室要加强统筹指导,协调解决本意见实施中面临的突出问题,强化督促和实施效果评估。本意见实施涉及的重要规划、重点政策、重大项目要按规定程序报批。重大事项及时向党中央、国务院请示报告。

中共中央 国务院关于支持浦东新区高水平改革开放打造社会主义现代化建设引领区的意见

（2021年4月23日）

上海在党和国家工作全局中具有十分重要的地位，浦东开发开放掀开了我国改革开放向纵深推进的崭新篇章。党的十八大以来，在以习近平同志为核心的党中央坚强领导下，浦东取得了举世瞩目的发展成就，为中国特色社会主义制度优势提供了最鲜活的现实明证，为改革开放和社会主义现代化建设提供了最生动的实践写照。在全面建设社会主义现代化国家新征程上，为支持浦东新区高水平改革开放、打造社会主义现代化建设引领区，引领带动上海"五个中心"建设，更好服务全国大局和带动长三角一体化发展战略实施，现提出如下意见。

一、总体要求

（一）**指导思想**。以习近平新时代中国特色社会主义思想为指导，深入贯彻党的十九大和十九届二中、三中、四中、五中全会精神，坚持稳中求进工作总基调，科学把握新发展阶段，坚定不移贯彻新发展理念，服务和融入新发展格局，支持浦东勇于挑最重的担子、啃最硬的骨头，努力成为更高水平改革开放的开路先锋、全面建设社会主义现代化国家的排头兵、彰显"四个自信"的实践范例，更好向世界展示中国理念、中国精神、中国道路。

（二）**战略定位**。推动浦东高水平改革开放，为更好利用国内国际两个市场两种资源提供重要通道，构建国内大循环的中心节点和国内国际双循环的战略链接，在长三角一体化发展中更好发挥龙头辐射作用，打造全面建设社会主义现代化国家窗口。

——更高水平改革开放的开路先锋。坚持系统观念，加强改革举措的有机衔接和融会贯通，推动各项改革向更加完善的制度靠拢。从要素开放向制度开放全面拓展，率先建立与国际通行规则相互衔接的开放型经济新体制。在浦东全域打造特殊经济功能区，加大开放型经济的风险压力测试。

——自主创新发展的时代标杆。充分发挥新型举国体制的制度优势和超大规模市场优势，找准政府和市场在推动科技创新、提升产业链水平中的着力点，建设国际科技创新中心核心区，增强自主创新能力，强化高端产业引领功能，带动全国产业链升级，提升全球影响力。

——全球资源配置的功能高地。以服务共建"一带一路"为切入点和突破口，积极配置全球资金、信息、技术、人才等要素资源，打造上海国际金融中心、贸易中心、航运中心核心区，强化服务实体经济能力，率先构建高标准国际化经贸规则体系，打造我国深度融入全球经济发展和治理的功能高地。

——扩大国内需求的典范引领。着力创造高品质产品和服务供给，不断提升专业化、品牌化、国际化水平，培育消费新模式新业态，引领带动国内消费升级需求，打造面向全球市场的新品首发地、引领消费潮流的风向标，建设国际消费中心。

——现代城市治理的示范样板。构建系统完备、科学规范、运行有效的城市治理体系，提升治理科学化、精细化、智能化水平，提高应对重大突发事件能力，完善民生发展格局，延续城市特色文化，打造宜居宜业的城市治理样板。

（三）**发展目标**。到 2035 年，浦东现代化经济体系全面构建，现代化城区全面建成，现代化治理全面实现，城市发展能级和国际竞争力跃居世界前列。到 2050 年，浦东建设成为在全球具有强大吸引力、创造力、竞争力、影响力的城市重要承载区，城市治理能力和治理成效的全球典范，社会主义现代化强国的璀璨明珠。

二、全力做强创新引擎，打造自主创新新高地

面向世界科技前沿、面向经济主战场、面向国家重大需求、面向人民生命健康，加强基础研究和应用基础研究，打好关键核心技术攻坚战，加速科技成果向现实生产力转化，提升产业链水平，为确保全国产业链供应链稳定多作新贡献。

（四）**加快关键技术研发**。加快建设张江综合性国家科学中心，聚焦集成电路、生命科学、人工智能等领域，加快推进国家实验室建设，布局和建设一批国家工程研究中心、国家技术创新中心、国家临床医学研究中心等国家科技创新基地。推动超大规模开放算力、智能汽车研发应用创新平台落户。研究对用于临床研究的药品免征进口环节税。允许有条件的医疗机构按照相关要求开展自行研制体外诊断试剂试点。建立企业研发进口微量耗材管理服务平台，在进口许可、通关便利、允许分销等方面研究予以支持。允许浦东认定的研发机构享受进口自用设备免征进口环节税、采购国产设备自用的给予退税政策。积极参与、牵头组织国际大科学计划和大科学工程，开展全球科技协同创新。

（五）**打造世界级创新产业集群**。在总结中国（上海）自由贸易试验区临港新片区实施经验基础上，研究在浦东特定区域对符合条件的从事集成电路、人工智能、生物医药、民用航空等关键领域核心环节生产研发的企业，自设立之日起 5 年内减按 15% 的税率征收企业所得税。在浦东特定区域开展公司型创业投资企业所得税优惠政策试点，在试点期内，对符合条件的公司型创业投资企业按照企业年末个人股东持股比例免征企业所得税，鼓励长期投资，个人股东从该企业取得的股息红利按照规定缴纳个人所得税。同长三角地区产业集群加强分工协作，突破一批核心部件、推出一批高端产品、形成一批中国标准。发展更高能级的总部经济，统筹发展在岸业务和离岸业务，成为全球产业链供应链价值链的重要枢纽。依托长三角产业集群优势，建立一批科技成果转化中试孵化基地。

（六）**深化科技创新体制改革**。优化创新创业生态环境，疏通基础研究、应用研究和产业化双向链接的快车道。探索中央财政资金、地方资金、社会资本共同参与的重大科技基础设施建设和运行投入机制。支持新型研发机构实施依章程管理、综合预算管理和绩效评价为基础的管理模式。支持高校和科研院所建立专业化技术转移机构。建立高水平的知识产权保护制度，实施更大力度的知识产权侵权惩罚性赔偿制度。支持浦东设立科创板拟上市企业知识产权服务站。允许将科研工艺设备设计费纳入项目总投资，项目建设单位自行承担相关设计工作支出可列支设计费。国家在浦东设立的研发机构可研究适用上海科技体制机制创新相关规定。

三、加强改革系统集成，激活高质量发展新动力

聚焦基础性和具有重大牵引作用的改革举措，探索开展综合性改革试点，从事物发展全过程、产业发展全链条、企业发展全生命周期出发谋划设计改革，加强重大制度创新充分联动和

衔接配套，推动各方面制度更加完善。

（七）**创新政府服务管理方式**。加强各部门各领域协同放权、放管衔接、联动服务。探索试点商事登记确认制和市场准营承诺即入制，制定浦东放宽市场准入特别措施清单，深化"一业一证"改革，率先建立行业综合许可和综合监管制度。深化行政体制改革，按程序赋予浦东在统筹使用各类编制资源方面更大自主权。提高专业化精细化管理水平，实行与经济发展水平相适应的薪酬制度。

（八）**强化竞争政策基础地位**。全面落实外商投资准入前国民待遇加负面清单管理制度。积极稳妥推进具备条件的国有企业混合所有制改革和整合重组。健全以公平为原则的产权保护制度，全面依法平等保护民营经济产权，全面依法平等保护外商投资合法权益，加强反不正当竞争执法，加强企业商业秘密保护。

（九）**健全要素市场一体化运行机制**。结合国土空间规划编制，优化建设用地结构和布局。在国土空间规划编制完成后，探索按规划期实施的总量管控模式。支持推动在建设用地地上、地表和地下分别设立使用权，探索按照海域的水面、水体、海床、底土分别设立使用权。深化产业用地"标准化"出让方式改革，增加混合产业用地供给，探索不同产业用地类型合理转换。实施以能耗强度为核心、能源消费总量保持适度弹性的用能控制制度。建设国际数据港和数据交易所，推进数据权属界定、开放共享、交易流通、监督管理等标准制定和系统建设。

四、深入推进高水平制度型开放，增创国际合作和竞争新优势

着力推动规则、规制、管理、标准等制度型开放，提供高水平制度供给、高质量产品供给、高效率资金供给，更好参与国际合作和竞争。

（十）**推进中国（上海）自由贸易试验区及临港新片区先行先试**。更好发挥中国（上海）自由贸易试验区及临港新片区"试验田"作用，对标最高标准、最高水平，实行更大程度的压力测试，在若干重点领域率先实现突破，相关成果具备条件后率先在浦东全域推广实施。在浦东开展制度型开放试点，为全国推进制度型开放探索经验。推进海关特殊监管区域建设，支持洋山特殊综合保税区政策在浦东具备条件的海关特殊监管区域的特定区域适用。优化海关特殊监管区域电子账册管理。围绕战略性新兴产业领域并根据企业实际需要，在中国（上海）自由贸易试验区临港新片区探索创新监管安排，具备条件的可享受洋山特殊综合保税区的通关便利化相关政策。加强商事争端等领域与国际通行规则接轨。允许境外服务提供商在满足境内监管要求条件下，以跨境交付或自然人移动的方式提供更多跨境专业服务。支持浦东商业银行机构对诚信合规企业自主优化离岸转手买卖业务审核流程。在浦东具备条件的区域，研究探索适应境外投资和离岸业务发展的税收政策。在风险可控的前提下，研究探索支持浦东企业服务出口的增值税政策。在监管部门信息共享、风险可控的前提下，推动海关特殊监管区域外的重点企业开展高附加值、高技术含量、符合环保要求"两头在外"的保税维修业务。吸引更多国际经济组织和企业总部在中国（上海）自由贸易试验区落户。在不导致税基侵蚀和利润转移的前提下，探索试点自由贸易账户的税收安排。在洋山特殊综合保税区指定区域探索设立为区内生产经营活动配套服务且不涉及免税、保税、退税货物和物品的消费服务设施，设立保税展示交易平台。

（十一）**加快共建辐射全球的航运枢纽**。加快同长三角共建辐射全球的航运枢纽，提升整体竞争力和影响力。强化上海港、浦东国际机场与长三角港口群、机场群一体化发展，加强江

海陆空铁紧密衔接，探索创新一体化管理体制机制。在洋山港试点实施与国际惯例接轨的船舶登记管理制度。研究在对等条件下，允许洋山港登记的国际航行船舶开展以洋山港为国际中转港的外贸集装箱沿海捎带业务。推动浦东国际机场与相关国家和地区扩大航权安排，进一步放宽空域管制，扩大空域资源供给。

（十二）建立全球高端人才引进"直通车"制度。率先在浦东实行更加开放更加便利的人才引进政策。进一步研究在浦东投资工作的相关高端人才审核权限下放政策，为引进的"高精尖缺"海外人才提供入出境和停居留便利。逐步放开专业领域境外人才从业限制，对其在浦东完全市场化竞争行业领域从业视同享受国民待遇，建立国际职业资格证书认可清单制度。支持浦东在中国国际进口博览会期间试行更大力度的人员出入境等配套政策，并推动常态化、制度化。

五、增强全球资源配置能力，服务构建新发展格局

完善金融市场体系、产品体系、机构体系、基础设施体系，支持浦东发展人民币离岸交易、跨境贸易结算和海外融资服务，建设国际金融资产交易平台，提升重要大宗商品的价格影响力，更好服务和引领实体经济发展。

（十三）进一步加大金融开放力度。支持浦东率先探索资本项目可兑换的实施路径。在浦东支持银行在符合"反洗钱、反恐怖融资、反逃税"和贸易真实性审核的要求下，便利诚信合规企业的跨境资金收付。创新面向国际的人民币金融产品，扩大境外人民币境内投资金融产品范围，促进人民币资金跨境双向流动。研究探索在中国外汇交易中心等开展人民币外汇期货交易试点。推动金融期货市场与股票、债券、外汇、保险等市场合作，共同开发适应投资者需求的金融市场产品和工具。构建与上海国际金融中心相匹配的离岸金融体系，支持浦东在风险可控前提下，发展人民币离岸交易。

（十四）建设海内外重要投融资平台。支持在浦东设立国际金融资产交易平台，试点允许合格境外机构投资者使用人民币参与科创板股票发行交易。支持在浦东开展简化外债登记改革试点。完善外债管理制度，拓展跨境融资空间。推进在沪债券市场基础设施互联互通。加快推进包括银行间与交易所债券市场在内的中国债券市场统一对外开放，进一步便利合格境外机构投资者参与中国债券市场。

（十五）完善金融基础设施和制度。研究在全证券市场稳步实施以信息披露为核心的注册制，在科创板引入做市商制度。发挥上海保险交易所积极作用，打造国际一流再保险中心。支持上海期货交易所探索建立场内全国性大宗商品仓单注册登记中心，开展期货保税仓单业务，并给予或落实配套的跨境金融和税收政策。建设国家级大型场内贵金属储备仓库。建设国际油气交易和定价中心，支持上海石油天然气交易中心推出更多交易品种。构建贸易金融区块链标准体系，开展法定数字货币试点。在总结评估相关试点经验基础上，适时研究在浦东依法依规开设私募股权和创业投资股权份额转让平台，推动私募股权和创业投资股权份额二级交易市场发展。支持在浦东设立国家级金融科技研究机构、金融市场学院。支持建设覆盖全金融市场的交易报告库。

六、提高城市治理现代化水平，开创人民城市建设新局面

推动治理手段、治理模式、治理理念创新，加快建设智慧城市，率先构建经济治理、社会

治理、城市治理统筹推进和有机衔接的治理体系，把城市建设成为人与人、人与自然和谐共生的美丽家园。

（十六）**创新完善城市治理体系**。把全生命周期管理理念贯穿城市规划、建设、管理全过程各环节，深入推进城市运行"一网统管"。支持浦东探索与经济社会发展需要相适应的人口管理机制。推动社会治理和资源向基层下沉，强化街道、社区治理服务功能，打通联系服务群众"最后一公里"。

（十七）**打造时代特色城市风貌**。加强对建筑形体、色彩、体量、高度和空间环境等方面的指导约束。实施旧工业区改造工程，建设文化创意和休闲消费场所。与老城区联动，统筹推进浦东城市有机更新，加快老旧小区改造，加强历史建筑、文物保护，打造富有中国特色的建筑群，推进与现代化都市有机融合。加强地下空间统筹规划利用，推进海绵城市和综合管廊建设，提升城市气候韧性。

（十八）**构建和谐优美生态环境**。实行最严格的生态环境保护制度，健全源头预防、过程控制、损害赔偿、责任追究的生态环境保护体系。优化企业生态信息采集和评价标准，构建生态信用体系。深化生态环境保护综合行政执法改革，健全生态环境公益诉讼制度。评估调整黄浦江沿岸和海洋生态保护红线。严格落实垃圾分类和资源化再利用制度。推动绿色低碳出行，发展以网络化轨道交通为主体的公共交通体系。

（十九）**提升居民生活品质**。与长三角地区统筹布局优质教育、医疗、养老、文化等公共服务资源，增加高质量和国际化教育、医疗等优质资源供给，不断提高公共服务均衡化、优质化水平。建立依据常住人口配置公共服务资源的制度。开展城市居住社区建设补短板行动，改善弄堂环境，加大停车场和充电设施、街心公园等基本服务设施和公共活动空间配套建设力度。弘扬红色文化，发扬海派文化、江南文化，做大做强文创产业。

七、提高供给质量，依托强大国内市场优势促进内需提质扩容

加快建设上海国际消费中心城市，培育打响上海服务、上海制造、上海购物、上海文化、上海旅游品牌，以高质量供给适应、引领、创造新需求。

（二十）**增加高品质商品和服务供给**。发挥浦东先进制造和贸易航运枢纽优势，推动消费平台和流通中心建设。研究探索放宽电信服务、医疗健康等服务消费市场外资准入限制，促进服务供给体系升级。建立完善养老托幼、家政服务、文化旅游等服务性消费标准体系。进一步深化实施境外旅客离境"即买即退"措施。支持在中国国际进口博览会期间举办上海消费促进系列活动。

（二十一）**培育绿色健康消费新模式**。充实丰富在线医疗、在线文体等线上消费业态，推动线上线下融合消费双向提速。推进终端非接触式智能设施建设和资源共享。建立快速有效的消费者投诉处理机制，对消费新业态实行包容审慎监管。

八、树牢风险防范意识，统筹发展和安全

坚持底线思维，建立完善与更大力度改革开放相匹配的风险防控体系，做到防风险与促发展同步部署、同步推进、同步落实，守住不发生系统性风险底线。

（二十二）**健全金融风险防控机制**。完善现代金融监管体系，建立健全风险监测和评估框架，探索与国际金融体系相适应的包容审慎监管模式。在现行监管框架下，依法开展金融创新试点活动。建立健全跨境资金流动监测预警、宏观审慎评估和协调联动体系。完善企业、政府、第三方专业机构信息共享平台,加大离岸贸易真实性审核力度。

(二十三)**完善公共卫生应急管理体系**。加大公共卫生应急专用设施建设投入,加强疾病预防控制、监测预警、突发疫情管控、应急物资保障、重大疾病救治、防控救治科研的体系和能力建设。与长三角地区统筹共建公共卫生应急管理体系,健全联防联控、群防群控机制。完善应对重大疫情医疗互助机制,建立长三角地区专家库,建设远程医疗、互联网诊疗平台,推进负压病房等医疗资源共享共用。

(二十四)**防范化解安全生产等领域重大风险**。建立城市5G安全智慧大脑,健全港口和机场安全、大面积停电、自然灾害等预警机制,强化海上危险化学品运输安全风险防范和应急处置。加强重大风险应急救援专业化队伍建设,提升重大突发事件应对水平。加强网络和信息安全管理制度建设。

九、加强组织实施

(二十五)**坚持和加强党的全面领导**。坚持和加强党对浦东高水平改革开放各领域各方面各环节的领导,提高党把方向、谋大局、定政策、促改革的能力和定力。坚持以党的政治建设为统领,坚持思想建党和制度治党紧密结合,加强党风廉政建设,以一流党建引领浦东发展。以提升组织力为重点,突出政治功能,加强基层党组织建设,引导基层党组织和广大党员在推动浦东高水平改革开放中发挥战斗堡垒作用和先锋模范作用。完善落实精准考核、奖惩分明的激励约束机制,把"三个区分开来"的要求具体化,建立健全干部担当作为的激励和保护机制,大力营造敢担当、勇负责、善创新的良好氛围。

(二十六)**强化法治保障**。建立完善与支持浦东大胆试、大胆闯、自主改相适应的法治保障体系。比照经济特区法规,授权上海市人民代表大会及其常务委员会立足浦东改革创新实践需要,遵循宪法规定以及法律和行政法规基本原则,制定法规,可以对法律、行政法规、部门规章等作变通规定,在浦东实施。对暂无法律法规或明确规定的领域,支持浦东先行制定相关管理措施,按程序报备实施,探索形成的好经验好做法适时以法规规章等形式固化下来。本意见提出的各项改革措施,凡涉及调整适用现行法律和行政法规的,按法定程序办理。

(二十七)**完善实施机制**。建立中央统筹、市负总责、浦东抓落实的工作机制。在推动长三角一体化发展领导小组领导下,国家发展改革委统筹协调各方面做好重大规划、重大政策、重大工程研究制定和推进实施工作。中央和国家机关有关部门要按照能放尽放原则赋予浦东更大改革发展权,上海市要加强对浦东的指导服务,浦东新区要进一步强化主体责任,细化落实各项重点任务,在政策举措落地实施中加强统筹衔接,形成政策合力。重大事项及时向党中央、国务院请示报告。

中共中央　国务院关于支持浙江高质量发展建设共同富裕示范区的意见

（2021年5月20日）

共同富裕是社会主义的本质要求，是人民群众的共同期盼。改革开放以来，通过允许一部分人、一部分地区先富起来，先富带后富，极大解放和发展了社会生产力，人民生活水平不断提高。党的十八大以来，以习近平同志为核心的党中央不忘初心、牢记使命，团结带领全党全国各族人民，始终朝着实现共同富裕的目标不懈努力，全面建成小康社会取得伟大历史性成就，特别是决战脱贫攻坚取得全面胜利，困扰中华民族几千年的绝对贫困问题得到历史性解决，为新发展阶段推动共同富裕奠定了坚实基础。

党的十九届五中全会对扎实推动共同富裕作出重大战略部署。实现共同富裕不仅是经济问题，而且是关系党的执政基础的重大政治问题。共同富裕具有鲜明的时代特征和中国特色，是全体人民通过辛勤劳动和相互帮助，普遍达到生活富裕富足、精神自信自强、环境宜居宜业、社会和谐和睦、公共服务普及普惠，实现人的全面发展和社会全面进步，共享改革发展成果和幸福美好生活。随着我国开启全面建设社会主义现代化国家新征程，必须把促进全体人民共同富裕摆在更加重要的位置，向着这个目标更加积极有为地进行努力，让人民群众真真切切感受到共同富裕看得见、摸得着、真实可感。

当前，我国发展不平衡不充分问题仍然突出，城乡区域发展和收入分配差距较大，各地区推动共同富裕的基础和条件不尽相同。促进全体人民共同富裕是一项长期艰巨的任务，需要选取部分地区先行先试、作出示范。浙江省在探索解决发展不平衡不充分问题方面取得了明显成效，具备开展共同富裕示范区建设的基础和优势，也存在一些短板弱项，具有广阔的优化空间和发展潜力。支持浙江高质量发展建设共同富裕示范区，有利于通过实践进一步丰富共同富裕的思想内涵，有利于探索破解新时代社会主要矛盾的有效途径，有利于为全国推动共同富裕提供省域范例，有利于打造新时代全面展示中国特色社会主义制度优越性的重要窗口。现就支持浙江高质量发展建设共同富裕示范区提出如下意见。

一、总体要求

（一）**指导思想**。以习近平新时代中国特色社会主义思想为指导，深入贯彻党的十九大和十九届二中、三中、四中、五中全会精神，全面贯彻落实习近平总书记关于浙江工作的重要指示批示精神，坚持稳中求进工作总基调，坚持以人民为中心的发展思想，立足新发展阶段、贯彻新发展理念、构建新发展格局，紧扣推动共同富裕和促进人的全面发展，坚持以满足人民日益增长的美好生活需要为根本目的，以改革创新为根本动力，以解决地区差距、城乡差距、收入差距问题为主攻方向，更加注重向农村、基层、相对欠发达地区倾斜，向困难群众倾斜，支持浙江创造性贯彻"八八战略"，在高质量发展中扎实推动共同富裕，着力在完善收入分配制度、统筹城乡区域发展、发展社会主义先进文化、促进人与自然和谐共生、创新社会治理等方面先行示范，构建推动共同富裕的体制机制，着力激发人民群众积极性、主动性、创造性，促进社会公平，增进民生福祉，不断增强人民群众的获得感、幸福感、安全感和认同感，为实现共同富裕提供浙江示范。

（二）工作原则

——坚持党的全面领导。坚定维护党中央权威和集中统一领导，充分发挥党总揽全局、协调各方的领导核心作用，坚持和完善中国特色社会主义制度，把党的政治优势和制度优势转化为推动共同富裕示范区建设、广泛凝聚各方共识的强大动力和坚强保障。

——坚持以人民为中心。坚持发展为了人民、发展依靠人民、发展成果由人民共享，始终把人民对美好生活的向往作为推动共同富裕的奋斗目标，瞄准人民群众所忧所急所盼，在更高水平上实现幼有所育、学有所教、劳有所得、病有所医、老有所养、住有所居、弱有所扶。

——坚持共建共享。弘扬勤劳致富精神，鼓励劳动者通过诚实劳动、辛勤劳动、创新创业实现增收致富，不断提高劳动生产率和全要素生产率。充分发挥市场在资源配置中的决定性作用，更好发挥政府作用，体现效率、促进公平，坚决防止两极分化，在发展中补齐民生短板，让发展成果更多更公平惠及人民群众。

——坚持改革创新。坚定不移推进改革，推动有利于共同富裕的体制机制不断取得新突破，着力破除制约高质量发展高品质生活的体制机制障碍，强化有利于调动全社会积极性的重大改革开放举措。坚持创新在现代化建设全局中的核心地位，深入实施创新驱动发展战略，率先在推动共同富裕方面实现理论创新、实践创新、制度创新、文化创新。

——坚持系统观念。立足当前、着眼长远，统筹考虑需要和可能，按照经济社会发展规律循序渐进，脚踏实地、久久为功，不吊高胃口、不搞"过头事"，尽力而为、量力而行，注重防范化解重大风险，使示范区建设与经济发展阶段相适应、与现代化建设进程相协调，不断形成推动共同富裕的阶段性标志性成果。

（三）战略定位

——高质量发展高品质生活先行区。率先探索实现高质量发展的有效路径，促进城乡居民收入增长与经济增长更加协调，构建产业升级与消费升级协调共进、经济结构与社会结构优化互促的良性循环，更好满足人民群众品质化多样化的生活需求，富民惠民安民走在全国前列。

——城乡区域协调发展引领区。坚持城乡融合、陆海统筹、山海互济，形成主体功能明显、优势互补、高质量发展的国土空间开发保护新格局，健全城乡一体、区域协调发展体制机制，加快基本公共服务均等化，率先探索实现城乡区域协调发展的路径。

——收入分配制度改革试验区。坚持按劳分配为主体、多种分配方式并存，着重保护劳动所得，完善要素参与分配政策制度，在不断提高城乡居民收入水平的同时，缩小收入分配差距，率先在优化收入分配格局上取得积极进展。

——文明和谐美丽家园展示区。加强精神文明建设，推动生态文明建设先行示范，打造以社会主义核心价值观为引领、传承中华优秀文化、体现时代精神、具有江南特色的文化强省，实现国民素质和社会文明程度明显提高、团结互助友爱蔚然成风、经济社会发展全面绿色转型、成为人民精神生活丰富、社会文明进步、人与自然和谐共生的幸福美好家园。

（四）发展目标

到2025年，浙江省推动高质量发展建设共同富裕示范区取得明显实质性进展。经济发展质量效益明显提高，人均地区生产总值达到中等发达经济体水平，基本公共服务实现均等化；城乡区域发展差距、城乡居民收入和生活水平差距持续缩小，低收入群体增收能力和社会福利水平明显提升，以中等收入群体为主体的橄榄型社会结构基本形成，全省居民生活品质迈上新台阶；国民素质和社会文明程度达到新高度，美丽浙江建设取得新成效，治理能力明显提升，人民生活更加美好；推动共同富裕的体制机制和政策框架基本建立，形成一批可复制可推广的成功经验。

到2035年，浙江省高质量发展取得更大成就，基本实现共同富裕。人均地区生产总值和城乡居民收入争取达到发达经济体水平，城乡区域协调发展程度更高，收入和财富分配格局更加优化，法治浙江、平安浙江建设达到更高水平，治理体系和治理能力现代化水平明显提高，物质文明、政治文明、精神文明、社会文明、生态文明全面提升，共同富裕的制度体系更加完善。

二、提高发展质量效益，夯实共同富裕的物质基础

（五）**大力提升自主创新能力**。以创新型省份建设为抓手，把科技自立自强作为战略支撑，加快探索社会主义市场经济条件下新型举国体制开展科技创新的浙江路径。实施好关键核心技术攻关工程，强化国家战略科技力量，为率先实现共同富裕提供强劲内生动力。支持布局重大科技基础设施和平台，建设创新策源地，打造"互联网+"、生命健康、新材料科创高地。高水平建设杭州、宁波温州国家自主创新示范区，深化国家数字经济创新发展试验区建设，强化"云上浙江"和数字强省基础支撑，探索消除数字鸿沟的有效路径，保障不同群体更好共享数字红利。畅通创新要素向企业集聚通道，鼓励企业组建创新联合体和知识产权联盟，建设共性技术平台。加大对科技成果应用和产业化的政策支持力度，打造辐射全国、链接全球的技术交易平台。

（六）**塑造产业竞争新优势**。巩固壮大实体经济根基，夯实共同富裕的产业基础。加快推进产业转型升级，大力推动企业设备更新和技术改造，推动传统产业高端化、智能化、绿色化发展，做优做强战略性新兴产业和未来产业，培育若干世界级先进制造业集群，打响"浙江制造"品牌。促进中小微企业专精特新发展，提升创新能力和专业化水平。推动农村一二三产业融合发展，建设农业现代化示范区，做精农业特色优势产业和都市农业，发展智慧农业。加快服务业数字化、标准化、品牌化发展，推动现代服务业同先进制造业、现代农业深度融合。畅通金融服务实体经济渠道。

（七）**提升经济循环效率**。落实构建新发展格局要求，贯通生产、分配、流通、消费各环节，在率先实现共同富裕进程中畅通经济良性循环。深化供给侧结构性改革，扩大优质产品和服务消费供给，加快线上线下消费双向深度融合。支持适销对路的优质外贸产品拓宽内销渠道。加快构建现代流通体系，推动海港、陆港、空港、信息港"四港"联动。统筹推进浙江自由贸易试验区各片区联动发展，开展首创性和差别化改革探索。畅通城乡区域经济循环，破除制约城乡区域要素平等交换、双向流动的体制机制障碍，促进城乡一体化、区域协调发展。支持浙江发挥好各地区比较优势，加强大湾区大花园大通道大都市区建设。更加主动对接上海、江苏、安徽，更好融入长三角一体化发展。加快建设"一带一路"重要枢纽，大力发展数字贸易、服务贸易，发展更高水平开放型经济。

（八）**激发各类市场主体活力**。推动有效市场和有为政府更好结合，培育更加活跃更有创造力的市场主体，壮大共同富裕根基。高水平推动浙江杭州区域性国资国企综合改革试验，完

善国有资产监管体制，规范有序开展混合所有制改革，做强做优做大国有资本和国有企业，充分发挥国有经济战略支撑作用。完善产权保护制度，构建亲清政商关系，促进非公有制经济健康发展和非公有制经济人士健康成长，破除制约民营企业发展的各种壁垒，完善促进中小微企业和个体工商户发展的法律环境和政策体系，建立企业减负长效机制。加快建设高标准市场体系，持续优化市场化法治化国际化营商环境，实施统一的市场准入负面清单制度。坚持发展和规范并重，建立健全平台经济治理体系，督促平台企业承担质量和安全保障等责任，推动平台经济为高质量发展和高品质生活服务。加大反垄断和反不正当竞争执法司法力度，提升监管能力和水平，实现事前事中事后全链条监管，防止资本无序扩张。

三、深化收入分配制度改革，多渠道增加城乡居民收入

（九）**推动实现更加充分更高质量就业**。强化就业优先政策，坚持经济发展就业导向，扩大就业容量，提升就业质量，促进充分就业。支持和规范发展新就业形态，完善促进创业带动就业、多渠道灵活就业的保障制度。统筹各类职业技能培训资金，合理安排就业补助资金，健全统筹城乡的就业公共服务体系。鼓励返乡入乡创业。完善重点群体就业支持体系，帮扶困难人员就业。创造公平就业环境，率先消除户籍、地域、身份、性别等影响就业的制度障碍，深化构建和谐劳动关系，推动劳动者通过辛勤劳动提高生活品质。

（十）**不断提高人民收入水平**。优化政府、企业、居民之间分配格局，支持企业通过提质增效拓展从业人员增收空间，合理提高劳动报酬及其在初次分配中的比重。健全工资合理增长机制，完善企业薪酬调查和信息发布制度，合理调整最低工资标准，落实带薪休假制度。完善创新要素参与分配机制，支持浙江加快探索知识、技术、管理、数据等要素价值的实现形式。拓宽城乡居民财产性收入渠道，探索通过土地、资本等要素使用权、收益权增加中低收入群体要素收入。丰富居民可投资金融产品，完善上市公司分红制度。鼓励企业开展员工持股计划。深入推进农村集体产权制度改革，巩固提升农村集体经济，探索股权流转、抵押和跨社参股等农村集体资产股份权能实现新形式。立足当地特色资源推动乡村产业发展壮大，完善利益联结机制，让农民更多分享产业增值收益。支持浙江率先建立集体经营性建设用地入市增值收益分配机制。

（十一）**扩大中等收入群体**。实施扩大中等收入群体行动计划，激发技能人才、科研人员、小微创业者、高素质农民等重点群体活力。加大人力资本投入力度，健全面向劳动者的终身职业技能培训制度，实施新时代浙江工匠培育工程，加快构建产教训融合、政企社协同、育选用贯通的技术技能人才培养培训体系，完善技能人才薪酬分配政策，拓宽技术工人上升通道。对有劳动能力的低收入群体，坚持开发式帮扶，提高内生发展能力，着力发展产业使其积极参与就业。拓展基层发展空间，保障不同群体发展机会公平，推动更多低收入群体迈入中等收入群体行列。规范招考选拔聘用制度，完善评价激励机制。完善党政机关、企事业单位和社会各方面人才顺畅流动的制度体系。实行更加开放的人才政策，激发人才创新活力。

（十二）**完善再分配制度**。支持浙江在调节收入分配上主动作为，加大省对市县转移支付等调节力度和精准性，合理调节过高收入。依法严厉惩治贪污腐败，继续遏制以权力、行政垄断等非市场因素获取收入，取缔非法收入。优化财政支出结构，加大保障和改善民生力度，建立健全改善城乡低收入群体等困难人员生活的政策体系和长效机制。

（十三）**建立健全回报社会的激励机制**。鼓励引导高收入群体和企业家向上向善、关爱社

会，增强社会责任意识，积极参与和兴办社会公益事业。充分发挥第三次分配作用，发展慈善事业，完善有利于慈善组织持续健康发展的体制机制，畅通社会各方面参与慈善和社会救助的渠道。探索各类新型捐赠方式，鼓励设立慈善信托。加强对慈善组织和活动的监督管理，提高公信力和透明度。落实公益性捐赠税收优惠政策，完善慈善褒奖制度。

四、缩小城乡区域发展差距，实现公共服务优质共享

（十四）**率先实现基本公共服务均等化**。推进城乡区域基本公共服务更加普惠均等可及，稳步提高保障标准和服务水平。推动义务教育优质均衡发展，建成覆盖城乡的学前教育公共服务体系，探索建立覆盖全省中小学的新时代城乡教育共同体，共享"互联网+教育"优质内容，探索终身学习型社会的浙江示范，提高人口平均受教育年限和综合能力素质。深入实施健康浙江行动，加快建设强大的公共卫生体系，深化县域医共体和城市医联体建设，推动优质医疗资源均衡布局。积极应对人口老龄化，提高优生优育服务水平，大力发展普惠托育服务体系，加快建设居家社区机构相协调、医养康养相结合的养老服务体系，发展普惠型养老服务和互助性养老。健全全民健身公共服务体系。

（十五）**率先实现城乡一体化发展**。高质量创建乡村振兴示范省，推动新型城镇化与乡村振兴全面对接，深入探索破解城乡二元结构、缩小城乡差距、健全城乡融合发展的体制机制。推动实现城乡交通、供水、电网、通信、燃气等基础设施同规同网。推进以人为核心的新型城镇化，健全农业转移人口市民化长效机制，探索建立人地钱挂钩、以人定地、钱随人走制度，切实保障农民工随迁子女平等接受义务教育，逐步实现随迁子女入学待遇同城化。促进大中小城市与小城镇协调发展。推进以县城为重要载体的城镇化建设，推进空间布局、产业发展、基础设施等县域统筹，赋予县级更多资源整合使用的自主权。以深化"千村示范、万村整治"工程牵引新时代乡村建设。

（十六）**持续改善城乡居民居住条件**。坚持房子是用来住的、不是用来炒的定位，完善住房市场体系和住房保障体系，确保实现人民群众住有所居。针对新市民、低收入困难群众等重点群体，有效增加保障性住房供给。对房价比较高、流动人口多的城市，土地供应向租赁住房建设倾斜，探索利用集体建设用地和企事业单位自有闲置土地建设租赁住房，扩大保障性租赁住房供给，加快完善长租房政策，使租购住房在享受公共服务上具有同等权利。全面推进城镇老旧小区改造和社区建设，提升农房建设质量，加强农村危房改造，探索建立农村低收入人口基本住房安全保障机制，塑造江南韵、古镇味、现代风的新江南水乡风貌，提升城乡宜居水平。

（十七）**织密扎牢社会保障网**。完善社会保障制度，加快实现法定人员全覆盖，建立统一的社保公共服务平台，实现社保事项便捷"一网通办"。健全多层次、多支柱养老保险体系，大力发展企业年金、职业年金、个人储蓄型养老保险和商业养老保险。规范执行全国统一的社保费率标准。推动基本医疗保险、失业保险、工伤保险省级统筹。健全重大疾病医疗保险制度。做好长期护理保险制度试点工作，积极发展商业医疗保险。健全灵活就业人员社保制度。健全统一的城乡低收入群体精准识别机制，完善分层分类、城乡统筹的社会救助体系，加强城乡居民社会保险与社会救助制度的衔接，按困难类型分类分档及时给予专项救助、临时救助，切实兜住因病、因灾致贫等困难群众基本生活底线。保障妇女儿童合法权益，完善帮扶残疾人、孤儿等社会福利制度。

（十八）**完善先富带后富的帮扶机制**。加快推进省以下财政事权和支出责任划分改革，加大向重点生态功能区的转移支付力度。强化陆海统筹，升级山海协作工程，挖掘海域和山区两翼的潜力优势，支持一批重点生态功能区县增强内生发展能力和实力，带动山区群众增收致富。全域参与海洋经济发展，建设海洋强省。探索建立先富帮后富、推动共同富裕的目标体系、工作体系、政策体系、评估体系。深入实施东西部协作和对口支援，持续推进智力支援、产业支援、民生改善、文化教育支援，加强对省外欠发达地区帮扶，大力推进产业合作、消费帮扶和劳务协作，探索共建园区、飞地经济等利益共享模式。完善社会力量参与帮扶的长效机制。

五、打造新时代文化高地，丰富人民精神文化生活

（十九）**提高社会文明程度**。推动学习贯彻习近平新时代中国特色社会主义思想走深走心走实，实现理想信念教育常态化制度化。坚持以社会主义核心价值观为引领，加强爱国主义、集体主义、社会主义教育，厚植勤劳致富、共同富裕的文化氛围。推进公民道德建设，支持培育"最美浙江人"等品牌。扎实推进新时代文明实践中心建设，深入实施文明创建工程，打造精神文明高地。完善覆盖全省的现代公共文化服务体系，提高城乡基本公共文化服务均等化水平，深入创新实施文化惠民工程，优化基层公共文化服务网络。弘扬诚信文化，推进诚信建设，营造人与人之间互帮互助、和睦友好的社会风尚。加强家庭家教家风建设，健全志愿服务体系，广泛开展志愿服务关爱行动。

（二十）**传承弘扬中华优秀传统文化、革命文化、社会主义先进文化**。传承弘扬中华优秀传统文化，充分挖掘浙江文化优势，深入推进大运河国家文化公园、大运河文化带建设，振兴非遗记忆。传承红色基因，大力弘扬革命文化，提升爱国主义教育基地建设水平。实施重大文化设施建设工程，打造具有国际影响力的影视文化创新中心和数字文化产业集群，提供更多优秀文艺作品、优秀文化产品和优质旅游产品，更好满足人民群众文化需求。

六、践行绿水青山就是金山银山理念，打造美丽宜居的生活环境

（二十一）**高水平建设美丽浙江**。支持浙江开展国家生态文明试验区建设，绘好新时代"富春山居图"。强化国土空间规划和用途管控，优化省域空间布局，落实生态保护、基本农田、城镇开发等空间管控边界。坚持最严格的耕地保护制度和最严格的节约用地制度，严格规范执行耕地占补平衡制度，对违法占用耕地"零容忍"，坚决有效遏制增量，依法有序整治存量，强化耕地数量保护和质量提升。深化生态文明体制改革，实行最严格的生态环境保护制度，健全明晰高效的自然资源资产产权制度。坚持山水林田湖草系统治理，全面提升生物多样性保护水平。完善生态保护补偿机制，推广新安江等跨流域共治共保共享经验。继续打好蓝天、碧水、净土保卫战，强化多污染物协同控制和区域协同治理，推进生态环境持续改善。推进海岸带综合保护与利用。推进海岛特色化差异化发展，加强海岛生态环境保护。

（二十二）**全面推进生产生活方式绿色转型**。拓宽绿水青山就是金山银山转化通道，建立健全生态产品价值实现机制，探索完善具有浙江特点的生态系统生产总值（GEP）核算应用体系。高标准制定实施浙江省碳排放达峰行动方案。推进排污权、用能权、用水权市场化交易，积极参与全国碳排放权交易市场。大力发展绿色金融。全面促进能源资源节约集约利用，进一步推进生活垃圾分类，加快构建家电、汽车等废旧物资循环利用体系。深化"无废城市"建设。大力推行简约适度、绿色低碳、文明健康的生活方式，广泛开展绿色生活创建行动，促进人与自然和谐共生。

七、坚持和发展新时代"枫桥经验",构建舒心安心放心的社会环境

（二十三）以数字化改革提升治理效能。强化数字赋能,聚焦党政机关整体智治、数字经济、数字社会、数字政府、数字法治等领域,探索智慧治理新平台、新机制、新模式。推进"互联网+放管服",全面推行"掌上办事"、"掌上办公"。深化"一件事"集成改革。健全党组织领导的自治、法治、德治、智治融合的城乡基层治理体系,完善基层民主协商制度,推进市域社会治理现代化,建设人人有责、人人尽责、人人享有的社会治理共同体。推进"最多跑一地"改革,完善县级社会矛盾纠纷调处化解中心工作机制。

（二十四）全面建设法治浙江、平安浙江。健全覆盖城乡的公共法律服务体系,加大普法力度,推动尊法学法守法用法,促进公平正义,建设法治社会。构建全覆盖的政府监管体系和行政执法体系。高水平建设平安中国示范区,把保护人民生命安全摆在首位,加强社会治安防控体系建设,全面提高公共安全保障能力。建立健全覆盖各领域各方面的风险监测防控平台,健全防范化解重大风险挑战体制机制,守住不发生系统性风险底线。

八、保障措施

（二十五）坚持和加强党的全面领导。把党的领导贯穿推动浙江高质量发展建设共同富裕示范区的全过程、各领域、各环节。落实全面从严治党主体责任、监督责任,持之以恒加强党风廉政建设,不断深化清廉浙江建设,营造风清气正的良好政治生态。以正确用人导向引领干部干事创业,落实"三个区分开来"要求,做好容错纠错工作,加强对敢担当善作为干部的激励保护。

（二十六）强化政策保障和改革授权。中央和国家机关有关部门要结合自身职能,加强对浙江省的指导督促,根据本意见有针对性制定出台专项政策,优先将本领域改革试点、探索示范任务赋予浙江,并加强对改革试验、政策实施的监督检查。根据浙江高质量发展建设共同富裕示范区需要,在科技创新、数字化改革、分配制度改革、城乡区域协调发展、公共服务、生态产品价值实现等方面给予改革授权。涉及重要政策、重要规划、重大项目的,要依法依规办理并按程序报批。有关改革政策措施凡涉及调整现行法律或行政法规的,按法定程序经全国人大常委会或国务院统一授权后实施。

（二十七）建立评价体系和示范推广机制。加快构建推动共同富裕的综合评价体系,建立评估机制,坚持定量与定性、客观评价与主观评价相结合,全面反映共同富裕示范区建设工作成效,更好反映人民群众满意度和认同感。建立健全示范推广机制,及时总结示范区建设的好经验好做法,归纳提炼体制机制创新成果,成熟一批、推广一批,发挥好对全国其他地区的示范带动作用。

（二十八）完善实施机制。健全中央统筹、省负总责、市县抓落实的实施机制。依托推动长三角一体化发展领导小组,加强对浙江建设共同富裕示范区的统筹指导,国家发展改革委牵头设立工作专班负责协调推进本意见提出的任务措施。浙江省要切实承担主体责任,增强敢闯敢试、改革破难的担当精神,始终保持奋进姿态,立足省情和发展实际,制定具体实施方案,充分动员各方力量,不断开辟干在实处、走在前列、勇立潮头新境界。重大事项及时向党中央、国务院请示报告。

中共中央 国务院印发关于推动区域发展的重要规划文件[*]

粤港澳大湾区发展规划纲要

(2019年2月18日)

前　言

粤港澳大湾区包括香港特别行政区、澳门特别行政区和广东省广州市、深圳市、珠海市、佛山市、惠州市、东莞市、中山市、江门市、肇庆市（以下称珠三角九市），总面积5.6万平方公里，2017年末总人口约7000万人，是我国开放程度最高、经济活力最强的区域之一，在国家发展大局中具有重要战略地位。建设粤港澳大湾区，既是新时代推动形成全面开放新格局的新尝试，也是推动"一国两制"事业发展的新实践。为全面贯彻党的十九大精神，全面准确贯彻"一国两制"方针，充分发挥粤港澳综合优势，深化内地与港澳合作，进一步提升粤港澳大湾区在国家经济发展和对外开放中的支撑引领作用，支持香港、澳门融入国家发展大局，增进香港、澳门同胞福祉，保持香港、澳门长期繁荣稳定，让港澳同胞同祖国人民共担民族复兴的历史责任、共享祖国繁荣富强的伟大荣光，编制本规划。

本规划是指导粤港澳大湾区当前和今后一个时期合作发展的纲领性文件。规划近期至2022年，远期展望到2035年。

第一章　规划背景

改革开放以来，特别是香港、澳门回归祖国后，粤港澳合作不断深化实化，粤港澳大湾区经济实力、区域竞争力显著增强，已具备建成国际一流湾区和世界级城市群的基础条件。

第一节　发展基础

区位优势明显。 粤港澳大湾区地处我国沿海开放前沿，以泛珠三角区域为广阔发展腹地，在"一带一路"建设中具有重要地位。交通条件便利，拥有香港国际航运中心和吞吐量位居世界前列的广州、深圳等重要港口，以及香港、广州、深圳等具有国际影响力的航空枢纽，便捷高效的现代综合交通运输体系正在加速形成。

经济实力雄厚。 经济发展水平全国领先，产业体系完备，集群优势明显，经济互补性强，香港、澳门服务业高度发达，珠三角九市已初步形成以战略性新兴产业为先导、先进制造业和

---

[*] 仅限公开发布的规划文件。

现代服务业为主体的产业结构，2017年大湾区经济总量约10万亿元。

创新要素集聚。创新驱动发展战略深入实施，广东全面创新改革试验稳步推进，国家自主创新示范区加快建设。粤港澳三地科技研发、转化能力突出，拥有一批在全国乃至全球具有重要影响力的高校、科研院所、高新技术企业和国家大科学工程，创新要素吸引力强，具备建设国际科技创新中心的良好基础。

国际化水平领先。香港作为国际金融、航运、贸易中心和国际航空枢纽，拥有高度国际化、法治化的营商环境以及遍布全球的商业网络，是全球最自由经济体之一。澳门作为世界旅游休闲中心和中国与葡语国家商贸合作服务平台的作用不断强化，多元文化交流的功能日益彰显。珠三角九市是内地外向度最高的经济区域和对外开放的重要窗口，在全国加快构建开放型经济新体制中具有重要地位和作用。

合作基础良好。香港、澳门与珠三角九市文化同源、人缘相亲、民俗相近、优势互补。近年来，粤港澳合作不断深化，基础设施、投资贸易、金融服务、科技教育、休闲旅游、生态环保、社会服务等领域合作成效显著，已经形成了多层次、全方位的合作格局。

第二节　机遇挑战

当前，世界多极化、经济全球化、社会信息化、文化多样化深入发展，全球治理体系和国际秩序变革加速推进，各国相互联系和依存日益加深，和平发展大势不可逆转，新一轮科技革命和产业变革蓄势待发，"一带一路"建设深入推进，为提升粤港澳大湾区国际竞争力、更高水平参与国际合作和竞争拓展了新空间。在新发展理念引领下，我国深入推进供给侧结构性改革，推动经济发展质量变革、效率变革、动力变革，为大湾区转型发展、创新发展注入了新活力。全面深化改革取得重大突破，国家治理体系和治理能力现代化水平明显提高，为创新大湾区合作发展体制机制、破解合作发展中的突出问题提供了新契机。

同时，粤港澳大湾区发展也面临诸多挑战。当前，世界经济不确定不稳定因素增多，保护主义倾向抬头，大湾区经济运行仍存在产能过剩、供给与需求结构不平衡不匹配等突出矛盾和问题，经济增长内生动力有待增强。在"一国两制"下，粤港澳社会制度不同，法律制度不同，分属于不同关税区域，市场互联互通水平有待进一步提升，生产要素高效便捷流动的良好局面尚未形成。大湾区内部发展差距依然较大，协同性、包容性有待加强，部分地区和领域还存在同质化竞争和资源错配现象。香港经济增长缺乏持续稳固支撑，澳门经济结构相对单一、发展资源有限，珠三角九市市场经济体制有待完善。区域发展空间面临瓶颈制约，资源能源约束趋紧，生态环境压力日益增大，人口红利逐步减退。

第三节　重大意义

打造粤港澳大湾区，建设世界级城市群，有利于丰富"一国两制"实践内涵，进一步密切内地与港澳交流合作，为港澳经济社会发展以及港澳同胞到内地发展提供更多机会，保持港澳长期繁荣稳定；有利于贯彻落实新发展理念，深入推进供给侧结构性改革，加快培育发展新动能、实现创新驱动发展，为我国经济创新力和竞争力不断增强提供支撑；有利于进一步深化改革、扩大开放，建立与国际接轨的开放型经济新体制，建设高水平参与国际经济合作新平台；有利于推进"一带一路"建设，通过区域双向开放，构筑丝绸之路经济带和21世纪海上丝绸之路对接融汇的重要支撑区。

第二章　总体要求

第一节　指导思想

深入贯彻习近平新时代中国特色社会主义思想和党的十九大精神，统筹推进"五位一体"总体布局和协调推进"四个全面"战略布局，全面准确贯彻"一国两制"、"港人治港"、"澳人治澳"、高度自治的方针，严格依照宪法和基本法办事，坚持新发展理念，充分认识和利用"一国两制"制度优势、港澳独特优势和广东改革开放先行先试优势，解放思想、大胆探索，不断深化粤港澳互利合作，进一步建立互利共赢的区域合作关系，推动区域经济协同发展，为港澳发展注入新动能，为全国推进供给侧结构性改革、实施创新驱动发展战略、构建开放型经济新体制提供支撑，建设富有活力和国际竞争力的一流湾区和世界级城市群，打造高质量发展的典范。

第二节　基本原则

创新驱动，改革引领。实施创新驱动发展战略，完善区域协同创新体系，集聚国际创新资源，建设具有国际竞争力的创新发展区域。全面深化改革，推动重点领域和关键环节改革取得新突破，释放改革红利，促进各类要素在大湾区便捷流动和优化配置。

协调发展，统筹兼顾。实施区域协调发展战略，充分发挥各地区比较优势，加强政策协调和规划衔接，优化区域功能布局，推动区域城乡协调发展，不断增强发展的整体性。

绿色发展，保护生态。大力推进生态文明建设，树立绿色发展理念，坚持节约资源和保护环境的基本国策，实行最严格的生态环境保护制度，坚持最严格的耕地保护制度和最严格的节约用地制度，推动形成绿色低碳的生产生活方式和城市建设运营模式，为居民提供良好生态环境，促进大湾区可持续发展。

开放合作，互利共赢。以"一带一路"建设为重点，构建开放型经济新体制，打造高水平开放平台，对接高标准贸易投资规则，加快培育国际合作和竞争新优势。充分发挥港澳独特优势，创新完善各领域开放合作体制机制，深化内地与港澳互利合作。

共享发展，改善民生。坚持以人民为中心的发展思想，让改革发展成果更多更公平惠及全体人民。提高保障和改善民生水平，加大优质公共产品和服务供给，不断促进社会公平正义，使大湾区居民获得感、幸福感、安全感更加充实、更有保障、更可持续。

"一国两制"，依法办事。把坚持"一国"原则和尊重"两制"差异有机结合起来，坚守"一国"之本，善用"两制"之利。把维护中央的全面管治权和保障特别行政区的高度自治权有机结合起来，尊崇法治，严格依照宪法和基本法办事。把国家所需和港澳所长有机结合起来，充分发挥市场化机制的作用，促进粤港澳优势互补，实现共同发展。

第三节　战略定位

充满活力的世界级城市群。依托香港、澳门作为自由开放经济体和广东作为改革开放排头兵的优势，继续深化改革、扩大开放，在构建经济高质量发展的体制机制方面走在全国前列、发挥示范引领作用，加快制度创新和先行先试，建设现代化经济体系，更好融入全球市场体系，建成世界新兴产业、先进制造业和现代服务业基地，建设世界级城市群。

具有全球影响力的国际科技创新中心。瞄准世界科技和产业发展前沿，加强创新平台建设，大力发展新技术、新产业、新业态、新模式，加快形成以创新为主要动力和支撑的经济体系；扎实推进全面创新改革试验，充分发挥粤港澳科技研发与产业创新优势，破除影响创新要素自由流动的瓶颈和制约，进一步激发各类创新主体活力，建成全球科技创新高地和新兴产业重要策源地。

"一带一路"建设的重要支撑。更好发挥港澳在国家对外开放中的功能和作用，提高珠三角九市开放型经济发展水平，促进国际国内两个市场、两种资源有效对接，在更高层次参与国际经济合作和竞争，建设具有重要影响力的国际交通物流枢纽和国际文化交往中心。

内地与港澳深度合作示范区。依托粤港澳良好合作基础，充分发挥深圳前海、广州南沙、珠海横琴等重大合作平台作用，探索协调协同发展新模式，深化珠三角九市与港澳全面务实合作，促进人员、物资、资金、信息便捷有序流动，为粤港澳发展提供新动能，为内地与港澳更紧密合作提供示范。

宜居宜业宜游的优质生活圈。坚持以人民为中心的发展思想，践行生态文明理念，充分利用现代信息技术，实现城市群智能管理，优先发展民生工程，提高大湾区民众生活便利水平，提升居民生活质量，为港澳居民在内地学习、就业、创业、生活提供更加便利的条件，加强多元文化交流融合，建设生态安全、环境优美、社会安定、文化繁荣的美丽湾区。

第四节　发展目标

到2022年，粤港澳大湾区综合实力显著增强，粤港澳合作更加深入广泛，区域内生发展动力进一步提升，发展活力充沛、创新能力突出、产业结构优化、要素流动顺畅、生态环境优美的国际一流湾区和世界级城市群框架基本形成。

——区域发展更加协调，分工合理、功能互补、错位发展的城市群发展格局基本确立；

——协同创新环境更加优化，创新要素加快集聚，新兴技术原创能力和科技成果转化能力显著提升；

——供给侧结构性改革进一步深化，传统产业加快转型升级，新兴产业和制造业核心竞争力不断提升，数字经济迅速增长，金融等现代服务业加快发展；

——交通、能源、信息、水利等基础设施支撑保障能力进一步增强，城市发展及运营能力进一步提升；

——绿色智慧节能低碳的生产生活方式和城市建设运营模式初步确立，居民生活更加便利、更加幸福；

——开放型经济新体制加快构建，粤港澳市场互联互通水平进一步提升，各类资源要素流动更加便捷高效，文化交流活动更加活跃。

到2035年，大湾区形成以创新为主要支撑的经济体系和发展模式，经济实力、科技实力大幅跃升，国际竞争力、影响力进一步增强；大湾区内市场高水平互联互通基本实现，各类资源要素高效便捷流动；区域发展协调性显著增强，对周边地区的引领带动能力进一步提升；人民生活更加富裕；社会文明程度达到新高度，文化软实力显著增强，中华文化影响更加广泛深入，多元文化进一步交流融合；资源节约集约利用水平显著提高，生态环境得到有效保护，宜居宜业宜游的国际一流湾区全面建成。

第三章　空间布局

坚持极点带动、轴带支撑、辐射周边，推动大中小城市合理分工、功能互补，进一步提高区域发展协调性，促进城乡融合发展，构建结构科学、集约高效的大湾区发展格局。

第一节 构建极点带动、轴带支撑网络化空间格局

极点带动。发挥香港-深圳、广州-佛山、澳门-珠海强强联合的引领带动作用，深化港深、澳珠合作，加快广佛同城化建设，提升整体实力和全球影响力，引领粤港澳大湾区深度参与国际合作。

轴带支撑。依托以高速铁路、城际铁路和高等级公路为主体的快速交通网络与港口群和机场群，构建区域经济发展轴带，形成主要城市间高效连接的网络化空间格局。更好发挥港珠澳大桥作用，加快建设深（圳）中（山）通道、深（圳）茂（名）铁路等重要交通设施，提高珠江西岸地区发展水平，促进东西两岸协同发展。

第二节 完善城市群和城镇发展体系

优化提升中心城市。以香港、澳门、广州、深圳四大中心城市作为区域发展的核心引擎，继续发挥比较优势做优做强，增强对周边区域发展的辐射带动作用。

——香港。巩固和提升国际金融、航运、贸易中心和国际航空枢纽地位，强化全球离岸人民币业务枢纽地位、国际资产管理中心及风险管理中心功能，推动金融、商贸、物流、专业服务等向高端高增值方向发展，大力发展创新及科技事业，培育新兴产业，建设亚太区国际法律及争议解决服务中心，打造更具竞争力的国际大都会。

——澳门。建设世界旅游休闲中心、中国与葡语国家商贸合作服务平台，促进经济适度多元发展，打造以中华文化为主流、多元文化共存的交流合作基地。

——广州。充分发挥国家中心城市和综合性门户城市引领作用，全面增强国际商贸中心、综合交通枢纽功能，培育提升科技教育文化中心功能，着力建设国际大都市。

——深圳。发挥作为经济特区、全国性经济中心城市和国家创新型城市的引领作用，加快建成现代化国际化城市，努力成为具有世界影响力的创新创意之都。

建设重要节点城市。支持珠海、佛山、惠州、东莞、中山、江门、肇庆等城市充分发挥自身优势，深化改革创新，增强城市综合实力，形成特色鲜明、功能互补、具有竞争力的重要节点城市。增强发展的协调性，强化与中心城市的互动合作，带动周边特色城镇发展，共同提升城市群发展质量。

发展特色城镇。充分发挥珠三角九市特色城镇数量多、体量大的优势，培育一批具有特色优势的魅力城镇，完善市政基础设施和公共服务设施，发展特色产业，传承传统文化，形成优化区域发展格局的重要支撑。建设智慧小镇，开展智能技术应用试验，推动体制机制创新，探索未来城市发展模式。加快推进特大镇行政管理体制改革，在降低行政成本和提升行政效率的基础上不断拓展特大镇功能。

促进城乡融合发展。建立健全城乡融合发展体制机制和政策体系，推动珠三角九市城乡一体化发展，全面提高城镇化发展质量和水平，建设具有岭南特色的宜居城乡。加强分类指导，合理划定功能分区，优化空间布局，促进城乡集约发展。提高城乡基础设施一体化水平，因地制宜推进城市更新，改造城中村、合并小型村，加强配套设施建设，改善城乡人居环境。

第三节 辐射带动泛珠三角区域发展

发挥粤港澳大湾区辐射引领作用，统筹珠三角九市与粤东西北地区生产力布局，带动周边

地区加快发展。构建以粤港澳大湾区为龙头，以珠江-西江经济带为腹地，带动中南、西南地区发展，辐射东南亚、南亚的重要经济支撑带。完善大湾区至泛珠三角区域其他省区的交通网络，深化区域合作，有序发展"飞地经济"，促进泛珠三角区域要素流动和产业转移，形成梯度发展、分工合理、优势互补的产业协作体系。依托沿海铁路、高等级公路和重要港口，实现粤港澳大湾区与海峡西岸城市群和北部湾城市群联动发展。依托高速铁路、干线铁路和高速公路等交通通道，深化大湾区与中南地区和长江中游地区的合作交流，加强大湾区对西南地区的辐射带动作用。

第四章 建设国际科技创新中心

深入实施创新驱动发展战略，深化粤港澳创新合作，构建开放型融合发展的区域协同创新共同体，集聚国际创新资源，优化创新制度和政策环境，着力提升科技成果转化能力，建设全球科技创新高地和新兴产业重要策源地。

第一节 构建开放型区域协同创新共同体

加强科技创新合作。更好发挥内地与香港、澳门科技合作委员会的作用，推动香港、澳门融入国家创新体系、发挥更重要作用。充分发挥粤港澳科技和产业优势，积极吸引和对接全球创新资源，建设开放互通、布局合理的区域创新体系。推进"广州-深圳-香港-澳门"科技创新走廊建设，探索有利于人才、资本、信息、技术等创新要素跨境流动和区域融通的政策举措，共建粤港澳大湾区大数据中心和国际化创新平台。加快国家自主创新示范区与国家双创示范基地、众创空间建设，支持其与香港、澳门建立创新创业交流机制，共享创新创业资源，共同完善创新创业生态，为港澳青年创新创业提供更多机遇和更好条件。鼓励粤港澳企业和科研机构参与国际科技创新合作，共同举办科技创新活动，支持企业到海外设立研发机构和创新孵化基地，鼓励境内外投资者在粤港澳设立研发机构和创新平台。支持依托深圳国家基因库发起设立"一带一路"生命科技促进联盟。鼓励其他地区的高校、科研机构和企业参与大湾区科技创新活动。

加强创新基础能力建设。支持重大科技基础设施、重要科研机构和重大创新平台在大湾区布局建设。向港澳有序开放国家在广东建设布局的重大科研基础设施和大型科研仪器。支持粤港澳有关机构积极参与国家科技计划（专项、基金等）。加强应用基础研究，拓展实施国家重大科技项目。支持将粤港澳深化创新体制机制改革的相关举措纳入全面创新改革试验。

加强产学研深度融合。建立以企业为主体、市场为导向、产学研深度融合的技术创新体系，支持粤港澳企业、高校、科研院所共建高水平的协同创新平台，推动科技成果转化。实施粤港澳科技创新合作发展计划和粤港联合创新资助计划，支持设立粤港澳产学研创新联盟。

第二节 打造高水平科技创新载体和平台

加快推进大湾区重大科技基础设施、交叉研究平台和前沿学科建设，着力提升基础研究水平。优化创新资源配置，建设培育一批产业技术创新平台、制造业创新中心和企业技术中心。推进国家自主创新示范区建设，有序开展国家高新区扩容，将高新区建设成为区域创新的重要节点和产业高端化发展的重要基地。推动珠三角九市军民融合创新发展，支持创建军民融合创新示范区。支持港深创新及科技园、中新广州知识城、南沙庆盛科技创新产业基地、横琴粤澳合作中医药科技产业园等重大创新载体建设。支持香港物流及供应链管理应用技术、纺织及成衣、资讯及通信技术、汽车零部件、纳米及先进材料等五大研发中心以及香港科学园、香港数码港建设。支持澳门中医药科技产业发展平台建设。推进香港、澳门国家重点实验室伙伴实验室建设。

第三节 优化区域创新环境

深化区域创新体制机制改革。研究实施促进粤港澳大湾区出入境、工作、居住、物流等更加便利化的政策措施，鼓励科技和学术人才交往交流。允许香港、澳门符合条件的高校、科研机构申请内地科技项目，并按规定在内地及港澳使用相关资金。支持粤港澳设立联合创新专项资金，就重大科研项目开展合作，允许相关资金在大湾区跨境使用。研究制定专门办法，对科研合作项目需要的医疗数据和血液等生物样品跨境在大湾区内限定的高校、科研机构和实验室使用进行优化管理，促进临床医学研究发展。香港、澳门在广东设立的研发机构按照与内地研发机构同等待遇原则，享受国家和广东省各项支持创新的政策，鼓励和支持其参与广东科技计划。开展知识产权证券化试点。

促进科技成果转化。创新机制、完善环境，将粤港澳大湾区建设成为具有国际竞争力的科技成果转化基地。支持粤港澳在创业孵化、科技金融、成果转化、国际技术转让、科技服务业等领域开展深度合作，共建国家级科技成果孵化基地和粤港澳青年创业就业基地等成果转化平台。在珠三角九市建设一批面向港澳的科技企业孵化器，为港澳高校、科研机构的先进技术成果转移转化提供便利条件。支持珠三角九市建设国家科技成果转移转化示范区。充分发挥香港、澳门、深圳、广州等资本市场和金融服务功能，合作构建多元化、国际化、跨区域的科技创新投融资体系。大力拓展直接融资渠道，依托区域性股权交易市场，建设科技创新金融支持平台。支持香港私募基金参与大湾区创新型科技企业融资，允许符合条件的创新型科技企业进入香港上市集资平台，将香港发展成为大湾区高新技术产业融资中心。

强化知识产权保护和运用。依托粤港、粤澳及泛珠三角区域知识产权合作机制，全面加强粤港澳大湾区在知识产权保护、专业人才培养等领域的合作。强化知识产权行政执法和司法保护，更好发挥广州知识产权法院等机构作用，加强电子商务、进出口等重点领域和环节的知识产权执法。加强在知识产权创造、运用、保护和贸易方面的国际合作，建立完善知识产权案件跨境协作机制。依托现有交易场所，开展知识产权交易，促进知识产权的合理有效流通。开展知识产权保护规范化市场培育和"正版正货"承诺活动。发挥知识产权服务业集聚发展区的辐射作用，促进高端知识产权服务与区域产业融合发展，推动通过非诉讼争议解决方式（包括仲裁、调解、协商等）处理知识产权纠纷。充分发挥香港在知识产权保护及相关专业服务等方面具有的优势，支持香港成为区域知识产权贸易中心。不断丰富、发展和完善有利于激励创新的知识产权保护制度。建立大湾区知识产权信息交换机制和信息共享平台。

第五章 加快基础设施互联互通

加强基础设施建设，畅通对外联系通道，提升内部联通水平，推动形成布局合理、功能完善、衔接顺畅、运作高效的基础设施网络，为粤港澳大湾区经济社会发展提供有力支撑。

第一节 构建现代化的综合交通运输体系

提升珠三角港口群国际竞争力。巩固提升香港国际航运中心地位，支持香港发展船舶管理及租赁、船舶融资、海事保险、海事法律及争议解决等高端航运服务业，并为内地和澳门企业提供服务。增强广州、深圳国际航运综合服务功能，进一步提升港口、航道等基础设施服务能力，与香港形成优势互补、互惠共赢的港口、航运、物流和配套服务体系，增强港口群整体国际竞争力。以沿海主要港口为重点，完善内河航道与疏港铁路、公路等集疏运网络。

建设世界级机场群。巩固提升香港国际航空枢纽地位，强化航空管理培训中心功能，提升广州和深圳机场国际枢纽竞争力，增强澳门、珠海等机场功能，推进大湾区机场错位发展和良性互动。支持香港机场第三跑道建设和澳门机场改扩建，实施广州、深圳等机场改扩建，开展广州新机场前期研究工作，研究建设一批支线机场和通用机场。进一步扩大大湾区的境内外航空网络，积极推动开展多式联运代码共享。依托香港金融和物流优势，发展高增值货运、飞机租赁和航空融资业务等。支持澳门机场发展区域公务机业务。加强空域协调和空管协作，优化调整空域结构，提高空域资源使用效率，提升空管保障能力。深化低空空域管理改革，加快通用航空发展，稳步发展跨境直升机服务，建设深圳、珠海通用航空产业综合示范区。推进广州、深圳临空经济区发展。

畅通对外综合运输通道。完善大湾区经粤东西北至周边省区的综合运输通道。推进赣州至深圳、广州至汕尾、深圳至茂名、岑溪至罗定等铁路项目建设，适时开展广州经茂名、湛江至海安铁路和柳州至肇庆铁路等区域性通道项目前期工作，研究广州至清远铁路进一步延伸的可行性。有序推进沈海高速（G15）和京港澳高速（G4）等国家高速公路交通繁忙路段扩容改造。加快构建以广州、深圳为枢纽，高速公路、高速铁路和快速铁路等广东出省通道为骨干，连接泛珠三角区域和东盟国家的陆路国际大通道。

构筑大湾区快速交通网络。以连通内地与港澳以及珠江口东西两岸为重点，构建以高速铁路、城际铁路和高等级公路为主体的城际快速交通网络，力争实现大湾区主要城市间1小时通达。编制粤港澳大湾区城际（铁路）建设规划，完善大湾区铁路骨干网络，加快城际铁路建设，有序规划珠三角主要城市的城市轨道交通项目。加快深中通道、虎门二桥过江通道建设。创新通关模式，更好发挥广深港高速铁路、港珠澳大桥作用。推进莲塘/香园围口岸、粤澳新通道（青茂口岸）、横琴口岸（探索澳门莲花口岸搬迁）、广深港高速铁路西九龙站等新口岸项目的规划建设。加强港澳与内地的交通联系，推进城市轨道交通等各种运输方式的有效对接，构建安全便捷换乘换装体系，提升粤港澳口岸通关能力和通关便利化水平，促进人员、物资高效便捷流动。

提升客货运输服务水平。按照零距离换乘、无缝化衔接目标，完善重大交通设施布局，积极推进干线铁路、城际铁路、市域（郊）铁路等引入机场，提升机场集疏运能力。加快广州-深圳国际性综合交通枢纽建设。推进大湾区城际客运公交化运营，推广"一票式"联程和"一卡通"服务。构建现代货运物流体系，加快发展铁水、公铁、空铁、江河海联运和"一单制"联运服务。加快智能交通系统建设，推进物联网、云计算、大数据等信息技术在交通运输领域的创新集成应用。

第二节　优化提升信息基础设施

构建新一代信息基础设施。推进粤港澳网间互联宽带扩容，全面布局基于互联网协议第六版（IPv6）的下一代互联网，推进骨干网、城域网、接入网、互联网数据中心和支撑系统的IPv6升级改造。加快互联网国际出入口带宽扩容，全面提升流量转接能力。推动珠三角无线宽带城市群建设，实现免费高速无线局域网在大湾区热点区域和重点交通线路全覆盖。实现城市固定互联网宽带全部光纤接入。建设超高清互动数字家庭网络。

建成智慧城市群。推进新型智慧城市试点示范和珠三角国家大数据综合试验区建设，加强粤港澳智慧城市合作，探索建立统一标准，开放数据端口，建设互通的公共应用平台，建设全面覆盖、泛在互联的智能感知网络以及智慧城市时空信息云平台、空间信息服务平台等信息基础设施，大力发展智慧交通、智慧能源、智慧市政、智慧社区。推进电子签名证书互认工作，推广电子签名互认证书在公共服务、金融、商贸等领域应用。共同推动大湾区电子支付系统互联互通。增强通信企业服务能力，多措并举实现通信资费合理下降，推动降低粤港澳手机长途和漫游费，并积极开展取消粤港澳手机长途和漫游费的可行性研究，为智慧城市建设提供基础支撑。

提升网络安全保障水平。加强通信网络、重要信息系统和数据资源保护，增强信息基础设施可靠性，提高信息安全保障水平。积极推动先进技术在香港、澳门、广州、深圳等城市使用，促进保密通信技术在政府部门、金融机构等应用。建立健全网络与信息安全信息通报预警机制，加强实时监测、通报预警、应急处置工作，构建网络安全综合防御体系。

第三节　建设能源安全保障体系

优化能源供应结构。大力推进能源供给侧结构性改革，优化粤港澳大湾区能源结构和布局，建设清洁、低碳、安全、高效的能源供给体系。大力发展绿色低碳能源，加快天然气和可再生能源利用，有序开发风能资源，因地制宜发展太阳能光伏发电、生物质能，安全高效发展核电，大力推进煤炭清洁高效利用，控制煤炭消费总量，不断提高清洁能源比重。

强化能源储运体系。加强周边区域向大湾区以及大湾区城市间送电通道等主干电网建设，完善城镇输配电网络，提高电网输电能力和抗风险能力。加快推进珠三角大型石油储备基地建设，统筹推进新建液化天然气（LNG）接收站和扩大已建 LNG 接收站储转能力，依托国家骨干天然气管线布局建设配套支线，扩大油气管道覆盖面，提高油气储备和供应能力。推进广州、珠海等国家煤炭储备基地建设，建成煤炭接收与中转储备梯级系统。研究完善广东对香港、澳门输电网络、供气管道，确保香港、澳门能源供应安全和稳定。

第四节　强化水资源安全保障

完善水利基础设施。坚持节水优先，大力推进雨洪资源利用等节约水、涵养水的工程建设。实施最严格水资源管理制度，加快制定珠江水量调度条例，严格珠江水资源统一调度管理。加快推进珠三角水资源配置工程和对澳门第四供水管道建设，加强饮用水水源地和备用水源安全保障达标建设及环境风险防控工程建设，保障珠三角以及港澳供水安全。加强粤港澳水科技、水资源合作交流。

完善水利防灾减灾体系。加强海堤达标加固、珠江干支流河道崩岸治理等重点工程建设，着力完善防汛防台风综合防灾减灾体系。加强珠江河口综合治理与保护，推进珠江三角洲河湖系统治理。强化城市内部排水系统和蓄水能力建设，建设和完善澳门、珠海、中山等防洪（潮）排涝体系，有效解决城市内涝问题。推进病险水库和病险水闸除险加固，全面消除安全隐患。加强珠江河口水文水资源监测，共同建设灾害监测预警、联防联控和应急调度系统，提高防洪防潮减灾应急能力。

第六章 构建具有国际竞争力的现代产业体系

深化供给侧结构性改革，着力培育发展新产业、新业态、新模式，支持传统产业改造升级，加快发展先进制造业和现代服务业，瞄准国际先进标准提高产业发展水平，促进产业优势互补、紧密协作、联动发展，培育若干世界级产业集群。

第一节 加快发展先进制造业

增强制造业核心竞争力。围绕加快建设制造强国，完善珠三角制造业创新发展生态体系。推动互联网、大数据、人工智能和实体经济深度融合，大力推进制造业转型升级和优化发展，加强产业分工协作，促进产业链上下游深度合作，建设具有国际竞争力的先进制造业基地。

优化制造业布局。提升国家新型工业化产业示范基地发展水平，以珠海、佛山为龙头建设珠江西岸先进装备制造产业带，以深圳、东莞为核心在珠江东岸打造具有全球影响力和竞争力的电子信息等世界级先进制造业产业集群。发挥香港、澳门、广州、深圳创新研发能力强、运营总部密集以及珠海、佛山、惠州、东莞、中山、江门、肇庆等地产业链齐全的优势，加强大湾区产业对接，提高协作发展水平。支持东莞等市推动传统产业转型升级，支持佛山深入开展制造业转型升级综合改革试点。支持香港在优势领域探索"再工业化"。

加快制造业结构调整。推动制造业智能化发展，以机器人及其关键零部件、高速高精加工装备和智能成套装备为重点，大力发展智能制造装备和产品，培育一批具有系统集成能力、智能装备开发能力和关键部件研发生产能力的智能制造骨干企业。支持装备制造、汽车、石化、家用电器、电子信息等优势产业做强做精，推动制造业从加工生产环节向研发、设计、品牌、营销、再制造等环节延伸。加快制造业绿色改造升级，重点推进传统制造业绿色改造、开发绿色产品，打造绿色供应链。大力发展再制造产业。

第二节 培育壮大战略性新兴产业

依托香港、澳门、广州、深圳等中心城市的科研资源优势和高新技术产业基础，充分发挥国家级新区、国家自主创新示范区、国家高新区等高端要素集聚平台作用，联合打造一批产业链条完善、辐射带动力强、具有国际竞争力的战略性新兴产业集群，增强经济发展新动能。推动新一代信息技术、生物技术、高端装备制造、新材料等发展壮大为新支柱产业，在新型显示、新一代通信技术、5G和移动互联网、蛋白类等生物医药、高端医学诊疗设备、基因检测、现代中药、智能机器人、3D打印、北斗卫星应用等重点领域培育一批重大产业项目。围绕信息消费、新型健康技术、海洋工程装备、高技术服务业、高性能集成电路等重点领域及其关键环节，实施一批战略性新兴产业重大工程。培育壮大新能源、节能环保、新能源汽车等产业，形成以节能环保技术研发和总部基地为核心的产业集聚带。发挥龙头企业带动作用，积极发展数字经济和共享经济，促进经济转型升级和社会发展。促进地区间动漫游戏、网络文化、数字文化装备、数字艺术展示等数字创意产业合作，推动数字创意在会展、电子商务、医疗卫生、教育服务、旅游休闲等领域应用。

第三节 加快发展现代服务业

建设国际金融枢纽。发挥香港在金融领域的引领带动作用，巩固和提升香港国际金融中心地位，打造服务"一带一路"建设的投融资平台。支持广州完善现代金融服务体系，建设区域性私募股权交易市场，建设产权、大宗商品区域交易中心，提升国际化水平。支持深圳依规发展以深圳证券交易所为核心的资本市场，加快推进金融开放创新。支持澳门打造中国-葡语国家金融服务平台，建立出口信用保险制度，建设成为葡语国家人民币清算中心，发挥中葡基金总部落户澳门的优势，承接中国与葡语国家金融合作服务。研究探索建设澳门-珠海跨境金融合作示范区。

大力发展特色金融产业。支持香港打造大湾区绿色金融中心，建设国际认可的绿色债券认证机构。支持广州建设绿色金融改革创新试验区，研究设立以碳排放为首个品种的创新型期货交易所。支持澳门发展租赁等特色金融业务，探索与邻近地区错位发展，研究在澳门建立以人民币计价结算的证券市场、绿色金融平台、中葡金融服务平台。支持深圳建设保险创新发展试验区，推进深港金融市场互联互通和深澳特色金融合作，开展科技金融试点，加强金融科技载体建设。支持珠海等市发挥各自优势，发展特色金融服务业。在符合法律法规及监管要求的前提下，支持粤港澳保险机构合作开发创新型跨境机动车保险和跨境医疗保险产品，为跨境保险客户提供便利化承保、查勘、理赔等服务。

有序推进金融市场互联互通。逐步扩大大湾区内人民币跨境使用规模和范围。大湾区内的银行机构可按照相关规定开展跨境人民币拆借、人民币即远期外汇交易业务以及与人民币相关衍生品业务、理财产品交叉代理销售业务。大湾区内的企业可按规定跨境发行人民币债券。扩大香港与内地居民和机构进行跨境投资的空间，稳步扩大两地居民投资对方金融产品的渠道。在依法合规前提下，有序推动大湾区内基金、保险等金融产品跨境交易，不断丰富投资产品类别和投资渠道，建立资金和产品互通机制。支持香港机构投资者按规定在大湾区募集人民币资金投资香港资本市场，参与投资境内私募股权投资基金和创业投资基金。支持香港开发更多离岸人民币、大宗商品及其他风险管理工具。支持内地与香港、澳门保险机构开展跨境人民币再保险业务。不断完善"沪港通"、"深港通"和"债券通"。支持符合条件的港澳银行、保险机构在深圳前海、广州南沙、珠海横琴设立经营机构。建立粤港澳大湾区金融监管协调沟通机制，加强跨境金融机构监管和资金流动监测分析合作。完善粤港澳反洗钱、反恐怖融资、反逃税监管合作和信息交流机制。建立和完善系统性风险预警、防范和化解体系，共同维护金融系统安全。

构建现代服务业体系。聚焦服务业重点领域和发展短板，促进商务服务、流通服务等生产性服务业向专业化和价值链高端延伸发展，健康服务、家庭服务等生活性服务业向精细和高品质转变，以航运物流、旅游服务、文化创意、人力资源服务、会议展览及其他专业服务等为重点，构建错位发展、优势互补、协作配套的现代服务业体系。推进粤港澳物流合作发展，大力发展第三方物流和冷链物流，提高供应链管理水平，建设国际物流枢纽。支持澳门加快建设葡语国家食品集散中心。推动粤港澳深化工业设计合作，促进工业设计成果产业化。深化粤港澳文化创意产业合作，有序推进市场开放。充分发挥香港影视人才优势，推动粤港澳影视合作，加强电影投资合作和人才交流，支持香港成为电影电视博览枢纽。巩固提升香港作为国际高端会议展览及采购中心的地位，支持澳门培育一批具有国际影响力的会议展览品牌。深化落实内地与香港、澳门关于建立更紧密经贸关系的安排（CEPA）对港澳服务业开放措施，鼓励粤港澳共建专业服务机构，促进会计审计、法律及争议解决服务、管理咨询、检验检测认证、知识产权、建筑及相关工程等专业服务发展。支持大湾区企业使用香港的检验检测认证等服务。

第四节　大力发展海洋经济

坚持陆海统筹、科学开发，加强粤港澳合作，拓展蓝色经济空间，共同建设现代海洋产业基地。强化海洋观测、监测、预报和防灾减灾能力，提升海洋资源开发利用水平。优化海洋开发空间布局，与海洋功能区划、土地利用总体规划相衔接，科学统筹海岸带（含海岛地区）、近海海域、深海海域利用。构建现代海洋产业体系，优化提升海洋渔业、海洋交通运输、海洋船舶等传统优势产业，培育壮大海洋生物医药、海洋工程装备制造、海水综合利用等新兴产业，集中集约发展临海石化、能源等产业，加快发展港口物流、滨海旅游、海洋信息服务等海洋服务业，加强海洋科技创新平台建设，促进海洋科技创新和成果高效转化。支持香港发挥海洋经济基础领域创新研究优势。在保障珠江河口水域泄洪纳潮安全的前提下，支持澳门科学编制实施海域中长期发展规划，进一步发展海上旅游、海洋科技、海洋生物等产业。支持深圳建设全球海洋中心城市。支持粤港澳通过加强金融合作推进海洋经济发展，探索在境内外发行企业海洋开发债券，鼓励产业（股权）投资基金投资海洋综合开发企业和项目，依托香港高增值海运和金融服务的优势，发展海上保险、再保险及船舶金融等特色金融业。

第七章　推进生态文明建设

牢固树立和践行绿水青山就是金山银山的理念，像对待生命一样对待生态环境，实行最严格的生态环境保护制度。坚持节约优先、保护优先、自然恢复为主的方针，以建设美丽湾区为引领，着力提升生态环境质量，形成节约资源和保护环境的空间格局、产业结构、生产方式、生活方式，实现绿色低碳循环发展，使大湾区天更蓝、山更绿、水更清、环境更优美。

第一节　打造生态防护屏障

实施重要生态系统保护和修复重大工程，构建生态廊道和生物多样性保护网络，提升生态系统质量和稳定性。划定并严守生态保护红线，强化自然生态空间用途管制。加强珠三角周边山地、丘陵及森林生态系统保护，建设北部连绵山体森林生态屏障。加强海岸线保护与管控，强化岸线资源保护和自然属性维护，建立健全海岸线动态监测机制。强化近岸海域生态系统保护与修复，开展水生生物增殖放流，推进重要海洋自然保护区及水产种质资源保护区建设与管理。推进"蓝色海湾"整治行动、保护沿海红树林，建设沿海生态带。加强粤港澳生态环境保护合作，共同改善生态环境系统。加强湿地保护修复，全面保护区域内国际和国家重要湿地，开展滨海湿地跨境联合保护。

第二节　加强环境保护和治理

开展珠江河口区域水资源、水环境及涉水项目管理合作，重点整治珠江东西两岸污染，规范入河（海）排污口设置，强化陆源污染排放项目、涉水项目和岸线、滩涂管理。加强海洋资源环境保护，更加重视以海定陆，加快建立入海污染物总量控制制度和海洋环境实时在线监控系统。实施东江、西江及珠三角河网区污染物排放总量控制，保障水功能区水质达标。加强东江、西江、北江等重要江河水环境保护和水生生物资源养护，强化深圳河等重污染河流系统治理，推进城市黑臭水体环境综合整治，贯通珠江三角洲水网，构建全区域绿色生态水网。强化区域大气污染联防联控，实施更严格的清洁航运政策，实施多污染物协同减排，统筹防治臭氧和细颗粒物（PM2.5）污染。实施珠三角九市空气质量达标管理。加强危险废物区域协同处理处置能力建设，强化跨境转移监管，提升固体废物无害化、减量化、资源化水平。开展粤港澳土壤治理修复技术交流与合作，积极推进受污染土壤的治理与修复示范，强化受污染耕地和污染地块安全利用，防控农业面源污染，保障农产品质量和人居环境安全。建立环境污染"黑名单"制度，健全环保信用评价、信息强制性披露、严惩重罚等制度。着力解决人民群众关心的环境保护历史遗留问题。

第三节　创新绿色低碳发展模式

挖掘温室气体减排潜力，采取积极措施，主动适应气候变化。加强低碳发展及节能环保技术的交流合作，进一步推广清洁生产技术。推进低碳试点示范，实施近零碳排放区示范工程，加快低碳技术研发。推动大湾区开展绿色低碳发展评价，力争碳排放早日达峰，建设绿色发展示范区。推动制造业智能化绿色化发展，采用先进适用节能低碳环保技术改造提升传统产业，加快构建绿色产业体系。推进能源生产和消费革命，构建清洁低碳、安全高效的能源体系。推进资源全面节约和循环利用，实施国家节水行动，降低能耗、物耗，实现生产系统和生活系统循环链接。实行生产者责任延伸制度，推动生产企业切实落实废弃产品回收责任。培育发展新兴服务业态，加快节能环保与大数据、互联网、物联网的融合。广泛开展绿色生活行动，推动居民在衣食住行游等方面加快向绿色低碳、文明健康的方式转变。加强城市绿道、森林湿地步道等公共慢行系统建设，鼓励低碳出行。推广碳普惠制试点经验，推动粤港澳碳标签互认机制研究与应用示范。

第八章　建设宜居宜业宜游的优质生活圈

坚持以人民为中心的发展思想，积极拓展粤港澳大湾区在教育、文化、旅游、社会保障等领域的合作，共同打造公共服务优质、宜居宜业宜游的优质生活圈。

第一节　打造教育和人才高地

推动教育合作发展。支持粤港澳高校合作办学，鼓励联合共建优势学科、实验室和研究中心。充分发挥粤港澳高校联盟的作用，鼓励三地高校探索开展相互承认特定课程学分、实施更灵活的交换生安排、科研成果分享转化等方面的合作交流。支持大湾区建设国际教育示范区，引进世界知名大学和特色学院，推进世界一流大学和一流学科建设。鼓励港澳青年到内地学校就读，对持港澳居民来往内地通行证在内地就读的学生，实行与内地学生相同的交通、旅游门票等优惠政策。推进粤港澳职业教育在招生就业、培养培训、师生交流、技能竞赛等方面的合作，创新内地与港澳合作办学方式，支持各类职业教育实训基地交流合作，共建一批特色职业教育园区。支持澳门建设中葡双语人才培训基地，发挥澳门旅游教育培训和旅游发展经验优势，建设粤港澳大湾区旅游教育培训基地。加强基础教育交流合作，鼓励粤港澳三地中小学校结为"姊妹学校"，在广东建设港澳子弟学校或设立港澳儿童班并提供寄宿服务。研究探索三地幼儿园缔结"姊妹园"。研究开放港澳中小学教师、幼儿教师到广东考取教师资格并任教。加强学校建设，扩大学位供给，进一步完善跨区域就业人员随迁子女就学政策，推动实现平等接受学前教育、义务教育和高中阶段教育，确保符合条件的随迁子女顺利在流入地参加高考。研究赋予在珠三角九市工作生活并符合条件的港澳居民子女与内地居民同等接受义务教育和高中阶段教育的权利。支持各级各类教育人才培训交流。

建设人才高地。支持珠三角九市借鉴港澳吸引国际高端人才的经验和做法，创造更具吸引力的引进人才环境，实行更积极、更开放、更有效的人才引进政策，加快建设粤港澳人才合作示范区。在技术移民等方面先行先试，开展外籍创新人才创办科技型企业享受国民待遇试点。支持大湾区建立国家级人力资源服务产业园。建立紧缺人才清单制度，定期发布紧缺人才需求，拓宽国际人才招揽渠道。完善外籍高层次人才认定标准，畅通人才申请永久居留的市场化渠道，为外籍高层次人才在华工作、生活提供更多便利。完善国际化人才培养模式，加强人才国际交流合作，推进职业资格国际互认。完善人才激励机制，健全人才双向流动机制，为人才跨地区、跨行业、跨体制流动提供便利条件，充分激发人才活力。支持澳门加大创新型人才和专业服务人才引进力度，进一步优化提升人才结构。探索采用法定机构或聘任制等形式，大力引进高层次、国际化人才参与大湾区的建设和管理。

第二节 共建人文湾区

塑造湾区人文精神。坚定文化自信，共同推进中华优秀传统文化传承发展，发挥粤港澳地域相近、文脉相亲的优势，联合开展跨界重大文化遗产保护，合作举办各类文化遗产展览、展演活动，保护、宣传、利用好湾区内的文物古迹、世界文化遗产和非物质文化遗产，支持弘扬以粤剧、龙舟、武术、醒狮等为代表的岭南文化，彰显独特文化魅力。增强大湾区文化软实力，进一步提升居民文化素养与社会文明程度，共同塑造和丰富湾区人文精神内涵。吸收中华优秀传统文化精华，大力弘扬廉洁修身、勤勉尽责的廉洁文化，形成崇廉尚洁的良好社会氛围，共同维护向善向上的清风正气，构建亲清新型政商关系，推动廉洁化风成俗。

共同推动文化繁荣发展。完善大湾区内公共文化服务体系和文化创意产业体系，培育文化人才，打造文化精品，繁荣文化市场，丰富居民文化生活。推进大湾区新闻出版广播影视产业发展，加强国家音乐产业基地建设，推动音乐产业发展。加强大湾区艺术院团、演艺学校及文博机构交流，支持博物馆合作策展，便利艺术院团在大湾区内跨境演出。支持新建香港故宫文化博物馆、西九文化区戏曲中心等重点文化项目，增强香港中西合璧的城市文化魅力。支持香港通过国际影视展、香港书展和设计营商周等具有国际影响力的活动，汇聚创意人才，巩固创意之都地位。支持深圳引进世界高端创意设计资源，大力发展时尚文化产业。支持香港、澳门、广州、佛山（顺德）弘扬特色饮食文化，共建世界美食之都。共同推进大湾区体育事业和体育产业发展，联合打造一批国际性、区域性品牌赛事。推进马匹运动及相关产业发展，加强香港与内地在马匹、饲草饲料、兽药、生物制品等进出境检验检疫和通关等方面的合作。

加强粤港澳青少年交流。支持"粤港澳青年文化之旅"、香港"青年内地交流资助计划"和澳门"千人计划"等重点项目实施，促进大湾区青少年交流合作。在大湾区为青年人提供创业、就业、实习和志愿工作等机会，推动青年人交往交流、交心交融，支持港澳青年融入国家、参与国家建设。强化内地和港澳青少年的爱国教育，加强宪法和基本法、国家历史、民族文化的教育宣传。开展青少年研学旅游合作，共建一批研学旅游示范基地。鼓励举办大湾区青年高峰论坛。

推动中外文化交流互鉴。发挥大湾区中西文化长期交汇共存等综合优势，促进中华文化与其他文化的交流合作，创新人文交流方式，丰富文化交流内容，提高文化交流水平。支持广州建设岭南文化中心和对外文化交流门户，扩大岭南文化的影响力和辐射力。支持中山深度挖掘和弘扬孙中山文化资源。支持江门建设华侨华人文化交流合作重要平台。支持澳门发挥东西方多元文化长期交融共存的特色，加快发展文化产业和文化旅游，建设中国与葡语国家文化交流中心。鼓励香港发挥中西方文化交流平台作用，弘扬中华优秀传统文化。

第三节　构筑休闲湾区

推进大湾区旅游发展，依托大湾区特色优势及香港国际航运中心的地位，构建文化历史、休闲度假、养生保健、邮轮游艇等多元旅游产品体系，丰富粤港澳旅游精品路线，开发高铁"一程多站"旅游产品，建设粤港澳大湾区世界级旅游目的地。优化珠三角地区"144小时过境免签"政策，便利外国人在大湾区旅游观光。支持香港成为国际城市旅游枢纽及"一程多站"示范核心区，建设多元旅游平台。支持澳门建设世界旅游休闲中心，在澳门成立大湾区城市旅游合作联盟，推进粤港澳共享区域旅游资源，构建大湾区旅游品牌，研发具有创意的旅游产品，共同拓展旅游客源市场，推动旅游休闲提质升级。有序推动香港、广州、深圳国际邮轮港建设，进一步增加国际班轮航线，探索研究简化邮轮、游艇及旅客出入境手续。逐步简化及放宽内地邮轮旅客的证件安排，研究探索内地邮轮旅客以过境方式赴港参与全部邮轮航程。推动粤港澳游艇自由行有效实施，加快完善软硬件设施，共同开发高端旅游项目。探索在合适区域建设国际游艇旅游自由港。支持澳门与邻近城市探索发展国际游艇旅游，合作开发跨境旅游产品，发展面向国际的邮轮市场。支持珠三角城市建设国家全域旅游示范区。促进滨海旅游业高品质发展，加快"海洋-海岛-海岸"旅游立体开发，完善滨海旅游基础设施与公共服务体系。探索以旅游等服务业为主体功能的无居民海岛整岛开发方式。建设贯通潮州到湛江并连接港澳的滨海景观公路，推动形成连通港澳的滨海旅游发展轴线，建设一批滨海特色风情小镇。探索开通澳门与邻近城市、岛屿的旅游路线，探索开通香港-深圳-惠州-汕尾海上旅游航线。

第四节　拓展就业创业空间

完善区域公共就业服务体系，建设公共就业综合服务平台，完善有利于港澳居民特别是内地学校毕业的港澳学生在珠三角九市就业生活的政策措施，扩宽港澳居民就业创业空间。鼓励港澳居民中的中国公民依法担任内地国有企事业单位职务，研究推进港澳居民中的中国公民依法报考内地公务员工作。在深圳前海、广州南沙、珠海横琴建立港澳创业就业试验区，试点允许取得建筑及相关工程咨询等港澳相应资质的企业和专业人士为内地市场主体直接提供服务，并逐步推出更多试点项目及开放措施。支持港澳青年和中小微企业在内地发展，将符合条件的港澳创业者纳入当地创业补贴扶持范围，积极推进深港青年创新创业基地、前海深港青年梦工场、南沙粤港澳（国际）青年创新工场、中山粤港澳青年创新创业合作平台、中国（江门、增城）"侨梦苑"华侨华人创新产业聚集区、东莞松山湖（生态园）港澳青年创新创业基地、惠州仲恺港澳青年创业基地等港澳青年创业就业基地建设。实施"粤港暑期实习计划"、"粤澳暑期实习计划"和"澳门青年到深圳实习及就业项目"，鼓励港澳青年到广东省实习就业。支持香港通过"青年发展基金"等帮助香港青年在大湾区创业就业。支持澳门建设中国与葡语国家青年创新创业交流中心。支持举办粤港、粤澳劳动监察合作会议和执法培训班。

第五节　塑造健康湾区

密切医疗卫生合作。推动优质医疗卫生资源紧密合作，支持港澳医疗卫生服务提供主体在珠三角九市按规定以独资、合资或合作等方式设置医疗机构，发展区域医疗联合体和区域性医疗中心。支持中山推进生物医疗科技创新。深化中医药领域合作，支持澳门、香港分别发挥中药质量研究国家重点实验室伙伴实验室和香港特别行政区政府中药检测中心优势，与内地科研机构共同建立国际认可的中医药产品质量标准，推进中医药标准化、国际化。支持粤澳合作中医药科技产业园开展中医药产品海外注册公共服务平台建设，发展健康产业，提供优质医疗保健服务，推动中医药海外发展。加强医疗卫生人才联合培养和交流，开展传染病联合会诊，鼓励港澳医务人员到珠三角九市开展学术交流和私人执业医务人员短期执业。研究开展非急重病人跨境陆路转运服务，探索在指定公立医院开展跨境转诊合作试点。完善紧急医疗救援联动机制。推进健康城市、健康村镇建设。

加强食品食用农产品安全合作。完善港澳与内地间的食品原产地可追溯制度，提高大湾区食品安全监管信息化水平。加强粤港澳食品安全合作，提升区域食品安全保障水平，建立健全食品安全信息通报案件查处和食品安全事故应急联动机制，建立食品安全风险交流与信息发布制度。保障内地供港澳食品安全，支持港澳参与广东出口食品农产品质量安全示范区和"信誉农场"建设，高水平打造惠州粤港澳绿色农产品生产供应基地、肇庆（怀集）绿色农副产品集散基地。

第六节 促进社会保障和社会治理合作

推进社会保障合作。探索推进在广东工作和生活的港澳居民在教育、医疗、养老、住房、交通等民生方面享有与内地居民同等的待遇。加强跨境公共服务和社会保障的衔接，探索澳门社会保险在大湾区内跨境使用，提高香港长者社会保障措施的可携性。研究建立粤港澳跨境社会救助信息系统，开展社会福利和慈善事业合作。鼓励港澳与内地社会福利界加强合作，推进社会工作领域职业资格互认，加强粤港澳社工的专业培训交流。深化养老服务合作，支持港澳投资者在珠三角九市按规定以独资、合资或合作等方式兴办养老等社会服务机构，为港澳居民在广东养老创造便利条件。推进医养结合，建设一批区域性健康养老示范基地。

深化社会治理合作。深入推进依法行政，加强大湾区廉政机制协同，打造优质高效廉洁政府，提升政府服务效率和群众获得感。在珠三角九市港澳居民比较集中的城乡社区，有针对性地拓展社区综合服务功能，为港澳居民提供及时、高效、便捷的社会服务。严格依照宪法和基本法办事，在尊重各自管辖权的基础上，加强粤港澳司法协助。建立社会治安治理联动机制，强化矛盾纠纷排查预警和案件应急处置合作，联合打击偷渡行为，更大力度打击跨境犯罪活动，统筹应对传统和非传统安全威胁。完善突发事件应急处置机制，建立粤港澳大湾区应急协调平台，联合制定事故灾难、自然灾害、公共卫生事件、公共安全事件等重大突发事件应急预案，不定期开展应急演练，提高应急合作能力。

第九章 紧密合作共同参与"一带一路"建设

深化粤港澳合作，进一步优化珠三角九市投资和营商环境，提升大湾区市场一体化水平，全面对接国际高标准市场规则体系，加快构建开放型经济新体制，形成全方位开放格局，共创国际经济贸易合作新优势，为"一带一路"建设提供有力支撑。

第一节 打造具有全球竞争力的营商环境

发挥香港、澳门的开放平台与示范作用，支持珠三角九市加快建立与国际高标准投资和贸易规则相适应的制度规则，发挥市场在资源配置中的决定性作用，减少行政干预，加强市场综合监管，形成稳定、公平、透明、可预期的一流营商环境。加快转变政府职能，深化"放管服"改革，完善对外资实行准入前国民待遇加负面清单管理模式，深化商事制度改革，加强事中事后监管。加强粤港澳司法交流与协作，推动建立共商、共建、共享的多元化纠纷解决机制，为粤港澳大湾区建设提供优质、高效、便捷的司法服务和保障，着力打造法治化营商环境。完善国际商事纠纷解决机制，建设国际仲裁中心，支持粤港澳仲裁及调解机构交流合作，为粤港澳经济贸易提供仲裁及调解服务。创新"互联网+政务服务"模式，加快清理整合分散、独立的政务信息系统，打破"信息孤岛"，提高行政服务效率。探索把具备条件的行业服务管理职能适当交由社会组织承担，建立健全行业协会法人治理结构。充分发挥行业协会商会在制定技术标准、规范行业秩序、开拓国际市场、应对贸易摩擦等方面的积极作用。加快珠三角九市社会信用体系建设，借鉴港澳信用建设经验成果，探索依法对区域内企业联动实施信用激励和失信惩戒措施。

第二节 提升市场一体化水平

推进投资便利化。落实内地与香港、澳门CEPA系列协议，推动对港澳在金融、教育、法律及争议解决、航运、物流、铁路运输、电信、中医药、建筑及相关工程等领域实施特别开放措施，研究进一步取消或放宽对港澳投资者的资质要求、持股比例、行业准入等限制，在广东为港澳投资者和相关从业人员提供一站式服务，更好落实CEPA框架下对港澳开放措施。提升投资便利化水平。在CEPA框架下研究推出进一步开放措施，使港澳专业人士与企业在内地更多领域从业投资营商享受国民待遇。

推动贸易自由化。加快国际贸易单一窗口建设，推进口岸监管部门间信息互换、监管互认、执法互助。研究优化相关管理措施，进一步便利港澳企业拓展内地市场。支持广州南沙建设全球进出口商品质量溯源中心。加快推进市场采购贸易方式试点。落实内地与香港、澳门CEPA服务贸易协议，进一步减少限制条件，不断提升内地与港澳服务贸易自由化水平。有序推进制定与国际接轨的服务业标准化体系，促进粤港澳在与服务贸易相关的人才培养、资格互认、标准制定等方面加强合作。扩大内地与港澳专业资格互认范围，拓展"一试三证"（一次考试可获得国家职业资格认证、港澳认证及国际认证）范围，推动内地与港澳人员跨境便利执业。

促进人员货物往来便利化。通过电子化、信息化等手段，不断提高港澳居民来往内地通行证使用便利化水平。研究为符合条件的珠三角九市人员赴港澳开展商务、科研、专业服务等提供更加便利的签注安排。统筹研究外国人在粤港澳大湾区内的便利通行政策和优化管理措施。加强内地与港澳口岸部门协作，扩展和完善口岸功能，依法推动在粤港澳口岸实施更便利的通关模式，研究在条件允许的情况下主要陆路口岸增加旅客出入境自助查验通道，进一步便利港澳与内地居民往来。研究制定港澳与内地车辆通行政策和配套交通管理措施，促进交通物流发展。进一步完善澳门单牌机动车便利进出横琴的政策措施，研究扩大澳门单牌机动车在内地行驶范围；研究制定香港单牌机动车进入内地行驶的政策措施；完善粤港、粤澳两地牌机动车管理政策措施，允许两地牌机动车通过多个口岸出入境。

第三节 携手扩大对外开放

打造"一带一路"建设重要支撑区。支持粤港澳加强合作，共同参与"一带一路"建设，深化与相关国家和地区基础设施互联互通、经贸合作及人文交流。签署实施支持香港、澳门全面参与和助力"一带一路"建设安排，建立长效协调机制，推动落实重点任务。强化香港全球离岸人民币业务枢纽地位，支持澳门以适当方式与丝路基金、中拉产能合作投资基金、中非产能合作基金和亚洲基础设施投资银行（以下简称亚投行）开展合作。支持香港成为解决"一带一路"建设项目投资和商业争议的服务中心。支持香港、澳门举办与"一带一路"建设主题相关的各类论坛或博览会，打造港澳共同参与"一带一路"建设的重要平台。

全面参与国际经济合作。依托港澳的海外商业网络和海外运营经验优势，推动大湾区企业联手走出去，在国际产能合作中发挥重要引领作用。积极引导华侨华人参与大湾区建设，更好发挥华侨华人、归侨侨眷以及港澳居民的纽带作用，增进与相关国家和地区的人文交流。加强与世界主要经济体联系，吸引发达国家先进制造业、现代服务业和战略性新兴产业投资，吸引跨国公司总部和国际组织总部落户大湾区。加快引进国际先进技术、管理经验和高素质人才，支持跨国公司在大湾区内设立全球研发中心、实验室和开放式创新平台，提升大湾区对全球资源的配置能力。加强粤港澳港口国际合作，与相关国家和地区共建港口产业园区，建设区域性港口联盟。充分发挥港澳在国家对外开放中的特殊地位与作用，支持香港、澳门依法以"中国香港"、"中国澳门"名义或者其他适当形式，对外签署自由贸易协定和参加有关国际组织，支持香港在亚投行运作中发挥积极作用，支持澳门在符合条件的情况下加入亚投行，支持丝路基金及相关金融机构在香港、澳门设立分支机构。

携手开拓国际市场。充分发挥港澳对外贸易联系广泛的作用，探索粤港澳共同拓展国际发展空间新模式。鼓励粤港澳三地企业合作开展绿地投资、实施跨国兼并收购和共建产业园区，支持港澳企业与境外经贸合作区对接，共同开拓国际市场，带动大湾区产品、设备、技术、标准、检验检测认证和管理服务等走出去。发挥港澳在财务、设计、法律及争议解决、管理咨询、项目策划、人才培训、海运服务、建筑及相关工程等方面国际化专业服务优势，扩展和优化国际服务网络，为企业提供咨询和信息支持。发挥香港国际金融中心作用，为内地企业走出去提供投融资和咨询等服务。支持内地企业在香港设立资本运作中心及企业财资中心，开展融资、财务管理等业务，提升风险管控水平。支持香港与佛山开展离岸贸易合作。支持搭建"一带一路"共用项目库。加强内地与港澳驻海外机构的信息交流，联合开展投资贸易环境推介和项目服务，助力三地联合开展引进来和走出去工作。发挥澳门与葡语国家的联系优势，依托中国与葡语国家商贸合作服务平台，办好中国-葡语国家经贸合作论坛（澳门），更好发挥中葡合作发展基金作用，为内地和香港企业与葡语国家之间的贸易投资、产业及区域合作、人文及科技交流等活动提供金融、法律、信息等专业服务，联手开拓葡语国家和其他地区市场。

第十章 共建粤港澳合作发展平台

加快推进深圳前海、广州南沙、珠海横琴等重大平台开发建设，充分发挥其在进一步深化改革、扩大开放、促进合作中的试验示范作用，拓展港澳发展空间，推动公共服务合作共享，引领带动粤港澳全面合作。

第一节 优化提升深圳前海深港现代服务业合作区功能

强化前海合作发展引擎作用。适时修编前海深港现代服务业合作区总体发展规划，研究进一步扩展前海发展空间，并在新增范围内实施前海有关支持政策。联动香港构建开放型、创新型产业体系，加快迈向全球价值链高端。推进金融开放创新，拓展离岸账户（OSA）功能，借鉴上海自贸试验区自由贸易账户体系（FTA），积极探索资本项目可兑换的有效路径。支持香港交易所前海联合交易中心建成服务境内外客户的大宗商品现货交易平台，探索服务实体经济的新模式。加强深港绿色金融和金融科技合作。建设跨境经贸合作网络服务平台，助力企业走出去开拓国际市场。建设新型国际贸易中心，发展离岸贸易，打造货权交割地。建设国际高端航运服务中心，发展航运金融等现代航运服务业。建设离岸创新创业平台，允许科技企业区内注册、国际经营。支持在有条件的海关特殊监管区域开展保税研发业务。建设国际文化创意基地，探索深港文化创意合作新模式。

加强法律事务合作。合理运用经济特区立法权，加快构建适应开放型经济发展的法律体系，加强深港司法合作交流。加快法律服务业发展，鼓励支持法律服务机构为"一带一路"建设和内地企业走出去提供服务，深化粤港澳合伙联营律师事务所试点，研究港澳律师在珠三角九市执业资质和业务范围问题，构建多元化争议解决机制，联动香港打造国际法律服务中心和国际商事争议解决中心。实行严格的知识产权保护，强化知识产权行政保护，更好发挥知识产权法庭作用。

建设国际化城市新中心。支持在深圳前海设立口岸，研究加强与香港基础设施高效联通。扩大香港工程建设模式实施范围，推出更多对香港建筑及相关工程业界的开放措施。借鉴香港经验提升城市建设和营运管理水平，建设国际一流的森林城市，突出水城共融城市特色，打造可持续发展的绿色智慧生态城区。引进境内外高端教育、医疗资源，提供国际化高品质社会服务。支持国际金融机构在深圳前海设立分支机构。

第二节　打造广州南沙粤港澳全面合作示范区

携手港澳建设高水平对外开放门户。充分发挥国家级新区和自贸试验区优势，加强与港澳全面合作，加快建设大湾区国际航运、金融和科技创新功能的承载区，成为高水平对外开放门户。合理统筹解决广州南沙新增建设用地规模，调整优化城市布局和空间结构，强化与周边地区在城市规划、综合交通、公共服务设施等方面的一体化衔接，构建"半小时交通圈"。支持广州南沙与港澳合作建设中国企业走出去综合服务基地和国际交流平台，建设我国南方重要的对外开放窗口。

共建创新发展示范区。强化粤港澳联合科技创新，共同将广州南沙打造为华南科技创新成果转化高地，积极布局新一代信息技术、人工智能、生命健康、海洋科技、新材料等科技前沿领域，培育发展平台经济、共享经济、体验经济等新业态。支持粤港澳三地按共建共享原则，在广州南沙规划建设粤港产业深度合作园，探索建设粤澳合作葡语国家产业园，合作推进园区规划、建设、开发等重大事宜。在内地管辖权和法律框架下，营造高标准的国际化市场化法治化营商环境，提供与港澳相衔接的公共服务和社会管理环境，为港澳产业转型升级、居民就业生活提供新空间。

建设金融服务重要平台。强化金融服务实体经济的本源，着力发展航运金融、科技金融、飞机船舶租赁等特色金融。支持与港澳金融机构合作，按规定共同发展离岸金融业务，探索建设国际航运保险等创新型保险要素交易平台。研究探索在广东自贸试验区内设立粤港澳大湾区国际商业银行，服务大湾区建设发展。探索建立与粤港澳大湾区发展相适应的账户管理体系，在跨境资金管理、人民币跨境使用、资本项目可兑换等方面先行先试，促进跨境贸易、投融资结算便利化。

打造优质生活圈。高标准推进广州南沙城市规划建设，强化生态核心竞争力，彰显岭南文化、水乡文化和海洋文化特色，建设国际化城市。积极探索有利于人才发展的政策和机制，加快创建国际化人才特区。提升社会服务水平，为区内居民提供更加便利的条件。

第三节　推进珠海横琴粤港澳深度合作示范

建设粤港澳深度合作示范区。配合澳门建设世界旅游休闲中心，高水平建设珠海横琴国际休闲旅游岛，统筹研究旅客往来横琴和澳门的便利措施，允许澳门旅游从业人员到横琴提供相关服务。支持横琴与珠海保税区、洪湾片区联动发展，建设粤港澳物流园。加快推进横琴澳门青年创业谷和粤澳合作产业园等重大合作项目建设，研究建设粤澳信息港。支持粤澳合作中医药科技产业园发展，探索加强与国家中医药现代化科技产业创新联盟的合作，在符合相关法律法规前提下，为园区内的企业新药研发、审批等提供指导。探索符合条件的港澳和外籍医务人员直接在横琴执业。

加强民生合作。支持珠海和澳门在横琴合作建设集养老、居住、教育、医疗等功能于一体的综合民生项目，探索澳门医疗体系及社会保险直接适用并延伸覆盖至该项目。在符合横琴城市规划建设基本要求的基础上，探索实行澳门的规划及工程监管机制，由澳门专业人士和企业参与民生项目开发和管理。研究设立为澳门居民在横琴治病就医提供保障的医疗基金。研究在横琴设立澳门子弟学校。

加强对外开放合作。支持横琴与澳门联手打造中拉经贸合作平台，搭建内地与"一带一路"相关国家和地区的国际贸易通道，推动跨境交付、境外消费、自然人移动、商业存在等服务贸易模式创新。支持横琴为澳门发展跨境电商产业提供支撑，推动葡语国家产品经澳门更加便捷进入内地市场。研究将外国人签证居留证件签发权限下放至横琴。

第四节　发展特色合作平台

支持珠三角九市发挥各自优势，与港澳共建各类合作园区，拓展经济合作空间，实现互利共赢。支持落马洲河套港深创新及科技园和毗邻的深方科创园区建设，共同打造科技创新合作区，建立有利于科技产业创新的国际化营商环境，实现创新要素便捷有效流动。支持江门与港澳合作建设大广海湾经济区，拓展在金融、旅游、文化创意、电子商务、海洋经济、职业教育、生命健康等领域合作。加快江门银湖湾滨海地区开发，形成国际节能环保产业集聚地以及面向港澳居民和世界华侨华人的引资引智创业创新平台。推进澳门和中山在经济、社会、文化等方面深度合作，拓展澳门经济适度多元发展新空间。支持东莞与香港合作开发建设东莞滨海湾地区，集聚高端制造业总部、发展现代服务业，建设战略性新兴产业研发基地。支持佛山南海推动粤港澳高端服务合作，搭建粤港澳市场互联、人才信息技术等经济要素互通的桥梁。

第十一章　规划实施

第一节　加强组织领导

加强对规划实施的统筹指导，设立粤港澳大湾区建设领导小组，研究解决大湾区建设中政策实施、项目安排、体制机制创新、平台建设等方面的重大问题。广东省政府和香港、澳门特别行政区政府要加强沟通协商，稳步落实《深化粤港澳合作推进大湾区建设框架协议》与本规划确定的目标和任务。鼓励大湾区城市间开展多种形式的合作交流，共同推进大湾区建设。

第二节　推动重点工作

中央有关部门要结合自身职能，抓紧制定支持大湾区发展的具体政策和措施，与广东省政府和香港、澳门特别行政区政府加强沟通，坚持用法治化市场化方式协调解决大湾区合作发展中的问题。广东省政府和香港、澳门特别行政区政府要在相互尊重的基础上，积极协调配合，共同编制科技创新、基础设施、产业发展、生态环境保护等领域的专项规划或实施方案并推动落实。国家发展改革委要会同国务院港澳办等有关部门对本规划实施情况进行跟踪分析评估，根据新情况新问题研究提出规划调整建议，重大问题及时向党中央、国务院报告。

第三节　防范化解风险

做好防范化解重大风险工作，重点防控金融风险。强化属地金融风险管理责任，做好重点领域风险防范和处置，坚决打击违法违规金融活动，加强薄弱环节监管制度建设，守住不发生系统性金融风险的底线。广东省要严格落实预算法有关规定，强化地方政府债务限额管理，有效规范政府举债融资；加大财政约束力度，有效抑制不具有还款能力的项目建设；加大督促问责力度，坚决制止违法违规融资担保行为。

第四节　扩大社会参与

支持内地与港澳智库加强合作，为大湾区发展提供智力支持。建立行政咨询体系，邀请粤港澳专业人士为大湾区发展提供意见建议。支持粤港澳三地按照市场化原则，探索成立联合投资开发机构和发展基金，共同参与大湾区建设。支持粤港澳工商企业界、劳工界、专业服务界、学术界等建立联系机制，加强交流与合作。扩大大湾区建设中的公众参与，畅通公众意见反馈渠道，支持各类市场主体共同参与大湾区建设发展。

长江三角洲区域一体化发展规划纲要

（2019年12月1日）

前　　言

2018年11月5日，习近平总书记在首届中国国际进口博览会上宣布，支持长江三角洲区域一体化发展并上升为国家战略，着力落实新发展理念，构建现代化经济体系，推进更高起点的深化改革和更高层次的对外开放，同"一带一路"建设、京津冀协同发展、长江经济带发展、粤港澳大湾区建设相互配合，完善中国改革开放空间布局。

长江三角洲（以下简称长三角）地区是我国经济发展最活跃、开放程度最高、创新能力最强的区域之一，在国家现代化建设大局和全方位开放格局中具有举足轻重的战略地位。推动长三角一体化发展，增强长三角地区创新能力和竞争能力，提高经济集聚度、区域连接性和政策协同效率，对引领全国高质量发展、建设现代化经济体系意义重大。为深入贯彻党的十九大精神，全面落实党中央、国务院战略部署，编制本规划纲要。

规划范围包括上海市、江苏省、浙江省、安徽省全域（面积35.8万平方公里）。以上海市，江苏省南京、无锡、常州、苏州、南通、扬州、镇江、盐城、泰州，浙江省杭州、宁波、温州、湖州、嘉兴、绍兴、金华、舟山、台州，安徽省合肥、芜湖、马鞍山、铜陵、安庆、滁州、池州、宣城27个城市为中心区（面积22.5万平方公里），辐射带动长三角地区高质量发展。以上海青浦、江苏吴江、浙江嘉善为长三角生态绿色一体化发展示范区（面积约2300平方公里），示范引领长三角地区更高质量一体化发展。以上海临港等地区为中国（上海）自由贸易试验区新片区，打造与国际通行规则相衔接、更具国际市场影响力和竞争力的特殊经济功能区。

本规划纲要是指导长三角地区当前和今后一个时期一体化发展的纲领性文件，是制定相关规划和政策的依据。规划期至2025年，展望到2035年。

第一章　发展背景

改革开放特别是党的十八大以来，长三角一体化发展取得明显成效，经济社会发展走在全国前列，具备更高起点上推动更高质量一体化发展的良好条件，也面临新的机遇和挑战。

第一节　发展基础

经济社会发展全国领先。深入实施"八八战略"等重大战略部署，勇挑全国改革开放排头兵、创新发展先行者重担，经济社会发展取得举世瞩目的成就，成为引领全国经济发展的重要引擎。经济实力较强，经济总量约占全国1/4，全员劳动生产率位居全国前列。社会事业加快发展，公共服务相对均衡，社会治理共建共治共享格局初步形成，人民获得感、幸福感、安全感不断增强。

科技创新优势明显。科教资源丰富，拥有上海张江、安徽合肥2个综合性国家科学中心，全国约 1/4 的"双一流"高校、国家重点实验室、国家工程研究中心。区域创新能力强，年研发经费支出和有效发明专利数均占全国 1/3 左右，上海、南京、杭州、合肥研发强度均超过 3%。科创产业紧密融合，大数据、云计算、物联网、人工智能等新技术与传统产业渗透融合，集成电路和软件信息服务产业规模分别约占全国 1/2 和 1/3，在电子信息、生物医药、高端装备、新能源、新材料等领域形成了一批国际竞争力较强的创新共同体和产业集群。

开放合作协同高效。拥有通江达海、承东启西、联南接北的区位优势，口岸资源优良，国际联系紧密，协同开放水平较高。拥有开放口岸 46 个，进出口总额、外商直接投资、对外投资分别占全国的 37%、39% 和 29%，自由贸易试验区探索形成了国际贸易"单一窗口"等一批可复制可推广经验，首届中国国际进口博览会成功举办。统一市场体系联建共享，"一网通办"、"最多跑一次"、"不见面审批"等改革成为全国品牌，营商环境位居前列。设立长三角区域合作办公室，建立 G60 科创走廊等一批跨区域合作平台，三级运作、统分结合的长三角区域合作机制有效运转。

重大基础设施基本联通。交通干线密度较高，省际高速公路基本贯通，主要城市间高速铁路有效连接，沿海、沿江联动协作的航运体系初步形成，区域机场群体系基本建立。电力、天然气主干网等能源基础设施相对完善，防洪、供水等水利基础设施体系基本建成，光纤宽带、4G 网络等信息基础设施水平在全国领先。

生态环境联动共保。绿水青山就是金山银山理念深入人心，"千村示范、万村整治"工程谱写美丽中国建设新篇章，新安江流域生态补偿形成可复制可推广经验，全国森林城市、环保模范城市和生态城市较为密集，河长制湖长制率先施行并在全国推广。空气、水、土壤污染联防联治联动机制逐步完善，太湖、淮河等流域合作治理取得明显成效。333 条地表水国考断面中水质 III 类及以上占 77%，41 个城市细颗粒物（PM2.5）平均浓度较 2015 年下降 19%。

公共服务初步共享。公共服务体系相对完善，依托名牌高校成立了 4 家跨区域联合职业教育集团，城市医院协同发展联盟成员已覆盖长三角 30 个城市 112 家三甲医院，养老服务协商协作机制初步建立。跨区域社会保障便利化程度明显提高，目前参保患者跨省异地就医直接结算近 23.6 万人次、结算医疗费用约 54 亿元。

城镇乡村协调互动。城镇体系完备，常住人口城镇化率超过 60%，大中小城市协同发展，各具特色的小城镇星罗棋布，城镇之间经济社会联系密切。上海中心城市辐射带动作用较好发挥，南京、杭州、合肥、苏锡常、宁波等城市群建设成效明显，同城化效应日益显现。城乡发展比较协调，城乡居民收入差距相对较小，城乡要素双向流动，形成了可复制可推广的乡村成功发展模式。

第二节　机遇挑战

重要机遇。当今世界面临百年未有之大变局，全球治理体系和国际秩序变革加速推进，世界新一轮科技革命和产业变革同我国经济优化升级交汇融合，为长三角一体化发展提供了良好的外部环境。中国特色社会主义进入新时代，我国经济转向高质量发展阶段，对长三角一体化发展提出了更高要求。"一带一路"建设和长江经济带发展战略深入实施，为长三角一体化发展注入了新动力。党中央、国务院作出将长三角一体化发展上升为国家战略的重大决策，为长三角一体化发展带来新机遇。

主要挑战。国际上保护主义、单边主义抬头，经济全球化趋势放缓，世界经济增长不确定性较大，长三角一体化发展面临更加复杂多变的国际环境。区域内发展不平衡不充分，跨区域共建共享共保共治机制尚不健全，基础设施、生态环境、公共服务一体化发展水平有待提高；科创和产业融合不够深入，产业发展的协同性有待提升；阻碍经济社会高质量发展的行政壁垒仍未完全打破，统一开放的市场体系尚未形成；全面深化改革还没有形成系统集成效应，与国际通行规则相衔接的制度体系尚未建立。这些都给长三角一体化发展带来新的挑战。

第三节 重大意义

实施长三角一体化发展战略，是引领全国高质量发展、完善我国改革开放空间布局、打造我国发展强劲活跃增长极的重大战略举措。推进长三角一体化发展，有利于提升长三角在世界经济格局中的能级和水平，引领我国参与全球合作和竞争；有利于深入实施区域协调发展战略，探索区域一体化发展的制度体系和路径模式，引领长江经济带发展，为全国区域一体化发展提供示范；有利于充分发挥区域内各地区的比较优势，提升长三角地区整体综合实力，在全面建设社会主义现代化国家新征程中走在全国前列。

第二章 总体要求

第一节 指导思想

以习近平新时代中国特色社会主义思想为指导，全面贯彻党的十九大和十九届二中、三中全会精神，坚持党中央集中统一领导，按照党中央、国务院决策部署，统筹推进"五位一体"总体布局，协调推进"四个全面"战略布局，坚持稳中求进工作总基调，坚持新发展理念，坚持推动高质量发展，坚持以供给侧结构性改革为主线，坚持深化市场化改革、扩大高水平开放，加快建设现代化经济体系，着力推动形成区域协调发展新格局，着力加强协同创新产业体系建设，着力提升基础设施互联互通水平，着力强化生态环境共保联治，着力加快公共服务便利共享，着力推进更高水平协同开放，着力创新一体化发展体制机制，建设长三角生态绿色一体化发展示范区和中国（上海）自由贸易试验区新片区，努力提升配置全球资源能力和增强创新策源能力，建成我国发展强劲活跃增长极。

第二节 基本原则

——坚持创新共建。推动科技创新与产业发展深度融合，促进人才流动和科研资源共享，整合区域创新资源，联合开展卡脖子关键核心技术攻关，打造区域创新共同体，共同完善技术创新链，形成区域联动、分工协作、协同推进的技术创新体系。

——坚持协调共进。着眼于一盘棋整体谋划，进一步发挥上海龙头带动作用，苏浙皖各扬所长，推动城乡区域融合发展和跨界区域合作，提升区域整体竞争力，形成分工合理、优势互补、各具特色的协调发展格局。

——坚持绿色共保。践行绿水青山就是金山银山的理念，贯彻山水林田湖草是生命共同体的思想，推进生态环境共保联治，形成绿色低碳的生产生活方式，共同打造绿色发展底色，探索经济发展和生态环境保护相辅相成、相得益彰的新路子。

——坚持开放共赢。打造高水平开放平台，对接国际通行的投资贸易规则，放大改革创新叠加效应，培育国际合作和竞争新优势，营造市场统一开放、规则标准互认、要素自由流动的发展环境，构建互惠互利、求同存异、合作共赢的开放发展新体制。

——坚持民生共享。增加优质公共服务供给，扩大配置范围，不断保障和改善民生，使改革发展成果更加普惠便利，让长三角居民在一体化发展中有更多获得感、幸福感、安全感，促进人的全面发展和人民共同富裕。

第三节 战略定位

全国发展强劲活跃增长极。加强创新策源能力建设，构建现代化经济体系，提高资源集约节约利用水平和整体经济效率，提升参与全球资源配置和竞争能力，增强对全国经济发展的影响力和带动力，持续提高对全国经济增长的贡献率。

全国高质量发展样板区。坚定不移贯彻新发展理念，提升科技创新和产业融合发展能力，提高城乡区域协调发展水平，打造和谐共生绿色发展样板，形成协同开放发展新格局，开创普惠便利共享发展新局面，率先实现质量变革、效率变革、动力变革，在全国发展版图上不断增添高质量发展板块。

率先基本实现现代化引领区。着眼基本实现现代化，进一步增强经济实力、科技实力，在创新型国家建设中发挥重要作用，大力推动法治社会、法治政府建设，加强和创新社会治理，培育和践行社会主义核心价值观，弘扬中华文化，显著提升人民群众生活水平，走在全国现代化建设前列。

区域一体化发展示范区。深化跨区域合作，形成一体化发展市场体系，率先实现基础设施互联互通、科创产业深度融合、生态环境共保联治、公共服务普惠共享，推动区域一体化发展从项目协同走向区域一体化制度创新，为全国其他区域一体化发展提供示范。

新时代改革开放新高地。坚决破除条条框框、思维定势束缚，推进更高起点的深化改革和更高层次的对外开放，加快各类改革试点举措集中落实、率先突破和系统集成，以更大力度推进全方位开放，打造新时代改革开放新高地。

第四节 发展目标

到2025年，长三角一体化发展取得实质性进展。跨界区域、城市乡村等区域板块一体化发展达到较高水平，在科创产业、基础设施、生态环境、公共服务等领域基本实现一体化发展，全面建立一体化发展的体制机制。

城乡区域协调发展格局基本形成。上海服务功能进一步提升，苏浙皖比较优势充分发挥。城市群同城化水平进一步提高，各城市群之间高效联动。省际毗邻地区和跨界区域一体化发展探索形成经验制度。城乡融合、乡村振兴取得显著成效。到2025年，中心区城乡居民收入差距控制在2.2∶1以内，中心区人均GDP与全域人均GDP差距缩小到1.2∶1，常住人口城镇化率达到70%。

科创产业融合发展体系基本建立。区域协同创新体系基本形成，成为全国重要创新策源地。优势产业领域竞争力进一步增强，形成若干世界级产业集群。创新链与产业链深度融合，产业迈向中高端。到2025年，研发投入强度达到3%以上，科技进步贡献率达到65%，高技术产业产值占规模以上工业总产值比重达到18%。

基础设施互联互通基本实现。轨道上的长三角基本建成，省际公路通达能力进一步提升，世界级机场群体系基本形成，港口群联动协作成效显著。能源安全供应和互济互保能力明显提高，新一代信息设施率先布局成网，安全可控的水网工程体系基本建成，重要江河骨干堤防全面达标。到2025年，铁路网密度达到507公里/万平方公里，高速公路密度达到5公里/百平方公里，5G 网络覆盖率达到80%。

生态环境共保联治能力显著提升。跨区域跨流域生态网络基本形成，优质生态产品供给能力不断提升。环境污染联防联治机制有效运行，区域突出环境问题得到有效治理。生态环境协同监管体系基本建立，区域生态补偿机制更加完善，生态环境质量总体改善。到 2025 年，细颗粒物（PM2.5）平均浓度总体达标，地级及以上城市空气质量优良天数比率达到80%以上，跨界河流断面水质达标率达到80%，单位 GDP 能耗较 2017 年下降10%。

公共服务便利共享水平明显提高。基本公共服务标准体系基本建立，率先实现基本公共服务均等化。全面提升非基本公共服务供给能力和供给质量，人民群众美好生活需要基本满足。到 2025 年，人均公共财政支出达到 2.1 万元，劳动年龄人口平均受教育年限达到 11.5 年，人均期望寿命达到 79 岁。

一体化体制机制更加有效。资源要素有序自由流动，统一开放的市场体系基本建立。行政壁垒逐步消除，一体化制度体系更加健全。与国际接轨的通行规则基本建立，协同开放达到更高水平。制度性交易成本明显降低，营商环境显著改善。

到 2035 年，长三角一体化发展达到较高水平。现代化经济体系基本建成，城乡区域差距明显缩小，公共服务水平趋于均衡，基础设施互联互通全面实现，人民基本生活保障水平大体相当，一体化发展体制机制更加完善，整体达到全国领先水平，成为最具影响力和带动力的强劲活跃增长极。

第三章 推动形成区域协调发展新格局

发挥上海龙头带动作用，苏浙皖各扬所长，加强跨区域协调互动，提升都市圈一体化水平，推动城乡融合发展，构建区域联动协作、城乡融合发展、优势充分发挥的协调发展新格局。

第一节 强化区域联动发展

提升上海服务功能。面向全球、面向未来，提升上海城市能级和核心竞争力，引领长三角一体化发展。围绕国际经济、金融、贸易、航运和科技创新"五个中心"建设，着力提升上海大都市综合经济实力、金融资源配置功能、贸易枢纽功能、航运高端服务功能和科技创新策源能力，有序疏解一般制造等非大都市核心功能。形成有影响力的上海服务、上海制造、上海购物、上海文化"四大品牌"，推动上海品牌和管理模式全面输出，为长三角高质量发展和参与国际竞争提供服务。

发挥苏浙皖比较优势。强化分工合作、错位发展，提升区域发展整体水平和效率。发挥江苏制造业发达、科教资源丰富、开放程度高等优势，推进沿沪宁产业创新带发展，加快苏南自主创新示范区、南京江北新区建设，打造具有全球影响力的科技产业创新中心和具有国际竞争力的先进制造业基地。发挥浙江数字经济领先、生态环境优美、民营经济发达等特色优势，大力推进大湾区大花园大通道大都市区建设，整合提升一批集聚发展平台，打造全国数字经济创新高地、对外开放重要枢纽和绿色发展新标杆。发挥安徽创新活跃强劲、制造特色鲜明、生态资源良好、内陆腹地广阔等优势，推进皖江城市带联动发展，加快合芜蚌自主创新示范区建设，打造具有重要影响力的科技创新策源地、新兴产业聚集地和绿色发展样板区。

加强区域合作联动。推动长三角中心区一体化发展，带动长三角其他地区加快发展，引领长江经济带开放发展。加强长三角中心区城市间的合作联动，建立城市间重大事项重大项目共商共建机制。引导长三角市场联动发展，推动跨地域跨行业商品市场互联互通、资源共享，统筹规划商品流通基础设施布局，推动内外贸融合发展，畅通长三角市场网络。加强长三角中心区与苏北、浙西南、皖北等地区的深层合作，加强徐州、衢州、安庆、阜阳等区域重点城市建设，辐射带动周边地区协同发展。探索共建合作园区等合作模式，共同拓展发展空间。依托交通大通道，以市场化、法治化方式加强合作，持续有序推进G60科创走廊建设，打造科技和制度创新双轮驱动、产业和城市一体化发展的先行先试走廊。深化长三角与长江中上游区域的合作交流，加强沿江港口、高铁和高速公路联动建设，推动长江上下游区域一体化发展。

第二节 加快都市圈一体化发展

推动都市圈同城化。以基础设施一体化和公共服务一卡通为着力点，加快南京、杭州、合肥、苏锡常、宁波都市圈建设，提升都市圈同城化水平。统一规划建设都市圈内路、水、电、气、邮、信息等基础设施，加强中心城市与都市圈内其他城市的市域和城际铁路、道路交通、毗邻地区公交线路对接，构建快速便捷都市通勤圈。实现都市圈内教育、医疗、文化等优质服务资源一卡通共享，扩大公共服务辐射半径，打造优质生活空间。推动中心城市非核心功能向周边城市（镇）疏解，在有条件的地方打造功能疏解承载地。推动都市圈内新型城市建设，打造功能复合、智慧互联、绿色低碳、开放包容的未来城市。

推进都市圈协调联动。加强都市圈间合作互动，高水平打造长三角世界级城市群。推动上海与近沪区域及苏锡常都市圈联动发展，构建上海大都市圈。加强南京都市圈与合肥都市圈协同发展，打造东中部区域协调发展的典范。推动杭州都市圈与宁波都市圈的紧密对接和分工合作，实现杭绍甬一体化。建设宁杭生态经济带，强化南京都市圈与杭州都市圈协调联动。加强淮河生态经济带、大运河文化带建设，发展环太湖生态文化旅游，促进都市圈联动发展。加强都市圈间重大基础设施统筹规划，加快大通道、大枢纽建设，提高城际铁路、高速公路的路网密度。加快建立都市圈间重大事项协调推进机制，探索协同治理新模式。

第三节 促进城乡融合发展

提高城乡基础设施联通水平。加快覆盖城乡的公路、电力、天然气、供水、信息、物流和垃圾污水收集处理等基础设施建设，形成联通中心城市、县城、中心镇、中心村的基础设施网络。推动中心区农村公路提挡升级、电网升级改造、天然气管网延伸布局、宽带网络建设应用、垃圾污水集中处置，鼓励有条件的县市区建设统一的供水管网，加强农村饮水安全设施建设，提高城乡基础设施互联互通和便捷高效水平。加大苏北、浙西南、皖北等城乡基础设施投入和支持力度，加强大别山革命老区对外联通通道建设，实施农村基础设施补短板工程，提高区域交通通达能力和其他基础设施综合配套水平。

推动城乡公共服务一体化。统筹推进城乡公共服务一体化发展，推动城乡公共服务便利共享，提升农村基本公共服务水平。完善统一的城乡居民基本医疗保险和基本养老保险制度，提升农村居民保障水平。优化农村基础教育学校布局，建立城乡教育联合体，推动城乡校长教师轮岗交流，提高农村基础教育整体水平。鼓励县级医院与乡村医疗卫生机构组建县域医疗服务共同体，推动城市大医院与县级医院建立对口支援、巡回医疗和远程医疗制度。加大农村医务人员培训力度，提高农村医疗服务能力。推行城乡社区服务目录制度，促进城乡社区服务标准衔接和区域统筹。

全面推进人的城镇化。加快以人为核心的综合配套改革，破除制约人全面发展的体制机制障碍，提升人的城镇化水平。深化户籍制度改革，构建城乡居民身份地位平等的户籍登记制度。推进城镇基本公共服务常住人口全覆盖，提高城市包容性，有序推进农业转移人口市民化。完善适应上海超大城市特点的户籍管理制度和南京、杭州特大城市的积分落户制度，提升中心区其他城市人口集聚能力，全面放开Ⅱ型大城市、中小城市及建制镇的落户限制，有序推动农村人口向条件较好、发展空间较大的城镇、特色小镇和中心村相对集中居住和创业发展。推动城乡人才双向流动，鼓励和引导城市人才回乡创业兴业。

提升乡村发展品质。大力实施乡村振兴战略，推动农村一二三产业深度融合，提高农民素质，全面建设美丽乡村。加强农产品质量安全追溯体系建设和区域公用品牌、企业品牌、产品品牌等农业品牌创建，建立区域一体化的农产品展销展示平台，促进农产品加工、休闲农业与乡村旅游和相关配套服务融合发展，发展精而美的特色乡村经济。推广浙江"千村示范、万村整治"工程经验，加快农村人居环境整治，打造农村宜居宜业生产生活生态空间。加强独具自然生态与地域文化风貌特色的古镇名村、居住群落、历史建筑及非物质文化遗产的整体性保护，全面繁荣乡村文化。建立健全党组织领导的自治、法治、德治相结合的乡村治理体系，促进农村社会全面进步。提高农民文化素养，提升农村现代文明水平。

第四节　推进跨界区域共建共享

推动省际毗邻区域协同发展。加强跨区域合作，探索省际毗邻区域协同发展新机制。推动宁波前湾沪浙合作发展区、嘉兴全面接轨上海桥头堡建设，打造上海配套功能拓展区和非核心功能疏解承载地。加强浙沪洋山区域合作开发，共同提升国际航运服务功能。支持虹桥-昆山-相城、嘉定-昆山-太仓、金山-平湖、顶山-汊河、浦口-南谯、江宁-博望等省际毗邻区域开展深度合作，加强规划衔接，统筹布局生产生活空间，共享公共服务设施，强化社会治安协同管理，加强重大污染、安全事故等联合管控与应急处置，共同推动跨区域产城融合发展。

共建省际产业合作园区。加强省际产业合作，有序推动产业跨区域转移和生产要素双向流动。推广上海临港、苏州工业园区合作开发管理模式，提升合作园区开发建设和管理水平。继续推进皖江城市带承接产业转移示范区、连云港东中西区域合作示范区、江苏沿海地区发展。加快推进沪苏大丰产业联动集聚区、上海漕河泾新兴技术开发区海宁分区、中新苏滁现代产业合作园、中新嘉善现代产业合作园等一批省际合作园区建设，推动产业深度对接、集群发展。

联合推动跨界生态文化旅游发展。加强跨界江河湖荡、丘陵山地、近海沿岸等自然与人文景观保护开发，在共同保护中开发，在共同开发中保护，形成自然生态优美、文化底蕴深厚、旅游资源充分利用的生活休闲开敞空间。统筹规划建设长江、淮河、大运河和新安江上下游两岸景观，加强环太湖、杭州湾、海洋海岛人文景观协同保护，强化跨界丘陵山地的开发管控和景观协调，加快江南水乡古镇生态文化旅游和皖南国际文化旅游发展，加强浙皖闽赣生态旅游协作，共同打造长三角绿色美丽大花园。

第四章　加强协同创新产业体系建设

深入实施创新驱动发展战略，走"科创+产业"道路，促进创新链与产业链深度融合，以科创中心建设为引领，打造产业升级版和实体经济发展高地，不断提升在全球价值链中的位势，为高质量一体化发展注入强劲动能。

第一节　构建区域创新共同体

联合提升原始创新能力。加强科技创新前瞻布局和资源共享，集中突破一批卡脖子核心关键技术，联手营造有利于提升自主创新能力的创新生态，打造全国原始创新策源地。加强上海张江、安徽合肥综合性国家科学中心建设，健全开放共享合作机制。推动硬 X 射线自由电子激光装置、未来网络试验设施、超重力离心模拟与实验装置、高效低碳燃气轮机试验装置、聚变堆主机关键系统综合研究设施等重大科技基础设施集群化发展。优先布局国家重大战略项目、国家科技重大专项，共同实施国际大科学计划和国际大科学工程。加快科技资源共享服务平台优化升级，推动重大科研基础设施、大型科研仪器、科技文献、科学数据等科技资源合理流动与开放共享。

协同推进科技成果转移转化。充分发挥市场和政府作用，打通原始创新向现实生产力转化通道，推动科技成果跨区域转化。加强原始创新成果转化，重点开展新一代信息技术、高端装备制造、生命健康、绿色技术、新能源、智能交通等领域科技创新联合攻关，构建开放、协同、高效的共性技术研发平台，实施科技成果应用示范和科技惠民工程。发挥长三角技术交易市场联盟作用，推动技术交易市场互联互通，共建全球创新成果集散中心。依托现有国家科技成果转移转化示范区，建立健全协同联动机制，共建科技成果转移转化高地。打造长三角技术转移服务平台，实现成果转化项目资金共同投入、技术共同转化、利益共同分享。

共建产业创新大平台。瞄准世界科技前沿和产业制高点，共建多层次产业创新大平台。充分发挥创新资源集聚优势，协同推动原始创新、技术创新和产业创新，合力打造长三角科技创新共同体，形成具有全国影响力的科技创新和制造业研发高地。发挥长三角双创示范基地联盟作用，加强跨区域"双创"合作，联合共建国家级科技成果孵化基地和双创示范基地。加强清华长三角研究院等创新平台建设，共同办好浦江创新论坛、长三角国际创新挑战赛，打造高水平创新品牌。

强化协同创新政策支撑。加大政策支持力度，形成推动协同创新的强大合力。研究制定覆盖长三角全域的全面创新改革试验方案。建立一体化人才保障服务标准，实行人才评价标准互认制度，允许地方高校按照国家有关规定自主开展人才引进和职称评定。加强长三角知识产权联合保护。支持地方探索建立区域创新收益共享机制，鼓励设立产业投资、创业投资、股权投资、科技创新、科技成果转化引导基金。在上海证券交易所设立科创板并试点注册制，鼓励长三角地区高成长创新企业到科创板上市融资。

第二节　加强产业分工协作

共同推动制造业高质量发展。制定实施长三角制造业协同发展规划，全面提升制造业发展水平，按照集群化发展方向，打造全国先进制造业集聚区。围绕电子信息、生物医药、航空航天、高端装备、新材料、节能环保、汽车、绿色化工、纺织服装、智能家电十大领域，强化区域优势产业协作，推动传统产业升级改造，建设一批国家级战略性新兴产业基地，形成若干世界级制造业集群。聚焦集成电路、新型显示、物联网、大数据、人工智能、新能源汽车、生命健康、大飞机、智能制造、前沿新材料十大重点领域，加快发展新能源、智能汽车、新一代移动通信产业，延伸机器人、集成电路产业链，培育一批具有国际竞争力的龙头企业。面向量子信息、类脑芯片、第三代半导体、下一代人工智能、靶向药物、免疫细胞治疗、干细胞治疗、基因检测八大领域，加快培育布局一批未来产业。

合力发展高端服务经济。加快服务业服务内容、业态和商业模式创新，共同培育高端服务品牌，增强服务经济发展新动能。围绕现代金融、现代物流、科技服务、软件和信息服务、电子商务、文化创意、体育服务、人力资源服务、智慧健康养老九大服务业，联合打造一批高水平服务业集聚区和创新平台。在研发设计、供应链服务、检验检测、全球维修、总集成总承包、市场营销、制造数字化服务、工业互联网、绿色节能等领域，大力推动服务业跨界发展。在旅游、养老等领域探索跨区域合作新模式，提高文化教育、医疗保健、养老安老等资源的供给质量和供给效率。积极开展区域品牌提升行动，协同推进服务标准化建设，打造一批展示长三角服务形象的高端服务品牌。

引导产业合理布局。坚持市场机制主导和产业政策引导相结合，完善区域产业政策，强化中心区产业集聚能力，推动产业结构升级，优化重点产业布局和统筹发展。中心区重点布局总部经济、研发设计、高端制造、销售等产业链环节，大力发展创新经济、服务经济、绿色经济，加快推动一般制造业转移，打造具有全球竞争力的产业创新高地。支持苏北、浙西南、皖北和皖西大别山革命老区重点发展现代农业、文化旅游、大健康、医药产业、农产品加工等特色产业及配套产业。充分发挥皖北、苏北粮食主产区综合优势，实施现代农业提升工程，建设长三角绿色农产品生产加工供应基地。建设皖北承接产业转移集聚区，积极承接产业转移。推动中心区重化工业和工程机械、轻工食品、纺织服装等传统产业向具备承接能力的中心区以外城市和部分沿海地区升级转移，建立与产业转移承接地间利益分享机制，加大对产业转移重大项目的土地、融资等政策支持力度。

第三节 推动产业与创新深度融合

加强创新链与产业链跨区域协同。依托创新链提升产业链，围绕产业链优化创新链，促进产业链与创新链精准对接，打造产业链为基础、创新链为引领的产业升级版。聚焦关键共性技术、前沿引领技术、应用型技术，建立政学产研多方参与机制，开展跨学科跨领域协作攻关，形成基础研究、技术开发、成果转化和产业创新全流程创新产业链。支持龙头企业跨区域整合科研院所研究力量，鼓励科研人员深度参与产业创新活动。成立区域产业联盟。综合运用政府采购、首台套政策、技术标准等政策工具，加快科研成果从样品到产品、从产品到商品的转化。

共同培育新技术新业态新模式。推动互联网新技术与产业融合，发展平台经济、共享经济、体验经济，加快形成经济发展新动能。加强大数据、云计算、区块链、物联网、人工智能、卫星导航等新技术研发应用，支持龙头企业联合科研机构建立长三角人工智能等新型研发平台，鼓励有条件的城市开展新一代人工智能应用示范和创新发展，打造全国重要的创新型经济发展高地。率先开展智能汽车测试，实现自动驾驶汽车产业化应用。提升流通创新能力，打造商产融合产业集群和平台经济龙头企业。建设一批跨境电商综合试验区，构建覆盖率和便捷度全球领先的新零售网络。推动数字化、信息化与制造业、服务业融合，发挥电商平台、大数据核心技术和长三角制造网络等优势，打通行业间数据壁垒，率先建立区域性工业互联网平台和区域产业升级服务平台。

第五章 提升基础设施互联互通水平

坚持优化提升、适度超前的原则，统筹推进跨区域基础设施建设，形成互联互通、分工合作、管理协同的基础设施体系，增强一体化发展的支撑保障。

第一节 协同建设一体化综合交通体系

共建轨道上的长三角。加快建设集高速铁路、普速铁路、城际铁路、市域（郊）铁路、城市轨道交通于一体的现代轨道交通运输体系，构建高品质快速轨道交通网。围绕打通沿海、沿江和省际通道，加快沪通铁路一期、商合杭铁路等在建项目建设，推动北沿江高铁、沿江高铁武合宁通道、沪通铁路二期、沪苏湖、通苏嘉甬、杭临绩、沪乍杭、合新、镇宣、宁宣黄、宁扬宁马等规划项目开工建设，推进沿淮、黄山-金华、温武吉铁路、安康（襄阳）-合肥、沪甬、甬台温福、宁杭二通道的规划对接和前期工作，积极审慎开展沪杭等磁悬浮项目规划研究。以都市圈同城化通勤为目标，加快推进城际铁路网建设，推动市域铁路向周边中小城市延伸，率先在都市圈实现公交化客运服务。支持高铁快递、电商快递班列发展。

提升省际公路通达能力。加快省际高速公路建设，对高峰时段拥堵严重的国省道干线公路实施改扩建，形成便捷通达的公路网络。加快推进宁马、合宁、京沪等高速公路改扩建，提升主要城市之间的通行效率。完善过江跨海通道布局，规划建设常泰、龙潭、苏通第二、崇海等过江通道和东海二桥、沪舟甬等跨海通道。滚动实施打通省际待贯通路段专项行动，取消高速公路省界收费站，提升省际公路通达水平。

合力打造世界级机场群。编制实施长三角民航协同发展战略规划，构建分工明确、功能齐全、联通顺畅的机场体系，提高区域航空国际竞争力。巩固提升上海国际航空枢纽地位，增强面向长三角、全国乃至全球的辐射能力。规划建设南通新机场，成为上海国际航空枢纽的重要组成部分。优化提升杭州、南京、合肥区域航空枢纽功能，增强宁波、温州等区域航空服务能力，支持苏南硕放机场建设区域性枢纽机场。完善区域机场协作机制，提升区域航空服务品质。加强航空货运设施建设，加快合肥国际航空货运集散中心、淮安航空货运枢纽建设，规划建设嘉兴航空联运中心。统筹空域资源利用，促进民航、通用航空融合发展。深化低空空域管理改革，加快通用航空发展。

协同推进港口航道建设。推动港航资源整合，优化港口布局，健全一体化发展机制，增强服务全国的能力，形成合理分工、相互协作的世界级港口群。围绕提升国际竞争力，加强沪浙杭州湾港口分工合作，以资本为纽带深化沪浙洋山开发合作，做大做强上海国际航运中心集装箱枢纽港，加快推进宁波舟山港现代化综合性港口建设。在共同抓好长江大保护的前提下，深化沪苏长江口港航合作，苏州（太仓）港建设上海港远洋集装箱运输的喂给港，发展近洋航线集装箱运输。加强沿海沿江港口江海联运合作与联动发展，鼓励各港口集团采用交叉持股等方式强化合作，推动长三角港口协同发展。加快建设长江南京以下江海联运港区、舟山江海联运服务中心、芜湖马鞍山江海联运枢纽、连云港亚欧陆海联运通道、淮河出海通道，规划建设南通通州湾长江集装箱运输新出海口、小洋山北侧集装箱支线码头。完善区域港口集疏运体系，推进重点港区进港铁路规划和建设。加强内河高等级航道网建设，推动长江淮河干流、京杭大运河和浙北高等级航道网集装箱运输通道建设，提高集装箱水水中转比重。

第二节 共同打造数字长三角

协同建设新一代信息基础设施。加快构建新一代信息基础设施，推动信息基础设施达到世界先进水平，建设高速泛在信息网络，共同打造数字长三角。加快推进5G网络建设，支持电信运营、制造、IT等行业龙头企业协同开展技术、设备、产品研发、服务创新及综合应用示范。深入推进IPv6规模部署，加快网络和应用升级改造，打造下一代互联网产业生态。统筹规划长三角数据中心，推进区域信息枢纽港建设，实现数据中心和存算资源协同布局。加快量子通信产业发展，统筹布局和规划建设量子保密通信干线网，实现与国家广域量子保密通信骨干网络无缝对接，开展量子通信应用试点。加强长三角现代化测绘基准体系建设，实现卫星导航定位基准服务系统互联互通。

共同推动重点领域智慧应用。大力发展基于物联网、大数据、人工智能的专业化服务，提升各领域融合发展、信息化协同和精细化管理水平。围绕城市公共管理、公共服务、公共安全等领域，支持有条件的城市建设基于人工智能和5G物联的城市大脑集群。加快长三角政务数据资源共享共用，提高政府公共服务水平。支持北斗导航系统率先应用，建设南京位置服务数据中心。推进一体化智能化交通管理，深化重要客货运输领域协同监管、信息交换共享、大数据分析等管理合作。积极开展车联网和车路协同技术创新试点，筹划建设长三角智慧交通示范项目，率先推进杭绍甬智慧高速公路建设。全面推行长三角地区联网售票一网通、交通一卡通，提升区域内居民畅行长三角的感受度和体验度。加强长三角数字流域和智能水网建设。推动智慧广电建设，加快广播电视技术革新与体系重构。加强智慧邮政建设，支持快递服务数字化转型。

合力建设长三角工业互联网。积极推进以"互联网+先进制造业"为特色的工业互联网发展，打造国际领先、国内一流的跨行业跨领域跨区域工业互联网平台。统筹推进省际之间工业互联网建设，推动企业内外网改造升级，积极参与国家标识解析与标准体系构建。加快建设以跨行业跨领域跨区域平台为主体、企业级平台为支撑的工业互联网平台体系，推动企业上云和工业APP应用，促进制造业资源与互联网平台深度对接。全面建立工业互联网安全保障体系，着力推动安全技术手段研发应用，遴选推广一批创新实用的网络安全试点示范项目。

第三节 协同推进跨区域能源基础设施建设

统筹建设油气基础设施。完善区域油气设施布局，推进油气管网互联互通。编制实施长三角天然气供应能力规划，加快建设浙沪联络线，推进浙苏、苏皖天然气管道联通。加强液化天然气（LNG）接收站互联互通和公平开放，加快上海、江苏如东、浙江温州LNG接收站扩建，宁波舟山LNG接收站和江苏沿海输气管道、滨海LNG接收站及外输管道。实施淮南煤制天然气示范工程。积极推进浙江舟山国际石油储运基地、芜湖LNG内河接收（转运）站建设，支持LNG运输船舶在长江上海、江苏、安徽段开展航运试点。

加快区域电网建设。完善电网主干网架结构，提升互联互通水平，提高区域电力交换和供应保障能力。推进电网建设改造与智能化应用，优化皖电东送、三峡水电沿江输电通道建设，开展区域大容量柔性输电、区域智慧能源网等关键技术攻关，支持安徽打造长三角特高压电力枢纽。依托两淮煤炭基地建设清洁高效坑口电站，保障长三角供电安全可靠。加强跨区域重点电力项目建设，加快建设淮南-南京-上海1000千伏特高压交流输电工程过江通道，实施南通-上海崇明500千伏联网工程、申能淮北平山电厂二期、省际联络线增容工程。

协同推动新能源设施建设。因地制宜积极开发陆上风电与光伏发电，有序推进海上风电建设，鼓励新能源龙头企业跨省投资建设风能、太阳能、生物质能等新能源。加快推进浙江宁海、长龙山、衢江和安徽绩溪、金寨抽水蓄能电站建设，开展浙江磐安和安徽桐城、宁国等抽水蓄能电站前期工作，研究建立华东电网抽水蓄能市场化运行的成本分摊机制。加强新能源微电网、能源物联网、"互联网+智慧"能源等综合能源示范项目建设，推动绿色化能源变革。

第四节　加强省际重大水利工程建设

以长江为纽带，淮河、大运河、钱塘江、黄浦江等河流为骨干河道，太湖、巢湖、洪泽湖、千岛湖、高邮湖、淀山湖等湖泊为关键节点，完善区域水利发展布局。长江沿线，重点加强崩塌河段整治和长江口综合整治，实施海塘达标提标工程，探索建立长三角区域内原水联动及水资源应急供给机制，提升防洪（潮）和供水安全保障能力。淮河流域，启动实施淮河入海水道二期等淮河治理重大工程，保障淮河防洪排涝安全。太湖流域，实施望虞河拓浚、吴淞江整治、太浦河疏浚、淀山湖综合整治和环太湖大堤加固等治理工程，开展太湖生态清淤试点，形成太湖调蓄、北向长江引排、东出黄浦江供排、南排杭州湾的流域综合治理格局。以巢湖、洪泽湖、高邮湖、淀山湖、华阳湖等湖泊为重点，完善湖泊综合管控体系，加强湖泊上游源头水源涵养保护和水土保持，强化水资源保护与水生态修复。加快实施引江济淮工程，完善引江济太运行机制。

第六章　强化生态环境共保联治

坚持生态保护优先，把保护和修复生态环境摆在重要位置，加强生态空间共保，推动环境协同治理，夯实绿色发展生态本底，努力建设绿色美丽长三角。

第一节　共同加强生态保护

合力保护重要生态空间。切实加强生态环境分区管治，强化生态红线区域保护和修复，确保生态空间面积不减少，保护好长三角可持续发展生命线。统筹山水林田湖草系统治理和空间协同保护，加快长江生态廊道、淮河-洪泽湖生态廊道建设，加强环巢湖地区、崇明岛生态建设。以皖西大别山区和皖南-浙西-浙南山区为重点，共筑长三角绿色生态屏障。加强自然保护区、风景名胜区、重要水源地、森林公园、重要湿地等其他生态空间保护力度，提升浙江开化钱江源国家公园建设水平，建立以国家公园为主体的自然保护地体系。

共同保护重要生态系统。强化省际统筹，加强森林、河湖、湿地等重要生态系统保护，提升生态系统功能。加强天然林保护，建设沿海、长江、淮河、京杭大运河、太湖等江河湖岸防护林体系，实施黄河故道造林绿化工程，建设高标准农田林网，开展丘陵岗地森林植被恢复。实施湿地修复治理工程，恢复湿地景观，完善湿地生态功能。推动流域生态系统治理，强化长江、淮河、太湖、新安江、巢湖等森林资源保护，实施重要水源地保护工程、水土保持生态清洁型小流域治理工程、长江流域露天矿山和尾矿库复绿工程、淮河行蓄洪区安全建设工程、两淮矿区塌陷区治理工程。

第二节　推进环境协同防治

推动跨界水体环境治理。扎实推进水污染防治、水生态修复、水资源保护，促进跨界水体水质明显改善。继续实施太湖流域水环境综合治理。共同制定长江、新安江-千岛湖、京杭大运河、太湖、巢湖、太浦河、淀山湖等重点跨界水体联保专项治理方案，开展废水循环利用和污染物集中处理，建立长江、淮河等干流跨省联防联控机制，全面加强水污染治理协作。加强港口船舶污染物接收、转运及处置设施的统筹规划建设。持续加强长江口、杭州湾等蓝色海湾整治和重点饮用水源地、重点流域水资源、农业灌溉用水保护，严格控制陆域入海污染。严格保护和合理利用地下水，加强地下水降落漏斗治理。

联合开展大气污染综合防治。强化能源消费总量和强度"双控",进一步优化能源结构,依法淘汰落后产能,推动大气主要污染物排放总量持续下降,切实改善区域空气质量。合力控制煤炭消费总量,实施煤炭减量替代,推进煤炭清洁高效利用,提高区域清洁能源在终端能源消费中的比例。联合制定控制高耗能、高排放行业标准,基本完成钢铁、水泥行业和燃煤锅炉超低排放改造,打造绿色化、循环化产业体系。共同实施细颗粒物(PM2.5)和臭氧浓度"双控双减",建立固定源、移动源、面源精细化排放清单管理制度,联合制定区域重点污染物控制目标。加强涉气"散乱污"和"低小散"企业整治,加快淘汰老旧车辆,实施国Ⅵ排放标准和相应油品标准。

加强固废危废污染联防联治。统一固废危废防治标准,建立联防联治机制,提高无害化处置和综合利用水平。推动固体废物区域转移合作,完善危险废物产生申报、安全储存、转移处置的一体化标准和管理制度,严格防范工业企业搬迁关停中的二次污染和次生环境风险。统筹规划建设固体废物资源回收基地和危险废物资源处置中心,探索建立跨区域固废危废处置补偿机制。全面运行危险废物转移电子联单,建立健全固体废物信息化监管体系。严厉打击危险废物非法跨界转移、倾倒等违法犯罪活动。

第三节 推动生态环境协同监管

完善跨流域跨区域生态补偿机制。建立健全开发地区、受益地区与保护地区横向生态补偿机制,探索建立污染赔偿机制。在总结新安江建立生态补偿机制试点经验的基础上,研究建立跨流域生态补偿、污染赔偿标准和水质考核体系,在太湖流域建立生态补偿机制,在长江流域开展污染赔偿机制试点。积极开展重要湿地生态补偿,探索建立湿地生态效益补偿制度。在浙江丽水开展生态产品价值实现机制试点。建设新安江-千岛湖生态补偿试验区。

健全区域环境治理联动机制。强化源头防控,加大区域环境治理联动,提升区域污染防治的科学化、精细化、一体化水平。统一区域重污染天气应急启动标准,开展区域应急联动。加强排放标准、产品标准、环保规范和执法规范对接,联合发布统一的区域环境治理政策法规及标准规范,积极开展联动执法,创新跨区域联合监管模式。强化环境突发事件应急管理,建立重点区域环境风险应急统一管理平台,提高突发事件处理能力。探索建立跨行政区生态环境基础设施建设和运营管理的协调机制。充分发挥相关流域管理机构作用,强化水资源统一调度、涉水事务监管和省际间水事协调。发挥区域空气质量监测超级站作用,建设重点流域水环境综合治理信息平台,推进生态环境数据共享和联合监测,防范生态环境风险。

第七章 加快公共服务便利共享

坚持以人民为中心,加强政策协同,提升公共服务水平,促进社会公平正义,不断满足人民群众日益增长的美好生活需要,使一体化发展成果更多更公平惠及全体人民。

第一节 推进公共服务标准化便利化

建立基本公共服务标准体系。全面实施基本公共服务标准化管理,以标准化促进基本公共服务均等化、普惠化、便捷化。统筹考虑经济社会发展水平、城乡居民收入增长等因素,逐步提升基本公共服务保障水平,增加保障项目,提高保障标准。开展基本公共服务保障区域协作联动,确保覆盖全体居民。

提升公共服务便利化水平。创新跨区域服务机制,推动基本公共服务便利共享。建立异地就医直接结算信息沟通和应急联动机制，完善住院费用异地直接结算，开展异地就医门急诊医疗费用直接结算试点工作。加强基本公共卫生服务合作，推动重大传染病联防联控。推进社会保险异地办理，开展养老服务补贴异地结算试点，促进异地养老。实施民生档案跨区查档服务项目，建立互认互通的档案专题数据标准体系。探索构建长三角区域基本公共服务平台，促进居民异地享受基本公共服务并便捷结算，推动实现资源均衡分布、合理配置。

第二节　共享高品质教育医疗资源

推动教育合作发展。协同扩大优质教育供给，促进教育均衡发展，率先实现区域教育现代化。研究发布统一的教育现代化指标体系，协同开展监测评估，引导各级各类学校高质量发展。依托城市优质学前教育、中小学资源，鼓励学校跨区域牵手帮扶，深化校长和教师交流合作机制。推动大学大院大所全面合作、协同创新，联手打造具有国际影响的一流大学和一流学科。鼓励沪苏浙一流大学、科研院所到安徽设立分支机构。推动高校联合发展，加强与国际知名高校合作办学，打造浙江大学国际联合学院、昆山杜克大学等一批国际合作教育样板区。共同发展职业教育，搭建职业教育一体化协同发展平台，做大做强上海电子信息、江苏软件、浙江智能制造、安徽国际商务等联合职业教育集团，培养高技能人才。

打造健康长三角。优化配置医疗卫生资源，大力发展健康产业，持续提升人民健康水平。推动大中城市高端优质医疗卫生资源统筹布局，采取合作办院、设立分院、组建医联体等形式，扩大优质医疗资源覆盖范围。共建以居民健康档案为重点的全民健康信息平台和以数字化医院为依托的医疗协作系统，实现双向转诊、转检、会诊、联网挂号等远程医疗服务。逐步建立统一的急救医疗网络体系，实现急救信息共享和急救网络连通。依托优质医疗资源、现代医药产业、养老产业，制定区域产业资本和品牌机构进入当地养老市场指引，培育养老从业人员专业化市场，支持民营养老机构发展。建设一批国际知名的健康医疗服务、养生养老基地。推动跨区域体育资源共享、信息互通、项目合作和人才交流培养，建立长三角体育产业联盟，推动群众体育、竞技体育和体育产业协调发展。

第三节　推动文化旅游合作发展

共筑文化发展高地。加强文化政策互惠互享，推动文化资源优化配置，全面提升区域文化创造力、竞争力和影响力。加强革命文物保护利用，弘扬红船精神，继承发展优秀传统文化，共同打造江南文化等区域特色文化品牌。构建现代文化产业体系，推出一批文化精品工程，培育一批文化龙头企业。继续办好长三角国际文化产业博览会，集中展示推介长三角文化整体形象。加强广播电视产业跨区域合作发展。推动美术馆、博物馆、图书馆和群众文化场馆区域联动共享，实现城市阅读一卡通、公共文化服务一网通、公共文化联展一站通、公共文化培训一体化。加强重点文物、古建筑、非物质文化遗产保护合作交流，联合开展考古研究和文化遗产保护。

共建世界知名旅游目的地。深化旅游合作，统筹利用旅游资源，推动旅游市场和服务一体化发展。依托长江、沿海、域内知名河流、名湖、名山、名城等特色资源，共同打造一批具有高品质的休闲度假旅游区和世界闻名的东方度假胜地。联合开展旅游主题推广活动，推出杭黄国际黄金旅游线等精品线路和特色产品。依托高铁网络和站点，推出"高铁+景区门票"、"高铁+酒店"等快捷旅游线路和产品。整合区域内红色旅游资源，开发互联互通的红色旅游线路。建设旅游信息库，建立假日旅游、旅游景区大客流预警等信息联合发布机制。探索推出"畅游长三角"、"惠民一卡通"、"旅游护照"等产品,改善游客旅游体验。

第四节 共建公平包容的社会环境

推进社会治理共建共治共享。加强和创新社会治理,提高社会化、法治化、智能化、专业化水平,共同建设平安长三角。制定出台区域社会治理地方性法规和政府规章,建立覆盖全体居民的公共法律服务体系。加强城市管理和社会治安防控体系建设,建立城市公共安全风险防控标准体系和规划体系。健全区域性重大灾害事故联防联控机制,完善总体应急预案及相关专项预案。加强跨地区跨部门的业务协同、信息共享、应急演练,推进重点城市和都市圈防灾减灾救灾一体化、同城化。建立健全基层社会治理网络,全域推广网格化服务管理。建立健全安全生产责任体系和联动长效机制,有效防范和坚决遏制重特大安全生产事故发生。深化文明城市、文明乡镇、文明村庄创建,倡导文明礼仪新风,共同提升区域文明程度。

合力营造良好就业创业环境。健全就业创业服务体系,促进人力资源高效配置,提高就业创业水平。制定相对统一的人才流动、吸引、创业等政策,构建公平竞争的人才发展环境。实施有针对性的项目和计划,帮助高校毕业生、农民工、退役军人等重点群体就业创业。联合开展大规模职业技能培训,提高劳动者就业创业能力。加强劳动保障监察协作,强化劳动人事争议协同处理,建立拖欠农民工工资"黑名单"共享和联动惩戒机制。成立区域公共创业服务联盟,开展长三角创新创业大赛,打造公共创业服务品牌。推动市级层面开展"双结对"合作,共促创业型城市(区)建设。

打造诚信长三角。推动诚信记录共享共用,健全诚信制度,建立重点领域跨区域联合奖惩机制,不断提升各类主体的诚信感受度。加强信用建设区域合作,优化区域整体信用环境。聚焦公共服务、食品药品安全、城市管理、全域旅游、生态环保、安全生产等领域,实行失信行为标准互认、信息共享互动、惩戒措施路径互通的跨区域信用联合惩戒制度。建设长三角公共信用信息共享平台,与全国信用信息共享平台实现信息交换共享。推动信用服务领域供给侧改革,培育一批专业化、特色化信用骨干服务机构,打造一批区域性信用服务产业基地。

第八章 推进更高水平协同开放

以"一带一路"建设为统领,在更高层次、更宽领域,以更大力度协同推进对外开放,深化开放合作,优化营商环境,构建开放型经济新体制,不断增强国际竞争合作新优势。

第一节 共建高水平开放平台

协力办好中国国际进口博览会。高水平举办中国国际进口博览会,打造规模更大、质量更优、创新更强、层次更高、成效更好的世界一流博览会。加强综合服务、专业贸易等线下展示交易平台建设,联合打造海外投资和专业服务平台。强化进口博览会参展商对接服务,推进招商引资项目协同,共同策划和开展贸易投资配套活动。加强进口商品通关便利化协同,强化安保、环境、交通等各项保障。加强长三角地区各类品牌展会和相关贸易投资活动协调联动,提升整体效果和影响力。

打造虹桥国际开放枢纽。推动虹桥地区高端商务、会展、交通功能深度融合,建设中央商务区和国际贸易中心新平台,进一步增强服务长三角、联通国际的枢纽功能。全面提升虹桥综合交通枢纽管理水平,完善联通浦东机场和苏浙皖的轨道交通体系,优化拓展虹桥机场国际航运服务功能。加快建设虹桥进口商品展示交易中心、虹桥海外贸易中心、长三角区域城市展示中心、长三角电子商务中心等功能性平台，聚焦发展总部经济、创新经济、商务会展等现代服务业。加快提升教育、医疗、文化等优质公共服务能力，提高对国际人才和企业的综合服务水平。

共同构建数字化贸易平台。积极对接全球电子商务新模式新规则新标准，联合加强数字化贸易平台建设，加强跨境电商国际合作，推动国际贸易制度创新、管理创新、服务创新。加快上海、南京、杭州、合肥、宁波、苏州、无锡、义乌跨境电子商务综合试验区建设，合力打造全球数字贸易高地。加快义乌国际贸易综合改革试验区建设。推动外贸业务流程改造和各环节数据共享，促进贸易监管数字化转型、便利化发展。

加强国际合作园区建设。"引进来"和"走出去"并重，加快推进国际产业双向合作，实现互利共赢、共同发展。依托上海国际大都市和南京、杭州、合肥等中心城市，高水平打造国际组织和总部经济聚集区。依托经济技术开发区、高新技术产业开发区等各类开发区，加快建设中韩（盐城）产业园、中意宁波生态园、中德（合肥）合作智慧产业园及太仓、芜湖、嘉兴等中德中小企业合作区。加快推进中国（宁波）"16+1"经贸合作示范区建设，深化与中东欧国家的投资贸易合作。依托重大国际产能合作项目和对外投资聚集区，稳步推进建设中阿（联酋）产能合作示范园、泰国泰中罗勇工业园、莫桑比克贝拉经贸合作区等一批境外园区，支持国内企业组团出海。支持企业按市场化法治化原则在拉美、非洲、中东欧等地区科学合理地建设境外园区，打造一批高水平国际研究机构和海外产业创新服务综合体。

第二节 协同推进开放合作

推动重点领域开放合作。进一步扩大制造业、服务业、农业领域对外开放，逐步放宽市场准入，不断提升协同开放合作水平。降低汽车、飞机、船舶、装备、电子信息、新材料、新能源等行业进入门槛，积极招引全球500强和行业龙头企业，共同开拓建立全球创新链、产业链、供应链。加快金融市场对外开放，逐步放宽银行业外资市场准入。加大交易所债券市场对外开放，支持境外机构在交易所发行人民币债券，引入境外机构投资者直接投资交易所债券，研究推进基于沪港通的债券市场互联互通。积极引进境外专业服务行业，有序推进服务贸易创新发展试点，完善跨境交付、境外消费、自然人模式下服务贸易准入制度，提升服务贸易自由化便利化水平。加快服务外包产业转型升级，建设具有国际竞争优势的服务外包产业高地。适度增加国内紧缺农产品进口，积极引进国际现代农业先进生产技术和经营管理方式，不断提升农业国际竞争力。

共同提升对外投资合作水平。稳步扩大对外投资，进一步优化结构、拓展布局、创新方式、提升水平，共同推动对外投资可持续高质量发展。加强优势产能、油气矿产开发等领域国际合作，扩大商务服务、先进制造、批发零售、金融服务、境外并购等对外投资，提升工程承包合作水平，加快技术、装备、服务和标准走出去。加强国际对接合作，在对外投资相对密集国家和地区，布局建设一批集物流集散、加工制造、展示展销、信息资讯等多功能于一体的境外系列服务站。依托长三角一体化对外投资合作发展联盟，携手打造面向全球的综合服务平台，鼓励企业联合走出去。共同推进境外安全保障体系建设，增强风险防范能力。

深化国际人文合作。加强多层次多领域国际人文交流，着力打造国际人文交流汇聚地。办好世界互联网大会、世界智能制造大会、世界制造业大会、联合国世界地理信息大会、第十九届亚运会等重大国际会议展会，开展系列重大国际文化、旅游、体育赛事等活动。联合开展具有长三角品牌特色的海外经济文化交流活动，推动优秀文化、文学作品、影视产品走出去。深化科技、教育、医疗等国际合作，提升国际友城合作水平，加强高端智库国际交流。发挥华侨华商资本、人脉等资源优势，扩大民间交往、深化民心沟通。

第三节 合力打造国际一流营商环境

加快大通关一体化。深化口岸合作，加强协调对接，提升通关一体化水平。加快建设具有国际先进水平的国际贸易"单一窗口"，推动港航物流信息接入，实现物流和监管等信息的全流程采集。建立进出口商品全流程质量安全溯源管理平台，开发信息化电子标签，整合生产、监测、航运、通关数据共享和业务协同，实现全链条监管。统筹区域内中欧班列资源，提高班列双向常态化运行质量效益。

共同打造国际一流市场环境。全面对接国际高标准市场规则体系，打造稳定、公平、透明、可预期的市场环境。提升外商投资管理和服务水平，全面实施外商投资准入前国民待遇加负面清单管理制度，放宽外资准入限制，健全事中事后监管体系。共同加强国际知识产权保护，加大侵权违法行为联合惩治力度，协同开展执法监管。建立健全外商投资企业投诉工作机制，保障外国投资者和外商投资企业合法权益。

完善国际人才引进政策。加大国际人才招引政策支持力度，大力引进海外人才，提升国际高端要素集聚能力。推动国际人才认定、服务监管部门信息互换互认，确保政策执行一致性。总结推广张江国家自主创新示范区国际人才试验区经验，稳步开展外国人永久居留、外国人来华工作许可、出入境便利服务、留学生就业等政策试点。推进国际社区建设，完善国际学校、国际医院等配套公共服务，提高国际人才综合服务水平。

第九章 创新一体化发展体制机制

坚持全面深化改革，坚决破除制约一体化发展的行政壁垒和体制机制障碍，建立统一规范的制度体系，形成要素自由流动的统一开放市场，为更高质量一体化发展提供强劲内生动力。

第一节 建立规则统一的制度体系

健全政策制定协同机制。建立重点领域制度规则和重大政策沟通协调机制，提高政策制定统一性、规则一致性和执行协同性。全面实施全国市场准入负面清单，实行统一的市场准入制度。加强政策协同，在企业登记、土地管理、环境保护、投融资、财税分享、人力资源管理、公共服务等政策领域建立政府间协商机制，根据达成一致的意见形成协同方案，由各级政府依据协同方案制定相关政策措施。建立统一规则，规范招商引资和人才招引政策。提高政策执行的协同性，强化环境联防联控、食品安全监管、知识产权保护等领域的执法联动。

建立标准统一管理制度。加强长三角标准领域合作，加快推进标准互认，按照建设全国统一大市场要求探索建立区域一体化标准体系。协同建立长三角区域标准化联合组织，负责区域统一标准的立项、发布、实施、评价和监督。在农产品冷链物流、环境联防联治、生态补偿、基本公共服务、信用体系等领域，先行开展区域统一标准试点。推进地区间标准互认和采信，推动检验检测结果互认，实现区域内重点标准目录、具体标准制定、标准实施监管三协同，建立层次分明、结构合理的区域协同标准体系。

第二节 促进要素市场一体化

共建统一开放人力资源市场。加强人力资源协作，推动人力资源、就业岗位信息共享和服务政策有机衔接、整合发布，联合开展就业洽谈会和专场招聘会，促进人力资源特别是高层次人才在区域间有效流动和优化配置。加强面向高层次人才的协同管理，探索建立户口不迁、关系不转、身份不变、双向选择、能出能进的人才柔性流动机制。联合开展人力资源职业技术培训，推动人才资源互认共享。

加强各类资本市场分工协作。加快金融领域协同改革和创新，促进资本跨区域有序自由流动。完善区域性股权市场。依法合规扩大发行企业债券、绿色债券、自贸区债券、创新创业债券。推动建立统一的抵押质押制度，推进区域异地存储、信用担保等业务同城化。联合共建金融风险监测防控体系，共同防范化解区域金融风险。鼓励地方政府联合设立长三角一体化发展投资专项资金，主要用于重大基础设施建设、生态经济发展、盘活存量低效用地等投入。支持符合监管政策的地方法人银行在上海设立营运中心。支持上交所在长三角设立服务基地，搭建企业上市服务平台。

建立城乡统一的土地市场。推动土地要素市场化配置综合改革，提高资源要素配置效能和节约集约利用水平。深化城镇国有土地有偿使用制度改革，扩大土地有偿使用范围，完善城乡建设用地增减挂钩政策，建立健全城镇低效用地再开发激励约束机制和存量建设用地退出机制。建立城乡统一的建设用地市场，探索宅基地所有权、资格权、使用权"三权分置"改革，依法有序推进集体经营性建设用地入市，开展土地整治机制政策创新试点。用好跨省补充耕地国家统筹机制，支持重点项目建设。按照国家统筹、地方分担的原则，优先保障跨区域重大基础设施项目、生态环境工程项目所涉及新增建设用地和占补平衡指标。

完善跨区域产权交易市场。推进现有各类产权交易市场联网交易，推动公共资源交易平台互联共享，建立统一信息发布和披露制度，建设长三角产权交易共同市场。培育完善各类产权交易平台，探索建立水权、排污权、知识产权、用能权、碳排放权等初始分配与跨省交易制度，逐步拓展权属交易领域与区域范围。建立统一的技术市场，实行高技术企业与成果资质互认制度。加强产权交易信息数据共享，建立安全风险防范机制。

第三节　完善多层次多领域合作机制

建立健全重点领域合作机制。加强地方立法、政务服务等领域的合作，形成有效的合作体制机制，全面提升合作水平。建立地方立法和执法工作协同常态化机制，推动重点区域、重点领域跨区域立法研究，共同制定行为准则，为长三角一体化发展提供法规支撑和保障。共同推进数字政府建设，强化公共数据交换共享，构建跨区域政务服务网，加快实现民生保障和企业登记等事项"一地受理、一次办理"。建立健全长三角一体化发展的指标体系、评价体系、统计体系和绩效考核体系。

建立各类市场主体协同联动机制。充分发挥市场机制的作用，进一步释放市场主体活力和创造力。深化国资国企改革，积极稳妥推进国有企业混合所有制改革，加强国资运营平台跨区域合作。优化民营经济发展环境，鼓励民营经济跨区域并购重组和参与重大基础设施建设，促进民营经济高质量发展。支持浙江温州、台州开展跨区域发展政策协同试验，为民营经济参与长三角一体化发展探索路径。鼓励行业组织、商会、产学研联盟等开展多领域跨区域合作，形成协同推进一体化发展合力。

建立区域间成本共担利益共享机制。充分发挥区域协调机制的作用，提升一体化发展水平。探索建立跨区域产业转移、重大基础设施建设、园区合作的成本分担和利益共享机制，完善重大经济指标协调划分的政府内部考核制度，调动政府和市场主体积极性。探索建立区域互利共赢的税收利益分享机制和征管协调机制，促进公平竞争。探索建立区域投资、税收等利益争端处理机制，形成有利于生产要素自由流动和高效配置的良好环境。

第十章　高水平建设长三角生态绿色一体化发展示范区

加快长三角生态绿色一体化发展示范区建设，在严格保护生态环境的前提下，率先探索将生态优势转化为经济社会发展优势、从项目协同走向区域一体化制度创新，打破行政边界，不改变现行的行政隶属关系，实现共商共建共管共享共赢，为长三角生态绿色一体化发展探索路径和提供示范。

第一节　打造生态友好型一体化发展样板

探索生态友好型高质量发展模式。坚持绿色发展、集约节约发展。沪苏浙共同制定实施示范区饮用水水源保护法规，加强对淀山湖、太浦河等区域的保护。建立严格的生态保护红线管控制度，对生态保护红线以外区域制定严格的产业准入标准，从源头上管控污染源。共同建立区域生态环境和污染源监控的平台，统一监管执法。提升淀山湖、元荡、汾湖沿线生态品质，共建以水为脉、林田共生、城绿相依的自然生态格局。切实加强跨区域河湖水源地保护，打造生态品牌，实现高质量发展。

推动改革创新示范。积极探索深入落实新发展理念、一体化制度率先突破、深化改革举措系统集成的路径，充分发挥其在长三角一体化发展中的示范引领作用。坚持把一体化发展融入到创新、协调、绿色、开放、共享发展中，实现共商共建共治共享共赢；打破行政壁垒，聚焦一体化制度创新，建立有效管用的一体化发展新机制；系统集成改革举措，增强改革的系统性、整体性、协同性，放大改革效应，为长三角地区全面深化改革、实现高质量一体化发展提供示范。

第二节　创新重点领域一体化发展制度

统一规划管理。创新规划编制审批模式，探索建立统一编制、联合报批、共同实施的规划管理体制。统一编制长三角生态绿色一体化发展示范区总体方案，按程序报批实施。地方依据总体方案共同编制国土空间规划和控制性详规，联合按程序报批。各类专项规划由沪苏浙共同编制、共同批准、联合印发。逐级落实划定生态保护红线、永久基本农田保护线、城镇开发边界和文化保护控制线，建立覆盖全域的"四线"管控体系。加快建立统一的规划实施信息平台，推进各类规划实施的有效衔接和信息共享。

统筹土地管理。加强土地统一管理，探索建立跨区域统筹用地指标、盘活空间资源的土地管理机制。建立统一的建设用地指标管理机制。建立建设用地收储和出让统一管理机制，统筹平衡年度土地收储和出让计划。依法推进农村集体经营性建设用地使用权出让、租赁、入股，实行与国有土地同等入市、同权同价，盘活区内土地存量。

建立要素自由流动制度。统一企业登记标准，实行企业登记无差别办理。为区内企业提供全生命周期服务，允许区内企业自由选择注册地名称，建立区内企业自由迁移服务机制。加强区内企业诚信管理，建立公共信用联合奖惩机制。打破户籍、身份、人事关系等限制，实行专业技术任职资格、继续教育证书、外国人工作证等互认互准制度。建立技术创新成果市场交易平台，制定统一的成果转移转化支持政策，实现区内技术创新成果转化的市场化配置。

创新财税分享机制。理顺利益分配关系，探索建立跨区域投入共担、利益共享的财税分享管理制度。推进税收征管一体化，实现地方办税服务平台数据交互，探索异地办税、区域通办。研究对新设企业形成的税收增量属地方收入部分实行跨地区分享，分享比例按确定期限根据因素变化进行调整。建立沪苏浙财政协同投入机制，按比例注入开发建设资本金，统筹用于区内建设。

协同公共服务政策。加强与国家基本公共服务标准和制度衔接，研究编制区内基本公共服务项目清单，建立部分基本公共服务项目财政支出跨区域结转机制。建立区内公共服务便捷共享制度，推进实施统一的基本医疗保险政策，逐步实现药品目录、诊疗项目和医疗服务设施目录的统一。探索组建跨区域医疗联合体，建立区内居民在医疗联合体范围内就医的绿色通道。完善医保异地结算机制，逐步实现异地住院、急诊、门诊直接结算。统筹学区资源，逐步实现教育均等化。鼓励老人异地养老，实现市民卡及老人卡互认互用。鼓励知名品牌养老服务机构在区内布局设点或托管经营，建立跨区域养老服务补贴制度。建立居民服务一卡通，在交通出行、旅游观光、文化体验等方面率先实现"同城待遇"。按可达性统筹120服务、110服务范围，统一使用021电信区号。

第三节 加强改革举措集成创新

系统集成重大改革举措。党的十八大以来党中央明确的全面深化改革举措，允许在区内系统集成，集中落实，建设改革新高地。率先推动实施高质量发展的指标体系、政策体系、标准体系、统计体系、绩效评价及政绩考核体系。复制推广沪苏浙改革创新试点经验，加快上海和浙江自由贸易试验区、上海全球科创中心建设、浙江国家信息经济示范区、嘉善县域科学发展示范点、江苏国家新型城镇化综合改革试点、苏州工业园区构建开放型经济新体制综合试点试验等制度创新成果的集成落实。

全面强化制度政策保障。成立高层级决策协调机制、高效率的开发建设管理机构、市场化运作的开发建设平台公司，负责示范区改革创新和开放建设的统筹协调。在政府债务风险可控前提下，加大对地方政府债券发行的支持力度，中央分配新增地方政府债券额度向示范区倾斜。支持开展土地综合整治，在基本农田总量不减、质量不降、结构优化的前提下完善空间布局。制定实施特殊的人才政策，按照党中央、国务院统一部署探索统筹使用各类编制资源的有效途径，赋予更大用人自主权。

第四节 引领长三角一体化发展

加快复制推广示范区一体化发展制度经验，按照中心区、全域、全国推广层次，定期形成推广清单并按程序报批。充分发挥示范区引领带动作用，提升上海虹桥商务区服务功能，引领江苏苏州、浙江嘉兴一体化发展，构建更大范围区域一体的创新链和产业链。充分发挥示范区人才高地的溢出效应，实现各类高端人才与周边区域的流动共享。依托示范区高品质的生态和人居环境，为周边区域集聚企业、加快经济发展提供有力支撑。

第十一章 高标准建设上海自由贸易试验区新片区

加快中国（上海）自由贸易试验区新片区建设，以投资自由、贸易自由、资金自由、运输自由、人员从业自由等为重点，推进投资贸易自由化便利化，打造与国际通行规则相衔接、更具国际市场影响力和竞争力的特殊经济功能区。

第一节　打造更高水平自由贸易试验区

强化开放型经济集聚功能。在上海大治河以南、金汇港以东以及小洋山岛、浦东机场南侧区域设置新片区，先行启动面积控制在 120 平方公里以内。重点发展跨国公司地区运营管理、订单中心、结算中心等总部经济，积极发展生物医药、集成电路、工业互联网、高端装备制造业等前沿产业，大力发展大宗商品、金融服务、数字贸易等新型国际贸易，推动统筹国际业务、跨境金融服务、前沿科技研发、跨境服务贸易等功能集聚。

实施特殊开放政策。对标国际上公认的竞争力最强的自由贸易园区，选择国家战略需要、国际市场需求大、对开放度要求高但其他地区尚不具备实施条件的重点领域，实施具有较强国际市场竞争力的开放政策和制度，加大开放型经济的风险压力测试。推进投资贸易自由化便利化，实现区内与境外之间的投资经营便利、货物自由进出、资金流动便利、运输高度开放、人员自由执业、信息快捷联通，打造更具国际市场影响力和竞争力的特殊经济功能区。

第二节　推进投资贸易自由化便利化

实行投资自由。借鉴国际上自由贸易园区的通行做法，实施外商投资安全审查制度，进一步减少投资限制。实施更加便利的商事制度，完善外资企业投资服务体系，放宽外资企业注册资本、投资方式等限制，促进各类市场主体公平竞争。

实行贸易自由。取消不必要的贸易监管、许可和程序要求，实行高标准的货物贸易便利化和服务贸易自由化。对境外抵离海关围网区域的货物，探索实施以安全监管为主、更高水平贸易自由化便利化监管模式，提高口岸监管服务效率，增强国际中转集拼枢纽功能。推进服务贸易自由化，加快文化服务、技术产品、信息通讯、医疗健康等资本技术密集型服务贸易发展，创新跨境电商服务模式，鼓励跨境电商企业在区内建立国际配送平台，允许具有境外职业资格的金融、建筑、规划、专利代理等服务领域专业人才经备案后为区内企业提供专业服务。

实行资金自由。在风险可控的前提下，按照法律法规规定，借鉴国际通行的金融监管规则，进一步简化优质企业跨境人民币业务办理流程，推动跨境金融服务便利化。探索区内资本自由流入流出和自由兑换。支持区内企业参照国际通行规则依法合规开展跨境金融活动，在依法合规、风险可控、商业可持续的前提下支持金融机构为区内企业提供跨境金融服务。

实行国际运输自由。提升拓展全球枢纽港功能，在沿海捎带、国际船舶登记、国际航权开放等方面加强探索，提高对国际航线、货物资源的集聚和配置能力。进一步完善启运港退税相关政策，优化监管流程，扩大中资方便旗船沿海捎带政策实施效果，研究在对等原则下外籍国际航行船舶开展以洋山港为国际中转港的外贸集装箱沿海捎带业务。推动浦东机场与"一带一路"国家（地区）扩大包括第五航权在内的航权安排，吸引相关国家（地区）航空公司开辟经停航线。

实行人员从业自由。放宽现代服务业高端人才从业限制，在人员出入境、外籍人才永久居留等方面实施更加开放便利的政策措施。建立外国人在区内工作许可制度和人才签证制度，提高外籍高端人才参与创新创业的出入境和停居留便利化程度。为外籍人才申请永久居留提供便利。探索实施外籍人员配额管理制度，为区内注册企业急需的外国人才提供更加便利的服务。

提升网络信息服务能力。建设完备的国际通信设施，加快 5G、云计算、物联网等新一代信息基础设施建设，提升区内宽带接入能力、网络服务质量和应用水平。

第三节 完善配套制度和监管体系

创新税制安排。探索实施具有国际竞争力的税收制度安排。对境外进入海关围网区内的货物、海关围网区内企业之间的货物交易和服务实行特殊的税收政策。扩大新片区服务出口增值税政策适用范围，研究适当的支持境外投资和离岸业务发展的新片区税收政策。在新片区集成电路、人工智能、生物医药等重点产业领域的关键环节，研究税收支持政策。

建立健全风险安全监管体系。以风险防控为底线，分类监管、协同监管、智能监管为基础，全面提升风险防范和安全监管水平。高标准建设智能化监管基础设施，实现监管信息互联互认共享。强化边界安全，守住"一线"国门安全、"二线"经济社会安全。加强信用分级管理，按照"守法便利"原则，把信用等级作为区内企业享受优惠政策和制度便利的重要依据。对金融、知识产权、生产安全、人员进出、反恐怖、反洗钱等重点领域，实施严格监管、精准监管、有效监管。

第四节 带动长三角新一轮改革开放

定期总结评估新片区在投资管理、贸易监管、金融开放、人才流动、运输管理、风险管控等方面的制度经验，制定推广清单，明确推广范围和监管要求，按程序报批后有序推广实施。加强自由贸易试验区与海关特殊监管区域、经济技术开发区联动，放大自由贸易试验区辐射带动效应。

第十二章 推进规划实施

加强党对长三角一体化发展的领导，明确各级党委和政府职责，建立健全实施保障机制，确保规划纲要主要目标和任务顺利实现。

第一节 加强党的集中统一领导

坚定不移加强党的全面领导，增强"四个意识"，坚定"四个自信"，做到"两个维护"。充分发挥党总揽全局、协调各方的领导核心作用，把党的领导始终贯穿长三角一体化发展的全过程。切实加强党对长三角一体化发展的领导，涉及的重大事项决策、重大规划制定和调整必须报党中央、国务院审定。充分发挥党的各级组织在推进长三角一体化发展中的领导作用和战斗堡垒作用，激励干部担当作为，全面调动各级干部干事创业的积极性、主动性、创造性，为实现规划纲要目标任务提供坚强的领导保障。

第二节 强化组织协调

长三角一体化发展是新时代党中央、国务院确定的重大战略。各级党委和政府要认真贯彻党中央、国务院战略部署，履行好本级党委和政府职责，激发各类主体的活力和创造力，组织动员全社会力量落实规划纲要，形成推动长三角一体化发展的强大合力。成立推动长三角一体化发展领导小组，统筹指导和综合协调长三角一体化发展战略实施，研究审议重大规划、重大政策、重大项目和年度工作安排，协调解决重大问题，督促落实重大事项，全面做好长三角一体化发展各项工作。领导小组办公室设在国家发展改革委，承担领导小组日常工作。

第三节 健全推进机制

上海市、江苏省、浙江省、安徽省作为推进长三角一体化发展的责任主体，要明确工作分工，完善工作机制，落实工作责任，制定具体行动计划和专项推进方案，把规划纲要确定的各项任务落到实处。要完善三级运作、统分结合的长三角区域合作机制。建立市场化、社会化推进机制，设立一批跨区域一体化运作的轨道交通、发展银行和社会组织管理等专业推进机构。各有关部门要按照职责分工，加强对规划纲要实施的指导，在相关专项规划编制、重大政策制定、重大项目安排、重大体制创新方面予以积极支持。

第四节　建立 1+N 规划政策体系

领导小组办公室要会同三省一市和有关部门，依据本规划纲要，抓紧组织编制基础设施互联互通、科创产业协同发展、城乡区域融合发展、生态环境共同保护、公共服务便利共享等专项规划，组织制定实施长三角生态绿色一体化发展示范区总体方案、中国（上海）自由贸易试验区新片区建设方案，研究出台创新、产业、人才、投资、金融等配套政策和综合改革措施，推动形成 1+N 的规划和政策体系。

第五节　抓好督促落实

在推动长三角一体化发展领导小组的直接领导下，领导小组办公室要加强规划纲要实施的跟踪分析、督促检查、综合协调和经验总结推广，全面了解规划纲要实施情况和效果，适时组织开展评估，协调解决实施中存在的问题，及时总结可复制可推广的政策措施。重大问题及时向党中央、国务院报告。完善规划实施的公众参与机制，广泛听取社会各界的意见和建议，营造全社会共同推动长三角一体化发展的良好氛围。

海南自由贸易港建设总体方案

(2020年6月1日)

海南是我国最大的经济特区，具有实施全面深化改革和试验最高水平开放政策的独特优势。支持海南逐步探索、稳步推进中国特色自由贸易港建设，分步骤、分阶段建立自由贸易港政策和制度体系，是习近平总书记亲自谋划、亲自部署、亲自推动的改革开放重大举措，是党中央着眼国内国际两个大局，深入研究、统筹考虑、科学谋划作出的战略决策。当今世界正在经历新一轮大发展大变革大调整，保护主义、单边主义抬头，经济全球化遭遇更大的逆风和回头浪。在海南建设自由贸易港，是推进高水平开放，建立开放型经济新体制的根本要求；是深化市场化改革，打造法治化、国际化、便利化营商环境的迫切需要；是贯彻新发展理念，推动高质量发展，建设现代化经济体系的战略选择；是支持经济全球化，构建人类命运共同体的实际行动。为深入贯彻习近平总书记在庆祝海南建省办经济特区30周年大会上的重要讲话精神，落实《中共中央、国务院关于支持海南全面深化改革开放的指导意见》要求，加快建设高水平的中国特色自由贸易港，制定本方案。

一、总体要求

（一）**指导思想**。以习近平新时代中国特色社会主义思想为指导，全面贯彻党的十九大和十九届二中、三中、四中全会精神，坚持党的全面领导，坚持稳中求进工作总基调，坚持新发展理念，坚持高质量发展，统筹推进"五位一体"总体布局，协调推进"四个全面"战略布局，对标国际高水平经贸规则，解放思想、大胆创新，聚焦贸易投资自由化便利化，建立与高水平自由贸易港相适应的政策制度体系，建设具有国际竞争力和影响力的海关监管特殊区域，将海南自由贸易港打造成为引领我国新时代对外开放的鲜明旗帜和重要开放门户。

（二）**基本原则**

——借鉴国际经验。坚持高起点谋划、高标准建设，主动适应国际经贸规则重构新趋势，充分学习借鉴国际自由贸易港的先进经营方式、管理方法和制度安排，形成具有国际竞争力的开放政策和制度，加快建立开放型经济新体制，增强区域辐射带动作用，打造我国深度融入全球经济体系的前沿地带。

——体现中国特色。坚持党的集中统一领导，坚持中国特色社会主义道路，坚持以人民为中心，践行社会主义核心价值观，确保海南自由贸易港建设正确方向。充分发挥全国上下一盘棋和集中力量办大事的制度优势，调动各方面积极性和创造性，集聚全球优质生产要素，着力在推动制度创新、培育增长动能、构建全面开放新格局等方面取得新突破，为实现国家战略目标提供坚实支撑。加强与东南亚国家交流合作，促进与粤港澳大湾区联动发展。

——符合海南定位。紧紧围绕国家赋予海南建设全面深化改革开放试验区、国家生态文明试验区、国际旅游消费中心和国家重大战略服务保障区的战略定位，充分发挥海南自然资源丰富、地理区位独特以及背靠超大规模国内市场和腹地经济等优势，抢抓全球新一轮科技革命和产业变革重要机遇，聚焦发展旅游业、现代服务业和高新技术产业，加快培育具有海南特色的合作竞争新优势。

——突出改革创新。强化改革创新意识，赋予海南更大改革自主权，支持海南全方位大力度推进改革创新，积极探索建立适应自由贸易港建设的更加灵活高效的法律法规、监管模式和管理体制，下大力气破除阻碍生产要素流动的体制机制障碍。深入推进商品和要素流动型开放，加快推动规则等制度型开放，以高水平开放带动改革全面深化。加强改革系统集成，注重协调推进，使各方面创新举措相互配合、相得益彰，提高改革创新的整体效益。

——坚持底线思维。坚持稳扎稳打、步步为营，统筹安排好开放节奏和进度，成熟一项推出一项，不急于求成、急功近利。深入推进简政放权、放管结合、优化服务，全面推行准入便利、依法过程监管的制度体系，建立与国际接轨的监管标准和规范制度。加强重大风险识别和系统性风险防范，建立健全风险防控配套措施。完善重大疫情防控体制机制，健全公共卫生应急管理体系。开展常态化评估工作，及时纠偏纠错，确保海南自由贸易港建设方向正确、健康发展。

（三）发展目标

到 2025 年，初步建立以贸易自由便利和投资自由便利为重点的自由贸易港政策制度体系。营商环境总体达到国内一流水平，市场主体大幅增长，产业竞争力显著提升，风险防控有力有效，适应自由贸易港建设的法律法规逐步完善，经济发展质量和效益明显改善。

到 2035 年，自由贸易港制度体系和运作模式更加成熟，以自由、公平、法治、高水平过程监管为特征的贸易投资规则基本构建，实现贸易自由便利、投资自由便利、跨境资金流动自由便利、人员进出自由便利、运输来往自由便利和数据安全有序流动。营商环境更加优化，法律法规体系更加健全，风险防控体系更加严密，现代社会治理格局基本形成，成为我国开放型经济新高地。

到本世纪中叶，全面建成具有较强国际影响力的高水平自由贸易港。

（四）实施范围。海南自由贸易港的实施范围为海南岛全岛。

二、制度设计

以贸易投资自由化便利化为重点，以各类生产要素跨境自由有序安全便捷流动和现代产业体系为支撑，以特殊的税收制度安排、高效的社会治理体系和完备的法治体系为保障，在明确分工和机制措施、守住不发生系统性风险底线的前提下，构建海南自由贸易港政策制度体系。

（一）**贸易自由便利**。在实现有效监管的前提下，建设全岛封关运作的海关监管特殊区域。对货物贸易，实行以"零关税"为基本特征的自由化便利化制度安排。对服务贸易，实行以"既准入又准营"为基本特征的自由化便利化政策举措。

1. "一线"放开。在海南自由贸易港与中华人民共和国关境外其他国家和地区之间设立"一线"。"一线"进（出）境环节强化安全准入（出）监管，加强口岸公共卫生安全、国门生物安全、食品安全、产品质量安全管控。在确保履行我国缔结或参加的国际条约所规定义务的前提下，制定海南自由贸易港禁止、限制进出口的货物、物品清单，清单外货物、物品自由进出，海关依法进行监管。制定海南自由贸易港进口征税商品目录，目录外货物进入自由贸易港免征进口关税。以联运提单付运的转运货物不征税、不检验。从海南自由贸易港离境的货物、物品按出口管理。实行便捷高效的海关监管，建设高标准国际贸易"单一窗口"。

2. "二线"管住。在海南自由贸易港与中华人民共和国关境内的其他地区（以下简称内地）之间设立"二线"。货物从海南自由贸易港进入内地，原则上按进口规定办理相关手续，照章征收关税和进口环节税。对鼓励类产业企业生产的不含进口料件或者含进口料件在海南自由贸易港加工增值超过30%（含）的货物，经"二线"进入内地免征进口关税，照章征收进口环节增值税、消费税。行邮物品由海南自由贸易港进入内地，按规定进行监管，照章征税。对海南自由贸易港前往内地的运输工具，简化进口管理。货物、物品及运输工具由内地进入海南自由贸易港，按国内流通规定管理。内地货物经海南自由贸易港中转再运往内地无需办理报关手续，应在自由贸易港内海关监管作业场所（场地）装卸，与其他海关监管货物分开存放，并设立明显标识。场所经营企业应根据海关监管需要，向海关传输货物进出场所等信息。

3. 岛内自由。海关对海南自由贸易港内企业及机构实施低干预、高效能的精准监管，实现自由贸易港内企业自由生产经营。由境外启运，经海南自由贸易港换装、分拣集拼，再运往其他国家或地区的中转货物，简化办理海关手续。货物在海南自由贸易港内不设存储期限，可自由选择存放地点。实施"零关税"的货物，海关免于实施常规监管。

4. 推进服务贸易自由便利。实施跨境服务贸易负面清单制度，破除跨境交付、境外消费、自然人移动等服务贸易模式下存在的各种壁垒，给予境外服务提供者国民待遇。实施与跨境服务贸易配套的资金支付与转移制度。在告知、资格要求、技术标准、透明度、监管一致性等方面，进一步规范影响服务贸易自由便利的国内规制。

（二）投资自由便利。大幅放宽海南自由贸易港市场准入，强化产权保护，保障公平竞争，打造公开、透明、可预期的投资环境，进一步激发各类市场主体活力。

5. 实施市场准入承诺即入制。严格落实"非禁即入"，在"管得住"的前提下，对具有强制性标准的领域，原则上取消许可和审批，建立健全备案制度，市场主体承诺符合相关要求并提交相关材料进行备案，即可开展投资经营活动。备案受理机构从收到备案时起，即开始承担审查责任。对外商投资实施准入前国民待遇加负面清单管理制度，大幅减少禁止和限制条款。

6. 创新完善投资自由制度。实行以过程监管为重点的投资便利制度。建立以电子证照为主的设立便利，以"有事必应"、"无事不扰"为主的经营便利，以公告承诺和优化程序为主的注销便利，以尽职履责为主的破产便利等政策制度。

7. 建立健全公平竞争制度。强化竞争政策的基础性地位，确保各类所有制市场主体在要素获取、标准制定、准入许可、经营运营、优惠政策等方面享受平等待遇。政府采购对内外资企业一视同仁。加强和优化反垄断执法，打破行政性垄断，防止市场垄断，维护公平竞争市场秩序。

8. 完善产权保护制度。依法保护私人和法人财产的取得、使用、处置和继承的权利，以及依法征收私人和法人财产时被征收财产所有人得到补偿的权利。落实公司法等法律法规，加强对中小投资者的保护。加大知识产权侵权惩罚力度，建立健全知识产权领域市场主体信用分类监管、失信惩戒等机制。加强区块链技术在知识产权交易、存证等方面应用，探索适合自由贸易港发展的新模式。

（三）跨境资金流动自由便利。坚持金融服务实体经济，重点围绕贸易投资自由化便利化，分阶段开放资本项目，有序推进海南自由贸易港与境外资金自由便利流动。

9. 构建多功能自由贸易账户体系。以国内现有本外币账户和自由贸易账户为基础，构建海南金融对外开放基础平台。通过金融账户隔离，建立资金"电子围网"，为海南自由贸易港与境外实现跨境资金自由便利流动提供基础条件。

10. 便利跨境贸易投资资金流动。进一步推动跨境货物贸易、服务贸易和新型国际贸易结算便利化，实现银行真实性审核从事前审查转为事后核查。在跨境直接投资交易环节，按照准入前国民待遇加负面清单模式简化管理，提高兑换环节登记和兑换的便利性，探索适应市场需求新形态的跨境投资管理。在跨境融资领域，探索建立新的外债管理体制，试点合并交易环节外债管理框架，完善企业发行外债备案登记制管理，全面实施全口径跨境融资宏观审慎管理，稳步扩大跨境资产转让范围，提升外债资金汇兑便利化水平。在跨境证券投融资领域，重点服务实体经济投融资需求，扶持海南具有特色和比较优势的产业发展，并在境外上市、发债等方面给予优先支持，简化汇兑管理。

11. 扩大金融业对内对外开放。率先在海南自由贸易港落实金融业扩大开放政策。支持建设国际能源、航运、产权、股权等交易场所。加快发展结算中心。

12. 加快金融改革创新。支持住房租赁金融业务创新和规范发展，支持发展房地产投资信托基金（REITs）。稳步拓宽多种形式的产业融资渠道，放宽外资企业资本金使用范围。创新科技金融政策、产品和工具。

（四）人员进出自由便利。根据海南自由贸易港发展需要，针对高端产业人才，实行更加开放的人才和停居留政策，打造人才集聚高地。在有效防控涉外安全风险隐患的前提下，实行更加便利的出入境管理政策。

13. 对外籍高层次人才投资创业、讲学交流、经贸活动方面提供出入境便利。完善国际人才评价机制，以薪酬水平为主要指标评估人力资源类别，建立市场导向的人才机制。对外籍人员赴海南自由贸易港的工作许可实行负面清单管理，放宽外籍专业技术技能人员停居留政策。允许符合条件的境外人员担任海南自由贸易港内法定机构、事业单位、国有企业的法定代表人。实行宽松的商务人员临时出入境政策。

14. 建立健全人才服务管理制度。实现工作许可、签证与居留信息共享和联审联检。推进建立人才服务中心，提供工作就业、教育生活服务，保障其合法权益。

15. 实施更加便利的出入境管理政策。逐步实施更大范围适用免签入境政策，逐步延长免签停留时间。优化出入境边防检查管理，为商务人员、邮轮游艇提供出入境通关便利。

（五）运输来往自由便利。实施高度自由便利开放的运输政策，推动建设西部陆海新通道国际航运枢纽和航空枢纽，加快构建现代综合交通运输体系。

16. 建立更加自由开放的航运制度。建设"中国洋浦港"船籍港。支持海南自由贸易港开展船舶登记。研究建立海南自由贸易港航运经营管理体制及海员管理制度。进一步放宽空域管制与航路航权限制，优化航运路线，鼓励增加运力投放，增开航线航班。

17. 提升运输便利化和服务保障水平。推进船舶联合登临检查。构建高效、便捷、优质的船旗国特殊监管政策。为船舶和飞机融资提供更加优质高效的金融服务，取消船舶和飞机境外融资限制，探索以保险方式取代保证金。加强内地与海南自由贸易港间运输、通关便利化相关设施设备建设，合理配备人员，提升运输来往自由便利水平。

（六）数据安全有序流动。在确保数据流动安全可控的前提下，扩大数据领域开放，创新安全制度设计，实现数据充分汇聚，培育发展数字经济。

18. 有序扩大通信资源和业务开放。开放增值电信业务，逐步取消外资股比等限制。允许实体注册、服务设施在海南自由贸易港内的企业，面向自由贸易港全域及国际开展在线数据处理与交易处理等业务，并在安全可控的前提下逐步面向全国开展业务。安全有序开放基础电信业务。开展国际互联网数据交互试点，建设国际海底光缆及登陆点，设立国际通信出入口局。

（七）现代产业体系。大力发展旅游业、现代服务业和高新技术产业，不断夯实实体经济基础，增强产业竞争力。

19. 旅游业。坚持生态优先、绿色发展，围绕国际旅游消费中心建设，推动旅游与文化体育、健康医疗、养老养生等深度融合，提升博鳌乐城国际医疗旅游先行区发展水平，支持建设文化旅游产业园，发展特色旅游产业集群，培育旅游新业态新模式，创建全域旅游示范省。加快三亚向国际邮轮母港发展，支持建设邮轮旅游试验区，吸引国际邮轮注册。设立游艇产业改革发展创新试验区。支持创建国家级旅游度假区和5A级景区。

20. 现代服务业。集聚全球创新要素，深化对内对外开放，吸引跨国公司设立区域总部。创新港口管理体制机制，推动港口资源整合，拓展航运服务产业链，推动保税仓储、国际物流配送、转口贸易、大宗商品贸易、进口商品展销、流通加工、集装箱拆拼箱等业务发展，提高全球供应链服务管理能力，打造国际航运枢纽，推动港口、产业、城市融合发展。建设海南国际设计岛、理工农医类国际教育创新岛、区域性国际会展中心，扩大专业服务业对外开放。完善海洋服务基础设施，积极发展海洋物流、海洋旅游、海洋信息服务、海洋工程咨询、涉海金融、涉海商务等，构建具有国际竞争力的海洋服务体系。建设国家对外文化贸易基地。

21. 高新技术产业。聚焦平台载体，提升产业能级，以物联网、人工智能、区块链、数字贸易等为重点发展信息产业。依托文昌国际航天城、三亚深海科技城，布局建设重大科技基础设施和平台，培育深海深空产业。围绕生态环保、生物医药、新能源汽车、智能汽车等壮大先进制造业。发挥国家南繁科研育种基地优势，建设全球热带农业中心和全球动植物种质资源引进中转基地。建设智慧海南。

（八）税收制度。按照零关税、低税率、简税制、强法治、分阶段的原则，逐步建立与高水平自由贸易港相适应的税收制度。

22. 零关税。全岛封关运作前，对部分进口商品，免征进口关税、进口环节增值税和消费税。全岛封关运作、简并税制后，对进口征税商品目录以外、允许海南自由贸易港进口的商品，免征进口关税。

23. 低税率。对在海南自由贸易港实质经营的企业，实行企业所得税优惠税率。对符合条件的个人，实行个人所得税优惠税率。

24. 简税制。结合我国税制改革方向，探索推进简化税制。改革税种制度，降低间接税比例，实现税种结构简单科学、税制要素充分优化、税负水平明显降低、收入归属清晰、财政收支大体均衡。

25. 强法治。税收管理部门按实质经济活动所在地和价值创造地原则对纳税行为进行评估和预警，制定简明易行的实质经营地、所在地居住判定标准，强化对偷漏税风险的识别，防范税基侵蚀和利润转移，避免成为"避税天堂"。积极参与国际税收征管合作，加强涉税情报信息共享。加强税务领域信用分类服务和管理，依法依规对违法失信企业和个人采取相应措施。

26. 分阶段。按照海南自由贸易港建设的不同阶段，分步骤实施零关税、低税率、简税制的安排,最终形成具有国际竞争力的税收制度。

(九)社会治理。着力推进政府机构改革和政府职能转变,鼓励区块链等技术集成应用于治理体系和治理能力现代化,构建系统完备、科学规范、运行有效的自由贸易港治理体系。

27. 深化政府机构改革。进一步推动海南大部门制改革,整合分散在各部门相近或相似的功能职责,推动职能相近部门合并。控制行政综合类公务员比例,行政人员编制向监管部门倾斜,推行市场化的专业人员聘任制。

28. 推动政府职能转变。强化监管立法和执法,加强社会信用体系应用,深化"双随机、一公开"的市场监管体制,坚持对新兴业态实行包容审慎监管。充分发挥"互联网+"、大数据、区块链等现代信息技术作用,通过政务服务等平台建设规范政府服务标准、实现政务流程再造和政务服务"一网通办",加强数据有序共享,提升政府服务和治理水平。政府作出的承诺须认真履行,对于不能履行承诺或执行不到位而造成损失的,应及时予以赔偿或补偿。

29. 打造共建共治共享的社会治理格局。深化户籍制度改革,进一步放宽户口迁移政策,实行以公民身份号码为唯一标识、全岛统一的居住证制度。赋予行业组织更大自主权,发挥其在市场秩序维护、标准制定实施、行业纠纷调处中的重要作用。赋予社区更大的基层治理权限,加快社区服务与治理创新。

30. 创新生态文明体制机制。深入推进国家生态文明试验区(海南)建设,全面建立资源高效利用制度,健全自然资源产权制度和有偿使用制度。扎实推进国土空间规划体系建设,实行差别化的自然生态空间用途管制。健全自然保护地内自然资源资产特许经营权等制度,探索生态产品价值实现机制。建立热带雨林等国家公园,构建以国家公园为主体的自然保护地体系。探索建立政府主导、企业和社会参与、市场化运作、可持续的生态保护补偿机制。加快构建自然资源统一调查评价监测和确权登记制度。健全生态环境监测和评价制度。

(十)法治制度。建立以海南自由贸易港法为基础,以地方性法规和商事纠纷解决机制为重要组成的自由贸易港法治体系,营造国际一流的自由贸易港法治环境。

31. 制定实施海南自由贸易港法。以法律形式明确自由贸易港各项制度安排,为自由贸易港建设提供原则性、基础性的法治保障。

32. 制定经济特区法规。在遵循宪法规定和法律、行政法规基本原则前提下,支持海南充分行使经济特区立法权,立足自由贸易港建设实际,制定经济特区法规。

33. 建立多元化商事纠纷解决机制。完善国际商事纠纷案件集中审判机制,提供国际商事仲裁、国际商事调解等多种非诉讼纠纷解决方式。

(十一)风险防控体系。制定实施有效措施,有针对性防范化解贸易、投资、金融、数据流动、生态和公共卫生等领域重大风险。

34. 贸易风险防控。高标准建设开放口岸和"二线口岸"基础设施、监管设施,加大信息化系统建设和科技装备投入力度,实施智能精准监管,依托全岛"人流、物流、资金流"信息管理系统、社会管理监管系统、口岸监管系统"三道防线",形成海南社会管理信息化平台,对非设关地实施全天候动态监控。加强特定区域监管,在未设立口岸查验机构的区域设立综合执法点,对载运工具、上下货物、物品实时监控和处理。海南自由贸易港与内地之间进出的货物、物品、人员、运输工具等均需从口岸进出。完善口岸监管设备设施的配置。海关负责口岸及其他海关监管区的监管和查缉走私工作。海南省政府负责全省反走私综合治理工作,对下级政府反走私综合治理工作进行考评。建立与广东省、广西壮族自治区等地的反走私联防联控机制。

35. 投资风险防控。完善与投资规则相适应的过程监管制度，严格落实备案受理机构的审查责任和备案主体的备案责任。明确加强过程监管的规则和标准，压实监管责任，依法对投资经营活动的全生命周期实施有效监管，对新技术、新产业、新业态、新模式实行包容审慎监管，对高风险行业和领域实行重点监管。建立健全法律责任制度，针对备案主体提供虚假备案信息、违法经营等行为，制定严厉的惩戒措施。实施好外商投资安全审查，在创造稳定、透明和可预期的投资环境同时，有效防范国家安全风险。

36. 金融风险防控。优化金融基础设施和金融法治环境，加强金融消费者权益保护，依托资金流信息监测管理系统，建立健全资金流动监测和风险防控体系。建立自由贸易港跨境资本流动宏观审慎管理体系，加强对重大风险的识别和系统性金融风险的防范。加强反洗钱、反恐怖融资和反逃税审查，研究建立洗钱风险评估机制，定期评估洗钱和恐怖融资风险。构建适应海南自由贸易港建设的金融监管协调机制。

37. 网络安全和数据安全风险防控。深入贯彻实施网络安全等级保护制度，重点保障关键信息基础设施和数据安全，健全网络安全保障体系，提升海南自由贸易港建设相关的网络安全保障能力和水平。建立健全数据出境安全管理制度体系。健全数据流动风险管控措施。

38. 公共卫生风险防控。加强公共卫生防控救治体系建设，建立传染病和突发公共卫生事件监测预警、应急响应平台和决策指挥系统，提高早期预防、风险研判和及时处置能力。加强疾病预防控制体系建设，高标准建设省级疾病预防控制中心，建立国家热带病研究中心海南分中心，加快推进各级疾病预防控制机构基础设施建设，优化实验室检验检测资源配置。加强公共卫生人才队伍建设，提升监测预警、检验检测、现场流行病学调查、应急处置和医疗救治能力。建设生物安全防护三级实验室和传染病防治研究所，强化全面检测、快速筛查能力，优化重要卫生应急物资储备和产能保障体系。健全优化重大疫情救治体系，建设传染病医疗服务网络，依托综合医院或专科医院建立省级和市级传染病医疗中心，改善传染病医疗中心和传染病医院基础设施和医疗条件。重点加强基层传染病医疗服务能力建设，提升县级综合医院传染病诊疗能力。构建网格化紧密型医疗集团，促进资源下沉、医防融合。完善基层医疗卫生机构标准化建设，强化常见病多发病诊治、公共卫生服务和健康管理能力。加强国际卫生检疫合作和国际疫情信息搜集与分析，提升口岸卫生检疫技术设施保障，建设一流的国际旅行卫生保健中心，严格落实出入境人员健康申报制度，加强对来自重点国家或地区的交通工具、人员和货物、物品的卫生检疫，强化联防联控，筑牢口岸检疫防线。加强对全球传染病疫情的监测，推进境外传染病疫情风险早期预警，严防重大传染病跨境传播。建立海关等多部门协作的境外疫病疫情和有害生物联防联控机制。提升进出口商品质量安全风险预警和快速反应监管能力，完善重点敏感进出口商品监管。

39. 生态风险防控。实行严格的进出境环境安全准入管理制度，禁止洋垃圾输入。推进医疗废物等危险废物处置设施建设，提升突发生态环境事件应急准备与响应能力。建立健全环保信用评价制度。

三、分步骤分阶段安排

（一）2025年前重点任务。围绕贸易投资自由化便利化，在有效监管基础上，有序推进开放进程,推动各类要素便捷高效流动,形成早期收获,适时启动全岛封关运作。

1. 加强海关特殊监管区域建设。在洋浦保税港区等具备条件的海关特殊监管区域率先实行"一线"放开、"二线"管住的进出口管理制度。根据海南自由贸易港建设需要,增设海关特殊监管区域。

2. 实行部分进口商品零关税政策。除法律法规和相关规定明确不予免税、国家规定禁止进口的商品外,对企业进口自用的生产设备,实行"零关税"负面清单管理;对岛内进口用于交通运输、旅游业的船舶、航空器等营运用交通工具及游艇,实行"零关税"正面清单管理;对岛内进口用于生产自用或以"两头在外"模式进行生产加工活动(或服务贸易过程中)所消耗的原辅料,实行"零关税"正面清单管理;对岛内居民消费的进境商品,实行正面清单管理,允许岛内免税购买。对实行"零关税"清单管理的货物及物品,免征进口关税、进口环节增值税和消费税。清单内容由有关部门根据海南实际需要和监管条件进行动态调整。放宽离岛免税购物额度至每年每人10万元,扩大免税商品种类。

3. 减少跨境服务贸易限制。在重点领域率先规范影响服务贸易自由便利的国内规制。制定出台海南自由贸易港跨境服务贸易负面清单,给予境外服务提供者国民待遇。建设海南国际知识产权交易所,在知识产权转让、运用和税收政策等方面开展制度创新,规范探索知识产权证券化。

4. 实行"极简审批"投资制度。制定出台海南自由贸易港放宽市场准入特别清单、外商投资准入负面清单。对先行开放的特定服务业领域所设立的外商投资企业,明确经营业务覆盖的地域范围。建立健全国家安全审查、产业准入环境标准和社会信用体系等制度,全面推行"极简审批"制度。深化"证照分离"改革。建立健全以信用监管为基础、与负面清单管理方式相适应的过程监管体系。

5. 试点改革跨境证券投融资政策。支持在海南自由贸易港内注册的境内企业根据境内外融资计划在境外发行股票,优先支持企业通过境外发行债券融资,将企业发行外债备案登记制管理下放至海南省发展改革部门。探索开展跨境资产管理业务试点,提高跨境证券投融资汇兑便利。试点海南自由贸易港内企业境外上市外汇登记直接到银行办理。

6. 加快金融业对内对外开放。培育、提升海南金融机构服务对外开放能力,支持金融业对外开放政策在海南自由贸易港率先实施。支持符合条件的境外证券基金期货经营机构在海南自由贸易港设立独资或合资金融机构。支持金融机构立足海南旅游业、现代服务业、高新技术产业等重点产业发展需要,创新金融产品,提升服务质效。依托海南自由贸易港建设,推动发展相关的场外衍生品业务。支持海南在优化升级现有交易场所的前提下,推进产权交易场所建设,研究允许非居民按照规定参与交易和进行资金结算。支持海南自由贸易港内已经设立的交易场所在会员、交易、税负、清算、交割、投资者权益保护、反洗钱等方面,建立与国际惯例接轨的规则和制度体系。在符合相关法律法规的前提下,支持在海南自由贸易港设立财产险、人身险、再保险公司以及相互保险组织和自保公司。

7. 增强金融服务实体经济能力。支持发行公司信用类债券、项目收益票据、住房租赁专项债券等。对有稳定现金流的优质旅游资产,推动开展证券化试点。支持金融机构在依法合规、有效防范风险的前提下,在服务贸易领域开展保单融资、仓单质押贷款、应收账款质押贷款、知识产权质押融资等业务。支持涉海高新技术企业利用股权、知识产权开展质押融资,规范、稳妥开发航运物流金融产品和供应链融资产品。依法有序推进人工智能、大数据、云计算等金融科技领域研究成果在海南自由贸易港率先落地。探索建立与国际商业保险付费体系相衔接的商业性医疗保险服务。支持保险业金融机构与境外机构合作开发跨境医疗保险产品。

8. 实施更加便利的免签入境措施。将外国人免签入境渠道由旅行社邀请接待扩展为外国人自行申报或通过单位邀请接待免签入境。放宽外国人申请免签入境事由限制，允许外国人以商贸、访问、探亲、就医、会展、体育竞技等事由申请免签入境海南。实施外国旅游团乘坐邮轮入境15天免签政策。

9. 实施更加开放的船舶运输政策。以"中国洋浦港"为船籍港，简化检验流程，逐步放开船舶法定检验，建立海南自由贸易港国际船舶登记中心，创新设立便捷、高效的船舶登记程序。取消船舶登记主体外资股比限制。在确保有效监管和风险可控的前提下，境内建造的船舶在"中国洋浦港"登记并从事国际运输的，视同出口并给予出口退税。对以洋浦港作为中转港从事内外贸同船运输的境内船舶，允许其加注本航次所需的保税油；对其加注本航次所需的本地生产燃料油，实行出口退税政策。对符合条件并经洋浦港中转离境的集装箱货物，试行启运港退税政策。加快推进琼州海峡港航一体化。

10. 实施更加开放的航空运输政策。在对等基础上，推动在双边航空运输协定中实现对双方承运人开放往返海南的第三、第四航权，并根据我国整体航空运输政策，扩大包括第五航权在内的海南自由贸易港建设所必需的航权安排。支持在海南试点开放第七航权。允许相关国家和地区航空公司承载经海南至第三国（地区）的客货业务。实施航空国际中转旅客及其行李通程联运。对位于海南的主基地航空公司开拓国际航线给予支持。允许海南进出岛航班加注保税航油。

11. 便利数据流动。在国家数据跨境传输安全管理制度框架下，开展数据跨境传输安全管理试点，探索形成既能便利数据流动又能保障安全的机制。

12. 深化产业对外开放。支持发展总部经济。举办中国国际消费品博览会，国家级展会境外展品在展期内进口和销售享受免税政策，免税政策由有关部门具体制定。支持海南大力引进国外优质医疗资源。总结区域医疗中心建设试点经验，研究支持海南建设区域医疗中心。允许境外理工农医类高水平大学、职业院校在海南自由贸易港独立办学，设立国际学校。推动国内重点高校引进国外知名院校在海南自由贸易港举办具有独立法人资格的中外合作办学机构。建设海南国家区块链技术和产业创新发展基地。

13. 优化税收政策安排。从本方案发布之日起，对注册在海南自由贸易港并实质性运营的鼓励类产业企业，减按15%征收企业所得税。对在海南自由贸易港设立的旅游业、现代服务业、高新技术产业企业，其2025年前新增境外直接投资取得的所得，免征企业所得税。对企业符合条件的资本性支出，允许在支出发生当期一次性税前扣除或加速折旧和摊销。对在海南自由贸易港工作的高端人才和紧缺人才，其个人所得税实际税负超过15%的部分，予以免征。对享受上述优惠政策的高端人才和紧缺人才实行清单管理，由海南省商财政部、税务总局制定具体管理办法。

14. 加大中央财政支持力度。中央财政安排综合财力补助，对地方财政减收予以适当弥补。鼓励海南在国务院批准的限额内发行地方政府债券支持自由贸易港项目建设。在有效防范风险的前提下，稳步增加海南地方政府专项债券发行额度，用于支持重大基础设施建设。鼓励在海南自由贸易港向全球符合条件的境外投资者发行地方政府债券。由海南统筹中央资金和自有财力，设立海南自由贸易港建设投资基金，按政府引导、市场化方式运作。

15. 给予充分法律授权。本方案提出的各项改革政策措施，凡涉及调整现行法律或行政法规的，经全国人大及其常委会或国务院统一授权后实施。研究简化调整现行法律或行政法规的工作程序，推动尽快落地。授权海南制定出台自由贸易港商事注销条例、破产条例、公平竞争条例、征收征用条例。加快推动制定出台海南自由贸易港法。

16. 强化用地用海保障。授权海南在不突破海南省国土空间规划明确的生态保护红线、永久基本农田面积、耕地和林地保有量、建设用地总规模等重要指标并确保质量不降低的前提下，按照国家规定的条件，对全省耕地、永久基本农田、林地、建设用地布局调整进行审批并纳入海南省和市县国土空间规划。积极推进城乡及垦区一体化协调发展和小城镇建设用地新模式，推进农垦土地资产化。建立集约节约用地制度、评价标准以及存量建设用地盘活处置政策体系。总结推广文昌农村土地制度改革三项试点经验，支持海南在全省深入推进农村土地制度改革。依法保障国家重大项目用海需求。

17. 做好封关运作准备工作。制定出台海南自由贸易港进口征税商品目录、限制进口货物物品清单、禁止进口货物物品清单、限制出口货物物品清单、禁止出口货物物品清单、运输工具管理办法，以及与内地海关通关单证格式规范、与内地海关通关操作规程、出口通关操作规程等，增加对外开放口岸，建设全岛封关运作的配套设施。

18. 适时启动全岛封关运作。2025年前，适时全面开展全岛封关运作准备工作情况评估，查堵安全漏洞。待条件成熟后再实施全岛封关运作，不再保留洋浦保税港区、海口综合保税区等海关特殊监管区域。相关监管实施方案由有关部门另行制定。在全岛封关运作的同时，依法将现行增值税、消费税、车辆购置税、城市维护建设税及教育费附加等税费进行简并，启动在货物和服务零售环节征收销售税相关工作。

（二）2035年前重点任务。进一步优化完善开放政策和相关制度安排，全面实现贸易自由便利、投资自由便利、跨境资金流动自由便利、人员进出自由便利、运输来往自由便利和数据安全有序流动，推进建设高水平自由贸易港。

1. 实现贸易自由便利。进一步创新海关监管制度，建立与总体国家安全观相适应的非关税贸易措施体系，建立自由进出、安全便利的货物贸易管理制度，实现境外货物在海南自由贸易港进出自由便利。建立健全跨境支付业务相关制度，营造良好的支付服务市场环境，提升跨境支付服务效率，依法合规推动跨境服务贸易自由化便利化。

2. 实现投资自由便利。除涉及国家安全、社会稳定、生态保护红线、重大公共利益等国家实行准入管理的领域外，全面放开投资准入。在具有强制性标准的领域，建立"标准制+承诺制"的投资制度，市场主体对符合相关要求作出承诺，即可开展投资经营活动。

3. 实现跨境资金流动自由便利。允许符合一定条件的非金融企业，根据实际融资需要自主借用外债，最终实现海南自由贸易港非金融企业外债项下完全可兑换。

4. 实现人员进出自由便利。进一步放宽人员自由进出限制。实行更加宽松的商务人员临时出入境政策、便利的工作签证政策，进一步完善居留制度。

5. 实现运输来往自由便利。实行特殊的船舶登记审查制度。进一步放宽空域管制与航路航权限制。鼓励国内外航空公司增加运力投放，增开航线航班。根据双边航空运输协定，在审核外国航空公司国际航线经营许可时，优先签发至海南的国际航线航班许可。

6. 实现数据安全有序流动。创新数据出境安全的制度设计，探索更加便利的个人信息安全出境评估办法。开展个人信息入境制度性对接，探索加入区域性国际数据跨境流动制度安排，提升数据传输便利性。积极参与跨境数据流动国际规则制定，建立数据确权、数据交易、数据安全和区块链金融的标准和规则。

7. 进一步推进财税制度改革。对注册在海南自由贸易港并实质性运营的企业（负面清单行业除外），减按15%征收企业所得税。对一个纳税年度内在海南自由贸易港累计居住满183天的个人，其取得来源于海南自由贸易港范围内的综合所得和经营所得，按照3%、10%、15%三档超额累进税率征收个人所得税。扩大海南地方税收管理权限。企业所得税、个人所得税作为中央与地方共享收入，销售税及其他国内税种收入作为地方收入。授权海南根据自由贸易港发展需要，自主减征、免征、缓征除具有生态补偿性质外的政府性基金，自主设立涉企行政事业性收费项目。对中央级行政事业性收费，按照中央统一规定执行。中央财政支持政策结合税制变化情况相应调整，并加大支持力度。进一步研究改进补贴政策框架，为我国参与补贴领域国际规则制定提供参考。

四、组织实施

（一）**加强党的全面领导**。坚持用习近平新时代中国特色社会主义思想武装党员干部头脑，认真贯彻落实党中央、国务院决策部署，增强"四个意识"，坚定"四个自信"，做到"两个维护"。建立健全党对海南自由贸易港建设工作的领导体制机制，充分发挥党总揽全局、协调各方的作用，加强党对海南自由贸易港建设各领域各方面各环节的领导。以党的政治建设为统领，以提升组织力为重点，全面提高党的建设质量，为海南自由贸易港建设提供坚强政治保障。加强基层党组织建设，引导广大党员发挥先锋模范作用，把基层党组织建设成为海南推动自由贸易港建设的坚强战斗堡垒。完善体现新发展理念和正确政绩观要求的干部考核评价体系，建立激励机制和容错纠错机制，旗帜鲜明地为敢于担当、踏实做事、不谋私利的干部撑腰鼓劲。把社会主义核心价值观融入经济社会发展各方面。持之以恒正风肃纪，强化纪检监察工作，营造风清气正良好环境。

（二）**健全实施机制**。在推进海南全面深化改革开放领导小组指导下，海南省要切实履行主体责任，加强组织领导，全力推进海南自由贸易港建设各项工作。中央和国家机关有关单位要按照本方案要求，主动指导推动海南自由贸易港建设，进一步细化相关政策措施，制定出台实施方案，确保政策落地见效。推进海南全面深化改革开放领导小组办公室牵头成立指导海南推进自由贸易港建设工作小组，由国家发展改革委、财政部、商务部、中国人民银行、海关总署等部门分别派出干部驻海南实地指导开展自由贸易港建设工作，有关情况及时上报领导小组。国务院发展研究中心组织对海南自由贸易港建设开展全过程评估，牵头设立专家咨询委员会，为海南自由贸易港建设建言献策。

（三）**稳步推进政策落地**。加大督促落实力度，将各项政策举措抓实抓细抓出成效。认真研究和妥善解决海南自由贸易港建设中遇到的新情况新问题，对一些重大政策措施做好试点工作，积极稳妥推进方案实施。

横琴粤澳深度合作区建设总体方案

(2021年9月5日)

习近平总书记强调，建设横琴新区的初心就是为澳门产业多元发展创造条件。新形势下做好横琴粤澳深度合作区开发开放，是深入实施《粤港澳大湾区发展规划纲要》的重点举措，是丰富"一国两制"实践的重大部署，是为澳门长远发展注入的重要动力，有利于推动澳门长期繁荣稳定和融入国家发展大局。为全面贯彻落实习近平总书记关于粤澳合作开发横琴的重要指示精神，支持横琴粤澳深度合作区（以下简称合作区）发展，制定本方案。

一、总体要求

（一）发展基础。横琴地处珠海南端，与澳门一水一桥之隔，具有粤澳合作的先天优势，是促进澳门经济适度多元发展的重要平台。2009年党中央、国务院决定开发横琴以来，在各方共同努力下，横琴经济社会发展取得显著成绩，基础设施逐步完善，制度创新深入推进，对外开放水平不断提高，地区生产总值和财政收入快速增长。同时，横琴实体经济发展还不充分，服务澳门特征还不够明显，与澳门一体化发展还有待加强，促进澳门产业多元发展任重道远。

（二）指导思想。以习近平新时代中国特色社会主义思想为指导，全面贯彻党的十九大和十九届二中、三中、四中、五中全会精神，立足新发展阶段，贯彻新发展理念，构建新发展格局，紧紧围绕促进澳门经济适度多元发展，坚持"一国两制"、依法办事，坚持解放思想、改革创新，坚持互利合作、开放包容，创新完善政策举措，丰富拓展合作内涵，以更加有力的开放举措统筹推进粤澳深度合作，大力发展促进澳门经济适度多元的新产业，加快建设便利澳门居民生活就业的新家园，着力构建与澳门一体化高水平开放的新体系，不断健全粤澳共商共建共管共享的新体制，支持澳门更好融入国家发展大局，为澳门"一国两制"实践行稳致远注入新动能。

（三）合作区范围。合作区实施范围为横琴岛"一线"和"二线"之间的海关监管区域，总面积约106平方公里。其中，横琴与澳门特别行政区之间设为"一线"；横琴与中华人民共和国关境内其他地区（以下简称内地）之间设为"二线"。

根据横琴全岛客观现实情况，对合作区进行分区分类施策管理。澳门大学横琴校区和横琴口岸澳门管辖区，由全国人大常委会授权澳门特别行政区政府管理，适用澳门有关制度和规定，与其他区域物理围网隔离；粤澳双方共商共建共管共享区域采用电子围网监管和目录清单方式，对符合条件的市场主体，实施特殊政策。

（四）战略定位

——促进澳门经济适度多元发展的新平台。立足粤澳资源禀赋和发展基础，围绕澳门产业多元发展主攻方向，加强政策扶持，大力发展新技术、新产业、新业态、新模式，为澳门长远发展注入新动力。

——便利澳门居民生活就业的新空间。推动合作区深度对接澳门公共服务和社会保障体系，为澳门居民在合作区学习、就业、创业、生活提供更加便利的条件,营造趋同澳门的宜居宜业生活环境。

——丰富"一国两制"实践的新示范。坚守"一国"之本,善用"两制"之利,立足合作区分线管理的特殊监管体制和发展基础,率先在改革开放重要领域和关键环节大胆创新,推进规则衔接、机制对接,打造具有中国特色、彰显"两制"优势的区域开发示范,加快实现与澳门一体化发展。

——推动粤港澳大湾区建设的新高地。充分挖掘粤港澳大湾区制度创新潜力,用足用好澳门自由港和珠海经济特区的有利因素,加快提升合作区综合实力和竞争力,有力支撑澳门—珠海极点对粤港澳大湾区的引领作用,辐射带动珠江西岸地区加快发展。

(五)发展目标

到2024年澳门回归祖国25周年时,粤澳共商共建共管共享体制机制运作顺畅,创新要素明显集聚,特色产业加快发展,公共服务和社会保障体系与澳门有序衔接,在合作区居住、就业的澳门居民大幅增加,琴澳一体化发展格局初步建立,促进澳门经济适度多元发展的支撑作用初步显现。

到2029年澳门回归祖国30周年时,合作区与澳门经济高度协同、规则深度衔接的制度体系全面确立,各类要素跨境流动高效便捷,特色产业发展形成规模,公共服务和社会保障体系更加完善,琴澳一体化发展水平进一步提升,促进澳门经济适度多元发展取得显著成效。

到2035年,"一国两制"强大生命力和优越性全面彰显,合作区经济实力和科技竞争力大幅提升,公共服务和社会保障体系高效运转,琴澳一体化发展体制机制更加完善,促进澳门经济适度多元发展的目标基本实现。

二、发展促进澳门经济适度多元的新产业

(六)发展科技研发和高端制造产业。布局建设一批发展急需的科技基础设施,组织实施国际大科学计划和大科学工程,高标准建设澳门大学、澳门科技大学等院校的产学研示范基地,构建技术创新与转化中心,推动合作区打造粤港澳大湾区国际科技创新中心的重要支点。大力发展集成电路、电子元器件、新材料、新能源、大数据、人工智能、物联网、生物医药产业。加快构建特色芯片设计、测试和检测的微电子产业链。建设人工智能协同创新生态,打造互联网协议第六版(IPv6)应用示范项目、第五代移动通信(5G)应用示范项目和下一代互联网产业集群。

(七)发展中医药等澳门品牌工业。着眼建设世界一流中医药生产基地和创新高地,优化粤澳合作中医药科技产业园发展路径,以国家中医药服务出口基地为载体,发展中医药服务贸易,建立具有自主知识产权和中国特色的医药创新研发与转化平台。对在澳门审批和注册、在合作区生产的中医药产品、食品及保健品,允许使用"澳门监造"、"澳门监制"或"澳门设计"标志。研究简化澳门外用中成药在粤港澳大湾区内地上市审批流程,探索允许在内地已获上市许可的澳门中药在粤港澳大湾区内地生产,对澳门研制符合规定的新药实施优先审评审批。支持发展毛坯钻石加工,打造世界级毛坯钻石、宝石交易中心。

(八)发展文旅会展商贸产业。高水平建设横琴国际休闲旅游岛,支持澳门世界旅游休闲中心建设,在合作区大力发展休闲度假、会议展览、体育赛事观光等旅游产业和休闲养生、康复医疗等大健康产业。加强对周边海岛旅游资源的开发利用,推动粤港澳游艇自由行。支持粤澳两地研究举办国际高品质消费博览会暨世界湾区论坛，打造具有国际影响力的展会平台。允许在合作区内与澳门联合举办跨境会展过程中，为会展工作人员、专业参展人员和持有展会票务证明的境内外旅客依规办理多次出入境有效签证（注），在珠海、澳门之间可通过横琴口岸多次自由往返。支持粤澳合作建设高品质进口消费品交易中心，构建高品质消费品交易产业生态。建设中葡国际贸易中心和数字贸易国际枢纽港，推动传统贸易数字化转型。

（九）**发展现代金融产业**。充分发挥澳门对接葡语国家的窗口作用，支持合作区打造中国—葡语国家金融服务平台。鼓励社会资本按照市场化原则设立多币种创业投资基金、私募股权投资基金，吸引外资加大对合作区高新技术产业和创新创业支持力度。支持在合作区开展跨境人民币结算业务，鼓励和支持境内外投资者在跨境创业投资及相关投资贸易中使用人民币。支持澳门在合作区创新发展财富管理、债券市场、融资租赁等现代金融业。支持合作区对澳门扩大服务领域开放，降低澳资金融机构设立银行、保险机构准入门槛。支持在合作区开展跨境机动车保险、跨境商业医疗保险、信用证保险等业务。

（十）**完善企业所得税优惠政策**。对合作区符合条件的产业企业减按15%的税率征收企业所得税，将有利于澳门经济适度多元发展的产业全部纳入政策范围。对企业符合条件的资本性支出，允许在支出发生当期一次性税前扣除或加速折旧和摊销。对在合作区设立的旅游业、现代服务业、高新技术产业企业新增境外直接投资取得的所得，免征企业所得税。

（十一）**促进境内外人才集聚**。制定吸引和集聚国际高端人才的政策措施，大力吸引"高精尖缺"人才，对符合条件的国际高端人才给予进出合作区高度便利，为高端人才在合作区发展提供更加优质服务。对在合作区工作的境内外高端人才和紧缺人才，其个人所得税负超过15%的部分予以免征。对享受优惠政策的高端人才和紧缺人才实行清单管理，具体管理办法由粤澳双方研究提出，提请粤港澳大湾区建设领导小组审定。完善外国人才签证政策，便利国际人才参与合作区建设。支持引进世界知名大学。建设国家级海外人才离岸创新创业基地。

三、建设便利澳门居民生活就业的新家园

（十二）**吸引澳门居民就业创业**。允许具有澳门等境外执业资格的金融、建筑、规划、设计等领域专业人才，在符合行业监管要求条件下，经备案后在合作区提供服务，其境外从业经历可视同境内从业经历。支持在合作区采取便利措施，鼓励具有澳门等境外资格的医疗领域专业人才依法取得境内执业资格。高水平打造横琴澳门青年创业谷、中葡青年创新创业基地等一批创客空间、孵化器和科研创新载体，构建全链条服务生态。推动在合作区创新创业就业的澳门青年同步享受粤澳两地的扶持政策。采取多种措施鼓励合作区企业吸纳澳门青年就业。对在合作区工作的澳门居民，其个人所得税负超过澳门税负的部分予以免征。

（十三）**加强与澳门社会民生合作**。加快推进"澳门新街坊"建设，对接澳门教育、医疗、社会服务等民生公共服务和社会保障体系，有效拓展澳门居民优质生活空间。推动全面放开澳门机动车便利入出合作区。支持澳门医疗卫生服务提供主体以独资、合资或者合作方式设置医疗机构，聚集国际化、专业化医疗服务资源。允许指定医疗机构使用临床急需、已在澳门注册的药品和特殊医学用途配方食品，以及使用临床急需、澳门公立医院已采购使用、具有临床应用先进性（大型医用设备除外）的医疗器械。研究支持粤澳共建区域医疗联合体和区域性医疗中心，增强联合应对公共卫生突发事件能力。建立合作区与澳门社会服务合作机制，促进两地社区治理和服务融合发展。大幅降低并逐步取消合作区与澳门间的手机长途和跨境漫游费。

（十四）**推进基础设施互联互通**。支持澳门轻轨延伸至合作区与珠海城市轨道线网联通，融入内地轨道交通网。加快推动合作区连通周边区域的通道建设，有序推进广州至珠海（澳门）高铁、南沙至珠海（中山）城际铁路等项目规划建设。加强合作区与珠海机场、珠海港功能协调和产业联动。

四、构建与澳门一体化高水平开放的新体系

（十五）**货物"一线"放开、"二线"管住**。"一线"放开方面，对合作区与澳门之间经"一线"进出的货物（过境合作区货物除外）继续实施备案管理，进一步简化申报程序和要素。研究调整横琴不予免（保）税货物清单政策，除国家法律、行政法规明确规定不予免（保）税的货物及物品外，其他货物及物品免（保）税进入。"二线"管住方面，从合作区经"二线"进入内地的免（保）税货物，按照进口货物有关规定办理海关手续，征收关税和进口环节税。对合作区内企业生产的不含进口料件或者含进口料件在合作区加工增值达到或超过30%的货物，经"二线"进入内地免征进口关税。从内地经"二线"进入合作区的有关货物视同出口，按现行税收政策规定实行增值税和消费税退税，涉及出口关税应税商品的征收出口关税，并根据需要办理海关手续。研究调整适用退税政策的货物范围，实行负面清单管理。

（十六）**人员进出高度便利**。"一线"在双方协商一致且确保安全基础上，积极推行合作查验、一次放行通关模式，不断提升通关便利化水平，严格实施卫生检疫和出入境边防检查，对出入境人员携带的行李依法实施监管。加快推进澳门大学横琴校区与横琴口岸的专用通道建设，探索在澳门大学横琴校区与合作区之间建设新型智能化口岸，高度便利澳门大学师生进出合作区。"二线"对人员进出不作限制，对合作区经"二线"进入内地的物品，研究制定相适应的税收政策，按规定进行监管。

（十七）**创新跨境金融管理**。加强合作区金融市场与澳门、香港离岸金融市场的联动，探索构建电子围网系统，推动合作区金融市场率先高度开放。按照国家统筹规划、服务实体、风险可控、分步推进原则，在合作区内探索跨境资本自由流入流出和推进资本项目可兑换。指导银行提升金融服务水平，进一步推动跨境电商等新型国际贸易结算便利化，实现银行真实性审核从事前审查转为事后核查。在跨境直接投资交易环节，按照准入前国民待遇加负面清单模式简化管理，提高兑换环节登记和兑换便利性，探索适应市场需求新形态的跨境投资管理。在跨境融资领域，探索建立新的外债管理体制，试点合并交易环节外债管理框架，完善企业发行外债备案登记制管理，全面实施全口径跨境融资宏观审慎管理，稳步扩大跨境资产转让范围，提升外债资金汇兑便利化水平。支持符合一定条件的非金融企业，在全口径跨境融资宏观审慎管理框架下，根据实际融资需要自主借用外债，逐步实现合作区非金融企业外债项下完全可兑换。在跨境证券投融资领域，重点服务实体经济投融资需求，扶持合作区具有特色和比较优势的产业发展，并在境外上市、发债等方面给予积极支持，简化汇兑管理。

（十八）**建立高度便利的市场准入制度**。实施市场准入承诺即入制，严格落实"非禁即入"，在"管得住"前提下，对具有强制性标准的领域，原则上取消许可和审批，建立健全备案制度，市场主体承诺符合相关要求并提交相关材料进行备案，即可开展投资经营活动。不断放宽各类投资者在合作区开展投资贸易的资质要求、持股比例、行业准入等限制。制定出台合作区放宽市场准入特别措施。强化事中事后监管，建立与澳门衔接、国际接轨的监管标准和规范制度。

（十九）**促进国际互联网数据跨境安全有序流动**。在国家数据跨境传输安全管理制度框架下，开展数据跨境传输安全管理试点，研究建设固网接入国际互联网的绿色通道，探索形成既能便利数据流动又能保障安全的机制。支持珠海、澳门相关高校、科研机构在确保个人信息和重要数据安全前提下，实现科学研究数据跨境互联互通。

五、健全粤澳共商共建共管共享的新体制

（二十）**建立合作区开发管理机构**。在粤港澳大湾区建设领导小组领导下，粤澳双方联合组建合作区管理委员会，在职权范围内统筹决定合作区的重大规划、重大政策、重大项目和重要人事任免。合作区管理委员会实行双主任制，由广东省省长和澳门特别行政区行政长官共同担任，澳门特别行政区委派一名常务副主任，粤澳双方协商确定其他副主任。成员单位包括广东省和澳门特别行政区有关部门、珠海市政府等。

（二十一）**组建合作区开发执行机构**。合作区管理委员会下设执行委员会，履行合作区的国际推介、招商引资、产业导入、土地开发、项目建设、民生管理等职能。执行委员会主要负责人由澳门特别行政区政府委派，广东省和珠海市派人参加，协助做好涉及广东省事务的协调工作。粤澳双方根据需要组建开发投资公司，配合执行委员会做好合作区开发建设有关工作。

（二十二）**做好合作区属地管理工作**。合作区上升为广东省管理。成立广东省委和省政府派出机构，集中精力抓好党的建设、国家安全、刑事司法、社会治安等工作，履行好属地管理职能，积极主动配合合作区管理和执行机构推进合作区开发建设。

（二十三）**建立合作区收益共享机制**。支持粤澳双方探索建立合作区收益共享机制，2024年前投资收益全部留给合作区管理委员会支配，用于合作区开发建设。中央财政对合作区给予补助，补助与合作区吸引澳门企业入驻和扩大就业、增加实体经济产值、支持本方案确定的重点产业等挂钩，补助数额不超过中央财政在合作区的分享税收。

（二十四）**建立常态化评估机制**。创新合作区国民经济相关数据统计方式，研究编制合作区促进澳门经济适度多元发展的指标体系，全面反映对促进澳门经济适度多元发展的贡献。立足横琴土地开发现状，合作区未来新出让建设用地，应直接服务于支持澳门经济适度多元发展。组织对合作区建设及促进澳门经济适度多元发展成效开展年度评估，评估结果向粤港澳大湾区建设领导小组报告。

六、保障措施

（二十五）**全面加强合作区党的领导和党的建设**。坚持和加强党的全面领导，增强"四个意识"、坚定"四个自信"、做到"两个维护"，把党的领导贯穿合作区开发建设全过程。落实新时代党的建设总要求，把党的政治建设摆在首位，适应合作区开发建设新模式和对外开放新要求，积极创新国际化环境中党的建设工作，把党的政治优势、组织优势转化为合作区全面深化改革和扩大开放的坚强保障。

（二十六）**强化法治保障**。充分发挥"一国两制"制度优势，在遵循宪法和澳门特别行政区基本法前提下，逐步构建民商事规则衔接澳门、接轨国际的制度体系。研究制定合作区条例，为合作区长远发展提供制度保障。用足用好珠海经济特区立法权，允许珠海立足合作区改革创新实践需要，根据授权对法律、行政法规、地方性法规作变通规定。加强粤澳司法交流协作，建立完善国际商事审判、仲裁、调解等多元化商事纠纷解决机制。研究强化拓展横琴新区法院职能和作用，为合作区建设提供高效便捷的司法服务和保障。

（二十七）**加大赋权力度**。支持合作区以清单式申请授权方式，在经济管理、营商环境、市场监管等重点领域深化改革、扩大开放。有关改革开放政策措施，涉及需要调整现行法律的，由有关方面按法定程序向全国人大或其常委会提出相关议案，经授权或决定后实施；涉及需要调整现行行政法规的，由有关方面按法定程序提请国务院授权或决定后实施。

（二十八）**建立健全风险管理机制**。越是开放越要注重安全，强化底线思维，增强风险防范意识，及时研究处置合作区改革开放过程中的各种风险。综合运用稽查、核查、调查、缉私等监管手段，严厉打击走私等违法犯罪活动。建立反洗钱、反恐怖融资、反逃税金融监测管理体系，构筑金融"防火墙"。财政部、税务总局会同有关部门加强对合作区财税政策执行的监督检查，防止出现违法违规行为。对禁限管制、高风险商品等，依法实施口岸联合查验和入市监管，严守国家安全底线。

（二十九）**加强组织实施**。在粤港澳大湾区建设领导小组领导下，粤澳双方要切实履行主体责任，加快构建开放共享、运行有效的制度体系和管理机制，高标准、高质量推进合作区建设。合作区管理委员会要抓紧制定实施方案，按规定明确开发管理和执行机构具体组建方案和详细职责分工。按照合作区发展新要求，修编《横琴总体发展规划》。中央和国家机关有关部门要结合自身职能，制定具体措施，加大对合作区建设指导支持力度，把合作区作为本领域深化改革、扩大开放的试验田和先行区。国家发展改革委会同有关部门研究制定合作区鼓励类产业目录。粤港澳大湾区建设领导小组办公室会同有关部门加强统筹协调，及时研究解决合作区建设中遇到的困难和问题，重大事项按程序向党中央、国务院请示报告。

全面深化前海深港现代服务业合作区改革开放方案

（2021年9月6日）

开发建设前海深港现代服务业合作区（以下简称前海合作区）是支持香港经济社会发展、提升粤港澳合作水平、构建对外开放新格局的重要举措，对推进粤港澳大湾区建设、支持深圳建设中国特色社会主义先行示范区、增强香港同胞对祖国的向心力具有重要意义。为推动前海合作区全面深化改革开放，在粤港澳大湾区建设中更好发挥示范引领作用，制定本方案。

一、总体要求

（一）**指导思想**。以习近平新时代中国特色社会主义思想为指导，全面贯彻党的十九大和十九届二中、三中、四中、五中全会精神，坚决贯彻党的基本理论、基本路线、基本方略，增强"四个意识"、坚定"四个自信"、做到"两个维护"，坚持稳中求进工作总基调，立足新发展阶段，贯彻新发展理念，构建新发展格局，以推动高质量发展为主题，以深化供给侧结构性改革为主线，以改革创新为根本动力，以满足人民日益增长的美好生活需要为根本目的，坚持系统观念，更好统筹发展和安全，以制度创新为核心，在"一国两制"框架下先行先试，推进与港澳规则衔接、机制对接，丰富协同协调发展模式，打造粤港澳大湾区全面深化改革创新试验平台，建设高水平对外开放门户枢纽，不断构建国际合作和竞争新优势。

（二）**发展目标**。到2025年，建立健全更高层次的开放型经济新体制，初步形成具有全球竞争力的营商环境，高端要素集聚、辐射作用突出的现代服务业蓬勃发展，多轮驱动的创新体系成效突出，对粤港澳大湾区发展的引擎作用日益彰显。到2035年，高水平对外开放体制机制更加完善，营商环境达到世界一流水平，建立健全与港澳产业协同联动、市场互联互通、创新驱动支撑的发展模式，建成全球资源配置能力强、创新策源能力强、协同发展带动能力强的高质量发展引擎，改革创新经验得到广泛推广。

二、实施范围

（三）**进一步扩展前海合作区发展空间**。以现有前海合作区为基础，进一步扩展至以下区域：南侧毗邻的蛇口及大小南山片区〔东至后海大道、近海路、爱榕路、招商路、水湾路，南至深圳湾，西至月亮湾大道、珠江口，北至东滨路，包含中国（广东）自由贸易试验区的蛇口区块〕22.89平方公里；北侧毗邻的会展新城及海洋新城片区（东至松福大道，南至福永河，西至海岸线，北至东宝河、沙井北环路）29.36平方公里，机场及周边片区（东至宝安大道，南至金湾大道、宝源路、碧湾路，西至海岸线，北至福永河、松福大道、福洲大道）30.07平方公里，宝安中心区及大铲湾片区（东至宝安大道，南至双界河，西至海岸线，北至金湾大道、宝源路、碧湾路，另包括大小铲岛、孖洲岛）23.32平方公里。前海合作区总面积由14.92平方公里扩展至120.56平方公里。

三、打造全面深化改革创新试验平台

（四）**推进现代服务业创新发展**。建立健全联通港澳、接轨国际的现代服务业发展体制机制。建立完善现代服务业标准体系，开展标准化试点示范。联动建设国际贸易组合港，实施陆海空多式联运、枢纽联动。培育以服务实体经济为导向的金融业态，积极稳妥推进金融机构、金融市场、金融产品和金融监管创新，为消费、投资、贸易、科技创新等提供全方位、多层次的金融服务。加快绿色、智慧供应链发展，推动供应链跨界融合创新，建立与国际接轨的供应链标准。在深圳前海湾保税港区整合优化为综合保税区基础上，深化要素市场化配置改革，促进要素自主有序流动，规范发展离岸贸易。探索研究推进国际船舶登记和配套制度改革。推动现代服务业与制造业融合发展，促进"互联网+"、人工智能等服务业新技术新业态新模式加快发展。

（五）**加快科技发展体制机制改革创新**。聚焦人工智能、健康医疗、金融科技、智慧城市、物联网、能源新材料等港澳优势领域，大力发展粤港澳合作的新型研发机构，创新科技合作管理体制，促进港澳和内地创新链对接联通，推动科技成果向技术标准转化。建设高端创新人才基地，联动周边区域科技基础设施，完善国际人才服务、创新基金、孵化器、加速器等全链条配套支持措施，推动引领产业创新的基础研究成果转化。积极引进创投机构、科技基金、研发机构。联合港澳探索有利于推进新技术新产业发展的法律规则和国际经贸规则创新，逐步打造审慎包容监管环境，促进依法规范发展，健全数字规则，提升监管能力，坚决反对垄断和不正当竞争行为。集聚国际海洋创新机构，大力发展海洋科技，加快建设现代海洋服务业集聚区，打造以海洋高端智能设备、海洋工程装备、海洋电子信息（大数据）、海洋新能源、海洋生态环保等为主的海洋科技创新高地。构建知识产权创造、保护和运用生态系统，推动知识产权维权援助、金融服务、海外风险防控等体制机制创新，建设国家版权创新发展基地。

（六）**打造国际一流营商环境**。用好深圳经济特区立法权，研究制定前海合作区投资者保护条例，健全外资和民营企业权益保护机制。用好深圳区域性国资国企综合改革试验相关政策，加快国有资本运营公司改革试点，加强国有资本市场化专业化运作能力，深入落实政企分开、政资分开原则，维护国有企业市场主体地位和经营自主权，切实增强前海合作区国有经济竞争力、创新力、控制力、影响力、抗风险能力。完善竞争政策框架，建立健全竞争政策实施机制，探索设立议事协调机构性质的公平竞争委员会，开展公平竞争审查和第三方评估，以市场化法治化国际化营商环境支持和引导产业发展。依法合规探索减少互联网融合类产品及服务市场准入限制。创建信用经济试验区，推进政府、市场、社会协同的诚信建设，在市场监管、税收监管、贸易监管、投融资体制、绿色发展等领域，推进以信用体系为基础的市场化改革创新。推进与港澳跨境政务服务便利化，研究加强在交通、通信、信息、支付等领域与港澳标准和规则衔接。为港澳青年在前海合作区学习、工作、居留、生活、创业、就业等提供便利。支持港澳和国际高水平医院在前海合作区设立机构，提供医疗服务。建立完善外籍人才服务保障体系，实施更开放的全球人才吸引和管理制度，为外籍人才申请签证、居留证件、永久居留证件提供便利。

（七）**创新合作区治理模式**。推进以法定机构承载部分政府区域治理职能的体制机制创新，优化法定机构法人治理结构、职能设置和管理模式。积极稳妥制定相关制度规范，研究在前海合作区工作、居留的港澳和外籍人士参与前海区域治理途径，探索允许符合条件的港澳和外籍人士担任前海合作区内法定机构职务。推进行业协会自律自治，搭建粤港澳职业共同体交流发展平台。开展政务服务流程再造，推进服务数字化、规范化、移动化、智能化。深化"放管

服"改革，探索符合条件的市场主体承接公共管理和服务职能，健全公共服务供给机制。提升应对突发公共卫生事件能力，完善公共卫生等应急物资储备体系，增强应对重大风险能力。推动企业履行社会责任，适应数字经济发展，在网络平台、共享经济等领域探索政府和企业协同治理模式。

四、建设高水平对外开放门户枢纽

（八）**深化与港澳服务贸易自由化**。在不危害国家安全、风险可控前提下，在内地与香港、澳门关于建立更紧密经贸关系的安排（CEPA）框架内，支持前海合作区对港澳扩大服务领域开放。支持前海合作区在服务业职业资格、服务标准、认证认可、检验检测、行业管理等领域，深化与港澳规则对接，促进贸易往来。在前海合作区引进港澳及国际知名大学开展高水平合作办学，建设港澳青年教育培训基地。在审慎监管和完善风险防控前提下，支持前海打造面向海外市场的文化产品开发、创作、发行和集散基地。支持港澳医疗机构集聚发展，建立与港澳接轨的开放便利管理体系。推动对接港澳游艇出入境、活动监管、人员货物通关等开放措施，在疫情防控常态化条件下研究简化有关船舶卫生控制措施证书和担保要求。

（九）**扩大金融业对外开放**。提升国家金融业对外开放试验示范窗口和跨境人民币业务创新试验区功能，支持将国家扩大金融业对外开放的政策措施在前海合作区落地实施，在与香港金融市场互联互通、人民币跨境使用、外汇管理便利化等领域先行先试。开展本外币合一银行账户试点，为市场主体提供优质、安全、高效的银行账户服务。支持符合条件的金融机构开展跨境证券投资等业务。支持国际保险机构在前海合作区发展，为中资企业海外经营活动提供服务。深化粤港澳绿色金融合作，探索建立统一的绿色金融标准，为内地企业利用港澳市场进行绿色项目融资提供服务。探索跨境贸易金融和国际支付清算新机制。支持前海推进监管科技研究和应用，探索开展相关试点项目。支持香港交易所前海联合交易中心依法合规开展大宗商品现货交易。依托技术监测、预警、处置等手段，提升前海合作区内金融风险防范化解能力。

（十）**提升法律事务对外开放水平**。在前海合作区内建设国际法律服务中心和国际商事争议解决中心，探索不同法系、跨境法律规则衔接。探索完善前海合作区内适用香港法律和选用香港仲裁地解决民商事案件的机制。探索建立前海合作区与港澳区际民商事司法协助和交流新机制。深化前海合作区内地与港澳律师事务所合伙联营机制改革，支持鼓励外国和港澳律师事务所在前海合作区设立代表机构。支持前海法院探索扩大涉外商事案件受案范围，支持香港法律专家在前海法院出庭提供法律查明协助，保护进行跨境商业投资的企业与个人的合法权益。建设诉讼、调解、仲裁既相互独立又衔接配合的国际区际商事争议争端解决平台。允许境外知名仲裁等争议解决机构经广东省政府司法行政部门登记并报国务院司法行政部门备案，在前海合作区设立业务机构，就涉外商事、海事、投资等领域发生的民商事争议开展仲裁业务。探索在前海合作区开展国际投资仲裁和调解，逐步成为重要国际商事争议解决中心。

（十一）**高水平参与国际合作**。健全投资保险、政策性担保、涉外法律服务等海外投资保障机制，充分利用香港全面与国际接轨的专业服务，支持前海合作区企业走出去。加强与国际港口和自由贸易园区合作，建设跨境贸易大数据平台，推动境内外口岸数据互联、单证互认、监管互助互认，开展双多边投资贸易便利化合作。支持在前海合作区以市场化方式发起成立国际性经济、科技、标准、人才等组织，创新国际性产业和标准组织管理制度。发展中国特色新型智库，建设粤港澳研究基地。稳妥有序扩大文化领域对外开放，建设多种文化开放共荣的文化交流互鉴平台，打造文化软实力基地。支持深圳机场充分利用现有航权，不断与共建"一带一路"国家和地区扩大合作。支持深圳机场口岸建设整车进口口岸。依托深圳国际会展中心，推动会展与科技、产业、旅游、消费的融合发展，打造国际一流系列会展品牌，积极承办主场外交活动。支持"一带一路"新闻合作联盟在前海合作区创新发展。

五、保障措施

（十二）**坚持党的全面领导**。坚持和加强党对全面深化前海合作区改革开放的领导，增强"四个意识"、坚定"四个自信"、做到"两个维护"，把党的领导始终贯穿前海合作区开发建设全过程。贯彻新时代党的建设总要求和新时代党的组织路线，推进基层党建工作创新，坚定不移推动全面从严治党向纵深发展，激励干部新时代新担当新作为，为前海合作区全面深化改革开放提供坚强保障。

（十三）**完善组织实施机制**。在粤港澳大湾区建设领导小组指导下，各有关方面要加快推动本方案落实。国家发展改革委要加强统筹协调和指导评估，及时协调解决工作推进中遇到的问题，重要情况及时按程序请示报告。各有关部门要加大业务指导和支持力度，按程序将前海合作区既有相关支持政策（企业所得税优惠政策除外）覆盖到本方案明确的全部区域。各项重大改革任务牵头部门要制定具体措施，确保改革举措有力有序落到实处。方案实施中涉及的重大政策、重点项目、重要任务按规定程序报批。有关改革开放政策措施，涉及需要调整现行法律的，由有关方面按法定程序向全国人大或其常委会提出相关议案，经授权或决定后实施；涉及需要调整现行行政法规的，由有关方面按法定程序提请国务院授权或决定后实施。

（十四）**落实地方主体责任**。广东省和深圳市要切实加强组织领导，完善管理体制机制，强化对前海合作区新扩大区域的协调管理，统一规划、统一监管，积极探索行政区和经济区适度分离下的管理体制问题；加大行政审批、科技创新、规划管理、综合监管等方面的放权力度，为前海合作区全面深化改革创造条件。前海合作区要切实履行主体责任，加强统筹协调，解放思想、大胆探索、勇担重任，确保各项改革举措有效实施，及时总结提炼好的政策措施和做法，形成可复制可推广可操作的经验。强化底线思维和风险意识，扎实稳妥推进各项改革任务，坚决兜住安全底线。

黄河流域生态保护和高质量发展规划纲要

(2021年10月8日)

前 言

党的十八大以来，习近平总书记多次实地考察黄河流域生态保护和经济社会发展情况，就三江源、祁连山、秦岭、贺兰山等重点区域生态保护建设作出重要指示批示。习近平总书记强调黄河流域生态保护和高质量发展是重大国家战略，要共同抓好大保护，协同推进大治理，着力加强生态保护治理、保障黄河长治久安、促进全流域高质量发展、改善人民群众生活、保护传承弘扬黄河文化，让黄河成为造福人民的幸福河。

黄河发源于青藏高原巴颜喀拉山北麓，呈"几"字形流经青海、四川、甘肃、宁夏、内蒙古、山西、陕西、河南、山东9省区，全长5464公里，是我国第二长河。黄河流域西接昆仑、北抵阴山、南倚秦岭、东临渤海，横跨东中西部，是我国重要的生态安全屏障，也是人口活动和经济发展的重要区域，在国家发展大局和社会主义现代化建设全局中具有举足轻重的战略地位。

为深入贯彻习近平总书记重要讲话和指示批示精神，编制《黄河流域生态保护和高质量发展规划纲要》。规划范围为黄河干支流流经的青海、四川、甘肃、宁夏、内蒙古、山西、陕西、河南、山东9省区相关县级行政区，国土面积约130万平方公里，2019年年末总人口约1.6亿。为保持重要生态系统的完整性、资源配置的合理性、文化保护传承弘扬的关联性，在谋划实施生态、经济、文化等领域举措时，根据实际情况可延伸兼顾联系紧密的区域。

本规划纲要是指导当前和今后一个时期黄河流域生态保护和高质量发展的纲领性文件，是制定实施相关规划方案、政策措施和建设相关工程项目的重要依据。规划期至2030年，中期展望至2035年，远期展望至本世纪中叶。

第一章 发展背景

黄河是中华民族的母亲河，孕育了古老而伟大的中华文明，保护黄河是事关中华民族伟大复兴的千秋大计。

第一节 发展历程

早在上古时期，黄河流域就是华夏先民繁衍生息的重要家园。中华文明上下五千年，在长达3000多年的时间里，黄河流域一直是全国政治、经济和文化中心，以黄河流域为代表的我国古代发展水平长期领先于世界。九曲黄河奔流入海，以百折不挠的磅礴气势塑造了中华民族自强不息的伟大品格，成为民族精神的重要象征。

黄河是全世界泥沙含量最高、治理难度最大、水害严重的河流之一，历史上曾"三年两决口、百年一改道"，洪涝灾害波及范围北达天津、南抵江淮。黄河"善淤、善决、善徙"，在塑造形成沃野千里的华北大平原的同时，也给沿岸人民带来深重灾难。从大禹治水到潘季驯"束水攻沙"，从汉武帝时期"瓠子堵口"到清康熙帝时期把"河务、漕运"刻在宫廷的柱子上，中华民族始终在同黄河水旱灾害作斗争。但受生产力水平和社会制度制约，加之"以水代兵"等人为破坏，黄河"屡治屡决"的局面始终没有根本改观，沿黄人民对安宁幸福生活的夙愿一直难以实现。

新中国成立后，毛泽东同志于1952年发出"要把黄河的事情办好"的伟大号召，党和国家把这项工作作为治国兴邦的大事来抓。党的十八大以来，以习近平同志为核心的党中央着眼于生态文明建设全局，明确了"节水优先、空间均衡、系统治理、两手发力"的治水思路。经过一代接一代的艰辛探索和不懈努力，黄河治理和黄河流域经济社会发展都取得了巨大成就，实现了黄河治理从被动到主动的历史性转变，创造了黄河岁岁安澜的历史奇迹，人民群众获得感、幸福感、安全感显著提升，充分彰显了党的领导和社会主义制度的优势，在中华民族治理黄河的历史上书写了崭新篇章。

第二节 发展基础

生态类型多样。黄河流域横跨青藏高原、内蒙古高原、黄土高原、华北平原等四大地貌单元和我国地势三大台阶，拥有黄河天然生态廊道和三江源、祁连山、若尔盖等多个重要生态功能区域。

农牧业基础较好。分布有黄淮海平原、汾渭平原、河套灌区等农产品主产区，粮食和肉类产量占全国三分之一左右。

能源资源富集。煤炭、石油、天然气和有色金属资源储量丰富，是我国重要的能源、化工、原材料和基础工业基地。

文化根基深厚。孕育了河湟文化、关中文化、河洛文化、齐鲁文化等特色鲜明的地域文化，历史文化遗产星罗棋布。

生态环境持续明显向好。经过持续不断的努力，黄河水沙治理取得显著成效，防洪减灾体系基本建成，确保了人民生命财产安全，流域用水增长过快的局面得到有效控制，黄河实现连续20年不断流。国土绿化水平和水源涵养能力持续提升，山水林田湖草沙保护修复加快推进，水土流失治理成效显著，优质生态产品供给能力进一步增强。

发展水平不断提升。中心城市和城市群加快建设，全国重要的农牧业生产基地和能源基地地位进一步巩固，新的经济增长点不断涌现，人民群众生活得到显著改善，具备在新的历史起点上推动生态保护和高质量发展的良好基础。

第三节 机遇挑战

以习近平同志为核心的党中央将黄河流域生态保护和高质量发展作为事关中华民族伟大复兴的千秋大计，习近平总书记多次发表重要讲话、作出重要指示批示，为工作指明了方向，提供了根本遵循。当前，我国生态文明建设全面推进，绿水青山就是金山银山理念深入人心，沿黄人民群众追求青山、碧水、蓝天、净土的愿望更加强烈。我国加快绿色发展给黄河流域带来新机遇，特别是加强生态文明建设、加强环境治理已经成为新形势下经济高质量发展的重要推动力。改革开放40多年来，我国经济建设取得重大成就，综合国力显著增强，科技实力大幅跃升，中国特色社会主义道路自信、理论自信、制度自信、文化自信更加坚定，有能力有条件解决困扰中华民族几千年的黄河治理问题。共建"一带一路"向纵深发展，西部大开发加快形成新格局，黄河流域东西双向开放前景广阔。国家治理体系和治理能力现代化进程明显加快，为黄河流域生态保护和高质量发展提供了稳固有力的制度保障。

黄河一直"体弱多病",生态本底差,水资源十分短缺,水土流失严重,资源环境承载能力弱,沿黄各省区发展不平衡不充分问题尤为突出。综合表现在:

黄河流域最大的矛盾是水资源短缺。上中游大部分地区位于400毫米等降水量线以西,气候干旱少雨,多年平均降水量446毫米,仅为长江流域的40%;多年平均水资源总量647亿立方米,不到长江的7%;水资源开发利用率高达80%,远超40%的生态警戒线。

黄河流域最大的问题是生态脆弱。黄河流域生态脆弱区分布广、类型多,上游的高原冰川、草原草甸和三江源、祁连山,中游的黄土高原,下游的黄河三角洲等,都极易发生退化,恢复难度极大且过程缓慢。环境污染积重较深,水质总体差于全国平均水平。

黄河流域最大的威胁是洪水。水沙关系不协调,下游泥沙淤积、河道摆动、"地上悬河"等老问题尚未彻底解决,下游滩区仍有近百万人受洪水威胁,气候变化和极端天气引发超标准洪水的风险依然存在。

黄河流域最大的短板是高质量发展不充分。沿黄各省区产业倚能倚重、低质低效问题突出,以能源化工、原材料、农牧业等为主导的特征明显,缺乏有较强竞争力的新兴产业集群。支撑高质量发展的人才资金外流严重,要素资源比较缺乏。

黄河流域最大的弱项是民生发展不足。沿黄各省区公共服务、基础设施等历史欠账较多。医疗卫生设施不足,重要商品和物资储备规模、品种、布局亟需完善,保障市场供应和调控市场价格能力偏弱,城乡居民收入水平低于全国平均水平。

另外,受地理条件等制约,沿黄各省区经济联系度历来不高,区域分工协作意识不强,高效协同发展机制尚不完善,流域治理体系和治理能力现代化水平不高,文化遗产系统保护和精神内涵深入挖掘不足。

第四节　重大意义

推动黄河流域生态保护和高质量发展,具有深远历史意义和重大战略意义。保护好黄河流域生态环境,促进沿黄地区经济高质量发展,是协调黄河水沙关系、缓解水资源供需矛盾、保障黄河安澜的迫切需要;是践行绿水青山就是金山银山理念、防范和化解生态安全风险、建设美丽中国的现实需要;是强化全流域协同合作、缩小南北方发展差距、促进民生改善的战略需要;是解放思想观念、充分发挥市场机制作用、激发市场主体活力和创造力的内在需要;是大力保护传承弘扬黄河文化、彰显中华文明、增进民族团结、增强文化自信的时代需要。

第二章　总体要求

第一节　指导思想

以习近平新时代中国特色社会主义思想为指导,全面贯彻党的十九大和十九届二中、三中、四中全会精神,增强"四个意识"、坚定"四个自信"、做到"两个维护",坚持以人民为中心的发展思想,坚持稳中求进工作总基调,坚持新发展理念,构建新发展格局,坚持以供给侧结构性改革为主线,准确把握重在保护、要在治理的战略要求,将黄河流域生态保护和高质量发展作为事关中华民族伟大复兴的千秋大计,统筹推进山水林田湖草沙综合治理、系统治理、源头治理,着力保障黄河长治久安,着力改善黄河流域生态环境,着力优化水资源配置,着力促进全流域高质量发展,着力改善人民群众生活,着力保护传承弘扬黄河文化,让黄河成为造福人民的幸福河。

第二节 主要原则

——坚持生态优先、绿色发展。牢固树立绿水青山就是金山银山的理念，顺应自然、尊重规律，从过度干预、过度利用向自然修复、休养生息转变，改变黄河流域生态脆弱现状；优化国土空间开发格局，生态功能区重点保护好生态环境，不盲目追求经济总量；调整区域产业布局，把经济活动限定在资源环境可承受范围内；发展新兴产业，推动清洁生产，坚定走绿色、可持续的高质量发展之路。

——坚持量水而行、节水优先。把水资源作为最大的刚性约束，坚持以水定城、以水定地、以水定人、以水定产，合理规划人口、城市和产业发展；统筹优化生产生活生态用水结构，深化用水制度改革，用市场手段倒逼水资源节约集约利用，推动用水方式由粗放低效向节约集约转变。

——坚持因地制宜、分类施策。黄河流域上中下游不同地区自然条件千差万别，生态建设重点各有不同，要提高政策和工程措施的针对性、有效性，分区分类推进保护和治理；从各地实际出发，宜粮则粮、宜农则农、宜工则工、宜商则商，做强粮食和能源基地，因地施策促进特色产业发展，培育经济增长极，打造开放通道枢纽，带动全流域高质量发展。

——坚持统筹谋划、协同推进。立足于全流域和生态系统的整体性，坚持共同抓好大保护，协同推进大治理，统筹谋划上中下游、干流支流、左右两岸的保护和治理，统筹推进堤防建设、河道整治、滩区治理、生态修复等重大工程，统筹水资源分配利用与产业布局、城市建设等。建立健全统分结合、协同联动的工作机制，上下齐心、沿黄各省区协力推进黄河保护和治理，守好改善生态环境生命线。

第三节 战略定位

大江大河治理的重要标杆。深刻分析黄河长期复杂难治的问题根源，准确把握黄河流域气候变化演变趋势以及洪涝等灾害规律，克服就水论水的片面性，突出黄河治理的全局性、整体性和协同性，推动由黄河源头至入海口的全域统筹和科学调控，深化流域治理体制和市场化改革，综合运用现代科学技术、硬性工程措施和柔性调蓄手段，着力防范水之害、破除水之弊、大兴水之利、彰显水之善，为重点流域治理提供经验和借鉴，开创大江大河治理新局面。

国家生态安全的重要屏障。充分发挥黄河流域兼有青藏高原、黄土高原、北方防沙带、黄河口海岸带等生态屏障的综合优势，以促进黄河生态系统良性永续循环、增强生态屏障质量效能为出发点，遵循自然生态原理，运用系统工程方法，综合提升上游"中华水塔"水源涵养能力、中游水土保持水平和下游湿地等生态系统稳定性，加快构建坚实稳固、支撑有力的国家生态安全屏障，为欠发达和生态脆弱地区生态文明建设提供示范。

高质量发展的重要实验区。紧密结合黄河流域比较优势和发展阶段，以生态保护为前提优化调整区域经济和生产力布局，促进上中下游各地区合理分工。通过加强生态建设和环境保护，夯实流域高质量发展基础；通过巩固粮食和能源安全，突出流域高质量发展特色；通过培育经济重要增长极，增强流域高质量发展动力；通过内陆沿海双向开放，提升流域高质量发展活力，为流域经济、欠发达地区新旧动能转换提供路径，促进全国经济高质量发展提供支撑。

中华文化保护传承弘扬的重要承载区。依托黄河流域文化遗产资源富集、传统文化根基深厚的优势，从战略高度保护传承弘扬黄河文化，深入挖掘蕴含其中的哲学思想、人文精神、价值理念、道德规范。通过对黄河文化的创造性转化和创新性发展，充分展现中华优秀传统文化的独特魅力、革命文化的丰富内涵、社会主义先进文化的时代价值，增强黄河流域文化软实力和影响力，建设厚植家国情怀、传承道德观念、各民族同根共有的精神家园。

第四节 发展目标

到2030年，黄河流域人水关系进一步改善，流域治理水平明显提高，生态共治、环境共保、城乡区域协调联动发展的格局逐步形成，现代化防洪减灾体系基本建成，水资源保障能力进一步提升，生态环境质量明显改善，国家粮食和能源基地地位持续巩固，以城市群为主的动力系统更加强劲，乡村振兴取得显著成效，黄河文化影响力显著扩大，基本公共服务水平明显提升，流域人民群众生活更为宽裕，获得感、幸福感、安全感显著增强。

到2035年，黄河流域生态保护和高质量发展取得重大战略成果，黄河流域生态环境全面改善，生态系统健康稳定，水资源节约集约利用水平全国领先，现代化经济体系基本建成，黄河文化大发展大繁荣，人民生活水平显著提升。到本世纪中叶，黄河流域物质文明、政治文明、精神文明、社会文明、生态文明水平大幅提升，在我国建成富强民主文明和谐美丽的社会主义现代化强国中发挥重要支撑作用。

第五节 战略布局

构建黄河流域生态保护"一带五区多点"空间布局。"一带"，是指以黄河干流和主要河湖为骨架，连通青藏高原、黄土高原、北方防沙带和黄河口海岸带的沿黄河生态带。"五区"，是指以三江源、秦岭、祁连山、六盘山、若尔盖等重点生态功能区为主的水源涵养区，以内蒙古高原南缘、宁夏中部等为主的荒漠化防治区，以青海东部、陇中陇东、陕北、晋西北、宁夏南部黄土高原为主的水土保持区，以渭河、汾河、涑水河、乌梁素海为主的重点河湖水污染防治区，以黄河三角洲湿地为主的河口生态保护区。"多点"，是指藏羚羊、雪豹、野牦牛、土著鱼类、鸟类等重要野生动物栖息地和珍稀植物分布区。

构建形成黄河流域"一轴两区五极"的发展动力格局，促进地区间要素合理流动和高效集聚。"一轴"，是指依托新亚欧大陆桥国际大通道，串联上中下游和新型城市群，以先进制造业为主导，以创新为主要动能的现代化经济廊道，是黄河流域参与全国及国际经济分工的主体。"两区"，是指以黄淮海平原、汾渭平原、河套平原为主要载体的粮食主产区和以山西、鄂尔多斯盆地为主的能源富集区，加快农业、能源现代化发展。"五极"，是指山东半岛城市群、中原城市群、关中平原城市群、黄河"几"字弯都市圈和兰州-西宁城市群等，是区域经济发展增长极和黄河流域人口、生产力布局的主要载体。

构建多元纷呈、和谐相容的黄河文化彰显区。河湟-藏羌文化区，主要包括上游大通河、湟水河流域和甘南、若尔盖、红原、石渠等地区，是农耕文化与游牧文化交汇相融的过渡地带，民族文化特色鲜明。关中文化区，主要包括中游渭河流域和陕西、甘肃黄土高原地区，以西安为代表的关中地区传统文化底蕴深厚，历史文化遗产富集。河洛-二晋文化区，主要包括中游伊洛河、汾河等流域，是中华民族重要的发祥地，分布有大量文化遗存。儒家文化区，主要包括下游的山东曲阜、泰安等地区，以孔孟为代表的传统文化源远流长。红色文化区，主要包括陕甘宁等革命根据地和红军长征雪山草地、西路军西征路线等地区，是全国革命遗址规模最大、数量最多的地区之一。

第三章　加强上游水源涵养能力建设

遵循自然规律、聚焦重点区域，通过自然恢复和实施重大生态保护修复工程，加快遏制生态退化趋势，恢复重要生态系统，强化水源涵养功能。

第一节　筑牢"中华水塔"

上游三江源地区是名副其实的"中华水塔"，要从系统工程和全局角度，整体施策、多措并举，全面保护三江源地区山水林田湖草沙生态要素，恢复生物多样性，实现生态良性循环发展。强化禁牧封育等措施，根据草原类型和退化原因，科学分类推进补播改良、鼠虫害、毒杂草等治理防治，实施黑土滩等退化草原综合治理，有效保护修复高寒草甸、草原等重要生态系统。加大对扎陵湖、鄂陵湖、约古宗列曲、玛多河湖泊群等河湖保护力度，维持天然状态，严格管控流经城镇河段岸线，全面禁止河湖周边采矿、采砂、渔猎等活动，科学确定旅游规模。系统梳理高原湿地分布状况，对中度及以上退化区域实施封禁保护，恢复退化湿地生态功能和周边植被，遏制沼泽湿地萎缩趋势。持续开展气候变化对冰川和高原冻土影响的研究评估，建立生态系统趋势性变化监测和风险预警体系。完善野生动植物保护和监测网络，扩大并改善物种栖息地，实施珍稀濒危野生动物保护繁育行动，强化濒危鱼类增殖放流，建立高原生物种质资源库，建立健全生物多样性观测网络，维护高寒高原地区生物多样性。建设好三江源国家公园。

第二节　保护重要水源补给地

上游青海玉树和果洛、四川阿坝和甘孜、甘肃甘南等地区河湖湿地资源丰富，是黄河水源主要补给地。严格保护国际重要湿地和国家重要湿地、国家级湿地自然保护区等重要湿地生态空间，加大甘南、若尔盖等主要湿地治理和修复力度，在提高现有森林资源质量基础上，统筹推进封育造林和天然植被恢复，扩大森林植被有效覆盖率。对上游地区草原开展资源环境承载能力综合评价，推动以草定畜、定牧、定耕，加大退耕还林还草、退牧还草、草原有害生物防控等工程实施力度，积极开展草种改良，科学治理玛曲、碌曲、红原、若尔盖等地区退化草原。实施渭河等重点支流河源区生态修复工程，在湟水河、洮河等流域开展轮作休耕和草田轮作，大力发展有机农业，对已垦草原实施退耕还草。推动建设跨川甘两省的若尔盖国家公园，打造全球高海拔地带重要的湿地生态系统和生物栖息地。

第三节　加强重点区域荒漠化治理

坚持依靠群众、动员群众，推广库布齐、毛乌素、八步沙林场等治沙经验，开展规模化防沙治沙，创新沙漠治理模式，筑牢北方防沙带。在适宜地区设立沙化土地封育保护区，科学固沙治沙防沙。持续推进沙漠防护林体系建设，深入实施退耕还林、退牧还草、三北防护林、盐碱地治理等重大工程，开展光伏治沙试点，因地制宜建设乔灌草相结合的防护林体系。发挥黄河干流生态屏障和祁连山、六盘山、贺兰山、阴山等山系阻沙作用，实施锁边防风固沙工程，强化主要沙地边缘地区生态屏障建设，大力治理流动沙丘。推动上游黄土高原水蚀风蚀交错、农牧交错地带水土流失综合治理。积极发展治沙先进技术和产业，扩大荒漠化防治国际交流合作。

第四节　降低人为活动过度影响

正确处理生产生活和生态环境的关系，着力减少过度放牧、过度资源开发利用、过度旅游等人为活动对生态系统的影响和破坏。将具有重要生态功能的高山草甸、草原、湿地、森林生态系统纳入生态保护红线管控范围，强化保护和用途管制措施。采取设置生态管护公益岗位、开展新型技能培训等方式，引导保护地内的居民转产就业。在超载过牧地区开展减畜行动，研究制定高原牧区减畜补助政策。加强人工饲草地建设，控制散养放牧规模，加大对舍饲圈养的扶持力度，减轻草地利用强度。巩固游牧民定居工程成果，通过禁牧休牧、划区轮牧以及发展生态、休闲、观光牧业等手段，引导牧民调整生产生活方式。

第四章　加强中游水土保持

突出抓好黄土高原水土保持，全面保护天然林，持续巩固退耕还林还草、退牧还草成果，加大水土流失综合治理力度，稳步提升城镇化水平，改善中游地区生态面貌。

第一节　大力实施林草保护

遵循黄土高原地区植被地带分布规律，密切关注气候暖湿化等趋势及其影响，合理采取生态保护和修复措施。森林植被带以营造乔木林、乔灌草混交林为主，森林草原植被带以营造灌木林为主，草原植被带以种草、草原改良为主。加强水分平衡论证，因地制宜采取封山育林、人工造林、飞播造林等多种措施推进森林植被建设。在河套平原区、汾渭平原区、黄土高原土地沙化区、内蒙古高原湖泊萎缩退化区等重点区域实施山水林田湖草生态保护修复工程。加大对水源涵养林建设区的封山禁牧、轮封轮牧和封育保护力度，促进自然恢复。结合地貌、土壤、气候和技术条件，科学选育人工造林树种，提高成活率、改善林相结构，提高林分质量。对深山远山区、风沙区和支流发源地，在适宜区域实施飞播造林。适度发展经济林和林下经济，提高生态效益和农民收益。加强秦岭生态环境保护和修复，强化大熊猫、金丝猴、朱鹮等珍稀濒危物种栖息地保护和恢复，积极推进生态廊道建设，扩大野生动植物生存空间。

第二节　增强水土保持能力

以减少入河入库泥沙为重点，积极推进黄土高原塬面保护、小流域综合治理、淤地坝建设、坡耕地综合整治等水土保持重点工程。在晋陕蒙丘陵沟壑区积极推动建设粗泥沙拦沙减沙设施。以陇东董志塬、晋西太德塬、陕北洛川塬、关中渭北台塬等塬区为重点，实施黄土高原固沟保塬项目。以陕甘晋宁青山地丘陵沟壑区等为重点，开展旱作梯田建设，加强雨水集蓄利用，推进小流域综合治理。加强对淤地坝建设的规范指导，推广新标准新技术新工艺，在重力侵蚀严重、水土流失剧烈区域大力建设高标准淤地坝。排查现有淤地坝风险隐患，加强病险淤地坝除险加固和老旧淤地坝提升改造，提高管护能力。建立跨区域淤地坝信息监测机制，实现对重要淤地坝的动态监控和安全风险预警。

第三节　发展高效旱作农业

以改变传统农牧业生产方式、提升农业基础设施、普及蓄水保水技术等为重点，统筹水土保持与高效旱作农业发展。优化发展草食畜牧业、草产业和高附加值种植业，积极推广应用旱作农业新技术新模式。支持舍饲半舍饲养殖，合理开展人工种草，在条件适宜地区建设人工饲草料基地。优选旱作良种，因地制宜调整旱作种植结构。坚持用地养地结合，持续推进耕地轮作休耕制度，合理轮作倒茬。积极开展耕地田间整治和土壤有机培肥改良，加强田间集雨设施建设。在适宜地区实施坡耕地整治、老旧梯田改造和新建一批旱作梯田。大力推广农业蓄水保水技术，推动技术装备集成示范，进一步加大对旱作农业示范基地建设支持力度。

第五章　推进下游湿地保护和生态治理

建设黄河下游绿色生态走廊，加大黄河三角洲湿地生态系统保护修复力度，促进黄河下游河道生态功能提升和入海口生态环境改善，开展滩区生态环境综合整治，促进生态保护与人口经济协调发展。

第一节　保护修复黄河三角洲湿地

研究编制黄河三角洲湿地保护修复规划，谋划建设黄河口国家公园。保障河口湿地生态流量，创造条件稳步推进退塘还河、退耕还湿、退田还滩，实施清水沟、刁口河流路生态补水等工程，连通河口水系，扩大自然湿地面积。加强沿海防潮体系建设，防止土壤盐渍化和咸潮入侵，恢复黄河三角洲岸线自然延伸趋势。加强盐沼、滩涂和河口浅海湿地生物物种资源保护，探索利用非常规水源补给鸟类栖息地，支持黄河三角洲湿地与重要鸟类栖息地、湿地联合申遗。减少油田开采、围垦养殖、港口航运等经济活动对湿地生态系统的影响。

第二节　建设黄河下游绿色生态走廊

以稳定下游河势、规范黄河流路、保证滩区行洪能力为前提，统筹河道水域、岸线和滩区生态建设，保护河道自然岸线，完善河道两岸湿地生态系统，建设集防洪护岸、水源涵养、生物栖息等功能为一体的黄河下游绿色生态走廊。加强黄河干流水量统一调度，保障河道基本生态流量和入海水量，确保河道不断流。加强下游黄河干流两岸生态防护林建设，在河海交汇适宜区域建设防护林带，因地制宜建设沿黄城市森林公园，发挥水土保持、防风固沙、宽河固堤等功能。统筹生态保护、自然景观和城市风貌建设，塑造以绿色为本底的沿黄城市风貌，建设人河城和谐统一的沿黄生态廊道。加大大汶河、东平湖等下游主要河湖生态保护修复力度。

第三节　推进滩区生态综合整治

合理划分滩区类型，因滩施策、综合治理下游滩区，统筹做好高滩区防洪安全和土地利用。实施黄河下游贯孟堤扩建工程，推进温孟滩防护堤加固工程建设。实施好滩区居民迁建工程，积极引导社会资本参与滩区居民迁建。加强滩区水源和优质土地保护修复，依法合理利用滩区土地资源，实施滩区国土空间差别化用途管制，严格限制自发修建生产堤等无序活动，依法打击非法采土、盗挖河砂、私搭乱建等行为。对与永久基本农田、重大基础设施和重要生态空间等相冲突的用地空间进行适度调整，在不影响河道行洪前提下，加强滩区湿地生态保护修复，构建滩河林田草综合生态空间，加强滩区水生态空间管控，发挥滞洪沉沙功能，筑牢下游滩区生态屏障。

第六章　加强全流域水资源节约集约利用

实施最严格的水资源保护利用制度，全面实施深度节水控水行动，坚持节水优先，统筹地表水与地下水、天然水与再生水、当地水与外调水、常规水与非常规水，优化水资源配置格局，提升配置效率，实现用水方式由粗放低效向节约集约的根本转变，以节约用水扩大发展空间。

第一节　强化水资源刚性约束

在规划编制、政策制定、生产力布局中坚持节水优先，细化实化以水定城、以水定地、以水定人、以水定产举措。开展黄河流域水资源承载力综合评估，建立水资源承载力分区管控体系。实行水资源消耗总量和强度双控，暂停水资源超载地区新增取水许可，严格限制水资源严重短缺地区城市发展规模、高耗水项目建设和大规模种树。建立覆盖全流域的取用水总量控制体系，全面实行取用水计划管理、精准计量，对黄河干支流规模以上取水口全面实施动态监管，完善取水许可制度，全面配置区域行业用水。将节水作为约束性指标纳入当地党政领导班子和领导干部政绩考核范围，坚决抑制不合理用水需求，坚决遏制"造湖大跃进"，建立排查整治各类人造水面景观长效机制，严把引黄调蓄项目准入关。以国家公园、重要水源涵养区、珍稀物种栖息地等为重点区域，清理整治过度的小水电开发。

第二节 科学配置全流域水资源

统筹考虑全流域水资源科学配置，细化完善干支流水资源分配。统筹当地水与外调水，在充分考虑节水的前提下，留足生态用水，合理分配生活、生产用水。建立健全干流和主要支流生态流量监测预警机制，明确管控要求。深化跨流域调水工程研究论证，加快开展南水北调东中线后续工程前期工作并适时推进工程建设，统筹考虑跨流域调水工程建设多方面影响，加强规划方案论证和比选。加强农村标准化供水设施建设。开展地下水超采综合治理行动，加大中下游地下水超采漏斗治理力度，逐步实现重点区域地下水采补平衡。

第三节 加大农业和工业节水力度

针对农业生产中用水粗放等问题，严格农业用水总量控制，以大中型灌区为重点推进灌溉体系现代化改造，推进高标准农田建设，打造高效节水灌溉示范区，稳步提升灌溉水利用效率。扩大低耗水、高耐旱作物种植比例，选育推广耐旱农作物新品种，加大政策、技术扶持力度，引导适水种植、量水生产。加大推广水肥一体化和高效节水灌溉技术力度，完善节水工程技术体系，坚持先建机制、后建工程，发挥典型引领作用，促进农业节水和农田水利工程良性运行。深入推进农业水价综合改革，分级分类制定差别化水价，推进农业灌溉定额内优惠水价、超定额累进加价制度，建立农业用水精准补贴和节水奖励机制，促进农业用水压减。深挖工业节水潜力，加快节水技术装备推广应用，推进能源、化工、建材等高耗水产业节水增效，严格限制高耗水产业发展。支持企业加大用水计量和节水技术改造力度，加快工业园区内企业间串联、分质、循环用水设施建设。提高工业用水超定额水价，倒逼高耗水项目和产业有序退出。提高矿区矿井水资源化综合利用水平。

第四节 加快形成节水型生活方式

推进黄河流域城镇节水降损工程建设，以降低管网漏损率为主实施老旧供水管网改造，推广普及生活节水型器具，开展政府机关、学校、医院等公共机构节水技术改造，严控高耗水服务业用水，大力推进节水型城市建设。完善农村集中供水和节水配套设施建设，有条件的地方实行计量收费，推动农村"厕所革命"采用节水型器具。积极推动再生水、雨水、苦咸水等非常规水利用，实施区域再生水循环利用试点，在城镇逐步普及建筑中水回用技术和雨水集蓄利用设施，加快实施苦咸水水质改良和淡化利用。进一步推行水效标识、节水认证和合同节水管理。适度提高引黄供水城市水价标准，积极开展水权交易，落实水资源税费差别化征收政策。

第七章 全力保障黄河长治久安

紧紧抓住水沙关系调节这个"牛鼻子"，围绕以疏为主、疏堵结合、增水减沙、调水调沙，健全水沙调控体系，健全"上拦下排、两岸分滞"防洪格局，研究修订黄河流域防洪规划，强化综合性防洪减灾体系建设，构筑沿黄人民生命财产安全的稳固防线。

第一节 科学调控水沙关系

深入研究论证黄河水沙关系长期演变趋势及对生态环境的影响，科学把握泥沙含量合理区间和中长期水沙调控总体思路，采取"拦、调、排、放、挖"综合处理泥沙。完善以骨干水库等重大水利工程为主的水沙调控体系，优化水库运用方式和拦沙能力。优化水沙调控调度机制，创新调水调沙方式，加强干支流水库群联合统一调度，持续提升水沙调控体系整体合力。加强龙羊峡、刘家峡等上游水库调度运用，充分发挥小浪底等工程联合调水调沙作用，增强径流调节和洪水泥沙控制能力，维持下游中水河槽稳定，确保河床不抬高。以禹门口至潼关、河口等为重点实施河道疏浚工程。创新泥沙综合处理技术，探索泥沙资源利用新模式。

第二节 有效提升防洪能力

实施河道和滩区综合提升治理工程，增强防洪能力，确保堤防不决口。加快河段控导工程续建加固，加强险工险段和薄弱堤防治理，提升主槽排洪输沙功能，有效控制游荡性河段河势。开展下游"二级悬河"治理，降低黄河大堤安全风险。加快推进宁蒙等河段堤防工程达标。统筹黄河干支流防洪体系建设，加强黑河、白河、湟水河、洮河、渭河、汾河、沁河等重点支流防洪安全，联防联控暴雨等引发的突发性洪水。加强黄淮海流域防洪体系协同，优化沿黄蓄滞洪区、防洪水库、排涝泵站等建设布局，提高防洪避险能力。以防洪为前提规范蓄滞洪区各类开发建设活动并控制人口规模。建立应对凌汛长效机制，强化上中游水库防凌联合调度，发挥应急分凌区作用，确保防凌安全。实施病险水库除险加固，消除安全隐患。

第三节 强化灾害应对体系和能力建设

加强对长期气候变化、水文条件等问题的科学研究，完善防灾减灾体系，除水害、兴水利，提高沿黄地区应对各类灾害能力。建设黄河流域水利工程联合调度平台，推进上中下游防汛抗旱联动。增强流域性特大洪水、重特大险情灾情、极端干旱等突发事件应急处置能力。健全应急救援体系，加强应急方案预案、预警发布、抢险救援、工程科技、物资储备等综合能力建设。运用物联网、卫星遥感、无人机等技术手段，强化对水文、气象、地灾、雨情、凌情、旱情等状况的动态监测和科学分析，搭建综合数字化平台，实现数据资源跨地区跨部门互通共享，建设"智慧黄河"。把全生命周期管理理念贯穿沿黄城市群规划、建设、管理全过程各环节，加强防洪减灾、排水防涝等公共设施建设，增强大中城市抵御灾害能力。强化基层防灾减灾体系和能力建设。加强宣传教育，增强社会公众对自然灾害的防范意识，开展常态化、实战化协同动员演练。

第八章 强化环境污染系统治理

黄河污染表象在水里、问题在流域、根子在岸上。以汾河、湟水河、涑水河、无定河、延河、乌梁素海、东平湖等河湖为重点，统筹推进农业面源污染、工业污染、城乡生活污染防治和矿区生态环境综合整治，"一河一策"、"一湖一策"，加强黄河支流及流域腹地生态环境治理，净化黄河"毛细血管"，将节约用水和污染治理成效与水资源配置相挂钩。

第一节 强化农业面源污染综合治理

因地制宜推进多种形式的适度规模经营，推广科学施肥、安全用药、农田节水等清洁生产技术与先进适用装备,提高化肥、农药、饲料等投入品利用效率,建立健全禽畜粪污、农作物秸秆等农业废弃物综合利用和无害化处理体系。在宁蒙河套、汾渭、青海湟水河和大通河、甘肃沿黄、中下游引黄灌区等区域实施农田退水污染综合治理,建设生态沟道、污水净塘、人工湿地等氮、磷高效生态拦截净化设施,加强农田退水循环利用。实行耕地土壤环境质量分类管理,集中推进受污染耕地安全利用示范。推进农田残留地膜、农药化肥塑料包装等清理整治工作。协同推进山西、河南、山东等黄河中下游地区总氮污染控制,减少对黄河入海口海域的环境污染。

第二节 加大工业污染协同治理力度

推动沿黄一定范围内高耗水、高污染企业迁入合规园区,加快钢铁、煤电超低排放改造,开展煤炭、火电、钢铁、焦化、化工、有色等行业强制性清洁生产,强化工业炉窑和重点行业挥发性有机物综合治理,实行生态敏感脆弱区工业行业污染物特别排放限值要求。严禁在黄河干流及主要支流临岸一定范围内新建"两高一资"项目及相关产业园区。开展黄河干支流入河排污口专项整治行动,加快构建覆盖所有排污口的在线监测系统,规范入河排污口设置审核。严格落实排污许可制度,沿黄所有固定排污源要依法按证排污。沿黄工业园区全部建成污水集中处理设施并稳定达标排放,严控工业废水未经处理或未有效处理直接排入城镇污水处理系统,严厉打击向河湖、沙漠、湿地等偷排、直排行为。加强工业废弃物风险管控和历史遗留重金属污染区域治理,以危险废物为重点开展固体废物综合整治行动。加强生态环境风险防范,有效应对突发环境事件。健全环境信息强制性披露制度。

第三节 统筹推进城乡生活污染治理

加强污水垃圾、医疗废物、危险废物处理等城镇环境基础设施建设。完善城镇污水收集配套管网,结合当地流域水环境保护目标精准提标,推进干支流沿线城镇污水收集处理效率持续提升和达标排放。在有条件的城镇污水处理厂排污口下游建设人工湿地等生态设施,在上游高海拔地区采取适用的污水、污泥处理工艺和模式,因地制宜实施污水、污泥资源化利用。巩固提升城市黑臭水体治理成效,基本消除县级及以上行政辖区建成区黑臭水体。做好"厕所革命"与农村生活污水治理的衔接,因地制宜选择治理模式,强化污水管控标准,推动适度规模治理和专业化管理维护。在沿黄城市和县、镇,积极推广垃圾分类,建设垃圾焚烧等无害化处理设施,完善与之衔接配套的垃圾收运系统。建立健全农村垃圾收运处置体系,因地制宜开展阳光堆肥房等生活垃圾资源化处理设施建设。保障污水垃圾处理设施稳定运行,支持市场主体参与污水垃圾处理,探索建立污水垃圾处理服务按量按效付费机制。推动冬季清洁取暖改造,在城市群、都市圈和城乡人口密集区普及集中供暖,因地制宜建设生物质能等分布式新型供暖方式。

第四节 开展矿区生态环境综合整治

对黄河流域历史遗留矿山生态破坏与污染状况进行调查评价,实施矿区地质环境治理、地形地貌重塑、植被重建等生态修复和土壤、水体污染治理,按照"谁破坏谁修复"、"谁修复谁受益"原则盘活矿区自然资源,探索利用市场化方式推进矿山生态修复。强化生产矿山边开采、边治理举措,及时修复生态和治理污染,停止对生态环境造成重大影响的矿产资源开发。以河湖岸线、水库、饮用水水源地、地质灾害易发多发区等为重点开展黄河流域尾矿库、尾液库风险隐患排查，"一库一策"，制定治理和应急处置方案，采取预防性措施化解渗漏和扬散风险，鼓励尾矿综合利用。统筹推进采煤沉陷区、历史遗留矿山综合治理，开展黄河流域矿区污染治理和生态修复试点示范。落实绿色矿山标准和评价制度，2021年起新建矿山全部达到绿色矿山要求，加快生产矿山改造升级。

第九章 建设特色优势现代产业体系

依托强大国内市场，加快供给侧结构性改革，加大科技创新投入力度，根据各地区资源、要素禀赋和发展基础做强特色产业，加快新旧动能转换，推动制造业高质量发展和资源型产业转型，建设特色优势现代产业体系。

第一节 提升科技创新支撑能力

开展黄河生态环境保护科技创新，加大黄河流域生态环境重大问题研究力度，聚焦水安全、生态环保、植被恢复、水沙调控等领域开展科学实验和技术攻关。支持黄河流域农牧业科技创新，推动杨凌、黄河三角洲等农业高新技术产业示范区建设，在生物工程、育种、旱作农业、盐碱地农业等方面取得技术突破。着眼传统产业转型升级和战略性新兴产业发展需要，加强协同创新，推动关键共性技术研究。在黄河流域加快布局若干重大科技基础设施，统筹布局建设一批国家重点实验室、产业创新中心、工程研究中心等科技创新平台，加大科技、工程类专业人才培养和引进力度。按照市场化、法治化原则，支持社会资本建立黄河流域科技成果转化基金，完善科技投融资体系，综合运用政府采购、技术标准规范、激励机制等促进成果转化。

第二节 进一步做优做强农牧业

巩固黄河流域对保障国家粮食安全的重要作用，稳定种植面积，提升粮食产量和品质。在黄淮海平原、汾渭平原、河套灌区等粮食主产区，积极推广优质粮食品种种植，大力建设高标准农田，实施保护性耕作，开展绿色循环高效农业试点示范，支持粮食主产区建设粮食生产核心区。大力支持发展节水型设施农业。加大对黄河流域生猪（牛羊）调出大县奖励力度，在内蒙古、宁夏、青海等省区建设优质奶源基地、现代牧业基地、优质饲草料基地、牦牛藏羊繁育基地。布局建设特色农产品优势区，打造一批黄河地理标志产品，大力发展戈壁农业和寒旱农业，积极支持种质资源和制种基地建设。积极发展富民乡村产业，加快发展农产品加工业，探索建设农业生产联合体，因地制宜发展现代农业服务业。构建"田间-餐桌"、"牧场-餐桌"农产品产销新模式，打造实时高效的农业产业链供应链。

第三节 建设全国重要能源基地

根据水资源和生态环境承载力，优化能源开发布局，合理确定能源行业生产规模。有序有效开发山西、鄂尔多斯盆地综合能源基地资源，推动宁夏宁东、甘肃陇东、陕北、青海海西等重要能源基地高质量发展。合理控制煤炭开发强度，严格规范各类勘探开发活动。推动煤炭产业绿色化、智能化发展，加快生产煤矿智能化改造，加强安全生产，强化安全监管执法。推进煤炭清洁高效利用，严格控制新增煤电规模，加快淘汰落后煤电机组。加强能源资源一体化开发利用，推动能源化工产业向精深加工、高端化发展。加大石油、天然气勘探力度，稳步推动煤层气、页岩气等非常规油气资源开采利用。发挥黄河上游水电站和电网系统的调节能力，支持青海、甘肃、四川等风能、太阳能丰富地区构建风光水多能互补系统。加大青海、甘肃、内蒙古等省区清洁能源消纳外送能力和保障机制建设力度，加快跨省区电力市场一体化建设。开展大容量、高效率储能工程建设。支持开展国家现代能源经济示范区、能源革命综合改革试点等建设。

第四节　加快战略性新兴产业和先进制造业发展

以沿黄中下游产业基础较强地区为重点，搭建产供需有效对接、产业上中下游协同配合、产业链创新链供应链紧密衔接的战略性新兴产业合作平台，推动产业体系升级和基础能力再造，打造具有较强竞争力的产业集群。提高工业互联网、人工智能、大数据对传统产业渗透率，推动黄河流域优势制造业绿色化转型、智能化升级和数字化赋能。大力支持民营经济发展，支持制造业企业跨区域兼并重组。对符合条件的先进制造业企业，在上市融资、企业债券发行等方面给予积极支持。支持兰州新区、西咸新区等国家级新区和郑州航空港经济综合实验区做精做强主导产业。充分发挥甘肃兰白经济区、宁夏银川-石嘴山、晋陕豫黄河金三角承接产业转移示范区作用，提高承接国内外产业转移能力。复制推广自由贸易试验区、国家级新区、国家自主创新示范区和全面创新改革试验区经验政策，推进新旧动能转换综合试验区、产业转型升级示范区、新型工业化产业示范基地建设。支持济南建设新旧动能转换起步区。着力推动中下游地区产业低碳发展，切实落实降低碳排放强度的要求。

第十章　构建区域城乡发展新格局

充分发挥区域比较优势，推动特大城市瘦身健体，有序建设大中城市，推进县城城镇化补短板强弱项，深入实施乡村振兴战略，构建区域、城市、城乡之间各具特色、各就其位、协同联动、有机互促的发展格局。

第一节　高质量高标准建设沿黄城市群

破除资源要素跨地区跨领域流动障碍，促进土地、资金等生产要素高效流动，增强沿黄城市群经济和人口承载能力，打造黄河流域高质量发展的增长极，推进建设黄河流域生态保护和高质量发展先行区。强化生态环境、水资源等约束和城镇开发边界管控，防止城市"摊大饼"式无序扩张，推动沿黄特大城市瘦身健体、减量增效。严控上中游地区新建各类开发区。加快城市群内部轨道交通、通信网络、环保等基础设施建设与互联互通，便利人员往来和要素流动，增强人口集聚和产业协作能力。增强城市群之间发展协调性，避免同质化建设和低水平竞争，形成特色鲜明、优势互补、高效协同的城市群发展新格局。持续营造更加优化的创新环境，支持城市群合理布局产业集聚区，承接本区域大城市部分功能疏解以及国内外制造业转移。

第二节　因地制宜推进县城发展

大力发展县域经济，分类建设特色产业园区、农民工返乡创业园、农产品仓储保鲜冷链物流设施等产业平台，带动农村创新创业。全面取消县城落户限制，大幅简化户籍迁移手续，促进农业转移人口就近便捷落户。有序支持黄河流域上游地区县城发展，合理引导农产品主产区、重点生态功能区的县城发展。推进县城公共服务设施提标改造，并与所属地级市城区公共服务和基础设施布局相衔接，带动乡镇卫生院能力提升，消除中小学"大班额"，健全县级养老服务体系。

第三节　建设生态宜居美丽乡村

立足黄河流域乡土特色和地域特点，深入实施乡村振兴战略，科学推进乡村规划布局，推广乡土风情建筑，发展乡村休闲旅游，鼓励有条件地区建设集中连片、生态宜居美丽乡村，融入黄河流域山水林田湖草沙自然风貌。对规模较大的中心村，发挥农牧业特色优势，促进农村产业融合发展，建设一批特色农业、农产品集散、工贸等专业化村庄。保护好、发展好城市近郊农村，有选择承接城市功能外溢，培育一批与城市有机融合、相得益彰的特色乡村。对历史、文化和生态资源丰富的村庄，支持发展休闲旅游业，建立人文生态资源保护与乡村发展的互促机制。以生活污水、垃圾处理和村容村貌提升为主攻方向，深入开展农村人居环境整治，建立农村人居环境建设和管护长效机制。

第十一章　加强基础设施互联互通

大力推进数字信息等新型基础设施建设，完善交通、能源等跨区域重大基础设施体系，提高上中下游、各城市群、不同区域之间互联互通水平，促进人流、物流、信息流自由便捷流动。

第一节　加快新型基础设施建设

以信息基础设施为重点，强化全流域协调、跨领域联动，优化空间布局，提升新型基础设施建设发展水平。加快5G网络建设，拓展5G场景应用，实现沿黄大中城市互联网协议第六版（IPv6）全面部署，扩大千兆及以上光纤覆盖范围，增强郑州、西安、呼和浩特等国家级互联网骨干直联点功能。强化黄河流域数据中心节点和网络化布局建设，提升算力水平，加强数据资源流通和应用，在沿黄城市部署国家超算中心，在部分省份布局建设互联网数据中心，推广"互联网+生态环保"综合应用。依托5G、移动物联网等接入技术，建设物联网和工业互联网基础设施，在交通等重点领域率先推进泛在感知设施的规模化建设及应用。完善面向主要产业链的人工智能平台等建设，提供"人工智能+"服务。

第二节　构建便捷智能绿色安全综合交通网络

优化提升既有普速铁路、高速铁路、高速公路、干支线机场功能，谋划新建一批重大项目，加快形成以"一字型"、"几字型"和"十字型"为主骨架的黄河流域现代化交通网络，填补缺失线路、畅通瓶颈路段，实现城乡区域高效连通。"一字型"为济南经郑州至西安、兰州、西宁的东西向大通道，加强毗邻省区铁路干线连接和支线、专用线建设，强化跨省高速公路建设，加密城市群城际交通网络，更加高效地连通沿黄主要经济区。"几字型"为兰州经银川、包头至呼和浩特、太原并通达郑州的综合运输走廊，通过加强高速铁路、沿黄通道、货运通道建设，提高黄河"能源流域"互联互通水平。"十字型"为包头经鄂尔多斯经榆林、延安至西安的纵向通道和银川经绥德至太原，兰州经平凉、庆阳至延安至北京的横向通道，建设高速铁路网络，提高普速铁路客货运水平，提升陕甘宁、吕梁山等革命老区基础设施现代化水平。优化完善黄河流域高速公路网，提升国省干线技术等级。加强跨黄河通道建设，积极推进黄河干流适宜河段旅游通航和分段通航。加快西安国际航空枢纽和郑州国际航空货运枢纽建设，提升济南、呼和浩特、太原、银川、兰州、西宁等区域枢纽机场功能，完善上游高海拔地区支线机场布局。

第三节　强化跨区域大通道建设

强化黄河"几"字弯地区至北京、天津大通道建设，推进雄安至忻州、天津至潍坊（烟台）等铁路建设，快捷连通黄河流域和京津冀地区。加强黄河流域与长江经济带、成渝地区双城经济圈、长江中游城市群的互联互通，推动西宁至成都、西安至十堰、重庆至西安等铁路重大项目实施，研究推动成都至格尔木铁路等项目，构建兰州至成都和重庆、西安至成都和重庆及郑州至重庆和武汉等南北向客货运大通道，形成连通黄河流域和长江流域的铁水联运大通道。加强煤炭外送能力建设，加快形成以铁路为主的运输结构，推动大秦、朔黄、西平、宝中等现有铁路通道扩能改造，发挥浩吉铁路功能，加强集疏运体系建设，畅通西煤东运、北煤南运通道。推进青海-河南、陕北-湖北、陇东-山东等特高压输电工程建设，打通清洁能源互补打捆外送通道。优化油气干线管网布局，推进西气东输等跨区域输气管网建设，完善沿黄城市群区域、支线及终端管网。加强黄河流域油气战略储备，因地制宜建设地下储气库。以铁路为主，加快形成沿黄粮食等农产品主产区与全国粮食主销区之间的跨区域运输通道。加强航空、公路冷链物流体系建设，提高鲜活农产品对外运输能力。

第十二章 保护传承弘扬黄河文化

着力保护沿黄文化遗产资源，延续历史文脉和民族根脉，深入挖掘黄河文化的时代价值，加强公共文化产品和服务供给，更好满足人民群众精神文化生活需要。

第一节 系统保护黄河文化遗产

开展黄河文化资源全面调查和认定，摸清文物古迹、非物质文化遗产、古籍文献等重要文化遗产底数。实施黄河文化遗产系统保护工程，建设黄河文化遗产廊道。对濒危遗产遗迹遗存实施抢救性保护。高水平保护陕西石峁、山西陶寺、河南二里头、河南双槐树、山东大汶口等重要遗址，加大对宫殿、帝王陵等大遗址的整体性保护和修复力度，加强古建筑、古镇古村等农耕文化遗产和古灌区、古渡口等水文化遗产保护，保护古栈道等交通遗迹遗存。严格古长城保护和修复措施，推动重点长城节点保护。支持西安、洛阳、开封、大同等城市保护和完善历史风貌特色。实施黄河流域"考古中国"重大研究项目，加强文物保护认定，从严打击盗掘、盗窃、非法交易文物等犯罪行为。提高黄河流域革命文物和遗迹保护水平，加强同主题跨区域革命文物系统保护。完善黄河流域非物质文化遗产保护名录体系，大力保护黄河流域戏曲、武术、民俗、传统技艺等非物质文化遗产。综合运用现代信息和传媒技术手段，加强黄河文化遗产数字化保护与传承弘扬。

第二节 深入传承黄河文化基因

深入实施中华文明探源工程，系统研究梳理黄河文化发展脉络，充分彰显黄河文化的多源性多样性。开展黄河文化传承创新工程，系统阐发黄河文化蕴含的精神内涵，建立沟通历史与现实、拉近传统与现代的黄河文化体系。打造中华文明重要地标，深入研究规划建设黄河国家文化公园。支持黄河文化遗产申报世界文化遗产。推动黄河流域优秀农耕文化遗产活化利用和传承创新，支持其申报全球重要农业文化遗产。综合展示黄河流域在农田水利、天文历法、治河技术、建筑营造、中医中药、藏医藏药、传统工艺等领域的文化成就，推动融入现实生活。大力弘扬延安精神、焦裕禄精神、沂蒙精神等，用以滋养初心、淬炼灵魂。整合黄河文化研究力量，夯实研究基础，建设跨学科、交叉型、多元化创新研究平台，形成一批高水平研究成果。适当改扩建和新建一批黄河文化博物馆，系统展示黄河流域历史文化。

第三节 讲好新时代黄河故事

启动"中国黄河"国家形象宣传推广行动，增强黄河文化亲和力，突出历史厚重感，向国际社会全面展示真实、立体、发展的黄河流域。加强黄河题材精品纪录片创作。在国家文化年、中国旅游年等活动中融入黄河文化元素，打造黄河文化对外传播符号。支持黄河流域与共建"一带一路"国家深入开展多种形式人文合作，促进民心相通和文化认同。加强同尼罗河、多瑙河、莱茵河、伏尔加河等流域的交流合作，推动文明交流互鉴。开展面向海内外的寻根祭祖和中华文明探源活动，打造黄河流域中华人文始祖发源地文化品牌。深化文学艺术、新闻出版、影视等领域对外交流合作，实施黄河文化海外推广工程，广泛翻译、传播优秀黄河文化作品，推动中华文化走出去。引导我国驻外使领馆及孔子学院、中国文化中心等宣介黄河文化。开展国外媒体走近黄河、报道黄河等系列交流活动。

第四节　打造具有国际影响力的黄河文化旅游带

推动文化和旅游融合发展，把文化旅游产业打造成为支柱产业。强化区域间资源整合和协作，推进全域旅游发展，建设一批展现黄河文化的标志性旅游目的地。发挥上游自然景观多样、生态风光原始、民族文化多彩、地域特色鲜明优势，加强配套基础设施建设，增加高品质旅游服务供给，支持青海、四川、甘肃毗邻地区共建国家生态旅游示范区。中游依托古都、古城、古迹等丰富人文资源，突出地域文化特点和农耕文化特色，打造世界级历史文化旅游目的地。下游发挥好泰山、孔庙等世界著名文化遗产作用，推动弘扬中华优秀传统文化。加大石窟文化保护力度，打造中国特色历史文化标识和"中国石窟"文化品牌。依托陕甘宁革命老区、红军长征路线、西路军西征路线、吕梁山革命根据地、南梁革命根据地、沂蒙革命老区等打造红色旅游走廊。实施黄河流域影视、艺术振兴行动，形成一批富有时代特色的精品力作。

第十三章　补齐民生短板和弱项

以上中游欠发达地区为重点，多渠道促进就业创业，加强普惠性、基础性、兜底性民生事业建设，提高公共服务供给能力和水平，进一步保障和改善民生，增强人民群众的获得感、幸福感、安全感。

第一节　提高重大公共卫生事件应对能力

坚持预防为主、防治协同，建立全流域公共卫生事件应急应对机制，实现流行病调查、监测分析、信息通报、防控救治、资源调配等协同联动，筑牢全方位网格化防线，织密疾病防控网络。加快黄河流域疾病预防控制体系现代化建设，提升传染病病原体、健康危害因素等检验检测能力。健全重大突发公共卫生事件医疗救治体系，按照人口规模、辐射区域和疫情防控压力，建设重大疫情救治基地，完善沿黄省市县三级重症监护病区（ICU）救治设施体系，提高中医院应急和救治能力。分级分层分流推动城市传染病救治体系建设，实现沿黄地市级传染病医院全覆盖，加强县级医院感染性疾病科和相对独立的传染病病区建设，原则上不鼓励新建独立的传染病医院。按照平战结合导向，做好重要医疗物资储备。借鉴方舱医院改建经验，提高大型场馆等设施建设标准，使其具备承担救治隔离任务的条件。充分发挥黄河流域中医药传统和特色优势，建立中西医结合的疫情防控机制。

第二节　加快教育医疗事业发展

制定更加优惠的政策措施，支持改善上中游地区义务教育薄弱学校办学条件，切实落实义务教育教师平均工资收入不低于当地公务员平均水平的要求。支持沿黄地区高校围绕生态保护修复、生物多样性保护、水沙调控、水土保持、水资源利用、公共卫生等急需领域，设置一批科学研究和工程应用学科。加大政府投入力度，加强基层公共卫生服务体系建设，强化儿童重点疾病预防保健。设立黄河流域高原病、地方病防治中心。实施"黄河名医"中医药发展计划，打造中医药产业发展综合示范区。广泛开展爱国卫生运动。

第三节 增强基本民生保障能力

千方百计稳定和扩大就业，加强对重点行业、重点群体的就业支持，采取措施吸引高校毕业生投身黄河生态保护事业，支持退役军人、返乡入乡务工人员在生态环保、乡村旅游等领域就业创业，发挥植树造林、基础设施、治污等重大工程拉动当地就业作用。创新户籍、土地、社保等政策，引导沿黄地区劳动力赴新疆、西藏、青海等边疆、高原地区就业创业安居。有序扩大跨省异地就医定点医院覆盖面。统筹城乡社会救助体系，做好对留守儿童、孤寡老人、残障人员、失独家庭等弱势群体的关爱服务。

第四节 提升特殊类型地区发展能力

以上中游民族地区、革命老区、生态脆弱地区等为重点，接续推进全面脱贫与乡村振兴有效衔接，巩固脱贫攻坚成果，全力让脱贫群众迈向富裕。精准扶持发展特色优势产业，支持培育壮大一批龙头企业。加大上中游易地扶贫搬迁后续帮扶力度，继续做好东西部协作、对口支援、定点帮扶等工作。大力实施以工代赈，扩大建设领域、赈济方式和受益对象。编制实施新时代陕甘宁革命老区振兴发展规划。

第十四章 加快改革开放步伐

坚持深化改革与扩大开放并重，充分发挥市场在资源配置中的决定性作用，更好发挥政府作用，加强黄河综合治理体系和能力建设，加快构建内外兼顾、陆海联动、东西互济、多向并进的黄河流域开放新格局，提升黄河流域高质量发展水平。

第一节 完善黄河流域管理体系

形成中央统筹协调、部门协同配合、属地抓好落实、各方衔接有力的管理体制，实现统一规划设计、统一政策标准、协同生态保护、综合监管执法。深化流域管理机构改革，推行政事分开、事企分开、管办分离，强化水利部黄河水利委员会在全流域防洪、监测、调度、监督等方面职能，实现对干支流监管"一张网"全覆盖。赋予沿黄各省区更多生态建设、环境保护、节约用水和防洪减灾等管理职能，实现流域治理权责统一。加强全流域生态环境执法能力建设，完善跨区域跨部门联合执法机制，实现对全流域生态环境保护执法"一条线"全畅通。建立流域突发事件应急预案体系，提升生态环境应急响应处置能力。落实地方政府生态保护、污染防治、节水、水土保持等目标责任，实行最严格的生产建设活动监管。

第二节 健全生态产品价值实现机制

建立纵向与横向、补偿与赔偿、政府与市场有机结合的黄河流域生态产品价值实现机制。中央财政设立黄河流域生态保护和高质量发展专项奖补资金，专门用于奖励生态保护有力、转型发展成效好的地区，补助生态功能重要、公共服务短板较多的地区。鼓励地方以水量、水质为补偿依据，完善黄河干流和主要支流横向生态保护补偿机制，开展渭河、湟水河等重要支流横向生态保护补偿机制试点，中央财政安排引导资金予以支持。在沿黄重点生态功能区实施生态综合补偿试点。支持地方探索开展生态产品价值核算计量，逐步推进综合生态补偿标准化、实用化、市场化。鼓励开展排污权等初始分配与跨省交易制度，以点带面形成多元化生态补偿政策体系。实行更加严格的黄河流域生态环境损害赔偿制度，依托生态产品价值核算，开展生态环境损害评估，提高破坏生态环境违法成本。

第三节 加大市场化改革力度

着力优化沿黄各省区营商环境，制定改进措施清单，逐项推动落实。深化"放管服"改革，全面借鉴复制先进经验做法，深入推进"最多跑一次"改革，打造高效便捷的政务服务环境。研究制定沿黄各省区能源、有色、装备制造等领域国有企业混合所有制改革方案，支持国有企业改革各类试点在黄河流域先行先试，分类实施垄断行业改革。依法平等对待各类市场主体，全面清理歧视性规定和做法，积极吸引民营企业、民间资本投资兴业。探索特许经营方式，引入合格市场主体对有条件的支流河段实施生态建设和环境保护。加强黄河流域要素市场一体化建设，推进土地、能源等要素市场化改革，完善要素价格形成机制，提高资源配置效率。

第四节 深度融入共建"一带一路"

高水平高标准推进沿黄相关省区的自由贸易试验区建设，赋予更大改革开放自主权。支持西安、郑州、济南等沿黄大城市建立对接国际规则标准、加快投资贸易便利化、吸引集聚全球优质要素的体制机制，强化国际交往功能，建设黄河流域对外开放门户。发挥上中游省区丝绸之路经济带重要通道、节点作用和经济历史文化等综合优势，打造内陆开放高地，加快形成面向中亚南亚西亚国家的通道、商贸物流枢纽、重要产业和人文交流基地。支持黄河流域相关省区高质量开行中欧班列，整治和防范无序发展与过度竞争，培育西安、郑州等中欧班列枢纽城市，发展依托班列的外向型经济。在沿黄省区新设若干农业对外开放合作试验区，深化与共建"一带一路"国家农牧业合作，支持有实力的企业建设海外生产加工基地。

第五节 健全区域间开放合作机制

推动青海、四川、甘肃毗邻地区协同推进水源涵养和生态保护修复，建设黄河流域生态保护和水源涵养中心区。支持甘肃、青海共同开展祁连山生态修复和黄河上游冰川群保护。引导陕西、宁夏、内蒙古毗邻地区统筹能源化工发展布局，加强生态环境共保和水污染共治。加强陕西、山西黄土高原交界地区协作，共同保护黄河晋陕大峡谷生态环境。深化晋陕豫黄河金三角区域经济协作，建设郑（州）洛（阳）西（安）高质量发展合作带，推动晋陕蒙（忻榆鄂）等跨省区合作。支持山西、内蒙古、山东深度对接京津冀协同发展，深化科技创新、金融、新兴产业、能源等合作，健全南水北调中线工程受水区与水源区对口协作机制。推动黄河流域与长江流域生态保护合作，实施三江源、秦岭、若尔盖湿地等跨流域重点生态功能区协同保护和修复，加强生态保护政策、项目、机制联动，以保护生态为前提适度引导跨流域产业转移。

第十五章 推进规划实施

黄河流域生态保护和高质量发展是一项重大系统工程，涉及地域广、人口多，任务繁重艰巨。坚持尽力而为、量力而行原则，把握好有所为与有所不为、先为与后为、快为与慢为的关系，抓住每个阶段主要矛盾和矛盾主要方面，对当下急需的政策、工程和项目，要增强紧迫感和使命感，加快推进、早见成效；对需要长期推进的工作，要久久为功、一茬接着一茬干，把黄河流域生态保护和高质量发展的宏伟蓝图变为现实。

第一节 坚持党的集中统一领导

把党的领导始终贯穿于黄河流域生态保护和高质量发展各领域各方面各环节。加强党的政治建设，坚持不懈用红色文化特别是延安精神、焦裕禄精神教育广大党员、干部，坚定理想信念，改进工作作风，做到忠诚干净担当。充分发挥党总揽全局、协调各方的领导核心作用，确保黄河流域生态保护和高质量发展始终保持正确方向。沿黄各省区党委和政府要从讲政治的高度、抓重点的精度、抓到底的深度，全面落实党中央、国务院决策部署，锐意进取、实干苦干，不折不扣推动本规划纲要提出的目标任务和政策措施落地见效。

第二节 强化法治保障

系统梳理与黄河流域生态保护和高质量发展相关法律法规，深入开展黄河保护治理立法基础性研究工作，适时启动立法工作，将黄河保护治理中行之有效的普遍性政策、机制、制度等予以立法确认。在生态保护优先的前提下，以法律形式界定各方权责边界、明确保护治理制度体系，规范对黄河保护治理产生影响的各类行为。研究制定完善黄河流域生态补偿、水资源节约集约利用等法律法规制度。支持沿黄省区出台地方性法规、地方政府规章，完善黄河流域生态保护和高质量发展的法治保障体系。

第三节 增强国土空间治理能力

全面评估黄河流域及沿黄省份资源环境承载能力，统筹生态、经济、城市、人口以及粮食、能源等安全保障对空间的需求，开展国土空间开发适宜性评价，确定不同地区开发上限，合理开发和高效利用国土空间，严格规范各类沿黄河开发建设活动。在组织开展黄河流域生态现状调查、生态风险隐患排查的基础上，以最大限度保持生态系统完整性和功能性为前提，加快黄河流域生态保护红线、环境质量底线、自然资源利用上线和生态环境准入清单"三线一单"编制，构建生态环境分区管控体系。合理确定不同水域功能定位，完善黄河流域水功能区划。加强黄河干流和主要支流、湖泊水生态空间治理，开展水域岸线确权划界并严格用途管控，确保水域面积不减。

第四节 完善规划政策体系

围绕贯彻落实本规划纲要，组织编制生态保护和修复、环境保护与污染治理、水安全保障、文化保护传承弘扬、基础设施互联互通、能源转型发展、黄河文化公园规划建设等专项规划，研究出台配套政策和综合改革措施，形成"1+N+X"规划政策体系。研究设立黄河流域生态保护和高质量发展基金。沿黄各省区要研究制定本地区黄河流域生态保护和高质量发展规划及实施方案，细化落实本规划纲要确定的目标任务。沿黄各省区要建立重大工程、重大项目推进机制，围绕生态修复、污染防治、水土保持、节水降耗、防洪减灾、产业结构调整等领域，创新融资方式，积极做好用地、环评等前期工作，做到储备一批、开工一批、建设一批、竣工一批，发挥重大项目在黄河流域生态保护和高质量发展中的关键作用。本规划纲要实施过程中涉及的重大事项、重要政策和重点项目按规定程序报批。

第五节 建立健全工作机制

坚持中央统筹、省负总责、市县落实的工作机制。中央成立推动黄河流域生态保护和高质量发展领导小组，全面指导黄河流域生态保护和高质量发展战略实施，审议全流域重大规划、重大政策、重大项目和年度工作安排，协调解决跨区域重大问题。领导小组办公室设在国家发展改革委，承担领导小组日常工作。沿黄各省区要履行主体责任，完善工作机制，加强组织动员和推进实施。相关市县要落实工作责任，细化工作方案，逐项抓好落实。中央各有关部门要按照职责分工，加强指导服务，给予有力支持。充分发挥水利部黄河水利委员会作用，为领导小组工作提供支撑保障。领导小组办公室要加强对本规划纲要实施的跟踪分析，做好政策研究、统筹协调、督促落实等工作，确保在2025年前黄河流域生态保护和高质量发展取得明显进展。重大事项及时向党中央、国务院报告。

国务院印发关于推动区域发展的规划文件和支持政策

国务院关于支持福建省深入实施生态省战略加快生态文明先行示范区建设的若干意见

国发〔2014〕12号

各省、自治区、直辖市人民政府，国务院各部委、各直属机构：

福建省是我国南方地区重要的生态屏障，生态文明建设基础较好。为支持福建省深入实施生态省战略，加快生态文明先行示范区建设，增强引领示范效应，现提出以下意见：

一、总体要求

（一）指导思想。以邓小平理论、"三个代表"重要思想、科学发展观为指导，充分发挥福建省生态优势和区位优势，坚持解放思想、先行先试，以体制机制创新为动力，以生态文化建设为支撑，以实现绿色循环低碳发展为途径，深入实施生态省战略，着力构建节约资源和保护环境的空间格局、产业结构、生产方式、生活方式，成为生态文明先行示范区。

（二）战略定位。

——国土空间科学开发先导区。优化生产、生活、生态空间结构，率先形成与主体功能定位相适应、科学合理的城镇化格局、农业发展格局、生态安全格局。

——绿色循环低碳发展先行区。加快"绿色转型"，把发展建立在资源能支撑、环境可容纳的基础上，率先实现生产、消费、流通各环节绿色化、循环化、低碳化。

——城乡人居环境建设示范区。加强自然生态系统保护和修复，深入实施造林绿化和城乡环境综合整治，增强生态产品生产能力，打造山清水秀、碧海蓝天的美丽家园。

——生态文明制度创新实验区。建立体现生态文明要求的评价考核体系，大力推进自然资源资产产权、集体林权、生态补偿等制度创新，为全国生态文明制度建设提供有益借鉴。

（三）主要目标。

到2015年，单位地区生产总值能源消耗和二氧化碳排放均比全国平均水平低20%以上，非化石能源占一次能源消费比重比全国平均水平高6个百分点；城市空气质量全部达到或优于二级标准；主要水系Ⅰ-Ⅲ类水质比例达到90%以上，近岸海域达到或优于二类水质标准的面积占65%；单位地区生产总值用地面积比2010年下降30%；万元工业增加值用水量比2010年下降

---

* 仅限公开发布的政策文件。

35%；森林覆盖率达到 65.95% 以上。

到 2020 年，能源资源利用效率、污染防治能力、生态环境质量显著提升，系统完整的生态文明制度体系基本建成，绿色生活方式和消费模式得到大力推行，形成人与自然和谐发展的现代化建设新格局。

二、优化国土空间开发格局

（四）**加快落实主体功能区规划**。健全省域空间规划体系，划定生产、生活、生态空间开发管制界限，落实用途管制。沿海城市群等重点开发区域要加快推进新型工业化、城镇化，促进要素、产业和人口集聚，支持闽江口金三角经济圈建设。闽西北等农产品主产区要因地制宜发展特色生态产业，提高农业可持续发展能力。重点生态功能区要积极开展生态保护与修复，实施有效保护。坚持陆海统筹，合理开发利用岸线、海域、海岛等资源，保护海洋生态环境，支持海峡蓝色经济试验区建设。

（五）**推动城镇化绿色发展**。坚持走以人为本、绿色低碳的新型城镇化道路。深入实施宜居环境建设行动计划，保护和扩大绿地、水域、湿地，提高城镇环境基础设施建设与运营水平，大力发展绿色建筑、绿色交通，建设一批美丽乡村示范村。

三、加快推进产业转型升级

（六）**着力构建现代产业体系**。全面落实国家产业政策，严控高耗能、高排放项目建设。推进电子信息、装备制造、石油化工等主导产业向高端、绿色方向发展，加快发展节能环保等战略性新兴产业。积极发展现代种业、生态农业和设施农业。推动远洋渔业发展，推广生态养殖，建设一批海洋牧场。发展壮大林产业，推进商品林基地建设，积极发展特色经济林、林下种养殖业、森林旅游等产业。加快发展现代物流、旅游、文化、金融等服务业。

（七）**调整优化能源结构**。稳步推进宁德、福清等核电项目建设。加快仙游、厦门等抽水蓄能电站建设。有序推进莆田平海湾、漳浦六鳌、宁德霞浦等海上风电场建设。积极发展太阳能、地热能、生物质能等非化石能源，推广应用分布式能源系统。加快天然气基础设施建设。

（八）**强化科技支撑**。完善技术创新体系，加强重点实验室、工程技术（研究）中心建设，开展高效节能电机、烟气脱硫脱硝、有机废气净化等关键技术攻关。健全科技成果转化机制，促进节能环保、循环经济等先进技术的推广应用。

四、促进能源资源节约

（九）**深入推进节能降耗**。全面实施能耗强度、碳排放强度和能源消费总量控制，建立煤炭消费总量控制制度，强化目标责任考核。突出抓好重点领域节能，实施节能重点工程，推广高效节能低碳技术和产品。开展重点用能单位节能低碳行动和能效对标活动，实施能效"领跑者"制度。

（十）**合理开发与节约利用水资源**。严格实行用水总量控制，统筹生产、生活、生态用水，大力推广节水技术和产品，强化水资源保护。科学规划建设一批跨区域、跨流域水资源配置工程，研究推进宁德上白石、罗源霍口等大中型水库建设。

（十一）**节约集约利用土地资源**。严守耕地保护红线，从严控制建设用地。严格执行工业用地招拍挂制度，探索工业用地租赁制。适度开发利用低丘缓坡地，积极稳妥推进农村土地整治试点和旧城镇旧村庄旧厂房、低效用地等二次开发利用，清理处置闲置土地。鼓励和规范城镇地下空间开发利用。

（十二）**积极推进循环经济发展**。加快构建覆盖全社会的资源循环利用体系，提高资源产出率。加强产业园区循环化改造，实现产业废物交换利用、能量梯级利用、废水循环利用和污染物集中处理。大力推行清洁生产。加快再生资源回收体系建设，支持福州、厦门、泉州等城市矿产示范基地建设。推进工业固体废弃物、建筑废弃物、农林废弃物、餐厨垃圾等资源化利用。支持绿色矿山建设。

五、加大生态建设和环境保护力度

（十三）**加强生态保护和修复**。划定生态保护红线，强化对重点生态功能区和生态环境敏感区域、生态脆弱区域的有效保护。加强森林抚育，持续推进城市、村镇、交通干线两侧、主要江河干支流及水库周围等区域的造林绿化，优化树种、林分结构，提升森林生态功能。加强自然保护区建设和湿地保护，维护生物多样性。支持以小流域、坡耕地、崩岗为重点的水土流失治理。推进矿山生态环境恢复治理。实施沿海岸线整治与生态景观恢复。完善防灾减灾体系，提高适应气候变化能力。

（十四）**突出抓好重点污染物防治**。深入开展水环境综合整治和近岸海域环境整治，抓好畜禽养殖业等农业面源污染防治，推进重点行业废水深度治理，完善城乡污水处理设施。加大大气污染综合治理力度，实施清洁能源替代，加快重点行业脱硫、脱硝和除尘设施建设，强化机动车尾气治理，进一步提高城市环境空气质量。加快生活垃圾、危险废物、放射性废物等处理处置设施建设。加强铅、铬等重金属污染防治和土壤污染治理。

（十五）**加强环境保护监管**。严格执行环境影响评价和污染物排放许可制度，实施污染物排放总量控制。加快重点污染源在线监测装置建设，完善环境监测网络。加强危险化学品、核设施和放射源安全监管，强化环境风险预警和防控。严格海洋倾废、船舶排污监管。全面推行环境信息公开，完善举报制度，强化社会监督。

六、提升生态文明建设能力和水平

（十六）**建立健全生态文明管理体系**。加强基层生态文明管理能力建设，重点推进资源节约和环境保护领域执法队伍建设。推进能源、温室气体排放、森林碳汇等统计核算能力建设，支持开展资源产出率统计试点。

（十七）**推进生态文化建设**。将生态文明内容纳入国民教育体系和干部培训机构教学计划，推进生态文明宣传教育示范基地建设。依托森林文化、海洋文化、茶文化等，创作一批优秀生态文化作品。开展世界地球日、环境日以及全国节能宣传周、低碳日等主题宣传活动，倡导文明、绿色的生活方式和消费模式，引导全社会参与生态文明建设，打造"清新福建"品牌。

（十八）**开展两岸生态环境保护交流合作**。推动建立闽台生态科技交流与产业合作机制，推进节能环保、新能源等新兴产业对接。鼓励和支持台商扩大绿色经济投资。协同开展增殖放流等活动，共同养护海峡水生生物资源。加强台湾海峡海洋环境监测，推进海洋环境及重大灾害监测数据资源共享。

七、加强生态文明制度建设

（十九）**健全评价考核体系**。完善经济社会评价体系和考核体系，根据主体功能定位实行差别化的评价考核制度，提高资源消耗、环境损害、生态效益等指标权重。对禁止开发区域，实行领导干部考核生态环境保护"一票否决"制；对限制开发区域，取消地区生产总值考核。实行领导干部生态环境损害责任终身追究制。

（二十）完善资源环境保护与管理制度。加快建立国土空间开发保护制度和生态保护红线管控制度，建立资源环境承载能力监测预警机制。完善耕地保护、节约集约用地等制度。完善水资源总量控制、用水效率控制、水功能区限制纳污等制度。建立陆海统筹的生态系统保护修复和污染防治区域联动机制。健全环境保护目标责任制。建立生态环境损害赔偿制度、企业环境行为信用评价制度。

（二十一）建立健全资源有偿使用和生态补偿机制。健全对限制开发、禁止开发区域的生态保护财力支持机制。建立有效调节工业用地和居住用地合理比价机制。完善流域、森林生态补偿机制，研究建立湿地、海洋、水土保持等生态补偿机制。完善海域、岸线和无居民海岛有偿使用制度。积极开展节能量、排污权、水权交易试点，探索开展碳排放权交易，推行环境污染第三方治理。完善用电、用水、用气阶梯价格制度，健全污水、垃圾处理和排污收费制度。

八、保障措施

（二十二）加大政策支持力度。中央财政加大转移支付力度，支持福建省生态文明建设和经济社会发展。中央预算内投资对福建原中央苏区和闽东苏区按照西部地区政策执行，对福建其他革命老区按照中部地区政策执行。研究将以武夷山-玳瑁山山脉为核心的生态功能区列为国家限制开发的重点生态功能区。

加大中央投资对福建省生态建设、节能环保、水土保持、循环经济、污水垃圾处理、水利工程、新能源、能力建设等项目的支持力度。支持福建大型灌区续建配套与节水改造、中小河流治理、病险水库除险加固等项目建设。支持闽江、九龙江流域污染治理。加大对空气自动监测站建设的支持力度。

鼓励和引导金融机构加大对福建省资源节约、环境保护和生态建设项目的资金支持，创新金融产品和服务方式，在风险可控的前提下，探索开展采矿权、海域和无居民海岛使用权等抵（质）押贷款。支持大型节能环保企业设立财务公司，鼓励符合条件的企业通过发行债券或股票上市融资。探索开展碳金融业务。

合理布局重大产业项目和基础设施，研究推进漳州古雷炼化一体化、浦城至梅州铁路、吉安至泉州铁路、福建与广东电网联网、平潭及闽江口水资源配置工程等项目建设，强化生态文明建设物质保障。

（二十三）支持福建省开展先行先试。国家在福建省开展生态文明建设评价考核试点，探索建立生态文明建设指标体系。率先开展森林、山岭、水流、滩涂等自然生态空间确权登记，编制自然资源资产负债表，开展领导干部自然资源资产离任审计试点。开展生态公益林管护体制改革、国有林场改革、集体商品林规模经营等试点，支持三明林区开展生态文明建设配套改革。在闽江源、九龙江开展生态补偿试点，研究建立汀江（韩江）跨省流域生态补偿机制。推进电力等能源价格市场化改革。整合资源节约、环境保护、循环经济等方面中央预算内投资，开展项目统筹管理试点。开展城镇低效用地再开发、农村集体经营性建设用地流转试点。

（二十四）加强组织协调。福建省人民政府要切实加强组织领导，细化目标任务，完善工作机制，落实工作责任，确保本意见各项任务措施落到实处。国务院有关部门要结合各自职能，加大对福建省生态文明建设的支持力度，指导和帮助解决实施过程中遇到的困难和问题。发展改革委要会同有关部门加强对本意见实施情况的督促检查，重大问题及时向国务院报告。

国务院
2014 年 3 月 10 日

国务院关于近期支持东北振兴若干重大政策举措的意见

国发〔2014〕28号

各省、自治区、直辖市人民政府，国务院各部委、各直属机构：

党中央、国务院决定实施东北地区等老工业基地振兴战略以来，东北地区经济社会发展取得巨大成就。但目前也面临新的挑战，去年以来经济增速持续回落，部分行业生产经营困难，一些深层次体制机制和结构性矛盾凸显。为巩固扩大东北地区振兴发展成果、努力破解发展难题、依靠内生发展推动东北经济提质增效升级，现就近期支持东北振兴提出以下意见。

一、着力激发市场活力

以简政放权为突破口，促进各类市场主体竞相迸发发展活力。

（一）**进一步简政放权**。对已下放地方的投资项目审批事项，按照"同级审批"原则，依法将用地预审等相关前置审批事项下放地方负责。将列入石化产业规划布局方案的大连长兴岛石化产业基地等相关项目核准及用地预审等前置审批委托省级政府负责。鼓励辽宁省开展投资领域简政放权改革试点，对属于省级审批的投资项目，在依法合规的前提下，尽量减少前置审批事项。将在中关村国家自主创新示范区开展的境外并购外汇管理试点政策拓展至东北地区重点装备制造企业。

（二）**促进非公有制经济大发展**。在东北地区开展民营经济发展改革试点，创新扶持模式与政策，壮大一批民营企业集团，开展私营企业建立现代企业制度示范，探索老工业基地加快发展民营经济的有效途径。进一步放宽民间资本进入的行业和领域，抓紧实施鼓励社会资本参与的国家级重大投资示范项目，同时，要在基础设施、基础产业等领域推出一批鼓励社会资本参与的地方重大项目。在东北地区试点民间资本发起设立民营银行等金融机构。鼓励民间资本、外资以及各类新型社会资本，以出资入股等方式参与国有企业改制重组。在城市基础设施建设、环境治理等领域，积极推广政府与社会资本合作机制（PPP）等模式。

二、进一步深化国有企业改革

进一步深化东北地区国有企业和国有资产管理体制改革，支持东北在国有企业改革方面先行先试，大力发展混合所有制经济，切实增强国有经济发展活力。

（三）**深化地方国有企业改革**。地方政府要分类推进国有企业改革，拿出本级国有企业部分股权转让收益和国有资本经营收益，专项用于支付必需的改革成本。充分利用各类资本市场，大力推进国有资产资本化、证券化。有序推进混合所有制企业管理层、技术骨干、员工出资参与本企业改制。

（四）**大力推进中央国有企业改革**。根据党中央、国务院的统一部署，结合东北地区国有资本总量和分布情况，组建跨省的区域性（或省级）国有资本投资公司和运营公司，加快经营不善国有企业重组和退出。条件成熟时，通过股权多元化等方式整合中央企业在东北地区的资源，推动国有资本向关键性、战略性、基础性和先导性行业领域集中，允许拿出部分股权转让收益用于支付必需的改革成本，妥善安置企业职工。研究中央企业和地方协同发展政策，支持中央企业与地方共建产业园区。

（五）**妥善解决国有企业改革历史遗留问题**。尽快出台分类处理的政策措施，加大支持力度，力争用2—3年时间，妥善解决厂办大集体、分离企业办社会职能、离退休人员社会化管理等历史遗留问题。在东北地区全面推进中央企业分离移交"三供一业"（供水、供电、供热、物业管理）工作，地方国有企业也要积极开展相关工作。

三、紧紧依靠创新驱动发展

要总结经验、完善政策，深化科技体制改革，健全区域创新体系，推动经济转型升级。

（六）**开展产学研用协同创新改革试验**。打破制约科技与经济结合的体制机制障碍，打通产学研用之间的有效通道，统筹各方面资金并切实提高分配和使用效率。围绕重大技术装备和高端智能装备、新材料、生物等东北地区具有优势和潜力的产业链，以国家重点工程为依托，以骨干企业为主体，以利益为纽带，整合创新资源组建若干产业技术创新战略联盟，设立引导东北地区创新链整合的中央预算内投资专项，加大资金支持力度，集中实施一批重大创新工程，力争在关键核心技术方面取得突破。在东北地区组织实施一批重大技术装备首台（套）示范项目。

（七）**完善区域创新政策**。研究将中关村国家自主创新示范区有关试点政策向东北地区推广，鼓励在科技成果处置权、收益权、股权激励等方面探索试验。研究在东北地区设立国家自主创新示范区。研究利用国家外汇储备资金支持企业并购国外科技型企业的具体办法。研究支持东北地区创新驱动发展的措施。

（八）**加强创新基础条件建设**。研究在吉林省布局综合极端条件试验装置、在黑龙江省布局空间环境地面模拟装置重大科技基础设施，支持东北地区建设一批国家工程（技术）研究中心、国家工程（重点）实验室等研发平台。推动大型企业向社会和中小企业开放研发和检验检测设备，研究给予相应优惠政策。在东北地区率先启动创新企业百强试点工作。支持中科院与东北地区加强"院地合作"，建设产业技术创新平台。继续组织开展东北地区等老工业基地院士专家科技咨询活动。国家"千人计划"、"万人计划"等重大人才工程要对东北地区给予重点支持，对高端装备制造、国防科技等领域予以倾斜。

四、全面提升产业竞争力

进一步调整优化生产力布局，加快改造提升传统产业，积极发展战略性新兴产业，大力发展现代服务业，构建产业发展新格局。

（九）**做强传统优势产业**。积极支持重大技术装备拓展市场，鼓励引导国家重点工程优先采用国产装备，扶持核电、火电、轨道交通、石化冶金、高档机床等优势装备走出去。科学布局一批产业关联度高的重大产业项目，地方和企业要做好恒力炼化一体化、中石油长兴岛炼化一期项目前期工作并力争尽早开工。加快推进中石油辽阳石化结构调整、中国兵器辽宁华锦石化改扩建等项目前期工作。鼓励大型农产品加工企业在东北地区布局生产基地，允许地方现有玉米深加工企业根据供需状况适度增加玉米加工量，中央财政对吉林、黑龙江、内蒙古3省区规模较大、信誉较好的玉米深加工企业，在规定期限内竞购加工国家临时收储玉米，超过一定数量部分给予一次性补贴。

（十）**加快培育新兴产业**。支持战略性新兴产业加快发展，对东北地区具有发展条件和比较优势的领域，国家优先布局安排。积极推动设立战略性新兴产业创业投资基金。国家集中力量扶持东北地区做大做强智能机器人、燃气轮机、高端海洋工程装备、集成电路装备、高性能纤维及复合材料、石墨新材料、光电子、卫星及应用、生物医药等产业，形成特色新兴产业集群。支持沈阳、哈尔滨航空企业与国际大型航空企业开展总装、发动机、零部件等重大合作项目。推动在沈阳、大连、哈尔滨等地设立军民融合发展示范园区，发展军民两用高技术产业。鼓励吉林开展非粮生物质资源高端化利用。设立国家级承接产业转移示范区，承接国内外产业转移。

（十一）**推进工业化与信息化融合发展**。加快信息化与工业化深度融合，适度超前建设智能化、大容量骨干传输网络，加快沈阳互联网骨干直联点建设，依托哈尔滨区域性国际通信业务出入口局，扩容中俄、中蒙跨境信息通道。支持东北地区开展工业化与信息化融合发展试点，用信息技术改造提升制造业。培育发展新一代信息技术、云计算、物联网等产业。

（十二）**大力发展现代服务业**。加快东北地区生产性服务业发展，在用电、用水、用气等方面与工业企业实行相同价格，在用地方面给予重点支持。加强旅游设施建设，提升旅游业竞争力，打造大东北旅游品牌。扶持东北地区文化创意、影视出版、演艺娱乐等文化产业发展。支持沈阳铁西、长春净月开发区和哈尔滨等国家服务业综合改革试点区域创新服务业发展模式。推进东北地区电子商务试点城市和服务外包示范城市建设。积极支持产品和技术交易平台建设。

五、增强农业可持续发展能力

要夯实农业发展基础，转变农业发展方式，积极探索现代农业发展之路。

（十三）**巩固提升商品粮生产核心区地位**。大力开展高标准基本农田建设，继续支持吉林西部和黑龙江三江平原东部等地实施土地整治重大工程。今年全国1亿亩深松整地试点重点安排在东北地区。组织实施黑土地保护工程，加大对土壤有机质提升、养分平衡、耕地质量检测以及水土流失治理等的资金支持力度。积极推进东北四省区节水增粮行动项目建设，到2015年建成3800万亩集中连片高效节水灌溉工程。通过大力发展节水农业，带动东北地区节水技术及设备制造业发展。

（十四）**创新现代农业发展体制**。加快推进黑龙江"两大平原"现代农业综合配套改革试验，研究解决涉农资金整合中遇到的新情况新问题。完善粮食主产区利益补偿机制，国家涉农资金进一步加大对东北地区倾斜力度，按粮食商品量等因素对地方给予新增奖励，视中央财力状况，增加中央财政对产粮大县奖励资金。推动粮食主销区建立产销合作基金，鼓励引导主销区到主产区投资建设生产基地。鼓励地方政府结合实际，建立财政贴息等现代农业发展金融扶持机制，引导农村金融机构开展金融创新。

（十五）**加强粮食仓储和物流设施建设**。今年中央预算内投资安排14亿元，支持东北地区新建64亿斤粮食标准化仓储设施和一批散粮物流设施；中央财政安排5亿元，维修改造200亿斤仓容危仓老库。改革创新粮食仓储设施建设投资方式，充分发挥地方和社会建仓积极性，鼓励支持农户特别是种粮大户、家庭农场、农民合作社等新型经营主体储粮。同时，对吉林、黑龙江等仓容紧张地区，抓紧进行跨省移库腾仓。下一步全国新建1000亿斤仓容重点向东北地区倾斜，争取用2—3年基本解决东北地区粮食仓储难问题。畅通"北粮南运"，加强运粮通道及物流基础设施建设，继续推进粮食大型装车点建设，完善粮食物流体系和节点布局。

六、推动城市转型发展

要完善城市功能，支持城区老工业区和独立工矿区搬迁改造，促进资源型城市转型，建设宜产宜居的现代城市。

（十六）**全面推进城区老工业区和独立工矿区搬迁改造**。从2014年起扩大中央预算内投资相关专项规模，每年安排20亿元专门用于东北地区城区老工业区和独立工矿区搬迁改造。今年年内集中力量支持问题突出、前期工作基础较好的10个城区老工业区和10个独立工矿区实施搬迁改造工程，明后两年力争全面展开。坚持先规划后改造，提前制定搬迁改造实施方案，积极稳妥推进搬迁改造。加大城镇低效用地再开发等土地政策支持力度，研究制定通过开发性金融支持城区老工业区和独立工矿区搬迁改造的措施，支持发行城区老工业区和独立工矿区搬迁改造企业债券。

（十七）**加快城市基础设施改造**。加大中央预算内投资支持力度，大力推进东北地区城市供热、供水等管网设施改造。结合既有建筑节能、供热管网改造以及热电联产机组建设，组织实施东北地区"暖房子"工程。中央预算内投资和财政专项资金支持东北地区污水垃圾处理设施和配套污水管网建设。鼓励利用特许经营、投资补助、政府购买服务等方式，改善城市基础设施的薄弱环节。

（十八）**促进资源型城市可持续发展**。在东北地区启动资源型城市可持续发展试点，健全资源开发补偿机制和利益分配共享机制。以黑龙江省鸡西、双鸭山、鹤岗、七台河四大煤城为重点，研究布局若干现代煤化工及精深加工项目，实施资源型城市产业转型攻坚行动计划。组织实施资源枯竭城市吸纳就业产业重点培育工程，支持建设一批再就业项目，重点培育阜新皮革、辽源袜业、大小兴安岭蓝莓等能充分吸纳就业的产业。加大中央预算内投资资金支持力度，在东北资源型城市建设一批接续替代产业园区和集聚区。对黑龙江省四大煤城等地区原中央下放煤矿继续实施采煤沉陷区治理。

七、加快推进重大基础设施建设

要规划建设一批重大基础设施工程，破解发展瓶颈制约。

（十九）**加快综合交通网络建设**。铁路方面，加快京沈高铁、哈佳、沈丹、丹大、吉图珲、哈齐、哈牡等快速铁路建设，推进赤峰、通辽与京沈高铁连接线前期工作；贯通东北东部铁路，研究建设黑龙江省沿边铁路；实施滨洲铁路、哈牡铁路等电化扩能提速改造；加快推进渤海跨海通道工程前期工作。公路方面，启动京哈高速公路扩容改造，加快辽宁铁岭至本溪、吉黑高速吉林至荒岗段等国家高速公路"断头路"建设，推进国道203线吉林段、国道201线鹤岗段等普通国省干线公路改扩建，消除瓶颈路段，加大国边防公路和林区森林防火应急道路建设。机场方面，加快哈尔滨机场改扩建工程建设，推进大连新机场、沈阳机场二跑道、长春机场二期扩建、长海机场扩建、延吉机场迁建，以及松原、建三江、五大连池、绥芬河等支线机场前期工作。城市轨道交通方面，重点推进大连、沈阳、长春、哈尔滨及其他符合条件城市轨道交通建设。加大国际运输通道建设力度，打通经俄罗斯的中欧铁路大通道，重点推进中俄同江铁路大桥、中朝丹东鸭绿江界河公路大桥、集安公路大桥等重点项目建设，开展中俄抚远、黑河等跨境铁路项目前期研究，积极推进中蒙铁路通道建设。

（二十）**构建多元清洁能源体系**。加快电力外送通道建设，切实解决东北地区"窝电"问题。尽快开工内蒙古锡盟至山东交流特高压、锡盟至江苏直流特高压、辽宁绥中电厂改接华北电网等输电工程，加快推进黑龙江经吉林、辽宁至华北输电工程前期工作。研究在黑龙江、吉林开展竞价上网电力改革试点，推动在内蒙古通辽开展区域微型电网试点。优化东北地区能源结构，开工建设辽宁红沿河核电二期项目，适时启动辽宁徐大堡核电项目建设。在东北地区加快审批建设一批热电联产集中供热项目。加快地热能开发利用。支持工业燃煤锅炉节能减排改造、余热余压利用示范工程。支持吉林省开展油页岩综合开发利用示范工程。加快实施中俄原油管道复线、中俄东线天然气管道、黑河与俄阿穆尔州炼化及成品油储输项目等一批重大合作项目。

（二十一）**大力发展水利设施**。重点推进黑龙江、松花江、嫩江等主要干流、支流综合整治，完善防洪减灾体系。加快推进辽西北供水二期、吉林中部引松供水、哈达山水利枢纽（一期）、引嫩入白、尼尔基引嫩扩建一期、引绰济辽以及黑龙江、松花江、乌苏里江"三江连通"等重大水利工程建设。尽快开工黑龙江阁山、奋斗和吉林松原灌区、辽宁猴山水库等重点工程。在水土资源条件具备的地区发展现代灌溉设施，加快三江平原及尼尔基、大安、绰勒水库下游等灌区建设。

八、切实保障和改善民生

要推进重点民生工程建设，使振兴成果更多更公平地惠及广大群众。

（二十二）**加快推进棚户区改造**。打好棚户区改造攻坚战，2014年东北地区开工改造70万套，力争再用2—3年，在全国率先基本完成现有棚户区改造计划。中央财政继续加大对东北地区棚户区改造支持力度，中央预算内投资进一步向东北地区工矿（含煤矿）、国有林区、国有垦区棚户区改造配套基础设施建设倾斜。更好运用金融手段支持棚户区改造，鼓励开发银行进一步加大对东北地区棚户区改造支持力度，今年安排信贷规模600亿元左右，确保列入改造计划项目建设资金需求。开发银行项目资本金过桥贷款（软贷款回收再贷）对东北地区支持标准按西部地区执行。同等条件下优先支持棚户区改造的企业发行债券融资。扩大东北地区棚户区改造项目"债贷组合"债券发行规模。对棚户区改造工程所需新增建设用地实行应保尽保。

（二十三）**完善社会保障体系**。中央财政对企业职工基本养老保险的投入继续向东北地区倾斜，进一步提高企业退休人员基本养老金水平。妥善解决厂办大集体职工的社会保障问题。落实将关闭破产企业退休人员和困难企业职工纳入基本医疗保险的政策。

（二十四）**努力促进就业稳定**。加强对就业形势分析研判，及时采取有针对性举措，防止经济下滑造成大规模职工失业。帮助就业困难人员实现就业，确保零就业家庭实现至少一人就业。鼓励高校毕业生到东北地区就业和创业。

九、加强生态环境保护

要着力推进绿色循环低碳发展，建设天蓝水绿山青的美丽家园和稳固的北方生态安全屏障。

（二十五）**推进重点生态功能区建设**。继续实施天然林保护工程，进一步大幅调减林木采伐量，2014年起中央财政每年安排天然林资源保护工程财政资金23.5亿元，支持在黑龙江重点国有林区率先启动全面停止商业性采伐试点。争取尽快将东北其他国有林区纳入停止商业性采伐范围。研究在内蒙古大兴安岭林区开展国有林区综合配套改革试验。加大水土流失综合治理力度。推进三江平原、松辽平原等重点湿地保护，实施流域湿地生态补水工程，在有条件的区域开展退耕还湿和湿地生态移民试点。支持黑龙江兴凯湖、吉林查干湖、辽宁大伙房水源保护区等开展湖泊生态环境保护。实施科尔沁沙地等专项治理工程。支持吉林、黑龙江西部地区等加快盐碱地治理，实施河湖连通工程，建设生态经济区。支持东北地区生态文明先行示范区建设，开展节能减排财政政策综合示范。

（二十六）**推进工业废弃地和老矿区环境治理**。开展工业废弃地环境调查、风险评估和治理修复。加强矿区生态和地质环境整治，全面开展老矿区沉陷区、露天矿坑、矸石山、尾矿库等综合治理，控制和消除重大地质灾害和环境安全隐患。推进工矿废弃地复垦利用。按照"政府支持、市场化运作"方式，对工业废弃地和矿区历史遗留问题实施专项治理工程。开展工业废弃地和矿区环境治理国际合作。

十、全方位扩大开放合作

要实施更加积极主动的开放战略，全面提升开放层次和水平，不断拓展发展领域和空间。

（二十七）**扩大向东北亚区域及发达国家开放合作**。加强东北振兴与俄远东开发的衔接，启动中俄远东开发合作机制，推动在能源、矿产资源、制造业等领域实施一批重大合作项目，按照国务院批复方案加快筹备中俄地区合作发展（投资）基金，支持哈尔滨打造对俄合作中心城市。发挥地缘和人文优势，务实推进对韩、蒙、日、朝合作，支持大连设立中日韩循环经济示范基地。扩大面向发达国家合作，建立中德政府间老工业基地振兴交流合作机制，推动中德两国在沈阳共建高端装备制造业园区。提升中新吉林食品区合作层次。

（二十八）**打造一批重大开放合作平台**。支持大连金普新区建设成为我国面向东北亚区域开放合作的战略高地，根据需要将省、市经济管理权限下放至新区。研究设立绥芬河（东宁）、延吉（长白）、丹东重点开发开放试验区，支持满洲里、二连浩特重点开发开放试验区和中国图们江区域（珲春）国际合作示范区建设，在具备条件的地区建设综合保税区和跨境经济合作区。加强重点边境城市建设，增强对周边地区的辐射力和吸引力。支持铁岭等地建设保税物流中心，促进东北腹地与沿海产业优势互补、良性互动。

（二十九）**完善对外开放政策**。给予东北地区符合条件的企业原油进口及使用资质，赋予黑龙江农垦粮食自营进出口权。增加从周边国家进口石油、粮食等权益产品配额，鼓励在边境地区开展进口资源深加工。完善边境小额贸易专项转移支付资金政策。优先支持东北地区项目申请使用国际金融组织和外国政府优惠贷款。推动哈尔滨、长春机场等对部分国家和地区实行72小时过境免办签证政策。加快建设大连东北亚国际航运中心。

（三十）**加强区域经济合作**。推动东北地区与环渤海、京津冀地区统筹规划，融合发展。完善东北四省区区域合作与协同发展机制，探索部门与地方协同推进合作的有效渠道，健全推进落实措施，深化多领域务实合作。大力推进东北地区内部次区域合作，编制相关发展规划，推动东北地区东部经济带，以及东北三省西部与内蒙古东部一体化发展。

十一、强化政策保障和组织实施

要结合新形势、新要求，强化政策支持，创造良好政策环境，加大工作力度，确保各项政策措施落实到位。

（三十一）**财政政策**。中央财政进一步加大对东北地区一般性和专项转移支付力度。研究加大对资源枯竭城市转移支付力度。研究将东北地区具备条件的省市纳入地方政府债券自发自还试点范围。

（三十二）**金融政策**。加大对东北地区支农再贷款和支小再贷款支持力度。鼓励政策性金融、商业性金融探索支持东北振兴的有效模式。优先支持东北地区符合条件企业发行企业债券，允许符合条件的金融机构和企业到境外市场发行人民币债券。统筹研究设立东北振兴产业投资基金。加快中小企业信用担保体系和服务体系建设，继续扶持东北地区担保和再担保机构发展。允许符合条件的重点装备制造企业设立金融租赁公司开展金融租赁业务。

（三十三）**投资政策**。在基础设施、生态建设、环境保护、扶贫开发和社会事业等方面安排中央预算内投资时，比照西部地区补助标准执行。中央加大对东北高寒地区和交通末端干线公路建设的项目补助和资本金倾斜。中央安排的东北地区公益性建设项目，取消边境地区和贫困地区县及县以下配套资金。中央预算内投资专门安排资金支持东北地区重大项目和跨省区合作项目前期工作，东北各地也要安排专门资金支持做好重大项目前期工作。

（三十四）**抓好组织实施**。发展改革委要认真落实国务院振兴东北地区等老工业基地领导小组部署，统筹做好支持东北振兴各项工作，加强跟踪研判，推进重点工作。国务院各有关部门要加强指导、密切配合，抓紧研究出台实施细则，形成政策合力。对于重点建设项目，发展改革、国土、环保、财政、金融等各有关部门要给予重点支持。东北四省区要充分发挥主体作用，守土有责、守土尽责，采取有力举措，制定具体方案，落实工作责任，确保各项政策措施落到实处。

（三十五）**加强督促检查**。各有关部门要按照职责分工，建立动态反馈机制，深入实地开展督查调研，每半年将支持东北振兴工作进展情况送发展改革委，对发现的问题要及时研究提出整改建议。发展改革委要及时协调解决重大事项，督促各有关部门和地区落实各项重大政策举措，每半年要将落实进展情况及相关工作考虑汇总上报国务院，重大问题及时向国务院报告。

支持东北地区全面深化改革、创新体制机制、实现经济社会持续健康发展，是新时期新阶段实施东北地区等老工业基地振兴战略的必然要求，对于稳增长、促改革、调结构、惠民生具有重大意义。各有关方面要切实增强责任意识和忧患意识，坚定信心，迎难而上，奋发有为，真抓实干，为促进东北地区全面振兴、培育中国新的经济支撑带作出更大贡献。

国务院
2014 年 8 月 8 日

国务院关于支持沿边重点地区开发开放若干政策措施的意见

国发〔2015〕72号

各省、自治区、直辖市人民政府，国务院各部委、各直属机构：

重点开发开放试验区、沿边国家级口岸、边境城市、边境经济合作区和跨境经济合作区等沿边重点地区是我国深化与周边国家和地区合作的重要平台，是沿边地区经济社会发展的重要支撑，是确保边境和国土安全的重要屏障，正在成为实施"一带一路"战略的先手棋和排头兵，在全国改革发展大局中具有十分重要的地位。为落实党中央、国务院决策部署，牢固树立并切实贯彻创新、协调、绿色、开放、共享的发展理念，支持沿边重点地区开发开放，构筑经济繁荣、社会稳定的祖国边疆，现提出以下意见。

一、深入推进兴边富民行动，实现稳边安边兴边

（一）支持边民稳边安边兴边。加大对边境地区民生改善的支持力度，通过扩大就业、发展产业、创新科技、对口支援稳边安边兴边。积极推进大众创业、万众创新，降低创业创新门槛，对于边民自主创业实行"零成本"注册，符合条件的边民可按规定申请10万元以下的创业担保贷款。鼓励边境地区群众搬迁安置到距边境0—3公里范围，省级人民政府可根据实际情况建立动态的边民补助机制，中央财政通过一般性转移支付给予支持。加大对边境回迁村（屯）的扶持力度，提高补助标准，鼓励边民自力更生发展生产。以整村推进为平台，加快改善边境地区贫困村生产生活条件，因人因地施策，对建档立卡贫困人口实施精准扶贫、精准脱贫，对"一方水土养不起一方人"的实施易地扶贫搬迁，对生态特别重要和脆弱的实行生态保护扶贫，使边境地区各族群众与全国人民一道同步进入全面小康社会。对于在沿边重点地区政府部门、国有企事业单位工作满20年以上且无不良记录的工作人员，所在地省级人民政府可探索在其退休时按照国家规定给予表彰。大力引进高层次人才，为流动人才提供短期住房、教育培训、政策咨询、技术服务和法律援助等工作生活保障。加强沿边重点地区基层组织建设，抓好以村级党组织为核心的村级组织建设，充分发挥基层党组织推动发展、服务群众、凝聚人心、促进和谐的战斗堡垒作用，带领沿边各族人民群众紧密团结在党的周围。（人力资源社会保障部、财政部、教育部、国家民委、中央组织部、民政部、扶贫办负责）

（二）提升基本公共服务水平。加大对边境地区居民基本社保体系的支持力度，对于符合条件的边民参加新型农村合作医疗的，由政府代缴参保费用。提高新型农村合作医疗报销比例，按规定将边境地区城镇贫困人口纳入城镇基本医疗保险。以边境中心城市、边境口岸、交通沿线城镇为重点，加大对边境基层医疗卫生服务机构对口支援力度。在具备条件的地方实施12年免费教育政策。实行中等职业教育免学费制度。选派教师驻边支教，支持当地教师队伍建设。加大教育对外开放力度，支持边境城市与国际知名院校开展合作办学。加快完善电信普遍服务，加强通信基础设施建设，提高信息网络覆盖水平，积极培育适合沿边重点地区的信息消费新产

品、新业态、新模式。提升政府公共信息服务水平，加快推进电子政务、电子商务、远程教育、远程医疗等信息化建设，为当地居民提供医疗、交通、治安、就业、维权、法律咨询等方面的公共服务信息。深入推进农村社区建设试点工作，提高农村公共服务能力。加强沿边重点地区基层公共文化设施建设，着力增加弘扬社会主义核心价值观的优秀文化产品供给。（卫生计生委、人力资源社会保障部、民政部、教育部、工业和信息化部、财政部、文化部、新闻出版广电总局负责）

（三）提升边境地区国际执法合作水平。推动边境地区公安机关在省（区）、市（州、盟）、县（旗）三级设立国际执法安全合作部门，选强配齐专职人员。建立边境地区国际执法合作联席会议机制，定期研判周边国家和地区安全形势，及时警示和应对边境地区安全风险。加大对边境地区开展执法合作的授权，支持边境地区公安机关与周边国家地方警务、边检（移民）、禁毒、边防等执法部门建立对口合作机制，进一步加强在禁毒禁赌以及防范和打击恐怖主义、非法出入境、拐卖人口、走私等方面的边境执法合作，共同维护边境地区安全稳定。加大边境地区国际执法合作投入。加强文化执法合作，强化文化市场监管，打击非法文化产品流入和非法传教，构筑边疆地区文化安全屏障。（公安部、外交部、文化部、宗教局负责）

二、改革体制机制，促进要素流动便利化

（四）加大简政放权力度。进一步取消和下放涉及沿边国家级口岸通关及进出口环节的行政审批事项，明确审查标准，承诺办理时限，优化内部核批程序，减少审核环节。加快推进联合审批、并联审批。加大沿边口岸开放力度，简化口岸开放和升格的申报、审批、验收程序以及口岸临时开放的审批手续，简化沿边道路、桥梁建设等审批程序，推进边境口岸的对等设立和扩大开放。创新事中事后监管，做到放管结合、优化服务、高效便民。（海关总署、质检总局、公安部、交通运输部、外交部、发展改革委负责）

（五）提高贸易便利化水平。创新口岸监管模式，通过属地管理、前置服务、后续核查等方式将口岸通关现场非必要的执法作业前推后移。优化查验机制，进一步提高非侵入、非干扰式检查检验的比例，提高查验效率。实施分类管理，拓宽企业集中申报、提前申报的范围。按照既有利于人员、货物、交通运输工具进出方便，又有利于加强查验监管的原则，在沿边重点地区有条件的海关特殊监管区域深化"一线放开"、"二线安全高效管住"的监管服务改革，推动货物在各海关特殊监管区域之间自由便捷流转。推动二线监管模式与一线监管模式相衔接。加强沿边、内陆、沿海通关协作，依托电子口岸平台，推进沿边口岸国际贸易"单一窗口"建设，实现监管信息同步传输，推进企业运营信息与监管系统对接。加强与"一带一路"沿线国家口岸执法机构的机制化合作，推进跨境共同监管设施的建设与共享，加强跨境监管合作和协调。（海关总署、商务部、公安部、交通运输部、财政部、税务总局、质检总局、外汇局、工业和信息化部负责）

（六）提高投资便利化水平。扩大投资领域开放，借鉴国际通行规则，支持具备条件的沿边重点地区借鉴上海等自由贸易试验区可复制可推广试点经验，试行准入前国民待遇加负面清单的外商投资管理模式。落实商事制度改革，推进沿边重点地区工商注册制度便利化。鼓励沿边重点地区与东部沿海城市建立对口联系机制，交流借鉴开放经验，探索符合沿边实际的开发开放模式。加强与毗邻国家磋商，建立健全投资合作机制。（发展改革委、商务部、外交部、工商总局负责）

（七）**推进人员往来便利化**。加强与周边国家出入境管理和边防检查领域合作，积极推动与周边国家就便利人员往来等事宜进行磋商。下放赴周边国家因公出国（境）审批权限，允许重点开发开放试验区自行审批副厅级及以下人员因公赴毗邻国家（地区）执行任务。在符合条件的沿边国家级口岸实施外国人口岸签证政策，委托符合条件的省（区）、市（州、盟）外事办公室开展领事认证代办业务。加强与毗邻国家协商合作，推动允许两国边境居民持双方认可的有效证件依法在两国边境许可范围内自由通行，对常驻沿边市（州、盟）从事商贸活动的非边境地区居民实行与边境居民相同的出入境政策。为涉外重大项目投资合作提供出入境便利，建立周边国家合作项目项下人员出入境绿色通道。结合外方意愿，综合研究推进周边国家在沿边重点地区开放设领城市设立领事机构。探索联合监管，推广旅客在同一地点办理出入境手续的"一地两检"查验模式，推进旅客自助通关。提高对外宣介相关政策的能力和水平。（外交部、公安部、旅游局、海关总署、质检总局、总参作战部、中央宣传部负责）

（八）**促进运输便利化**。加强与周边国家协商合作，加快签署中缅双边汽车运输协定以及中朝双边汽车运输协定议定书，修订已有双边汽车运输协定。推进跨境运输车辆牌证互认，为从事跨境运输的车辆办理出入境手续和通行提供便利和保障。授予沿边省（区）及边境城市自驾车出入境旅游审批权限，积极推动签署双边出入境自驾车（八座以下）管理的有关协定，方便自驾车出入境。（交通运输部、旅游局、外交部、商务部、公安部、海关总署、质检总局负责）

三、调整贸易结构，大力推进贸易方式转变

（九）**支持对外贸易转型升级**。优化边境地区转移支付资金安排的内部结构。有序发展边境贸易，完善边贸政策，支持边境小额贸易向综合性多元化贸易转变，探索发展离岸贸易。支持沿边重点地区开展加工贸易，扩大具有较高技术含量和较强市场竞争力的产品出口，创建出口商品质量安全示范区。对开展加工贸易涉及配额及进口许可证管理的资源类商品，在配额分配和有关许可证办理方面给予适当倾斜。支持具有比较优势的粮食、棉花、果蔬、橡胶等加工贸易发展，对以边贸方式进口、符合国家《鼓励进口技术和产品目录》的资源类商品给予进口贴息支持。支持沿边重点地区发挥地缘优势，推广电子商务应用，发展跨境电子商务。（商务部、发展改革委、财政部、工业和信息化部、海关总署、质检总局负责）

（十）**引导服务贸易加快发展**。发挥财政资金的杠杆作用，引导社会资金加大投入，支持沿边重点地区结合区位优势和特色产业，做大做强旅游、运输、建筑等传统服务贸易。逐步扩大中医药、服务外包、文化创意、电子商务等新兴服务领域出口，培育特色服务贸易企业加快发展。推进沿边重点地区金融、教育、文化、医疗等服务业领域有序开放，逐步实现高水平对内对外开放；有序放开育幼养老、建筑设计、会计审计、商贸物流、电子商务等服务业领域外资准入限制。外经贸发展专项资金安排向沿边重点地区服务业企业倾斜，支持各类服务业企业通过新设、并购、合作等方式，在境外开展投资合作，加快建设境外营销网络，增加在境外的商业存在。支持沿边重点地区服务业企业参与投资、建设和管理境外经贸合作区。（商务部、财政部、海关总署、发展改革委、工业和信息化部、卫生计生委、人民银行、银监会、质检总局负责）

（十一）**完善边民互市贸易**。加强边民互市点建设，修订完善《边民互市贸易管理办法》和《边民互市进口商品不予免税清单》，严格落实国家规定范围内的免征进口关税和进口环节

增值税政策。清理地方各级政府自行颁布或实施的与中央政策相冲突的有关边民互市贸易的政策和行政规章。（商务部、财政部、海关总署、税务总局负责）

四、实施差异化扶持政策，促进特色优势产业发展

（十二）**实行有差别的产业政策**。支持沿边重点地区大力发展特色优势产业，对符合产业政策、对当地经济发展带动作用强的项目，在项目审批、核准、备案等方面加大支持力度。支持在沿边重点地区优先布局进口能源资源加工转化利用项目和进口资源落地加工项目，发展外向型产业集群，形成各有侧重的对外开放基地，鼓励优势产能、装备、技术走出去。支持沿边重点地区发展风电、光电等新能源产业，在风光电建设规模指标分配上给予倾斜。推动移动互联网、云计算、大数据、物联网等与制造业紧密结合。适时修订《西部地区鼓励类产业目录》，对沿边重点地区产业发展特点予以充分考虑。（发展改革委、财政部、能源局、工业和信息化部、商务部、税务总局负责）

（十三）**研究设立沿边重点地区产业发展（创业投资）基金**。研究整合现有支持产业发展方面的资金，设立沿边重点地区产业发展（创业投资）基金，吸引投资机构和民间资本参与基金设立，专门投资于沿边重点地区具备资源和市场优势的特色农业、加工制造业、高技术产业、服务业和旅游业，支持沿边重点地区承接国内外产业转移。（发展改革委、财政部、工业和信息化部、商务部、证监会负责）

（十四）**加强产业项目用地和劳动力保障**。对符合国家产业政策的重大基础设施和产业项目，在建设用地计划指标安排上予以倾斜。对入驻沿边重点地区的加工物流、文化旅游等项目的建设用地加快审批。允许按规定招用外籍人员。（国土资源部、财政部、人力资源社会保障部负责）

五、提升旅游开放水平，促进边境旅游繁荣发展

（十五）**改革边境旅游管理制度**。修订《边境旅游暂行管理办法》，放宽边境旅游管制。将边境旅游管理权限下放到省（区），放宽非边境地区居民参加边境旅游的条件，允许边境旅游团队灵活选择出入境口岸。鼓励沿边重点地区积极创新管理方式，在游客出入境比较集中的口岸实施"一站式"通关模式，设置团队游客绿色通道。（旅游局、公安部、外交部、交通运输部、海关总署、质检总局负责）

（十六）**研究发展跨境旅游合作区**。按照提高层级、打造平台、完善机制的原则，深化与周边国家的旅游合作，支持满洲里、绥芬河、二连浩特、黑河、延边、丹东、西双版纳、瑞丽、东兴、崇左、阿勒泰等有条件的地区研究设立跨境旅游合作区。通过与对方国家签订合作协议的形式，允许游客或车辆凭双方认可的证件灵活进入合作区游览。支持跨境旅游合作区利用国家旅游宣传推广平台开展旅游宣传工作，支持省（区）人民政府与对方国家联合举办旅游推广和节庆活动。鼓励省（区）人民政府采取更加灵活的管理方式和施行更加特殊的政策，与对方国家就跨境旅游合作区内旅游资源整体开发、旅游产品建设、旅游服务标准推广、旅游市场监管、旅游安全保障等方面深化合作，共同打造游客往来便利、服务优良、管理协调、吸引力强的重要国际旅游目的地。（旅游局、交通运输部、公安部、外交部、海关总署、质检总局负责）

（十七）**探索建设边境旅游试验区**。依托边境城市，强化政策集成和制度创新，研究设立边境旅游试验区（以下简称试验区）。鼓励试验区积极探索"全域旅游"发展模式。允许符合

条件的试验区实施口岸签证政策,为到试验区的境外游客签发一年多次往返出入境证件。推行在有条件的边境口岸设立交通管理服务站点,便捷办理临时入境机动车牌证。鼓励发展特色旅游主题酒店和特色旅游餐饮,打造一批民族风情浓郁的少数民族特色村镇。新增建设用地指标适当向旅游项目倾斜,对重大旅游项目可向国家主管部门申请办理先行用地手续。积极发展体育旅游、旅游演艺,允许外资参股由中方控股的演出经纪机构。(旅游局、财政部、公安部、外交部、国家民委、交通运输部、国土资源部、体育总局、海关总署、质检总局负责)

(十八)**加强旅游支撑能力建设**。加强沿边重点地区旅游景区道路、标识标牌、应急救援等旅游基础设施和服务设施建设。支持旅游职业教育发展,支持内地相关院校在沿边重点地区开设分校或与当地院校合作开设旅游相关专业,培养旅游人才。(旅游局、交通运输部、教育部负责)

六、加强基础设施建设,提高支撑保障水平

(十九)**加快推动互联互通境外段项目建设**。加强政府间磋商,充分利用国际国内援助资金、优惠性质贷款、区域性投资基金和国内企业力量,加快推进我国与周边国家基础设施互联互通建设。积极发挥丝路基金在投融资方面的支持作用,推动亚洲基础设施投资银行为互联互通建设提供支持。重点推动中南半岛通道、中缅陆水联运通道、孟中印缅国际大通道、东北亚多式联运通道以及新亚欧大陆桥、中蒙俄跨境运输通道、中巴国际运输通道建设。(发展改革委、商务部、外交部、财政部、人民银行、工业和信息化部、交通运输部、公安部、中国铁路总公司、铁路局、总后军交运输部负责)

(二十)**加快推进互联互通境内段项目建设**。将我国与周边国家基础设施互联互通境内段项目优先纳入国家相关规划,进一步加大国家对项目建设的投资补助力度,加快推进项目建设进度。铁路方面,实施长春—白城铁路扩能改造,重点推进四平—松江河、敦化—白河、松江河—漫江等铁路建设,推动川藏铁路建设,统筹研究雅安—林芝铁路剩余段建设,适时启动滇藏、新藏铁路以及日喀则—亚东、日喀则—樟木等铁路建设。公路水运方面,加快推进百色—龙邦高速公路、喀什—红其拉甫公路等重点口岸公路,以及中越、中朝、中俄跨境桥梁、界河码头等项目建设。加快完善沿边重点地区公路网络。(发展改革委、交通运输部、中国铁路总公司、铁路局、商务部、公安部、外交部、财政部、工业和信息化部、总后军交运输部负责)

(二十一)**加强边境城市航空口岸能力建设**。支持边境城市合理发展支线机场和通用机场,提升军民双向保障能力和客货机兼容能力;推进边境城市机场改扩建工程,提升既有机场容量;加强边境城市机场空管设施建设,完善和提高机场保障能力。支持开通"一带一路"沿线国际旅游城市间航线;支持开通和增加国内主要城市与沿边旅游目的地城市间的直飞航线航班或旅游包机。(发展改革委、民航局、交通运输部、财政部、公安部、外交部、旅游局、总参作战部、总后军交运输部负责)

(二十二)**加强口岸基础设施建设**。支持沿边重点地区完善口岸功能,有序推动口岸对等设立与扩大开放,加快建设"一带一路"重要开放门户和跨境通道。支持在沿边国家级口岸建设多式联运物流监管中心,进一步加大资金投入力度,加强口岸查验设施建设,改善口岸通行条件。统筹使用援外资金,优先安排基础设施互联互通涉及的口岸基础设施、查验场地和设施建设。以共享共用为目标,整合现有监管设施资源,推动口岸监管设施、查验场地和转运设施集中建设。尽快制定口岸查验场地和设施建设标准,建立口岸通关便利化设施设备运行维护保

障机制，支持国家级口岸检验检疫、边防检查、海关监管等查验设施升级改造，建立公安边防检查站口岸快速查验通关系统，开设进出边境管理区绿色通道。按照适度超前、保障重点、分步实施的建设理念，建立和完善、更新边境监控系统，实现边检执勤现场、口岸限定区域和重点边境地段全覆盖，打造"智慧边境线"。（发展改革委、海关总署、公安部、商务部、质检总局、交通运输部、外交部、财政部、中国铁路总公司负责）

七、加大财税等支持力度，促进经济社会跨越式发展

（二十三）**增加中央财政转移支付规模**。加大中央财政转移支付支持力度，逐步缩小沿边重点地区地方标准财政收支缺口，推进地区间基本公共服务均等化。建立边境地区转移支付的稳定增长机制，完善转移支付资金管理办法，支持边境小额贸易企业能力建设，促进边境地区贸易发展。（财政部、海关总署、商务部负责）

（二十四）**强化中央专项资金支持**。中央财政加大对沿边重点地区基础设施、城镇建设、产业发展等方面的支持力度。提高国家有关部门专项建设资金投入沿边重点地区的比重，提高对公路、铁路、民航、通信等建设项目投资补助标准和资本金注入比例。国家专项扶持资金向沿边重点地区倾斜。（财政部、发展改革委、工业和信息化部、交通运输部、外交部、旅游局、民航局、中国铁路总公司负责）

（二十五）**实行差别化补助政策**。中央安排的公益性建设项目，取消县以下（含县）以及集中连片特殊困难地区市级配套资金。中央财政对重点开发开放试验区在一定期限内给予适当补助。继续对边境经济合作区以及重点开发开放试验区符合条件的公共基础设施项目贷款给予贴息支持。（财政部、发展改革委、商务部负责）

（二十六）**加大税收优惠力度**。国家在沿边重点地区鼓励发展的内外资投资项目，进口国内不能生产的自用设备及配套件、备件，继续在规定范围内免征关税。根据跨境经济合作区运行模式和未来发展状况，适时研究适用的税收政策。加强与相关国家磋商，积极稳妥推进避免双重征税协定的谈签和修订工作。（财政部、税务总局、海关总署负责）

（二十七）**比照执行西部大开发相关政策**。非西部省份的边境地区以县为单位，在投资、金融、产业、土地、价格、生态补偿、人才开发和帮扶等方面，享受党中央、国务院确定的深入实施西部大开发战略相关政策，实施期限暂定到2020年。（财政部、发展改革委负责）

八、鼓励金融创新与开放，提升金融服务水平

（二十八）**拓宽融资方式和渠道**。鼓励金融机构加大对沿边重点地区的信贷支持力度，在遵循商业原则及风险可控前提下，对沿边重点地区分支机构适度调整授信审批权限。引导沿边重点地区金融机构将吸收的存款主要用于服务当地经济社会发展，对将新增存款一定比例用于当地并达到有关要求的农村金融机构，继续实行优惠的支农再贷款和存款准备金政策。培育发展多层次资本市场，支持符合条件的企业在全国中小企业股份转让系统挂牌；规范发展服务中小微企业的区域性股权市场，引导产业发展（创业投资）基金投资于区域性股权市场挂牌企业；支持期货交易所研究在沿边重点地区设立商品期货交割仓库；支持沿边重点地区利用本地区和周边国家丰富的矿产、农业、生物和生态资源，规范发展符合法律法规和国家政策的矿产权、林权、碳汇权和文化产品等交易市场。（人民银行、银监会、证监会负责）

（二十九）**完善金融组织体系**。支持符合条件的外资金融机构到沿边重点地区设立分支机

构。支持大型银行根据自身发展战略，在风险可控、商业可持续前提下，以法人名义到周边国家设立机构。支持沿边重点地区具备条件的民间资本依法发起设立民营银行，探索由符合条件的民间资本发起设立金融租赁公司等金融机构。支持银行业金融机构在风险可控、商业可持续前提下，为跨境并购提供金融服务。（银监会、人民银行、外汇局负责）

（三十）**鼓励金融产品和服务创新**。研究将人民币与周边国家货币的特许兑换业务范围扩大到边境贸易，并提高相应兑换额度，提升兑换服务水平。探索发展沿边重点地区与周边国家人民币双向贷款业务。支持资质良好的信托公司和金融租赁公司在沿边重点地区开展业务，鼓励开展知识产权、收益权、收费权、应收账款质押融资和林权抵押贷款业务，扶持符合当地产业发展规划的行业和企业发展。依法探索扩大沿边重点地区可用于担保的财产范围，创新农村互助担保机制和信贷风险分担机制，逐步扩大农业保险覆盖范围，积极开展双边及多边跨境保险业务合作。加快推进沿边重点地区中小企业信用体系建设和农村信用体系建设。完善沿边重点地区信用服务市场，推动征信产品的应用。（人民银行、银监会、保监会、财政部、发展改革委负责）

（三十一）**防范金融风险**。在沿边重点地区建立贴近市场、促进创新、信息共享、风险可控的金融监管平台和协调机制。进一步加强沿边重点地区金融管理部门、反洗钱行政主管部门、海关和司法机关在反洗钱和反恐怖融资领域的政策协调与信息沟通。加强跨境外汇和人民币资金流动监测工作，完善反洗钱的资金监测和分析，督促金融机构严格履行反洗钱和反恐怖融资义务，密切关注跨境资金异常流动，防范洗钱和恐怖融资犯罪活动的发生，确保跨境资金流动风险可控、监管有序。（人民银行、银监会、外汇局负责）

沿边重点地区开发开放事关全国改革发展大局，对于推进"一带一路"建设和构筑繁荣稳定的祖国边疆意义重大。各地区、各部门要坚持扩大对外开放和加强对内监管同步推进，在禁毒、禁赌、防范打击恐怖主义等方面常抓不懈，坚决打击非法出入境、拐卖人口、走私贩私，避免盲目圈地占地、炒作房地产和破坏生态环境，抓好发展和安全两件大事，不断提高沿边开发开放水平。国务院有关部门要高度重视、各司其职、各负其责，按照本意见要求，制定具体实施方案；密切配合、通力协作，抓紧修订完善有关规章制度；建立动态反馈机制，深入实地开展督查调研，及时发现问题，研究提出整改建议，不断加大对沿边重点地区开发开放的支持力度。对重点建设项目，发展改革、国土资源、环境保护、财政、金融等有关部门要给予重点支持。沿边省（区）和沿边重点地区要充分发挥主体作用，强化组织领导，周密安排部署，确保促进开发开放的各项工作落到实处。

附件：沿边重点地区名录

国务院
2015年12月24日

附件

沿边重点地区名录

一、重点开发开放试验区（5个）

广西东兴重点开发开放试验区，云南勐腊（磨憨）重点开发开放试验区、瑞丽重点开发开放试验区，内蒙古二连浩特重点开发开放试验区、满洲里重点开发开放试验区。

二、沿边国家级口岸（72个）

铁路口岸（11个）：广西凭祥，云南河口，新疆霍尔果斯、阿拉山口，内蒙古二连浩特、满洲里，黑龙江绥芬河，吉林珲春、图们、集安，辽宁丹东。

公路口岸（61个）：广西东兴、爱店、友谊关、水口、龙邦、平孟，云南天保、都龙、河口、金水河、勐康、磨憨、打洛、孟定、畹町、瑞丽、腾冲，西藏樟木、吉隆、普兰，新疆红其拉甫、卡拉苏、伊尔克什坦、吐尔尕特、木扎尔特、都拉塔、霍尔果斯、巴克图、吉木乃、阿黑土别克、红山嘴、塔克什肯、乌拉斯台、老爷庙，甘肃马鬃山，内蒙古策克、甘其毛都、满都拉、二连浩特、珠恩嘎达布其、阿尔山、额布都格、阿日哈沙特、满洲里、黑山头、室韦，黑龙江虎林、密山、绥芬河、东宁，吉林珲春、圈河、沙坨子、开山屯、三合、南坪、古城里、长白、临江、集安，辽宁丹东。

三、边境城市（28个）

广西东兴市、凭祥市，云南景洪市、芒市、瑞丽市，新疆阿图什市、伊宁市、博乐市、塔城市、阿勒泰市、哈密市，内蒙古二连浩特市、阿尔山市、满洲里市、额尔古纳市，黑龙江黑河市、同江市、虎林市、密山市、穆棱市、绥芬河市，吉林珲春市、图们市、龙井市、和龙市、临江市、集安市，辽宁丹东市。

四、边境经济合作区（17个）

广西东兴边境经济合作区、凭祥边境经济合作区，云南河口边境经济合作区、临沧边境经济合作区、畹町边境经济合作区、瑞丽边境经济合作区，新疆伊宁边境经济合作区、博乐边境经济合作区、塔城边境经济合作区、吉木乃边境经济合作区，内蒙古二连浩特边境经济合作区、满洲里边境经济合作区，黑龙江黑河边境经济合作区、绥芬河边境经济合作区，吉林珲春边境经济合作区、和龙边境经济合作区，辽宁丹东边境经济合作区。

五、跨境经济合作区（1个）

中哈霍尔果斯国际边境合作中心。

注：国家今后批准设立的重点开发开放试验区、沿边国家级口岸、边境城市、边境经济合作区和跨境经济合作区自动进入本名录。

上海系统推进全面创新改革试验加快建设具有全球影响力的科技创新中心方案

(2016年4月12日)

为深入贯彻党的十八大和十八届三中、四中、五中全会精神，全面落实《中共中央 国务院关于深化体制机制改革加快实施创新驱动发展战略的若干意见》和《国家创新驱动发展战略纲要》的要求，支持上海系统推进全面创新改革试验，加快向具有全球影响力的科技创新中心进军，制订本方案。

一、指导思想

按照党中央、国务院决策部署，紧紧抓住全球新一轮科技革命和产业变革带来的重大机遇，当好改革开放排头兵、创新发展先行者，坚持问题导向、企业主体、以人为本、开放合作的原则，以实现创新驱动发展转型为目标，以推动科技创新为核心，以破除体制机制障碍为主攻方向，以长江经济带发展战略为纽带，在国际和国内创新资源、创新链和产业链、中国（上海）自由贸易试验区和上海张江国家自主创新示范区制度改革创新三个方面加强统筹结合，突出改革重点，采取新模式，系统推进全面创新改革试验，充分激发全社会创新活力和动力，把大众创业、万众创新不断引向深入，把"互联网+"、"+互联网"植入更广领域，把科技人员与普通群众、企业与科研院所、大中小微企业、线上线下的创业创新活动有机结合起来，推动科技创新与经济社会发展深度融合，加快向具有全球影响力的科技创新中心进军，率先转变经济发展方式，推进供给侧结构性改革，发展新经济、培育新动能、改造提升传统动能，推动形成增长新亮点、发展新优势。

二、总体目标

力争通过3年系统推进全面创新改革试验，基本构建推进全面创新改革的长效机制，在科技金融创新、人才引进、科技成果转化、知识产权、国资国企、开放创新等方面，取得一批重大创新改革成果，形成一批可复制可推广的创新改革经验，破解科技成果产业化机制不顺畅、投融资体制不完善、收益分配和激励机制不合理、创新人才制度不健全等瓶颈问题，持续释放改革红利；推动经济增长动力加快由要素驱动向创新驱动转换，在综合性国家科学中心建设、若干国家亟需的基础科研和关键核心技术领域取得突破，科技创新投入进一步增强，研究与试验发展（R&D）经费支出占全市地区生产总值比例超过3.7%；产业结构进一步优化，战略性新兴产业增加值占全市地区生产总值的比重提高到18%左右；张江国家自主创新示范区进入国际先进高科技园区行列。

通过滚动实施全面创新改革试验，2020年前，形成具有全球影响力的科技创新中心的基本框架体系；R&D经费支出占全市地区生产总值比例超过3.8%；战略性新兴产业增加值占全市地区生产总值的比重提高到20%左右；基本形成适应创新驱动发展要求的制度环境，基本形成科技创新支撑体系，基本形成大众创业、万众创新的发展格局，基本形成科技创新中心城市的经济辐射力，带动长三角区域、长江经济带创新发展，为我国进入创新型国家行列提供有力支撑。

到2030年，着力形成具有全球影响力的科技创新中心的核心功能，在服务国家参与全球经济科技合作与竞争中发挥枢纽作用，为我国经济提质增效升级作出更大贡献，创新驱动发展走在全国前头、走到世界前列。

最终要全面建成具有全球影响力的科技创新中心，成为与我国经济科技实力和综合国力相匹配的全球创新城市，为实现"两个一百年"奋斗目标和中华民族伟大复兴的中国梦，提供科技创新的强劲动力，打造创新发展的重要引擎。

三、主要任务

重点建设一个大科学设施相对集中、科研环境自由开放、运行机制灵活有效的综合性国家科学中心，打造若干面向行业关键共性技术、促进成果转化的研发和转化平台，实施一批能填补国内空白、解决国家"卡脖子"瓶颈的重大战略项目和基础工程，营造激发全社会创新创业活力和动力的环境，形成大众创业、万众创新的局面。

（一）建设上海张江综合性国家科学中心。

国家科学中心是国家创新体系的基础平台。建设上海张江综合性国家科学中心，有助于提升我国基础研究水平，强化源头创新能力，攻克一批关键核心技术，增强国际科技竞争话语权。

1. 打造高度集聚的重大科技基础设施群。依托张江地区已形成的大科学设施基础，加快上海光源线站工程、蛋白质科学设施、软X射线自由电子激光、转化医学等大设施建设；瞄准世界科技发展趋势，根据国家战略需要和布局，积极争取超强超短激光、活细胞成像平台、海底长期观测网、国家聚变能源装置等新一批大设施落户上海，打造高度集聚的重大科技基础设施集群。

2. 建设有国际影响力的大学和科研机构。依托复旦大学张江校区、上海交通大学张江校区，重点推动复旦大学建设微纳电子、新药创制等国际联合研究中心，重点推动上海交通大学建设前沿物理、代谢与发育科学等国际前沿科学中心。推动同济大学建设海洋科学研究中心、中美合作干细胞医学研究中心。发挥上海科技大学的体制机制优势，加快物质、生命、信息等领域特色研究机构建设，开展系统材料工程、定制量子材料、干细胞与再生医学、新药发现、抗体药物等特色创新研究，建设科研、教育、创业深度融合的高水平、国际化创新型大学。发挥中科院在沪科研机构的科研力量，推动中科院按规定建设微小卫星创新研究院、先进核能创新研究院、脑科学卓越创新中心等机构。大力吸引海内外顶尖实验室、研究所、高校、跨国公司来沪设立全球领先的科学实验室和研发中心。着力增强上海地区高校和科研机构服务和辐射全国的能力，并进一步发挥国际影响力。

3. 开展多学科交叉前沿研究。聚焦生命、材料、环境、能源、物质等基础科学领域，由国家科学中心在国家支持和预研究基础上，发起多学科交叉前沿研究计划，开展重大基础科学研究、科学家自由探索研究、重大科技基础设施关键技术研究，推动实现多学科交叉前沿领域重大原创性突破，为科技、产业持续发展提供源头创新支撑。

4. 探索建立国家科学中心运行管理新机制。成立国家有关部委、上海市政府，以及高校、科研院所和企业等组成的上海张江综合性国家科学中心理事会，下设管理中心，探索实施科研组织新体制，研究设立全国性科学基金会，募集社会资金用于科学研究和技术开发活动。建立和完善重大科技基础设施建设协调推进机制和运行保障机制。建立符合科学规律、自由开放的科学研究制度环境。

（二）建设关键共性技术研发和转化平台。

共性技术平台是科技成果转化的重要环节。聚焦国家和上海市经济社会发展重大需求，在信息技术、生命科学、高端装备等领域先行布局一批开放式创新平台，通过政府支持、市场化运作，攻克关键共性技术，支撑战略性新兴产业实现跨越式发展。

1. 关键共性技术研发平台。在信息技术领域，提升上海集成电路研发中心能级，打造我国技术最先进、辐射能力最强的世界级集成电路共性技术平台，为自主芯片制造提供技术支撑，为国产设备及材料提供验证环境；建设上海微技术工业研究院，形成全球化的微机电系统（MEMS）及先进传感器技术创新网络，发展特色工艺，突破传感器中枢、融合算法、微能源等共性技术，并在物联网领域探索应用模式创新；建设微电子示范学院和微纳电子混合集成技术研发中心，研究硅集成电路技术与非硅材料的融合，开发新型微纳电子材料和器件共性技术；发展数字电视国家工程研究中心，建成面向全球的数字电视标准制订和共性技术研发的未来媒体网络协同创新中心，探索向整机制造商收取合理费用、促进技术标准持续开发升级的市场化运作模式。推动大数据与社会治理深度融合，不断推进社会治理创新，提升维护公共安全、建设平安中国的能力水平。

在生命科学领域，发挥中科院上海药物研究所、中科院上海生命科学研究院、上海医药工业研究院、复旦大学、上海交通大学等单位的研发优势，建设创新药物综合研发平台，攻克治疗恶性肿瘤、心脑血管疾病、神经精神系统疾病、代谢性疾病、自身免疫性疾病等领域创新药物关键技术；促进上海转化医学研究中心、中科院上海生命科学研究院、国家肝癌科学中心、上海医药临床研究中心、上海市质子重离子医院等单位协作，建设精准医疗研发与示范应用平台。开展转化医学和精准医疗前沿基础研究，建立百万例级人群（跟踪）队列和生物信息数据库。

在高端装备领域，发挥中国航空研究院上海分院及相关工程研究中心等的技术优势，建立面向全国的燃气轮机与航空发动机研发平台，形成重型燃气轮机和民用航空发动机设计、关键系统部件研制、总装集成的能力；建设智能型新能源汽车协同创新中心，提升新能源汽车及动力系统国家工程实验室技术服务能级，打造磁浮交通、轨道交通等领域关键共性技术研发平台。突破智能汽车所需的定位导航、辅助驾驶、语音识别等共性技术，开发新能源汽车整车及动力系统集成与匹配、控制等关键技术；开展大型商用压水堆和第四代核电研发及工程设计研究，开发钍基熔盐堆材料、装备、部件等制造技术，以及仿真装置和实验装置工程设计技术。建设微小卫星创新平台。开展海上小型核能海水淡化和供电平台研究。加强机器人产品整机开发和关键零部件研制，提升机器人检测和评定服务水平，形成机器人整机和关键零部件设计、制造和检测服务能力。建设嵌入式控制系统开发服务平台，提升工业智能控制系统技术水平和开发效率。

在质量技术基础领域，加强以标准、计量、检验检测、认证为主要内容的质量技术基础平台建设，建设技术标准创新基地，推进相关国际标准组织分支机构、国家时间频率中心上海计量分支机构、质量发展相关智库等落地，全力构建具有国际水准的支撑保障体系。

2. 科技成果转化和产业化平台。加快建设国家技术转移东部中心、上海市国际技术进出口促进中心等专业化、市场化技术转移机构，提升上海产业技术研究院、上海紫竹新兴产业技术研究院、中科院上海高等研究院、复旦大学张江研究院、上海交通大学先进产业技术研究院等的技术孵化能力，充分发挥在沪中央部委所属高校和上海市高校作用，推进高校和研究机构技术成果快速转移转化。加强军民融合创新平台建设，支持民用先进技术在国防科技工业领域的应用，推动军用技术成果向民用领域转化和产业化。

（三）实施引领产业发展的重大战略项目和基础工程。

在国家战略布局、上海自身有基础有望突破且能填补国内空白的领域，基于"成熟一项、启动一项"原则，充分发挥企业主体作用，以及科研院所、高校和企业结合的作用，实施一批上海市重大战略项目和基础工程，解决国家战略性新兴产业发展中的瓶颈问题。

在信息技术领域，开发中央处理器（CPU）、控制器、图像处理器等高端芯片设计技术。加快实现12英寸芯片制造先进工艺水平产品量产，开发集成电路装备和材料，建设国内首条8英寸MEMS及先进传感器研发线。打造面向第五代移动通信技术（5G）应用的物联网试验网。布局下一代新型显示技术，研制中小尺寸显示产品并实现量产。开发云计算关键技术，开发一批有国际影响力的大数据分析软件产品。

在生物医药领域，开发满足临床治疗需求的原创新药，实现若干个1.1类新药上市。以攻克严重危害人类健康的多发病、慢性病以及疑难重病为目标，开展致病机理和预防、诊断、治疗、康复等方面技术的联合攻关，在基因诊断和治疗、肿瘤定向治疗、细胞治疗、再生医疗、个性化药物等领域开展个性化精准治疗示范。开发医学影像诊疗、介入支架等重大医疗器械产品，实现关键核心技术重大突破，推动在国内广泛应用，进一步扩大在国际市场的份额。

在高端装备领域，完成窄体客机发动机验证机研制，开展宽体客机发动机关键技术研究；突破重型燃机关键技术，建设燃气轮机试验电站。突破干支线飞机、机载设备、航空标准件、航空材料等关键制造技术，实现ARJ21支线飞机成系列化发展，开展C919大型客机试飞验证工作。开展北斗高精度芯片/主板/天线/模块/软件/解决方案的开发，打造北斗卫星同步授时产业。建设高新船舶与深海开发装备协同创新中心，提升深远海海底资源（特别是油气资源）海洋工程装备的总包建造能力、产品自主研制能力和核心配套能力。

在新能源及智能型新能源汽车领域，加快开发推广智能变电站系统等智能电网设备，研制微型和小型系列化燃气轮机发电机组、储能电池智能模块和大容量储能系统。开发动力电池、电机、电控等核心零部件，研制高性能的新能源汽车整车控制系统产品。

在智能制造领域，开发具有国际先进水平的工业机器人、服务机器人产品，逐步实现高精密减速机、高性能交流伺服电机、高速高性能控制器等核心零部件国产替代。开发三维（3D）打印相关材料和装备技术，推动其与重点制造行业对接应用。

同时，在量子通信、拟态安全、脑科学及人工智能、干细胞与再生医学、国际人类表型组、材料基因组、高端材料、深海科学等方向布局一批重大科学基础工程。

（四）推进建设张江国家自主创新示范区，加快形成大众创业、万众创新的局面。

充分发挥张江国家自主创新示范区与自贸试验区的"双自"联动优势，以制度创新和开放创新推动科技创新，打造若干创新要素集聚、创新特色鲜明、创新功能突出、适宜创新创业、具有较强辐射带动力的创新集聚区。实施"互联网+"行动计划，优化经济发展环境，营造公平参与的民营经济发展环境，推进对内对外开放合作，建设开放共享、融合创新的智慧城市，完善创新创业服务体系，打造开放便捷的众创空间，形成对全社会大众创业、万众创新的有力支撑。

实施"双创"示范基地三年行动计划，结合上海市创业创新优势，打造一批"双创"示范基地，完善创新服务，推动创新成果加快转化为现实生产力，以创新带动创业就业。鼓励发展面向大众、服务中小微企业的低成本、便利化、开放式服务平台，引导各类社会资源支持大众创业。加快发展"互联网+"创业网络体系，促进创业与创新、创业与就业、线上与线下相结合。

上海系统推进全面创新改革试验，加快建设具有全球影响力的科技创新中心，要聚焦关键核心技术领域，提升我国自主创新特别是原始创新能力，推动经济转型升级，解决经济发展中的"卡脖子"问题；要通过体制机制改革试验，破解制约创新驱动发展的瓶颈问题，激发科技创新内生动力，释放全社会创新创业活力，营造良好的制度政策环境，实现经济增长动力由要素驱动向创新驱动的转换。

四、改革措施

聚焦政府管理体制不适应创新发展需要、市场导向的科技成果产业化机制不顺畅、企业为主体的科技创新投融资体制不完善、国有企事业单位创新成果收益分配和激励机制不合理、集聚国际国内一流创新人才的制度不健全等问题，重点在政府创新管理、科技成果转移转化、收益分配和股权激励、市场化投入、人才引进、开放合作等方面作出新的制度安排，着力在创新体制机制上迈出大步子，打破不合理的束缚，推动以科技创新为核心的全面创新。

（一）建立符合创新规律的政府管理制度。

坚持市场导向，以互联网思维创新政府管理和服务模式，减少政府对企业创新活动的行政干预，改革政府创新投入管理方式，充分发挥市场配置资源的决定性作用，加强需求侧政策对创新的引导和支持，释放全社会创新活力和潜能。

1. 最大限度减少政府对企业创新创业活动的干预。

对应由市场作主的事项，政府做到少管、不管，最大限度取消企业资质类、项目类等审批审查事项，消除行政审批中部门互为前置的认可程序和条件。完善事中事后监管，以"管"促"放"，深化商事制度、"多规合一"等改革，进一步完善配套监管措施，探索建立符合创新规律的政府管理制度。根据新兴产业特点，完善企业行业归类规则和经营范围的管理方式。对国有企事业单位技术和管理人员参与国际创新合作交流活动，取消因公出境的批次、公示、时限等限制。调整现有行业管理制度中不适应"互联网+"等新兴产业特点的市场准入要求，改进对与互联网融合的金融、医疗保健、教育培训等企业的监管，促进产业跨界融合发展。主动探索药品审评审批管理制度改革，试点开展创新药物临床试验审批制度改革。试点推进药品上市许可和生产许可分离的创新药物上市许可持有人制度。

2. 改革政府扶持创新活动的机制。

改革以单向支持为主的政府专项资金支持方式。建立健全符合国际规则的支持采购创新产品和服务的政策体系，完善政府采购促进中小企业创新发展的相关措施，加大对创新产品和服务的采购力度，促进创新产品研发和规模化应用。完善相关管理办法，加强对创新产品研制企业和用户方的双向支持，加大支持力度，拓展支持范围，突破创新产品示范应用瓶颈。

3. 改革科研项目经费管理机制。

简化科研项目预算编制，改进科研项目结余资金管理，进一步落实科研项目预算调整审批权下放，适应创新活动资源配置特点；实施科研项目间接费用补偿机制，完善间接费用管理，项目承担单位可以结合一线科研人员实际贡献，公开公正安排绩效支出，充分体现科研人员价值。完善对基础前沿类科技工作持续稳定的财政支持机制，为科学家静下来潜心研究和自由探索创造条件；对市场需求明确的技术创新活动，通过风险补偿、后补助、创投引导等方式发挥财政资金的杠杆作用，促进科技成果转移转化和资本化、产业化。

4. 建立财政科技投入统筹联动机制。

建立科技创新投入决策和协调机制，加强顶层设计和部门间沟通协调。转变政府科技管理职能，逐步实现依托专业机构管理科研项目，政府相关部门的主要职责是制定科技发展战略、规划、政策，做好评估和监管。建立公开统一的科技管理平台，统筹衔接基础研究、应用开发、成果转化、产业发展等各环节工作，优化科技计划（专项、基金等）布局，梳理整合和动态调整现有各类科技计划（专项、基金等）。

5. 建立上海科技创新评价机制。

在完善现有科技指标体系基础上，参考和借鉴国际、国内主要科技创新评价指标，建立和发布上海科技创新指数，从科技创新资源、科技创新环境、科技创新投入、科技创新产出、科技创新溢出与驱动等 5 个方面，综合评价上海科技创新总体发展情况。

6. 完善促进创新发展的地方性法规。

统筹促进科技创新的地方立法。制修订技术转移等地方性法规。制定促进张江国家自主创新示范区发展的政府规章。在对实施效果进行评估的基础上，及时清理、更新涉及创新的法规、规章和政策文件。对新制订政策是否制约创新进行审查。

（二）构建市场导向的科技成果转移转化机制。

建立科技成果转化、技术产权交易、知识产权运用和保护协同的制度，确立企业、高校、科研机构在技术市场中的主体地位，强化市场在创新要素配置中的决定性作用。

1. 下放高校和科研院所科技成果的管理、使用和处置权。

由高校和科研院所自主实施科技成果转移转化，主管部门和财政部门不再审批或备案，成果转化收益全部留归单位，不再上缴国库；探索建立符合科技成果转化规律的市场定价机制，收益分配向发明人和转移转化人员倾斜，充分调动高校、科研院所及科技人员积极性。对于高校、科研院所由财政资金支持形成的、不涉及国家安全的科技成果，明确转化责任和时限，选择转化主体，实施转化。研究完善专利强制许可制度。

2. 改革高校和科研院所管理体制。

建立现代科研院所分类管理体制，推行章程式管理考核模式。探索理事会制度，推进取消行政级别。推进科研院所编制管理、人员聘用、职称评定等方面创新，探索建立科研事业单位领导人员管理制度。根据科研院所职能定位、特点、收支等情况，对从事基础研究、前沿技术研究和社会公益研究的科研院所，完善财政投入为主、引导社会参与的支持机制，并建立健全稳定支持和竞争性支持相协调的机制，扩大科研院所管理自主权和科研课题选择权，探索体现科研人员劳动价值的收入分配办法。探索建立上海科研院所联盟，统筹配置相关创新资源，组织科研院所开展协同创新。完善高校与企业开展技术开发、技术咨询、技术服务等横向合作项目经费管理制度,鼓励开展产学研合作。

3. 实行严格的知识产权保护制度。

强化权利人维权机制。建立知识产权侵权查处快速反应机制,完善知识产权行政管理和执法"三合一"机制。强化行政执法与司法衔接,加强知识产权综合行政执法。建立健全知识产权多元化纠纷解决机制。为企业"走出去"提供知识产权侵权预警、海外维权援助等服务。依托上海市公共信用信息服务平台,建立知识产权信用体系,强化对侵犯知识产权等失信行为的联动惩戒。

4. 建立知识产权资本化交易制度。

简化知识产权质押融资流程,拓展专利保险业务,建立知识产权评估规范。严格按照国家规定,探索开展知识产权证券化业务。

5. 探索新型产业技术研发机制。

培育新型产业技术研发组织,形成购买服务、后补助、奖励等财政投入与竞争性收入相协调的持续支持机制,采用产业技术创新联盟等市场化机制,探索建立专利导航产业创新发展工作机制,组织推进产学研一体化,在承担政府科技计划、人才引进等方面加大支持力度。

(三) 实施激发市场创新动力的收益分配制度。

充分发挥利益导向作用,建立尊重知识、尊重创新、让创新主体获益的创新收益分配制度,完善创新业绩考核、长期激励和职务晋升制度,激发市场主体的创新动力。

1. 完善职务发明法定收益分配制度。

制定职务发明方面的政府规章,建立职务发明法定收益分配制度。支持国有企业按照国家有关法律法规,制定并实施科技成果收益分配具体实施办法,探索建立健全科技成果、知识产权归属和利益分享机制,鼓励国有企业与职务发明人(团队)事先协商,确定科技成果收益分配的方式、数额和比例,适度提高骨干团队和主要发明人的收益比例。

2. 完善股权激励制度。

鼓励符合条件的转制科研院所、高新技术企业和科技服务机构等按照国有科技型企业股权和分红激励相关规定,采取股权出售、股权奖励、股权期权、项目收益分红和岗位分红等多种方式开展股权和分红激励。

3. 完善创新导向的国企经营业绩考核制度。

突出创新驱动发展,完善国有企业经营业绩考核办法,建立鼓励创新、宽容失败的考核机制。在国有企业领导人员任期考核中加大科技创新指标权重。对竞争类企业,实施以创新体系建设和重点项目为主要内容的任期创新转型专项评价,评价结果与任期激励挂钩。落实创新投入视同于利润的鼓励政策,对主动承接国家和上海市重大专项、科技计划、战略性新兴产业领域产业化项目,收购创新资源和境外研发中心,服务业企业加快模式创新和业态转型所发生的相关费用,经认定可视同考核利润。

4. 创新国资创投管理机制。

允许符合条件的国有创投企业建立跟投机制,并按市场化方式确定考核目标及相应的薪酬水平。探索符合条件的国有创投企业在国有资产评估中使用估值报告,实行事后备案。

5. 实施管理、技术"双通道"的国企晋升制度。

改革国有企业技术人员主要依靠职务提升的单一晋升模式,拓宽技术条线晋升渠道,鼓励设立首席研究员、首席科学家等高级技术岗位，给予其与同级别管理岗位相一致的地位和薪酬待遇。

（四）健全企业为主体的创新投入制度。

建立有利于激发市场创新投入动力的制度环境，发挥金融财税政策对科技创新投入的放大作用，形成创业投资基金和天使投资人群集聚活跃、科技金融支撑有力、企业投入动力得到充分激发的创新投融资体系。

1. 强化多层次资本市场的支持作用。

支持科技创新企业通过发行公司债券融资，支持政府性担保机构为中小科技创新企业发债提供担保或者贴息支持。在上海股权托管交易中心设立科技创新专门板块，在符合国家规定的前提下，探索相关制度创新，为挂牌企业提供股权融资、股份转让、债券融资等创新服务。

2. 鼓励创业投资基金和天使投资人群发展。

对包括创业投资基金和天使投资人在内的上海市各类创业投资主体，上海市以不同方式给予有针对性的支持和引导，有效激发各类创业投资主体对处于种子期、初创期创业企业的投入。

3. 创新和健全科技型中小企业融资服务体系。

成立不以盈利为目的的市级信用担保基金，通过融资担保、再担保和股权投资等形式，与上海市现有政府性融资担保机构、商业性融资担保机构合作，为科技型中小企业提供信用增进服务；完善相关考核机制，不进行盈利性指标考核，并设置一定代偿损失容忍度；建立与银行的风险分担机制。

完善上海市科技企业和小型微型企业信贷风险补偿办法，优化补偿比例和门槛设定机制，继续扩大商业银行试点小微企业信贷产品的品种和范围；研究单列商业银行科技支行和科技金融事业部信贷奖励政策，按单户授信一定标准以下、信贷投向对象为科技型小微企业形成的年度信贷余额增量进行专项奖励。

鼓励保险机构通过投资创业投资基金、设立股权投资基金或与国内外基金管理公司合作等方式，服务科技创新企业发展。鼓励在沪保险公司积极推出符合科技创新企业需求的保险产品，针对科技创新企业在产品研发、生产、销售各环节以及数据安全、知识产权保护等方面提供保险保障方案。

（五）建立积极灵活的创新人才发展制度。

建设一支富有创新精神、勇于承担风险的创新型人才队伍，充分发挥市场在人才资源配置中的决定性作用，建立健全集聚人才、培养人才的体制机制，创造人尽其才、才尽其用的政策环境。

1. 打造具有国际竞争力的人才引进制度。

建立更加便捷、更有针对性、更具吸引力的海内外人才引进制度。开展海外人才永久居留、出入境等便利服务试点。健全国际医疗保险境内使用机制，扩大国际医疗保险定点结算医院范围。开展在沪外国留学生毕业后直接留沪就业试点。在稳定非沪籍高校毕业生直接留沪政策的基础上，进一步完善户籍和居住证积分制度，突出人才业绩、实际贡献、薪酬水平等市场评价标准，加大对企业创新创业人才的倾斜力度。

统筹协调上海市各类人才计划，加大企业高层次人才引进力度，取消海外高层次人才引进的年龄限制，允许符合条件的外籍人士担任国有企业部分高层管理职务。建立更便捷的人才引进和服务体系，将人才工作纳入领导干部考核的核心指标。

推进张江国家自主创新示范区建设国际人才试验区，建设海外人才离岸创业基地；开展将申办亚太经合组织（APEC）商务旅行卡审批权下放园区试点，支持企业主动参与全球人才竞争，集聚海内外优秀人才。

2. 打通科研人才双向流动通道。

推进社会保障制度改革，完善社会保险关系转移接续办法，促进科技人才自由流动。改进专家教授薪酬和岗位管理制度；完善科研人员兼职兼薪管理政策，鼓励科研院校人才向企业流动，科研人员可保留人事关系离岗创业，在3-5年的创业孵化期内返回原单位的，待遇和聘任岗位等级不降低。探索支持高校形成专职科研队伍建设机制。探索建立弹性学制，允许在校学生休学创业。具有硕士学位授予权的高校、科研机构可聘任企业的高层次人才担任研究生导师，促进产学研用各环节之间协同创新。

3. 改革高校人才培养模式。

把握"互联网+"、"中国制造2025"背景下全球产业变革和技术融合的大趋势，优化学科设置，在国内率先创设一批前沿交叉型新学科。聚焦微电子、生物医药、高端装备制造、新材料等重点领域，在高校建设若干个标志性学科，试点建立"学科（人才）特区"，力争2020年前20个左右一级学科点和一批学科方向达到国际一流水平，培育一批在国际上有重要影响力的杰出人才。对标国际先进水平，改革本科教学，建设一批具有国际水平的本科专业。推进部分普通本科高校向应用型高校转型，探索校企联合培养模式，提升高校人才培养对产业实际需求的支撑水平。

4. 完善高校和科研机构考核聘用机制。

改革高校和科研机构考核制度，完善人才分类评价体系。对从事基础研究和前沿技术研究的优秀科研人员，弱化中短期目标考核，建立持续稳定的财政支持机制。改革高校和科研机构岗位聘用机制，灵活引进高层次人才及其团队，对高层次人才探索建立协议工资和项目工资等符合人才特点和市场规律、有竞争优势的薪酬制度。支持部分高校推进"长聘教职制度"，实施"非升即走"或"非升即转"的用人机制。

5. 有效配置高校的创新资源。

落实高校办学自主权，逐步将市属高校经常性经费比例提高到70%，实现市属和部属高校的统一。分步推广市属和部属高校综合预算管理制度试点，由高校自主统筹经费使用和分配，让创新主体自主决定科研经费使用、成果转移转化等，更大程度调动科技人员积极性。着力打破创新资源配置的条块分割，赋予高校和科研院所更大自主权，鼓励市属和部属高校协同创新，支持上海市统筹用好各类创新资源。

（六）推动形成跨境融合的开放合作新局面。

坚持扩大对内对外开放与全面增强自主创新能力相结合，发挥自贸试验区制度创新优势，营造更加适于创新要素跨境流动的便利环境，集聚全球创新资源，全面提高上海科技创新的国际合作水平。

1. 加大对境外创新投资并购的支持力度。

探索开展设立境外股权投资企业试点工作，支持上海市企业直接到境外设立基金开展创新投资。鼓励上海市创业投资、股权投资机构加大境外投资并购，支持其与境外知名科技投资机构合作组建国际科技创新基金、并购基金。

探索拓宽上海市产业化专项资金使用范围，允许资金用于支持企业以获取新兴技术、知识产权、研发机构、高端人才和团队为目标的境外投资并购活动，增强创新发展能力。

2. 大力吸引境内外创投机构落户上海。

进一步扩大上海市外商投资的股权投资企业试点工作范围，吸引具有丰富科技企业投资经验的创业投资基金、股权投资基金参与试点。

积极吸引具有国内外综合优势的基金，在自贸试验区开展境内外双向直接投资。积极创造条件，吸引国有金融机构发起设立的国家海外创新投资基金落户上海。

3. 积极发挥外资研发机构溢出效应。

大力吸引外资研发中心集聚，鼓励其转型升级成为全球性研发中心和开放式创新平台。鼓励外资研发中心与上海市高校、科研院所、企业，共建实验室和人才培养基地，联合开展产业链核心技术攻关。在确保对等开放、保障安全、利益共享的前提下，支持外资研发中心参与承担政府科技计划，强化相关成果在本地转化的机制。简化研发用途设备和样本样品进出口、研发及管理人员出入境等手续，优化非贸付汇的办理流程。

4. 加强国内外创新交流服务平台建设。

鼓励国内知名高校、科研机构、企业与上海市相关单位开展科技创新合作，支持本土跨国企业在沪设立和培育全球研发中心和实验室，加强联合攻关，进一步发挥上海市对长江经济带的辐射带动作用。

探索允许国外企业、机构、合伙人或个人参照《民办非企业单位登记管理暂行条例》在自贸试验区内设立提供科技成果转化、科技成果输入或输出以及其他相关科技服务的非企业机构。

鼓励上海市高科技园区创新国际科技合作模式，与重点国家和地区共建合作园、互设分基地、联合成立创业投资基金等，利用两地优势资源孵化创新企业。用好中国（上海）国际技术进出口交易会等国家级科技创新交流平台，吸引全球企业在上海发布最新创新成果。建设国际技术贸易合作平台，发挥上海国际技术进出口促进中心、国家技术转移东部中心、南南全球技术产权交易所等的作用，健全面向国际的科技服务体系，形成国际化的科技创新成果发现、项目储备对接和跟踪服务机制。

（七）授权推进的先行先试改革举措。

全面贯彻落实国家关于深化体制机制改革、加快实施创新驱动发展战略的有关要求，加快实施普惠性财税、创新产品采购、成果转化激励等政策，加强知识产权运用和保护，改革行业准入和市场监管、科研院所和高校科研管理等制度，完善产业技术创新、人才发展等机制，推进开放合作创新。在此基础上，结合上海市特点，在研究探索鼓励创新创业的普惠税制、开展投贷联动等金融服务模式创新、改革药品注册和生产管理制度、建立符合科学规律的国家科学中心运行管理制度等10个方面进行重点突破和先行先试。

1. 研究探索鼓励创新创业的普惠税制。

按照国家税制改革的总体方向与要求，对包括天使投资在内的投向种子期、初创期等创新活动的投资，研究探索相关税收支持政策。（财政部、税务总局）

落实新修订的研发费用加计扣除政策，研究探索鼓励促进研究开发和科研成果转化的便利化措施。（财政部、科技部、税务总局）

2. 探索开展投贷联动等金融服务模式创新。

争取新设以服务科技创新为主的民营银行，建立灵活的运作、考核和分配机制，探索与科技创新企业发展需要相适应的银行信贷产品，开展针对科技型中小企业的金融服务创新。选择符合条件的银行业金融机构，探索试点为企业创新活动提供股权和债权相结合的融资服务方式，与创业投资、股权投资机构实现投贷联动。（银监会、人民银行）

探索设立服务于现代科技类企业的专业证券类机构，为科技企业提供债权融资、股权投资、夹层投资、并购融资等融资服务，在上市培育、并购交易等方面提供专业化服务。（证监会）

支持符合条件的银行业金融机构在沪成立科技企业金融服务事业部，在企业贷款准入标准、信贷审批审查机制、考核激励机制方面建立特别的制度。（银监会、人民银行）

3. 改革股权托管交易中心市场制度。

支持上海股权托管交易中心设立科技创新专门板块。支持上海地区为开展股权众筹融资试点创造条件。（证监会）

4. 落实和探索高新技术企业认定政策。

落实新修订的高新技术企业认定管理办法，积极探索促进高新技术产业发展的便利化措施。（科技部、财政部、税务总局）

5. 完善股权激励机制。

实施股权奖励递延纳税试点政策，对高新技术企业和科技型中小企业转化科技成果给予个人的股权奖励，递延至取得股权分红或转让股权时纳税，并加强和改进相关配套管理措施。（财政部、税务总局、科技部）

6. 探索发展新型产业技术研发组织。

从事科技研发的民办非企业单位，登记开办时允许其国有资产份额突破合法总财产的三分之一，发展国有资本和民间资本共同参与的非营利性新型产业技术研发组织。（民政部、科技部）

7. 开展海外人才永久居留便利服务等试点。

在上海开展海外人才永久居留、出入境便利服务以及在沪外国留学生毕业后直接留沪就业等政策试点。推进张江国家自主创新示范区建设国际人才试验区，建设海外人才离岸创业基地。（公安部、人力资源社会保障部、国家外专局等）

8. 简化外商投资管理。

支持外资创业投资、股权投资机构创新发展，积极探索外资创业投资、股权投资机构投资项目管理新模式。（国家发展改革委、商务部）

9. 改革药品注册和生产管理制度。

探索开展药品审评审批制度改革。试点实施上市许可和生产许可分离的药品上市许可持有人制度，允许上市许可持有人委托生产企业生产药品。（食品药品监管总局）

10. 建立符合科学规律的国家科学中心运行管理制度。

完善重大科技基础设施运行保障机制。支持国家科学中心发起组织多学科交叉前沿研究计划。探索设立全国性科学基金会，探索实施科研组织新体制，参与承担国家科技计划管理改革任务。建立生命科学研究涉及的动物实验设施建设、临床研究等事项的行政审批绿色通道。（国家发展改革委、科技部、财政部、税务总局、教育部、中科院、民政部、自然科学基金会等）

要强化责任意识，明确年度工作重点，聚焦目标，力争通过2-3年的努力，在上述10个方面先行先试重点突破，形成一批向全国复制推广的改革经验。同时，上海市要进一步加强政策研究，加快制订新一批改革举措，根据"成熟一项，实施一项"的原则，分批争取国家授权实施。要切实加强组织实施，建立部门协同推进工作机制，落实工作责任，按照方案明确的目标和任务，推动各项改革举措和政策措施加快实施。

北京加强全国科技创新中心建设总体方案

(2016年9月11日)

为深入贯彻党的十八大和十八届三中、四中、五中全会精神，全面落实全国科技创新大会精神和《国家创新驱动发展战略纲要》、《京津冀协同发展规划纲要》部署要求，坚持和强化北京全国科技创新中心地位，在创新驱动发展战略实施和京津冀协同发展中发挥引领示范和核心支撑作用，制定本方案。

一、总体思路

按照党中央、国务院决策部署，坚持创新、协调、绿色、开放、共享发展理念，根据京津冀协同发展的总体要求，以中关村国家自主创新示范区为主要载体，以构建科技创新为核心的全面创新体系为强大支撑，着力增强原始创新能力，打造全球原始创新策源地；着力推动科技和经济结合，建设创新驱动发展先行区；着力构建区域协同创新共同体，支撑引领京津冀协同发展等国家战略实施；着力加强科技创新合作，形成全球开放创新核心区；着力深化改革，进一步突破体制机制障碍，优化创新创业生态。塑造更多依靠创新驱动、更多发挥先发优势的引领型发展，持续创造新的经济增长点，为把我国建设成为世界科技强国、实现"两个一百年"奋斗目标提供强大动力。

二、发展目标

按照"三步走"方针，不断加强北京全国科技创新中心建设，使北京成为全球科技创新引领者、高端经济增长极、创新人才首选地、文化创新先行区和生态建设示范城。

第一步，到2017年，科技创新动力、活力和能力明显增强，科技创新质量实现新跨越，开放创新、创新创业生态引领全国，北京全国科技创新中心建设初具规模。

第二步，到2020年，北京全国科技创新中心的核心功能进一步强化，科技创新体系更加完善，科技创新能力引领全国，形成全国高端引领型产业研发集聚区、创新驱动发展示范区和京津冀协同创新共同体的核心支撑区，成为具有全球影响力的科技创新中心，支撑我国进入创新型国家行列。

第三步，到2030年，北京全国科技创新中心的核心功能更加优化，成为全球创新网络的重要力量，成为引领世界创新的新引擎，为我国跻身创新型国家前列提供有力支撑。

三、重点任务

充分发挥北京高端人才集聚、科技基础雄厚的创新优势，统筹利用好各方面科技创新资源，积极协同央地科技资源，深入实施军民融合发展战略，完善创新体系，优化提升首都创新核心功能，突出重点，在基础研究、原始创新和国家急需的领域取得突破，全面服务国家重大战略实施。

（一）强化原始创新，打造世界知名科学中心。

加大科研基础设施建设力度，超前部署应用基础及国际前沿技术研究，加强基础研究人才队伍培养，建设一批国际一流研究型大学和科研院所，形成领跑世界的原始创新策源地，将北京打造为世界知名科学中心。

1. 推进三大科技城建设。统筹规划建设中关村科学城、怀柔科学城和未来科技城，建立与国际接轨的管理运行新机制，推动央地科技资源融合创新发展。加强北京市与中央有关部门会商合作，优化中央科技资源在京布局，发挥高等学校、科研院所和大型骨干企业的研发优势，形成北京市与中央在京单位高效合作、协同创新的良好格局。中关村科学城主要依托中国科学院有关院所、高等学校和中央企业，聚集全球高端创新要素，实现基础前沿研究重大突破，形成一批具有世界影响力的原创成果。怀柔科学城重点建设高能同步辐射光源、极端条件实验装置、地球系统数值模拟装置等大科学装置群，创新运行机制，搭建大型科技服务平台。未来科技城着重聚集一批高水平企业研发中心，集成中央在京科技资源，引进国际创新创业人才，强化重点领域核心技术创新能力，打造大型企业集团技术创新集聚区。

2. 超前部署基础前沿研究。北京发挥科教资源优势，加强与国家科技计划（专项、基金等）衔接，统筹布局重点领域原始创新，集中力量实施脑科学、量子计算与量子通信、纳米科学等大科学计划，引领我国前沿领域关键科学问题研究。瞄准国际科技前沿，以国家目标和战略需求为导向，整合优势力量，在明确定位和优化布局的基础上，建设一批重大科研创新基地。围绕国家应用基础研究领域部署，加强对信息科学、基础材料、生物医学与人类健康、农业生物遗传、环境系统与控制、能源等领域的支撑，取得一批具有全球影响力的重大基础研究成果，引领国际产业发展方向。

3. 加强基础研究人才队伍建设。坚持高起点、高标准，建设结构合理的创新人才团队，造就一批具有国际影响力的科学大师和以青年科学家为带头人的优秀研究群体。支持高等学校、科研院所和有条件的企业共建基础研究团队，加快科学家工作室建设，创新青年人才支持模式，形成一批从事基础研究的杰出青年科学家队伍。在全球范围内吸引一批能够承接重大任务、取得尖端成果、作出卓越贡献、形成"塔尖效应"的顶尖人才。在统筹考虑现有布局和国家对外科技合作总体部署基础上，鼓励以我为主发起国际大科学计划和大科学工程，吸引海外顶尖科学家和团队参与。

4. 建设世界一流高等学校和科研院所。推进新兴交叉学科建设，促进基础学科与应用学科、自然科学与人文社会科学交叉融合，积极推动网络数据科学、量子信息学、生物医学、纳米科学与技术、核科学与技术、航空宇航科学与技术、生物信息学等学科发展与完善，加快世界一流高等学校和科研院所建设。建设国际马铃薯中心亚太中心。创新科研院所运行体制机制，推广北京生命科学研究所等管理模式。

（二）实施技术创新跨越工程，加快构建"高精尖"经济结构。

围绕国家经济社会发展重大需求，深入实施"北京技术创新行动计划"、"《中国制造2025》北京行动纲要"、"'互联网+'行动计划"等，突破一批具有全局性、前瞻性、带动性的关键共性技术，加强重要技术标准研制，培育具有国际竞争力的研发创新体系，加快科技成果向现实生产力转化，在北京经济技术开发区等打造具有全球影响力的创新型产业集群。

5. 夯实重点产业技术创新能力。以智能制造、生物医药、集成电路、新型显示、现代种业、移动互联、航空航天、绿色制造等领域为重点，依托优势企业、高等学校和科研院所，建设一批对重点领域技术创新发挥核心引领作用的国家技术创新中心，突破与经济社会发展紧密相关的关键共性技术和核心瓶颈技术，形成一批具有竞争力的国际标准。推动科技与产业、科技与金融、科技与经济深度融合，培育一批具有国际竞争力的创新型领军企业，聚集世界知名企业技术创新总部，构建跨界创新合作网络。完善技术创新服务平台体系，加强研究开发、技术转移和融资、计量、检验检测认证、质量标准、知识产权和科技咨询等公共服务平台建设，打造高端创业创新平台。利用中关村政策优势，推动国防科技成果向民用领域转移转化和产业化。

6. 引领支撑首都"高精尖"经济发展。在新一代信息技术、生物医药、能源、新能源汽车、节能环保、先导与优势材料、数字化制造、轨道交通等产业领域实施八大技术跨越工程，重点突破高性能计算、石墨烯材料、智能机器人等一批关键共性技术，培育先导产业和支柱产业。推动以科技服务业、"互联网+"和信息服务业为代表的现代服务业向高端发展，促进服务业向专业化、网络化、规模化、国际化方向发展。深化科技与文化融合发展，推进"设计之都"与中关村国家级文化和科技融合示范基地建设。以北京国家现代农业科技城为依托，加快推进高端农业创新发展。

7. 促进科技创新成果全民共享。实施首都蓝天行动，推动能源结构向清洁低碳转型，深化大气污染治理，持续改善空气质量。实施生态环境持续改善行动，加强水资源保护与污水治理、垃圾处理和资源化利用，提升城市生态功能。实施食品安全保障行动，建立对食品生产经营各环节的科学高效监督管理体系，保障食品质量安全。加强重大疾病科技攻关，在疾病预防、诊断、精准医疗等领域形成一批创新成果并转化应用，打造具有国际影响力的临床医学创新中心。实施城市精细化管理提升行动，强化城市综合运行监控与重点行业安全保障能力，提高巨灾风险防范与应对能力。推动大数据与社会治理深度融合，不断推进社会治理创新，提升维护公共安全、建设平安中国的能力水平。组织实施科技冬奥行动计划，加强北京市、河北省与国家相关部门科技创新资源整合，聚焦绿色、智慧、可持续三个重点领域，集成应用和展示最新科技成果，为冬奥会提供科技支撑。

（三）推进京津冀协同创新，培育世界级创新型城市群。

贯彻落实《京津冀协同发展规划纲要》等战略部署，充分发挥北京全国科技创新中心的引领作用，构建京津冀协同创新共同体，打造世界级创新型城市群。积极参与和服务"一带一路"、长江经济带等发展战略，有力支撑国家创新驱动发展战略实施。

8. 优化首都科技创新布局。全力推进高端产业功能区和高端产业新区建设，优化中关村国家自主创新示范区"一区多园"布局，提升产业技术创新水平，带动各园区创新发展。推动首都各区精细化、差异化创新发展，形成功能清晰、导向明确、秩序规范的发展格局。首都自主创新中心区（城六区）重点推进基础科学、战略前沿高技术和高端服务业创新发展；首都高端引领型产业承载区（城六区以外的平原地区）重点加快科技成果转化，推进生产性服务业、战略性新兴产业和高端制造业创新发展；首都绿色创新发展区（山区）重点实现旅游休闲、绿色能源等低碳高端产业创新发展；首都军民融合示范区重点打造前沿探索、基础研究、系统集成、示范应用、推广转化、产业发展的军民融合发展链条。加强统筹协调，对非首都功能疏解后的空间进行合理再布局，建设研发创新聚集区。

9. 构建京津冀协同创新共同体。整合区域创新资源，打造京津冀创新发展战略高地。加强宏观指导和政策支持，结合产业链布局需要，培育具有产学研协同特征的科技企业集团，推进其在京津冀地区联动发展。完善协同创新体制机制，推动科技创新政策互动，建立统一的区域技术交易市场，实现科技资源要素的互联互通。建设协同创新平台载体，围绕钢铁产业优化升级共建协同创新研究院，围绕大众创业万众创新共建科技孵化中心，围绕新技术新产品向技术标准转化共建国家技术标准创新基地，围绕首都创新成果转化共建科技成果转化基地等。实施协同创新工程，围绕生态环境建设、新能源开发应用、废弃资源利用等重点领域开展联合攻关，围绕钢铁、建材等传统产业转型发展共同开展创新试点，围绕工业设计、科技服务业、文化创意等领域共同组织新技术应用示范等。

10. 引领服务全国创新发展。发挥北京全国科技创新中心的辐射引领作用，搭建跨区域创新合作网络，加强与其他地区的科技创新合作。与上海、江苏、浙江、安徽等长江中下游省市重点推进基础研究和战略高技术领域合作；与广东、福建等东南沿海省份重点推进产业关键技术、创新创业等领域合作；与东北、中西部等地区重点推进技术转移、成果转化、产业转型升级等方面合作；加强与港澳台全方位科技交流合作。面向全国开放共享创新资源，推广"一站一台"（首都科技条件平台合作站和北京技术市场服务平台）等合作模式，建立跨区域科技资源服务平台，推动科技人才、科研条件、金融资本、科技成果服务全国创新发展。支持国家科技传播中心建设，打造国家级科学文化公共服务平台和全国"双创"支撑平台。

（四）加强全球合作，构筑开放创新高地。

坚持"引进来"与"走出去"并重、引智引技和引资并举，集聚全球高端创新资源，以创新提升区域发展层级，使北京成为全球科技创新的引领者和创新网络的重要节点。

11. 集聚全球高端创新资源。吸引符合北京功能定位的国际高端创新机构、跨国公司研发中心、国际科技组织在京落户，鼓励国际知名科研机构在京联合组建国际科技中心，努力使北京成为国际科技组织总部聚集中心。面向全球引进世界级顶尖人才和团队在京发展。引导和鼓励国内资本与国际优秀创业服务机构合作建立创业联盟或成立创新创业基金。发挥中国国际技术转移中心等平台作用，完善市场化、国际化、专业化的服务体系，吸引国际高端科技成果在京落地，形成面向全球的技术转移集聚区。

12. 构筑全球开放创新高地。在研发合作、技术标准、知识产权、跨国并购等方面为企业搭建服务平台，鼓励企业建立国际化创新网络。构筑全球互动的技术转移网络，加快亚欧创新中心、中意技术转移中心、中韩企业合作创新中心等国际技术转移中心建设，推动跨国技术转移。推进海外人才离岸创新创业基地建设，为海外人才在京创新创业提供便利和服务。鼓励国内企业在海外设立研发机构，加快海外知识产权布局，参与国际标准研究和制定，抢占国际产业竞争高地。鼓励国内企业通过对外直接投资、技术转让与许可等方式实施外向型技术转移。鼓励拥有自主知识产权和品牌的企业开拓国际市场，培育以技术、标准、品牌、质量、服务为核心的外贸竞争优势，提高产业在全球价值链中的地位。促进服务创新国际化，深化北京市服务业扩大开放综合试点，加快推进服务标准、市场规则、法律法规等制度规范与国际接轨。

（五）推进全面创新改革，优化创新创业环境。

深入落实创新驱动发展与体制机制改革系列重大部署，充分发挥中关村国家自主创新示范区改革"试验田"的作用，加快推进京津冀全面创新改革试验，破除制约创新的制度藩篱，形成充满活力的科技管理和运行机制,以深化改革促进创新驱动发展。

13. 推进人才发展体制机制改革。实施更具吸引力的海外人才集聚政策,突破外籍人才永久居留和创新人才聘用、流动、评价激励等体制和政策瓶颈,推进中关村人才管理改革试验区建设,开展外籍人才出入境管理改革试点,对符合条件的外籍人才简化永久居留、签证等办理流程,让北京真正成为人才高地和科技创新高地。开展人才引进使用中的知识产权鉴定制度试点。深入实施北京市"雏鹰计划"、"高层次创新创业人才支持计划"、"科技北京百名领军人才培养工程"等人才计划,完善人才梯度培养机制,推进人才结构战略性调整。建立灵活多样的创新型人才流动与聘用模式,鼓励高等学校和科研院所人才互聘,允许高等学校、科院所设立一定比例流动岗位,吸引企业人才兼职。研究制定事业单位招聘外籍人才的认定标准,探索聘用外籍人才的新路径。鼓励科研人员潜心研究,激发科研人员创新动力和积极性,完善市场化的人才评价激励机制,创新评价标准和办法。完善事业单位内部分配机制,推进绩效工资向关键岗位、业务骨干和有突出贡献的人员倾斜。优化人才服务保障体系,在住房条件、子女就学、配偶就业、医疗服务等方面为高层次人才提供便利。落实教学科研人员因公临时出国相关管理政策。

14. 完善创新创业服务体系。加快发展高端创业孵化平台,构建集创业孵化、资本对接、营销服务等为一体的众创空间,提供集约化、专业化、社区化的创新创业环境。建立便捷高效的商事服务机制,推动集群注册登记、"先照后证"等改革,降低创业门槛。实施中关村大街改造提升工程,加快北京市海淀区"一城三街"建设,以创新创业打造经济社会发展新动力。深入推进国家科技服务业区域试点、服务业扩大开放综合试点、中关村现代服务业试点,探索科技服务业促进创新创业的新模式和新机制。发挥首都科技条件平台、首都科技大数据平台、中关村开放实验室等公共服务平台作用,推广创新券等科技资源开放共享的市场化机制,促进重大科研基础设施、大型科研仪器和专利基础信息资源向社会开放。加快推进研究开发、技术转移和融资、知识产权服务、第三方检验检测认证、质量标准、科技咨询等机构改革,构建社会化、市场化、专业化、网络化的技术创新服务平台。探索推动产业协同创新共同体建设,助力产业转型升级和大众创业万众创新。充分利用现有资源,统筹建设全国知识产权运营公共服务平台,建设国家知识产权服务业集聚发展示范区。

15. 加快国家科技金融创新中心建设。完善创业投资引导机制,通过政府股权投资、引导基金、政府购买服务、政府和社会资本合作(PPP)等市场化投入方式,引导社会资金投入科技创新领域。结合国有企业改革建立国有资本创业投资基金制度,完善国有创投机构激励约束机制。按照国家税制改革的总体方向与要求,对包括天使投资在内的投向种子期、初创期等创新活动的投资,研究探索相关税收支持政策。支持"新三板"、区域性股权市场发展,大力推动优先股、资产证券化、私募债等产品创新。开展债券品种创新,支持围绕战略性新兴产业和"双创"孵化产业通过发行债券进行低成本融资。推动互联网金融创新中心建设。选择符合条件的银行业金融机构在中关村国家自主创新示范区探索为科技创新创业企业提供股权债权相结合的融资服务方式;鼓励符合条件的银行业金融机构在依法合规、风险可控前提下,与创业投资、股权投资机构实现投贷联动,支持科技创新创业。

16. 健全技术创新市场导向机制。加快营造公平竞争市场环境。探索药品、医疗器械等创新产品审评审批制度改革试点。改进互联网、金融、节能、环保、医疗卫生、文化、教育等领域的监管，支持和鼓励新业态、新商业模式发展。严格知识产权保护，加快形成行政执法和司法保护两种途径优势互补、有机衔接的知识产权保护模式，健全知识产权举报投诉和维权援助体系。探索建立符合国际规则的政府采购技术标准体系，完善新技术、新产品首购首用风险补偿机制。建立高层次、常态化的企业技术创新对话、咨询制度，发挥企业和企业家在创新决策中的重要作用。市场导向明确的科技项目由企业牵头联合高等学校和科研院所实施。健全国有企业技术创新经营业绩考核制度，加大技术创新在国有企业经营业绩考核中的比重。

17. 推动政府创新治理现代化。依法全面履行政府职能，建立权力清单和责任清单制度。深化行政审批制度改革，提高行政效能，建立创新政策调查和评价制度，加快政府职能从研发管理向创新服务转变，为各类创新主体松绑减负、清障搭台。建立科技创新智库，提升对创新战略决策的支撑能力、科技创新政策的供给能力、创新理念的引领能力，推进决策的科学化和现代化，探索政策措施落实情况第三方评估机制。大力发展市场化、专业化、社会化的创新服务机构和组织，逐步建立依托专业机构管理科研项目的市场化机制。建立健全科技报告制度和创新调查制度，加强公共创新服务供给。建立健全创新政策协调审查制度。推动创新薄弱环节和领域的地方立法进程，构建适应创新驱动发展需求的法治保障体系。深化科技项目资金管理改革，建立符合科研规律、高效规范的管理制度，强化对科研人员的激励。

18. 央地合力助推改革向纵深发展。在中关村国家自主创新示范区内，允许在京中央高等学校、科研院所在符合国家相关法律法规的前提下，经主管部门授权，试行北京市的相关创新政策。充分发挥北京市和中央在京单位的改革合力，探索新一轮更高层面、更宽领域的改革试点，进行新的政策设计，在充分调动科技人员创新创业积极性上再形成新一批政策突破，解放和发展生产力。深入落实促进科技成果转化法，在京中央高等学校、科研院所依法自主决定科技成果转移转化收益分配。着力打破创新资源配置的条块分割，支持北京市统筹用好各类创新资源，鼓励市属和中央高等学校协同创新。完善高等学校与企业开展技术开发、技术咨询、技术服务等横向合作项目经费管理制度，鼓励开展产学研合作，其支出依据合同法和促进科技成果转化法执行。探索创新创业人才在企业与机关事业单位之间依法自由流动，并做好社会保险关系转移接续工作。鼓励在京企业、高等学校和科研院所承担国防科技前沿创新研究工作，并给予相关配套优惠政策。探索开展事业单位担任行政领导职务的科技人员参与技术入股及分红激励试点，并根据领导干部职务明确审批程序。

四、保障措施

（一）**强化组织领导**。在国家科技体制改革和创新体系建设领导小组领导下，国家有关部门与北京市共建北京全国科技创新中心建设工作机制，在顶层设计、改革保障等方面实现上下联动，统筹运用各部门资源建设北京全国科技创新中心。北京市建立北京全国科技创新中心建设统筹机制，形成促进科技创新的体制架构，分解改革任务，明确时间表和路线图，推动各项任务落到实处。

（二）**加强资金保障**。加大财政科技投入力度，明确财政资金投入重点。切实加强对基础研究的财政投入，完善稳定支持机制。北京市设立战略性新兴产业技术跨越工程引导资金，加大对产业关键共性技术和贯穿创新链科技创新项目的支持力度。深化科技与金融结合，健全政府引导、企业为主、社会参与的多元化科技投入体系。

（三）**完善监督评估机制**。加强监督考核，改革完善创新驱动发展的评价机制。研究建立科技创新、知识产权运用和保护与产业发展相结合的创新驱动发展评价指标体系，将本方案任务落实情况纳入北京市各级领导干部绩效考核体系。健全决策、执行、评价相对分开、互相监督的运行机制，强化对本方案实施进展情况的监督和问责机制。发挥第三方评估机构作用，定期对本方案落实情况进行跟踪评价，依据评价结果及时调整完善相关政策。

国务院关于建立粮食生产功能区和重要农产品生产保护区的指导意见

国发〔2017〕24号

各省、自治区、直辖市人民政府，国务院各部委、各直属机构：

近年来，国家出台了一系列强农惠农富农政策，实现了粮食连年丰收，重要农产品生产能力不断增强。但是，我国农业生产基础还不牢固，工业化、城镇化发展和农业生产用地矛盾不断凸显，保障粮食和重要农产品供给任务仍然艰巨。为优化农业生产布局，聚焦主要品种和优势产区，实行精准化管理，现就建立粮食生产功能区和重要农产品生产保护区（以下统称"两区"）提出如下意见。

一、总体要求

（一）指导思想。全面贯彻党的十八大和十八届三中、四中、五中、六中全会精神，深入贯彻习近平总书记系列重要讲话精神和治国理政新理念新思想新战略，认真落实党中央、国务院决策部署，统筹推进"五位一体"总体布局和协调推进"四个全面"战略布局，牢固树立和贯彻落实创新、协调、绿色、开放、共享的发展理念，实施藏粮于地、藏粮于技战略，以确保国家粮食安全和保障重要农产品有效供给为目标，以深入推进农业供给侧结构性改革为主线，以主体功能区规划和优势农产品布局规划为依托，以永久基本农田为基础，将"两区"细化落实到具体地块，优化区域布局和要素组合，促进农业结构调整，提升农产品质量效益和市场竞争力，为推进农业现代化建设、全面建成小康社会奠定坚实基础。

（二）基本原则。

——坚持底线思维、科学划定。按照"确保谷物基本自给、口粮绝对安全"的要求和重要农产品自给保障水平，综合考虑消费需求、生产现状、水土资源条件等因素，科学合理划定水稻、小麦、玉米生产功能区和大豆、棉花、油菜籽、糖料蔗、天然橡胶生产保护区，落实到田头地块。

——坚持统筹兼顾、持续发展。围绕保核心产能、保产业安全，正确处理中央与地方、当前与长远、生产与生态之间的关系，充分调动各方面积极性，形成建设合力，确保农业可持续发展和生态改善。

——坚持政策引导、农民参与。完善支持政策和制度保障体系，充分尊重农民自主经营的意愿和保护农民土地的承包经营权，积极引导农民参与"两区"划定、建设和管护，鼓励农民发展粮食和重要农产品生产。

——坚持完善机制、建管并重。建立健全激励和约束机制，加强"两区"建设和管护工作，稳定粮食和重要农产品种植面积，保持种植收益在合理水平，确保"两区"建得好、管得住，能够长久发挥作用。

（三）主要目标。力争用3年时间完成10.58亿亩"两区"地块的划定任务，做到全部建档立卡、上图入库，实现信息化和精准化管理；力争用5年时间基本完成"两区"建设任务，形成布局合理、数量充足、设施完善、产能提升、管护到位、生产现代化的"两区"，国家粮食安全的基础更加稳固，重要农产品自给水平保持稳定，农业产业安全显著增强。

1. 粮食生产功能区。划定粮食生产功能区9亿亩，其中6亿亩用于稻麦生产。以东北平原、长江流域、东南沿海优势区为重点，划定水稻生产功能区3.4亿亩；以黄淮海地区、长江中下游、西北及西南优势区为重点，划定小麦生产功能区3.2亿亩（含水稻和小麦复种区6000万亩）；以松嫩平原、三江平原、辽河平原、黄淮海地区以及汾河和渭河流域等优势区为重点，划定玉米生产功能区4.5亿亩（含小麦和玉米复种区1.5亿亩）。

2. 重要农产品生产保护区。划定重要农产品生产保护区2.38亿亩（与粮食生产功能区重叠8000万亩）。以东北地区为重点，黄淮海地区为补充，划定大豆生产保护区1亿亩（含小麦和大豆复种区2000万亩）；以新疆为重点，黄河流域、长江流域主产区为补充，划定棉花生产保护区3500万亩；以长江流域为重点，划定油菜籽生产保护区7000万亩（含水稻和油菜籽复种区6000万亩）；以广西、云南为重点，划定糖料蔗生产保护区1500万亩；以海南、云南、广东为重点，划定天然橡胶生产保护区1800万亩。

二、科学合理划定"两区"

（四）**科学确定划定标准**。粮食生产功能区和大豆、棉花、油菜籽、糖料蔗生产保护区划定应同时具备以下条件：水土资源条件较好，坡度在15度以下的永久基本农田；相对集中连片，原则上平原地区连片面积不低于500亩，丘陵地区连片面积不低于50亩；农田灌排工程等农业基础设施比较完备，生态环境良好，未列入退耕还林还草、还湖还湿、耕地休耕试点等范围；具有粮食和重要农产品的种植传统，近三年播种面积基本稳定。优先选择已建成或规划建设的高标准农田进行"两区"划定。天然橡胶生产保护区划定的条件：风寒侵袭少、海拔高度低于900米的宜胶地块。

（五）**自上而下分解任务**。根据全国"两区"划定总规模和各省（区、市）现有永久基本农田保护面积、粮食和重要农产品种植面积等因素，将划定任务分解落实到各省（区、市）。各省（区、市）人民政府要按照划定标准和任务，综合考虑当地资源禀赋、发展潜力、产销平衡等情况，将本省（区、市）"两区"面积细化分解到县（市、区）。要将产粮大县作为粮食生产功能区划定的重点县。

（六）**以县为基础精准落地**。县级人民政府要根据土地利用、农业发展、城乡建设等相关规划，按照全国统一标准和分解下达的"两区"划定任务，结合农村土地承包经营权确权登记颁证和永久基本农田划定工作，明确"两区"具体地块并统一编号，标明"四至"及拐点坐标、面积以及灌排工程条件、作物类型、承包经营主体、土地流转情况等相关信息。依托国土资源遥感监测"一张图"和综合监管平台，建立电子地图和数据库，建档立卡、登记造册。

（七）**审核和汇总划定成果**。各省（区、市）人民政府要及时组织开展"两区"划定成果的核查验收工作，在公告公示无异议后，将有关情况报送农业部、国家发展改革委、国土资源部，同时抄送财政部、住房城乡建设部、水利部。农业部、国土资源部要指导各省（区、市）建立"两区"电子地图和数据库，形成全国"两区"布局"一张图"。农业部、国家发展改革委要会同有关部门汇总全国"两区"划定成果并向国务院报告。

三、大力推进"两区"建设

（八）**强化综合生产能力建设**。依据高标准农田建设规划和土地整治规划等，按照集中连片、旱涝保收、稳产高产、生态友好的要求，积极推进"两区"范围内的高标准农田建设。加强"两区"范围内的骨干水利工程和中小型农田水利设施建设，因地制宜兴建"五小水利"工程，大力发展节水灌溉，打通农田水利"最后一公里"。加强天然橡胶生产基地建设，加快老龄残次、低产低质胶园更新改造，强化胶树抚育和管护，提高橡胶产出水平和质量。

（九）**发展适度规模经营**。加大"两区"范围内的新型经营主体培育力度，优化支持方向和领域，使其成为"两区"建设的骨干力量。以"两区"为平台，重点发展多种形式的适度规模经营，健全农村经营管理体系，加强对土地经营权流转和适度规模经营的管理服务。引导和支持"两区"范围内的经营主体根据市场需要，优化生产结构，加强粮食产后服务体系建设，增加绿色优质农产品供给。

（十）**提高农业社会化服务水平**。适应现代农业发展的要求，着力深化"两区"范围内的基层农技推广机构改革，抓紧构建覆盖全程、综合配套、便捷高效的农业社会化服务体系，提升农技推广和服务能力。以"两区"为重点，深入开展绿色高产高效创建，加快优良品种、高产栽培技术普及应用，提升农作物生产全程机械化水平，积极推广"互联网+"、物联网、云计算、大数据等现代信息技术。

四、切实强化"两区"监管

（十一）**依法保护"两区"**。根据农业法、土地管理法、基本农田保护条例、农田水利条例等法律法规要求，完善"两区"保护相关制度，将宝贵的水土资源保护起来。各省（区、市）要根据当地实际需要，积极推动制定"两区"监管方面的地方性法规或政府规章。严格"两区"范围内永久基本农田管理，确保其数量不减少、质量不降低。

（十二）**落实管护责任**。各省（区、市）要按照"谁使用、谁受益、谁管护"的原则，将"两区"地块的农业基础设施管护责任落实到经营主体，督促和指导经营主体加强设施管护。创新农田水利工程建管模式，鼓励农民、农村集体经济组织、农民用水合作组织、新型经营主体等参与建设、管理和运营。

（十三）**加强动态监测和信息共享**。综合运用现代信息技术，建立"两区"监测监管体系，定期对"两区"范围内农作物品种和种植面积等进行动态监测，深入分析相关情况，实行精细化管理。建立"两区"信息报送制度，及时更新"两区"电子地图和数据库。建立健全数据安全保障机制，落实责任主体，在保证信息安全的前提下，开放"两区"电子地图和数据库接口，实现信息互通、资源共享。

（十四）**强化监督考核**。农业部、国家发展改革委要会同国土资源部等部门结合粮食安全省长责任制，对各省（区、市）"两区"划定、建设和管护工作进行评价考核，评价考核结果与"两区"扶持政策相挂钩。各省（区、市）要切实抓好"两区"的监督检查，将相关工作作为地方政府绩效考评的重要内容，并建立绩效考核和责任追究制度。

五、加大对"两区"的政策支持

（十五）**增加基础设施建设投入**。把"两区"作为农业固定资产投资安排的重点领域，现有的高标准农田、大中型灌区续建配套及节水改造等农业基础设施建设投资要积极向"两区"

倾斜。创新"两区"建设投融资机制，吸引社会资本投入，加快建设步伐。

（十六）**完善财政支持政策**。完善均衡性转移支付机制，健全粮食主产区利益补偿机制，逐步提高产粮大县人均财力保障水平。进一步优化财政支农结构，创新资金投入方式和运行机制，推进"两区"范围内各类涉农资金整合和统筹使用。率先在"两区"范围内建立以绿色生态为导向的农业补贴制度。

（十七）**创新金融支持政策**。鼓励金融机构完善信贷管理机制，创新金融支农产品和服务，拓宽抵质押物范围，在符合条件的"两区"范围内探索开展粮食生产规模经营主体营销贷款试点，加大信贷支持。完善政府、银行、保险公司、担保机构联动机制，深化小额贷款保证保险试点，优先在"两区"范围内探索农产品价格和收入保险试点。推动"两区"农业保险全覆盖，健全大灾风险分散机制。

六、加强组织领导

（十八）**明确部门分工**。国务院有关部门要加强指导、协调和监督检查，确保各项任务落实到位。国家发展改革委要会同有关部门做好统筹协调，适时组织第三方评估。财政部要会同有关部门加强财政补贴资金的统筹和整合，优化使用方向。农业部、国土资源部要会同有关部门确定各省（区、市）"两区"划定任务，制定相关划定、验收、评价考核操作规程和管理办法，做好上图入库工作。人民银行、银监会、保监会要创新和完善"两区"建设金融支持政策。

（十九）**落实地方责任**。各省（区、市）人民政府对"两区"划定、建设和管护工作负总责，要成立由政府负责同志牵头、各有关部门参加的协调机制，逐级签订责任书，层层落实责任；要根据当地实际情况，细化制定具体实施办法、管理细则，出台相关配套政策，抓好工作落实。

国务院
2017年3月31日

国务院关于支持山西省进一步深化改革促进资源型经济转型发展的意见

国发〔2017〕42 号

各省、自治区、直辖市人民政府，国务院各部委、各直属机构：

山西省是我国重要的能源基地和老工业基地，是国家资源型经济转型综合配套改革试验区，在推进资源型经济转型改革和发展中具有重要地位。当前，我国经济发展进入新常态，对资源型经济转型发展提出了新的更高要求。为加快破解制约资源型经济转型的深层次体制机制障碍和结构性矛盾，走出一条转型升级、创新驱动发展的新路，努力把山西省改革发展推向更加深入的新阶段，为其他资源型地区经济转型提供可复制、可推广的制度性经验，现提出以下意见。

一、总体要求

（一）**指导思想**。全面贯彻党的十八大和十八届三中、四中、五中、六中全会精神，深入贯彻习近平总书记系列重要讲话精神和治国理政新理念新思想新战略，认真落实党中央、国务院决策部署，统筹推进"五位一体"总体布局和协调推进"四个全面"战略布局，牢固树立和贯彻落实新发展理念，坚持以提高发展质量和效益为中心，以推进供给侧结构性改革为主线，深入实施创新驱动发展战略，推动能源供给、消费、技术、体制革命和国际合作，打造能源革命排头兵，促进产业转型升级，扩大对内对外开放，改善生态环境质量，实现资源型经济转型实质性突破，将山西省建设成为创新创业活力充分释放、经济发展内生动力不断增强、新旧动能转换成效显著的资源型经济转型发展示范区。

（二）**基本原则**。

——坚持改革引领。坚持解放思想、实事求是，以推进供给侧结构性改革为主线，大胆破除阻碍经济转型的观念理念和体制机制束缚，率先复制、推广全国各类体制机制创新经验，先行布局重大改革试点试验。

——聚焦产业转型。以能源供给结构转型为重点，以产业延伸、更新和多元化发展为路径，建设安全、绿色、集约、高效的清洁能源供应体系和现代产业体系。

——突出生态优先。大力推进生态保护和环境治理，加快构建生态文明制度体系，形成生产发展、生活富裕、生态良好的新局面。

——加强协同联动。强化山西省主体责任，加强与京津冀地区互动合作，加大国家层面指导和支持力度，协同推进资源型经济转型。

（三）**主要目标**。

到 2020 年，重点领域供给侧结构性改革取得阶段性成果，能源革命总体效果不断显现，支撑资源型经济转型的体制机制基本建立。煤炭开采和粗加工占工业增加值比重显著降低，煤炭先进产能占比逐步提高到 2/3，煤炭清洁高效开发利用水平大幅提高、供应能力不断增强，打造清洁能源供应升级版。战略性新兴产业增加值占地区生产总值比重达到全国平均水平，研究与试验发展经费投入占地区生产总值比重争取达到全国平均水平，初步建成国家新型能源基地、煤基科技创新成果转化基地、全国重要的现代制造业基地、国家全域旅游示范区，转型发展成果惠及城乡居民，确保与全国同步进入全面小康社会。

到2030年，多点产业支撑、多元优势互补、多极市场承载、内在竞争充分的产业体系基本形成，清洁、安全、高效的现代能源体系基本建成，资源型经济转型任务基本完成，形成一批可复制、可推广的制度性经验，经济综合竞争力、人民生活水平和可持续发展能力再上一个新台阶。

二、健全产业转型升级促进机制，打造能源革命排头兵

（四）**推动能源供给革命**。引导退出过剩产能、发展优质产能，推进煤炭产能减量置换和减量重组。全面实施燃煤机组超低排放与节能改造，适当控制火电规模，实施能源生产和利用设施智能化改造。优化能源产业结构，重点布局煤炭深加工、煤层气转化等高端项目和新能源发电基地。研究布局煤炭储配基地。鼓励煤矸石、矿井水、煤矿瓦斯等煤矿资源综合利用。结合电力市场需求变化，适时研究规划建设新外送通道的可行性，提高晋电外送能力。布局太阳能薄膜等移动能源产业，打造移动能源领跑者。在新建工业园区和具备条件的既有工业园区，积极实施多能互补集成优化示范工程，推进能源综合梯次利用。以企业为主体，建设煤炭开采及清洁高效利用境外产能合作示范基地。

（五）**推动能源消费革命**。支持山西省开展煤炭消费等量、减量替代行动，扩大天然气、电能等清洁能源和可再生能源替代试点范围，因地制宜发展地热能、太阳能等可再生能源。加强对"煤改电"、农村电网改造升级的资金补贴支持，提高省内电力消纳能力。加快推进煤炭清洁高效利用，推动焦化、煤化工等重点领域实施清洁生产技术改造。在农村居民用煤等重点替代领域，实施一批电能替代工程。加快实施民用、工业"煤改气"工程。

（六）**深化能源体制改革**。坚持煤电结合、煤运结合、煤化结合，鼓励煤炭、电力、运输、煤化工等产业链上下游企业进行重组或交叉持股，打造全产业链竞争优势。鼓励有条件的煤炭和电力企业通过资本注入、股权置换、兼并重组、股权划转等方式，着力推进煤矿和电站联营。鼓励山西省探索建立能源清洁高效利用综合补偿机制，支持新兴能源产业及相关产业发展和生态修复。鼓励山西省引导社会资本建立能源转型发展基金。积极推进电力体制改革综合试点和吕梁等地增量配电业务试点。全面实现矿业权竞争性出让。建立煤层气勘查区块退出机制和公开竞争出让制度。鼓励煤炭矿业权人和煤层气矿业权人合资合作，支持符合条件的企业与山西省煤层气开采企业合作。将煤层气对外合作开发项目审批制改为备案制，将煤炭采矿权范围内的地面煤层气开发项目备案下放至山西省管理。落实煤层气发电价格政策，进一步调动发电企业和电网企业积极性，加快煤层气资源开发利用。

（七）**实施产业转型升级行动**。深入实施"中国制造2025"，加快信息化与工业化两化深度融合，推进两化融合管理体系贯标试点。支持山西省开展国家智能制造试点示范。重点发展新一代信息技术、轨道交通、新能源汽车、新材料、航空航天、生物医药、文化旅游等新兴产业和先进产品。支持开展传统产业绿色改造，构建绿色制造体系，培育发展一批绿色产品、绿色工厂、绿色园区和绿色产业链。支持山西省开展大数据创新应用，推动大数据产业发展。支持运城市建设铝镁合金产业基地。加快推进航空测绘、通用航空、航空仪表等航空航天产业发展。积极推进全域旅游示范区建设，推动文化旅游融合发展，打造文化旅游支柱产业，支持有条件

的市县创建国家级旅游业改革创新先行区。建设省域国家级文化生态保护实验区。支持大同市建设综合康养产业区。

（八）**建立新兴产业培育扶持机制**。国家在重大生产力布局特别是战略性新兴产业布局时给予山西省重点倾斜。支持山西省老工业城市创新创业能力建设，加快新旧动能转换。支持山西省创建智能制造创新中心和铝镁合金、碳纤维等新材料创新中心。支持山西省主动对接京津冀等东部省市，探索建立合作机制，开展互派干部挂职交流和定向培训，学习东部地区培育发展新兴产业的先进经验和做法。

（九）**完善传统产业转型升级政策体系**。依托山西省要素资源优势，实施现代煤化工升级示范工程。开展"煤—电—铝—材"一体化改革试点，推动铝工业转型升级。积极支持山西省军民深度融合创新发展工作。鼓励山西省探索创新国防科技成果就地转移转化管理办法及利益分配政策机制。推进农业供给侧结构性改革，发展特色、精品农业，打造山西"农谷"综合性、专业性科创中心，鼓励山西杂粮生产大县争创特色农产品优势区。完善和推广有机旱作农业，将有机旱作农业打造成现代农业的重要品牌。建设优质杂粮产地交易市场和中药材交易中心。

三、深入实施创新驱动发展战略，促进新旧动能接续转换

（十）**增强协同创新能力**。实施国家技术创新工程，加快推进能源技术革命。通过国家自然科学基金、国家科技重大专项、中央财政引导地方科技发展资金等现有资金渠道支持山西省科技创新。在大科学装置等重大创新基础设施布局上给予山西省重点倾斜，推动在山西省布局科技创新基地，提升科技创新服务转型发展的能力。鼓励山西省实施企业技术创新重点项目计划，开展区域骨干企业创新转型试点，创建国家科技成果转移转化示范区。推动太原国家创新型城市建设，支持具有较好基础的城市创建创新型城市。支持企业和产业技术创新战略联盟构建专利池，推动形成标准必要专利。推行科技创新券、鼓励开展知识产权质押融资，促进科技和金融结合，发展一批主营业务突出、竞争力强、成长性好、专注于细分市场的专业化"小巨人"企业。培育壮大天使投资、创业投资和私募股权投资，满足不同发展阶段和特点的创新型企业融资需求。

（十一）**培育打造创新创业平台**。支持山西省国家双创示范基地建设。鼓励山西省探索高职院校与企业合作办学，开展现代学徒制试点。支持开展产教融合型城市、行业、企业建设试点，支持山西省地方院校开展高水平应用型本科高等学校建设试点。扶持地方科研院所和高校加快发展，继续通过中西部高校综合实力提升工程支持山西大学建设与发展。支持中科院与山西省深化"院地合作"，推进科技创新成果在山西省落地转化。

（十二）**统筹推进开发区创新发展**。根据开发区总体发展规划和省内不同地区经济发展需要，稳步有序推进开发区设立、扩区和升级工作，支持发展较好的省级开发区升级为国家级开发区，不断提高发展质量和水平。支持以符合条件的开发区为载体，创建战略性新兴产业集聚区、国家高（新）技术产业（化）基地、国家新型工业化产业示范基地。创新开发区建设运营模式，实行管理机构与开发运营企业分离，引导社会资本参与开发区建设，支持以不同所有制企业为主体投资建设、运营、托管开发区，以及在现有开发区中投资建设、运营特色产业园。支持山西省整合太原市及周边各类开发区，高起点、高标准建设转型综合改革示范区，在科技创新重大平台建设、科技金融结合、政府治理体系和治理能力现代化等方面开展探索示范。在山西转型综合改革示范区及国家级开发区落实中关村国家自主创新示范区先行先试的科技成果使用处置和收益管理改革等政策。

（十三）**实施人才强省战略**。完善吸引人才的政策环境，为人才跨地区、跨行业、跨体制流动提供便利条件。探索人才双向流动机制，允许科技创新人才在高校、科研院所与企业间双向兼职。强化人才激励机制，支持山西省相关单位开展以增加知识价值为导向的分配政策试点。深化干部人事制度改革，探索在专业性较强的政府机构和国有企事业单位设置高端特聘岗位，实行聘期管理和协议工资。

四、全面深化国有企业改革，激发市场主体活力

（十四）**实施国有企业改革振兴计划**。抓紧出台山西省国有企业专项改革实施方案，按照创新发展一批、重组整合一批、清理退出一批的要求，促进国有资本向战略性关键性领域、优势产业集聚。在煤炭、焦炭、冶金、电力等领域，加大国有经济布局结构调整力度，提高产业集中度。支持中央企业参与地方国有企业改革，并购重组山西省国有企业。开展国有资本投资、运营公司试点，推动若干重大企业联合重组。推行国有企业高管人员外部招聘和契约化管理制度，建立国有企业外部董事、监事、职业经理人人才库。

（十五）**更大程度更广范围推行混合所有制改革**。制定出台山西省国有企业混合所有制改革工作方案，率先选择30家左右国有企业开展混合所有制改革试点。在系统总结试点经验基础上，深入推进全省国有企业混合所有制改革，除极少数涉及国家安全的国有企业外，鼓励符合条件的国有企业通过整体上市、并购重组、发行可转债等方式，逐步调整国有股权比例。支持中央企业与山西省煤炭、电力企业通过相互参股、持股以及签订长期协议等合作方式，形成市场互补和上下游协同效应。引导民营企业参与山西省国有企业混合所有制改革，鼓励发展非公有资本控股的混合所有制企业。积极引入有效战略投资者，规范企业法人治理结构，实行市场导向的选人用人和激励约束机制。通过试点探索混合所有制企业员工持股的可行方式。

（十六）**加快解决历史遗留问题**。允许山西省国有企业划出部分股权转让收益以及地方政府出让部分国有企业股权，专项解决厂办大集体、棚户区改造和企业办社会等历史遗留问题。中央财政对厂办大集体改革继续给予补助和奖励，山西省可结合实际情况，将自筹资金和中央财政补助资金统筹用于接续职工社会保险关系、解除劳动关系经济补偿等改革支出。全面深入推进国有企业职工家属区"三供一业"分离移交。对于中央下放企业职工家属区"三供一业"分离移交中央财政补助资金，在确保完成工作任务基础上，可按规定统筹用于地方国有企业职工家属区"三供一业"分离移交工作。

（十七）**促进民营经济健康发展**。坚持权利平等、机会平等、规则平等，废除对非公有制经济各种形式的不合理规定。在山西省开展民营经济发展改革示范，重点培育有利于民营经济发展的政策环境、市场环境、金融环境、创新环境、法治环境等。着力构建"亲"、"清"新型政商关系，打造良好营商环境，不断提振民营经济发展信心。打破基础设施、市政公用设施、公共服务等领域的行业垄断和市场壁垒，切实降低准入门槛，支持民间投资应入尽入。遴选一批有较好盈利预期、适合民间资本特点的优质项目，鼓励民间资本组建联合体投标，推进政府和社会资本合作。完善产权保护制度，甄别纠正一批社会反映强烈的产权纠纷申诉案件。

五、加快推进重点领域改革，增强内生发展动力

（十八）**深化"放管服"改革**。全面对标国内先进地区，健全精简高效的权责清单和负面

清单制度，统一规范各类审批、监管、服务事项。支持市县级政府设立统一行使行政审批权的机构，推广"一个窗口受理、一站式办理、一条龙服务"，逐步推进政务服务全程网上办理。推进"证照分离"改革试点，全面清理和大幅压减工业产品生产许可证，探索改进产品认证管理制度，加快推进认证机构与政府部门彻底脱钩。试点企业投资项目承诺制，探索建立以信用为核心的监管模式。调整优化行政区划，按程序调整大同市、阳泉市城区、郊区、矿区设置，解决设区的市"一市一区"等规模结构不合理问题。完善政府守信践诺机制，建立健全政府失信责任追究制度及责任倒查机制。

（十九）**创新财政金融支持转型升级方式**。对山西省主导产业衰退严重的城市，比照实施资源枯竭城市财力转移支付政策。中央预算内投资在山西省农村旅游公路建设、生态建设、扶贫开发和社会事业等方面比照西部地区补助标准执行。支持山西省推进完善地方政府专项债券管理，着力发展项目收益与融资自求平衡的专项债券品种，保障重点领域项目建设融资需求。支持山西省开展水资源税改革试点和环境污染强制责任保险试点。在去产能过程中，通过综合运用债务重组、破产重整或破产清算等手段，妥善处置企业债务和银行不良资产，加快不良贷款核销和批量转让，做到应核尽核，依法维护金融债权。鼓励金融机构与发展前景良好但遇到暂时困难的优质企业有效对接，开展市场化法治化债转股。支持山西省在符合条件的情况下设立民营银行。支持企业开展大型设备、成套设备等融资租赁业务。在依法审慎合规的前提下，鼓励金融机构设立绿色金融专营机构，大力开展绿色金融业务。研究建立大同国家级绿色金融改革创新试验区。

（二十）**改革完善土地管理制度**。坚持最严格的耕地保护制度，严格划定永久基本农田，实行特殊保护。积极创造条件，在山西省推广国家综合配套改革试验区土地管理制度改革经验，在确权登记颁证基础上，推进农村承包土地经营权、农民住房财产权等农村产权规范流转。实施工业用地市场化配置改革。优化开发区土地利用政策，适应产业转型升级需要，适当增加生产性服务业、公共配套服务、基础设施建设等用地供给，探索适合开发区特点的土地资源开发利用方式。大力推进土地整治，支持城区老工业区和独立工矿区开展城镇低效用地再开发，积极开展工矿废弃地复垦利用试点和中低产田改造。加快推进采煤沉陷区土地复垦利用，对复垦为耕地的建设用地，经验收合格后按程序纳入城乡建设用地增减挂钩试点范围，相关土地由治理主体优先使用。允许集中连片特困地区、国家和省级扶贫开发工作重点县的城乡建设用地增减挂钩节余指标在全省范围内流转使用。试点建立"以奖代补、以补代投"激励机制，充分发挥财政资金撬动作用，吸引社会资金投入，大规模开展高标准农田建设。

（二十一）**推动城乡一体化发展**。加快资源型城市特别是资源枯竭城市转型，促进城矿协调发展，推进产城融合。支持长治市创建国家老工业城市和资源型城市产业转型升级示范区。加快发展中小城市和特色小城镇，实现城镇基本公共服务常住人口全覆盖，推动具备条件的县和特大镇有序设市。深入推进社会主义新农村建设，抓好传统村落保护，推动基本公共服务向农村延伸，全面改善农村生产生活条件，建设幸福家园和美丽宜居乡村。

（二十二）**集中力量打赢脱贫攻坚战**。以吕梁山、燕山—太行山两个集中连片特困地区为重点，聚焦深度贫困难题，坚持精准扶贫、精准脱贫基本方略，推进脱贫攻坚与生态治理有机结合，统筹易地扶贫搬迁与煤炭采空区治理、国土综合整治，因地制宜实施整村搬迁，同步建设安置点基础设施、公共服务设施，发展相关配套产业，确保贫困群众搬得出、稳得住、能致富。强化特色产业扶贫与深度贫困人口增收有机结合，建立有效化解因病致贫返贫和支出型贫困的长效机制。

六、深度融入国家重大战略，拓展转型升级新空间

（二十三）**构建联接"一带一路"大通道**。完善物流基地、城市配送中心布局，打造一批具有多式联运功能的大型综合物流基地。支持在物流基地建设具有海关、检验检疫等功能的铁路口岸。支持太原、大同建设全国性综合交通枢纽，有序推进太原至绥德、保定至忻州、大同至集宁、运城至三门峡等铁路前期工作。中央预算内投资、车辆购置税资金、民航发展基金等对符合条件的山西省交通基础设施项目予以支持。将山西省列入普通公路重载交通建设试点。支持山西（阳泉）智能物联网应用基地试点建设。推动大同、运城、五台山机场航空口岸开放，加快太原、大同、临汾无水港建设。支持在符合条件的地区设立海关特殊监管区域。积极支持山西省复制推广自由贸易试验区等成熟改革试点经验。

（二十四）**加强与京津冀协同发展战略衔接**。支持山西省与京津冀地区建立合作机制，实现联动发展。构筑京津冀生态屏障，完善区域环境污染联防联控机制，利用现有资金渠道对山西省符合条件的生态环保项目予以支持。增加山西省向京津冀地区的清洁能源供应。支持山西省参与京津冀电力市场化交易。支持京津冀等地企业与山西省电力企业开展合作，扩大电力外送规模。鼓励山西省与京津冀地区探索跨区域共建园区的投资开发和运营管理模式。加强山西省与京津冀地区基础设施互联互通。鼓励北京、天津两地高水平大学以委托管理、联合办学等方式加强与山西省高校合作。

七、深化生态文明体制改革，建设美丽山西

（二十五）**加强资源开发地区生态保护修复治理**。加快推进国土综合整治，实施太行山、吕梁山生态保护修复工程，推进山水林田湖生态保护工程试点。积极引入社会资本参与生态修复建设，创新市场化生态修复机制。加大中央预算内采煤沉陷区综合治理专项支持力度，研究逐步将山西省矛盾突出、财政困难的重点采煤沉陷区纳入资源枯竭城市财力转移支付范围。

（二十六）**加大生态环境保护力度**。落实最严格水资源管理制度，严格水资源开发利用控制、用水效率控制、水功能区限制纳污"三条红线"管理。加强水功能区和入河湖排污口监督管理，加大娘子关泉、辛安泉等水源地保护力度。全面落实河长制，创新河湖管护体制机制，加快推进汾河等流域生态修复和系统治理。加强黄土高原地区沟壑区固沟保塬工作，开展吕梁山、太行山等水土流失综合治理，推动重要水源地生态清洁小流域建设。加快水权交易市场建设，探索滹沱河、桑干河等跨省流域横向生态保护补偿机制。实施大规模植树造林，推进天然林资源保护，将符合条件的公益林纳入国家级公益林范围，享受森林生态效益补偿政策。改革创新园区规划环评工作，探索园区式、链条式环评模式。

（二十七）**强化资源节约集约利用**。实施能源消耗总量和强度双控行动，强化对山西省各级政府和重点用能单位的节能目标责任考核，组织实施节能重点工程，发展节能环保产业。全面推进节水型社会建设，实施水资源消耗总量和强度双控行动，提高水资源利用效率和效益。坚持以水定城、以水定产，严格执行水资源论证和取水许可制度，强化水资源承载能力刚性约束，促进经济发展方式和用水方式转变。大力推进重点领域节水，把农业节水作为主攻方向，实施重大农业节水工程，推进农业水价综合改革。加大工业和城镇节水力度。实施水效领跑者引领行动，开展合同节水管理试点示范工程。积极开展节水宣传教育，增强全社会节水、护水意识。推动山西省建立健全碳排放权交易机制。在确保环境质量稳定达标前提下，允许山西省在省域内科学合理配置环境容量。实行生产者责任延伸制度，逐步提高电器电子产品、汽车产品、铅酸蓄电池等重点品种的废弃产品规范回收与循环利用率。支持山西省大力发展循环经济，对产业园区进行循环化改造。落实固废利用产品税收优惠政策，推进煤矸石等大宗固体废物综合利用，有效防控炼焦、煤化工等行业危险废物的环境风险。加快推进朔州工业固废综合利用示范基地建设。

八、加强组织领导，完善工作保障措施

（二十八）落实主体责任。山西省要深刻认识资源型经济转型发展的紧迫性、艰巨性、长期性，增强思想自觉和行动自觉，切实承担主体责任，加强组织领导，制定实施方案，强化省内协同，建立激励机制和考核机制，发扬钉钉子精神，持续推动资源型经济转型发展。

（二十九）加大支持力度。国务院有关部门要结合自身职能，对本意见涉及的重大事项抓紧制定细化方案和具体措施，逐条抓好落实。对一些关系全局、综合性强的改革发展举措，要建立健全工作机制，加强系统研究、整体设计、联合攻关。因地制宜将山西省纳入有关部门已启动或拟开展的重大改革试点范围，加大政策支持力度，及时解决资源型经济转型发展中的困难和问题。

（三十）强化指导协调。国家发展改革委要加强对山西省资源型经济转型发展的宏观指导、综合协调、督促推进和检查评估，适时总结并推广重大关键性、标志性改革经验，重大改革进展情况和问题及时报告国务院。有关部门和山西省要加强舆论引导，积极营造支持山西省进一步深化改革、促进资源型经济转型发展的良好氛围。

国务院

2017 年 9 月 1 日

国务院关于推进国家级经济技术开发区创新提升打造改革开放新高地的意见

国发〔2019〕11号

各省、自治区、直辖市人民政府，国务院各部委、各直属机构：

为着力构建国家级经济技术开发区（以下简称国家级经开区）开放发展新体制，发展更高层次的开放型经济，加快形成国际竞争新优势，充分发挥产业优势和制度优势，带动地区经济发展，现提出以下意见。

一、总体要求

（一）指导思想。

以习近平新时代中国特色社会主义思想为指导，全面贯彻党的十九大和十九届二中、三中全会精神，按照党中央、国务院决策部署，坚持稳中求进工作总基调，坚持新发展理念，以供给侧结构性改革为主线，以高质量发展为核心目标，以激发对外经济活力为突破口，着力推进国家级经开区开放创新、科技创新、制度创新，提升对外合作水平、提升经济发展质量，打造改革开放新高地。

（二）基本原则。

——坚持开放引领、改革创新。充分发挥国家级经开区的对外开放平台作用，坚定不移深化改革，持续优化投资环境，激发对外经济活力，打造体制机制新优势。

——坚持质量第一、效益优先。集聚知识、技术、信息、数据等生产要素，推动质量变革、效率变革、动力变革，提高全要素生产率，促进产业升级，拓展发展新空间。

——坚持市场主导、政府引导。充分发挥市场在资源配置中的决定性作用，更好发挥政府作用，弘扬企业家精神，激发市场活力和创造力，培育经济发展新动能。

二、提升开放型经济质量

（三）拓展利用外资方式。支持国家级经开区提高引资质量，重点引进跨国公司地区总部、研发、财务、采购、销售、物流、结算等功能性机构。地方人民政府可依法、合规在外商投资项目前期准备等方面给予支持。支持区内企业开展上市、业务重组等。（商务部、证监会等单位与地方各级人民政府按职责分工负责）

（四）优化外商投资导向。对在中西部和东北地区国家级经开区内从事鼓励类项目且在完善产业链等方面发挥重要作用的外商投资企业，可按规定予以支持。（各有关省级人民政府按职责分工负责）实行差异化的区域政策，相关中央预算内投资和中央财政专项转移支付继续向中西部欠发达地区和东北地区老工业基地倾斜。（发展改革委、财政部等单位按职责分工负责）地方人民政府可统筹上级转移支付资金和自有资金，对符合条件的中西部欠发达地区和东北地区老工业基地区域内国家级经开区基础设施建设、物流交通、承接产业转移、优化投资环境等

项目，提供相应支持。（发展改革委、财政部、商务部等单位与地方各级人民政府按职责分工负责）

（五）**提升对外贸易质量**。支持符合条件的国家级经开区申请设立综合保税区。（商务部、海关总署等单位按职责分工负责）充分运用外经贸发展专项资金等，支持符合条件的国家级经开区建设外贸转型升级基地和外贸公共服务平台。（财政部、商务部等单位与地方各级人民政府按职责分工负责）支持国家级经开区推进关税保证保险改革。（海关总署、税务总局、银保监会等单位按职责分工负责）

三、赋予更大改革自主权

（六）**深化"放管服"改革**。支持国家级经开区优化营商环境，推动其在"放管服"改革方面走在前列，依法精简投资项目准入手续，简化审批程序，下放省市级经济管理审批权限，实施先建后验管理新模式。深化投资项目审批全流程改革，推行容缺审批、告知承诺制等管理方式。全面开展工程建设项目审批制度改革，统一审批流程，统一信息数据平台，统一审批管理体系，统一监管方式。（发展改革委、住房城乡建设部、市场监管总局等单位与地方各级人民政府按职责分工负责）

（七）**优化机构职能**。允许国家级经开区按照机构编制管理相关规定，调整内设机构、职能、人员等，推进机构设置和职能配置优化协同高效。优化国家级经开区管理机构设置，结合地方机构改革逐步加强对区域内经济开发区的整合规范。地方人民政府可根据国家级经开区发展需要，按规定统筹使用各类编制资源。（中央编办、财政部等单位与地方各级人民政府按职责分工负责）

（八）**优化开发建设主体和运营主体管理机制**。支持地方人民政府对有条件的国家级经开区开发建设主体进行资产重组、股权结构调整优化，引入民营资本和外国投资者，开发运营特色产业园等园区，并在准入、投融资、服务便利化等方面给予支持。（商务部等单位与地方各级人民政府按职责分工负责）积极支持符合条件的国家级经开区开发建设主体申请首次公开发行股票并上市。（证监会等单位负责）

（九）**健全完善绩效激励机制**。支持国家级经开区创新选人用人机制，经批准可实行聘任制、绩效考核制等，允许实行兼职兼薪、年薪制、协议工资制等多种分配方式。支持国家级经开区按市场化原则开展招商、企业入驻服务等，允许国家级经开区制定业绩考核办法时将招商成果、服务成效等纳入考核激励。（财政部、人力资源社会保障部等单位与地方各级人民政府按职责分工负责）

（十）**支持开展自贸试验区相关改革试点**。支持国家级经开区按程序开展符合其发展方向的自贸试验区相关改革试点。在政府职能转变、投资贸易便利化等重点领域加大改革力度，充分发挥国家级经开区辐射带动作用。（商务部等单位与地方各级人民政府按职责分工负责）

四、打造现代产业体系

（十一）**加强产业布局统筹协调**。加强上下游产业布局规划，推动国家级经开区形成共生互补的产业生态体系。国家重大产业项目优先规划布局在国家级经开区。充分发挥中央层面现有各类产业投资基金作用，支持发展重大产业项目。地方人民政府要对国家级经开区推进主导产业升级予以适当支持。（发展改革委、工业和信息化部、财政部等单位与地方各级人民政府按

职责分工负责）

（十二）**实施先进制造业集群培育行动**。支持国家级经开区创建国家新型工业化产业示范基地，坚持市场化运作、内外资企业一视同仁，培育先进制造业集群。加快引进先进制造业企业、专业化"小巨人"企业、关键零部件和中间品制造企业，支持企业建设新兴产业发展联盟和产业技术创新战略联盟。（发展改革委、工业和信息化部等单位与地方各级人民政府按职责分工负责）加强与相关投资基金合作，充分发挥产业基金、银行信贷、证券市场、保险资金以及国家融资担保基金等作用，拓展国家级经开区发展产业集群的投融资渠道。（发展改革委、工业和信息化部、财政部、人民银行、银保监会、证监会等单位按职责分工负责）鼓励国家级经开区内企业承担智能制造试点示范项目，鼓励企业研发、采购先进设备、引进人才、国际化发展等。（地方各级人民政府按职责分工负责）

（十三）**实施现代服务业优化升级行动**。地方人民政府可结合地方服务业发展实际，利用现有政策和资金渠道，支持在符合条件的国家级经开区内发展医疗健康、社区服务等生活性服务业，以及工业设计、物流、会展等生产性服务业。（发展改革委、民政部、财政部、商务部、卫生健康委等单位与各省级人民政府按职责分工负责）

（十四）**加快推进园区绿色升级**。充分发挥政府投资基金作用，支持国家级经开区加大循环化改造力度，实施环境优化改造项目。（发展改革委、财政部、商务部等单位与各省级人民政府按职责分工负责）支持国家级经开区创建国家生态工业示范园区，省级人民政府相应予以政策支持。在符合园区规划环评结论和审查要求的基础上，对国家生态工业示范园区内的重大项目依法简化项目环评内容，提高审批效率。依法推进国家级经开区规划环境影响评价工作。（生态环境部、商务部等单位与各省级人民政府按职责分工负责）

（十五）**推动发展数字经济**。鼓励各类资本在具备条件的国家级经开区投资建设信息技术基础设施，省级人民政府可将此类投资纳入当地数字经济发展规划并予以支持。支持国家级经开区内企业创建数字产业创新中心、智能工厂、智能车间等。（中央网信办、发展改革委、工业和信息化部等单位与地方各级人民政府按职责分工负责）

（十六）**提升产业创新能力**。鼓励国家级经开区复制推广自贸试验区、自主创新示范区等试点经验，率先将国家科技创新政策落实到位，成效明显的可加大政策先行先试力度，打造成为科技创新集聚区。在服务业开放、科技成果转化、科技金融发展等方面加强制度创新。对新兴产业实行包容审慎监管。（科技部、商务部、人民银行、市场监管总局、知识产权局等单位与地方各级人民政府按职责分工负责）支持国家级经开区建设国家大科学装置和国家科技创新基地。支持符合条件的国家级经开区打造特色创新创业载体，推动中小企业创新创业升级。（发展改革委、科技部、工业和信息化部、财政部、商务部等单位与地方各级人民政府按职责分工负责）国家级经开区内科研院所转化职务发明成果收益给予参与研发的科技人员的现金奖励，符合税收政策相关规定的，可减按50%计入科技人员工资、薪金所得缴纳个人所得税。（财政部、税务总局等单位与地方各级人民政府按职责分工负责）鼓励国家级经开区对区内企业开展专利导航、知识产权运营、知识产权维权援助等给予支持。（市场监管总局、知识产权局等单位与地方各级人民政府按职责分工负责）支持在有条件的国家级经开区开展资本项目收入结汇支付便利化、不动产投资信托基金等试点。（人民银行、证监会、外汇局等单位与地方各级人民政府按职责分工负责）

五、完善对内对外合作平台功能

（十七）积极参与国际合作。支持国家级经开区积极探索与境外经贸合作区开展合作。支持中西部地区有关国家级经开区参与中国—新加坡（重庆）战略性互联互通示范项目"国际陆海贸易新通道"建设。（外交部、发展改革委、交通运输部、商务部、海关总署等单位与地方各级人民政府按职责分工负责）

（十八）打造国际合作新载体。在科技人才集聚、产业体系较为完备的国家级经开区建设一批国际合作园区，鼓励港澳地区及外国机构、企业、资本参与国际合作园区运营。支持金融机构按照风险可控、商业可持续原则，做好国际合作园区的金融服务。鼓励地方人民政府用足用好现有政策，依法、合规支持国家级经开区建设国际合作园区。（财政部、商务部、人民银行、港澳办、银保监会、证监会、进出口银行、开发银行等单位与地方各级人民政府按职责分工负责）

（十九）拓展对内开放新空间。鼓励地方人民政府依法完善财政、产业政策，支持国家级经开区根据所在区域产业布局，增强产业转移承载能力，开展项目对接。充分发挥外经贸发展专项资金作用，支持国家级经开区与边境经济合作区、跨境经济合作区开展合作，共同建设项目孵化、人才培养、市场拓展等服务平台和产业园区，为边境经济合作区、跨境经济合作区承接产业转移项目创造条件。省级人民政府要加大对共建园区基础设施建设的支持力度。（发展改革委、财政部、自然资源部、商务部、人民银行、银保监会等单位与地方各级人民政府按职责分工负责）

（二十）促进与所在城市互动发展。在保障信息安全的前提下，支持国家级经开区与所在地人民政府相关机构共享公共资源交易、人口、交通、空间地理等信息。国家级经开区可在国土空间基础信息平台的基础上建设城市空间基础信息平台。（公安部、自然资源部、住房城乡建设部、交通运输部等单位与地方各级人民政府按职责分工负责）推动国家级经开区完善高水平商贸旅游、医疗养老、文化教育等功能配套，规划建设城市综合体、中央商务区、专家公寓等。对公共服务重点项目，地方人民政府和国家级经开区可提供运营支持。支持有条件的国家级经开区建设国际化社区和外籍人员子女学校。（教育部、民政部、商务部、卫生健康委等单位与地方各级人民政府按职责分工负责）

六、加强要素保障和资源集约利用

（二十一）强化集约用地导向。支持国家级经开区开展旧城镇、旧厂房、旧村庄等改造，并按规定完善历史用地手续。积极落实产业用地政策，支持国家级经开区内企业利用现有存量土地发展医疗、教育、科研等项目。原划拨土地改造开发后用途符合《划拨用地目录》的，仍可继续按划拨方式使用。对符合协议出让条件的，可依法采取协议方式办理用地手续。鼓励地方人民政府通过创新产业用地分类、鼓励土地混合使用、提高产业用地土地利用效率、实行用地弹性出让、长期租赁、先租后让、租让结合供地等，满足国家级经开区的产业项目用地需求。加强国家级经开区存量用地二次开发，促进低效闲置土地的处置利用。鼓励新入区企业和土地使用权权属企业合作，允许对具备土地独立分宗条件的工业物业产权进行分割，用以引进优质项目。省级人民政府对国家级经开区盘活利用存量土地的，可给予用地指标奖励。除地方人民政府已分层设立建设用地使用权的地下空间外，现有项目开发地下空间作为自用的，其地下空

间新增建筑面积可以补缴土地价款的方式办理用地手续。(自然资源部等单位与地方各级人民政府按职责分工负责)

(二十二)**降低能源资源成本**。支持省级人民政府在国家级经开区开展电力市场化交易,支持国家级经开区内企业集体与发电企业直接交易,支持区内电力用户优先参与电力市场化交易。支持国家级经开区按规定开展非居民用天然气价格市场化改革,加强天然气输配价格监管,减少或取消直接供气区域内国家级经开区省级管网输配服务加价。(发展改革委、能源局等单位与地方各级人民政府按职责分工负责)

(二十三)**完善人才政策保障**。支持国家级经开区引进急需的各类人才,提供户籍办理、出入境、子女入学、医疗保险、创业投资等方面"一站式"服务。允许具有硕士及以上学位的优秀外国留学生毕业后直接在国家级经开区工作。对国家级经开区内企业急需的外国专业人才,按照规定适当放宽申请工作许可的年龄限制。对国家级经开区引进外籍高端人才,提供入境、居留和永久居留便利。(教育部、科技部、公安部、财政部、人力资源社会保障部、住房城乡建设部、移民局等单位与地方各级人民政府按职责分工负责)

(二十四)**促进就业创业**。对符合条件且未享受实物保障的在国家级经开区内就业或创业的人员,可提供一定的购房、租房补贴,按规定落实创业担保贷款政策。(财政部、人力资源社会保障部、住房城乡建设部、人民银行等单位与地方各级人民政府按职责分工负责)鼓励地方人民政府提高国家级经开区内企业培养重点行业紧缺高技能人才补助标准,对国家级经开区与职业院校(含技工院校)共建人才培养基地、创业孵化基地等按规定给予支持。(教育部、财政部、人力资源社会保障部等单位与地方各级人民政府按职责分工负责)

各地区、各部门要深刻认识推进国家级经开区创新提升、打造改革开放新高地的重大意义,采取有效措施,加快推进国家级经开区高水平开放、高质量发展。商务部要会同有关部门加强督促检查,确保各项措施落到实处。涉及调整行政法规、国务院文件和经国务院批准的部门规章的,按规定程序办理。

国务院

2019年5月18日

国务院关于促进国家高新技术产业开发区高质量发展的若干意见

国发〔2020〕7号

各省、自治区、直辖市人民政府，国务院各部委、各直属机构：

国家高新技术产业开发区（以下简称国家高新区）经过30多年发展，已经成为我国实施创新驱动发展战略的重要载体，在转变发展方式、优化产业结构、增强国际竞争力等方面发挥了重要作用，走出了一条具有中国特色的高新技术产业化道路。为进一步促进国家高新区高质量发展，发挥好示范引领和辐射带动作用，现提出以下意见。

一、总体要求

（一）**指导思想**。

以习近平新时代中国特色社会主义思想为指导，贯彻落实党的十九大和十九届二中、三中、四中全会精神，牢固树立新发展理念，继续坚持"发展高科技、实现产业化"方向，以深化体制机制改革和营造良好创新创业生态为抓手，以培育发展具有国际竞争力的企业和产业为重点，以科技创新为核心着力提升自主创新能力，围绕产业链部署创新链，围绕创新链布局产业链，培育发展新动能，提升产业发展现代化水平，将国家高新区建设成为创新驱动发展示范区和高质量发展先行区。

（二）**基本原则**。

坚持创新驱动，引领发展。以创新驱动发展为根本路径，优化创新生态，集聚创新资源，提升自主创新能力，引领高质量发展。

坚持高新定位，打造高地。牢牢把握"高"和"新"发展定位，抢占未来科技和产业发展制高点，构建开放创新、高端产业集聚、宜创宜业宜居的增长极。

坚持深化改革，激发活力。以转型升级为目标，完善竞争机制，加强制度创新，营造公开、公正、透明和有利于促进优胜劣汰的发展环境，充分释放各类创新主体活力。

坚持合理布局，示范带动。加强顶层设计，优化整体布局，强化示范带动作用，推动区域协调可持续发展。

坚持突出特色，分类指导。根据地区资源禀赋与发展水平，探索各具特色的高质量发展模式，建立分类评价机制，实行动态管理。

（三）**发展目标**。

到2025年，国家高新区布局更加优化，自主创新能力明显增强，体制机制持续创新，创新创业环境明显改善，高新技术产业体系基本形成，建立高新技术成果产出、转化和产业化机制，攻克一批支撑产业和区域发展的关键核心技术，形成一批自主可控、国际领先的产品，涌现一批具有国际竞争力的创新型企业和产业集群，建成若干具有世界影响力的高科技园区和一批创新型特色园区。到2035年，建成一大批具有全球影响力的高科技园区，主要产业进入全球价值链中高端，实现园区治理体系和治理能力现代化。

二、着力提升自主创新能力

（四）**大力集聚高端创新资源**。国家高新区要面向国家战略和产业发展需求，通过支持设立分支机构、联合共建等方式，积极引入境内外高等学校、科研院所等创新资源。支持国家高新区以骨干企业为主体，联合高等学校、科研院所建设市场化运行的高水平实验设施、创新基地。积极培育新型研发机构等产业技术创新组织。对符合条件纳入国家重点实验室、国家技术创新中心的，给予优先支持。

（五）**吸引培育一流创新人才**。支持国家高新区面向全球招才引智。支持园区内骨干企业等与高等学校共建共管现代产业学院，培养高端人才。在国家高新区内企业工作的境外高端人才，经市级以上人民政府科技行政部门（外国人来华工作管理部门）批准，申请工作许可的年龄可放宽至 65 岁。国家高新区内企业邀请的外籍高层次管理和专业技术人才，可按规定申办多年多次的相应签证；在园区内企业工作的外国人才，可按规定申办 5 年以内的居留许可。对在国内重点高等学校获得本科以上学历的优秀留学生以及国际知名高校毕业的外国学生，在国家高新区从事创新创业活动的，提供办理居留许可便利。

（六）**加强关键核心技术创新和成果转移转化**。国家高新区要加大基础和应用研究投入，加强关键共性技术、前沿引领技术、现代工程技术、颠覆性技术联合攻关和产业化应用，推动技术创新、标准化、知识产权和产业化深度融合。支持国家高新区内相关单位承担国家和地方科技计划项目，支持重大创新成果在园区落地转化并实现产品化、产业化。支持在国家高新区内建设科技成果中试工程化服务平台，并探索风险分担机制。探索职务科技成果所有权改革。加强专业化技术转移机构和技术成果交易平台建设，培育科技咨询师、技术经纪人等专业人才。

三、进一步激发企业创新发展活力

（七）**支持高新技术企业发展壮大**。引导国家高新区内企业进一步加大研发投入，建立健全研发和知识产权管理体系，加强商标品牌建设，提升创新能力。建立健全政策协调联动机制，落实好研发费用加计扣除、高新技术企业所得税减免、小微企业普惠性税收减免等政策。持续扩大高新技术企业数量，培育一批具有国际竞争力的创新型企业。进一步发挥高新区的发展潜力，培育一批独角兽企业。

（八）**积极培育科技型中小企业**。支持科技人员携带科技成果在国家高新区内创新创业，通过众创、众包、众扶、众筹等途径，孵化和培育科技型创业团队和初创企业。扩大首购、订购等非招标方式的应用，加大对科技型中小企业重大创新技术、产品和服务采购力度。将科技型中小企业培育孵化情况列入国家高新区高质量发展评价指标体系。

（九）**加强对科技创新创业的服务支持**。强化科技资源开放和共享，鼓励园区内各类主体加强开放式创新，围绕优势专业领域建设专业化众创空间和科技企业孵化器。发展研究开发、技术转移、检验检测认证、创业孵化、知识产权、科技咨询等科技服务机构，提升专业化服务能力。继续支持国家高新区打造科技资源支撑型、高端人才引领型等创新创业特色载体，完善园区创新创业基础设施。

四、推进产业迈向中高端

（十）**大力培育发展新兴产业**。加强战略前沿领域部署，实施一批引领型重大项目和新技术应用示范工程，构建多元化应用场景，发展新技术、新产品、新业态、新模式。推动数字经济、平台经济、智能经济和分享经济持续壮大发展，引领新旧动能转换。引导企业广泛应用新技术、新工艺、新材料、新设备，推进互联网、大数据、人工智能同实体经济深度融合，促进产业向智能化、高端化、绿色化发展。探索实行包容审慎的新兴产业市场准入和行业监管模式。

（十一）**做大做强特色主导产业**。国家高新区要立足区域资源禀赋和本地基础条件，发挥比较优势，因地制宜、因园施策，聚焦特色主导产业，加强区域内创新资源配置和产业发展统筹，优先布局相关重大产业项目，推动形成集聚效应和品牌优势，做大做强特色主导产业，避免趋同化。发挥主导产业战略引领作用，带动关联产业协同发展，形成各具特色的产业生态。支持以领军企业为龙头，以产业链关键产品、创新链关键技术为核心，推动建立专利导航产业发展工作机制，集成大中小企业、研发和服务机构等，加强资源高效配置，培育若干世界级创新型产业集群。

五、加大开放创新力度

（十二）**推动区域协同发展**。支持国家高新区发挥区域创新的重要节点作用，更好服务于京津冀协同发展、长江经济带发展、粤港澳大湾区建设、长三角一体化发展、黄河流域生态保护和高质量发展等国家重大区域发展战略实施。鼓励东部国家高新区按照市场导向原则，加强与中西部国家高新区对口合作和交流。探索异地孵化、飞地经济、伙伴园区等多种合作机制。

（十三）**打造区域创新增长极**。鼓励以国家高新区为主体整合或托管区位相邻、产业互补的省级高新区或各类工业园区等，打造更多集中连片、协同互补、联合发展的创新共同体。支持符合条件的地区依托国家高新区按相关规定程序申请设立综合保税区。支持国家高新区跨区域配置创新要素，提升周边区域市场主体活力，深化区域经济和科技一体化发展。鼓励有条件的地方整合国家高新区资源，打造国家自主创新示范区，在更高层次探索创新驱动发展新路径。

（十四）**融入全球创新体系**。面向未来发展和国际市场竞争，在符合国际规则和通行惯例的前提下，支持国家高新区通过共建海外创新中心、海外创业基地和国际合作园区等方式，加强与国际创新产业高地联动发展，加快引进集聚国际高端创新资源，深度融合国际产业链、供应链、价值链。服务园区内企业"走出去"，参与国际标准和规则制定，拓展新兴市场。鼓励国家高新区开展多种形式的国际园区合作，支持国家高新区与"一带一路"沿线国家开展人才交流、技术交流和跨境协作。

六、营造高质量发展环境

（十五）**深化管理体制机制改革**。建立授权事项清单制度，赋予国家高新区相应的科技创新、产业促进、人才引进、市场准入、项目审批、财政金融等省级和市级经济管理权限。建立国家高新区与省级有关部门直通车制度。优化内部管理架构，实行扁平化管理，整合归并内设机构，实行大部门制，合理配置内设机构职能。鼓励有条件的国家高新区探索岗位管理制度，实行聘用制，并建立完善符合实际的分配激励和考核机制。支持国家高新区探索新型治理模式。

（十六）**优化营商环境**。进一步深化"放管服"改革，加快国家高新区投资项目审批改革，实行企业投资项目承诺制、容缺受理制，减少不必要的行政干预和审批备案事项。进一步深化商事制度改革，放宽市场准入，简化审批程序，加快推进企业简易注销登记改革。在国家高新区复制推广自由贸易试验区、国家自主创新示范区等相关改革试点政策，加强创新政策先行先试。

（十七）**加强金融服务**。鼓励商业银行在国家高新区设立科技支行。支持金融机构在国家高新区开展知识产权投融资服务，支持开展知识产权质押融资，开发完善知识产权保险，落实首台（套）重大技术装备保险等相关政策。大力发展市场化股权投资基金。引导创业投资、私募股权、并购基金等社会资本支持高成长企业发展。鼓励金融机构创新投贷联动模式，积极探索开展多样化的科技金融服务。创新国有资本创投管理机制，允许园区内符合条件的国有创投企业建立跟投机制。支持国家高新区内高成长企业利用科创板等多层次资本市场挂牌上市。支持符合条件的国家高新区开发建设主体上市融资。

（十八）**优化土地资源配置**。强化国家高新区建设用地开发利用强度、投资强度、人均用地指标整体控制，提高平均容积率，促进园区紧凑发展。符合条件的国家高新区可以申请扩大区域范围和面积。省级人民政府在安排土地利用年度计划时，应统筹考虑国家高新区用地需求，优先安排创新创业平台建设用地。鼓励支持国家高新区加快消化批而未供土地，处置闲置土地。鼓励地方人民政府在国家高新区推行支持新产业、新业态发展用地政策，依法依规利用集体经营性建设用地，建设创新创业等产业载体。

（十九）**建设绿色生态园区**。支持国家高新区创建国家生态工业示范园区，严格控制高污染、高耗能、高排放企业入驻。加大国家高新区绿色发展的指标权重。加快产城融合发展，鼓励各类社会主体在国家高新区投资建设信息化等基础设施，加强与市政建设接轨，完善科研、教育、医疗、文化等公共服务设施，推进安全、绿色、智慧科技园区建设。

七、加强分类指导和组织管理

（二十）**加强组织领导**。坚持党对国家高新区工作的统一领导。国务院科技行政部门要会同有关部门，做好国家高新区规划引导、布局优化和政策支持等相关工作。省级人民政府要将国家高新区作为实施创新驱动发展战略的重要载体，加强对省内国家高新区规划建设、产业发展和创新资源配置的统筹。所在地市级人民政府要切实承担国家高新区建设的主体责任，加强国家高新区领导班子配备和干部队伍建设，并给予国家高新区充分的财政、土地等政策保障。加强分类指导，坚持高质量发展标准，根据不同地区、不同阶段、不同发展基础和创新资源等情况，对符合条件、有优势、有特色的省级高新区加快"以升促建"。

（二十一）**强化动态管理**。制定国家高新区高质量发展评价指标体系，突出研发经费投入、成果转移转化、创新创业质量、科技型企业培育发展、经济运行效率、产业竞争能力、单位产出能耗等内容。加强国家高新区数据统计、运行监测和绩效评价。建立国家高新区动态管理机制，对评价考核结果好的国家高新区予以通报表扬，统筹各类资金、政策等加大支持力度；对评价考核结果较差的通过约谈、通报等方式予以警告；对整改不力的予以撤销，退出国家高新区序列。

国务院

2020 年 7 月 13 日

国务院关于新时代支持革命老区振兴发展的意见

国发〔2021〕3号

各省、自治区、直辖市人民政府,国务院各部委、各直属机构:

革命老区是党和人民军队的根,是中国人民选择中国共产党的历史见证。革命老区大部分位于多省交界地区,很多仍属于欠发达地区。为加大对革命老区支持力度,2012年以来国务院先后批准了支持赣南等原中央苏区和陕甘宁、左右江、大别山、川陕等革命老区振兴发展的政策文件,部署实施了一批支持措施和重大项目,助力革命老区如期打赢脱贫攻坚战,持续改善基本公共服务,发挥特色优势推进高质量发展,为全面建成小康社会作出了积极贡献。为深入贯彻落实党中央、国务院决策部署,支持革命老区在新发展阶段巩固拓展脱贫攻坚成果,开启社会主义现代化建设新征程,让革命老区人民逐步过上更加富裕幸福的生活,现提出以下意见。

一、总体要求

(一)**指导思想**。以习近平新时代中国特色社会主义思想为指导,全面贯彻党的十九大和十九届二中、三中、四中、五中全会精神,坚持和加强党的全面领导,坚持以人民为中心,立足新发展阶段、贯彻新发展理念、构建新发展格局、推动高质量发展,巩固拓展脱贫攻坚成果,激发内生动力,发挥比较优势,努力走出一条新时代振兴发展新路,把革命老区建设得更好,让革命老区人民过上更好生活,逐步实现共同富裕。

(二)**主要目标**。到2025年,革命老区脱贫攻坚成果全面巩固拓展,乡村振兴和新型城镇化建设取得明显进展,基础设施和基本公共服务进一步改善,居民收入增长幅度高于全国平均水平,对内对外开放合作水平显著提高,红色文化影响力明显增强,生态环境质量持续改善。到2035年,革命老区与全国同步基本实现社会主义现代化,现代化经济体系基本形成,居民收入水平显著提升,基本公共服务实现均等化,人民生活更加美好,形成红色文化繁荣、生态环境优美、基础设施完善、产业发展兴旺、居民生活幸福、社会和谐稳定的发展新局面。

二、巩固拓展脱贫攻坚成果,因地制宜推进振兴发展

坚持统筹谋划、因地制宜、各扬所长,聚焦重点区域、重点领域、重点人群巩固拓展脱贫攻坚成果,促进革命老区振兴发展。

(三)**推动实现巩固拓展脱贫攻坚成果同乡村振兴有效衔接**。一定时期内保持脱贫攻坚政策总体稳定,完善防止返贫监测和帮扶机制,优先支持将革命老区县列为国家乡村振兴重点帮扶县,巩固"两不愁三保障"等脱贫攻坚成果。做好易地扶贫搬迁后续帮扶工作,建设配套产业园区,提升完善安置区公共服务设施。加大以工代赈对革命老区的支持力度,合理确定建设领域、赈济方式。统筹城乡规划,以交通、能源、水利、信息网络等为重点,加快推进革命老区美丽生态宜居乡村建设。提高农房设计和建造水平,改善群众住房条件和居住环境。因地制宜发展规模化供水、建设小型标准化供水设施,大力实施乡村电气化提升工程,全面推进"四

好农村路"建设,开展数字乡村试点,加快乡村绿化美化。坚持扶志扶智相结合,加大对革命老区农村低收入群体就业技能培训和外出务工的扶持力度。完善城乡低保对象认定方法,适当提高低保标准,落实符合条件的"三红"人员(在乡退伍红军老战士、在乡西路军红军老战士、红军失散人员)、烈士老年子女、年满60周岁农村籍退役士兵等人群的优抚待遇。

（四）**促进大中小城市协调发展**。落实推进以人为核心的新型城镇化要求,支持革命老区重点城市提升功能品质、承接产业转移,建设区域性中心城市和综合交通枢纽城市。研究支持赣州、三明等城市建设革命老区高质量发展示范区。支持革命老区县城建设和县域经济发展,促进环境卫生设施、市政公用设施、公共服务设施、产业配套设施提质增效,支持符合条件的县城建设一批产业转型升级示范园区,增强内生发展动力和服务农业农村能力。健全城乡融合发展体制机制,推进经济发达镇行政管理体制改革。推动信息网络等新型基础设施建设,加快打造智慧城市,提升城市管理和社会治理的数字化、智能化、精准化水平。

（五）**对接国家重大区域战略**。将支持革命老区振兴发展纳入国家重大区域战略和经济区、城市群、都市圈相关规划并放在突出重要位置,加强革命老区与中心城市、城市群合作,共同探索生态、交通、产业、园区等多领域合作机制。支持赣南等原中央苏区和海陆丰革命老区深度参与粤港澳大湾区建设,支持赣州、龙岩与粤港澳大湾区共建产业合作试验区,建设好赣州、井冈山、梅州综合保税区和龙岩、梅州跨境电商综合试验区,支持吉安申请设立跨境电商综合试验区,支持三明推动海峡两岸乡村融合发展。鼓励大别山、川陕、湘鄂渝黔等革命老区对接长江经济带发展、成渝地区双城经济圈建设,陕甘宁、太行、沂蒙等革命老区重点对接黄河流域生态保护和高质量发展,浙西南革命老区融入长江三角洲区域一体化发展,琼崖革命老区在海南自由贸易港建设中发挥独特作用。鼓励左右江革命老区开展全方位开放合作,引导赣南等原中央苏区与湘赣边区域协同发展。支持革命老区积极参与"一带一路"建设,以开放合作增强振兴发展活力。

三、促进实体经济发展,增强革命老区发展活力

加快完善革命老区基础设施,发展特色产业体系,提升创新能力,培育革命老区振兴发展新动能,提高经济质量效益和核心竞争力。

（六）**完善基础设施网络**。支持将革命老区公路、铁路、机场和能源、水利、应急等重大基础设施项目列入国家相关规划,具备条件后尽快启动建设,促进实现互联互通。加快建设京港(台)、包(银)海、沿江、厦渝等高铁主通道,规划建设相关区域连接线,加大普速货运铁路路网投资建设和改造升级力度。大力支持革命老区高速公路规划建设,优化高速公路出入口布局,便捷连接重点城镇和重点红色文化纪念地,加快国省道干线改造。支持革命老区民用运输机场新建和改扩建,规划建设一批通用机场。加快综合水运枢纽建设和航道整治,推进百色水利枢纽过船设施等工程,研究论证赣粤运河可行性。建设一批重点水源工程和大型灌区工程,推进大中型灌区续建配套与现代化改造、中小河流治理、病险水库除险加固和山洪灾害防治等工程。有序规划建设支撑性清洁煤电项目、煤运通道和煤炭储备基地,加快建设跨区域输电工程,持续完善电力骨干网架,推动石油、天然气管道和配套项目建设,保障革命老区能源稳定供应。

（七）**培育壮大特色产业**。支持革命老区加强农田水利和高标准农田建设,深入推进优质粮食工程,稳步提升粮食生产能力。加强绿色食品、有机农产品、地理标志农产品认证和管理,

推行食用农产品合格证制度，推动品种培优、品质提升、品牌打造和标准化生产。做大做强水果、蔬菜、茶叶等特色农林产业，支持发展沙县小吃等特色富民产业。建设一批农村产业融合发展园区、农业标准化示范区、农产品质量检验检测中心和冷链物流基地，鼓励电商企业与革命老区共建农林全产业链加工、物流和交易平台。支持有条件的地区建设新材料、能源化工、生物医药、电子信息、新能源汽车等特色优势产业集群，支持符合条件的地区建设承接产业转移示范区。推进"中国稀金谷"建设，研究中重稀土和钨资源收储政策。支持革命老区立足红色文化、民族文化和绿色生态资源，加快特色旅游产业发展，推出一批乡村旅游重点村镇和精品线路。支持有条件的地区规划建设稀土、旅游等行业大数据中心，鼓励互联网企业在革命老区发展运营中心、呼叫中心等业务。

（八）提升创新驱动发展能力。 支持革命老区重点高校、重点学科和重点实验室建设，加大对口支援革命老区重点高校工作力度，鼓励"双一流"建设高校、中国特色高水平高职学校与革命老区开展合作共建。完善东中西部科技合作机制，促进中西部革命老区与东部地区加强科技合作。鼓励科研院所、高校与革命老区合作，共建中科院赣江创新研究院、国家钨与稀土产业计量测试中心等创新平台，研究建设稀土绿色高效利用等重大创新平台，支持有条件的地区组建专业化技术转移机构，创建国家科技成果转移转化示范区。支持在革命老区建设创新型城市和创新型县（市），布局建设一批国家级高新区、创新研发基地等创新载体。支持地方完善人才政策和激励机制，加大人才培养和引进力度，在科技特派员制度创新等方面先行先试，深入推进大众创业、万众创新。强化企业创新主体地位，鼓励企业加大研发投入。鼓励革命老区完善第五代移动通信（5G）网络、工业互联网、物联网等新一代信息基础设施，因地制宜促进数字经济发展，鼓励有条件的地区开展北斗系统应用。

四、补齐公共服务短板，增进革命老区人民福祉

健全基本公共服务体系，改善人民生活品质，提高社会治理水平，繁荣发展红色文化，促进人与自然和谐共生，增强革命老区人民群众获得感、幸福感、安全感。

（九）提升公共服务质量。 支持革命老区依据国家基本公共服务标准，结合本地实际，尽力而为、量力而行，建立健全本地区基本公共服务标准，保障群众基本生活。完善革命老区中小学和幼儿园布局，加大教师培训力度。继续推进"八一爱民学校"援建工作。继续面向革命老区实施相关专项招生计划倾斜。推进高职学校、技工院校建设，实施省部共建职业教育试点项目。加强革命老区公共卫生防控救治能力建设，支持市县级综合医院、传染病医院（传染科）和卫生应急监测预警体系建设。鼓励国内一流医院与革命老区重点医院开展对口帮扶，合作共建医联体。按照"保基本、强基层、建机制"要求，深化县域综合医改，整合县域医疗卫生资源，推动发展县域医共体。实施中医临床优势培育工程和中医康复服务能力提升工程，建设中医优势专科。提升公共文化和公共体育设施建设运营水平，优化广播电视公共服务供给和基层公共文化服务网络，建设一批体育公园，鼓励革命老区承办全国性、区域性文化交流和体育赛事活动。

（十）弘扬传承红色文化。 把红色资源作为坚定理想信念、加强党性修养的生动教材，围绕革命历史创作一批文艺作品，将红色经典、革命故事纳入中小学教材，在干部培训中加强党史、新中国史、改革开放史、社会主义发展史教育。加大对瑞金中央苏区旧址、古田会议旧址、杨家岭革命旧址、鄂豫皖苏区首府革命博物馆、川陕革命根据地博物馆等革命历史类纪念设施、遗址和英雄烈士纪念设施的保护修缮力度，加强西路军、东北抗联等战斗过的革命老区县现存革命文物保护修复和纪念设施保护修缮。统筹推进长征国家文化公园建设，建设一批标志性工程。公布革命文物名录，实施革命文物保护利用工程。支持革命历史类纪念设施、遗址积极申报全国爱国主义教育示范基地、全国重点文物保护单位、国家级英雄烈士纪念设施和国家级抗战纪念设施、遗址。推动红色旅游高质量发展，建设红色旅游融合发展示范区，支持中央和地方各类媒体通过新闻报道、公益广告等多种方式宣传推广红色旅游。

（十一）**促进绿色转型发展**。坚持绿水青山就是金山银山理念，促进生态保护和经济发展、民生保障相得益彰。统筹推进革命老区山水林田湖草一体化保护和修复，加强长江、黄河等大江大河和其他重要江河源头生态环境治理，支持赣南等原中央苏区和陕甘宁、左右江等革命老区建设长江、黄河、珠江流域重要生态安全屏障。深入总结浙西南等革命老区生态保护修复成果经验，继续支持新安江等流域探索生态保护补偿，复制推广经验做法，建立健全流域上下游横向生态保护补偿机制。支持大别山、川陕等革命老区实施生物多样性保护重大工程。支持科学布局建设国家公园。支持革命老区开展促进生态保护修复的产权激励机制试点。鼓励地方依法依规通过租赁、置换、合作等方式规范流转集体林地。加快能源资源产业绿色发展，延伸拓展产业链，鼓励资源就地转化和综合利用，支持资源开发和地方经济协同发展。推动绿色矿山建设，加强赣南、陕北等历史遗留矿山生态修复，开展尾矿库综合治理，推进采煤沉陷区综合治理，推动将部分厂矿旧址、遗址列为工业遗产。

五、健全政策体系和长效机制

坚持目标导向和问题导向，健全长效普惠性的扶持机制和精准有效的差别化支持机制，激发革命老区振兴发展内生动力。

（十二）**加强党的全面领导**。增强"四个意识"、坚定"四个自信"、做到"两个维护"，充分发挥党总揽全局、协调各方的领导核心作用，把党的领导始终贯穿革命老区振兴发展全过程和各领域各方面各环节。完善支持赣南等原中央苏区振兴发展部际联席会议制度，研究建立省部会商和省际协商机制，及时协调推动陕甘宁、大别山、左右江、川陕等革命老区振兴发展重要事项。出台中央国家机关及有关单位对口支援赣南等原中央苏区工作方案，继续组织对口支援工作。研究建立发达省市与革命老区重点城市对口合作机制，支持革命老区重点城市与中央国家机关及有关单位、重点高校、经济发达地区开展干部双向挂职交流。发挥井冈山、延安等干部学院作用，支持地方办好瑞金、古田、百色、大别山等干部学院，开展理想信念和党性教育。大力弘扬老区精神，广泛凝聚正能量，表彰奖励正面典型，努力营造全社会支持参与革命老区振兴发展的良好氛围。

（十三）**加大财政金融支持力度**。中央财政在安排革命老区转移支付、地方政府专项债券时，对革命老区所在省份予以倾斜支持。探索制定革命老区转移支付绩效评估和奖惩激励办法。继续支持赣州执行西部大开发政策，在加快革命老区高质量发展上作示范。中央预算内投资对赣南等原中央苏区参照执行西部地区政策，对沂蒙革命老区参照执行中部地区政策，研究安排专项资金支持革命老区产业转型升级平台建设。支持符合条件的革命老区海关特殊监管区域按规定开展增值税一般纳税人资格试点，对其他地区向革命老区重点城市转移的企业，按原所在地区已取得的海关信用等级实施监督。鼓励政策性金融机构结合职能定位和业务范围加大对革命老区支持力度，鼓励商业性金融机构通过市场化方式积极参与革命老区振兴发展，支持符合条件的革命老区重点企业上市融资。

（十四）优化土地资源配置。支持革命老区重点城市开展城镇低效用地再开发，对损毁的建设用地和零星分散的未利用地开发整理成耕地的，经认定可用于占补平衡，允许城乡建设用地增减挂钩节余指标按规定在省域范围内流转使用。对革命老区列入国家有关规划和政策文件的建设项目，纳入国家重大建设项目范围并按规定加大用地保障力度。支持探索革命老区乡村产业发展用地政策。

（十五）强化组织实施。相关省（自治区、直辖市）要将革命老区振兴发展列为本地区重点工作，加强组织领导，完善工作机制，明确责任分工，制定配套政策，健全对革命老区的差别化绩效评估体系，对重点城市和城市化地区侧重考核经济转型发展和常住人口基本公共服务等方面指标，对重点生态功能区和农产品主产区进一步强化生态服务功能和农产品供给能力相关指标考核，在开展试点示范和安排中央补助时对革命老区给予倾斜支持。有关部门要加强工作指导，在国土空间规划、专项规划、区域规划等相关规划编制实施过程中强化对革命老区的统筹支持，研究制定支持革命老区巩固拓展脱贫攻坚成果、基础设施建设、生态环境保护修复、红色旅游等重点领域实施方案，细化具体支持政策，指导地方开展革命老区振兴发展规划修编。国家发展改革委要加强对革命老区振兴发展各项工作的协调，制定重点任务分工和年度工作要点，重大事项及时向国务院报告。

国务院

2021 年 1 月 24 日

国务院关于支持北京城市副中心高质量发展的意见

国发〔2021〕15号

各省、自治区、直辖市人民政府，国务院各部委、各直属机构：

规划建设北京城市副中心（以下简称城市副中心），与河北雄安新区形成北京新的两翼，是以习近平同志为核心的党中央作出的重大决策部署，是千年大计、国家大事。为深入贯彻落实党中央、国务院决策部署，进一步支持城市副中心高质量发展，现提出以下意见。

一、总体要求

（一）指导思想。

以习近平新时代中国特色社会主义思想为指导，深入贯彻党的十九大和十九届二中、三中、四中、五中全会精神，按照党中央、国务院决策部署，坚持稳中求进工作总基调，立足新发展阶段，完整、准确、全面贯彻新发展理念，构建新发展格局，统筹发展和安全，围绕创造"城市副中心质量"，坚持创新引领，提高治理水平，推动绿色发展，深化改革开放，提升和谐宜居品质，有序承接北京非首都功能疏解，努力推动实现更高质量、更有效率、更加公平、更可持续、更为安全的发展，引领带动周边地区一体化发展，打造京津冀协同发展的高质量样板和国家绿色发展示范区，为建设和谐、宜居、美丽的大国首都作出贡献。

（二）基本原则。

——承接疏解、错位发展。牢牢抓住疏解北京非首都功能这个"牛鼻子"，有序承接符合城市副中心发展定位的功能疏解和人口转移，提升对首都功能的服务保障能力，实现以副辅主、主副共兴，与河北雄安新区各有分工、互为促进，有效解决北京"大城市病"问题。

——改革创新、试点示范。坚持创新驱动发展，根据发展定位和实际需要，赋予更大发展自主权，提升科技创新、行政办公、商务服务、文化和旅游等功能，推动政策措施和试点示范项目先行先试，形成可复制、可推广的经验。

——协同联动、一体发展。按照统一规划、统一政策、统一标准、统一管控（以下称四统一）要求，积极推进城市副中心、通州区与河北省三河市、大厂回族自治县、香河县（以下称北三县）一体化高质量发展，探索逐步实现共同富裕的新路径，为推进京津冀协同发展作出示范。

（三）主要目标。

到2025年，城市副中心绿色城市、森林城市、海绵城市、智慧城市、人文城市、宜居城市功能基本形成。北京市级党政机关和市属行政事业单位搬迁基本完成，承接北京非首都功能疏解和人口转移取得显著成效，城市管理和社会治理水平明显提升，现代产业体系初步形成，"城市副中心质量"体系初步构建。通州区与北三县一体化高质量发展制度体系基本建立，成为现代化首都都市圈建设的重要支撑。

到 2035 年，现代化城市副中心基本建成。承接北京非首都功能疏解和人口转移的作用全面显现，形成现代化城市管理和社会治理体系、现代化经济体系，"城市副中心质量"体系完善成熟，与周边地区一体化高质量发展取得显著成效。

二、坚持创新驱动，打造北京发展新高地

（四）强化科技创新引领。聚焦新一代信息技术、智能制造等领域，实施一批国家重大科技项目和应用示范项目，引导创新链、产业链在城市副中心及周边地区布局，大力发展数字经济。围绕第五代移动通信（5G）网络、人工智能、云计算、大数据、互联网协议第 6 版（IPv6）等加紧布局数字新基建，在智慧城市、数字乡村建设等领域建成一批示范应用新场景，支持开展科技应用场景沙盒试点。着力打造于家务国际种业科技园区，建设一批现代农业产业化示范基地，提升发展都市型农业。支持具备条件的中关村国家自主创新示范区核心区新一轮先行先试改革政策在城市副中心落地实施，支持中关村产业协同创新平台在城市副中心及北三县等地布局。发挥政府投资基金撬动作用，带动社会资本投入城市副中心科技创新项目。探索科技成果转让市场化定价机制和利益分配机制，支持跨区域共建一批产学研创新和成果转化实体。

（五）提升金融商务服务功能。依托国家服务业扩大开放综合示范区和中国（北京）自由贸易试验区，将城市副中心打造为京津冀金融创新、高端商务发展高地。加快全球财富管理中心建设，加强金融基础设施建设，支持金融标准认定机构及国际金融机构、民营金融机构在城市副中心发展。鼓励熟悉国际法律准则的律师事务所、会计师事务所在城市副中心布局。强化金融对城市副中心政务服务、居民服务的全面支持，稳妥有序承接符合城市副中心发展定位的金融机构及分支机构，加快发展区域养老金融、健康保险业务。稳妥推进基础设施领域不动产投资信托基金（REITs）试点，支持发展保障性租赁住房 REITs，鼓励公募 REITs 基金管理人在城市副中心落户发展。加快发展绿色金融，创新金融产品，支持碳达峰碳中和行动及技术研发。鼓励金融机构依法设立绿色金融专门机构，设立国际绿色投资集团，推动北京绿色交易所在承担全国自愿减排等碳交易中心功能的基础上，升级为面向全球的国家级绿色交易所，建设绿色金融和可持续金融中心。支持金融科技创新发展，加快推进法定数字货币试点，做好金融科技创新监管工具实施工作，支持大型银行等依法设立数字人民币运营实体，支持符合条件的银行参与直销银行试点，探索建设数字资产交易场所。

（六）加快文化体育旅游发展。支持城市副中心创建文化、旅游、商务融合发展示范区。加快大运河国家文化公园、环球主题度假区建设及宋庄、台湖等特色小镇建设，将张家湾设计小镇打造成为城市设计发展高地。高标准完善博物馆、图书馆、文化馆（站）、剧院等公共文化设施建设。推进运河文化资源跨区域共享，着力打造文化精品，支持举办大型文艺演出、优秀舞台艺术展演、文化展陈展示等文化活动。建设体育公园，打造全民健身新载体，支持举办国内外品牌体育赛事，支持足球、篮球等顶级职业运动俱乐部在城市副中心落户。

三、推进功能疏解，开创一体化发展新局面

（七）有序承接中心城区非首都功能疏解。通过北京市级党政机关和市属行政事业单位搬迁，推动北京内部功能重组，加强对首都功能的服务保障。研究制定中心城区存量疏解调整综合政策，符合城市副中心发展定位的国有企事业单位，在疏解至城市副中心时，允许其新建或

购买办公场所；符合划拨条件的，可以划拨方式供应土地；原国有土地使用权被收回的，经批准可以协议方式按照规划建设用地标准为原土地使用权人安排用地，所收回的土地由属地人民政府依法安排使用。建立健全城市副中心与河北雄安新区工作对接机制。

（八）**加快建设通州区与北三县一体化高质量发展示范区**。按照四统一要求，在规划管理、投资审批、财税分享、要素自由流动、公共服务、营商环境等方面探索协同创新路径。通过政府引导、市场运作以及合作共建等方式，推动北京部分产业和功能向北三县等周边地区延伸布局。加强城市副中心与北京经济技术开发区、北三县、天津市武清区等周边地区产业合作，鼓励北京市企业和产业园区与北三县重点产业园区对接，优化区域产业链布局。

四、强化规划管理，创建新时代城市建设发展典范

（九）**实施高标准规划建设管理**。强化国土空间规划管控，统筹划定落实永久基本农田、生态保护红线、城镇开发边界三条控制线。支持在城市副中心及周边地区制定高于国家标准、行业标准的市政设施建设、生态环保等地方标准，推动绿色城市、森林城市、海绵城市、智慧城市、人文城市、宜居城市建设。加强城市设计引导，坚持地上地下立体开发，加强新建高层建筑管控，强化超大体量公共建筑、超高层地标建筑、重点地段建筑管理，塑造城市时代特色风貌。实施城市更新行动，积极推进城市生态修复和功能完善，因地制宜补齐既有居住社区建设短板。按照大部制、扁平化原则统筹使用各类编制资源，推进城市管理和执法体制改革。实施乡村振兴战略，构筑城乡融合发展的关键功能节点，带动区域农业农村现代化。

（十）**推进智慧城市建设**。加强城市信息模型平台和运行管理服务平台建设，打造数字孪生城市，建设智慧高效的城市数据大脑，探索形成国际领先的智慧城市标准体系。推动在城市副中心建设北京政务大数据平台，推广"互联网+政务服务"，支持城市副中心政务服务改革先行先试、提升效能。加强新型城市基础设施建设，提高市政基础设施体系化、网络化、智能化水平。实施智慧医疗、智慧交通等一批智慧惠民工程，提升城市服务品质。

（十一）**构建便捷高效现代交通体系**。建设以轨道交通为骨干、公共交通为主导的便捷智能综合交通系统。研究加强城市副中心与中心城区的轨道交通快速连接，支持城市副中心及周边地区有序规划建设市域（郊）铁路线网，提升通勤能力。制定市域（郊）铁路公交化运营标准，打造一批市域（郊）铁路示范项目。建立级配合理的城市路网体系，实施北京东六环路城市副中心段入地改造和国家高速公路功能外移。加快建设跨界道路和跨界河桥梁。制定实施城市副中心及周边地区综合交通一体化提升规划，提升互联互通水平。

（十二）**提升公共服务水平**。有序推动中心城区优质中小学教育资源和医疗资源在城市副中心及周边地区合理布局。建立健全疫情防控常态化机制和防控救治体系，强化基层医疗服务设施和医疗人员力量，提高应对重大突发公共卫生事件的能力和水平。鼓励社会力量依法依规举办国际化医院，支持医学院、高水平专科医院等建设，推进互联网医疗平台建设。推动京津冀区域基本医疗卫生服务资源共享、联动协作，逐步实现跨区域双向转诊、同级医院检查检验结果互认。高水平规划建设医养结合的多层次养老服务体系，推动北京养老服务项目向北三县等周边地区延伸布局。

五、加强环境治理，建设国家绿色发展示范区

（十三）**构建大尺度绿色空间**。践行绿水青山就是金山银山的发展理念，坚持顺应自然、

尊重规律，坚持山水林田湖草系统治理，注重留白增绿，加强生态绿带建设，形成城市绿色空间体系，创建国家生态园林城市。鼓励城市副中心与北三县协同建设潮白河国家森林公园。开展北运河上下游同步治理和防洪达标建设，根据水资源条件分步推进京津冀段通航。

（十四）**健全生态环境综合治理体系**。坚持将绿色发展理念融入经济社会发展全过程，推进城市生态修复和功能完善工程。构建绿色交通体系，沿河、沿绿、沿路建设慢行系统，打造自行车友好型城市，积极推广新能源汽车，引导绿色出行。大力推广绿色建筑，新建大型公共建筑执行三星级绿色建筑标准、将安装光伏设施作为强制性要求。构建绿色低碳综合能源系统，推进近零碳排放示范工程，探索开展碳中和相关工作，支持节能减排相关改革创新政策在城市副中心先行先试。探索氢能利用、智慧化供热、多能耦合等应用场景，大力推广综合智慧能源服务项目。推进工业废水资源化利用试点示范，实施工业节水技术改造。广泛开展绿色社区创建行动，推进生活垃圾分类、建筑垃圾和园林垃圾资源化利用，加强危险废物医疗废物收集处理，打造"无废城市"。加强区域环境污染联防联控联治，全面改善大气、水体等生态环境质量，管控土壤污染风险，逐步统一区域生态环境标准体系和绿色环保施工标准。创新环境信息强制性披露、环境污染强制责任保险等管理制度。完善区域自然灾害预警监测网络和突发事件应急处置协同联动机制。

六、对标国际规则，搭建更高水平开放新平台

（十五）**推进服务业扩大开放**。加快建设国家服务业扩大开放综合示范区，高质量建设中国（北京）自由贸易试验区国际商务服务片区，支持高水平的贸易便利、投资便利等政策在城市副中心先行先试。支持符合条件的企业按规定在城市副中心开展本外币一体化资金池试点。支持城市副中心按规定申请设立综合保税区。加大对跨境金融、文化贸易和数字贸易的政策支持力度，研究审慎开展绿色债券、绿色股权投融资业务。支持开展适合科技型企业的个性化融资服务，推动开展知识产权保险业务试点。组织开展数据跨境流动安全管理试点，探索数据跨境流动安全管理方式，在保障安全的前提下促进数据合法有序自由流动。支持建立北京、天津、河北自由贸易试验区联合授信机制，完善京津冀一体化征信体系。

（十六）**发展消费新业态新模式**。推动线上线下消费有机融合，发展数字文化、直播经济、在线医疗、智慧旅游、智能体育等新型消费，加强消费产品和服务标准体系建设，建设国际科技消费展示平台，打造全球科技新品首发地。创新模式建设高端商业综合体，打造地标性商业街区和多层次差异化区域商圈。

（十七）**打造专业人才新高地**。大力吸引符合城市副中心发展定位的高层次、高技能、紧缺急需专业性人才。开展国际人才服务管理改革试点与重点领域国际职业资格认可试点。

七、加大改革力度，增强发展动力活力

（十八）**强化财政金融支持**。加大中央财政对城市副中心发展的支持力度，合理保障基本公共服务领域建设和运行需要。在保持政府债务风险总体可控的前提下，加大地方政府债券支持力度，将城市副中心建设融资需求作为重要因素予以单独核算。鼓励采用授权经营、基础设施项目配建经营性建设内容等方式盘活存量资产，支持北京城市副中心投资建设集团有限公司创新融资模式。支持城市副中心及周边地区符合条件的企业发行上市、并购重组、股权转让、债券发行、资产证券化。

（十九）**探索土地管理利用制度改革**。推动不同产业用地类型合理转换，探索增加混合产业用地供给，创新低效、闲置国有土地利用政策。优化完善土地招拍挂出让制度，推广用地预申请制度，加大用地预审和用地审批制度改革力度，改进优化建设用地审批流程。国家统筹支持解决城市副中心及周边地区公益性建设项目耕地占补平衡指标。稳慎推进农村宅基地制度改革，按照国家统一部署稳妥有序推进农村集体经营性建设用地入市工作。

（二十）**有效推进更大区域职住平衡**。坚持房子是用来住的、不是用来炒的定位，建立以政府为主提供基本保障、以市场为主满足多层次需求、以推进职住平衡为基本原则的住房供应体系。大力发展住房租赁市场，扩大保障性租赁住房供给，单列用地计划，增加土地供应，支持利用集体经营性建设用地、企事业单位自有闲置土地、产业园区配套用地和存量闲置房屋建设保障性租赁住房，支持通过"商改租"、"工改租"等形式将非住宅改建为保障性租赁住房。支持北三县盘活存量土地、合理利用增量土地，与城市副中心合作建设保障性租赁住房。加大共有产权住房供应，优先满足符合条件的疏解北京非首都功能迁入职工置业需要。加强房地产市场调控，着力稳地价、稳房价、稳预期。

八、组织实施

（二十一）**坚持党的全面领导**。把党的政治建设摆在首位，贯穿城市副中心高质量发展全过程，增强"四个意识"、坚定"四个自信"、做到"两个维护"。激励干部大胆干事、担当作为，鼓励政治坚定、业务熟练的中央和国家机关干部到城市副中心挂职和任职。充分发挥基层党组织战斗堡垒作用和党员先锋模范作用，坚定不移推进全面从严治党，为城市副中心高质量发展提供坚强政治保证。

（二十二）**强化责任落实**。北京市要切实履行主体责任，明确时间表、路线图、任务书，完善激励考核和监督检查机制；研究赋予城市副中心更大的改革开放、创新发展自主权，适当下放市级行政管理权限，实施相对集中行政许可试点。城市副中心要切实承担具体落实责任，主动与有关部门和周边地区加强沟通对接，确保本意见确定的目标任务和政策措施落地见效。有关部门要按照职责分工细化支持政策，及时研究解决工作中遇到的困难和问题。天津市、河北省要积极支持配合，形成共同推动城市副中心高质量发展的合力。重大事项、重大政策和重大项目按规定程序报批，重大问题及时向党中央、国务院报告。

国务院
2021 年 8 月 21 日

国务院关于支持贵州在新时代西部大开发上闯新路的意见

国发〔2022〕2号

各省、自治区、直辖市人民政府，国务院各部委、各直属机构：

西部大开发战略实施特别是党的十八大以来，贵州经济社会发展取得重大成就，脱贫攻坚任务如期完成，生态环境持续改善，高质量发展迈出新步伐。同时，贵州发展也面临一些突出困难和问题。为深入贯彻落实习近平总书记重要讲话和指示批示精神，支持贵州在新时代西部大开发上闯新路，现提出如下意见。

一、总体要求

（一）**指导思想**。以习近平新时代中国特色社会主义思想为指导，全面贯彻党的十九大和十九届历次全会精神，按照党中央、国务院决策部署，坚持稳中求进工作总基调，完整、准确、全面贯彻新发展理念，加快构建新发展格局，推动高质量发展，坚持以人民为中心的发展思想，守好发展和生态两条底线，统筹发展和安全，支持贵州在新时代西部大开发上闯新路，在乡村振兴上开新局，在实施数字经济战略上抢新机，在生态文明建设上出新绩，努力开创百姓富、生态美的多彩贵州新未来，在全面建设社会主义现代化国家新征程中贡献更大力量。

（二）**战略定位**。

——西部大开发综合改革示范区。发挥改革的先导和突破作用，大胆试、大胆闯、主动改，解决深层次体制机制问题，激发各类市场主体活力，增强高质量发展内生动力，保障和改善民生，为推进西部大开发形成新格局探索路径。

——巩固拓展脱贫攻坚成果样板区。推动巩固拓展脱贫攻坚成果同乡村振兴有效衔接，全面推进乡村产业、人才、文化、生态、组织振兴，加快农业农村现代化，走具有贵州特色的乡村振兴之路。

——内陆开放型经济新高地。统筹国内国际两个市场两种资源，统筹对外开放通道和平台载体建设，深入推动制度型开放，打造内陆开放型经济试验区升级版。

——数字经济发展创新区。深入实施数字经济战略，强化科技创新支撑，激活数据要素潜能，推动数字经济与实体经济融合发展，为产业转型升级和数字中国建设探索经验。

——生态文明建设先行区。坚持生态优先、绿色发展，筑牢长江、珠江上游生态安全屏障，科学推进石漠化综合治理，构建完善生态文明制度体系，不断做好绿水青山就是金山银山这篇大文章。

（三）**发展目标**。到2025年，西部大开发综合改革取得明显进展，开放型经济水平显著提升；脱贫攻坚成果巩固拓展，乡村振兴全面推进；现代产业体系加快形成，数字经济增速保持领先；生态文明建设成果丰富，绿色转型成效明显；公共服务水平持续提高，城乡居民收入稳步增长；防范化解债务风险取得实质性进展。到2035年，经济实力迈上新台阶，参与国际经济合作和竞争新优势明显增强,基本公共服务质量、基础设施通达程度、人民生活水平显著提升,生态环境全面改善,与全国同步基本实现社会主义现代化。

二、建设西部大开发综合改革示范区

(四) 加快要素市场化配置改革。推动贵州建立健全城乡统一的建设用地市场,稳妥有序推进农村集体经营性建设用地入市,加快建立产权流转和增值收益分配制度。完善城乡建设用地增减挂钩节余指标省内调剂机制,开展节余指标跨省域调剂。深化农村资源变资产、资金变股金、农民变股东"三变"改革,推进息烽、湄潭、金沙等农村宅基地制度改革试点。开展集体石漠化土地市场化改革试点。深化产业用地市场化配置改革,支持产业用地实行"标准地"出让,探索批而未供土地和闲置土地有效处置方式。深化矿产资源管理体制改革,建立"矿业权出让+登记"制度,完善"净矿出让"机制,建立健全共伴生矿产资源综合开发利用减免出让收益和相关税收等激励机制。探索战略性矿产资源矿业权出让收益征收新机制。鼓励分区分类探索国有林场经营性收入分配激励机制。允许贵州结合农业结构调整将符合条件的园地、灌木林恢复为耕地,新增耕地可用于占补平衡。加快推进电价市场化改革,研究完善"西电东送"电价形成机制。推进数据确权,推动数据资源化、资产化改革,建立数据要素市场化配置和收益分配机制。

(五) 深化国企国资改革。支持指导贵州推动国有企业聚焦主责主业进行战略性重组和专业化整合,调整盘活存量资产,优化增量资本配置。深化效率导向的国资经营评价制度改革,推动国资监管切实从管企业向管资本转变。积极稳妥推进国有企业混合所有制改革,有序推进能源、矿产等行业竞争性环节市场化改革。落实国有科技型企业股权和分红激励政策。稳妥推进白酒企业营销体制改革。

(六) 全面优化营商环境。深化"放管服"改革,严格执行市场准入负面清单,加快建立全方位、多层次、立体化监管体系。加快打造政务服务"一张网",打通部门间数据壁垒,实现政务服务更大范围"一网通办"。全面实施不动产登记、交易和缴税线上线下一窗受理、并行办理。加快完善社会信用体系,强化信用信息共享开放,完善信用承诺、修复和异议机制。提升金融对实体经济服务质效,促进中小微企业融资增量扩面,切实帮助企业纾困解难。切实优化民营经济发展环境,强化竞争政策基础地位,落实公平竞争审查制度,破除招投标隐性壁垒。

三、全面推进乡村振兴和新型城镇化

(七) 接续推进脱贫地区发展。推动巩固拓展脱贫攻坚成果同乡村振兴有效衔接,严格落实过渡期"四个不摘"要求,坚决守住防止规模性返贫底线。细化落实国家乡村振兴重点帮扶县政策,支持贵州确定一批省重点帮扶县。将城乡建设用地增减挂钩节余指标跨省域调剂所得收益专项用于巩固拓展脱贫攻坚成果和乡村振兴,探索基于国土空间规划"一张图"建立农村存量建设用地通过增减挂钩实现跨村组区位调整机制。加大易地扶贫搬迁后续扶持力度,完善安置区基础设施和公共服务设施,支持发展特色产业,开展劳动技能培训,加大劳务输出和就地就近就业支持力度,拓宽搬迁群众就业渠道。支持广东与贵州建立更加紧密的结对帮扶关系,打造东西部协作的典范。

(八) 深入实施乡村建设行动。强化规划引领,分类推进村庄建设。充分考虑贵州农村公路建设实施情况，深化"四好农村路"示范创建，车购税资金通过"以奖代补"方式予以支持。加强农村水源地保护，实施农村供水保障工程，推进规模化供水工程建设和小型工程标准化改造。升级改造农村电网，加快农村光纤宽带、移动互联网、数字电视网和下一代互联网发展。接续实施农村人居环境整治提升五年行动，因地制宜开展农村生活污水处理与资源化利用。推动民族村寨、传统村落和历史文化名村名镇保护发展，创建一批民族团结进步示范乡镇、示范村。鼓励国有企业和民营企业参与贵州乡村振兴。依法依规探索以投资入股等多种方式吸引人才入乡，允许入乡就业创业人员在原籍地或就业创业地落户。

（九）**大力发展现代山地特色高效农业**。严格落实全省耕地保护任务与责任，强化耕地数量保护和质量提升，调整优化耕地布局，核实整改补划永久基本农田，促进优质耕地集中连片，到2030年建成高标准农田2800万亩以上。做优做精特色优势农产品，提高重要农产品标准化、规模化、品牌化水平。深入实施品牌强农战略，打造一批区域公用品牌、农业企业品牌和农产品品牌。加快现代种业、特色优势杂粮、优质稻推广，推动山地适用小型农机研发推广应用，推进丘陵山区农田宜机化改造。支持建设产地冷链物流设施，鼓励农业产业化龙头企业、农产品流通企业和大型商超在贵州建设绿色农产品供应基地，推动"黔货出山"。

（十）**全面推进以人为核心的新型城镇化**。培育发展黔中城市群，增强要素集聚能力，打造区域高质量发展增长极。支持贵安新区深化改革创新，培育和发挥体制机制优势。深入推进毕节贯彻新发展理念示范区建设。加快发展区域中心城市，引导人口和经济合理分布，促进大中小城市和小城镇协调发展。建立基本公共服务同常住人口挂钩、由常住地提供的机制。将新增城镇人口纳入中央财政"人钱挂钩"相关政策给予支持。增强县城综合承载能力，推进县城基础设施向乡村延伸、公共服务向乡村覆盖。加强市政设施和防灾减灾能力建设，推进燃气等城市管道建设和更新改造。

四、推动内陆开放型经济试验区建设提档升级

（十一）**促进贸易投资自由便利**。支持贵州主动对标高标准经贸规则，积极参与区域全面经济伙伴关系协定（RCEP）实施。进一步完善国际贸易"单一窗口"功能，推进全流程无纸化。支持发展数字贸易，探索建设数字丝绸之路国际数据港，重点面向共建"一带一路"国家提供数据服务。加快发展跨境电商、外贸综合服务、海外仓等新业态新模式。研究探索放宽特定服务领域自然人移动模式下的服务贸易市场准入限制措施。积极推动中欧班列开行。推动扩大机电产品、绿色低碳化工产品、特色农产品等出口。

（十二）**畅通对内对外开放通道**。巩固提升贵州在西部陆海新通道中的地位，加快主通道建设，推进贵阳至南宁、黄桶至百色铁路和黔桂铁路增建二线等建设，研究建设重庆至贵阳高铁。开工建设铜仁至吉首等铁路，实施贵广铁路提质改造工程，适时开展兴义至永州至郴州至赣州、泸州至遵义、盘州经六盘水至威宁至昭通等铁路前期工作。研究建设重庆经遵义至贵阳至柳州至广州港、深圳港、北部湾港等铁路集装箱货运大通道。加快兰海、沪昆等国家高速公路繁忙路段扩容改造，研究推进厦蓉、杭瑞、蓉遵、贵阳环城等国家高速公路扩容改造。积极开展与周边省份公路通道项目建设，加快打通省际瓶颈路段。推进乌江、南北盘江—红水河航道提等升级，稳步实施乌江思林、沙沱、红水河龙滩枢纽1000吨级通航设施项目，推进望谟港、播州港、开阳港、思南港等港口建设，打通北上长江、南下珠江的水运通道。加快贵阳、遵义全国性综合交通枢纽建设，完善提升贵阳区域枢纽机场功能。加快威宁、黔北、盘州等支线机场建设。

（十三）推进开放平台建设。 加大贵阳航空口岸开放力度，实施144小时过境免签政策。加快遵义新舟机场、铜仁凤凰机场口岸建设。支持广州港、深圳港、北部湾港在贵州设立无水港。不断提升中国国际大数据产业博览会、中国（贵州）国际酒类博览会、中国—东盟教育交流周等展会活动的影响力。高标准、高水平办好生态文明贵阳国际论坛。加快国际山地旅游目的地建设，发展国际山地旅游联盟，办好国际山地旅游暨户外运动大会。

（十四）加强区域互动合作。 支持贵州积极对接融入粤港澳大湾区建设，探索"大湾区总部+贵州基地"、"大湾区研发+贵州制造"等合作模式，支持粤黔合作共建产业园区。推动贵州深度融入长江经济带发展，加强与其他沿江省份在环境污染联防联控、产业创新协同发展、公共服务共建共享等方面合作。积极对接成渝地区双城经济圈建设，推进交通、能源、大数据、文化和旅游等领域合作。

五、加快构建以数字经济为引领的现代产业体系

（十五）提升科技创新能力。 支持贵州参与国家重点实验室体系重组，在数字技术、空天科技、节能降碳、绿色农药等优势前沿领域培育建设国家级重大创新平台。进一步完善"中国天眼"（FAST）数据资源整合能力，国家科技计划对FAST核心科学目标给予支持。加强南方喀斯特地区绿色发展与生态服务整体提升技术研究与示范。实施"科技入黔"，加强公共大数据、智能采掘、非常规油气勘探开发、新能源动力电池等领域关键核心技术攻关。支持贵州培育壮大战略性新兴产业，加快新能源动力电池及材料研发生产基地建设，有序发展轻量化材料、电机电控、充换电设备等新能源汽车配套产业，支持以装备制造及维修服务为重点的航空航天产业发展。强化企业创新主体地位，培育一批"专精特新"企业。支持贵州符合条件的省级高新技术产业开发区升级为国家级高新技术产业开发区。积极吸引数字经济、清洁能源、高端制造、山地农业等行业领军人才，探索多元化柔性引才机制。

（十六）实施数字产业强链行动。 推进国家大数据综合试验区和贵阳大数据科创城建设，培育壮大人工智能、大数据、区块链、云计算等新兴数字产业。加快推进"东数西算"工程，布局建设主数据中心和备份数据中心，建设全国一体化算力网络国家枢纽节点，打造面向全国的算力保障基地。支持贵阳大数据交易所建设，促进数据要素流通。建设国家大数据安全靶场，开展数据跨境传输安全管理试点。推动在矿产、轻工、新材料、航天航空等产业领域建设国家级、行业级工业互联网平台，促进产业数字化转型。适度超前布局新型基础设施，推动交通、能源等基础设施智能化改造升级。

（十七）推进传统产业提质升级。 落实新一轮找矿突破战略行动，支持贵州加大磷、铝、锰、金、萤石、重晶石等资源绿色勘探开发利用，加快磷化工精细化、有色冶金高端化发展，打造全国重要的资源精深加工基地。支持布局建设关键零部件、关键材料、关键设备等产业备份基地。发挥赤水河流域酱香型白酒原产地和主产区优势，建设全国重要的白酒生产基地。推进特色食品、中药材精深加工产业发展，支持将符合要求的贵州苗药等民族医药列入《中华人民共和国药典》。推动传统产业全方位、全链条数字化转型，引导传统业态积极开展线上线下、全渠道、定制化、精准化营销创新。

（十八）促进文化产业和旅游产业繁荣发展。 围绕推进长征国家文化公园建设，加强贵州红色文化资源保护传承弘扬，实施中国工农红军长征纪念馆等重大项目，打造一批红色旅游精

品线路。做优做强黄果树、荔波樟江、赤水丹霞、百里杜鹃等高品质旅游景区，提升"山地公园省·多彩贵州风"旅游品牌影响力。支持培育创建国家级文化产业示范园区（基地）、国家文化产业和旅游产业融合发展示范区。积极发展民族、乡村特色文化产业和旅游产业，加强民族传统手工艺保护与传承，打造民族文化创意产品和旅游商品品牌。加快优秀文化和旅游资源的数字化转化和开发，推动景区、博物馆等发展线上数字化体验产品，培育一批具有广泛影响力的数字文化和旅游品牌。

六、持之以恒推进生态文明建设

（十九）**改善提升自然生态系统质量**。科学推进岩溶地区石漠化、水土流失综合治理，支持苗岭、武陵山区、赤水河流域等一体化保护修复。加大对乌江、南北盘江、红水河、清水江生态保护修复的支持力度，实施重要河湖湿地生态保护修复工程，对易地扶贫搬迁迁出地和历史遗留矿山实施生态恢复。优先支持贵州开展地质灾害综合防治体系建设，对处于地质灾害风险隐患区的人员分批实施避险搬迁。实施重点流域水环境综合治理，做好马尾河流域水环境综合治理与可持续发展试点工作。实施森林质量精准提升工程，深入开展国家储备林建设，加快低效林改造，稳妥探索开展人工商品纯林树种结构优化调整试点，大力发展林下经济。研究设立梵净山、大苗山国家公园。加强生物多样性保护，落实长江十年禁渔，建设有害生物风险防控治理体系、野生动物疫源疫病监测防控体系，实施黔金丝猴、楠木等珍稀濒危野生动植物拯救保护工程。

（二十）**深入打好污染防治攻坚战**。坚持最严格生态环境保护制度，加强细颗粒物和臭氧协同控制，强化重点行业挥发性有机物综合治理。实施磷、锰、赤泥、煤矸石污染专项治理，推动磷石膏、锰渣等无害化资源化利用技术攻关和工程应用示范。加强农业面源污染综合防治，推进化肥农药减量化和土壤污染治理。实施城镇生活污水处理设施提升工程，全面消除城市建成区黑臭水体。实施生活垃圾焚烧发电和飞灰利用处置示范工程。提高危险废物和医疗废物收集处置能力，加强新污染物治理。

（二十一）**健全生态文明试验区制度体系**。支持赤水河流域等创新生态产品价值实现机制，探索与长江、珠江中下游地区建立健全横向生态保护补偿机制，推进市场化、多元化生态保护补偿机制建设，拓宽生态保护补偿资金渠道。支持贵州探索开展生态资源权益交易和生态产品资产证券化路径，健全排污权有偿使用制度，研究建立生态产品交易中心。健全生态环境损害赔偿制度。探索将生态产品总值指标纳入相关绩效考核体系，实施经济发展与生态产品总值"双考核"。探索创新山地生态系统保护利用模式，建立健全用途管制规则，在此基础上探索促进山地特色农业和山地旅游发展的政策。

（二十二）**积极推进低碳循环发展**。加快推动煤炭清洁高效利用，积极发展新能源，扩大新能源在交通运输、数据中心等领域的应用。强化能源消费强度和总量双控，落实重点领域节能降碳要求，力争新建项目能效达到标杆水平，引导存量项目分类有序开展节能改造升级。巩固森林生态系统碳汇能力，发挥森林固碳效益。探索实施碳捕获、利用与封存（CCUS）示范工程，有序开展煤炭地下气化、规模化碳捕获利用和岩溶地质碳捕获封存等试点。推进工业资源综合利用基地建设，推动工业固体废物和再生资源规模化、高值化利用。稳步推进"无废城市"建设。

七、提高保障和改善民生水平

（二十三）提升劳动者就业能力和收入水平。全面实施就业优先战略。建设一批就业帮扶基地、返乡入乡创业园、创业孵化示范基地。大规模多层次开展职业技能培训，完善职业技能培训基础设施，加强公共实训基地建设，加大对农民工职业技能培训的支持力度，做强职业技能服务品牌。健全最低工资标准调整机制，加强劳动者权益保障。加强创新型、技能型人才培养，壮大高水平工程师和高技能人才队伍，提高技术工人待遇水平。落实失业保险稳岗返还及社保补贴、培训补贴等减负稳岗扩就业政策，支持中小企业稳定岗位，更多吸纳高校毕业生等重点群体就业。

（二十四）推动教育高质量发展。推进学前教育普及普惠安全优质发展、义务教育优质均衡发展，加强县域高中建设。推进职业教育扩容提质，推动职业院校与技工院校融合发展，支持建设本科层次职业学校。支持贵州围绕发展急需探索设立大数据类、工业类、文化和旅游类高校，推进部属高校结对帮扶贵州地方高校，支持省部共建贵州地方高校、协同创新中心，鼓励教育部直属高校招生计划增量向贵州适度倾斜，稳步扩大贵州地方高校研究生培养规模。支持贵州深入实施"国培计划"、"特岗计划"。

（二十五）推进健康贵州建设。支持在贵州建设国家区域医疗中心、省级区域医疗中心，推动市级医院提质扩能和县级医院提质达标，提升基层卫生健康综合保障能力。实施重点人群健康服务补短板工程，提升产前筛查诊断和出生缺陷防治、危重孕产妇救治、儿童和新生儿救治等能力。支持建设国家中医疫病防治基地。健全公共卫生应急管理体系，完善重大疫情防控体制机制，提高应对重大突发公共卫生事件的能力和水平。实施"黔医人才计划"，拓展"医疗卫生援黔专家团"范围。完善远程医疗体系，推进国家健康医疗大数据西部中心建设。

（二十六）完善公共服务体系。坚持尽力而为、量力而行，围绕落实国家基本公共服务标准，完善并动态调整贵州基本公共服务具体实施标准。建立社会保险公共服务平台，完善以社会保障卡为载体的"一卡通"服务管理模式。扩大保障性租赁住房供给，着力解决新市民、青年人等群体住房困难问题。扩大住房公积金制度覆盖范围，租购并举有力保障缴存人基本住房需求。制定基本养老服务清单，对不同老年人群体分类提供养老保障、生活照料、康复照护、社会救助等适宜服务。全面构建育儿友好型社会，实施健康儿童行动提升计划，大力发展普惠托育服务。

八、强化重点领域安全保障和风险防范

（二十七）提高水安全保障和洪涝灾害防治水平。加强水利基础设施建设，提升水资源优化配置和水旱灾害防御能力，有效解决长期困扰贵州发展的工程性缺水难题。推进凤山水库、观音水库等重点水源工程建设，力争开工建设花滩子、石龙、英武、宣威、车坝河、玉龙、美女山等水源工程和贵阳乌江供水工程，加快推进德隆等中型水库建设，力争到2030年全省水利工程设计供水能力达到170亿立方米以上。充分考虑地形条件，研究对贵州小型水库建设以打捆方式给予定额补助。加快病险水库除险加固，推进堤防和控制性枢纽等工程建设，持续深化兴仁、岩口等控制性枢纽工程论证。实施乌江、清水江、舞阳河等防洪提升工程。强化山洪灾害监测预报预警，继续实施重点山洪沟防洪治理。水利工程坝区和淹没区用地按建设时序分期报批，研究对淹没区按农用地管理。推进水利工程供水价格改革，完善水价水费形成机制和水

利工程长效运营机制。

（二十八）**提升能源安全保障能力**。加强清洁能源开发利用，建设新型综合能源基地。在毕节、六盘水、黔西南布局建设大型煤炭储配基地，打造西南地区煤炭保供中心。加快现役煤电机组节能升级和灵活性改造，推动以原址扩能升级改造及多能互补方式建设清洁高效燃煤机组。推进川气入黔、海气入黔等工作。加快煤层气、页岩气等勘探开发利用，推进黔西南、遵义等煤矿瓦斯规模化抽采利用。推进川滇黔桂水风光综合基地建设，加快实施大型风电、光伏、抽水蓄能项目，在开阳等县（市、区）开展屋顶分布式光伏开发试点。开展源网荷储一体化、能源数字化试点，研究建设能源数据中心。

（二十九）**防范化解债务风险**。严格政府投资项目管理，依法从严遏制新增隐性债务。加大财政资源统筹力度，积极盘活各类资金资产，稳妥化解存量隐性债务。按照市场化、法治化原则，在落实地方政府化债责任和不新增地方政府隐性债务的前提下，允许融资平台公司对符合条件的存量隐性债务，与金融机构协商采取适当的展期、债务重组等方式维持资金周转。完善地方政府债务风险应急处置机制。在确保债务风险可控的前提下，对贵州适度分配新增地方政府债务限额，支持符合条件的政府投资项目建设。研究支持在部分高风险地区开展降低债务风险等级试点。

九、保障措施

（三十）**坚持党的全面领导**。充分发挥党总揽全局、协调各方的领导核心作用，落实新时代党的建设总要求，把党的领导始终贯穿于贵州在新时代西部大开发上闯新路的全过程和各领域各方面各环节，继承发扬长征精神和遵义会议精神，引导激励广大党员、干部勇于推进改革创新，提升全局性、系统性思维，提高干事创业的本领能力，走好新时代的长征路。

（三十一）**强化政策支持**。研究以清单式批量申请授权方式，依法依规赋予贵州更大改革自主权。中央财政继续加大对贵州均衡性转移支付和国家重点生态功能区、县级基本财力保障、民族地区、革命老区等转移支付力度。中央预算内投资、地方政府专项债券积极支持贵州符合条件的基础设施、生态环保、社会民生等领域项目建设。支持发展绿色金融，深入推进贵安新区绿色金融改革创新试验区建设。支持开展基础设施领域不动产投资信托基金（REITs）试点。

（三十二）**完善实施机制**。贵州省要落实主体责任，大力弘扬团结奋进、拼搏创新、苦干实干、后发赶超的精神，完善工作机制，细化实施方案，明确工作分工，主动作为、大胆探索，以敢闯敢干的姿态在新时代西部大开发上闯出一条新路。国务院有关部门要按照职责分工，根据本意见确定的目标任务，加强指导协调，出台配套政策，对贵州改革发展给予大力支持。国家发展改革委要加强对本意见实施的跟踪评估，依托西部大开发省部联席落实推进工作机制，协调解决突出问题，重要情况及时向党中央、国务院报告。

国务院

2022 年 1 月 18 日

广州南沙深化面向世界的粤港澳全面合作总体方案

(2022年6月6日)

加快广州南沙粤港澳重大合作平台建设,是贯彻落实《粤港澳大湾区发展规划纲要》的战略部署,是建设高水平对外开放门户、推动创新发展、打造优质生活圈的重要举措。为加快推动广州南沙深化粤港澳全面合作,打造成为立足湾区、协同港澳、面向世界的重大战略性平台,在粤港澳大湾区建设中更好发挥引领带动作用,制定本方案。

一、总体要求

(一)**指导思想**。以习近平新时代中国特色社会主义思想为指导,全面贯彻落实党的十九大和十九届历次全会精神,坚持稳中求进工作总基调,完整、准确、全面贯彻新发展理念,加快构建新发展格局,全面深化改革开放,坚持创新驱动发展,推动高质量发展,坚持以供给侧结构性改革为主线,坚定不移贯彻"一国两制"方针,深化粤港澳互利共赢合作,厚植历史文化底蕴,加快建设科技创新产业合作基地、青年创业就业合作平台、高水平对外开放门户、规则衔接机制对接高地和高质量城市发展标杆,将南沙打造成为香港、澳门更好融入国家发展大局的重要载体和有力支撑。

(二)**空间布局**。本方案实施范围为广州市南沙区全域,总面积约803平方公里。按照以点带面、循序渐进的建设时序,以中国(广东)自由贸易试验区南沙片区的南沙湾、庆盛枢纽、南沙枢纽3个区块作为先行启动区,总面积约23平方公里。充分发挥上述区域依托交通枢纽快捷通达香港的优势,加快形成连片开发态势和集聚发展效应,有力带动南沙全域发展,逐步构建"枢纽带动、多点支撑、整体协同"的发展态势。

(三)**发展目标**。

到2025年,南沙粤港澳联合科技创新体制机制更加完善,产业合作不断深化,区域创新和产业转化体系初步构建;青年创业就业合作水平进一步提升,教育、医疗等优质公共资源加速集聚,成为港澳青年安居乐业的新家园;市场化法治化国际化营商环境基本形成,携手参与"一带一路"建设取得明显成效;绿色智慧节能低碳的园区建设运营模式基本确立,先行启动区建设取得重大进展。

到2035年,南沙区域创新和产业转化体系更趋成熟,国际科技成果转移转化能力明显提升;生产生活环境日臻完善,公共服务达到世界先进水平,区域内港澳居民数量显著提升;国际一流的营商环境进一步完善,在粤港澳大湾区参与国际合作竞争中发挥引领作用,携手港澳建成高水平对外开放门户,成为粤港澳全面合作的重要平台。

二、建设科技创新产业合作基地

(四)**强化粤港澳科技联合创新**。推动粤港澳科研机构联合组织实施一批科技创新项目,共同开展关键核心技术攻关,强化基础研究、应用研发及产业化的联动发展,完善知识产权信息公共服务。创新科技合作机制，落实好支持科技创新进口税收政策，鼓励相关科研设备进口，允许港澳科研机构因科研、测试、认证检查所需的产品和样品免于办理强制性产品认证。加强华南（广州）技术转移中心、香港科技大学科创成果内地转移转化总部基地等项目建设，积极承接香港电子工程、计算机科学、海洋科学、人工智能和智慧城市等领域创新成果转移转化，建设华南科技成果转移转化高地。开展赋予科研人员职务科技成果所有权或长期使用权试点。推动金融与科技、产业深度融合，探索创新科技金融服务新业务新模式，为在南沙的港澳科研机构和创新载体提供更多资金支持。支持符合条件的香港私募基金参与在南沙的港资创新型科技企业融资。

（五）**打造重大科技创新平台**。高水平建设南沙科学城，布局前沿交叉研究平台，建设世界一流研究型大学和研究机构，增强原始创新能力。加快中科院明珠科学园建设，整合中科院在广州研究所、全国重点实验室等科技创新资源，打造具有竞争力的中试和应用推广基地。推动海洋科技力量集聚，加快与中科院、香港科技大学共建南方海洋科学与工程广东省实验室（广州），加快冷泉生态系统观测与模拟大科学装置、广州海洋地质调查局深海科技创新中心、南海生态环境创新工程研究院、新一代潜航器项目等重大创新平台建设，打造我国南方海洋科技创新中心。健全科技成果交易平台，完善科技成果公开交易体系。

（六）**培育发展高新技术产业**。发展智能制造，加快建设一批智能制造平台，打造"智能制造+智能服务"产业链。加快建设智能网联汽车产业园，推进智能纯电动汽车研发和产业化，加强智能网联汽车测试示范，打造智能网联汽车产业链和智慧交通产业集群。推进专业化机器人创新中心建设，大力发展工业机器人和服务机器人，推进无人机、无人艇等无人系统产业发展。发展数字产业，加快下一代互联网国家工程中心粤港澳大湾区创新中心建设，推进互联网协议第六版（IPv6）行业应用示范、下一代互联网算力服务等业务发展。发挥国家物联网公共标识管理服务平台作用，促进物联网、云计算等新兴产业集聚发展。加快建设南沙（粤港澳）数据服务试验区，建设国际光缆登陆站。建设好国家科技兴海产业示范基地，推动可燃冰、海洋生物资源综合开发技术研发和应用，推动海洋能发电装备、先进储能技术等能源技术产业化。对南沙有关高新技术重点行业企业进一步延长亏损结转年限。对先行启动区鼓励类产业企业减按15%税率征收企业所得税，并按程序制定优惠产业目录。

（七）**推动国际化高端人才集聚**。创新人才政策体系，实施面向港澳人才的特殊支持措施，在人才引进、股权激励、技术入股、职称评价、职业资格认可、子女教育、商业医疗保险等方面率先取得突破。对在南沙工作的港澳居民，免征其个人所得税税负超过港澳税负的部分。支持南沙实行更大力度的国际高端人才引进政策，对国际高端人才给予入境、停居留便利。实施产学研合作培养创新人才模式，加快博士后科研流动站、科研工作站以及博士后创新实践基地等载体建设，鼓励国际高端人才进入南沙。大力发展国际化人力资源服务，搭建国际人才数据库，建设好人力资源服务产业园区，允许符合条件的取得内地永久居留资格的国际人才创办科技型企业、担任科研机构法人代表。

三、创建青年创业就业合作平台

（八）**协同推进青年创新创业**。深入推进大众创业、万众创新，聚众智汇众力，更大激发市场活力。进一步优化提升粤港澳（国际）青年创新工场、"创汇谷"粤港澳青年文创社区等平台环境，拓展服务内容。鼓励现有各类创业孵化基地、众创空间等开辟拓展专门面向港澳青年的创新创业空间。营造更优双创发展生态,整合创业导师团队、专业化服务机构、创业投融资机构等各类创业资源,加强创新创业政策协同,构建全链条创业服务体系和全方位多层次政策支撑体系,打造集经营办公、生活居住、文化娱乐于一体的综合性创客社区。支持符合条件的一站式创新创业平台按规定享受科技企业孵化器税收优惠政策。符合条件的港澳居民到南沙创业的,纳入当地创业补贴扶持范围,可同等享受创业担保贷款和贴息等当地扶持政策。获得香港特别行政区政府"青年发展基金"、"创意智优计划"资助的创业团队,以及获得澳门特别行政区政府"青年创业援助计划"资助的创业团队,直接享受南沙创业扶持政策。大力开展"创业导师"、"创业大赛"、"创业培训"等创新创业赛事和培训活动,发掘创业典型案例,加大对南沙创业投资政策环境的宣传力度,营造优质创新创业生态圈。

(九) **提升实习就业保障水平**。深入实施港澳青年"百企千人"实习计划,落地一批青年专业人才合作项目。支持香港特别行政区政府扩大"内地专题实习计划",提供更多有吸引力的专题实习岗位。支持香港特别行政区政府实施"大湾区青年就业计划",为在南沙就业的香港大学生提供津贴。探索推动南沙事业单位、法定机构、国有企业引进符合条件的港澳青年人才。建设公共就业综合服务平台,进一步完善有利于港澳居民特别是内地学校毕业的港澳学生在南沙就业生活的政策措施,维护港澳居民在内地就业权益。加强就业配套服务保障,在住宿公寓、通勤、子女入托入学等方面提供便利条件,帮助港澳居民解决到南沙工作的后顾之忧。

(十) **加强青少年人文交流**。在南沙规划建设粤港澳青少年交流活动总部基地,创新开展粤港澳青少年人文交流活动,积极开展青少年研学旅游合作,打造"自贸初体验"、"职场直通车"、"文体对对碰"等品牌特色项目。定期举办粤港澳青年人才交流会、青年职业训练营、青年创新创业分享会等交流活动。携手港澳联合举办多种形式的文化艺术活动,引导粤港澳三地青少年积极参与重大文化遗产保护,不断增强认同感和凝聚力。

四、共建高水平对外开放门户

(十一) **建设中国企业"走出去"综合服务基地**。依托广州特别是南沙产业和市场基础,携手港澳不断深化对外经贸合作。发挥外国驻穗领事馆集聚优势,深入对接"一带一路"沿线国家和地区发展需要,整合珠三角优势产能、国际经贸服务机构等"走出去"资源,加强与香港专业服务机构合作,共同构建线上线下一体化的国际投融资综合服务体系,提供信息共享、项目对接、标准兼容、检测认证、金融服务、争议解决等一站式服务。集聚发展香港专业服务业,在做好相关监管的基础上,研究进一步降低香港专业服务业在内地提供服务的准入门槛。完善内地与港澳律师事务所合伙联营机制。推动建设粤港澳大湾区印刷业对外开放连接平台。

(十二) **增强国际航运物流枢纽功能**。按照功能互补、错位发展的原则,充分发挥香港国际航运中心作用及海事专业服务优势,推动粤港澳大湾区内航运服务资源跨境跨区域整合,提升大湾区港口群总体服务能级,重点在航运物流、水水中转、铁水联运、航运金融、海事服务、邮轮游艇等领域深化合作。加快广州港南沙港区四期自动化码头建设,充分利用园区已有铁路,进一步提高港铁联运能力。支持广州航运交易所拓展航运交易等服务功能,支持粤港澳三地在南沙携手共建大湾区航运联合交易中心。加快发展船舶管理、检验检测、海员培训、海事纠纷解决等海事服务,打造国际海事服务产业集聚区。遵循区域协调、互惠共赢原则,依托广州南沙综合保税区,建立粤港澳大湾区大宗原料、消费品、食品、艺术品等商品供应链管理平台,建设工程塑料、粮食、红酒展示交易中心,设立期货交割仓。

（十三）加强国际经济合作。全面加强和深化与日韩、东盟国家经贸合作，支持南沙高质量实施《区域全面经济伙伴关系协定》（RCEP），率先积累经验。对标《全面与进步跨太平洋伙伴关系协定》（CPTPP）、《数字经济伙伴关系协定》（DEPA）等国际高水平自贸协定规则，加大压力测试力度。加强与欧盟和北美发达经济体的合作，推动在金融、科技创新等领域对接，进一步融入区域和世界经济，打造成为国际经济合作前沿地。

（十四）构建国际交往新平台。鼓励引导港澳商会协会在南沙设立代表处。支持港澳全面参与和助力"一带一路"建设，促进与"一带一路"沿线国家和地区以及全球主要自贸区、自贸港区和商会协会建立务实交流合作，探索举办"一带一路"相关主题展会，构筑粤港澳大湾区对接"一带一路"建设的国际经济合作新平台。办好国际金融论坛（IFF）全球年会等国际性主题活动，积极承办国际重要论坛、大型文体赛事等对外交流活动。

五、打造规则衔接机制对接高地

（十五）打造国际一流营商环境。深化"放管服"改革，持续打造市场化法治化国际化营商环境。探索试行商事登记确认制，开展市场准入和监管体制机制改革试点，加快建立健全全方位、多层次、立体化监管体系，实现事前事中事后全链条全领域监管，依托国家企业信用信息公示系统，实现涉企信用信息互联互通、共享应用，创新推进部门联合"双随机、一公开"监管、企业信用风险分类管理。加快建设"数字政府"，完善"互联网+"审批体系，推进政务服务"即刻办+零跑动"。健全多元化纠纷解决机制，搭建一站式民商事纠纷解决系统平台，促进诉讼与仲裁、调解等多元化纠纷解决方式信息互通、有机衔接。

（十六）有序推进金融市场互联互通。支持符合条件的港澳投资者依法申请设立证券公司、期货公司、基金公司等持牌金融机构。积极支持南沙参与粤港澳大湾区保险服务中心设立。支持南沙在跨境机动车保险、跨境商业医疗保险等方面先行先试，促进粤港澳三地保险市场融合发展。支持开展移动支付创新应用。加快研究按程序在南沙设立粤港澳大湾区国际商业银行。支持推进外汇管理改革，探索开展合格境内有限合伙人（QDLP）境外投资等政策试点，支持粤港澳三地机构合作设立人民币海外投贷基金。加强金融监管合作，提升风险监测、预警、处置能力。

（十七）提升公共服务和社会管理相互衔接水平。推动粤港澳三地加强社会保障衔接，推进在南沙工作和生活的港澳居民享有市民待遇，提高港澳居民社会保障措施的跨境可携性。配合香港特别行政区政府建立医疗机构"白名单"制度，扩大香港"长者医疗券"使用范围，推动将"白名单"内的南沙医疗机构纳入香港医疗费用异地结算单位，并逐步将支付范围从门诊扩大到住院。组织制定与国际接轨的医院评审认证标准，在南沙开展国际医院评审认证，便利国际保险偿付。建立健全与港澳之间食品原产地可追溯制度，建立食品安全风险交流与信息发布制度，提高大湾区食品安全监管信息化水平。加强与港澳的交通衔接，加快建立南沙枢纽与香港的直接交通联系，进一步优化南沙客运港航班和广深港高铁庆盛站等经停班次，推进实现"一票式"联程和"一卡通"服务。在严格做好疫情防控等前提下，稳妥推进粤港澳游艇自由行，细化完善港澳游艇出入境政策体系、管理机制和操作规范。

六、建立高质量城市发展标杆

（十八）加强城市规划建设领域合作。坚持尊重自然、顺应自然、保护自然的生态文明理念,加强文明传承、文化延续,抓好历史文化保护传承,加强乡土树种、古树名木保护,用"绣花"功夫做好城市精细化治理。引入高水平规划策划设计单位及专家团队参与南沙规划编制、设计研究,探索引入港澳规划、建筑、设计、测量、工程等顾问公司和工程承建商的准入标准。对具有香港协会(学会)资格的香港建筑师、结构工程师、建筑测量师与内地相应协会会员资格互认。强化工程建设领域合作,借鉴港澳在市政建设及服务方面的经验,邀请港澳专家以合作或顾问形式参与建设管理,支持港澳业界参与重大交通设施、市政基础设施、文体设施和连片综合开发建设,允许港澳企业在南沙独资或控股的开发建设项目采用港澳工程建设管理模式,推进建筑师负责制和全过程工程咨询项目试点,允许取得建筑及相关工程咨询等香港相应资质的企业和专业人士经备案后直接提供服务。

(十九)**稳步推进智慧城市建设**。运用下一代互联网、云计算、智能传感、卫星、地理信息系统(GIS)等技术,加快南沙智慧城市基础设施建设,实现第五代移动通信(5G)全覆盖,提高基础设施管理和服务能力。加快建设交通信息感知设施,建立统一的智能化城市综合交通管理和服务系统,全面提升智能化管理水平。推进建设南沙智能电网、智能气网和智能供排水保障系统。

(二十)**稳步推进粤港澳教育合作**。在南沙划定专门区域,打造高等教育开放试验田、高水平高校集聚地、大湾区高等教育合作新高地。支持依法合规引进境外一流教育资源到南沙开展高水平合作办学,推进世界一流大学和一流学科建设。深化粤港澳高等教育合作,充分发挥粤港澳高校联盟等作用,鼓励三地高校探索开展相互承认特定课程学分、实施更灵活的交换生安排等方面的合作交流。完善在南沙设立的大学对港澳考生招生机制,参考中山大学、暨南大学自主招生方式,进一步拓宽港澳籍学生入学渠道。鼓励港澳职业教育培训机构与内地院校、企业、机构合作建立职业教育培训学校和实训基地。深入开展姊妹学校(园)交流合作活动。规划建设外籍人员子女学校或国际化程度较高的中小学校,落实港澳居民在内地申请中小学教师资格有关政策,鼓励发展0—3岁托育服务。从就医、购房跨境抵押、资格互认、创业支持等方面优化就业创业配套环境,实现教育、创新、创业联动和就学就业互促,增强对港澳青年学生就学吸引力。

(二十一)**便利港澳居民就医养老**。积极增加优质资源供给,携手港澳共建国际健康产业,加快国家健康旅游示范基地建设,支持港澳医疗卫生服务提供主体按规定以独资、合资方式设立医疗机构。参照香港大学深圳医院投资运营管理模式,在南沙建设由地方政府全额投资、引进港澳现代化管理模式的大型综合性公办医院。开展非急重病人跨境陆路转运服务,率先在南沙公立医院开展跨境转诊合作试点。加快实施《粤港澳大湾区药品医疗器械监管创新发展工作方案》,允许指定医疗机构使用临床急需、已在港澳上市的药品,以及临床急需、港澳公立医院已采购使用、具有临床应用先进性的医疗器械,由广东省实施审批。支持国家药监局在粤港澳大湾区内地区域加强药品和医疗器械审评检查工作。增强南沙养老机构对港澳老年人吸引力,提高南沙公办养老机构面向非户籍人口的床位比例,试点赋予港澳居民申请资格。支持香港扩大广东院舍住宿照顾服务计划,将南沙符合条件的养老机构纳入其中,香港老年人入住享受与香港本地同等补助。

(二十二)**强化生态环境联建联防联治**。加强节能环保、清洁生产、资源综合利用、可再生能源等绿色产业发展交流合作,在合作开展珠江口海域海洋环境综合治理、区域大气污染防治等方面建立健全环保协同联动机制。坚持陆海统筹、以海定陆，协同推进陆源污染治理、海域污染治理、生态保护修复和环境风险防范。实施生态保护红线精细化管理，加强生态重要区和敏感区保护。深入推进节能降耗和资源循环利用，加强固体废物污染控制，构建低碳环保园区。打好污染防治攻坚战，全面落实河长制、湖长制，消除黑臭水体，提升河流水质。实施更严格的清洁航运政策，减少船舶污染排放。

七、保障措施

（二十三）全面加强党的领导。坚持和加强党的领导，增强"四个意识"、坚定"四个自信"、做到"两个维护"，不断提高政治判断力、政治领悟力、政治执行力，把党的领导始终贯穿南沙建设发展全过程。坚持以党的政治建设为统领，坚持思想建党和制度治党紧密结合，加强党风廉政建设，以一流党建引领南沙发展。加强基层党组织建设，引导基层党组织和广大党员在推动南沙建设中发挥战斗堡垒和先锋模范作用。

（二十四）加强资金、要素等政策支持。2022—2024年，每年安排南沙100亿元新增地方政府债务限额，并统一计入地方政府债务余额。结合地方财力、债务风险情况以及项目融资需求，广东省在分配有关财政资金和新增地方政府债券额度方面对南沙予以倾斜支持。对主要投资港资澳资企业的创业投资基金，在基金注册、营商服务等方面提供便利。探索建立刚性和弹性有效结合的国土空间规划管理机制，严格耕地保护，在严守耕地红线和永久基本农田控制线、生态保护红线和不突破城镇开发边界的前提下，按程序开展土地管理综合改革试点；广东省和广州市要采取用地指标倾斜等方式，合理增加南沙年度用地指标。支持按程序推进解决龙穴岛南部围填海历史遗留问题。

（二十五）创新合作模式。探索采取法定机构或聘任制等方式，积极引进港澳专业人士、国际化人才参与南沙建设和管理。支持港澳积极参与南沙开发建设，优先导入符合本方案产业导向的港澳项目。建立由政府、行业协会商会、智库机构、专家学者等代表共同参与的发展咨询委员会，为南沙建设提供咨询建议。

（二十六）加强组织实施。各有关部门在重大政策实施、重大项目安排、体制机制创新等方面给予指导支持，粤港澳大湾区建设领导小组办公室要加强统筹协调、跟踪服务和督促落实。按照南沙发展新要求，研究修编南沙发展规划。广东省要与港澳加强沟通协调，积极为南沙建设发展创造良好环境，给予大力支持。广州市要落实主体责任，高标准高水平规划、建设和管理，整体谋划、分步实施。要强化底线思维，敬畏历史、敬畏文化、敬畏生态，加强风险防范化解，确保南沙健康有序可持续发展。

中共中央办公厅、国务院办公厅印发关于推动区域发展的重要文件[*]

关于加大脱贫攻坚力度支持革命老区开发建设的指导意见

(2016年2月1日)

革命老区(以下简称老区)是党和人民军队的根,老区和老区人民为中国革命胜利和社会主义建设作出了重大牺牲和重要贡献。新中国成立60多年特别是改革开放30多年来,在党中央、国务院关心支持下,老区面貌发生深刻变化,老区人民生活水平显著改善,但由于自然、历史等多重因素影响,一些老区发展相对滞后、基础设施薄弱、人民生活水平不高的矛盾仍然比较突出,脱贫攻坚任务相当艰巨。为进一步加大扶持力度,加快老区开发建设步伐,让老区人民过上更加幸福美好的生活,现提出如下意见。

一、总体要求

全面贯彻落实党的十八大和十八届三中、四中、五中全会精神,以邓小平理论、"三个代表"重要思想、科学发展观为指导,深入贯彻习近平总书记系列重要讲话精神,坚持"四个全面"战略布局,按照党中央、国务院决策部署,以改变老区发展面貌为目标,以贫困老区为重点,更加注重改革创新、更加注重统筹协调、更加注重生态文明建设、更加注重开发开放、更加注重共建共享发展,进一步加大扶持力度,实施精准扶贫、精准脱贫,着力破解区域发展瓶颈制约,着力解决民生领域突出困难和问题,着力增强自我发展能力,着力提升对内对外开放水平,推动老区全面建成小康社会,让老区人民共享改革发展成果。

到2020年,老区基础设施建设取得积极进展,特色优势产业发展壮大,生态环境质量明显改善,城乡居民人均可支配收入增长幅度高于全国平均水平,基本公共服务主要领域指标接近全国平均水平,确保我国现行标准下农村贫困人口实现脱贫,贫困县全部摘帽,解决区域性整体贫困。

二、工作重点

按照区别对待、精准施策的原则,以重点区域、重点人群、重点领域为突破口,加大脱贫攻坚力度,带动老区全面振兴发展。

(一)**以支持贫困老区为重点,全面加快老区小康建设进程**。贫困地区是全国全面建成小康社会的短板,贫困老区更是短板中的短板。要把贫困老区作为老区开发建设的重中之重,充

---

[*] 仅限公开发布的政策文件。

分发挥政治优势和制度优势，主动适应经济发展新常态，着力改善发展环境与条件，激发市场主体创新活力，推动相关资源要素向贫困老区优先集聚，民生政策向贫困老区优先覆盖，重大项目向贫困老区优先布局，尽快增强贫困老区发展内生动力。

（二）**以扶持困难群体为重点，全面增进老区人民福祉**。切实解决好老区贫困人口脱贫问题，全面保障和改善民生，是加快老区开发建设的出发点和落脚点。要打破惯性思维，采取超常规举措，加快科学扶贫和精准扶贫，加大帮扶力度，提高优抚对象待遇水平，办好老区民生实事，使老区人民与全国人民一道共享全面建成小康社会成果。

（三）**以集中解决突出问题为重点，全面推动老区开发开放**。加快老区开发建设步伐，基础设施是首要条件，资源开发和产业发展是关键环节，改革开放是根本动力，生态环境是发展底线，老区精神是活力源泉。要围绕重点领域和薄弱环节，明确工作思路，选准主攻方向，发扬"钉钉子"精神，使老区面貌明显改善，人民生活水平显著提升。

三、主要任务

（一）**加快重大基础设施建设，尽快破解发展瓶颈制约**。大力推进老区高等级公路建设，优先布局一批铁路项目并设立站点，积极布局一批支线和通用机场，支持有条件的老区加快港口、码头、航道等水运基础设施建设，力争实现老区所在地级市高速公路通达、加速铁路基本覆盖。加快推动老区电网建设，支持大用户直供电和工业企业按照国家有关规定建设自备电厂，保障发展用能需求。增加位于贫困老区的发电企业年度电量计划，提高水电工程留存电量比例。加大老区地质灾害防治、矿山环境治理和地质灾害搬迁避让工程实施力度。完善电信普遍服务补偿机制，支持老区加快实施"宽带中国"战略、"宽带乡村"工程，加大网络通信基础设施建设力度。优先支持老区重大水利工程、中型水库、病险水库水闸除险加固、灌区续建配套与节水改造等项目建设，加大贫困老区抗旱水源建设、中小河流治理和山洪灾害防治力度。支持老区推进土地整治和高标准农田建设，在安排建设任务和补助资金时予以倾斜。

（二）**积极有序开发优势资源，切实发挥辐射带动效应**。鼓励中央企业和地方国有企业、民营资本组建混合所有制企业，因地制宜勘探开发老区煤炭、石油、天然气、页岩气、煤层气、页岩油等资源。在具备资源禀赋的老区积极有序开发建设大型水电、风电、太阳能基地，着力解决电力消纳问题。支持老区发展生物质能、天然气、农村小水电等清洁能源，加快规划建设一批抽水蓄能电站。积极支持符合条件的老区建设能源化工基地，加快推进技术创新，实现资源就地加工转化利用。增加地质矿产调查评价专项对贫困老区基础性、公益性项目的投入，引导社会资本积极参与老区矿产资源勘查开发，支持开展矿产资源综合利用示范基地和绿色矿山建设。

（三）**着力培育壮大特色产业，不断增强"造血"功能**。推进老区一二三产业融合发展，延长农业产业链，让农户更多分享农业全产业链和价值链增值收益。做大做强农民合作社和龙头企业，支持老区特色农产品品种保护、选育和生产示范基地建设，积极推广适用新品种、新技术，打造一批特色农产品加工示范园区，扶持、鼓励开展无公害农产品、绿色食品、有机农产品及地理标志农产品认证。积极发展特色农产品交易市场，鼓励大型零售超市与贫困老区合作社开展农超对接。加强老区农村物流服务体系建设，鼓励邮政快递服务向农村延伸。大力发展电子商务，加强农村电商人才培训，鼓励引导电商企业开辟老区特色农产品网上销售平台，加大对农产品品牌推介营销的支持力度。依托老区良好的自然环境，积极发展休闲农业、生态农业,打造一批具有较大影响力的养生养老基地和休闲度假目的地。充分挖掘老区山林资源,积极发展木本油料、特色经济林产业和林下经济。利用老区丰富的文化资源,振兴传统工艺,发展特色文化产业。支持老区建设红色旅游经典景区,优先支持老区创建国家级旅游景区,旅游基础设施建设中央补助资金进一步向老区倾斜。加大跨区域旅游合作力度,重点打造国家级红色旅游经典景区和精品线路,加强旅游品牌推介,着力开发红色旅游产品,培育一批具有较高知名度的旅游节庆活动。加强老区革命历史纪念场所建设维护,有计划抢救影响力大、损毁严重的重要革命遗址。支持老区因地制宜开展"互联网+"试点。积极发展适合老区的信息消费新产品、新业态、新模式。

(四)切实保护生态环境,着力打造永续发展的美丽老区。继续实施天然林保护、防护林建设、石漠化治理、防沙治沙、湿地保护与恢复、退牧还草、水土流失综合治理、坡耕地综合整治等重点生态工程,优先安排贫困老区新一轮退耕还林还草任务,支持老区开展各类生态文明试点示范。加强自然保护区建设与管理,支持在符合条件的老区开展国家公园设立试点。大力发展绿色建筑和低碳、便捷的交通体系,加快推动生产生活方式绿色化。深入实施大气、水、土壤污染防治行动计划,全面推进涵养区、源头区等水源地坏境整治。加强农村面源污染治理,对秸秆、地膜、畜禽粪污收集利用加大扶持和奖励力度,研究将贫困老区列入下一轮农村环境综合整治重点区域。加快推进老区工业污染场地和矿区环境治理,支持老区工业企业实施清洁生产技术改造工程。

(五)全力推进民生改善,大幅提升基本公共服务水平。加快解决老区群众饮水安全问题,加大农村电网改造升级力度,进一步提高农村饮水、电力保障水平。加快贫困老区农村公路建设,重点推进剩余乡镇和建制村通硬化路建设,推动一定人口规模的自然村通公路。加大农村危房改造力度,统筹开展农房抗震改造,对贫困老区予以倾斜支持。加快老区农村集贸市场建设。尽快补齐老区教育短板,增加公共教育资源配置,消除大班额现象,优化农村中小学校设点布局,改善基本办学条件,强化师资力量配备,确保适龄儿童和少年都能接受良好的义务教育。支持贫困老区加快普及高中阶段教育,办好一批中等、高等职业学校,逐步推进中等职业教育免除学杂费,推动职业学校与企业共建实验实训平台,培养更多适应老区发展需要的技术技能人才。继续实施农村贫困地区定向招生专项计划,畅通贫困老区学生就读重点高校渠道。加强老区县乡村二级医疗卫生服务网络标准化建设,支持贫困老区实施全科医生和专科医生特设岗位计划,逐步提高新型农村合作医疗保障能力和大病救助水平。加大社会救助力度,逐步提高老区最低生活保障水平,加快完善老区城乡居民基本养老保险制度,落实国家基础养老金标准相关政策。以广播电视服务网络、数字文化服务、乡土人才培养、流动文化服务以及公共图书馆、文化馆(站)、基层综合性文化服务中心、基层新华书店等为重点,推动老区基本公共文化服务能力与水平明显提高。

(六)大力促进转移就业,全面增强群众增收致富能力。结合实施国家新型城镇化规划,发挥老区中心城市和小城镇集聚功能,积极发展劳动密集型产业和家政服务、物流配送、养老服务等产业,拓展劳动力就地就近就业空间。加强基层人力资源和社会保障公共服务平台建设,推动贫困老区劳动力向经济发达地区转移,建立和完善劳动力输出与输入地劳务对接机制,提高转移输出组织化程度。支持老区所在市县积极整合各类培训资源,开展有针对性的职业技能培训。加大贫困老区劳动力技能培训力度,鼓励外出务工人员参加中长期实用技能培训。引导和支持用人企业在老区开展订单定向培训。支持符合条件的老区建设创业园区或创业孵化基地等，鼓励外出务工人员回乡创业。

（七）深入实施精准扶贫，加快推进贫困人口脱贫。继续实施以工代赈、整村推进、产业扶贫等专项扶贫工程，加大对建档立卡贫困村、贫困户的扶持力度。统筹使用涉农资金，开展扶贫小额信贷，支持贫困户发展特色产业，促进有劳动能力的贫困户增收致富。积极实施光伏扶贫工程，支持老区探索资产收益扶贫。加快实施乡村旅游富民工程，积极推进老区贫困村旅游扶贫试点。深入推行科技特派员制度，支持老区科技特派员与贫困户结成利益共同体，探索创业扶贫新模式。在贫困老区优先实施易地扶贫搬迁工程，在安排年度任务时予以倾斜，完善后续生产发展和就业扶持政策。加快实施教育扶贫工程，在老区加快落实建档立卡的家庭经济困难学生实施普通高中免除学杂费政策，实现家庭经济困难学生资助全覆盖。实施健康扶贫工程，落实贫困人口参加新型农村合作医疗个人缴费部分由财政给予补贴的政策，将贫困人口全部纳入重特大疾病救助范围。对无法依靠产业扶持和就业帮助脱贫的家庭实行政策性保障兜底。

（八）积极创新体制机制，加快构建开放型经济新格局。支持老区开展农村集体产权制度改革，稳妥有序实施农村承包土地经营权、农民住房财产权等抵押贷款以及大宗特色农产品保险试点。支持老区开展水权交易试点，探索建立市场化补偿方式。推动相关老区深度融入"一带一路"建设、京津冀协同发展、长江经济带建设三大国家战略，与有关国家级新区、自主创新示范区、自由贸易试验区、综合配套改革试验区、承接产业转移示范区建立紧密合作关系，打造区域合作和产业承接发展平台，探索发展"飞地经济"，引导发达地区劳动密集型等产业优先向老区转移。支持老区科技创新能力建设，加快推动老区创新驱动发展。支持具备条件的老区申请设立海关特殊监管区域，鼓励老区所在市县积极承接加工贸易梯度转移。对老区企业到境外开展各类管理体系认证、产品认证和商标注册等给予资助。拓展老区招商引资渠道，利用外经贸发展专项资金促进贫困老区发展，优先支持老区项目申报借用国外优惠贷款。鼓励老区培育和发展会展平台，提高知名度和影响力。加快边境老区开发开放，提高边境经济合作区、跨境经济合作区发展水平，提升边民互市贸易便利化水平。

四、支持政策

（一）加强规划引导和重大项目建设。编制实施国民经济和社会发展"十三五"规划等中长期规划时，对老区予以重点支持，积极谋划一批交通、水利、能源等重大工程项目，优先纳入相关专项规划。全面实施赣闽粤原中央苏区、陕甘宁、左右江、大别山、川陕等老区振兴发展规划和集中连片特困地区区域发展与脱贫攻坚规划，加快落实规划项目和政策。推动大型项目、重点工程、新兴产业在符合条件的前提下优先向老区安排。探索建立老区重大项目审批核准绿色通道，加快核准审批进程，对重大项目环评工作提前介入指导。

（二）持续加大资金投入。中央财政一般性转移支付资金、各类涉及民生的专项转移支付资金进一步向贫困老区倾斜。增加老区转移支付资金规模，扩大支持范围。中央财政专项扶贫资金分配向贫困老区倾斜。加大中央集中彩票公益金支持老区扶贫开发力度，力争实现对贫困老区全覆盖。加大中央预算内投资和专项建设基金对老区的投入力度。严格落实国家在贫困地区安排的公益性建设项目取消县级和西部集中连片特困地区地市级配套资金的政策，并加大中央和省级财政投资补助比重。在公共服务等领域积极推广政府与社会资本合作、政府购买服务等模式。鼓励和引导各类金融机构加大对老区开发建设的金融支持。鼓励各银行业金融机构总行合理扩大贫困老区分支机构授信审批权限，加大支农再贷款、扶贫再贷款对贫困老区的支持力度，建立健全信贷资金投向老区的激励机制。支持具备条件的民间资本在老区依法发起设立村镇银行、民营银行等金融机构，推动有关金融机构延伸服务网络、创新金融产品。鼓励保险机构开发老区特色优势农作物保险产品，支持贫困老区开展特色农产品价格保险。

（三）**强化土地政策保障**。在分解下达新增建设用地指标和城乡建设用地增减挂钩指标时，重点向老区内国家扶贫开发工作重点县倾斜。鼓励通过城乡建设用地增减挂钩优先解决老区易地扶贫搬迁安置所需建设用地，对不具备开展增减挂钩条件的，优先安排搬迁安置所需新增建设用地计划指标。在贫困老区开展易地扶贫搬迁，允许将城乡建设用地增减挂钩指标在省域范围内使用。支持有条件的老区开展历史遗留工矿废弃地复垦利用、城镇低效用地再开发和低丘缓坡荒滩等未利用地开发利用试点。落实和完善农产品批发市场、农贸市场城镇土地使用税和房产税政策。

（四）**完善资源开发与生态补偿政策**。适当增加贫困老区光伏、风电等优势能源资源开发规模。合理调整资源开发收益分配政策，研究提高老区矿产、油气资源开发收益地方留成比例，强化资源开发对老区发展的拉动效应。支持将符合条件的贫困老区纳入重点生态功能区补偿范围。逐步建立地区间横向生态保护补偿机制，引导提供生态产品的老区与受益地区之间，通过资金补助、产业转移、人才培训、共建园区等方式实施补偿。支持符合条件的老区启动实施湿地生态效益补偿和生态还湿。

（五）**提高优抚对象优待抚恤标准**。继续提高"三红"人员（在乡退伍红军老战士、在乡西路军红军老战士、红军失散人员）、在乡复员军人等优抚对象抚恤和定期生活补助标准，研究其遗孀定期生活补助政策，保障好老无所养和伤病残优抚对象的基本生活。研究逐步提高新中国成立前入党的农村老党员和未享受离退休待遇的城镇老党员生活补助标准。严格落实优抚对象医疗保障政策，逐步提高医疗保障水平。鼓励有条件的地方实行优抚对象基本殡葬服务费用减免政策。优抚对象申请经济适用住房、公租房或农村危房改造的，同等条件下予以优先安排。加大优抚对象家庭成员就业政策落实力度，符合就业困难人员条件的优先安排公益性岗位，组织机关、企事业单位面向老区定向招聘辅助人员。

（六）**促进干部人才交流和对口帮扶**。推进贫困老区与发达地区干部交流，加大中央和国家机关、中央企业与贫困老区干部双向挂职锻炼工作力度，大力实施边远贫困地区、边疆民族地区和革命老区人才支持计划。研究实施直接面向老区的人才支持项目，支持老区相关单位申报设立院士工作站和博士后科研工作站。深入推进中央企业定点帮扶贫困革命老区县"百县万村"活动，进一步挖掘中央和省级定点扶贫单位帮扶资源，逐步实现定点扶贫工作对贫困老区全覆盖。制定优惠政策，鼓励老区优秀青年入伍，引导优秀退役军人留在老区工作。加快建立省级政府机关、企事业单位或省内发达县市对口帮扶本省贫困老区的工作机制。

五、组织领导

（一）**高度重视老区开发建设工作**。各级党委和政府要进一步增强责任感、紧迫感、使命感，把加快老区开发建设作为"一把手工程"，把扶持老区人民脱贫致富作为义不容辞的责任。坚持中央统筹、省（自治区、直辖市）负总责、市（地）县抓落实的工作机制，推动建立党委领导、政府负责、部门协同、社会参与的工作格局，积极整合各级财力和各类资源，推动老区加快发展。发挥军队和武警部队的优势和积极作用，影响和带动社会力量支持老区开发建设。

加大对老区脱贫攻坚工作的考核力度，实行年度报告和通报制度。按照国家有关规定表彰为老区发展建设作出突出贡献的先进典型，对推进工作不力的要强化责任追究。加强对各级老区建设促进会的指导，给予必要的支持。

（二）**不断加强老区基层领导班子和党组织建设**。各级党委和政府要选派一批思想政治硬、业务能力强、综合素质高的干部充实老区党政领导班子，优先选派省部级、厅局级后备干部担任老区市、县党政主要领导，推动老区党政领导班子年轻化、知识化、专业化。对长期在老区工作的干部要在提拔任用、家属随迁、子女入学等方面予以倾斜。加强老区基层党组织建设，选优配强党组织带头人，完善村级组织运转经费保障机制，强化服务群众、村干部报酬待遇、村级组织活动场所等基础保障。做好老区村级党组织第一书记选派工作，充分发挥基层党组织团结带领老区群众脱贫致富的战斗堡垒作用。根据老区贫困村实际需求，精准选派驻村工作队，提高县以上机关派出干部比例。

（三）**广泛动员社会各方面力量参与老区开发建设**。鼓励各类企业通过资源开发、产业培育、市场开拓、村企共建等形式到贫困老区投资兴业、培训技能、吸纳就业、捐资助贫，引导一批大型企业在贫困老区包县包村扶贫，鼓励社会团体、基金会、民办非企业单位等各类组织积极支持老区开发建设。对于各类企业和社会组织到贫困老区投资兴业、带动贫困群众就业增收的，严格落实税收、土地、金融等相关支持政策。开展多种类型的公益活动，引导广大社会成员和港澳同胞、台湾同胞、华侨及海外人士，通过爱心捐赠、志愿服务、结对帮扶等多种形式参与老区扶贫开发。

（四）**大力弘扬老区精神**。各级党委和政府要把弘扬老区精神作为党建工作的重要内容，将老区精神融入培育和践行社会主义核心价值观系列活动，利用建党日、建军节、国庆节等重要时间节点，持续不断推动老区精神进学校、进机关、进企业、进社区，在全社会营造传承老区精神高尚、支持服务老区光荣的浓厚氛围。积极支持老区精神挖掘整理工作，结合红色旅游组织开展形式多样的主题活动，培育壮大老区文艺团体和文化出版单位，扶持创作一批反映老区优良传统、展现老区精神风貌的优秀文艺作品和文化产品。加强老区新闻媒体建设，提升老区精神传播能力。老区广大干部群众要继续发扬自力更生、艰苦奋斗的优良传统，不等不靠，齐心协力，争当老区精神的传承者和践行者，加快老区开发建设步伐，不断开创老区振兴发展的新局面。

（五）**全面落实各项任务举措**。各级党委和政府要认真抓好意见的贯彻落实，明确工作任务和责任分工，加大政策项目实施力度，确保年年有总结部署、有督促检查。中央和国家机关有关部门要按照职责分工，抓紧制定实施方案，细化实化具体政策措施，全面落实意见提出的各项任务。国家发展改革委要负责牵头协调解决工作中遇到的困难和问题，会同民政部、国务院扶贫办等部门和单位加强对意见执行情况的跟踪检查，重大问题及时向党中央、国务院报告。充分发挥各级老区建设促进会的监测评估作用，适时组织第三方机构对本意见实施情况进行评估。

关于进一步加强东西部扶贫协作工作的指导意见

(2016年12月7日)

东西部扶贫协作和对口支援,是推动区域协调发展、协同发展、共同发展的大战略,是加强区域合作、优化产业布局、拓展对内对外开放新空间的大布局,是打赢脱贫攻坚战、实现先富帮后富、最终实现共同富裕目标的大举措。为全面贯彻落实《中共中央、国务院关于打赢脱贫攻坚战的决定》和中央扶贫开发工作会议、东西部扶贫协作座谈会精神,做好东西部扶贫协作和对口支援工作,现提出如下意见。

一、总体要求

(一)**指导思想**。全面贯彻党的十八大和十八届三中、四中、五中、六中全会精神,以习近平总书记扶贫开发重要战略思想为指导,牢固树立新发展理念,坚持精准扶贫、精准脱贫基本方略,进一步强化责任落实、优化结对关系、深化结对帮扶、聚焦脱贫攻坚,提高东西部扶贫协作和对口支援工作水平,推动西部贫困地区与全国一道迈入全面小康社会。

(二)**主要目标**。经过帮扶双方不懈努力,推进东西部扶贫协作和对口支援工作机制不断健全,合作领域不断拓展,综合效益得到充分发挥,确保西部地区现行国家扶贫标准下的农村贫困人口到2020年实现脱贫,贫困县全部摘帽,解决区域性整体贫困。

(三)**基本原则**。

——坚持党的领导,社会广泛参与。帮扶双方党委和政府要加强对东西部扶贫协作和对口支援工作的领导,将工作纳入重要议事日程,科学编制帮扶规划并认真部署实施,建立完善机制,广泛动员党政机关、企事业单位和社会力量参与,形成帮扶合力。

——坚持精准聚焦,提高帮扶实效。东西部扶贫协作和对口支援要聚焦脱贫攻坚,按照精准扶贫、精准脱贫要求,把被帮扶地区建档立卡贫困人口稳定脱贫作为工作重点,帮扶资金和项目瞄准贫困村、贫困户,真正帮到点上、扶到根上。

——坚持优势互补,鼓励改革创新。立足帮扶双方实际情况,因地制宜、因人施策开展扶贫协作和对口支援,实现帮扶双方优势互补、长期合作、聚焦扶贫、实现共赢,努力探索先富帮后富、逐步实现共同富裕的新途径新方式。

——坚持群众主体,激发内生动力。充分调动贫困地区干部群众积极性创造性,不断激发脱贫致富的内生动力,帮助和带动贫困人口苦干实干,实现光荣脱贫、勤劳致富。

二、结对关系

(四)**调整东西部扶贫协作结对关系**。对原有结对关系进行适当调整,在完善省际结对关系的同时,实现对民族自治州和西部贫困程度深的市州全覆盖,落实北京市、天津市与河北省扶贫协作任务。调整后的东西部扶贫协作结对关系为:北京市帮扶内蒙古自治区、河北省张家口市和保定市;天津市帮扶甘肃省、河北省承德市;辽宁省大连市帮扶贵州省六盘水市;上海市帮扶云南省、贵州省遵义市；江苏省帮扶陕西省、青海省西宁市和海东市，苏州市帮扶贵州省铜仁市；浙江省帮扶四川省，杭州市帮扶湖北省恩施土家族苗族自治州、贵州省黔东南苗族侗族自治州，宁波市帮扶吉林省延边朝鲜族自治州、贵州省黔西南布依族苗族自治州；福建省帮扶宁夏回族自治区，福州市帮扶甘肃省定西市，厦门市帮扶甘肃省临夏回族自治州；山东省帮扶重庆市，济南市帮扶湖南省湘西土家族苗族自治州，青岛市帮扶贵州省安顺市、甘肃省陇南市；广东省帮扶广西壮族自治区、四川省甘孜藏族自治州，广州市帮扶贵州省黔南布依族苗族自治州和毕节市，佛山市帮扶四川省凉山彝族自治州，中山市和东莞市帮扶云南省昭通市，珠海市帮扶云南省怒江傈僳族自治州。

各省（自治区、直辖市）要根据实际情况，在本行政区域内组织开展结对帮扶工作。

（五）**开展携手奔小康行动**。东部省份组织本行政区域内经济较发达县（市、区）与扶贫协作省份和市州扶贫任务重、脱贫难度大的贫困县开展携手奔小康行动。探索在乡镇之间、行政村之间结对帮扶。

（六）**深化对口支援**。对口支援西藏、新疆和四省藏区工作在现有机制下继续坚持向基层倾斜、向民生倾斜、向农牧民倾斜，更加聚焦精准扶贫、精准脱贫，瞄准建档立卡贫困人口精准发力，提高对口支援实效。北京市、天津市与河北省扶贫协作工作，要与京津冀协同发展中京津两市对口帮扶张承环京津相关地区做好衔接。

三、主要任务

（七）**开展产业合作**。帮扶双方要把东西部产业合作、优势互补作为深化供给侧结构性改革的新课题，研究出台相关政策，大力推动落实。要立足资源禀赋和产业基础，激发企业到贫困地区投资的积极性，支持建设一批贫困人口参与度高的特色产业基地，培育一批带动贫困户发展产业的合作组织和龙头企业，引进一批能够提供更多就业岗位的劳动密集型企业、文化旅游企业等，促进产业发展带动脱贫。加大产业合作科技支持，充分发挥科技创新在增强西部地区自我发展能力中的重要作用。

（八）**组织劳务协作**。帮扶双方要建立和完善劳务输出精准对接机制，提高劳务输出脱贫的组织化程度。西部地区要摸清底数，准确掌握建档立卡贫困人口中有就业意愿和能力的未就业人口信息，以及已在外地就业人员的基本情况，因人因需提供就业服务，与东部地区开展有组织的劳务对接。西部地区要做好本行政区域内劳务对接工作，依托当地产业发展，多渠道开发就业岗位，支持贫困人口在家乡就地就近就业。开展职业教育东西协作行动计划和技能脱贫"千校行动"，积极组织引导贫困家庭子女到东部省份的职业院校、技工学校接受职业教育和职业培训。东部省份要把解决西部贫困人口稳定就业作为帮扶重要内容，创造就业机会，提供用工信息，动员企业参与，实现人岗对接，保障稳定就业。对在东部地区工作生活的建档立卡贫困人口，符合条件的优先落实落户政策，有序实现市民化。

（九）**加强人才支援**。帮扶双方要选派优秀干部挂职，广泛开展人才交流，促进观念互通、思路互动、技术互学、作风互鉴。采取双向挂职、两地培训、委托培养和组团式支教、支医、支农等方式，加大教育、卫生、科技、文化、社会工作等领域的人才支持，把东部地区的先进理念、人才、技术、信息、经验等要素传播到西部地区。加大政策激励力度，鼓励各类人才扎根西部贫困地区建功立业。帮扶省市选派到被帮扶地区的挂职干部要把主要精力放到脱贫攻坚上，挂职期限原则上两到三年。加大对西部地区干部特别是基层干部、贫困村创业致富带头人培训力度。

（十）加大资金支持。东部省份要根据财力增长情况，逐步增加扶贫协作和对口支援财政投入，并列入年度预算。西部地区要以扶贫规划为引领，整合扶贫协作和对口支援资金，聚焦脱贫攻坚，形成脱贫合力。要切实加强资金监管，提高使用效益。

（十一）动员社会参与。帮扶省市要鼓励支持本行政区域内民营企业、社会组织、公民个人积极参与东西部扶贫协作和对口支援。充分利用全国扶贫日和中国社会扶贫网等平台，组织社会各界到西部地区开展捐资助学、慈善公益医疗救助、支医支教、社会工作和志愿服务等扶贫活动。实施社会工作专业人才服务贫困地区计划和扶贫志愿者行动计划，支持东部地区社会工作机构、志愿服务组织、社会工作者和志愿者结对帮扶西部贫困地区，为西部地区提供专业人才和服务保障。注重发挥军队和武警部队在西部贫困地区脱贫攻坚中的优势和积极作用，因地制宜做好帮扶工作。积极组织民营企业参与"万企帮万村"精准扶贫行动，与被帮扶地区贫困村开展结对帮扶。

四、保障措施

（十二）加强组织领导。国务院扶贫开发领导小组要加强东西部扶贫协作的组织协调、工作指导和考核督查。东西部扶贫协作双方要建立高层联席会议制度，党委或政府主要负责同志每年开展定期互访，确定协作重点，研究部署和协调推进扶贫协作工作。

（十三）完善政策支持。中央和国家机关各部门要加大政策支持力度。国务院扶贫办、国家发展改革委、教育部、民政部、人力资源社会保障部、农业部、中国人民银行等部门要按照职责分工，加强对东西部扶贫协作和对口支援工作的指导和支持。中央组织部要统筹东西部扶贫协作和对口支援挂职干部人才选派管理工作。审计机关要依法加强对扶贫政策落实情况和扶贫资金的审计监督。纪检监察机关要加强扶贫领域监督执纪问责。

（十四）开展考核评估。把东西部扶贫协作工作纳入国家脱贫攻坚考核范围，作为国家扶贫督查巡查重要内容，突出目标导向、结果导向，督查巡查和考核内容包括减贫成效、劳务协作、产业合作、人才支援、资金支持五个方面，重点是解决多少建档立卡贫困人口脱贫。对口支援工作要进一步加强对精准扶贫工作成效的考核。东西部扶贫协作考核工作由国务院扶贫开发领导小组组织实施，考核结果向党中央、国务院报告。

关于推进以县城为重要载体的城镇化建设的意见

（2022年5月6日）

县城是我国城镇体系的重要组成部分，是城乡融合发展的关键支撑，对促进新型城镇化建设、构建新型工农城乡关系具有重要意义。为推进以县城为重要载体的城镇化建设，现提出如下意见。

一、总体要求

（一）**指导思想**。以习近平新时代中国特色社会主义思想为指导，坚持以人为核心推进新型城镇化，尊重县城发展规律，统筹县城生产、生活、生态、安全需要，因地制宜补齐县城短板弱项，促进县城产业配套设施提质增效、市政公用设施提档升级、公共服务设施提标扩面、环境基础设施提级扩能，增强县城综合承载能力，提升县城发展质量，更好满足农民到县城就业安家需求和县城居民生产生活需要，为实施扩大内需战略、协同推进新型城镇化和乡村振兴提供有力支撑。

（二）**工作要求**。顺应县城人口流动变化趋势，立足资源环境承载能力、区位条件、产业基础、功能定位，选择一批条件好的县城作为示范地区重点发展，防止人口流失县城盲目建设。充分发挥市场在资源配置中的决定性作用，引导支持各类市场主体参与县城建设；更好发挥政府作用，切实履行制定规划政策、提供公共服务、营造制度环境等方面职责。以县域为基本单元推进城乡融合发展，发挥县城连接城市、服务乡村作用，增强对乡村的辐射带动能力，促进县城基础设施和公共服务向乡村延伸覆盖，强化县城与邻近城市发展的衔接配合。统筹发展和安全，严格落实耕地和永久基本农田、生态保护红线、城镇开发边界，守住历史文化根脉，防止大拆大建、贪大求洋，严格控制撤县建市设区，防控灾害事故风险，防范地方政府债务风险。

（三）**发展目标**。到2025年，以县城为重要载体的城镇化建设取得重要进展，县城短板弱项进一步补齐补强，一批具有良好区位优势和产业基础、资源环境承载能力较强、集聚人口经济条件较好的县城建设取得明显成效，公共资源配置与常住人口规模基本匹配，特色优势产业发展壮大，市政设施基本完备，公共服务全面提升，人居环境有效改善，综合承载能力明显增强，农民到县城就业安家规模不断扩大，县城居民生活品质明显改善。再经过一个时期的努力，在全国范围内基本建成各具特色、富有活力、宜居宜业的现代化县城，与邻近大中城市的发展差距显著缩小，促进城镇体系完善、支撑城乡融合发展作用进一步彰显。

二、科学把握功能定位，分类引导县城发展方向

（四）**加快发展大城市周边县城**。支持位于城市群和都市圈范围内的县城融入邻近大城市建设发展，主动承接人口、产业、功能特别是一般性制造业、区域性物流基地、专业市场、过度集中的公共服务资源疏解转移，强化快速交通连接，发展成为与邻近大城市通勤便捷、功能互补、产业配套的卫星县城。

（五）**积极培育专业功能县城**。支持具有资源、交通等优势的县城发挥专业特长，培育发展特色经济和支柱产业，强化产业平台支撑，提高就业吸纳能力，发展成为先进制造、商贸流通、文化旅游等专业功能县城。支持边境县城完善基础设施，强化公共服务和边境贸易等功能，提升人口集聚能力和守边固边能力。

（六）**合理发展农产品主产区县城**。推动位于农产品主产区内的县城集聚发展农村二三产业，延长农业产业链条，做优做强农产品加工业和农业生产性服务业，更多吸纳县域内农业转移人口，为有效服务"三农"、保障粮食安全提供支撑。

（七）**有序发展重点生态功能区县城**。推动位于重点生态功能区内的县城逐步有序承接生态地区超载人口转移，完善财政转移支付制度，增强公共服务供给能力，发展适宜产业和清洁能源，为保护修复生态环境、筑牢生态安全屏障提供支撑。

（八）**引导人口流失县城转型发展**。结合城镇发展变化态势，推动人口流失县城严控城镇建设用地增量、盘活存量，促进人口和公共服务资源适度集中，加强民生保障和救助扶助，有序引导人口向邻近的经济发展优势区域转移，支持有条件的资源枯竭县城培育接续替代产业。

三、培育发展特色优势产业，稳定扩大县城就业岗位

（九）**增强县城产业支撑能力**。重点发展比较优势明显、带动农业农村能力强、就业容量大的产业，统筹培育本地产业和承接外部产业转移，促进产业转型升级。突出特色、错位发展，因地制宜发展一般性制造业。以"粮头食尾"、"农头工尾"为抓手，培育农产品加工业集群，发展农资供应、技术集成、仓储物流、农产品营销等农业生产性服务业。根据文化旅游资源禀赋，培育文化体验、休闲度假、特色民宿、养生养老等产业。

（十）**提升产业平台功能**。依托各类开发区、产业集聚区、农民工返乡创业园等平台，引导县域产业集中集聚发展。支持符合条件的县城建设产业转型升级示范园区。根据需要配置公共配套设施，健全标准厂房、通用基础制造装备、共性技术研发仪器设备、质量基础设施、仓储集散回收设施。鼓励农民工集中的产业园区及企业建设集体宿舍。

（十一）**健全商贸流通网络**。发展物流中心和专业市场，打造工业品和农产品分拨中转地。根据需要建设铁路专用线，依托交通场站建设物流设施。建设具备运输仓储、集散分拨等功能的物流配送中心，发展物流共同配送，鼓励社会力量布设智能快件箱。改善农贸市场交易棚厅等经营条件，完善冷链物流设施，建设面向城市消费的生鲜食品低温加工处理中心。

（十二）**完善消费基础设施**。围绕产业转型升级和居民消费升级需求，改善县城消费环境。改造提升百货商场、大型卖场、特色商业街，发展新型消费集聚区。完善消费服务中心、公共交通站点、智能引导系统、安全保障设施，配置电子商务硬件设施及软件系统，建设展示交易公用空间。完善游客服务中心、旅游道路、旅游厕所等配套设施。

（十三）**强化职业技能培训**。大规模开展面向农民工特别是困难农民工的职业技能培训，提高其技能素质和稳定就业能力。统筹发挥企业、职业学校、技工学校作用，聚焦新职业新工种和紧缺岗位加强职业技能培训，提高与市场需求契合度。推动公共实训基地共建共享，建设职业技能培训线上平台。落实好培训补贴政策，畅通培训补贴直达企业和培训者渠道。

四、完善市政设施体系，夯实县城运行基础支撑

（十四）**完善市政交通设施**。完善机动车道、非机动车道、人行道，健全配套交通管理设

施和交通安全设施。建设以配建停车场为主、路外公共停车场为辅、路内停车为补充的停车系统。优化公共充换电设施建设布局，加快建设充电桩。完善公路客运站服务功能，加强公路客运站土地综合开发利用。建设公共交通场站，优化公交站点布设。

（十五）**畅通对外连接通道**。提高县城与周边大中城市互联互通水平，扩大干线铁路、高速公路、国省干线公路等覆盖面。推进县城市政道路与干线公路高效衔接，有序开展干线公路过境段、进出城瓶颈路段升级改造。支持有需要的县城开通与周边城市的城际公交，开展客运班线公交化改造。引导有条件的大城市轨道交通适当向周边县城延伸。

（十六）**健全防洪排涝设施**。坚持防御外洪与治理内涝并重，逐步消除严重易涝积水区段。实施排水管网和泵站建设改造，修复破损和功能失效设施。建设排涝通道，整治河道、湖塘、排洪沟、道路边沟，确保与管网排水能力相匹配。推进雨水源头减排，增强地面渗水能力。完善堤线布置和河流护岸工程，合理建设截洪沟等设施，降低外洪入城风险。

（十七）**增强防灾减灾能力**。健全灾害监测体系，提高预警预报水平。采取搬迁避让和工程治理等手段，防治泥石流、崩塌、滑坡、地面塌陷等地质灾害。提高建筑抗灾能力，开展重要建筑抗震鉴定及加固改造。推进公共建筑消防设施达标建设，规划布局消防栓、蓄水池、微型消防站等配套设施。合理布局应急避难场所，强化体育场馆等公共建筑应急避难功能。完善供水、供电、通信等城市生命线备用设施，加强应急救灾和抢险救援能力建设。

（十八）**加强老化管网改造**。全面推进老化燃气管道更新改造，重点改造不符合标准规范、存在安全隐患的燃气管道、燃气场站、居民户内设施及监测设施。改造水质不能稳定达标水厂及老旧破损供水管网。推进老化供热管道更新改造，提高北方地区县城集中供暖比例。开展电网升级改造，推动必要的路面电网及通信网架空线入地。

（十九）**推动老旧小区改造**。加快改造建成年代较早、失养失修失管、配套设施不完善、居民改造意愿强烈的住宅小区，改善居民基本居住条件。完善老旧小区及周边水电路气热信等配套设施，加强无障碍设施建设改造。科学布局社区综合服务设施，推进养老托育等基本公共服务便捷供给。结合老旧小区改造，统筹推动老旧厂区、老旧街区、城中村改造。

（二十）**推进数字化改造**。建设新型基础设施，发展智慧县城。推动第五代移动通信网络规模化部署，建设高速光纤宽带网络。推行县城运行一网统管，促进市政公用设施及建筑等物联网应用、智能化改造，部署智能电表和智能水表等感知终端。推行政务服务一网通办，提供工商、税务、证照证明、行政许可等办事便利。推行公共服务一网通享，促进学校、医院、图书馆等资源数字化。

五、强化公共服务供给，增进县城民生福祉

（二十一）**完善医疗卫生体系**。推进县级医院（含中医院）提标改造，提高传染病检测诊治和重症监护救治能力，依托县级医院建设县级急救中心。支持县域人口达到一定规模的县完善县级医院，推动达到三级医院设施条件和服务能力。推进县级疾控中心建设，配齐疾病监测预警、实验室检测、现场处置等设备。完善县级妇幼保健机构设施设备。建立省（自治区、直辖市）和地级及以上城市三甲医院对薄弱县级医院的帮扶机制。

（二十二）**扩大教育资源供给**。推进义务教育学校扩容增位，按照办学标准改善教学和生活设施。鼓励高中阶段学校多样化发展，全面改善县域普通高中办学条件，基本消除普通高中"大班额"现象。鼓励发展职业学校，深入推进产教融合。完善幼儿园布局，大力发展公办幼

儿园，引导扶持民办幼儿园提供普惠性服务。落实农民工随迁子女入学和转学政策，保障学龄前儿童和义务教育阶段学生入学。

（二十三）**发展养老托育服务**。提升公办养老机构服务能力，完善公建民营管理机制，提供基本养老和长期照护服务。扩大普惠养老床位供给，扶持护理型民办养老机构发展，鼓励社会力量建设完善社区居家养老服务网络，提供失能护理、日间照料及助餐助浴助洁助医助行等服务。推进公共设施适老化改造。发展普惠性托育服务，支持社会力量发展综合托育服务机构和社区托育服务设施，支持有条件的用人单位为职工提供托育服务，支持有条件的幼儿园开设托班招收2至3岁幼儿。

（二十四）**优化文化体育设施**。根据需要完善公共图书馆、文化馆、博物馆等场馆功能，发展智慧广电平台和融媒体中心，完善应急广播体系。建设全民健身中心、公共体育场、健身步道、社会足球场地、户外运动公共服务设施，加快推进学校场馆开放共享。有序建设体育公园，打造绿色便捷的居民健身新载体。

（二十五）**完善社会福利设施**。建设专业化残疾人康复、托养、综合服务设施。完善儿童福利机构及残疾儿童康复救助定点机构，建设未成年人救助保护机构和保护工作站。依托现有社会福利设施建设流浪乞讨人员救助管理设施。建设公益性殡葬设施，改造老旧殡仪馆。

六、加强历史文化和生态保护，提升县城人居环境质量

（二十六）**加强历史文化保护传承**。传承延续历史文脉，厚植传统文化底蕴。保护历史文化名城名镇和历史文化街区，保留历史肌理、空间尺度、景观环境。加强革命文物、红色遗址、文化遗产保护，活化利用历史建筑和工业遗产。推动非物质文化遗产融入县城建设。鼓励建筑设计传承创新。禁止拆真建假、以假乱真，严禁随意拆除老建筑、大规模迁移砍伐老树，严禁侵占风景名胜区内土地。

（二十七）**打造蓝绿生态空间**。完善生态绿地系统，依托山水林田湖草等自然基底建设生态绿色廊道，利用周边荒山坡地和污染土地开展国土绿化，建设街心绿地、绿色游憩空间、郊野公园。加强河道、湖泊、滨海地带等湿地生态和水环境修复，合理保持水网密度和水体自然连通。加强黑臭水体治理，对河湖岸线进行生态化改造，恢复和增强水体自净能力。

（二十八）**推进生产生活低碳化**。推动能源清洁低碳安全高效利用，引导非化石能源消费和分布式能源发展，在有条件的地区推进屋顶分布式光伏发电。坚决遏制"两高"项目盲目发展，深入推进产业园区循环化改造。大力发展绿色建筑，推广装配式建筑、节能门窗、绿色建材、绿色照明，全面推行绿色施工。推动公共交通工具和物流配送、市政环卫等车辆电动化。推广节能低碳节水用品和环保再生产品，减少一次性消费品和包装用材消耗。

（二十九）**完善垃圾收集处理体系**。因地制宜建设生活垃圾分类处理系统，配备满足分类清运需求、密封性好、压缩式的收运车辆，改造垃圾房和转运站，建设与清运量相适应的垃圾焚烧设施，做好全流程恶臭防治。合理布局危险废弃物收集和集中利用处置设施。健全县域医疗废弃物收集转运处置体系。推进大宗固体废弃物综合利用。

（三十）**增强污水收集处理能力**。完善老城区及城中村等重点区域污水收集管网，更新修复混错接、漏接、老旧破损管网，推进雨污分流改造。开展污水处理差别化精准提标，对现有污水处理厂进行扩容改造及恶臭治理。在缺水地区和水环境敏感地区推进污水资源化利用。推进污泥无害化资源化处置，逐步压减污泥填埋规模。

七、提高县城辐射带动乡村能力，促进县乡村功能衔接互补

（三十一）**推进县城基础设施向乡村延伸**。推动市政供水供气供热管网向城郊乡村及规模较大镇延伸，在有条件的地区推进城乡供水一体化。推进县乡村（户）道路连通、城乡客运一体化。以需求为导向逐步推进第五代移动通信网络和千兆光网向乡村延伸。建设以城带乡的污水垃圾收集处理系统。建设联结城乡的冷链物流、电商平台、农贸市场网络，带动农产品进城和工业品入乡。建立城乡统一的基础设施管护运行机制，落实管护责任。

（三十二）**推进县城公共服务向乡村覆盖**。鼓励县级医院与乡镇卫生院建立紧密型县域医疗卫生共同体，推行派驻、巡诊、轮岗等方式，鼓励发展远程医疗，提升非县级政府驻地特大镇卫生院医疗服务能力。发展城乡教育联合体，深化义务教育教师"县管校聘"管理改革，推进县域内校长教师交流轮岗。健全县乡村衔接的三级养老服务网络，发展乡村普惠型养老服务和互助性养老。

（三十三）**推进巩固拓展脱贫攻坚成果同乡村振兴有效衔接**。以国家乡村振兴重点帮扶县和易地扶贫搬迁大中型集中安置区为重点，强化政策支持，守住不发生规模性返贫底线。推动国家乡村振兴重点帮扶县增强巩固脱贫成果及内生发展能力。推进大中型集中安置区新型城镇化建设，加强就业和产业扶持，完善产业配套设施、基础设施、公共服务设施，提升社区治理能力。

八、深化体制机制创新，为县城建设提供政策保障

（三十四）**健全农业转移人口市民化机制**。全面落实取消县城落户限制政策，确保稳定就业生活的外来人口与本地农业转移人口落户一视同仁。确保新落户人口与县城居民享有同等公共服务，保障农民工等非户籍常住人口均等享有教育、医疗、住房保障等基本公共服务。以新生代农民工为重点推动社会保险参保扩面，全面落实企业为农民工缴纳职工养老、医疗、工伤、失业、生育等社会保险费的责任，合理引导灵活就业农民工按规定参加职工基本医疗保险和城镇职工基本养老保险。依法保障进城落户农民的农村土地承包权、宅基地使用权、集体收益分配权，支持其依法自愿有偿转让上述权益。建立健全省以下财政转移支付与农业转移人口市民化挂钩机制，重点支持吸纳农业转移人口落户多的县城。建立健全省以下城镇建设用地增加规模与吸纳农业转移人口落户数量挂钩机制，专项安排与进城落户人口数量相适应的新增建设用地计划指标。

（三十五）**建立多元可持续的投融资机制**。根据项目属性和收益，合理谋划投融资方案。对公益性项目，加强地方财政资金投入，其中符合条件项目可通过中央预算内投资和地方政府专项债券予以支持。对准公益性项目和经营性项目，提升县域综合金融服务水平，鼓励银行业金融机构特别是开发性政策性金融机构增加中长期贷款投放，支持符合条件的企业发行县城新型城镇化建设专项企业债券。有效防范化解地方政府债务风险，促进县区财政平稳运行。引导社会资金参与县城建设，盘活国有存量优质资产，规范推广政府和社会资本合作模式，稳妥推进基础设施领域不动产投资信托基金试点，鼓励中央企业等参与县城建设，引导有条件的地区整合利用好既有平台公司。完善公用事业定价机制，合理确定价格水平，鼓励结合管网改造降低漏损率和运行成本。

（三十六）**建立集约高效的建设用地利用机制**。加强存量低效建设用地再开发，合理安排

新增建设用地计划指标,保障县城建设正常用地需求。推广节地型、紧凑式高效开发模式,规范建设用地二级市场。鼓励采用长期租赁、先租后让、弹性年期供应等方式供应工业用地,提升现有工业用地容积率和单位用地面积产出率。稳妥开发低丘缓坡地,合理确定开发用途、规模、布局和项目用地准入门槛。按照国家统一部署,稳妥有序推进农村集体经营性建设用地入市。

九、组织实施

（三十七）**加强组织领导**。坚持和加强党的全面领导,发挥各级党组织作用,建立中央指导、省负总责、市县抓落实的工作机制,为推进以县城为重要载体的城镇化建设提供根本保证。发挥城镇化工作暨城乡融合发展工作部际联席会议制度作用,国家发展改革委要会同各成员单位,强化统筹协调和政策保障,扎实推进示范等工作。各省（自治区、直辖市）要明确具体任务举措,做好组织协调和指导督促。各市县要强化主体责任,切实推动目标任务落地见效。

（三十八）**强化规划引领**。坚持"一县一策",以县城为主,兼顾县级市城区和非县级政府驻地特大镇,科学编制和完善建设方案,按照"缺什么补什么"原则,明确建设重点、保障措施、组织实施方式,精准补齐短板弱项,防止盲目重复建设。坚持项目跟着规划走,科学谋划储备建设项目,切实做好项目前期工作。

（三十九）**推动试点先行**。合理把握县城建设的时序、节奏、步骤。率先在示范地区推动县城补短板强弱项,细化实化建设任务,创新政策支撑机制和项目投资运营模式,增强县城综合承载能力,及早取得实质性进展。在示范工作基础上,及时总结推广典型经验和有效做法,稳步有序推动其他县城建设,形成以县城为重要载体的城镇化建设有效路径。

学科综述

以习近平新时代中国特色社会主义思想为指导创建中国特色区域经济学

吴殿廷　安虎森　孙久文

西方经济学的研究对象是区域（空间载体），理论基础是宏观经济学和微观经济学，包括利益极大化理论、边际效益递减理论（一般的区域经济学）或边际效益递增理论（新区域经济学）等；研究内容是经济活动的空间规律，尤其是区域之间的利益关系。不论是一般意义的西方区域经济学，还是具有重大突破的新区域经济学，在解释中国发展的经济奇迹方面都十分乏力，在指导中国区域发展实践方面更是水土不服。中国特色社会主义实践呼唤中国特色的区域经济学。

改革开放以来，中国持续40余年的经济高速增长，大大超越了西方经济学家预言的"经济起飞高速增长20年大限"，创造了史无前例的中国奇迹，得益于中国特色社会主义理论的指导，也与地方政府和各地人民的努力奋斗密切相关。因此，有必要提出创建中国特色区域经济学问题。特别是党的十八大以来，以习近平同志为核心的党中央，不忘初心、牢记使命，带领全党全国各族人民齐心协力，在多年治国理政的思考和探索中，逐步形成了习近平新时代中国特色社会主义思想。所以，创建中国特色区域经济学，既有主观需要，也就是指导各地区发展的需要；也有现实基础，包括40余年来多姿多彩的区域发展实践经验和内涵丰富的习近平新时代中国特色社会主义思想，特别是后者，完全可以作为创建中国特色区域经济学的理论基础。

一、中国特色区域经济学的目标和特征

基于上述理由，并结合我们编著马克思主义重大理论建设工程教材《区域经济学》的体会，这里提出中国特色区域经济学的目标是：以中国特色社会主义理论为指导，以中国40余年改革开放实践为基础，把研究对象看成一个系统——区域系统（地球表层的空间系统），抓住区域发展主线，探索区域发展规律，寻求促进区域发展和协调、协同发展的科学途径。为了更清晰地说明中国特色区域经济学的特点，我们以表格的形式阐明其特色。详见表1。

表1　西方区域经济学与中国特色区域经济学的对比

比较内容	西方区域经济学	中国特色区域经济学
对象	区域，空间载体	区域系统，地球表层的空间系统
主题和主线	以区际关系为主线，兼顾区域经济发展规律研究	以区域发展和区域协调、协同发展为主线，把区际关系研究放在更大区域的协调、协同发展框架内

* 原文发表在《区域经济评论》2019年第2期，作者系教育部马克思主义理论研究和建设工程重点教材（区域经济学）首席专家，文章编入本年鉴时略有删节。

续表

比较内容	西方区域经济学	中国特色区域经济学
学科目标与性质	探索区域经济空间运动规律，是应用性学科	探索区域经济发展规律及协调、协同发展的途径，是应用性与决策性相结合的学科
主要方法	经济学方法，空间分析方法	以系统科学方法为主，融合决策科学和空间分析方法
实践对象	一般区域	特定区域——中国等发展中国家和地区
理论基础	宏观经济学、微观经济学理论，特别是利益极大化原理、边际效应递减或递增原理、区位论和区域分工理论等	马克思主义基本原理，包括辩证唯物主义、历史唯物主义和政治经济学理论等，尤其是地域分工、城乡融合、量变质变规律等；中国特色社会主义理论，特别是习近平新时代中国特色社会主义思想；系统科学原理、人地关系理论、区域发展理论等
重要内容板块	1. 区位与空间组织理论 2. 区域与区域发展理论 3. 城市活动的空间格局变化引起的城市问题	1. 区域与区域系统（区域系统运动规律） 2. 区域经济发展规律 3. 区域协调与协同发展规律及路径 4. 区域决策（战略、规划）：促进区域发展和协调、协同发展的对策、措施

资料来源：根据国内外相关学者成果提炼总结，具体文献略。

二、习近平新时代中国特色社会主义思想对区域经济发展的指导作用

1. 明确以人民为中心的区域发展目标

区域发展观经历了"实物崇拜"、"GDP崇拜"到"以人为本"三个不同的阶段。最早明确提出"以人为本"思想的是春秋时期齐国名相管仲，近代"以人为本"思想来自西方文艺复兴之后的"人本主义"。党的十六大赋予其新的内涵，强调要始终把实现好、维护好、发展好最广大人民的根本利益作为党和国家一切工作的出发点和落脚点，做到发展为了人民、发展依靠人民、发展成果由人民共享。进入新时代，以习近平同志为核心的党中央进一步强调，中国社会主要矛盾已经转化为人民日益增长的美好生活需要和不平衡不充分的发展之间的矛盾，必须坚持以人民为中心的发展思想，不断促进人的全面发展和全体人民共同富裕。从"以人为本"到"以人民为中心"，这是以习近平同志为核心的党中央执政理念的本质特征。今后区域发展的目标诉求必须从对GDP的过度热捧转向追求高质量发展、全面协调发展，确保提升人民群众的获得感和幸福感。这与西方的区域经济学以经济价值最大化、以GDP增长为核心的目标诉求大相径庭。

2. 以创新发展突破当前区域发展瓶颈

2015年10月26日，党的第十八届中央委员会第五次全体会议提出了"创新、协调、绿色、开放、共享"的新发展理念。习近平同志强调，在五大发展理念中，创新发展居于首要位置，是引领发展的第一动力，要瞄准世界科技前沿，全面提升自主创新能力，力争在基础科技

领域做出大的创新、在关键核心技术领域取得大的突破。中国的区域发展在改革开放初期乃至21世纪初都是以引进、模仿和简单粗放发展为主要特征的,虽然取得了经济持续高速发展的巨大成就,但也在多方面遭遇了严峻挑战,包括资源支撑不足、环境污染严重、工业产能过剩、区域差距和城乡差距过大、部分地区和低收入群体生活困难等。以创新发展为引领的五大发展理念,既是区域经济发展的基本原则,也是应对上述诸多挑战的法宝,是构成中国特色区域经济学的内容框架,更是突破当前区域发展瓶颈的利器。我们必须把创新摆在区域发展全局的核心位置,不断推进理论创新、制度创新、科技创新、文化创新等各方面的创新。要破除一切制约创新的思想障碍和制度藩篱,激发全社会创新活力和创造潜能,提升劳动、信息、知识、技术、管理、资本的效率和效益,强化科技同经济对接、创新成果同产业对接、创新项目同现实生产力对接、研发人员创新劳动同其利益收入对接,提高科技进步对经济发展的贡献度,营造大众创业、万众创新的政策环境和制度环境。

3. 用金山银山论推进区域绿色发展和可持续发展

可持续发展是全世界人民的共同诉求,也是中国各地区努力追求的目标。但经济发展和生态环境保护之间的矛盾非常复杂,西方国家的先污染、后治理做法教训深刻。中国曾努力避免走这条路,但改革开放初期乃至到21世纪初,这个问题也没有解决好。2005年,时任浙江省委书记的习近平同志创造性地提出了"绿水青山就是金山银山"的论断,后来他又进一步阐述了绿水青山与金山银山之间三个发展阶段的问题。习近平同志的"两山论"重要思想,充分体现了马克思主义的辩证观点,系统剖析了经济与生态在演进过程中的相互关系,深刻揭示了经济社会发展的基本规律。今后的区域发展必须树立和践行绿水青山就是金山银山的理念,一方面坚持节约资源和保护环境的基本国策,像对待生命一样对待生态环境,统筹山水林田湖草系统治理,实行最严格的生态环境保护制度,形成绿色发展方式和生活方式,坚定走生产发展、生活富裕、生态良好的文明发展道路,为人民创造良好的生产生活环境,为全球生态安全和绿色发展做出表率,实现产业发展生态化;另一方面,要努力将生态产业化,变绿水青山为金山银山。在这方面,浙江省有过很好的探索,取得了很好的效果,水乡乌镇、富阳新沙美丽乡村、建德绿荷塘森林公园、莫干山民宿等都是很好的典型。此外,还要大力发展生态环保产业,围绕提高产业技术水平和竞争力,以企业为主体、以市场为导向、以工程为依托,大力提高技术装备、产品、服务水平,促进节能环保产业快速发展,形成新的增长点。

4. 用开放、共享发展促进区域之间的协调、协同发展

2014年4月26日,习近平同志在北京考察时提出,京津冀要协同发展,后来在推动"一带一路"倡议的伟大实践中,以习近平同志为核心的党中央逐渐形成了"人类命运共同体"的思想,提出中国特色大国外交要推动构建新型国际关系,推动构建人类命运共同体。开放发展、共享发展和人类命运共同体思想,不仅是推动"一带一路"倡议、打造中国对外开放新格局的思想武器,也是协调区域之间、国家之间利益关系的法宝。2018年11月18日,《中共中央国务院关于建立更加有效的区域协调发展新机制的意见》进一步明确提出,要立足发挥各地区比较优势和缩小区域发展差距,破除地区之间利益藩篱和政策壁垒,加快形成统筹有力、竞争有序、绿色协调、共享共赢的区域协调发展新机制,努力实现基本公共服务均等化、基础设施通达程度比较均衡、人民基本生活保障水平大体相当的目标,促进区域协调发展。通过开放发展、共享发展,打造区域间的命运共同体,实现更大范围、更宽领域的空间一体化和协调、协

同发展，从而突破西方区域经济学的短板，成为构建中国特色区域经济学的关键。

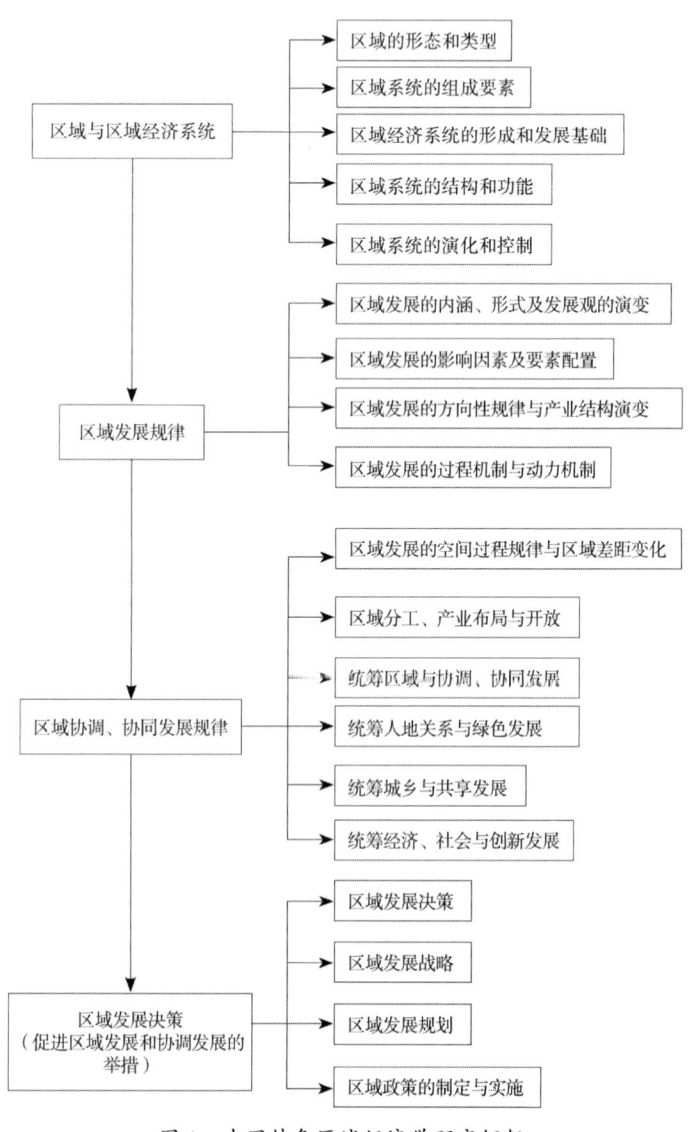

三、中国特色区域经济学研究的框架设计

1. 四大板块内容

中国特色区域经济学主要研究内容分为四大板块，按照先后逻辑顺序依次为以下内容。

板块一：区域与区域经济系统板块。以系统科学原理为指导，把研究对象看成一个空间系统，探讨区域系统形态和类型、区域系统的组成要素、区域经济系统的形成和发展基础、区域系统的结构和功能、区域系统的演化和控制等。

板块二：区域发展规律板块。以区域发展理论和中国特色区域治理实践为基础，探讨区域发展的内涵、形式及发展观的演变，区域发展的影响因素及要素配置，区域发展的方向性规律与产业结构演变，区域发展的过程机制与动力机制等。

板块三：区域协调、协同发展规律板块。以五大发展理念，特别是"命运共同体"与协调、协同发展思想为指导，考察区域发展的空间规律与区域差距变化特点，探讨区域分工、产业布局与开放发展的规律，寻求统筹区域与协调、协同发展，统筹城乡共享发展，统筹人地关系与绿色发展的路径和模式等。

板块四：区域发展决策（促进区域发展和协调发展的举措）板块。以中国40余年来的区域发展战略及规划的丰富实践经验和典型模式为基础，探讨区域发展决策、区域发展战略、区域发展规划、区域政策的制定与实施等一般规律和典型经验及模式。

2. 主题内容的逻辑关系

中国特色区域经济学的研究主线是"区域→区域发展→区域协调、协同发展→区域发展路径和举措"，具体内容及其逻辑关系参见图1。

可以说，中国特色区域经济学既是习近平新时代中国特色社会主义思想在区域经济研究方面的直接运用，也将为中国区域的

图1 中国特色区域经济学研究框架

发展实践提供科学指导，更应努力成为中国区域治理的决策参考。这既是我们的努力目标，也是广大区域经济研究者义不容辞的社会责任。

四、创建中国特色区域经济学的"五个一"工程

创建中国特色区域经济学是一项宏大而复杂的系统工程，除在习近平新时代中国特色社会主义思想的指导下进行创建外，还需要一些具体的推进措施。这里提出创建中国特色区域经济学的"五个一"工程。

一是编写和（或）推广使用一套区域经济学教材，建立中国特色区域经济学的课程体系。由安虎森、孙久文、吴殿廷作为首席科学家编著的《区域经济学》马克思主义重大理论建设工程教材，可以作为参考教材，但需要补充习近平新时代中国特色社会主义思想的内容，进一步突出区域发展和协调、协同发展主线。

二是建立和完善一批区域经济学研究基地，争取尽快实现中国特色区域经济学重大理论创新。目前教育部在中国人民大学、南开大学和兰州大学设立了3个区域经济学重点学科基地。今后的工作，一方面是进一步加强这3个基地的学术研究；另一方面还可以在相关研究基础较好的院所，如中国社会科学院工业经济研究所、北京大学政府管理学院等单位，部署新的基地，在高层次人才培养、国家重大社会科学研究项目部署方面给予更多关注和支持。

三是编写和出版一套区域经济学丛书，形成中国特色区域经济学的话语体系。包括《区域经济学原理》《区域经济学研究方法》《中国区域经济发展理论与实践》等。

四是每年组织一次专题高峰论坛，搭建区域经济学界和各级政府之间更紧密互动、更有影响力的学术交流平台。

五是整合或创建一两份高质量学术期刊，形成中国特色区域经济学稳定交流渠道。《经济地理》是目前国内与此相关、影响很大的期刊，曾连续5年被评为"中国最具国际影响力学术期刊"，建议首选该杂志作为中国特色区域经济学最主要的交流平台。此外，《区域经济评论》2018年跃升为全国中文核心期刊，也可以在此基础上进一步组织重量级人物，撰写和发表更严肃、更权威的学术论文，推进《区域经济评论》成长为中国特色区域经济学的国内外学术交流新平台。

中国区域经济学的学科发展与创新*

孙久文

区域经济学是一门经济学大门类下面的应用经济学科，主要任务是总结市场经济条件下的空间布局及发展规律，在发挥地区优势的基础上实现资源优化配置，为区域发展提供理论依据和科学指导。

作为一门理论与实践相结合的应用性学科，区域经济学的理论体系研究要对在现实区域经济运行中可能产生的重大问题进行经济学理论上的解释，并通过对区域经济问题的研究，为现实区域经济运行中问题的解决提供思路、方法和政策建议。

一、中国区域经济学的发展历程

中国区域经济学的发展，从大的分期来看，可以划分为两个时期。

1. 第一个时期：改革开放之前

改革开放之前的新中国28年，中国并没有区域经济学科的研究，当时主要是经济地理专业。我国的经济地理专业从20世纪50年代就开始发展。与自然地理相对应，成为地理学的两个重要的学科门类，这种情况主要是受苏联的影响。在中国经济地理学的发展过程中，孙敬之教授发挥了重要的作用。孙敬之教授从1950年起担任中国人民大学经济地理研究室主任，为了新中国经济地理事业的发展，废寝忘食，编写了100多万字的经济地理学讲义，这是新中国第一套确立经济地理学体系的讲义。这套讲义编写完成后，就被教育部指定为高等院校的参考教材，并由中国人民大学出版社出版发行。孙敬之教授还主持编写了中国经济地理、自然地理等地理学教材，并在紧张的教学之余，写出了近百篇论文。

2. 第二个时期：改革开放之后

现代中国区域经济学的发展是从产业布局学开始的。1978年中国开始改革开放，百废待兴，建设任务很多，产业发展需要科学的布局理论来指导。"产业布局理论"从1978年兴起，到2000年前被区域经济理论完全代替，经历了20余年的时间，在中国的区域发展、产业选择、国土规划、农业区划等重大国家战略中发挥了重要的作用。

改革开放初期，向沿海倾斜的区域发展政策，使我国东部沿海承接国际大跨度的产业转移，迅速崛起成为国际制造业的中心。这段时期，我国不同区域经济发展绩效很不一致，从珠三角到长三角再到环渤海的开发开放使得中国东部沿海地区经济取得了长足的发展，但广大的中西部内陆地区的经济发展则相当缓慢。我国的区际差异尽管在20世纪80年代轻微下调，但20世纪90年代中后期开始又迅速扩大。缩小城乡差异、统筹城乡发展、推进城镇化、加快少数民族和边疆地区经济发展等的迫切性日益凸显。与之相对应，这个时期也正是中国区域经济学从引

---

* 原文发表在《区域经济评论》2021年第4期。作者为中国人民大学应用经济学院教授、博士生导师。

进到成形的时期。进入21世纪，伴随西部大开发、东北振兴、中部崛起和东部率先发展的区域发展总体战略的形成，中国的区域经济学在区域发展规划、区域开发行动和地域整治等方面发挥了独特的作用，学科本身也形成了一整套适合中国国情的区域经济理论体系。

中国的区域经济学是从改革开放之后，伴随市场经济的确立而发展起来的。改革开放之后的中国区域经济学的发展又可以分成以下三个阶段。

一是理论引进阶段。区域经济的理论引进是循着这样的脉络进行的：20世纪80年代，引进"区位论"；20世纪90年代，引进区域经济理论；21世纪00年代，引进新经济地理理论。20世纪80年代中期引进"区位论"后，中国的区域经济专业开始形成。北京大学杨吾扬教授的《高级经济地理学》、中国人民大学周起业教授的《西方产业布局》是引进"区位论"的代表著作。

二是消化吸收阶段。中国区域经济发展过程中的消化吸收，是以出版区域经济学教材和列入教育部学科目录为标志的。1989年，第一本区域经济学教材出版；20世纪90年代后期，区域经济成为应用经济学的一个二级学科；20世纪90年代至21世纪00年代，中国区域经济教学体系开始完善。

三是实践应用阶段。进入21世纪后，区域经济学大量应用于中国地区发展的实践，成为重要的指导地区发展的经济理论，并形成了具有区域特点的学科理论和研究方法论。当前中国区域经济学的理论体系可以分为三部分：区域发展理论、区域关系理论和区域经济应用工具。实践证明，根据中国经济发展的特点，深入研究适合中国国情的区域经济学是中国经济发展的迫切需要。当前进入社会主义现代化国家的建设阶段，区域经济学的应用将更加广泛。

二、中国区域经济学的研究范畴与研究重点

1. 区域经济学的研究范围

中国区域经济学的研究范围分成两个部分：一是理论研究方面。由区域经济增长与发展理论、区域分工理论、比较优势理论、区域资源配置理论、区域相互依存理论、区域产业发展和转移理论、区域空间格局演变理论和区域政府干预理论等构成了现代区域经济学的理论体系。这个理论体系从20世纪90年代初开始形成，到21世纪00年代开始完善，经历了差不多20年的时间，融合了国内外大量的研究精华。二是应用研究方面。具体分析区域经济发展的规律性问题，包括区域特征分析、区域发展与协调、区域产业结构、人口增长与迁徙、城市建设与中心地布局、区域经济发展战略、区域国土规划、区域经济关系和区域政策等方面的内容。区域经济学的应用研究是适应中国经济发展、为解决中国经济发展中的区域问题而提出并得到不断完善的一整套方法论。

2. 区域经济学的核心理论

从区域经济学的学科发展来看，区域经济学的理论很多，这些理论有些是借用发展经济学的，有些是来自产业经济学的。但哪些是区域经济学特有的？笔者的观点是，在早期区划理论和区位论的基础上，演化出区域经济学的核心理论包括三个方面：一是资源禀赋理论。资源禀赋的差异是区域经济多样性、互补性和区域分工的基础，也是经济区形成的基础。人工智能的发展，拓展了资源禀赋的涵盖范围，提升了智力资源对区域发展的重要性。二是规模经济理论。规模经济的存在反映了区域经济的聚集要求，经济的聚集带来人口的增加，形成城市和经济中心。产业和人口的聚集形成增长极、发展轴和经济带。其中，中心城市形成的理论基础也是规模经济。三是运输成本理论。经济活动必须克服空间的距离限制，并支付距离成本（运费），

在新经济地理学中，克鲁格曼以"冰山理论"来表述。运费因素是区域差距形成的主要原因之一。伴随现代科技的发展，高速运输技术、能源传输技术、互联网和信息技术，特别是5G技术的发展，运输成本理论正迎来深化与创新的节点。

3. 中国区域经济学的学科体系

迄今为止，区域经济学仍处在蓬勃发展之中，各种理论、各种观点的同时存在，极大地丰富了区域经济学的理论体系，并为区域经济学理论的发展做出贡献。

笔者将区域经济学的学科与教学体系分成三个部分。

（1）区域经济发展研究。中国区域经济发展研究的内容主要集中在五个方面：第一，要素禀赋问题。生产要素禀赋是指区域内各种生产要素的相对丰裕程度。在可利用的各种生产要素中，那些与其他地区相比具有相对较低价格的要素即丰裕的生产要素，丰裕的生产要素就具有禀赋优势，禀赋优势是产业发展比较优势的基础。利用比较优势发展区域产业，是区域经济发展的重要内容，并因此引出产业选择问题和产业布局问题。第二，增长极问题。如果说利用比较优势解决了区域经济发展的产业选择问题，那么利用增长极理论就解决了区域经济发展的空间选择问题。增长极理论描述的是建立区域经济增长的中心，产生对区域经济发展的带动作用，辐射周边区域，从而推动整个区域的经济增长。增长极作为区域经济的增长中心，就是现实中的城市。增长极理论成为区域经济发展的实用工具。第三，发展差距问题。不同的区域经历一定的发展时间以后，由于各区域不可能保持同等的发展速度和水平，发展差距的产生不可避免。对于区域发展的差距问题，美国经济学家威廉姆森提出了区域收入水平趋同假说，即著名的"倒U形"曲线。各地区之间的经济发展水平是趋同还是趋异，或者称收敛还是发散，是区域经济研究的热点问题。一些发展中国家或地区政府，都在资助这个问题的研究，努力寻求缩小区域收入水平差异与福利水平差异的途径。第四，区域贸易问题。区域发展离不开区域贸易。通过区域贸易，各区域可以获取本区域缺少的资源或者为本区域的产品寻求市场，同时，资源稀缺的生产要素及商品也得以丰富并相应降低了价格，从而使生产的成本降低。对区域贸易问题的研究，一般着眼于在什么条件下会发生区域贸易，自然资源禀赋、人力资源禀赋、技术水平、需求结构、市场规模、运输成本等对区域贸易会产生怎样的影响等。第五，梯度转移问题。区域差异的存在，使区域之间产生高梯度区域和低梯度区域。研究者将产业的生命周期理论引入区域经济学中，产生了区域发展的梯度推移理论。区域经济的发展取决于区域产业结构的状况，区域产业结构的状况与区域产业部门的技术水平相关。主导产业在生命周期中所处的阶段，决定了区域产业结构的优劣。如果主导产业部门由处于创新阶段或发展阶段的专业部门所构成，且具有较高的技术水平，该区域就是高梯度区域；反之就是低梯度区域。受到产业发展要素变化的影响，有些产业从高梯度地区向低梯度地区推移，从而促进了落后区域的经济发展。这种梯度推移主要是通过多层次的城市系统而扩展开来的。梯度推移的原因首先是由于创新产品不断趋于成熟，产品市场扩大，要求生产规模扩大；其次，高梯度地区创新活动加强，新的创新产品代替原有的创新产品，要求为其创新活动和生产活动提供足够的生产要素和生产空间；最后，高梯度地区生产成本上升，从降低生产成本的角度，也要求产业向成本低的区域转移。

（2）区域经济关系研究。区域是国家经济整体的一部分，区域关系可以分为两大类：一类是区域内部各组成部分之间的关系，另一类是区域之间的关系。区域内部各组成部分之间或区域之间都不可避免地会发生经济联系，有摩擦和冲突，也有互补与合作。因此，区域经济研究十分关注对区域关系的考察。

第一，竞争关系。区域竞争关系主要体现在特点相似的区域之间。这些区域的产业特点比较相近，结构趋同，极易发生区域竞争，包括争夺市场，也包括争夺资源。正如胡佛所指出的那样，在区域经济增长和发展中，至关重要的是不同活动对于稀缺、不易开拓的地方性资源的竞争。市场区域之间存在竞争，供给区域之间也存在竞争。竞争可能是善意的比赛，也可能是摩擦，更可能是冲突，这主要看竞争主体的规模、水平和竞争客体对竞争区域的重要程度。

第二，合作关系。区域竞争虽然存在，但区域合作仍然是区域关系的主流。这是区域关系中一种活动的产出表现为另一种活动的投入时所结成的相互吸引的关系，对区域合作的双方都有好处，因为合作的内容经常是两区域之间劣势生产要素的互补，或者是互为市场以扩大生产的规模。合作关系一般有三种情况：后向联系、前向联系和旁侧联系。后向联系是针对供给性部门的经济联系，即一个生产部门与对其投入的、为其供应原材料的上游部门之间的联系。后向联系对应的是产业的感应度，指这种联系通过感应度，依照生产活动的顺序不断向后传递。前向联系则是生产活动的结果影响产业链前面的产业的生产，即一个生产部门与消耗其产品的其他生产部门之间的联系。前向联系对应的是产业的影响度，指这种影响通过一系列传递过程向前延伸。产业的生产活动除产业链上的联系外，在产业链的主链外还存在一系列与为其服务的辅助性产业的联系。这种联系不是纵向的，而是横向的，联系部门的个数很多，分布十分广泛，这就是所谓的旁侧联系。各区域产业生产不可能都局限在本区域，区域之间产业上的生产联系十分普遍，成为区域合作的基本形式。产业合作带动了其他方面的合作，因此开展区域合作应当从产业的合作开始。

(3) 区域经济应用工具研究。区域规划、区域政策等属于区域经济的应用工具，是近年来区域经济的研究热点。欧盟及包括中国在内的发展中国家，都十分重视区域规划与经济政策的问题。对中国的区域经济政策，目前存在两种观点，一种观点认为，中国目前不存在区域经济政策，应该构建中国区域经济政策体系，对区域经济政策概念、范畴进行理论的规范。另一种观点认为，中国的区域经济政策应当是经济政策和产业政策的区域化，没有必要也不可能制定专门的区域政策。两种观点虽然有很大区别，但都认为中国目前的区域政策尚缺乏理论的基础。

三、区域经济学的未来方向

区域经济学是一个国内外接轨的学科，中国区域经济学发展的同时，国际上的区域经济研究也在向前推进。笔者对未来区域经济学的研究方向做如下的研判。

1. 区域经济学的中国化研究方向

区域经济学理论是指有关区域经济发展和变化规律的理论。新中国成立后，中国共产党在运用马克思主义基本原理指导中国特色社会主义经济建设的过程中，国内学者运用马克思主义的基本原理，提出了许多具有原创性、时代性的概念和理论，如生产力均衡布局、区际非均衡发展、区际协调与协同发展、城乡统筹、以人民为中心的平衡充分发展等，这些概念和理论组成了中国特色的区域经济学理论框架，尤其在新时代坚持将以人民为中心作为治国理政的价值引领，统筹推进"五位一体"总体布局，协调推进"四个全面"战略布局，贯彻落实创新、协调、绿色、开放、共享的新发展理念，进一步发展了中国特色的区域经济学理论。

2. 区域经济学的模型化和计量化研究方向

国际区域经济学研究的模型化和计量化特点，是在投入产出模型、线性规划模型、区域空间均衡模型、区域经济增长模型、环境影响模型、动态城市模型、城市体系一般均衡模型、分散化城市理论模型等方面，更多和更广泛地应用空间计量分析方法。因此，在中国区域经济学的发展过程中，与国际接轨也是一个重要的研究方向。

主要研究的问题包括：一是进行区域经济结构分析，对反映区域经济结构的经济变量之间的依存关系进行计量分析；二是进行预测分析，应用计量模型进行计量测算，给出经济变量值在未来或其他区域的预测结果；三是进行政策评价，模拟各种政策措施，对比政策的模拟结果，对不同的区域经济政策进行比较选择。

3. 区域经济学的新经济地理研究方向

到目前为止，核心边缘模型（CP模型）等基本的、直观性比较强的理论贡献，已经被学术界广泛接受。新经济地理学的思想性的发展成果继续强劲，这些研究和应用目前更多的是在中国等发展中国家。目前，新经济地理学的理论研究走出已有的框架，从更多的方向研究新的问题，比如异质性、城市体系、交通、公共政策等，这些研究能够带来实质性的进步，把这些新的理论和方法引入区域经济学，无疑是未来重要的研究方向。克鲁格曼认为，当前世界的经济发展，收益递增的色彩弱化了，新古典的完全竞争、外部性、聚集经济等的色彩加强了。就是说聚集经济理论等完全竞争范式下的理论正在具有更加重要的解释力和应用前景。需要注意的是，新经济地理学更侧重于强调有形因素的影响，但现实世界中无形因素的影响更加重要，互联网、人工智能等的发展更加证明了这一点。

4. 区域经济学的国家-区域一体化研究方向

国际上的新区域主义研究，首先把经济规模的差异引入区域经济学，改变了传统理论的一些假定，得出了一系列新的结论。这种国际层面的研究对于在国际上地位日益重要的中国经济来说是十分重要的。国内跨行政区的区域经济一体化战略的实施，使区域层面的问题更加宏观化。京津冀协同发展、粤港澳大湾区建设、长江经济带发展、长三角一体化发展、黄河流域生态保护和高质量发展、成渝城市群建设，所涉及的六个区域是最有条件率先实现区域经济一体化的。区域经济一体化是一种过程和一种状态：资源有效利用、要素自由流动、结构得到优化、政策取得一致。区域经济的高质量发展是国家和区域一体化的研究归宿。正如当前宏观经济对转型问题十分重视一样，区域经济对转型问题也十分关注。但区域经济是分区域来关注的。比如，东部地区更多的是关注创新和产业服务化发展问题，中部地区关注产业升级与发展现代制造业问题，西部地区关注产业转型与能源开发等问题。注重不同区域的转型路径。高质量发展一定是伴随着较高的生产效率和良好的产出收益的。

5. 区域经济学的生态经济研究方向

以"两山理论"为指导，建立严格的生态保护和资源管理制度，已经是区域经济研究的重要内容。理论和现实的发展需要人们牢固树立人与自然和谐相处的思想。自然界的基本结构单元是多种多样的生态系统，处于一定时空范围内的生态系统，都有特定的能流和物流规律。生态安全关系全局，要按照科学发展的要求，处理好发展和保护的关系，避免产业转移带来污染转移。加强生态系统修复和综合治理，做好重点区域水土流失治理和保护。建立严格生态环境保护制度，控制污染排放总量，确保资源永续利用，走出一条绿色生态的新路。同时，在全国范围内实现制度统一和区域间互助共济，要完善能源消费总量和强度的双控制度，全面建立生态补偿制度，健全区际利益补偿机制和纵向生态补偿机制。要完善财政转移支付制度，对重点生态功能区、农产品主产区、困难地区提供有效转移支付。

区域经济学的研究逻辑：
兼论中国气派的区域经济学构建*

张可云　孙鹏

一、引言

区域经济学是经济学众多门类中的一个分支，其起步和发展相对较晚。在欧美，区域经济学发端于20世纪40年代，兴起于50年代；中国在20世纪80年代才开始关注和重视这一新兴学科，随后学科发展呈现勃勃生机（张可云，2013）。当前，无论是在国家层面还是地方层面，对区域经济问题的重视程度之高是以往少有的。习近平（2019）提出了新形势下促进区域协调发展的思路和主要举措，地方政府为推动区域经济发展，解决自身出现的区域问题，纷纷出台相应的地方政策。除推动区域经济发展与解决区域问题的现实需求外，区域经济发展规律与研究逻辑本身同样具有特殊的魅力，这在一定程度上使中国的区域经济学成为一门显学。

第二次世界大战后，问题区域陷入困境与区域间差距扩大等现实问题使区域经济学应运而生。在中国，如何解决区域问题与缩小区域间差距同样是当前的重大现实问题。区域经济学的研究对象可以总结为区域发展与区际关系协调，前者着重于区域内部，后者聚焦区域之间。区域经济学产生于特殊的现实背景，面临不同区域的特定问题。对应于这些特定问题，区域经济学需要相应的特定研究逻辑。如何总结区域经济学的特定研究逻辑？区域经济学与相关的学科在研究逻辑上的联系与区别是什么？这些是学术界没有关注但必须回答的学科基本问题。

本文所探讨的区域经济学研究逻辑是指研究区域经济问题的规律或规则。区域经济学能成为一门独立学科的必要条件之一是具有自身的特定逻辑，这种特定逻辑区别于其他经济学分支学科，也区别于其他研究空间经济问题的学科。有别于一般的理论经济学，区域经济学在经济问题的研究中强调空间维度的分析，并且这些经济问题直接来源于现实，学科具有极强的问题导向，其归宿是解决现实的区域问题。区域经济学吸收了来自不同经济学分支、地理学、规划学和管理学等学科的精华，构建了系统的认识论基础，丰富了自身的理论体系和方法框架，创造了自身的特定研究逻辑。本文尝试将区域经济学这门学科的特色逻辑归纳为"三对照"与"三并存"。所谓"三对照"，是指与一般性对照的特殊性的逻辑、与时间性对照的空间性的逻辑以及与指导性对照的针对性的逻辑；所谓"三并存"，是指偶然性与必然性并存的逻辑、学理性与操作性并存的逻辑以及演绎性与归纳性并存的逻辑。根据"三对照"与"三并存"的研究逻辑并结合中国现实，本文提出构建中国气派的区域经济学的方向。

本文余下部分内容安排如下：第二部分对空间经济研究领域的争论进行梳理，讨论这些学

---

* 原文发表在《北京大学学报（哲学社会科学版）》2021年第3期。作者张可云为中国人民大学应用经济学院教授、博士生导师；孙鹏为中国人民大学应用经济学院博士生。

科的思想基础和范式差异，并据此提出区域经济学研究逻辑的认识论基础；第三部分对"三对照"的研究逻辑进行阐述；第四部分对"三并存"的研究逻辑进行分析；第五部分根据本文所提出的区域经济学研究逻辑对政策无用论进行批判性分析，并结合理论与现实提出构建中国气派的区域经济学的方向；第六部分是总结与讨论。

二、空间经济研究领域的经济学派与地理学派之争

空间经济学包括经济地理学、区位经济学与区域经济学。主流经济学对空间因素的长期忽视是其突出问题之一，形成这一问题的原因之一是经济学界长期无法将空间因素纳入一般均衡的框架之中。空间不可能性定理表明，均质空间中竞争价格和正的运输成本不兼容（Starrett，2018），这导致许多经济学理论在纳入空间因素后失效。为了形式的完美和均衡的可解，空间因素一直被束之高阁。在可用的数学工具出现之后，经济学界开始将空间因素纳入一般均衡的框架，形成了以 Paul Krugman 等人为代表的"新经济地理"（NEG）学派（空间经济分析的经济学派）。Krugman（1991，1998）对 20 世纪 90 年代之前的区域经济分析有些不屑一顾，认为区位理论和传统经济地理学已经被边缘化，理由是其缺乏主流经济学的统一解释范式，需要进行改造。NEG 以 Dixit-Stiglitz 模型、冰山成本、演化理论和计算机模拟为分析工具，将空间因素纳入了均衡分析框架，推动空间经济问题的分析范式向主流经济学靠拢（Krugman，1998）。

但是，长期从事空间经济分析的经济地理学家（空间经济分析的地理学派）则认为 Krugman 的 NEG 既不新，也不是经济地理学，只能称作地理经济学，他们认为 Krugman 对区域进行建模，只是在研究"模糊的区域"（nebulous region），与区域科学创始人 Walter Isard 所研究的"抽象的区域"（abstract region）一样，都只不过是抽象的几何图形，为了一般化而忽略了实际区域的个体特征，与现实差别很大，无法获得关于空间经济的正确认识（Mki and Marchionni，2011；Olsen，2002；Martin，1999）。

西方空间经济研究领域的地理学派与经济学派的争论由来已久，并且无法调和。究其根本，是由于二者在认识论层面上经验主义和理性主义的对立。区别经验主义和理性主义的主要标准（甚至唯一标准）是认识的起源和途径上的立场，经验主义认为认识必须起源于感性经验，而理性主义认为只有经过理性检验的认识才可以成为真知识，因此二者的认识途径分别强调归纳和演绎（陈修斋，2013）。地理学派的研究基于现实中的空间，直接对具体区域的现状进行分析，在方法上强调对现实的归纳；经济学派依据对现实抽象而来的假设，借助数理逻辑，强调由公理到结论的演绎。归纳性体现在对特殊和个别的解释上，根据大量事实综合以得到规律；而演绎性体现在统一的范式与解释上，强烈依赖逻辑的完整。无论是经验主义还是理性主义，都是片面的认识论，无法把握认识的完整过程。认识起源于对客观现实的感性认识，经过第一次飞跃上升为理性认识，再经过第二次飞跃指导实践，循环往复，不断深化。无论是空间经济研究领域的经济学派还是地理学派，都是根据自身的侧重对空间经济的不同方面进行研究，研究问题分别属于认识的不同环节。虽然在研究范式等方面存在差异，但各学派的研究都是具有学术价值和实践意义的。

区域经济学的研究问题直接来源于现实，并根据研究成果所形成的理论体系回归现实，指导实践，涉及完整的认识过程。由于这种学科特点，区域经济学需要借鉴与吸收相关学科与学派的精华，在方法论上采取"实用主义"，对待不同认识阶段的研究问题应用合适的研究方法，适应不同的研究情境，以完善和发展自身的理论框架并提高学科的研究水平。在研究逻辑上，

区域经济学应当超越经济学派和地理学派的争论，突出自身的研究逻辑特色。

三、区域经济学的"三对照"研究逻辑

区域经济学需要解决现实中特定的区域问题并协调区域之间的关系，把握现实区域的特殊性尤为重要，即区域经济学具有与一般性对照的特殊性的逻辑；主流经济学在一定时期内忽视空间，而随后引入的空间是抽象区域，区域经济学自产生之初就给现实空间赋予了核心地位，即与时间性对照的空间性的逻辑；区域经济学是为了解决现实的区域问题，并提出针对特定区域问题的解决方案，即与指导性对照的针对性的逻辑。

（一）与一般性对照的特殊性的逻辑

一般性是指用统一的范式与框架解释经济现象。而与之对照的是特殊性，这种研究逻辑与具体问题具体分析的思想是一脉相承的。目前主流经济学强调统一的分析框架，并利用模型对经济现象进行解释。区域经济学产生之前，古典区位理论同样崇尚这种研究方法，利用统一的模型对经济主体的区位选择等空间经济问题进行解释。但中心地理论将一般模型的演绎与特殊地理事实的归纳进行了结合。

区域经济学吸取了区位理论演进过程中的经验，不仅对区域发展一般规律进行研究，而且在此基础上，强调对区域中现实的具体经济事件进行分析，而这遵从了特殊性的逻辑。不同区域所面临的主要问题、发展起点、思路与方向都不相同。例如，问题区域可归类为落后区域、膨胀区域和萧条区域。落后区域需要从农业社会转型为工业社会或服务业社会，步入现代化发展轨道；膨胀区域需要防止老化，吐故纳新，永葆发展活力；萧条区域需要重振雄风，恢复往日的活力和地位（Pike，2017）。不同类型区域的分析框架相对而言都有一定的特殊性。而在区域之间，为了构建协调的区域经济关系，需要根据差异化的区域优势，构建区域间互补体系（蔡之兵，2020）。确定区域之间互补的类型和方式，需要用特殊性的逻辑对特定区域进行全面的社会经济分析，以保证区域关系始终处于良性的发展轨道。这些从特殊事实中总结出来的结论和通过模型推导得出的理论是不同的，前者可以直接再回到具体区域发挥政策指导作用，而后者由于理论的一般性和假设的非现实性很难直接针对具体区域发挥政策指导作用。从特殊性到一般性，再到特殊性，是区域经济学有别于一般经济学的突出特色之一。

在空间经济研究领域，过度强调解释统一的理论要么前提假设脱离现实，要么在学科整体层面无法自洽，这是由于不同空间尺度的区域经济问题不可能用一套理论框架得到解释。在区域尺度下的经济分析强调规模收益递增和不完全竞争，而忽略对土地的分析；在城市尺度下，土地是城市体系中的重要因素之一；对于交通经济的研究，在区域尺度下强调"交通流"的分析，而城市尺度下强调不同交通方式的相互作用（Proost and Thisse，2019），因此不存在放之四海而皆准的理论。在研究现实区域问题时，特殊性逻辑和个别方法的实用价值远远高于一套"万能"的模型。

不同区域的发展起点、机制与动力存在差别，因此不能一味地寻求解释统一，而需要用特殊的方法或框架进行分析。追求一般性致力于删繁就简，而追求特殊性致力于因地制宜。区域经济学对不同尺度的现实区域的经济活动进行研究，依靠研究结果对特定区域提出针对性的问题解决方案。因此，区域经济学的研究需要遵从与时间性对照的空间性的逻辑，以及与指导性对照的针对性的逻辑。

（二）与时间性对照的空间性的逻辑

主流经济学研究资源配置优化时往往注意时间分析而忽视空间研究，这是其突出问题之一，因此 Krugman（1998）认为空间是主流经济学最后的前沿。然而在 Krugman 之前，并不是没有经济领域的学者对空间问题进行研究。例如，美国著名学者 Isard 创立了区域科学，来弥补经济学的这一重大缺失。而如前文所述，对于现实问题尤其是具体区域的规划与政策研究，不能依赖"模糊的区域"或"抽象的区域"这种删繁就简的假设。区域经济学所研究的区域应当是现实的区域。对现实区域的研究有利于从现实中认识问题，并将获取的知识直接应用于区域问题的解决。

现实的区域从区域管理角度来看，张可云（2005）认为可以分为标准区域与问题区域。这两类区域是政府区域管理具体作用的对象。前者主要服务于区域规划并为识别问题区域提供基本空间单元；后者服务于区域政策，是区域政策的具体作用对象。例如，美国的标准区域称作经济地区（EA），欧盟的标准区域称为 NUTS，而问题区域是作为政策作用对象的目标区域。

现实的区域从其性质来看，可被划分为匀质区域（或称均质区域）、节点区域（或称极化区域）与规划区域（或称计划区域）。匀质区域是具有某些共同特点的多个空间单元组成的区域，这些共同特征可能是自然资源禀赋或经济社会方面的。在研究匀质区域时，区域内部差异及相互作用往往不是重点，因而被忽略。节点区域是一系列与增长极保持密切联系的空间单元构成的区域，且这种联系强于与其他同等级空间单元的联系，即节点区域是由在功能上彼此紧密联系的异质单元组成的区域，其内部具有功能相互联系、等级分明和核心突出等特点。在研究节点区域时很少考虑其内部一致性。规划区域是为了以最经济的方式实现一定目标而设定的连续空间。规划区域的设定与行政调控或政治等因素有关，其主要目的是解决特定空间范围的问题，实施一系列特殊的政策与规划。

除上述分类外，还可以依照其他标准对区域进行分类。需要注意的是，这些区域并非一成不变，而是随着时间的推移而发生变化。区域经济学的空间性表现在其研究的是具体的现实区域，这类区域需具备原始空间性的特征，而且是动态变化的（蔡之兵、张可云，2014）。依托具体现实的区域进行经济研究，兼顾时间性与空间性是区域经济学的突出特色之一。

（三）与指导性对照的针对性的逻辑

研究社会科学问题的学科无一不寻求对特定社会问题的指导性，指导性是特定学科产生的重要现实背景。对于偏重理论的学科而言，其指导性来源于理论的创新。但是，指导性过于原则化，则难以具体到实际操作层面，在理性认识到实践的飞跃过程中很难发挥针对性作用。Colander 和 Freedman（2019）认为，应用经济学者应该具有知识与技术的综合视野与敏锐程度，这是与理论经济学不同的。区域经济学作为紧密与现实联系的应用经济学分支，其产生的背景是区域经济差距逐渐扩大，学科诞生之时就注定了针对性是这门学科的灵魂。如果区域经济学只提出原则性指导，则其完全没有出现的必要。区域经济学要与其他经济学分支并存，必然要有学科自身的特色，而这集中体现在针对性上，即寻求自身对特定区域问题针对性的解决方案。

空间经济问题研究的演进过程分三个阶段，即记述阶段、解释说明阶段和规划发展阶段，这三个阶段分别回答了空间经济三个层次的问题：什么地方有什么（What is where?），为什么形成这样的分布（Why?）和在已知前两个问题的情况下怎么办（So, what to do?）。区域经济学诞生于第三个层次空间问题的研究，即区域经济学要提出针对性操作方案。区域经济学的针对性包括两大类，即针对具体的问题区域与针对区域之间的矛盾与冲突。一个国家内部要一体化，即形成完整的利益共同体，必须由政府出面扶持落后与萧条区域的发展，缓解膨胀区域的城市病，并用明确的规划与政策引导不同区域之间化冲突为合作。例如，著名的田纳西河流域管理局和阿巴拉契亚区域委员会为美国解决了地区经济落后的问题，对于波多黎各的针对性发展建议使其脱离贫困。

针对具体区域问题的研究是理论经济学无法触及的，是区域经济学相对专属的研究领域。除需要掌握一般经济学理论外，区域经济学学者还需要了解不同类型区域发展的一般规律与关键问题，掌握治疗区域病的一般药方和针对性疗法，掌握区域管理和规划的一般规范和具体操作程序与工具，这些十分具体的研究是区域经济学针对性逻辑的集中体现，在指导性基础上重视针对性是区域经济学的突出特色之一。

四、区域经济学的"三并存"研究逻辑

区域经济发展过程存在着偶然性与必然性的相互作用，因此区域经济学需要依靠偶然性与必然性并存的逻辑来把握现实问题；区域经济学对现实本身的认识应当超越表面现象的描述，上升到学理性的高度，同时应对现实问题提出具体的解决方案，即要把握学理性与操作性并存的逻辑；区域经济学的研究始于对现实经济现象的直接观测，并在研究过程中吸取演绎和归纳方法的精华，即区域经济学需要遵从演绎性与归纳性并存的逻辑。

（一）偶然性与必然性并存的逻辑

自第一次产业革命以来，地方发展的兴衰交替从未停止。有些地方在很短的时期内便发生了沧海桑田的变化，而有些地方几十年甚至是上百年几乎一成不变。空间格局中的重大变化既存在偶然性，也存在必然性。在历史上，空间中心产生的重要来源是一些偶发性事件，某些事情一旦开始于某处，就不会发生于其他同样好或更好的地方，而且这一事件的发端获得了成功。随着偶然事件的发生，不断增长的内部与外部经济在牺牲其他区域的前提下，支撑并强化自身的持续经济增长，这一规律是 Myrdal 所揭示的循环累积因果规律（Myrdal, 1957）。在区域经济发展过程中，偶然性往往是一个区域步入现代化的重要原因之一，而其一旦步入现代化轨道，则会遵循一定的规律发展，这些规律带有一定的必然性。

马克思主义哲学认为，"在所有这样的社会里，都是那种以偶然性为其补充和表现形式的必然性占统治地位。在这里通过各种偶然性来为自己开辟道路的必然性，归根到底仍然是经济的必然性"。因此才能认为每个区域都有成为发达区域的机会，而真正在现实中步入现代化的区域往往是由于其适时抓住了难得的发展机遇，而停滞不前或开倒车的区域往往多次与机遇失之交臂。主流经济学纯抽象的模型化分析框架无法完全刻画出这种不同区域发展差异的事实。例如，在深圳、珠海、汕头、厦门与海南五个经济特区中，只有深圳发展成了世界级中心。这一事实既体现了区域发展的偶然性因素，即改革开放的外生政策效应，又体现了区域发展的一般规律，即抓住发展机遇后深圳遵循着的一般城市扩张与发展规律。

依据偶然性与必然性并存的逻辑，研究现实区域，需要对区域的禀赋与历史进行完整且深入的梳理，了解其发展历程中偶然性的推动事件，同时对其发展符合一般规律的内外部原因进行阐释，力求更完整地研究其发展路径，并对区域未来的发展提出可操作的政策方案。在应用定量研究方法进行研究时，需要根据具体的历史情景采用合适的研究设定，而非将某一理论强行套用到具体的历史事件上（Carus and Ogilvie, 2009）。

（二）学理性与操作性并存的逻辑

学理性，即体现科学的原理或法则。对于同一问题，其原理与法则通常并不是唯一的。针对"结果的原因"的研究，往往会有不同的解释。因此，在分析现实问题时，如何选择原理与法则成为一个需要解决的问题。例如对于企业改革问题，有学者主张市场化，有学者主张强化政府干预，这是通过不同原理和法则推导而得出的结论。具体应用何种解释，则应当具体问题具体分析。对于区域经济学所研究的问题，不应只局限于空间经济现象的描述，更应聚焦"原因的结果"，直面问题的因果关系，探究原因影响结果的机制，以求对现实问题有更深入的理解，并根据对因果关系的识别精准地提出针对性的现实解决方案。

在不同情景下利用不同的理论与工具对问题进行研究，表面上看来区域经济学像一个"大杂货铺"，然而这并非讽刺，而是从一个侧面说明了区域经济学的长处。区域经济学兼容并蓄，取各家之长，在提出操作性建议时可运用的工具便极为丰富，原因在于区域经济学面临的现实问题类型繁多。针对不同类型、处于不同发展阶段区域的问题运用不同的分析框架与政策工具，这并不是机会主义的表现，而是针对具体问题的问题导向研究，既不失学理性，又具有操作性。在学理性上，在不同尺度的空间单元上根据合适的前提假设，应用合适的理论进行解释，应用现实层面的证据（尤其是因果识别的证据）对理论进行检验，有利于更准确地认识一般与特殊的规律；在操作性上，对不同类型区域应用不同的政策工具，以解决具体的现实问题。

需要强调的是，区域经济学的操作性并非直接作用于微观主体，而是为了帮助政府制定不同区域尺度下的政策与规划，间接影响微观主体的行为。加强区域规划与区域政策方面的学理研究，并提出相应的可操作的政策含义，是区域经济学学科发展的正确方向。

（三）演绎性与归纳性并存的逻辑

如上文所述，演绎和归纳分别是理性主义和经验主义的方法论基础，是两种不同的认识逻辑。主流经济学对演绎情有独钟，而经济地理学则时常对主流经济学的复杂模型嗤之以鼻，认为其不过是炫耀数学水平而已。经济地理学家认为不同空间尺度的经济问题的机制不同，无法用同一套模型进行解释，而地理学的数量化革命同样促进了空间经济研究的发展。

区域经济学与一般的理论经济学相比，更加强调从事实中归纳经济发展的空间分布规律，总结、借鉴和吸收了一系列归纳而来的经济学理论，如 Williamson 的倒"U"形理论、Northam 关于城市化进程的 S 形曲线以及配第-克拉克定理等都是在归纳大量事实后得出的结论。在中国的区域研究中，著名的"胡焕庸线"同样是归纳而得出的结论。应用归纳方法，可以从现实中寻找特殊性与一般性的规律，发现事物发展过程中的偶然性与必然性，这是演绎方法力不能及的。而在探讨区域经济发展的一般规律时，演绎方法可以更清晰且简明地说明基本问题，这种方法同样有着重要的意义。

纵观认识的全过程，经验的归纳和逻辑的演绎分别在不同阶段发挥着重要的作用。对现实特征的认识和经验研究需要归纳方法，这可以更加清楚地认识现实；而在学理层面，演绎方法则具有优势，有助于理论创新，利用数学作为工具，能更加清晰简洁地表达理论逻辑。因此，采取以归纳和演绎为基础的各种方法进行区域经济学研究，可以加强区域经济学从现实到理论，再到现实操作层面的学科作用。区域经济学应当在讲好中国故事和解决现实区域问题的前提下，采用方法论上的"实用主义"，在特定研究情境下选择合适的方法论，即演绎性和归纳性并存的研究逻辑。

"三对照"与"三并存"的区域经济学研究逻辑是区域经济学学科与现实问题的特征决定的。而这些研究逻辑是一个互相支撑的统一体，不能割裂其内在联系，否则会将研究引向极端，无法发挥学科的理论与实践作用。

五、政策无用论批判与中国气派的区域经济学构建

区域经济学具有明确的问题导向性，解决区域问题是其最终的落脚点，政策的实施是重要手段之一，这与主流经济学一些学派所提出的"政策无用论"是针锋相对的。在区域经济学看来，政策是否有用应当以其最终是否有效作为评价标准，而非一概而论。围绕中国的区域经济政策实践与未来的区域经济制度和机制的设计问题，构建中国气派的区域经济学，是中国区域经济学学者的使命。

（一）区域经济学视角的政策无用论批判

如果只从理论和原则性方面做出指导，那么区域经济学就没有存在的意义，或者推而广之，应用经济学就没有存在的必要性了。有针对性地提出区域问题的解决方案是区域经济学的价值所在，区域政策的实施是应用的一种重要的手段，这意味着如果"政策无用论"成立，则区域经济学便和主流经济学没有任何区别。因此，根据"三对照"与"三并存"的区域经济学研究逻辑，"政策无用论"是一个伪命题。

"政策无用论"来源于主流经济学，建立在古典或新古典的框架下。其特征在于理论的一般性和指导性，规律研究的必然性，以及研究方法的演绎性。对于具体的区域问题，一般性的研究结论并不能直接套用到现实区域上，而指导性的原则并不能代替对具体事件的针对性研究。对于具体政策的有用性评价，应当运用系统并完整的科学方法，以循证标准（based on evidence）进行效果评估，直面政策变量的因果效应，而非依据某一理论直接做出判断。在效果评估的过程中，应用因果识别的方法尤为重要，仅凭直接经验、现实描述或新颖的数据方法并不能解释政策的因果效应（Pearl and Mackenzie，2018）。同时，"政策无用论"极端地强调必然性，忽略了历史演进中的偶然性，不同偶然的混杂因素对政策效果的影响同样应当在具体事件的分析中加以考虑，而非武断地得出宿命论式的结论，陷入实在论的世界观之中。在方法论层面，"政策无用论"的演绎性建立在诸多过于抽象的前提假设之上，忽略实际中的一些重要因素，而这些结论是否可以有效地评价政策有用性，同样需要现实的证据支撑。此外，主流经济学忽略空间，或利用一般化的几何空间，对区域政策直接进行抽象化的模型阐释，其对政策有效性的评估效力同样存在疑问。具体政策有用性的理论推演应当考虑目标主体所处的环境，更全面地考虑问题才能更精准地进行政策评价。

（二）中国气派的区域经济学构建

中国国情决定了区域经济学的重要性。中国现阶段的主要矛盾已转化为人民日益增长的美好生活需要和不平衡不充分的发展之间的矛盾，而城乡区域发展和收入分配差距较大是不平衡不充分问题的重要表现之一。解决区域不平衡不充分的发展问题，需要落实到具体的区域政策上，以促进区域经济发展和区域经济关系协调。区域经济学的繁荣发展即源于对这两类问题的研究。然而，在中国区域经济学发展的过程中还存在隐忧，这体现在研究与决策两个方面。在研究方面，以往的研究重决策解读、轻区域管理制度基础研究和理论方法创新；在决策方面，以往的决策重区域战略与规划、轻区域管理制度基础与区域政策。构建中国气派的区域经济学，

需要从研究和决策两方面入手,更好地解决中国区域经济问题。

目前,中国区域经济研究明显分化为两条平行线:一条线专注于现实问题分析,另一条线专注于模型构建。专注于现实问题分析者忽视理论与模型,或者是由于对模型没有兴趣,或者是由于学者缺乏基本的数学功底;专注于模型构建者往往忽视对现实地理分布状况及动态变化过程的关注,只注重模型的演绎。数学模型的应用无疑推进了经济学的发展,其表达的简洁和清晰使得理论更加易于理解和传播,这需要区域经济学加以更好地利用。然而数学演绎并非唯一的研究方法,且不能直接加深对具体现实问题的认识,过度沉溺于数学模型的演绎而对事实不闻不问,与区域经济学甚至经济学产生的初衷不符。

对于现实区域经济发展规律和区域经济政策效果的评价,可以借助模型说明其依据的理论和机制,但作为政策效果的评价则需要通过现实数据计算出区域政策与项目的具体效应(包括产出、结果与影响)与效益(包括适用性、效率、效果、效能与持续能力)。在研究层面,理论与方法的创新是今后区域经济学的发展方向,以"三对照"与"三并存"的研究逻辑为指导,推进中国气派的学科体系构建,并将研究成果落脚于区域经济决策。

在决策层面,在区域经济热点不断出现的同时,一个问题表现得越来越明显,即热衷于提出各种区域战略与制定各类区域规划,而区域管理制度基础与区域政策完善受到忽视。这一问题表现在许多方面,例如,区域战略与规划接二连三地出台,但这些战略或规划的执行主体与程序是什么、由哪个机构去监督和评价这些战略与规划的执行过程与结果、用何种区域政策工具去支持这些战略或规划目标的实现等此类问题并没有明确,导致区域经济学目前难以为解决现实问题提供强有力的支持。因此,中国区域经济学的重要任务,尤其是在"十四五"期间的重要任务,是推动区域经济管理创新、构建区域经济管理体制机制,在决策和操作层面推动区域管理机构的设置与政策程序安排、政策作用对象识别、政策工具使用程序与选择和政策执行监督与评价(即"谁管""管谁""咋管""管效")。

区域经济学不能单纯地依靠模型化强行融入主流经济学,同样不能仅停留于描述层面。构建中国气派的区域经济学,要能解释中国现实、讲好中国故事并推动中国发展,必须围绕学科自身的逻辑发展,在理论和方法层面推动创新,并在研究区域经济一般理论的基础上,对政策与规划等现实工具进行研究,在决策层面上推动中国区域管理创新。

六、结论与讨论

停留于一般性、时间性与指导性而忽视特殊性、空间性与针对性的研究并非完整的区域经济学研究。在把握一般性、时间性与指导性的同时,强调特殊性、空间性与针对性是区域经济学的真正特色。"三对照"与"三并存"的区域经济学研究逻辑揭示的是区域经济学在经济学中的独特性,而这一独特性是区域经济学在经济学学科体系中的立足之本,"政策无用论"在区域经济学研究逻辑的框架下是站不住脚的。

区域经济学的研究在当前有重要的现实意义,是中国实现高质量发展的学理来源之一。依据"三对照"与"三并存"的逻辑,从现实中发现问题,上升到学理层面形成指导性的理论,并回到现实解决问题,推动中国区域经济学的研究与决策层面的创新,构建中国气派的区域经济学,是中国区域经济学人应当担负起的责任。早在没有经济学的古代,中国的往圣先贤就给出了许多原则性的指导。例如,孟子指出了分工的必要性,"子不通功易事,以羡补不足,则农有余粟,女有余布;子如通之,则梓匠轮舆,皆得食于子"。墨子曾经提出朴素的比较优势思想,"利之中取大,非不得已也。害之中取小,不得已也。所未有而取焉,是利之中取大也。于所既有而弃焉,是害之中取小也"。在浩如烟海的中国古代典籍中,诸如此类闪耀不朽光辉的思想比比皆是,即使按现代经济学范式分析,其明晰的概念、严密的推论与明确的立论也无懈可击。中国古代经济思想应当在世界范围内占有一席之地,其理论与现实意义并不逊于现代经济学。中国古代经济思想的经典论述值得总结,将其与现代经济学进行衔接,并结合当代中国区域经济发展现实,充分挖掘其蕴含的学理性与应用性对于推动中国经济社会发展的现实价值,不失为构建有中国气派的区域经济学的重要途径。

中国古代有"经济之学"一说,指经邦济世之学,涵盖了包括经济学在内的许多社会学科研究领域。区域经济学自产生之日起就有明确的学以致用的目的,不仅要回答"是什么"和"为什么"的问题,还应回答"怎么办"的问题。区域经济学要讲好中国故事,不仅要利用现代方法研究现实问题,而且要将中国先贤的经济学思想系统化,以达到促进区域发展平衡充分而经世济用的目的。目前,中国正在构建以国内大循环为主体、国内国际双循环相互促进的新发展格局,这是应对外部环境的一次战略调整,必将对国内不同类型区域的发展路径与各级政府的区域协调方式产生重要影响,同时会推动中国气派的区域经济学构建。

参考文献

陈修斋,2013,《欧洲哲学史上的经验主义和理性主义》,武汉大学出版社。
蔡之兵,2020,《高质量发展的区域经济布局的形成路径:基于区域优势互补的视角》,《改革》第8期。
蔡之兵、张可云,2014,《区域的概念、区域经济学研究范式与学科体系》,《区域经济评论》第6期。
胡焕庸,1935,《中国人口之分布——附统计表与密度图》,《地理学报》第2期。
习近平,2019,《推动形成优势互补高质量发展的区域经济布局》,《求是》第24期。
张可云,2005,《区域经济政策》,商务印书馆。
张可云,2013,《区域科学的兴衰、新经济地理学争论与区域经济学的未来方向》,《经济学动态》第3期。
David Starrett (1978), "Market Allocations of Location Choice in a Model with Free Mobility", *Journal of Economic Theory*.
Paul Krugman (1991), *Geography and Trade*, MIT Press.
Paul Krugman (1998), "What's New about the New Economic Geography?", *Oxford Review of Economic Policy*.
Paul Krugman (1998), "Space: the Final Frontier", *Journal of Economic Perspectives*.
Uskalı Mki & Caterina Marchionni (2011), "Is Geographical Economics Imperializing Economic Geography?", *Journal of Economic Geography*.
Joshua Olsen (2002), "On the Units of Geographical Economics", *Geoforum*.
Ron Martin (1999), "The New 'Geographical Turn' in Economics: Some Critical Reflections", *Cambridge Journal of Economics*.
Andy Pike, Andrés Rodríguez-Pose & John Tomaney (2017), *Local and Regional Development* (2ed), Routledge.
Stef Proost & Jacques-Franois Thisse (2019), "What Can Be Learned from Spatial Economics?", *Journal of Economic Literature*.
David Colander & Craig Freedman (2019), *Where Economics Went Wrong*, Princeton University Press.
Gunnar Myrdal (1957), *Economic Development and Underdeveloped Regions*, Duckworth.
A. W. Carus & Sheilagh Ogilvie (2009), "Turning Qualitative into Quantitative Evidence: A Well-used Method Made Explicit", *The Economic History Review*.
Judea Pearl & Dana Mackenzie (2018), "The Book of Why: The New Science of Cause and Effect", *Basic Books*.

区域派生理论与经验研究进展

张可云　李晨

一、引言

当前，世界经济形势风云变幻，保护主义和单边主义抬头，多边主义和贸易自由体制受到冲击，逆全球化思潮持续发酵，国际社会面临的不确定、不稳定因素有所增加，风险挑战不断加剧。面对如此复杂的国际环境和艰巨的国内发展任务，中国亟须通过全面深化改革和扩大开放提升国内经济活力，突破世界经济发展瓶颈。创新是经济发展的根本动力。党的十八大以来，中国全面贯彻落实新发展理念，大力实施创新驱动发展战略，深入推进供给侧结构性改革，加快推动产业结构转型升级，有的区域因此实现了高质量的经济发展，有的区域经济发展焕发了新的生机，而有的区域却依旧陷于萧条的泥潭无法自拔（张可云，2017）。这种区域经济发展差异引发了国内区域经济学界的高度关注，区域经济发展如何才能摆脱路径依赖、实现推陈出新，成为区域经济学学术研究的热点问题之一。

区域派生（regional branching）是近十多年西方区域经济学、演化经济地理学和产业经济学等学科关注的热点研究领域，对于区域经济发展如何打破路径依赖实现路径创造、区域新兴产业如何与区域内现有产业结构相联系，以及如何增强区域复原力（regional resilience）等问题具有较强的解释力。区域派生根植于演化经济学，其将惯例复制、关联多样化、最优认知邻近和企业资源基础观等概念相联系，从以动态、不可逆和创新为根本动力的角度来理解区域经济发展，认为区域经济发展是一个动态演化过程，区域的历史会影响区域未来发展方向，区域新经济活动能够从已有经济活动中发展而来。区域派生理论接纳了熊彼特的创新思想，认为区域经济发展的根本动力是创新，区域新旧经济活动之间的关联性是创新发生的纽带，所有区域新兴经济活动都可以被视为已有能力的新组合，区域在经济活动持续不断重新组合的过程中实现发展（Boschma & Frenken，2011）。可见，区域派生是区域发展的一个新思路。在世界经济结构深度调整的背景下，研究区域派生对中国更好地实施创新驱动发展战略和深化供给侧结构性改革具有重要的理论指导意义。目前，国外对区域派生的研究已经取得了较为丰富的研究成果，而国内对区域派生的研究还基本处于理论引介阶段，少有文献对其进行系统探讨。鉴于此，本文系统梳理了区域派生的概念内涵、内在逻辑、微观机制和多样化过程，总结归纳了现有研究的不足，指出了富有前景的未来研究方向，旨在填补目前国内区域派生相关研究领域的空白，以期丰富和完善区域派生的理论研究，并为以后的区域派生经验研究提供基本思路。

---

* 原文发表在《经济学动态》2019年第12期，编入本年鉴时略有删节。作者张可云为中国人民大学应用经济学院教授；李晨为中共中央党校（国家行政学院）讲师。

二、区域派生的概念内涵

区域产业发展新路径的创造有两种途径：一是来自区域外部的冲击，如技术革命、经济危机或政府政策，这种途径强调产业发展新路径创造的外生过程，认为新产业的出现有时并不依赖于现有的区域生产能力，外部冲击常常产生很大作用；二是区域派生这种途径强调新路径创造的内生过程，认为区域产业发展存在路径依赖效应，区域更有可能发展与本地现有产业相关联的产业（Frenken & Boschma，2007）。自 Frenken 和 Boschma（2007）首次提出区域派生概念之后，它逐渐成为西方区域经济学、演化经济地理学和产业经济学等领域的热点话题，研究成果不断丰富。但迄今为止，除了一些介绍与研究演化经济地理学的文章提到了区域派生外，中文文献对这个概念的关注并不多。因此，本文认为在深入研究区域派生之前，明确其概念内涵很有必要。

新兴产业往往与创新和创业活动密不可分，是未来带动社会经济发展的重要力量，因此新产业的产生与发展一直是国内外学术和政策研究的焦点。在区域经济学和演化经济地理学领域，产业兴起的空间过程也受到了高度关注。已有研究认为如果新产业与区域已有产业之间的联系越紧密，那么新产业在当地出现的可能性越大（Grabher，2009）。"Branching"一词早就存在于国外经济学和管理学等学科的文献中，但其含义一般是指设立分厂（Schmenner，1980）。Frenken 和 Boschma（2007）首次将从现有产品中发展出新产品的过程称为"branching"，其从企业组织惯例（organizational routines）时空演化的角度来描述经济发展，认为产业动态和城市经济发展是一个产品创新的演化派生过程。在这个过程中，产品创新的新路径是通过现有路径的重组和完善形成的。在此研究的基础上，Boschma 和 Frenken（2011）创造性地从技术关联性的角度去理解区域产业发展的这一路径依赖过程，认为区域新产业根植于与其存在技术关联的现有产业，通过现有产业能力的重新组合而产生，这种区域多样化的过程可以被定义为"regional branching"（"区域派生"）。Boschma 和 Frenken（2011）的定义首次深入阐释了区域派生的经济内涵，对后续研究影响深远。

本文认为该定义蕴含了两层含义。首先，这一定义一针见血地指出了区域派生现象的存在意味着新的经济部门能够从区域已有经济部门中发展出来，即区域新产业脱胎于旧产业。明确这一层含义之后，一个更加重要的问题便接踵而至，那就是区域为何能通过派生出与已有产业相关联的新产业来维持长期经济发展。Neffke et al（2011）认为只有从质变的角度才能深入理解区域经济发展，虽然国内生产总值等经济指标可以从数量上反映出区域经济总量的变化，但是这种变化本质上是区域经济活动不断重新组合的结果。熊彼特指出经济发展的本质是生产要素和生产条件的重新组合，驱动经济发展的根本力量是"创造性破坏"。当代区域经济学和演化经济地理学家接受了熊彼特的观点，认为区域要维持长期发展，必须不断地受到来自经济内部的创造性破坏过程的影响，即不断对本区域已有知识基础以一种新奇（novelty）的方式进行重新组合，发展出新的技术和新的产业以抵消其他经济部门的衰退所带来的负面影响，从而实现创新增长（Neffke et al.，2011；Castaldi et al.，2015；Boschma & Capone，2016）。这就引申出了区域派生的第二层含义：一个新的经济部门能够通过已有经济部门能力的重新组合而产生（Boschma & Frenken，2011）。换言之，区域多样化是一个派生过程，创新是这个过程的根本动力。可以说，虽然关联性的内涵随着后续研究的不断深入越来越丰富，但区域派生是区域多样化过程的本质始终没有改变。

综上所述，本文认为区域派生是区域通过关联性等内在逻辑产生新产业，从而实现区域产业多样化的过程。区域派生的内涵有两个方面：一是新经济部门能够直接从旧经济部门中发展出来；二是新经济部门的产生可能是来自不同的旧经济部门能力重组的结果。区域派生的内在逻辑是关联性，其通过企业衍生、企业多样化、劳动力流动和社会网络等知识转移渠道展开（Boschma & Frenken，2011；Tanner，2014；Bugge & Oiestad，2015）。在区域派生的过程中，区域发展路径能够影响区域多样化的兴衰，反过来，区域多样化这一创造性破坏过程也将重塑区域发展路径。

三、区域派生的内在逻辑：关联性

一般认为，区域派生的内在逻辑是区域内已有经济活动与新经济活动之间的关联性（relatedness）。关联性通常被定义为反映能力认知维度（指学习）的各种活动之间的相似性（Boschma，2017）。这里所提到的能力是一种难以被其他区域复制的、涵盖面十分广泛的区域资产，通常被视为区域基础设施与建设环境、自然资源、制度禀赋、知识和技能等要素的组合，是区域漫长发展历史的凝结（Gertler，2003）。关联性主要可以分为两类：一类是技术关联性（technological relatedness），指经济主体之间共享相同或互补的知识基础且遵循共同的科学和工程原理（Breschi et al.，2003），目前文献中出现的产品关联、投入-产出关联和技能关联等均可归为此类；另一类是应用关联性（application relatedness），指区域内的经济部门与区域外应用新技术的市场之间的联系（Tanner，2014）。大量关联性研究为区域派生提供了系统的理论和经验证据，证明区域在现有能力的基础上更有可能发展与本地产业关联的新产业。

（一）关联性与区域经济演化

国家和区域如何随着时间的推移而发展一直是区域经济学关注的焦点问题之一。随着演化经济地理学的兴起，从创新和动态演化的视角考察经济发展的研究越来越多，将产业结构的兴衰演替纳入国家或区域经济发展研究成为热点。20世纪90年代，区域和城市经济学家们发现Jacobs的著作反映了经济的结构性变化问题，认为Jacobs外部性是研究产业结构变化影响区域经济发展问题的关键所在（Glaeser et al.，1992）。Neffke等人（2011）研究指出，Marshall-Arrow-Romer（MAR）外部性（区域专业化）会随着产业成熟而不断增强，而Jacobs外部性（区域多样化）则对新兴产业的影响更强。新兴产业发展需要多样化经济的根本原因是深度分工，但与亚当·斯密分工提高效率的观点不同，Jacobs外部性理论认为深度分工使得从事不同产业的企业的职能密切关联，从而产生外部效应，提高区域知识溢出和创新发生的可能性。Jacobs外部性将知识视为一组相互关联的性质不同的思想，创新则是旧思想的重新组合（Neffke et al.，2011）。认知理论认为，在认知过程中只有当两个经济主体之间的认知邻近（cognitive proximity）既不太大也不太小时，知识溢出才能顺利发生（Nooteboom，2000）。这是因为，经济主体只有在处理关联但不完全相同的能力时，才能学习到新东西，所以一定程度的认知邻近是必要的，然而凡事过犹不及，当经济主体的能力完全不同（认知邻近过小）或完全相同（认知邻近过大）时，有效沟通和互动学习就很难进行，后一种情况甚至会导致认知锁定。

如此一来，关联性便成为解决问题的关键。已有文献认为，当不同产业之间在技术、产品、投入-产出、技能和应用等方面相关联时，进行相互学习的可能性更高（Boschma et al.，2017）。相对于存在一系列多样化但无关联的产业，区域内存在一系列关联互补的产业更有利于区域经济发展，因为关联产业共享的能力基础既不过多也不过少，促进彼此进行学习的认知距离处在最优区间内，产业间的多样性和相似性在关联产业中达到平衡。Frenken 等人（2007）认为，一个地区关联产业的多样化程度越高，该地区的学习机会就越多，本地的知识溢出也越多。Essletzbichler（2007）认为荷兰经济中关联多样化程度高的区域就业增长最快，类似的结论在对英国的研究中也得到了证实（Bishop & Gripaios，2010）。Boschma 和 Iammarino（2009）通过分析意大利区域贸易数据发现，区域外部的知识流入与区域就业的增长有关，因为这些从区域外部流入的知识来自与该区域产业关联但不相同的产业。这些研究都表明，区域产业关联性能通过集聚外部性来推动区域经济发展。上述研究都将区域现有的产业基础视为静态不变，因为区域产业结构随时间的变化十分缓慢，在短期内几乎不会发生太大改变。但是，如果从动态演化的角度来看，区域产业关联性不仅能增强集聚外部性，更能推动区域产业结构加速演化。也就是说，产业之间的关联性很可能是一个地区吸引新产业和淘汰旧产业的重要因素（Boschma & Frenken，2011）。新的区域增长路径如何产生一直是经济地理学和区域经济学领域最有吸引力和最具挑战性的议题之一。而现在，关联性将成为解锁这一问题的钥匙。关联性是一个蕴含着创新、知识溢出和投资组合等思想的重要概念，它是阐明熊彼特的创造性破坏进程如何在区域产业层面长期展开的关键。

在意识到关联性有助于理解区域的历史将如何随着时间的推移影响区域多样化和重塑区域经济格局之后，大量文献开始研究关联性和区域产业演化。很多案例研究都描述了区域产业深深扎根于该区域的关联产业的例子。Klepper 和 Simons（2000）发现成功的电视制作人在进入电视业之前，都是经验丰富的广播制作人，这表明两个产业在能力和惯例方面具有一定的关联性。Boschma 和 Wenting（2007）以及 Klepper（2007）发现在英国和美国汽车产业发展的早期阶段，如果企业创始人曾在关联产业（如自行车制造业和长途客车制造业）工作过，或者企业所在地关联产业十分发达，那么该企业的成活率更高。此外，随着关联性测度方法的提出与完善，相关实证研究也越来越丰富。Hidalgo 等人（2007）最早分析了国家层面出口产品的关联性，其使用产品空间（product space）分析方法，根据两种产品在国家出口产品组合中的共现频率来定义产品之间的邻近程度。他们认为，如果很多国家在两种产品上都具有比较优势，则反映出这两种产品需要相似的能力，可以视作关联产品。Teece 等人（1997）将这种产品关联定义为通过产品在生产组合中的共现频率反映出的产品之间的技术关联性。

Hidalgo 等人（2007）开创了产品空间分析法的先河，之后大量区域派生文献都应用这种方法，通过产品之间的技术关联性来分析区域多样化。Neffke 等人（2011）运用产品空间分析方法首次系统研究了新兴产业的区域多样化，通过分析 1969—2002 年新兴产业进入瑞典一个区域的 2766 个事件，发现与区域已有产业存在技术关联的新产业进入该区域的可能性更高。后续研究分别使用不同方法对这一结论进行了验证。Boschma etal（2013）使用 Hidalgo 等人（2007）提出的邻近指数分析了 1988—2008 年 50 个西班牙区域产业多样化情况，Essletzbichler（2015）通过投入-产出关联（使用投入-产出联系强度测度技术关联）分析 1977—1997 年 360 个美国大都市区域的产业多样化情况，He etal（2018）使用共现分析法研究了 337 个中国县域地区在 1998—2008 年产业多样化情况，这些研究结果均表明区域倾向于发展与现有产业关联的新产业。与此同时，相当一部分文献研究了技术层面的多样化过程。Kogler 等人（2013）利用专利数据对技术多样化进行研究发现，1975—2005 年美国大都市区域更有可能发展与现有技术关联的新技术。之后，Tanner（2014）、Colombelli 等人（2014）、Heimeriks 和 Boschma（2014）以及

Feldman 等人（2015）分别使用 1992—2007 年欧洲燃料电池产业数据、1986—2006 年欧洲纳米技术产业数据、1989—2008 年世界城市生物技术产业数据和 1980—2005 年美国大都市区 rDNA 技术产业数据分析了区域技术多样化过程，均验证了上述结论，即新技术更有可能在具有关联技术的区域产生。近几年又出现了研究技能关联的文献（Neffke & Henning, 2013; Neffke et al., 2018），这些研究使用共现分析方法来研究产业间的劳动力流动进而研究企业多样化过程，认为技能关联比价值链联系更能促进企业多样化。这些研究中的所谓技能，本质上是指凝结在劳动力身上的知识和经验，技能关联则是指企业间已有知识基础之间的相似性，并没有超出技术关联的范畴。因此，本文也将其归入技术关联性之列。

近年来，越来越多的文献开始关注区域之间的关联性。不少研究认为产业间的溢出可能并不局限于区域内部，在相邻区域或在某一方面高度关联的区域之间溢出同样可以存在。Andersson 等人（2013）指出高质量进口产品对区域生产新的高质量出口产品有积极影响，这表明区域间存在进口溢出效应。该研究同时也指出区域经济的开放程度对区域经济复兴有积极的影响。Bahar 等人（2014）和 Boschma 等人（2017）分别实证研究了相邻国家和相邻区域在新产业中发展比较优势的情况，发现一国（或区域）更有可能发展其邻近国家（或区域）专业化出口的产业，关联性强的相邻国家（或区域）之间的出口结构也更相似。Boschma 等人（2017）认为由于技术溢出存在距离衰减，各个区域应该在相邻区域的专业化产业中选择发展新产业，相邻区域间的输出结构越相似，这些区域间的关联程度就越高。

上述文献研究的都是技术关联对区域派生的影响。但一个不可忽视的问题是，当区域新旧经济活动之间不存在技术联系时，区域派生将如何进行？换言之，技术关联是否为区域派生的唯一逻辑？不少现实生活案例表明，区域不仅可以在技术关联领域多样化，也可以在技术不关联领域多样化，例如，纺织企业应用纳米技术改进工艺，畜牧业应用基因重组技术选育优良品种等。在这类区域多样化进程中，新产业是通过区域现有产业使用完全陌生的新技术产生的。Tanner（2014）将这种区域内的经济部门与区域外新技术的应用之间的联系定义为应用关联（application relatedness），并指出技术关联并不是关联性的唯一内涵，应用关联等其他维度的关联也可能是区域派生的内在逻辑。应用关联为区域派生研究提供了一个新的角度，如果说技术关联主要影响区域关联多样化进程，那么应用关联则对区域不关联多样化进程的影响更大，更能反映区域突破性创新活动。当前，对应用关联性的研究尚处于萌芽状态，还没有系统的理论和实证分析，有待未来进一步探索。

（二）关联性的测度方法

在关联性的概念提出之前，区域派生的研究主要停留在理论分析和案例研究的层面，而在关联性被提出之后，有关区域派生的定量研究日益增多。如何测度关联性成为区域经济学、产业经济学和演化经济地理学的研究重点。总结现有文献，关联性的测度方法主要有三种：标准产业分类法、资源相似性测度法和共现分析法（Neffke & Henning, 2013; Essletzbichler, 2015; Guo & He, 2017）。需要注意的是，由于目前绝大多数实证研究分析的都是技术关联性对区域派生的影响，对应用关联的实证研究较少，所以下面总结的关联性测度方法也主要针对技术关联。

1. 标准产业分类法。这种方法基于标准产业分类（standardized industrial classification, SIC），将同一产业分类下的两个子产业定义为关联，否则为不关联。例如，同属于一个两位数产业下的两个四位数产业可以看作关联的（Essletzbichler, 2015）。在实证分析中，通常使用熵值法（entropy measure）来测度区域关联多样化和不关联多样化（Frenken et al.，2007）。这种方法的优点是易于实现（只要相关数据完整可获得），但缺点也很明显，没有理论能证明被划分在同一大类下的产业之间一定是关联的，同一产业分类下的不同子产业之间可能很难产生知识溢出，而不同产业分类下的子产业之间却往往有可能存在投入-产出关联和知识溢出。因此，这种关联产业定义方法因缺乏理论依据而受到严厉批评（Neffke & Henning，2013）。

2. 资源相似性测度法。这种方法关注产业的生产过程，通过不同产业资源使用或资源流动的相似性来测度关联性，具体做法是使用投入-产出表来计算产业之间在使用投入要素时的相似性（Essletzbichler，2015；Guo & He，2017）。Farjoun（1998）关注人力资本，计算了不同产业所使用的劳动力在技能上的相似程度；Breschi 等人（2003）利用专利数据计算了两个产业使用专利的相似程度。Guo 等人（2016）使用投入-产出表计算不同产业在投入结构上的相似程度。相比于第一种方法，这种方法反映产业之间的生产关联，能够确定范围经济的基本来源，能够在分析时避免重复。但其最主要的问题在于，能够反映产业关联性的资源可能很多，包括技术、专利、生产要素组合、基础设施建设和制度等，但并非每种资源对每种产业都同等重要。例如，基于专利的指标更能揭示专利密集型产业之间的关联性，而基于投入-产出联系的指标可能对制造业产业的关联性测度更有说服力，这种不同资源对不同产业重要性不同的情况会导致关联性的计算结果存在偏差（Essletzbichler，2015）。

3. 共现分析法。这种方法用两个产业在同一经济体内共现（co-occurrence）的频率来定义关联性。不同于资源相似性测度法关注范围经济的来源，共现分析法关注范围经济的结果。这种方法的基本逻辑是如果两种产品高频率地被同一国家生产，说明这两种产品共享相似的能力，那么这两种产品共同出口的条件概率可以被用来测度产品关联性（Hidalgo et al.，2007）。随后有很多学者仿照这一思路计算两种产品同时被同一区域（Boschma et al.，2013；Essletzbichler，2015）、同一省份（Guo & He，2017）和同一工厂（Neffke & Henning，2008；Neffke et al.，2011）生产的条件概率来近似测度关联性，还有学者用此方法计算两种专利被同时引用的条件概率来测度知识的关联性（Kogler et al.，2013），或者计算两种职业共同出现在同一区域的条件概率来测度职业之间的关联性（Muneepeerakul et al.，2013）。共现分析方法的优点是只要有某种产品层面的地理数据，就可以测度该产品层面的关联性，不再受投入-产出数据的限制。这种方法的不足主要有两个方面：一是由于共现产生的范围经济的来源难以明确，所以很难确定通过该方法所测度的关联性具体体现的是哪一方面的关联（Essletzbichler，2015）；二是该方法对区域不关联多样化缺乏解释力（Coniglio，2018）。

四、区域派生的微观机制

在明确了区域派生的内在逻辑是关联性之后，随之而来的一个关键问题是：关联性通过什么途径来影响区域派生，或者说，区域派生的发生机制是什么？由前文所述可知，从区域产业层面来看，区域派生是从区域旧产业中发展出新产业的过程，新旧产业之间的关联性能够体现出二者能力的相似性，因此关联性在一定程度上能够反映新旧产业之间的知识溢出。那么，弄清楚区域派生展开渠道的关键便是理解知识溢出如何联系起新旧产业，或者更具体地说，在区域创造性破坏过程中，知识以何种方式被重新组合。已有文献认为区域知识转移机制主要有四种：衍生活动（spin-off activity）、企业多样化（firm diversification）、劳动力流动（labour mobility）和社会网络（social networking）。区域派生便是通过这四种渠道进行展开的（Boschma &

Frenken, 2011)。

(一) 衍生活动

在区域派生的文献中, 衍生活动通常分为两种: 一是从区域现有产业中衍生出从事新兴产业的企业, 即"企业衍生"(firm spin-offs); 二是从大学或者其他科研机构中衍生出从事新兴产业的企业, 即"大学衍生"(university spin-offs)。企业衍生通常指已经从区域现有产业中积累了知识和经验的企业家或者雇员离开现有产业在同一区域创办从事新兴产业的企业 (Asheimetal, 2011)。大学衍生则指科研人员利用科研成果在大学或其他研究机构附近创办从事新兴产业的企业 (Tanner, 2014)。

企业衍生的关键在于企业家精神 (entrepreneurship) 的传承, 经验丰富的企业家对于新兴产业的生存至关重要, 因为他们在创办新企业的过程中, 可以借鉴和利用从关联产业中积累的经验和知识。Asheim 等人 (2011) 认为由于衍生企业是由在关联产业积累了丰富知识和经验的企业家创立的, 所以它们会比其他新企业发展得更好, 当新的衍生企业通过企业家精神的传承深深植根于区域关联产业时, 新企业的存活率很可能会提高。Klepper 和 Simons (2000)、Klepper (2007) 以及 Boschma 和 Wenting (2007) 认为来自关联产业的衍生企业是区域新产业崛起的重要推动力量, 因为新企业的发展不仅可以利用企业家身上积累的关联能力和技能, 还能够利用其靠近母企业的区位优势, 与没有关联能力的初创企业比较, 衍生企业创业成功的概率更高。对于一些基于突破性创新的新兴产业来说, 企业衍生很可能是最主要的派生机制。Klepper (2001) 研究指出, 虽然有时现有企业 (尤其是大企业) 通过高水平的研发活动产生出一些创造性的想法, 但是现有企业基于自身当前的发展情况, 可能并不会去将这些想法变为现实, 当企业决定精简生产投资组合时, 这些相对无用的部门便可能被整体拆分出来, 成为现有企业的衍生企业。一个典型的例子就是半导体产业, 在其产业生命周期的早期阶段, 企业衍生的概率非常高 (Tanner, 2014)。

大学和研究机构的衍生则主要基于科研人员的创新活动, 创新精神是企业家精神的核心, 从这一角度来看, 大学衍生的核心也在于企业家精神的传承。生物技术产业可能是大学衍生活动发生概率最高的产业。Zucker 等人 (1998) 认为生物技术产业是由存在于杰出科学家身上的隐性知识驱动的, 这些科学家在大学实验室的附近创办自己的企业。

总体来说, 衍生活动促进区域派生的主要原因有两点: 第一, 企业家精神衍生, 无论是企业衍生还是大学和科研机构衍生, 衍生活动都是基于创业者在关联产业或者研发活动中积累的知识和经验以及创业者本身在关联活动中形成的个人特质; 第二, 衍生企业进入与母企业所从事的产业关联或相同的产业的可能性远远高于其进入完全无关的产业的可能性。

(二) 企业多样化

企业多样化是指企业通过发展新的能力进入新的领域, 可以分为在关联领域多样化和在不关联领域多样化 (Tanner, 2014)。一般而言, 企业在关联领域多样化的思想与彭罗斯 (Penrose, 1959) 的企业资源基础观 (Resource-based View of the Firm) 相一致, 该理论认为企业倾向于进入允许其利用在关联产业中发展起来的技能、能力和惯例的产业。Breschi 等人 (2003) 认为这种多样化进程的特点是基于两个技术领域的共同知识投入的范围经济。近来一些研究企业层面派生过程的文献也指出, 企业和区域层面的关联性都对企业多样化有积极的影响 (LoTurco & Maggioni, 2016)。Cainelli 和 Iacobucci (2016) 则发现区域层面的关联性显著提高了企业实施关联多样化战略的可能性。

然而，企业并非只能在能力关联领域多样化，它还可以进入与其现有能力无关的领域。例如，当窗户制造商要将纳米技术应用于窗户的生产时，其必须获得涉及纳米技术科学原理的新能力，而这些科学原理与该企业已有的知识基础并不关联；又如，汽车制造商想要制造一种替代内燃机的动力系统，它也必须要发展一套与其现有能力无关的新能力（Tanner，2014）。这也就是说，企业完全有可能向与其现有的知识基础不关联的领域发展。这为区域产业多样化开辟了新的可能性，即当一种新能力可以为现有产业带来新的技术机遇和重大创新时，区域很有可能会发展基于新能力的不关联产业，从而实现不关联多样化。Teece（1986）认为企业之所以在不关联领域多样化，一是因为企业竞争环境发生了变化，二是因为整合策略是促进激励调整和控制创新活动的最好方法。经济学更加注重对前者的研究。Arrow（1975）认为企业环境可能因为消费者偏好的变化、加强监管或供给的不确定性而发生改变。Fianti 等人（2006）则认为竞争加剧使得企业环境改变，例如，当绝大部分的欧洲纺织品生产被新兴工业化国家所取代时，一部分欧洲的纺织品企业开始向产业上游进军，比如通过应用纳米技术改进原材料。最近的研究似乎又为这个问题增加了新的答案，企业多样化本身可以促进区域更多企业进入技术不关联领域。Neffke 等人（2018）研究了瑞典的区域派生现象，发现新企业的出现会提高区域内企业不关联多样化的可能性。

（三）劳动力流动

不仅企业的流动能够影响区域多样化进程，明星科学家、高级管理人员或者关键技术人员等个人的流动也是影响区域多样化过程的重要因素（Feldman et al.，2005）。越来越多的研究表明，劳动力流动是关联知识、技能和经验在企业之间（Boschma et al.，2009）、产业之间（Neffke & Henning，2008）和区域内部（Neffke & Henning，2013；Boschma et al.，2014）转移的关键机制。

Boschma 等人（2009）通过分析瑞典超过 10 万份工作变动情况发现，企业从关联产业招聘新员工可以显著提高企业的经济效益，而从相同产业招聘员工会降低企业的经济效益。关联产业之间的劳动力流动也可能给区域带来经济效益，因为从关联产业招聘员工可以真正地更新本地产业的技能基础。由于随劳动力流入的新技能与区域现有的技能基础是关联的，所以二者能够进行整合，并且在整合的过程中可能会产生意想不到的技能新组合，即实现技能上的创新。Boschma 等人（2014）认为，大多数情况下劳动力流动发生在劳动力市场区域内，区域内关联产业间的劳动力流动可以增强区域重组的潜能并且促进区域经济增长，区域内不关联产业之间的劳动力流动能够抑制区域失业增长，而同一产业内部频繁的劳动力流动往往和失业率上升有关。此外，鼓励其他区域或者国家的关联产业的熟练劳动力（如跨国企业家和事业有成的返乡侨民等）的流入也很重要，因为来自区域外的关联产业劳动力的流入也可以给区域带来新思想和知识。

关联产业劳动力的流入对企业多样化产生了积极显著的影响，而不关联产业劳动力的流动似乎也能影响企业多样化的进程。Neffke 等（2018）指出，企业家等微观经济主体在区域间的流动是促进区域发展不关联的能力的重要因素，区域外企业家的流入对区域多样化尤其是不关联多样化有显著促进作用。Hartog 和 Neffke（2015）认为拥有与企业核心活动不关联的技能的高级管理人员和高级技术人员的流入提升了企业多样化的可能性，但是目前还没有系统的研究来评估招聘拥有不关联技能的劳动力对区域多样化的影响。

（四）社会网络

通过上述的企业衍生活动、企业多样化和劳动力流动以及研究合作等方式，企业和产业之间可以相互联系形成有利于知识在经济中扩散和流动的网络（Breschi et al.，2003）。社会网络对区域派生的影响可以从网络和关联性之间的相互作用来理解，一方面，处于社会网络中的企业之间的关联性存在最优状态；另一方面，网络会通过影响企业之间的学习过程来影响企业之间的关联性（Boschma，2005）。

从前文对关联性的讨论中可知，认知邻近可以被视为经济主体能力的关联程度。Nooteboom（2000）指出，对于最优认知邻近水平，既要保持一定程度的认知距离以便通过知识重组激发新想法的产生，又要确保一定程度的认知邻近以便经济主体之间有能力进行有效的沟通学习和知识转移。Gilsing等（2008）对高新技术产业网络中企业间技术距离对企业的探索绩效的影响进行评估发现，企业间技术距离和企业实现成功的探索创新之间呈倒"U"形关系，表明处于网络中的企业之间存在最优的认知距离。Broekel和Boschma（2012）在研究荷兰航空产业的企业网络时也得出了类似的结论。最优认知邻近之所以会存在，是因为过大的认知邻近会导致经济主体之间具有非常相似的能力，产生认知锁定。反之，过大的认知距离则会使经济主体间由于能力差距过大而无法进行有效交流，经济主体在这两种情况下都很难进行知识交换与学习。

将关联性和社会网络纳入产业生命周期的分析框架有助于理解网络动态对经济主体间关联性的影响。Boschma和Frenken（2011）将这方面的研究主题概括为两点：一是新进入企业与产业中已有企业建立联系；二是企业退出或者现有企业解除了已有关联，导致联系破裂。已有文献（Boschma和Frenken，2010）的主要结论是：首先，在新产业的发展初期，与关联产业有密切关联的新企业存活率更高。其次，随着新产业的发展和能力的不断积累，新产业内企业的知识基础逐步形成，企业之间的认知距离随着关联性的增强而缩小，网络逐渐变得紧密。再次，新产业的发展可能会面临一系列挑战，企业在社会网络中的嵌入程度决定了企业能否在磨砺中生存，在这一时期，产业中的企业数量将会下降，但是留下的企业的关联性将提高，网络将变得更加紧密，企业集群通常会出现在这个阶段。最后，如果不能及时重组创新，随着时间推移，集群内部的网络联系可能会过于紧密，导致企业在面临危机时难以进行结构性变革，产生锁定效应。而解决锁定问题的关键便是重新组织网络联系，将网络中各节点之间的关联程度保持在合适的范围内，从而确保创造性破坏过程能够持续发生。

五、区域多样化是一个派生过程

厘清了区域派生的概念内涵、基本逻辑和展开机制之后，本文接下来将聚焦作为派生过程的区域多样化（regional diversification）。作为集聚外部性的两个重要来源之一，多样化一直被视为促进区域知识溢出和创新重新组合的源泉，能够促进经济增长和就业（Weitzman，1998；Nooteboom，2000）。多样化主要从三个方面对经济发展产生影响：一是多样化能够通过增强经济主体之间的知识溢出从而促进经济增长；二是多样化可以被视为保护区域免受外部冲击的投资组合战略，是区域分散风险的有效手段；三是多样化能够长期调整区域经济结构，防止经济发生结构性失业，维持经济增长活力（Castaldi et al.，2015）。此外，多样化还能影响城市化进程，已有研究普遍认为多样化与城市化程度呈正相关，这是因为多样化的产品和部门只有在本地需求充足时才能维持下去（Frenken et al.，2007）。可见，多样化是区域经济发展和结构调整的关键因素，深入理解多样化是区域派生研究工作的重点之一。

（一）关联多样化和区域派生

区域兴衰一直是区域经济学和经济地理学的研究重点。一个长期困扰学术界的问题是：到底是专业化（specialization）还是多样化（diversification）更有利于区域经济发展（Glaeser et al., 1992）。专业化支持经济发展的观点认为集聚外部性可以从同一经济部门内所有本地企业位置相邻中获得，区域某部门的劳动生产率会随着该部门总就业人数的增加而提高；而多样化支持经济发展的观点则认为，集聚外部性可以从一系列多样化的经济部门中获得，多样化提高了部门间的相互作用、组织惯例复制与修改以及重新组合思想、实践和技术的机会（Frenken et al., 2007）。"专业化还是多样化"其实是 MAR 外部性和 Jacobs 外部性之争。MAR 外部性理论认为知识溢出主要发生在单个产业内部，所产生的创新主要是企业在学习同一产业内其他企业的知识和创新的过程中产生的渐进式创新（incremental innovation）。相反，Jacobs 外部性理论认为创新本质上是一个重组过程，已有的各种知识和产品以新的方式重新组合成新的产品和服务从而产生新的就业机会，在这个过程中不仅有渐进式创新，突破性创新（radical innovation）也会发生（Castaldi et al., 2015）。自 Glaeser 等人（1992）之后，关于 MAR 外部性和 Jacobs 外部性的经验研究大量涌现，但研究结果错综复杂。虽然大量研究为 Jacobs 外部性提供了经验证据，但是也有相当一部分研究认为 Jacobs 外部性对区域发展并没有显著的积极影响，有的研究甚至指出 Jacobs 外部性对区域发展有抑制作用。大量不显著的研究结果让研究者们意识到，专业化和多样化的理论概念可能过于简单，以至于无法很好地反映出经济体的结构对其未来发展的各种影响。

Frenken 等（2007）首次将多样化分为关联多样化（related diversification，或 related variety）和不关联多样化（unrelated diversification，或 unrelated variety），认为区域内部的知识溢出主要发生在关联的经济部门之间，不关联部门之间的知识溢出程度有限，而根植于关联多样化的关联性是区域能够持续不断地进行创造性破坏的关键因素，它能够连接区域新旧产业，是区域派生展开的基础。也就是说，产业间的知识溢出主要发生在使用相似知识的部门之间。Frenken 等人（2007）认同创新本质上是一个重组过程的观点，但其对重组的概念做了进一步限定，认为一些知识和产品比另一些知识和产品更容易重组，这取决于知识和产品之间的关联性。在解释不关联多样化时，Frenken 等人（2007）借用了金融经济学中的投资组合概念，认为区域关联多样化和不关联多样化并存可以被视为保护区域免受突然的针对特定部门的需求冲击（例如油价震荡、贸易战和突破性创新）的投资组合战略。从这一角度来看，区域不关联多样化能够有效保护劳动力市场，预防区域发生结构性失业。Frenken 等人（2007）通过对荷兰 40 个区域的就业增长情况进行研究发现，不关联多样化能够很好地保护区域免遭突如其来的外部需求冲击影响，从而避免失业率上升，而关联多样化能够促进产业间知识溢出，增强 Jacobs 外部性，促进经济增长和就业。

继 Frenken 等人（2007）之后，大量文献研究了关联多样化对国家或区域经济发展演化和产业结构调整转变的影响。一部分文献通过分析就业、生产率和经济总量等指标来研究关联多样化对区域经济发展的影响。Boschma 和 Iammarino（2009）使用意大利区域贸易数据研究了区域出口多样化，认为关联多样化对区域增长和就业的影响比不关联多样化更加积极显著。Boschma 等人（2012）研究指出，不管是使用集群指数、邻近指数还是采用熵值法，实证研究结果都表明，西班牙区域关联多样化程度越高，附加值增长水平就越高。Bishop 和 Gripaios（2010）分析了关联多样化对不同产业的影响，前者认为关联多样化对荷兰区域制造业的全要素生产率有促进作用，但对服务业有轻微负面影响；后者分析了关联多样化对英国各产业的影响作用，认为不同产业之间产生溢出效应的机制不同，仅仅将产业区分为制造业和服务业过于简单。Hartog 等人（2012）没有发现关联多样化影响芬兰区域就业增长，但是当把产业细分为中低技术产业和高技术产业之后，高技术产业间的关联多样化对区域就业增长产生了积极影响。VanOort 等人（2015）使用泛欧数据研究发现，关联多样化对就业增长的促进作用在中小城市区域比在大城市区域更强。

另外一部分文献从区域如何发展新产业的角度研究区域多样化对区域经济结构的影响。Hidalgo 等人（2007）以及 Neffke 和 Henning（2008）对产品空间进行分析发现，如果一个国家在某种产品上存在比较优势，那么该国也很有可能在与此产品关联的其他产品上获得比较优势，各国倾向于生产与其已经生产的产品关联的新产品。Neffke 等人（2011）使用瑞典区域数据进一步从区域层面分析新产业发生过程，认为区域出现在技术上与现有产业关联的新产业的可能性更高，而不关联产业更有可能退出该区域。Boschma 等人（2013）和 Essletzbichler（2015）分别使用西班牙和美国的区域数据对上文进行了验证，结果与上文一致，即区域更易在与现有产业具备相似能力的新产业领域实现多样化。Tanner（2014）以及 Montresor 和 Quatraro（2017）分别分析了欧洲燃料电池产业和关键使能技术（Key Enabling Technologies, KETs）的派生过程，指出关联多样化和由此产生的关联性是实现知识创新重组的内在动力，关联多样化推动了新产业和新技术的产生和发展。Cainelli 等人（2019）研究了关联多样化和区域复原力之间的关系，认为产业关联多样化有助于增强区域复原力，在萧条时期，区域多样化的范围应缩小到关系更密切的关联产业上来，关联多样化程度高的区域的经济表现优于专业化程度高的区域。

（二）不关联多样化和区域派生

虽然在区域派生的文献中，研究关联多样化的文献占主导地位，但是不关联多样化也不容忽视。Saviotti 和 Frenken（2008）分析 OECD 国家出口数据发现，不关联多样化在长期能够促进经济增长，但在短期影响并不明显。Mameli 等人（2012）研究意大利劳动力系统中多样化与区域就业增长之间的关系发现，不区分产业时，关联多样化和不关联多样化都能促进区域就业增长，但是区分产业后，关联多样化促进服务业就业增长，不关联多样化促进制造业就业增长。Caragliu 等人（2016）研究泛欧区域数据发现，没有证据显示关联多样化促进区域就业增长，而不关联多样化对区域就业增长的影响却积极显著。Pinheiro 等人（2018）通过实证分析发现，国家发展阶段和产业多样化存在"U"形关系，即当国家发展水平过低或过高时，产业发展倾向关联多样化，而当国家处于中等发展水平时，产业发展倾向不关联多样化。不仅如此，从本文对区域派生的微观机制的阐述中也能发现，关联性不但可以通过微观经济主体关联多样化影响区域派生的展开，也能通过其不关联多样化起作用。可见，关联多样化并不是区域经济发展和结构演化的唯一源泉，不关联多样化的重要性同样不可小觑。

从前文所述可知，已有研究区域多样化文献的主要观点是区域发展新产业的概率与新产业和现有产业之间的关联程度呈正相关。Boschma 和 Capone（2015）认为关联性的正效应意味着区域关联多样化，而负效应则代表区域在产业演化的过程中实现了跳跃，不关联多样化普遍存在。如果区域产业多样化遵循从摩托车、汽车再到卡车这种循序渐进的演化方式，这反映的是关联多样化，因为这三个产业很可能利用相似的能力，彼此知识基础交叉重叠。但是，如果区域产业发展路径是从服装生产、飞行器制造再到生物医药，那么这就反映了区域产业不关联多样化的过程，因为这三个产业需要非常不同的能力，彼此知识基础重叠面很小（Boschma，2017）。所以从现实生活中来看，关联性并不是非1即0的离散型实数集，而是一个取值从0到1的连续型函数。区域多样化更多的是一个在多大程度上关联的问题，因为新的产业既可以建立在关联的能力上，也可以建立在不关联的能力上。这意味着，粗暴地将多样化一分为二并不可取，在区域派生的研究中，应该摒弃这种机械的二分法，将两者统一起来进行分析。

现有研究之所以十分强调关联多样化，一个可能的原因是这些研究更多的是从经济表现来考察多样化对经济演化的影响，但是，多样化的本质是一个创新过程，如果将考察重点转到创新上来，不关联多样化的重要性可能会变得明显不同（Bugge & Øiestad，2015）。Weitzman（1998）研究指出，激进的突破性创新可能是重组搜索的结果。用新的方法对知识进行重组从而导致突破性创新，对应的是探索性的、远距离的搜索，而沿着已经被定义了的路径重组知识进而实现渐进式创新，则与本地搜索相关（Arts & Veugelers，2015）。从知识重组的角度来看，区域关联多样化可以被视为以前已经重组过的区域能力的重新组合，而区域不关联多样化则可以被看作以前没有重组过的区域能力的重新组合。这也就意味着，关联多样化和不关联多样化能激发的创新种类并不相同。Castaldictal（2015）对美国各州在1977-1999年的专利数据和相关的引用数据进行实证分析指出，关联多样化更能促进渐进式创新，而区域不关联多样化则对突破性创新的影响更积极显著。Neffke等人（2018）认为当区域发展一项新产业时，对区域基本能力的改造越是彻底，就越需要涉及不关联多样化。就像关联性不是非1即0一样，现实中，区域的新产业也不太可能从完全关联或者完全不关联的产业之间的新组合中产生，而是可能介于二者之间。这种重组方法已经被用来研究技术联盟和研究合作的问题（Gilsing et al.，2008；Boschma & Frenken，2010），但是至今还未被应用于区域多样化的研究（Boschma，2017）。

从重组的角度考察区域多样化也是对区域派生创造性破坏过程本质的体现。已有研究大多将关联性视为静态不变的既定变量，但当从创新重组的角度思考区域多样化时，关联性的内涵就发生了质的改变。一旦以前不关联的产业成功地被一种新组合联系起来时，静态中的不关联就变成了动态中的关联，也就是说，关联性本身就可以是动态的（Castaldi et al.，2015）。这意味着，未来的研究要突破关联性既定的假设，将其视为动态变化的因素，在动态中考察区域多样化的进程。另一个创造性破坏本质所体现的是，区域产业一旦失去了重新组合的潜力而不再进行重组时，它们彼此之间也就变得不关联了，产业之间曾经存在的积极的溢出效应也不复存在，区域复原力大大减弱，区域经济将变成一潭死水（Boschma，2017）。这或许可以为老工业基地振兴提供思路，老工业基地的本质问题就是缺乏创新，从区域能力重组角度考察老工业基地振兴问题将会是一个富有前景的研究方向。

六、总结与展望

古人云："穷则变，变则通，通则久。"变通而图存是从古至今流传下来的中国智慧，与近代西方熊彼特创新理论所提出的"创造性破坏"思想精髓不谋而合。推陈出新是区域经济发展的必然规律，而区域派生则是打破路径依赖实现推陈出新的重要途径。区域派生是从区域现有经济活动中发展出新经济活动的过程，它从动态、不可逆和创新的角度来理解区域经济发展，认为区域新经济活动不仅能够直接脱胎于旧经济活动，也能够通过旧经济活动的重新组合而产生。这无疑是一种全新的区域发展新思路。区域派生的内在逻辑是关联性，关联性反映能力认知维度的各种活动之间的相似性，它能够通过衍生活动、企业多样化、劳动力流动和社会网络等渠道影响区域派生的展开。区域新旧经济活动之间的动态认知关联是创新发生的纽带，所有新兴经济活动都可以被看作区域已有能力的重新组合。而能力的重新组合本质上是一种创造性破坏过程，各种各样的经济活动新组合就在这种不停歇的创造性破坏过程中源源不断地产生，持续推动区域经济多样化发展。因此，区域多样化是一个派生过程。区域多样化对于促进区域经济增长、分散区域发展风险和调整区域产业结构都具有十分重要的意义，是区域经济发展永葆活力的关键因素之一。所以，深入理解区域多样化是区域派生研究工作的应有之义。综上所述，区域派生对于深入理解产业崛起的空间过程、区域产业发展路径的演化和区域多样化如何影响区域经济发展等问题意义深远。目前，世界格局与中国内部的区域格局正在发生根本性变化，研究区域派生的重要意义不言而喻。

发现并研究区域派生现象是近十来年区域经济学、演化经济地理学和产业经济学的一项重要学术贡献。当前，区域派生研究取得了较为丰硕的成果，但也存在一些问题值得进一步探索。总结现有文献，本文认为未来的研究主要可以从以下四个方面展开。

1. 不断深化研究区域派生的内在逻辑。（1）不断拓展关联性的内涵。技术关联可能并不是区域派生的唯一逻辑，应用关联甚至其他维度的关联性也可能影响区域派生的展开。从前文所述可知，应用关联更注重来自区域外部的联系，相比于技术关联，应用关联似乎更能反映区域突破性创新活动，更有可能影响区域不关联多样化。当前少有研究深入分析应用关联的影响机制和测度方法，这将是后续研究的一个重要方向。（2）从动态角度考察关联性。区域派生过程中不断产生的新组合可以将原本不关联的产业联系在一起，新的产业组合和新的关联性在创造性破坏过程中不断被创造出来，关联性便从静态既定转化为动态可变。因此，从动态角度考察关联性是深化区域派生内在逻辑的一个重要方向。（3）不断完善关联性的测度方法。已有研究通常假定关联性是对称的，即产业 A 到产业 B 的关联程度与产业 B 到产业 A 的关联程度相同，但是，现实中产业之间的关联性往往是不对称的。例如，计算机硬件产业的发展可能会促进软件产业发展，但是反过来软件产业的发展未必能提升计算机硬件多样化的可能性（Boschma，2017）。在研究中尝试纳入这种不对称关联性，将有助于完善关联性的测度方法。

2. 进一步探索微观主体对区域派生的影响机制。（1）深入研究微观经济主体的区域间联系。现有文献往往更关注区域内部已有企业或新建企业是否有能力实现突破性创新或者促进区域新产业崛起。但是近年来越来越多的研究发现，区域外企业和区域外联系也对区域派生有不可忽视的影响。一方面，区域外部企业可以通过企业和企业家在区域之间的流动促进本区域多样化（尤其是不关联多样化）发展（Hartog & Neffke，2015；Neffke et al.，2018）。另一方面，一些无法利用本地资源转而依赖外围区域的创新性企业可以通过区域外部联系促进本区域多样化发展（Isaksen，2015）。可见，突破地理的界限、考察区域派生微观主体的区域间联系是未来一个重要的研究方向。（2）深入研究大学和科研机构等公共机构对区域派生的影响。对区域派生微观主体的研究不应该局限于经济主体，类似大学和科研机构等知识生产主体也能够影响区域产业发展新路径的产生（Tanner，2014）。因为，大学和科研机构不仅可以作为创业活动的温床直接影响新企业产生，也可以通过重新分配资源到新兴领域间接影响区域派生。但是已有文献往往过于强调经济主体的作用，而对大学和科研机构鲜有关注。

3. 深入研究区域多样化的发生条件。一个十分具有现实意义的问题是区域派生在哪种区域发生的可能性更大，然而现有文献缺乏对这一问题的深入研究，亟待加强。已有研究大多关注单一区域的多样化现象，而对不同区域的多样化类型和程度进行系统分析比较的研究不多。Boschma 和 Capone（2016）以及 Petralia 等人（2017）发现高收入国家倾向于多样化发展不关联的产业（或技术），低收入国家则更愿意多样化发展与其现有产业（或技术）密切关联的新产业（或技术）。Boschma 和 Capone（2015）发现自由市场机制下的美国比协调市场机制下的德国更容易发生区域不关联多样化。Cortinovis 等人（2017）发现桥接型社会资本（Bridging Social Capital）对区域多样化具有积极影响，而黏合型社会资本（Bonding Social Capital）对区域多样化没有影响甚至有时有负面影响。这些零散的研究并不成体系，无法系统回答哪些区域多样化的能力更强、什么类型的多样化更容易在什么类型的区域发生，以及哪些区域能够促成经济发展路径的彻底变革等问题，未来需要进一步探索。

4. 增加对中国区域派生问题的研究。中国学术界对区域派生的研究目前基本上停留于理论引介阶段，并没有系统的理论与方法探讨，实证研究成果也不丰富。中国不同于西方国家的历史文化、风俗习惯、规章制度和意识形态很有可能使得中国区域派生的概念内涵、内在逻辑和展开机制等特征与西方已有研究的结论不同。当今世界正在经历新一轮大发展、大变革、大调整，风险与机遇并存，在国际经济形势风云变幻的大背景下，深入研究中国的区域派生问题，将对中国走出一条适应本国国情的区域产业发展道路具有十分重要的理论指导意义，有助于中国更好地全面贯彻落实新发展理念。可见，中国的区域派生研究将是一个富有前景的研究领域。相信随着未来国内微观数据的不断完善，区域派生研究将会迎来新的发展机遇。

参考文献

郭琪、贺灿飞，2018，《演化经济地理视角下的技术关联研究进展》，《地理科学进展》第 2 期。

贺灿飞，2018，《区域产业发展演化：路径依赖还是路径创造？》，《地理研究》第 7 期。

罗竹风主编，1993，《汉语大词典》，汉语大词典出版社。

张洪阳，2015，《区域创新系统下的产业路径演化分析》，《工业技术经济》第 4 期。

张可云，2017，《论老工业基地的内部"缺新"与外部"有新"——成因、适用理论与振兴新思路》，《社会科学辑刊》第 6 期。

赵建吉等，2017，《内陆区域中心城市金融产业集聚的演化机理——以郑东新区为例》，《地理学报》第 8 期。

Andersson, M. et al. (2013), "Import flows: Extraregional Linkages Stimulating Renewal of Regional Sectors?", Environment and Planning A, 45 (12): 2999-3017.

Arrow, K. J. (1975), "Vertical Integration and Communication", Bell Journal of Economics, 6 (1): 173-183.

Arts, S. & R. Veugelers (2015), "Technology Familiarity, Recombinant Novelty, and Breakthrough Invention", In-dustrial and Corporate Change, 24 (6): 1215-1246.

Asheim, B. et al. (2011), "Constructing Regional Advantage: Platform Policies Based on Related Variety and Differentiated Knowledge Bases", Regional Studies, 45 (7): 893-904.

Bahar, D. et al. (2014), "Neighbors and the Evolution of the Comparative Advantage of Nations: Evidence of International Knowledge Diffusion?", Journal of International Economics, 92 (1): 111-123.

Bishop, P. & P. Gripaios (2010), "Spatial Externalities, Relatedness and Sector Employment Growth in Great Britain", Regional Studies, 44 (4): 443-454.

Boschma, R. (2005), "Proximity and Innovation. A Critical Assessment", Regional Studies, 39 (1): 61-74.

Boschma, R. (2017), "Relatedness as Driver of Regional Diversification: A Research Agenda", Regional Studies,

51 (3): 351-364.

Boschma, R. & G. Capone (2015), "Institutions and Diversification: Related Versus Unrelated Diversification in a Varieties of Capitalism Framework", *Research Policy*, 44 (10): 1902-1914.

Boschma, R. & G. Capone (2016), "Relatedness and Diversification in the European Union (EU-27) and European Neigbourhood Policy Countries", *Environment and Planning C: Government and Policy*, 34 (4): 617-637.

Boschma, R. & K. Frenken (2010), "The Spatial Evolution of Innovation Networks: A Proximity Perspective", in: R. Boschma & R. Martin (eds), *The Handbook of Evolutionary Economic Geography*, Edward Elgar.

Boschma, R. & K. Frenken (2011), "Technological Relatedness and Regional Branching", in: H. Batheltetal (eds), *Beyond Territory: Dynamic Geographies of Knowledge Creation, Diffusion and Innovation*, Routledge.

Boschma, R. & S. Iammarino (2009), "Related Variety, Trade Linkages, and Regionalgrowth in Italy", *Economic Geography*, 85 (3): 289-311.

Boschma, R. & R. Wenting (2007), "The Spatial Evolution of the British Automobile Industry: Does Location Matter?", *Industrial and Corporate Change*, 16 (2): 213-238.

Boschma, R. et al. (2009), "How Does Labour Mobility Affect the Performance of Plants? The Importance of Relatedness and Geographical Proximity", *Journal of Economic Geography*, 9 (2): 169-190.

Boschma, R. et al. (2012), "Related Variety and Regional Growth in Spain", *Papers in Regional Science*, 91 (2): 241-256.

Boschma, R. et al. (2013), "The Emergence of New Industries at the Regional Level in Spain: A Proximity Approach Based on Product Relatedness", *Economic Geography*, 89 (1): 29-51.

Boschma, R. et al. (2014), "Labour Market Externalities and Regional Growth in Sweden: The Importance of Labour Mobility between Skill-related Industries", *Regional Studies*, 48 (10): 1669-1690.

Boschma, R. et al. (2017), "Neighbour Regions as the Source of New Industries", *Papers in Regional Science*, 96 (2): 227-245.

Breschi, S. et al. (2003), "Knowledge-relatedness Infirm Technological Diversification", *Research Policy*, 32 (1): 69-87.

Broekel, T. & R. Boschma (2012), "Knowledge Networks in the Dutch Aviation Industry: The Proximity Paradox", *Journal of Economic Geography*, 12 (2): 409-433.

Bugge, M. M. & S. Øiestad (2015), "The Micro-foundations of Regional Branching: The Case of Digitization of Publishing", *European Planning Studies*, 23 (4): 764-784.

Cainelli, G. & D. Iacobucci (2016), "Local Variety and Firm Diversification: An Evolutionary Economic Geography Perspective", *Journal of Economic Geography*, 16 (5): 1079-1100.

Cainelli, G. et al. (2019), "Industrial Relatedness and Regional Resilience in the European Union", *Papers in Regional Science*, 98 (2): 755-778.

Caragliu, A. et al. (2016), "Both Marshall and Jacobs Were Right!", *Economic Geography*, 92 (1): 87-111.

Castaldi, C. et al. (2015), "Related Variety, Unrelated Variety and Technological Breakthroughs: An Analysis of US State-level Patenting", *Regional Studies*, 49 (5): 767-781.

Colombelli, A. et al. (2014), "The Emergence of New Technology-based Sectors in European Regions: A Proximity-based Analysis of Nanotechnology", *Research Policy*, 43 (10): 1681-1696.

Coniglio, N. D. (2018), "The Pattern of Structural Change: Testing the Product Space Framework", *Industrial and Corporate Change*, 27 (4): 763-785.

Cortinovis, N. et al. (2017), "Quality of Government and Social Capital as Driver Sofregional Diversification in

Europe", *Journal of Economic Geography*, 17 (6): 1179-1208.

Essletzbichler, J. (2007), "Diversity, Stability and Regional Growth in the United States, 1975-2002", in: K. Frenken (eds), *Applied Evolutionary Economics and Economic Geography*, Edward Elgar.

Essletzbichler, J. (2015), "Relatedness, Industrial Branching and Technological Cohesion in US Metropolitan Areas", *Regional Studies*, 49 (5): 752-766.

Farjoun, M. (1998), "The Independent and Joint Effects of the Skill and Physical Bases of Relatedness in Diversification", *Strategic Management Journal*, 19 (7): 611-630.

Feldman, M. P. et al. (2005), "Creating a Cluster While Building a Firm: Entrepreneurs and the Formation of Industrial Clusters", *Regional Studies*, 39 (1): 129-141.

Feldman, M. P. et al. (2015), "Knowledge: The Spatial Diffusion and Adoption of rDNA Methods", *Regional Studies*, 49 (5): 798-817.

Fianti, N. et al. (2006), "Managing Disruptive Technology in the Textile Industry", *Materials Technology: Advanced Performance Materials*, 21 (1): 7-14.

Frenken, K. & . A. Boschma (2007), "A Theoretical Framework for Economic Geography: Industrial Dynamics and Urban Growth as a Branching Process", *Journal of Economic Geography*, 7 (5): 635-649.

Frenken, K. et al. (2007), "Related Variety, Unrelated Variety and Regional Economic Growth", *Regional Studies*, 41 (5): 685-697.

Gertler, M. S. (2003), "Tacit Knowledge and the Economic Geography of Context, or the Undefinable Tacitness of Being (there)", *Journal of Economic Geography*, 3 (1): 75-99.

Gilsing, V. et al. (2008), "Network Embeddedness and the Exploration of Novel Technologies: Technological Distance, Betweenness Centrality and Density", *Research Policy*, 37 (10): 1717-1731.

Glaeser, E. L. et al. (1992), "Growth in Cities", *Journal of Political Economy*, 100 (6): 1126-1152.

Grabher, G. (1993), "The Weakness of Strongties: The Lockin of Regional Development in the Ruhr Area", in: G. Grabher (ed), *The Embedded Firm*, Routledge.

Guo, Q. & C. He (2017), "Production Space and Regional Industrial Evolution in China", *GeoJournal*, 82 (2): 379-396.

Guo, Q. et al. (2016), "Entrepreneurship in China: The Role of Localization and Urbanization Economies", *Urban Studies*, 53 (12): 2584-2606.

Hartog, M. et al. (2012), "The Impact of Related Variety on Regional Employment Growth in Finland 1993-2006: High-tech Versus Medium/low-tech", *Industry and Innovation*, 19 (6): 459-476.

Hartog, M. &F. Noffke (2015), "The Impact of New Top Managers and Top Technicians on Plant Survival and Diversification", *DRUID Working Paper*, No. 15.

He, C. et al. (2018), "Regional Industrial Evolution in China", *Papers in Regional Science*, 97 (2): 173-198.

Heimeriks, G. & R. Boschma (2014), "The Path and Place Dependent Nature of Scientific Knowledge Production in Biotech 1986-2008", *Journal of Economic Geography*, 14 (2): 339-364.

Hidalgo, C. A. et al. (2007), "The Products Pace and Its Consequences for Economic Growth", *Science*, 317: 482-487.

Isaksen, A. (2015), "Industrial Development in Thin Regions: Trapped in Path Extension?", *Journal of Economic Geography*, 15 (3): 585-600.

Klepper, S. (2001), "Employee Startups in High-tech Industries", *Industrial and Corporate Change*, 10 (3): 639-674.

Klepper, S. (2007), "Disagreements, Spinoffs, and the Evolution of Detroit as the Capital of the U. S. Automobile industry", *Management Science*, 53 (4): 616-631.

Klepper, S. & . L. Simons (2000), "Dominance by Birthright: Entry of Prior Radio Producers and Competitive Ramifications in the U. S. Television Receiver Industry", *Strategic Management Journal*, 21 (10-11): 997-1016.

Kogler, D. F. et al. (2013), "Mapping Knowledge Space and Technological Relatedness in US Cities", *European Planning Studies*, 21 (9): 1374-1391.

LoTurco, A. & . Maggioni (2016), "On Firms Products Pace Evolution: The Role of Firm and Local Product Relatedness", *Journal of Economic Geography*, 16 (5): 975-1006.

Mameli, F. et al. (2012), "Regional Variety and Employment Growth in Italian Labour Market Areas: Services Versus Manufacturing Industries", *Papers in Evolutionary Economic Geography Working Paper*, No. 3.

Montresor, S. & F. Quatraro (2017), "Regional Branching and Key Enabling Technologies: Evidence from European Patent Data", *Economic Geography*, 93 (4): 367-396.

Muneepeerakul, R. et al. (2013), "Urban Economies and Occupation Space: Can They Get 'There' from 'Here'?", PLoSONE8 (9): e73676.

Neffke, F. & M. Henning (2008), "Revealed Relatedness: Mapping Industry Space", *Papers in Evolutionary Economic Geography Working Paper*, No. 19.

Neffke, F. & M. Henning (2013), "Skill-relatedness and Firm Diversification", *Strategic Management Journal*, 34 (3): 297-316.

Neffke, F. et al. (2011), "How Do Regions Diversify Over Time? Industry Relatedness and the Development of New Growth Paths in Regions", *Economic Geography*, 87 (3): 237-265.

Neffke, F. et al. (2018), "Agents of Structural Change: The Role of Firms and Entrepreneurs in Regional Diversification", *Economic Geography*, 94 (1): 23-48.

Nooteboom, B. (2000), *Learning and Innovation in Organizations and Economies*, Oxford University Press.

Penrose, E. T. (1959), *The Theory of the Growth of the Firm*, John Wiley& Sons.

Petralia, S. A. et al. (2017), "Climbing the Ladder of Technological Development", *Research Policy*, 46 (5): 956-969.

Pinheiro, F. L. et al. (2018), "Shooting Low or High: Do Countries Benefit from Entering Unrelated Activities?", *Papers in Evolutionary Economic Geography Working Paper*, No. 7.

Saviotti, P. & K. Frenken (2008), "Export Variety and the Economic Performance of Countries", *Journal of Evolutionary Economics*, 18 (2): 201-218.

Schmenner, R. W. (1980), "Choosing New Industrial Capacity: On-site Expansion, Branching, and Relocation", *Quarterly Journal of Economics*, 95 (1): 103-119.

Tanner, A. N. (2014), "Regional Branching Reconsidered: Emergence of the Fuel Cell Industry in European Regions", *Economic Geography*, 90 (4): 403-427.

Teece, D. J. (1986), "Profiting from Technological Innovation: Implications for Integration, Collaboration, Licensing and Public Policy", *Research Policy*, 15 (6): 285-305.

Teece, D. J. et al. (1997), "Dynamic Capabilities and Strategic Management", *Strategic Management Journal*, 18 (7): 509-533.

VanOort, F. et al. (2015), "Related Variety and Regional Economic Growth in Across-section of European Urban Regions", *European Planning Studies*, 23 (6): 1110-1127.

Weitzman, M. L. (1998), "Recombinant Growth", *Quarterly Journal of Economics*, 113 (2): 331-360.

Zucker, L. G. et al. (1998), "Intellectual Human Capital and the Birth of US Biotechnology Enterprises", *American Economic Review*, 88 (1): 290-306.

城市收缩问题研究进展*

高新雨

20世纪50年代以来,收缩城市现象在欧美发达国家出现并逐步蔓延全球,引起学界的研究热潮。作为工业革命摇篮和率先完成工业化的英国,也成为现代城市收缩的起点,1901-1981年,伦敦内城人口减少45%(Rieniets,2009),其他大部分城市也正在经历收缩(Oswalt,2005b)。欧洲自20世纪50年代起,有42%的城市出现收缩,成为"收缩大陆"(shrinking continent)(Haase et al.,2013),其中间歇性和暂时性收缩的城市还有向持续性收缩发展的趋势(Wiechmann & Wolff,2013)。美国东北部五大湖地区曾经辉煌的重工业城市如今只遗留下大量锈迹斑斑的废弃工厂,形成著名的"锈带"(Rust Belt)。自20世纪90年代以来,世界"城市收缩极"由西方工业化国家转移至东欧,到2005年,在东欧300座20万—150万人口规模的城市中,只有27座城市人口仍在增长(Turok & Mykhnenko,2007)。收缩城市还在人口高度密集的东亚地区出现:自2007年起,日本有45%以上的10万人口以上规模城市出现明显收缩,小城市人口绝对收缩更加严重,几近无法为继(Martinez-Fernandez et al.,2016);2000年后,韩国近30%的城市也出现了明显收缩(Lee et al.,2016)。更加值得注意的是,在城市化快速推进的发展中国家也出现了收缩城市:联合国人居署报告①显示,1990-2000年,在发展中国家1408座城市中,有143座出现人口流失,超过10%。Oswalt和Rieniets(2006)研究发现,目前全世界已有超过350座大城市出现人口收缩,占全球城市总数的25%以上。正如Rieniets(2009)指出的,收缩城市无论从数量、收缩规模和持续时间上看,都已成为全球城市化进程中的结构性现象。

我国经济保持了四十多年的高速增长,城市化进程持续推进,然而近年来,收缩城市在我国已然出现,尤其是在经济下行压力增大,就业和经济增长受到挑战的背景下,收缩城市问题逐渐凸显。Long和Wu(2016)的研究显示,中国已出现180座收缩城市。因此,国家发展和改革委员会发布的《2019年新型城镇化建设重点任务》中首次针对收缩城市提出建议,指明收缩型中小城市要坚持"瘦身强体,转变惯性的增强规划思维,严控增量、盘活存量,引导人口和公共资源向城区集中"的发展方向。然而,我国有关收缩城市方面的相关理论研究刚刚起步,亟待完善和拓展。本文将通过对收缩城市国际研究进展的梳理和探讨,着重分析收缩城市的形成机制和应对策略,为我国应对收缩城市对新型城镇化战略带来的挑战、探索新常态宏观背景下收缩城市成功转型路径提供参考和借鉴。

---

* 原文发表在《经济学动态》2021年第3期。作者高新雨为兰州大学县域经济发展研究院(乡村振兴战略研究院)助理研究员。

① UN-HABITAT(2008), *State of the World's Cities 2008/9*, London: Routledge.

一、收缩城市的概念界定及演化

（一）收缩城市的概念界定

收缩城市（Shrinking city）是指由产业转移、郊区化、政治体制变迁、人口结构变化等原因引起的城市人口规模缩减、部分区域空心化的现象。这一概念最早出现在德国，在20世纪八九十年代及21世纪初，德国部分城市人口大量流失，特别是东部地区城市房屋空置率高达20%（Maennig & Dust, 2008），造成经济和社会明显衰退，从而引起社会和学界高度关注，出现了"收缩城市"术语及相关研究。目前，由于在判定指标和标准方面存在分歧，学界对收缩城市的概念界定尚未达成共识，主要有如下几种定义标准。

由于人口规模是反映城市社会经济发展水平最直观、最易得的指标（Turok & Mykhnenko, 2007），第一种界定方式是以人口数量的缩减为标准。Oswalt 和 Rienuets（2006）认为人口永久流失比例大于10%，或年均人口流失率大于1%的城市即为收缩城市；Delken（2008）将城市收缩定义为连续15年内每年缩减人口不少于3%人口的城市；Wiechmann（2008）的界定标准是居民数量不少于10000人，且大部分地区连续2年以上出现人口流失的城市；Schilling 和 Logan（2008）将过去40年间人口减少25%以上的老工业城市认定为收缩城市。虽然上述研究中的城市和区域都具有人口持续减少的共同特征，但由于在城市化阶段、人口基数、人口变化率等方面各自存在差异，无法设定统一标准，说明必须根据研究对象的具体实际来划定定义标准。

考虑到城市收缩是包含经济、人口、地理、社会等因素的综合性过程，且在全球化影响下形成更为复杂的交互性影响（Martinez-Fernandez et al., 2012），部分学者建立了包含多维指标的综合评价体系，形成了涵盖城市收缩全貌的第二种界定方法。Volker 和 Regine（2013）[①] 将人口总量变化率、人口迁移率、人口结构、失业率、家庭购买力、国内生产总值、税收等要素均纳入收缩城市判定标准体系中。林斌雄等（2017）建立了涵盖人口、经济和土地规模等要素的综合指标体系对城市收缩进行测度识别。相较于单一的人口规模指标定义，该方法更加突出了城市收缩过程的综合性、动态性特征（Pickett et al., 2013），适用于数据可得性较好条件下的研究。

由于部分城市收缩是郊区化的结果，城市核心区的收缩可能伴随着卫星城的扩张，因此 Pallagst 等人（2017）提出了第三种界定方法，即从空间等级角度对都市圈、城市、核心区、街区、社区等不同空间层次的收缩进行详细界定，以研究收缩城市在不同空间区划层面所具有的不同特征。这一观点的提出对城市政策和规划制定者从宏观、微观不同层面把握城市全貌具有启示意义。总结而言，关于收缩城市的主要界定方法见表1。

表1 收缩城市的三种主要界定方法

指标	标准
人口指标	人口流失总量大于10%或年均人口流失大于1%的城市（Oswalt & Rieniets, 2006）
	10000人以上城市人口持续流失超过2年（Wiechmann, 2008）

---

① 详见 http://www.bbsr.bund.de/BBSR/EN/Spatial Development/Spatial DevelopmentEurope/Analyses Spatial Development/Projects/growing_shrinking/growing_shrinking.html。

续表

指标	标准
人口指标	人口年流失率不低于3%并持续15年以上的城市（Delken，2008）
	人口在40年内流失超过25%的城市（Schilling & Logan，2008）
综合指标	持续经历人口流失、经济衰退、就业恶化等结构性危机的城市区域（Martinez-Fernandez et al.，2012）
	以人口流失为主要特征，伴随失业率上升、低增长甚至负增长的过程等（Volker & Regine，2013）
	处于人口停止增长、经济开始转型阶段的城市（Herrmann et al.，2016）
	城区在过去的40-50年间经历人口减少、就业和经济增长的下降（Reckien & Martinez-Fernandez，2011）
	城市人口、经济、就业、土地和财政规模等持续缩减（林斌雄等，2017）
空间等级指标	区分都市圈、城市、核心区、街区、社区等不同空间层次的收缩（Pallagst et al.，2017）

资料来源：笔者根据现有文献整理。

（二）关于收缩城市的认知演化

西方国家对于收缩城市的认知经历了复杂的变化过程。长久以来，增长与集聚都是城市经济的主题，城市被视为"增长机器"（growth machine）。Rieniets（2009）指出，虽然20世纪早期曾有学者提出以城市收缩为核心的大城市病治理思路，即通过"去城市化"手段营造"花园城市"，降低人口密度、提高城市空间质量，解决城市无序扩张引起的环境、住房危机。但是，随着经济全球化竞争中收缩城市渐显衰落，收缩城市在很长一段时间内被视作"城市危机"，成为城市研究领域的"禁忌"。在这种对城市收缩无视或抵触的认知下，地方政府往往寄希望于"收缩周期"自行结束，或采取积极财政等反收缩手段，试图通过城市扩张、园区建设等方式恢复城市经济和人口增长，但大多数并未起到理想的效果（Pallagst et al.，2017）。消极等待"收缩周期"结束和积极的反收缩措施的失败使人们意识到，城市收缩并不是城市人口和经济增长过程中短暂的停滞或波动（Wiechmann & Bontje，2015），也并非一种循环周期（Martinez-Fernandez et al.，2012），而是一种全球性的常态化现象，人们开始逐渐接受城市收缩的新常态。城市政策由传统的增长导向转向以收缩为前提的"精明收缩"（Smart Shrinkage）理念（Popper & Popper，2002），开始引导产业结构调整，提倡精细开发有限的城市空间，提升城市空间品质和居民生活质量，以重塑城市吸引力，留住和稳定现有人口，将城市收缩的负面影响降至最低。

虽然收缩城市现象已被普遍接受，但受增长导向主流思想影响，仍有人认为"收缩城市"一词蕴含消极色彩，精明收缩规划也被一些学者认为是对城市"非健康衰落状态"的妥协，因而出现了"转型城市"（City in Transition）、"遗产城市"（Legacy City）[①] 等代替词汇（Merkowitz，

---

① 由于人口下降前城市拥有建成很大规模的基础设施"遗产"，因此在现阶段又被称为"遗产城市"（Nassauer & Raskin，2014）。

2010)。但 Blanco 等学者（2009）认为收缩城市并非一无是处，如果处理得当，收缩城市的负面影响并非不可避免，还给人们提供了重新审视和构建城市发展路径的机会，促使人们探索非增长模式下城市绿色、公平发展的新路径。例如对于美国的匹兹堡，Blanco 等人（2009）对比了2000 年后该城市人口、犯罪率、收入、物价等数据，发现通过实行一系列城市和产业更新，匹兹堡在发生人口收缩的同时，人居生活条件不断提升，形成了"匹兹堡悖论"。一些研究还证实收缩城市在很多方面存在独特优势，以城市绿色空间为研究的核心变量，Nefs 等人（2013）发现德国莱比锡等收缩城市的城市污染和交通压力明显得到缓解，碳排放和生态足迹显著减少，社会经济环境、房价和居住面积、生态环境等指标已达到高生活质量要求。Pickett 等人（2013）建立了包含社会、经济、政治、生态等一系列要素的参数框架，总结出收缩城市生产生活和治理系统重组、向环境友好的可持续发展路径转型的路径机制，并认为增长型城市在一定程度上可以借鉴此路径机制。Ehrenfeucht 和 Nelson（2017）以卡特里娜飓风后留在新奥尔良的重建人员为样本进行研究，发现以新奥尔良为代表的收缩城市虽然基础设施条件较差、职业发展机会有限，但舒适的生活节奏、维护职业和人际网络的轻松度，对高学历人群仍具有较大的吸引力。对此，Pallagst 等人（2017）总结道，只要人们转变认知，重新审视和完全接受收缩城市，积极采取适当措施，就可以对收缩城市的独特优势加以有效利用。

二、收缩城市形成的经济学解释

Herrmann 等人（2016）指出，工业化时代之前造成城市收缩的原因主要是战争、政权更迭和自然灾害。在当代，虽然一些因素已经弱化，但 Rieniets（2009）、Khavarian-Garmsir 等（2019）、Blanco 等（2009）发现，气候变化导致的荒漠化、海平面上升和地下水位下降，以及矿产资源开发导致的污染等生态环境灾害，仍是造成当今部分环境治理技术薄弱的发展中国家城市收缩的重要原因。即使如美国这样的发达国家，自然灾害仍可以成为导致城市收缩的主要原因，如新奥尔良在 2005 年受到卡特里娜飓风重创后出现了明显的城市收缩。此外，一系列复杂的经济和社会结构性变化成为当代城市收缩的更为重要的原因，如全球化、后福特生产模式与发达国家制造业转移引起的生产结构变化（Martinez-Fernandez et al., 2016; Newman et al., 2018）、家庭和人口结构变化（小家庭化、老龄化、少子化）（Oswalt, 2005b; Rieniets, 2009）、城市居住和交通结构变化（城市郊区化和城市蔓延）（Gonzalez-Navarro & Turner, 2018）以及政治结构变化（中东欧部分国家的政治制度变迁）（Haase et al., 2016）等。学者从不同角度对造成城市收缩的机制进行了经济学解释。

（一）城市生命周期

基于熊彼特（Schumpeter）的创新周期理论，Van Den Berg 等人（1982）提出了城市生命周期理论，认为随着技术的创新、应用、传播到技术效应消失再到新技术产生，城市系统也经历从集聚（城市化）到分散（郊区化和逆城市化）再到再集聚（再城市化）的周期性过程。Friedrichs（1993）对该理论进行了详细阐释，认为技术创新是城市经济增长的根本动能，当技术创新产生新产品时，各种生产要素在超额利润的吸引下向本地厂商集聚，城市化进程加速，城市经济快速增长；随着新产品需求的增加，标准化生产方式逐渐推广，原产地不再具备比较优势，产品生产向土地、运输成本较低的城市周边转移，引发郊区化；生产技术的进一步成熟使各种要素资源持续向外扩散，城市核心区逆城市化进程持续加剧；直至城市内部再次出现新的技术创新，要素重新回归，开启再城市化进程。该理论的核心在于追求利润最大化的企业随技术创新的出现和扩散进行区位选择调整，从而影响城市增长动力的强弱循环，使之出现周期性的扩张和衰退。

然而，Hollander 等人（2009）、Wolff（2017）等认为，该理论将增长与衰退归结为城市内生的、固有的周期过程，并不能对过去数十年全球化和人口结构变化造成的冲击做出合理解释。Hartt（2017）更是明确指出，经济全球化和后福特生产方式重构了资本主义产业组织模式，改变了城市周期理论所描述的城市发展循环轨迹，造成全球增长城市和收缩城市极度不平衡的发展路径。因此，城市生命周期理论对当代全球收缩城市问题的解释存在较大的局限性。

（二）全球化与制造业转移

城市生命周期理论着眼于资本在城市不同空间的流动造成的周期性循环影响，没有预见到资本全球流动对西方传统工业化国家主要工业城市造成的收缩在短期内是不可逆的。Gereffi 等人（2005）指出，全球化生产组织模式在充分利用发展中国家廉价劳动力等比较优势、扩大跨国公司利润、促进新兴工业化国家外贸加工城市蓬勃发展的同时，对欧美工业化国家制造业形成了强烈冲击，使其在全球商品市场竞争中失去优势，大量工厂被关闭，传统工业基地和港口城市被排除在全球经济增长进程之外，急剧衰落和收缩。联合国人居署在《世界人口展望2014》报告中也指出，资本全球化流动引发的全球产业转移和扩散，与世界收缩城市分布直接相关。

欧美国家工业城市的兴衰与大型制造业厂商主流生产模式演变息息相关。根据 Audirac 等人（2012），在 19 世纪中叶至 20 世纪初工业化早期，工厂生产取代工场和工业作坊成为主流，在工厂生产规模经济作用下，要素不断向工厂集中的城市内部集聚，形成了现代城市-郊区体系。随着电气化、自动化生产的普及，在 20 世纪 20-60 年代进入工业化中期，福特大生产方式，即大制造厂商规模化、流水线、大批量的商品生产模式成为世界主流，制造业城市发展到顶峰，规模空前扩大。20 世纪 70 年代后发生的新技术革命，特别是信息技术革命，使发达国家普遍由工业化后期向服务业转型，城市经济的基础不再是商品制造和实物交换，而是升级为知识创造和信息交换，传统工业城市的功能和地位逐渐被削弱（Rondinelli，2001）。由于技术创新加速生产率提高，价值链被重构，制造业竞争强度大幅提升，生产环节利润空间遭到严重挤压，大型制造企业为降低成本，通过国际投资和贸易建立国际产业分工体系，将制造环节转移至亚洲、南美洲的发展中国家，形成了由跨国公司主导、生产环节分散的全球本土化（glocal）生产体系，欧美后工业化国家大批福特大生产工厂被关闭，失业率上升，人口大量外流，传统工业城市收缩明显。以美国"锈带"为例，相较于 20 世纪 50 年代的顶峰时期，目前底特律、匹兹堡、杨斯顿等城市的人口减少了近 50%，费城、巴尔的摩人口减少近 1/3（Wiechmann & Pallagst，2012）。

关于制造业转移的影响，Li 和 Mykhnenko（2018）提出，如果城市高技术产业、服务业等新兴产业发展足够快，则能够创造足够多的就业机会吸收第二产业失业人员，所以理论上产业转移并不一定导致城市收缩。然而，由于存在劳动力技能匹配的结构性矛盾（Audirac et al.，2012），且企业关停导致地方政府税收下降，缺乏财政资金支持产业结构升级（Panagopoulos & Barreria，2013），在大多数情况下，产业移出城市并不能及时调整和适应新经济发展的要求，只能在路径依赖作用下逐渐衰退。

(三) 郊区化与城市蔓延

郊区化是造成城市收缩的另一个主要原因。Rieniets（2009）指出，近几十年来，西方国家城市家庭结构向小家庭化转变，家庭数量变多，市内有限的空间资源无法满足房屋需求的增加，因而兴起了郊区房地产开发。欧美中产阶级家庭对宽敞居住空间和优雅居住环境的追求更推动了郊区化进程。在高速公路网络不断完善、私人汽车普及以及低息住房贷款等有利条件的促进下，大量中产阶级居民涌入郊区居住，导致基础设施建设也大量向郊区集中，而内城居民缩减、设施老化、建筑破旧、房价下跌，成为低收入群体聚居区。在上述因素中，城市公路网的快速扩张是人口分散化和城市郊区化的最大促进因素，Baum-Snow（2007）对1950-1990年美国市中心人口减少量与公路建设量间的关系进行了拟合，结果得出每一条新公路的出现会伴随城市核心区人口减少10%的结果。20世纪70年代，美国城市郊区人口数量倍增并首次超过城区人口数量，郊区化导致内城收缩和资源空心化，被Oswalt和Rieniets（2006）形象地比喻为"中空的面包圈"（hole in the doughnut）。

然而，相较产业组织重构与产业结构调整对传统工业城市造成的打击，郊区化形成的城市收缩影响相对温和。Pallagst等人（2017）从空间等级视角出发，提出郊区化是整个城市内部人口在不同空间范围的流动，在城市核心区局部人口收缩的同时，郊区和卫星城的人口不断增长。因此，城市总体空间范围内的人口规模可能呈持续扩张态势（Xie et al.，2018）。同时，郊区化也并非短期不可逆，而呈现城市生命周期理论所描述的郊区化和再城市化的交替循环。基于美国35个城市1950-2000年的普查数据，Rosenthal（2008）对各城市社区居民社会人口结构进行了4分位划分，并以此为控制变量进行了平衡面板下的二阶段广义矩估计，发现社区居民社会经济地位存在周期性循环，城市社区居民经济地位平均每10年变化13%。这一结论正好符合近年来欧美许多大城市兴起的内城"绅士化"（gentrification）现象。根据Smith（1987）的租差理论（Rent Gap Theory），郊区化导致城市中心投资减少、设施陈旧，其较低的实际地租与土地本身所能产生的最优资本化收益——潜在地租——之间的差距逐步扩大，形成较大租差。租差的增大使土地再开发的投机性利润增加，当租差足够大、其他投资（尤其是实体经济）利润又较低时，资本会反循环转移到市区房地产市场，对其进行再开发，改善居住条件和环境，吸引原本在郊区生活的中高收入群体回迁至市中心新住宅，取代原先低收入聚居群体，使内城重新"绅士化"。郊区化到市区"绅士化"的循环与城市生命周期理论所描述的城市化-郊区化-逆城市化-再城市化路径相似，但不同理论对驱动因素的解释有所差异，城市生命周期理论认为城市化各阶段是技术扩散引导资本在不同城市空间流动的表现，而租差理论则认为郊区化和绅士化是由不同城市空间房地产市场收益差距所引起。

郊区化过度发展会导致城市土地过度扩张和非集约利用、人口和经济密度稀释、资源浪费、效率降低等城市蔓延问题发生（Mills，2003；陈旭、秦蒙，2018）。Rybcynski和Linneman（1996）指出，由于二战后美国人口大量向郊区分散，建筑和人口分散的"水平城市"（horizontal cities）代替了原有人口和经济活动高度密集、以高层建筑为主的"垂直城市"（vertical cities），重塑了北美主流城市形态，因此学界普遍认为郊区化和城市蔓延是造成城市收缩的主要原因之一。然而在我国以土地出让为多数城市主要财政来源的情况下，城市收缩并不一定是城市蔓延的必然结果。Li和Mykhnenko（2018）在专门针对中国收缩城市的研究中发现，由于产业衰退而已经发生实际收缩的城市为解决财政困难，有更强烈的意愿以较低价格出让城郊农业用地，进行形式化的住宅区和工业园建设，形成一方面人口不断外流，另一方面城市空间面积和建成规模不断扩大的悖论。

（四）资本的空间投资过剩

郊区化和绅士化都是资本对不同城市空间的投入引起人口流动的过程。Harvey（2010）基于新马克思主义理论对资本对城市空间的投资及其引起的人口规模变化进行了系统性的理论分析，从资本流动的循环累积角度解释了收缩城市出现的机制：资本在物质生产领域的循环累积促进了城市经济和人口规模的扩张，但由于资本主义生产过程存在社会生产无限扩大与社会有效需求不足的固有矛盾，必将出现产能过剩并引发经济危机。为缓解生产领域的资本积累过剩，部分资本撤出商品生产流通的第一级循环，转而投向基础设施、房地产等领域，形成资本向城市空间建设领域的第二级循环的流动，这一过程被称作资本的城市化。资本在第二级循环中对城市空间环境的投资，促使城市建成面积迅速扩张并吸引更多人口实现城市化，被称为资本的"空间生产"（production of space）。对此，Harvey（2010）特别强调，资本的第二级循环必须以第一级循环为基础，如果资本与土地过度结合、实体经济支撑不足，将导致资本空间生产的空洞化，出现城市化空间扩张的有效需求不足、空间资本过度盈余，表现为大量闲置厂房、空置住宅、过量基础设施等问题。虽然资本在第二级循环中过度积累的问题可以由资本向郊区等资本城市化不足的地区输出而缓解，实现空间修复（spatial fix），但劳动力也随之外流，从而出现城市收缩。因此，Harvey（2010）认为当资本在第二级循环积累到一定规模后，必须流入科研、教育、医疗卫生等技术和人力资本生产领域，进入更高级的第三级循环，以避免资本空间生产过剩引发危机。

（五）收缩路径循环累积效应

以上理论都是对收缩城市出现原因的解释，新经济地理学"核心-边缘"（Core-Periphery）理论则解释了收缩城市难以摆脱长期衰退路径的原因。一般而言，收缩城市要重新实现增长，必须有持续大量的投资支持（Rink et al.，2014），但Krugman（1991）指出，经济集聚与增长存在"核心-边缘"形式的空间分异模式，在集聚的循环累积效应的促进作用下，作为核心地区的增长型城市不断对增长乏力的边缘地区物质、人力和技术资本形成虹吸，使产业和人口不断由落后地区向增长型城市转移和集聚，造成边缘地区摆脱衰退路径的能力不断被削弱，形成人口加速流出、投资不断下降、经济出现停滞的"下行螺旋"，形成收缩路径不断强化的恶性循环。联合国人居署在2008年的报告①中就曾明确指出，未来世界城市发展的趋势将是大城市继续吸收各种资本要素并保持增长，而众多中小型城市则将面临持续性收缩。在这种情况下，收缩城市探索非增长模式下的最优治理模式变得尤为重要。

三、收缩城市的经济社会影响及治理研究

（一）收缩城市的主要经济社会影响

第一，收缩城市表现出的最直接和最明显的物理性表征是土地空置（Couch & Cocks，2013）。由于人口流失，大量房屋和基础设施被空置；受产业转移影响，工厂迁移或关闭，遗留大量废弃厂房和工业用地。这些空置土地被Newman和Kim（2017）称作"无生产力空间"（non-productive space），造成收缩城市房地产市场供应过剩、城市地价贬值。

---

① UN-HABITAT(2008), *State of the World's Cities 2008/9*, London: Routledge.

第二，由于企业和居民流失、土地价格贬值，收缩城市税收严重下降，通过对1999-2009年葡萄牙收缩城市财政支出与人口年龄结构的回归研究，Panagopoulos 和 Barreria（2013）发现地方政府公共支出与城市人口年龄负相关，城市年轻人口每增加1%将引起公共支出增加1.4%，而老龄人口增加对公共支出的边际效应则为-0.4%。收缩城市财政问题的影响首先是基础设施维护费用紧缺，导致城市公共服务水平下降；同时人口减少导致原有基础设施规模过大，出现规模不经济，政府需将高昂的基础设施维护固定成本部分转嫁给居民，造成居民生活成本提高。通过概率模型对问卷调查数据进行处理，Faust 等人（2018）发现居民对城市收缩现状的认识及其社会经济地位显著影响美国收缩城市居民关于提高供水服务价格的意愿。收缩城市财政紧缺的影响还表现在地方政府补贴新兴产业的能力受限，影响城市产业结构调整和经济增长新动能的培育，成为收缩城市摆脱困境的很大制约因素（Panagopoulos & Barreria，2013）。

第三，经济衰退和财政危机严重影响了居民就业和福利，致使大量人口，尤其是受过高等教育的年轻人和高收入的中产阶级外流，人力资本流失进一步恶化了收缩城市人口和经济结构。Martinez-Fernandez 等人（2012）、Nelle（2016）等强调，收缩城市所面临的资源紧缩问题不仅存在于财政、产业等物质方面，以及人口数量减少导致的生育率和人口增长率下降，更在于具有创新力的青壮年劳动力"选择性移民"（selective migration）造成的"脑力枯竭"（brain drain），使其在激烈的全球技术竞争中彻底失去竞争力，对收缩城市产生更为深远的负面影响。此外 Roak 等人（2016）、Audirac（2018）还指出，建立在互信基础上的社会资本是城市可持续发展的基石，但由于收缩城市居民大多社会经济地位较低，城市治理参与度较低，缺乏对收缩城市的客观了解，受传统观念中收缩城市"衰败""落后"等污名化印记影响较深，缺乏城市归属感和对地方政府的信任感，产生强烈的逃离渴望，进一步动摇城市发展的社会资本网络基础。

第四，由于就业机会和要素资源匮乏、人力资本大量流失，收缩城市已成为加剧社会阶层分化和隔离的重要原因，全球收缩城市内普遍分布着大量贫民窟（Grossmann et al.，2012；Audirac et al.，2012）。根据 Faust 等人（2016）的研究，美国"锈带"弗林特、底特律、克利夫兰等城市在收缩过程中，贫困率上升近40%。与种族问题相互交织，美国收缩城市中社会阶层分化和隔离问题比其他国家更复杂：Beauregard（2003）将美国郊区化的过程总结为白人大量逃离黑人聚居的城区的"白人大迁移"（white flight），其结果如 Xie 等人（2018）以底特律为例的研究表明，城市收缩及产生的贫困、犯罪等问题主要集中在以低收入和黑人群体为主的市中心低档社区，而郊区以富有白人为主的中高档社区仍在蓬勃发展。实证研究显示，底特律都市区白人街区的非空置率是黑人最集中地区的7.06倍（Xie et al.，2018）。根据人口普查数据，Mckinnish et 等人（2010）对底特律不同年龄、种族、受教育水平人群1990-2000年住所变更情况进了行分组回归，发现近年来通过改善设施环境和居住条件，市内吸引了许多中产阶级黑人迁入，但绅士化过程中生活成本上升使低收入黑人的利益受到冲击，引起了较为强烈的抵制，收缩城市社会隔离问题已严重影响其未来发展。

（二）基于政府与市场关系的收缩城市治理研究

由于收缩路径循环积累效应的作用，收缩城市物质和人力资本持续流出，单独通过市场调节机制将使收缩城市陷入经济社会持续衰退的循环中，无法实现成功转型（Haase et al.，2013）。典型的失败案例如东欧，根据 Rink 等人（2014）的研究，东欧国家在重构经济基础过程中普遍转向新自由主义，政府部门权利缺失，市场经济转型和私有化过程缺乏合理监管，造成贫富分化和社会不公不断加剧,引起社会强烈不满;由于资本和劳动力自由流动,大量受教育程度高的青壮年劳动力向西欧、北美等国移民,削弱了新兴产业发展和经济结构转型的技术和人力资本基础,加快了经济衰落和资本流出,大部分东欧城市至今仍被锁定在高失业率和高贫困率的衰退路径中。Haase 等(2016)更是发现在经历三十年的持续收缩后,部分东欧城市已近乎消失。有鉴于此,为维持众多欧洲收缩城市的基本运行发展,目前欧盟委员会及各成员国政府已与地方政府建立财政支持体系,为财政困难城市提供外部资金支持(Haase et al.,2013)。

然而,政府过度干预也会阻碍收缩城市良性发展。在对资源型收缩城市转型路径的研究中,Barnes 等(2004)认为长期以来的单一主导产业容易建立强大的地方政治影响,对行业技术和组织方式改革以及城市产业结构调整形成较大的制度性阻碍,产生锁定效应(lock-in effect),同时倾斜政策不断引导资源流入资源型产业,对服务业等新兴产业产生挤出效应(crowd-out effect),使这些城市往往缺乏产业调整转型、摆脱衰退困境的能力。

因此,Bernt(2009)提出政府与私人部门合作,从社会效益和商业利益的共同点出发,形成政府引导、市场运作的有机联合机制,是收缩城市治理的可行方式。以德国拆除东部大量空置建筑、改造城市设施容貌的"东部城市改造计划"(stadtumbau ost)为例,由于地方财政紧张,拆除和改造的部分费用来自联邦政府专项基金,作为交换条件,受资助城市必须服从联邦政府的改造规划思路;同时,空置建筑造成房地产市场供应过量,实行拆除工作可使房产价格止跌企稳,提高房产和建筑公司利润,因此积极鼓励和广泛吸收房地产和建筑公司参与,有效扩充了计划实施的资金来源。地方政府一方面作为联邦政府规划的执行者,保证德国联邦政府各项措施的实施;另一方面作为市场监管者,监督和阻止改造过程中私人部门"搭便车"等行为。最终,在各级政府和房地产、建筑公司的有效合作下,德国东部城市顺利完成房地产去库存目标,重新实现房地产市场供需平衡和城市设施容貌更新。类似的还有 Bernt 等(2014)提到的利物浦城市发展基金,在 20 世纪八九十年代,利物浦通过政府规划、私人部门运行的方式共同设立城市发展基金,实施了基础设施更新、新住宅区开发、工业用地重新规划等一系列重振项目,使城市摆脱了长达几十年的收缩,实现了产业调整复苏和人口重新增长,更为 21 世纪进行的更大规模城市综合更新项目积累了资金。美国圣路易斯、克利夫兰等地则建立土地银行机制,吸纳政府和民间基金收购、处理和开发空置土地和物业,对稳定城市土地和房地产市场、整合和重新开发城市不动产价值起到了明显作用(Hollander et al.,2011)。

除了城市更新规划,收缩城市政府还肩负着引导城市产业升级的责任。由于产业衰落导致收缩城市人力资本流失、基础设施和公共服务不完善,短期内的市场调节机制只能加剧收缩城市资源紧缩。欧美国家收缩城市成功转型的经验表明,地方政府必须首先通过改善城市环境、提高公共服务、强化区位优势等手段吸引投资和人力资本,才能实现产业更新、重新融入全球价值链高端。Wiechmann 和 Pallagst(2012)指出,德国德累斯顿在空置土地上开发高级商务区,并大力发挥大学和研究机构众多的区位优势,引进了芯片设计、半导体组件生产集成等新兴产业,吸引创意阶层[①]人群定居,成功克服收缩路径,实现再工业化,重新返回增长路径。

---

① 根据 Florida(2002)的研究,创意阶层指受教育程度高、工作技能和人力资本水平高的人群,是知识经济时代促进技术进步和经济增长的主要主体。由于就业能力强,这类人群具有较高的流动性,根据由基础设施、社会环境包容度等方面所构成的城市生活品质来决定工作和居住的城市。

Pinzini 和 Rossi（2010）、Hartt（2017）等发现，美国巴尔的摩、匹兹堡等城市通过发展医疗和教育吸引创意阶层居民，为新兴产业投资奠定了人力资本基础，实现了高技术产业和高端服务业对原有重工业体系的替代和城市复兴。

一系列研究还表明，在收缩城市转型过程中，政府只起到适度引导作用，政策实施过程中的具体路径则主要依靠市场机制完成。例如，虽然旧城改造等城市更新措施因使新设施资本化、居住成本上升并迫使低收入家庭搬离而受到争议，但 Vigdor（2010）的模型推导表明：在不存在迁移成本的情况下，设施环境和社会经济地位最低的社区改造会使其他质量更高的社区相对价格下降，从而提升所有居民效用；然而考虑到迁移成本，社区质量剧变对居民效用的影响是不确定的，而渐变引起的迁移成本则低很多；进一步的实证估计表明，由于长期居民更倾向于社区复兴而非衰落，在美国城市更新措施所导致的房价上涨水平相对总体居民支付意愿是温和的。Herrmann 等人（2016）研究表明，收缩城市转型过程吸引建筑师、工程师、艺术家、经济学家等专业技术人才合作参与，有利于收缩城市中知识的传播、人力资本的积累和高技术产业发展，这一观点也得到了 Ehrenfeucht 和 Nelson（2017）的证实：相当一部分受教育程度高的工作人员在完成灾后重建后选择继续留在新奥尔良，促进了当地知识型产业的发展。综合上述研究可以发现，收缩城市治理的合理模式应当是"政府引导、政策支持、市场运作、规范管理"，市场和政府任何一方的缺位或式微都会导致收缩城市转型失败的严重后果，如何平衡市场与政府关系、实现收缩城市转型最优路径，考验着各方参与主体的智慧。

（三）基于"精明收缩"理念的收缩城市治理研究

在传统的增长导向下，地方政府应对城市收缩政策的核心往往是如何重新实现增长，很多城市通过继续扩张空间开发房地产、产业园区等投资项目，刺激经济增长和阻止人口减少，但 Wiechmann 等（2014）发现此类措施往往收效甚微。因此，Hospers（2014）、Schilling 和 Logan（2008）等学者开始转变思路，提出了"合理精简"（right-sizing）、"精明收缩"的理念，主张完全接受城市收缩现实，以城市人口减少为预期制定政策，探索非增长条件下城市集约发展新模式。精明收缩的第一步是引导现有人口和产业空间集中，提高人口和经济密度，重新实现规模经济，然后估算现有人口所需基础设施和公共服务需求量，按最优规模提供，实现资源合理配置。Peck（2014）认为"精明收缩"理念可以节约成本、提高有限资源的利用效率，因此已在很多国家收缩城市得到认可和实施。西班牙莱昂实施"再集聚"（re-concentration）政策（Bouzarovski et al.,2010）；美国杨斯顿以"更小、更好"为理念，整合基础设施并加强绿化，着力提升城市形象、可持续发展水平和居民生活质量（Shetty & Reid，2013）；澳大利亚实行预约公交等弹性化公共服务模式，以及邻近社区间基础设施相互交易的创新机制（Blanco et al.，2009）；德国贝恩堡和维滕贝格在关闭居民严重流失社区的学校的同时，增加了对保留中学的经费投入，帮助其改善教学楼状况、改善教学设施、提高教师待遇，并向贫困学生提供经济支持，增加了城市教育机会，提升了教育水平（Nelle，2016）。

由于收缩城市关闭和拆除部分街区、建筑、基础设施后产生大量空地，Wiechmann 等人（2014）认为在可持续发展理念下重塑城市"三生"空间是精明收缩的必然要求。在这一过程中，Pallagst 等人（2017）主张将棕地（brownfield sites）改造为公园、河道、栖息地等绿地（greenfield sites）生态空间；Schilling 和 Logan（2008）提出空地用于拓宽人行道和自行车道，促进城市绿色出行方式转变，或改建为停车位、城市农业用地、休闲娱乐设施等生产、生活空间。Hasse 等人（2014）、Lima 和 Eischeid（2017）等认为，收缩城市土地利用方式改造为人类提供了科学布局城市生产、生活和生态空间的机遇，在挖掘城市生态环境资产价值和提高城市宜居水平的同时，提升了城市形象，从环境和社会效益方面增强了城市发展动力，给失去生产力的空地重新赋予生产生活和生态价值，有利于维持城市地价甚至促进土地增值，是激发收缩城市经济效益的有效途径。Pallagst et al.（2017）通过对莱比锡和美国弗林特"绿色基础设施"提高城市土地价值的研究，证实了上述关于收缩城市生态资本转化为物质资本的观点。

收缩城市空地还为居民创业和中小企业发展提供了大量生产空间。便宜的地租适合创业者租用开展文化创意、餐饮住宿、城市农业、户外艺术、极限运动等项目（Blanco et al.,2009）。废旧厂房、老旧街区等建筑因独特风格和具有警示性意义而颇受前卫艺术家青睐，被开发成为画室、展览馆、艺术沙龙等（Lima & Eischeid,2017）。Blanco 等（2009）观察到在底特律、克利夫兰等地，收缩社区周围大量闲置土地为农场经营者发展城市农业提供了商机。Hollander 和 Németh（2011）认为收缩城市为保护古建筑提供了空间，是促进旅游业发展的有利机遇。文化创意、旅游业、城市农业中小型草根经济的发展可以普遍惠及居民，使其充分享受收缩城市的转型收益。根据 Audirac 等（2012）的研究，由于社会经济地位较低，收缩城市居民的劳动技能普遍与高技术产业不匹配，城市产业高端化难以解决底层居民就业问题；而文化创意、旅游、餐饮住宿、城市农业等产业对从业、创业者的技能、资金要求门槛较低，可吸纳更多中低技能失业人口、提高居民收入，同时刺激私人部门投资，活跃市场。英国格拉斯哥（Audirac et al.,2012）、美国圣路易斯（Ganning,2016）等城市通过旅游、会展、艺术等相关联产业，带动了大批本地中小企业发展，成为吸引资金、增加就业、提高居民收入的新增长点；底特律也提出鼓励当地少数族裔居民发挥特长，发展以文化艺术产业和手工企业为主的"活力街区"（Audirac,2018）。

城市治理体系改进也是精明收缩的重要组成部分。Guimares 等学者（2016）主张收缩城市利用人口减少的条件，改变传统的精英治理结构，广泛吸纳居民参与城市治理事务，建立自下而上的城市治理参与模式，提高社会公平度和互信度，巩固收缩城市因居民社会经济地位普遍较低造成的薄弱的社会资本基础。具体的，Wiechmann 和 Pallagst（2012）提出以社区组织为主体机构，通过赋权方式培养居民参与城市规划治理的积极性，加深其对城市收缩现状的了解；并以民众普遍诉求为导向，建立各阶层居民、商业机构、公共管理部门等主体广泛参与的城市治理体系，共同决策有限资源的分配，从而最大化满足各主体需求，增强居民归属感和社会凝聚力，同时提高资源流动性，营造开放、包容的创新网络，增强人口吸引力，实现以人为本的可持续发展。Hummel（2016）特别指出，信息时代赋予了收缩城市实施居民参与式治理的便捷技术手段，通过搭建网络平台可广泛吸纳各阶层市民意见，减少居民参与治理的物质和时间成本。由此可见，"精明收缩"治理方式为人类提供了非增长路径下城市集约、绿色、公平发展的新思路，与我国"创新、协调、绿色、开放、共享"的新发展理念存在较多共性，将为我国新时代城市治理提供许多有益借鉴。

四、收缩城市的国际比较

（一）主要发达国家收缩城市治理政策的比较

Mallach 等（2017）在对主要发达国家收缩城市政策进行比较时发现，不同国家文化和政治传统、收缩城市程度与其所采取的应对政策密切相关。由于城市收缩历史漫长，德国从联邦到地方各级政府表现出最积极的态度，联合采取应对措施，主导并实施了一系列措施（Bernt，2009）。而在以地方分权为主的美国，则由地方政府主导，通过土地银行、城市农业、绿色基础设施等措施重新挖掘收缩城市的土地价值（Hollander et al.，2011）。日本收缩城市现象出现较晚，程度也相对较轻，目前收缩城市仍处于学术讨论中，大多数民众只将其看作本国低生育率的结果，而非一项社会经济问题，政府尚未介入（Martinez-Fernandez et al.，2016）。

（二）主要发达国家收缩城市未来发展路径的比较

Hollanderl 等（2009）认为，美国收缩城市应对政策是以重新实现增长为目标的，这与美国人口总体平稳增长的趋势相符。Danko 和 Hanink（2017）对布法罗、底特律、圣路易斯等美国收缩城市 1990-2010 年人口结构进行了分析，发现作为移民国家，美国城市人口收缩主要发生在白人和黑人中，拉美裔和亚裔居民数量则一直保持较快增长，出生在美国之外的新移民数量也在增加，非黑人少数族裔和新移民是美国收缩城市人口重新增长的主要来源。然而欧洲和日本的情况却大不相同，Hollander 等人（2009）指出，虽然欧洲亦有收缩城市实现人口重新增长，但这些国家人口增长率长期低于代际替代率，城市收缩程度必然进一步加深，因此，欧洲、日本等国必须超越传统增长范式，加深对精明收缩的探索。

（三）中国收缩城市的特征

在经历了四十多年的快速城镇化进程后，中国部分资源型城市、老工业城市和中小型城市已发生了事实上的收缩，联合国人居署报告①显示，1990—2000 年，中国有 50 个城市在发生收缩；吴康等（2015）的研究表明，京津冀有 1/5、长三角有近一半的县市发生收缩；张学良等（2016）发现中国 26.71% 的地级市和 37.16% 的县级市发生收缩；基于第四、五、六次全国人口普查数据，Zhang 等（2019）发现 1990—2010 年，中国收缩城市数量持续上升、程度不断加深。

中国收缩城市逐渐引起国内外学者注意，相关研究总结出一些中国收缩城市的独特特征。Li 和 Mykhnenko（2018）对 1990—2010 年全国 593 个县级以上收缩城市进行了研究，总结出中国收缩城市的独特特征。首先，从空间分布上看，收缩城市广泛分布于我国东、中、西部和东北各地区，但 4/5 的严重收缩城市（常住人口损失率超过 1%）集中在东北和胡焕庸线以西地区。其次，从收缩城市的空间规模看，由于分税制下特殊的土地财政现象，人口和产业流出市的地方政府财政更加依赖土地交易，因此我国出现了收缩城市空间规模仍在扩张的特殊现象。再次，我国大部分城市发生收缩的原因是政策性的，这一点将在下文详细叙述。最后，Long 和 Wu（2016）还从城市规模角度研究了我国收缩城市的分布特征，发现中小城市由于产业基础薄弱、社会资源有限，在与大城市的空间竞争中处于劣势，大量人口流出，大多数收缩城市为中小型城市。

关于我国收缩城市的主要原因，Li 和 Mykhnenko（2018）认为产业结构调整是造成中国收缩城市出现的主要动因之一：63% 的收缩城市处于煤炭、钢铁、石化等传统产业区，84% 的持续收缩城市属于林业、矿业城市和老工业基地。更重要的是，一系列政策成为我国收缩城市形成的特有原因。第一，改革开放一段时间以来，中国实行区域非均衡发展战略，引起与区域经济竞争相关的城市收缩，东部地区作为经济"核心"有着丰富的就业机会和更高的名义工资，

---

① UN-HABITAT（2008），*State of the World's Cities 2008/9*，London：Routledge.

形成对其他地区劳动力的长期吸引，使得收缩城市往往出现在中西部和东北等地区经济竞争力弱的城市，这类城市占所有收缩城市的34%。第二，受计划生育政策影响，中国人口自然增长率明显放缓，26%的城市因为人口自然替代率下降而出现收缩。第三，京沪等市中心城区功能优化（如中央商务区和奥运场馆规划）、大型工程建设（如三峡水利工程）、资源枯竭型城市易地搬迁等项目均涉及大量人口向郊区和外地迁移，形成我国独特的、由政府主导的城市收缩现象，这类城市占所有收缩城市的20%。

在其他研究中，He 等（2017）分析了黑龙江大庆和江西萍乡两个我国典型的资源型收缩城市的转型路径，提出其转型的关键在于创新驱动，新技术在传统和创新产业中的应用将有效带动产业升级和城市转型。Zhang 等（2019）利用空间自相关分析，Deng 等（2019）利用 DID 模型研究高铁建设对中国收缩城市的影响，结果均表明高铁网络加剧了发达城市对资源的虹吸，落后城市要素集聚能力更弱，可能进一步收缩。

五、总结和启示

受到全球资本流动、技术进步和产业升级、城市空间结构变化、政治制度变迁、人口和自然等因素影响，近几十年来收缩城市逐渐成为一种全球现象，引起学界关注。学者从人口规模缩减、经济和社会结构转型等方面定义收缩城市，从城市生命周期理论、全球化和制造业转移、郊区化和城市蔓延、资本的空间循环，以及"核心-边缘"结构所导致的循环累积效应对收缩城市形成机制和加深路径进行经济学解释，并对收缩城市治理所形成的丰富经验和教训进行了总结，形成了如下结论。

第一，收缩城市不仅是经济和人口问题，还与生态环境、社会公平等问题息息相关。收缩城市治理不能单纯依靠市场调节，政府必须采取措施加以合理规划和引导。部分收缩城市获得政府和私人部门足够的资金支持，同时充分利用自身独特的区位优势，通过城市更新和产业升级重新实现了增长。但对于大多数资金约束紧张、区位条件较差的收缩城市，接受和顺应收缩城市发展规律，在人口收缩预期下优化有限资源的配置，探索绿色、集约、共享的精明收缩道路，促进生态和社会资本积累并促进其转化为经济效益，使收缩城市重新对要素形成拉力，是顺利转型的必由之路。因此，收缩城市也逐渐被视为探索非增长路径下建立城市新型经济、社会和生态结构的契机。

第二，由于经济发展水平、人口变化趋势、社会制度等方面的差异，发展中国家收缩城市产生的原因、影响及演化机制等与发达国家存在差异，表现出很强的区域异质性，西方收缩城市研究框架不能简单地复制到发展中国家。现有研究多集中于城市收缩过程长、问题表现突出、治理经验丰富的欧美发达国家，对中国等发展中国家快速城市化进程中同时出现的收缩城市问题研究尚比较少。因此，深入剖析中国收缩城市成因和特征，建立适应我国国情的收缩城市分析框架，在借鉴西方经验的基础上，探索符合我国新型城镇化要求的收缩城市转型路径，是当今我国城市经济学领域所面临的一项重大课题。

总体来看，我国收缩城市出现的背景不是逆城市化，而是人口持续向经济发达地区和大城市聚集，经济相对落后地区和中小城市在激烈的空间竞争中长期处于劣势，人口、资金等要素不断流失，区域经济发展两极分化日趋严重。特别是在信息化和高铁时代，资源流动性大大提高，经济落后城市资源流失速度加快、收缩路径的循环累积效应加强、可持续发展能力不断被削弱，给我国新型城镇化战略带来挑战。面对全球疫情蔓延所带来的经济下行压力挑战，大部分收缩城市,特别是欠发达地区中小型城市要全面补齐短板,吸引资金、产业、人口重新实现增长已是困难重重。因而借鉴"精明收缩"理念,盘活现有的土地、资金、人力和技术资本,引导人口、产业和公共资源合理集中,建立公共基金对空置空间精细化再开发,重新挖掘空间潜在价值,提高居民生活质量和城市治理参与度,打造宜居、宜业、宜游的特色中小城镇,是我国大部分收缩城市转型的可行道路。

更重要的是,为实现新时代各区域充分发展、建立协调的区域经济关系,我国密集出台了京津冀协同发展、长江经济带发展、粤港澳大湾区建设、长三角一体化发展、黄河流域生态保护和高质量发展、国家级城市群建设等一系列重大区域战略,为收缩城市转型发展提供了千载难逢的机遇。我国收缩城市应将经济社会发展寓于重大区域战略之中。第一,应根据自身资源禀赋和区位条件,寻找在城市群、经济带等区域大市场中的合理定位,通过为中心城市和区域内主要大城市提供生态、农业、旅游等资源,参与和融入区域协同发展。第二,有效利用便捷的交通网络带来的中心城市部分扩散效应,将自身打造为邻近大城市的卫星城,激活本地商业和住宅市场。第三,加快区域产业链一体化进程,进行产业梯度布局和层级分工,适当承接产业转移,特别是利用大数据、物联网等先进信息技术手段,支持收缩城市产业升级。第四,加快制度创新,建立健全区域协同发展体系,利用碳汇交易、区域大数据信息平台、云端产业等新模式,促进收缩城市共享区域发展红利。通过重大区域战略的实施以重新整合各区域内资源要素布局,优化建立区域内新型生产、生活、生态空间的新格局,带动收缩城市转型发展,应成为我国收缩城市治理和转型的独特方式。

参考文献:

陈旭、秦蒙,2018,《城市蔓延、人口规模与工资水平——基于中国制造业企业的经验研究》,《经济学动态》第9期。

林雄斌等,2017,《我国城市收缩测度与影响因素分析——基于人口与经济变化的视角》,《人文地理》第1期。

吴康、龙瀛、杨宇,2015,《京津冀与长江三角洲的局部收缩:格局、类型与影响因素识别》,《现代城市研究》第9期。

张学良、刘玉博、吕存超,2016,《中国城市收缩的背景、识别与特征分析》,《东南大学学报(哲学社会科学版)》第4期。

Audirac I. et al. (2012), "Declining Suburbs in Europe and Latin America", *International Journal of Urban and Regional Research*, 36(2):226-244.

Audirac, I. (2018), "Shrinking Cities: An Unfit Term for American Urban Policy?", *Cities*, 75:12-19.

Barnes, W. et al. (2004), "Old Habits Die Hard: Path Dependency and Behavioral Lock-in", *Journal of Economic Issues*, 38:371-377.

Baum-Snow, N. (2007), "Suburbanization and Transportation in the Monocentric Model", *Journal of Urban Economics*, 62(3):405-423.

Beauregard, R. A. (2003), "Aberrant Cities: Urban Population Loss in the United States, 1820-1930", *Urban Geography*, 24(8):672-690.

Bernt, M. (2009), "Partnerships for Demolition: The Governance of Urban Renewal in East Germany's Shrinking Cities", *International Journal of Urban and Regional Research*, 33(3):754-769.

Bernt, M. et al. (2014), "How Does(n't) Urban Shrinkage Get onto the Agenda? Experiences from Leipzig, Liverpool, Genoa and Bytom", *International Journal of Urban and Regional Research*, 38(5):1749-1766.

Blanco, H. et al. (2009), "Shaken, Shrinking, Hot, Impoverished and Informal: Emerging Research Agendas in Planning", *Progress in Planning*, 72(4):195-250.

Bouzarovski, S. et al. (2010), "Household Structure, Migration Trends, and Residential Preferences in Inner-city León, Spain: Unpacking the Demographies of Reurbanization", *Urban Geography*, 31:211-235.

Couch, C., & M. Cocks (2013), "Housing Vacancy and the Shrinking City: Trends and Policies in the UK and the City of Liverpool", *Housing Studies*, 28(3):499-519.

Cuningham-Sabot, E. et al. (2013), "Theoretical Approaches of 'Shrinking Cities'" In Pallagst, K. T. et al. (Eds.), *Shrinking Cities: International Perspectives and Policy Implications*, London: Routledge.

Danko Ⅲ, J. J. & D. M. Hanink (2017), "Beyond the Obvious: A Comparison of Some Demographic Changes Across Selected Shrinking and Growing Cities in the United States from 1990 to 2010", *Population, Space and Place*, 24(1):1-21.

Delken E. (2008), "Happiness in Shrinking Cities in Germany", *Journal of Happiness Studies*, 9(2):213-218.

Deng T. et al. (2019), "Shrinking Cities in Growing China: Did High Speed Rail Further Aggravate Urban Shrinkage?", *Cities*, 86:210-219.

Ehrenfeucht, R. & M. Nelson (2017), "Moving to a Shrinking City? Some Suggestive Observations on Why College-Educated Professionals Came to New Orleans and Why They Stayed", *Urban Studies*, 55(12):2762-2779.

Faust, K. M. et al. (2018), "Willingness to Pay for Perceived Increased Costs of Water and Wastewater Service in Shrinking US Cities: A Latent Class Approach", *Journal of Water Resources Planning and Management*, 144(7):1-9.

Faust, K. M. et al. (2016), "Sustainability of Water and Wastewater Infrastructure in Shrinking Cities", *Public Works Manage Policy*, 21(2):128-156.

Florida, R. (2002), *The Rise of the Creative Class*, New York: Basic Books.

Friedrichs, J. (1993), "A Theory of Urban Decline: Economy, Demography and Political Elites", *Urban Studies*, 30(6):907-917.

Ganning, J. P. (2016), "Arts Stability and Growth amid Redevelopment in U. S. Shrinking Cities Downtowns: A Case Study", *Economic Development Quarterly*, 30(3):239-251.

Gereffi, G. et al. (2015), "Sturgeon the Governance of Global Value Chains", *Review of International Political Economy*, 12(1):78-104.

Gonzalez-Navarro M. & M. A. Turner (2018), "Subways and Urban Growth: Evidence from Earth", *Journal of Urban Economics*, 108:85-106.

Grossmann, K. et al. (2012), "European and US Perspectives on Shrinking Cities", *Urban Research and Practice*, 5(3):360-363.

Guimares M. H. et al. (2016), "Residents' Preferred Policy Actions for Shrinking Cities", *Policy Studies*, 37(3):254-273.

Haase, A. et al. (2016a), "Shrinking Cities in Post-socialist Europe: What Can We Learn from Their Analysis for Theory Building Today?", *Geografiska Annaler Series B Human Geography*, 98(4):305-319.

Haase, A. et al (2016b), "Varieties of Shrinkage in European Cities", *European Urban & Regional Studies*, 23(1):86-102.

Haase, A. et al. (2017), "Representing Urban Shrinkage—the Importance of Discourse as a Frame for Understanding Conditions and Policy", *Cities*, 69:95-101.

Hartt, M. (2017), "The Diversity of North American Shrinking Cities", *Urban Studies*, 55(1):1-14.

Harvey, D. (2010), "The Urban Process Under Capitalism: A Framework for Analysis", *International Journal of*

Urban and Regional Research, 2(1-4):101-131.

He, C. et al. (2017), "What Matters for Regional Industrial Dynamics in a Transitional Economy?", *Area Development and Policy*, 2:1-20.

He, S. Y. et al. (2017), "Shrinking Cities and Resource-based Economy: The Economic Restructuring in China's Mining Cities", *Cities*, 60:75-83.

Herrmann, D. L. et al. (2016), "Ecology for the Shrinking City", *BioScience*, 1(11):1-9.

Hollander, J. B. et al. (2009), "Shrinking Cities as an Emerging Planning Paradigm", *Progress in Planning*, 72(1):223-232.

Hollander, J. B. & J. Németh (2011), "The Bounds of Smart Decline: A Foundational Theory for Planning Shrinking Cities", *Housing Policy Debate*, 21(3),349-367.

Hospers, G. (2014), "Policy Responses to Urban Shrinkage: from Growth Thinking to Civic Engagement", *European Planning Studies*, 22:1507-1523.

Huang, Y. et al. (2018), "The Evolution and Differentiation of Economic Convergence of Resource-based Cities in Northeast China", *Chinese Geographical Science*, 28(3):495-504.

Hummel, D. (2016), "Shrinking Cities and the Possibilities of E-participation", *National Civic Review*, 105(2):8-12.

Khavarian-Garmsir, A. R. et al. (2019), "Climate Change and Environmental Degradation and the Drivers of Migration in the Context of Shrinking Cities: A Case Study of Khuzestan Province, Iran", *Sustainable Cities and Society*, 47:1-12.

Krugman, P. (1991), "Increasing Returns and Economic Geography", *Journal of Political Economy*, 99:483-499.

Lee, J. S. et al. (2016), "Describing Changes in the Built Environment of Shrinking Cities: Case Study of Incheon, South Korea", *Journal of Urban Planning and Development*, 142(2):05015010.

Li, H. & V. Mykhnenko (2018), "Urban Shrinkage with Chinese Characteristics", *The Geographical Journal*, 184(4):398-412.

Lima, M. F. & M. R. Eischeid (2017), "Shrinking Cities: Rethinking Landscape in Depopulating Urban Contexts", *Landscape Research*, 42(7):691-698.

Long Y. & K. Wu (2016), "Shrinking Cities in a Rapidly Urbanizing China", *Environment and Planning A*, 48(2):220-222.

Maennig, W. & L. Dust (2008), "Shrinking and Growing Metropolitan Areas Asymmetric Real Estate Price Reactions?: The Case of German Single-family Houses", *Regional Science and Urban Economics*, 38(1):63-69.

Martinez-Fernandez, C. et al. (2016), "Shrinking Cities in Australia, Japan, Europe and the USA: From a Global Process to Local Policy Responses", *Progress in Planning*, 105:1-48.

Mckinnish, T. et al. (2010), "Who Gentrifies Low-income Neighborhoods?", *Journal of Urban Economics*, 67(2):180-193.

Merkowitz, D. J. (2010), "*The Segregating City: Philadelphia's Jews in the Urban Crisis, 1964—1984*", Ph. D dissertations: University of Cincinnati.

Mills, E. S. (2003), "Book Review of Urban Sprawl Causes, Consequences and Policy Responses", *Regional Science and Urban Economics*, 33: 251-252.

Mykhnenko, V. & I. Turok I. (2008), "East European Cities—Patterns of Growth and Decline, 1960-2005", *International Planning Studies*, 13(4):311-342.

Nefs, M. et al. (2013), "Shrinking Cities as Retirement Cities? Opportunities for Shrinking Cities as Green Living Environments for Older Individuals", *Environment and Planning A*, 45(6):1455-1473.

Nelle, B. A. (2016), "Tackling Human Capital Loss in Shrinking Cities: Urban Development and Secondary School Improvement in Eastern Germany", *European Planning Studies*, 24(5):865-883.

Newman, G. & B. Kim (2017), "Urban Shrapnel: Spatial Distribution of Non-productive Space", *Landscape Research*, 5:1-17.

Newman, G. et al. (2018), "Vacant Urban Areas: Causes and Interconnected Factors", *Cities*, 72:421-429.

Oswalt, P. (Ed.) (2005), *Shrinking Cities. Vol. 1: International Research*, Ostfildern: Hatje Crantz.

Oswalt, P., & T. Rienitz (Eds.) (2006), *Atlas of Shrinking Cities*, Ostfildern: Hatje Crantz.

Pallagst K M. et al. (2017), "Greening the Shrinking City - policies and Planning Approaches in the USA with the Example of Flint, Michigan", *Landscape Research*, 42(201):716-727.

Panagopoulos, T., & A. P. Barreira (2013), "Understanding the Shrinkage Phenomenon in Portugal", *WSEAS Transactions on Environment & Development*, 9(1), 1-12.

Peck, J. (2014), "Pushing Austerity: State Failure, Municipal Bankruptcy and the Crises of Fiscal Federalism in the USA", *Cambridge Journal of Regions, Economy and Society*, 7(1):17-44.

Pickett S. T. A. et al. (2013), "Ecological Science and Transformation to the Sustainable City", *Cities*, 32:S10-S20.

Popper, D. & F. Popper (2002), "Small Can Be Beautiful: Coming to Terms with Decline", *Planning*, 68(7):20-23.

Reckien, D. & C. Martinez-Fernandez (2011), "Why Do Cities Shrink?", *European Planning Studies*, 9(8):1375-1397.

Rieniets, T. (2009), "Shrinking Cities: Causes and Effects of Urban Population Losses in the Twentieth Century", *Nature and Culture*, 4:231-254.

Rink D. et al. (2012), "From Long-term Shrinkage to Re-growth? A Comparative Study of Urban Development Trajectories of Liverpool and Leipzig", *Built Environment*, 38(2):162-178.

Rink, D. et al. (2014), "The Governance of Urban Shrinkage in Cities of Post-socialist Europe: Policies, Strategies and Instruments", *Urban Practise and Research*, 7(3): 258-277.

Roak, M. et al. (2016), "Civic Action and Urban Shrinkage: Exploring the Link", *Journal of Urban Regeneration and Renewal*, 9(4):406-418.

Rondinelli, D. A. (2001), "Making Metropolitan Areas Competitive and Sustainable in the New Economy", *Journal of Urban Technology*, 8(1):1-21.

Rosenthal, S. S. (2008), "Old Homes, Externalities, and Poor Neighborhoods. A Model of Urban Decline and Renewal", *Journal of Urban Economics*, 63(3):816-840.

Rybczynski, W & P. Linneman (1996), *Shrinking Cities*, Philadelphia: Wharton Real Estate Research Center.

Schilling, J. & J. Logan (2008), "Greening the Rust Belt: A Green Infrastructure Model for Right Sizing America's Shrinking Cities", *Journal of the American Planning Association*, 74:451-466.

Shetty, S. & N. Reid (2004), "Global Challenges and Local Responses: Creating a New Urban World in the Shrinking Cities of the US Industrial Midwest", *Regional Science Policy & Practice*, 5(2):201-217.

Smith, N. (1987), "Gentrification and the Rent Gap", *Annals of the Association of American Geographers*, 77(3):462-465.

Turok, I. & V. Mykhnenko (2007), "The Trajectories of European Cities, 1960-2005", *Cities*, 24:165-182.

Vigdor, J. L. (2010), "Is Urban Decay Bad? Is Urban Revitalization Bad Too?", *Journal of Urban Economics*, 68(3):277-289.

Wiechmann, T. & M. Bontje (2015), "Responding to Tough Times: Policy and Planning Strategies in Shrinking

Cities", *European Planning Studies*, 23(1):1-11.

Wiechmann, T. & K. M. Pallagst (2012), "Urban Shrinkage in Germany and the USA: A Comparison of Transformation Patterns and Local Strategies", *International Journal of Urban and Regional Research*, 36:261-280.

Wiechmann, T. & M. Wolff (2013), *Urban Shrinkage in a Spatial Perspective - Operationalization of Shrinking Cities in Europe 1990 -2010*, Dulblin: AESOP-ACSP Joint Congress.

Wolff, M. (2017), "Understanding the Role of Centralization Processes for Cities - Evidence from a Spatial Perspective of Urban Europe 1990-2010", *Cities*, 75:20-29.

Xie, Y. et al. (2018), "Examining Shrinking City of Detroit in the Context of Socio-spatial Inequalities", *Landscape and Urban Planning*, 177:350-361.

Zhang, Y. et al. (2019), "Prefecture-level City Shrinkage on the Regional Dimension in China: Spatiotemporal Change and Internal Relations", *Sustainable Cities and Society*, 47:1-10.

量化空间经济学的理论方法与应用

陈晓佳[*]

一、前言

量化空间经济学是在新经济地理学的基础上发展起来的。早期，新经济地理学利用了计算机技术对模型进行数值模拟，研究了跨地理空间的经济主体之间相互作用，分析了集聚和累积因果关系，包括经济活动之间的前向和后向联系。新经济地理学强调了对多样性产品的爱好、规模报酬递增和运输成本的结合，将这些作为集聚力的一种机制。这种机制为经济活动分布不均提供了基本的理论解释。但是，这些理论模型的复杂性将分析限制在样式化的空间设置上，比如模型只讨论了南北两个地区，或将区位的分布限制在一个圆或一条线上，这严重脱离了现实世界的区位分布。另外，新经济地理学在经验数据验证的发展上也是不足的，尽管有些新经济地理学文献也做了实证研究，但这种实证研究的大部分本质上都是约简形式的，用普通线性回归分析。显然，从新经济地理学模型到实证分析的映射是不清楚的，简单地说就是计量模型和新经济地理学模型是脱节的，同一篇文章中两者没有紧密联系，这样一来，约简形式的回归分析得出的系数就难以给出结构解释，也就是说难以用文章里面的新经济地理学理论来解析回归后得出的系数。面对政策的干预，经济环境变化了，模型的参数也相应出现变化。但是如果还用原来约简回归分析得出的系数，这样的分析或预测是不准的，就会出现卢卡斯批判的问题。

为了解决新经济地理学的这些问题，近几年出现了一些文献，对经济活动在空间上的分布进行了结构化的量化分析，这些文献都建立了一个量化空间结构模型。这种量化空间模型能紧密结合更精细的空间大数据，把空间大数据所反映的异质性地理区位、生产率、宜居便利性、区域要素、区际贸易和人口迁徙都纳入模型。并且这种模型可以容纳大量不对称的区位，这些区位在生产率、便利设施以及区位之间的交通和人口迁移连接方面都可能有所不同。这样就允许不同要素强度的生产部门同时存在，并且可以观察到它们之间的投入-产出关系。

量化空间经济学模型的主要目的不是为经济活动的集聚提供基本解释，也不是提供新的理论结果，而是评估公共政策干预或冲击的影响。为了实现这些目标，这些模型根据观察到的变量进行校准，也就是用数据对模型的参数进行统计意义上的校准，然后对模型"反演"，利用现有的数据，把模型中不可观察变量的数据反演出来。这就要求模型的参数和数据之间存在对一的关系，这种数据反演才是有可能实现的。这样，模型就被准确地识别出来了，活动的平衡空间分布也被明确地确定下来。这里需要注意的是，模型的均衡必须是唯一的，以确保基于模型的反事实具有唯一的结果。唯一性可以通过引入对分散力参数的限制来控制集聚力的大小，也可以向模型添加一些异质性来确保唯一性。当映射存在唯一性时，量化空间经济学模型可以

---

[*] 陈晓佳，广州大学公共管理学院讲师、博士。

用来预测政策对经济活动空间分布的影响,这相当于在数值上进行大量的比较静态分析,这是传统方法无法完成的。

量化空间经济学有几个需要强调的优点。首先,模型产生定量预测。更具体地说,传统的理论模型可以告诉我们特定的冲击对一些关键变量产生了积极的影响,但该模型往往无法解释这种影响的强弱程度。相比之下,量化空间模型为我们提供了有关冲击影响大小的信息,而简化形式的方法则侧重于参数和变量之间的关系。为什么说传统模型无法给出影响的强弱程度呢?因为新经济地理学利用模型和计算机技术进行模拟仿真,模拟不是现实。而量化空间经济学的结构化分析是建立在经验数据之上,一方面,利用经验数据对模型的参数进行校准,校准得到的参数能反映现实经济环境;另一方面,利用现实的数据对模型中一些在现实无法观测的变量进行数据反演。反演出来的数据也是对现实经济环境的反映。这就决定了量化空间经济学结构化分析能够得出外生冲击产生的经济效用的大小。

其次,使用此类模型可以进行大量的比较静态分析。量化空间经济学利用帽子代数(Hat-Algebra)方法进行比较静态分析。这种代数变换方法不是像传统模型那样在水平值上估计,而是对均衡状态,从一种均衡状态到另一种均衡状态的变化量进行估计。其优点是能够将不受两种均衡状态转变影响的变量和变量的系数约掉,使模型剩下受到两种均衡状态变动影响的量。所以说虽然量化空间经济学模型纳入了很多模型的组件,比新经济地理学模型还复杂,但是模型是很容易求解的,在一定程度上比新经济地理学模型还容易求解。

最后,不同的模型彼此同构。在这种情况下,预测适用于一系列模型,而不仅仅是使用的模型。例如 Krugman 的垄断竞争与 EK 的完全竞争是同构的,也就是说这两种模型能得出相同的方程,如产品贸易引力方程,人口迁徙的引力方程等等,这些方程变量是相同的。只不过其他的参数不相同,通过对不同模型框架下的参数进行校准,最后在分析的时候这些模型都能得出相同的结论。

二、量化空间经济学的理论模型

(一) 模型的菜单式组件

量化空间经济学的理论模型涉及多个关键模块的无缝结合,例如消费者偏好行为、企业的生产技术、商品贸易和人员迁徙等各种模块的组装。该量化模型通过实施系列一般均衡条件来完成,这些条件为模型提供了闭合。下面将介绍经常使用的组件和模型闭合的均衡条件,并探究该模型的动态操作机制。

1. 消费者偏好行为

消费者偏好在量化空间经济学中扮演着重要的角色。在这一领域的研究中,通过效用来分析消费者消费行为和选择空间决策(例如他们选择居住或工作的地方),并形成两者有机的联系。消费者偏好对于这些空间选择决策至关重要,因为它们反映了个体在周围环境中的价值观和优先级。

在量化空间经济学中,对消费者偏好的分析通常使用数学模型完成,其中个人的偏好被表示为函数。这些函数用于确定消费者在不同属性(例如配套设施的接近度或房屋的成本)之间的权衡。通过纳入这些偏好函数,研究人员可以分析不同因素对消费者行为的影响以及由此产生的空间格局。

总的来说,了解消费者偏好在量化空间经济学中至关重要,因为它提供了对个体位置决策动机的有价值见解，使得对空间经济现象的分析更全面、准确。以下介绍几种主要消费偏好函数。

（1）单一产品的消费。消费者通过消费单一产品和租用住房来获得效用。用 U_i 表示消费者 i 的效用，C_i 表示消费的产品数量，H_i 表示消费的住房，这两种消费品可以用科布道格拉斯（Cobb-Douglas，CD）函数加总，也可以用不变替代弹性（Constant Elasticity of Substitution，CES）函数加总，它们分别表示为：

科布道格拉斯效用函数：$U_i = C_i^\alpha H_i^\beta$

不变替代弹性效用函数：$U_i = (C_i^{\frac{\sigma-1}{\sigma}} + H_i^{\frac{\sigma-1}{\sigma}})^{\frac{\sigma}{\sigma-1}}$

其中，α 和 β 分别是科布道格拉斯效用函数相应产品的支出份额，也衡量消费产品的重要程度；σ 为不变替代弹性效用函数中的替代弹性，度量两种消费品之间的替代程度，反映了消费者在一定消费范围内愿意用一种产品替换另一种的替换程度。

（2）多种类产品的消费。量化空间经济学模型对多种类产品的消费通常采用阿明顿（Armington，1969）需求框架。阿明顿需求模型以经济学家阿明顿（Paul Armington）的名字命名，他在 1969 年首先开发了该模型。在阿明顿需求模型中，每个地区生产一种商品，每种商品由不同的地区使用不同的生产技术生产。该模型假设消费者对商品有偏好，这些偏好基于商品的原产国。这些偏好用 CD 或 CES 效用函数表示。效用函数在本地 i 通过对多个地区 j 的跨地区消费 C_{ij} 进行加总，注意到 C_{ij} 有两个下标，这表示产地和销售地是分离的。

阿明顿式的科布道格拉斯效用函数：$U_i = \prod_j C_{ij}^{\alpha_j}$

阿明顿式的不变替代弹性效用函数：$U_i = \left(\sum_{j \in S} C_{ij}^{\frac{\sigma-1}{\sigma}}\right)^{\frac{\sigma}{\sigma-1}}$

其中，α_j 表示阿明顿式的科布道格拉斯效用函数相应地区产品的支出份额；σ 为阿明顿式的不变替代弹性效用函数中的替代弹性，也可以设置不同地区具有不同的替代弹性，即 σ_j。

（3）多样化产品偏好。多样化产品偏好是指消费者偏好经济体中可用的产品和服务的多样性。在量化空间经济学中，多样性效用函数是表示消费者对多样性商品和服务的偏好的数理模型。多样性效用函数试图捕捉的观点是，消费者不仅从他们消耗的商品的数量中获得效用，还从他们拥有访问的不同商品的数量中获得效用。在该领域，多元化产品偏好常常用来研究市场规模和数字经济产生影响的一个机制。在模型设置上，通常采用内外两层效用函数，内层效用函数表示对多样化产品数量的连续加总，外层效用函数则采用阿明顿式的 CD 或 CES 效用函数。如果用 v 表示具体的多样化产品，效用函数可表示如下。

阿明顿式的科布道格拉斯效用函数：$U_i = \prod_j \left[\int C_{ij}(v) \, dv\right]^{\alpha_j}$

阿明顿式的不变替代弹性效用函数：$U_j = \left(\sum_{i \in S} \left[\int C_{ij}(v) \, dv\right]^{\alpha_j} C_{ij}^{\frac{\sigma-1}{\sigma}}\right)^{\frac{\sigma}{\sigma-1}}$

（4）异质性偏好函数。异质性偏好函数在描述消费者行为和选址决策方面起着重要作用。异质性偏好是指消费者对商品和服务有不同的品位、价值观和偏好。在空间上，消费者对位置的偏好也可能因收入、年龄或文化背景等因素差异而有所不同。为了解释这些差异，经济学者使用异质性偏好函数来模拟具有不同偏好的消费者的行为。这些函数有助于更好地理解消费者的选择是如何受到他们独特的价值观和偏好的影响，以及这些选择如何影响经济活动的空间分布。通过将异质性偏好纳入模型，经济学者可以获得对消费者行为和经济活动的空间分布的更细致的理解。这里异质性偏好用 A_i 表示，一般假定 A_i 服从具体的分布函数，例如 Frechet 或 Gumbul 分布函数。可建立如下的消费者效用函数：

$$U_i = A_i C_i^\alpha H_i^\beta$$

在量化空间经济学中，为了考察迁徙到不同地区的个人或家庭的决策过程，通常基于异质性偏好函数构建一个迁移效用函数。迁移效用函数考虑了影响人们决定迁徙的各种因素，如工资差异、生活成本和工作机会等。该函数用于计算迁徙到新地点与留在当前地点的预期效用。通过分析迁徙效用函数，经济学者可了解推动迁徙模式的因素以及这些模式如何影响经济活动的空间分布。下标 i 和 j 分别表示迁出地区和迁入地区，用 d_{ij} 表示迁徙所产生的成本。那么地区 i 的消费者迁徙到地区 j 获得的效用可表示为：

$$U_{ij} = \frac{A_j}{d_{ij}} \left(\frac{C_j}{\beta}\right)^\beta \left(\frac{H_j}{1-\beta}\right)^{1-\beta}$$

（5）非齐次效用函数。非齐次效用函数用于建模消费者行为和位置决策。非齐次偏好是指一个人在不同收入水平下分配预算到不同商品或服务的比例会发生变化。相比之下，齐次偏好是指一个人在不同收入水平下分配预算到不同商品或服务的比例始终不变。在空间上，非齐次偏好用于模型化具有不同偏好的消费者，这些偏好基于收入水平或其他因素。非齐次效用函数有助于更好地理解消费者偏好、收入和经济活动的空间分布之间的关系。通过将非齐次偏好纳入模型，经济学者可以更深入地了解消费者行为以及收入和其他因素如何影响经济活动的空间分布。以 CES 效用函数为例说明非齐次效用函数设定方法，该方法并不是直接设定效用函数，而是通过最大化效用函数，对消费品进行加权约束。效用函数通过权重 ω_s 加总产业 s 的需求 C_i^s，从而构造一个效用隐函数，并令其标准化等于 1，用 $\sum_s [\omega_s C_i^s / (U_i)^{(\varepsilon_s - \sigma)/(1-\sigma)}]^{(\sigma-1)/\sigma} = 1$，其中 $\varepsilon_s \in (0, 1)$ 表示产业 s 的需求收入弹性，当 $\varepsilon_s = 1$ 时，非齐次效用函数退化为齐次效用函数。消费者在最大化效用 U_i 时，约束上效用加权隐函数和预算约束则可求解。

2. 人口迁徙、职住通勤决策

在量化空间经济学中，迁徙决策被用于模拟个人或家庭考虑迁移到不同地点的决策过程。迁徙是人口流动的一种形式，影响着经济活动的空间分布。经济学者通过分析迁徙的影响因素，如工资差异、生活成本和就业机会，以深入了解迁徙模式的驱动因素以及这些模式如何影响经济活动的空间分布。迁徙在量化空间经济学中具有重要意义，因为它有助于了解空间迁徙的动态特征以及它在塑造经济格局中的作用。

量化空间经济学的定义特征是代理人内生地选择他们的位置。有两种不同的方法可以对内生位置决策进行建模。一种是假设同质工人的自由流动，如新经济地理模型。另一种是允许对不同位置有特殊偏好的异质工人选择最喜欢区位，在 McFadden（1973）的条件 logit 框架上建模。

（1）迁移成本。迁徙决策的选择涉及人员迁移的摩擦。这种摩擦为不同地区的实际工资差异提供了一种替代解释，以替代上文讨论的偏好的特殊差异。这就提出了一个问题，即观察到的城乡工资差异在多大程度上反映了迁徙摩擦、工人生产力的非随机选择、土地和其他非贸易商品的成本以及便利性的差异。因为这些人口迁移摩擦涉及沉没成本，代理人的选址决策再次变得具有内在的动态性。在这种情况下，这些选址决策不仅取决于当前的实际工资，还取决于预期的持续价值，因为涉及未来预期持续价值，这决定了迁移决策可以利用贝尔曼迭代方程来建模。令 $\tilde{d}_{ij}$ 表示迁徙成本，ε_{ijt} 服从参数为 θ 的 Gumbel 分布，$U_{it}(\varepsilon_t)$ 表示生活在位置 i 的工人在获得的价值。价值函数可以递归地写为行为人在时间 t 位置 i 生活期间的福利 W_{it} 加上行为人在接下来的时期内的折扣预期值：

$$U_{it}(\varepsilon_t) = \log W_{it} + \delta \max_j \{\tilde{V}_{jt+1} - \tilde{d}_{ij} + \varepsilon_{ijt}\} \Rightarrow m_{ijt} = \frac{(V_{jt+1}/d_{ij})^\theta}{\left(\sum_k V_{kt+1}/d_{ik}\right)^\theta}$$

其中，$V_{it} \equiv exp\,\tilde{V}_{it}$ 和 $d_{ij} \equiv exp\,\tilde{d}_{ij}$。$m_{ij}$ 为迁徙份额方程。

（2）通勤成本。通勤成本和迁移成本本质上是相同的。职住选择涉及代理人是否可以将工作场所和居住地分离。在典型的城市经济单中心城市中，假设所有生产活动都发生在城市中心，通勤成本在确定与城市中心距离相关的土地价格梯度方面起着关键作用。在城市系统模型中，每个城市的通勤与便利设施和生产力一样，是塑造城市规模分布的重要决定因素。在有关劳动力市场的文献中，大量文献研究了当地冲击和政策干预对当地就业的影响，但相对较少研究通勤以及由此产生的工作场所和居住地分离带来的就业影响。量化空间经济学的职住通勤技术为弥补这方面文献的缺失提供了可行方案，当地点通过双边通勤流动连接时，对一个地点的冲击可能会蔓延到其他地点，并且特定的本地冲击可能会根据通勤网络在不同地点产生异质的就业影响。消费者的效用可表示为：$U_{ij} = A_j V_j / d_{ij}$，$V_j$ 表示实际收入，A_j 表示异质性冲击（服从参数为 θ 的 Frechet 分布），d_{ij} 表示通勤成本。消费者通过选择获得最大效用的职住通勤线路进行决策，公式形式为：

$$m_{ij} = Pr\{U_j \geq \max_j[U_i]\} \Rightarrow m_{ij} = \frac{(V_j/d_{ij})^\theta}{\sum_{j=1}^N (V_j/d_{ij})^\theta}$$

3. 生产技术

生产技术是指在特定经济背景下用于生产商品和服务的方法和过程。企业使用的生产技术受到各种因素的影响，例如投入的可用性、劳动力的技能水平和地点的基础设施。通过在量化空间模型中对生产技术进行建模，可以分析这些因素如何影响企业的成本和生产率，以及它们如何影响经济活动的空间分布。此信息可用于确定技术改进的潜力，并了解选址决策中涉及的权衡取舍以及公共政策在塑造经济格局中的作用。

（1）科布-道格拉斯（Cobb-Douglas）生产函数。CD 生产函数是一种经典的生产函数模型，用于表示单位产出与劳动和土地的关系。它的公式形式为：

$$y_j = z_j h_j^\alpha l_j^{1-\alpha}$$

其中，y_j 表示地区 j 的产出，z_j 表示生产技术，l_j 表示劳动力要素，h_j 表示土地要素。$1-\alpha$ 和 α 分别是劳动和土地的产出弹性，α 取值为 0-1。

（2）多样化产品生产函数。在量化空间经济学中，多样化生产函数通常采用上下两层生产函数嵌套设置，下层基于 CD 生产函数形式，上层则采用 CES 生产函数。如果用 v 表示具体的多样化产品，下层生产函数可表示为：

$$y_j(v) = z_j h_j(v)^\alpha l_j(v)^{1-\alpha}$$

上层生产函数是对多样化产品的加总，采用 CES 生产函数进行加总。用 σ 表示替代弹性，则上层生产函数可表示为：

$$Y_j = \left[\int y_j(v)^{\frac{\sigma-1}{\sigma}} dv\right]^{\frac{\sigma}{\sigma-1}}$$

(3) 上下游产业联系生产函数。上下游产业联系生产函数也称投入产出生产函数。该生产函数可以分析特定部门和地区的生产力冲击，一方面可以分析这种冲击在更广泛的经济中是如何传播的；另一方面，一个部门的支出增加导致通过增加对其他部门的需求，总体支出的增长超过了成比例的增长，也就是乘数的作用。此外，这种投入-产出联系为集聚提供了另一种机制，并且在现实世界投入-产出矩阵中观察到的部门之间的联系。采用柯布-道格拉斯生产函数形式来刻画上下游产业联系，这种方式处理的生产函数易于纳入量化空间经济模型中，公式为：

$$y_j(v) = z_j \, l_j(v)^{\beta^l} h_j(v)^{\beta^h} \prod_s m_j^s(v)^{\beta^s}$$

其中，$m_j^s(v)$ 表示产业 j 产品 v 投入产业 s 的中间产品。

4. 产品定价规则

产品定价是指产品销售的价格，它是由市场需求和供应的平衡决定的。在量化空间经济学模型中，可以分析市场的竞争程度、供应和需求的空间分布以及自然资源的限制等因素如何影响产品定价。这些信息有助于理解市场机制以及政策对产品定价的影响。

(1) 完全竞争的边际成本定价。边际价格是企业分析生产和定价决策中的一个重要概念，用于确定最佳生产水平和可实现的最大利润。在生产者的生产成本不断增加的情况下，生产者必须使用更多的生产要素才能生产出更多的产品，从而生产每增加 1 单位产品，额外单位成本就在不断增加。这会导致边际成本逐渐升高。边际价格是指因生产额外 1 单位商品或服务而导致的增量成本或总成本的变化，它的计算方法是总成本的变化除以数量的变化。通过考虑边际价格，企业可以决定生产多少、收取什么价格以及是扩大还是收缩生产。边际价格分析也用于评估影响商品和服务的生产和分配的公共政策。当生产者的边际成本大于销售价格时，生产者就不会再生产更多的单位，因为这样做无法使其获得更高的收益。在许多情况下，生产者会选择生产一个量，使得边际成本等于销售价格。这种决策方式叫作边际成本低价。可表示为：

$$p_i = MC_i$$

其中，p_i 表示价格，MC_i 表示边际成本。边际成本典型应用的模型是 Armington（1969）以及 Eatom 和 Kortum（2002）。

(2) 垄断竞争的成本加成定价。在这种策略中，企业通过在其生产成本中提高利润率或加价来设定其销售价格。通过在空间背景下对加价定价进行建模，可以研究运输成本、市场结构和消费者行为等各种因素对企业定价决策以及生产和消费空间分布的影响。这些信息有助于理解选址决策中涉及的权衡取舍、公共政策在塑造经济格局中的作用以及提高资源配置效率的潜力。用 σ 表示产品的替代弹性，$\sigma/(\sigma-1)$ 表示加成的比例，成本加成可通过利润最大化问题推导出，最终的定价形式为：

$$p_i = \frac{\sigma}{\sigma - 1} MC_i$$

成本加成定价典型应用的模型是 Krugman（1978）、Melitz（2003）和 Chaney（2008）。

5. 产品贸易

在量化空间经济学中，贸易理论是研究国家或地区之间贸易的模式和决定因素。它关注的是了解影响商品和服务跨区流动的因素，例如比较优势的差异、运输成本和贸易壁垒。空间背景下的贸易理论分析考虑了国家或地区的地理邻近性和空间分布，以及它如何影响贸易模式和结果。这包括对集聚效应、规模经济以及交通基础设施在塑造贸易模式中作用的考察。通过将贸易理论整合到定量空间模型中，可以更好地理解贸易如何影响经济活动的空间分布以及影响贸易的政策如何影响经济结果。

在产品贸易方面，为了方便处理，通过假设贸易遵循冰山运输成本。从地区 i 运输 1 单位出厂价格 p_i 的产品到地区 j 以价格 p_{ij} 销售，路上会出现损耗以弥补运输费用和贸易摩擦。如果用 $1-\tau_{ij}$ 表示一单位产品的损耗，即可将出厂价格和销售价格联系起来，即：$p_{ij} = p_i \tau_{ij}$。冰山成本可以是对称的，也可以是非对称的。如果运输成本仅取决于地理距离，则它们必然是对称的，但对称性的偏离可能源于各种地理和经济因素。地理摩擦（例如山脉）和经济摩擦（例如边界、公路和铁路网络）都会影响双边运输成本。随着地理信息系统（GIS）数据和软件的普及，使用确定最低运输成本路径的算法，对观察到的运输成本影响因素（例如山脉、河流和海岸线）进行详细建模，可以实现非对称的冰山成本。此外，非贸易商品通常可以被认为是一种特殊商品，这种商品的冰山贸易成本无限大。这些非贸易商品在塑造投入产出联系和当地乘数方面发挥着重要作用。

量化空间经济学中的贸易份额函数是指区域的地理邻近程度与其贸易流量之间的关系。贸易份额函数用于量化贸易受区域间邻近度影响的程度，可以使用计量经济学技术进行估算。换句话说，贸易份额函数衡量的是区域之间的贸易程度与其地理邻近度之间的函数关系，并且可以深入了解运输成本、市场规模和其他因素如何影响贸易模式。该信息可用于了解区域间贸易一体化的潜力，并就贸易政策和基础设施投资做出决策。

（1）阿明顿引力模型。阿明顿引力模型用于描述两个经济体之间的贸易关系。它基于引力理论，该理论指出两国之间的贸易与各自经济规模的乘积成正比，与两国之间的距离成反比。阿明顿模型扩展了这一理论，包括一个中间产品部门，其中同一种产品可以在多个国家生产，企业可以根据价格和质量选择中间产品的来源国。该模型假设消费者对产品的选择是在产品的来源和价格之间进行权衡。该模型假设消费者对本国生产的商品有偏好，但随着国内商品价格相对于国外商品的上涨，他们会转而购买国外商品。该模型考虑了商品的异质性和来自不同国家的商品之间的不完全替代性。因此，模型根据产品价格和相对产量，来预测这两个经济体之间的贸易流量。阿明顿引力模型的关键在于跨地区需求 C_{ij}，通过求解消费者需求最大化问题可得区际需求函数，进而可得区际贸易流：$X_{ij} = p_i^{1-\sigma} \tau_{ij}^{1-\sigma} Y_j P_j^{\sigma-1}$，其中 Y_j 为产出，P_j 为价格指数。因此由贸易份额定义可得：

$$\pi_{ij} = \frac{X_{ij}}{\sum_k X_{kj}} = \frac{p_i^{1-\sigma} \tau_{ij}^{1-\sigma} Y_j P_j^{\sigma-1}}{\sum_k p_k^{1-\sigma} \tau_{kj}^{1-\sigma} Y_j P_j^{\sigma-1}} = \frac{p_i^{1-\sigma} \tau_{ij}^{1-\sigma}}{\sum_k p_k^{1-\sigma} \tau_{kj}^{1-\sigma}}$$

（2）Eaton-Kortum 引力模型。Eaton-Kortum 模型是一种用于贸易分析的引力模型。它是传统引力模型的延伸，将特定行业贸易成本的影响以及各地区之间的技术差异纳入贸易流量分析。在 Eaton-Kortum 引力模型中，两地区之间的贸易是它们各自要素投入（例如劳动力和资本）的禀赋以及它们在每个部门的相对生产率的函数。该模型还考虑了贸易成本对贸易流量的影响，包括运输成本、关税和其他贸易壁垒。其结果是一个模型提供了更细致的贸易模式观点，同时考虑了各地区要素禀赋和技术的差异，以及贸易成本在塑造贸易流动中的作用。Eaton-Kortum 引力模型将生产率设置随机变量 z_i，并服从 Frechet 分布 $F_i(z) = Pr[z_i(\omega) \leq z] = exp(-T_i z^{-\theta})$，$T_i$ 是衡量地区 i 总生产率的指标［对于任何 $z \geq 0$，较大 T_i 会降低 $F_i(z)$，即它会增加 z 较大值的概率］，θ 决定了地区内部商品生产力的分布（随着 θ 的增加，商品生产力的异质性下降）。在边际成本定价的设定下 $p_i = c_i/z_i$，价格也是一个随机变量。在理性消费者选择最大供应商价格的驱动下，由于最小值定理求解下式可得贸易份额：

$$\pi_{ij} = Pr[p_j \leq \min_{i \neq j}(p_{ij})] = Pr\left[p_j \leq \min_{i \neq j}\left(\frac{c_i}{z_i}\tau_{ij}\right)\right] = \frac{T_i(c_i\tau_{ij})^{-\theta}}{\sum_k T_k(c_k\tau_{kj})^{-\theta}}$$

（二）模型的动态机制

量化空间经济学中的动态机制通过捕捉经济系统随时间的演变，发挥着至关重要的作用。这些机制通常使用动态一般均衡模型建模，模型试图描述经济环境的变化如何影响代理人、企业和市场的行为。动态机制通常用于分析经济增长和空间发展方面，例如新经济活动的创造和现有经济活动的转变。例如，动态机制可用于研究运输成本变化对企业选址决策的影响，或分析城市经济平衡增长路径。为了捕捉这些机制的动态特性，量化空间经济学模型的建立经常基于贝尔曼方程、微分方程和其他技术的数学模型。这些模型可用于模拟不同政策干预的效果并预测经济的长期演变。

1. 人口跨期迁徙。在量化空间经济学中采用人口跨期迁徙来研究经济的动态演变，主要利用基于动态贝尔曼方法的人口迁徙函数研究人口迁徙模式。它是一种动态规划模型，随着时间的推移评估不同迁移决策的价值，同时考虑每个决策的成本和收益。该模型假设人们根据迁徙成本和他们期望从迁徙中获得的收益之间的权衡做出理性的迁徙决策。然后，在给定当前状况的情况下，它会使用此信息来确定每个时间点的最佳迁徙决策。通过研究该模型产生的迁移模式，研究人员可以更好地了解人们如何做迁徙决定，以及这些决定如何受到收入、工作机会、住房成本和生活质量等各种因素的影响。

2. 技术扩散滞后机制。技术扩散的滞后性是量化空间经济学的另一个实现动态的机制。技术的扩散需要一定的时间，这是因为不同地区、不同行业和不同公司之间存在技术差距，并且技术的扩散过程需要相关人员学习和掌握。这种技术扩散的滞后性对于理解空间经济的发展是非常重要的，技术扩散的滞后性可以通过政府支持和公共投资等政策来缓解，从而促进空间经济的发展。

3. 资本运动方程。在量化空间经济学中，资本运动方程是描述经济中资本如何在不同地理位置间流动的数学模型。该方程的主要目的是探究地理位置对资本运动的影响，以及如何考虑这些影响以预测经济中资本的流动情况。该方程一般是基于计量经济学的原理和数学工具来构建的，其中包括静态的或动态的需求函数、供给函数、成本函数和收益函数。资本运动方程的研究对于理解空间经济学中资本流动和其他经济现象具有重要意义。

总的来说，动态机制是量化空间经济学的一个重要方面，因为它可以更细致、更准确地理解经济主体与其环境之间的复杂相互作用。

（三）模型的一般均衡条件

一般均衡条件研究经济体中的所有市场及市场中的主体之间都相互作用，并且它们的相互作用导致平衡状态或一般均衡的条件。它旨在解释经济中商品和服务的价格、生产、消费和分配是如何决定的。在一般均衡分析中，每种商品和服务的市场都被视为相互关联，一种商品的供求变化将影响经济中其他商品的价格和数量。一般均衡理论用于分析政策、技术或其他因素的变化对经济整体运行的影响。它基于以下假设：经济主体是理性的，并且会以最大化其效用的方式对价格和收入的变化做出反应。

量化空间经济学模型均衡条件将模型的各个组件连接起来，实现模型的闭合。一般均衡的条件可以概括如下：所有商品和服务都按照确切的需求量生产和消费实现市场出清；经济中商品和服务达到均衡价格使得买家或卖家没有动力改变他们的行为；资源以其价值最大化的方式实现最优分配。具体来说有如下条件。

1. 效用最大化条件。消费者效用最大化条件是模型均衡的一个基本条件，指消费者在给定可用收入以及商品和服务价格的情况下，旨在最大化其效用或满意度的原则。消费者通过选择最佳组合，以最大化其从购买中获得的总满意度或效用的方式分配其支出。市场上的所有消费者都必须同时满足效用最大化的条件。效用最大化的一般均衡条件确保了整个市场是有效的，并且所有消费者都在尽可能最好地利用他们的资源。这通常使用数学优化技术建模，其中目标函数是各个效用函数的总和，约束是每个消费者的预算和资源约束。由此产生的市场价格和数量反映了市场上所有消费者的集体行为和偏好，市场处于帕累托效率状态。效用最大化条件决定消费者购买行为的主要因素，用于解释市场中的消费者行为。

2. 利润最大化条件。利润最大化条件是指在给定商品和生产要素的市场价格的情况下，企业利润处于最高水平的条件。当企业的边际收益等于生产的边际成本时，这个条件就实现了。一般而言，企业的目标是通过以高于或等于生产成本的价格生产和销售商品来实现利润最大化，并且只要能够赚取利润或零利润，它们就会继续这样做。在一般均衡中，假设经济中的所有企业都达到了利润最大化的条件，并且商品和要素的总体市场价格由这些企业的集体行动所决定。生产是由这些企业的集体行动决定的。利润最大化条件用于推导供给函数并理解企业如何应对市场条件的变化。该条件是决定价格、产出水平和市场中其他经济变量的重要因素。这有助于解释市场经济中企业的行为。

3. 产品市场出清条件。产品市场出清条件是指确保消费者需求的商品数量等于市场上企业提供的商品数量的条件。这对确保市场效率很重要，该条件能够使市场处于一般均衡的关键条件，因为它确保了给定市场中的商品不会出现过剩供求。这种情况通常在数学上表示为消费者对商品的总需求与企业对该商品的总供应之间的相等性，并且是用于分析市场行为和预测市场结果的模型中的重要约束。在量化空间经济学中，这一条件常被应用于区域间贸易流动分析，用于了解生产和消费模式变化对贸易平衡和市场价格的影响。

4. 要素市场出清条件。要素市场出清条件是指每种生产要素（如劳动力、资本、土地和数据等）的供给恰好等于对该要素的需求的状态。这种情况确保了任何生产要素都不会出现供过于求或供不应求，市场处于平衡状态，确保生产要素的价格以市场驱动的方式确定。这种情况是一般均衡理论的一个基本方面，有助于确保资源的有效配置和市场有效运作，以及要素价格反映潜在的经济状况。在量化空间经济学的背景下，要素市场出清条件可以用来分析不同地区的资源配置、劳动力流动变化对工资和就业的影响，以及技术和创新对不同生产要素需求的影响。

三、量化空间结构化检验方法

(一) 结构化检验方法

经济学研究中的经验研究（Empirical）是常见的研究方法。一般可分为两大学派：简约方法（Reduced Form Approach）派和结构化方法（Structural Approach）派。这两大派别的区别在于它们对经济理论在经验研究中的应用方式。简约方法认为经验研究应该让"数据自己说话"。换言之，理论上认为 Y 和 X 之间有关系，那么研究者直接对 Y 和 X 做回归，以 Y 和 X 的数据来说明它们的关系。他们认为经济理论模型是研究者的意志决定的，把研究者的意志强加到数据上得到的结论只有在模型正确的情况下才会正确。因为研究者不可能知道什么模型是正确的，他们的主要研究工具很简单，使用各种各样的回归分析（Regression），例如，IV、2SLS、GMM、FE、RE、Hackman 两阶段、DID、PSM、SCM、RDD、交互效应、调节效应、中介效应等。

结构化方法学派则认为，数据不可能完全显示自己是怎么产生的，需要直接从模型中得到关系式，然后用数据去估计其中的参数。他们认为如果说经济研究的目标是数据生产过程的话，那么只有在研究者的数理模型的协助下才能了解数据生成过程。例如，研究者想要分析福利，现在收集了工资和价格水平的数据，工资和价格水平本身不能说明福利水平，需要借助福利模型，最简单的福利表达方式是间接效用函数，也就是实际工资，有了这个模型后，可以利用工资和价格水平来计算间接效用水平，就是消费者的福利。在科学研究方法上，结构化方法很接近自然科学家所采用的科学方法。例如，物理学家要了解物质如何运转，他们经常提出模型，然后用实验来验证。推崇结构化方法的经济学家注重数理模型，他们关注梳理模型中的原始参数的校准。初始参数是经济模型中的基本参数，例如消费者偏好的参数和生产函数中的产出弹性系数，这些参数通常不会因为政策干预而变化。因此结构化方法得出的政策预测能通过卢卡斯批判（Lucas Critique）。相反，简约方法研究所估计的参数多数不是原始参数，对预测从来没实施过的政策是十分困难的。

在量化空间经济学中，结构模型是将正式的经济学模型和统计模型结合，用于估计描述现实的结构参数，模拟现实世界，以便合理地评估政策效果的工具。通常来说，结构模型指的是从个体厂商效用最大化和一般均衡出发，基于经济学理论、具有深层结构的模型，代表"从理论出发"的研究思想。与之相对的是简约模型，代表的是"从数据出发"的研究思想。

结构模型的估计过程包括以下步骤：(1) 利用经济学理论设置核心机制；(2) 设置结构参数以及结构误差，通过校准或估计的方式得到模型的参数，最小化模拟矩与数据矩之间的差距来最小化结构误差；(3) 理论模型求解模型均衡条件，模型通过一般均衡条件实现模型闭合；(4) 利用已知数据估计结构参数；(5) 利用样本外预测检验模型有效性；(6) 反事实政策分析，可以模拟一些假想的、尚未实施的政策和冲击，为政策的制定提供有力的理论依据。

(二) 经济环境参数校准

在量化空间经济学分析中，模型反演、反事实分析和比较静态分析等一系列量化分析都依赖模型的参数，参数校准对分析结果很重要。参数校准，亦称参数矫正，是指通过统计方法来确定模型所使用的参数值，使计算值接近观察值。在进行模型数值计算时，需要各种参数，在很多情况下，这些参数都不准确，需要获取观测数据对模型进行反推，从而校准模型参数。参数校准的目的是减小模型残差，从而使模型能够在校准期准确再现真实经济行为，确保模型能够在模拟期准确再现经济真实行为。

量化空间经济学模型的参数校准是指经济学家通过比较模型预测的结果和实际观测数据的差异调整模型参数，使模型对实际经济现象表现更加准确。以量化空间经济学模型为例，它是一种基于地理位置的经济学模型，用来探索人们如何选择他们的居住地点，以及他们的选择如何影响空间经济的发展。参数校准的过程需要经济学家先将模型参数识别出来，然后根据实际观测数据调整模型参数，使模型更加准确。例如，他们可以根据模型预测的房价与实际观测数据的差异，调整模型中的房价参数，使其与实际观测数据一致，从而使模型更加准确。

更具体的一个结构化检验的例子是离散选择模型的估计。陈晓佳等（2021）通过结构化方法检验了交通运输方式弹性，他们的研究涉及高铁、高速公路、铁路和水路四种运输方式（$m' \in M = \{$高铁、高速公路、铁路、水路$\}$），行为人面对这几种运输方式时是如何做交通方式选择的呢？影响行为人选择交通方式的因素有运输时间 $T_{ijt}^{m'}$，运输费用 $\Gamma_{ijt}^{m'}$，某种运输方式的固定成本 $f^{m'}$，区域壁垒 b_{ij}，还有选择的特殊偏好 $v^{m'}$，而这些特殊偏好服从 Gumball 分布函数。

行为人在选择运输方式时，根据这五种影响因素来计算选择某种运输方式的代价，最终行为人选择代价最小的那种运输方式，根据这种思路来建立模型，区位 i 到 j 之间的冰山运输成本等于代价最小的运输方式所产生的成本。$\tau_{ijt} = \min_{m' \in M}(\varphi^{m'} T_{ijt}^{m'} + \rho^{m'} \Gamma_{ijt}^{m'} + f^{m'} + b_{ij} + v^{m'})$ 根据离散选择模型的思路，选择某种运输方式的份额的方程可以推导出来，这个方程是一个结构化的模型。选择运输方式 m 的份额可表示为：

$$\Lambda_{ijt}^{m} \equiv Prob\left[\tau_{ijt}^{m} \leq \min_{m' \in M \setminus m} \tau_{ijt}^{m'}\right] = \frac{e^{-\varphi^m T_{ijt}^m - \rho^m \Gamma_{ijt}^m - f^m - b_{ij}}}{\sum_{m' \in M} e^{-\varphi^{m'} T_{ijt}^{m'} - \rho^{m'} \Gamma_{ijt}^{m'} - f^{m'} - b_{ij}}}$$

这个份额模型中，交通参数 $\{\varphi^m, \rho^m, f^m\}$ 是未知的，贸易壁垒采用固定效应控制，需要利用结构化模型和数据来估计，估计的方法是采用最小残差的方法，最小残差的计算思路是，首先给出要识别的参数的初值，利用数据和等号右边的式子，计算出模型的运输方式选择份额，将模型计算的运输方式选择份额数据和实际的运输方式选择份额的数据对比，并调整要识别的交通参数的数值，使模型和数据之间的残差最小，最小残差时的交通参数，就是我们所要识别的参数值。

（三）经济数据反演

量化空间经济学的研究分析高度依赖于经济活动的分布，而经济活动空间分布则取决于区位的特征，但是区位特征数据通常难以被观察到。因此，在利用量化空间模型时，恢复空间分布式非常重要。量化空间经济学提供了一个能使模型和数据之间紧密联系的框架，模型所描绘的经济活动空间分布均衡存在且唯一。这一条件可以证明，Allen 和 Donaldson（2020）提出了一种证明方法，显示在特定条件下，模型可以被精确识别。在这种情况下，存在从模型的内生变量到外生变量的一一对应映射关系。通过这一映射关系，可以利用观测到的外生变量数据和参数来反演模型，从而恢复不可观测的区位特征数据。换言之，可以反转模型一一对应的映射关系识别出区位特征数据的唯一值，从而将观察到的数据完全解释为模型的均衡。恢复区位特征数据后，可以在模型中将观察到的数据变化分解为每个变量的贡献。这就是说，模型提供了一个框架来解释数据，将内生变量（例如人口和工资）的变化分解为不同外生决定因素（例如贸易成本和生产率的外生决定因素）。此外，未用于模型量化或外生冲击的其他数据可用于过度识别的检查或估计模型的结构参数。

（四）外生冲击与反事实政策分析

反事实分析方法是量化空间经济学常用的方法，利用该方法可以量化尚未发生的事情或者尚未实施政策的影响，例如可以评估修建一条高铁对经济的影响。高铁尚未修建，如何量化其对经济所产生的影响呢？我们所掌握的是高铁未修建相对应的经济数据，而高铁修建后的经济数据是未知的，这个问题怎么解决呢？交通一般都是通过冰山运输成本进入模型的，以往的研究方法是通过外生变动调节冰山运输成本，观察这种变动如何影响其他内生变量，然后将冰山成本与其他变量的变化关系绘制成曲线分析。这样做存在一定的问题，因为冰山成本变动了，经济环境也会随之变动，刻画经济环境的参数如果不随之变动，就会无法规避卢卡斯批判。

量化空间经济学中的反事实分析方法包括主流的两种方法，一种是微分方法（Kleinman et al.，2021），另一种是 Hat-Algebra 方法（Dekle et al.，2007）。微分方法度量的是微小变动，Hat-Algebra 方法理论上可以度量任意尺度变动的反事实分析。后者应用更为广泛，且有利于规避卢卡斯批判，本文主要介绍该方法。Hat-Algebra 这种代数变换方法不是像传统模型那样在水平值上估计，而是对均衡状态从事实状态到反事实状态的变化量进行估计（例如从政策未实施的现实状态到政策实施的反事实状态的变化），也就是估计"事实"的均衡状态到"反事实"的均衡状态的变动程度。

例如量化修高铁带来的经济效应，可以用 Y 表示现在还未修高铁的真实产出水平，用 Y' 表示修高铁后所对应的产出水平，因为现在还没修高铁，所以 Y' 是一个反事实的产出水平，我们通过将反事实的产出水平 Y' 和事实的产出水平 Y 相除，可以得到产出的变动量，也就是修高铁带来的产出变动量。

Hat-Algebra 方法的优点是能够将不受从事实状态到反事实状态转变影响的变量和变量的系数约掉，使模型剩下受到两种均衡状态变动影响的量，这和双重差分方法将不受政策影响的因素差分掉的原理类似。这可为绕开实际经济参数不适合"反事实"经济环境参数的问题提供可能方案，同时也不需要求解全局均衡就能计算出反事实对均衡的影响。

这种代数方法的表达式很简单，如果模型中实际观测的变量用 X 表示，反事实框架中相应的变量用 X' 表示，X 除以 X' 可以计算出相对的变化量，同时可以将 X 和 X' 中相同的变量和相同的系数约去。

四、量化空间经济学的典型应用

（一）空间增长与空间动态化

1. 动态空间研究方法

Desmet 和 Rossi-Hansberg（2014）建立了一种内生的具有空间异质性的动态的空间发展理论，这种发展理论既包括了一个区域的经济增长过程，又包括了该区域通过产业空间布局的变动而展现出来的经济结构的演进过程。前者是指整体技术水平提高所导致的区域整体的经济增长，后者是指制造业和服务业重新布局所导致的区域经济结构的变化过程。空间发展的机制是指初始制造业技术水平较高并处于产业发展的成熟阶段，因制造业技术水平提高而被挤出制造业部门的劳动力从空间上向周边的服务业部门转移，并开始了服务业部门内生的技术创新过程，此时以信息和通信技术为中心的全球范围的技术创新极大地提升了经济部门的技术水平，但对服务业部门的促进作用远大于制造业部门，因为此时制造业部门是成熟部门，故而进一步提升劳动生产率的空间较小，而服务业部门是新型的产业部门且处于快速发展阶段，进一步提升劳动生产率的空间还很大。这样服务业以快于制造业的创新速度积累其生产技术，并且其劳动生产率超出制造业部门。由于服务业技术水平的提高，其可以与制造业竞争土地经营权，这种竞争促使土地价格上涨。当服务业的技术水平高于周边制造业部门技术水平因而能够支付高于制造业的土地租金时，它把制造业从其区位上挤出，服务业聚集于此地，制造业向土地价格较低的区域转移。这种过程提高了服务业的就业份额和技术水平，于是在空间上，服务业越来越集中，就业份额和技术水平增速加快，高水平地租的扩散趋势也得到加强。服务业部门生产率的提高，随后又带动了制造业部门生产率的提高，最终导致整个国家经济的持续增长和经济结构的演进。

2. 空间发展的建模方法

空间动态化的研究方法，把代理人和要素积累纳入模型中，通过资本转移、劳动力流动、技术溢出等，把空间相互作用机制纳入模型中。模型核心思想是企业通过两种不同的渠道积累知识，一种是企业通过创新投资决策获取知识，另一种是从企业邻近的技术溢出效应获取知识。于是建立了一种内生的具有空间异质性的动态的空间发展理论。这种发展理论既包括区域的经济增长过程，又包括该区域通过产业空间布局的变动而展现出来的经济结构的演进过程。更具体来说，每个时期，劳动力在生产部门和空间都进行重新的自由分配。模型有两个最终部门——制造业和服务业，以及两个投入品——土地和劳动力。工人不消耗土地，企业生产需要投入土地。企业在每个时期的生产需要进行决策，确定要投资多少技术以及生产多少产品。商品和服务交易时需要遵循冰山运输成本规则。当公司进行创新时，他们可以在当前时期获得创新带来的好处。在下一个时期之前，新的知识在空间上扩散，且随距离变大而衰减。Desmet 和 Rossi-Hansberg（2014）曾量化策略方法：首先，通过校准模型的经济参数，比如 CES 偏好的弹性；其次，利用校准的参数和经济数据，对整个模型进行数值求解；最后，借助量化空间的方法再现了 1950 年以来美国制造业和服务业的演变规律。

3. 空间发展的研究结论

Desmet 和 Rossi-Hansberg（2014）将该量化空间发展模型应用于研究美国经济在过去几十年中的演变，根据战后美国制造业劳动力份额的下降且呈现分散化趋势、服务业于 20 世纪 90 年代进入快速发展阶段且呈现出聚集态势、进入成熟阶段的制造业技术增速低于正处于快速发展阶段的服务业等产业布局的空间演化的现实，对产业空间分布的变化和产业空间聚集机理进行了解释。他们得出以下几个结论。第一，该模型量化结果表明服务业的生产力自 1995 年以来一直在追赶。这可以通过服务企业的空间集中度和由此产生的创新互动来解释。第二，假设制造企业在空间上是集中的，集聚使得它们更有生产力，聚集很享受本地的技术溢出。而服务业分散，因此生产力较低。当运输成本很高时，服务公司会选择离制造集群更近的地方，这样他们的工人就可以更容易获得商品。服务业在空间上不断地集中，触发了服务公司的技术起飞。随着服务公司变得越来越集中，他们的生产力进一步提高，因为他们不断创新。结果，随着企业的聚集，引发了制造业和服务业对土地的竞争。这使得制造公司的创新成本更高，从而激励这些公司向人口密度较低的地区迁移。第三，高运输成本会因专业化收益减少而导致静态福利损失。高运输成本可以通过服务部门的逐步聚集来促进更多创新,从而产生福利收益。高运输成本相关的动态收益抵消了静态福利损失。

(二) 交通基础设施效用研究

1. 高速公路

Allen 和 Arkolakis(2014)通过一般均衡框架来确定任何地理表面上的经济活动的空间分布。他们将贸易的引力结构与劳动力流动相结合,为空间经济均衡的存在性、唯一性和稳定性提供了条件,并推导出了一组简单的微分方程组,该方程组控制了经济活动与地理表面之间的关系。然后,他们使用该框架来估计美国的贸易成本、生产力、便利设施和溢出强度的地形,发现地理位置占观察到的收入空间分布的 24%。他们假设没有州际公路的反事实情况下,重新计算所有双边运输成本来评估州际公路的影响,结果表明在反事实情况下总 GDP 下降 1.1%至 1.4%,换言之,州际公路系统的经济效应是 GDP 提高 1.1%到 1.4%。他们建立了任意地理结构下空间模型的一系列性质,证明其与标准的引力模型有本质的联系,但没有解决关键参数(生产力的集聚效应和宜居便利设施的规模效应)的估计问题,而是讨论了不同参数值(不同形式的聚集强度)对于均衡的存在性、唯一性。

2. 铁路

Heblich 等(2020)建立了一个量化空间经济学的理论框架,将观察到的伦敦经济活动分布的变化进行模型化。理论框架是关于城市内部结构的模型,经济活动的空间分布由生产力、便利设施和不同区位的交通连接的变化决定。主要特征为职住分离的引力联系和土地市场出清机制。随着交通成本的下降,工人能够将他们的住所和工作场所分开,以享有生产力高的区位获得高工资和高便利设施区位获得低生活成本的优势。土地市场出清,即使土地所有权收入等于住宅和商业租金支付的总和,住宅建筑面积的支付是住宅收入(所有居民的总收入)的恒定倍数,商业建筑面积的支付是工作场所收入(所有工人的总收入)的恒定倍数。在这一类模型中,工作场所收入是对商业建筑面积需求的充分统计,住宅收入是对住宅建筑面积需求的充分统计,通勤成本调节工作场所和住宅收入之间的差异。生产力和便利设施分别取决于工人和居民的密度,而集中在中心的就业和向郊区分散的居民进一步放大了不同地区生产力和便利设施的这些差异。Heblich 等(2020)基于生产力和便利设施的作用机制,量化分析了在蒸汽火车发明后伦敦经济活动的重新分配可通过通勤成本和集聚力机制来解释,从而估计集聚力的强度。

3. 最优交通网络

Fajgelbaum 和 Schaal(2020)建立了一个包括劳动力流动和区际贸易的量化空间模型,以此研究空间一般均衡模型中的最优交通网络。模型是基于一个多产品、多要素和多区位的新古典经济框架,嵌套了标准的贸易模型,像国际贸易模型那样设定主要要素在空间上的固定分布,而劳动力则像新经济地理模型那样完全流动。在区际贸易中,货物必须通过相连的地点运输,运输成本取决于每个环节的拥堵和基础设施,从而产生一般均衡中的最优运输问题。最优交通网络是社会规划者在每个环节建设基础设施问题的解决方案。规划者选择交通网络(基础设施投资)、生产和消费在空间上配置实现福利的最大化。通过对运输网络的优化投资,对资源禀赋和地理摩擦等基本因素做出内生反应。Fajgelbaum 和 Schaal(2020)将该框架应用于欧洲道路网络,评估欧洲国家观察到的道路网络的最佳投资和运输效率。

(三) 经济活动空间分布密度

1. 影响经济活动分布机制简介

经济活动在空间上的分布呈现极度不均衡，这是由于城市的存在和城市内部特定经济功能在区位上的集中。在不对称城市理论中，大量"街区"提供生产和居住的空间，城市街区的生产力和居住便利性是外生差异的，企业选择生产区位和工人，而工人选择工作地和居住地形成职住通勤引力。构成城市经济活动集中的集聚和分散力量，塑造了城市的规模和内部结构，对固定要素的收入、拥堵成本和城市生产力产生了影响，是城市存在的根本原因。了解构成这些经济活动集中的集聚和分散力量的强度是一系列经济和政策问题的核心。这些力量还决定了公共政策干预的效果，例如交通基础设施的投资、城市发展以及税收政策的影响。

2. 城市内部结构建模思路

Ahlfeldt 等（2015）建立了一个内部城市结构的定量理论模型。该模型结合了集聚和分散力量以及城市内任意数量的异质区位。城市内部区位在生产力、宜居便利设施、开发密度以及交通基础设施方面具有差异性。首先，生产力取决于生产外部性，这由周围的工人密度和生产基础（地形、水源）决定。其次，宜居便利设施取决于住宅外部性，这取决于周围的居民密度和居住环境（绿化、河流、湖泊）。最后，基于 Eaton 和 Kortum（2002）的随机极值原理建立工人通勤决策公式。这种随机公式产生了一个方程组，可以求解给定观察到的每个地点的工作场所和住宅就业情况下的唯一均衡工资。它还为通勤流动的引力方程提供了微观经济学基础，并且在经验验证上也是成功的。拥堵表现为土地供应缺乏弹性和通勤成本随着出行时间的增加而增加，而出行时间又取决于交通网络。

3. 柏林分裂与统一的量化

Ahlfeldt 等（2015）把量化模型与柏林二战之后的分裂与统一的"自然实验"结合起来。柏林的分裂切断了东西柏林之间的经济互动，对应于模型中东西柏林之间贸易禁止、通勤成本、生产和居住外部性。为了测量分裂与统一对城市经济活动组织的影响，利用空间数据，包括覆盖二战前时期、分裂与统一时期柏林的地价、工作地就业、居住地就业等数据。展示证据说明分裂之后，西柏林的地价与就业梯度逐渐远离战前东柏林主要的经济活动中心；统一之后梯度重新出现。与之形成鲜明对比的是，沿柏林墙其他较为偏远的部分，分裂与统一对其地价与就业的影响很小。

4. 经济活动分布的变化

模型试图解释城市经济活动分布变化的影响因素。模型使用柏林分裂和统一的外生变量来联合估计模型的聚集和通勤参数，把每个街区的整体生产率和便利性分解为生产和居住外部性（量化集聚影响）以及生产和居住基本要素（自然条件）。模型估计工作地就业密度每增加 1%，生产率提高 0.07%。城市生产外部性高度地方化，10 分钟通勤之外地区迅速衰减为零。典型城市人口的增加往往是由经济活动密度的提高与地理区域扩张两者结合决定的，随着更大地域通勤时间的增加，生产外部性的程度减弱了。模型估计居住地就业每增加 1%，城市便利性提高 0.15%，说明除了生产外部性，消费外部性也是重要的集聚因子。消费外部性同样高度地方化，10 分钟通勤地区之外迅速衰减为零。

5. 经济活动空间分布密度研究结论

柏林墙为理解城市发展的根本动力提供了一个独特的自然实验。Ahlfeldt 等人（2015）分析柏林墙东侧历史中央商务区房产价格和经济活动如何随着东西德分裂而下降，并自统一之后的1990年代起，逐渐再度发展起来。理论和经验证据显示了城市密度与生产率之间的正向关系，两者构成"累积因果"的良性循环。

（四）空间路径依赖

1. 路径依赖简介

现代形式的路径依赖概念最初是由经济学家David（1985）在20世纪80年代提出的。任何关于社会经济进化的观点都始于一个基本且重要的事实，那就是在每个时期，社会经济都继承了自己过去的"遗产"。一旦承认了这一观点，这就说明了"历史很重要"。路径依赖的概念旨在为这一观点提供专业的概念和严谨的解释，而不是停留在简单描述历史影响上（Martin，2014）。在经济地理学中，生产在空间中的位置所形成的空间路径依赖是明确无误的，不管区位的大小，历史在区位上投下"长长的阴影"是明显的（Krugman，1991）。区域产业结构、地方特色经济和城市区位不是一夜之间突然出现的，而是起源于过去，随着时间的推移而形成的，很多情况下跨越了几十年。通常，空间经济结构也不会突然发生变化，而是在任何一个时点的空间结构都与过去的经济结构密切关联，并且受其影响很大。换言之，空间经济结构反映了过去的发展，是其自身历史的结果。从这个意义上说，正如克鲁格曼所言，历史给工业区位模式投下了"长长的阴影"。

今天经济活动的空间分布有多少是由历史所决定的呢？从历史空间条件到现代空间条件之间存在强大的因果关系，这种关系的映射为回答该问题提供了量化关系，并且这种因果关系越来越受经验研究者的关注（Heblich & Hanlon，2020）。同样，量化空间经济学模型也关注这种历史条件，因为量化空间经济学模型强调动态行为，而历史条件对这种动态行为非常重要。这些动态现象描绘从一个时期到另一个时期的不确定过渡。如果在某个时期具有独特性，量化空间经济学模型也可能显示出持久性、历史经济条件临时变化的长期衰减，历史条件的临时变化通过导致经济转向替代的稳定状态而产生永久影响，甚至出现路径依赖性。由于量化空间经济学者建立了能支撑经验工作的丰富模型，基于空间大数据和高性能计算机，明确将历史动态路径和经验量化联系起来，可用于帮助对动态历史空间现象进行量化分析。

2. 路径依赖模型设置思路

Allen和Donaldson（2020，2021）建立了一个量化空间经济学模型，可用于对路径依赖的动态空间现象进行实证研究。他们建立多区位异质性模型，每个区位包括生产率、宜居便利设施（Amenity）和空间摩擦三种外生区位特征的变化路径。其中空间摩擦包括贸易成本和迁徙成本两种摩擦。消费者通过消费产品获得效用，同时还设置了区位多样化和育儿偏好。生产者生产同质产品，并参与自由贸易。模型基于世代交叠特征来实现动态性，在不同区际贸易成本、迁徙成本和区位地理特征的作用下，区位之间的引力相互作用在生产和消费中都表现出潜在的集聚外部性。外部性的溢出效应既取决于该区位同个时期的规模，也可能取决于每个区位的历史规模。至关重要的是，这些溢出效应既取决于该地点的同期规模，也可能取决于每个地点的历史规模。

聚集外部性在世代交叠机制作用下形成动态性，同时结合具有地理因素和空间摩擦的动态变化路径，导致模型产生潜在的多重均衡。当同时期空间溢出比分散力弱时，均衡是唯一且稳定的；当同时期和历史溢出的总和弱于分散力时，就会出现收敛；当所有空间溢出的总和为正时，可能出现作为路径依赖根源的多种稳态。在这种聚集外部性条件的作用下，暂时的历史冲击可能产生持久的影响，甚至产生永久性后果的路径依赖。在历史的长河中，即使相对较小的历史冲击也会表现出长达数百年的依赖性，而这些冲击往往会导致长期总体福利出现巨大且永久的差异。换言之，历史条件下微小的变化对静态和长期经济活动的空间分布和效率都有重大的影响。

区位的引力对经济收敛到稳态具有重要的作用，而当经济存在多个稳态且存在多个引力时，经济的最终稳态均衡取决于其初始的人口空间分布。这种情况下人口初始分布提供了路径依赖的可能性，所以明确人口的初始空间分布于揭示历史事件对经济结果可能造成的长期影响至关重要。Allen 和 Donaldson（2020，2021）从需求侧变化来建立劳动力供应方程，该劳动力供应方程不仅包括跨区位的劳动力迁移机制，还扩充了允许跨区位历史溢出的影响，方程描述了动态平衡对劳动力状态变量的历史依赖，这意味着从任何日期的角度来看，所有外生和过去的内生结果的"历史"完全由区位历史劳动力供应所表征。

Allen 和 Donaldson（2020，2021）在建立劳动力供应方程时考虑了需求侧的变化。具体来说，通过将两个城市在基期互换生产力，而基期后保持其他条件不变，观察人口和福利的长期变化轨迹。互换生产力反事实分析的结果表明，即使是这些相对温和的反事实互换历史也会产生严重的后果。一次不利的生产力冲击导致一个世纪后的人口减少 10%，区位规模缩小约 9%。同时，由于路径依赖的逻辑，这些局部冲击也对整个经济的空间配置产生了重大影响。

3. 路径依赖的研究结论

暂时的历史冲击往往会对总体经济的空间分布和效率产生永久性影响。换言之，Allen 和 Donaldson（2020，2021）的研究结论不仅暗示路径依赖是可能的，而且发现即使是对历史的适度扰动也会使经济走上截然不同的轨道。路径依赖由历史的聚集力和分散力的相对强度，以及聚集所产生的溢出决定。其中当期的溢出对均衡的唯一性和持续时间具有重要作用，而历史溢出和当期溢出总和对多重稳态具有重要的影响。这意味着存在一个溢出参数范围，可决定过渡性质的路径，也可决定路径依赖。关于生产和宜居如何通过当代和历史上的集聚外部性溢出对路径依赖产生影响的条件可以总结为：第一，动态均衡的存在性和唯一性至关重要。无论区位的具体特征如何，经济从任何起点出发都将逐渐趋向于稳态均衡，这一点对于量化分析极为重要。第二，当校准的经济参数无法保证均衡的唯一性时，临时的冲击可能是持久的，需要漫长的时间并以缓慢的速度收敛。第三，当经济具有多个稳态条件时，临时冲击将产生路径的依赖，可能将经济推向一条永久不同的道路，走向一个新的稳态。第四，在所有可能的稳态下可能达到的总福利的界限，这对于明确哪条路径具有最大的效率很重要。

五、简要结论

量化空间经济学是一个相对较新且令人兴奋的研究领域，旨在量化和评估公共政策与外生冲击对经济活动空间分布的影响。该领域结合了经济理论、数学方法、计算机数值计算方法和空间分析技术，以全面了解区域和全球层面的经济现象。量化空间经济学的优势之一是它能够解释经济活动的空间分布和区域之间的相互作用。这有助于更细致地了解影响经济增长和发展的因素，并确定贸易、迁徙和投资的地理格局。然而，量化空间经济学也有一些局限性。该领域使用的模型可能很复杂且难以解释，并且收集高质量的空间数据可能具有挑战性。尽管存在这些局限性，但量化空间经济学的未来看起来一片光明。随着技术的不断进步和越来越多的数据可用，该领域对于理解经济活动的空间分布和制定促进空间发展的经济政策可能变得越来越重要。

参考文献

陈晓佳、徐玮、安虎森，2021，《交通结构、市场规模与经济增长》，《世界经济》第6期。

Allen, T., Donaldson, D. (2020), Persistence and Path Dependence in the Spatial Economy (No. w28059). National Bureau of Economic Research.

Arthur W.B. (1989), "Competing Technologies, Increasing Returns, and Lock-in by Historical Events", *The Economic Journal*, 99(394), 116—131.

David P.A. (1985), "Clio and the Economics of QWERTY", *The American Economic Review*, 75(2), 332—337.

Heblich S., Hanlon W. (2020), "History and Urban Economics", *Regional Science and Urban Economics*, Forthcoming.

Stephen J.Redding, and Daniel M.Sturm(2020), "The Making of the Modern Metropolis: Evidence from London," *The Quarterly Journal of Economics*, 135(4), 2059—2133.

Krugman P. (1991), "History and Industry Location: The Case of the Manufacturing Belt", *The American Economic Review*, 81(2), 80—83.

Martin R. (2014), "Path Dependence and the Spatial Economy: A Key Concept in Retrospect and Prospect". Fischer M.M., Nijkamp P., eds.//, *Handbook of Regional Science*. Berlin, Heidelberg: Springer Berlin Heidelberg: 609—629.

Ahlfeldt G.M., Redding S.J., Sturm D.M., et al. (2015), "The Economics of Density: Evidence from the Berlin Wall", *Econometrica*, 83(6), 2127—2189.

Allen T., Arkolakis C. (2014), "Trade and the Topography of the Spatial Economy", *The Quarterly Journal of Economics*, 129(3), 1085—1140.

Allen T., Donaldson D. (2020), "Persistence and Path Dependence in the Spatial Economy", National Bureau of Economic Research.

Allen T., Donaldson D. (2021), "Persistence and Path Dependence: A Primer", *Regional Science and Urban Economics*, 103724.

Armington P.S. (1969), "A Theory of Demand for Products Distinguished by Place of Production", *Staff Papers-International Monetary Fund*, 159—178.

Dekle R., Eaton J., Kortum S. (2007), "Unbalanced Trade", *American Economic Review*, 97(2), 351—355.

Desmet K., Rossi-Hansberg E. (2014), "Spatial Development", *American Economic Review*, 104(4), 1211—43.

Eaton J., Kortum S. (2002), "Technology, Geography, and Trade", *Econometrica*, 70(5), 1741—1779.

Fajgelbaum P.D., Schaal E. (2020), "Optimal Transport Networks in Spatial Equilibrium", *Econometrica*, 88(4), 1411—1452.

Heblich S., Redding S.J., Sturm D.M. (2020), "The Making of the Modern Metropolis: Evidence from London", *The Quarterly Journal of Economics*, 135(4), 2059—2133.

Kleinman B., Liu E., Redding S.J. (2021), "Dynamic Spatial General Equilibrium", National Bureau of Economic Research.

McFadden D. (1973), "Conditional Logit Analysis of Qualitative Choice Behavior", Institute of Urban and Regional Development, University of California.

空间计量经济学研究进展

古恒宇[*]

一、引言

作为计量经济学、空间统计学、地理信息科学等学科的重要交叉领域，缘起于20世纪七八十年代的空间计量经济学（Spatial Econometrics）目前在国内外学术界掀起持续的研究热潮，成为一门不可忽视的新兴学科。从空间统计学的角度上看，具有时间和地理位置信息的空间数据呈现的空间依赖性与空间异质性等空间效应打破了经典计量分析中样本的独立性和同方差性假设，导致估计量有偏或无效，是早期空间计量经济学模型方法应运而生的技术条件。空间计量经济学领域最具代表性的学者、美国科学院院士 Anselin（1988a）教授在其著作 *Spatial Econometrics: Methods and Models* 中将空间计量经济学定义为在区域科学模型的统计分析中，研究由空间引起的各种数理特性的一系列方法的总和。空间计量经济学发展至今，已经从理论构想到理论构建，建立了更有效的空间计量模型设定、模型估计和模型检验的理论，并在计算软件和实证研究上取得了巨大进步。自 Anselin（1988a；2010）对空间计量经济学进行系统性梳理以来，以模型设定、估计、检验和应用研究为框架的空间计量经济学研究已基本奠定。近年来，空间计量经济学已成为计量经济学的主流方法之一，在区域经济、经济地理学和城市经济研究中成了标准实证分析工具，在公共财政、国际贸易、环境经济等领域被广泛应用。

空间计量经济学路在何方？本文梳理了20世纪70年代以来国外空间计量经济学的研究，通过分析空间计量经济学领域的代表性著作和文章成果，对空间计量经济学的发展沿革、关键技术和方法、应用研究进行了归纳。本文的主要发现聚焦理论研究和实证研究两个方面。在理论研究上，首先，矩阵指数空间模型在计算和理论上具有明显优势，处理空间异质性的空间变系数回归模型是未来的研究重点。其次，贝叶斯估计协调了样本充分性和随机性，但高维数据计算和处理困难问题仍然悬而未决。在实证研究上，区域经济收敛的空间异质性、区域内经济收敛的空间外部性、运用时空动态模型考虑空间溢出效应、运用结构模型和非参数估计方法等方面的研究有待推进。

未来，空间计量经济学的发展方向将体现在对时空空间计量模型理论和应用研究的拓展、应用空间滤波模型提高数据分析的稳健性、考虑更多引入空间效应的非线性模型设定等方面。空间计量经济学自诞生以来已走过四十余载，国外学者在理论和应用研究层面现处于相对领先的位置，但空间计量经济学在中国的研究实践仍然方兴未艾，并在多尺度地理加权回归模型（沈体雁等，2020）、特征向量空间滤波模型（古恒宇等，2019）、空间动态面板模型（Zhou et al.，2019）等领域正在逐步缩小与国际前沿的差距。与此同时，国内诸多高校也开始开设空间

---

[*] 古恒宇，南京大学地理与海洋科学学院特聘研究员、助理教授、博士生导师。

计量经济学的研讨班,在很大程度上促进了空间计量经济学在国内的教学传播。基于此,梳理和吸收国外空间计量经济学理论和应用研究的新进展显得十分有必要。未来,中国空间计量经济学应更多地关注对空间计量理论的贡献和更精确地运用空间数据与空间计量方法,在空间计量方法的运用上结合我国国情与政策。

本文写作结构如下：第二部分梳理了空间计量经济学的发展脉络；第三部分根据不同数据结构介绍了空间计量经济学的关键技术和方法,并介绍了方法的前沿研究；第四部分介绍了空间计量经济学研究中热点的实证研究领域；最后一部分对国外空间计量经济学进行了展望,并提出了其对中国空间计量经济学发展的启示。

二、空间计量经济学的发展沿革

迈向新时代的空间计量经济学研究呈现研究主题多元化、研究方法前沿化、研究数据多样化的特征,研究技术从以计量经济学和空间统计学为核心转向多学科协同方法论。文章参考Anselin(2010)对空间计量经济学的发展综述,根据研究主题、方法、数据等特征,将空间计量经济学研究划分为准备阶段、起步阶段、成熟阶段。

(一) 准备阶段

Paelinck在1967年法国区域科学年会上提出"空间计量经济学"一词,并提议将其发展为一个新的领域。20世纪70年代中期至80年代末,得益于空间统计方法的完善,空间计量经济学逐渐萌芽。早期的空间计量经济学以空间统计学为基础,受Tobler(1979)提出的"地理学第一定律"启发,旨在揭示和测度、评价地理数据的空间自相关特征。发扬自皮尔逊相关系数的莫兰指数(Moran's I)是一种有代表性的检验空间自相关性的方法(Cliff & Ord, 1972)。此后,Moran's I的统计性质也被逐步挖掘和研究(Hordijk, 1974; Bartels & Hordijk, 1977)。Burridge(1980)和Anselin(1988b)提出使用极大似然法构造似然比和拉格朗日统计量,以检验数据的空间自相关性。Paelinck和Klaassen(1979)则总结了早期空间计量经济学的学科性质和研究方向,指出空间计量经济学是为城市与区域计量模型提供方法论基础的一门计量经济学分支学科,并明晰了早期空间计量经济学的五个主要研究范畴：一是空间依赖性的作用；二是空间关系的非对称性；三是来自其他空间单元的解释性因素的重要性；四是事前、事后相互作用的差异性；五是将空间或拓扑变量显性地纳入空间模型。但这一时期空间计量经济学尚处于概念完善和探究的阶段,在方法论上的进步尚不明显,也不完善,因此并未受到主流经济学家的一致认可。一直到Anselin(1988a)集大成式地对空间计量经济学研究成果进行了全面总结,空间计量经济学才逐渐被接受。

作为一种计量经济学方法,空间计量经济学最具代表性的模型是空间滞后模型和空间误差模型(Anselin, 1988a；沈体雁和于瀚辰, 2019)。另外,Burridge(1981)提出的空间杜宾模型、Haining(1978)提出的空间移动平均模型,都致力于拓展空间计量的模型设定。这一时期还初步出现了空间计量时空模型的研究尝试,比如Horowitz和Nijkamp(1977, 1978)和Anselin(1988c)提出了空间似无相关回归。同时,空间异质性得到考虑(Casetti, 1972, 1986),Foster和Gorr(1986)提出一种使用适应性过滤方法对模型的间异质性问题进行处理的技术。

在估计方法方面,Hepple(1976)和Anselin(1980, 1988d)考察了极大似然估计在统计规范和实证方面的性质,但这一时期的估计方法计算过程复杂,因此为寻求简便,Anselin

(1980) 引入工具变量法（2SLS），Hepple（1976）和 Anselin（1980，1982）提出了贝叶斯估计方法等。总的来说，这一时期空间计量经济学集中关注的是空间自相关的检验和空间计量模型的估计，对模型的设定研究尚处于初步阶段。

（二）起步阶段

20 世纪 90 年代是空间计量经济学正式的起步阶段，这一时期空间计量经济学正式形成了完善的模型设定、估计方法、检验方法的体系。与此同时，空间计量研究技术和相关实证结果开始受到主流经济学研究的重视（Anselin & Florax，1995）。空间计量经济学的发展主要体现在其逐步填补了在统计推断方面的短板，并凭借日渐发展的空间统计学和地理计算技术改进了检验和估计方法。

在模型设定上，Kelejian 和 Robinson（1995）提出了空间误差分量模型，同时考虑了误差项的空间溢出效应和非空间溢出的经济冲击，更符合现实经济过程。空间计量经济学模型还拓展到了非线性情形，将空间效应引入受限因变量，提出了空间 Probit 模型（Case，1992；MacMillen，1992；Pinkse & Slade，1998）和对空间单位根问题的研究（Flingleton，1999）。

在模型估计上，基于有限样本的模拟实验得到改进，能够从现实中提取特征进行模拟实验（Anselin & Rey，1991；Anselin & Florax，1995），从而贝叶斯估计方法（Lesage，1999）、马尔可夫链蒙特卡罗模拟（Gelfand & Smith，1990）和吉布斯抽样（Casella & George，1992）能够运用于空间计量模型的估计中。空间计量经济学在对模型估计量渐进性质的证明方面也取得了进步，比如 Kelejian 和 Prucha（1998）、Conley（1999）提出了广义矩估计。

在模型检验方面，为适应模型设定的选择，Anselin（1990）提出了稳健 LM 统计量；Anselin（1995）提出了 LISA 分析，聚焦局部空间自相关的情形；Kelejian 和 Robinson（1992，1998）提出了空间相关性与空间异质性同时存在时的空间自相关检验。这一时期空间计量在处理空间异质性上取得重要进展。由 Getis 和 Griffith（1995）提出的空间滤波（spatial filtering）方法被用于处理空间异质性。Fotheringham（1997）、Fotheringham 等（1998）、Fotheringham 和 Brunsdon（1999）提出了地理加权回归（Geographically Weighted Regression，GWR）模型，通过估计空间变系数反映和处理模型的空间异质性问题，GWR 逐渐成为一种空间建模范式。

空间计量的计算机处理过程逐渐规范化，常用的统计软件逐步纳入空间模型和空间分析方法。比如 R 语言中引入了 spdep/splm/mgcv 等软件包，Stata 支持空间计量模型的估计过程，Lesage（1999）开发了 MATLAB Spatial Econometrics Library 工具箱。其他软件比如 Spacestat、Geoda 也相继面世，为空间计量经济学实证研究提供了巨大便利。

（三）成熟阶段

21 世纪以来，空间计量经济学进入成熟阶段，主要体现在以下三个方面：首先，空间计量经济学逐渐成为计量经济学的主流应用方法，并在相关领域产生深远的学术影响；其次，模型的估计和检验方法进一步完善，并形成体系化的研究成果；最后，模型设定从截面模型逐渐拓展到面板数据结构的空间计量模型。

这一阶段，空间计量经济学逐渐成为空间经济学和社会科学的重要基础性方法，被主流经济学研究领域接纳，被广泛应用于实证研究中，尤其在区域经济、房地产研究、环境学、人口学、教育学、旅游研究、政治学和公共管理研究等领域应用广泛。经典的计量经济学著作也开始出现空间计量经济学的介绍，同时出现了一大批空间计量经济学专著［如 Lesage and Pace

(2009) 的 *Introduction to Spatial Econometrics* 和 Elhorst (2014) 的 *Spatial Econometrics: From Cross-Sectional Data to Spatial Panels* 等]，空间计量经济学的体系走向成熟。

空间计量经济学的估计和检验方法也在之前阶段的基础上取得了长足进步。Lee (2002, 2003, 2004) 对各种空间计量估计方法进行比较研究；Kelejian 和 Prucha (2010)、Arraiz 等人 (2010) 提出了同时考虑空间自相关和空间异质性的 GMM 估计。这一时期对于模型检验的研究主要体现在非嵌套假设 LM 检验在空间计量的引入上 (Kelejian, 2008)，非嵌套假设 LM 检验可以弱化模型在数据分析上的不同和矛盾，尽量避免因空间效应考虑不足而带来的分析困难。

在模型设定上，从截面数据到面板数据是空间计量经济学在这一时期最显著的发展。空间效应被引入面板固定效应模型，并进一步引申到动态面板数据模型 (Elhorst, 2001; 2003; Elhorst & Zeilstra, 2007; Kelejian & Prucha, 2010; Drukker et al., 2013)，这样能够同时考虑个体异质性特征和个体间的空间相关性。空间动态面板数据还被应用于区域经济收敛的研究中 (Baltagi et al., 2007)。这一时期空间计量模型的极大似然估计、两阶段最小二乘估计、广义矩估计得到了充分讨论 (Kapoor et al., 2007; Lee & Yu, 2010)。空间联立模型 (Chun, 2008; Griffith, 2009)、空间交互模型 (Lesage & Polasek, 2008; Kordi & Fotheringham, 2016)、空间马尔可夫链 (Rey et al., 2014; 2016; Kang & Rey, 2018)、多尺度地理加权回归 (Fotheringham et al., 2017; Yu et al., 2019) 等研究进一步拓展了空间计量的理论与应用。

三、空间计量经济学的关键技术和方法

模型设定和估计方法是空间计量经济学的重要特征。数据和模型设定中的空间效应的存在打破了计量经济学马尔可夫定理中的误差项不相关和同方差性假设，从而最小二乘估计量不再是最优线性无偏估计量。必须发展一套包含模型设定、估计、检验和运用的理论和实证研究方法，研究和分析空间经济系统中存在的空间溢出效应和复杂空间结构 (Anselin, 1988a)。将空间效应 (spatial effect) 纳入计量经济学的空间计量经济学应运而生 (沈体雁和于翰辰, 2019)。研究对象变化带来的数据特征差异，推动计量经济学模型的设定、估计方式和检验的变化。空间计量经济学是基于对空间效应恰当识别的基础上，对空间计量模型进行设定、估计和检验的计量经济学方法。

（一）空间效应的表达与检验

引入空间效应是空间计量经济学与传统计量经济学的最大区分，空间计量经济学模型形式的设定取决于对空间效应的识别。Anselin (1988a) 认为，一般而言，空间效应来源于空间依赖性 (Spatial Dependence) 和空间异质性 (Spatial Heterogeneity)。

空间依赖性通常也被称为空间自相关性，最初在地理学领域被用于检验空间内两两数据间的相互依赖程度 (Cliff and Ord, 1981; Cressie, 1993)。在计量经济学模型基础上考虑空间依赖性之后，一般需要先进行空间自相关的检验，以确定是否将空间效应纳入模型分析框架中。最早对空间效应的检验可回溯到 Cliff 和 Ord (1972)、Hordijk (1974)，他们发现 Moran (1947) 可用于检验截面数据结构的空间自相关性。此外，常用的空间自相关检验方法还有 Geary's C (1954)、Getis 指数 (Ord & Getis, 1995) 等，这些方法适用范围各有不同，但按功用大致可分为两大类：全局自相关和局部自相关，分别揭示区域整体上活动分布的集群状况和局部区域之间空间关联模式的证据，其中 Moran's I 不易受到偏离正态分布的影响，既能反映正相关又能反映负相关，因此应用最为广泛。

空间计量经济学一般使用空间权重的阶数来表达空间边界（Lesage & Pace，2009），用于后续分析，代表空间内主体间某种联系的紧密程度。空间权重矩阵的设置方法多样，不仅能够通过邻近概念（Moran，1947；Geary，1954）构建，还发展出了根据地理距离、社会距离和经济距离所形成的空间结构关系的表达。Lesage 和 Pace（2009）提出用矩阵指数空间设定（Matrix Exponential Spatial Specification，MESS）刻画空间依赖性，以指数衰减替代几何衰减，这一方法使得后续建模更能在客观上刻画空间单元间的影响方式，并且在计算上更具优势。空间权重矩阵的确定是空间分析的基础，模型估计的最终结果与空间权重矩阵的形式密切相关，而空间权重矩阵与研究所设计的问题以及对空间效应的认识有关（Lesage & Pace，2009）。空间效应的存在使得我们可以研究某现象的集聚和扩散态势，并且分析空间内不同区域间复杂的依赖结构。存在空间效应的变量需要具体使用空间方法去研究分析，否则将可能得到不准确的结论。

空间异质性是空间效应的另一种来源，指的是空间结构在不同空间单元的不同，其实质是空间随机过程的非平稳性（沈体雁和于翰辰，2019）。空间异质性主要来源于函数形式或参数改变、异方差，一般而言研究的空间范围较小时可以忽略不计，但若研究空间范围较大，缺乏对空间异质性的考虑，可能会导致估计效率的丧失、有偏的估计、错误的显著性等问题（沈体雁和于翰辰，2019）。空间异质性可以使用蒙特卡洛方法、半变异函数结构性因子检验变量的空间稳定性，或通过观察变量值在时间尺度和空间尺度上分布的空间集聚差异性来判断，常见的方法是热力图（密度图）。目前空间异质性的处理方法是一个研究热点，主要的方法包括变参数、随机系数和结构转换等。根据传统的计量经济学模型，可以用固定效应和随机效应对异质性加以解决，但在空间计量经济学中，需要具体考虑空间异质性的来源。如果是函数形式或参数改变带来的空间异质性，经典的处理方式是使用空间机制和地理加权回归（Fotheringham et al.，2017）；如果空间异质性来源于异方差，通常采用处理异方差的广义最小二乘法，同时也可以采用处理空间自相关和异方差的广义矩估计方法（Generalized Moment Method，GMM）（Lee，2004）。

（二）空间计量经济学的模型

空间计量经济学根据空间效应的来源而建立不同的空间计量模型，研究者通常希望建立能够反映空间特征和研究对象的模型，基于此展开后续研究，因此正确的模型设定至关重要。

1. 考虑空间依赖性的空间计量经济学模型。对于空间依赖性，Anselin 和 Rey（1991）区别了实质空间依赖性（Substantive Dependence）和扰动空间依赖性（Nuisance Dependence）。所谓实质空间依赖性，是由空间外部性造成的变量之间的空间相关性，比如区域经济要素的流动、创新的扩散、技术溢出等，是劳动力、资本流动等耦合形成的经济行为在空间上相互影响、相互作用的结果（Lesage & Pace，2009）。扰动空间依赖性则是指由于忽略了空间影响，比如区域经济发展过程研究中的空间模式与观测单元之间边界的不匹配，造成了相邻地理空间单元出现了测量误差所导致的空间相关性。根据数据结构的不同，空间计量经济学模型可分为截面数据结构和面板数据结构的模型。面板数据的空间计量经济学模型在一定程度上是截面数据模型的延伸（Anselin，1988a）。

以标准的线性回归模型为起始点，空间计量模型中的三种不同的交互效应可以表达为：（1）被解释变量之间存在的内生交互效应；（2）解释变量的外生交互效应；（3）误差项之间的交互效应。最初，空间计量模型关注的基本焦点是空间滞后模型以及空间误差模型，前者包括内生交互效应，后者包括误差项之间的交互效应。误差项空间相关性可能来源于空间自相关或空间平均移动相关，根据误差项空间相关性来源的不同，Anselin（2003）提出了空间 MA（1）模型和空间 ARMA（1，1）模型。在一个回归模型中，通常可能同时包含多种空间自相关因素，当同时考虑以上三种交互效应时，则会导致一个广义嵌套空间模型（Generalized Nesting Spatial Model，GNS）。根据不同变量的组合空间依赖性，线性空间计量模型和经典线性回归模型都可以成为广义空间模型的延伸，具体模型分类及形式可见图 1。

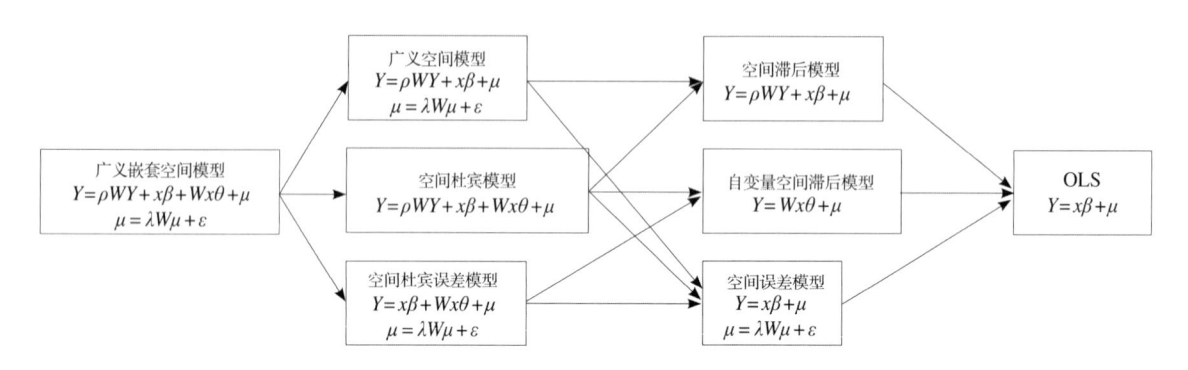

图 1　空间计量经济学模型的基本模型体系

资料来源：Lesage and Pace（2009）。

空间计量经济学模型的选择倘若与数据生成过程不一致，则估计量的无偏性和有效性将无法得到保证。当忽略解释变量或被解释变量的空间相关性而使用其他模型时，估计的结果将是有偏的；忽略误差项空间相关性而使用其他模型时，估计的结果将是非有效的，但只要无偏且样本足够大，那非有效性就并不那么重要（沈体雁和于翰辰，2019）。具体情况的讨论可见表 1。

表 1　空间计量模型设定与数据生成过程一致性所导致后果的分类讨论

数据生成过程＼模型设定	SEM	SAR	SDM	SAC
空间误差模型（SEM）	无偏，有效	有偏	有偏	有偏
空间自回归模型（SAR）	无偏，无效	无偏，有效	有偏	无偏，无效
空间杜宾模型（SDM）	无偏，无效	无偏，无效	无偏，有效	无偏，无效
广义空间模型（SAC）	无偏，有效	无偏，无效	有偏	无偏，有效

资料来源：沈体雁和于翰辰（2019）。

根据 Anselin（1988a）的研究，运用空间计量经济学的动因包括五个方面：时间依赖性、遗漏变量、空间异质性、外部性、模型的不确定性。空间计量模型的设定需在具体考虑空间效应的存在后确定，但基于存在经验设定与数据生成过程不一致的可能，有必要通过统计检验确定模型的选择。在表 1 概括的空间计量模型中，最常用的是空间误差模型和空间自回归模型。

Anselin 和 Florax（1995）指出，可以使用拉格朗日乘子检验和稳健拉格朗日乘子检验，选择显著 LM 统计量对应的模型，如果两者皆显著，则采用稳健 LM 统计量选择最显著的模型。Anselin（2006）给出了这一检验的流程。除此之外还可以使用赤池信息准则（Akaike，1973）、贝叶斯信息准则（Akaike，1979）、贝叶斯估计方法（Zellner，1971）、马尔可夫链蒙特卡洛模拟方法（MCMC）（Metropolis et al.,1953；Gelfand & Smith，1990）等方法进行模型设定的检验。

　　截面数据结构的空间计量模型仅考虑了空间内各单元之间的空间效应，而忽略了时间尺度的空间效应。当需要同时考虑空间效应的时空特性，就需要运用面板数据结构的空间计量模型。与传统的面板数据结构计量经济学模型类似，空间计量模型在考虑面板数据时也采用固定效应（Lee，2004；Kelejian & Prucha，1999；2002；2004）和随机效应（Elhorst，2003）模型。随机效应模型的优势在于样本较大时有效性将提高，并且可以识别非时变因素。然而，由于固定效应可以控制误差项与控制变量之间的相关性，防止估计量有偏，因此在实际运用中通常采用包含固定效应的空间计量模型，选择的标准可参照 Hausman 检验。对于空间计量时空模型的研究，还出现了空间似无相关回归模型（Seemingly Unrelated Regression，SUR）（Hordijk & Nijkamp，1977；1978；Anselin，1988c）。Baltagi 和 Li（2004）提出了空间动态面板模型，用以考虑变量之间相关性在时间上的滞后性。Kapoor 等（2007）、Lee 和 Yu（2010）在此基础上提出了空间动态面板模型的广义矩估计。

　　空间面板数据计量模型的发展也带来了一个新的问题——空间权重矩阵应是时变的。这是因为不同年份的距离或社会经济联系不同，所构建的空间结构关系可能是随时间变化的。一般而言，实证中常取平均值构造空间权重矩阵。Lee 和 Yu（2012）则针对不同的时间，将不同时期的空间权重矩阵设定为不同的值，提出了时变空间权重矩阵。

　　当前空间计量模型由传统的空间滞后模型、空间杜宾模型和空间误差模型向空间离散数据模型、空间时空模型和空间风险模型扩展。其中空间离散模型具有非常广阔的发展前景，它可以运用于抵押贷款、运输方式选择、犯罪行为、企业区位选择决策、消费者购物决策以及任何包括遗漏变量的二值选择决策行为的分析。因此，空间 Probit 模型（Case，1992；McMillen，1995）、空间 Tobit 模型、空间 Count 模型是正在发展且具有应用前景的空间计量方法。此外，根据不同研究需要，学者们发展了空间双重差分模型，以评估政策或外生事件的发生带来的后果（Ferman，2020）；McMillen（2012）发展了空间面板分位数回归模型，以识别不同分位数下回归结果的差异；由于经济变量交互复杂，因此在分析某些经济现象时，需要多个方程联立才能正确分析说明，在此基础上，Kelejian 和 Prucha（2004）提出了包含空间效应的空间联立方程模型。Getis（1995）提出了空间滤波方法，基于一个假定的地理参照数据观测样本联系结构，然后通过算子的构建将地理参照数据中的地理结构噪声从趋势噪声和随机噪声中分解出来，从而使得数据分析更加稳健。其实质是将存在空间自相关的变量划分为两部分：一部分是过滤后的非空间变量，另一部分是剩余的空间变量。过滤后的非空间变量就可以作为一般的变量进行最小二乘回归分析。

　　2. 考虑空间异质性的空间计量经济学模型。对于具有空间异质性的大多数研究，通过考虑空间单元的特性即可较好地处理空间异质性；除此之外，可以通过相应的区域科学理论、样本的选择或抽样的优化等方式，从一开始就避免对异质性的讨论（沈体雁和于翰辰，2019）。但当空间相关性与空间异质性同时存在时，问题将变得更为复杂，因为区分空间相关性和空间异质性较为困难。

针对空间异质性的不同来源，处理空间异质性也有不同的方法。Anselin（2010）将空间异质性的处理方法按数据类型区分为离散型和连续型，离散型异质性通过在模型中设置地区虚拟变量来表现空间异质性，而连续型异质性通过空间变系数回归模型来处理空间异质性。空间变系数回归模型中的地理加权回归是处理来源于函数形式或参数改变的空间异质性的有效方法。Brunsdon 等人（1996）、Fotheringham（1997）提出了地理加权回归，Fotheringham 等人（2017）发展了多尺度地理加权回归，Yu 等人（2019）在此基础上基于广义加性模型研究了多尺度地理加权回归的统计推断。基于局域回归分析和变参数的想法，以曲线拟合、平滑等局部加权回归的非参数方法为理论基础，将数据的空间位置嵌入回归参数中，利用局部加权最小二乘方法进行逐点参数估计，从而研究随空间变化的回归关系。针对来源于异方差的空间异质性，采用处理异方差的广义最小二乘法，或通过处理空间自相关和异方差的广义矩估计方法（Generalized Moment Method，GMM）加以处理。

随着空间计量经济学的发展，空间计量模型的设定形式呈现更加复杂的趋势。针对不同的传统计量模型对应的问题而引入空间效应是空间计量模型发展的重要方向之一。空间模型的选择具有一定的主观性，与实际情况可能有所出入，潜在地影响了估计结果的可信性。因此，找到合理的空间权重矩阵选择标准对增强空间计量模型解释力至关重要。矩阵指数空间模型在计算上的高效性和理论上的优势，可以更好地帮助研究者描述空间单元间经济活动的空间效应影响程度及范围。同时，处理空间异质性的空间变系数回归模型是一个研究热点，但地理加权回归存在的多重共线性问题和计算效率问题还有待进一步解决。

（三）空间计量经济学的模型估计

由于空间计量模型中存在变量的空间效应项，该项往往具有内生性，因此直接使用最小二乘估计将可能出现有偏或无效的估计结果。Ord（1975）最先提出空间计量模型的极大似然估计（Maximum Likelihood Estimation，MLE），Anselin（1980；1988d）提出应使用极大似然估计对模型参数进行估计。虽然极大似然估计的原理较容易理解，但其往往需要模型误差项服从正态分布的假设，而这在生成数据的现实过程中较难满足，因此 Lee（2004）提出了不依赖于正态分布假设的准极大似然估计（Quasi-Maximum Likelihood Estimation，QMLE），并证明了其一致性和渐进正态性。除此之外，以两阶段最小二乘法为代表的工具变量法（Anselin，1980）与广义矩估计（Kelejian & Prucha，1998）也具有这一优势，而且两者能更有效地解决模型中存在的内生性问题（Lee，2001；Liu & Lee，2013），而且计算效率更高，然而这两种估计的有效性不及 MLE。为解决 MLE 计算复杂的问题，Hepple（1979）和 Anselin（1980，1982）提出了贝叶斯估计方法。贝叶斯估计方法对估计复杂模型更具优势，不仅如此，贝叶斯估计通过随机观测数据得到的先验分布，再结合极大似然估计的原理来估计后验分布，协调了样本充分性和随机性。然而，贝叶斯估计方法计算复杂，对于高维数据的计算存在巨大困难，因此目前对于贝叶斯估计的研究较少，这也是空间计量经济学模型估计的重要方向之一。

对于空间计量模型的估计结果，最初的说法极不统一。Lesage 和 Pace（2009）指出了这一问题，并将回归结果明晰为平均直接效应、平均间接效应和平均总效应，从而表征空间溢出效应和反馈效应及两者的总效应。由此，空间计量经济学模型在检验、设定和估计上基本形成了成熟的体系。

四、空间计量经济学的应用热点研究领域

综观已有的文献资料,目前国外学界对空间计量经济学的应用研究主要关注经济增长的溢出效应、创新和知识溢出、贸易、综合社会科学、环境与农业等领域。

(一)经济增长的溢出效应

20世纪90年代后,区域科学研究逐渐使用新古典收敛理论去理解空间差距。在经济增长差距的研究中,Barro和Sala-i-Martin(1992;2004)、Barro等(1991)关于经济收敛做出了具有影响力的工作。早期的经验研究融入收敛性概念,证实了不同经济体经济增长存在追赶效应(Azzoni,2001;Miller & Genc,2005)。然而,经济活动是包含生产、交换、分配的系统性过程,要素和产品流动意味着不同空间单元间存在经济变量的相互联系,空间效应也因此产生。随着区域经济一体化加快,区域经济增长显现出明显的空间溢出效应。Kocornik-Mina(2009)研究了印度作为一个发展中国家的人均收入动态过程,与Arbia和Paelinck(2003)以及Piras等(2006)的研究发现一致的是,在研究不同地区不同部门的相互依赖行为时,考虑到溢出效应,区域经济就会呈现出不同的经济增长路径。在这种情况下,忽视区域经济平均增长率差异的地理溢出效应和空间依赖性将导致模型设定的不准确。

空间溢出效应的存在带来了区域增长的非均衡模式,在Anselin(1988a)以及Anselin和Rey(1991)之后,对于区域经济增长收敛性的研究也纳入了空间效应。Rey和Montouri(1999)使用空间枕形图来验证收敛模型的理论设置的内部依赖性假设,并验证了空间自相关的结论对收敛速度的影响。在Arbia等(2010)、James和Campbell(2013)、Kuc(2017)以及Pietrzak和Balcerzak(2017)提出的其他文献中,空间维度正在向主流方向演进,成为收敛模型中不可或缺的一部分。

然而尽管空间溢出效应考虑了收敛性质和空间信息,大多数空间模型在研究赶超过程时仍只能考虑单一的收敛速度,空间异质性仍未得到有效考虑(Anselin,1995;Brunsdon et al.,1996)。一系列不断发展的研究采用地理加权回归,通过引入空间稳定性的概念来增强收敛模型的空间维度(Ertur & Gallo,2007;Ali et al.,2007),指出了收敛的空间异质性(Bourdin,2013)。这一维度突出了这样一个事实:如果不同地区的收敛速度在空间上存在差异,传统的收敛模型并不一定能应用到本地的追赶过程。另外,有关区域收敛性的空间外部性研究侧重于区域间的比较,对区域内经济收敛的空间外部性研究较少。

收入分配的区域差距在全球范围内日益受到关注,从空间尺度的角度考虑可加深对该主题的认识(Elhorst,2014)。Larraz等(2021)使用空间滞后固定效应模型分析了工人特征、工作场所和工作所在省份对工资集中度的影响,发现通过减少工人培训和职位对其工资的影响,以及通过促进中小企业的发展,可以实现省内更公平的工资分配。Wang等(2018)研究了密度、距离和分割与农村贫困的相关性,发现人口密度对农村贫困有负面影响,而按少数民族人口比例衡量的分工则有正面影响,与贵阳之间的距离对农村贫困有负面影响,而对当地城市中心距离的影响甚微。

近几十年来,外国直接投资(FDI)的快速增长在理论和经验层面上都激发了学者们的研究兴趣,特别是FDI不仅可以通过资本积累,而且最重要的是通过与技术转让、专利扩散、生产率提高和管理技能提高有关的正外部性,使这些经济体受益。传统关于FDI的研究忽视了FDI这些潜在的空间依赖性(Markusen,1984;2002;Helpman,1984;Carr et al.,2001)。为了解决

这一问题，随着空间计量经济学技术的进步，不少研究将空间相关性纳入了外国直接投资决定因素的分析中（Yeaple，2003；Bergstrand & Egger，2004；Ekholm et al.，2007）。空间效应影响着FDI的区位决策（Fonseca & Llamosas-Rosas，2019；Gutiérrez-Portilla et al.，2019；Maza et al.，2020），比如 Gutiérrez-Portilla 等人（2019）发现西班牙一个地区的 FDI 倾向于与邻近地区的互补，这一结论与纵向 FDI 战略相一致。此外，FDI 表现出一定的惯性，并偏好市场规模大、周边市场潜力大，以及高水平的人力资本和工资的区位。He（2022）发现，中国在美国国家的 FDI 与邻国的 FDI 互补，制造业 FDI 倾向于跟随战略资产，并受到第三地区效应的影响，而服务业 FDI 更侧重于市场寻求，不仅如此，社会文化网络极大地促进了中国大陆在海外市场的投资。

（二）城市发展与集聚外部性

Krugman（1991）新经济地理理论强调经济增长的区位因素，关注并以规模经济、运输成本和中心外围理论等来解释空间经济结构。当空间系统中各单位存在交互作用，集聚经济便进入区域经济增长的动态过程中，导致非均衡增长和区域系统的发散和停滞，相反，经济会收敛到稳态并且经济分布呈现均质化（Maier，2000）。经济在少数地区集聚从而形成规模效应是一个普遍存在的现象。由于地区间差距在很大程度上是由各地区经济发展不平衡导致的，因此一些影响地区经济集聚的因素也间接地对地区间发展差距产生显著影响。Ke（2010）发现，邻近城市的城市生产力在100公里范围内相互影响，并且邻近城市的产业集聚在该距离内具有空间依赖性。

由于动态集聚的外部性特征来源于区域内单位之间的相互作用，因此动态集聚经济可以视为动态外部性。在对空间外部性的讨论中，国际公共财政研究关注地方政府财政收支决策的策略性互动。Tiebout（1956）的"用脚投票"理论指出地方政府会竞相扩大财政支出，以提高当地的公共环境和公众福利，否则将流失人口和资源（Wheaton，2000）。这决定了地方政府会为此展开竞争，当地的财政支出是一种重要的竞争手段，并且极大地受到其他地区地方政策财政支出的影响，存在财政支出的示范效应。如 Baicker（2005）发现，美国1983-1992年各州财政支出会因相邻州财政支出增加1美元而相应增加1美元。不仅如此，某一地区的政策制定还会直接受到相邻地区相关政策的影响（Revilli，2003），比如 Bocci 等（2017）在评估市政当局采用财产税政策的决定因素时发现，房产税的选择受到邻近城市行为的影响，各市政府对其税收政策的模仿行为主要由溢出效应决定。主流财政分权理论认为，正是由于存在这种示范效应，地方政策才能不断地提高公共品的供给效率，并且一地的财政支出对满足相邻地区的公共品需求也存在正外部性（Brueckner & Saavedra，2001）。然而，财政支出的空间外部性也有可能因过度竞争而产生负外部性，长期内有损地方福利的提升（Keen & Marchand，1997）。

具有强外部性的经济变量的经济后果被广泛研究，其中最具代表性的强外部性变量就是高铁或公共交通基础设施建设。在交通设施研究领域纳入空间效应的文献主要分为两类：第一类研究关注交通设施外部性对经济增长的作用，比如 Moreno & López-Bazo（2007）表明，交通基础设施对其他省份具有积极的直接影响，但具有负面的溢出效应。但不同的研究发现，特定的交通方式对区域或城市经济绩效的影响存在差异（Agrawal et al.，2017；Blonigen & Cristea，2015；Bottasso et al.，2013；Donaldson，2018），Fageda（2018）对不同类型的交通基础设施（公路、铁路、机场、港口）进行了分析，发现只有道路对收敛有影响，区域间道路供应不平等的减少可以解释道路对西班牙区域收敛进程的积极贡献。第二类研究关注基础设施建设对区域收敛或区域经济不平等的影响，但这一影响的方向有可能存在尺度差异，比如 Lessmann 和 Seidel（2017）表明，交通基础设施对区域收敛具有积极影响，但相比之下，国家内部的区域分析通常没有发现交通对这种区域收敛的相关贡献的证据（Cosci & Mirra, 2018; Rodríguez-Pose et al., 2012）。

此外，有关金融和住房的空间外部性逐渐受到关注。Bozkurt 等人（2018）研究了影响金融包容性水平的因素，发现社会、融资和政治因素在决定金融包容性变化中起着重要作用，并且各国之间的金融包容性趋同。大量实证研究提供了英国、美国、德国、中国等国住房市场跨城市溢出的证据（Fingleton, 2008；Brady, 2014；Guo & Qu, 2019；Otto & Schmid, 2018），比如 Gong 等人（2019）发现城市间联系形成的网络通过生产率和舒适度收益带来了房价的溢出效应。

（三）技术创新与知识溢出

早至 Marshall 等人（1906）就指出了空间与创新之间的关系，空间效应引入区域创新分析有迹可循。以 Romer（1990）、Lucas（1988）、Grossman 和 Helpman（1993）、Jones（1995）等为代表的新增长理论着重探讨了现代经济发展的重要要素——知识，并详细分析了技术创新、人力资本积累和知识溢出对经济增长的影响，使该理论成为知识经济的理论基础。

不少研究利用空间计量探索知识扩散的潜在机制，主要运用空间知识生产函数和引力模型（重力模型）探索跨空间互动和合作关系的形成及其所起的作用，比如 Maggioni 和 Uberti（2009）及 Maggioni 等（2007）研究了知识在空间上的不完美扩散在多大程度上是由社会邻近效应造成的；而依赖于类引力模型的研究中最具代表性的是 Bramoullé 等（2009）和 Lee 等（2010），他们使用了 SAR 模型来识别和估计社交互动模型中的同伴效应。

在这一领域最前沿的研究关注了知识和创新形成的网络效应，虽然目前大多数文献集中研究距离对协作和网络形成的影响，但探讨一个地区及其附近地区在网络中的位置是否会影响区域创新或知识的空间传播，更能证明网络效应及检验更为有趣的机制。Miguélez 和 Moreno（2010）发现，除了传统的研发，地区的专利倾向还可以通过投资者的流动性和他们所属网络的主要特征（链接强度、连通性和密度）来解释。另一个热点领域是使用文本信息细化空间权重矩阵，对创新网络数据库中专利的附加文本的语义接近性分析可以更准确地定义科学社区的特征，并研究知识如何通过创新网络传播（Maggioni et al., 2009）。

时空模型属于更广泛的空间面板数据模型类别（Anselin et al., 2008; Lee & Yu, 2010），是空间计量经济学模型的最新进展。这一模型一方面可以区分仅在误差项中包含空间依赖性的模型，另一方面可以区分包含空间和时间滞后依赖变量的时空滞后模型。时空动态模型的最新进展为研究空间知识流向和创新网络打开了新的研究方向，而这两个问题应该是创新经济地理分析研究中最为紧要的（Yu & Lee, 2010）。

（四）综合社会科学领域

经济学对犯罪行为的研究可以追溯到 Becker（1968），其后的研究探讨了引致微观个体犯罪活动的因素，并量化了犯罪的有形和无形成本。由于犯罪破坏了内外投资环境，并且导致人力资本损失、产量减少，从而对经济增长潜力产生负面影响。特别是当考虑到犯罪网络在区域内和区域间扩张和联系时，犯罪的经济效应便产生了空间外部性，犯罪的影响将蔓延到其他地区（Baller et al., 2001）。Torres-Preciado 等（2015）发现，犯罪尤其是谋杀和抢劫对墨西哥各州的经济增长整体而言产生了负面影响，而显著的溢出效应进一步加强了对地区增长的负面影响。生育率也存在空间之间的交互影响，比如 Wu 等（2021）发现，中国的低生育率是经济增长、社会发展甚至制度结构共同导致的结果，而更重要的是，邻近城市的社会经济环境往往相互依存，这意味着邻近地区的低生育欲望通过社会关系的交互而对本地的生育率产生了扩散。

（五）环境领域

环境污染与经济增长的关系被广泛研究，Grossman 和 Krueger（1995）发现，环境污染与人均收入之间存在一条倒 U 型的曲线，这便是著名的环境库兹涅茨曲线（EKC）。此后的研究关注能源消费与人均收入的关系（Schmalensee et al.，1998；Millimet et al.，2003）并延续至今，所体现的关系逐渐变为动态（Guo & Wang，2017）。部分学者在这一研究主题中引入空间效应，比如 Maddison（2006）检验各国的环境绩效是否取决于邻国，发现国家二氧化硫和氮氧化物的人均排放量受到邻国人均排放量的严重影响，这一结论反驳了传统的环境库兹涅茨曲线估计研究时隐含的假设，即国家人均排放不受邻国的影响。Zhang 等（2019）应用空间计量模型研究了经济增长、能源消耗和环境污染的空间分布之间的相关性，发现中国的经济增长、能源结构和工业污染在空间上是相关的，并且在空间分布上存在不同的集聚区。近年来，越来越多的研究开始考察居民排放与收入之间的关系（Levinson & O'Brien，2019；Sager，2019），形成了环境的恩格尔曲线。Baudino（2020）发现，不同地区的居民在空间上的依赖性显著提高，在考虑空间溢出效应的基础上，指出居民对环境质量需求的提升与居民收入增长有关。然而，无论是环境库兹涅茨曲线还是环境恩格尔曲线，所揭示的收入与污染的关系都可能存在双向影响，并且缺乏对协整问题和理论微观基础的考虑，因此未来的研究应适当考虑运用结构模型和非参数估计方法，弥补在探讨两者关系时的统计局限。

共享、学习和技术溢出等正外部性促进了区域经济的增长，但生产要素的挤出效应导致的环境污染等负外部性逐渐显现，严重制约了经济体的可持续发展。实现绿色可持续发展是增长方式由粗放式向集约式的转变，核心是实现绿色全要素生产率的增长。区域绿色全要素生产率具有显著的空间自相关和空间聚类特征（Lu et al.，2021），对周边区域产生负的空间溢出效应。

五、空间计量经济学发展展望

（一）空间计量经济学的研究展望

空间计量经济学的理论和应用研究发展至今，在国外已逐步从计量经济学方法的边缘走向主流。无论是在理论还是实证方面，空间计量经济学都实现了巨大改进，未来研究的突破点主要体现在空间计量时空模型、空间联立模型、地理加权回归等方面。

空间计量经济学模型对于被解释变量、解释变量和误差项的交互效应的考虑已较为成熟，但其仅在空间维度上考虑了空间单元间的交互效应。时空空间计量模型是根据时空序列的空间和时间相关性对数据进行分析的方法，既考虑到了空间维度的多向效应（空间溢出效应），也兼顾了时间维度的单向效应（动态空间效应）。这也相应地要求空间权重矩阵遵循时空权重矩阵设定，结合空间权重和时间权重生成权重矩阵。空间计量时空模型的应用有助于理解和设置更符合微观机制的空间权重矩阵，得到更准确的空间效应估计。

空间滤波基于一个假定的地理参照数据观测样本联系结构，然后通过算子的构建将地理参照数据中的地理结构噪声从趋势噪声和随机噪声中分解出来，从而使得数据分析更加稳健。其实质是将存在空间自相关的变量划分为两部分：一部分是过滤后的非空间变量，另一部分是剩余的空间变量。相比于空间自回归模型，空间滤波具有更大的灵活性，其模型设定既可以是最小二乘回归形式，也可以是泊松回归、负二项回归等形式，在实际操作中只需将表达空间结构信息的特征向量加入模型。由于特征向量间是正交的，因此不会引起模型的多重共线性问题。

非线性模型的空间效应设定的研究方兴未艾。在现实经济中，经济现象之间的关系往往是非线性的，目前已有空间 Probit 模型、时间序列单位根问题的空间类比和地理加权回归这类进展。在未来的实证研究方面，还有待相关研究应用空间面板分位数回归考虑不同分位数下系数的差异和变化过程，运用地理加权回归和多尺度地理加权回归方法处理目前研究较少涉及的空间异质性，探究更广泛的研究领域；在理论方面，空间联立方程模型和贝叶斯估计的结合、非线性的空间联立方程模型、截断数据的空间效应仍有待推进，从而更全面地将空间效应引入各种模型的设定中，提升空间计量经济学的适用性。

对于实证研究，空间计量经济学几乎可以应用于任何存在空间效应的现象研究，最新且最亟待研究的主题是对新冠疫情传播的时空计量建模与风险评估，并探讨新冠疫情背景下各种经济现象空间外部性的变异。

（二）对国内空间计量经济学的启示

21 世纪以来，国内空间计量经济学研究实现了飞跃式发展，但由于我国空间计量方法起步较晚，相关研究尚且不成熟，在国际空间计量研究中影响力有待提高。

首先，虽然近年来不少国内学者将对空间计量经济学的研究发表在外文期刊上，但国内对空间计量经济学理论的贡献仍然较少，更多的研究集中在实证研究上。又由于大多数文献对空间效应把握得不精准，因而出现了滥用空间计量经济学模型的现象，在一定程度上导致了国内对空间计量的认可度较低。未来对空间计量的研究应更多关注到国外空间计量的前沿与热点领域，对模型设定、估计、检验和预测进行修正和拓展，讲好空间内各单元之间经济现象的"外部性"故事。

其次，数据结构是计量经济学的重要基础之一，空间计量经济学对面板数据结构的应用在国外已经十分成熟，但目前不少国内的实证研究仍基于截面数据，忽略时间上的变化，大多数研究仍停留在传统的空间计量模型，对模型设定的前沿把握不足。对于不同的研究主题，未来的研究应深入探讨问题中空间效应的出现形式，通过恰当的模型设定表达空间效应，得到更准确的因果关系。

最后，经济学实证研究的领域浩如烟海，经济学因其易于接受且操作灵活的理论视角和方法不断地向其他社会科学领域拓展，被称为经济学"帝国主义"。当前，由于经济一体化及经济全球化是大势所趋，经济体之间的相互影响越来越深。相应地，经济数据的空间相关程度只会越来越高。所以，对涉及空间或距离的任何经济数据的处理，都必须考虑及处理这种空间交互效应。空间效应在经济学中多元化领域的应用大有可为。在未来的运用中，空间计量经济学研究应更贴切我国国情与政策，在把握我国区域经济发展不平衡不充分的现实基础上，结合新冠疫情发生传播和防控过程、城乡融入、脱贫攻坚工作、协同创新等背景，运用空间效应讲好中国故事。

参考文献

古恒宇、沈体雁、刘子亮、孟鑫，2019，《基于空间滤波方法的中国省际人口迁移驱动因素》，《地理学报》第2期。

沈体雁、于瀚辰、周麟、古恒宇、何泓浩，2020，《北京市二手住宅价格影响机制——基于多尺度地理加权回归模型（MGWR）的研究》，《经济地理》第3期。

沈体雁、于瀚辰，2019，《空间计量经济学（第二版）》，北京大学出版社。

Agrawal, A. et al.(2017), "Roads and Innovation", *Review of Economics and Statistics*, 99(3):417–434.

Akaike, H. (1973), "Maximum Likelihood Identification of Gaussian Autoregressive Moving Average Models", *Biometrika*, 60(2):255–265.

Akaike, H. (1979), "A Bayesian Extension of the Minimum AIC Procedure of Autoregressive Model Fitting", *Biometrika*, 66(2):237–242.

Ali, K. et al.(2007), "Can Geographically Weighted Regressions Improve Regional Analysis and Policy Making?", *International Regional Science Review*, 30(3):300–329.

Anselin, L. & R. J. Florax (1995), "New Directions in Spatial Econometrics: Introduction", *New Directions in Spatial Econometrics*, Springer, Berlin, Heidelberg:3–18.

Anselin, L. & S. Rey(1991), "Properties of Tests for Spatial Dependence in Linear Regression Models", *Geographical Analysis*, 23(2):112–131.

Anselin, L. (1980), "Estimation Methods for Spatial Autoregressive Structures", *Cornell University*, Ithaca.

Anselin, L. (1982), "A Note on Small Sample Properties of Estimators in a First-order Spatial Autoregressive Model", *Environment and Planning A*, 14(8):1023–1030.

Anselin, L. (1988a), "Spatial Econometrics: Methods and Models", *Kluwer Academic Publishers*, Dordrecht.

Anselin, L. (1988b), "Lagrange Multiplier Test Diagnostics for Spatial Dependence and Spatial Heterogeneity", *Geographical Analysis*, 20(1):1–17.

Anselin, L. (1988c), "A Test for Spatial Autocorrelation in Seemingly Unrelated Regressions", *Economics Letters*, 28(4):335–341.

Anselin, L. (1988d), "Model Validation in Spatial Econometrics: A Review and Evaluation of Alternative Approaches", *International Regional Science Review*, 11(3):279–316.

Anselin, L. (1990), "Some Robust Approaches to Testing and Estimation in Spatial Econometrics", *Regional Science and Urban Economics*, 20(2):141–163.

Anselin, L. (1995), "Local Indicators of Spatial Association—LISA", *Geographical Analysis*, 27(2):93–115.

Anselin, L. (2003), "An Introduction to Spatial Autocorrelation Analysis with GeoDa", *Spatial Analysis Laboratory*, University of Illinois, Champagne-Urbana, Illinois.

Anselin, L. (2006), "How (not) to Lie with Spatial Statistics", *American journal of preventive medicine*, 30(2):S3–S6.

Anselin, L. (2010), "Thirty Years of Spatial Econometrics", *Papers in Regional Science*, 89(1):3–25.

Anselin, L. et al.(2008), "Spatial Panel Econometrics", *The Econometrics of Panel Data*, Springer, Berlin:625–660.

Arbia, G. & J. H. Paelinck(2003), "Economic Convergence or Divergence? Modeling the Interregional Dynamics of EU Regions, 1985-1999", *Journal of Geographical Systems*, 5(3):291–314.

Arbia, G. et al.(2010), "Institutions and Geography: Empirical Test of Spatial Growth Models for European Regions", *Economic Modelling*, 27(1):12–21.

Arraiz, I. et al.(2010), "A Spatial Cliff‐Ord‐type Model with Heteroskedastic Innovations: Small and Large

Sample Results", *Journal of Regional Science*, 50(2):592-614.

Azzoni, C. R. (2001), "Economic Growth and Regional Income Inequality in Brazil", *The Annals of Regional Science*, 35(1):133-152.

Baicker, K. (2005), "The Spillover Effects of State Spending", *Journal of Public Economics*, 89(2-3):529-544.

Baller, R. D. et al. (2001), "Structural Covariates of US County Homicide Rates: Incorporating Spatial Effects", *Criminology*, 39(3):561-588.

Baltagi, B. H. & D. Li(2004), "Prediction in the Panel Data Model with Spatial Correlation", *Advances in spatial econometrics*, Springer, Berlin, Heidelberg:283-295.

Barro, R. J. & X. Sala-i-Martin(1992), "Convergence", *Journal of Political Economy*, 100(2):223-251.

Barro, R. J. et al, (1991), "Convergence Across States and Regions", *Brookings Papers on Eeconomic Activity*:107-182.

Bartels, C. P. & L. Hordijk(1977), "On the Power of the Generalized Moran Contiguity Coefficient in Testing for Spatial Autocorrelation Among Regression Disturbances", *Regional Science and Urban Economics*, 7(1-2):83-101.

Baudino, M. (2020), "Environmental Engel Curves in Italy: A Spatial Econometric Investigation", *Papers in Regional Science*, 99(4):999-1018.

Becker, G. S. (1968), "Crime and Punishment: An Economic Approach", *The Economic Dimensions of Crime*, Palgrave Macmillan, London:13-68.

Bergstrand, J. H. & P. Egger(2007), "A Knowledge-and-physical-capital Model of International Trade Flows, Foreign Direct Investment, and Multinational Enterprises", *Journal of International Economics*, 73(2):278-308.

Blonigen, B. A. & A. D. Cristea(2015), "Air Service and Urban Growth: Evidence from a Quasi-natural Policy Experiment", *Journal of Urban Economics*, 86:128-146.

Bocci, C. et al. (2019), "Spatial Interactions in Property tax Policies Among Italian Municipalities", *Papers in Regional Science*, 98(1):371-391.

Bottasso, A. et al. (2013), "The Impact of Port Throughput on Local Employment: Evidence from a Panel of European regions", *Transport Policy*, 27:32-38.

Bourdin, S. (2015), "National and Regional Trajectories of Convergence and Economic Integration in Central and Eastern Europe", *Canadian Journal of Regional Science*, 38(1/3):55-63.

Bozkurt, et al. (2018), "Spatial Determinants of Financial Inclusion over Time", *Journal of International Development*, 30(8):1474-1504.

Brady, R. R. (2014), "The Spatial Diffusion of Regional Housing Prices Across US States", *Regional Science and Urban Economics*, 46:150-166.

Bramoullé, Y. et al. (2009), "Identification of Peer Effects Through Social Networks", *Journal of Econometrics*, 150(1):41-55.

Brueckner, J. K. & L. A. Saavedra (2001), "Do Local Governments Engage in Strategic Property—Tax Competition?", *National Tax Journal*, 54(2):203-229.

Brunsdon, C. et al. (1996), "Geographically Weighted Regression: A Method for Exploring Spatial Nonstationarity", *Geographical Analysis*, 28(4):281-298.

Brunsdon, C. et al. (1999), "Some Notes on Parametric Significance Tests for Geographically Weighted Regression" *Journal of regional science*, 39(3):497-524.

Burridge, P. (1980), "On the Cliff-Ord Test for Spatial Correlation", *Journal of the Royal Statistical Society: Series B (Methodological)*, 42(1):107-108.

Burridge, P. (1981), "Testing for a Common Factor in a Spatial Autoregression Model", *Environment and Planning*

A, 13(7): 795-800.

Carr, D. L. et al. (2001), "Estimating the Knowledge-capital Model of the Multinational Enterprise", *American Economic Review*, 91(3): 693-708.

Case, A. C. (1992), "Neighborhood Inuence and Technological Change", *Regional Science and Urban Economics*, 22: 491-508.

Casella, G. & E. I. George(1992), "Explaining the Gibbs Sampler", *The American Statistician*, 46(3): 167-174.

Casetti, E. (1972), "Spatial Equilibrium Distribution of Agricultural Production and Land Values", *Economic Geography*, 48(2): 193-198.

Casetti, E. (1986), "The Dual Expansion Method: An Application for Evaluating the Effects of Population Growth on Development", *IEEE Transactions on Systems, Man, and Cybernetics*, 16(1): 29-39.

Chen, S. & J. Golley(2014), "'Green' Productivity Growth in China's Industrial Economy", *Energy Economics*, 44: 89-98.

Chun, Y. (2008), "Modeling Network Autocorrelation within Migration Flows by Eigenvector Spatial Filtering", *Journal of Geographical Systems*, 10(4): 317-344.

Cliff, A. & K. Ord. (1972), "Testing for Spatial Autocorrelation Among Regression Residuals", *Geographical analysis*, 4(3): 267-284.

Cliff, A. D. & J. K. Ord, (1981), "Spatial Processes: Models & Applications", *Taylor & Francis*.

Conley, T. G. (1999), "GMM Estimation with Cross Sectional Dependence", *Journal of Econometrics*, 92(1): 1-45.

Cosci, S. & L. Mirra(2018), "A Spatial Analysis of Growth and Convergence in Italian Provinces: The Role of Road Infrastructure", *Regional Studies*, 52(4): 516-527.

Cressie, N. (1993), "Aggregation in Geostatistical Problems", *Geostatistics Troia' 92*, Springer, Dordrecht: 25-36.

Donaldson, D. (2018), "Railroads of the Raj: Estimating the Impact of Transportation Infrastructure", *American Economic Review*, 108(4-5): 899-934.

Drukker, D. M. et al. (2013), "Maximum Likelihood and Generalized Spatial Two-stage Least-squares Estimators for a Spatial-autoregressive Model with Spatial-autoregressive Disturbances", *The Stata Journal*, 13(2): 221-241.

Ekholm, K. et al. (2007), "Export-platform Foreign Direct Investment", *Journal of the European Economic Association*, 5(4): 776-795.

Elhorst, J. P. & A. S. Zeilstra(2007), "Labour Force Participation Rates at the Regional and National Levels of the European Union: An Integrated Analysis", *Papers in Regional Science*, 86(4): 525-549.

Elhorst, J. P. (2001), "Dynamic Models in Space and Time", *Geographical Analysis*, 33(2): 119-140.

Elhorst, J. P. (2003), "Specification and Estimation of Spatial Sanel Data Models", *International Regional Science Review*, 26(3): 244-268

Elhorst, J. P. (2014), "Spatial Econometrics from Cross-sectional Data to Spatial Panels", Springer, Berlin.

Elhorst, J. P. (2014), "Spatial Econometrics from Cross-sectional Data to Spatial Panels", Springer, Heidelberg.

Ertur, C. & J. Le Gallo(2009), "Regional Growth and Convergence: Heterogeneous Reaction Versus Interaction in Spatial Econometric Approaches", *Handbook of regional growth and development theories*, Edward Elgar Publishing.

Fageda, X. et al. (2018), "Air Connectivity in Remote Regions: A Comprehensive Review of Existing Transport Policies Worldwide", *Journal of Air Transport Management*, 66: 65-75.

Ferman, B. (2020), "Inference in Difference-in-differences with Few Treated Units and Spatial Correlation", *arXiv preprint arXiv*: 2006. 16997.

Fingleton B. (1999), "Spurious spatial Regression: Some Monte Carlo Results with a Spatial Unit Root and Spatial

CoinTegration", *Journal of Regional Science*, 39(1):1-19.

Fingleton, B. (2008), "Housing Supply, Housing Demand, and Affordability", *Urban Studies*, 45(8):1545-1563.

Fonseca, F. J. & I. Llamosas-Rosas(2019), "Spatial Linkages and Third-region Effects: Evidence from Manufacturing FDI in Mexico", *The Annals of Regional Science*, 62(2):265-284.

Foster, S. A. & W. L. Gorr(1986), "An Adaptive Filter for Estimating Spatially-varying Parameters: Application to Modeling Police Hours Spent in Response to Calls for Service", *Management Science*, 32(7):878-889.

Fotheringham, A. S. (1997), "Trends in Quantitative Methods I: Stressing the Local", *Progress in Human Geography*, 21(1):88-96.

Fotheringham, A. S. et al. (1998), "Geographically Weighted Regression: A Natural Evolution of the Expansion Method for Spatial Data Analysis", *Environment and planning A*, 30(11):1905-1927.

Fotheringham, A. S. et al. (2017), "Multiscale Geographically Weighted Regression (MGWR)", *Annals of the American Association of Geographers*, 107(6):1247-1265.

G. Piras et al. (2006), "A meta-analysis of Regional Economic Convergence of the NUTS-2 European Regions, 1977-2002", Paper presented at the 45th European Congress of the European Regional Sciences Association (ERSA).

Geary, R. C. (1954), "The Contiguity Ratio and Statistical Mapping", *The Incorporated Statistician*, 5(3):115-146.

Gelfand, A. E. & A. F. Smith(1990), "Sampling-based Approaches to Calculating Marginal Densities", *Journal of the American statistical association*, 85(410):398-409.

Getis A. (1995), "Spatial Filtering in a Regression Framework: Examples Using Data on Urban Crime, Regional Inequality, and Government Expenditures", *New Directions in Spatial Econometrics*, Springer, Berlin, Heidelberg:172-185.

Gong, Y. et al. (2020), "Cross-city Spillovers in Chinese Housing Markets: From a City Network Perspective", *Papers in Regional Science*, 99(4):1065-1085.

Griffith, D. A. (2009), "Modeling Spatial Autocorrelation in Spatial Interaction Data: Empirical Evidence from 2002 Germany Journey-to-work Flows", *Journal of geographical systems*, 11(2):117-140.

Grossman, G. M. & A. B. Krueger(1995), "Economic Growth and the Environment", *The Quarterly Journal of Economics*, 110(2):353-377.

Grossman, G. M. & E. Helpman(1994), "Endogenous Innovation in the Theory of Growth", *Journal of Economic Perspectives*, 8(1):23-44.

Guo, J. & X. Qu(2019), "Spatial Interactive Effects on Housing Prices in Shanghai and Beijing", *Regional Science and Urban Economics*, 76:147-160.

Guo, L. et al. (2022), "Economic Size and Water Use Efficiency: An Empirical Analysis of Trends Across China", *Water Policy*, 24(1):117-131.

Gutiérrez Portilla, P. et al. (2019), "Has the Crisis Affected Spanish Investment Strategy Abroad? A Spatial Panel Data Approach", *The World Economy*, 42(4):1032-1056.

Haining, R. P. (1978), "The Moving Average Model for Spatial Interaction", *Transactions of the Institute of British Geographers*:202-225.

He, L. (2022), "Spatial Linkages in Chinese Service and Manufacturing Outward FDI: Empirical Evidence from the United States", *Tijdschrift voor economische en sociale geografie*.

Helpman, E. (1984), "A Simple Theory of International Trade with Multinational Corporations", *Journal of Political Economy*, 92(3):451-471.

Hepple, L. W. (1976), "A Maximum Likelihood Model for Econometric Estimation with Spatial Data", *Theory and practice in regional science*, 6:90-104.

Hordijk L. & P. Nijkamp(1977), "Dynamic Models of Spatial Autocorrelation", *Environment and Planning A*, 9: 505-519.

Hordijk L. & P. Nijkamp(1978), "Estimation of Spatio-temporal Models: New Directions Via Distributed Lags and Markov Schemes", *Studies in Regional Science and Urban Economics*, 3.

Hordijk, L. (1974), "Spatial Correlation in the Disturbances of a Linear Interregional Model", *Regional and Urban Economics*, 4(2):117-140.

James, R. D. & H. S. Campbell(2013), "The Effects of Space and Scale on Unconditional Beta Convergence: Test Results from the United States, 1970-2004", *GeoJournal*, 78(5):803-815.

Jones, C. I. (1995), "R&D-based Models of Economic Growth", *Journal of political Economy*, 103(4):759-784.

Kang, W. & S. J. Rey(2018), "Conditional and Joint Tests for Spatial Effects in Discrete Markov Chain Models of Regional Income Distribution Dynamics", *The Annals of Regional Science*, 61(1):1-21.

Kapoor, M. et al.(2007), "Panel Data Models with Spatially Correlated Error Components", *Journal of Econometrics*, 140(1):97-130.

Ke, S. (2010), "Agglomeration, Productivity, and Spatial Spillovers Across Chinese Cities", *The Annals of Regional Science*, 45(1):157-179.

Keen, M. & M. Marchand(1997), "Fiscal Competition and the Pattern of Public Spending", *Journal of Public Economics*, 66(1):33-53.

Kelejian, H. H. & D. P. Robinson(1992), "Spatial Autocorrelation: A New Computationally Simple Test with an Application to Per Capita County Police Expenditures", *Regional Science and Urban Economics*, 22(3):317-331.

Kelejian, H. H. & D. P. Robinson(1998), "A Suggested Test for Spatial Autocorrelation and/or Heteroskedasticity and Corresponding Monte Carlo Results", *Regional Science and Urban Economics*, 28(4):389-417.

Kelejian, H. H. & D. P. Robinson(1995), "Spatial Correlation: A Suggested Alternative to the Autoregressive Model", *New Directions in Spatial Econometrics*, Springer, Berlin, Heidelberg:75-95.

Kelejian, H. H. & I. R. Prucha(1999), "A Generalized Moments Estimator for the Autoregressive Parameter in a Spatial Model", *International Economic Review*, 40(2):509-533.

Kelejian, H. H. & I. R. Prucha (2002), "2SLS and OLS in a Spatial Autoregressive Model with Equal Spatial Weights", *Regional Science and Urban Economics*, 32(6):691-707.

Kelejian, H. H. & I. R. Prucha(2004), "Estimation of Simultaneous Systems of Spatially Interrelated Cross Sectional Equations", *Journal of Econometrics*, 118(1-2):27-50.

Kelejian, H. H. & I. R. Prucha(2010), "Specification and Estimation of Spatial Autoregressive Models with Autoregressive and Heteroskedastic Disturbances", *Journal of Econometrics*, 157(1):53-67.

Kelejian, H. H. & I. R. Prucha, (1998), "A Generalized Spatial Two-stage Least Squares Procedure for Estimating a Spatial Autoregressive Model with Autoregressive Disturbances", *The Journal of Real Estate Finance and Economics*, 17(1):99-121.

Kelejian, H. H. (2008), "A Spatial J-test for Model Specification Against a Single or a Set of Non-nested Alternatives", *Letters in Spatial and Resource Sciences*, 1(1):3-11.

Kocornik-Mina, A. (2009), "Spatial Econometrics of Multiregional Growth: The Case of India", *Papers in Regional Science*, 88(2):279-300.

Kordi, M. & A. S. Fotheringham(2016), "Spatially Weighted Interaction Models (SWIM)", *Annals of the American Association of Geographers*, 106(5):990-1012.

Krugman, P. (1991), "Increasing Returns and Economic Geography", *Journal of Political Economy*, 99(3):483-499.

Kuc, M. E. (2017), "The Taxonomy Spatial Measure of Development in the Standard of Living Analysis", *Acta Universitatis Lodziensis*, 1(327):167-186.

Larraz, B. et al.(2021), "Spatial Aggregation and Resampling Expansion of Big Surveys: An Analysis of Wage Inequality", *Regional Science Policy & Practice*, 13(3):957-981.

Lee, L. F. & J. Yu(2010), "Estimation of Spatial Autoregressive Panel Data Models with Fixed Effects", *Journal of Econometrics*, 154(2): 165-185.

Lee, L. F. & J. Yu (2012), "QML Estimation of Spatial Dynamic Panel Data Models with Time Varying Spatial Weights Matrices", *Spatial Economic Analysis*, 7(1):31-74.

Lee, L. F. (2004), "Asymptotic Distributions of Quasi-maximum Likelihood Estimators for Spatial Autoregressive Models", *Econometrica*, 72(6):1899-1925.

Lee, S. I. (2001), "Developing a Bivariate Spatial Association Measure: An Integration of Pearson's r and Moran's I", *Journal of Geographical Systems*, 3(4):369-385.

LeSage, J. & R. K. Pace(2009), "Introduction to Spatial Econometrics", *Chapman and Hall/CRC*.

LeSage, J. P. (1999), "The Theory and Practice of Spatial Econometrics", *University of Toledo*, 28(11):1-39.

Lesage, J. P. & W. Polasek(2008), "Incorporating Transportation Network Structure in Spatial Econometric Models of Commodity Flows", *Spatial Economic Analysis*, 3(2):225-245.

Lessmann, C. & A. Seidel(2017), "Regional Inequality, Convergence, and Its Determinants-A View from Outer space", *European Economic Review*, 92:110-132.

Levinson, A. & J. O'Brien(2019), "Environmental Engel Curves: Indirect Emissions of Common Air Pollutants", *Review of Economics and Statistics*, 101(1):121-133.

Liu, X. & L. F. Lee(2013), "Two-stage Least Squares Estimation of Spatial Autoregressive Models with Endogenous Regressors and Many Instruments", *Econometric Reviews*, 32(5-6):734-753.

Lu, P. et al.(2021), "Can Industrial Agglomeration Improve Regional Green Total Factor Productivity in China? An Empirical Analysis Based on Spatial Econometrics", *Growth and Change*, 52(2):1011-1039.

Lucas Jr, R. E. (1988), "On the Mechanics of Economic Development", *Journal of Monetary Economics*, 22(1):3-42.

Maddison, D. (2006), "Environmental Kuznets Curves: A Spatial Econometric Approach", *Journal of Environmental Economics and Management*, 51(2):218-230.

Maggioni, M. A. & T. E. Uberti(2009), "Knowledge Networks Across Europe: Which Distance Matters?", *The Annals of Regional Science*, 43(3):691-720.

Maggioni, M. A. et al.(2007), "Space Versus Networks in the Geography of Innovation: A European Analysis", *Papers in Regional Science*, 86(3):471-493.

Maier, G. (2000), "History, Spatial Structure, and Regional Growth Lessons for Policy Making", *Theories of Endogenous Regional Growth: Lessons for Regional Policies*, Springer-Verlag, Berlin.

Markusen, J. R. (1984), "Multinationals, Multi-plant Economies, and the Gains from Trade", *Journal of International Economics*, 16(3-4):205-226.

Markusen, J. R. (2002), "Multinational Firms and the Theory of International Trade", MIT press.

Marshall, A. et al.(1906), "Principes d'économie Politique". V. Giard & E. Brière.

Maza, A. et al.(2020), "On the Drivers of UK Direct Investment in the Spanish Regions: A Spatial Durbin Approach", *Growth and Change*, 51(2):646-675.

McMillen, D. P. (1992), "Probit with Spatial Autocorrelation", *Journal of Regional Science*, 32(3):335-348.

McMillen, D. P. (2012), "Quantile Regression for Spatial Data", *Springer Science & Business Media*.

Metropolis, N. et al. (1953), "Equation of State Calculations by Fast Computing Machines", *The Journal of Chemical Physics*, 21(6):1087-1092.

Miguélez, E. et al.(2010), "Inventors on the Move: Tracing Inventors' Mobility and Its Spatial Distribution", *Papers in Regional Science*, 89(2):251-274.

Miller, J. R. & I. Genc(2005), "Alternative Regional Specification and Convergence of US Regional growth Rates", *The Annals of Regional Science*, 39(2):241-252.

Millimet, D. L. et al.(2003), "The Environmental Kuznets Curve: Real Pogress or Msspecified Models?", *Review of Economics and Statistics*, 85(4):1038-1047.

Moran, P. A. (1948), "The Interpretation of Statistical Maps", *Journal of the Royal Statistical Society. Series B (Methodological)*, 10(2):243-251.

Moreno, R. & E. López-Bazo(2007), "Returns to Local and Transport Infrastructure Under Regional Spillovers", *International Regional Science Review*, 30(1):47-71.

Ord, J. K. & A. Getis(1995), "Local Spatial Autocorrelation Statistics: Distributional Issues and an Application", *Geographical Analysis*, 27(4):286-306.

Ord, J. K. (1975), "Estimation Methods for Models of Spatial Interaction", *Journal of the American Statistical Association*, 70(349):120-126.

Otto, P. & W. Schmid(2018), "Spatiotemporal Analysis of German Real-estate Prices", *The Annals of Regional Science*, 60(1):41-72.

Paelinck, J. H. et al.(1979), "Spatial econometrics", *Saxon House*.

Pietrzak, M. B. & A. P. Balcerzak (2017), "A Regional Scale Analysis of Economic Convergence in Poland in the Years 2004-2012", *Regional Studies on Economic Growth, Financial Economics and Management*, Springer, Cham:257-268.

Pinkse, J. & M. E. Slade (1998), "Contracting in Space: An Application of Spatial Statistics to Discrete-choice Models", *Journal of Econometrics*, 85(1):125-154.

Revelli, F. (2003), "Reaction or Interaction? Spatial Process Identification in Multi-tiered Government Structures", *Journal of Urban Economics*, 53(1):29-53.

Rey, S. J. & B. D. Montouri(1999), "US Regional Income Convergence: A Spatial Econometric Perspective", *Regional Studies*, 33(2):143-156.

Rey, S. J. et al.(2014), "Sex Offender Residential Movement Patterns: A Markov Chain Analysis", *The Professional Geographer*, 66(1):102-111.

Rey, S. J. et al.(2016), "The Properties of Tests for Spatial Effects in Discrete Markov Chain Models of Regional Income Distribution Dynamics", *Journal of Geographical Systems*, 18(4):377-398.

Rodríguez-Pose, A. et al.(2012), "Public Investment and Regional Growth and Convergence: Evidence from Greece", *Papers in Regional Science*, 91(3):543-568.

Romer, P. M. (1990), "Endogenous Technological Change", *Journal of Political Economy*, 98(5-2):S71-S102.

Sager, L. (2019), "Estimating the Effect of Air Pollution on Road Safety Using Atmospheric Temperature Inversions", *Journal of Environmental Economics and Management*, 98:102250.

Schmalensee, R. et al. (1998), "World Carbon Dioxide Emissions: 1950-2050", *Review of Economics and Statistics*, 80(1):15-27.

Tiebout, C. M. (1956), "A Pure Theory of Local Expenditures", *Journal of Political Economy*, 64(5):416-424.

Tobler, W. R. (1979), "Cellular Geography", *Philosophy in geography*: 379-386.

Torres‐Preciado, V. H. et al. (2017), "Crime and Regional Economic Growth in Mexico: A Spatial Perspective", *Papers in Regional Science*, 96(3): 477-494.

Wang, Y. et al. (2018), "Density, Distance, and Division: Rural Poverty in a Developing-Country context", *Growth and Change*, 49(3): 473-489.

Wheaton, W. C. (2000), "Decentralized welfare: Will There Be Underprovision?", *Journal of Urban Economics*, 48(3): 536-555.

Wu, X. et al. (2022), "Low Fertility Spread in China: A Blended Adaptation and Diffusion Explanation", *Population, Space and Place*, e2555.

Yeaple, S. R. (2003), "The Complex Integration Strategies of Multinationals and Cross Country Dependencies in the Structure of Foreign Direct Investment", *Journal of International Economics*, 60(2): 293-314.

Yu, G. J. & J. Lee (2017), "When Should a Firm Collaborate with Research Organizations for Innovation Performance? The Moderating Role of Innovation Orientation, Size, and Age", *The Journal of Technology Transfer*, 42(6): 1451-1465.

Yu, H. et al. (2019), "Inference in Multiscale Geographically Weighted Regression", *Geographical Analysis*, doi.org/10.1111/gean.12189.

Yu, H. et al. (2020), "Inference in Multiscale Geographically Weighted Regression", *Geographical Analysis*, 52(1): 87-106.

Zellner, A. (1971), "Bayesian and Non-Bayesian Analysis of the Log-normal Distribution and Log-normal Regression", *Journal of the American Statistical Association*, 66(334): 327-330.

Zhang, W. W. et al. (2019), "Does Economic Growth and Energy Consumption Drive Environmental Degradation in China's 31 Provinces? New Evidence from a Spatial Econometric Perspective", *Applied Economics*, 51(42): 4658-4671.

Zhou, L. (2019), "How Did Industrial Land Supply Respond to Transitions in State Strategy? An Analysis of Prefecture-level Cities in China from 2007 to 2016", *Land Use Policy*, 87: 104009.

论文荟萃

区域差距与协调发展

【城市、区域和国家发展——空间政治经济学的现在与未来】

陆铭

《经济学（季刊）》2017年第4期，原文33千字

现代经济增长的重要来源是城市经济发展中的人力资本、创新和企业家精神。在一个大国内部，能够以少数都市圈为带动，而强化现代经济增长中的人力资本、创新和企业家精神的作用。在这种经济增长的模式之下，地区之间进行分工和贸易，可以在一个大国内部获得巨大的规模经济红利。现实中，因为一些导致市场分割的"政治经济学"因素，大国发展可能享受到的"规模红利"并不一定能够实现，由此，中国区域经济发展也出现了一些发展质量不高的问题。

该文主要在"空间政治经济学"视角下总结城市、区域与国家发展的相关研究，并对中国的一些相关政策及其影响进行评论。在城市发展方面，由于人力资本外部性和技能互补性，大城市可以更好地实现人力资本积累并且提高人力资本的回报，推动经济增长。与城市人口增长伴随的拥堵和污染等城市病实际上也可以通过技术和管理的方式加以改善。在区域发展方面，经济地理和集聚效应仍然是经济发展的决定性因素。但是在中国，由于对经济和人口空间均匀分布的偏好，以及地方政府对本地经济规模、投资和税收最大化的追求，资源跨区配置受到行政干预，产业同构现象加剧，使得地区之间形成市场分割，跨区分工水平下降，中国的大国规模经济效应无法得到发挥。在国家发展方面，中国经济在2003年之后出现地区间"均匀发展"的政策倾向，中西部地区过度依赖投资，建造大量低效率的新城和工业园给地方政府带来了沉重的债务负担。与此同时，在东部地区，收紧的土地供应加快了房价上涨，对实体经济产生了不利的影响。

结论的政策启示。地区间经济发展的公平性体现的应当是人均意义上的"平衡"，而非总量上的"均匀"。人口的自由流动有助于实现区域经济"在集聚中走向平衡"，即经济集聚带来的规模经济效应和人均GDP（或收入）均等化两者兼顾。国家需要科学地认识城市和区域经济发展的客观规律，在资源的配置上应遵循规模经济和比较优势原则，推进劳动力自由流动和国内市场的统一，加强城乡间和地区间的分工协作，实现国家经济高质量发展。

该文的贡献。结合了空间经济学和基于中国实践的政治经济学，提出了"空间政治经济学"的研究方向。这一研究方向比通常的"政治经济学"更强调城市发展和经济集聚对于现代经济增长的重要意义，同时，又比通常的"空间经济学"更强调政治经济学因素所导致的资源误配置和空间低效率。

（供稿人：陆铭）

【经济增长目标管理】

徐现祥，刘毓芸

《经济研究》2017年第7期，原文22千字

经济增长目标管理是一个全球性现象，但现有经济增长文献忽略了这个现象。自二战结束至今，经济增长目标管理在至少49个发达或发展中经济体出现过，并呈现出二个典型事实。一是经济体宣布经济增长目标的同时明确了相应的资源配置。二是宣布的经济增长目标与随后的经济增长速度呈现出明显的正相关关系。三是一些经济体一直在实施经济增长目标管理，而另一些经济体则放弃或中断了。基于以上事实，文章把经济增长目标管理定义为，政策当局宣布一个某时

间内的增长目标，并相应配置资源的行为。面对这种全球性的现象，文章关注的问题是，经济增长目标对于实际的经济增长有影响吗？

文章从理论和实证两个方面考察经济增长目标管理对经济增长的影响。在理论上，文章证明了在一定条件下经济增长目标可倒逼资源配置，从而影响经济增长。在实证上，文章采用手工收集的除非洲和南美洲以外的全球各个经济体的经济增长目标数据，回归分析发现，在经济增长目标管理期间，增长目标变动一个百分点，实际经济增长速度也将变动一个百分点；经济增长目标对资本积累有显著影响，对技术进步有微弱影响，对就业和人力资本没有显著影响。这些发现是稳健的，进一步控制了可能存在的数据测量误差、地理、文化、制度、基因以及市场进入程序、成本和时间等变量后，依然成立，可以验证模型的核心结论。

结论的政策启示。增长目标是凝聚发展共识，动员资源促进发展的有效工具。比如党的二十大明确提出："从现在起，中国共产党的中心任务就是团结带领全国各族人民全面建成社会主义现代化强国、实现第二个百年奋斗目标，以中国式现代化全面推进中华民族伟大复兴。"

文章的主要贡献。第一，在实践上，揭示了全球范围内经济增长目标管理的典型事实。第二，在理论上，率先把经济增长目标引入经济增长理论，揭示了目标管理的理论机制。第三，在实证上，构建了全球范围内的经济增长目标数据，定量测算了经济增长目标倒逼资源的程度，以及对随后实际经济增长的影响程度。

（供稿人：徐现祥）

【中国地区经济差距动态趋势重估——基于卫星灯光数据的考察】

王贤彬，黄亮雄，徐现祥，李郇
《经济学（季刊）》2017年第3期，原文15千字

近年来，经济学文献开始采用夜间灯光亮度等客观指标度量地区经济绩效（Henderson et al., 2012; Chen and Nordhaus, 2011; Michalopoulos and Papaioannou, 2013; Hodler and Raschky, 2014; Storeygard, 2016）。Chen and Nordhaus（2011）和 Henderson et al.（2012）发现，在国家和地区层面上，夜间灯光亮度是代表 GDP 的一个较好指标，灯光亮度的变化率可以作为 GDP 增长率的代理变量，结合经济统计数据和夜间灯光亮度等指标可以提高人们度量国家或地区经济绩效的准确性。尽管采用统计数据分析考察中国区域经济绩效的文献非常丰富，但是已有文献基本上局限于采用人均 GDP 指标进行分析，遗漏了一些重要的典型事实和规律。基于此，该文采用美国国家海洋和大气管理局提供的全球 DMSP/OLS 夜间灯光遥感数据，重新评估中国地区经济差距的变动趋势。

该文采用中国各地区的夜间灯光亮度数据发现，在1992—2012年，初始人均夜间灯光亮度较低的地区，随后具有更快的人均夜间灯光亮度增长速度。这表明，采用经济增长文献中的术语，中国省际人均夜间灯光亮度存在绝对 β 趋同，中国地级市间人均夜间灯光亮度也呈现出绝对 β 趋同。这与已有文献所发现的中国地区间不存在人均 GDP 的绝对 β 趋同存在差异。在此基础上，该文进而从能源获取消费和地方政府互动的视角考察了其背后的机制。实证发现，夜间灯光亮度变化与电力消费强度高度相关，电力消费强度的绝对 β 趋同引致了夜间灯光亮度的绝对 β 趋同。电力消费密集型的经济活动在经济发展过程中更容易扩张与实现，从而中西部落后地区的夜间灯光亮度快速追赶发达地区。这在行政空间维度上，自然而然地呈现出夜间灯光亮度的互动追赶特征。

该文的研究创新在于所给出的逻辑，能

够将夜间灯光亮度的绝对趋同与人均实际GDP的非趋同置于一个一致的框架中。夜间灯光绝对 β 趋同主要反映了落后地区在与电力消费高度相关的经济活动上实现了更快的增长,甚至反映了此类经济活动在地区间呈现出绝对 β 趋同。这为现有的相关文献提供了新的视角。当夜间灯光亮度与 GDP 等统计数据出现某种背离时,现有文献倾向于将夜间灯光亮度与 GDP 统计数据的背离看成是 GDP 统计质量问题,并根据夜间灯光亮度这一"客观"指标修订 GDP 核算的质量(Henderson et al.,2012;徐康宁等,2015)。该文所发现的则是,夜间灯光亮度绝对 β 趋同主要对应了所有经济活动中的某些能源密集类的经济活动绝对 β 趋同。

该文的研究启示在于,采用夜间灯光亮度作为经济发展水平的代理指标,在 GDP 统计数据难以获取和质量较低情况下,可带来有用的新增信息,但是其也并不能完全代表 GDP,在具体应用过程中仍需注意二者的内涵差异,即使是综合使用现有的 GDP 统计数据与夜间灯光亮度数据来测度经济增长,也需要依据经济结构内涵合理构造新指标。

(供稿人:王贤彬)

【中国区域经济增长的空间关联及其解释——基于网络分析方法】
李敬,陈澍,万广华,付陈梅
《经济研究》2014年第11期,原文15千字

自改革开放以来,中国经济增长高歌猛进,在世界经济体系中独树一帜。但地区经济增长不平衡。这一发展格局是否表明各地区间经济发展互不影响、各自为政呢?事实可能并非如此。政府调控与市场机制是推动区域间经济要素交融的重要力量。而在中国区域经济发展的版图中,我们很容易寻觅到政府的身影,也不难发现市场的轨迹。因此有充足的理由相信,中国区域经济增长存在着省际的空间影响和地区之间的空间关联。

该文测度了 1978—2012 年中国区域经济增长的空间关联关系,并运用网络分析法和 QAP 方法,全新解构了区域经济增长的空间关联特征及影响因素。主要发现有:中国区域经济增长空间网络具有稳定性和多重叠加性,共存在 179 个空间关联关系。中国区域经济可分为四个功能板块。第一板块是"双向溢出板块",主要由东部发达地区组成;第二板块是"经纪人板块",由具有较强经济增长活力的省份组成;第三板块是"主受益板块",由中西部发展较快的地区组成;第四板块是"净受益板块",由中西部落后地区组成。中国区域经济增长溢出效应具有明显梯度差异特征。第一板块是经济增长的发动机,它将经济增长的动能传给第二板块,第二板块又将动能传给第三板块和第四板块。中国区域经济增长在空间关联上具有"近水楼台先得月"和"门当户对"的特征,地理位置的空间相邻、投资消费结构和产业结构的相似可以解释 50.2% 的空间关联。

结论的政策启示。首先,中央政府既有必要将区域空间关联作为区域协调发展的重要决策变量,又应当将提高区域之间关联的紧密程度、创造更多的空间溢出"管道"作为重要决策目标。其次,要针对各区域在空间关联中的不同地位和作用以及经济增长板块的不同功能,选择有针对性的区域发展政策,进行定向调控和精准调控以提升区域经济增长的空间协同性。中央政府既要关心沿海控制资源能力强的地区,进一步激发空间溢出效应的"动力源",也要"温暖"在区域经济增长中起着重要"中介"作用的地区和"经纪人"板块;同时还要"关爱"发挥"管道"作用的地区以及受益地区的经济环境营造。最后,转变落后地区的发展方式、缩小区域之间经济发展条件的差异,对放大中国区域经济增长的空间溢出效应具有重要意义。

该文主要贡献。针对现有研究对区域经济网络性质关注的不足，采用一种新的研究方法即网络分析法对中国区域经济增长的空间关联关系的网络性质进行了研究，揭示了中国区域经济增长空间关联的总体特征以及各区域在经济增长中的空间影响。

（供稿人：李敬）

【中国区域经济增长绩效、源泉与演化：基于要素分解视角】

李兰冰，刘秉镰

《经济研究》2015年第8期，原文18千字

无论是解释中国经济奇迹，还是破解新常态下的资源环境约束与经济增长两难困境，都必须回答三个重要问题：第一，中国经济增长的总体质量如何？第二，是否具有可持续性？第三，深层次要素源泉及提升路径是什么？归根结底，上述问题的解答都要以经济增长绩效评价与成因探析为基础。中国经济增长过程中的全要素生产率评价，不仅应着力于总体层面的变动率估算，更迫切地需要向细密层面深化，为经济增长绩效形成机制提供更全面的阐释。

该文将序列方向性距离函数与Luenberger指标的相加特性结合，构建以实现要素生产力评价为基础的生态全要素生产率测度新方法，对中国区域经济增长绩效进行系统性研究。结果表明：生态全要素生产率增长呈现依赖技术进步的单轮驱动模式，且出现增速下滑的阶段特征和地区差距扩大的空间特征；全要素劳动生产率累积增长率依次高于资本和能源，劳动成为绩效改善最明显的生产要素；随着区域发展战略导向演进，全要素劳动生产率、全要素资本生产率与全要素能源生产率增长全面放缓，劳动、资本和能源成为生态全要素生产率增速下滑的共同要素源泉；生态全要素生产率的要素贡献度沿着"劳动—资本—能源"的次序逐渐递减，东部地区生态全要素生产率增长主要根植于劳动要素贡献，中西部生产率增长的首要要素源泉则由资本分别向能源和劳动转变；生产率增长的分布形态由单极化向双峰演进，动态演化呈现低流动性和强持久性，落后地区赶超先进地区难度加大。

结论的政策启示。第一，区域协调发展战略是实现地区间协调发展的必要条件，而不是缩小地区间发展差距的充分条件。中西部应将区域协调发展战略与区域特定因素相结合，打破落后地区生产率增长的路径依赖、低流动性与高持久性，开启落后地区追赶先进地区的机会窗口。第二，生态全要素生产率增长亟待由依赖技术进步的单轮驱动模式转向技术进步与效率追赶共同驱动的双轮模式。第三，应着力激发全要素劳动生产率增长潜力、全要素资本生产率和全要素能源生产率增长潜力，为经济增长注入新的活力。

该文主要贡献。（1）从总体绩效向要素绩效延伸，提出全要素劳动生产率指标、全要素资本生产率指标和全要素能源生产率指标等生产要素动态绩效的测评指标和评价方法；（2）在实现能源消耗和环境污染内生化的条件下，实现要素绩效评价与生态全要素生产率评价的有机统一，有利于定量评价经济增长绩效的要素源泉；（3）考虑区域发展战略导向可能带来的阶段性特征，从总体绩效和要素绩效两个层面对中国经济增长过程进行系统诠释，重点揭示中国经济增长绩效的要素源泉、时空规律、分布模式和演化特征。

（供稿人：李兰冰）

【中国区域经济时空演变的加权空间马尔可夫链分析】

陶晓红，齐亚伟

《中国工业经济》2013年第5期，原文13千字

人口、财富、经济活动在空间的非均衡分布是现实中一个非常普遍的现象，然而区

域经济差距的极化不利于社会稳定。在开放经济条件下，分析区域经济的空间分布状况和经济类型的未来转变趋势对区域经济协调发展有着重要的理论和现实意义。

文章通过趋同方法检验区域经济增长的演变趋势，区域经济趋同实质上包括时间和空间两个方面。文章利用加权空间马尔可夫链分析我国区域经济的时空演变规律，这不仅为区域经济增长的不平衡分布模式提供一个新视角的解释，而且对未来不同区域之间的发展规划以及区域之间经济、技术、金融、人口等各个方面的战略决策提供理论支持。结果发现：经济展现出空间依赖性和局部集聚特征，自改革开放以来一直存在俱乐部趋同现象；我国区域经济趋同过程在时间上和空间上不独立，一个地区的经济增长受到周边地区和前期经济发展状况的影响，经济类型的转移不会出现"跃迁"；发达区域背景对经济增长具有辐射、促进作用，而欠发达区域背景对经济增长具有制约、减缓作用；区域背景对一个地区经济增长类型向上和向下转移概率的影响是不对称的；经济贫困地区容易陷入"贫困陷阱"，经济发达地区容易出现"增长惯性"；经济增长处于中等状态的地区演变更为灵活，平均3—5年就出现一次经济类型的转变。

结论的政策启示。第一，合理界定全国区域经济的空间布局，进一步明确划分各区域的主体功能地位、发展方向和调控原则，并逐渐打破区域间的经济制度壁垒，大力寻求合作基础；第二，发挥天然的地理优势，以周边经济发达地区为典型，以以点串线、以点带面、点面结合的方式协调推进经济转型，或通过产业转移加强区域经济分工协作；第三，合理对待"效率优先"与"兼顾公平"的关系，通过调整经济集聚带来的规模经济效应和空间辐射效应实现经济赶超；第四，根据不同区域的经济背景制定差异化的经济发展政策，对各区域从分类指导逐渐向区别对待过渡。

文章主要贡献。第一，传统的马尔可夫链忽视了地理背景在区域经济动态演变过程中的作用，加权空间马尔可夫链借助空间滞后概念引入区域背景对地区经济状态转变的影响；第二，结合空间局部Moran's I指数和时间自相关系数考虑了时空权重对经济变动趋势的校正，并检验某个区域的空间转移概率是否显著不同于其他区域的空间转移概率，从而验证加权空间马尔可夫链的可行性。

（供稿人：齐亚伟）

【产业异质性、产业结构与中国省际经济收敛】
戴觅，茅锐
《管理世界》2015年第6期，原文18千字

新古典增长理论认为，人均收入越低的地区经济增速应该越快。但改革开放以来，中国在保持整体经济快速增长的同时，区域经济发展并不平衡。落后地区是否实现了向富裕地区的赶超，如何缩小区域间的收入差距，一直是学术界与政策界十分关心的问题。现有文献在探讨中国经济收敛问题时，大多聚焦于经济整体的收敛性质，而对不同部门在收敛性方面的差异关注不足。该文从产业结构转型的视角，为理解如何缩小区域经济发展差距提供思路。如果不同部门的收敛性质存在差别，产业结构就会影响到整体经济的收敛性。特别是对于中国这样一个产业结构省际存在巨大差异并且不断调整的国家，产业结构对整体经济的收敛性可能产生非常重要的影响。

文章研究了经济收敛在中国不同部门间的异质性特征，并研究了产业结构对中国省际经济收敛的影响。文章发现，第一，尽管从经济整体层面看劳均GDP不存在明显的收敛，但是在工业部门，劳动生产率却存在着强烈的绝对收敛。这种绝对收敛不仅存在于工业整体，也存在于几乎所有的工业子行业

中。第二，工业部门的收敛没有导致整体经济的收敛，一方面是由于非工业部门劳动生产率不存在收敛，另一方面是由于各省份工业化程度不平衡，落后省份工业占比较小，导致工业生产率增长对整体经济增长拉动作用小。第三，反事实分析显示，若缩小各省份之间工业占比的差距，中国省际人均 GDP 即会出现明显的收敛。

结论的政策启示。第一，推动落后地区的工业化有助于强化当地工业劳动生产力增长对整体经济收敛的推动作用，促进落后地区向发达地区追赶，缩小区域间收入差距。第二，保障和促进工业劳动生产力的收敛有助于推动落后地区的工业化进程和产业结构调整。第三，促进工业部门以外的其他部门的劳动生产力收敛也有助于缓解区域经济发展不平衡，应进一步理解这些部门缺乏收敛的原因并制定有针对性的公共政策。

文章的主要贡献。第一，首次揭示了中国省际经济收敛现象在不同部门之间的差异，发现工业部门劳动生产率存在着绝对收敛，而非工业部门不存在收敛。这弥补了现有文献对于收敛性的行业异质性特征研究不足的缺陷。第二，首次从产业结构的角度研究中国省际的经济收敛问题，指出地区间的产业结构差异是导致中国省际整体经济缺乏收敛的重要原因，为理解中国区域不平等的动态变化提供了全新的视角。

（供稿人：戴觅）

【中国西部省份工业结构同构度测算及其决定因素——基于 SIP 框架的分析与实证检验】

石军伟，王玉燕

《中国工业经济》2013 年第 3 期，原文 18 千字

实施西部大开发，是国家在世纪之交做出的重大决策，但综观有关西部大开发的各级政策，我们不难发现，"发展特色优势产业、工业结构调整与优化升级"一直以来都是西部各省份面临的关键问题之一。那么，西部各省份的产业结构形成自己的特色了吗？相关政策的落实效果如何？要回答这个问题，仅用总量指标来解释显然是欠说服力的。已有文献虽然提供了较丰富的研究基础，但主要集中在国家层次、西部地区总体层次或三次产业层次，并没有深入一省份的具体工业部门体系，故有关结论能否直接推广到西部各省份工业结构调整的理论研究与政策实践评估领域，还存在一个适用性问题。

文章构建了一个研究后发地区工业结构演化的 SIP 分析框架，设计了单个地区的工业结构同构度测算指标体系，并运用 2000 年至 2010 年中国西部各省份 35 个工业行业的面板数据进行了测算。研究结果发现：各省份的工业结构同构度水平并没有下降，反而呈明显上升趋势；物质资本投资是一省份工业结构同构度上升的主要决定因素；另一深层次的原因在于一省份"工业项目—重要产业—工业结构"三层次间传导机制的失效，由此引发的"只有项目没有产业"的产业基础缺失以及"结构嵌入陷阱"。此外，对外开放具有"双刃剑效应"，金融服务水平、交通运输能力提升与技术进步会降低一省份的工业结构同构水平，人力资本投资与市场化进程等因素没有显著影响。

结论的政策启示。第一，要从西部地区层次上构建一种战略性的省际分工与政策协调机制；第二，要努力促使工业项目成长为重要产业，避免工业项目的"孤立发展困境"；第三，国家与西部各省份必须对物质资本投资结构做出战略性调整；第四，西部各省份要利用资源的比较优势，通过特色工业项目发展特色经济；第五，一定要通过积极推进工业结构转换深化人力资本投资和积累；第六，要注重技术创新与生产性服务业对工业结构优化的作用。

文章主要贡献。第一，构建了一个研究

后发地区工业结构演化的"结构—产业—项目"SIP分析框架，并从产业层面设计了单个地区的工业结构同构度测算指标体系；第二，研究发现西部各省份曾陷入了"结构嵌入陷阱"与产业基础缺失困境，产业结构调整与突破效应不明显，产业结构调整政策目标没有完成；第三，实证检验发现资本投资和对外贸易是导致西部各省份工业结构同构水平居高难下的主要驱动因素，金融服务水平与交通运输能力对降低一省份工业结构同构度有显著贡献，技术进步的作用不稳定，人力资本与制度创新作用不显著。

(供稿人：王玉燕)

【中国地区经济增长差异：基于分级教育的效应】

黄燕萍，刘榆，吴一群，李文溥
《经济研究》2013年第4期，原文13千字

在中国经济持续增长的同时，地区发展越来越不平衡，东、中、西部增长差距日益拉大。学者们从政策优势、地理因素、经济结构、人力资本、市场化程度等各种角度对此进行了分析和解释。然而，相关研究所得结论千差万别、不尽相同。

该文借鉴Romer（1990）、Benhabib和Spiegel（1994）以及Nelson和Phelps（1966）的方法构建人力资本与经济增长的理论模型，继而导出回归方程，在此基础上采用中国省际面板数据研究不同层级的人力资本对东、中、西部三个地区经济增长的效应，结果表明：初级教育和高级教育都能促进经济增长，但二者的作用方式不同，其中初级教育作为生产要素直接促进最终产出，高级教育则通过加快技术创新与模仿的速度提高全要素生产率。在中国现阶段的社会经济结构条件下，初级教育对经济增长的作用大于高级教育；高级教育对中西部经济增长的促进作用大于东部。

结论的政策启示。第一，促进我国尤其是东部地区的产业结构升级，从较多依靠两头在外、大进大出、出口劳动密集型产品为导向的粗放型经济发展方式尽快转向知识、技术创新的集约型经济发展方式；第二，推进全国统一的劳动力市场的发展，促进人力资源在地区间的合理流动，实现不同地区相同层级的人力资本边际效率趋同化，同一地区不同层级人力资本的收入差别合理化；第三，优先推进基础教育的普及工作，巩固提高九年义务教育水平，加大初级人才的培养力度，提高全民科学文化素质。增加对西部普及九年义务教育的投入，提高西部地区的基础教育水平。加大职业教育投入，规范职业教育发展，为各行各业培养足够多的应用型技术人才；第四，纠正"重数量、轻质量""大而全"的高等教育发展理念，根据市场需求、产业结构升级换代和生产发展的需要调整高等教育的专业结构，突出特色；第五，积极引导教育资源向中西部流动，新增招生计划向中西部倾斜，扩大东部高校在中西部地区的招生规模，加大东部高校对西部高校对口支援力度，鼓励高级人才从东部向西部流动，在此基础上适度扩大中、西部高级教育的规模，增强其技术创新和技术模仿能力，缩小经济差距，推进地区平衡发展。

文章的主要贡献。第一，基于知识外溢性的特点把人力资本分为两个层级建立经济模型，研究不同层级教育对中国地区经济增长差异的效应，这在国内文献尚未见到，在国外文献也少见；第二，基础回归方程从理论模型中推导得到，而不是随意设定，使得实证结果具有扎实的理论基础。

(供稿人：黄燕萍)

【技术能力匹配、劳动力流动与中国地区差距】

彭国华
《经济研究》2015年第1期，原文15千字

改革开放以来，我国显著扩大的地区经济差距与持续高速的经济增长一样引人注目。地区差距为什么会持续存在？其背后的机制

是什么？而且，与地区差距相伴随的是大规模劳动力的跨区流动，如20世纪90年代的民工潮、近十年来的民工荒，以及中西部地区高学历高技能人才不断东流，这些重大社会经济现象引起了人们的大量关注。这些现象背后的原因是什么？看似不同现象的发生是否有一个共同因素在起着作用？

我国地区经济差距与劳动力流动紧密联系的事实表明有必要将地区经济差距与劳动力流动放在一个框架下进行全面分析。为此，该文采用了技能与岗位匹配的理论框架，从微观视角——劳动力技能水平与工作岗位的匹配——来分析我国中西部与东部地区的经济差距以及这个过程中的劳动力跨区流动。主要结论是，应用匹配理论模型该文能够分析我国地区经济发展差距形成的微观原因，并能够在一个统一的理论框架下对民工潮与世界工厂、民工荒与产业转移、中西部人才东流、地方贸易保护主义等社会经济现象提供一定的解释。由于劳动力的技能水平不同，工作岗位的技术含量也不同，劳动技能与工作任务的互补性导致了劳动力技能水平与工作任务复杂性之间最优的正向排序匹配：技能水平越高的劳动力匹配的工作岗位技术含量越大。改革开放前产生地区经济差距的主要原因在于地区之间劳动力技能的分布差异；开放后产生地区经济差距的主要原因在于东部地区引入大量新技术型工作岗位。随着劳动力流动限制的放松，高工资吸引技能型劳动力向东部地区流动进一步拉大了地区发展差距。因此，中西部与东部地区在技术型工作岗位方面的差距是开放后产生地区差距的根本原因。

该文的一个政策含义是改善中西部市场软环境、提高基础设施，大力吸引能够提供技术型工作岗位的内外资企业投资落户，以减小与东部地区在技术发展水平上的差距才能从根本上缩小地区经济差距。当中西部地区在技术发展水平上与东部地区逐步缩小直至齐平时，也就是中西部与东部地区都能够提供同样技术含量的工作岗位时，地区差距才会减小乃至最终消除。

该文的贡献主要体现在三个方面：一是从劳动力与工作岗位匹配的角度分析我国地区经济差距的成因，为理解地区经济差距提供一个新的研究视角；二是分析了地区贸易模式以及贸易对劳动力个体工资相对变化产生的影响；三是在一个理论框架下可以为民工潮与世界工厂、民工荒与产业转移、中西部人才东流、地方保护主义等社会经济现象提供一定的解释。

（供稿人：彭国华）

【中国区域投资多寡的空间尺度检验——基于省份投资与其增长效应一致性视角】

侯新烁，周靖祥
《中国工业经济》2013年第11期，原文15千字

投资的多寡之争论是中国经济实践和学术探讨的重要议题，但相关研究并未抓住"投资引致增长"这一本质内生机制而展开。地方版投资竞赛中粗放投资方式的重启实则令人忧虑，依靠投资促进增长的时候，经济发展实践引导中国区域经济研究势必需要将"投资多了还是少了"作为第一重要性命题进行考释，并针对不同区域投资多寡争论和地方政府投资热情高涨的适宜性做出积极回应。因此，在区域分治格局中，各地区最大化自身目标函数致使发展路径不可避免地陷入偏倚投资的诸侯经济陷阱，投资多寡之判断顺其自然地成为发展实践中的重要论题。

文章在使用局部回归方法获取中国区域（分省份）投资增长效应估测值的基础上，对投资与其增长效应的一致性进行实证考察，以评判投资多寡状态。结果表明，区域投资多寡存在明显的时空差异，且投资作用发挥存在交替性；根源于投资的低度增长效应，

扭转低效率空间格局已经成为必须直面的实践难题。究其根源，地方政府主导的产业结构转变和发展战略选择决定了最终的投资规模。要解决投资失调问题，可以避免投资短视行为、重视投资与消费的结构平衡并侧重于效率提升作为切入点，同时兼顾区域公平和平衡发展。

结论的政策启示。第一，中央势必需要将投资多寡和增长效应发挥纳入地方政绩的考核体系当中，地方政府则应当特别强调区域的地域优势和既有发展战略选择的局限性；第二，投资是手段，更应该关注投资的就业吸纳效应，引导区域经济发展中人口集聚和经济集聚的形成；第三，中央和地方合力推进投资主体结构优化，深化改革并完善细化政策，协调生产性和非生产性投资比例；第四，致力于消除投资与消费失衡，促进收入公平分配，以此形成稳定持续发展的内生动力。

文章主要贡献。第一，研究对为什么投资这一基本问题予以重视，强调投资与其引致的增长效应的一致性，从而抓住问题的关键；第二，提出了一种以一致性审视投资多寡状态的新方法，核心在于引入异质性空间分析获取投资的局部增长效应，进而依赖于投资增长效应与投资水平的匹配性对多寡问题进行判断；第三，强调投资多寡的相对性，将视角转向局部的投资状况和投资与增长的关系时，就不难发现，过高的投资率只是区域失衡发展的表象，而更深层次的困局则是地方竞争中强调要素的供给性而忽视需求结构矛盾。

(供稿人：侯新烁)

区际关系与一体化发展

【地区偏袒下的市场整合】
曹春方，张婷婷，范子英
《经济研究》2017年第12期，原文15千字

国内分割的市场和高速的经济增长是中国转轨经济的两个主要特征，现有研究将之归因为制度性的政府行为，认为财政分权和晋升锦标赛在为地方政府和官员提供激励的同时，也引发了地区间的地方保护主义和市场分割。这导致一个两难境地，一方面，市场分割抑制了长期的经济增长；另一方面，市场分割内生于现阶段的经济增长制度，通过制度调整来推进市场一体化建设，可能会一定程度上降低经济增长。而除制度性政府行为外，理论上政府行为还受官员个体偏好影响。很多官员在政策选择中往往向其偏好地区倾斜，存在地区偏袒。该文集中探讨官员地区偏袒——这一非制度因素是否能够促进地区间的市场整合。

中国官员交流制度下地方官员任职是频繁流动的，这导致官员辖区与关联地之间的联系不断地被建立，为该文的实证提供了机会。利用各地区的商品价格差异度量市场整合程度，以手工搜集的官员关联地的信息构造地区偏袒的度量，基于2002—2015年中国省级配对数据，实证发现：（1）与非关联地相比，官员会对其关联地实施更弱的市场分割策略，平均下降7个百分点，存在地区偏袒的市场整合效应。这一结论在经过多种稳健性检验之后仍然成立。（2）这一效应更多体现在官员辖区对其故乡、母校、下乡等成长关联地的市场分割策略上，而在第一工作地、来源地等工作关联地的市场分割策略上并不明显。（3）这一效应仅出现在那些可流动的商品中，也因官员任期、辖区市场分割动机以及官员对关联地偏袒动机而异。

该文的主要贡献。第一，拓展市场整合的研究视角。现有文献主要从财政分权和晋升锦标赛等制度性视角分析中国地区间的市场分割，该文发现官员的地区偏袒——这一未被检验过的非制度性因素促进了区域间市场整合。第二，拓展世界范围内的地区偏袒

效应的经济后果。大量文献将地区偏袒理解成寻租或腐败行为，而该文发现中国官员的地区偏袒降低了地区间的市场分割，有整合市场的正面效果。第三，丰富官员交流的经济后果研究。众多文献发现官员交流有积极作用，如反腐、解决中央信息不对称、促进经济增长、资金流动等。该文则发现在官员交流制度下，官员的地区偏袒存在地区间市场整合功能。

该文结论对正确评价和理解中国特色政治制度下的官员偏袒效应有一定的参考价值，其政策启示是：促进官员异地交流可能是低制度成本整合市场的可行措施。

（供稿人：曹春方）

【央地关系：财政分权度量及作用机制再评估】

陈硕，高琳

《管理世界》2012 年第 6 期，原文 29 千字

经济分权是理解转型期中国的基本制度背景，这一点已经成为文献的共识。作为经济分权的重要组成部分，对财政分权的描述及作用机制的考察有助于理解中国中央地方关系的逻辑。已有大量文献致力于研究财政分权的潜在影响，由于中央地方财政关系对理解整个中国转型的重要性，也由于该领域的文献仍然在快速增长，正确理解财政分权的度量及其背后的作用机制就显得十分及时与必要。

该文选取了近年来发表的两项有代表性的研究，在保持原有数据、模型设置及估计方法的前提下，通过置换分权指标来检验原有结论是否依然维持。将现有文献广泛采用的省级分权指标作为研究对象，该文分析比较了"收入"、"支出"及"财政自主度"这三种指标的适用性并指出没有一个最优指标可以准确刻画出新中国成立后的中央地方财政关系变化，各个指标有其不同时段的适用性。就各类分权指标对经济发展的作用机制来说，"财政自主度"指标作用于经济增长的机制依然为一般文献认为的经济效率改善：地方政府根据自有收入安排本级政府的开支，进而提高了资源的配置效率。而"支出指标"对经济增长的作用逻辑更多的是通过增加支出水平获得，而非经济效率的提升。就分权指标对公共品供给的作用机制来说，"财政自主度"指标影响公共品供给的作用机制在于该指标值的提升能够促使和激励地方政府改善公共品的配置效率或生产效率。而"支出指标"与公共服务供给之间的关系更多地来源于支出水平的高低，较少涉及地方政府使用财政资金的配置效率或生产效率。

这些发现对中国财政体制的进一步改革具有重要的政策含义。当前中国政府间财政关系的学术及政策讨论主要围绕地方政府的"财权"与"事权"不对称。而目前的政策思路主要有两种：一种思路是试图通过"财力"与"事权"对等的方式化解，即进一步寻求中央或上级政府的转移支付来填补地方政府的财力缺口，然而，转移支付制度运行十多年来，其负面效果日益凸显。另一种思路则寄希望于通过上调事权，尤其是增加中央政府的支出比重来扭转这一困境。该文的实证结论表明下一步财政体制的改革应更注重财权层面的调整，即从大规模的转移支付转向给予地方政府更多的自有收入。

该文的主要贡献在于指出不同分权指标背后反映了迥异的事实与逻辑，彼此并不能相互替代或混用。就中央地方财政关系的测量来说，现有一般性理论文献没有提供最优的测量指标，而是仅仅指出分权程度可以从"收入"、"支出"及"财政自主度"三个角度加以测量。在将一般性理论和跨国研究的分权指标应用到中国实际情况时，现有文献并没有充分讨论采用某个特定指标的理由，一定程度上认为它们彼此可以相互替代。

（供稿人：陈硕）

【中国国内市场整合程度的演变：基于要素价格均等化的分析】

陈勇兵，陈宇媚，周世民

《世界经济》2013年第1期，原文27千字

2008年全球金融危机充分暴露了中国出口增长面临外部冲击的脆弱性。当中国出口的大门受到经济危机的挤压时，广阔的国内消费潜力将成为中国在外部需求萎缩的情况下新的经济增长源泉，而一个自由统一的大市场将是增长的前奏。一般而言，要素市场整合是统一大市场形成的重要条件和最终结果。地区间要素流动壁垒的消除将会显著降低整体市场的分割程度，因此对于中国是否走向统一大市场，有必要从国内要素市场的整合程度寻找新的证据。对要素价格均等 (Factor Price Equalization) 的讨论最初局限在国际贸易领域，然而从FPE成立的条件来看，诸如产品市场一体化和要素流动等，在国家内地区间比国家间更可能得到满足。

为了评估国内市场整合程度，文章拓展了Bernard等(2001)的模型，利用1999—2007年中国工业企业数据库归整的省际行业面板数据考察地区间相对要素价格均等是否成立。结果表明中国省际要素相对价格显著不同，相对要素价格均等化定理不成立。从区域层面考察也得到类似结论，国内市场的整合程度仍有待提高。由于市场整合程度的变化可通过地区间要素价格的变动趋势来反映，检验结果发现地区间仍存在明显的劳动力流动限制。

结论的政策启示。第一，尽管由户籍制度等行政约束导致的地区间要素流动限制在不断放松，但RFPE检验结果表明地区间仍存在明显的要素流动限制，因此，以建立统一大市场为目标的中国需进一步合理引导要素的流动。户籍制度的放松主要缓解了城乡或城市间的人口流动限制，但流动人口在跨区就业与社会服务获取上仍存在明显的融入困难。第二，地区间发展水平的差距作为市场分割形成的主要原因，在劳动力跨区流动的规模和方向上设置了无形限制，尽管观察到市场分割有所改善，但这种改善更多的是在中西部的区域内，这主要得益于向中西部倾斜的区域政策，而区域间的发展层次与产业结构差异使中西部难以赶上东部的工资增长步伐，而且如果区域间的发展政策缺乏协调，那么又会增加形成地区保护的可能。因此，要进一步提高市场整合程度以解决地区间工资差距逐渐扩大的问题，急需缓解地区间限制劳动力流动与融入的行政限制，实施均衡的地区或产业发展政策，减少政府对资源配置的干预和扭曲，促进人力资本在地区间的合理分布。

文章主要贡献。该文试图从FPE这一新的角度，借鉴和拓展Bernard等(2001)的模型，利用1999—2007年中国工业企业数据库归整的省际行业面板数据对地区间要素相对价格均等进行经验检验，通过国内省际要素相对价格比较来评价中国地区间市场是否趋于整合，并通过劳动力相对价格变动趋势分析中国市场分割的动态变化，这将有助于全面理解中国要素市场尤其是劳动力市场的动态变化，进一步为提高中国市场一体化程度提供合理的政策建议。当然，这也是对商品市场整合程度经验检验的一个有益补充。

（供稿人：陈勇兵）

【中国地区间市场分割的策略互动研究】

邓明

《中国工业经济》2014年第2期，原文22千字

改革开放以来，中国以市场化为导向的经济改革取得了巨大成就，整个经济领域的市场化程度得到了极大提升；尽管如此，中国的地区市场分割状况依然严峻。虽然国内市场整合有利于发挥经济的规模效应，但是，对于一个地方政府而言，当面临与其他地方

政府的博弈时,"以邻为壑"的政策对该地方政府反而会是一个占有策略,因为限制本地资源流出和外地产品流入可以更好地扶持本地经济。在市场分割的"囚犯困境"中,虽然地方政府能最大化各自利益,但整个中国经济会付出规模不经济的代价(陆铭和陈钊,2009)。已有研究表明,地区市场分割是地方政府或是地方政府官员为其利益进行博弈的重要政策工具。因此,地区间的市场分割必然存在一种策略互动,某地区的市场分割必然会影响其他地区的市场分割水平,而该地方的市场分割同样也会受到其他地区市场分割的影响。

文章从理论上分析了地区间市场分割之所以存在策略互动的制度原因。进一步,使用"价格法"计算了省际层面的市场分割指数;在此基础上,构建空间面板数据模型实证研究了影响地区层面市场分割的因素以及地区间分割的策略互动性。研究结果表明,中国地方政府间的市场分割水平存在显著的空间自相关性,从而证实了地区间市场分割策略互动行为的存在性;此外,财政分权、政府干预和国有企业比重等因素都显著影响了地方市场分割,对全国统一市场的形成产生了不利影响。对于导致地区间市场分割策略互动的原因,文章认为,财政分权导致了地方政府官员为政治晋升而展开的 GDP 竞争,从而强化了地区间市场分割的策略互动,形成了地区间市场分割策略互动的激励因素;而中央政府的转移支付作为一种"协调手段",有效地弱化了地区间市场分割的策略互动。

结论的政策启示。第一,推动政府职能改革,促使地方政府由生产型政府向服务型政府转变,减少政府对微观市场的直接干预,减少公共部门控制的社会经济资源,降低公共部门在资源配置中的作用。第二,改进当前的激励机制,"做对激励"。必须改进对地方政府的绩效评估和考核机制,破除"唯GDP"的政绩观,更多地引入其他目标的权重,如社会发展、环境保护、降低收入差距等。第三,在"做对激励"的同时,还要"做对协调"。要打破市场分割"囚徒困境"的僵局,中央政府应该逐步打破当前体制下的各地区的既得利益,进一步规范财税预算体制、规范转移支付体系。为了能够确保"做对协调",应当适度加强中央政府的集权程度。

文章主要贡献。第一,基于"中国式分权"的制度背景,讨论了地区间市场分割之所以存在的制度原因,拓展了关于中国地区市场分割的理论认识;第二,使用空间面板数据模型,实证研究了地区间市场分割策略互动的存在性以及方向。

(供稿人:邓明)

【市场分割促进区域经济增长的实现机制与经验辨识】

付强

《经济研究》2017 年第 3 期,原文 20 千字

"斯密-杨格定理"表明市场规模的扩大会通过促进分工来实现经济增长,这意味着市场分割的出现将会限制市场和分工从而不利于经济增长,但是中国改革开放以来的高速增长正是在一个分割普遍存在的市场中实现的。这似乎与"斯密-杨格定理"所揭示的经济原则相违背:为什么在一个高速发展的经济体中,分割会持续存在?基于此,作者提出了一个大胆的假设:无论是"分"还是"合",其对经济增长的影响并不是绝对的,当特定条件满足时,分割也能够促进经济增长。遗憾的是,到目前为止,人们对于分割促进增长的条件还知之甚少。

理论方面。考虑到地方政府在产业发展和市场分割中的关键地位,作者在引入产品差异化厂商的基础上使用寡占模型对这一问题进行理论分析。结果表明,当厂商具有线

性成本函数和线性需求函数时，无论其进行产量竞争还是价格竞争，分割都能基于较高的产业同构程度对区域经济增长产生显著的促进作用，但是在产量竞争的情况下，分割一般不利于总体经济增长，而在价格竞争的情况下分割能在有限的区间内促进总体经济增长。经验方面：将"生产法"和"价格法"有机结合以得到更加科学的市场分割样本，并通过面板数据变系数模型对数据进行处理，结果发现，每个省至少拥有一个产业替代程度较高的竞争对手，由此造成的市场分割较为稳定且可能与腐败密切相关，并且市场分割对于区域经济增长的促进作用将以产业同构为媒介并在一定程度上受制于开放程度和经济周期。因此降低区域间产业同构是消除分割，实现市场一体化的唯一有效途径。

结论的政策启示。如果专业化与市场一体化相辅相成，那么产业同构与市场分割也将如影相随，并且两者都指向了经济增长的共同目标。这似乎可以为中国的一句古话进行注解：天下大势，合久必分，分久必合，而"分分合合"的背后不外乎一个"利"字，正所谓分有分利，合有合利。遗憾的是，传统的经济学仅仅关注"合之利"，而忽略了"分之利"。该文的研究则表明"分亦有利"，但是该文的研究也表明"分之利"仅在局部，要想实现全局之利，消除市场分割势在必行。这也启示人们在以后的研究中，需要将"合"与"分"的研究有机结合，这样才能全面理解国家统一与分裂背后的经济动因，从而为人类"大同"目标的最终实现贡献应有的力量。

文章主要贡献。(1) 将产品差异化厂商引入寡占模型之中，分析了分割促进区域增长的有效区间及其实现机制，不仅可以发现"分之利"的实现机制，还可以明确市场分割对于区域和总体经济增长影响的差异，从而弥补了经验研究不能对分割与总体经济增长之间关系进行定性分析的不足。(2) 将"生产法"和"价格法"有机结合来区分不同条件下的市场分割从而得到更加科学的分割样本，在此基础上，使用面板数据变系数模型对分割与增长之间的关系进行经验分析，较为准确地辨识出分割对于区域经济增长的影响及其实现机制。

(供稿人：付强)

【产业政策推动地方产业结构升级了吗？——基于发展型地方政府的理论解释与实证检验】

韩永辉，黄亮雄，王贤彬
《经济研究》2017年第8期，原文19千字

改革开放40年来，中国的高速经济增长被看成是一种"奇迹"。传统经济增长理论文献已证实，这一经济增长奇迹是由持续的资本积累、人力资本提升和技术效率改进带来的。更深层次的一个问题是，这种生产要素积累和技术效率提升的动态进程背后的制度性源泉是什么。尽管中国的经济增长突出地体现在各个产业的发展壮大之上，尽管中国的各个产业发展过程受到了众多地方政府政策与行为的影响，尽管众多的地方政府致力于推动地方经济增长，但这是否表明中国地方政府的产业政策成功地推进了产业发展和转型升级呢？这一问题具有理论与经验上的双重挑战。

文章利用产业相关的地方性法规和地方政府规章对产业政策予以定量识别，结合省区面板数据，实证检验产业政策在产业结构合理化和高度化中的驱动作用，并考察产业政策力量与市场力量的协同互补效应以及政府能力在产业政策影响机制中的作用。研究发现：产业政策显著地推动了省区产业结构的合理化和高度化；政策力量与市场力量的协同更能推动产业结构优化升级，而且市场力量在其中起的作用是决定性的；产业政策发挥积极作用还取决于地方政府的效率与

能力。

　　文章具有重要政策启示。第一，产业政策能显著促进地区产业结构优化升级。这肯定了产业政策的存在价值，应科学地把握产业政策"增长甄别"和"因势利导"的作用，不断完善产业政策体系以推动产业结构升级转型。第二，市场化水平的提高显著地推动了产业结构优化升级。这要求落实市场在资源配置中的决定性作用，通过规范要素和产品市场交易制度等措施以推进市场化进程。第三，产业政策和市场化之间是共生互补关系。产业发展战略应超越"市场还是政府"的狭隘争辩，兼容并包。第四，政府能力与效率的持续提高是产业政策有效施行的重要前提。这要求深化政府体制改革，建立法治政府，提升政府效率。

　　文章主要贡献。第一，基于发展型地方政府的视角，给出了一个理解产业政策效应的理论逻辑框架；第二，基于政府法规和政府规章的角度来衡量产业政策，论证了这种做法的合理性与可行性，拓展了已有研究的度量视角；第三，该文不仅实证验证了产业政策促进产业结构调整升级的可能性，还从机制和条件上考察了这一可能性如何得以更好地发挥，特别是回归到了"市场基础性作用"的原点，强调政府产业政策作用与市场力量史多地呈现互补性；第四，同时讨论了市场失灵和政府失灵，强调政府政策干预的有效性，不可避免地依赖于政府的行政能力和效率，并采用实证方法进行了严谨论证。

（供稿人：韩永辉）

【地方官员晋升与经济效率：基于政绩考核观和官员异质性视角的实证考察】

蒋德权，姜国华，陈冬华

《中国工业经济》2015 年第 10 期，原文 17 千字

　　现有文献证实了中国存在一种称为"政绩观"的考核标准，即具有较好经济绩效的地方官员有着更多的升迁机会。地方官员的晋升激励会对辖区内经济增长产生系统性影响，地区竞争就可能成为地方官员晋升诉求的表现形式。GDP 竞争的内在驱动，可能会导致粗放型经济增长方式，与粗放型增长方式相伴的往往是低效率的经济增长。那么，一个重要的问题是，政治晋升激励在促进经济总量增加的同时是否会产生相应成本。

　　晋升激励的运用建构了中国经济增长的重要动力，但也可能带来一定的发展代价，目前尚未有文献定量检验晋升激励与辖区经济效率的关系。文章基于手工收集的 2001-2012 年中国地方政府职务变动数据库，首次考察了晋升和所在地区经济效率的经验关联。结果发现，晋升与任期内地区经济效率呈一定的负相关性，说明晋升存在未有效识别地方经济效率的可能。进一步研究表明，年纪越轻，任期越长，晋升竞争的激励影响越大，晋升与经济效率的负向关联越强。但是，在政绩考核观转型后，晋升与经济效率的负向关联被削弱。

　　该文实证发现的政策启示在于：第一，加快干部人事体系管理的改革，优化对地方官员的激励设计，逐步改变唯 GDP 的政绩观；第二，考虑到经济效率影响的滞后性，在地方官员政绩考核方面应延长考核年限；第三，政绩考核观转型后，地方政府应摒弃保护地方保护主义，协调地区间的紧密合作，从而提高地区资本和劳动力的利用效率；同时，增强公众的监督意识，让更多的社会力量参与地方官员的政绩考评。

　　该文的主要创新和贡献：第一，首次利用省级面板数据检验并发现了政绩诉求对经济效率的负面效应；第二，进一步探讨了官员异质性的影响，这有助于理解我国政府官员晋升激励的个体性差异，对现有文献是一个有价值的补充；第三，识别并具体论述了晋升激励影响辖区内经济效率的中间机制，

这不仅为有效提高地区经济效率提供政策启示，也为地方官员考核机制改革提供证据支持；第四，所构建的理论框架，有助于解释在中央把效率因素纳进考评体系后，能够促使地方政府在经济发展的"量"与"质"之间寻求更好平衡的理论逻辑。

（供稿人：蒋德权，姜国华，陈冬华）

【均衡发展的隐形壁垒：方言、制度与技术扩散】

林建浩，赵子乐

《经济研究》2017年第9期，原文16千字

改革开放以来，中国经济经历了四十年的持续增长，与此同时，地区发展不平衡的问题也日益突出。落后国家/地区如何实现对发达国家/地区的超越？林毅夫认为，落后国家可以通过模仿和引进发达国家的技术来实现技术水平的迅速提高；杨小凯则认为，制度模仿才是维持长期经济增长的关键。然而，在"林毅夫-杨小凯之争"中，有两个基本问题没有得到充分讨论：一是技术模仿与制度模仿是什么关系？二是技术模仿真的简单容易吗？

文章基于中国地区间技术扩散的经验，阐述并验证了"文化差异—制度传播—技术扩散"的影响路径。文章建立了包括36个城市在内的数据集，利用世界银行产权保护指数的差值测度制度差距指标，利用世界银行IT指数的差值测度技术差距指标，根据语言学家的方言互通性指数构建方言距离指标。以上海为技术前沿构建相对方言距离指标，进而刻画文化差异对技术扩散的阻碍效应。研究发现，文化差异不但会直接阻碍技术扩散，还会通过影响制度传播最终阻碍技术扩散；移民、人力资本、外国直接投资、历史上的外生技术冲击等因素有助于削弱文化差异对制度传播和技术扩散的阻碍作用。

研究启示。该文发现技术模仿受到制度模仿的制约，同时两者都受到文化因素的影响，这对于全面思考技术模仿与制度模仿的相对重要性有启发。虽然历史文化因素对制度的影响是旷日持久的，消除文化差异对技术传播的阻碍效应并非易事，但这绝不意味着政府无能为力。改革户籍政策，促进人口流动，加强普通话推广，提高教育水平，都可以从根本上减少文化差异带来的沟通障碍、隔阂、偏见、误会；全面推进各个区域对外开放，学习国外先进技术，主动通过各种手段消除技术传播的障碍，促进地区均衡发展，有着广阔的政策空间。

研究贡献与创新。文章以中国特有的文化情境为依托，讨论了文化差异对于创新活动、技术扩散、区域发展的深层次影响，涉足发展经济学的前沿领域。该文在理论梳理、假说提出以及政策意涵方面做出了重要贡献，并且所使用的实证方法，如基因距离和方言距离的分析，兼具学科交叉属性，具有创新意义和引领作用。

（供稿人：林建浩）

【基于空间计量模型的中国县级政府间税收竞争的实证分析】

龙小宁，朱艳丽，蔡伟贤，李少民

《经济研究》2014年第8期，原文15千字

1994年分税制改革之后，中央政府的财政税权在一定程度上下放给地方政府。虽无权决定税种的开征和名义税率的设定，但地方政府可通过税收优惠、税收先征后返、减免收费等方式变相降低实际税率，以增强自身吸引生产要素的竞争力，而这种地方政府间的税收竞争行为，也被认为是推动中国经济快速增长的主要推动力，或者是诸多不良经济社会后果的源泉。

文章基于空间计量模型，利用中国2000-2006年县级企业所得税税率和营业税税率的面板数据，对中国县级政府之间的税收竞争问题进行了定量研究。研究结果表明：第一，中国县级政府在其辖区内的企业所得税税率和营业税税率上都存在着显著的正向空间竞

争行为；第二，县级政府在外资企业税率上的空间竞争程度要明显高于它在内资企业税率上的空间竞争程度；第三，县级政府与地级市外邻县之间的空间竞争程度显著高于它与地级市内邻县的空间竞争程度；第四，位于内陆省份的县相对位于沿海省份的县而言，对邻县的税收政策更加敏感，说明前者在与邻县的竞争过程中更加注重税收上的竞争。

结论的政策启示。第一，应该重点关注流动性大的生产要素的税收竞争，如外资等，考虑建立全国性的税收监管制度，这与2002年企业所得税改革中将所得税的收缴统一归国税系统的初衷应该是一致的；第二，应该充分利用省、地政府对其下辖地方政府的管理和协调作用，以减少辖区内的税收竞争；第三，应该帮助地方政府培育新的制度竞争机制，如投资环境的改善等，而沿海地区的发展经验可以为内陆地区提供借鉴。

文章主要贡献。第一，首次使用面板数据对县级政府间的税收竞争进行分析；第二，首次比较地方政府针对内、外资企业的不同税收竞争程度；第三，首次通过分区制的空间面板模型来对不同区域内县级政府之间的税收竞争进行比较研究。换言之，基于更翔实的县级面板数据和分区制的空间计量模型，实证检验了在针对资本等生产要素的竞争越来越激烈的背景下，地方政府针对不同来源地的资本是否采取不同的税收竞争，以及不同地区的地方政府又是否采取不同的税收竞争。

（供稿人：朱艳丽）

【财政转移支付结构与地区经济增长】
马光荣，郭庆旺，刘畅
《中国社会科学》2016年第9期，原文18千字

改革开放以来，在"让一部分人、一部分地区先富起来"的市场化政策下，中国经济实现了长达30多年的高速增长，但区域发展不平衡的问题却日益突出。为了促进地区间公共服务均等化和经济均衡发展，中央对地方特别是中西部贫困地区的财政转移支付规模越来越大，同时中央还提出改革转移支付结构，增加一般性转移支付的比重，清理、整合、规范专项转移支付。对贫困地区加大一般性转移支付，可以更直接地缩小地区间政府的财力差距，但只有通过促进贫困地区经济增长，提升其"造血能力"，才能从根本上助力区域间均衡发展。因此，需要评估转移支付对地区经济增长的效果，尤其需要关注一般性和专项转移支付对经济增长效果的差异。

文章基于1997-2009年县级层面数据和中央对国家级贫困县资格的划分，采用断点回归方法估计一般性转移支付和专项转移支付对地方经济增长的影响。研究结果显示：两类转移支付资金对地方经济增长都有正向作用，但是专项转移支付拉动经济增长的效果大于一般性转移支付。一般性转移支付具有更高的财力均等化程度，可能会对地方政府发展经济产生负向激励，使转移支付资金对经济增长的效果弱化。

结论的政策启示。我国在完善转移支付制度、调整转移支付结构时，应当在促进地区间财力均等化（"公平"）和经济增长（"效率"）之间适当权衡。在对贫困地区加大一般性转移支付力度的过程中，要防止一般性转移支付比重增长过快、均等化程度过高，以致地方政府发展经济的努力出现下降，要避免贫困地区对一般性转移支付的过度依赖。而且，应该出台相关配套措施，对地方政府使用一般性转移支付资金建立激励、约束和监督机制，防止地方政府对一般性转移支付资金的低效率使用。

文章的主要贡献。第一，已有研究主要考察地区对转移支付依赖度于经济增长的影响，没有考虑转移支付结构对经济增长的影

响，而文章着重分析考察了一般性和专项两类转移支付对经济增长影响的差异。第二，在实证方法上，利用中央划定国家级贫困县这一自然实验，使用断点回归设计方法更好地处理了转移支付的内生性问题。第三，与现有文献使用省级数据考察转移支付对经济增长的作用相比，文章使用了样本量更大的县级数据。

(供稿人：马光荣)

【市场化转型、就业动态与中国地区生产率增长】

毛其淋，许家云

《管理世界》2015年第10期，原文25千字

就业不仅关系到人们的切身利益，更会影响一国改革发展稳定的大局，因此就业问题是各国政府十分关注的重大议题。针对转型经济国家的研究，如果不考虑转型过程中出现的制度变迁这一事实，将无法完整地揭示影响就业动态变化的真正动因。经过三十多年的转型，中国各地区在经济、社会与法律制度方面都发生了较大变迁，市场化进程不断推进。那么，市场化转型是否会影响我国的劳动力就业？另外，劳动力在企业、行业和地区间的有效配置会对经济增长和生产率提升产生重要影响。另一个重要的问题是，中国市场化转型是否提高了就业再配置效率，进而促进了地区生产率增长？

文章基于中国工业企业数据，系统评估市场化转型对中国就业动态变化（包括就业创造与就业破坏）以及地区生产率增长的影响。研究结果表明：市场化转型通过"提升就业创造率"和"降低就业破坏率"两个途径显著地促进了中国就业净增长，并且前者的影响更大；市场化转型会促进低生产率企业的就业破坏，但会促进高生产率企业的就业净增长，并且该作用会随企业相对生产率水平的提高而增强；市场化转型促进了劳动力资源由低生产率企业向高生产率企业的转移，即通过改善就业再配置效率进而显著地促进地区全要素生产率的增长。

结论的政策启示。第一，继续推进和深化国内市场化改革，对于扩大我国就业与治理失业问题具有不可忽视的作用。尽管在过去30年我国市场化改革取得了一定的成绩，但仍然存在诸多问题，市场化水平与真正的市场化国家还有较大的差距，市场化转型还有很大的空间。第二，继续推进和深化国内市场化改革对于实现经济发展方式转变和保持我国经济持续增长具有重大的意义。第三，大力推进西部地区的市场化改革可以显著地提高地区生产率和促进经济增长，对于缩小与东部地区间的差距以及实现区域经济协调发展具有重要的现实意义。

文章主要贡献。第一，基于微观企业生产率构造了地区加总的全要素生产率，在此基础上深入考察市场化转型与地区生产率增长之间的关系，并直接检验了背后可能的影响渠道（就业再配置效率的改善）。第二，首次系统地研究市场化转型对中国就业变动模式以及就业再配置效率的影响效应，一方面丰富了国内外有关转型经济国家就业动态方面的研究，另一方面也有助于理解近年来中国全要素生产率增长的动力来源。

(供稿人：毛其淋)

【钱随官走：地方官员与地区间的资金流动】

钱先航，曹廷求

《经济研究》2017年第2期，原文16千字

改革开放以来，我国面临地区经济发展不平衡的难题。作为资本投资的重要来源，资金在地区间的流动是影响地区经济增长以及地区差距的一个关键因素，因此考察引致资金流动的原因将有助于探究地区间经济差距的根源所在。在市场化改革之前，地区的资金流动受制于计划经济体制，由中央进行直接分配。而在市场经济时代，根据资本的逐利特性，资金的流动会受到市场力量的支

配。现有研究证实了地区市场化水平、外商及中央投资等都会影响资金在地区间的流动，但这些研究没有考虑政治因素特别是地方官员的作用，而在我国，地方官员对于地区经济发展的作用是不容忽视的。

文章利用中国人民银行大额支付系统的数据，在匹配省委书记个体特征的基础上，考察了官员政治关联地区即出生地、第一工作地和来源地的资金是否会跟随官员流动，并进一步检验了官员异质性的影响。研究结果表明：相比非任职年份，在省委书记任职年份，来自其出生地和来源地的资金占比会显著提高，前者增加约0.37%（588亿元），后者增加约1.80%（3178亿元），而工作地的资金无显著增加，即我国地区间的资金流动存在"钱随官走"的现象，但这一现象只存在于官员的出生地和来源地。基于情感和理性的平衡，这一效应还会因官员的任期、年龄及来源而有所不同。

结论的政策启示。地方官员是影响我国地区间资金流动的重要因素，因此为了实现地区的协调发展，完善地方官员治理是一个重要的方面。为此，中央在任命地方官员时，需要综合考虑其政治关联及任职地区的情况，并匹配合适的任期、年龄及来源，最大程度地利用好"钱随官走"的效应，实现资金在地区间的合理流动。

文章主要贡献。第一，深化了地方官员经济后果的研究，从资金流动这一中观的视角，为现有对地方官员与宏观经济增长、微观企业行为的研究搭建了一个桥梁，有助于构建地方官员影响微观企业——资金流动——经济增长的完整框架。第二，拓展了地区间资金流动影响因素的研究，将对市场化环境、外商投资等市场因素的探讨扩展到更具中国特色的政治因素，对于理解我国的地区资金流动及区域协调发展具有参考意义。第三，相比采用模型估计地区间资金流动的方法，文章采用中国人民银行的大额支付系统数据，更为直接和精确地识别了地区间的资金流动，将为推动地区资金流动的研究提供数据支撑。

（供稿人：钱先航）

【资源产业依赖如何影响经济发展效率？——有条件资源诅咒假说的检验及解释】

邵帅，范美婷，杨莉莉
《管理世界》2013年第2期，原文51千字

自资源诅咒假说被提出以来，资源诅咒是否成立即成为经济学界争论的焦点之一。既有研究普遍认为自然资源与经济发展之间存在着单调的线性关系，从而无法对资源祝福和资源诅咒案例并存的事实提供合理解释；同时，在资源诅咒表现的各种维度中，现有研究对于资源产业依赖如何影响全要素生产率（TFP）增长也缺乏必要的关注。

该文首先提出了有条件资源诅咒假说，进而以人均GDP增长和TFP增长分别在数量和质量上表征经济发展效率，并采用门限面板模型、系统广义矩估计等多种计量分析和检验方法，实证考察了资源产业依赖对我国城市经济发展效率的非线性影响及其形成机制。研究结果表明：资源产业依赖对于经济增长和TFP增长均呈现出显著的倒U型曲线关系；在该文的样本城市中，"祝福"型和"诅咒"型发展城市的数量和比重分别呈逐年增加和逐年下降趋势，这表明我国城市层面的资源诅咒问题正逐渐得到改善；制造业发展、对外开放程度和市场化程度是资源诅咒能否被成功规避的关键因素，而政府干预的强化则增加了资源诅咒发生的风险；资源产业依赖对经济发展效率的影响方向取决于资源型产业对经济发展效率所表现出的红利效应、吸纳效应与挤出效应的综合作用效果；资源产业依赖对TFP增长产生抑制效应的拐点先于经济增长到来，因此TFP增长是经济增长维度资源诅咒的一个传导途径。

结论的政策启示。要想成功规避资源诅咒，不仅需要合理利用自然资源财富加强物质资本投资、增进人力资本积累并激励技术创新，更为重要的是，必须在促进制造业发展、提高对外开放程度、推进市场化进程三个方面下足功夫，以期通过产业多样化和提高要素配置效率来有效弥补资源产业部门的先天缺陷，才能够有效降低资源诅咒发生的风险，将资源优势真正转化为经济发展的"福音"。

文章的主要贡献。第一，有别于在线性框架下就自然资源对经济发展的影响所开展的大多数现有研究，该文基于讨论性分析框架，证明了资源诅咒发生与否取决于资源产业依赖度是否过高而超出某一临界值，这为资源祝福和资源诅咒这两种相悖现象共存的事实提供了更为合理的解释；第二，该文对现有文献极少关注但却更为重要的质量型经济发展效率——TFP 增长维度的资源诅咒效应进行了探讨，并证实了 TFP 增长是经济增长维度资源诅咒效应的传导途径之一，从而丰富和拓展了资源诅咒命题的研究内容。

（供稿人：邵帅，范美婷）

【区域发展战略、市场分割与经济增长——基于相对价格指数法的实证分析】

宋冬林，范欣，赵新宇
《财贸经济》2014 年第 8 期，原文 12 千字

国内市场整合是市场经济的内在要求，也是我国全面深化改革亟待解决的重大现实问题。在市场化进程中，中央政府制定多项措施，以期实现资源的跨区域流动，但地方政府对市场的管束手段呈现出多元化和隐蔽化的特点。这种中央与地方的利益博弈对市场整合的影响较为复杂。由于我国不同地区经济发展水平不一，地方政府采取的政策措施也存在差异，导致各区域市场整合效果不尽相同。特别是国家实施以"西部大开发、振兴东北、中部崛起、东部率先发展"为核心的区域发展战略以来，国内各区域市场整合程度是否发生新变化，对区域经济增长有何影响？多管齐下的区域发展战略政策效果是否得以凸显？这些问题引起了我们的关注。

该文使用相对价格指数法测度市场分割指数，并利用 1990－2012 年省际面板数据对区域发展战略背景下的市场分割与区域经济增长之间的关系进行实证分析。研究结果表明：(1) 整体上，我国区域市场呈现整合趋势，但各区域市场整合程度不一，东北地区市场整合程度最高，东部地区市场分割最为严重；(2) 市场分割与区域经济增长关系并非协调一致，西部地区呈现"U"型关系、中部地区和东部地区均呈现倒"U"型关系，而东北地区市场分割与经济增长关系不显著；(3) 市场分割已经突破地缘限制，相邻省份之间已出现市场整合迹象；(4) 市场分割影响区域经济增长的传导途径多元化，且间接效应明显强于直接效应。

结论的政策启示。第一，正确处理好政府与市场的关系。当前政府应清晰自身定位，尽量减少对市场的非理性干预，让政府和市场各就其位；第二，加强区域间的联系，实现跨地区、跨空间的合作。交通的便利性等使得地区合作已经突破了区际限制，现应更关注产业链的合理化、分工合作的专业化等，促进非相邻省份之间的交流与合作；第三，进一步优化区域发展战略下政策的执行效果，尽量减少不利因素的负效应，多角度、多层次地推进制度红利的进一步释放。

文章的主要贡献。第一，对市场分割指数的假设前提进行再修正，更准确地测算了各省市、各区域的市场整合程度；第二，分阶段、分区域研究了市场分割与经济增长的关系，证实了市场分割对区域经济增长作用的非一致性；第三，考虑到市场分割手段的多样性和隐蔽性，深入分析了市场分割对区域经济增长的间接传导途径。

（供稿人：范欣）

【税收竞争、区域环境与资本跨区流动——基于企业异地并购视角的实证研究】

王凤荣，苗妙

《经济研究》2015年第2期，原文23千字

在我国转型经济背景下，资本跨区流动作为市场化资源配置方式，表征着市场化进展程度，同时受制于政府干预导致的行政壁垒和市场分割。在经济全球化和区域一体化日益强化背景下，地方政府为吸引资本进入而展开的税收竞争，有愈演愈烈的趋势。由此，需要探究的重要问题是，地方政府为吸引资本流入而进行的税收竞争与资本跨区流动之间的内在关系是什么？影响资本跨区流动的现实因素有哪些，其具体作用机制怎样？

该文从企业异地并购这一独特的微观视角切入，运用因子分析法度量30个省份税收负担和环境得分，以2009—2011年发生的国内上市公司收购非上市公司事件为样本，基于Logistic计量模型进行实证研究。结果表明，首先，从总体上看，地区间税收竞争显著影响了企业异地并购行为，引致了资本跨区流动。其次，立足于企业角度，基于节税效应的成本动因没有得到实证支持；环境效应已成为企业异地并购的成长动因。最后，与股权并购相比，目标企业所在地区税收（环境）对资产并购的引资效应更为显著。

研究结论的启示意义。首先，对于地方政府来说，在经济全球化和区域一体化背景下，面对日趋激烈和复杂的竞争环境，通过财政支出改善区域环境，比仅仅依靠税收优惠的税收手段更为有效。在引资手段方面，相对于税收优惠手段，财政支出手段对企业成长和引资的效果更加明显，操作方式也更为灵活，因此应加强运用财政支出手段改善区域环境。同时，应适当调整引资方式，从注重绿地引资向绿地引资和并购引资并重转变。其次，对于企业而言，异地并购作为企业低成本扩张的途径，应综合权衡节税效应与环境效应，进而实现企业成功地跨区成长。

该文的贡献。第一，立足于企业异地并购这一新视角研究税收竞争与资本流动问题，为税收竞争对资本流动有效性的研究提供了经验证据。企业异地并购作为一种资本流动的方式，兼有跨区性和流量性特征，弥补了既有文献在实证研究方面的不足；同时，异地并购是客观发生的企业投资行为，是资本流动的微观过程，可视为地方政府招商引资的显示性指标。因此，运用企业异地并购检验税收竞争效应更具有针对性和准确性。第二，从宏观角度丰富了企业成长理论，特别是结合现代企业区位理论，探索了企业并购的发生机制。该文考察目标企业所在区域的税收和环境特征，为企业异地并购的跨区成长提供了经验证据。

（供稿人：王凤荣）

【政治资源禀赋的经济效应——来自长征沿线地区发展的证据】

王守坤

《经济研究》2017年第12期，原文15千字

长征是人类历史上的奇迹，直至现在，我国各级政府与民间团体仍然在采用各种形式纪念长征胜利并弘扬长征精神。作为一个具有里程碑意义的历史事件，长征赋予了沿线县级地方政府一类基于地域的政治资源。那么，在我国独特的政府治理架构背景下，长征政治资源禀赋是否对县域地方政府的财政行为产生了影响，进而使得长征地区与先天发展条件类似的周边非长征地区相比展现出了差异化特征？如果该影响存在，其作用机制如何？

文章发现，相比于地理环境等先天发展条件类似的周边非长征县，长征使得沿线县级政府的预算支出与预算缺口更高。然而，长征政治资源禀赋却并没有相对地提高当地GDP以及人均城乡收入水平。对于长征效应的产生机制而言，一方面，长征事件赋予了

沿线县域一类特别的政治资源禀赋,提高了长征县成为革命老区县和国家级贫困县的概率,从而使其扩大自身的预算支出成为可能。另一方面,长征县确实会出现更多的财政资金违规使用,支出更多的行政管理费用,以及承担更多的财政供养人口,而这些现象恰恰拖累了长征县的经济发展。

文章结论具有重要的政策内涵:我国中央政府可能需要进一步加强对于"老少边穷",尤其包括该文所分析的长征地区在内的县级政府财政支出的监督管理,通过各种途径确保财政扶持资金的配置规范性和有效性,适度约束长征县的行政管理费用比例与财政供养人口比例,削弱那些可能拖累经济发展的潜在因素,以最终实现长征沿线与周边非长征地区的平衡发展。

文章主要贡献。第一,客观评估了长征地区优惠扶持政策的经济绩效。基于政治资源禀赋角度,采用处理效应模型规范地考察了长征事件所产生的影响及其作用机制。为了尽量使得长征县与非长征县在先天发展条件上较为近似,文章依据至少拥有一个长征县的标准来筛选地级市,然后再将这些地级市所管辖的所有县作为估计样本。第二,文章采取多类稳健性处理方法保障了结论的可靠性,这其中包括尽量加入外生的地理距离、海拔、坡度等控制变量,还采用了长征事件发生前有限的相关县级样本与指标进行不可观测遗漏变量检验。

(供稿人:王守坤)

【中央投资对中国区域资本流动的影响】

王曦,杨扬,余壮雄,陈中飞
《中国工业经济》2014年第4期,原文14千字

中央投资隶属于中央预算内资金,是中央政府用于地区基础设施建设、产业升级技术进步、文化教育发展、医疗等关系民生方面的投资。随着投资规模的快速增长,中央投资的影响日益增强。然而对于其作用效果,尤其是对于地方资本的影响如何,仍未有清晰的判断。具体而言,中央投资是否能够带动地方投资,其引发的区域资本流动的方向与规模如何,能否真正起到平衡区域发展的作用?这些问题亟待给出答案。

该文建立了一个两地区新古典经济增长模型,从理论上剖析了中央投资对区域资本流动的影响机制:"资本增量效应"和"互补替代效应";以及不同的作用效果:带动地方投资的"挤入效应",以及排斥地方投资的"挤出效应"。并基于1997-2012年中国30个省份的面板数据,采用空间计量模型进行实证分析。结果表明:对中国大部分省份,中央投资对进入地的地方资本产生了"挤入效应",但北京、内蒙古、黑龙江、青海和新疆表现出"挤出效应",对天津的影响为中性;"挤入效应"与地区经济市场化程度正相关,内蒙古、黑龙江、青海和新疆等地产生"挤出效应"的原因在于地区的市场化程度较低,中央投资抢夺了地区资本的投资机会,而北京呈现的"挤出效应"源于政府投资过量。

该文政策启示。第一,从中央的角度,中央政府应确定合理的地区投向结构,且在加大中央投资力度的同时,保证其质量。第二,从地方政府的角度,在争抢中央投资的同时,地方政府更应注重改善当地投资的环境,拓宽投资渠道,增加人力资本积累。从而最大限度地发挥政策性投资的效果,并逐渐摆脱对上级政府的投资依赖,获得长期可持续发展。第三,改善欠发达地区的市场环境是提高中央投资的效率的前提,即改革应先于投资。就此的反思是:中国西部大开发和东北振兴战略,若仅通过增加对地区的政策性投资拉动地区经济增长,效果将大打折扣,中央和地方应首先推进当地的投融资和所有制改革,强化当地市场培育。

该文首次规范探讨了中国中央投资对区域资本的作用问题,主要贡献包括:第一,

通过建立包含地方市场化特征的两地区新古典经济增长模型，从理论上揭示了中央投资的作用机制；并从资本配置跨区域再平衡的角度探讨了中央投资对区域资本流动乃至区域平衡发展的影响。第二，基于现实数据使用空间计量模型，定量测算了中央投资对中国各省份、区域资本的"挤入效应"和"挤出效应"，发现了地方市场环境的重要作用，并借此反思了既往西部大开发等区域发展战略的经验教训。

（供稿人：王曦，杨扬）

【中国沿海地区的崛起：市场的力量】

韦倩，王安，王杰
《经济研究》2014年第8期，原文17千字

改革开放后，中国经济突飞猛进，堪称世界奇迹。在此过程中，一个显著特征是沿海地区比内陆地区经济发展更快。那么，是什么因素导致了中国沿海地区的崛起呢？作者认为是市场因素。

该文以改革开放以来中国沿海地区的崛起这一典型性事实为自然事件，检验了经济理论中的一个重大命题：经济增长的源泉到底是什么？通过构建互为补充的两种度量市场发育水平的指标，在控制了资本、自然资源、基础设施、优惠政策等其他因素的情况下，验证了市场因素在中国沿海地区的崛起中发挥的重要作用。研究结果表明：中国沿海地区的崛起既不是依靠物质资本，也不是依靠人力资本，更不是依靠自然资源、基础设施等，而是依靠市场发挥的力量。

结论的政策启示。在未来，我国应该继续坚持改革开放的基本国策，坚持市场化的方向不动摇，摒弃各种"左"倾思潮的侵扰，并大胆探索各项体制改革，以进一步提高我国的市场发育水平，只有如此，才能推动我国经济持续健康稳定发展。

该文的贡献和创新之处。第一，为了使研究结果更加可靠，使用了市场化指数和市场一体化指数这两个相互补充的指标来衡量各省份的市场发育水平。我们构造的市场一体化指数亦包含各省份的国际市场一体化程度。在对外开放越来越重要的今天，这与只考虑国内市场一体化的度量方法相比无疑更能合理地反映各省份的市场一体化程度。第二，除了常用的静态面板方法外，还分别使用了2SLS方法和动态面板系统广义矩方法来进行稳健性检验以控制变量的内生性问题。第三，进行了多种稳健性检验，这些检验包括考虑地理因素的计量检验、降低逆向因果关系的计量检验、单独采用市场化指数原始数据（1997—2007）进行的计量检验、利用我国1956—1978年计划经济时期市场功能缺失的"天然"机会的更长时序的计量检验，它们依然表明市场因素在各种环境中都对沿海地区的崛起发挥了显著作用，充分表明了该文结论的稳健性。

（供稿人：韦倩）

【市场分割与企业生产率：来自中国制造业企业的证据】

徐保昌，谢建国
《世界经济》2016年第1期，原文21千字

市场分割导致中国省际区域的内部竞争和重复建设，阻碍了国内地区市场专业化水平的提高和规模经济效应的扩大，使得国内区域市场的生产模式偏离了比较优势模式。既有研究认为，市场分割带来的寻租机会以及个人政绩的需要，促使地方政府和官员对地方企业实施了不必要的保护。随着中国政府更加注重经济增长质量和优化经济结构，当政府绩效考评不再一味以生产总值论英雄时，从地方政府角度来看市场分割是不是一种短视行为？厘清两者之间的关系对于重新审视中国省级区域间市场分割的作用与影响无疑有着重要的意义。

文章在垄断竞争模型基础上，研究了市场分割对于企业生产率的影响，并进一步采

用 1999-2007 年中国制造业企业的微观数据，对中国省际区域间市场分割对本地企业生产率的影响进行检验。研究结果显示，市场分割与本地企业生产率呈倒"U"型关系，即较低强度的市场分割促进了本地企业生产率提升，而超过一定强度的市场分割则阻碍了本地企业生产率提升。进一步分所有制、替代变量、工具变量等稳健性检验验证了研究结论的可靠性。文章研究结论为中国国内市场分割的未来走向提供了启示。

文章研究启示。第一，一定强度以下的市场分割促进了本地企业生产率提升，一定强度以下的市场分割在一定程度上符合地方经济和政府官员的利益诉求，这表明在中央政府不再以 GDP 产值作为考核地方官员政绩唯一指标的情形下，地方政府仍将具有一定程度的市场分割倾向；第二，仅仅取消生产总值评比、不再以生产总值论英雄仍然很难对市场分割这一问题进行有效的解决，一个更加完善和有效的官员晋升的激励结构的合理设计才是解决市场分割的治本之策。

文章的主要贡献。第一，在垄断竞争的环境中研究了市场分割对企业生产率提升决策的影响，通过结合相关文献与经济逻辑进一步诠释了市场分割通过各个途径对企业生产率的影响，进而厘清了市场分割影响企业生产率的内在机制，可以弥补现有理论研究的不足；第二，文章结论表明，一定强度以下的市场分割促进了本地企业生产率提升，一定强度以下的市场分割在一定程度上符合地方经济和政府官员的利益诉求，文章为中央政府不再以 GDP 产值作为考核地方官员政绩唯一指标的情形下，地方政府仍然具有一定程度的市场分割倾向提供了一个微观解释。

（供稿人：徐保昌）

【官员绩效与晋升锦标赛——来自城市数据的证据】

姚洋，张牧扬

《经济研究》2013 年第 1 期，原文 15 千字

古往今来，有关一国的领导人能否影响国家经济发展一直被人们热议。国外不少研究发现，国家领导人对于经济发展产生了重要的影响。这些发现与制度决定经济发展的观点形成了鲜明的反差。该文利用我国地市层面的数据，将这一问题的讨论拓展至地方政府官员。由于地方政府官员面临相同的制度安排，对这一层面的研究可以很好地排除国家之间的制度差异，从而更准确地发现地方官员对于当地经济发展作用的经验证据。在绝大部分国家，地方官员都只在一个地区任职，由于经济绩效同时受到个人和地区因素的影响，研究人员只能比较同一地区前后任官员的绩效；而我国存在着地方官员的异地交流，使得在不同城市任职的地方官员的绩效可以相互比较。

该文利用 1994—2008 年我国 18 个省份 241 个城市书记和市长与城市的匹配数据，分析了地方官员对地方经济增长的贡献。结果表明，地方官员的个人效应具有整体显著性，即不同的地方官员对经济增长的作用存在显著差异，且内生性样本构成、内生性调动以及城市层面的扰动并不影响这一结论。就个人效应对官员晋升的影响的分析表明，尽管官员的年龄是一个重要的因素，但个人效应也十分重要，且其重要性随着官员年龄的增长而加强；个人效应对市长的晋升具有显著作用，对书记的晋升没有显著作用，而官员在职期间城市的经济增长速度对晋升没有显著作用。

结论的政策启示。第一，地方官员在地区之间的调动，使得更多在不同城市工作的官员可以相互比较，并遴选出能力高的官员进行提拔。这是中国政治体制下的一个制度优势；第二，该文的研究发现为进一步拓宽地方官员行为与绩效的研究提供了有利的基础，也为进一步改进地方政府治理结构提供

了参考。

文章主要贡献。第一，将领导人与经济发展的关系的研究从国家层面拓展到地方层面。第二，将官员的个人效应和城市效应区分开来，将不同城市任职的官员之间进行比较，并对"政治锦标赛"中的晋升机制的研究的文献进行了改进和补充。第三，从理论和实证两个方面证明了官员在不同城市之间的调动是锦标赛中的一种必要的手段。

（供稿人：张牧扬）

【出口内生型市场邻近、空间外部性与城镇工薪差距】

赵春明，李宏兵，蔡宏波，王永进
《世界经济》2016 年第 12 期，原文 18 千字

20 世纪 80 年代以来，发展中国家普遍发生了拥有高技能水平的工人工资收入相对上升的现象。根据中国城镇住户调查数据（CHIP）的测算发现，中国的技能工资差距在持续扩大。一方面，这一现象与新古典经济理论出现了背离，传统理论难以对发展中国家不同技能水平的工人工资差距扩大的现实做出合理解释；另一方面，收入分配不均，尤其是低技能工人的收入持续相对过低，已经成为制约中国经济可持续发展、维持社会和谐稳定的潜在重要问题之一。

基于此，该文在融合异质性假定的新经济地理学分析框架下，利用投入产出、地理距离和贸易数据构造了城市出口内生型市场邻近指标，从空间外部性视角分析了出口内生型市场邻近对工薪差距的影响。研究结果表明：出口内生型市场邻近总体上对技能溢价呈倒"U"型的作用机制，即在临界点之前，呈现扩大作用，临界点之后，呈现缩小作用；东部地区对技能溢价的扩大作用不仅高于中西部地区且远高于全国平均水平。利用回归方法测算的城市技能工资差距的研究结果也表明，出口内生型市场邻近的提升有助于缩小技能工资差距，且对中西部地区和低集聚程度地区的影响更为明显。

结论的政策启示。第一，中西部地区要抓住机遇，着力推动地区交通基础设施建设，打破地理障碍和市场分割。第二，积极培育区域二级经济中心，利用其辐射和带动作用促进周边地区市场邻近水平的提升。第三，重点关注中西部地区市场邻近的改善对技能工资差距的缩小作用及其对全国层面降低技能工资差距的积极意义。第四，要尽快打破或取消国内劳动力市场上存在的各种壁垒，减弱劳动力市场分割，形成区域劳动力市场的互动格局。

文章主要贡献。第一，基于 2005 年人口抽样调查数据，从工人个体微观特征角度更为全面地考察出口内生型市场邻近对技能工资差距的影响。第二，更新了范剑勇和张雁（2009）与 Hering 和 Poncet（2010）对于市场邻近指标的测算，利用 2002 年省际投入产出数据更为细致地测算了各城市的出口内生型市场邻近指标。第三，从出口内生型市场邻近视角，研究发现具有不同出口内生型市场邻近的地区，存在倒"U"型的技能溢价效应。第四，利用大样本数据的优势估计了每个城市的技能工资差距，并通过 Heckman 样本选择模型和工具变量法严格控制了变量内生性问题。

（供稿人：李宏兵，蔡宏波）

【中国城市边界效应下降了吗？——基于一价定律的研究】

黄新飞，舒元，郑华懋
《经济学（季刊）》2013 年第 4 期，原文 16 千字

改革开放以来，中国以"诸侯经济"为代表的地方保护主义导致的市场分割问题一直比较突出。由于在边界内存在行政管理的一致性、政策的一致性和自然条件的相似性，地区间的行政边界会减少双边贸易流量和导致地区间价格差异，从而形成"边界效应"。虽然，地区之间边界效应的存在已是学者普

遍认可的观点，但是学术界对于边界效应究竟有多大一直存在巨大分歧。此前，国内许多文献基于贸易引力模型和一价定律的方法对中国省际市场分割和边界效应进行测算，但是得出两种不同的观点，一种认为国内市场一体化程度很低，而且地方市场分割呈现加重的趋势，另一种发现国内一体化程度较高或不断上升。造成两种不同结论的原因可能在于，研究数据存在加总偏误问题以及基于一价定律的估计方法忽略了商品的异质效应，从而导致估计偏误。

该文基于一价定律，利用 2004—2007 年中国两个具有代表性的区域一体化（长三角和珠三角）25 个城市的商品价格指数信息，估算了六大商品的国内城市价格差异的波动性，通过构建体现不同地区商品异质效应的变量，消除城市边界效应估计可能存在的偏差。并且，在 Parsley 和 Wei（2001）的回归方程基础上研究城市边界效应的动态变化趋势，对已有文献做些补充。该文研究结果发现，考虑异质效应后有效降低不同地区价格分布差异的干扰，修正后的中国城市平均边界效应从 45.9 万公里下降至 6.6 万公里，且每年以 0.2% 的速度呈下降趋势，行政边界对城市边界效应的影响较大。

边界效应是阻碍区域经济一体化和形成全国统一大市场的重要因素。在进入中国特色社会主义建设的新时代，打破地区间行政区边界，加快构建统一开放、竞争有序的全国统一大市场的重要性日益凸显。虽然近年来，中国在优化营商环境、放宽市场准入、营造公平竞争市场环境等方面取得诸多成绩，阻碍商品自由流动的区域性行政壁垒正在逐步消除。但还需进一步把握国内市场的新特征、新变化，不仅要关注商品市场，更要考虑资金、劳动力和技术等要素市场，形成完整的市场一体化研究体系。

（供稿人：黄新飞）

城镇化格局与城乡发展

【中国城镇化进程中两极化倾向与规模格局重构】

魏后凯

《中国工业经济》2014 年第 3 期，原文 14.7 千字

2000 年以来，中国政府始终强调要促进大中小城市和小城镇协调发展，但从近年来中国城镇化的进程看，这种科学合理的城镇化格局远没有有效形成，反而出现了大城市尤其是特大城市迅速膨胀、中小城市和小城镇相对萎缩的两极化倾向。现有两极化倾向研究更多集中在大城市人口过快增长、规模过度膨胀以及大城市病的治理上，而对两极化的表征、形成机理、经济社会影响以及如何构建科学合理的城镇化规模格局缺乏系统深入的研究。

文章首先基于中国城市人口规模结构的变动趋势对两极化倾向的表征进行了详细阐述，其次对其形成机理进行多视角透析，再次揭示了构建科学合理的城镇化格局所面临的一系列深层次矛盾，以及解决这些矛盾所需要考虑的各方面因素，进而通过综合分析，给出了未来中国特大城市、大城市、中小城市和建制镇吸纳新增城镇人口的比例。研究结果表明：传统发展理念、资源配置偏向、市场极化效应、农民迁移意愿和政府调控失效是导致两极化倾向的根本原因；当下中国城镇化进程中两极化倾向所诱发的一系列深层次矛盾主要是特大城市人口快速增长与资源环境承载能力不足、中小城市和小城镇加快发展意图与人口吸纳能力不足、农民向往大城市的意愿与农民的承受能力不足等三个方面；重构城镇化规模格局必须考虑的主要因素是区域资源环境承载能力、城镇人口吸纳能力、城镇公共设施承载能力、进城农民

的迁移意愿和设市工作的恢复进展等五个方面。

研究启示。构建科学合理的城镇化规模格局，亟须加强对进城农民迁移意愿和城市综合承载力的调查研究，根据资源环境承载能力、城市公共设施容量和人口吸纳能力，实行差别化的规模调控政策。一是制定科学的城市规模等级分类标准；二是对特大城市人口规模实行差别化调控；三是巩固并发挥城市群的主体形态作用；四是提高中小城市和小城镇综合承载能力。

文章主要贡献。第一，文章从城镇协调发展的角度重点探讨被学术界所忽视的城镇之间的二元结构问题；第二，重点讨论近年来中国城镇化进程中存在的两极化倾向，对其表征进行了详细阐述，且从多视角综合考察这种两极化倾向的形成机理，并在此基础上深入探讨中国城镇化规模格局重构的科学基础和战略选择。

（供稿人：宁健康）

【发展战略、城市化与中国城乡收入差距】

陈斌开，林毅夫

《中国社会科学》2013 年第 4 期，原文 25 千字

城乡收入差距扩大和城市化滞后是当前中国面临的两大重要挑战。改革开放以来，中国的城乡收入比由 1985 年的 2.1 上升至 2009 年的 3.3，上升幅度超过 50%。与此同时，中国城市化进程远远滞后于其经济发展水平和工业化进程。2009 年，中国第一产业增加值占 GDP 的比重为 10.3%，但农村人口占总人口的比重却依然高达 53.4%。中国城乡收入差距持续恶化的原因何在？城市化水平为何远远滞后于经济发展水平？城乡收入差距扩大与城市化滞后的关系是什么？

文章利用中国 1978—2008 年的省级面板数据，对发展战略、城市化和城乡收入差距的关系进行了实证检验。研究发现，重工业优先发展战略将导致城市化水平的相对下降、城乡收入差距扩大。重工业企业的基本特性是资本密集度高、就业吸纳能力低，发展中国家的现实条件却是资本稀缺、劳动力丰裕，在发展中国家的重工业优先发展战略不能在世界市场充分利用本国的比较优势，导致工业部门吸纳就业能力的相对下降，城市化水平的相对降低，这解释了中国城市化进程远远落后于工业化进程的现实。在二元经济的现实条件下，城市化水平的相对下降，意味着大量劳动力不得不滞留农村，在土地规模报酬递减的现实约束下，农村平均收入水平的提高因此受阻，城乡收入差距扩大。

结论的政策启示。第一，改善城乡收入分配需要以推进城镇化为主要抓手。城镇化"不是简单的人口比例增加和城市面积扩张，更重要的是实现产业结构、就业方式、人居环境、社会保障等一系列由'乡'到'城'的重要转变"。第二，提高城镇化质量的关键在于优化产业结构，增加就业机会，实现工业化和城镇化的协调发展。第三，大力发展符合比较优势的劳动密集型企业，提供更多的就业岗位，加快城市化进程，缩小城乡收入差距。第四，鼓励多渠道多形式就业，提高城市就业吸纳能力。第五，加快城市部门改革，逐步放弃城乡分割的户籍制度。第六，逐步放弃因重工业优先发展战略所形成的一系列城市偏向的制度安排，包括城市偏向的教育经费投入政策和歧视性的社会福利政策等。

文章主要贡献。第一，从实证角度系统地研究政府发展战略和城乡收入差距的关系，并分析其核心作用机制——城市化；第二，基于"三线建设"的重工业布局选取"离受威胁地最短距离"作为发展战略度量指标技术选择指数的工具变量，有效缓解内生性问题。

（供稿人：林毅夫，陈斌开）

【居住模式与中国城镇化——基于土地供给视角的经验研究】

范剑勇，莫家伟，张吉鹏

《中国社会科学》2015 年第 4 期，原文 17 千字

学界与社会媒介用中国模式来形容改革开放 40 多年来取得的非凡成就。文章从地方政府角度出发，阐述中国模式的主要内容是：地方政府通过压低工业用地价格进行招商引资，通过减少商住用地供应提高单位土地价格等途径，促进土地出让金提升。同时，文章选择劳动力跨区域流动时在沿海城市的居住成本与工资之间的不对称增长现象入手（房价增长远快于工资增长），分析城镇化的三个动态表征指标（常住人口、房价、工资增长）分别受地方政府在土地市场上干预行为的影响。

在研究方法上，劳动力流动遵循着空间均衡理论的经典法则：工资+城市公共产品（amenity）-居住成本=保留效用。在城市公共产品均等化没有完全实现的情况下，工资与居住成本是同方向、等比例变化的。同时，中国流动人口的居住条件是厂商集体宿舍或城中村，此类居住成本远低于普通商品房，流动人口对上涨的房价不再敏感，对工资要求相应降低。这一居住模式产生了工资低速增长、房价快速增长的双重局面。其结果是降低工人对工资增长的要求，提高产品的出口价格优势，而这恰恰是经济取得快速增长的核心所在。在研究内容上，文章构造包含地方政府土地市场干预的空间均衡模型，其要点是除了低价过量供应工业用地，高价少量供应商住用地以外，流动人口居住在工业用地性质上的厂商集体宿舍，工人交纳的租金为厂商（或进一步拓展为户籍人口）所有，后者进一步在商品房市场上购置房产，推动房价上涨。

文章的政策启示。其一，工业用地扩张对房价水平的提升作用较为间接，但这成为房价增长的主要动力所在，后者通过城市精英或城市户籍人口占有流动人口交纳的房租来体现；其二，流动人口选择居住在厂商集体宿舍等非普通商品房，减缓了工资水平的快速上升，降低城镇化的劳动力成本，为制成品出口增长奠定成本优势。

文章的创新体现如下。第一，从独特的视角解释了中国模式的核心是地方政府的供地行为，也揭示厂商集体宿舍与城中村的正面意义，当然，这一过程不可避免地带来收入分配上的负面影响。第二，文章回答了西方经典空间均衡模型无法回答的中国特色城镇化问题：高企的房价为什么没有阻止流动人口的入驻或没有导致城市化速度的减缓？第三，文章建立了包含地方政府供地决策变量在内的空间均衡分析框架，实证检验地方政府供地行为对城市动态发展的影响。

（供稿人：范剑勇）

【"强县扩权"的体制困境：行政层级间的博弈】

胡彬，胡晶

《中国工业经济》2016 年第 12 期，原文 18 千字

"省直管县和县域经济的发展"一直是中国行政管理体制改革的重要议题，而"强县扩权"改革可以被视为实现"省直管县"体制的一个重要途径。然而，"强县扩权"作为行政管理体制改革的地方性尝试，具有很大的局限性和过渡性。一方面，各地的探索和实践仅局限于行政性和政策性放权，缺乏对行政管理体制的通盘考虑和总体设计，为相关利益主体留下博弈空间；另一方面，当市将行政权力和财政权力下放给县后，也切断了其攫取县域资源的诸多渠道，造成利益上的损失，由此诱发市在改革中的策略性博弈。这种博弈行为可能会削弱旨在缓解县域财政困难和促进县域经济增长的改革目标。

该文通过构建一个两阶段博弈模型，分析了"强县扩权"体制梗阻的成因及各层级政府之间的利益关系。研究表明，省作为"强县扩权"的驱动主体，基于自身的知识存量和预期效果评价，从改革阻力、风险、机会成本以及对县的财税激励效应等多个角度加以权衡，倾向于选择强县作为扩权改革的对象，改革原动力、解决体制困境的积极性以及后续改革能否持续进行等，都取决于省的利益动机与约束机制的变化。对市的博弈行为分析表明，改革的实际效果内生于现实条件、制度背景以及结构化市县发展格局，行政层级间复杂交错的利益矛盾对改革效果构成了较大的制约。

结论的政策启示。第一，促进行政管理组织的功能优化与效率提升，进一步重塑政府权力配置结构，建立由企业、中介服务机构和社会组织共同发挥功能的组织体系；第二，以区域为推进单元，统筹权力下放与实施行政区划的整体改革；第三，根据功能定位和情形分类调整扩权路径。扩权的做法应与区域发展阶段和县域在区域功能组织中的定位相匹配。例如，可将有实力的县域定位为区域的潜在增长极，将实力较弱的县域定位为发展腹地，进行相关配套改革。

文章主要贡献。第一，将省、市、县三个行政层级看作三个独立的主体，通过构建三方效用函数和预算约束，来分析"强县扩权"中相关主体的利益动机和博弈行为。第二，通过博弈分析发现，在省的层面上存在着"改与不改"的两难困境；即便当省推动了"强县扩权"改革以后，市的博弈行为也要区分市县力量对比的不同情形来进一步分析。"强县扩权"虽然为县域发展松了绑，但是也可能造成弱市的经济资源被抽空，不利于整个区域极化效应和聚集效应的释放，进而影响地区的工业化进程。

（供稿人：胡彬，胡晶）

【中国主要城市化地区测度——基于人口聚集视角】

江曼琦，席强敏

《中国社会科学》2015年第8期，原文15千字

中国城市行政地域涵盖市域、市区、城区，加上城市建设中所采用的建成区、规划区等各类范围的概念笼统、模糊，以至于对以城市行政地域为基础的中国城市化的统计数据以及相关研究的质疑和讨论从未停止，甚至以"riddle""enigma"（"谜"）等词来加以形容。科学研究的基础是基本概念的正确、规范和统一。该文基于人口聚集的新视角，创新性地提出了"以一定人口密度下连片聚集的人口规模"为标准界定客观的城市空间范围的新视角，并以北京、上海、宁波等城市为例，论证该测度方法的科学性和可操作性，测度分析了我国主要城市化地区的状况。

研究结果表明：目前我国主要城市化地区体现了高度聚集的特征，是我国人口增长的主要承接地和人口汇聚地；大规模聚集所形成的聚集效应，对中国人口再分布的影响显著，但我国主要城市化地区面积增长速度超过了人口增长的速度；城市行政地域与基于聚集视角的主要城市化地区的空间分布存在较大的差异。作为我国未来科学开发国土空间的行动纲领和远景蓝图的主体功能区规划，存在主要城市化地区空间划分过大、现状聚集性较差的不足，不利于集约紧凑型的城镇化发展模式的实施。

研究建议：第一，进一步论证、修改完善省市主体功能区规划，使之更加科学化，更具可操作性；第二，建议国家有关部门借鉴欧盟城乡划分的办法，以人口普查为基础，以村委会和居委会为基础统计单元，建立中国标准城市统计区，在更大的尺度上，更加精确地界定城市实体地域空间，以便为我国

城市化研究和管理奠定基础。

该文从城市社会学、经济学、环境学等多视角认识城市，创新性地提出的界定城市空间范围的新视角，相对于围绕建设用地物质景观来区分城乡的构想更具可操作性；以此为标准，将人口普查数据和地理空间数据进行匹配，论文首次测度和分析了我国主要城市化地区的特征与演变趋势，研究成果对省市主体功能区规划优化、完善和落实，促进我国城市科学研究的规范化、城市政策的科学化具有重要的学术与决策参考价值。

（供稿人：江曼琦）

【中国城乡发展一体化水平的时序变化与地区差异分析】

周江燕，白永秀

《中国工业经济》2014年第2期，原文15千字

城乡发展一体化状态的度量是城乡均衡发展问题由定性分析转向定量分析的基础。国外学者对城乡均衡发展状态等问题的实证研究较少，国内学者对中国城乡均衡发展状态的实证研究存在两点不足：（1）设计的评价指标体系没有凸显城乡"一体化"的属性；（2）指标权重结构的确定大多采用主观赋值的方法并未考虑数据自身的变化特征。此外，还缺少对中国不同尺度地区时间序列与地区差异综合起来的面板数据分析。

该文从具有明确内涵与清晰外延的城乡发展一体化水平评价理论分析框架出发，构建了包含35个基础指标的城乡发展一体化指数，采用两步全局主成分分析法对中国不同尺度2000—2011年城乡发展一体化水平的面板数据进行测度，并从时间序列与地区差异两个角度分析测度结果。研究结果表明：（1）中国城乡发展一体化水平在不可逆转的时间序列中呈现出"城乡经济—城乡空间—城乡社会—城乡生态环境"的分步骤推进规律。（2）中国城乡发展一体化水平在有机的空间中呈现出"东部—东北—中部—西部"的分梯次演变规律。（3）经济发展水平与非农产业发展等经济因素、城市化进程与基础设施建设等空间因素是影响城乡发展一体化指数提高与省际差异的主要因素，也是影响中国城乡发展一体化水平时空演变的主要推动力。（4）中国省际城乡发展一体化可以划分为五种类型：城乡发展一体化高度推进地区、城乡发展一体化加速推进地区、城乡发展一体化推进地区、城乡发展一体化初步推进地区与城乡发展一体化起步地区。（5）中国城乡发展一体化水平差异较大但呈收敛趋势，主要原因在于东部地区与西部地区内部的省际差异较大，尤其是西部地区内部省际差异呈扩大趋势。

结论的政策启示。第一，大力发展农村非农产业，提高农村经济总量，夯实城乡发展一体化的物质基础；第二，推进城镇化的内涵式与集约化发展，提高城乡发展一体化的承载能力；第三，重视区域异质性，制定分类推进的城乡发展一体化政策；第四，加大对西部地区城乡发展的政策倾斜与资金支持。

文章主要贡献。设计了一套能够凸显城乡"一体化"属性的中国城乡发展一体化水平评价指标体系，对中国整体、四大区域以及省际2000—2011年的城乡发展一体化水平进行时间序列与地区差异两个视角的分析。

（供稿人：白永秀）

【中国城市化迟滞的所有制基础：理论与经验证据】

刘瑞明，石磊

《经济研究》2015年第4期，原文15千字

中国城市化水平相对滞后的事实一直是困扰人们的一个难题。尽管城市化是推动经济增长的重要动力和转变经济发展方式的重心所在，但是，就中国的现实而言，城市化落后于工业化和经济发展已经成为中国经济

发展过程中的一个重要特征，同时也构成了中国经济增长和转型的一个重要瓶颈。中国的城市化进程缘何滞后？为什么中国各个地区的城市化水平会有如此巨大的差异？

文章抓住中国经济转型中的"双重二元结构"特征，从所有制结构入手为破解这一谜题提供了一个视角。研究发现，在中国过去农村剩余劳动力相对过剩的前提下，城镇企业对于农村剩余劳动力的"拉力"在城市化的进程中扮演了重要角色。而企业的所有制结构及其对劳动雇工的需求影响了"拉力"和城市化进程。国有企业存在着普遍的资本偏向和对整体经济的拖累机制，单位产值所产生的劳动需求相对较少，从而国有产值比重越高的地方，其能够解决的就业越少，最终导致可容纳的城镇人口数越少，城市化进程滞后。利用中国（1985—2011）的省级面板数据，文章发现，过高的国有产值比重会显著地抑制地区的城市化进程。

结论的政策启示。第一，中国城市化的滞后一定程度上源自所有制改革的滞后。因此，要想加快地区的城市化进程，一个重要的手段就是进行所有制结构的转变。第二，通过推进所有制改革，国有比重较高的中西部地区可以相对快速地促进城市化进程，这将缩小中国地区之间的经济差距，促进区域经济平衡。第三，文章的研究还为放松户籍管制提供了一个启示，户籍制度是横在城市与农村之间的一堵墙，对其的维护很大程度上依赖于城市的就业压力，因此，可以通过就业的解决，逐步消解户籍制度改革的压力。

文章的主要贡献。第一，文章抓住中国经济转型中的"双重二元结构"特征，从所有制结构入手为破解这一谜题提供了一个视角。第二，文章的逻辑不仅能够解释中国的城市化进程相对滞后这一现象，而且能够为理解中国各个地区间的城市化水平差异提供良好的思路。第三，文章为改革提供了多重政策启示。从改革的次序来讲，所有制改革应该优先于城市化进程的改革。并且，所有制结构的改革不仅会起到传统文献强调的效率提升作用，还能够推进城市化进程和平衡地区经济发展。文章还为放松户籍管制提供了另外一条更为可行的思路。

（供稿人：刘瑞明）

【中国城市幸福感的空间差异及影响因素】

倪鹏飞，李清彬，李超

《财贸经济》2012年第5期，原文15千字

无论是对于微观个体还是国家地区，"幸福"通常被认为是生活和发展的最终目标。随着经济社会的发展，越来越多的国家和地区提出要将追求经济硬指标（如GDP）转向追求让人们幸福的各类软目标，学术研究中关于"幸福""幸福感""幸福指数"等词频近年来也呈现出增高之势。然而，在目前各学科门类中关于中国的幸福研究文献，鲜以城市为分析单元的实证研究。

文章基于中国社会科学院城市与竞争力指数数据库，利用空间计量经济模型对我国城市幸福感的空间分布状况及其影响因素进行了分析检验。研究结论表明，我国城市幸福感呈现出典型的俱乐部特征，并带有显著的地域差异，环渤海地区、成都平原、华南地区等处于较高层次幸福感的城市呈现出集聚态势。与此同时，城市幸福感作为一种较为长期稳定的指标，受前期条件、城市人均储蓄状况和公共服务等变量影响较大，而经济发展水平、基础设施状况、城市特征等硬性指标对城市幸福感的影响较小。

结论的政策启示。第一，在推进"幸福城市"建设中，构建一个"倾斜而平坦"的城市体系显得尤为重要。"倾斜"主要体现在国土空间规划与城市区域发展战略上，"平坦"则主要体现在基本制度和人均基本公共服务标准上。第二，我国城市幸福感的空间差异明显，这就要求我们要避免用发达地区

的发展模式来"一刀切"地替代其他阶段的城市发展路径。各级政府应该有不同的定位和思考,并制定出差异化的对策措施。第三,城市幸福感在概念上是主观的,但支撑幸福感的发展基础是客观的。城市政府一方面需要不断健全社会公共服务体系,另外,要在经济社会高质量发展的过程中,努力提升城乡居民的获得感和幸福感。

文章主要贡献。第一,在研究方法上,利用空间计量经济模型和多变量 ESDA 技术,对中国城市幸福感的空间分布状况及其影响因素进行了分析检验。不仅可以克服传统估计方法在描述空间分布、空间相关性和溢出效应时的局限性问题,而且可以进一步明晰这种空间异质性对不同区域幸福感的差异化影响。第二,在政策层面上,通过推进"幸福城市"建设、构建"倾斜而平坦"的城市体系,有助于引导我国城市发展的目标导向,不断提高广大人民群众的获得感和幸福感。

(供稿人:李超)

【中国大城市的工资高吗?——来自农村外出劳动力的收入证据】

宁光杰

《经济学(季刊)》2014 年第 3 期,原文 23 千字

中国地区间劳动者的收入差距问题已经引起人们的重视。不同规模城市的劳动者之间也存在较大的收入差距,大城市劳动者的工资水平普遍高于中小城市劳动者的工资水平。随着我国劳动力市场市场化水平的提高,地区间的工资差距在缩小,但对城市间的工资差距问题还没有相关研究和结论。关于不同规模城市间工资差异,国外理论界有几种不同的解释:大城市的物价水平高;大城市的劳动者素质高从而生产率高;大城市存在聚集效应;大城市企业和劳动者互动从而搜寻匹配效率高;高技能劳动力聚集存在知识外溢。以上这些原因在中国是否存在,需要人们进行实证检验。

文章运用 2008 年中国农村外出劳动力的收入数据(RUMiCI),分析不同规模城市的工资升水是否存在,并探讨其产生的内在机制。研究发现:(1)进入 200 万以上人口大城市的劳动者在能力上占优,控制住劳动者的可观测能力特征,城市的工资升水并不大。而进一步考虑劳动者的不可观测能力特征和选择偏差问题,大城市的收入优势不再存在,甚至可能出现收入劣势。(2)大城市的互动效应和学习效应只部分地得到证明。城市化的各种效应没有充分发挥,没有有效带动劳动者收入的提高。(3)大城市劳动者的现实收入都比反事实收入高,说明人力资源在地区间的配置基本是合理的,劳动者实现了自身的比较优势。

结论的政策启示:在政策上应引导农村外出劳动力在不同规模城市间合理流动,以实现其比较优势,获得更高的收益,缩小地区收入差距。要让劳动者在考虑其内生的不可观测特征后,评价迁移的真实收益。另外,要真正实现大城市的工资升水,需要发挥城市的聚集效应,通过互动效应和学习效应提高劳动者的收入,让劳动者分享城市化的成果。

文章主要贡献。(1)运用农村外出劳动力的微观数据来检验中国城市的工资升水问题,农村外出劳动力流动性强,他们的收入状况能够更好地反映市场化进程中城市间的工资差异。(2)在研究方法上,运用处理效应模型和 Heckman 两步法来克服劳动者的选择偏差,以更真实地考察工资升水,并充分运用数据库的信息控制劳动者的特征,考察大城市的互动效应、学习效应是否存在。(3)城市规模的工资升水并不大,大城市的互动效应和学习效应只部分地得到证明,这些结论对于引导农村外出劳动力合理流动、推进城镇化建设和缩小区域收入差距等问题都有

着启示意义。

(供稿人：宁光杰)

【密度效应、最优城市人口密度与集约型城镇化】

苏红键，魏后凯

《中国工业经济》2013年第10期，原文20千字

中国城镇化进程中，城市土地粗放扩张的现象非常明显，2001—2011年，全国城市建成区面积从2.40万平方公里增长到4.36万平方公里，年均增长6.25%，而同期城镇人口年均增长仅3.79%。从国际城市土地利用模式来看，自20世纪60年代起，城市无序蔓延和分散化发展模式被广泛诟病，大多数国家都推行土地集约利用的城镇化模式。中国城市蔓延发展的现状与集约发展的经验和理念背离，未来需要更加明确走集约型城镇化道路。

从中国城镇化粗放扩张的现实问题出发，针对以往城市集聚经济中密度效应研究的不足，文章利用2006-2010年中国地级及以上城市数据，考察了中国城市集聚的密度效应及最优城市人口密度问题。研究发现：在以劳均产值和工资作为因变量的模型中，城市客运总量密度与劳动生产率均表现出显著的倒"U"型关系；在控制规模效应和结构效应之后，密度效应的倒"U"型特征依然显著。在明确密度效应的倒"U"型特征即证明最优密度存在性的基础上，该文进一步分析了城市人口密度的最优值，研究发现以"城区总人口/建成区面积"核算的最优城市人口密度约为1.30万人/平方公里，通过与样本统计特征的比较，最优城市人口密度值是有意义的。

研究启示。一是劳动生产率视角下最优城市人口密度是存在的。该研究通过引入二次项，证明了密度效应稳健的倒"U"型特征。二是最优城市人口密度比最优城市人口规模更有现实意义。最优城市人口密度的存在支持了不同城市存在不同的合理规模，城市合理人口规模由建成区面积和最优城市人口密度值共同决定。三是规模效应、专业化结构效应与密度效应共同影响城市集聚经济。除了密度效应之外，该文还将规模效应和专业化结构效应指标作为控制变量，研究结果从理论上证明了规模效应、结构效应的存在性及最优规模和最优专业化水平的存在性。

文章主要贡献。一是在国内较早研究了集聚经济中的密度效应以及最优城市人口密度问题，验证了最优城市人口密度是存在的，是人口密度引起的集聚经济效应与拥挤效应的权衡。二是尝试以客运总量密度作为密度指标解决人口密度和就业密度的内生性问题。三是提出走中国特色新型城镇化道路要避免以往城镇土地粗放扩张的模式，主要可以从加强土地挖潜、提高城市人口吸纳能力、建设紧凑型城镇等三个方面出发，推进集约型城镇化。

(供稿人：苏红键)

【行政区划调整与人口城市化：来自撤县设区的经验证据】

唐为，王媛

《经济研究》2015年第9期，原文17千字

城市化被广泛认为是现代经济增长的重要组成部分，它包含了经济体从以农业为主的农村经济转变为以工业为主的城市经济的过程（Lucas，2004；Henderson & Wang，2005）。从发达国家的经验来看，城市化的核心是劳动力与企业的迁移与集聚，城市空间的扩张则是劳动力、土地等市场出清后的均衡结果。然而，我国城市化的实现机制与西方发达国家存在明显的差异，具有以地方政府为主导、以土地扩张为实现手段的典型特征，直接导致了土地城市化快于人口城市化的问题：1991年至2010年，中国的城镇人口从3.02亿增长到6.7亿，增长率为122%，而

同期城市建成区面积从1.22万平方公里扩张到4.01万平方公里,增长率高达229%。因此,政府主导的城市扩张对于人口集聚能否产生积极作用,是一个亟待考察的问题。

从我国的城市发展经验来看,行政区划调整是中央推动城市化的重要工具,此类政策实验为检验政府主导的城市扩张是否促进人口集聚提供了很好的研究对象。与城市有关的行政区划调整政策主要有两类:创立新的城市(撤县设市)和扩大已有城市规模(撤县设区)。总体而言,两类政策都扩大了城市空间,区别是前者增加了我国小城市的数量,而后者则显著扩大了已有城市的规模。这两类政策在促进人口集聚方面的效应是否也存在差异呢?事实上,哪一类政策更有效率,一直以来也是研究者和政策制定者争执不下的问题。从1978年到1997年,通过实施撤县设市政策,中国新增了超过350个小城市(县级市)。然而,Fan等(2012)的研究表明,这一政策并未实现促进城市化和工业化的预期目标,并在1997年被基本中止。随后,我国掀起了撤县设区的浪潮,仅2000年至2004年就发生了42次,许多城市的规模得以迅速扩张。

为满足城市扩张需要而调整行政区划并非中国独有。例如,美国历史上也曾发生过类似的市县合并。在发达国家,合并成功与否需要当地民众进行公投,因此体现了民众和市场的需求。而我国的撤县设区由政府主导,这一过程有可能与市场规律相悖,形成假性城市化和城市摊大饼式扩张,并造成县(或县级市)资源被地级市攫取。但从积极意义上来看,这种撤并政策可能促进了各县区之间的经济联系和市场融合,有助于降低行政壁垒,提升城市集聚经济。因此,撤县设区能否促进城市化和人口集聚,仍有待实证检验,这也是该文的核心研究动机。

作者利用2000—2004年发生的撤县设区政策实验,采用双重差分方法研究撤并政策对于人口集聚的效应,进而回答政府主导的城市空间扩张能否促进人口城市化。由于撤县设区改革在各城市间并非随机发生,作者采用了熵平衡法和匹配法来解决可能的选择偏误问题。研究发现撤并城市在2000年至2010年的人口增速比非撤并城市高出21.4%。这一增长主要来自外来人口的迁移,从而排除假性城市化和被动城市化的可能。作者同时考察了撤并效果的异质性,发现东部、非省会城市的人口集聚效应显著高于中西部和省会城市,并且城市的市场潜力越大,撤并的集聚效应也越高。作者进一步探讨了撤县设区促进人口集聚的作用机制,指出撤并后的区域市场融合和城市集聚经济有助于提升企业的生产率与就业,从而吸引外来人口集聚。

(供稿人:唐为)

【城镇化与不均等:分析方法和中国案例】
万广华

《经济研究》2013年第5期,原文17千字

城镇化及与之相伴的工业化是发展中国家经济腾飞的基础,但根据著名的Kuznets曲线,城镇化和工业化又与收入不均等高度相关。可以说,中国30多年的经济增长奇迹就是工业化和城镇化相互促进发展的过程。同时,贫富差距在不同维度,包括区域、城乡、家庭、行业、不同教育水平人群之间,都出现了明显的上升。这就引出了一个重大的理论和现实问题:城镇化与贫富差距有本质关系吗?如果有,不可阻挡的城镇化会带来不均等的改善还是恶化?如果城镇化能够带来收入分配的改善,而且又可以推动经济增长,这种"鱼"和"熊掌"兼得的结果必将有助于发展中国家,包括中国,加快城镇化进程。

遗憾的是,关于城镇化与收入分配状况的规范研究不多,尽管学界、政府和媒体都高度关注这个议题。Kuznets触及了工业化

(他在原文中的用词是非农化)对不均等的影响,但他清楚地说明,自己的论述既没有数据也没有完整的理论模型支撑(Kuznets,1955,第12页)。其实,以城镇化和不均等为关键词或标题的文献不少,比如世界银行和著名的增长委员会(growth commission)都出版过相关报告。但人们尚未见到关于二者关系的理论模型或实证框架。

基于常用的泰尔指数,该文构建了城镇化与不均等之间的理论关系。这个具有一般性的关系呈倒"U"型,其驻点或峰值取决于四个变量:城乡内部各自的不均等,和城乡各自的平均收入。所以,不同国家或地区,甚至同一地区不同时期的这个倒"U"型关系是不同的。在给定城乡平均收入的情况下,当城镇内部不均等小于农村内部不均等时,城镇化可以改善收入分配,反之亦然。但在给定城乡内部不均等的情况下,城镇化对整体贫富差距的影响则取决于城镇化水平,它早期使不均等上升,但后期帮助改善收入分配。

基于中国国家统计局数据,该文的实证研究发现,城镇化在1978—1994年使整体不均等上升,但1995年以后一直帮助减缓贫富差距的扩大,其效应不断增加。尤其是2003年后,城镇化主要通过缩小城乡差距使贫富差距有所下降。遗憾的是,这个城镇化效应不足以抵消由其他变量引起的不均等的上升,所以,我国整体收入分配状况在1982—2006年呈恶化的趋势。如果没有城镇化,1995年后我国的贫富差距会更大。

该文的研究成果具有两大政策含义:一是快速城镇化使得鱼和熊掌兼得,阻碍或放慢城镇化进程导致公平和增长"双输",所以中国应该加快城镇化步伐;二是欲发挥或增强城镇化对贫富差距的积极作用,关键是控制城镇内部的不均等,其中的关键是消除对农民工的种种歧视,尽快实现市民化。

(供稿人:万广华)

【自然条件、行政等级与中国城市发展】

王垚,王春华,洪俊杰,年猛
《管理世界》2015年第1期,原文14千字

经济活动空间分布的不均衡在当今世界经济中是一种普遍现象,传统的区位论和城市经济学理论认为自然条件是造成这种现象的主要原因,同时提出城市的发展还受到规模经济等因素的影响。此外,政治因素的作用同样不可忽略。与其他国家相比,中国城市受到政策影响的程度与其行政等级密不可分。

文章根据一个城市增长理论和内生经济增长理论结合的理论模型,说明城市的形成取决于一个地区的初始优势水平、知识存量和规模经济强度。基于1986年至2011年的《中国城市统计年鉴》《中国统计年鉴》以及相关气象统计资料,以全部地级及以上城市为样本,构建有序响应模型分析自然条件和行政等级对城市达到人口规模门槛值早晚的影响。实证分析的结果表明,在降水量和温度适宜以及沿海的区域,城市发展进程更快,能够更早地达到人口门槛值;市场规模与通达性影响城市的发展,良好的本地市场和接近其他市场能够促进一个城市的发展;政府是中国城市发展的重要推动力。中国城市发展进程中,政府的力量与市场的力量都很重要,尤其在形成大规模城市过程中政府的作用更为明显,行政等级较高的城市发展速度较快。

文章的政策启示。首先,应鼓励规模经济较大的产业向自然条件便利的地区布局。环境舒适、区位便利的地区会吸引更多的人口聚集,为企业提供更大规模的劳动力池,促成规模经济效应,进一步促进人口聚集。其次,便利的自然条件可以转换为地区经济发展的优势,因此自然环境保护政策的制定本身也有助于地区经济增长和城市发展。最后,由于行政等级对城市发展具有重要的作用。政府可以运用行政力量作为市场化手段

的一种补充,通过资源调配来优化城市发展空间格局。

文章的创新点。第一,通过构建一个涵盖自然条件、行政等级和规模经济三个要素对城市形成与发展的框架,分析自然条件和行政等级的综合水平对城市形成和发展的作用;第二,在关于行政等级对城市发展的影响的实证分析方面,以往的研究中对行政力量的研究主要集中在定性分析,该文借助中国城市层次分明的特点进行了定量研究。

(供稿人:王春华)

【城市蔓延、多中心集聚与生产率】

魏守华,陈扬科,陆思桦
《中国工业经济》2016 年第 8 期,原文 22 千字

近二十年来,中国城镇化加速推进,从城市空间形态看,有两个典型特征:(1)平面上的扩张,即城市建成区面积迅速扩大,并超过人口的增速,形成一定程度上的蔓延现象。如 1999-2008 年中国 35 个大中型城市的平均土地-人口增长弹性为 3.905,东、中、西部均值分别为 4.742、4.186、2.104,城市蔓延现象明显。(2)立体上的扩张,高楼耸立但错落有致,形成不同功能集聚区,从单中心城市向多中心城市演进。目前中国不只是全国性城市(如上海、北京等)和区域性城市(如南京、杭州等)已成为多中心城市,许多地级城市,如苏州等也逐渐形成多中心城市。

文章分析城市扩张中水平蔓延向多中心集聚演进的机制及对城市生产率的影响,并运用 1997—2013 年中国 286 个城市面板数据实证检验。结论如下:一是不同于水平的蔓延,多中心集聚通过空间结构优化,提高城市生产率。传统的城市蔓延主要起因于家庭对住宅需求的增加,引发单一的住宅部门围绕市中心向外递减延伸的模式。而多中心集聚主要起因于制造业区位迁移并形成城市次中心,有助于优化空间结构,加强集聚效应。二是水平的空间蔓延对城市生产率影响不显著,但不表现为负面影响。而多中心集聚显著提高城市生产率,并在不同时点(发展阶段)、不同类型的城市存在差异。对多中心城市的不同发展阶段,多中心集聚在加速发展期影响显著;对不同类型的城市(单中心、转变型和多中心),多中心集聚对转变型城市的作用相对显著,而对规模过大城市影响不显著。

政策含义如下。一是纠正对城市蔓延的认识误区,对蔓延宜"疏"不宜"堵"。城市蔓延中,只要形成有效的多中心集聚,则不会造成资源浪费,甚至会提高城市生产率。蔓延与多中心集聚是两种相互依赖的空间扩张方式,不应限制城市蔓延而应合理引导,促进多中心集聚。二是实施组团式空间规划,加强多中心集聚,减少简单的城市蔓延。通过组团式规划,培育城市次中心,有助于优化空间结构,增强集聚效应,提高城市生产率。三是制造业次中心是多中心集聚的关键,宜采取产城融合的模式。制造业次中心是多中心集聚的主要方式,在建设中尽可能采取产城融合模式,发挥制造业集聚效应,带动服务业配套发展,并使居民就近就业,提高城市运营效率。

文章主要贡献。(1)从理论上探究为什么城市会蔓延、为什么会从蔓延向多中心集聚演进、城市蔓延和多中心集聚如何影响城市运行效率,有助于把握大中型城市空间扩张过程中的经济规律。(2)检验是否符合中国城镇化发展的道路方针。运用中国城市数据,实证检验蔓延和多中心集聚对城市运行效率的影响,对未来城镇化道路选择有重要的判别作用。(3)从微观的城市空间形态着手研究,分析服务业部门、制造业部门和家庭住宅的空间区位选择及其对城市运行效率的影响,能更好地涉及城市功能分区、新城开发中的产城融合、建成区的密度控制等具体问题,有助于增强城市规划的超前性、科

学性和适用性。

（供稿人：魏守华）

【中国城市规模偏差研究】
魏守华，周山人，千慧雄
《中国工业经济》2015年第4期，原文15千字

关于城市规模的研究一直是城市经济学的核心议题。一种视角是分析城市绝对规模的合理性，如王小鲁和夏小林估算出中国最优城市规模应在100万—400万人口。诚然，合理（最优）的城市规模有助于提高资源配置效率，然而现实中的城市规模千差万别，很难适用于每个城市。另一种视角是从城市体系角度探讨城市规模的相对合理性，其基本思想是一个经济体内大中小城市的数量及其对应的规模是有规律分布的。其中，Zipf的序位-规模对数线性分布定律和Gibrat的城市规模服从对数正态分布定律最为著名。近年来，中国城镇化进程中的特大城市迅速膨胀、中小城市和小城镇相对萎缩的两极分化倾向越来越明显。那么，如何从城市体系角度科学地评价中国城市规模的分布特征，或城市相对规模的合理性？

文章从城市体系角度在证实中国城市规模分布服从Gibrat定律的对数正态分布基础上，估算出2011年中国287个地级以上城市实际规模与理论规模的偏差，对于城市规模的偏差（偏大或偏小），运用效用最大化理论，从市场主导的集聚效应和政府引导的公共服务等方面予以解释，还运用定性响应模型的多元Logistic回归方法，实证检验影响偏差的关键因素。得到以下结论。一是依据实际规模与理论规模的偏差划分出偏大、合理、偏小三组城市。偏小城市并不是通常意义上绝对规模最小的城市，而是集中在平均人口规模在100万左右但主要为100万以下的中等城市。二是市场机制作用下的集聚效应和政府引导的公共服务，是导致城市规模偏差的重要原因。偏大城市不仅具备显著的集聚效应，如工资效应和服务业带动效应，且各类"软硬件"公共服务也具有明显的积极影响。偏小城市虽有一定的集聚效应但不够显著，导致偏小的关键是相对滞后的公共服务，如教育、医疗等服务不足的"拖累"效应。

政策含义。一是中国城市体系协调发展的关键是中等规模城市的"崛起"。长期以来，绝对规模是中国城市化战略的重要导向，而且在政策上往往偏重于"两头"，如"严格控制大城市、积极发展小城市"，但事实上，小城市因缺乏集聚效应而发展缓慢、大城市由于显著的集聚效应和良好的公共服务又难以控制，导致"大城市偏大、小城市偏小"的尴尬局面。二是针对城市规模偏差的不同类型，国家应采取分类引导的策略。控制规模偏大城市的关键在于落实国家主体功能区的优化发展区战略，推进产业升级和功能升级。对于中等城市（相对偏小城市），积极实施国家主体功能区的重点发展区战略，进一步加强集聚效应，但更为重要的是，提升这些城市的公共服务，包括地方政府"以人为本"的城市化道路，中央政府对教育、医疗等资源的空间合理布局。

文章的主要贡献。发现中国城市体系协调发展的关键恰恰是政策上长期忽视、公共服务相对滞后但具备一定集聚效应、发展潜力大的中等城市，正是由于这些中等城市的"断档"且没能承担大城市和外围小城镇之间"二传手"的功能，导致大城市偏大和小城市"小而全"。因此，未来中国城镇化战略的重点是加快这些城市的发展，包括特大城市"阴影"下的、东部发展中的、中西部发展条件较好的、矿产资源型的城市等类型。

（供稿人：魏守华）

【城市规模、空间集聚与电力强度】
姚昕，潘是英，孙传旺
《经济研究》2017年第11期，原文14千字

近年来，受到雾霾等原因的影响，我国积极鼓励城市能源消费向电力消费倾斜，提出以电代煤、以电代油等政策，实现向电力为中心的终端能源消费结构转变。在国家能源局发布的《电力发展"十三五"规划（2016—2020年）》中明确指出："十三五"期间我国电力占终端能源消费比重仍将持续提升。而电力占终端能源消费比重的提高将主要是伴随着进一步的城市化完成的。在快速城市化的过程中，人口职业的转变、产业结构的转变、土地及地域空间的变化等因素共同影响着一个城市的电力强度水平。

中国仍处在快速城市化的过程中，城市人口、工业及其他因素共同决定着不同的城市规模和产业结构进而影响着一个城市的电力强度水平。文章选取了2003—2013年我国31个省级行政区267个地级市相关数据通过建立动态面板模型进行回归分析。研究结果表明：城市规模与电力强度之间存在倒"U"型的非线性关系。为了进一步探索城市规模对电力强度的影响机制，文章构建了反映省级行政区内部空间集聚水平的重要指标——空间基尼系数，并纳入模型进行回归分析。研究结果发现空间集聚对电力强度确实具有一定程度的负向影响。

结论的政策启示。第一，根据城市自然禀赋特征，在一定程度上鼓励大城市的发展。不同的城市的区位条件、经济发展水平以及目标定位不尽相同，因此应该根据不同城市的具体情况制定和实施节能减排政策，做到有的放矢。第二，为了早日实现既定的节能减排目标，需要适当放松那些过分限制经济和人口集聚的行政干预政策，推动现代化大型城市的建设，推进城市向专业化、产业化、集聚化的方向发展。第三，目前我国仍需加快产业结构优化调整的步伐，既要加快经济增长方式的转变，同时更要加快对传统服务业的转型升级改造，积极发展高新技术与绿色低碳产业。

文章的主要贡献。第一，文章分析了我国城市规模与电力强度的关系，研究发现城市人口规模与电力强度之间确实存在倒"U"型的非线性关系，而且不同城市等级下城市人口规模对电力强度的影响是不同的，城市空间集聚程度提高对城市电力强度具有明显的负向影响。第二，文章研究的结论不仅从理论上证实了城市规模与电力强度之间存在的相关关系，而且从优化电力强度的视角探讨了城市电力强度最优条件下的合理城市规模，并为我国城市化过程中建设现代化的大型城市提供了实践参考与决策支持。

（供稿人：孙传旺）

【城市规模与包容性就业】

陆铭，高虹，佐藤宏
《中国社会科学》2012年第10期，原文18.5千字

该文研究经济集聚对劳动力就业的影响。人口空间布局优化应有利于促进各技能水平劳动力就业的普遍提升，让全体人民在经济增长过程中共享繁荣。但是，有关中国在城镇化过程中应该优先发展大城市还是中小城镇，学界仍存在争议。此外，现实中人们普遍担心，随着城市人口规模扩张，城市将无法提供充足的就业岗位，失业问题可能加剧。由于对城市规模经济效应认识不足，政府的实际政策也倾向于严格限制大城市的人口扩张，特别是低技能者向大城市的集中。

理论上，城市规模扩张并不必然增加失业，这主要是因为城市发展存在规模经济，城市人口集聚会不断创造出新的就业机会。但长期以来，有关城市扩张是否有利于就业创造，经验证据仍很缺乏，也没有经验研究为不同技能劳动者如何在城市扩张中受益提供证据。针对上述知识空缺和政策争论，该文利用中国家庭收入调查2002年和2007年的数据，研究了城市人口规模对个人就业的影

响。作者以城市1953年的人口规模作为城市2000年规模的工具变量,采用工具变量的方法估计模型。结果显示,城市发展的规模经济效应有利于提高劳动力个人的就业概率。平均来说,城市规模每扩大1%,个人就业概率上升0.039—0.041个百分点。基于劳动力个人受教育年数的分组回归结果显示,城市规模扩大的就业促进效应对不同受教育水平的劳动者存在差异。高技能和低技能劳动者均从城市规模的扩大中得到了好处,并且低技能劳动力的受益程度更高。而城市规模扩张并没有显著影响中等技能水平劳动力的就业概率。

政策启示。第一,顺应市场规律的城市规模扩张能提高城市居民的就业率,因此限制集聚将损害劳动力资源的利用效率,阻碍民众共享经济繁荣成果。第二,低技能劳动者可从人口空间集中过程中获得更为显著的就业改善,因此盲目采取限制城市人口规模的措施,特别是针对低技能者的限制,不利于实现公平。第三,兼顾效率和公平的经济增长要求以促进经济集聚为目标优化人口空间布局,从而将更多劳动力"包容"进经济增长的过程,共享城镇化好处和经济繁荣成果。

该文的主要贡献。第一,使用工具变量的估计方法,识别了经济集聚对就业的影响,并区分了其对不同受教育程度劳动者影响的异质性。第二,从要素利用角度思考城镇化道路和城市体系合理化,为在经济增长过程中实现效率和公平的兼顾,在集聚中走向平衡的区域经济政策提供依据。

(供稿人:高虹)

【中国城市结构调整与模式选择的空间溢出效应】

于斌斌,金刚
《中国工业经济》2014年第2期,原文25千字

城市的发展事关未来中国经济的走向,而产业结构调整无疑至关重要,这缘于产业结构调整是一个"创造和破坏并存的过程":一方面,产业结构调整使得生产要素从低生产率部门向高生产率部门转移,而且资源再配置效应会加速新兴行业及现代服务业的发展,从而增加就业规模和提高城市劳动生产率;另一方面,产业结构调整通常伴随产业之间的剧烈转换、资本构成的不断提高以及传统产业的急剧衰退,进而降低了城市的就业规模和压缩了劳动生产率提升的空间。选择合适的城市模式对城市发展也至关重要。从世界城市经济版图可以看出,许多中等城市的某几个产业会高度专业化,如美国的底特律、法国的克莱蒙弗朗、英国的谢菲尔德和日本的丰田,但像美国纽约、日本东京这类大城市却是高度多样化的,容纳了很多并无直接关联的产业。按照笔者的实际测算,中国的伊春、白城、鹤岗等中等城市的专业化程度较高,而太原、西安等规模较大的省会城市则呈现出典型的多样化特征。

该文利用2003—2011年中国285个地级及以上城市的统计数据,实证研究了中国城市结构调整和模式选择对劳动生产率影响的空间溢出效应。结果表明:随着地理距离的增加,中国城市劳动生产率的空间相关强度呈现规律性的递减趋势,并随着时间的推移,劳动生产率的高值集聚区逐渐从东部地区向中西部地区转移;中国城市间劳动生产率的空间溢出效应在0—850公里范围内呈现先上升后下降的倒"U"型过程,波峰出现在450公里左右;产业结构调整尤其是东部城市产业内的高端化升级以及中西部城市对东部城市产业的有效承接,可以显著提升中国城市的劳动生产率,而由劳动力跨行业配置引致的结构性失业对城市劳动生产率具有明显的负向效应;对中国城市化而言,城市多样化模式比专业化模式更能促进城市规模扩张和劳动生产率提升。

结论的政策启示。第一，消除不同城市间的"市场分割"，减少对生产要素和商品流动的限制。中国城市间的市场分割、集聚阴影效应以及激烈竞争使得劳动生产率的空间关联效应存在"断层"，制约了中国劳动生产率全域性的空间传导机制。第二，完善区域发展战略及相关政策，实现东、中、西部城市产业的功能再分工和协调发展。第三，根据产业的初始结构和调整方向，选择"多样化"为主、"专业化"为辅的"双轨式"城市化发展道路。第四，在都市圈和城市群的框架下规划和引导城市结构调整和模式变迁，加快都市圈和城市群的框架完善和层次提升。

文章主要贡献。利用2003—2011年中国285个地级及以上城市的统计数据，在综合考虑城市细分产业结构变化的基础上，通过引入地理距离特征分析中国城市结构调整和模式选择的空间溢出效应，为在理论和实践上探索城市化发展规律提供中国经验和案例；根据该文的主要结论对中国城市的结构调整和发展模式提出了针对性的政策建议。

（供稿人：于斌斌）

【城市化、大城市化与中国地方政府规模的变动】

余华义

《经济研究》2015年第10期，原文20千字

改革开放后，中国实现了经济的高速增长，然而无论是从财政收支占GDP的比重，还是从财政供养人员来衡量，中国地方政府规模都呈现扩张趋势。过去文献在探讨地方政府规模的影响因素时，主要是基于经济增长、财政因素、贸易开放、收入分配、政治因素等视角。

该文通过均衡模型解释了为什么城市化进程以及大城市化率的变化会对一个国家地方政府规模产生影响，其各自对地方政府规模的影响方向和大小各是怎样，以及这些机制在中国又受到哪些制度因素的限制。

该文建模思路如下。一个国家内部不同类型居民对公共产品的需求是不同的，农村人口逐渐转变为城市人口的城市化进程，以及小城市人口搬迁到大城市的大城市化过程都可能引发地方政府规模的变动。该文区分了人口大城市化和产业大城市化对政府规模的不同影响。按新古典城市体系理论，随着产业在城市集聚，会出现规模经济，提高平均劳动生产率。规模经济会吸引产业和人口在城市进一步集聚。而人口增加伴随着种种拥挤成本，这又会阻碍城市规模进一步扩大。为了弥补拥挤成本带来的负效用，政府必然需要额外的公共支出。随着产业在城市中集聚，最初的规模经济大于拥挤成本，这会节约政府在公共服务和社会管理上的投入，缩小地方政府规模。而当产业集聚达到某一临界点，产业继续在大城市集聚，规模经济会小于拥挤成本，地方政府规模将会膨胀。对地方政府规模而言，存在最优的产出大城市化率。而单纯人口大城市化会增大地方政府规模。进一步，城市密度的变动也会影响地方政府规模。

基于理论分析，该文利用中国1998—2013年省级面板数据，通过固定效应、工具变量广义矩估计和系统广义矩估计对上述命题和推测进行了逐一的验证。在验证推测时，该文引入了两个交叉项：城市化率和人口大城市化率的乘积、产业大城市化率和人口大城市化率的乘积。该文巧妙地通过内组工具变量，解决了城市化、大城市化和地方政府规模之间的内生性问题。总体而言，实证部分的结果和理论分析部分的四个命题和三个推测是高度吻合的，且结果是稳健的。

从政策角度，该文发现优化城市化路径本身就可以在一定程度上抑制地方政府规模膨胀。该文给出了通过优化城市化路径，控制地方政府规模膨胀的政策建议，比如合理优化城市布局，控制大城市规模，促进中小城市发展；发展卫星城和城市群，疏散大城

市中心区人口、产业和功能；引导产业向中小城市转移；淡化按城市行政级别配置资源和公共产品的偏向等。

（供稿人：余华义）

【地理与服务业——内需是否会使城市体系分散化？】

陆铭，向宽虎

《经济学（季刊）》2012年第3期，原文18千字

该文研究地理区位对服务业劳动生产率的影响。服务业占比随经济发展而提高是一个普遍规律，中国也经历了这一过程。在2008年的金融危机之后，内需在中国经济发展中的重要性进一步增强，而发展服务业则是扩大内需的重要途径。一个流行的看法是，由于内需越来越重要，以及服务业的更快发展，地理因素（特别是到沿海的距离和到大城市的距离）对整体经济的影响将不再重要，内地和中小城市将成为新的增长中心，这一观点是否正确需要通过实证研究来检验。根据新经济地理学的理论，经济在大城市周围集聚有利于提高劳动生产率。工业在经济中发挥主要作用的时候，集聚的作用非常明显。那么，在服务业的发展上，地理因素是否仍然重要？对这一问题的回答影响到中国发展服务业的地区间布局问题，也会影响到中国未来的城市发展道路。

文章基于1990—2007年中国286个地级及以上城市的面板数据，考察了到大港口和区域性核心大城市的距离对第三产业劳动生产率的影响。实证结果显示，第三产业劳动生产率和到大港口的距离之间呈现出三次型的"∽"型曲线关系：随着离大港口越来越远，第三产业劳动生产率先下降，后上升，然后再下降。相比之下，第二产业劳动生产率和到大港口的距离之间也存在三次曲线关系，但是没有第二波峰，说明第二产业的集聚力比第三产业相对更强，但离散力相对更弱。同时，文章也发现，区域性的大城市对第三产业劳动生产率的影响比对第二产业的影响更加明显。

政策启示。基于该文的研究，作者指出，中国未来发展要更加依赖内需和服务业的发展导向不会导致城市体系分散化。更接近大港口和区域性大城市对服务业发展是有好处的，现代服务业更需要密集的知识和信息，消费型的服务业也需要借助于高劳动生产率派生出来的需求。所以，即使中国未来依赖服务业的发展来转变经济发展方式，由过于依赖出口转为内需驱动，经济向沿海和大城市集聚仍然是必然趋势，城市体系也不会分散化。因此，人为地限制沿海地区和大城市发展不仅会带来效率损失，也不利于将经济增长方式向更依赖内需的方向调整。

文章主要贡献。第一，文章从地理区位角度研究服务业劳动生产率的差异，为服务业发展的研究提供了新的视角；第二，文章比较了地理因素对服务业和制造业作用的差异。

（供稿人：向宽虎）

【产业结构、最优规模与中国城市化路径选择】

王垚，年猛，王春华

《经济学（季刊）》2017年第2期，原文23千字

如何选择和判断合理的城市发展路径来避免资源的无效配置，正是当前处于城市化加速期的广大发展中国家所面临的共同难题。在中国城市化进程中，是优先发展中小城市还是更加注重大城市的发展，一直存在争议。2011年中国城镇化率首次超过50%，标志着中国进入城市化发展的新阶段。如何在尊重城市发展规律的基础上，优化资源配置，统筹空间、规模、产业三大结构，进一步提升城市整体发展效率，是中国新型城镇化时期面临的重要难题。

该文以新经济地理学框架下的城市最优规模理论为指导，以中国为例估计出人均产出水平与城市规模之间存在倒"U"型关系，即随着人口的增加，人均产出水平先上升，随后下降。城市偏离最优规模会造成聚集收益的损失，而未达到最优规模的城市经济收益损失要大于超过最优规模的城市产生的经济收益损失。同时，城市最优规模水平随着产业结构的不同而变化，由于服务业对就业的吸纳能力高于工业，因此工业比重高的城市最优规模水平低于服务业占据主导地位的城市。除此之外，城市最优规模水平还受到市场潜力、技术与知识水平、资本积累等方面因素的影响。

结论政策启示。一是鼓励人口向规模不足的城市聚集、限制人口流向已经达到最优规模的城市聚集皆有助于城市经济发展水平的提高；二是提高服务业的比重，可以提高城市人口承载力，以此破解"大城市病"；三是制定差异化的城市政策，通过适度的政策倾斜，引导资源合理流向中西部地区，缓解东部城市人口压力，释放中西部地区城市发展潜力，促进东中西部城市协调发展；四是实施扁平化的城市行政管埋体制，减少政府干预尤其是将资源配置的方式与城市的行政等级脱钩，实施由"政府为主导"转向以"市场为主体"的资源配置方式。

主要贡献。第一，借助 Au 和 Henderson（2006）的理论模型，考虑了城市类型的多样性，纳入了产业结构、市场潜力、知识溢出、通勤成本等因素，将城市的数量内生化，用新经济地理学的方法处理城市间的贸易成本（冰山成本），并把影响经济活动聚集的空间因素纳入模型之中，最终构造了人口规模和实际产出水平之间的倒"U"型关系；第二，在人口规模度量方面，根据1990年、2000年和2010年的《中国人口普查分县资料》，参考了1990-2010年的《中华人民共和国行政区划手册》进行重新整合，依据2010年的行政区划范围对数据进行了调整，确保所使用的数据集在地域行政区划上的统一。

（供稿人：年猛）

【倒"U"型城市规模效率曲线及其政策含义——基于中国地级以上城市经济、社会和环境效率的比较研究】

王业强

《财贸经济》2012年第11期，原文11千字

城市最优规模问题是学术界一直争论的理论热点问题，也是政府政策关注的核心问题。自20世纪八九十年代开始，北京大学周一星教授就开展相关问题的研究。当前中国处于城镇化快速推进时期，一些特大城市规模不断扩张，导致各种"城市病"日益频发。因此，关于城市规模问题在中国城市化进程中受到广泛关注。该文认为，各种关于城市规模的理论和政策争论的焦点在于，城市规模效率与城市规模之间的倒"U"型假说是否成立。在此背景下，讨论关于城市规模问题、城市的承载能力问题、城市的效率问题的研究因而具有紧迫的现实意义。

该文通过对城市规模问题的理论梳理，提出倒"U"型城市规模效率曲线假说，并利用中国地级以上城市数据系统测算检验了这一假说在中国城市发展进程的理论和现实意义。该文主要利用数据包络分析（DEA）中的 BCC 模型、超效率模型和 Tobit 回归模型，系统测算和分析了中国城市和地级市及以上城市2005—2010年的规模效率及其与城市规模之间的关系。

结论的政策启示。中国城市规模效率与其规模正相关，地级市及以上城市经济、社会和环境规模效率与其规模基本上呈倒"U"型关系，倒"U"型曲线顶点对应的城市规模对城市发展具有较强的政策含义。据此，该文提出"促进中小城市发展、限制超大城市、完善城市管理、协调区域城市发展"的政策

思路。

研究价值和学术贡献。首先，该文提出城市规模效率与城市规模之间的倒"U"型假说。在中国城市化过程中，随着城市规模的扩大，城市的社会问题和环境问题日益严重。不同的理论和政策争论的焦点集中在是否存在一个最大城市规模，在此之前，城市的规模效率递增；而在此之后，城市规模效率递减。该文定义其为城市规模效率的倒"U"型假说。其次，建立了一个综合经济、社会、环境三个维度的城市规模效率框架。以往研究侧重于城市的经济效率考察，对城市社会和城市环境方面的研究往往是作为一类城市问题单独进行研究，而没有将其纳入城市效率考察的综合框架之中。最后，提出了一个判断中国城市规模是否有效的标准。文章分地区对中国城市的经济、社会和环境规模效率顶点进行测算，据此判断各地区城市规模水平是否适度，并给出了四大地区处于规模效率递减的城市，体现了城市规模政策要考虑地区差异的影响。

（供稿人：王业强）

【中国城镇化进程中的城市序贯增长机制】

余壮雄，张明慧
《中国工业经济》2015 年第 7 期，原文 15 千字

伴随着市场化改革的推进，中国的城市发展战略经历了多次的调整：从 20 世纪 80 年代初提出的"严格控制大城市规模，合理发展中小城市，积极发展小城镇"战略，推动中小城市发展，到 2002 年提出的"坚持大中小城市和小城镇协调发展"思路，鼓励各级城市平等自由竞争，再到 2013 年提出的"严格控制大城市规模，积极发展中小城市"规划，又将城镇化的发展方向转向中小城市。有关新型城镇化的效率以及基于市场规律的城镇化战略应该遵循怎样的发展方向，一直是学界研究的焦点。

文章以城镇化进程中的城市序贯增长机制为切入点，构建了一个关于城市系统演变的一般均衡模型，从理论上刻画了城市序贯增长的特征，并利用中国 2003—2013 年"城市自由竞争"时期的城市数据对城镇化进程中的城市序贯增长机制进行实证分析，验证了理论分析的结论，支持了城市序贯增长机制的存在。实证结果显示，伴随着中国城镇化进程的推进，城镇化效率与城市规模之间的关系从早期左低右高的"U"型结构不断扁平化，并表现出向倒"U"型结构反转的明显趋势；由此可知，随着经济的发展，城市发展优势正在从规模最大的城市不断向规模次之的城市转移。

结论的政策启示。第一，研究结论在一定程度上肯定了当前中国新型城镇化战略中控制特大城市的思路的合理性。适当的控制特大城市的规模（发展速度），可以为特大市与大城市进行公共服务体制方面的改革腾出足够的时间，也降低了其改制过程中的人口压力，提高改革成功的概率。第二，当前城市的最优规模处于市辖区人口 130 万—340 万的中大型城市与规模较小的大城市区间，政府如若基于区域平衡等考虑将中小城市作为新型城镇化的主要方向将存在效率损失；城镇化的方向应侧重于鼓励中大型城市与大城市的发展。

文章的主要贡献。第一，结合现实经济与中国经济运行的特征，通过对 Henderson 和 Venables（2009）的城市序贯增长的框架进行拓展，构建了一个城市增长的一般均衡模型，从理论上刻画了城市序贯增长所呈现的"接力赛"特征。并使用中国的城市数据，验证了城市序贯增长机制的存在。第二，政策上，在"扶持大城市发展"和"鼓励小城市发展"这两种政策路线之外，给出了城市发展的第三种可能的中间道路，即适当鼓励中大型城市的发展，通过释放城市系统序贯增长的潜

力，来推动整体城市经济的有序和良性发展。

(供稿人：余壮雄)

【政府合作、市场整合与城市群经济绩效——基于长三角城市经济协调会的实证检验】

张学良，李培鑫，李丽霞
《经济学(季刊)》2017年第4期，原文15千字

城市群的崛起已成为近年来中国区域发展最为突出的特征，以城市群为核心的空间发展格局正日益形成。从理论上讲，城市群作为城市化和工业化发展到一定阶段所形成的一种空间组织形式，依托完善的城市体系、强大的中心城市、合理的功能分工以及密切的经济联系，能够形成更强的集聚和网络外部性，产生更大的分工收益和规模效益，从而实现产出效率的提高。但在地方市场分割的制度背景下，城市群的发展可能也会受到一定的扭曲。长三角城市群是中国发育最为成熟的城市群，而长三角城市经济协调会这一自发形成的跨区域合作机制则为各城市提供了良好的合作与交流机制，也是长三角城市群发展的代表性特征。

文章基于江苏、浙江、上海两省一市131个县市区1993—2010年的数据，以长三角城市经济协调会这一政府合作机制作为长三角城市群形成的代表，将其视为一项准自然实验，运用倍差法来检验其是否提高了经济绩效。同时考虑到市场分割对城市群发展的限制作用，该文也运用目前常用的"一价法"计算了长三角两两城市之间的市场分割指数，并进一步考察了其与长三角城市经济协调会之间的关系。该文的结论表明，加入长三角城市经济协调会确实有效提升了生产效率，可以使地区劳动生产率显著提高8.9%，而且这种效应呈现出随时间逐渐增强的趋势，此外，加入协调会与基于"一价法"计算的市场分割指数之间存在负向相关的关系，进一步验证了该文的观点。

基于该文的结果，长三角城市经济协调会的成立有利于打破地方市场分割，推动区域的市场整合和一体化发展，从而实现经济绩效的提高。未来要发挥城市群战略的带动作用，最重要的是要在市场机制下顺势而为，通过建立有效的区域合作机制来逐步消除地方市场分割，实现要素在市场规律下的自由流动和优化配置，形成密切的经济联系和合理的功能分工，从而使得城市群的发展优势真正得以实现。

该文的贡献主要在于两个方面。第一，该文是对城市群相关研究的一个有益补充，现有文献较少从经济学角度分析城市群形成的理论机制及其可能产生的经济绩效，该文的研究从长三角城市经济协调会的视角切入，在一定程度上证实了城市群能够产生正外部性，从而提高产出效率；第二，不同于现有研究多采用"一价法"和省份数据来研究中国的市场分割问题，该文从新的角度为政府合作、市场整合与经济绩效的关系提供了新的证据。

(供稿人：张学良)

【城市群、集聚效应与"投资潮涌"——基于中国20个城市群的实证研究】

赵娜，王博，刘燕
《中国工业经济》2017年第11期，原文19千字

2006年，《国家"十一五"规划纲要》首次提出"把城市群作为推进城镇化的主体形态"。2014年，《国家新型城镇化规划(2014—2020)》发布了"5+9+6"城市群的空间结构新格局规划。2016年，中国"十三五"规划(2016—2020)纲要进一步提出要建立健全城市群发展协调机制，实现城市群一体化高效发展。目前，以城市群为代表的集聚经济已成为中国经济发展的新增长极。由于城市群的静态区位因素和动态外部性，会使城市群内的企业面临相似的市场环境和

信息集，可能在投资策略上相互影响而产生投资支出的"潮涌"现象。

文章根据《国家新型城镇化规划（2014—2020）》对中国20个核心城市群的划分，以沪深两市2003—2016年全部A股上市公司作为研究对象，从城市群的空间集聚特征切入，分析城市群内企业间投资支出行为相互影响的现象和作用机制。研究结果表明：城市群不仅会通过行业内集聚效应影响同行业企业间的投资策略联动性，而且，跨行业的同地区集聚效应也会导致同区域内的企业间投资支出产生联动性。该文还进一步从主导行业的外部溢出效应和上下游纵向关联性，以及不动产抵押融资担保渠道视角，验证了城市群的空间集聚效应对企业投资支出联动影响的传导路径。

结论的政策启示。第一，积极贯彻落实中国"十三五"规划中有关城市群建设的重要举措，充分发挥出集聚经济的规模效益及溢出效应，推动区域经济健康快速有序地发展。第二，根据政府与市场机制有机结合的原则，在城市群规划中充分考虑未来产业布局的定位和优化，着力培育各个城市群的主导产业，并推动全产业链布局优化和区域发展。第三，应大力推动金融供给侧结构性改革，提高供给结构对需求变化的适应性和灵活性；积极构建城市群金融行业沟通对接平台，促进区域内金融资源和信息的共享；推进区域金融资源优化配置、优势互补和协调发展。

文章主要贡献。第一，从企业微观层面分析了中国城市群的空间集聚效应对企业间投资策略的影响作用，并基于空间集聚效应的两种类型——行业内集聚和跨行业地区集聚经济进行实证分析，这将有助于深入理解城市群的区域增长极作用，并对客观评估城市群对区域经济发展的影响提供了一个来自转型发展中国家的微观证据。第二，着重探讨了城市群对企业间投资决策产生影响的主导行业传导路径，这对中国未来城市群主导行业的培育和扶持政策的调整具有重要启示意义。第三，该文将企业的外部融资和不动产抵押品的区域共享性相联系，这为中国制定区域金融发展政策和完善金融市场体系建设提供了重要的参考依据。

（供稿人：赵娜）

【中国城市群功能分工测度与分析】

赵勇，白永秀

《中国工业经济》2012年第11期，原文15千字

合理的区域分工是实现区域协调发展的重要标志，但是如何衡量区域分工与区域专业化仍有待完善。从城市功能分工角度来刻画区域分工，不仅能够从微观层面反映企业生产组织形式的变化，而且能够从宏观层面客观地反映区域产业结构与空间结构的变化。以中国为例，随着城市化进程的加速，城市群成为区域重点开发及区域协调发展的主要形式，城市群内部城市间的分工成为区域分工研究的重要内容。

该文运用空间功能分工指数对中国城市群的功能分工水平进行了测度与比较。研究结果表明：2003—2010年，中国城市群功能分工水平总体相对较低并呈现出波动中持续下降的趋势，但2008年之后呈现出一定程度的上升态势；城市群功能分工存在明显的区域差异，东部城市群高于中西部城市群且差距逐渐拉大。从城市群中心城市与外围城市的比较来看，中心城市远远高于外围城市且二者差距不断扩大，但中心城市自身则呈现出下降趋势。从城市等级角度比较来看，城市功能分工水平与城市等级高低有关，不同等级的城市呈现出明显的级差特征。

结论的政策启示：在国土空间功能分异和主体功能区形成的背景下，应注重城市群的空间异质性、空间外部性以及城市群发展的区域差异，从企业、产业与区域治理三个

层面，协调城市群基础设施建设、共同市场建设、中心城市与外围城市间的功能定位、行政功能区与经济功能区之间的冲突、城市群发展的区域差异，以差异化的区域政策推动城市群基础设施同城化、市场一体化、功能一体化、利益协同化，不断提高城市群和区域的功能分工水平，最终实现区域协调发展与一体化发展。

文章主要贡献。根据城市功能分工的理论和相关测度方法，对中国主要城市群功能分工水平进行了测度。除了对十大城市群进行总体测度外，还对每个城市群内部中心城市与外围城市间的功能分工进行了测度，并按照城市等级测度了不同类型城市的功能分工水平，不仅能为客观判断中国城市群发育程度、区域分工与专业化程度提供依据，而且能够为制定相关区域协调发展政策提供依据。

（供稿人：白永秀）

产业集聚与企业区位

【产业集群动态演化规律与地方政府政策】

阮建青，石琦，张晓波

《管理世界》2014年第12期，原文19千字

中国东部沿海地区在改革开放后实现了快速的工业化，这一过程主要是基于产业集群的形式。因而，产业集群能否实现持续的转型升级，对中国未来经济的持续增长具有关键性作用。那么，产业集群的转型升级是否存在普遍性规律？地方政府应该如何促进产业集群的转型升级？

文章根据已有产业集群演化模型和产业升级路径理论，构建了一个产业集群动态演化三阶段模型，即产业集群发展早期处于数量扩张期，在数量扩张期鼎盛阶段，产业集群可能陷入内生质量危机；若能克服质量危机，产业集群将演化到质量提升期；在质量提升期末期，宏观经济的发展逐渐影响着区域间相对比较优势，产业集群较发达的区域将面临要素成本不断上涨的压力，生产环节的利润将日益微薄；此时，若产业集群能够将利润重心从生产环节升级到技术研发、品牌创新与市场开拓环节，则产业集群将向微笑曲线的两端演化，即产业集群演进到研发与品牌创新期。但是，上述三阶段演化模型中，不同阶段之间的演进并非自然而然发生的事情，需要地方政府提供具有集群外部性的公共产品。文章不仅从理论上阐述了上述演化规律，而且运用案例和实地调研数据对上述模型进行了验证。文章所提出的产业集群演化规律模型为分析具体产业集群演化规律提供了一个参照系。

结论具有如下政策启示。地方政府能够在产业集群发展过程中发挥积极作用，尤其是在产业升级过程中，地方政府能否提供合适的公共产品将决定一个产业在未来能否保持竞争力。在产业集群内，大量同类或相关的企业集中在一起，针对行业的公共产品能够使众多的企业获益，因而地方政府更有积极性去提供针对整个行业发展的公共产品。

文章的贡献主要体现如下。首先，文章修正并完善了已有的产业集群演化模型，而且解释了不同阶段之间演化的内在机制。其次，文章为大家理解政府与市场的关系提供了案例参考。在经济发展过程中，市场和政府应当共同发挥作用——市场是资源配置的基本机制，但政府必须提供具有外部性的公共产品。学界对政府参与经济活动有许多质疑，其中一种观点认为，因为信息不对称的存在会同样导致政府失灵，因而政府不可能制定正确的产业政策。文章的研究表明，在地方政府层面上，政府与产业之间的信息不对称程度是非常低的，地方政府能够为产业的发展提供合适的公共产品，从而促进地方

经济发展。

(供稿人：阮建青)

【产业集群的虚拟转型】
陈小勇
《中国工业经济》2017年第12期，原文26千字

互联网构筑的虚拟空间为人类开辟了新的活动天地。人们可以在此进行互动交流，企业可以在此开展生产经营活动。值得注意的是，在这个虚拟空间，基于淘宝、腾讯、苹果公司的App store及Airbnb等众多平台型公司都形成了庞大的虚拟产业集群，这直接改变了过去产业集群只能在特定地理位置上形成和发展的境况。那么，是什么因素驱动产业集群进行虚拟转型？这种虚拟转型会给产业集群的形成和发展带来什么样的变革，会使其功能发生怎样的变化，会对置身其间的企业带来什么样的影响？对于这些问题的回答，不仅对产业集群转型升级战略的制定和实施具有重要的理论和现实意义；而且对于企业思考和制定参与全球化市场竞争的战略也具有重要的理论启示价值。

文章基于分工和交易成本理论，揭示了产业集群的根本功能在于通过缩短分工之间的距离（包含"空间距离"和"心理距离"两层含义）来降低分工之间的协作成本。并围绕产业集群这一根本功能，系统分析了虚拟转型给产业集群的组织形式、运行机制、演化路径及能力带来的变革。

结论的政策启示。（1）平台企业是虚拟产业集群形成的基础，它如同传统产业集群所依托的地理空间，没有它，虚拟产业集群就失去了存在的根基。因此，推动传统产业集群向虚拟产业集群转型升级，需积极扶持和培育平台企业。（2）基于全球价值网络型分工体系和产业集群虚拟转型战略来助推特定区域上的传统产业集群向异质型产业集群转型。（3）社区化运作机制可以有效解决正式制度和非正式制度之间融合的效率问题。因此，在推进传统产业集群虚拟化转型的过程中，要有意识地强化其社区建设，通过引入社区化运作机制来优化产业集群的治理机制。

文章主要贡献。第一，基于"空间距离"和"心理距离"双重维度思考不同分工之间的交易成本，能够更好地解释虚拟集群在降低交易成本方面所具有的优势；第二，将价值链拓展至全球价值网络，以此作为构建产业集群虚拟转型战略的理论基础；第三，将社区运作机制引入企业治理机制的分析，能更充分地解释实践中平台企业的运作机制。

(供稿人：陈小勇)

【中国制造业产业集聚的程度及其演变趋势：1998—2009年】
文东伟，冼国明
《世界经济》2014年第3期，原文26千字

近年来，由于受地理环境和自然资源影响较小的非农产业，特别是制造业的迅猛发展，以及交通运输系统的不断完善，各个地区的产业结构差异变得越来越大，中国制造业产业的集聚程度在不断提高。对中国产业集聚的研究大多建立在较为宏观的省区和两位数行业的基础之上，建立在微观企业层面的研究很少见。

由于企业层面的研究，样本规模大，更贴近经济活动的空间分布现实，因此文章利用1998-2009年中国工业企业数据库企业层面的数据，从省、市、县三个层面，分别测算了中国30个两位数制造业，163个三位数制造业和430个四位数制造业的产业集聚指数，并描述了中国制造业产业的地理集聚模式。研究表明，受地理环境和财政分权制度等因素的影响，中国制造业的地理集聚程度虽然相对较低，但却呈现出不断加深的趋势。地理上高度集聚的行业，并不能以显著的单一原因进行解释。一些高度集聚的行业与自

然资源优势有关，而另一些高度集聚的行业可能与集聚经济、空间外部性或运输成本等因素密切相关。

文章的研究启示。一是探讨中国制造业集聚的决定因素或影响因素，即是什么因素导致了中国制造业的地理集聚，其中可考虑的因素包括贸易和外商直接投资、距离国际市场的远近、劳动力迁移和流动、地方保护主义或其他一些地区特征和产业特征等。二是中国制造业的地理集聚对经济绩效，比如对劳动生产率、经济增长、收入分配、出口、企业融资、生态环境等有何影响。尽管对上述两个方面，已有较多的研究，但大多数研究基本都是建立在较为宏观的省区和两位数行业的基础之上，建立在微观企业层面的研究却很少见，该文的工作为进一步的企业层面的研究提供了基础。

文章主要贡献。第一，从微观企业层面测度了中国制造业的产业集聚程度、模式和演变趋势。以往大多数研究基本都仅是使用省级或地市级的两位数制造业行业数据测算中国制造业的产业集聚模式，有的研究甚至仅仅使用制造业整体的数据来论证中国制造业的产业集聚问题。第二，在地理单元的选择上，该文将地理范围拓展到更为微观的县级，而以往大多数研究都仅到省级或地市级。第三，在行业范围的选择上，该文将行业范围拓展到三位数和四位数，而以往的大多数研究基本都建立在两位数行业的基础之上。第四，作为研究的重要基础，该文在行业代码以及地区行政区划代码的转换与统一方面，都进行了有别于现有研究、相对更合理更细致的处理。

（供稿人：文东伟）

【空间集聚与企业出口：基于中国工业企业数据的经验研究】

陈旭，邱斌，刘修岩
《世界经济》2016年第8期，原文20千字

伴随着整体经济的高速增长，经济活动的空间集聚水平也表现出明显"东高西低"的非均衡性，且这一特征在中国过去30余年的出口实践中更为突出，目前超过90%的出口企业聚集于东部地区。过去较长一段时期内经济活动的集聚对经济增长以及生产率的推动作用得到了国内外学者的检验和证明，然而，随着中国东部地区工业企业集聚程度的不断加深以及人力资本成本的大幅增加，近年来产业过度集聚对中国制造业生产率的抑制作用正逐渐显现。而中国各地区企业的出口扩张是否受到所在地区市场拥挤的负面影响还是一个未知数。

该文将空间外部性与新新贸易理论相结合推断出空间集聚对企业出口参与的动态影响，并运用Heckman两阶段模型检验了中国企业出口二元边际与空间集聚之间的关系。研究表明，拥挤效应导致中国企业出口二元边际与空间聚集存在显著倒"U"型关系。但总体来看，中国的空间集聚目前尚未达到最优水平。此外，在区分区位、行业及所有制之后发现，空间集聚对中国东部地区、资本和技术密集型以及外资企业出口行为的影响均表现出相似的倒"U"型特征。

结论的政策启示。首先，尽管中国空间集聚对制造业企业出口二元边际的影响呈先扬后抑的倒"U"型趋势，但目前中国绝大多数城市的集聚程度远低于最适强度。特别是资本和技术集中程度较高的东部地区，需要进一步为城市"加密"以更为充分地发挥空间外部经济效应对出口贸易的推动作用。其次，中国劳动密集型企业应逐渐摆脱对简单劳动力的过度依赖并尝试进行技术改造升级。随着中国人口红利的不断流失，劳动密集型企业应尽可能地借助集聚的技术溢出效应进行技术模仿以逐渐提升生产率，以借此在国内市场愈发有限的趋势下实现国际市场份额的扩张。最后，继续推动商业性国企的市场

化进程，深入实施创新驱动发展战略，这样既可以通过巨大的资本优势充分地利用技术溢出、规模经济等实现出口市场规模的迅速扩张，也能够反过来进一步带动和发挥周边地区的集聚经济效应，形成良性互动。

文章主要贡献。首先，在理论机制方面将空间集聚外部性与 Melitz（2003）的模型相结合，推断出由于存在拥挤效应，空间集聚对企业出口二元边际的影响将随着集聚程度的不断加深呈倒"U"型特征，在特定问题上丰富和拓展了新新贸易理论。其次，根据所构建的理论框架运用经验研究方法从企业出口二元边际视角判断和分析中国目前是否存在已出现市场拥挤的城市。最后，使用了考虑行业之间关联性的空间集聚指标，更加客观地反映了中国各城市的经济活动密度。

（供稿人：陈旭）

【现代服务业聚集的形成机制：空间视角下的理论与经验分析】

段文斌，刘大勇，皮亚彬

《世界经济》2016 年第 3 期，原文 17 千字

现代服务业是衡量经济体发展水平的重要标志，其发展对中国的产业转型有着重要意义。一方面，现代服务业发展本身即是产业成长的体现；另一方面，现代服务业的集聚可以发挥其作为高端产业对整个产业体系的支撑和广泛辐射带动作用，促进经济结构调整。分析现代服务业发展的形成原因与内在机制，受到学者、产业界及公共服务部门的关注。

文章梳理了空间经济学关于产业集聚的分析框架，指出 Krugman 的中心-外围模型在垄断竞争、收益递增的一般均衡分析框架中引入了地区间的"冰山成本"并论证了市场规模在决定产业（人口）聚集方面的重要作用；后续的重要研究从产业关联、拥挤成本、溢出效应等方面完善了空间经济视角下产业集聚的研究体系，其基础观点之一是内生的市场规模促进了集聚，可以视为需求因素在循环累积的作用下促成了产业聚集。而对于具有知识、技术密集特征的现代服务业，传统的"冰山成本"可能表现为因地理距离带来的信息耗散及交易成本。虽然传统的空间经济模型没有着重探讨供给条件对产业集聚的影响，而大量的产业经济学文献指出作为供给因素的比较优势或效率优势会影响产业的集聚。文章在空间经济学分析框架中引入了供给因素，提出地区的复合效率优势特征并从需求和供给两方面分析服务业集聚的空间作用机制。

结论的政策启示。研究指出效率优势与市场需求对地区的（服务业）产业集聚产生重要影响，同时，市场便利程度和不可贸易资源也对产业集聚发挥作用。基于此，应当进一步提高技术创新能力及优化市场配置过程，提升地区整体效率优势；同时内生出市场需求和扩大市场潜能，并由此驱动产业的结构调整与持续发展；还要完善公共服务及资源，通过发挥规模效应及"本地市场效应"促进城市网络和城市群的产业关联、资源流动与协同，实现先进制造业与现代服务业的优势互补和协同发展。

文章主要贡献。第一，基于空间经济分析框架，结合地区效率优势特征从供给与需求两方面探讨了现代服务业发展与集聚的机理，丰富了已有关于产业集聚和现代服务业发展研究的视角及经验观察。第二，在政策上，探讨了推动现代服务业发展的基础条件、市场环境与公共政策，通过完善可以实现效率优势提升和需求潜能扩大的市场制度条件与公共服务，促进产业的结构优化与持续成长。

（供稿人：刘大勇）

【追踪我国制造业集聚的空间来源：基于马歇尔外部性与新经济地理的综合视角】

韩峰，柯善咨

《管理世界》2012 年第 10 期，原文 23 千字

众多学者以比较优势理论为基础探讨了

我国制造业区位分布和产业转移问题，证实了制造业和要素已具备在我国不同区域和城市之间转移的可能性和可持续性。然而现实观察却显示，制造业并未出现此前学术界期待的由沿海向中西部地区的大规模转移，大型集聚中心仍鲜见于中西部地区。这意味着传统比较优势在解释我国制造业空间分布和要素空间配置中正逐渐失去效力。从中国经济活动空间分布的特征事实来看，越接近繁荣地区，城市越具有吸引力和集聚效应。这种接近性或可达性使城市较易与周围城市产生联系，通过与其他城市的协同作用在空间上形成规模效应，从而使制造业在空间上形成了连续成片的分布状态。因而，与传统比较优势相比，空间邻近性或城市之间的作用和联系在制造业区位选择中的作用更为重要。

文章基于马歇尔集聚经济外部性和新经济地理理论的综合框架分析城市制造业集聚的空间传导机制，提出可检验模型。研究结果表明：专业化劳动力、中间投入可得性、区际研发溢出与市场需求对制造业空间集聚均有明显的促进作用，但地方保护主义却降低了专业化劳动力可得性、中间投入可得性和区际人际沟通的技术溢出的作用；地方保护主义进一步加强了国际市场潜力对制造业集聚的作用。国内市场与国际市场对制造业集聚的影响存在互补性。

结论的政策启示。第一，各地区各级城市要根据自身及其空间优势趋利避害或化害为利、培育具有地域化特征的集聚中心和增长极，形成优势互补、互动合作的良性区域发展格局。第二，应将应对地方保护主义的着力点由最终商品市场向劳动力、中间品等要素市场倾斜，取消要素市场仅为当地服务的限制性措施，为新的制造业集聚中心或增长极的形成提供充足、灵活的要素供给条件。第三，努力构建区际人才共享机制和平台，改善城市创新环境、提高生产效率。第四，鼓励更多的城市参与区域一体化进程，不断扩展国内市场，促进城市间形成相互促进与联动的协调发展格局。

文章主要贡献。第一，在马歇尔集聚经济理论和新经济地理理论基础上，从要素供给和市场需求的综合视角构建制造业空间集聚的理论分析框架，为识别我国制造业集聚的空间来源提供依据。第二，系统构建了劳动力蓄水池效应、中间品空间可得性、知识外溢效应等要素集聚外部性指标和市场需求潜力指标，为探讨制造业空间集聚机制提供了量化依据。

（供稿人：韩峰）

【生产性服务业集聚与制造业升级】

刘奕，夏杰长，李垚

《中国工业经济》2017年第7期，原文19千字

近年来，各地政府将促进服务业集聚发展作为推进城镇化和产业结构转型的重要抓手，以空间结构调整带动城市产业转型的发展理念已深入人心。一方面，生产性服务业在许多城市特别是东部发达地区的大城市迅速集聚，在空间上对制造业形成挤出，制造业和生产性服务业布局的离散态势日益明显。另一方面，在工业园内或附近配套建设生产性服务业集聚区，也是各地打造产业竞争优势的普遍做法。作为上游产业，生产性服务业地域分布和组成的变化，可能会对制造业竞争力产生影响；科学评价生产性服务业集聚布局对制造业竞争力提升的贡献，通过空间协同促进二者在产业链上的融合发展，是当前生产性服务业集聚区建设实践中亟待解答的突出问题。

文章在分析生产性服务业集聚促进制造业升级的理论机制，以及外部因素影响生产性服务业集聚与制造业耦合过程的链条逻辑的基础上，通过使用PLS-SEM模型和2005-2013年中国地级及以上城市样本数据，对生产性服务业集聚与制造业耦合过程中各要素

间的链条联系和传导路径进行了实证检验。研究结果表明：生产性服务业集聚特别是支持性服务业集聚，对制造业生产效率的提高以及获利能力的增加具有显著的正向影响。越接近大规模的最终用户，生产性服务业集聚与制造业升级耦合引致的制造业革新则越快。制造业规模越大，越容易造成其对支持性服务的需求不足。第一知识基对制造业升级具有间接的正向影响；省域范围内生产性服务业的集聚程度，直接影响其知识溢出的强度；信息基础设施和信息化程度，也会对二者的耦合互动产生影响。政府介入经济活动的程度越深，越会延缓制造业升级进程。

结论的政策启示。第一，从加快构建面向制造业的生产性服务平台着手，推动制造业的转型升级。第二，促进制造企业剥离生产性服务业，推动企业从"内生型"自我服务向依赖外部服务机构的"外向型"发展模式转变。第三，依托区域中心城市发展生产性服务业，加快形成以"生产性服务业－制造业"为内涵的新核心－边缘结构。第四，促进生产性服务业集聚同制造企业的紧密联系，以及同第一知识基的有效对接。第五，减少行政管制、降低准入门槛，改善生产性服务业集聚作用于产业升级的经济环境。

文章主要贡献。第一，从理论上系统研究了生产性服务业集聚促进制造业升级的作用机制，厘清了从需求规模、创新体系、交易成本、制度、要素禀赋等外生变量，到生产性服务业集聚这个中介变量，再到制造业升级的链条联系和效应传导路径。第二，为揭示多个因素影响生产性服务业集聚与制造业升级耦合的复杂层级关系，文章构建了外生变量借助生产性服务业集聚作用于制造业升级的PLS-SEM模型，显示出了较好的识别能力和分析效果。

（供稿人：刘奕）

【产业集聚和企业的融资约束】

茅锐

《管理世界》2015年第2期，原文22千字

宏观理论和相关实证研究认为，完善的金融部门是经济发展的必要条件。但中国的高速增长却是在金融抑制普遍存在的背景下实现的。已有研究认为，市场做出的一系列调整可能缓解了企业实际面临的融资约束。首先，正规金融部门内可能存在资金漏损。其次，非正规金融部门可以为企业提供替代性融资渠道。再次，中小金融机构可能在一定程度上缓解了大银行主导的正规金融部门对中小企业造成的融资约束。最后，企业本身也可能选择进入资本要求相对较低的产业。近年来，产业集聚这一空间组织形式对企业融资约束的影响受到广泛关注。但这些研究主要着眼于产业集聚如何减少企业对正规金融的需求，而较少讨论企业与银行关系所受的影响。

该文通过理论模型说明，产业集聚将固定资产的最佳使用者在同一空间内集中，增强了固定资产的折变能力，降低了融资约束程度。给定同产业内企业的相遇概率，折变能力取决于产业对固定资产的依赖度和企业间增长的差异度。因此，产业集聚缓解融资约束的效果在产业间不同。实证检验发现，产业集聚降低了企业的投资－现金流敏感度，其效果对主产业内企业而言更大，并在不同行业分类标准的集聚度指标和估计方法下保持稳健。该效果还在固定资产占比较高、宏观周期性较弱和企业增长率变异性较大的产业中较强，与理论模型的推论一致。这说明产业集聚能改善由于固定资产抵押价值不确定，在银行和企业之间造成的信息不对称问题，从而缓解企业在正规金融融资中面临的约束。

结论的政策启示。第一，大力发展龙头产业、龙头企业和产业集群，这不仅有利于放松企业的融资约束，促进其创新发展，也有利于避免政府对金融部门信贷决策和企业

投资决策的干预，保障市场在经济发展中发挥决定性作用。第二，加快建立并完善企业资产的抵押和流转市场，这既是增强企业固定资产抵押价值的关键途径，也是地方政府在给定的金融环境约束下降低企业实际面临的融资约束程度的有效方式。第三，深化金融改革，放宽金融部门准入限制并相应完善金融机构的退出机制，发展直接融资等多种替代性融资渠道，推进利率等金融价格的市场化进程，从根本上缓解融资约束问题。

文章主要贡献。第一，基于理论模型和实证检验，说明产业集聚通过促进固定资产折变缓解融资约束，从银企关系的角度提出了产业集聚缓解融资约束的新路径。第二，拓展投资-现金流敏感度指标以衡量融资约束，构建了识别产业集聚对融资约束影响绩效的直接方式。第三，在考虑"平均"效应的同时，进一步区分了产业集聚效果在主产业内企业与主产业外企业间的区别，率先揭示了产业集聚对融资约束影响的异质性。

（供稿人：茅锐）

【地方政府对集聚租征税了吗？——基于中国地级市企业微观数据的经验研究】

钱学锋，黄玖立，黄云湖
《管理世界》2012年第2期，原文19千字

由中国式分权带来的地区间税收竞争引致城乡差距扩大、市场分割、重复建设和公共事业公平缺失等一系列经济扭曲，实际上已经危及国民经济的稳定协调和可持续增长。以均等化转移支付制度为主的协调机制尽管能在某种程度上缓解税收竞争造成的经济扭曲，但中央政府的"有形之手"却可能同时以牺牲效率为代价。而集聚经济能够减弱地方政府通过策略性降税来促进竞争企业的能力和激励，这为以市场的"无形之手"来指导地方政府实现自发的税收协调提供了可能。

该文基于新经济地理学理论，利用1999-2007年中国地级市工业企业层面的面板数据，检验了城市集聚经济和产业集聚经济与企业税收负担之间的关系。研究结果表明，在全国层面，当城市集聚经济和产业集聚经济每上升1个百分点，当地企业的税收负担分别下降0.08%和0.04%，这意味着中国的地方政府并没有对集聚经济创造的集聚租征税，这种自发的税收协调机制的功能作用未能有效发挥，向下的税收竞争仍然是地方政府之间策略性反应的常态。作者认为，中国式分权与以GDP为主的官员绩效考核机制相捆绑的制度安排形成了地方政府之间为增长而竞争，地方保护主义和国内市场分割，中国城市集聚经济不足、不稳定与趋同；依靠"政策租"而形成的虚假产业集聚可能是导致这种现象的原因。

结论的政策启示。一方面，通过对以GDP为主的官员绩效考核机制进行改革，减弱地方政府官员为增长而竞争的内在激励。另一方面，加快国内统一大市场的建设，打破二元户籍制度的藩篱，提供均等的社会保障和公共服务，推动农民向市民转变、促进城市集聚经济的稳定成长以及减弱产业集聚经济对"政策租"的依赖、让金融外部性和技术外部性成为产业集聚的真正源泉等一系列的政策和制度安排。

文章主要贡献。第一，从新经济地理学的角度，前瞻性地探究了市场"无形之手"协调机制对中国地方政府实现自发的税收协调的作用影响，并对其可能因由展开分析，弥补了已有聚焦政府"有形的手"协调机制研究的不足。第二，在政策上，通过对集聚经济创造的集聚租征税，可以避免政府干预所引致的效率损失，而且将从源头上遏制地方政府间的恶性税收竞争行为，这种自发的协调机制理应成为中央政府通过均等化转移支付制度进行协调的一种有益补充。

（供稿人：钱学锋）

【空间集聚、企业动态与经济增长：基于中国制造业的分析】

邵宜航，李泽扬

《中国工业经济》2017年第2期，原文18千字

自以克鲁格曼等人为代表的新经济地理学研究兴起之后，主流经济学者们越来越关注空间不平衡现象，特别是空间集聚现象。目前对空间集聚影响的讨论更多聚焦于经济增长、生产率提升、贸易发展等宏观层面的影响，相对忽视其对企业技术进步、组织结构变迁、进入、退出与成长等微观层面的影响与传导机制。而众所周知，在机理上，空间集聚通常是通过影响微观主体，特别是微观企业的决策行为，进而影响宏观经济表现。

文章通过数理建模与经验分析的结合，构建新的空间集聚指标，深入考察企业的空间集聚对企业动态与经济增长的影响：先拓展相关理论模型解释了企业空间集聚如何通过影响企业创新、企业进入与退出等动态演变，进而作用于经济增长的影响与传导机制；再利用中国工业企业数据库中制造业企业的经纬度地理坐标信息，构建了刻画城市企业空间集聚程度的新指标，并在城市层面进行相应的计量检验。数据检验支持了理论分析的主要结论：中国城市中制造业企业空间集聚对新企业进入和制造业增长均呈现倒"U"型影响，其影响企业进入的拐点值略小于制造业增长的拐点值。同时，数据分析显示，在文章分析的数据时间段内，多数城市制造业企业空间集聚的负面效应更为显著。

结论的政策启示。第一，在激发空间集聚正向效应上，政府可通过牵头搭建区域内企业技术交流合作平台，鼓励制造业行业内、行业间交流等方式促进创新想法的蓬发，增强技术知识外溢弹性，也可通过激励产学研合作等举措提升企业创新幅度；第二，在抑制空间集聚负面效应上，政府应当抑制土地使用成本的过快上涨、避免高地价高房价快速挤出制造业，并增加支持制造业用途的基础设施和公共服务供给等政策；第三，为更有效发挥空间集聚的正向效应，还必须注意避免采用有利于在位企业的偏向性政策，更多地激励新企业进入。

文章主要贡献。第一，构建数理模型并利用制造业微观企业数据解释与验证了企业空间集聚先影响其生产、创新与进入决策，并通过企业动态这一中介渠道对经济增长产生影响的内在机理，拓宽了空间集聚从微观到宏观影响机制的研究范围；第二，利用中国工业企业数据库挖掘出企业精确经纬度坐标的地理信息，并依此构造衡量城市内企业空间集聚程度的空间集聚新指标，这一指标更能削弱其与各经济发展指标的内生性，以利于相对客观地检验空间集聚的效应。

（供稿人：李泽扬）

【生产者服务业与制造业的空间集聚：基于贸易成本的研究】

谭洪波

《世界经济》2015年第3期，原文25千字

全球化分工下，国际贸易和一国产业结构之间有着不可分割的联系。信息通信技术（ICT）的广泛应用使许多生产者服务业的贸易成本显著下降，促使作为制造业中间投入的生产者服务贸易迅速增长，进一步影响了生产者服务业和制造业的空间布局和集聚，这对国际贸易参与国的产业结构形成了深远影响。理论上，虽然以Krugman为代表的新经济地理学将产业集聚研究推向了一个新的高潮，但他们的中心-外围理论将服务业排除在分析框架之外，这在全球经济日益趋于服务化的背景下显得不足。

文章通过构建一个三部门一般均衡模型研究贸易成本对生产者服务业和制造业空间集聚关系的影响，在模型中刻画生产者服务业规模报酬递增、作为制造业的中间投入以及因ICT的应用其贸易成本大幅变化等特征，

运用数值方法模拟两类产业在不同国家间的集聚关系。研究发现，两类产业的空间集聚关系更依赖于作为制造业中间投入的生产者服务业的贸易成本，相同条件下，生产者服务业的贸易成本较高时，两种产业会在同一国家都有相当份额的分布和集聚，形成"协同式集聚"关系，反之，两种产业趋向于分别分布和集聚在不同的国家，形成"分离式集聚"关系。

文章的研究启示。第一，生产者服务业与制造业的"协同式集聚"和"分离式集聚"在贸易成本视角下是统一的，即两种集聚关系在引入生产者服务业的贸易成本之后可以相互转化，是"一个硬币的两个方面"。第二，中国在推动产业结构升级与扩大服务业对外开放过程中，一方面需要进一步从缩减负面清单、提高贸易便利指数、优化营商环境等方面降低服务贸易成本，另一方面需要通过人才培养和引进、加快要素市场化改革等提升生产者服务业的竞争优势，从而促进高端化和专业化的生产者服务业在中国的集聚和发展。

文章的主要贡献。第一，构建了一个包含农业、制造业和生产者服务业的三部门一般均衡模型，在该模型中体现生产者服务业的规模报酬递增性、中间投入品属性和贸易成本可塑性，研究生产者服务业贸易成本的大幅变化对其自身与制造业之间集聚关系的影响，并将两种产业在同一国家内部"协同式集聚"和跨国界"分离式集聚"的对立关系统一起来。第二，将产业空间集聚理论、国际贸易理论和产业结构变迁理论通过生产者服务业和制造业的贸易成本进一步综合，为解释一国产业结构变迁特别是中国长期以来生产者服务业相对滞后的现象从贸易成本和空间集聚视角提供了新的理论依据，为我国制定产业结构升级和高水平对外开放政策提供了理论支撑。

（供稿人：谭洪波）

【地理集聚会促进企业间商业信用吗？】

王永进，盛丹
《管理世界》2013年第1期，原文18千字

虽然，已有文献对地理集聚重要性的研究已取得了丰硕的成果，但对于地理集聚影响经济绩效的作用渠道仍缺乏深入的认识，尤其是缺乏对"技术外部性"之外的作用渠道的检验。该文试图从商业信用的视角对地理集聚的外部效应进行探索，并弥补已有研究在这方面的不足。

该文首先在Long和Zhang（2011）基础上构造了一个更为综合的地理集聚指标，并结合1998-2007年中国工业企业数据以及"双重差分"方法，系统地探讨了地理集聚对企业商业信用的影响。研究证实，地理集聚对企业商业信用的发展具有显著的促进作用，而且资本集聚的影响超过了产出集聚和劳动集聚。此外，文章还发现，地理集聚对商业信用的影响存在显著的企业异质性：非国有企业、大企业、高效率企业以及资本密集型企业受地理集聚的影响更大。

结论的政策启示。(1)该文为我们理解和解释非国有部门的发展提供了一个新的研究思路。该文的结论意味着地理集聚不仅能够推动非正式制度的发展，而且也成为非正式制度之外影响民营企业发展的一个重要因素。(2)在协调区域发展的过程中，不能只看到地理集聚对地区收入差距的不利影响，而且也应注意到其积极的方面。只有在综合权衡地理集聚利弊的基础上，才能走出一条更为合理的区域协调发展道路。(3)在企业发展初期，地理集聚能够为企业发展提供资金来源，但当企业成长至一定规模时，仅凭内源融资和商业信用的作用是远远不够的。如果中国想要打造世界级品牌的跨国公司，就必须依靠正规金融的不断发展，并继续推动市场化的深入改革。

文章主要贡献。第一，该文首次系统考

察了地理集聚对商业信用的影响。已有文献更多地考察地理集聚的"技术外部性",却在很大程度上忽略了地理集聚在降低交易成本、促进商业信用等方面的作用,即地理集聚的"制度外部性"。第二,该文在 Long 和 Zhang（2011）基础上构造了一个新的地理集聚指标,该指标充分考虑了地理集聚的三个基本特征,使其能够更为准确地反映各地的集聚程度。第三,已有文献大多采用普通最小二乘法进行回归,无法对地理集聚的融资效应进行准确的识别,从而大大降低了估计结果的可信度。该文根据企业变更经营城市的信息,巧妙地运用"双重差分法"考察了地理集聚对商业信用的影响,得到的结论更为可信。第四,该文不仅考察了地理集聚对商业信用的平均效应,而且探讨了其对不同规模和不同所有制企业影响的差异性,从而对地理集聚与商业信用的关系给出了更为确切和全面的回答。

（供稿人：王永进）

【经济集聚中马歇尔外部性的识别——基于中国制造业数据的研究】

吴建峰，符育明

《经济学（季刊）》2012年第2期，原文12千字

经济增长的重要特征表现为产业活动的空间集聚。企业空间集聚产生有三个基本来源,即劳动力市场共享、投入产出关联和知识外溢,称作"马歇尔外部性"。经济学者们十分关注马歇尔外部性和产业集聚的关系。一方面,他们认为马歇尔外部性是经济活动空间集聚的基本原因；另一方面,一些研究发现马歇尔外部性是产业集聚的重要后果,即产业在地理上集中通过垂直化分工实现规模生产优势。不少实证研究解释了马歇尔外部性是影响产业在地理上集中的重要因素。但是,现有研究没有检验马歇尔外部性是不是产业集聚的重要后果。

该文通过考察1980—2005年中国省级制造产业数据识别了马歇尔外部性。作者证实了马歇尔外部性是中国制造业地理上集聚的决定因素。更重要的是,通过考察经济集聚和产业垂直化分工程度的协同演进,作者发现集聚程度高的产业其垂直化分工程度也高,从而验证了理论上关于马歇尔外部性是产业集聚的后果的理论假设。产业内部存在的垂直化分工是规模报酬递增的媒介,同时也是经济进步的重要来源。这种高度垂直化的分工提高了产业空间分布的合理性。所以,具有较高专业化的产业能够将区位优势和这些因素很好地结合起来,推动进一步的产业间分工。该文还揭示了我国市场化改革对资源空间合理分布的重要性：一方面,市场化改革能够加速产业活动收敛于空间均衡集聚水平；另一方面,市场化改革使得单个企业更愿意通过空间集聚而不是扩大自身企业规模获取规模经济。

结论的政策启示。首先,研究发现企业愿意通过空间集聚来实现产业间的分工。因此,地方发展要重视产业间分工和企业专业化的意义。其次,该文发现市场化机制推动经济增长的重要途径就是释放马歇尔外部性。就我国而言,积极推动市场化改革和国内市场一体化是实现地区经济进步的重要政策取向。最后,人们要重视内需市场的开拓。国内市场和国外市场对地区经济发展来说同样重要,其扩大都是产业内分工和规模报酬递增的重要来源。

文章的主要贡献。一是提出了通过考察产业垂直化分工和地理集聚协同演进的方法来识别马歇尔外部性的存在；二是该文的方法有助于解释市场化改革影响中国制造业空间分布的机制；三是作者考察了较长时段我国制造业产业空间布局特点及其演进规律。

（供稿人：吴建峰）

【经济集聚与制造业工资不平等：基于历史工具变量的研究】

吴晓怡，邵军

《世界经济》2016年第4期，原文19千字

近年来，中国制造业工资水平呈现出快速上涨态势，但也存在着显著的区域差距。工资差距成为制造业乃至地区收入不平等的主要来源。中共产十八大报告及十八届三中全会公报都明确强调"坚持走共同富裕道路"，指出要"着力解决收入分配差距较大问题，使发展成果更多更公平惠及全体人民"。要解决收入分配差距扩大的问题，必须将提高就业人员工资水平、缩小工资差距摆在关键位置，而这首先要求明确是哪些因素决定着工资水平。

文章基于城市经济学和新经济地理学理论，利用中国2004年至2009年制造业企业微观数据和286个地级以上城市数据，研究经济集聚对制造业企业工资水平的影响。通过采用历史集聚特征作为工具变量的经验研究发现，在控制了其他变量的影响之后，从整体上看就业密度对于制造业企业职工工资的影响呈倒"U"型，同时市场潜能对制造业工资具有积极的正影响。进一步根据企业区位进行分组分析发现，在控制其他变量的影响后，就业密度对东部地区企业的工资影响呈倒"U"型，而对中西部地区的企业工资水平未见显著影响；市场潜能则较稳健地对不同分组的企业工资水平都具有正向作用。

结论的政策启示。第一，应充分认识集聚的积极效应，促进经济活动在中西部地区科学、合理、有序的集聚，通过政策支持着力打造出一批区域性中心城市、形成若干重点增长极，充分发挥集聚的正向效应，带动生产效率以及要素报酬水平的提高，并在此基础上通过基础设施优化升级以及制度创新，积极推进区域市场一体化以大力培育发展城市群体系。第二，要高度重视市场潜能因素对于工资的正向影响效应，提高城市的市场潜能。一方面在新型城镇化的推进过程中，重视城市体系、城市群的规划与建设，另一方面着力打破地区壁垒，减少产品、要素跨区域流通的壁垒，促进有效市场体系的完善，两方面举措共同发挥作用，以在一个更大的空间尺度上形成一体化市场，充分发挥集聚的正面效应。

文章的主要贡献。第一，分析框架上将来源于城市经济学和新经济地理学两个理论体系的集聚变量嵌套在同一框架中进行研究，有助于从多个角度辨别经济集聚对于工资的影响。第二，数据层面上使用了2004年至2009年企业层面的工资数据，有别于既有研究多使用省级或城市层面平均工资的做法，可以更好地控制异质性问题。第三，研究方法上考虑到关键解释变量的潜在内生性问题，采用了基于历史事实的工具变量，以确保结果的可靠性。

（供稿人：吴晓怡）

【产业集聚与地区工资差距——基于我国269个城市的实证研究】

杨仁发

《管理世界》2013年第8期，原文27千字

20世纪90年代以来，我国各地区间的工资差距逐渐扩大，地区工资差距已成为社会普遍关注的重要问题，这成为我国经济协调持续发展与社会和谐发展所面临需要解决的一个重要问题。目前我国已成为世界"制造大国"，已形成了大量的制造业集聚。同时，服务业也得到长足的发展，也形成了大量的服务业集聚和生产性服务业集聚，因此，很有必要探讨产业集聚与地区工资水平之间的关系，以期能从合理制定产业政策方面缩小地区工资差距。

文章从新经济地理学和空间集聚理论角度，构建一个产业集聚对地区工资水平影响的数理模型，利用2003—2010年中国269个

地级以上城市为样本，实证分析产业集聚与地区工资差距之间的内在联系。结果表明，制造业集聚对地区工资水平的影响为负的显著性，服务业聚集显著提高地区工资水平，且对地区工资水平影响力较大。在全国层面城市样本中，制造业集聚没有产业拥挤效应，但在东部城市中产生拥挤效应。共同集聚对地区工资水平影响效应存在异质性。从制造业集聚外部性效应来看，Porter 外部性对地区工资水平效应为负的显著性，MAR 外部性对地区工资水平效应不显著，产业间共同集聚的 Jacobs 外部性效应存在差异。

结论的政策启示。（1）除东部地区外，其他地区应考虑从外部性效应着手，采取适当措施降低制造业竞争程度，同时也应防止出现拥挤效应，鼓励制造业产业升级，以提高我国制造业的技术含量和产品附加值。在东部地区，应采取措施促进制造业产业转移，特别加快对低技术及劳动密集型制造业转移，努力为高技术制造业发展集聚腾出空间。（2）在服务业集聚中，应采取各种政策促进我国服务业特别是生产性服务业集聚发展，尤其在东部地区，生产性服务业集聚效应已经初现，应采取措施大力发展生产性服务业集聚。（3）在产业共同集聚方面，应根据地区产业发展优势，鼓励发展互补性和关联性强的产业集聚，提高地区产业共同集聚水平。同时采取措施降低制造业竞争水平，鼓励技术创新，保护知识产权。

文章主要贡献。（1）与以往研究不同，以新经济地理学为理论基础，结合空间集聚理论，构建产业集聚对地区工资水平影响的理论模型，为地区间工资差距存在的原因提供一个新的理论解释。（2）从不同行业产业集聚的角度，分析不同行业产业集聚对地区工资水平的影响，并进一步分析产业间共同集聚对地区工资差距的效应大小。（3）进一步分析制造业集聚三种外部性对地区工资水平的效应，以解释为什么在没有产业拥挤效应情况下我国制造业集聚对地区工资水平呈显著负相关，并从产业集聚的角度为缩小地区工资差距提供政策建议。

（供稿人：杨仁发）

【集聚类型、劳动力市场特征与工资-生产率差异】

赵伟，隋月红

《经济研究》2015 年第 6 期，原文 14 千字

集聚类型与工资之间的联系，系作者基于马歇尔《经济学原理》有关论述发现的一个新论题。马歇尔在有关产业地方化的论述中，认为在那些男女工皆可就业的多产业集聚地域，工资将低于那些只适合男工而不适合女工就业的单一产业集聚的地域。以当代空间经济学的理论视野去看，这实际上是个集聚类型与工资之间的关系问题。当代空间经济学把产业集聚分为两种类型，分别为单一产业集聚的"专业化"和多产业集聚的"城市化"。马歇尔的推测显然意味着城市化集聚下的工资低于专业化集聚。真实世界究竟如何？初步的理论分析显示，要考察积聚类型与工资的联系，绕不过去的是劳动力市场特征。由此提出了一个链条关系问题：积聚类型、劳动力市场特征与工资。作者就这三个现象构成的链条关系做了系统的理论分析并导出关键命题，进而引入我国典型地区数据做了实证检验。

文章研究方法包括两个方面。一是经济学理论建模。在城市化与专业化集聚差异条件下，引入不完全竞争的劳动力市场情景，梳理并建模刻画了不同集聚类型下劳动者技能、劳动生产率与工资三个现象之间的互动关系，导出相应的实证命题。二是计量与实证策略。利用单一指标（赫希曼-赫芬达尔指数的倒数）测度集聚程度；以截面（行业）同期相关度刻画行业间关联性，进而完成域层面集聚类型；将随劳动者工作转换发生

的技能交流分解为行业集聚规模与集聚程度变量，分别构建了与劳动生产率的交互项。

文章研究发现，从理论上看，偏向专业化集聚的地区，劳动者技能培训激励不足，已有知识传播及其熟练化倾向大于新知识引入，劳动生产率边际递减抑制着工资上升；偏向多样化集聚的地区，跨行业劳动力流动能使企业短期内占有部分雇佣租金，企业更乐意培训劳工，跨行业劳工和培训促发新知识，后者推动劳动生产率提升，进而实现工资增长。从实证结果看，引入典型省域现实数据，证明了上述推断，我国的现实与马歇尔推论相反，城市化集聚地区的工资不仅高于专业化集聚地区，且具有持续增长的基础动因。

文章的政策启示。城市化集聚有利于产生新知识因而实现劳动生产率和工资增长，因此应鼓励多样化产业集聚，尽量避免单一产业集聚；城市越大，集聚产业多样化越多，故而应鼓励发展大城市尤其是城市群；跨行业流动有利于促发新知识，因此应鼓励劳动力跨地区、跨行业流动，消除流动障碍。

文章的理论贡献。一是将马歇尔有关论述纳入当代空间经济学范式之下，做了系统的理论梳理，形成了一个科学的研究命题，从而丰富了空间经济学理论；二是将积聚类型、劳动力市场特征和工资三种现象置于同一框架下分析，构建了一个既合乎空间经济学范式又与劳动经济学理论融洽的模型，这在建模方面也是个创新。文章实证方法上的创新体现为以简就烦，将复杂的现象简化出来，在已有计量模型基础上创造性拓展，构建了适合所研究问题的实证模型。

（供稿人：赵伟，隋月红）

【空间集聚、市场拥挤与我国出口企业的过度扩张】

叶宁华，包群，邵敏

《管理世界》2014年第1期，原文21千字

作为区域经济学的核心概念，集聚所带来的收益主要体现在规模收益、要素共享与网络效应；然而，集聚也不可避免地存在种种弊端，例如同类企业间的恶性竞争、交通与居住以及要素成本的上升、环境质量的恶化等，即过度集聚的拥堵效应。因此，城市或区域的最优集聚程度本质上取决于集聚经济与拥挤效应两者的权衡与比较。与示范效应、信息共享这些正向外溢相比，大量同类（尤其是生产同质产品）企业拥挤在狭小地理空间更可能会引发负向的外溢效果，即数目众多企业产生的过度出口行为反而不利于彼此出口，我们称之为出口企业的过度集聚现象。

基于2000—2007年中国微观企业数据集，该文证实了存在过度集聚时，出口企业的地理集聚与行业集中事实上产生了倒"U"型的外溢效果，即当出口企业超过集聚临界点后，大量企业扎堆与恶性竞争反而导致了负的外溢效应。测算表明中国出口企业的过度集聚程度在17%-34%区间，而且这一现象呈现随时间而加剧的趋势；与高技术出口相比，低技术出口部门更有可能发生过度集聚；企业生产率提高与规模扩大一定程度上有助于缓解出口拥挤。

结论的政策启示。第一，普遍认为出口贸易是中国经济增长的重要外部推动力，但中国出口已经面临着出口空间萎缩与潜力下降的困境，大量同质性出口产品采用低价竞争策略，这一数量增长型模式不可避免地带来了企业恶性竞争。第二，该文所发现的倒"U"型关系提醒人们，经历了长时期的出口规模扩张后，中国出口企业所依赖的数量扩张与低价竞争这一传统模式已经日益显露其弊端，在国外需求萎靡的冲击下难以为继，也决定了出口品质提升与贸易结构优化的紧迫性与重要性。

文章的主要贡献。第一，该文针对中国

出口贸易的独特扩张模式，提出了出口过度集聚这一重要概念，并且理论解释了出口过度集聚现象的产生根源，包括产品市场的过度竞争与要素市场的成本上升两类原因。第二，该文基于中国微观企业出口数据，证实了出口过度集聚现象的存在，表明出口企业集聚程度存在着倒"U"型的外溢效果，这一结果说明中国出口企业的过度集聚并非某些特定行业或地区所带来的个别现象，在经过长期出口快速扩张后出口企业的过度集聚已经成为一个值得深思的问题。

(供稿人：包群)

【金融集聚对工业效率提升的空间外溢效应】

余泳泽，宣烨，沈扬扬
《世界经济》2013年第2期，原文19千字

金融集聚在一些中心城市已经成为经济发展过程中非常明显的现象，纽约、伦敦、香港等城市都已经成为世界金融中心。随着中国加入WTO，北京、上海、深圳、成都、天津、重庆、武汉、济南、广州等城市都相继提出建设金融中心的设想。Thrift（1994）和Porteous（1995）认为，金融中心产生的一个主要原因在于信息获取的便捷性和低成本性，信息技术的发展为金融机构提供了更大的选址弹性，许多金融功能已经克服了地理空间上的限制，能够在相隔遥远的不同地理区域低成本和快速的实现，Obrien（1992）称之为地理学终结。但是由于非标准化信息、金融行业的契约性密集性特点等因素的存在，现实情况并未表现出Obrien提出的地理学终结，而是出现了一定的区域边界。

文章从金融集聚的机制出发，分析了金融集聚对工业生产效率提升产生空间外溢效应的原理和机制，并提出了随地理距离递减的空间外溢效应假说。在此基础上，文章利用中国230个城市数据，以地理距离为空间权重矩阵，采用空间计量模型分析了金融集聚对工业生产率提升的空间外溢效应。研究结果表明，金融空间集聚对工业生产效率提升的空间外溢效应较为明显，而且信息化水平可以通过金融服务业的集聚间接提升工业效率，长三角城市的数据进一步证实了以上结论。金融空间集聚对于工业生产效率提升的空间外溢效应表现为一定的区域边界，在300公里以内为空间外溢的密集区域，超过500公里后则出现了较为明显的衰减。

结论的政策启示。第一，加强金融业在中心城市上的集聚，发挥金融集聚的信息共享机制，通过降低交易成本提升工业效率。第二，消除金融要素流动的体制性障碍，通过金融要素的流动，引领经济资源在不同集群间流转，促进产业结构升级，优化自然资源配置。第三，加强信息化水平建设，尤其是金融信息化水平，让金融集聚对工业效率提升的空间外溢效应在更远的距离上得以发挥。

文章的主要贡献。第一，在数据选择上，采用全国230个城市数据，分析金融集聚对工业效率提升的空间外溢效应，相比省级数据，依据城市层面数据得出的结论更真实可靠。第二，在研究方法上，采用静态和动态空间计量模型，利用城市间的地理距离作为空间权重矩阵，并进行了标准化处理，克服了以往研究中只是采用（0，1）矩阵的弊端，从而使结论更精确。第三，在理论研究上，提出了空间外溢效应随地理距离递减的假说，并采用60公里为最短外溢距离，以20公里为递增单位，衡量了800公里以内空间外溢系数的变化，从而测度出空间外溢的区域边界，进而使研究更具现实意义。

(供稿人：余泳泽)

【城镇化与服务业集聚——基于系统耦合互动的观点】

张勇，蒲勇健，陈立泰
《中国工业经济》2013年第6期，原文21千字

城镇化是伴随工业化发展，非农产业和农村人口向城镇集聚的自然历史过程，其总体目标是要加快农村人口从就业和居住两个层面实现向城市的转移。因而，推进新型工业化内在要求正确处理工农关系和城乡关系，注重城镇化与服务业的协同发展。实质上，城镇化与服务业集聚存在着密切的双向互动作用。一方面，城镇化的发展必然会扩大生产性和生活性服务需求，为服务业集聚发展创造必要的需求空间。另一方面，服务业在创造就业岗位、吸纳就业人口等方面具有多重优势，服务业集聚发展既是城镇化的动力源，也能够提升城镇化质量。深化推进新型工业化道路与新型城镇化过程中，实现城镇化与服务业集聚的协同发展具有非常重要的意义。

文章从系统的观念出发，基于2002-2011年我国31个省份的面板数据，构建城镇化与服务业集聚互动发展的耦合与协调模型并进行了测度，分析了时空两个维度下二者互动关系的演变、差异与影响因素，并对西部地区进行了深入剖析。研究结果表明，从空间维度看，中国城镇化与服务业集聚耦合互动的强度和失衡的状况在东中西部地区间存在差异，但整体上看均不理想，尚未形成协同发展的局面，主要表现为服务业集聚发展相对滞后；从时间维度看，随着城镇化与服务业集聚发展的推进，二者耦合互动的作用呈现逐步加强的时变性，并在少数省域初步形成了协同发展的局面，但这种协同发展关系的脆弱性较为突出，使得二者耦合互动的强弱在省域层面也呈现出空间变迁的特点。

结论的政策启示。第一，从发展观念上加强对城镇化与服务业集聚互动发展的战略认识，关注城镇化质量与服务业功能的提升，不片面实施"工业强镇""规模大镇"，重视服务业招商引资。第二，从相关政策上实施向服务业倾斜的城镇化产业配套发展策略，解决好"人往哪里去"等关键问题。第三，从各地实际出发对城镇化与服务业集聚发展做出因地制宜的侧重调整，着力提升自身发展相对滞后的一方面。第四，优化城市与服务业空间布局，从发展路径上实施城镇化与服务业集聚互动战略推进新一轮西部大开发，逐步实现"内生型发展"。

文章的主要贡献。第一，运用系统耦合协调的测度模型构建了"城镇化-服务业集聚"协同发展的分析框架，定量识别城镇化与服务业集聚同步发展中的互动强度、协调关系和未呈协同发展局面的主要原因，弥补了大量文献主要从定性层面或仅对单向影响作用进行研究的不足。第二，从发展观念、发展策略和发展路径上提出了协同推进城镇化与服务业集聚发展的对策建议。

（供稿人：陈立泰）

【总部集聚与工厂选址】
梁琦，丁树，王如玉
《经济学（季刊）》2012年第3期，原文25千字

总部集聚作为总部经济的地理特征，是跨国企业全球区位选择行为的常见现象。在总部集聚现象出现的同时，企业工厂选址却呈现出分散态势：许多企业将其工厂迁出到其他地区，进行产业转移和所谓的"腾笼换鸟"。所以，对企业总部集聚而工厂外迁的现象从理论机制上进行阐释，将对我国利用跨国公司的平台，更加积极地参与国际分工，以及将发展总部经济作为新一轮发展的战略部署视作创新驱动、转型发展的重要途径，加快国内产业升级与产业转移，促进中西部地区产业发展和实现我国区域协调发展，有重要的现实意义。

该文建立了一个全新的空间经济学模型，深入阐释总部与工厂分离的机制。模型分企业总部集聚和企业总部在南北地区均匀分布的两种情形，细致地探讨了跨地区运输成本、企业总部和工厂之间的交流成本以及地区间

税收政策差异这三个因素相互影响、共同作用于工厂选址的机理。研究发现，第一，单方面税收政策不仅影响当地工厂的利润，而且也会对总部地区的工厂利润造成影响，税收优惠能为地区带来良好的分厂吸引力。第二，当产品运输成本降低时，在给定的交流成本下，每个企业倾向于在总部集聚地区设立工厂。第三，运输成本的下降将强化总部集聚效应。在给定企业总部均匀地分布于南部与北部时，运输成本会对地区市场份额产生影响，这种影响取决于外部环境。

该文的研究启示。在其他条件不变的情况下，运输成本的降低将导致企业倾向于在总部集聚地区设立工厂；而无论运输成本高低，只要交流成本和外围地区劳动力工资上涨，更多的企业趋向于在总部集聚地区设厂；只有当外围地区的劳动工资降低或税率降低，更多的企业才趋向于在外围地区设厂。该文也再次验证了税收竞争的南部有利性与整体"竞次"局面：一个地区的税收优惠政策不仅会对当地的企业产生影响，更会对总部集聚地区的其他企业利润产生负面影响。

文章的主要贡献。第一，构建了一个全新的空间经济学模型，解释总部和工厂分离的问题。模型分企业总部集聚和企业总部在南北地区均匀分布的两种情形，细致地探讨了跨地区运输成本、企业总部和工厂之间的交流成本以及地区间税收政策差异这三个因素相互影响、共同作用于工厂选址的机理。第二，该文将具体的企业作为考察对象，采取完全的微观分析范式，无论是考察企业总部与工厂选择造成的企业区位变化，还是相应的消费份额的变化，这种分析也更加具体和直观。

（供稿人：王如玉）

【产业转移的潜在收益估算——一个劳动力成本视角】

吴要武

《经济学（季刊）》2014年第1期，原文30千字

改革开放以来，东部地区率先发展，工资水平高于中西部地区，一直是农民工跨省迁移的目的地。2003年，东南沿海地区出现"用工荒"。经过30年的高速增长和人口结构转变，劳动力短缺现象蔓延至中西部，与劳动力短缺相伴随的是工资成本持续上升。因此，劳动密集型产业在东部地区逐渐失去比较优势，开始向中西部地区转移。劳动力密集型产业支撑了中国经济的长期高速增长，政府希望产业转移能在东部和中西部之间完成，使传统增长模式持续更长时间，也降低跨省劳动力的迁移成本。东部地区的"腾笼换鸟"政策为中西部地区承接产业转移提供了可能，但仅靠工资差距是否能够吸引劳动密集型企业向中西部地区转移？产业在地区间转移的可行性有多大？需要对此进行科学评估。

文章基于2005年1%人口抽样调查数据，利用倾向得分匹配方法估算了中西部地区跨省迁移者与省内迁移者的收入差异，将其视为厂商转移资本的收益，进而估计东部产业向中西部产业转移时可能的收益空间。研究结果表明，中西部地区的跨省迁移者收入水平显著高于省内迁移者，在30%—40%，东部发达省份跨省迁移者的收入优势低于中西部地区。将控制组更换为省内跨县者、将函数设定形式更换为非线性模型、减去5%的样本，结论依然稳健。将中西部地区跨省迁移者的数量和迁移净收益的乘积作为潜在迁移收益，用不同算法得出的跨省迁移收益构建"最小-最大"区间。经推算，跨省迁移收益规模为805亿—1573亿元。

研究启示。在劳动力短缺背景下，产业升级和以资本替代劳动是长期出路。东部地区和中西部地区的工资差距对劳动密集型产业而言，意味着有更大的利润空间，会激励其向中西部地区转移。根据文章的估算，最

大潜在收益约为1573亿元，这一收益规模对东部企业来说，利润空间是有限的，因此单纯依靠市场力量驱动，中西部地区能够吸引的企业是有限的。进一步开发中西部地区农村劳动力，改善劳动力资源配置效率，符合下一阶段保持经济增长的需要。中西部地方政府是产业转移的受益者，应当出台配套激励政策，以吸引更多东部企业向中西部转移。

文章的主要贡献。第一，最早利用大样本数据和倾向得分匹配方法，考察了跨省迁移者相比于省内迁移者真实的收入优势，解决了异质性难题，丰富了与劳动力迁移和产业转移相关的文献。第二，从劳动力成本视角估算了劳动密集型产业从东部地区向中西部地区转移的潜在收益，进而评估了产业在地区间转移的可能性，为中西部地区吸引产业转移提供了相应启示。

（供稿人：吴要武）

【外商投资企业撤资：动因与影响机理——基于东部沿海10个城市问卷调查的实证分析】

李玉梅，刘雪娇，杨立卓

《管理世界》2016年第4期，原文22.5千字

国外撤资（foreign divestment）正日益成为跨国公司全球战略的一个组成部分，不断升级的全球化竞争，推动跨国公司投资在不同国家或地区间进行转移。金融危机凸显了制造业对经济发展的重要性，发达国家纷纷推出"再制造业化"战略引发投资回流，主要新兴经济体竞相采取政策改善投资环境，引发了新一轮经济全球化下世界各国对外国投资的激烈争夺。而当前我国东部沿海地区外商投资撤资的趋势凸显，据Fratocchi等（2014）的调研显示，当前发达国家制造业回流的案例51%来自中国。面对外商投资企业撤资的现象，目前国内学界对外资撤离的趋势判断存在较大分歧，有观点认为中国吸引外资的能力已削弱，将面临外资大规模撤离的现象，也有观点认为目前外商仍然看好中国投资市场，外商投资还在增长，撤资只限于部分外资撤离，属于短期调整行为。那么，当前我国外商投资企业撤资的原因究竟是什么？外企撤资的规模到底有多大，是否属于正常现象？这些成为该文研究的主题。

该文基于2013—2014年对东部沿海地区10个城市外商投资企业的调研数据，运用结构方程模型，实证分析外商投资企业撤资的动因和影响机理。研究发现，2013—2014年间我国沿海外商投资撤资的比例约为22%，我国投资环境、行业发展状况以及母公司特征对外商投资企业撤资决策具有显著的正向效应，而外商投资企业经营状况对撤资决策有显著的负向效应。而且，从影响路径系数来看，投资环境对跨国公司撤资决策的影响最强，依次是外商投资企业经营状况因素对撤资、外资企业母公司特征和行业发展状况。

结论的政策启示。第一，在引导外商投资向中西部转移过程中，关键是降低投资转移成本、进入成本和运营成本。第二，加强对大型跨国公司母公司相关特征情况的监控，建立相应的撤资预警体系。政府在监管行业因素对撤资的影响时，需要从行业发展前景、业内竞争者和供应商来监测行业发展的状况。第三，大力推动产业转型升级，重视科学技术投入和发展，升级的重点向价值链的高端延伸。

该文的主要贡献如下。第一，该文首次运用较大规模的调查问卷摸清了沿海地区外商投资企业撤资状况，目前对我国外资撤资动因的研究主要采用规范分析，缺乏来自公司层面数据的实证检验支持，该文研究弥补了这一空缺。第二，运用结构方程模型，测度在华跨国公司撤资的综合影响因素及其影响机制，既有跨国公司自身的内部因素，也有外部环境因素，其解释力度相对更强也更全面，已有实证分析大多只关注单一影响因素。第三，比较公司在不同行业的撤资研究

非常少，很难知道跨国公司撤资的行业特点，该文的研究将行业因素补充进去，有利于把握外商投资企业在某一行业是更倾向于撤资还是不撤资。

（供稿人：李玉梅）

【中国制造业对外直接投资的空心化效应研究】

刘海云，聂飞

《中国工业经济》2015年第4期，原文18千字

对外直接投资（OFDI）所引起的制造业空心化效应是中国经济发展过程中不可忽视的问题。长期以来，过于简单粗放的制造业发展模式使中国积累了大量的过剩产能，尤其在金融危机之后，中国经济进入了以"三期叠加"为特征的"新常态"经济发展阶段。以OFDI为载体，通过政策引导制造业企业走出国门，进行对外制造业资本输出成了中国制造业转型升级的重要手段。与此同时，因OFDI快速增长而可能出现的制造业"空心化"问题也吸引了诸多学者的关注。

文章通过构建包含资本要素的动态制造业空心化模型，利用2003-2013年中国省级面板数据，运用系统GMM方法进行了实证检验。研究结果表明，制造业OFDI规模的过快扩张会造成中国制造业资本存量的缩减和实际利率的上升，制造业资本会向虚拟经济领域流动，制造业资本-劳动比下降，进而出现"离制造化"现象；相较于资本密集型和技术密集型制造业，劳动密集型制造业对成本变化具有高度的敏感性，受OFDI的资本挤出影响更明显；相较于东部地区，中西部地区制造业结构单一且要素更为密集，OFDI会通过利率传导机制削弱中西部地区制造业的竞争优势，在新兴产业发展不足的情形下，更容易发生"离制造化"现象；金融危机之后，因产能输出的需要，中国制造业OFDI增速加快，资本净流入对国内制造业资本形成促进作用减弱。

结论的政策启示。第一，进一步强化制造业引进和利用外资，维持资本项目平衡。第二，鼓励制造企业"走出去"，促进制造业过剩资本对外输出，结合产能过剩制造行业的比较优势和具体特征，制定针对性的企业"走出去"策略。第三，将对外直接投资与促进制造业发展模式转变相结合，实现制造业结构升级，政策重点在于实施技术导向或效率导向等多样化对外投资战略，拓宽高级要素来源，促进现代制造业发展和吸引制造业资本回流。由于中西部地区现有制造业基础对利率等要素成本更为敏感，短期内不宜过分强调制造业对外直接投资，应通过对东部地区转移制造业的承接以保证充足的资本供应。

文章的主要贡献。第一，在Romer的多部门模型的基础上，加入母国制造业双向资本流动对实际利率的影响，构建了一个含资本要素的制造业空心化模型。第二，不同于大多研究从劳动力、土地等要素成本对母国制造业空心化的解释，该研究首次从资本要素的视角理解OFDI与制造业空心化的关系。第三，通过对中国所面临的制造业"空心化"类型及阶段进行精准检验，为推动制造业良性健康发展和防范制造业"空心化"提出有价值的启示。

（供稿人：聂飞）

【"飞雁模式"发生了吗？——对1998—2008年中国制造业的分析】

曲玥，蔡昉，张晓波

《经济学（季刊）》2013年第3期，原文18千字

自改革开放以来，得益于充足低廉的劳动力优势，依赖于沿海地区制造业特别是劳动密集型产业的快速成长，中国经济获得了高速增长。随着经济的发展和人口态势的变化，普通工人的工资及劳动力成本快速上涨，劳动密集型产业逐渐丧失传统的优势，进而

可能诱致企业逐渐向要素价格更低的国家和地区流动，也即一般意义上的"飞雁模式"。然而，中国作为一个区域间发展程度和要素资源禀赋存在巨大差异的"大国经济体"，"飞雁模式"可能发生在一国之内的区域之间。一国内的"飞雁模式"这种理论上的可能性是否在中国真正发生了，中国制造业特别是劳动密集型产业是否仍然具有延续的空间，这些关系到我国未来区域经济以及产业经济政策方面的导向。

论文从经验上验证了中国制造业特别是劳动密集型产业在区域间"飞雁模式"的发生，证明了诱使产业继续向东部沿海地区集中的产业聚集的效应在2004年以前一直发挥着促使产业向东部沿海地区集聚的重要作用，而在这之后该效应的效果逐渐下降，并且看到产业已经开始向中西部内陆地区转移的事实。与此同时，论文发现综合经营成本和要素成本在引导产业转移方面的作用逐渐增强，成为诱致产业转移的重要因素，并且发现政府干预对于劳动密集型产业的发展和形成有一定的负向影响。

论文相关的政策含义也是显而易见的。即在刘易斯转折点的时期需要积极促进产业升级；同时，更应顺应经济发展和产业形成的一般规律，改善中西部地区的投资环境，降低企业的生产经营成本，加强市场化的要素价格信号对产业形成和流动的正确引导，减少政府干预和政府主导可能造成的效率损失。积极引导制造业特别是劳动密集型产业由沿海向内陆地区的转移，更好地利用大国区域发展程度上的差异，实现中西部发展劳动密集型产业与东部沿海地区产业结构升级的并行，以此来带动新一轮经济稳步协调增长。

文章的主要贡献。采用中国制造业规模以上企业数据，从最基础的县级经济体的水平上考察了中国制造业是否在区域间发生"飞雁模式"的转移，探讨了"飞雁模式"这一一般现象对于中国这一"大国经济体"在特有的发展阶段和人口态势下的可能表现，采用权威大样本的企业数据进行了翔实的刻画和科学的论证，提出并刻画了一国国内"飞雁模式"发生的现象、机理和政策含义。

（供稿人：曲玥）

【省际财政竞争、政府治理能力与企业迁移】

唐飞鹏

《世界经济》2016年第10期，原文19千字

在中国是否要"一刀切"地清理规范税收等优惠政策，这个问题至今悬而未决。制定这项政策的初衷旨在限制地方间的恶性税收竞争以及由此产生的税收"洼地"，使各地区在统一市场、公平起点上展开竞争，提高资源配置效率。但是也需看到，税权若严格地向上集中，将使地方财政竞争的政策变量从"收支二元"向"支出一元"转变，当前的省际财政竞争均衡将被打破，企业迁移动向随之扭转。

文章构建了一个反映地方政府财政竞争与企业利润的关系的理论模型，进而实证检验理论均衡的现实存在性，剖析"一刀切"清理地方税收优惠政策的矫正与扭曲效应。研究结果表明，企业迁移时更青睐高公共投资的高治理能力地区和高税收优惠的低治理能力地区。在中国高治理能力地区，支出竞争呈现显著正效应，税收竞争呈现显著负效应；在低治理能力地区恰好相反。"一刀切"清理地方税收优惠，对高治理能力地区的"底线税收竞争"有矫正作用；无差别税率并非最有效率，它会削弱低治理能力地区对企业的吸引力，并使拥有较多公共产品存量的高治理能力地区受益；它还会加剧"公共投资竞赛"，放大支出竞争的正、负效应。

结论的政策启示。第一，清理地方税收优惠不宜"一刀切"，应该根据地区治理能力进行差异化设计。对高治理能力地区要坚决

清理，对低治理能力地区可在规范的前提下适当保留。或者在全面清理与统一权限相结合的基础上，由中央出台定向的区域税收优惠政策。第二，增加对低治理能力地区的公共产品供给，提高基础设施资本存量。第三，提升地方政府的治理水平，实现高效的政府治理，推进国家治理体系和治理能力现代化；完善公共投资项目的绩效评估，提高财政资金的使用效益。第四，适当调增落后地区的税收分享比例，或加大转移支付和税收返还，积极为地方公共产品供给融资。第五，坚持供给侧改革，继续运用结构性减税等手段，放宽市场准入，激发企业投资活力。

文章的主要贡献。第一，探讨了地方政府在预算约束下提供公共产品对企业投资的作用，以及支出竞争与税收竞争在争夺流动资本时的策略互动关系。第二，建立了反映地方财政竞争与企业投资关系的理论模型，并引入地方政府治理能力这一中介变量，以此考察财政竞争影响企业投资的异质性问题。第三，分析了"一刀切"清理地方税收优惠对省际财政竞争和企业迁移的微观传递及宏观效应，评价政策可能带来的利弊得失。

（供稿人：唐飞鹏）

【产能过剩引致对外直接投资吗？——2005—2007年中国的经验研究】

王自锋，白玥明

《管理世界》2017年第8期，原文16千字

中国先后经过三次大规模的产能过剩：第一次是1998-2001年，第二次是2003-2006年，第三次是2009年至今。相对于第一次产能过剩来说，2001年以后中国加入了WTO并积极推动着企业"走出去"战略，中国制造业企业不仅可便利地进入世界贸易市场，而且能便利地赴海外进行直接投资，故这两种国际化方式也就可能成为化解国内过剩产能的合理选择。当前国内制造业深陷产能过剩的困局，政府力促过剩产能积极对外直接投资。于此，国内产能过剩的行业企业是否具有对外直接投资的内在动力？基于行业特征和所有制结构，产能过剩对海外直接投资的影响是否存在差异？这些都是亟待我们回答的关键问题。

文章采用《中国工业企业数据库》和《境外投资企业（机构）名录》，考察了2005-2007年中国制造业产能利用率对对外直接投资的影响。稳健结果支持了产能过剩引致海外直接投资扩张的基本结论。这主要是源于中国制造业的产能过剩突出体现着体制性产能过剩的特征。基于行业特征和所有制结构的估计结果进一步证实，中国经济制度的特殊性已成为影响海外直接投资的重要因素。竞争性产能过剩是市场行为的理性选择，并不存在进行对外直接投资的内在驱动力；而体制性产能过剩当面临国内有效需求不足时，进行对外直接投资就成为必然选择。

该文的政策含义是，当前中国经济体制的特殊性使得国内体制性产能过剩成为影响中国制造业进行OFDI的内在动力，但这种源于扭曲经济体制的结果经常导致对外直接投资的盲目性和低效率。为了消除中国经济体制对于行业企业投资行为的扭曲干预，应充分发挥中国经济中市场竞争及企业理性决策的主导作用。

与已有的文献相比，文章在如下两个方面有所突破。一是该文将产能过剩具体到行业特征与所有制结构，提出了一个产能过剩影响对外直接投资的理论框架，即竞争性产能过剩不会影响对外直接投资，而体制性产能过剩却引致对外直接投资扩张。关于OFDI动因的文献并未对中国OFDI的行业特征和所有制结构进行深入研究，以挖掘影响OFDI背后的深层次制度因素。有关产能利用率与产能过剩的文献也仅关注产能过剩的内在逻辑，并未把产能利用率和产能过剩作为影响行业

企业国际化战略的决定因素。二是参考成本函数法计算了 1999—2007 年中国 4 位码工业行业层面的产能利用率，匹配《境外投资企业（机构）名录》和《中国工业企业数据库》构建了一个新数据库，稳健验证了 2005—2007 年行业产能利用率对行业的 OFDI 总数和企业是否进行 OFDI（二元虚拟变量）的影响，并检验了行业特征和所有制结构的影响差异。

（供稿人：王自锋）

【资源配置的"跷跷板"：中国的城镇化进程】

余壮雄，李莹莹

《中国工业经济》2014 年第 11 期，原文 14 千字

一直以来，关于中国城镇化问题的讨论，在持续提高城镇化水平方面是达成共识的，争论的焦点在于城市发展模式的方向，即中国应该走以发展大城市为主的城镇化道路还是应该走以发展小城市为主的城镇化道路。改革开放以来，中国的城市发展战略经历了多次的调整，在不同时期，政府所提出的城市发展方针存在不同的侧重点，一方面是政府对市场经济与城市规划的认识的改变与调整，另一方面也是对当时的经济发展状况以及所处的发展阶段的一种接受，但从总体上来看，中国的城镇化道路的推进模式具有很强的政府主导性。

文章使用中国 1998—2007 年城市与企业数据，从城镇化影响新增企业选址以及企业生产率的角度考察了城镇化进程所引发的资源流动以及城市发展优势的转移。针对企业选址的分析表明，城镇化水平对地区资源配置存在"跷跷板"效应，城镇化水平上升会在增加对应城市的新增企业数量的同时降低区域内另一类城市的新增企业数量。针对企业生产率的分析则表明，城镇化对企业生产率的促进作用与城市规模之间存在"U"型结构，并且这种"U"型结构会随着时间推移逐渐向倒"U"型转变，即城市发展优势按照城市序贯增长理论预期的方向正在从特大城市向中大型城市转移。

结论的政策启示。第一，结论支持了中国的城市发展模式的效率方向正在从特大城市向中型城市（50 万—200 万人）转移，肯定了中国当前城市发展战略从特大城市向中型城市转移的必要性与合理性。第二，政府在制定城市发展战略时需要与时俱进，进一步拓宽中型城市的界定范围，避免陷入城市规模过小的低效率陷阱。第三，政府在制定城市发展战略时应该动态的从发展的角度来评估政策的影响与作用，结合经济发展所处的不同阶段以及城市发展的不同水平制定相应的城市发展思路。

文章的主要贡献。第一，通过引入空间变量构建了一个分析区域内企业选址竞争的实证分析框架，并从经验上验证了这种企业选址的跷跷板效应。第二，首次从实证上验证了中国的城镇化道路背后所存在的城市序贯增长的机制，揭示了城市发展优势随着时间推移从超大型城市会逐步下移的事实，弥补了现有文献关于城镇化道路的讨论所存在的非此即彼的不足。第三，政策上，预测了企业生产率与城市规模"U"型结构的反转趋势与大致时间，为城市发展战略扶持方向的调整提供了经验支持。

（供稿人：余壮雄）

【可达性、集聚和新建企业选址——来自中国制造业的微观证据】

周浩，余壮雄，杨铮

《经济学（季刊）》2015 年第 4 期，原文 18 千字

一方面，正如丰田前主席 Hiroshi Okuda 所言"市场在哪，厂就设在哪"，企业所处交通网络的位置决定了其与市场之间的距离，进而成为影响企业选址的重要因素之一；另一方面，现实世界中块状经济空间分布的特征事实也反映出集聚经济对企业选址的重要

考量。那么，这两股力量对中国企业的空间布局有何影响？对这一问题的探讨，有助于我们了解中国经济发展过程中政府力量（公路等交通设施的投资和空间布局）和市场力量（集聚经济）对经济资源空间配置的影响。

文章基于中国公路交通网络和工业企业微观数据分别构建了1998—2007年288个地级市的可达性与集聚经济指标，并利用负二项回归估计考察了可达性和集聚经济对中国制造业新建企业区位选择的影响。研究结果表明，（1）从全国层面看，区域间需求可达性是新企业离开"中心"地区，向"外围"地区扩散的力量，供给可达性则吸引新企业向"中心"地区靠拢；同时，集聚经济仍旧是吸引新企业落户的重要因素，其中地方化经济比城市化经济对新企业的吸引力更大。（2）可达性对出口和非出口企业选址影响存在一定的差异：区域内需求可达性对出口企业选址的影响没有显著作用；而且区域间可达性和供给可达性对出口企业选址的影响随企业出口比重的上升而增强。

研究结论的政策启示主要集中于两个方面。第一，从全国的角度看，东部地区市场需求对新企业的吸引力减弱，成为其向中西部等可达性欠发达地区转移的力量，但产业供给仍对新企业有着足够强大的吸引力，保持着东部地区对新企业的集聚力。因此，政府刺激消费的政策除了对宏观经济增长有直接作用，还会因为刺激消费政策的区域结构和产业结构通过需求和供给两方面的因素影响着微观企业的选址行为，并进一步影响到产业的转移动态和生产要素在空间上的合理有效配置。第二，对于政策制定者来说，结合交通基础设施空间分布的特点及其对全国市场对接和融合的影响，通过调整刺激消费政策的地区结构和产业结构将有助于引导宏观层面的产业转移与空间分布，进而为产业升级和区域协调发展创造条件。

文章的主要贡献。第一，依托于国家公路网络形成的城市间行车时间和公路里程，该文构建了全国288个地级市任意两两城市对的可达性指标，并运用企业微观数据测度了各城市的集聚经济指标。第二，契合于空间因素对新建企业选址影响的重要性，该文以地级市作为新建企业选址空间，运用泊松（Poisson）模型考察了备选空间数量较大情形下的企业选址行为。这一做法有助于避免企业选址研究中常用的Logit模型遭遇的计算问题。

（供稿人：周浩）

空间经济学的理论与实证

【中国经济核心-边缘格局与空间优化发展】
赵作权

《管理世界》2012年第10期，原文15千字

国内市场对一个工业化国家走上内生增长、协调发展的轨道具有十分重要的推动作用，其中市场邻近性导致全国经济形成核心-边缘格局。中国不仅是经济大国，更是人口大国和地理空间大国。如何在辽阔的国土空间上依靠国内市场，推动中国经济走向内生增长、协调发展的轨道呢？回答这个问题的关键之一是找到中国市场和经济的核心区，找到那些能够带动全国发展、惠及更多人口的地区。

市场邻近性是确定中国经济核心-边缘格局的主要依据。文章利用网络空间统计方法、中国城市间国道交通网（最短路径）距离与城市经济数据，分析了中国可能出现不同于沿海-内陆分异的核心-边缘格局。结果表明，中国国内市场总体上呈现"钻石"形空间结构，中国50%的国内市场连续聚集在以北京、上海、衡阳和商洛为端点的"钻石"形地区，这是中国最邻近国内市场的地区，也是中国

经济的核心驱动区。中国人口呈现与市场相似的核心-边缘结构，经济核心区内的部分区域是能有效减少全国经济空间差异的最优平衡发展区。

结论的政策启示。第一，中国经济"钻石"形核心区的快速发展将极大地提高中国经济的全球竞争力，制约着中国工业化和城市化完成时期产业、人口和城市的空间分布格局。第二，促进国家核心区成形，推动全国市场一体化，把握好核心区与边缘区的关系，是中国在经济转型中又快又好发展的战略抉择，应成为中国空间发展规划的主要内容。第三，中原、长江中下游以及关中平原等三个地区与珠三角、东北两个地区相比更邻近全国市场和人口，应当在中国全国经济布局、区域协调发展中发挥更大的作用。

文章的主要贡献。第一，利用网络空间统计的中位、轴线与分位线方法精准地识别了中国最邻近国内市场的地区即以北京、上海、衡阳和商洛为端点的"钻石"形地区，克服了基于平面、球面的空间分析方法对经济网络空间结构计量的缺陷，弥补了网络空间分析对轴线、分位线研究的不足。第二，利用网络空间统计方法，分析了中国国内市场与人口分布的空间邻近性差异，甄别了中国经济的网络空间差异格局，建立了基于效率和公平双目标的中国区域优化发展的网络空间架构。

（供稿人：赵作权）

【空间品质、创新活力与中国城市生产率】

杨开忠，范博凯，董亚宁

《经济管理》2022年第1期，原文20千字

中国正在从要素驱动型的粗放发展模式向创新驱动型的全要素生产率提升模式转变。然而，中国目前的科技创新活动仍存在结构性问题，大规模的创新要素投入并未带来符合预期的全要素生产率提升。为了优化创新要素投入结构并提高创新要素空间配置效率，中国需要发挥创新要素积累的规模效应和知识溢出效应，以提振经济发展效率和质量。作为经济发展的主体空间，城市有着承载经济发展质量变革、效率变革和动力变革的历史使命。如何以创新驱动为引擎提高城市生产率已成为当前中国经济发展的重点问题之一。

文章通过构建一般均衡框架下的空间经济增长模型，以"空间品质-创新驱动-城市生产率增长"为逻辑框架，理论与实证相结合，回答空间品质驱动的城市生产率增长机制以及创新区位选择等问题。研究发现，空间品质显著促进城市生产率增长，且创新水平提升的中介效应强于创新人才空间配置；创新人才空间配置机制的时间滞后效应强于当期直接效应，"留住人才"的生产率增长效果优于"吸引人才"；邻地空间品质的提升不利于本地创新水平提高和创新人才空间配置，间接降低本地生产率增长潜力；当城市具备较高的跨区消费水平和较好的创新发展环境时，空间品质对城市生产率的促进作用及其中介机制均会增强。

结论的政策启示。第一，城市应以人为本，以打造优质空间品质的生活角度为立足点，提升城市生产力并实现生产和生活的有机协调。第二，要稳步提升城市的空间品质，以最大限度地达成引才、留才、育才目标，并关注空间品质的创新人才承载力问题。第三，注重区域协调发展，加速空间品质建设的区域一体化进程，避免城市间空间品质差距过大形成低效创新发展格局。第四，增强城市间交通通达性，提升空间品质的跨区消费水平。第五，要培育优质创新环境，加强创新交流合作中心的建设，降低创新转化成本，强化经济增长的创新驱动力。

文章的主要贡献。第一，理论层面，通过建立空间经济增长模型，探讨空间品质、创新驱动和城市生产率之间的内在机制，阐

述"空间品质驱动创新发展进而提高城市生产率"的新逻辑,不仅克服了集聚与增长难相容的理论难点问题,而且弥补了相关文献只研究单一方面的不足。第二,实证层面,利用多源匹配数据验证空间品质对城市生产率增长的直接作用,分析其对创新水平和人才空间配置的双重影响,为加强空间品质建设提供理论依据。

(供稿人:范博凯)

【城市空间结构与地区经济效率——兼论中国城镇化发展道路的模式选择】

刘修岩,李松林,秦蒙
《管理世界》2017年第1期,原文21千字

改革开放以来,尽管中国的城镇化率已从1978年的17.9%提高到了2015年的56.1%,但中国的城镇化进程依然还有很长的路要走。国际经验表明,城镇化率在30%到70%之间是城市快速发展阶段,这意味着未来中国还有更多的人口会进入到城市。伴随这一进程,摆在面前的一个非常理论和现实的问题是:中国到底应该走大城市占主导,还是中小城市为重点的发展道路?这一论题早在10年前就已被提及,但至今学界尚未达成共识。

该文基于Alonso(1973)所提出的"借用规模"思想,同时遵循Brezzi和Veneri(2014)的研究视角并结合中国的现实情况,分别从城市、市域和省域三个不同地理尺度上检验城市空间结构对区域经济效率的影响。研究结果表明,在城市和市域等较小的空间尺度上,单中心的空间结构更加有利于经济效率提升;在省域这一较大的空间尺度上,多中心的空间结构则更能促进经济效率提升。

结论的政策启示。对于中国城镇化发展道路的模式选择,并不是简单地优先发展大城市,还是重点发展小城市的矛盾和权衡,而是应该针对不同的地理尺度制定更加具有空间指向的城市发展政策。在较大的地理尺度上,如全国或省域层面,应该发展和培育多中心的城市空间结构,而不应片面发展少数超大规模的城市,从而形成区域内部唯有一两座城市独大的格局,这不仅不利于提高区域经济效率,也可能会造成区域发展差距的进一步扩大;而对于较小地理尺度上的空间经济组织,如城市或市域,则应该进一步促进要素的空间集聚,坚持紧凑式城市空间发展模式,从而最大程度上发挥集聚经济的好处。也就是说,中国未来的城镇化发展模式,应该是在严格控制大城市无序蔓延式发展的同时,鼓励农村转移人口进入到中小城市,以提高这些中小城市的规模,并通过便利的基础设施(高铁、高速公路等)将这些中小城市与大城市相连接,进而形成多中心、网络化的城市空间结构。

该文的主要贡献。创新地应用校正后的夜间灯光数据分别对城市、市域及省域三个地理尺度上的空间结构进行测度,考察空间结构对经济效率的影响及其尺度差异,进而从空间结构组织内涵的角度讨论中国城镇化发展道路的模式选择问题。

(供稿人:刘修岩)

【转移支付与区际经济发展差距】

安虎森,吴浩波
《经济学(季刊)》2016年第2期,原文约20千字

在中国实施区域协调发展战略的过程中,作为典型区域经济政策之一,转移支付政策在促进基础设施建设、农业农村发展、医疗卫生进步、教育科技提升、社会保障完善等方面发挥着相当重要的作用。整体而言,转移支付在提高欠发达地区居民的收入水平等方面起到了积极作用,然而转移支付影响区际经济发展差距的作用机理却不是十分清楚。在现有研究文献中,尽管实证分析的已有很多,然而能够从理论角度解释的却少之又少。

文章基于新经济地理学的自由资本模型,

将代表性转移支付政策——全国征税后补贴欠发达地区企业——嵌入其中，通过理论建模、实证检验和数值模拟等方法探讨了转移支付政策对区际经济发展差距的作用机理和福利影响。研究发现，转移支付政策促进区际经济发展差距收敛的作用机理有三种：资本配置效应、市场接近效应和市场拥挤效应；补贴欠发达地区企业经营利润可以吸引发达地区的经济活动向欠发达地区转移，但是并不能扩大欠发达地区的收入规模和市场规模；尽管转移支付可以实现福利水平区际公平的目标，却导致国民经济整体福利水平的损失；区际贸易条件的改善不仅可以减少转移支付政策导致的前述福利损失，而且能够降低实现福利水平区际公平目标的补贴率要求。

研究发现表明，首先，在资本配置效应、市场接近效应和市场拥挤效应下，发达地区的收入和市场规模增大，而欠发达地区的收入和市场规模减小，导致区际之间的经济发展差距进一步拉大。其次，之所以转移支付对欠发达地区进行补贴和（或）优惠扶持的政策导致当地的企业和产业份额有所增加而收入和市场规模未能相应增加，从而缩小区际经济发展差距，关键是因为资本所有结构和资本使用结构是分异的。再次，对于将财政收入通过各种方式和途径补贴给欠发达地区，扶持当地产业发展的转移支付，该文基本否定了其在缩小区际经济发展差距方面的积极意义，尽管其在促进福利水平区际公平方面具有积极意义。

文章的意义在于两个方面：第一，将征税和补贴政策嵌入到新经济地理学模型中，从理论上阐述了转移支付政策的作用机理，并结合数值模拟方法讨论了其在促进区际福利公平上的意义；第二，通过理论建模、实证检验和数值模拟相结合的方法，提到了理论分析在区域经济分析中的重大作用。

（供稿人：吴浩波）

【区际知识溢出不对称、产业区位与内生经济增长】

蒋伏心，高丽娜
《财贸经济》2012年第7期，原文13千字

区域经济增长实质上是区域收益递增的过程，Marshall-Arrow外部性理论的解释难以取得令人信服的结论。若技术仅限于特定区域生产者群中，那么为获取垄断创新的所有收益，生产者将通过区域技术租形式定价，从而出现创新收益的地理垄断。而为获得这些知识或技术，空间接近就是必要的。但这样的演化结果将使租金长期"锁定"在特定的"幸运者"手中，这与区域经济发展中存在的繁荣与萧条相交替的现实不符。区域经济增长取决于知识、技术创新的能力，而整体经济的增长还取决于知识、技术的空间扩散。通过知识溢出，改变新知识的创造成本，提高全社会劳动生产率，推动经济增长。因此，从某种程度上来说，经济增长的真正来源是知识溢出。加速区域间知识、技术创新扩散速度和规模，将实现整体区域经济的可持续增长。

文章在空间经济学局域溢出模型基础上加以拓展，分析区际知识溢出不对称对产业区位及长期经济增长率的影响机制。研究结果表明，在其他条件给定、知识溢出存在地方化特征时，长期中企业的空间分布模式取决于相对市场规模的大小，而相对市场规模取决于知识资本的空间分布；资本的增加引致生产空间分布模式发生变化，除影响区域相对市场规模外，还会进一步影响企业空间区位选择，形成循环因果关系；空间因素在知识创造与知识溢出过程中，具有重要作用。知识溢出效应随距离衰减，也就意味着离知识源越近，溢出效应越强，资本的创造成本越低；吸收能力等的区际差异引致知识溢出效率存在区际差别，进而影响区域长期经济增长率。

结论的政策启示。知识溢出的空间效应形成创新要素集聚力的区域差异，进而产生不同的经济增长效应。对于知识资本禀赋不具优势的区域来说，增强自身对区际知识溢出的吸收能力、充分开展与创新中心的合作，将会提高经济增长率，进入循环累积的正反馈过程；这种增长率收敛的潜在可能性对区域经济的人力资本水平是有条件要求的，换句话说，区域人力资本积累产生的区域吸收能力的差异直接影响区域经济增长。

文章的主要贡献。在区域经济发展开放度日益提高的背景下，对区外知识资本和人力资本的获取能力和吸收利用能力成为衡量区域经济创新能力高低的重要决定因素，而且知识生产与消费的空间外部性会成为推动区域经济整体增长的重要力量。论文为相关问题的解释提供了理论分析框架。

（供稿人：高丽娜）

【经济集聚、选择效应与企业生产率】

李晓萍，李平，吕大国，江飞涛
《管理世界》2015年第4期，原文18千字

中国区域经济或城市的发展过程并非经济自发集聚的过程，而是具有很强的政府主导特性。这种政府主导下的经济集聚往往集聚效应不强，但集聚的速度却很快，很可能会带来显著的拥挤效应。中国当前的各类开发区和产业园区作为经济集聚的主要承载体，为各种投资给予大量的政策优惠致使其表现尤为明显。由地方政府之间"为增长而竞争"而产生"政策租"成为吸引企业入驻的主要原因，这种建立在"政策租"基础上形成的所谓产业集聚是一种虚假的产业集聚，其集聚效应相对有限。与此同时，尽管中国的市场一体化进程取得了很大进展，但由于体制与基础设施方面的原因，区域之间的运输与贸易成本仍相对较高，这可能使得在中国异质性企业的选址行为会体现出选择效应的特征。考虑到中国区域经济发展的上述基本事实，如何准确识别经济集聚对于区域生产率差异的影响及其影响机制，对于助力中国政府实现区域可持续发展具有重要的政策含义与理论价值。

鉴于此，该文基于异质性企业定位选择模型与标准集聚模型相结合的嵌套模型，采用1999—2007年中国288个地级市工业企业层面的数据，实证检验经济集聚对于企业生产率及异质性企业空间选择行为的影响。研究结果表明，第一，从1999—2007年中国城市的经济集聚对于多数制造业行业主要表现为拥挤效应而不是集聚效应；不同规模的城市对于不同生产率企业的空间选择行为产生显著影响，低效率企业表现出显著的选择效应。第二，1999—2002年及2003—2007年分时段全国样本检验结果及比较显示，中国城市的经济集聚在1999—2002年主要表现为显著的集聚效应，而在2003—2007年主要表现出显著的拥挤效应，且两个时段内经济集聚对于企业空间定位的影响均表现出显著的选择效应。此外，2003年以来，地区之间的"竞次式"补贴性竞争加剧，削弱了区域内产业、企业的内在联系与协同发展，导致集聚效应显著减弱。第三，东部地区城市经济过度集聚，对于企业生产率的影响主要表现为拥挤效应；西部地区城市的经济集聚水平相对较低，经济集聚对于企业生产率的影响主要表现为集聚效应。全国层面呈现出显著的选择效应，主要原因在于低效率企业更倾向于选择中西部中小城市以逃避东部地区激烈的市场竞争。

基于该研究结论得到以下政策启示。第一，现行区域协调政策中，给欠发达地区的各类区域优惠政策仍是政策的重点。第二，地方政府"竞次式"补贴性竞争导致经济集聚过程中，集聚效应缺乏且带来过度经济集聚问题。因而，中国必须加快体制改革，消除地方政府"竞次式"补贴性竞争的制度性基

础。第三，中国应改变这种长期以来形成的园区政策模式，大幅减少过多、过滥的各类园区优惠政策。第四，特大城市及大城市的发展已显现出显著的拥挤效应，应通过政策均等化、公共服务均等化、加大交通基础设施建设等手段推动产业转移及中小城市的发展。

文章的主要贡献。第一，Combes等（2012）的研究并未识别出显著的选择效应，这可能与其研究对象（法国）的选取有紧密联系，以市场条件完全不同于法国的中国作为研究对象进行实证研究，对于验证"新"新经济地理理论中的重要推论具有重要意义。第二，该文采用更为前沿和严谨的实证方法来识别和区分中国经济发展过程中的集聚效应（或拥挤效应）与选择效应，推进了中国关于这一问题的实证研究向前发展。第三，尚未有实证研究揭示2002年以来地区"竞次式"补贴性竞争加剧后经济集聚的效率变化情况，而该文的研究设计则实现了此目的。

（供稿人：李晓萍）

【中国大城市的企业生产率溢价之谜】

陈强远，钱学锋，李敬子
《经济研究》2016年第3期，原文17千字

对于企业生产率的提升，空间资源配置是重要途径之一。大量研究表明，大城市的企业生产率均值较高，存在着显著的企业生产率溢价。目前，就大城市为何拥有更高的企业生产率溢价，现有研究主要归结于大城市的集聚外部性：企业在大城市的集聚会通过正外部性、知识溢出来促进企业规模经济的利用，从而提高企业生产率。但现实中存在着大量的企业区位选择与产业转移现象，这或许导致大城市的企业生产率溢价或许被高估。因此，大城市的企业生产率溢价，到底是通过集聚外部性来实现的，还是因高生产率企业主动选择大城市以及低生产率的企业被限制进入导致的，这亟待从学理上给出理论解释。

基于双城模型，文章构建了大城市企业生产率溢价的概念框架，考察了选择效应、分类效应、集聚效应与竞争效应如何导致城市间异质性企业生产率分布差异；同时，基于1998-2007年规模以上工业企业数据，实证回答了中国大城市的企业生产率溢价之谜。研究发现，第一，城市的企业生产率溢价是集聚效应、选择效应、分类效应和竞争效应共同作用的结果，不同行业中这四种作用的溢价贡献不同。第二，集聚效应提高了大部分行业的企业生产率溢价。第三，竞争效应不一定导致大城市企业生产率呈现更大的"贫富不均"。第四，城市间异质性企业区位选择存在着"水往高处流"现象。第五，大城市并不一定有更高的市场进入门槛。

结论的政策启示。第一，应将城市生产率作为衡量城市竞争力的重要指标，并从空间资源配置视角探讨提升城市竞争力与缩小城市间差距的具体实施路径。第二，在积极推进新型城市化背景下，探讨中国城市发展道理时不应过于强调集聚效应的影响，否则会导致过度集聚与城市拥挤效应等问题的出现。第三，充分考虑城市生产率溢价的行业差异，并结合行业特征分类施策制定适合各行业空间集聚规律的生产率提升策略。

文章主要贡献。第一，文章创新性地构建了大城市企业生产率溢价的理论框架，引入了竞争效应对城市间企业生产率分布的非对称性影响，系统揭示了集聚效应、选择效应、分类效应和竞争效应将如何形成大城市的生产率溢价之谜。第二，文章在Combes等（2012）的基础上引入了双边分类效应与双边选择效应，首次同时引入了压缩、移动、左截断和右截断等四种分布形式，并利用中国工业企业分行业数据实证考察了哪种效应导致中国大城市的生产率溢价之谜。第三，文章提出了一个新的理念：城市层面的企业生

产率溢价提升是企业转型升级与创新驱动的内在要求，是"中国制造2025"与新型城镇化双重目标的微观内涵。

(供稿人：陈强远)

【大城市的生产率优势：集聚与选择】

余壮雄，杨扬

《世界经济》2014年第10期，原文14千字

城市规模与城市生产率之间的正相关被称为大城市的生产率优势。关于大城市生产率优势的解释主要存在两种观点：其一是将大城市的生产率优势归结于大城市中经济活动高度集聚所产生的"集聚效应"；其二则是认为大城市的生产率优势源于低效率企业在市场竞争中退出大城市，使得大城市中存活下来的企业具有更高的生产率，即所谓的"选择效应"。如何准确识别不同城市生产率差异中"集聚效应"与"选择效应"的影响与相对重要性，是解释大城市生产率优势的内在机制的核心问题。

该文在Combes等（2012）所提出的分布特征-参数对应分析的基础上，将生产率分布分位数特征构建的非线性目标函数转化为回归模型设定，提出基于格点搜索的NLS回归求解最优值的方法；并利用中国工业企业数据对中国城市生产率差异背后的这两种效应进行了识别与测算。结果表明，无论总体还是分行业数据，"集聚效应"都是解释中国大城市生产率优势的基本原因，"选择效应"并不存在；集聚是中国城市经济增长的主要动力。进一步的分析发现，"集聚效应"在城市与企业层面的表现截然不同。累计集聚效应与城市规模之间呈倒"S"型关系，小城镇向小城市以及大城市向特大城市的扩张能够带来更大的边际集聚效应。而"集聚效应"与企业规模之间则呈倒"U"型关系，中、小企业比大企业在集聚中获益更多。

该文的研究启示如下。第一，根据不同城市规模下的异质性"集聚效应"可知，中国城市的发展模式验证了"中大型城市向大型城市扩大"带来的快速发展，而当经济增长速度放缓，原有增长模式瓶颈日益呈现时，中央提出的发展新型城镇化的道路，即将城市发展战略调整到"小型城市向中小型城市扩大"，可获取更大地"集聚效应"以促进经济的持续快速增长。第二，"集聚效应"与企业规模间的倒"U"型特征说明，中小企业的健康成长是促进城市经济发展的关键，鼓励并扶持中小企业的发展与壮大，可以更大地释放集聚带来的红利，促进城市生产率的提升。

该文的主要贡献包括三个方面：首先，改进了Combes等（2012）的测算方法，将其最优化函数映射到直观的回归方法，提出基于格点搜索的非线性最小二乘（NLS）回归来识别了大城市生产率的"集聚效应"与"选择效应"；其次，利用工业企业数据对中国城市生产率差异背后的两种效应进行了识别与测算；最后，考察了不同城市规模和企业规模下"集聚效应"的异质性。

(供稿人：余壮雄，杨扬)

【大城市生产率优势：集聚、选择还是群分效应】

张国峰，李强，王永进

《世界经济》2017年第8期，原文22千字

与中小城市相比，在人口密度大、经济活动密集的大城市中企业生产效率更高。已有研究主要从知识外溢、中间投入共享和劳动力蓄水池所形成的"集聚效应"和激烈的市场竞争导致的"选择效应"这两方面对大城市的生产率优势进行解释。但是，为大城市带来生产率优势的一个重要渠道——"群分效应"，现有文献却鲜有涉及，该文运用中国数据对该效应进行考察。

该文基于1998-2007年中国工业企业数据，运用"无条件分布特征-参数对应"分析方法，通过控制"集聚效应"和"选择效应"，考察了企业"群分效应"对大城市生产

率优势的影响。研究发现，与多数理论预期相反，大城市集聚了大量中等效率企业，而高效率企业与低效率企业会选择小城市；不考虑群分效应会使对大城市集聚效应的估计产生严重偏误，在生产率分布的25分位点处，集聚效应被高估1.82倍；随着生产率分位点的提高，高估程度不断加深；大城市中的低效率企业从集聚效应中获益更大。因此，作为企业快速成长的"苗圃"，大城市的发展能够为企业提供更好的创业环境。

结论的政策启示。首先，企业的群分效应使得大城市集聚了大量中等效率企业，高效率和低效率企业主要集中在小城市。为此，群分效应一方面可以减轻工资和收入的地区差异，另一方面又会加剧小城市的工资差距和收入不平等问题。其次，大城市的集聚效应对中低效率企业的生产率增长有更强的促进作用，这意味着大城市更有利于创业企业的发展。为了充分发挥大城市的苗圃效应，政府可以积极营造良好的外部交流环境，进一步增强集聚效应对创业企业的积极作用。

文章的主要贡献。第一，首次基于中国工业企业数据，采用无条件分布特征-参数对应分析方法，考察群分效应对大城市生产率的影响。第二，与现有理论文献相一致，该文发现大城市集聚了大量中等效率企业，高效率与低效率企业则更愿意选择小城市。第三，国外已有支持群分效应的经验研究主要集中在法国和日本等发达国家，发展中国家的研究较少。该文发现群分效应在发展中国家的作用机制确实与发达国家存在明显的不同，这也为未来构建符合发展中国家背景的城市经济模型提供了事实基础。

（供稿人：张国峰）

【市场一体化、企业异质性与地区补贴——一个解释中国地区差距的新视角】

梁琦，李晓萍，吕大国
《中国工业经济》2012年第2期，原文18千字

21世纪以来，中国市场一体化程度不断加深，各地区产品市场的分割程度都呈现出显著且稳定的下降趋势且市场日趋整合。在此背景下，生产要素在区域之间的流动性不断增强，企业区位选择的自由程度持续提高，区域政策对企业选址的影响也更趋显著。由此，中国经济呈现出来的基本事实是中国地区经济差距经历了一个先扩大后缩小的过程；但是，与此同时，中国地区间的全要素生产率差距则呈现持续扩大的趋势。现有研究难以对此现象给出较好的理论解释，而近年来融合企业异质性的经济地理理论的发展，为解析这一变化趋势提供了新的分析思路。

该文基于融入异质性企业理论的经济地理分析框架，通过引入地区补贴行为揭示中国市场一体化进程与区域协调政策影响地区生产率差异和地区经济差距的另一重要机制，即市场融合过程中，异质性企业的定位选择行为会加剧地区之间的不平衡，并对地区生产率差异产生重要影响，这是不同于规模报酬递增与循环累积效应的另一种机制，能够在一定程度上解释中国旨在缩小地区差距的区域政策效果不理想的原因。研究结果表明，第一，当地区之间的市场规模不对称程度越大时，异质性企业越是倾向于定位于发达地区（大市场），异质性企业的这种定位选择会使得发达地区与欠发达地区的经济差距拉大。第二，中国旨在缩小地区差距的区域政策效果不理想的原因在于西部地区有限的补贴政策导致因政策而来的首先是低效率企业，因此并不能从根本上改变欠发达地区可持续发展能力相对不足这一问题。第三，市场一体化程度的提高与区域协调发展政策的共同作用下，存在不同成本（生产率）企业的定位选择行为，在很大程度上为中国东、中西部地区生产率差异持续扩大以及近年来东、中西部地区经济差距小幅缩小提供了一个新颖而又合乎逻辑的理论解释。

结论的政策启示。第一，加快推进市场一体化进程并且给予欠发达地区相应的区域优惠政策，是缩小中国地区差距合意的政策选择。第二，实施区域协调发展政策，在为欠发达地区提供各种投资优惠政策的同时，还应注重帮助欠发达地区通过技术引进、人力资本积累等措施，提高辖区内企业的生产效率和竞争能力，实现欠发达地区的可持续发展。第三，在实施区域协调发展政策时，中央政府还需采取适当的政策以协调地区之间的利益，避免地区之间的补贴性竞争以及地方政府的不当竞争行为。

文章可能的贡献在于把存在生产率差异的企业纳入分析地区差距的框架内，实现了对已有理论分析的扩展：第一，为构建模型从理论上对不同效率的企业在不同地区的分布进行理论解释提供了可能；第二，为深入探讨吸引企业投资的地区政策的效果及其对地区平均生产率的影响，以及由此引致的内生的地区不平衡提供了新的微观解释机制。

（供稿人：李晓萍）

【国际产能合作与重塑中国经济地理】

吴福象，段巍

《中国社会科学》2017 年第 2 期，原文 20 千字

当前中国正步入以"中高速、优结构、新动力、多挑战"为主要特征的新常态，化解产能过剩危机和破解"胡焕庸线悖论"成为难以逾越的两道坎。一方面，中国长期以加工制造环节嵌入全球价值链，使得在"三期叠加"的特殊时期，经济增长缺乏内生动力，工业体系面临着低端化发展与产能过剩的困境。另一方面，过剩产能未能转化为实际福利惠及欠发达地区，"胡焕庸线"两侧产能不均衡布局依然是中国经济地理上难以破解的难题。因此，跨过这"两道坎"，是中国宏观经济战略的关键之所在。

文章基于当前国内经济地理格局演化进入"钟状曲线"左侧这一特征事实，构建了要素流动的多区域联动模型，并将其融入中国当前产能过剩、经济地理格局不均衡、"一带一路"开放战略等现实背景，同时以新经济地理学和新福利经济学双重视角，对当前中国区域经济发展中的现实问题进行理论抽象和演绎。该文以封闭条件下的二区域模型为分析起点，然后将模型拓展为开放条件下的两国三区域模型，同时放松资本流动性假设，揭示资本输出对重塑本国经济地理格局的影响，并利用博弈论方法揭示重塑经济地理格局的条件和机制。

针对理论分析结果，该文提出了相关的政策建议。第一，以开展国际产能合作为契机，整合并再平衡世界范围内的生产要素，构建以中国为核心的区域价值链。抓住国企分类改革契机，利用资本市场纽带引导大型企业集团合理布局产能。以产业园区为载体输出产能，为东道国发展集聚经济提供一揽子解决方案。此外，在优势领域推广中国的品牌和标准，塑造以"我"为主的全球价值链和国际生产体系。推动行业标准的共性技术研究，形成中国制造业的技术谱系。第二，实现国内价值链与全球价值链对接，破解"胡焕庸线悖论"。利用平台技术和整成技术，在中西部地区培育制造业的产业公地，通过率先在高铁、核电领域塑造"W"型价值链，无缝对接东道国的价值链。同时，培育定位于产业与物流贸易中心的城市群和中西部区域性中心城市，让城市群内部行政中心职能和市场中心职能各司其职，提高"胡焕庸线"左侧的中西部经济密度，塑造由"T"型分布向"H"型分布的区域战略纵深。

文章的主要贡献。在建模方法上，首先将初始的禀赋不对称作为外生条件来融合第一自然（first nature）；然后在模型中引入拥挤效应变量，分析过度的产业资本投资如何会通过占用土地等稀缺的要素资源、引发环

境污染，进而挤出创新部门的产出等问题。

（供稿人：吴福象）

【中国产业布局调整的福利经济学分析】

吴福象，蔡悦

《中国社会科学》2014年第2期，原文17千字

文章选题的背景，一是源自对现实问题的关注。2009年世界银行报告提出重塑世界经济地理以来，中国加快了区域规划步伐，许多地方性发展规划陆续的上升为国家发展战略。但人口大量迁徙的"孔雀东南飞"现象，并没有因为局部的"腾笼换鸟"而得到有效的缓解，"986"留守的社会问题还在不断加剧。东部城市人口和资源环境的承载压力加剧，新生代进城务工人员的人格分裂现象凸显。二是解决理论研究的困惑。当前中国有关区域问题的研究，着重点停留在统计描述和现象揭示阶段，机制分析严重滞后。以往的福利经济学重点关注对象人际单一维度，而从人员和地区二维出发的研究，还局限于概念性的描述。

研究过程。构造差异化劳动力区际流动模型，并在比较分析基础上，构造人际和区际维度的二维福利函数矩阵。分别从人员和区域两个维度，对公平和效率双重视角下的区域、人群的福利状况进行比较。通过数值模拟，揭示了公平视野下产业空间布局的困境，在于单一转移支付手段难以收缩差异化劳动力福利补偿供求的缺口，市场机制的单独谈判失效，而通过效率视野的产业转移、产业扶持和产业干预的补偿方式，则是实现区际福利补偿和产业空间布局再平衡的可能方向。

政策主张。前人的定性分析认为，公平视角的转移支付是实现区际福利补偿的主要手段，该文在中国情境下通过模型分析和数值模拟，认为效率视角的产业再平衡是实现区际福利补偿的方向。效率视野的产业空间布局的再平衡，不仅是应对外围形势突变的战略需要，也能从长效机制上解决贫困和留守的社会问题。

主要创新。一是在前期相关研究成果基础上，尝试着将标准的福利经济学分析方法引入中国区域问题；二是通过构造人际和区际二维福利矩阵，通过模型推演和数值模拟，揭示了中国产业空间布局再平衡的关键问题，就是要在公平视角的转移支付与效率视角的产业平衡之间找到合适的平衡点。

（供稿人：吴福象）

【贸易开放对中国区域增长的空间效应研究：1987—2009】

熊灵，魏伟，杨勇

《经济学（季刊）》2012年第3期，原文19千字

贸易在增长促进三要素中具有重要核心地位，然而贸易开放对区域增长的空间效应却少有人关注。新经济地理学的出现一定程度上弥补了这方面研究的缺失，尤其在理论层面上涌现出一些贸易开放空间效应的模型，但是关于贸易开放与区域空间差异的理论和实证研究并无定论。此外，现有贸易开放对区域增长的空间效应的研究主要集中于发达经济体，尤其是欧洲经济一体化的空间效应，这些研究本身尚且存在争议，并不适用于发展中国家的环境。随着中国对外开放不断深化，国内的区域协调发展问题备受重视，研究贸易开放对中国区域增长的空间效应也就具有了重要的理论和现实意义。

文章基于新增长理论和新经济地理理论，发展出一个可以检验贸易开放对区域增长空间效应的空间面板实证模型，对中国1987—2009年的省际和三次产业层面的空间面板数据进行全面分析，以研究贸易开放的区域增长效应及其空间异质性特征，探寻贸易开放对中国区域经济增长空间效应的影响机制。研究发现，贸易开放对省域经济的增长效应

为正,伴有空间收敛与发散双向效应,并因地区发展水平、基础设施和人力资本差异而存在空间异质性;贸易开放度的提高更有利于落后地区、拥有良好基础设施地区和人力资本积累水平较低地区的经济增长。

结论的政策启示。第一,从协调区域发展、缩小区域差距的角度出发,政府应该鼓励落后地区不断加大对外开放的力度,不断对落后地区投入更多资源以提升落后地区基础设施条件,只要这些基础设施能真正服务于当地经济社会发展,就能不断改善落后地区的经济发展状况。第二,在协调中国地区经济发展的过程中,促进地区贸易开放和劳动力的合理流动是减少地区间经济差距的有效手段。

文章的主要贡献。其一,在新增长理论和空间经济学框架下,发展出一个可以检验多种关于贸易开放的区域增长空间效应假设的空间面板实证模型,把时间和空间因素纳入统一的实证框架,并利用省域面板数据研究贸易开放对中国区域经济增长的空间效应及其异质性特征。其二,政策上,基于理论和实证分析结果提出不同区域在制定贸易开放和区域发展政策时不可寻求统一的模式,应根据各地区不同的要素禀赋、发展水平和产业结构而采取差异化的策略。

(供稿人:熊灵)

【市场邻近、供给邻近与中国制造业空间分布——基于中国省区间投入产出模型的分析】

赵璧,石敏俊,杨晶
《经济学(季刊)》2012 年第 3 期,原文 15.7 千字

改革开放以来,中国制造业部门不断向东部沿海地区集中。关于制造业集聚的成因和机制,已有研究主要有三种观点:一是强调先天性特性(First Nature)的外生作用;二是强调外部因素的作用,认为全球化、市场化和地方分权是驱动制造业地理集中的主要因素;三是强调后天性优势(Second Nature)的内生作用。新经济地理学理论认为,企业在邻近市场与邻近供给的地区可以获得更高的利润率,由市场邻近(Market Access)和供给邻近(Supply Access)所决定的贸易成本是制造业企业区位选择和产业空间分布的重要因素。然而迄今为止,关于市场邻近与供给邻近对中国制造业空间分布的影响仍然缺乏足够的实证分析证据。该文利用 2002 年中国省区间投入产出模型,计算了分省区两位码分类制造业部门的市场邻近与供给邻近,在考虑部门特性和区域属性影响的基础上,检验了市场邻近和供给邻近对中国制造业部门空间分布的影响。

该文发现,贸易成本是影响中国制造业企业区位选择及产业空间分布的主导因素。在贸易成本的影响因素中,上下游产业的配套条件是企业选址优先考虑的要素,比靠近最终消费市场与方便出口更加重要。企业选择在沿海地区生产,虽然会付出较高的生产成本,但由于靠近上下游产业、靠近最终消费市场和出口市场,可以有效节省贸易成本。该文指出,2004 年后中国制造业空间分布发生变化,其原因主要是沿海地区劳动力成本上升,驱使部分劳动密集型产业和最终需求型产业从劳动力成本较高的沿海地区向中西部地区转移。这表明,如果要素成本上升导致贸易成本与生产成本的均衡关系出现逆转,企业会牺牲一部分贸易成本以换取生产成本的节约,在贸易成本与生产成本之间达到新的均衡。

结论的政策启示。企业不只关注生产成本,可能更加看重当地的产业配套条件及市场邻近。缓解区域差异的政策设计应该更加重视改善中西部地区的市场邻近和供给邻近。

该文的贡献和创新点。(1)从市场邻近和供给邻近决定的贸易成本视角,为我国制造业的空间集聚提供了更加合理的解释,深

化了产业空间集聚机制的认识。（2）区分市场邻近与供给邻近，揭示了产业前后向关联对于制造业空间分布的影响，弥补了实证研究的不足。（3）应用中国省区间投入产出表，推算了分省区两位码分类的制造业部门的市场邻近和供给邻近，弥补了已有研究未考虑省区间技术差异和消费偏好差异的不足。

（供稿人：石敏俊）

区域创新体系

【协同创新、空间关联与区域创新绩效】

白俊红，蒋伏心

《经济研究》2015年第7期，原文16千字

如何科学有效地组织与协调创新要素，进行创新生产，从而提升创新绩效，是一个值得关注的议题。对于各个区域创新系统而言，其创新要素的组织与协调分为两种方式：一种方式是企业、高等院校、科研机构等创新主体之间通过协同创新来获得创新成果；另一种方式是区域创新系统之间要素流动产生空间关联效应。如果将各个区域看作国家创新系统的一个子系统，那么协同创新便体现了子系统内部各主体要素之间的相互关系，而空间关联则反映出各个子系统之间的联结关系。因而，将协同创新和空间关联综合起来考虑，有利于更为全面地揭示我国各区域创新生产的协调方式与整体绩效。

文章采用1998-2012年中国分省区面板数据，通过构建协同创新指标体系，并从区域间创新要素动态流动视角建立空间权重矩阵，运用空间计量分析技术，实证考察了协同创新与空间关联对区域创新绩效的影响。研究发现，协同创新过程中，政府科技资助、企业与高校的联结以及企业与科研机构的联结对区域创新绩效有显著的正向影响，而金融机构资助则产生显著的负向影响；区域间创新要素的动态流动有利于知识的空间溢出，从而促进了区域创新绩效的提升。

结论的政策启示。第一，鼓励政府进一步加大对科技创新的投入，充分发挥其资助与引导功效，将有助于区域创新绩效的提升。第二，加强协同创新平台建设，努力完善协同创新的制度环境，充分调动各创新主体参与协同创新的积极性，并使各自优势得到充分发挥，亦有利于区域创新绩效的提高。第三，通过建立多元化和竞争性的金融中介体系，进一步优化金融机构的科技资源配置功能，使其科技信贷资金真正流向最具效率的企业和研发投资项目，也将有益于提升区域创新的生产绩效。第四，进一步发挥市场在资源配置过程中的决定性作用，破除区域间R&D人员和R&D资本等创新要素流动的体制机制障碍，努力营造有利于创新要素流动的外部环境，借此促进R&D人员和R&D资本的区际流动，将有利于区域创新绩效的整体提升。

文章的主要贡献。第一，在国家创新系统的整体框架内，系统考察作为其子系统的区域创新系统内部各主体之间的协同创新以及各区域创新系统之间的空间关联对区域创新绩效的影响机理。第二，从协同创新的视角，剖析区域创新系统内部各主体之间的相互关系与关联机制，揭示区域创新的"黑箱"系统。第三，从创新要素区际之间流动这一动态化空间关联视角，对区域创新系统之间空间关联的内在形成机制和具体形式进行考察，并探索其对区域创新绩效的影响效应。

（供稿人：白俊红）

【我国区域创新效率的空间外溢效应与价值链外溢效应——创新价值链视角下的多维空间面板模型研究】

余泳泽，刘大勇

《管理世界》2013年第7期，原文22千字

外溢是创新的一个重要特征，创新的大

量收益都是以外溢的形式流向了其他非创新主体。创新外溢是导致报酬递增从而使经济获得持续增长的根本原因。虽然，外溢的知识成为整个企业群体的公共知识，其产权也演变为共有性，进而不可避免地存在"搭便车"行为，但是，由整个社会创新中"个体理性与集体非最优化"的矛盾而导致的创新的"锁定效应"并没有出现。随着网络信息技术的发展，创新的外溢效应反而得到了加速。在各区域经济增长的过程中，创新激励和创新外溢之间并不完全是我们所认识到的一种悖论，可能在某种程度上创新外溢进一步激励了私人企业的创新活动，从而在更高的层次上获得更快的经济增长。

文章基于创新价值链视角，将创新过程分为知识创新、科研创新和产品创新三个阶段，并利用三阶段 DEA 模型考察了各阶段的创新效率。由于各阶段创新效率表现出较为明显的空间相关性，文章采用多种空间面板模型和设置多重空间权重矩阵的方法，分析了创新的空间外溢效应和价值链外溢效应。研究显示，产品创新效率与知识创新效率之间产生了明显的价值链外溢效应，产品创新效率和科研创新效率之间也产生了明显的价值链外溢效应，而科研创新效率与知识创新效率之间没有形成较为明显的价值链外溢效应。就创新效率的空间外溢效应而言，创新价值链视角下的各阶段创新效率都表现为较为明显的空间外溢效应。

结论的政策启示。第一，充分发挥创新的空间外溢效应，通过打破地区垄断，加强地区创新信息交流，促进创新行为在各区域之间互通有无机制的形成。第二，充分发挥创新的价值链外溢效应，通过加强产学研结合力度，促进创新价值链各个阶段之间的联系，使得知识创新、科研创新和产品创新形成良好的沟通渠道，形成循环的创新价值链外溢效应。第三，在科研创新环节，"拥挤外部性"问题应当引起我们的重视。在产品创新环节，我国应当根据不同地区的技术发展水平、效率提升路径采取有针对性的技术引进策略，更加合理地规划、搭配企业引进的技术来源、技术组合、引进比例。

文章的主要贡献。第一，在创新价值链视角下，将创新过程分为知识创新、科研创新和产品创新，采用三阶段 DEA 的方法计算了各阶段的创新效率，并以此研究创新效率的外溢效应。第二，在方法上综合采用空间滞后模型（SAR 模型）、空间误差模型（SEM 模型）、空间杜宾模型（SDM 模型）、空间交叉模型（SAC 模型），以及空间 GMM 估计模型，通过设置包括地理距离和社会经济距离在内的各种空间权重矩阵进行研究，进而得出非常稳健的实证结论。

（供稿人：余泳泽）

【研发要素流动、空间知识溢出与经济增长】

白俊红，王钺，蒋伏心，李婧
《经济研究》2017 年第 7 期，原文 16 千字

研发要素（比如 R&D 人员、R&D 资本等）是保障中国创新驱动战略成功实施，进而推动经济可持续增长的重要战略资源。伴随着户籍制度改革的进一步深入和科技一体化进程的加快，中国正逐步进入以研发要素自由流动为特征的开放型创新时代。在此情形下，考察研发要素的跨区域流动及其对经济增长的影响具有重要的理论和现实意义。

该文利用空间计量分析技术实证考察了研发要素流动、空间知识溢出与经济增长之间的关系。研究发现，中国区域的经济活动存在显著的空间相关性，并且研发要素区际流动的直接增长效应和空间溢出增长效应均显著为正，即研发要素区际的流动不仅能够促进本地区经济的增长，其所伴随的空间知识溢出效应还有助于推动其他地区的经济增长；R&D 人员流动所带动的空间知识溢出增长效应占总增长效应的 50% 以上，R&D 资本

流动所带动的空间知识溢出增长效应在总增长效应中的占比亦超过了10%。

结论的政策启示。第一，地方政府在制定政策促进本地区经济发展时，不仅需要关注本地区的经济条件与环境，还需要通盘考虑周边地区的发展策略，积极搭建区域协作平台，加强交流与合作。第二，作为推动我国经济增长的重要力量，研发要素区际的流动具有明显的空间知识溢出效应，因此进一步破除地区壁垒，通过深化户籍制度改革，加强科技金融体系建设等途径，促进研发要素的自由流动。第三，完善区域间要素流动的机制体制，扩大知识溢出的空间半径，借此充分发挥研发要素流动的知识溢出效应，将有利于促进我国地区经济的持续增长。

该文的贡献主要体现在：第一，从研发要素动态流动的视角，将研发要素流动、空间知识溢出与经济增长纳入一个统一的分析框架，深入揭示研发要素流动引致空间知识溢出，从而促进经济增长的内在作用机制，在理论上进行积极的探讨；第二，考虑研发要素区际动态流动所可能产生的空间相关性，采用多种空间面板计量模型，实证检验这一动态链接背后的空间传导机制，并对空间溢出效应做具体测度。

(供稿人：白俊红)

【FDI对中国创业的空间外溢效应】

田毕飞，陈紫若

《中国工业经济》2016年第8期，原文18千字

中国政府十分注重创业，并做出了"大众创业、万众创新"的战略部署。全国范围内呈现出欣欣向荣的创业景象。与此同时，中国吸收的FDI规模不断增加，继续位居发展中国家首位。根据《全球创业观察中国报告》，中国存在创业高活跃区、活跃区、不活跃区和创业沉寂区。由于FDI具有外溢效应，中国创业的区域差异性与FDI在中国各省份的空间布局可能存在相关性。当前，中国经济正处于转型时期，市场化进程伴随着省份间FDI和创业的明显不平衡。在此背景下，运用恰当模型研究FDI对创业的空间外溢效应，不仅有利于理论界深化对于FDI与创业之间的关系的认识，正确理解开放环境下FDI对创业的溢出效应，而且有利于推动中国经济持续健康发展。

该文利用中国2002—2012年31个省份构成的平衡面板数据，采用空间滞后模型研究外商直接投资在省份内与省份间层面如何影响国内创业。研究结果表明：整体上看，省份间创业存在正向的空间相关关系；省份内FDI的直接效应、省份间FDI的间接效应以及两者的总效应对省份内创业均表现出显著的倒"U"型曲线关系，且省份内FDI对创业的影响大于省份间FDI，存在地方化现象。进一步分析发现，FDI与创业的倒"U"型关系依赖于各省份的技术水平、外资进入程度、科学技术支出和工资水平，这些因素能在一定程度上解释FDI对各省份影响效应的差异性。

结论的政策启示。首先，对于甘肃、黑龙江等欠发达城市及省份，FDI的规模仍处于倒"U"型曲线的左边，当地政府应对外资继续保持开放态度，扩大整体创业规模；对于北京、上海等发达城市及省份，FDI的规模已接近倒"U"型曲线的门槛值，当地政府应该侧重于吸收高科技行业的FDI，增加高科技创业、国际创业等，提高整体创业质量。其次，以创业活跃区域带动创业不活跃区域，树立"富邻"观念，突破以往拼政策、拼成本的行政垄断格局，是目前中国实现区域协调发展的有效措施。最后，鉴于北京、上海等城市及省份工资水平普遍较高，导致创业成本也相对较大，当地政府应该进一步简政放权，深度释放制度红利。此外，应鼓励自主研发与创新，减少对外资的依赖；提高所有权意识，避免外资独大；加强知识产权保护，防止出现"搭便车"现象等。

文章的主要贡献。一是首次采用空间滞后模型研究了FDI对创业的空间外溢效应；二是系统剖析了FDI与创业之间的倒"U"型关系的形成机制；三是提出了具体、可操作的政策建议，对中国各省借助FDI促进创业具有很强的指导意义。

（供稿人：田毕飞）

【中国城市生产性服务业模式选择研究——以工业效率提升为导向】

席强敏，陈曦，李国平
《中国工业经济》2015年第2期，原文17千字

生产性服务业作为工业的中间投入和与工业直接相关的配套服务业，将日益专业化的人力资本和知识资本引入工业生产过程中。在基于价值链不同环节、工序、模块的新型国际分工和国内区域分工体系中，生产性服务业处于价值链的高端，成为各个国家和地区经济增长的主要推动力和重点发展方向。

在工业效率提升的目标导向下，中国各城市生产性服务业的发展面临着在专业化与多样化发展模式之间选择。该文构建了生产性服务业模式选择与工业效率提升的分析框架，并基于2003—2012年中国284个地级及以上城市面板数据运用空间面板计量模型实证研究了工业效率提升导向下中国城市生产性服务业的模式选择。研究发现，随着城市规模的扩大以及工业对生产性服务业需求规模的上升和门类的增加，生产性服务业发展模式逐渐由专业化向多样化转变；生产性服务业多样化程度越高的城市对周边城市工业劳动生产率提升的空间溢出效应越强，但受交易成本和对"面对面"接触需求的影响，空间溢出效应随距离增加而衰减；超特大城市和大城市生产性服务业适宜选择多样化发展模式促进工业效率的提升，而中小城市则应专注于某些特色专业化生产性服务业部门的发展来带动本地工业效率的提升。

结论的政策启示。第一，强化城市群内部、不同城市之间多样化和专业化分工协作，构建大、中、小城市职能划分合理、优势互补的生产性服务业分工格局。第二，超大城市、特大城市和大城市生产性服务业发展以多样化模式为主，并承担着集聚要素和向周边辐射的核心能级功能。第三，中、小城市应结合城市要素禀赋、比较优势和主导工业的核心需求，重点发展特色鲜明的专业化生产性服务，以带动本地工业效率的提升。

文章的主要贡献。第一，现有涉及专业化模式和多样化模式的研究大多针对城市整体发展模式而言进行深入研究，缺乏聚焦于生产性服务业的相关研究。该研究从生产性服务业与工业之间的互动关系出发，以提升工业效率为导向，围绕生产性服务业的模式选择问题展开研究。第二，通过引入生产性服务业的专业化指数和多样化指数，在传统的互动机制基础上更进一步地探讨不同生产性服务业发展模式对工业效率影响的作用机理，并基于空间面板计量模型实证探究生产性服务业的发展模式对本地和周边城市工业效率提升的影响。

（供稿人：席强敏）

【中国区域创新活动的"协同效应"与"挤占效应"——基于创新价值链视角的研究】

余泳泽
《中国工业经济》2015年第10期，原文17千字

随着人口红利、资本红利和制度红利的逐步释放，中国经济正在进入以增速调整、结构优化、动力转换为主要特征的新常态，亟须从追赶型经济向创新型经济转变。伴随着一系列创新驱动战略的实施，中国以R&D经费为代表的创新投入逐年增长，从R&D投入占GDP的比重看，中国的创新投入正在不断接近发达国家。虽然中国创新投入和以专利为代表的创新产出呈现了较为明显的增长，

但是以全要素生产率为代表的技术进步水平却没有表现出明显的增长趋势。其中一个重要原因就是创新的体制性约束导致的创新效率不高。

文章考虑到省际价格指数和折旧率的差异，从核算方法的调整入手，对中国30个省份1998—2013年省际研发资本存量进行了估算。基于创新价值链视角，以计算的分阶段省际研发资本存量为基础，对中国省际研发资本的空间外溢效应和价值链外溢效应以及由此产生的"协同效应"与"挤占效应"进行了分析。研究结果显示：中国区域创新活动的内部结构呈现出"轻基础研究、重实践应用研究"的现象。试验发展资本存量占比超过80%且逐年增长，而应用研究与基础研究资本存量占比不足20%。中国区域研发活动表现出明显的空间外溢效应和价值链外溢效应。应用研究资本投入与基础研究和试验发展资本投入形成了良好的"协同效应"，而试验发展资本投入对基础研究资本投入具有一定的"挤占效应"。

结论的政策启示。第一，国家应该在研发投入结构上不仅重视创新的产业化环节，而且更加重视基础研究和基础核心技术的研发投入。第二，在关注研发资本"集聚效应"的同时，地方政府应该更加注重创新的分工协作，充分发挥创新的外溢效应。第三，各地方政府应该打通创新要素流动的体制性障碍，克服创新活动的本地属性，加强地区创新信息交流，提升区域创新的效率。第四，要吸收企业参与到基础研究的项目和计划中来，通过税收和财政补贴等政策支持大企业加大基础研究投入，并支持建立产学研联盟，建立协同创新的长效机制。

文章的主要贡献。第一，从中国区域创新活动的空间外溢与价值链外溢出发，提出了中国区域创新活动"协同效应"和"挤占效应"的机制并予以检验，进而发现中国区域创新活动存在的潜在问题，为提升中国区域创新效率实现创新驱动战略提供可供参考的政策建议。第二，扬弃既有研发资本存量计算过程中部分不合理的估算假设，考虑到省际价格指数和折旧率的差异，从核算方法调整入手，对中国30个省份（缺西藏）1998—2013年省际研发资本存量进行了估算。

（供稿人：余泳泽）

【中国区域间经济互动的来源：知识溢出还是技术扩散？】

张勋，乔坤元

《经济学（季刊）》2016年第4期，原文14千字

中国不同区域之间的经济互动是中国经济增长的重要原因。改革开放初期，全国层面上大规模调动资源，支持东部地区先行发展，2000年之后，东部地区向中西部地区实施资源和产业转移，支援中西部开发，推动中国的区域间经济互动。从理论上看，经济互动主要分为两种类型，一是知识溢出；二是技术扩散。知识溢出和技术扩散最重要的区别在于，前者主要来源于劳动力和一般资本的流动，而后者则主要来源于研发所形成的前沿技术。这两个元素虽然同为空间效应和区域间经济互动的重要组成部分，但是存在本质的区别，应进行有效识别。

该文构造易于估计的空间结构化计量模型，将经济互动分解为知识溢出和技术扩散效应，并利用中国的省级面板数据划分经济圈，探讨区域间经济互动的来源，实证分析通过了遗漏变量、测量误差以及不同空间矩阵设定下的稳健性检验。研究结果表明，中国区域间经济互动性主要来自知识溢出而非技术扩散；中美比较表明，中国经济增长过程中知识溢出率仍然偏低，区域间经济互动性较弱。

结论的政策启示。第一，区域间的经济互动是促进经济增长和趋同的重要因素，加

大知识产权的保护力度是提高技术扩散效应、增加经济互动性的重要手段。第二，地方保护主义和市场分割也使得中国区域间知识溢出率较低、技术扩散率不显著，政策制定者应该设法激励各地方政府放弃地方保护主义、移除贸易壁垒。第三，由于中国的户籍制度客观上限制了劳动力流动，进而限制了知识溢出效应发挥作用，因此应该逐步减弱户籍制度限制，促进劳动力和资本自由流动。以上政策将有利于提高中国整体上的区域经济互动，最终实现各省的经济增长和经济趋同。

文章的主要贡献。第一，构造了更一般化的空间结构化计量模型，首次将区域间的经济互动划分为知识溢出和技术扩散，有效地将经济活动的两种来源进行了区分。第二，使用对数线性化对既包含技术进步又包含知识溢出的模型进行推演，得到"空间互动作用"，这为空间计量方法本身以及它对于现实问题的运用提供了理论的基础。该文的实证策略严格依赖结构化模型，因而可以更有效、更清晰地捕捉经济互动效应，相关的估计系数均具有理论和现实意义，能够测度知识溢出和技术扩散效应的大小。第三，在估计知识溢出和技术扩散效应的大小的基础上，可以判别目前中国区域间经济互动的主要来源，并进一步分析知识溢出和技术扩散效应的相对强弱的原因。同时，也将中国总体的区域间经济互动与美国进行对比，进一步对中国目前的区域间经济互动的强弱做出判断和分析。

（供稿人：张勋）

【高速铁路影响下的经济增长溢出与区域空间优化】

王雨飞，倪鹏飞
《中国工业经济》2016 年第 2 期，原文 20 千字

高铁的建设会加深地区间的开放程度，由此带来要素资源的快速流通和频繁交汇会扩大市场规模，时间距离的缩短更会提高城市之间的可通达性，进而扩大中心城市的辐射范围。从 2004—2013 年中国地级及以上城市国内生产总值的变化来看，经济发展水平提升程度和经济集聚程度较为突出的区域恰好与已建成通车的高铁线高度拟合。城市连片分布在地理上呈现板块化的分布特征，改变了过去沿江、沿海、沿铁路线分布的线性特征。交通环境的改善一定程度上通过强化经济溢出加速了经济增长，并促进了经济活动空间格局的调整和优化。

论文根据中国高铁的建设历程，通过建立分时段、分权重的空间计量模型来检验交通发展的增长效应。计量结果表明：高铁的建设大大缩短了城市之间的时间距离，与高铁开通前相比，城市经济产出的空间外溢效用增强，证明了以高铁为代表的交通发展对经济发展确实具有增长效应。通过绘制时间距离地图来检验交通发展的结构效应，高铁的开通从城市内部、城市群内部、区域之间以及全国范围对城市的空间结构、分布结构以及层级结构都带来了影响。经济基础相对较好的东部和中部城市进入中心区，而基础薄弱的东北和西部地区面临边缘化的危险。

结论的政策启示。（1）以高铁为依托，带动全国层面的经济增长。交通对经济发展产生的增长效应意味着中国可以通过高铁建设促进经济增长。根据交通对经济发展产生的结构效应，高铁建设有利于城市实现网络化发展，未来高铁的路网密度还需强化。（2）以高铁为依托，实行差异化的区域带动战略。在东部和中部地区实行"以网带面"的战略，减少政府干预，以现有城市群为基础促进城市网络化、集群化发展；西部实行"以线带面"的战略，结合市场运作与政策扶持促进城市形成群带集聚、点状分散的布局；在未开通高铁的地区实行"以点带面"的战略，通过政府干预弥补市场失灵，加大对这一地

区经济基础相对较好的城市的基础设施的扶持力度，带动周边城市的发展。（3）以高铁为依托，重视不同交通工具的组合和衔接。城市间空间距离以及不同交通方式特点的客观差异，意味着要最大化的汲取外部性促进经济增长需要不同交通方式的组合。必须强化高铁和其他交通工具的衔接和组合发展，发挥组合交通对经济成本的节约、对经济效率的提升作用。

文章的主要贡献。探究交通发展产生增长效应和结构效应的作用机理，并在城市层面上用空间计量模型和超制图学的方法做出实证检验。

（供稿人：王雨飞）

资源环境与区域增长

【集聚与减排：城市规模差距影响工业污染强度的经验研究】

陆铭，冯皓

《世界经济》2014年第7期，原文20千字

该文研究经济集聚对污染减排的影响。在保持经济持续发展的前提下，降低单位GDP的污染排放强度是控制污染物排放总量的必要条件。然而，一些导致分散发展的区域经济政策可能与减排目标相悖：例如，政府通过户籍限制人口向大城市流动，限制建设用地指标跨地区再配置，鼓励中小城镇的发展，并用行政手段推动产业向欠发达地区转移，这些均不利于人口和经济活动的空间集聚。如果经济集聚有利于实现污染减排，那么，促进区域经济分散化的政策就可能与减排目标相矛盾。

文章基于1993—2006年中国23个省级行政区的面板数据，使用由城市建设用地指标分配所决定的省内各地级市之间建成区面积的规模差距，作为该省各地级市之间非农业人口规模差距的工具变量，估计了人口与经济活动的空间集聚对于工业污染排放强度的影响。研究结果表明，人口和经济活动向区域性的中心城市集聚有利于降低环境污染物质的排放强度。在保持其他条件不变的情况下，省内地级市市辖区非农业人口规模的基尼系数增加1个标准差（0.0813），会导致工业化学需氧量（COD）排放强度下降约19.03%，工业废水排放达标率增加约2.27个百分点，工业烟尘排放强度下降约14.54%，工业粉尘排放强度下降约22.49%。这意味着限制人口向大城市流动的户籍政策和阻碍城市建设用地指标跨地区配置的土地政策由于扭曲了城市体系的发展而不利于经济集聚，从而也不利于降低单位GDP的污染排放。

结论的政策启示。第一，环境污染物质的排放强度并不必然随着城市经济规模的扩大而递增，因此经济发展和环境保护是可以兼顾的。第二，要素与资源的自由流动和充分集聚不仅有利于提升经济效率，而且有利于污染减排，因此，为了实现既定的减排目标，需要在城市化进程之中放松对于经济和人口集聚的政策阻碍。第三，具体来说，兼顾发展与环境的经济政策需要以土地和户籍制度联动改革为手段，促进人口和建设用地指标等要素的跨地区再配置，推动经济集聚发展。

文章的主要贡献。第一，利用地级市市辖区非农业人口规模差距定量测度了省内人口与经济活动的空间集聚程度，并通过基于城市建设用地指标分配的工具变量方法，准确地识别了经济集聚对污染减排的影响。第二，将推进污染防治的环境政策与促进要素与资源的空间配置更加合理化的区域经济政策联系起来，为旨在兼顾经济发展与环境保护的区域经济政策提供思路和依据。

（供稿人：冯皓）

【中国雾霾污染的空间效应及经济、能源结构影响】

马丽梅，张晓

《中国工业经济》2014年第4期，原文11千字

雾霾污染主要以PM2.5（可入肺颗粒物）和PM10（可吸入颗粒物）为主要构成，其存在严重威胁居民的生活与健康，同时造成经济利益损失，且不利于城市形象建设。对雾霾污染的研究可划分至环境经济类问题，其实证分析主要基于环境库兹涅茨曲线，即EKC曲线。同时，空间溢出效应显著存在于环境污染和环境治理之中，故空间因素对此类问题研究有重要意义。基于空间计量的环境经济问题实证研究主要借助于EKC曲线的分析框架，又称作SEKC（Spatial Environmental Kuznets Curve）。

该文基于哥伦比亚大学巴特尔研究所测定的PM2.5数据和《中国统计年鉴》相关数据，运用空间面板计量方法，借助EKC曲线的分析框架，将区域间的空间效应引入对雾霾污染问题的讨论分析，并考察雾霾污染与能源结构和经济发展的关系。研究结果表明，中国各地区的雾霾污染存在着正向全局空间相关性，且长期处于稳定状态；局部地区存在雾霾高-高类型的集聚区，主要集中于京津冀、长三角以及与两大经济体相连接的中部地区，空间聚集效应明显且长期稳定；雾霾污染存在着显著的溢出效应，邻近地区的PM2.5浓度每升高1%，就会使本地区的PM2.5浓度升高0.739%；能源消耗结构中煤炭所占比重与雾霾污染呈正向变动关系，中国劣质煤进口量增大变相调高该比重，加剧中国的雾霾污染；中国雾霾污染与经济发展的倒"U"型关系并不存在或还未出现，意味着随着人均GDP的持续增长，环境质量并未得到改善反而不断恶化。

结论的政策启示。第一，制定产业结构调整的全局规划，形成全国产业布局的合理梯度，在制度安排层面上规划好污染型产业的区位转移方向。第二，中央政府必须进行机制设计，制定有针对性的区域减排政策，在减排政策实施上实现真正的激励相容。第三，在基础设施建设以及具有公共物品属性的产业上逐渐打破地方分割，完善区域合作机制，积极引导跨行政区的环境合作，从而协调经济增长与环境污染之间的矛盾。第四，对雾霾污染的治理，从长期看需要改变能源消费结构、优化产业结构，从短期看需要提高煤炭利用率、调低工业能耗结构。

文章的主要贡献。第一，运用空间计量方法对环境经济问题中的污染问题进行讨论研究。不同于国内先前集中于碳排放及SO_2排放的研究，该文主要针对PM2.5和PM10造成的雾霾污染进行讨论，弥补了现有文献对不同污染物研究的不足。第二，认为产业转移是污染高聚集区分布的重要原因。产业转移加深了地区间经济与污染的空间联动性，使污染的空间溢出效应进一步显现。第三，治理雾霾必须实现区域间联防联控。由于污染溢出效应，邻近地区产业转移换取的环境质量改善是短期的，总体污染情况没有得到改善，同时环境规制政策无法完全发挥作用。

（供稿人：李晓昱）

【中国雾霾污染治理的经济政策选择——基于空间溢出效应的视角】

邵帅，李欣，曹建华，杨莉莉

《经济研究》2016年第9期，原文21千字

在中国工业化和城镇化高歌猛进的背景下，通过科学合理的政策组合实现对雾霾污染的有效治理已成为推进生态文明建设的当务之急。要想实现对雾霾污染的标本兼治，就必须从其根源——经济活动上入手加以控制。但是，雾霾污染的加剧是根植于产业结构、能源结构、技术创新、生产效率及制度环境等社会经济结构长期失衡基础之上的，引致雾霾污染的社会经济因素众多而复杂。

因此，就各相关因素对雾霾污染的影响效果进行经验考察，对其中的关键因素予以准确识别，才能够有的放矢地为治霾政策的合理制定提供科学依据。但囿于统计数据的可得性，以往经济学界对雾霾污染的形成根源与治理机制所开展的系统考察还比较匮乏。

该文基于1998—2012年中国省域PM2.5浓度数据，采用动态空间面板模型和系统广义矩估计方法，在同时考虑雾霾污染的时间、空间和时空滞后效应的条件下，对影响雾霾污染的关键因素进行经验识别和相应的"治霾"政策研判。结果表明，中国省域雾霾污染呈现明显的空间溢出效应和高排放"俱乐部"集聚特征；无论采用官方的人均GDP还是卫星监测的稳定灯光亮度指标，雾霾污染与经济增长均存在显著的"U"型曲线关系；二产畸高的产业结构、以煤为主的能源结构、人口的快速集聚及公路交通运输强度的提升共同促使雾霾污染加剧，而研发强度和能源效率的提高并未发挥出应有的减霾效果，因此，促增因素没有得到有效抑制、促降因素没有得到有效发挥，是导致中国雾霾污染频发的根本原因；雾霾污染在时间单维度、空间单维度和时空双维度上分别表现出雪球效应、泄漏效应和警示效应。

结论的政策启示。第一，进行科学的顶层设计，从源头着手制定实施减霾政策，并建立相应的长效机制以保持政策实施的连贯性。第二，根据雾霾污染程度和经济发展水平的区域差异进行全局规划，实行有所侧重的区域治霾策略，既要规避"向底线竞争"效应，也要防止雾霾污染的泄漏转移效应。第三，建立雾霾污染治理的区域联防联控机制，形成有效治霾的区域合力。

文章的主要贡献。其一，首次基于空间溢出效应和局部调整模型的思想构建了空气污染来源的理论模型，并结合STIRPAT模型和EKC假说构建了动态空间面板模型，为实证考察雾霾污染的决定因素提供了规范的理论框架，实证结果表明构建的模型具有很好的现实解释力。其二，对卫星监测数据进行解析，首次准确得到了1998—2012年中国省域PM2.5年均浓度，解决了官方统计数据不可得的问题，同时采用来源于卫星监测的夜间灯光数据作为经济增长的代理变量，在保证数据准确性的前提下，对雾霾污染的EKC假说及决定因素进行了稳健的实证考察。其三，采用前沿的动态空间面板模型结合系统广义矩估计，首次在同时考虑多种空间权重矩阵，以及雾霾污染的时间和空间滞后效应及时空滞后效应的条件下，全面考察了经济增长、人口密度、研发强度、能源效率、产业结构、能源结构等多维经济因素对中国雾霾污染的影响方向和影响程度，并进一步测算比较了各因素对雾霾污染的直接效应和间接效应。

（供稿人：邵帅，李欣）

【从"污染天堂"到绿色增长——区域间高耗能产业转移的调控机制研究】

汤维祺，吴力波，钱浩祺
《经济研究》2016年第6期，原文16千字

我国正经历快速的产业布局重构，高耗能、高排放产业在环境气候政策驱动下加速向中西部地区转移，长期持续将造成"环境污染—健康损害—收入下降"的恶性循环，影响地区经济增长的可持续性，引起区域间发展的失衡。碳交易机制下配额分配与实际排放分离，在科学的配额分配机制下，有望降低"污染天堂"效应，促进地区协调发展，实现经济发展和减排控排的协同。

碳交易机制一方面通过改变要素投入成本，引导企业生产行为；另一方面通过隐含的收入流转和传导过程，影响各类主体收入和消费。供需两侧的净效应决定减排效果和产业转移过程。为了更精准地刻画气候政策在供需两端的作用机理和产业转移的内生机

理，该文构建了一个包含细化区域间交互机制的一般均衡模型，比较了不同政策机制的作用路径，并用我国省级数据进行了校准和动态模拟。结果表明，在强度减排政策下，生产者在强度约束内使用能源不涉及额外的成本，因此相当于为生产者提供了产出补贴，部分弥补了生产成本的变化，阻碍了减排政策在需求侧的作用，并使碳排放和高耗能产业进一步集聚，形成污染天堂效应。而碳交易机制下，排放与产业转移的趋势取决于排放权的初始分配。依据"历史排放"和"历史强度"分配排放权向高排放、低能效和中西部区域提供更多隐含补贴，削弱了碳交易机制对优化产业布局的部分效果。按 GDP 和消费规模分配排放权有助加快服务业和轻工业发展，但会造成较大经济损失。以拍卖的方式分配排放权，拍卖收入补贴居民消费的方式有助降低高耗能产业向中西部地区的集聚，并鼓励产业升级和技术进步，促进地区间协调、平衡、可持续发展。

结论的政策启示。实现碳达峰碳中和是一场深刻的经济社会系统性变革。深化碳减排不是独立的政策目标，而是需要与区域协调发展、产业转型升级等目标相互协同。通过碳市场的建设能够实现上述目标，但需要对碳交易机制进行科学设计。当前全国碳市场正在试点运行，尽快引入拍卖机制进行一次分配，同时明确拍卖收入流转方式，对于优化碳市场运行、提升减排政策经济效率具有重要作用。

文章的主要贡献。第一，利用一般均衡框架，将气候政策影响地区碳排放的作用机制分解为投入结构效应和需求效应两部分，分别从要素相对价格变化以及收入流转机制两个角度，解释不同政策设计的差异。第二，构建中国多区域动态 CGE 模型，细致刻画各地区劳动力、人力资本、实物资本、土地等要素的供给和动态积累过程，以及要素、商品和技术跨区域流动等地区间经济关联机制，捕捉了我国产业和技术转移的潜在趋势及其内在的动力。第三，对强度减排约束和排放权交易机制下的不同收入流转过程进行了模拟，尤其对碳交易机制下不同的排放权分配方式和标准进行了分析。

（供稿人：汤维祺）

【主体功能区生态预算系统合作机理研究】

徐莉萍，孙文明

《中国工业经济》2013 年第 7 期，原文 18 千字

自 2002 年国家发展和改革委员会提出主体功能区构想以来，《全国主体功能区规划》战略一直没有得到有效推进。主体功能区优势互补是合作的基础，但目标不一致却是合作的阻碍，生态治理并没有以主体功能区展开，生态治理综合效果也并不显著。只有研究主体功能区生态预算系统的合作机理，重塑主体功能区的发展目标与目标结构，才能从根本上消除现行异质主体功能区目标有轻重之分的错误认知；只有冲破这些认知障碍，才能重塑主体功能区战略规划的政策工具与执行制度。

为促进主体功能区之间的合作，需要在现有理论基础中融入经济发展权公平理论与生态预算理论。文章首先在对主体功能区生态预算系统现行外部环境分析的基础上，论证系统目标不明、子系统目标偏颇是妨碍主体功能区生态预算系统合作的根本原因。然后，创新提出异质主体功能区生态预算子系统应该具有同质的目标，并论证生态预算系统结构与合作机理。最后，建议政府通过各种压力标准对财政转移支付定价，建立纵横交错的财政转移支付制度，并对主体功能区之间财政合作资金加以配套。

研究的政策启示。第一，建立主体功能区横向财政转移支付额与一定的纵向财政转移支付额配套制度，拓宽异质主体功能区财

政资金的来源渠道，以达到激励异质主体功能区之间横向财政资金合作关系的目的，将主体功能区之间的合作变成一个自觉自愿的行为。第二，建立纵横交错的财政转移支付制度，以主体功能区生态预算系统外部环境的土地及人口、资源、环境、经济四个压力要素设计财政转移支付制，解决责任主体交叉重叠，责任目标含糊不清的难题。

文章的主要贡献。第一，运用压力、状态和反应模型（Pressure-State-Response, PSR），对主体功能区生态预算系统及子系统的外部环境进行分析，能够帮助准确找出主体功能区生态预算系统的目标，明晰各类主体功能区生态预算子系统的权力与责任。第二，采用系统动力学将主体功能区生态预算子系统构成要素间的选择、协同、放大等关系进行研究，并将主体功能区生态预算子系统纳入整个主体功能区生态预算系统之中，赋予异质主体功能区"经济与资源环境"同比重双重目标，搭建了异质主体功能区生态预算子系统合作的桥梁，并给出了主体功能区生态预算系统的合作机理。

（供稿人：徐莉萍）

["以地生财，以财养地"——中国特色城市建设投融资模式研究]

郑思齐，孙伟增，吴璟，武赟
《经济研究》2014年第8期，原文16千字

2003年以来，随着经营性用地"招拍挂"出让制度的确立和住房市场的持续升温，地方政府拥有的最大资源——土地的经济价值愈发凸显，形成了巨大的土地红利。一方面，土地出让收入伴随着土地价格的持续上涨而屡创纪录，已经成为地方政府预算外财政收入的最主要组成部分。另一方面，土地价格上涨可以通过"抵押品"效应转化为地方政府债务融资能力的提升。这种"土地出让收入"和"土地抵押借款"相结合的"土地融资"模式为多数城市的基础设施投资提供了资金来源，同时城市基础设施投资又通过拉动地方经济增长和改善城市生活质量推动后续土地价格的上升，为地方政府持续开展更大规模土地融资创造条件。

该文从两个方面对这一投融资模式进行了深入讨论。首先，基于2005—2011年35个大中城市面板数据的实证分析证明了"土地融资-城市基础设施投资"间的正反馈关系是有效存在的：一方面，外生冲击引致的土地价格上涨能够显著带动土地出让收入增加和土地抵押借款的增加，并对此后年份该城市的基础设施投资产生显著的正向拉动作用；另一方面，基础设施投资又能够显著和快速地资本化到土地价格中。其次，通过构建地方政府土地出让的跨期选择模型分析表明，基础设施投资在土地价格中的资本化效应越大或者地方土地抵押融资率越高，地方政府就会在当前更多采用土地抵押贷款方式融资，而将更多土地留待以后出让以增加收益。

结论的政策启示。随着"建设城乡统一的建设用地市场""改革土地收益分配格局"等改革措施的出台和深化，这种投融资模式的制度基础也将受到显著影响而无法长期持续，亟须改变当前城市基础设施投资过度依赖地方政府的局面，允许社会资本通过特许经营等方式参与城市基础设施投资和运营。与此同时，通过调整分税体制、引入物业税、允许地方政府发行债券等措施，为地方政府提供可用于城市基础设施投资的预算内财政收入来源，也是一项可行的政策选择。

文章的主要贡献。第一，通过梳理现有文献和相关典型化事实，对近年来中国地方政府"经营城市"背后所特有的城市基础设施投融资模式做了较为全面的阐述，指出地方政府土地出让、城市建设与土地价格之间密切的互动机制是形成中国特色的城市建设投融资模式的核心。第二，实证上，利用工具变量法定量测算了居住用地价与城市基础

设施投资之间的互动因果关系,并分析了地方政府土地出让的跨期决策,研究表明基础设施投资在土地价格中的资本化效应以及城市的土地抵押融资率共同决定了地方政府的土地出让行为。

(供稿人:孙伟增)

【中央政府土地政策及其对地方政府土地出让行为的影响——对"土地财政"现象成因的一个假说】

白彦锋,刘畅
《财贸经济》2013年第7期,原文14千字

我国现行的财政分权体制下,中央到地方各级政府以财政收入分成合约为中心构建了完整的租值分享体系。通过促进地方政府(特别是县级政府)之间的竞争,这一制度框架给地方经济增长带来的绩效有目共睹。由于我国地方政府并没有完整意义上的税权,"负地价"投入在横向竞争中扮演着尤为重要的角色,与联邦制下的"税率竞争"具有相似的政策含义。在2003年之后,地方财政对土地出让金的依赖逐步增强,地方政府手中的"土地批租权"逐步从配置生产要素、进行横向竞争的手段演变为牟取当期财政收入租值的工具,由此形成的"土地财政"现象引起了业内外人士的广泛关注。

该文将地方政府通过土地出让追求财政租值最大化的行为按照利益驱动机制的不同进一步细分为两种,一种是以"负地价"形式进行要素投入获取未来一段时期一般预算财政收入的行为;另一种则是以牺牲"负地价"形式的要素投入为代价,将更多的土地以招拍挂形式出让获取当期土地出让收入的行为。

该文使用2003—2009年除西藏自治区以外的30个省级行政区域的面板数据,使用系统GMM估计的动态面板数据模型发现,中央政府土地政策对地方土地出让的持续性干预妨害了地方政府土地出让的合约自由,增强了地方政府直接通过土地出让金获取当期财政租值的边际倾向,进而扭曲了地方政府的土地出让行为。

结论的政策启示。为了遏制地方政府单纯追求当期土地出让金最大化的倾向,应当考虑提高中央政府在土地出让收入中的分成比例。在提高分成比例的同时,中央政府应当停止对地方政府土地出让行为不必要的行政干预,减少对地方政府安排土地要素合约自由的限制。

文章的主要贡献。在理论上,该文为"土地财政"现象的成因提供了一个基于中央政府对地方政府土地出让行为管制的解释,这些管制措施从边际上改变了地方政府短期内通过增值税收入和土地出让金收入取得财政租值的相对难易程度,从而使得土地批租权对地方政府产生激励的作用机制由"实体经济发展型"转向"土地财政依赖型";在政策层面,该文为充分发挥"县际竞争"机制给地方经济发展带来的激励作用提供了借鉴。

(供稿人:刘畅)

【市场邻近、技术外溢与城市土地利用效率】

韩峰,赖明勇
《世界经济》2016年第1期,原文27千字

高效、集约利用城市土地是新常态下转变城镇化发展模式、推进新型城镇化的内在要求。作为城市经济发展的载体,土地利用效率与经济活动空间分布以及土地资源在不同经济活动间的配置密不可分。但地方政府对土地市场和经济发展的过度干预导致产业集聚不充分,制约了城镇化进程中土地资源的有效利用。识别城市土地利用中影响经济活动空间分布的市场和技术外部性因素,对于评估市场机制和城市群战略在城市土地利用中的有效性,纠偏地方政府的过度干预行为,顺利推进新型城镇化具有重要意义。

文章利用我国284个地级及以上城市面板数据,探讨国际、国内市场及空间技术外部性对城市土地利用效率的综合影响。研究

发现，国内、国际市场均有效提升了城市土地扩张效率，但二者并未呈现明显互动效应；区际研发溢出对城市土地利用效率具有显著促进作用，而区际沟通技术溢出的作用却不显著。伴随国内市场扩大，区际研发技术溢出对城市土地利用效率影响不断降低，而区际沟通技术溢出的作用不断增强。然而在城市土地配置和利用中，不论对于区际研发还是区际沟通的技术外溢，国际市场均未产生明显影响。内外市场和技术的空间分布对城市土地利用效率的影响具有明显的两极化倾向，表现为大城市和特大城市土地利用效率大幅提升，而中小城市提升幅度相对有限。

结论的政策启示。第一，进一步扩大对内对外开放水平，充分发挥国际、国内市场在城市土地利用中的规模经济效应，同时更加注重完善国内统一市场的作用。第二，促使政府角色由城市经营者向服务者转变，提高土地市场化水平与内外市场融合程度，以内外市场深度融合促进城市土地利用效率的根本提升。第三，完善国内市场机制、破除区际人才市场分割，充分发挥国内市场在城市土地利用中对空间研发与专业人才等技术要素的配置功能。第四，以城市群为主体形态推进特大城市、大城市与中小城市土地利用的协同发展。

文章的主要贡献。（1）基于集聚外部性与新经济地理的综合视角，将空间技术要素引入新经济地理框架，探讨市场和技术对城市土地扩张效率的影响机制；（2）借助潜力模型分别构建国内、国际市场邻近性和区际研发、沟通技术外溢测度，有助于深入研究内外市场及不同技术溢出模式对城市土地扩张效率的综合作用及其影响差异。

（供稿人：韩峰）

【偏向中西部的土地供应如何推升了东部的工资】

陆铭，张航，梁文泉

《中国社会科学》2015年第5期，原文18千字

中国经济在2003年之后，职工工资和农民工工资出现了同步的快速增长，一些地方甚至出现了和工资上涨相伴随的"用工荒"。与此同时，在2003年前后，全国住房价格开始快速攀升。但这一上升存在地区差异：在2003年之前东部城市与中西部城市在房价和工资的相关性上较为接近，但在2003年之后东部城市的房价、工资上涨速度均明显高于中西部城市。更进一步的，中央政府出于区域均衡发展的考虑，开始在土地供给的空间分布上实行倾向中西部的用地政策，而减少了东部的用地指标。而东部地区作为人口流入地，依然有旺盛的住房需求。基于以上种种事实，文章认为，在2003年后出现的工资和房价的快速上涨以及土地政策的调整，具有内在的因果关系。

文章从土地政策的角度出发为2003年后的工资—房价增长的地区间分化提供解释。研究内容分成理论和实证两部分。首先，建立空间均衡模型得到研究假说，在劳动力流入地限制土地供给会导致房价上涨，而房价上涨则推动生活成本上升，并阻碍劳动力流动，减少劳动力供给的增长速度，最终推升工资。然后，文章基于中国286个地级市2001—2010年的面板数据研究房价和工资间的关系，并使用工具变量和政策边界样本的方法识别其内在机制。实证结果显示，2003年之后倾向中西部的土地供给政策，使得东部地区的土地供给相对受限，从而显著抬高了东部城市的房价，并最终导致工资上升。但这一效应在中西部和2003年之前尚未紧缩土地供应的东部均不显著。这一结果在中西部与东部分界线两边城市的子样本回归中，也依然是高度稳健的。文章排除了人均GDP、最低工资的相对变化等可能影响估计结果的因素之后，结论依然成立。

结论的政策启示。中央政府在供地政策上向中西部的倾斜，意在支持欠发达地区的

发展，但这影响了东部地区的竞争力和整体的资源配置效率，同时也造成中西部土地利率效率的明显恶化，最终不利于中国经济的高效可持续发展。因此，建设用地指标的配置要与人口流动的方向一致起来，这是"使市场在资源配置中起决定性作用和更好发挥政府作用"的正确方向。

文章的主要贡献。第一，在一般均衡视角下同时考虑劳动力和住房市场，以此更完整分析 2003 年之后中国经济的走势。第二，该文首次运用中国数据对住房市场和劳动力市场的空间均衡分析提供经验证据，并利用 2003 年之后土地供应政策的拐点为工资和房价的同步上涨及其地区间差异提供经验性解释。

（供稿人：陆铭，张航，梁文泉）

【房价、土地财政与城市集聚特征：中国式城市发展之路】

邵朝对，苏丹妮，邓宏图

《管理世界》2016 年第 2 期，原文 21 千字

不断高企的房价和"高烧不退"的土地财政构成了中国式城市发展的重要内容。土地财政与房价互联互动，高房价有利于获取高额的土地财政，而为了取得土地财政，地方政府会进一步推动和维持房价上涨。中国城乡分割的二元土地结构赋予了地方政府国有土地所有者、供给者和垄断者"三位一体"的特殊身份，这种特殊身份与中国式财政分权模式和以 GDP 为标尺的官员绩效考核体制相融合，激励了地方政府通过"经营土地"获取巨额土地财政的强烈动机。而土地作为经济活动、产业布局和城市集聚的空间载体，地方政府以地生财的发展模式势必会影响城市由孕育到成熟过程中的内部形态和集聚特征。

文章采用系统 GMM 方法对中国 282 个地级及以上城市进行了实证分析。研究表明，鉴于区域间劳动力流动和行业间工作转换成本的广泛存在，房价通过扩散机制主要对低端劳动者产生强有力的挤压，引发产业由低端行业向高端行业集聚的结构演变，进而与城市多样化特征呈倒"U"型；在财政分权和增长竞赛的双重激励下，土地财政扩张通过对城市基础设施建设的偏向性配置进一步激化产业结构刚性，抑制城市向多样化发展。深入而言，工业化进程决定了房价上涨主要诱发制造业内部的"U"型梯度升级。市场导向的房价扩散力量与富有浓厚政治色彩的土地财政虽均通过产业结构影响城市集聚特征，却呈相悖效果。因此，在与土地财政的互动中，房价上涨推动产业结构升级、优化城市集聚特征的效力被不断削弱。

结论的政策启示。首先，要尊重房价作为市场扩散机制引发的产业升级规律，不宜急功近利、忽视"制造业弱国"的现实，人为强势推进"由二进三"的产业转型，也要善于抓住房价挤压创造的发展契机，对于制造业相对发达的东部城市要适时推进工业化深度，与中西部城市形成良性的产业空间承接局面，打造高效、合理与现代生产性服务业形成广泛规模协同的制造业结构。其次，细化、规范、监督地方政府对土地财政的使用情况，防范土地财政扭曲地方政府行为。同时，破除房价与土地财政的利益耦合体，释放房价扩散机制的市场力量。

文章的主要贡献。尚无文献对房价与城市多样化或专业化之间的关联性进行相应考察，更未涉及与房价关系密切、极富中国特色的土地财政。该文既探讨了房价作为市场扩散机制对城市集聚特征的传递效应，也融入了包裹着浓厚政治气息的土地财政对城市集聚特征的冲击效应，并系统构建了三者之间的影响机理和互动机制，对于理解中国特殊国情下的城市发展大有裨益。

（供稿人：邵朝对）

【地方政府土地出让基础设施投资与地方经济增长】

王贤彬，张莉，徐现祥

《中国工业经济》2014年第7期，原文15千字

要理解中国经济增长的逻辑，离不开对地方政府官员这一主体、土地以及公共基础设施这两种要素的深入考察。探讨土地出让的文献大多是实证考察土地出让是否受到地方财政压力以及地方引资的驱动，或者考察土地出让是否提高了地方财政收入和增进了地方经济增长。这些实证文献背后的逻辑关系是双向的，但实证研究时却设定为单向，这很大程度上是因为缺乏严谨数理模型支撑的缘故。并且，现有实证文献在土地出让与土地财政及招商引资关系上的逻辑莫衷一是。实际上，这在一定程度上源于这些文献采用的往往是局部均衡而非一般均衡的视角，没有将土地出让、招商引资和财政运作整合到统一框架中考察。毋庸置疑，唯有将土地出让、基础设施供给联系起来，才能理解地方政府及官员如何主导地方经济增长。

该文建立一个一般均衡模型，刻画地方政府官员推动地方经济增长的逻辑机理，统一解释土地出让、基础设施投资扩张、地方财政收支结构变化以及地方经济产出增长等一系列典型事实。该文论证了在中央政府实施政治集权和经济分权的情况下，地方政府官员形成了追求政治收益与经济收益的复合动机，会策略性地对经济体出让土地，从而获得土地财政收入，并以土地财政收入以及相关的产业税收支持生产性公共基础设施建设，最终推动地方经济增长。

该文全面讨论了各种经济和政治参数如何影响地方政府官员的决策变量及经济收入、支出格局。地方政府官员的晋升动机越强、向中央发送能力信号效率越高、提供生产性公共基础设施的效率越高、受到的监督越严格、地方税收留存比例越高、土地原始征用价格越低，则地方政府官员倾向于出让更多的土地、提供更多的生产性公共基础设施，达成更高的经济产出水平。地方政府官员的晋升动机越强、向中央发送能力信号效率越高、受到的监督越严格，则地方财政收入占经济收入的比重越低、税收收入占地方财政收入的比重越高、生产性公共基础设施建设支出占地方财政支出比重越高、地方政府官员私人收入占经济收入的比重越低。地方税收留存比例的提高，带来地方财政收入占经济收入的比重的提高、税收收入占地方财政收入的比重的提高，却会导致生产性公共基础设施建设支出占地方财政支出比重降低、地方政府官员私人收入占经济收入的比重降低。

该文具有一系列政策启示：打破区际市场分割，建设统一要素市场；在保持总体税率稳定的前提下，提高地方政府在税收收入上的分成比例；各级政府在引导土地征用补偿价格形成的过程中，应平衡和兼顾经济效率和社会公平；中央政府完善对地方政府官员考核的一致性与动态性，更加全面科学地评价地方政府官员。

（供稿人：王贤彬）

区域政策评估

【大区域协调：新时期我国区域经济政策的趋向分析——兼论区域经济政策"碎片化"现象】

丁任重，陈姝兴

《经济学动态》2015年第5期，原文19千字

区域经济政策是政府为了解决区域经济发展中的矛盾所制定的相关对策，是整体经济发展的必然产物。在国民经济成长的各个历史阶段，因为有内外部多种因素的作用，区域经济分布结构呈现出差别化的格局与特质。新中国成立以来，中国经济发展的内外

部环境有了很大变化,我国经济发展的原因具有复杂性,经济增长又具有周期波动性。适合的区域经济政策规划是国民经济稳步高效增长的保证,是国家持续稳定发展的重要方向标,不适合的区域政策可能导致社会资源的流失浪费,掣肘区域整体实力和社会发展水平的提升。

文章认为,新中国成立以来,我国的区域经济政策经过了多次调整和改进,由国家成立伊始的大区协作,到后来改革开放将国土规划分割成东、中、西三大经济带,再到深化改革阶段划分出国民经济版图的东、中、西、东北四大板块,时间推移到改革攻坚的现阶段,我国区域经济就是由多个增长极带动的多极化发展。我国区域经济政策制定演化路径是一个从区域"低水平的均衡发展——非均衡发展——高质量的均衡发展"的过程。我国区域规划制定在新世纪进入了新的历史阶段,规划区域数量剧增,种类繁多,规划目标功能强化和更加的多样化,区域经济政策也更加注重地区特色优势。同时,区域规划制定和实施中存在着区域规划政策碎片化、普惠化、非动力化等问题。

结论的政策启示。第一,未来的规划要联系国家总体规划,不仅要有区域的个性化,更要注重大区域协调发展,把握好战略性、大局性的基本取向。第二,注重区域协调机制化,强化各规划间的有效衔接。第三,未来规划还需要区域经济政策与经济体制改革相配套,依靠区域自身发展修炼,提升区域竞争力和发展的质量。

文章的主要贡献。第一,理顺各阶段中国区域经济政策布局的演变路径,可以为进一步保证国民经济又好又快发展提供重要的理论意义和现实指导。第二,总结我国区域经济政策实施中的问题,探索这些政策制度可能的内在的困境,寻求理论预期和实践结果非同一性的解释,从而找到这些区域新规划在我国区域经济政策改革呈现出崭新的特点,为新一轮的改革发展寻求诠释。

(供稿人:丁任重,陈姝兴)

【比较优势与产业政策效果——来自出口加工区准实验的证据】

陈钊,熊瑞祥

《管理世界》2015年第8期,原文21千字

考虑到中国产业政策实施的广泛性、持续性以及高成本性,准确地评估其效果,并且进一步识别出产业政策成功实施的前提是什么,在理论与实践上就变得至关重要。然而,实证上,关于产业政策是否有效,并没有明确的结论。原因可能在于:政府往往同时实施一系列可能难以单独度量的产业政策组合,而不是仅实施指向明确的单一的产业政策,这就导致难以对某项产业政策进行准确度量;产业政策的制定是内生的——政府在实施政策时可能会存在挑选赢家或者挑选输家的行为。正是由于这两个原因,虽然全球范围内以促进增长与就业为目的的产业政策较为普遍,但很少有文献能够对类似的产业政策效果进行科学评估。

为此,利用1998—2007年中国工业企业微观数据,该文考察了国家级出口加工区在成立之初对所选择的"主导产业"的扶持政策是否有效,以及该政策有效性的决定因素。基于双重差分方法的实证分析表明,平均而言,一个城市出口加工区的出口鼓励政策使得受扶持行业内企业的出口额显著提高约10.4%。进一步的分样本研究表明,上述政策效果在那些原先就不具备比较优势的行业中并不存在;而对那些原先具备比较优势的行业,出口鼓励的扶持能使行业内企业的出口增长约12.3%。对上述政策动态效果的考察表明,产业政策的效果在那些有比较优势的行业呈现出逐年递增的趋势,在那些没有比较优势的行业则始终不显著。

研究我国出口加工区普遍实施的出口鼓

励政策效果,对中国及其他发展中国家都具有重要而迫切的现实意义。出口加工区作为中国开发区的一种重要类型,实施了一系列的出口鼓励政策,这一产业政策是否成功?如果成功,其条件又是什么?这些经验对于发展中国家有重要的借鉴意义。此外,当前中国制造业大国的地位正面临着潜在的威胁,由此带来的一种担忧是:中国似乎正在丧失制造业的比较优势,进而使得出口增长不可持续。这就要求人们通过对现有出口鼓励政策效果的科学评估,来寻求未来借助政策调整而进一步释放出口带动效应的可能空间。

该文的主要贡献。第一,出口加工区的成立对于企业来说相对外生,该文使用企业层面微观数据结合出口加工区的设立这一外生冲击来研究产业政策指向的效果,有助于缓解科学评估产业政策效果时面临的两个难题。第二,用比较优势这一视角考察了开发区政策的效果差异,由于各地在出口加工区扶持行业范围的选择上并不一定遵循当地的比较优势,并且各地的比较优势也各不相同,这就为人们寻找产业政策在地区间的效果差异提供了可能。

(供稿人:熊瑞祥)

【国家高新区推动了地区经济发展吗?——基于双重差分方法的验证】

刘瑞明、赵仁杰

《管理世界》2015年第8期,原文15千字

国家级高新技术产业开发区作为区域内的"经济特区"和"政策试验田",自从1988年,首个国家级高新区——中关村科技园建立以来,中国先后批准建立了114个国家级高新区,它们成为地区高新技术产业发展的重要基地和经济发展的关键支撑点。但限于转型时期的各种体制束缚,高新区在取得一定成效的同时,也不可避免地具有一些不足之处。对国家高新区的经济发展驱动效应进行科学准确的评估不仅对推动国家高新区建设具有重要意义,也能为其他国家开发区政策的完善提供启示。

文章基于采用1994—2012年中国283个地级市的面板数据,利用双重差分法分析了国家级高新区对地区经济发展的影响。研究结果表明,国家高新区的建设显著地促进了地区生产总值和人均生产总值的增长,这一结论在进行多项稳健性检验后仍然成立。国家高新区对经济发展的推动作用呈现"边际效应递减"的规律,相较于较高等级的城市,较低等级的城市从国家高新区的建设中获得了更快发展,这意味着通过国家高新区在地区间的合理布局,不仅可以促进地区快速发展,而且可以缩小地区发展差距。

结论的政策启示。一方面,应当充分利用好国家高新区这一"政策试验田"和"经济特区",不遗余力地深入推进国家高新区的建设,鼓励各级高新区和其他类似政策实验的逐步探索和推广,发挥好国家高新区对地区经济的增长拉动效应。另一方面,由于国家高新区的政策效应存在随城市规模扩大的边际递减规律,因此国家应该从整体发展战略出发,把握高新区建设过程中的经验规律,合理规划国家高新区以及其他相关政策实验的布局,实现向那些等级较低的地区逐步倾斜。

文章的主要贡献。第一,首次采用1994—2012年283个地级市数据验证这一问题,不仅扩大了样本容量,而且可以利用更为科学的评价方法系统地验证国家高新区对地区经济增长的直接作用。第二,通过利用双重差分方法,克服了一些以往研究中存在的估计偏差,识别出高新区对经济增长的净效应,并运用多种方法对结果进行了稳健性检验。第三,对高新区驱动经济增长的地区差异进行了详细分析,在考虑了不同地区初始的经济发展状况后发现了国家高新区对地区经济发展的推动作用呈现"边际效应递减"的特征。

(供稿人:刘瑞明)

【开发区与企业成本加成率分布】

盛丹，张国峰

《经济学（季刊）》2017年第1期，原文27千字

作为中国探索经济发展政策的试验田，开发区在改革开放以来取得了迅速的发展。开发区不仅吸引了大量的外商直接投资、吸纳了大量的企业和就业人员，同时还促进了全要素生产率的增长。然而，一个十分重要却仍然悬而未决的问题是，开发区建立对企业的成本加成率及分布有怎样的影响？对该问题的回答不仅有助于我们科学地评价开发区企业的资源配置效率，从而对开发区的经济影响有更为全面的认识，同时对新常态背景下中国经济发展模式的探索也有重要的政策指导意义。

该文基于1998-2007年中国工业企业数据，首次从"集聚效应"和"选择效应"的视角对开发区影响企业成本加成率分布的理论机制和作用大小进行了考察。研究发现：（1）开发区"集聚效应"和"选择效应"都会影响成本加成率分布，其中"选择效应"的作用占主导地位，导致区内企业的成本加成率水平较低，垄断势力较弱。（2）开发区企业的成本加成率分布比非开发区更集中，资源配置效率较高；其中，中小规模、年轻、民营企业对资源配置效率的改善作用更明显。此外，开发区"集聚效应"和"选择效应"存在明显的异质性。

结论的政策启示。首先，开发区内企业的成本加成率水平较低，并且分布更为集中，意味着开发区企业的垄断势力较弱，资源配置效率较高，这主要是由开发区内竞争形成的"选择效应"所致。为了进一步优化开发区的资源配置状况，有关部门应该积极运用经济、法律、科技和行政等手段，大力营造有利于企业良性竞争的社会环境。其次，开发区内研发密集度较高、中小规模、年轻以及民营企业对资源配置的改善作用更为显著，开发区的优惠政策向这些企业倾斜可以进一步改善资源配置效率。

文章的主要贡献。第一，该文首次系统地考察了开发区对企业成本加成率水平及分布的影响，为开发区企业垄断势力和资源配置效率的评价提供了重要的参考。第二，该文从"集聚效应"和"选择效应"的视角分析了开发区影响成本加成率的理论机制，并在实证研究中采用"无条件分布特征-参数对应"分析方法进行了详细的考察。该文不仅为开发区研究提供了新的视角，而且还为优化开发区发展环境、增强开发区资源配置效应提供了针对性的政策指导。

（供稿人：张国峰）

【西部大开发：增长驱动还是政策陷阱——基于PSM-DID方法的研究】

刘瑞明，赵仁杰

《中国工业经济》2015年第6期，原文15千字

出于协调地区平衡发展、应对能源危机的需要，中央政府推出了西部大开发这一重大区域发展战略。在过去的十五年里，西部大开发战略承担了促进东西部区域经济平衡发展的重要任务。然而，难以掩盖的一个事实是，尽管西部大开发战略实施后，西部地区经济社会发展各项指标相比过去均有好转，但东西部地区之间的经济发展不均衡格局并未改观。为此，客观地评价西部大开发战略的实施效果，不仅对于西部大开发战略本身的实施和完善具有重要意义，而且能够形成对于其他区域发展战略的借鉴作用。

文章利用最新发展的双重差分倾向得分匹配法（PSM-DID）和中国1994—2012年的市级面板数据，对西部大开发战略的增长驱动效应展开研究。研究结果发现，西部大开发对地区生产总值和人均生产总值并没有明显提升作用，进一步的机制识别结果显示，西部大开发降低了西部地区的人力资本水平，

阻碍了产业结构调整，同时并未有效吸引外商投资和民间投资，这些因素共同导致西部地区滑入"政策陷阱"，最终使得西部大开发对地区经济增长的推动作用难以显现。

结论的政策启示。第一，要构建西部大开发的宏观政策利好环境和微观政策支撑制度，通过营造地区优质软环境充分发挥政策驱动效应。第二，改革能源资源分配和价格体制，减弱地区隐性补贴，形成中央统筹规划下相对公平的地区收益分配体制，使得西部落后地区能够依靠自身优势积累资源资本，有效促进经济发展。第三，改革官员绩效考核体系，建立地区经济社会可持续发展的综合考评机制和长期绩效追索机制。第四，以软环境构建为突破口，寻求高质量增长模式。主动降低经济增长对资源开发的依赖，加大教育科技投入，提升西部地区的人才水平和科技创新能力。

文章的主要贡献。第一，将研究样本拓展到了地级市层面，大样本数据使得该文可以在更细致的范围内讨论西部大开发的政策效果。第二，运用PSM-DID方法对结论进行了稳健性检验，使DID方法的政策评价结果更加符合共同趋势假设，评估方法更为科学。第三，识别了西部大开发影响地区经济增长的机制，并且在机制识别的基础上提出了其后续执行过程中应着力纠正的问题。

（供稿人：刘瑞明）

【区域振兴战略与中国工业空间结构变动——对中国工业企业调查数据的实证分析】

洪俊杰，刘志强，黄薇

《经济研究》2014年第8期，原文13千字

日益突出的工业区域间发展不平衡的问题，成为中国区域经济发展不平衡的重要内因。为平衡中国工业东南沿海地区高度集聚，中西部地区相对薄弱的空间格局，政府陆续实施了西部大开发、东北振兴、中部崛起等区域振兴战略，从税收、基础设施建设、投资、技术、产业培育扶持和环境保护等方面加大了对实施区域的支持力度。期待于解决区域经济发展不平衡和收入差距日益扩大等问题，缓解我国东部地区的资源和环境压力，区域振兴战略的实施效果亟待量化清晰呈现。

文章基于中国工业企业调查的面板数据，利用双重差分内差分方法研究了区域振兴战略对我国工业空间结构变动的影响。研究表明，运输基础设施、税收和其他区域振兴政策对我国工业空间分布有着显著影响，欠发达地区的实际税率降低10%、人均道路面积增加10%，则当地工业产出占全国的比重分别提高0.8%和0.5%；但这两项政策对不同产业的影响存在差异，税收政策影响的行业范围更为广泛。东部地区仍然拥有道路基础设施和税收等政策优势，工业主要集中在东部地区的事实没有根本性变化，但2004年以后有比较缓慢向中西部转移的趋势。中部崛起战略促进了中部省份承接东部地区转移的工业，特别是劳动力密集型产业，西部大开发战略对促进资源密集型产业在该地区的发展有一定效果，而东北振兴战略的效果较弱。

结论的政策启示。第一，政府应加速降低欠发达地区的实际税率，缓解当前欠发达地区在赋税上相对于东部地区的劣势。第二，进一步加大对中西部和东北地区基础设施的投资及支持力度，推动工业的发展。第三，税收、基础设施等区域振兴政策对各个行业的影响是不一致的，因此政府在决策时，应该具体分析相关政策对各个产业，特别是当地主导产业的影响。

文章的主要贡献。通过对相关理论进行分析构建综合理论框架，运用双重差分内差分方法建立计量模型，在控制地区产业多样性、产业规模、专业化水平、人力资本等因素的基础上，该文深入研究了基础设施、税收和其他区域振兴政策对我国工业空间布局的影响。

（供稿人：刘志强）

【经济特区、契约制度与比较优势】

黄玖立，吴敏，包群
《管理世界》2013年第11期，原文16千字

设置经济特区是中国对外开放和制度试验的重要战略步骤。按照 World Bank（2008）的定义，经济特区（special economic zones）是指由单一机构管理、提供某种激励的限定地理区域。在中国，经济特区是在某个地区或地区管辖范围内设立的、经济制度有别于主体的特殊经济区域。1980年，中央尝试在深圳、珠海、汕头、厦门四个远离政治中心北京同时具有先天优势的沿海地区设立"特区"，试行有别于主体经济制度的商品经济制度，利用优惠政策吸引外资企业投资设厂。试办特区取得了初步成功，鼓励人们进一步大胆试验。根据邓小平的创议，1984年国务院批准北起辽宁大连、南到广西北海的十四个沿海城市为首批对外开放城市，在城市中设立"特区"即"经济技术开发区""高新技术产业开发区"等多种形式的经济特区。此后尤其是1992年初邓小平"南方谈话"公开发表之后，许多经过经济特区试验证明行之有效且无害的做法和制度逐步向全国其他地区推广扩散。这些做法和制度包括利用价格机制配置资源、吸引外资、激励出口、鼓励内资非公有经济发展等。中国的经济特区也由一种形式发展到多种形式、从沿海扩展到内地，呈现出多层级和多样化特征，成为中国经济转型、对外开放和发挥地方积极性的重要载体。

凭借各种优惠和政策，经济特区在转型经济中营造出了适宜企业成长的局部环境。经济特区广泛汲取发达国家的经验，大胆尝试新的经济制度和管理体制。全国人大及经济特区的立法机构在立法时做了许多有益的探索和尝试，使得经济特区在作为经济"试验田"的同时也承担了法制"试验田"的任务。在制度设计上，经济特区参照国际惯例和发达国家的成熟做法，制定出各种有利于企业经营成长的法律法规，极大地提升了地区的司法质量和契约执行效率。在制度的实施上，经济特区不断推进执法高效化、规范化。在政府服务方面，经济特区的管委会、投资服务中心、海关等职能部门尽量减少审批环节，其中相当部分经济特区为企业办理注册登记、开工投产、进出口审批等手续时提供"一站式""一条龙"服务。不仅如此，经济特区的行政级别往往高于普通地区。在中国现行的行政管理体制中，这不仅能够提高企业办理各类手续的效率，也能够避免和减少不必要的干扰和牵扯。

该文基于中国海关细分贸易数据考察了经济特区的制度优势。研究发现，除了拥有更多的平均出口之外，设立经济特区的城市在契约密集型行业上具有比较优势，这种制度优势主要是沿着集约的边际实现的。该文结论不受样本选择、度量指标和贸易方式的影响。

结论的政策启示。"典型示范，逐步推广"是中国改革的一般思路。散布在中国各地的经济特区在促进对外贸易方面已经起到了"先行先试"的典型示范作用。中央政府可以考虑将经济特区的有利于改善契约执行效率的制度和做法进一步推广到其他地区，以提高中国的整体制度质量。

该文的主要贡献。作为制度创新和试验，经济特区政策提高了局部地区的制度质量，在一定程度上弥补了整体制度发展滞后的不足，从而部分解释了中国的"增长奇迹"。与制度和经济增长关系的研究相比，作者强调了地区局部范围内特殊制度安排和制度试验的影响；与现有研究经济特区的文献相比，作者强调了经济特区的制度优势。

（供稿人：黄玖立）

【省级开发区、主导产业与县域工业发展】

吴敏，黄玖立
《经济学动态》2017年第1期，原文18千字

改革开放以来,我国经济取得了举世瞩目的成就。纵观改革历程,各种类型的经济特区、经济开发区都肩负着改革开放的"窗口"和"试验田"作用。随着国家级开发区的成功,各省级政府也纷纷批准成立了省级开发区。省级开发区是县级政府招商引资的"主战场",地方政府高度重视。然而,同国家级开发区相比,省级开发区的税收优惠政策和投资审批权限普遍偏弱,区域间竞争也使省级开发区的发展模式可能趋同。一些省级开发区在成立时预设的发展模式和重点发展的主导产业并非基于本地的禀赋特征、工业基础等条件,而是简单的复制国家级开发区的"成功经验"或模仿周边地区的省级开发区。因此,有必要厘清省级开发区是否能够真正推动区域经济的可持续发展。

该文使用1998-2007年县级数据考察了省级开发区的设立对区域工业发展的影响。估计结果显示,成立省级开发区能够大幅提高所在县的工业经济规模特别是主导产业的经济规模,但并不能促进工业生产效率的提升。这表明依靠优惠政策和廉价要素投入的开发区发展模式难以促进区域工业的持续增长,转型和升级已刻不容缓。

结论的政策启示。第一,中央政府应该进一步完善省级开发区升级为国家级开发区的审核标准,通过省级开发区之间良性的竞争提升省级开发区的质量。第二,省级开发区应该抓住自贸区建设的契机,充分利用自贸区建设中形成的可推广和复制的经验,尽快实现转型和升级,真正成为区域经济发展的"排头兵"。第三,省级开发区要创造有利于创新创业的营商环境,帮助企业增强自主创新的能力,特别是要鼓励产业集群创新。

文章的主要贡献。第一,扩展了开发区的相关研究,省级开发区是否推动了县域工业的发展,是十分重要但是尚未被深入探讨的问题,该文考察了省级开发区对县域工业发展的影响。第二,省级开发区的政策效果在主导产业和非主导产业上的效果可能并不相同,然而除李力行、申广军(2015)、陈钊、熊瑞祥(2015)等少数文献外,绝大多数文献没有考虑开发区产业维度的特征。该文使用分县分行业层面的数据,考察了省级开发区的设立对县级产业以及主导产业的工业总量与工业生产效率的影响。

(供稿人:吴敏)

专著选介

【中国区域协调发展研究】

魏后凯等著，中国社会科学出版社2012年10月版，483千字

该书立足科学发展观视角，以区域全面可持续的协调发展为主线，强调对新时期区域协调发展的内涵、标准和新型机制，以及中国区域协调发展及差异变迁的趋势和影响因素进行多维度考察，并制定切实可行的政策措施。

该书研究的主要内容包括：（1）着眼点是科学发展观视角下的新型区域协调发展理念。通过在总体上对当前中国区域协调发展的新态势、面临的新形势以及存在的主要问题进行分析，进而进一步丰富了科学发展观视角下区域协调发展理论，对新型区域协调发展的内涵、标准、机制和政策体系提出了新的见解。（2）核心是从不同角度、不同层面和不同要素对区域协调发展和差距变迁进行解释和实证检验以把握其规律。首先，对中国区域协调发展进行评价分析，采用理论与实证、定性与定量相结合的方法，构建了区域协调发展综合指数。其次，探讨了农村居民收入、能源效率和基本公共服务供给等的区域差异。再次，深入研究了对外开放、制度变迁、人口和产业集聚、地区专业化、社会资本等因素对区域差距的影响，揭示了区域城镇化的人力资本积累效应。最后，提出了差别化的区域碳减排机制和国家区域援助政策体系。（3）落脚点是提出促进中国区域协调发展的战略思路、新型机制和政策体系。

该书的主要观点。（1）区域协调发展应从区域科学发展的角度进行综合性评判。（2）新型区域协调发展，是包括经济和社会文化在内的全面的协调发展；是具有可持续性的协调发展；并具有新型的协调机制。（3）构建了区域协调发展的综合指数和测度模型，并采用系统数据进行了实证分析和检验，发现改革开放以来中国区域协调发展出现了"U"型转变趋势。（4）分析了各地区对外开放便利性与对外开放程度的差异对各地区产业集聚、人均收入差距的影响，结果表明，出口、内部市场潜力等反映市场规模的因素对产业集聚和收入增长产生了显著的正影响，海外市场接近度、技术外溢等变量对产业集聚也产生了积极影响，外资流入是促进各地区收入增长的重要因素。（5）改革初期的地区差异扩大是渐进式制度变迁的必然结果，此后的地区收敛依赖于制度扩散和制度效率外溢两个关键机制，只有同时具备这两个条件，落后地区才能通过制度模仿实现经济赶超，但中央政府可以通过各种政策变量来调整制度变迁和扩散进程，从而改变经济增长和地区差异的变化趋势。（6）城市化进程对人力资本积累的影响呈三次曲线形式，城市化的人力资本积累边际效应呈"U"型曲线形式。（7）根据区域碳排放特征，建立新的区域碳减排指标分配框架，对净转出地区和净转入地区实行强制减排，对其他中西部地区实行发展减排。（8）针对不同的关键问题区域，设计了差别化的国家区域援助政策体系。

该书的政策启示。在科学发展观视角下，区域协调发展是一种全面的协调发展、可持续的协调发展，并具有新型的协调机制，包括市场机制、补偿机制、扶持机制、合作机制、参与机制、共享机制，促进区域协调发展需要建立促进基本公共服务均等化的财政转移支付体系、促进产业转移的支持政策体系、差别化的国家区域援助政策体系和以都市圈为中心的国土开发政策体系。其中，在差别化的国家区域援助政策体系方面，针对不同的关键问题区域，如相对衰退的老工业基地、包袱沉重的粮食主产区、结构单一的资源型城市、经济落后的贫困地区、各种矛盾交融的边境地区等，应设计差别化的国家区域援助政策体系。

该书的创新之处。（1）提出了区域协调发展的综合判别标准。突破传统的单纯从生产角度（如人均 GDP）评判的思路，从区域科学发展的角度提出了一个综合性的评判标准。（2）从理论上阐述了新的区域协调发展观。（3）提出了促进区域协调发展的政策体系。（4）构建了中国区域协调发展综合指数。从经济发展、生活水平、社会进步、环境友好等四个方面，构建了区域协调发展的综合指数和测度模型。（5）揭示了对外开放影响地区差异的机理。（6）揭示了制度变迁对地区增长收敛的影响。（7）揭示了人口与产业分布不匹配的形成机理。根据新经济地理和内生增长理论的思想，构建了一个理想状态下人口与产业分布不匹配的演化过程，分析了人口与产业分布不匹配的形成机理，并从人口迁移的制度壁垒、资本边际产出区际相对变动差异、国家偏向性的区域政策等方面，提出了人口与产业分布高度不匹配成因的三个假说。（8）考察了区域城市化的人力资本积累效应。（9）提出了差别化的区域减排机制设计思路。采用系统数据和模型方法，在对中国区域碳排放效应进行深入分析的基础上，提出了针对三类不同地区实行差别化的区域减排机制。

（撰写人：宁健康）

【中国区域发展——理论、战略与布局】
肖金成著，光明日报出版社 2021 年 7 月版，341 千字

该书是中国区域经济学者肖金成教授的文集，主要收录了作者关于区域发展理论、区域发展战略、区域经济布局、区域规划和国土空间规划的论述，分为理论篇、战略篇、布局篇。内容主要涉及西部大开发、东北振兴、中部崛起、东部率先发展、京津冀协同发展、粤港澳大湾区、长江经济带、黄河流域等有关区域协调发展和区域重大战略的理论探索。

该书的理论篇收录了 6 篇文章：区域协调发展理论、国土空间开发基本理论、促进欠发达地区发展理论、城市群理论、都市圈理论、增长极理论等。作者于 21 世纪初期开始研究区域协调发展理论，收录的文章中系统梳理了马克思、毛泽东、邓小平、习近平关于区域协调发展的论述以及新时期促进区域协调发展的现实意义。国土空间开发的基本理论重点评介了区位选择理论、分工与贸易理论、区域增长理论、区域开发理论以及近年来流行的新经济地理理论，重点研究了国土空间开发的 4 个维度：开发区位、开发功能、开发强度、开发组织。在城市群、都市圈、增长极的文章中分析了城市群、都市圈、增长极的基本概念、特征与界定标准，提出了经济特区是我国东南沿海地区的经济增长极和开发区是所在城市的经济增长极的观点，并提出我国已形成 30 个都市圈、15 个城市群的判断。

该书的战略篇收录了 8 篇文章。《未来 20 年中国区域发展新战略》一文，分析了我国促进区域发展的经验与存在问题，提出了我国未来 20 年区域发展新战略，即在东部率先、西部开发、东北振兴、中部崛起四大区域发展战略基础上，统筹东中西，协调南北方，实施统筹协调、轴带引领、群区耦合、开放合作区域发展战略，建立健全区际利益协调机制、区域合作和互动机制，"经济区+特殊类型区"双维度区域政策体系和区域协调法律法规体系。京津冀区域发展战略研究、长江经济带发展战略研究、粤港澳大湾区战略研究、长三角城市群一体化与上海市空间布局调整、促进长江三角洲地区经济一体化高质量发展、黄河流域黄土高原的生态治理、成渝地区双城经济圈建设研究，均是作者在国家区域重大战略推出前后开展研究并公开发表的文章，文中提出的观点和思路很多被采纳或成为制定政策的依据。

该书的布局篇收录了6篇文章。《我国空间结构调整的基本思路》一文阐述了我国空间结构调整的指导思想和基本思路，首次提出了开字型空间结构的基本框架，即在沿海、长江、陇海沿线基础上增加一条南北轴线即京广京哈经济轴带；《优化国土空间开发格局研究》一文分析了我国国土空间开发格局的现状与问题，探索了优化国土空间开发格局的基本思路，即集中发展，多极化协同集聚；集约发展，高效利用国土空间；人口与GDP相匹配，产业集中和人口集中相同步；因地制宜，不同区域采用不同的开发模式；点、线、面耦合，构建"城市群-发展轴-经济区"区域空间体系，提出了打造发展轴、发展城市群、培育增长极、构建经济区等优化国土空间开发格局的基本设想；《建立国土空间规划体系的设想》一文阐述了主体功能区规划、国土规划、区域规划、城乡规划之间的关系；《区域规划：促进区域经济科学发展》一文对我国21世纪初国家发改委组织编制并经国务院批准的跨行政区规划进行了梳理和总结；《编制空间规划的基本思路》一文阐述了空间规划的概念、主要内容，以及"十二五"规划期间编制全国性和区域性空间规划的建议；《实施主体功能区战略，构建空间规划体系》一文提出主体功能区是实现区域高质量发展的新理念，应作为促进区域高质量发展的重大战略，用于指导区域发展和规划编制；《空间规划与发展战略》一文分析了发展战略与空间规划的关系，明确了"三区三线"的界定标准，明确提出发展战略应作为空间规划的基本依据。

该书收录的文章既有独立性，即每篇文章围绕一个主题进行论述，又具有系统性，均是围绕中国区域发展进行研究论证，既具有理论性、战略性，又具有政策性和实践性。有多篇文章是在肖金成主持的重大课题成果基础上修改提升并公开发表于报刊上，是集体研究的结晶（文末均做了标注），又渗透融合了作者自己的思想和观点。

（撰写人：肖金成）

【大国治理：发展与平衡的空间政治经济学】

陆铭、陈钊等著，上海人民出版社2021年6月版，350千字

《大国治理》一书总结了陆铭、陈钊两位作者及其团队十余年来围绕着中国经济而做的空间政治经济学研究的最为重要的成果。

在中国这样一个转型和发展中的大国，必须将结合中国体制的政治经济学分析融入城乡和区域发展的研究中去，而城乡和区域的发展又是深刻理解中国经济的必需。《大国治理》分成三个部分。第一部分是一组综述性的文章，对于中国区域和城市发展走过的道路以及存在的理论问题进行了全面的评论和总结。第二部分是几篇理论性的文章，其核心是在空间政治经济学视角下探讨了发展与平衡之间的关系，集中地体现了"在集聚中走向平衡"的思想，以及转移支付（利益分享机制）促进市场整合与经济增长的作用。同时，也讨论了在中国式的中央地方关系之下，如何能够更加有效地让地方政府行为符合地方的长期利益，可行的办法是不强调某一个（或几个）指标，而是更强调综合的居民满意度指标。第三部分是几篇经验研究，利用微观数据对于空间政治经济学最为重要的几个问题进行了验证，包括：（1）地方政府的保护主义行为如何导致信息失真；（2）地方政府的产业政策对当地比较优势的偏离；（3）地区导向的政策（place-based policy）导致了建设用地的"空间错配"，以及低投资回报和地方政府债务；（4）收紧东部地区的土地供应，导致了东部的高房价、人口流入放缓、工资上升，以及对实体经济投资的挤出；（5）中央向地方的转移支付可能诱发地方政府的"道德风险"，从而增加欠发达地区的债务。

该书的主要观点。从生产要素市场存在的政府干预和扭曲入手，是理解中国宏观经济中结构扭曲和空间错配的关键。中国宏观经济中投资和消费的占比、劳动收入占比之类的异常都与金融市场上的金融抑制和对于资本的补贴有关。不仅如此，在中国这样一个疆域和人口都超大的大国，不同地区的经济表现也是大相径庭。总体上来说，中国沿海地区和大城市出现的是人口持续流入，而土地供应跟不上，导致地价上涨。同时，住房供应跟不上人口增长导致的房价上涨，又进一步推升工资，从而削弱了沿海地区的竞争力。而在中西部和东北地区出现的现象，主要是人口流出同时投资加大，由于投资又大量依赖于政府债务，偏离比较优势且过量的投资，最终导致的是投资回报低下和债务持续上涨，不可持续。

该书的政策启示。在中国，经济发展中存在的很多问题是结构性和体制性的，因此，解决问题的方案来自结构校正和体制改革，减少生产要素市场上的扭曲和空间错配问题。在金融市场上，要逐步打破刚性兑付的预期。对于僵尸企业，要加快处置。在土地市场上，已经明确建设用地指标的增量要与人口流动方向一致起来。而在人口政策上，则强调要顺应城市发展的客观规律，已经在500万人口以下的城市，全面放开和放宽户籍制度，特大超大城市的积分落户制度也要加快改革。

从更深层次来说，供给侧结构性改革必须伴随着国家治理结构的深层次变化。在中央和地方关系的重构方面，核心的问题是如何让地方政府行为能够更加符合整个国家的整体长期利益。首先，这需要打破传统的以短期GDP增长和招商引资为主要指标的官员考核体系，引入类似于居民满意度等更为综合的指标，并将总量指标调整为人均水平的考核指标，直到逐渐放弃对于官员考核的追求，将政府从生产型政府转化为服务型政府。同时，需要通过法律和市场两个机制，对于地方政府行为形成约束。

该书的创新之处。（1）该书将空间经济学的一般理论与中国经济发展中的体制性、结构性问题进行结合，提出了空间政治经济学的研究方向和分析框架。（2）该书从大国治理的角度对中国发展中的一些宏观经济现象进行了系统性的分析，包括资源错配、高房价、债务持续攀升等问题，特别是对地方政府行为是产生上述问题的原因及其导致的结果进行了深入的分析。（3）该书对于促进中国经济高质量发展提供了系统性的政策建议，尤其是其中深化生产要素市场化改革的系列建议对于区域协调发展和建设全国统一大市场具有重要的参考意义，有些政策建议为推动相关改革起到了积极作用。

（撰写人：陆铭）

【长三角高质量一体化发展研究】

刘志彪、徐宁、孔令池等著，中国人民大学出版社2019年12月版，285千字

该书在长三角高质量一体化上升为国家战略的背景下，对实现高质量一体化发展的战略意义与动力机制进行了深入的经济学分析，对长三角高质量一体化发展进程进行了细致刻画，并在此基础上提出了加快推进长三角高质量一体化发展的学术观点和政策主张。

该书研究的主要内容。（1）关于长三角高质量一体化发展的概念界定。聚焦"高质量"和"一体化"两大关键的发展问题，科学界定长三角高质量一体化发展的内涵，确立推进长三角高质量一体化发展的内容体系以及待实现的目标。（2）关于长三角高质量一体化发展的水平测度。在系统地归纳长三角高质量一体化发展逻辑主线的基础上，构建多维度的综合指标体系，对长三角高质量一体化发展水平进行系统的客观评价。（3）关于长三角高质量一体化发展的动力机制。

为通过制度设计形成竞相开放的动力机制,系统总结了构建这一动力机制的障碍。并从如何正确处理政府与市场关系这一经济体制机制的核心问题角度,构建了各个地区投身一体化建设的动力机制。(4)关于长三角高质量一体化发展的顺序和重点领域。根据推进长三角高质量一体化发展中可能遇到的各种显性和隐性障碍,按照先易后难的原则,对其进行分类改革和制度创新。(5)关于推进长三角高质量一体化发展的政策建议。为了找准长三角高质量一体化发展的引擎,着重从发挥上海龙头的辐射作用,转变地方政府职能,建立统一开放竞争有序的区域共同市场,复制推广改革创新经验,发挥企业市场主体作用,打造区域联动机制,落实具体合作项目等方面提供一些紧迫的有针对性的对策措施。

该书的主要观点。(1)长三角高质量一体化发展的推进要有顺序和重点领域,应就具体问题一项一项分析和解决,避免停留在文字和口头上而长期没有实质性的行动。(2)在构建长三角一体化的动力机制上,"强政府"和"强市场"的作用都要发挥,但位次有别。更好发挥政府作用的目的,是营造发挥市场作用的环境。地方保护的市场壁垒只有政府才能形成,也唯有政府才能打破。地方追求自身利益所进行的独立决策,难以避免社会成本的发生,因此有限的中央政府和长三角层面的干预是必需的。(3)在经济体制转轨时期,市场一体化是长三角区域高质量一体化发展的"牛鼻子",是所有问题的基础和关键。只有以市场导向的发展为龙头,以市场一体化发展为基础,才有可能在这个过程中充分调动一体化的主体即企业的积极性,才可以据此界定政府与市场的边界、职能和任务,才能驱动长三角地区资源配置体制机制的根本转型,才可以在此基础上实现这个国家战略所承担的宏伟目标和艰巨使命。

该书从治理机制创新、增长竞争、产业结构趋同、空间布局、协同创新、兼并重组、国内价值链、产业关联和产业协同等多维视角,对长三角高质量一体化发展的机制进行全面的理论剖析和实证分析,并提出了具体的政策建议。该书坚持规范研究与实证研究相结合的分析方法,不仅试图回答"是什么"的问题,还通过对"为什么"问题的研究,最终解决"应该怎样"的问题。

该书的政策启示。长三角一体化,说到底就是指在四省市经济区域中,各行政区的政府之间不断消除各种阻碍资源和要素流动的障碍,实现各自针对外部的竞相开放和市场充分竞争的过程。一般而言,阻碍资源和要素流动的障碍主要有两类:一类是与自然条件有关的资源和技术因素,如较低水平的基础设施,将直接提高一体化的运行成本;另一类是跟体制机制有关的制度因素,如各种阻碍一体化的法律、政策、条例和垄断等,它们直接提高了一体化的制度性交易成本。有鉴于此,推进长三角一体化发展就有两个维度:一是要加强以交通、通信等为代表的基础设施建设,实现各区域互联互通,为一体化扫清技术的障碍;二是解放思想,大胆进行制度改革和制度创新,扫清一体化发展的体制机制障碍。

该书可能的创新之处。(1)系统归纳了区域一体化发展的逻辑主线,揭示了区域一体化发展的载体、基础、支撑、动力、要求、保障等,为合理选取评估指标提供了理论依据,是对现有文献资料的有益补充;构建了包含空间、市场、产业、创新、交通、信息、贸易、公共服务、生态环境以及制度共10个维度的综合指标体系,对长三角一体化进行系统的客观评价,为后续深入研究拓宽了视角。(2)系统总结长三角一体化发展上升为国家战略的示范意义,重点研究和设计长三角一体化更高质量发展的动力机制,并给出实现长三角一体化更高质量发展的顺序、重点领域及若干政策建议，对实现长三角高质量一体化发展具有重要的启示和体制机制创新。（3）在分析以市场一体化为核心推进长三角区域一体化发展这个重要命题的基础上，指出长三角高质量一体化发展需要建设、完善和创新与市场一体化发展相适应的区域治理机制，并警示未来我们应该根据社会主义市场经济体制深化的要求，把竞争政策作为推进长三角区域市场高质量一体化发展"一盘棋"的手段和机制。

（撰写人：刘志彪、徐宁、孔令池）

【推动郑洛西高质量发展合作带建设战略研究】
史丹、李伟涛等著，经济管理出版社 2021 年 10 月版，204 千字

该书是一项及时响应中央关于黄河流域生态保护和高质量发展这一区域重大战略部署的应用研究成果，有利于促进地方政府对郑洛西高质量发展合作带建设形成更加广泛的共识，同时又对中央和地方推动郑洛西高质量发展合作带建设具有重要的决策参考价值。

该书分设三篇，即战略构想篇、专题分析篇和经验借鉴篇。从战略构想篇看，此篇的主要研究包括如下内容。（1）郑洛西高质量发展合作带建设的基本背景、发展基础、机遇挑战和基本要求，提出了"十四五"乃至未来一个时期的总体思路。（2）推动郑洛西高质量发展合作带建设的重点任务，主要任务是推动黄河流域生态保护和高质量发展战略落地，共抓大治理大保护；建立跨区域产业链供应链体系，打造世界级先进制造业集群；完善现代立体交通网络，融入新发展格局下全面扩大开放合作；构建区域协同创新体系，推进科创走廊建设；推动区域公共服务一体化发展，探索公共服务资源共建共享；构筑高效韧性的安全体系，提高区域风险防范能力。（3）推动郑洛西高质量发展合作带建设的实施路径，具体路径包括打造一批主体鲜明、机制灵活、市场化运作的利益共同体；培育多层次、多领域的合作带建设实施主体；共同争取国家重大政策平台和重大基础设施项目布局；推动教育、文化、干部等领域深度交流；促进各类要素自由流动、市场化配置。（4）推动郑洛西高质量发展合作带建设的体制机制创新，主要机制包括建立区域协同发展的顶层机制；探索区域生态保护协作机制；构建区域协同治理体系；营造良好区域合作环境；强化战略实施的组织保障。从专题分析篇看，此篇的主要内容如下。（1）郑洛西三大都市圈经济发展分析，包括郑洛西三大都市圈发展优势、现状特征和发展环境。（2）豫陕在郑洛西高质量发展合作带中的地位作用与合作重点领域，包括河南省、陕西省在郑洛西高质量发展合作带的地位作用和合作重点领域。从经验借鉴篇看，此篇主要内容涉及区域重大战略实践探索的经验，介绍了京津冀协同发展、长三角区域一体化、粤港澳大湾区和成渝地区双城经济圈建设的进展与做法，还总结了国内外流域生态保护和绿色发展的经验，如莱茵河流域生态保护与绿色发展，密西西比河流域生态保护与发展，长江经济带生态优先、绿色发展等经验，在此基础上提出了这些经验对郑洛西高质量发展合作带建设的启示。

该书主要观点是推动郑洛西高质量发展合作带建设是黄河流域生态保护和高质量发展的重要任务，是新时代推动中部地区高质量发展和新时代推进西部大开发形成新格局的战略举措。该书认为，郑洛西高质量发展合作带是以郑州、洛阳和西安三大都市圈为核心区，未来要建设成为黄河流域生态优先绿色发展的主战场、畅通国内国际双循环的关键枢纽、引领经济高质量发展新动力源和华夏文明重要传承地。该书也认为，推动郑洛西高质量发展合作带建设的总体思路包括：

一是以创新发展为引领,推进产业链创新链开放协同;二是以协调发展为抓手,促进区域与城乡协调融合;三是以绿色发展为契机,落实黄河流域生态治理保护;四是以开放发展为动力,率先畅通国内国际双循环;五是以共享发展为落脚,推动优质公共服务共建共享;六是以安全发展为保障,筑牢更具韧性的国家安全屏障。

该书创新之处。该书紧扣新发展理念,立足新发展阶段,遵循区域发展战略研究的基本范式,经过研究提出了在新发展格局背景下推动郑洛西高质量发展合作带建设的背景意义、基本要求、主要思路、重点任务、实施途径以及体制机制创新。此外,该书对郑洛西三大都市圈经济发展、豫陕在郑洛西高质量发展合作带建设的地位作用和合作领域、国内外区域一体化和流域发展的经验借鉴等方面开展了专题研究,相关研究结论支撑了该书关于推动郑洛西高质量发展合作带建设的战略构想。

(撰写人:叶振宇)

【大国发展道路:经验和理论】

欧阳峣等著,北京大学出版社2018年5月版,432千字

进入21世纪以后,以金砖国家为代表的新兴大国对世界经济增长的贡献与日俱增,已成为世界经济发展新特征的典型化事实。那么,新兴大国怎样实现经济可持续增长和转型升级,也成为世界经济发展所面临的新挑战和新机遇。该书从发达大国的经济发展进程中分析大国经济增长的动力机制,对金砖国家的经济增长质量进行实证分析,探索金砖国家经济增长转型的路径,进而提出通过技术进步和产业升级实现效率型经济增长,通过内需引导和结构调整实现平稳型经济增长的战略思路。

该书的主要内容有五个方面。(1)大国经济增长动力机制。总结发达大国经济增长动力机制的特点:经济增长式演变的总体趋势从要素驱动型向生产效率驱动型转变;产业结构演变的总体趋势从农业主导向工业主导和服务业主导转变;技术进步和制度创新可以加快经济增长方式转型过程。在实证分析各国技术进步和要素投入对经济增长贡献率的同时,从微观和宏观上分析技术进步促进经济持续增长的机理,微观上通过降低成本,提升品质和要素优化的效应促进经济增长;宏观上通过改变需求结构,转变产业结构和就业结构以及培育战略性新兴产业促进产业结构升级。(2)金砖国家经济增长质量评价。在明确经济增长质量分析框架的前提下进行评价:选取1992—2009年的数据分析金砖国家的产业结构;选取1980—2008年的数据分析金砖国家的增长稳定性;选取2003—2009年的数据分析金砖国家的收入分配;选取2003—2010年的数据分析金砖国家的能源全要素生产率。(3)金砖国家经济增长转型路径。针对金砖国家经济粗放型增长和过度依赖外部市场的问题,借鉴发达大国经验分析金砖国家经济增长转型的路径:分析通过技术进步、产业升级推动效率型经济增长的路径;分析通过内需引导、结构调整促进平稳型经济增长的路径。(4)金砖国家外贸共享式增长。在金砖国家贸易利益分析框架下探索金砖国家贸易结构的互补性、竞争性关系及共享式发展途径;选取相关数据分析金砖国家的贸易结构,发现在总体上金砖国家出口商品结构有较大差异;从主要出口产品看,金砖国家出口产品结构差异显著,互补性强,中国与印度、巴西、俄罗斯的总体出口结构相似度指数有明显下降趋势;分析中国与其他金砖国家的竞争性贸易关系,发现中国与印度仅仅在低技术产品上构成贸易竞争关系,中国与南非在中等技术产品出口上具有竞争性,其他竞争关系不明显;分析实现中国与其他金砖国家外贸共享式发展

的途径，包括通过产业链"雁行布局"构建互利共赢的贸易格局，以科技合作强化优势互补实现经济贸易结构调整升级，通过"出口转投资"模式实现贸易共享式增长。（5）金砖国家金融合作平台构建。在金砖国家加强和深化金融合作框架下提出设立金砖国家银行的方案；从功能视角分析设立金砖国家银行的现实依据，即金砖国家基础设施的巨大融资缺口以及危机传染和储备不均的现实状况要求设立金砖国家银行；通过构建基于协助性的博弈模型论证金融合作对各个参与国家的潜在利益，即设立金砖国家银行是一种具有效率、剩余增大、灵活性强的合作制安排；分析金砖国家银行的宗旨，提出"开发银行+货币基金组织"的方案。

在具体研究过程中运用理论分析方法、比较分析方法、定量分析方法和系统分析方法。（1）运用经济学理论分析大国经济持续增长的动力因素，揭示相关因素的作用机理及相互作用关系，技术进步对经济增长影响的途径、方式及机理。（2）比较发达大国经济增长的历史演变、运行机制、创新政策及市场环境，分析大国经济持续增长的动力系统，揭示经济增长的关键驱动因素；比较"金砖国家"中不同经济体的经济增长类型、特征和方式，揭示"金砖国家"经济增长方式的异同、优势和劣势。（3）应用统计学和相关运算软件对生产部门要素投入量和产出量的关系进行总量分析，对技术进步和国内需求在经济增长中发挥的作用进行测算，判断"金砖国家"经济增长方式转型的关键因素。（4）通过深入分析经济增长与转型系统内各种构成要素及其作用，把握要素组合方式及整体运行机制，为新兴大国经济的持续增长和转型提供战略思路。

该书的创新价值。（1）通过考察发达大国经济增长的历程，分析从数量型增长向质量型增长的转变机制，特别是从微观和宏观的视角分析技术进步促进大国经济持续增长的机理，丰富和深化经济增长理论。（2）通过评价金砖国家经济增长的质量，揭示金砖国家产业结构、增长稳定性、收入分配和能源全要素生产率状况及其特点，分析金砖国家经济增长中存在的矛盾和问题，为制定金砖国家的经济增长转型战略奠定基础。（3）专题研究金砖国家转型过程中的经济合作路径，深度分析金砖国家经贸合作和金融合作的互补性和共享性机制，并提出有实践价值的政策建议。

（撰写人：欧阳峣）

【中国区域创新战略研究】
周民良等著，中国言实出版社2013年2月版，440千字

该书主要写作于21世纪前十年末，著作出版于党的十八大以后的2013年，强调在国家层面推动区域创新战略的实施。该书作者群较早认知到，随着我国产业结构与人口增长趋势双双发生变化，生产要素对比中的比较优势会出现深刻调整，未来发展重心必将转向创新驱动轨道。在这一的背景下，结合专业优势，有必要深化对区域创新的研究，这符合变革时代对区域经济学家的要求。在党的二十大报告强调"创新是第一动力""创新在我国现代化建设全局中的核心地位""统筹推进国际科技创新中心、区域科技创新中心建设"的背景下，这本十年前出版的专著显示出一定的学术价值与应用意义。该书成果大部分已公开发表，包括十余篇论文、浙江省省级科研成果二等奖成果、农工党中央优秀调研成果奖成果、国务院领导与北京市委领导批示等，产生了一定社会影响。

该书包括十一章和三个专题报告，44万字，主要包括以下五个方面的内容。（1）创新驱动发展战略实施的背景分析。把创新发展置于新型工业化、新型城镇化的背景下研究，认为创新是推动新型工业化与新型城镇

化的重要基础。（2）区域创新体系建设的理论各类要素分析（第二章到第六章）。分析了区域创新体系与理论的发展演化过程，结合中国国情，从企业、高等院校与科研机构、政府政策、环境建设四个方面，分析了要素禀赋与区域创新能力建设之间的关系。（3）区域创新能力发挥的突破方向（第七章、第八章）。一是在横向关系上，把区域创新能力建设与开发区建设结合起来，提高区域创新体系的服务能力；二是在纵向关系上，提出应该理顺中央与地方的科技关系，加强中央与地方在区域创新方面的政府资源协调。（4）分析了中国区域创新的基本格局与整体战略（第九章到第十一章）。定量化地评估了各地区区域创新能力的差异和变化；分析了制造业转型升级与区域创新能力建设之间的关系，提出了区域创新能力建设的宏观战略。（5）案例分析。结合承担课题与建言献策，对浙江、广州、中关村的创新发展进行系统分析，提出对策建议。

该书的主要观点是，区域创新体系建设体现全球区域经济变动与发展新趋势，值得我国加以借鉴与应用；区域创新能力的形成与壮大是多方努力的结果，应该发挥政府与市场各自优势，善于运用企业、大专院校与科研机构、政府等各类资源与要素优势，合力推动形成区域创新新优势；区域创新的目的是为了应用。区域创新体系与能力建设，是为了推动区域经济更好地发展。因而，区域创新努力必须顺应工业化与城镇化规律，更好与园区经济、制造业转型升级等实体经济相结合；要加强区域创新与国家重大战略的联结，使区域创新服务于国家区域协调发展战略。

该书的政策启示：创新是实现新时期发展的动力之源，要切实重视创新驱动在中国现代化建设中的作用；在推动中国区域创新过程中，应该通过强化企业、大专院校与科研机构、政府政策、环境建设等与区域创新体系的衔接，以增强区域创新整体能力；应加强创新政策与各地区制造业转型升级、开发区发展之间的内在联结，把创新发展融入各地区新型工业化推动和园区建设之中；加强创新政策与区域总体发展战略之间的衔接，以区域创新支持沿海率先发展、东北振兴、中部崛起与西部大开发；把区域创新战略与国家重点区域发展战略结合起来，积极推进京津冀、长三角和粤港澳地区的创新发展。

该书的创新性观点。第一，作为发展中大国，中国应该塑造科技创新新优势。诺贝尔经济学家斯蒂格里茨曾经说过，中国的城镇化与美国的科技创新，是影响世界未来发展的两件大事。该书旗帜鲜明地指出，斯蒂格里茨的看法并不全面，科技创新不是美国的专利，大国之间不需要形成美国推动科技创新、中国推动城镇化的分化型甚至分工型格局。首先，中国必须重视推动新型工业化、新型城镇化，不能偏废，尤其在全球竞争与产业分工下重视推动新型工业化，这是中国现代化建设的基本要求；其次，中国新型工业化、新型城镇化推动，都必须建立在创新驱动发展基础之上。这是因为，中国的工业化与城市化，对世界都具有重要意义。基于这一思维，该书认为，中国的科技创新与美国的科技创新一样，对全世界都十分重要。第二，把区域创新理论与实践较好结合起来。该书着重分析了区域创新的理论框架与实践变动，尤其是强化了对区域创新的定量化分析，通过主成分分析方法和聚类分析方法，对全国各地区区域创新能力进行了分类评价。第三，把区域创新与区域竞争力提升结合起来，重视区域创新政策应用。比如，针对浙江省工业化推动，强调要积极引进与应用外源性技术援助，把本地产业能力与外部创新能力结合起来；结合广州市的发展，提出强化都市创新能力，打造一个中心、推进两个结合、突出三个重点、强化四类功能等策略；

在中关村国家自主创新示范区建设时，强调创新型城市建设两大结合点在中关村的落实，在园区规划、深化体制机制改革、推动园区分工、强化政策支持等方面积极努力，支持中关村自主创新示范区建设。

（撰写人：周民良）

【都市圈中小城市功能提升】

安树伟等著，科学出版社 2020 年 5 月版，472 千字

随着我国城镇化进程的快速发展、全球化和区域一体化的深入推进，地域上相近、功能上互补的都市圈逐渐成为推进我国新型城镇化和增强国际竞争力的主要载体，我国已经进入都市圈阶段。2019 年 2 月发布的《国家发展改革委关于培育发展现代化都市圈的指导意见》明确指出，培育发展一批现代化都市圈，形成区域竞争新优势，为城市群高质量发展、经济转型升级提供重要支撑。因此，应着力提高中小城市和小城镇综合承载能力，推动形成以都市圈为主体形态，大中小城市和小城镇合理分工、协调发展、等级有序的城镇化规模格局，都市圈战略则是实现这种目标的重要举措。该书是 2013 年国家社会科学基金重点项目"都市圈内中小城市功能提升的模式与路径研究"（批准号：13AJL014）的最终成果，2020 年 5 月由科学出版社公开出版。

该书遵循"破题-立论-求解-创新"的思路，按照"确定研究问题-寻找理论支撑-明确战略思路-提出保障机制对策"的技术路线，逐步推进，形成一个有机的分析整体。该书在对都市圈的概念进行科学界定的基础上，科学划分我国的都市圈，研究探讨都市圈内中小城市功能的地位及城市功能提升环境，分析科学基础，提出战略思路，研究提升机理，概括提升模式，提出提升路径，最后结合处于不同发展阶段的都市圈进行案例研究，提出体制创新及若干对策建议。该书对于完善城市功能理论，积极稳妥地推进城镇化，着力提高城镇化的质量，促进农村转移人口市民化，以及京津冀协同发展、长三角一体化发展、粤港澳大湾区建设具有重要的意义和价值。

该书的主要观点和创新体现在如下几个方面。第一，明确划分了我国 24 个都市圈，并将其划分为萌芽期、发育期、成长期、成熟期四个阶段，概括了都市圈内中小城市的基本特征，即小城市平均规模明显增加，但中等城市变化不大；都市圈经济密度差异显著；都市圈内城市体系发育不完善；中小城市人口集聚功能较差，产业发展、吸纳就业、公共服务功能不断提升。第二，提出了都市圈内中小城市功能提升的总体思路。即以产（业）城（市）人（口）高效融合为重点，重点提升公共服务功能和人口集聚功能；以成长型都市圈为重点，分类提升不同发展阶段都市圈内中小城市功能；以内陆地区都市圈为重点，统筹提升沿海-内陆-沿边三大区域都市圈内中小城市功能；以产业协作为重点，构建都市圈新型产业分工格局；以市场化改革为重点，促进都市圈内要素自由流动。第三，论证了都市圈内中小城市功能提升机理。都市圈内中小城市功能提升，本质上是在都市圈一体化过程中实现中小城市的产（业）城（市）人（口）的融合。第四，概括了都市圈内中小城市功能提升的五种模式。即产业协作推动模式、旅游带动模式、建设生态文明模式、老工业基地改造模式、与核心城市一体化发展模式。第五，提出了比较完整的都市圈内中小城市功能提升的路径体系。都市圈内中小城市功能提升可按照产业发展-吸纳就业-公共服务-人口集聚的时序安排，将有限的资源优先科学配置给各个环节。

都市圈内中小城市的功能提升，不能简单地就中小城市而论中小城市。第一，区别对待，分类指导。对城市功能较强的中小城

市，要推进体制创新，消除城镇化进程中的体制障碍；调整优化产业结构，加快培育特色产业，大力发展社会服务业和生产性服务业，提高服务业在国民经济中的比重，提高吸纳就业能力。对城市功能较弱的中小城市，要大力发展第三产业，不断提高服务业的吸纳就业能力；推进产业专业化、集群化发展，突出产业集聚和人口集聚的良性互动。第二，建立统一开放的区域市场体系。畅通城市间要素流动渠道，加快建立统一开放的要素市场体系，使生产要素市场向规范化、法治化方向发展。第三，强化中小城市基础设施建设和公共服务供给。加大中小城市基础设施与公共服务供给的财政支持力度，推动基础设施和公共服务在不同城区之间、城市与城市之间均等化；加强各类基础设施建设，加快推进都市圈大中小城市之间交通基础设施建设，提高中小城市的快速可达性；将农业转移人口享有的义务教育、基本医疗、公共卫生等纳入各级政府财政保障范畴；完善住房保障体系，扩大保障性住房有效供给，探索建设共有产权的保障房，把进城落户农民完全纳入城镇住房保障体系。第四，培育中小城市特色优势产业集群。优先发展旅游休闲、文化创意、现代物流、电子商务、健康养老、社区服务等现代服务业，激发中小城市发展活力；围绕地区优势产业和"龙头企业"，建设工业园区，引导产业向城镇工业区集中。第五，促进都市圈内大中小城市和小城镇协调发展。强化都市圈内各城市间的产业分工协作；加强都市圈内中小城市基础设施体系一体化建设；以户籍制度为抓手推进都市圈内中小城市的功能协调。

（撰写人：安树伟）

【京津冀协同与首都城市群发展研究】

戴宏伟等著，经济科学出版社2022年2月版，490千字

该书将非首都功能疏解与京津冀产业转移、城市群发展及雄安区建设结合起来进行研究，分别从京津冀的协作发展程度、产业集聚与转移状况、首都城市群协调发展、雄安科技集聚与创新驱动机制等几方面展开研究，并提出相关对策建议。

该书主要内容分为上、中、下三篇共十三章，分别是京津冀协作与发展（上篇）、京津冀产业集聚与转移（中篇）、首都城市群协同与发展（下篇）。上篇《京津冀协作与发展》探讨了京津冀经济联系强度及空间集聚、京津冀协作发展的效应、公共支出的空间溢出对城市效率的影响等问题；中篇《京津冀产业集聚与转移》分别分析了京津冀制造业、服务业产业集聚的效应及产业转移效率问题；下篇《首都城市群协同与发展》包括基于产业转移的首都城市群人口迁移分析、基于就业弹性的非首都功能疏解重点产业分析、基于C-P扩展模型的"环京津贫困带"分析、基于创新驱动的雄安新区发展路径分析等内容。

该书的主要观点。一是前期的京津冀协作对北京市和天津市有着正向的增长效应，但对河北省经济增长的拉动作用尚未体现出来，甚至有略微负向影响，其背后的原因值得进一步探讨。二是京津冀公共支出的增加不仅有助于提高本城市效率，并且对周边城市效率也具有明显的促进作用。三是京津冀地区第二产业尤其是制造业的集聚程度降低，金融业、科学研究和信息传输等第三产业的集聚程度在不断提高；北京、天津等中心城市的产业集聚程度较高，但中心城市的辐射带动作用并不突出，城市间的协同尚未真正体现；京津冀地区生产性服务业整体的集聚水平较低。四是京津冀产业转移总体上尚处于初级阶段，产业转移的效率不高，且不同的产业间产业转移效率差异较大，整体来看京津冀向"区外"转移制造业的比例较大。五是京津冀第三产业尤其是批发零售业、租

赁商务服务业、住宿餐饮业、金融业、教育等对综合就业系数或间接就业系数较高的产业具有显著的人口迁移效应。六是资源禀赋不足对于"环京津后发地区"的影响最明显，行政边界壁垒的影响力次之，政策限制的影响则并不明显。

该书的政策启示。(1) 京津冀地区各产业呈较明显的梯度差异，总体上京津冀城市群的经济联系和交通联系强度有所增强，但在三省市内部还存在较大差异，需进一步发挥京津两座特大城市的辐射作用，带动河北经济的深层次、高质量发展。(2) 前期河北在京津冀协作过程中受到的拉动作用有限，甚至表现出一定程度的负向走势，表明京津冀协作距离国家协同发展战略的要求还有较大差距；京津冀地区在下一步发展中应充分发挥京津特大城市的增长极作用，利用城市功能调整、产业升级的机遇，加快产业转移和产业链重塑，从推-拉两方面促进河北产业升级。(3) 北京、天津产业集聚程度较高，而周边中小城市的产业集聚特征并不明显；京津作为中心城市对周边区域的辐射带动作用不突出，尚未彻底实现城市间的协同发展效应。(4) 京津冀地区生产性服务业的集聚对经济增长有正向促进作用，但京津冀地区生产性服务业的集聚水平整体偏低，生产性服务业在京津冀的分布呈现单核心、差异大的特征。(5) 京津冀产业转移的效率仍然不高；批发零售业、租赁商务服务业、住宿餐饮业、金融业、教育等第三产业带动北京人口迁移的效果更明显。(6) 资源禀赋和行政壁垒是影响环京津后发区发展缓慢的重要影响因素，在此方面需做进一步统筹规划促进协同发展。(7) 雄安建设创新驱动发展引领区，必须科学定位，正确处理好以下几个关系：一是与北京建设全国科技创新中心之间的关系，二是与北京疏解非首都核心功能之间的关系，三是推动科技创新与发展高端高新产业之间的关系，四是承载北京创新资源转移与吸纳全球创新资源的关系，五是与天津、河北经济发展的关系。

该书的创新之处。从多个角度系统分析了京津冀协同发展的若干问题，在研究中注重理论联系实际，采用合成控制法对京津冀协作状况进行分析，采用就业面板数据和Hanlon & Miscio 的扩展模型对京津冀产业集聚效应进行探讨，采用贸易地位系数法分析产业转移现状，通过灰色关联分析构建人口迁移影响因素模型探讨产业转移的影响，基于扩展的 C-P 模型分析环京津后发地区发展缓慢的原因，在学术研究视角及方法上具有一定探索性或前沿性，研究结论也有一些具有启示性的发现。

（撰写人：戴宏伟）

【长三角区域一体化发展战略研究——基于与京津冀地区比较视角】

黄群慧、石碧华等著，社会科学文献出版社2017年11月版，133千字

该书为中国社会科学院上海研究院委托中国社会科学院工业经济研究所进行的一项关于京津冀地区与长三角地区区域协同发展战略比较研究的课题成果。与京津冀相比，长三角区域一体化发展起步较早，目前已经进入制度合作阶段，区域一体化程度也较高，有一些值得京津冀协同发展借鉴的成功经验。但同时，京津冀地区综合优势较明显，协同发展共识较强，在基础设施一体化、疏解大城市功能等方面也有值得长三角地区借鉴的经验。两区域在协同发展中既有共性，也存在差异。正是基于这些考虑，该研究从对比的角度，运用经济学的研究方法，从不同维度对京津冀与长三角地区区域协同发展战略进行较为系统而全面的研究。

该书研究的主要内容包括六大部分。(1) 总论。从宏观战略和政策层面，在与京津冀协同发展战略比较的基础上，深入分析长三

角地区一体化发展的现实基础、现状特征以及面临的主要问题和制约因素，深入探讨促进长三角地区一体化发展的机制与政策。（2）长三角制造业转型升级研究。通过对比分析两大经济区制造业，特别是战略性新兴和高技术产业的发展情况，以及制造业转型升级的根本动力，深入探索长三角制造业转型升级的路径和方向，并提出相关政策建议。（3）长三角城市群物流业与区域协同发展研究。主要从物流需求和供给两个方面对长三角与京津冀两大城市群物流业的发展进行比较研究，并在借鉴京津冀经验的基础上，提出加快长三角物流一体化发展的建议。（4）长三角协同创新共同体建设研究。通过对比两大区域协同创新现状、区域创新系统特征以及创新资源分布情况，针对目前长三角协同创新共同体建设面临的问题和挑战，在借鉴京津冀经验的基础上，提出加快长三角协同创新共同体建设的思路和政策措施。（5）长三角生态环境一体化发展研究。从长三角地区生态环境的现状出发，对其生态困局的成因进行反思，通过总结京津冀生态环境协同发展的实践经验，提出加快长三角生态环境一体化发展的建议。（6）长三角一体化发展的法治建设研究。通过研究区域一体化发展法治建设的国际经验，并结合京津冀协同发展的法治建设实践，提出长三角一体化发展的法治对策。

该书的主要观点。（1）新时期应该从建设创新发展、协调发展、绿色发展、开放发展、共享发展五大发展理念示范区的高度重新思考定位长三角一体化发展。（2）长三角区域一体化要求加快制造业的转型升级。要围绕长三角"全球先进制造业基地建设"的战略定位，抓住上海建设具有全球影响力的科创中心的重大机遇，推动研究制定区域性制造业转型升级规划，加快区域性制造业协同创新体系的建设和产业化创新主体和环境的培育，推动制造业转型升级。（3）物流一体化是长三角一体化发展的基础和动力保障。要加强统筹，坚持总体规划顶层设计的理念，建立政府层面的合作推进机制，通过分工和协作，形成企业间的跨省市合作，共同推进长三角物流一体化建设。（4）长三角协同创新共同体的建设，除了要建立国家层面的领导机制、加强顶层设计外，还要完善协同创新共同体的机制建设、平台建设和工程建设。（5）要加快推进长三角区域生态环境协同发展，多方探索以尽快形成加快长三角生态环境协同发展的新体制、新机制、新政策和新模式。（6）推动长三角区域一体化发展，必须尝试建立法律协调机制，协调相关区域内地方法规、规章和政府规范性文件之间的利益冲突。

该书主要为对策研究成果。该书围绕制造业转型升级、物流一体化发展、协同共同体建设、生态环境协同发展以及法治建设等各个方面，从不同角度为促进长三角地区一体化发展提出了很多有价值的政策建议。总体来说，推动长三角一体化发展要重视几方面的问题：一是关注京津冀协同发展战略及其实施过程，在比较借鉴中为长三角一体化发展寻求破解行政分割、构建统筹协调机制的新思路、新政策与新措施；二是推动中央政府加强顶层协调指导与培育社会市场力量积极参与"上下协同"，进一步完善长三角区域一体化发展的体制机制；三是以交通等基础设施一体化、生态环境共防共治和区域协调创新共同体建设为重点领域，推动长三角区域一体化发展取得突破；四是建立产业协同发展机制和培育产业协同发展载体，促进产业优化布局和产业联动发展；五是发挥上海作为长江经济带龙头的带动作用，打造具有全球影响力的世界级研发创新中心与复杂性一体化产品制造基地。

该研究最大的创新之处就是从比较的视

角，立足实际，通过实地考察、调研及专家咨询，采用定性与定量分析相结合、理论与实证相结合等方法，系统地分析和研究京津冀与长三角两大经济区的区域一体化进程，特别是针对长三角地区在区域协同发展中面临的主要问题和障碍，从不同层面、不同角度，寻找破解的思路和具体的实现路径。不仅为在新起点上推进长三角区域一体化发展提供决策服务，也为深入实施京津冀协同发展战略提供了有益的思路。

（撰写人：石碧华）

【生态文明的区域经济协调发展战略】

张可云等著，北京大学出版社2014年12月版，530千字

该书是国家"十二五"重点图书出版规划项目，为国家社科基金重点课题"生态文明取向的区域经济协调发展战略"的最终研究成果。区域经济协调发展与生态文明建设都是社会经济发展到一定阶段后对发展提出的新要求，将生态文明与区域经济协调发展结合起来进行分析，是为了进一步深化对二者及其相互关系的认识，具有重要的现实意义。我国的区域战略已经进入生态文明的区域经济协调发展战略阶段，生态文明取向的区域经济协调发展的实施路径要以组织协调为前提、以利益协调为保障、以产业协调为基础，即完善政府环境规制分权结构、建立和完善生态补偿机制、避免产业污染的同向转移。

该书的主要内容。（1）基本问题篇，包括第1—2章，分别为"导论""生态文明的区域经济协调发展战略新内涵"。（2）区域组织协调篇，包括第3—5章，分别为"中国式分权下的环境标准设定主体研究""跨界污染、执行与环境规制的分权结构优化""环境规制执行成本分担问题"。（3）区域利益协调篇，包括第6—10章，分别为"区域生态补偿机制建立的必要性和补偿方式选择""生态职能区划与生态补偿主体的确定""区域生态补偿政策目标选择的理论分析""区域生态补偿政策目标选择的经验研究——以北京-冀北'稻改旱'工程为例""区域生态补偿的案例研究：以京津-冀北地区为例"。（4）区域产业协调篇，包括第11—15章，分别为"污染转移与工业区域布局变化的关系""环境规制与中国工业区域布局的'污染天堂'效应""工业区域布局的生态承载力研究""工业区域布局的环境承载力研究""工业区域布局的全要素生产率增长研究"。（5）政策导向篇，包括第16章"生态文明取向的区域经济协调发展的新政策导向"。

该书的思路。根据生态文明建设和区域经济协调发展之间的相互促进关系和区域经济协调发展的战略阶段划分，给出生态文明取向的区域经济协调发展新内涵的五个目标；各目标实现过程中的相互关系衍生出政府环境规制分权结构不合理、生态补偿机制缺失和产业转移过程中的"污染天堂"效应这三个关键性问题。所以，构建合理的环境规制分权结构、建立和完善生态补偿机制、避免产业污染的同向转移是生态文明的区域经济协调发展需要处理好的三个重大问题。也就是说，生态文明取向的区域经济协调发展路径要以组织协调为前提、以利益协调为保障、以产业协调为基础。

该书的政策启示。首先，从政府治理本源出发探讨了政府环境规制分权结构方案的设计，旨在针对不同类型的污染选取最有效的政府分权和成本分担方案，从而提高环境治理效率。其次，探讨了政府生态职能实现的前提条件生态职能区划的原则与方法，旨在为政府环境治理政策提供一个因地制宜的依据。最后，在操作层面探讨了区域生态补偿制度框架的建立和污染型行业布局优化的政策选择，旨在协调区域间利益，积极构建和培育以政府主导和市场机制相结合的生态

补偿机制，为生态文明的区域协调发展提供利益协调保障。同时建议通过政府政策导向作用优化我国产业布局。

该书的创新之处。第一，分析了生态文明建设和区域经济协调发展之间的关系，尤其是前者对后者赋予的新内涵，即"经济效率"、"社会公平"、"生态平衡"、"政治联合"和"文化融合"这"五位一体"的发展要求，并分析了五个目标的相互关系及其实现路径，从而明确了实现生态文明的区域经济协调发展战略的核心。第二，对中国环境标准设定和执行的政府环境规制分权结构进行理论和经验研究，在理论研究方面，利用动态博弈模型，建立两区二地模型，讨论针对非对称跨界污染的地方政府执行行为，以及中央政府转移支付的时机设计问题；在经验研究方面，利用空间计量模型分析 2003 年以来中国环境规制结构调整对地区环境规制力度竞争形态、地方环境标准执行力度以及搭便车行为的影响。简单的环境治理指标集权化设定不能从根本上解决跨界污染问题，区域间环境保护合作是解决中国跨界污染问题的重要途径。第三，考虑到主体功能区划的不足，提出生态职能区划概念和划分标准，为区域生态补偿机制的构建提供空间基础；构建委托代理模型分析不同补偿依据选择的适用条件，并对"稻改旱"项目的效果进行评价；以"稻改旱"项目为例，利用特征价格法估算项目的成本与收益；在动态一般均衡模型框架下，结合动态博弈模型，分析不同补偿方式的适用情形和效果比较。第四，将生态文明、区域经济差距缩小与工业的空间布局问题相结合，在经验研究方面考察我国区域之间是否存在着"污染天堂"效应；应用非中性技术进步超越随机前沿模型，分别计算全国各省区市 2003—2008 年 17 类污染型行业历年的生产效率、生产效率进步率、技术进步率和规模效应，并根据 Kumbhakar 全要素生产率增长率的分解公式测算出相应的全要素生产率增长率；考虑环境规制、环境承载和高效生产，评价生态文明取向下工业布局的科学性和合理性。第五，从政府环境规制分权结构方案的设计、生态职能区划的原则与方法、区域生态补偿机制框架的构建和污染型行业布局优化的政策选择四个方面给出了生态文明的区域经济协调发展政策的新导向。

（撰写人：张可云）

【经济区位论】

张文忠著，商务印书馆 2022 年 3 月版，400 千字

"区位、区位还是区位"，这一基本原则长期左右着住房区位选择、商业和服务业等设施布局。我们每个人的日常生活、工作和居住，以及企业的生产活动都离不开区位，区位是经济活动的载体，社会生活的舞台。经济区位论是研究经济活动的空间选择与空间优化的理论。《经济区位论》一书在系统介绍和评述区位理论流派基础上，立足经济学和地理学的研究视角，对不同类型区位理论的研究范式及核心内容进行了系统梳理，分析了各类经济活动区位选择的因素，阐述了最佳区位选择与决策过程所遵循的基本法则。《经济区位论》告诉我们经济活动是按照什么原则来选择特定的区位空间，什么样的区位空间可能出现经济集聚，在特定的区位空间如何合理组织经济活动，高效的空间组织对区域发展有何作用等。

该书的主要内容。（1）全面系统介绍了从最小费用学派、相互依存学派、利润最大化学派到行为学派等各种经济区位流派的理论特色和精髓，分析了成本、收益、效用和决策者行为如何决定产业空间的区位选择等。（2）解析了什么因素影响着经济活动空间选择，各种行为主体在空间选择过程中遵循的基本法则是什么，经济活动在什么样特征的区位发生，经济活动主体选择特定区位的动

机是什么，什么样的区位可能出现生产活动的集聚，集聚的原因和机制是什么。（3）分析了零售业、批发业和现代服务业区位选择的差异，探讨了人口、交通、地价、集聚和消费者行为对不同业态的布局与市场空间的影响，以及商业和服务业的空间组织遵循的原则。（4）解析了什么样的空间结构能够带来最大效应或最大利润，公平与效率、交通可达性如何影响公共服务设施的配置，什么因素是决定我们居住区位选择的关键，收入、便利性、住房成本和通勤成本等基础上构建的区位权衡理论如何解释居住区位等问题。（5）探讨了什么情况下进行贸易，什么条件下进行跨国投资，跨国公司投资区位选择有哪些理论，区位理论与贸易理论存在怎样的相互关系，区位理论能不能揭示国际贸易等问题。

该书关心的问题。该书围绕农业区位论、工业区位论、商业区位论、服务业区位论、居住区位论、交通区位论、跨国公司投资区位论、国际贸易与区位理论、中心地理论、区位论与空间行为、区位政策等内容展开，重点探讨经济活动为什么在特定的区位发生，经济活动主体通常根据什么原则来选择特定的区位，什么样的区位可能出现经济活动的集聚，什么机制促进了企业或消费者在特定空间的集聚，我们如何准确判断和预测经济活动在特定区位的形成，在特定的区位生产（或生活）活动是如何合理组织，高效的空间组织对特定区位会产生怎样的作用，经济活动的区位在各种不确定因素、突发事件等扰动下，会发生怎样的变化。

（撰写人：张文忠）

【京津冀产业转移协作研究】
叶振宇著，中国社会科学出版社 2018 年 10 月版，132 千字

该书是一项以服务中央推进京津冀协同发展重大决策为重点、兼具学术研究与智库研究的成果。产业转移协作被中央明确为京津冀协同发展的三个率先突破领域之一，其效果关系到京津冀协同发展预期目标最终的实现。同时，政府与市场力量在京津冀产业转移协作中都发挥着重要的作用，但如何实现动态协同和探索可行的模式是亟待从理论和实践上回答的问题。

该书共计九章，主要内容如下。（1）推动京津冀产业转移协作的背景意义、国内外研究现状以及国家产业转移协作政策的梳理。（2）京津冀产业转移协作的进展与主要问题，涉及京津冀产业发展的现状特征、历程回顾、阶段成效和主要问题。（3）京津冀产业转移协作的前瞻分析，包括京津冀产业转移协作的机遇与挑战、京津冀三地产业发展的趋势分析、京津冀产业转移协作的趋势判断。（4）京津冀产业转移协作的基本思路，主要包括指导思想、基本原则、主要目标、实现机制。（5）京津冀产业转移协作的实现途径，具体途径包括产业载体共建共享、产业转移扩散、项目投资牵引、生产制造环节外包协作、龙头企业带动整合、优势园区品牌共享、省际交界区域合作、地方政府共同组建专业联盟。（6）京津冀产业转移协作的重点领域，包括北京产业对外疏解、区内产业链整合提升、承接国内外产业转移、科技成果就地就近转化。（7）京津冀产业转移协作的市场化实践模式，介绍了国内产业园区合作模式，深入总结了平台型园区专业企业的运作模式和典型案例。（8）国内外产业转移协作的经验借鉴，该书总结了宜昌飞地园区的跨地协作模式、中关村海淀园异地分园合作模式、新加坡境外园区开发模式、欧盟创新合作网络模式等，分析这些模式对京津冀产业转移协作的启示。（9）促进京津冀产业转移协作的思路与建议，该书针对当前京津冀产业转移协作的情况提出了以下建议：合作共建产业园区；推动北京产业的布局调整与对外疏解；

组建平台型园区专业企业；推进京津冀创新走廊建设；完善相关配套政策；建立区域协调机制。

该书的主要观点。(1) 产业转移协作作为京津冀协同发展三个率先突破的领域之一，已取得明显的阶段成效，同时也面临着产业落差大、转出地基层政府阻力多、对接协作机制不健全等问题。为了破解这些问题，京津冀三地要以非首都功能疏解为契机，注重政府引导和市场化手段相结合，积极探索产业载体共建共享、重大产业项目投资牵引、生产制造环节外包协作、龙头企业带动整合、地方政府共同组建产业转移协作联盟等产业转移协作途径，以实现产业转得出、留得住、协作得好。此外，从中央政府到地方政府都要着眼于一些关键问题，尽快完善相关政策，继续深入推进体制机制改革，确保产业转移协作平稳有序。(2)"十三五"乃至未来一段时期将是京津冀产业转移协作深入推进的关键时期。客观分析京津冀产业转移协作的机遇与挑战，以及准确把握京津冀三地产业发展的趋势，可以为区域产业转移协作趋势判断提供坚实的基础。京津冀产业转移协作未来的趋势主要表现为北京非首都功能疏解的效应由强转弱、雄安新区成为区域产业转移协作的战略合作高地、市场化实践模式在更大范围推广应用、创新链协作更为明显、产业生态的移植与复制成为重点以及三地共同承接全球新兴产业和创新资源等六个方面。(3) 机制建设是京津冀产业转移协作平稳有序推进的基本保障。针对产业转移与对接协作的不同环节，京津冀三地需要建立产业转移的利益分享、产业对接的开放协作、产业入园集聚发展、产业发展的要素流动、产业转移项目的布局协调、跨地区的产业对口援助和地方政府官员政绩考核调整等七种重点机制。这些机制的建立既可以充分调动地方政府、企业和居民共同推动京津冀产业转移与对接协作的积极性，又可以实现京津冀三地共同利益最大化。(4) 京津冀产业转移协作不仅要有政府的积极引导，也要有市场力量的有效发挥。加快建立利益分享、开放协作、产业集聚、要素流动等市场化机制，有利于调动政府、企业、从业者等相关利益主体的积极性。同时，利用平台型园区运营企业的综合优势，探索市场化的实践模式，以实现京津冀产业对接、转移与升级。

该书的创新之处。该书紧紧围绕京津冀产业转移协作从地方政府对接到市场化运作这一条逻辑主线，着重介绍了产业转移协作的市场化实践模式，并运用了"互联网思维"阐述产业转移协作的未来构想；不仅较为全面地回顾了京津冀产业转移协作的历程、进展以及现实问题，还提出了产业转移协作的基本思路、实现机制、实践模式以及相关政策建议。总之，该书对京津冀三地政府和企业推动产业转移协作具有较高的、有针对性的参考价值，同时也是对中国产业转移问题研究的一种探索。

(撰写人：叶振宇)

【东北振兴中的产业结构调整】

李凯、赵球、高宏伟著，辽宁人民出版社 2020 年 12 月版，249 千字

该书立足东北地区产业发展呈现出传统和资源型产业过剩、新兴产业和大规模消费品工业发展滞后、高新技术产业对工业尚未形成有效支撑的现状，借鉴国外老工业基地转型经验，综合考虑东北地区经济转轨的特殊背景，形成了东北地区产业结构调整的总体思路，并分别针对传统产业、新兴产业和服务业提出了重点行业和重点领域调整的对策建议。

该书的主要内容。(1) 从现实层面分析东北地区产业结构的特征及存在问题。从资本属性、新旧产业、轻重产业、三次产业和工业内部结构视角对东北地区的产业结构进

行分析，发现东北地区的支柱产业集中于原字号、老字号、重字号行业，比较优势产业市场规模相对较小，与沿海地区先进省份相比是一种非平衡的产业结构，工业内部结构的偏离会加剧这种不平衡的结构。（2）从理论层面构建经济转轨背景下东北地区产业结构调整的框架。根据不同经济学派对东北问题的解释以及学术观点的争论，综合考虑东北地区的地理条件、区域特征、资源禀赋等因素，提出关于东北地区产业结构调整的理论思考。（3）从经验层面总结国外老工业基地产业结构调整的先进经验。介绍了美国"锈带"地区、德国鲁尔区、英国中部老工业基地和日本九州地区在改造中采取的主要措施及成效。从这些老工业基地改造的成功案例中总结有益经验，供东北地区调整产业结构参考。（4）从实践层面提出东北老工业基地产业结构调整的总体思路和16个主要产业的重点调整方向。选择石油化工、冶金、汽车等4个传统产业，航空航天、智能制造、新材料等7个新兴产业，旅游业、金融业等4个服务业，在详细介绍产业发展现状的基础上，结合产业发展趋势及规划导向，分析这些产业发展的优势和不足，提出这些产业未来发展的重点领域和主攻方向。

该书的主要观点。东北振兴要完成经济体制转型和产业转型这两项任务。东北振兴有两个显著背景，一是经济体制从计划经济体制向社会主义市场经济体制转型的背景，二是老工业基地本身产业衰退面临转型的背景。需将东北地区的地理条件、区域特征、资源禀赋等因素放在转型的视角下进行考察。当前，东北地区还不具备接收劳动密集型产业转移的区位条件，但也应紧紧抓住劳动力成本较低的优势，充分发挥政府的干预作用，实行可靠的产业政策，积极争取承接可能的国内外区域的产业转移，开拓东北产业发展的空间。

东北地区的产业结构调整需要建立在综合视角和理论的基础上，将相对均衡、有所侧重的产业结构作为调整目标，具体表现为产业结构以重化工业、工业产品为主，兼顾轻工业和消费品工业。在发展重工业方面，依靠历史延续的产业基础；在发展轻工业方面，依靠资源禀赋优势（人力资本的富余）和产业转移。依据市场需求选择主导产业，在保持优势产业发展的基础上，着力在市场规模巨大的下游消费品产业中找到突破口；同时，通过政府的产业政策引导和激励，大力发展服务业，为东北老工业基地找到未来发展的支撑。

该书的政策启示。东北地区产业结构产生偏离的原因有两个，一是历史因素和体制机制问题，二是产业政策的导向问题。其中第二个原因是导致东北地区产业结构偏离的主要原因。东北老工业基地的体制机制问题融合了传统老工业基地问题和转轨问题，在转轨的背景下，东北地区的经济发展要发挥"市场"和"政府"的共同作用。一方面，政府要在尊重市场规律的基础上用产业政策进行引导；另一方面，要发挥市场在资源配置中的决定性作用，提高企业资源要素配置效率和竞争力。

该书的创新之处。（1）注意到东北地区产业结构长期以来表现出与全国（以及其他地区）产业结构变化相背离的趋势。该书将这种现象称为东北产业结构的"偏离"，并试图通过提出一种产业调整思路，改变这种背离程度越来越大的局面。（2）提出在分析东北地区的比较优势时，需要综合考虑东北老工业基地转轨的背景，将东北老工业基地的产业优势考虑在内。东北地区较低的劳动力成本、重工业基础、优秀的产业工人、较高的城市化水平、较好的教育卫生公共资源以及较强的科研水平都可以作为东北的战略优势。（3）提出"全面振兴"视角下均衡的产业结构调整思路。东北振兴的产业政策应该服从于东北全面振兴、东北人民富裕起来的大目标。均衡的产业结构应该包含新兴产业与传统产业的均衡、轻工业与重工业的均衡、比较优势产业与大规模产业的均衡、工业和服务业的均衡四个方面。

（撰写人：赵球）

【长江上游地区水电资源开发研究】

曾胜著，科学出版社2017年11月版，353千字

实现"双碳"目标的核心在于推动能源低碳转型，形成先进的"清洁低碳，安全高效"新型能源体系，而清洁可再生能源中的水电资源开发是人类合理利用自然资源、满足人类社会能源需要、实现人类自身发展和社会进步的客观要求和必然选择。我国拥有丰富的水能资源，规划建设的十三个水电基地主要集中在长江流域，归属于长江上游地区的金沙江水电基地的装机量在规划中排名第一。该书立足于解决经济快速发展下我国能源总量不足与化石能源消耗带来环境污染的双重问题，选择长江上游地区作为研究对象，强调在既满足当前经济、社会发展的需要又减少对大气环境污染的情况下，大力发展清洁可再生能源已成为当务之急，水电资源的开发将极大地促进流域经济发展、社会进步和环境质量改善。

该书的主要内容分为四个层次。（1）第一层次为研究起点，分析了我国能源生产和消费状况以及供需平衡、从世界到长江上游地区水电资源状况，并以大渡河为例运用时域有限差分方法（FDTD）对水电开发量进行测算。（2）第二层次为承上启下，从经济、社会、生态环境、移民、融资模式等5个方面对长江上游水电资源开发的影响进行了全面的探讨，以水电开发量测算为基础，运用VAR脉冲响应函数对水电开发所产生的替代效应与影响进行分析。（3）第三层次为研究核心，运用进化博弈模型对水电开发与环境、移民进行协调分析，实现水电开发的最终目标——经济、社会与环境的可持续发展，并且对水电开发所带来的生态环境与移民的损失进行补偿，可为水电开发的顺利实施奠定环境与社会基础，水电开发的效益能否弥补损失便成为环境、移民和水电开发者三方的平衡点，从而决定了环境、社会与经济的协调与可持续发展。水电开发者、环境与移民三者的协调发展又为下一轮水电开发提供经验借鉴和资金支持，由此完成一个逻辑循环。（4）第四层次是案例分析与对策建议，剖析了国内外水电开发的典型案例，分析了实现经济、社会与环境的可持续发展的水电开发协调机制，分门别类给出政策建议。

该书的主要观点包括。（1）从时间、空间维度，考虑梯级水电开发、生物多样性、文化遗产、淹没面积等因素，科学测算水电开发量。（2）建立水电开发、移民与生态环境之间的协调机制，应对能源短缺和环境污染的压力，以"流域、梯级、滚动、综合"为原则，选择适宜的开发模式，有序开发水电资源。（3）建立移民安置"保险+帮扶"的制度机制，助推解决移民安置难题，一是通过"保险+信贷"的政策措施，助推移民就业服务与能力再造，二是"保险+补助"，助推移民安稳致富。（4）加强对我国水电项目的支持，建立灵活有效、多层次、多元化的融资机制，多渠道为水电建设集资，积极鼓励民间投资，增强银行融资对水电项目建设的支持力度。

该书遵循"提出问题-分析问题-解决问题"、"起点"和"终点"同一的辩证统一的逻辑架构层层推进，以水电开发的文献分析、我国能源供需和水电资源现状及问题为研究的起点，以水电开发量的动态测评为基础，进行水电开发的替代效应和影响分析，借鉴国内外典型水电开发案例经验，最后对实现经济、社会与环境的可持续发展的水电开发

协调机制提出对策建议。

该书的政策启示。为促进长江上游地区水电开发和生态环境、移民的协调可持续发展，应加强政府政策支持水电开发；促进水电开发与生态环境的协调及可持续发展；做好移民与水电开发之间的协调工作；加强我国水电项目资金支持；加强水电大坝的修缮和水电开发项目的退役管理。

该书的创新之处。（1）学术思想的创新，该书是中国特色流域生态文明观的新探索，一是考虑了生态环境、水温要素、移民搬迁、文化古迹等多因素来构建水电开发量的预测模型，二是建立经济、社会、环境三位一体水电开发可持续发展的协调机制。（2）研究方法的创新，一是构建时域有限差分方法进行水电开发量的预测，二是以水电开发者、移民与生态环境为主体要素，以水电开发系统的可持续发展为目标，构建多维进化博弈模型研究水电开发的协调机制。（3）研究观点的创新，一是提出"保险+帮扶"模式助推水电开发移民安稳致富，具体形式有"保险+信贷""保险+补助"等，保险包括财产险、意外险、医疗险、贷款保证险以及定向开发移民安置或就业险，信贷主要是指金融机构的信用贷款，补助是政府或水电开发单位划拨的相关移民安置资金；二是构建多层次、多元化水电开发项目融资模式，具体有BOT（建设-经营-转让）、TOT（转让-建设-转让）、ABS（资产证券化）、PPP（公私合作）、融资租赁等融资模式。

（撰写人：曾胜）

【京津冀区域技术创新协同度测评及其提升要素研究】

崔志新著，经济管理出版社2019年4月版，345千字

该书立足京津冀区域内技术创新发展差距大的发展现状，探索性研究区域技术创新协同度测评模型，初步从多视角构建区域技术创新协同度测评体系，旨在探讨区域技术创新协同度测评及京津冀区域技术创新协同度提升要素。

该书基于信息论、系统论和协同论等相关理论，分析研究了"区域技术创新协同度测评"这一核心问题，从多视角对京津冀区域技术创新协同度测评及其提升要素等相关问题进行研究。首先，分析已有学者的研究成果，明确该书的研究思路和研究内容；其次，在文献和理论阐述的基础上，提出区域创新协同存在正向协同、点协同和负向协同三种状态，构建了区域技术创新协同度测评体系，并利用创新输入协同、创新过程协同和创新输出协同三个视角的测评模型分别对京津冀区域技术创新协同度测评，进而对协同度进行综合测评；再次，通过京津冀-长三角区域技术创新协同度测评比较，分析京津冀区域技术创新协同问题成因，结合理论分析及京津冀区域的具体情况提出假设，并实证检验京津冀区域技术创新协同度提升要素；最后，根据理论分析、测评结果和实证分析结果，得出该书的研究结论并提出针对性建议。

该书研究内容可归纳为四大部分：第一部分为基础研究，主要阐述了研究的背景和意义，据此提出该书的研究论题；对区域技术创新协同度及测评相关文献进行梳理，基于理论基础之上，找到该书的研究点。第二部分为核心内容：首先是区域技术创新协同度测评模型的理论分析及构建，在相关理论及测评模型的基础上，分别从创新输入协同、创新过程协同和创新输出协同三个视角，构建了区域技术创新协同度测评体系；其次是区域技术创新协同度测评体系的应用，分别对京津冀和长三角两个区域进行测评，这也是对测评体系的验证；再次是将京津冀-长三角两区域的测评结果进行对比，分析京津冀区域技术创新协同存在的问题。第三部分为

协同度提升要素分析，针对京津冀区域技术创新协同所存在的问题成因，分析京津冀区域技术创新协同度提升要素，分别构建京津冀各区域内和区域间技术创新协同度提升要素模型，并对其进行实证检验，最终将理论与现实问题相结合进行深入分析。第四部分为研究结论和建议，是对全书研究的总结和概括，针对京津冀区域技术创新协同发展的具体情景给出政策建议。

该书的主要观点。（1）从多视角构建区域技术创新协同度测评体系，并运用测评模型对区域技术创新协同度进行定量研究，充分论证了所构建的区域技术创新协同度测评体系的可行性。（2）利用所构建的测评体系对京津冀区域技术创新协同度测评，研究显示，京津冀区域技术创新协同度较低，甚至出现负向协同现象。（3）对京津冀-长三角区域技术创新协同度测评进行比较，研究显示，整体上京津冀区域技术创新协同度低于长三角区域，但某方面京津冀区域技术创新协同度略高于长三角区域。（4）结合理论与现实问题的分析，对京津冀区域技术创新协同度提升要素进行分析，实证结果表明，京津冀各区域内与区域间技术创新协同度提升要素存在明显差别，即使是同一变量在两个层面的作用也不同，企业技术创新这一要素可以促进京津冀各区域内技术创新协同度的提升，但会阻碍京津冀区域间技术创新协同度的提升。

该书的政策启示。（1）建立以企业为核心、其他创新主体积极交互的技术创新协同模式，同时立足京津冀区域产业差距这一现实，设法实现京津冀区域产业链式发展，建立伙伴关系、参与协同合作、推出计划和分配资源。（2）积极调动京津冀区域的大学创新资源，提高区域创新能力和协作能力，主要通过增加与京津冀区域内大学和研发机构的合作，或通过建立技术转移机构，可以获得知识和能力权限，补充企业的本地派生能力，这不仅增加了区域创新协同能力，也可能会抵消企业区域集群内技术"锁定"。（3）充分重视政府在区域技术创新协同中的作用，如加强政策引导，通过创造宏观体制和政策法规等环境，减少合作中的成本和风险；重视协调与支持，通过打破政策僵局和提升公共服务，为区域协同发展营造更加有力的环境；强化服务保障，通过加强对大学和创新实验室的财政支持，为人才、技术等生产要素的集聚创造条件，完善信息高效传递渠道，提高创新主体的学习积极性。

该书的创新之处。（1）从理论层面构建区域技术创新协同度测评模型，由创新输入协同、创新过程协同和创新输出协同三个视角的测评模型组成，突破单一视角的理论模型构建，采用多视角的研究使得区域技术创新协同度测评更具系统性；（2）初步构建区域技术创新协同度测评体系，将其应用于京津冀和长三角两个区域，并在研究中引入对比分析法，增加京津冀-长三角区域技术创新协同度测评比较，使得研究具有可比性，测评结果更为科学准确，据此得出的测评结论更加系统全面，应用层面的作用明显，另外，测评结果客观验证了所构建的区域技术创新协同度测评模型，证实测评体系具有可行性；（3）构造京津冀区域技术创新协同度提升要素模型，将其划分为各区域内和区域间两个层面，考虑各区域内与区域间协同发展的内在联系，使得协同度提升要素的分析更为全面系统，与以往不区分两个层面的研究结果不同，分开研究所得到的研究结果具有针对性。

（撰写人：崔志新）

【大城市知识密集型服务业时空格局研究——基于演化经济地理学的视角】

周麟著，经济管理出版社2021年5月版，222千字

该书着眼于当前国内外知识经济蓬勃发

展的大背景，切实考虑创新在我国现代化建设全局中的核心地位以及以城市群为主体形态推进新型城镇化的发展契机，将目光聚焦于大城市知识密集型服务业的时空格局。

该书的主要内容。(1) 在理论研究部分，秉承发育转向中的演化经济地理学思想，构建大城市知识经济发育系统，分别从知识流动、第三阶涌现以及分时路径依赖的视角对知识密集型服务业静态空间格局、动态时空格局以及新企业进入格局的形成机理进行演绎，这在一定程度上为后续的实证研究提供了逻辑严谨的理论支撑，也有助于从本源上审视、优化我国大城市的知识服务效率。(2) 在实证研究部分，切实考虑京津冀协同创新对于中国区域经济版图的重要意义，将京津冀的创新两翼——保定市、秦皇岛市作为实证研究案例地。基于全国第二、三次经济普查企业个体数据，综合运用最近邻分析、最近邻层次聚类、核密度估计以及地理加权回归等空间分析与空间计量方法对2008-2013年保定市、秦皇岛市知识密集型服务业时空格局以及2013年两地新企业进入格局进行精细化探讨。这对于中国诸多大城市创新驱动发展战略的实施、功能结构的存量优化以及相关产业的政策制定具有一定的指导意义。

该书的主要观点。(1) 从知识流动视角出发，搭建MDC（M为Match缩写，即：匹配；D为Dissemination缩写，即：传播；C为Consume缩写，即：耗损）企业区位决策框架，认为对于更高效的知识匹配、更便捷的知识溢出以及更少的知识耗损的渴求促使企业偏好置身于更大的知识服务市场与知识分工体系中，由此判定企业空间格局应具备集聚特征。(2) 以第三阶涌现为基础构建DRE（D为Downward causation缩写，即：下向因果；R为Organizational routine缩写，即：组织惯例；E为Co-evolution缩写，即：共同演化）演化发育模型，判定企业的历史演化进程与企业-区域经济环境的共同演化机制一起推动着大城市知识密集型服务业时空格局的形成，并指出知识人力资本密集型企业时空格局具备强烈的路径依赖性，且在不同城市的形成机理应存在明显差异；而知识技术资本密集型企业时空格局在展现路径依赖性的同时，还会兼具较强的路径创造性。(3) 以分时路径依赖理论为基础构建TDE（T为Time share缩写，即：分时性；D为Path dependence缩写，即：路径依赖；E为Co-evolution缩写，即：共同演化）进入模型，判定新企业的进入格局应建立在对幸存企业格局的分时路径依赖与新企业-区域经济环境共同演化的基础上，并认为这种分时路径依赖具备某些本地化基因。(4) 保定和秦皇岛的知识密集型服务业时空格局存在诸多共同点。首先，无论行业整体还是不同类型企业，其空间格局均存在越发显著的集聚特征，且在不同区域出现知识分异。其次，保持城市建设动态性的区域在知识经济发展速度上明显快于城市建设趋于停滞的区域，这种企业-区域经济环境的良性/劣性互动也就引发了热点区与集聚单元的此消彼长。再次，知识人力资本密集型企业非常依赖先前的空间格局，进而呈现循序渐进的演化模式，具备强烈的路径依赖性；而知识技术资本密集型企业则同时受到先前格局、产业结构、科技创新政策、园区建设等多方面影响，进而呈现循序渐进与结构重组并存的演化模式，并涌现出一些异军突起型的集聚热点区与聚类单元，展现了较强的路径创造性。(5) 无论行业整体还是不同类型企业，两地知识密集型服务业的时空格局均受到历史演化要素与区域经济环境要素的联合驱动。服务内容的综合性、服务对象的广泛性以及人力资本密集性所带来的人情味等特征致使知识人力资本密集型企业时空格局形成的核心驱动要素与所在城市的社会、经济及土地利用结构紧密相关，进而在两地存在明显差异。相比而言，服务内容的专业性、服务对象的固定性以及新技术密集性所带来的"技术流"等特征促使知识技术资本密集型企业时空格局分别在两地出现相似性较强的形成机理。（6）无论新企业进入格局还是幸存企业空间格局，其在保定市均受到城市发展重心的西迁北扩、新综合城市中心的崛起等节点性城市事件的直接影响，这与保定市企业所特有的与时俱进基因有关。相比而言，秦皇岛市企业则存在根深蒂固的墨守成规基因，其区位选择甚至出现路径锁定的倾向。海港区主城区围绕人民公园的高密度环形集中区域包含了新企业以及各期幸存企业绝大多数聚类单元与集聚热点区，而经开区虽历经持续性城市建设与政策"照顾"，但并未承载与其名号相符的知识创新职责。这种本地化基因的形成源于两地城市经济结构的差异化演化模式以及开发区截然不同的发展策略。（7）两地新企业进入格局的形成均受到分时路径依赖、区域经济环境以及幸存企业时空多样性的共同影响。同时，两地新企业进入格局展现了差异化的分时路径依赖特征。保定市知识密集型企业固有的与时俱进基因使得新企业在进入市场过程中会紧密结合当期的城市规划与经济发展趋势，进而对"年轻"幸存企业的格局更为重视。秦皇岛市知识密集型企业的墨守成规基因使得新企业在进入市场过程中偏好遵循"原始"而稳定的知识经济发展路径，进而对进入市场10年以上的Ⅲ期、Ⅳ期幸存企业的格局更为重视。

该书针对大城市知识密集型服务业时空格局进行的一系列理论演绎与实证分析对于中国大城市相关产业政策与城市规划的制定、实施与评估反馈有着较为重要的参考价值：一是应将知识密集型服务业时空格局研究嵌入城市规划与管理体系；二是应对不同类型企业的演化路径进行针对性优化，推动城市经济结构的知识化；三是应寻找大城市知识密集型服务业时空格局的本地化基因；四是应培育紧凑型、延续性、高密度且具备产城融合特征的国家级开发区；五是应重视高校、创新型制造业与知识密集型服务业发展的相得益彰。

该书的创新之处。（1）基于发育转向中的演化经济地理学，以大城市为着眼点，从知识流动、第三阶涌现和分时路径依赖的视角对知识密集型服务业的静态空间格局、动态时空格局及新企业进入格局的存在特征、演化模式及形成机理进行理论演绎，进而对大城市知识密集型服务业时空格局搭建系统、全面的理论框架。（2）由于数据获取难度较大（拥有详细分类的企业个体数据仅可从全国经济普查数据库与工商登记数据库中获取），运用企业个体数据进行知识密集型服务业时空格局的实证分析较少。该书基于2008年、2013年河北经济普查企业个体数据的研究能够更为深入地揭示知识密集型服务业在大城市内部的分布特征与演化模式。在新企业进入格局的实证研究部分，作者另辟蹊径地将2013年知识密集型服务业拆解为新企业与不同时期进入市场的幸存企业，进而对新企业进入格局的分时路径依赖特征进行探讨，这拓展了特定时期产业格局的实证研究思路。

（撰写人：周麟）

【资源枯竭型地区经济转型政策研究】

宋冬林等著，高等教育出版社2016年3月版，380千字

该书聚焦研究我国资源枯竭型地区经济转型问题，重点从政治经济学视角探讨资源枯竭型地区经济转型存在的内在矛盾，并在综合承载力理论框架下分别从经济创造力、社会支撑力、环境承载力三个维度，分析资源枯竭型地区可持续发展的客观规律和实现路径。

该书的主要内容。（1）从历史维度考察

资源枯竭型地区经济发展及转型政策概况。在系统把握资源枯竭地区经济发展与政策现状的基础上，科学界定资源枯竭型地区相关概念，给出资源枯竭型地区的识别、判定、分类标准，提炼资源枯竭型地区的现存困难，在确定全书逻辑起点的同时为进一步分析提供依据。（2）从经验维度梳理资源枯竭型地区经济转型的研究基础。通过理论回顾和文献梳理，归纳总结学界关于资源枯竭型地区转型问题研究的核心理论及方法，据此探究资源枯竭型地区的转型规律，明晰解决资源枯竭型地区发展困境的多元维度。（3）从理论维度构建资源枯竭型地区经济转型的分析框架。在吸收借鉴已有研究成果并结合中国具体实际的基础上，提出经济、社会、环境三位一体的综合承载力理论框架，对资源枯竭型地区的经济创造力、社会支撑力、环境承载力进行专门测度及实证分析，明确资源枯竭型地区综合承载力存在的多层次问题与解决问题的针对性机制路径。同时，以阜新、辽源、大庆等典型资源枯竭型地区为案例进行深入探析，并与世界同类地区开展横向对比，在明辨异同中总结转型成功经验，为深化转型实践提供实证参考。（4）从实践维度提出资源枯竭型地区经济转型的政策建议。以现行政策的梳理评介为切入点，基于以往政策的成败经验完善资源枯竭型地区经济转型的政策供给，充分考虑政策落实的一般规律，坚持一般性与特殊性相结合、短期性与长期性相结合、政策设计理念与实际执行能力相结合、有为政府与有效市场相结合、区域发展与国家战略相结合，致力于构建全方位、多维度的资源枯竭型地区经济转型政策保障体系。

该书的主要观点。资源枯竭型地区在转型过程中普遍存在经济性、社会性、生态性问题，地区综合承载力就是其所能承担转型成本的综合能力。综合承载力包括三重维度，即经济创造力、社会支撑力和环境承载力。经济创造力涵盖经济发展水平、居民生活、基础设施、经济协调度等众多因素；社会承载力分为就业创业、人才集聚、社会保障、社会管理和公共服务等具体能力；环境承载力包括人类对生物生产性土地需求量（生态足迹）和区域生物生产性土地供给量（生物承载力）两大方面。资源枯竭型地区综合承载力现存问题可概括为经济创造力不足、社会支撑力脆弱、环境承载力薄弱，其实现成功转型和可持续发展，需要各级政府通盘考虑、综合协调、全面部署、多管齐下，以提升综合承载力为核心，促进资源枯竭型地区的经济转型。具体应通过大力发展民营经济、强化体制机制改革、改善地区产业结构来提升经济创造力；通过提高人力资源开发度、加强社会保障建设、强化政府公共管理和社会服务能力来提升社会支撑力；通过地区环境治理、合理开展项目建设规划、推广先进开采技术、工艺、设备来提升环境承载力。

该书遵循从历史维度到理论维度，再到实践维度的逻辑架构展开研究，从资源枯竭型地区的发展背景、转型要求和现实困境出发，探讨资源枯竭型地区成功转型的痛难堵点及实现路径，在历史逻辑、理论逻辑、现实逻辑相统一的辩证思维基础上，坚持典型案例与专项调研相结合、整体研究与个案研究相结合、国内研究与国际比较研究相结合、定性分析与定量分析相结合、实证分析与规范分析相结合，运用系统观念为中国资源枯竭型地区转型提供理论引导和政策支持。

该书的政策启示。（1）重构资源价格体系。完善市场机制，矫正扭曲资源价格，强调价值补偿。（2）加速产业结构转型升级。以产业政策为依托，制定产业结构高质量发展规划。（3）加强生态技术创新。在全过程生产技术系统视域下，利用先进生态技术对传统工业开展生态化改造。（4）培育和发展创业经济。从文化、人才、技术、融资、政策等维度全方位改善创业环境，培育企业家精神。（5）创建良好的转型环境。完善劳动力市场及社会保障制度，构建衰退产业援助机制。

该书的创新之处。（1）在借鉴相关成果基础上，跳出单一产业与单一维度研究窠臼，构建经济创造力、社会支撑力、环境承载力三位一体的综合承载力分析框架，力图从理论上科学把握资源枯竭型地区转型的客观规律。（2）明晰了我国资源枯竭型地区以往转型政策成效及现存转型困境，找到了资源枯竭型地区转型的政策局限、体制障碍与机制梗阻，为其成功转型提供了可资借鉴的政策建议体系。（3）通过理论与实践相结合、历史与逻辑相统一、国内与国际相比较等方法，对资源枯竭型地区转型发展问题展开系统研究，为资源枯竭型地区转型提供了全新思路，有利于丰富社会主义市场经济理论体系。

（撰写人：宋冬林、孙尚斌）

【产业集聚与集聚经济圈的演进】

胡晨光著，中国人民大学出版社2014年8月版，225千字

该书立足产业集聚与集聚经济圈演进的动力、效应与演化等若干问题，基于市场-要素-分工-政府的分析视角，主要以中国改革开放以来长三角的高速增长和产业集聚为例，按照"要素优势-政府引导-集聚分工-集聚效应-动态演化"这样的研究逻辑，对发展中国家集聚经济圈产业集聚的动力、效应与演化规律，进行探索。

以集聚经济圈的产业集聚为研究对象，该书主要研究内容如下。（1）构建分析产业集聚源动力和外部动力的理论框架。在对原有影响产业集聚因素进行分析基础上，从集聚经济圈要素禀赋异质性比较优势和其他影响产业集聚因素的关系，以及基于发展战略、产业与贸易政策、市场制度、公共投资建设等政策手段4维，分析要素禀赋异质性优势和"有为政府"在集聚经济圈产业集聚过程中的源动力和外部动力作用，构建相应理论框架，为促进产业集聚提供发展思路。（2）从理论和实证层面探讨产业集聚的地区发展效应。在借鉴新古典增长分析框架基础上提出垄断竞争增长的分析框架，从宏观增长的视角，结合VECM（Vector Error Corrected Model）和协整分析，以长三角次区域为研究样本，对产业在既定空间中心-外围式集聚给集聚地区带来的经济发展、技术进步和索洛剩余递增三类集聚效应进行实证分析，为政策干预提供理论参考。（3）从非平衡增长和分权竞争等层面探讨产业集聚的空间特征。基于集聚经济圈要素禀赋优势及在要素禀赋优势基础上的分工优势和政府干预的分析视角，探讨其产业集聚点轴增长的内在机理、收敛特征，以及其次区域产业趋同的内在规律、趋同绩效，为分析集聚经济圈产业集聚点轴增长与产业趋同的发展实践，提供"要素-分工-政府"的理论框架。（4）揭示产业集群扩散转型的内在机制。基于全球化竞争与集聚经济圈多元化集群产业内生增长视角，从集群产业边界的划分、多集群产业的集聚竞争、区域产业结构的演化、全球化分工等维度探讨集群产业扩散与转型的机制，为集群产业发展的实践提供发展思路。（5）探讨次区域产业升级规律和集聚经济圈竞争力提升路径。从集聚经济圈次区域主导产业倒"U"型演化和次区域之间工业化进程差异分析次区域之间产业升级与转移方面的梯度差异和"雁行状态"，提出提升集聚经济圈竞争力的实践路径。

该书的主要观点。（1）产业集聚的源动力以集聚经济圈基于社会关系"嵌入性"的人力资本、技术资本以及实物资本等要素禀赋的"异质性"双重分工优势为内容，而政府通过政策手段改变了集聚经济圈产业外在

的发展环境,从而改变了其要素禀赋使用与发展方向,构成集聚经济圈产业集聚的外部动力。(2) 产业在既定空间集聚产生的自我集聚可以改善集聚区域居民生活水平,促进地区技术进步,增强区域产业竞争力,带来增长、产业结构升级和区域经济索洛剩余递增,但产业集聚未必存在规模报酬递增。(3) 集聚经济圈产业集聚的点轴增长是发挥区域异质性要素禀赋比较优势,遵循区域经济不平衡发展战略的结果;遵循市场机制、集聚经济圈比较优势和次区域工业化进程的产业趋同或产业同构无害,发展集聚经济圈没有必要追求所谓的"错位发展"。(4) 集聚经济圈区域工业化和产业结构演化进程是影响区域集群产业扩散与转型的内在因素,全球化分工的外在竞争则构成集聚区域集群产业扩散与转型的外在诱因,而正确的政府干预、适度的企业规模是集聚经济圈集群产业扩散与转型的重要条件。(5) 集聚经济圈次区域之间工业化进程的差异决定了次区域之间产业升级与转移方面的梯度差异和"雁行状态",遵循集聚经济圈在国内外分工中的比较优势及其次区域各自的工业化进程,推动其内部次区域集聚产业按照主导产业倒"U"型演进规律顺利发展和在次区域之间按"雁行状态"转移,是提升集聚经济圈经济竞争力的关键。

该书的政策启示。集聚经济圈是当今世界各国参与国际竞争的主体,其技术与产业结构等要素禀赋的实力,代表着国家在世界经济格局中的技术与产业结构等要素禀赋的实力。国家发展集聚经济圈的关键,是要在政府选择科学发展战略、建设有效市场、实施正确政策干预的基础上,发挥集聚经济圈及其次区域经济在国内外双重开放与双重分工中要素禀赋的动态比较优势。

该书的创新之处。(1) 与现有将产业集聚动力归之于外部性,或偶然、历史性因素的文献,或对政府在产业集聚中作用缺乏清晰认识的文献不同,该书通过构建基于集聚经济圈要素禀赋异质性优势的"双重分工"的理论框架,以及从发展战略、产业与贸易政策等4维推动集聚经济圈发展的"有为政府"的理论框架,提出了促进集聚经济圈产业集聚需要发挥区域要素禀赋比较优势,实施正确政策干预的理论观点。(2) 不同于对集聚经济圈产业集聚地区发展或点轴增长、产业趋同机理缺乏研究的文献,该书通过构建垄断竞争增长,以及集聚经济圈次区域之间非均衡增长和产业趋同的分析框架,探究集聚经济圈产业集聚的地区发展及其点轴增长、产业趋同的内在机理,提出了促进集聚经济圈次区域发展及其产业升级、点轴增长和产业趋同发展的新思路。(3) 与现有用资源稀缺、制度锁定、路径依赖解释集群产业衰退,或者对集聚经济圈次区域制造业主导产业演进缺乏研究关注的文献不同,该书通过构建多元化集群产业竞争和次区域制造业主导产业演进理论,从传统集群产业扩散转型和次区域主导产业在集聚经济圈内部"雁型转移"的视角提出了促进集聚经济圈产业升级和次区域竞争力提升的对策建议。

(撰写人:胡晨光)

【深度贫困边疆地区人口与经济协调发展研究——以南疆为例】

马胜春著,中国财政经济出版社2019年7月版,216千字

该书着力研究我国深度贫困的南疆地区的人口与经济协调发展问题。作者在梳理相关文献研究的基础上,深入南疆深度贫困地区考察了当地的人口生育、学校教育和产业发展等情况,获得了大量第一手资料。在文献研究、调查分析、理论分析和实证分析的基础上,最终形成该书。

该书研究的主要内容。(1) 基于人口经济差异指数对南疆人口经济不协调发展的计

量分析。(2)南疆人口数量、素质、结构与经济不协调发展的主要表现。(3)基于人力资本理论对南疆人口与经济不协调发展原因的分析。(4)政策启示。

该书的主要观点。(1)对南疆人口经济差异指数的分析表明,首先,2000年到2016年,南疆四地州人口经济差异指数依然相对较高,而在2010年新一轮对口援疆之后,南疆四地州人口经济差异指数的降低趋势较为明显。其次,南疆人口经济差异指数与高等教育人口比重呈显著负相关关系,且相关系数较大。再次,南疆县级人口经济差异指数在空间上呈现显著的局部"高-高"聚集特点。(2)南疆人口数量、素质和结构与经济不协调发展。首先,南疆人口增长与经济增长不协调。"西部大开发"战略实施以来,虽然南疆地区生产总值有了较大增长,但南疆人口增长速度依然较快,南疆的人口增长抵消了一部分经济增长,使得近年来南疆的人均GDP虽然已有较大提高,但是与新疆及全国平均水平差距较大,南疆依然处于"低水平均衡陷阱"。其次,南疆教育水平与经济增长不协调。随着"西部大开发"以及一系列对口援疆政策的实施,南疆的基础设施已基本完备,但作为南疆经济发展主体的南疆人口的数量优势并不能迅速转化成质量优势,从而成为南疆经济增长的内生动力,南疆人口受教育水平低,尤其是受高等教育人口比重低,并且产业工人缺乏职业素养,使得国家对南疆的大力扶持很难迅速转变为南疆自身的"造血"能力。再次,南疆人口结构与经济发展不协调。南疆城镇化水平低,产业发展滞后,产业结构不合理,仍然以第一产业为主,虽然非农产业的产值比重逐年有所上升,但是,南疆人口产业就业偏离度大,非农产业产值比重的提高没能大量吸纳就业。(3)基于人力资本理论,南疆人口与经济不协调发展的原因表现如下。首先,南疆人力资本不足制约国家扶持政策的实施效果放大。当前,国家对南疆实施大力扶持,资金投入非常多,极大地改善了南疆的基础设施状况;扶持产业发展方面,兴建了一批产业园区,并有大量援疆企业入驻,但由于人力资本不足,员工受教育水平低且缺乏职业素养,南疆的产业发展遇到极大困难。其次,各级各类教育不足制约着南疆人力资本形成。双语教育的瓶颈制约着南疆义务教育质量的提高,不利于后续教育和人口流动;高等教育严重缺乏制约南疆人力资本形成,不利于居民收入水平提高和产业升级转型;职业教育不足制约南疆产业工人的职业素质养成,不利于南疆的产业发展。再次,传统文化思想观念制约着南疆人力资本形成。南疆的贫困文化不利于市场经济观念的形成;南疆的传统生育观念则使得南疆农村人口倾向于多生超生;南疆女性较低的受教育水平使其更易受传统文化影响而生育较多的孩子。

该书的政策启示。促进南疆人口与经济协调发展,应该重点做好以下几个方面工作:第一,促进传统思想观念转变;第二,切实做好国家生育政策的宣传与落实工作;第三,增加正规教育投入,特别要重视女性受教育水平提高;第四,加强职业教育以提高劳动者素质养成;第五,推动劳动密集型产业发展以吸纳就业人口;第六,推动人口流动和跨省劳务输出;第七,加快建立对口支援的长效机制。

该书的创新之处体现在以下三方面。(1)丰富了人口经济学中深度贫困地区人口与经济协调发展的研究思路。基于人力资本理论,结合人口转变理论和经济发展阶段论,该书研究指出,南疆的传统文化思想相对落后、各级各类教育水平相对较低,不利于南疆的人力资本形成和经济发展。虽然国家对南疆的扶持已经初见成效,但是国家的产业就业扶持政策放低了对人口素质的要求,从而难以激发当地人口与经济发展的内生动力,由于人力资本难以形成,"输血"功能难以转变为"造血"功能。(2)充实了人口经济学中民族、宗教和文化维度的研究内容。南疆少数民族地区的民族、宗教和文化特性对人口生育意愿、教育观念、市场观念产生影响,并进而对人力资本的形成和经济发展产生影响。(3)构建了深度贫困边疆地区人口经济差异指数及影响因素指标体系。该书借鉴人类发展指数和省级人口均衡发展评价指标体系构建了深度贫困边疆地区人口经济差异指数及影响因素指标体系。

(撰写人:马胜春)

【新时代长江经济带高质量发展研究】

易淼、刘斌、李月起等著,经济科学出版社2021年7月版,200千字

长江经济带建设是党中央作出的重大决策,是关系国家发展全局的重大战略,对实现"两个一百年"奋斗目标、实现中华民族伟大复兴的中国梦具有重要意义。2014年9月12日,国务院发布《关于依托黄金水道推动长江经济带发展的指导意见》,标志着长江经济带建设上升为国家战略。习近平总书记着眼于中国特色社会主义发展全局,高度重视长江经济带高质量发展,分别于2016年1月5日、2018年4月26日和2020年11月14日,在长江上游的重庆、长江中游的武汉和长江下游的南京,先后主持召开三次长江经济带发展座谈会。

该书的主要内容。该书紧扣新发展理念和新发展格局,借助马克思主义政治经济学基本理论和现代经济学分析工具,深入探讨新时代长江经济带高质量发展。首先,将相关分析扎根于马克思主义政治经济学的理论基础之上。进而,紧扣"创新、协调、绿色、开放、共享"新发展理念,分别从五个维度切入,将新发展理念贯穿于长江经济带高质量发展的具体分析中,系统展开对新时代长江经济带高质量发展的现实叩问。在此基础上,结合"以国内大循环为主体、国内国际双循环相互促进"的新发展格局构建,从构建市场化、法治化、国际化的营商环境视角进行切入,探讨新时代长江经济带高质量发展的基础条件。最后,结合国家治理现代化,探讨新时代长江经济带的治理路径。

该书的主要观点。(1)推动长江经济带发展需要遵循新发展理念的新要求,从"创新、协调、绿色、开放、共享"五个维度予以破题。(2)实证考察发现,从总体来看,长江经济带技术创新的进步推动了区域内经济增长,但这种作用主要体现在长江上游地区,在长江下游地区与中游地区的作用尚不够显著;长江经济带内资的积累、交通运输能力的提升和城镇化的发展对整体经济增长起到了推动作用。(3)基于产品空间理论对长江经济带产业协调发展的实证研究发现,长江经济带产品空间有较强的自稳定性,整体依循比较优势发展路径。(4)长江经济带绿色发展诉求强烈,推进新时代长江经济带绿色发展的本质要求是促进生态利益关系格局新均衡。(5)外商直接投资水平的提升有利于减轻长江流域地区制造业污染;制造业污染对产业集聚和外商直接投资没有明显的反馈影响效应。(6)推动长江经济带共享发展问题,就是要处理好生产、生活、生态层面的"共同利益-特殊利益"关系,构建长江经济带"共同利益-特殊利益"均衡新格局。

该书的政策启示。(1)进一步增加技术创新投入,充分发挥市场在技术创新方面的基础作用和导向作用,努力提高长江经济带技术创新水平。(2)长江经济带应将遵循比较优势作为基本发展路径,建立区域内部差异化发展的协同发展机制,以提升产品密度及产品复杂度为重要路径,强化政府引导和市场协调的保障作用,以促进长江经济带整体协调发展。(3)应以生产方式和生活方式

的绿色化变革助推生态利益整合，以生态利益整合促进生态利益关系格局新均衡，从而推进新时代长江经济带绿色发展。（4）应该积极引导制造产业空间合理布局，持续引进高质量的外商直接投资，依托开放平台集聚制造产业，强化区域交流与合作，以促进长江经济带制造业高质量发展，开拓长江经济带开放发展新局面。（5）推动长江经济带共享发展，要从"经济-社会-环境"三个层面出发，构建区域生产集约协调的经济利益格局、人民生活协同共进的社会利益格局、流域生态共保共治的环境利益格局，促进生产、生活、生态领域的利益共享。

该书可能的创新之处。（1）将新发展理念贯穿于长江经济带高质量发展的具体分析中，从"创新、协调、绿色、开放、共享"五个维度予以破题。（2）借助产品空间理论等分析方法对长江经济带高质量发展展开实证分析，具有一定的创新。（3）从"创新、协调、绿色、开放、共享"五个维度切入，分层次地提出推动新时代长江经济带高质量发展的对策体系，比如从经济利益格局、社会利益格局、环境利益格局优化着手，提出推动长江经济带共享发展之策。

（撰写人：易淼、刘斌、李月起）

【三峡库区复合生态系统研究】

文传浩等著，科学出版社2021年6月版，232千字

新中国成立以来，从毛泽东到习近平等几代党和国家领导集体始终把三峡库区的可持续发展作为国家民生大计。进入新发展阶段后，三峡库区作为世界上最大的水利水电库区、我国重要的战略性淡水资源库和长江经济带大保护的关键区域，在贯彻新发展理念、构建新发展格局和推动高质量发展上的战略价值更加凸显。该书以三峡库区独特的地理单元为载体，系统研究库区环境-经济-社会复合系统发展变化，为水利水电库区的生态环境保护、经济社会发展和流域可持续发展提供有益经验。

该书研究的主要内容。（1）系统阐释库区的高行政级别的政治、典型的空间区域二元结构的经济、移民安稳致富问题复杂的社会、多元文化融合的文化、生态系统功能复合交叉和融合集中的环境及多个地理单元交接的地理等"六位一体"的独特性内涵。（2）基于库区现实背景构建复合生态系统理论分析框架，并建立复合生态系统的评价指标体系。（3）基于区域差异、当前现状与未来预测相结合的视角揭示库区复合生态系统耦合协调发展的变迁。（4）从库区治理理念的转变、范围的重新界定、管理体制改革等领域系统提出库区优化发展路径。

该书的主要观点。（1）在库区任务由工程建设和移民搬迁转为库区环境大保护的背景下，提出库区范围界定要从受工程影响的角度转变为从流域经济和流域生态的角度，为库区大保护的科学空间提供思路。（2）为实现库区复合生态的健康运转，提出合理引导库首、库腹人口相对聚集和向重庆内部人口梯度转移，更加突出库区生态适度人口容量在库区人口迁移政策中的重要导向作用。（3）针对三峡库区独特的自然和人文环境，在流域生态系统、流域经济系统、流域社会系统的复合系统基础上，构建了一套适用于水利水电库区"环境-社会-经济"复合生态系统保护区理论。

该书的政策启示。随着"前三峡"时代转入"后三峡"时代，能否实现三峡库区可持续发展，关键在于能否选择有效地构建库区可持续发展的新语境和新范式。依据系统研究，结合库区发展的现实需求，围绕库区环境、经济和社会领域，提出库区发展模式的解决思路。在资源环境方面，要着力强化水污染防治的科技支撑，完善流域水环境技术标准；注重科学合理地制定土地利用规划，

优化三峡库区土地利用结构；充分利用教育平台，建立完善的公众广泛参与的库区资源开发与环境保护联盟。经济发展方面，要进一步发挥区域禀赋优势，鼓励库首、库腹、库尾错位发展；积极整合库区旅游资源，健全全域旅游规划体系；大力发展生态循环农业体系，构建循环闭合的生态产业链。社会方面，合理引导人口转移，适度推进新型城镇化建设；提升和开发库区人力资本，推进"人口红利"向"人才红利"转变；促进库区教育服务均等化、社会保障服务均等化、公共卫生与医疗服务均等化以及公共文化服务均等化发展。

该书的创新之处。（1）三峡库区是长江上游地区典型岩溶生态脆弱区，也是湘、鄂、渝、黔、川、陕多省（市）交界的老区和少数民族聚居区。近年来正在金沙江、澜沧江等流域大规模建设系列梯级电站，都将面临与三峡库区类似的环境-经济-社会后续发展问题，因此研究区域特色明显。（2）从流域整体性视域探索库区范围、发展差异、体制改革等，是对过去选择以行政区划为基本单元推进库区发展的一种重要补充和发展。（3）将生态学、区域生态学、产业经济学、社会学、信息系统与管理学等进行交叉融合，从不同学科深度阐释库区复合生态系统。

（撰写人：文传浩）

【中国园区经济发展质量调研报告（2020版）】

史丹、刘佳骏、李鹏、崔志新著，中国社会科学出版社2021年3月版，175千字

该书立足于坚持"创新、协调、绿色、开放、共享"五大发展理念，指出在构建国家级产业园区高质量发展评价指标体系，科学评估国家级产业园区发展情况，总结国家级产业园区取得的成绩的同时，实事求是地分析国家级产业园区发展中存在的问题，是推动其实现高质量发展的基础。

该书的主要观点。一是从30个省级行政单元的国家级产业园区发展质量总体评价指数上可以看出，国家级产业园区发展质量水平趋于稳定，并有逐步提升的态势。从2012—2018年分省评价综合指数值均值来看，广东省国家级产业园区的得分达到0.7132，之后的上海、江苏、北京2012—2018年均值得分达在0.5以上，这四省市也是我国东部沿海重点城市群，京津冀、长三角、珠三角所在区域，2012年以来三大城市群所在区域的国家级产业园区发展得分一直处于全国领先。而中西部园区发展质量也在不断提升，结合2013—2018年分省评价指数空间分布情况来看，六年来，山东省、浙江省、湖南省、湖北省、河南省、四川省、重庆市各省市国家级产业园区发展质量提升速度较快。二是从综合指数得分排名前三十的高新技术产业园区情况来看，总体上我国产业园区的发展与所在地区经济发展水平、产业基础、资源禀赋、人才与科研资源、生态环境与城市功能、能级综合实力相一致，产业园区大部分分布在"胡焕庸线"东南侧。园区的发展质量很大程度上取决于所处区位和所在城市能级，即呈现东部沿海地区产业园区发展质量综合得分明显好于中、西部地区园区，大城市特大城市产业园区发展质量综合得分明显好于中、小城市的园区的发展特征。综合得分前三十的园区基本集中在长三角、京津冀、粤港澳、关中和成渝一线等工业基础雄厚的城市群地区，长株潭、武汉城市群、中原城市群范围内园区发展成长呈现加速趋势。在整个国土空间范围内，我国已基本形成了以北京中关村科技园区为核心的京津冀高新技术产业园区（开发区）集聚区；以成都、重庆、武汉、长沙、南昌-九江、合肥、南京、上海高新区为核心的、沿长江流域主干岸线布局的高新技术产业园区（开发区）集聚轴带；以深圳-广州高新区为核心的粤港澳大湾

区高新技术产业园区（开发区）集聚区；以呼包鄂、西安-杨凌高新区、兰州-西宁、乌鲁木齐为重点的沿欧亚大陆桥高新技术产业园区（开发区）集聚区，这四大高新技术产业园区（开发区）集聚区（轴带），为我国高新技术产业发展、国土空间开发高效利用和区域协调发展奠定了基础。

同时，课题组依托中国社会科学院国情调研重大项目"我国产业园区发展质量评价"，选取京津冀、长三角和珠三角三大典型城市群区域，对天津滨海新区、北京中关村园区、上海张江园区、深圳前海园区和珠海横琴园区进行深入调研，总结目前三大典型区域园区发展的基本情况，主导产业发展现状、产业合作分工和周边区域发展带动情况，分析园区发展面临的困难与存在的问题，针对性地提出促进本区域产业园区高质量发展的政策建议。

（撰写人：刘佳骏）

【成渝地区双城经济圈发展研究报告（2021）】

杨继瑞主编，经济管理出版社2022年9月版，277千字

该研究报告聚焦成渝地区双城经济圈重大决策部署，遵循"从历史脉络到现实特征，从理论方法到实践政策"的逻辑思路层层推进，从历史定位、现实特征与未来思路三个维度剖析了成渝地区双城经济圈的演变、发展与出路，总结梳理了成渝地区双城经济圈建设的地方实践和成果经验。该研究报告在理论、实践和政策相统一的基础上，通过纵向梳理、横向比较，既是对正在进行的成渝地区双城经济圈建设工作的阶段总结，也是为推动成渝地区双城经济圈高质量发展提供支持。

该书的主要内容。首先，从时间维度，研究报告梳理成渝地区双城经济圈的历史沿革与时代定位。在对我国区域发展历史演变梳理的基础上，对从成渝经济区的"区"到成渝城市群的"群"，再到成渝地区双城经济圈的"圈"，这一名称变化进行了内涵解读，并从中央政策、产业基础、地理资源、地理区位、战略机遇等方面探讨了成渝地区双城经济圈的战略意义。从规划目标与功能解读方面分析了成渝地区双城经济圈建设的时代特征与发展定位。其次，从空间维度，研究报告探讨成渝地区双城经济圈协同发展的水平状况。从经济发展、产业结构、城镇建设、交通设施、人口结构、教育水平、文化特色、科技创新、生态环境与社会治理十个方面描述了成渝地区双城经济圈的发展现状。以五大发展理念为指导，从"创新、协调、绿色、开放和共享"五大方面构建了成渝地区双城经济圈协同发展指标体系，并对其协同发展水平进行客观评价。从宏观经济竞争力、产业经济竞争力、财政金融竞争力、知识经济竞争力、生活水平竞争力和发展水平竞争力六个方面构建成渝地区双城经济圈协同发展区域的综合竞争力指标评价体系，并对成渝地区9个协同区域的竞争力进行横向比较。最后，从实践维度，研究报告提出了成渝地区双城经济圈高质量发展的路径与对策。聚焦成渝地区双城经济圈战略目标，分别从产业发展、文化公园建设、绿色发展、功能定位以及区域一体化等方面进行了政策设计，为具体城市、具体产业的发展战略提供可操作的对策措施。

该书的主要观点。研究报告认为，成渝地区双城经济圈协同发展指数总体呈现上升趋势。从五大发展理念来看，相比于2010年，2019年成渝地区五大指标得分均有所提升，但提升程度却存在明显差别，总体来讲呈现出"微升、三劲升、一飙升"的特点。

研究报告提出，成渝地区双城经济圈协同发展区域的竞争力呈不断上升趋势。借鉴京津冀、长三角、粤港澳以及其他城市群、

都市圈协调发展经验，成渝地区双城经济圈需要进一步优化双城经济圈的城市体系结构。基于成渝地区双城经济圈现有的"双核"城市体系，需要壮大与核心城市及边缘城市具有紧密联系的中小型城市的规模，进而推进边缘城市的发展，缩小与核心城市的差距，实现协调统一的发展。

该书的政策启示。研究报告通过对成渝地区双城经济圈战略的政策解读、现状与特征分析和协同发展与竞争力评价，充分掌握成渝地区双城经济圈发展的现实状况。以成渝地区双城经济圈高质量发展为目标任务，在政策与措施层面深入探索跨行政边界的协同创新合作机制，通过"双核共振、节点联动、边缘协作"，优化成渝地区双城经济圈同发展的空间格局。同时，注重成渝地区双城经济圈内各地区平衡协调发展，坚持错位联动发展的路径模式，"内育"与"外引"结合形成开放式协同发展格局。

该书的创新之处。第一，研究报告构建了新发展理念为引领的成渝地区双城经济圈协同发展指标体系，并对其协同发展水平进行了客观评价。第二，研究报告设计了跨行政区域协同发展的完整的立体式解决框架，在研究内容上有助于丰富协同发展指标体系和跨行政区域治理理论。第三，研究报告强调了毗邻地区合作是实现跨行政区协同发展的突破口，针对成渝地区双城经济圈毗邻地区的合作发展，从宏观经济竞争力、产业经济竞争力、财政金融竞争力、知识经济竞争力、生活水平竞争力和发展水平竞争力六个维度构建了区域协同发展的综合竞争力指标评价体系。第四，研究报告对川渝9大毗邻地区进行了客观评价，丰富了区域协调发展和区域竞争力的理论建构与实践素材。第五，研究报告收录了成渝地区双城经济理论研究和实践方面的最新成果。

（撰写人：杨继瑞、黄潇）

【京津冀发展报告（2022）——数字经济助推区域协同发展】

叶堂林等著，社会科学文献出版社2022年7月版，386千字

自2012年始，"京津冀蓝皮书"系列围绕区域一体化、协同发展等京津冀不同阶段过程中的区域承载力、城市群空间布局优化、协同创新体制机制、协同发展机制与模式、创新驱动与经济增长、区域协同治理、"双链"融合以及数字经济等重点问题，连续11年出版11部京津冀蓝皮书，为京津冀协同发展上升为国家重大战略提供了重要智力支撑。其中，《京津冀发展报告（2022）——数字经济助推区域协同发展》立足于数字经济导致传统区位重要性下降使区域内多主体互动与协作更加现实的数字时代特征，锚定京津冀城市群有效利用数字经济赋能区域协同发展、推动京津冀协同发展向更高水平迈进的现实需求，探究了数字经济推动区域协同发展的理论基础，结合京津冀协同发展的重点领域和实际需求找寻了数字经济应用场景，分析了数字经济应用于京津冀协同发展的进展、成效以及存在的问题，并提出了切实可行的对策建议。

该书研究的主要内容。（1）从理论层面，对数字经济的内涵与特征进行系统梳理，分析了数字经济推动区域协同发展的内在机理，回答"什么是数字经济""数字经济能够给区域协同发展带来什么""城市群数字经济发展的特征与趋势"几个关键问题，搭建了数字经济推动区域协同发展的分析框架，结合京津冀实际情况找寻了数字经济在京津冀协同发展过程中的具体应用场景，并从横向维度分析比较东部三大城市群的数字经济发展趋势，找寻京津冀数字经济发展布局中存在的问题与短板。（2）从应用层面，将数字经济的内在特征与国家新发展理念和重大战略布局相结合，与京津冀协同发展的重点领域相

结合，找寻到协同创新、消费升级、低碳发展、产业升级、数字治理等具体的应用场景，并具体分析论述京津冀如何依托这些关键应用场景发展布局数字经济。(3) 从保障层面，明确了数字城市建设是提升数字经济发展环境水平的重要推动力，重点围绕北京如何依托自身优势打造全球数字标杆城市进行研究，探讨构建京津冀"2+11"城市的数字经济空间发展格局，并从北京、天津和河北如何发展数字经济的视角展开分析。

该书的主要观点。(1) 数字经济具有较强的生态整合能力，围绕数字经济可以衍生出多条创新链，为三地的创新协同提供了融合载体。(2) 相较于长三角和珠二角，京津冀数字经济规模优势不突出，且数字经济发展空间结构不均衡更加明显。(3) 京津冀数字经济创新发展效率整体以京津为核心呈"核心高-外围低"的空间分布格局，面临关键核心技术缺失、工业数字化转型放缓等现实约束。(4) 数字平台型企业的发展具有明显的集聚效应，形成了以"京-石保津"为核心的"一超三强"的空间分布格局，但是区域数字平台企业的发展速度低于全国平均水平。(5) 数字经济能够有效营造城乡无差别的虚拟消费场所，为新发展格局的构建和统一大市场的形成提供有力支撑。(6) 数字经济服务业发展规模每提升1个百分点，相应地城市群内整体碳排放量下降 3.047 个百分点。(7) 数字经济对京津冀绿色经济效率的作用过程具有时间维度上的倒"U"型特征和空间维度上的溢出效应，但尚未形成数字经济的产业链接格局。(8) 京津冀三地的政府公共数据开放平台建设存在地域间的脱节，数字治理指挥联动能力受限，尚未形成支撑数据协同开放共享的连片发展格局。(9) 北京打造全球数字标杆城市面临数字经济服务业结构不合理、数据开放程度相对较低等掣肘。

该书遵循"从理论研究到现实应用，再到政策保障"的逻辑框架层层递进，从国际国内社会对数字经济的认识出发，探讨数字经济推动区域协同发展的应用场景和实现路径，在理论、实践和政策相统一的基础上为推动京津冀协同发展向更深入推进提供智力支持。该书在研究过程中实现了文献资源利用、专家访谈、实地调研、类比归纳以及不同统计学方法的综合应用。

该书的政策启示。面对北京打造全球数字经济标杆城市的新机遇，京津冀需要立足于现行数字经济发展实际，以依托完善、高效、协同的数字经济生态助推区域协同发展为路径和目标，在政策和措施上遵循数字经济发展规律，重点培育龙头企业，借助市场力量推进区域统一市场和产业协同建设，缩小区域间数字发展鸿沟，推动数字经济赋能产业高质量发展。

该书的创新之处。(1) 兼顾了数字经济作为新的经济范式和新的产业部门双重属性，明确了不同场景下数字经济作为经济范式时赋能区域高质量发展以及作为产业部门时助推区域协同的机制与路径，研究视角上体现出完整性与独特性。(2) "数字经济生态"是对产业组织形态的新思考、新拓展，明确了作为经济范式时强调技术联结以及作为产业部门时虚拟集聚的特征，对于培育国家数字经济竞争优势具有重要启示和创新。(3) 提出了数字经济助推区域协同发展的带动效应，通过基层调研找寻了在协同发展中的切实应用场景，构建起了"理论-实践-政策"协调的分析框架，是调查研究与实证研究的有机结合。

(撰写人：叶堂林)

【中国连片特困区发展报告（年度系列）】

游俊、冷志明、丁建军主编，《中国连片特困区发展报告（2013）》，社会科学文献出版社 2013 年 3 月版，387 千字游俊、冷志明、丁建军主编，《中国连片特困区发展报告（2014—2015）》，社会科学文献出版社 2015 年 3 月版，449 千字

游俊、冷志明、丁建军主编，《中国连片特困区发展报告（2016—2017）》，社会科学文献出版社 2017 年 4 月版，342 千字

游俊、冷志明、丁建军主编，《中国连片特困区发展报告（2018—2019）》，社会科学文献出版社 2019 年 7 月版，365 千字

游俊、冷志明、丁建军主编，《中国连片特困区发展报告（2020—2021）》，社会科学文献出版社 2021 年 12 月版，411 千字

该蓝皮书共 5 本，是持续关注《中国农村扶贫开发纲要（2011-2020）》中连片特困区扶贫开发与区域发展实践问题的唯一一部蓝皮书，记载和呈现了自 2011 年以来特别是党的十八大以来，14 个集中连片特困区精准扶贫、脱贫攻坚以及接续乡村振兴的生动实践和伟大成就。

该蓝皮书涉及的五个主题和研究内容分别是：(1)"武陵山片区多维减贫与自我发展能力构建"（2013）。以率先启动"区域发展与扶贫攻坚"的先行先试区域——武陵山片区为样本，全面考察了武陵山片区 71 个县市区过去 10 多年里多维贫困和自我发展能力状况及其时空演变规律，并基于贫困各维度和自我发展能力各子系统的特征和演变趋势，提出具体对策建议。同时，对武陵山片区内"区域发展与扶贫攻坚"的经典个案进行剖析，总给了其经验与启示。(2)"连片特困区城镇化进程、趋势与路径"（2015）。以 14 个集中连片特困区为研究对象，从新型城镇化强调"人口-产业-土地"综合协调发展的内涵出发，全面考察了 14 个连片特困区 687 个县市区 2004 年以来人口城镇化、产业城镇化和土地城镇化的进程及特征，并基于各连片特困区城镇化发展质量和时空演变趋势，结合扶贫攻坚与区域发展规划，从产业、人口、空间形态创新等方面提出对片区城镇化发展战略及其实施方案具体的对策建议。(3)"连片特困区扶贫开发政策与精准扶贫实践"（2017）。从"人地关系地域系统"层面解读连片特困区的贫困，提出"人业地"综合减贫分析框架及政策评价指标体系，以武陵山片区等 6 个片区、十八洞村等 7 个典型贫困村为样本，分别从片区、典型村层面对 2011 年以来扶贫政策实施及成效进行定量评价，对精准扶贫实践中的典型经验进行总结，以期为"全面脱贫"决胜期扶贫政策优化、扶贫实践指导提供借鉴和参考。(4)"产业扶贫的生计响应、益贫机制与可持续脱贫"（2019）。基于"人业地"耦合的视角，阐释了"生计响应-多维益贫-持续脱贫"的产业减贫逻辑，建构了"4 维度-3 强度"生计响应测度要素与指标体系，采用"点面"结合的样本选择原则，在选择 4 个片区的 4 个样本县进行抽样调查考察县域层面产业扶贫实践特点、成效、农户生计响应及其影响因素的同时，选择 7 个样本村对其进行深度访谈调研并以个案的方式呈现产业扶贫的基层实践、农户响应、益贫成效及可持续脱贫建议，以期为完善提高产业扶贫益贫性的相关政策措施、推进稳定脱贫机制模式创新提供参考。(5)"脱贫攻坚山乡巨变 乡村振兴继往开来"（2021）。基于乡村重构转型的视角，阐释了"脱贫攻坚加速乡村重构，乡村重构推进乡村转型，乡村转型支撑乡村振兴"的内在逻辑，从"人业地"三个维度构建了乡村转型测度指标体系和方法，测度和比较了连片特困区整体以及其中 11 个片区内部乡村转型进展及其区域差异，总结了这一脱贫攻坚主战场过去 10 年来取得的巨大成就以及逐步走向全面乡村振兴面临的新挑战、新使命和新探索，为各片区"十四五"时期加快巩固拓展脱贫攻坚成果同乡村振兴有效衔接的进程提供了理论与实践的参考。

该蓝皮书的主要观点及政策启示。(1) 武陵山片区最大的区情是"贫困的多维性与自我发展能力弱",要以"攻难点""补短板"的差异化政策提升区域发展与扶贫攻坚效率、以"区际战略产业链"和"共建产业园区"推动产业集聚和集群发展、以整合"碎片化"市场、鼓励民营经济发展提升市场容量和市场化程度、加快"六中心四轴线"+"三圈一带"的快速交通网络状城镇体系建设、以基本公共服务均等化和社会管理模式创新提升片区软实力。(2) 中国连片特困区城镇化发展水平滞后,具有设立城市数量少、城镇化进程缓慢、城镇规模小、中心城市带动能力弱、城镇要素集聚能力不强、缺乏内生发展动力、中心城市发展缓慢且不同片区差异明显等特征。据此提出走因地制宜的多元化、有产业根基的可持续性、土地集约和环境友好型、分类推进的包容性城镇化道路的建议。(3) 在"人地关系地域系统"视角下连片特困区的贫困是"人"(贫困主体)、"业"(生计活动)、"地"(自然和社会环境)及其耦合关系的综合贫困,因而,连片特困区的扶贫开发必然要面向"人、业、地"维度"三管齐下、协同推进"。(4) 连片特困区产业扶贫中农户的生计响应十分重要,其响应维度、强度直接影响贫困户的参与度以及益贫的维度和强度,进而影响到产业扶贫的总体成效以及可持续脱贫目标的实现。因而,产业扶贫应注重农户的生计响应,以资产、收入、能力和精神益贫的多维益贫机制创新为抓手,创新产业扶贫资金使用方式、推进产业扶贫政策服务转向、突出产业扶贫的生计转型引领功能。(5) 连片特困区的脱贫攻坚成效不仅体现在贫困人口减少等显性指标上,更重要的是在脱贫攻坚的行政势能、精英带动、市场链接以及内力驱动下,贫困乡村经历了经济、社会和空间重构,促进了片区乡村"人业地"的转型,在要素、结构和功能上为乡村振兴奠定了基础,而继续推进乡村重构转型依然是片区乡村振兴的着力点。

该蓝皮书的创新之处。(1) 以21世纪第二个十年脱贫攻坚的主战场连片特困区为研究对象,以连片特困区蓝皮书的形式开展长达十年的跟踪研究,填补了连片特困区这类特殊区域减贫与发展蓝皮书的空白。(2) 坚持"以统一的理论框架贯穿全书各章节"的风格和"人业地"乡村地域系统分析范式,结合国家脱贫攻坚实践进展,每两年确定一个热点主题开展系统研究,既回应了社会关注,又体现了该蓝皮书的系统性和延续性。(3) 基于贫困的多维属性和空间属性特点,以"人地关系地域系统"为支撑,创造性地提出了多学科融合集成的"人业地"综合贫困分析范式,并在各主题研究中不断应用、充实和完善,对该范式进行了持续改进。

(撰写人:丁建军)

【"一带一路"相关国家贸易投资关系研究(国别系列)】

李敬、肖伶俐著,《"一带一路"相关国家贸易投资关系研究:中东欧十六国》,经济日报出版社2016年12月版,691千字

李敬、邓靖、李然、谢晓英著,《"一带一路"相关国家贸易投资关系研究:俄罗斯、蒙古、独联体其他六国》,经济日报出版社2016年12月版,344千字

李敬、陈容著,《"一带一路"相关国家贸易投资关系研究:东南亚十一国》,经济日报出版社2016年12月版,390千字

李敬、李然、谢晓英著,《"一带一路"相关国家贸易投资关系研究:西亚北非十六国》,经济日报出版社2016年12月版,648千字

李敬、雷俐、邓靖著,《"一带一路"相关国家贸易投资关系研究:南亚八国和中亚五国》,经济日报出版社2016年12月版,250千字

在全球化不断深化、世界经济持续低迷、

中国发展进入"三期叠加"的背景下，建设"一带一路"对相关国家和地区均具有重大的战略意义。自"一带一路"倡议提出以来，越来越多的国家参与到共建"一带一路"当中来，要实现合作共赢发展目标，政策沟通、设施联通、贸易畅通、资金融通和民心相通是重要基础和前提，其中的投资贸易合作又是重中之重。

该丛书基于中国视角，全景式地分析了中国与"一带一路"沿线64个相关国家的贸易投资关系，分为5本：《"一带一路"相关国家贸易投资关系研究：东南亚十一国》《"一带一路"相关国家贸易投资关系研究：中东欧十六国》《"一带一路"相关国家贸易投资关系研究：南亚八国和中亚五国》《"一带一路"相关国家贸易投资关系研究：西亚北非十六国》《"一带一路"相关国家贸易投资关系研究：俄罗斯、蒙古、独联体其他六国》。研究的主要内容如下。（1）"一带一路"相关国家总体情况分析。从地缘视角分区域概述64个沿线国家基本国情，解析中国与这些国家之间的政治与外交关系，分析这些国家的全球贸易和国际投资整体状况。（2）"一带一路"相关国家要素禀赋与产业结构。分国别介绍64个沿线国家的建设历程与经济发展，着重从自然地理角度分析不同国家要素资源禀赋条件，基于结构视角分析不同产业演进趋势，以及各个产业的发展特征。（3）"一带一路"相关国家对外贸易与国际投资。从参与贸易协定、产品进口数量与结构、产品出口数量与结构、贸易集中度等维度，刻画64个沿线国家对外贸易发展趋势与特征，分析这些国家的外商直接投资和对外直接投资变化态势。（4）"一带一路"相关国家之间的贸易关系。分国别分析64个沿线国家各自与其他"一带一路"相关国家的贸易关系，从双边进出口规模、贸易竞争指数、贸易互补指数等维度，系统阐述"一带一路"沿线国家之间的贸易关系。（5）中国与"一带一路"相关国家贸易竞合关系。分国别回顾总结中国与64个沿线国家贸易关系协定、进出口产品规模、进出口产品结构，结合贸易竞争指数、贸易互补指数，解析中国与"一带一路"相关国家贸易的合作和竞争态势，剖析贸易竞争互补关系特征。

该丛书的主要观点。（1）中国对外贸易和投资单纯依靠欧美发达国家会存在系统性风险，面对众多发展中国家经济快速发展的新趋势，推进"一带一路"倡议需要将中国巨大的产品制造能力与沿线国家的巨大市场需求联系起来，通过互利共赢共创美好前景。（2）推动中国与"一带一路"相关国家深化贸易投资领域合作，关键要识别中国与沿线国家之间的贸易竞争与互补关系，重点寻求产业结构具有差异性、专业化优势领域不同的国家开展贸易合作。（3）中国与"一带一路"相关国家之间贸易竞合关系具有动态性，须根据贸易竞争发展态势和贸易互补变化趋势，综合研判贸易竞合关系的走势，科学规划贸易投资合作重点领域。

该丛书的政策启示。（1）应立足于政策沟通、设施联通、贸易畅通、资金融通和民心相通，进一步扩大"一带一路"合作倡议的覆盖范围，吸引更多合作伙伴加入"一带一路"合作框架之中。（2）中国与"一带一路"沿线国家之间贸易投资合作的重点领域，需要建立在对贸易竞合关系的分析基础之上，有必要通过大数据分析手段，建立动态监测体系，为相关贸易和投资活动提供参考依据。（3）中国与"一带一路"沿线国家之间贸易投资合作，除了考虑贸易竞合关系之外，还需要加强对不同国家国情、地缘政治、外交关系和资源禀赋等方面的系统性分析。

该丛书的创新之处。（1）基于中国视角，从母国和东道国的双边视域分析"一带一路"相关国家贸易的竞争和合作关系，以双边博弈的角度解析中国与其他国家的合作空间，以及其他国家可选择的合作伙伴，为中国深化"一带一路"贸易合作提供新思路。（2）按照东南亚十一国，中东欧十六国，南亚八国和中亚五国，西亚北非十六国，俄罗斯、蒙古国、独联体其他六国分别分析中国与"一带一路"沿线国家贸易投资关系，分国别细致描述不同国家贸易发展和对外投资特征，兼具地缘发展共性与国别发展特性，具有新颖性。

（撰写人：李敬）

重大课题

2012—2022年国家社会科学基金重大项目[①]

序号	批准号	课题名称	首席专家	责任单位
1	12&ZD100	新型城镇化包容性发展的路径设计与战略选择	张卫国	西南大学
2	12&ZD201	我国流域经济与政区经济协同发展研究	刘世庆	四川省社会科学院
3	12&ZD202	国际创新城市构建与中国城市圈发展战略规划研究	吴志强	同济大学
4	12&ZD213	我国大湖流域综合开发新模式与生物多样性保护研究：以鄱阳湖生态经济区建设为例	孔凡斌	江西财经大学
5	12&ZD230	我国城市近现代工业遗产保护体系研究	徐苏斌	天津大学
6	13&ZD017	区域政策创新与区域协调发展研究	杨龙	南开大学
7	13&ZD023	推动"三农"问题解决的城乡发展一体化体制机制与政策研究	马九杰	中国人民大学
8	13&ZD025	以人为本的中国新型城镇化道路研究	周加来	安徽财经大学
9	13&ZD026	集约、智能、绿色、低碳的新型城镇化道路研究	赵坚	北京交通大学
10	13&ZD027	新型城镇化背景下中国城市发展的空间格局优化研究	方创琳	中国科学院地理科学与资源研究所
11	13&ZD043	有序推进农业转移人口市民化研究	文军	华东师范大学
12	13&ZD044	有序推进农民工市民化的问题与对策——基于可持续生计与公共服务均等化研究	靳小怡	西安交通大学
13	13&ZD053	海峡两岸经济一体化研究	曹小衡	南开大学
14	13&ZD083	历史时期中国西部资源东调及其影响研究	蓝勇	西南大学
15	13&ZD097	"小三线"建设资料的整理与研究	徐有威	上海大学
16	13&ZD166	空间经济学在中国的理论与实践研究	梁琦	中山大学
17	14ZDA024	支撑未来中国经济增长的新战略区域研究	吴福象	南京大学
18	14ZDA026	推进城镇化的重点难点问题研究	魏后凯	中国社会科学院

[①] 资料来源于全国哲学社会科学工作办公室公布的2012—2022年年度类重大项目和研究阐释类的重大项目，本表列示的项目仅限于区域经济相关研究领域。有些课题发布时没有公布批准号。

续表

序号	批准号	课题名称	首席专家	责任单位
19	14ZDA030	城乡基本公共服务均等化的实现机制与监测体系研究	姜晓萍	四川大学
20	14ZDA032	推进农业转移人口市民化：路径选择、财力保障与地方政府激励研究	吕炜	东北财经大学
21	14ZDA033	健全城乡发展一体化的要素平等交换体制机制研究	张克俊	四川省社会科学院
22	14ZDA035	中国新型城镇化：五个维度协同发展研究	胡必亮	北京师范大学
23	14ZDA076	丝绸之路经济带建设与中国对外开放战略研究	刘华芹	商务部国际贸易经济合作研究院
24	14ZDA077	丝绸之路经济带建设与中国边疆稳定和发展研究	邢广程	中国社会科学院
25	14ZDA078	21世纪海上丝绸之路建设与南海战略研究	吴士存	南京大学
26	14ZDA079	中国（上海）自由贸易试验区建设的实践探索与经验研究	赵晓雷	上海财经大学
27	14ZDB131	建设海洋强国背景下我国陆海统筹战略研究	栾维新	大连海事大学
28	14ZDB138	新型城镇化背景下城市边界调整与城市综合承载力提升路径研究	张学良	上海财经大学
29	14ZDB139	我国城镇化进程中记忆场所的保护与活化创新研究	陆邵明	上海交通大学
30	14ZDB140	我国特大型城市生态化转型发展战略研究	王祥荣	复旦大学
31	14ZDB142	中国国家公园建设与发展的理论与实践研究	杨锐	清华大学
32	15ZDA019	京津冀交通、环境及产业协同发展机制创新研究	周京奎	南开大学
33	15ZDA020	长江经济带产业绿色发展战略与政策体系研究	任胜钢	中南大学
34	15ZDA024	城乡统一建设用地市场构建及利益分配机制研究	汪晖	浙江大学
35	15ZDA032	新型城镇化下我国行政区划优化设置及其评估研究	林拓	华东师范大学
36	15ZDA044	新型城镇化背景下的城乡关系研究	李斌	中南大学
37	15ZDA048	新型城镇化进程中农业转移人口的生计与可持续发展研究：市民化的核心问题及对策研究	杜海峰	西安交通大学
38	15ZDA053	新常态下产业集聚的环境效应与调控政策研究	朱英明	南京理工大学
39	15ZDA054	我国重点生态功能区市场化生态补偿机制研究	张捷	暨南大学
40	15ZDA055	我国低碳城市建设评价指标体系研究	庄贵阳	中国社会科学院
41	15ZDB053	中国行政区划基础信息平台建设（1912-2013）	周振鹤	复旦大学
42	15ZDB170	海平面上升对我国重点沿海区域发展影响研究	于宜法	中国海洋大学

续表

序号	批准号	课题名称	首席专家	责任单位
43	15ZDB177	长江流域立法研究	吕忠梅	湖北经济学院
44	15CDC014	驱动中国创新发展的创客与众创空间培育战略研究	李燕萍	武汉大学
45	15CDC015	城乡协调发展与我国包容性城镇化新战略研究	权衡	上海社会科学院
46	15CDC016	拓展我国区域发展新空间研究	安树伟	首都经济贸易大学
47	15CDC017	打造陆海内外联动、东西双向开放的全面开放新格局研究	何传添	广东外语外贸大学
48	15CDC018	推动双向投资布局的开放体制创新与内外战略协同研究	赵蓓文	上海社会科学院
49	15CDC021	培育具有全球影响力的先进制造基地和经济区研究	廖进球	江西财经大学
50	15CDC022	长江中游城市群先进制造业研究——打造具有全球影响力的产业创新中心	胡树华	武汉理工大学
51	15CDC026	实施精准扶贫、精准脱贫的机制与政策研究	汪三贵	中国人民大学
52	15CDC035	提高户籍人口城镇化率研究	高向东	华东师范大学
53	16ZDA003	中国经济特区发展史（1978-2018）	陶一桃	深圳大学
54	16ZDA016	"一带一路"沿线城市网络与中国战略支点布局研究	屠启宇	上海社会科学院
55	16ZDA017	城市关联网路视角下长江经济带发展战略研究	唐子来	同济大学
56	16ZDA018	海绵城市建设的风险评估与管理机制研究	陈前虎	浙江工业大学
57	16ZDA021	精准扶贫战略实施的动态监测与成效评价研究	聂凤英	中国农业科学院农业信息研究所
58	16ZDA022	精准扶贫战略实施的动态监测与成效评价研究	向德平	武汉大学
59	16ZDA023	西部地区易地移民搬迁工程的精准扶贫机制、综合效益评价与政策创新研究	白永秀	西北大学
60	16ZDA051	中国多区域投入产出数据库建设	于亚菲	北京师范大学
61	16ZDA062	新型城镇化建设的法治保障研究	陈柏峰	中南财经政法大学
62	16ZDA083	特大城市社会风险系统治理研究	张广利	华东理工大学
63	16ZDA088	"一带一路"战略下的中国和沿线国家国际人口迁移研究	蒋耒文	上海大学
64	16ZDA152	"一带一路"战略与新疆社会发展	赵磊	中央党校国际战略研究院
65	16ZDA153	新中国涉藏五省区民族自治地方建政历史与实践研究	先巴	青海民族大学
66	16ZDA154	西藏及四省藏区民族交往交流交融现状调查研究	王德强（绒巴扎西）	云南民族大学

续表

序号	批准号	课题名称	首席专家	责任单位
67	17ZDA055	中国产业集群地图系统（CCM）建设与应用研究	沈体雁	北京大学
68	17ZDA058	长江经济带发展中的生态安全与环境健康风险管理及防控体系研究	高峻	上海师范大学
69	17ZDA059	基于区域治理的京津冀协同发展重大理论与实践问题研究	叶堂林	首都经济贸易大学
70	17ZDA060	振兴东北老工业基地重大体制机制问题及对策研究	和军	辽宁大学
71	17ZDA061	大数据背景下我国大型城市资源环境承载力评价与政策研究	黄贤金	南京大学
72	17ZDA062	大数据背景下我国大型城市资源环境承载力评价与政策研究	申立银	重庆大学
73	17ZDA063	中国大气环境污染区域协同治理研究	郑石明	华南理工大学
74	17ZDA068	中国城市生产、生活、生态空间优化研究	孙斌栋	华东师范大学
75	17ZDA069	中国城市生产、生活、生态空间优化研究	江曼琦	南开大学
76	17ZDA070	我国城市群连绵带的层级体系及协同发展研究	陈建军	浙江大学
77	17ZDA157	中国边境口岸志资料收集及整理研究	徐黎丽	兰州大学
78	18ZDA005	习近平总书记关于扶贫工作的重要论述的理论和实证基础及精准扶贫效果研究	姚树洁	重庆大学
79	18ZDA035	精准扶贫思想：生成逻辑、内容体系和实践效果研究	蒋永穆	四川大学
80	18ZDA040	新时代促进区域协调发展的利益补偿机制研究	范恒山	武汉大学
81	18ZDA041	新时代粤港澳大湾区协调发展机制体系研究	毛艳华	中山大学
82	18ZDA042	供给侧结构性改革下东北地区创新要素结构分析与优化对策研究	肖兴志	东北财经大学
83	18ZDA043	我国跨区域重大基础设施项目运维管理模式研究	薛小龙	广州大学
84	18ZDA044	雄安新区创新生态系统构建机制与路径研究	张贵	河北工业大学
85	18ZDA045	新时代乡村振兴与新型城镇化的战略耦合及协同治理研究	徐维祥	浙江工业大学
86	18ZDA053	长江经济带耕地保护生态补偿机制构建与政策创新研究	胡守庚	中国地质大学（武汉）
87	18ZDA054	长江经济带耕地保护生态补偿机制构建与政策创新研究	张安录	华中农业大学
88	18ZDA066	虚拟集聚的理论及其应用研究	梁琦	中山大学
89	18ZDA121	民族地区深度贫困大调查与贫困陷阱跨越策略研究	王志章	西南大学
90	18ZDA122	民族地区深度贫困大调查与贫困陷阱跨越策略研究	李俊杰	中南民族大学

续表

序号	批准号	课题名称	首席专家	责任单位
91	18ZDA126	基于投入产出技术的长江经济带省域生态补偿研究	孙玉环	东北财经大学
92	18ZDA131	中国主要城市群人口集聚与空间格局优化研究	童玉芬	首都经济贸易大学
93	18ZDA133	"一带一路"背景下国际移民流入的模式与空间特征研究	梁在	西安交通大学
94	18ZDA156	中国特色自由贸易港的建设路径及法治保障研究	王崇敏	海南大学
95	19ZDA001	习近平总书记关于贫困治理的思想和实践研究	韩广富	吉林大学
96	19ZDA002	习近平总书记关于贫困治理的思想和实践研究	于鸿君	北京大学
97	19ZDA014	新中国成立以来中国共产党城市建设思想文献挖掘、整理与研究	刘吕红	四川大学
98	19ZDA055	区域经济多极网络空间组织研究	覃成林	暨南大学
99	19ZDA063	"一带一路"与南南合作背景下的中非产能合作问题研究	李荣林	南开大学
100	19ZDA065	长江上游水权制度建设综合调查与政策优化研究	刘世庆	四川省社会科学院
101	19ZDA079	粤港澳大湾区产业融合发展的机制与政策研究	顾乃华	暨南大学
102	19ZDA080	中国海洋经济高质量发展的指标体系及评价方法研究	刘培德	山东财经大学
103	19ZDA086	多维制度联动改革促进城乡融合发展研究	叶超	华东师范大学
104	19ZDA087	"一带一路"区域创新网络建设路径研究	杜德斌	华东师范大学
105	19ZDA088	城乡区域平衡发展理念下的土地制度综合改革研究	钱文荣	浙江大学
106	19ZDA089	建设"长江三峡生态经济走廊"研究	何伟军	三峡大学
107	19ZDA090	建设"长江三峡生态经济走廊"研究	何伟	北京邮电大学
108	19ZDA093	粤港澳大湾区跨境资本流动与金融风险防范研究	孙坚强	华南理工大学
109	19ZDA116	新时代我国农村贫困性质变化及2020年后反贫困政策研究	叶林祥	南京财经大学
110	19ZDA117	新时代我国农村贫困性质变化及2020年后反贫困政策研究	周力	南京农业大学
111	19ZDA137	我国海外园区全球布局的空间选择与协同治理研究	张宏	山东大学
112	19ZDA151	中国相对贫困的多维识别与协同治理研究	吴海涛	中南财经政法大学
113	20&ZD016	中国共产党反贫困思想百年发展史研究(1921-2021)	华正学	浙江财经大学
114	20&ZD017	中国共产党反贫困思想百年发展史研究(1921-2021)	王建华	南京大学
115	20&ZD018	中国共产党解决农村绝对贫困问题的路径、经验与启示研究	李楠	武汉大学

续表

序号	批准号	课题名称	首席专家	责任单位
116	20&ZD085	粤港澳大湾区构建具有国际竞争力的现代产业体系研究	李青	广东外语外贸大学
117	20&ZD086	粤港澳大湾区构建具有国际竞争力的现代产业体系研究	陶锋	暨南大学
118	20&ZD095	长江上游生态大保护政策可持续性与机制构建研究	文传浩	云南大学
119	20&ZD096	长江上游生态大保护政策可持续性与机制构建研究	邵全琴	海南大学
120	20&ZD097	建设面向东北亚开放合作高地与推进新时代东北振兴研究	崔日明	辽宁大学
121	20&ZD098	建设面向东北亚开放合作高地与推进新时代东北振兴研究	郭连成	东北财经大学
122	20&ZD099	我国跨区域重大基础设施的空间效应研究	王姣娥	中国科学院地理科学与资源研究所
123	20&ZD100	全面开放格局下区域海洋经济高质量发展路径研究	杨林	山东大学
124	20&ZD107	基于国土空间规划的土地发展权配置与转移政策工具研究	田莉	清华大学
125	20&ZD131	后扶贫时代中国城乡相对贫困统计测度与治理机制研究	平卫英	江西财经大学
126	20&ZD132	后扶贫时代中国城乡相对贫困统计测度与治理机制研究	刘洪	中南财经政法大学
127	20&ZD133	中国城镇化阶段性特征统计测度及驱动效应评估研究	程开明	浙江工商大学
128	20&ZD156	新时代我国西部中心城市和城市群高质量协调发展战略研究	涂建军	西南大学
129	20&ZD157	新时代我国西部中心城市和城市群高质量协调发展战略研究	曾鹏	广西民族大学
130	20&ZD158	粤港澳大湾区世界级城市群治理体系创新研究	杨爱平	华南师范大学
131	20&ZD163	从脱贫攻坚到乡村振兴的有效衔接与转型研究	叶敬忠	中国农业大学
132	20&ZD164	乡村振兴背景下数字乡村发展的理论、实践与政策研究	马九杰	中国人民大学
133	20&ZD165	乡村振兴与小城镇协同创新及特色发展的战略与实现路径研究	彭克强	西南财经大学
134	20&ZD168	解决相对贫困的扶志扶智长效机制研究	邹薇	武汉大学
135	20&ZD169	解决相对贫困的扶志扶智长效机制研究	解垩	山东大学
136	——	优化资源配置提高中心城市和城市群综合承载能力研究	李国平	北京大学
137	——	提高京津冀中心城市和城市群综合承载及资源优化配置能力研究	刘秉镰	南开大学
138	——	建立解决相对贫困的长效机制研究	林万龙	中国农业大学

续表

序号	批准号	课题名称	首席专家	责任单位
139	——	相对贫困的标准、识别与治理机制研究	王卓	四川大学
140	——	健全国土空间规划和用途统筹协调管控制度研究	杨开忠	中国社会科学院
141	——	到2035年共同富裕取得实质性进展远景目标研究	万海远	北京师范大学
142	——	综合性国家科学中心和区域性创新高地布局建设研究	刘承良	华东师范大学
143	——	实现巩固拓展脱贫攻坚成果同乡村振兴有效衔接研究	温涛	西南大学
144	——	西部地区巩固拓展脱贫攻坚成果同乡村振兴有效衔接的路径及政策研究	白永秀	西北大学
145	——	构建高质量发展的国土空间布局和支撑体系研究	岳文泽	浙江大学
146	——	推动黄河流域生态保护和高质量发展研究	张宁	山东大学
147	——	黄河流域生态环境保护与高质量发展耦合协调与协同推进研究	任保平	西北大学
148	——	我国以人为核心的新型城镇化机制及推进战略研究	王桂新	复旦大学
149	——	推进以农业转移人口市民化为首要任务的新型城镇化研究	张国胜	云南大学
150	——	大数据驱动的特大城市治理中的风险防控研究	吴晓林	南开大学
151	——	建设现代化都市圈研究	姚永玲	中国人民大学
152	——	推进以县城为重要载体的城镇化建设研究	张蔚文	浙江大学
153	——	构建以国家公园为主体的自然保护地体系研究	温亚利	北京林业大学
154	21&ZD084	城乡融合与新发展格局战略联动的内在机理与实现路径研究	杨玉珍	河南师范大学
155	21&ZD085	城乡融合与新发展格局战略联动的内在机理与实现路径研究	郭冬梅	中央财经大学
156	21&ZD105	"双循环"新格局下长三角城市群协同发展战略研究	张军	复旦大学
157	21&ZD107	新型基础设施推动粤港澳大湾区经济发展与机制运行一体化研究	叶玉瑶	广东省科学院广州地理研究所
158	21&ZD115	接续推进脱贫地区乡村振兴的金融支持研究	王修华	湖南大学
159	21&ZD121	国土空间规划体系下土地要素市场化改革研究	严金明	中国人民大学
160	21&ZD154	基于海洋强国战略的海洋经济统计核算、监测与评价体系创新研究	苏为华	浙江工商大学
161	21&ZD155	基于海洋强国战略的海洋经济统计核算、监测与评价体系创新研究	何广顺	国家海洋信息中心

续表

序号	批准号	课题名称	首席专家	责任单位
162	——	立足新发展阶段、贯彻新发展理念、构建新发展格局、推动高质量发展研究——基于超大经济体供需高水平动态平衡的视角	刘培林	浙江大学
163	——	以深化改革促进全体人民共同富裕研究	左学金	南通大学
164	——	促进全体人民共同富裕研究	杨灿明	中南财经政法大学
165	——	新时代实施区域协调发展战略研究	成长春	南通大学
166	——	面向现代化的城乡区域发展战略研究	高国力	国家发改委国土开发与地区经济所
167	——	系统观视角下推进以人为核心的新型城镇化战略突破研究	欧阳慧	国家发改委市场与价格研究所
168	——	推进以人为核心的新型城镇化关键问题研究	靳小怡	西安交通大学
169	——	国土空间用途管制下土地市场整合与溢价共享机制研究	张莉	中山大学
170	——	高速交通网络与我国劳动力资源时空配置机制研究	文雁兵	嘉兴学院
171	——	新发展格局下长三角一体化大市场研究	刘修岩	东南大学
172	——	以全球城市为核心的巨型城市群引领双循环发展研究	周振华	上海师范大学
173	——	"双链"协同区域科技创新中心的培育路径与治理体系研究	杨治	华中科技大学
174	——	新基建促进区域协调发展的长效机制研究	钟昌标	宁波大学
175	——	统筹推进县域城乡融合发展的理论框架与实践路径研究	郜亮亮	中国社科院农村发展研究所
176	——	统筹推进县域城乡融合发展的理论框架与实践路径研究	朱玉春	西北农林科技大学
177	——	数字时代区域科创走廊创新生态建构与治理机制研究	曾婧婧	中南财经政法大学
178	——	新发展格局下拓展我国海洋经济发展空间的动力机制及实现路径研究	赵昕	中国海洋大学
179	——	新发展格局下拓展我国海洋经济发展空间的动力机制及实现路径研究	殷克东	山东财经大学
180	——	中心城市科技创新带动城市群协同创新与高质量发展研究	周京奎	南开大学
181	——	乡村振兴战略下县域城乡融合发展的理论与实践研究	周飞舟	北京大学

续表

序号	批准号	课题名称	首席专家	责任单位
182	——	乡村振兴战略下县域城乡融合发展的理论与实践研究	孙九霞	中山大学
183	——	防止规模性返贫的监测机制和帮扶路径研究	谢治菊	广州大学
184	——	黄河城市文明史	何一民	四川大学
185	——	明清华北核心区生态环境变迁与经济发展研究	仲伟民	清华大学

2012—2022年教育部哲学社会科学研究重大课题攻关项目[①]

序号	年度	批准号	课题名称	首席专家	责任单位
1	2012	——	中国图们江区域合作开发战略研究	朱显平	吉林大学
2	2013	——	城乡一体化发展与土地管理制度改革研究	周其仁	北京大学
3	2013	——	农村土地股份制改革的理论探索与制度设计	刘云生	西南政法大学
4	2013	——	我国城镇住房保障体系及运行机制研究	虞晓芬	浙江工业大学
5	2013	——	我国土地出让制度改革及收益共享机制研究	石晓平	南京农业大学
6	2013	——	民族地区特殊类型贫困与反贫困研究	李俊杰	中南民族大学
7	2013	——	中国山区开发与发展的历史研究	张建民	武汉大学
8	2013	——	新时期中国海洋战略研究	徐祥民	中国海洋大学
9	2014	——	建立城乡统一的建设用地市场研究	张安录	华中农业大学
10	2014	——	有序推进农业转移人口市民化的理论与政策研究	潘泽泉	中南大学
11	2014	——	中国自由贸易区制度创新与保障体系研究	刘秉镰	南开大学
12	2014	——	推进丝绸之路经济带建设研究	单文华	西安交通大学
13	2015	——	京津冀协同发展战略实施中若干重大问题研究	李健	天津理工大学
14	2015	——	我国特大城市旧城区的生态化改造策略研究	曾坚	天津大学
15	2015	——	推进农民工市民化的理论与政策研究	程名望	同济大学

① 资料来源于2012—2022年教育部社会科学司公布的教育部哲学社会科学研究重大课题攻关项目名单,本表列示的项目仅限于区域经济相关研究领域。有些课题的批准号,教育部社会科学司公布立项信息时没有公布。

续表

序号	年度	批准号	课题名称	首席专家	责任单位
16	2016	——	农地三权分置的实践研究	刘守英	中国人民大学
17	2016	——	贫困治理效果评估机制研究	张琦	北京师范大学
18	2016	——	中国丝绸之路经济带建设的地缘政治环境与地缘战略研究	刘雪莲	吉林大学
19	2016	——	世界海洋大国的海洋发展战略研究	胡德坤	武汉大学
20	2017	17JZD012	雄安新区公共服务体系与教育发展规划研究	郭健	河北大学
21	2017	17JZD024	推动长江经济带发展重大战略研究	成长春	南通大学
22	2018	18JZD027	三线建设历史资料搜集整理与研究	李德英	四川大学
23	2018	18JZD030	乡村振兴战略实施路径研究	张利庠	中国人民大学
24	2018	18JZD059	我国海洋可持续发展与海岛振兴战略研究	刘家沂	天津大学
25	2019	19JZD014	我国北方生态脆弱区环境演变与经济社会发展交互作用研究	乌峰	内蒙古财经大学
26	2019	19JZD053	对"一带一路"沿线国家投资风险监测预警体系研究	张晓君	西南政法大学
27	2020	20JZD012	促进城市高质量建设发展的长效机制研究	袁晓玲	西安交通大学
28	2020	20JZD019	粤港澳大湾区法律建设研究	朱最新	广东外语外贸大学
29	2020	20JZD028	新时代区域协调发展战略研究	李兰冰	南开大学
30	2020	20JZD030	新时代特大城市管理创新机制研究	任远	复旦大学
31	2020	20JZD031	新时代乡村振兴战略与"三农"问题研究	赵德余	复旦大学
32	2020	20JZD058	新时代国土空间规划基本理论研究	王新军	复旦大学
33	2021	21JZD015	中国特色反贫困理论与脱贫攻坚精神研究	向德平	华中科技大学
34	2021	21JZD019	全面建设社会主义现代化国家新征程中加快实现共同富裕研究	郁建兴	浙江工商大学
35	2021	21JZD028	西部地区巩固拓展脱贫攻坚成果同乡村振兴战略衔接机制研究	李波	中南民族大学
36	2021	21JZD029	新基建促进区域平衡充分发展的长效机制研究	刘炳胜	重庆大学
37	2022	22JZD009	县域城乡融合发展与乡村振兴研究	王敬尧	四川大学

学界活动

中国区域经济学会 2012 年会暨后发赶超与转型发展高层论坛

2012 年 8 月 11 日，中国区域经济学会 2012 年会暨后发赶超与转型发展高层论坛在贵州省贵阳市举办。此次会议由中国区域经济学会、贵州师范大学、中共贵州省委政策研究室主办，由贵州师范大学经济与管理学院、贵州省科学决策学会承办。大会采取主题演讲和专题讨论的形式，来自全国各地近 100 位专家学者参会并围绕"后发赶超与转型发展"进行了深入探讨。

会议中，关于工业化与区域经济发展，有学者认为，中国工业化的重心应该快速有序地向经济腹地大幅度推进，不断提高三大腹地的经济和社会发展水平。有学者认为，中国区域政策总体上的实施效果是好的，区域发展的协调性不断增强，东西呈现出相互促进、竞相发展的新格局。有学者认为，中国第一阶段非均衡的发展已经完成，正要进入以调整、均衡、协调为关键词的第二阶段，需要建立新的区域协调关系，形成发挥优势普遍增长的格局。

关于后发赶超与中西部地区发展，有学者认为，区域经济发展是技术、制度、结构、资本等多种因素共同作用的结果。有学者认为，后发地区实施后发赶超战略必须依据自身发展特点和类型，有效整合后发优势要素，努力实现政策刺激、投资拉动和制度创新的协同作用。有学者认为，西部地区自我发展能力的构建有赖于区域产业多样性的培育。有学者认为，民族地区要实现新的跨越式发展，重点在于技术缺口的弥补和赶超。

关于城乡统筹与区域转型发展，有学者认为，中国中西部地区的新型工业化发展水平与东部地区有着比较明显的差距，与经济发展水平一样呈现三大区域梯次下降的地域分布态势。有学者认为，不同区域应立足自身发展基础，合理选择城乡空间转型的模式，并从产业空间转型、人口空间转型、城乡空间优化、重点地区转型提出规划策略。有学者认为，资源丰裕是开发西部地区的最大优势，资源导向型发展道路仍然是西部地区发展的必然选择。有学者认为，生态移民主要是在生态环境恶化的推力、迁入地自然社会条件的拉力，以及政府的驱动下发生的。

关于产业转移与资源环境承载力，有学者认为，资源型经济转型发展的关键在于资源开发获取的收益如何分配与使用，发展路径的突破在于初始资源开采方式的选择或是对资源收益进行合理分配之后保证资源财富向其他资本财富形式的转化。有学者认为，中国现有产业转移基本遵循了梯度转移的基本规律，但区域经济格局和产业结构各有特点，产业转移和承接产业转移的特征和结构有很大差异，各级政府发挥各自优势，引导产业转移顺利推进。

（供稿人：吕萍　李靖　韩轶春　郭芹）

中国区域经济学会 2013 年会暨区域与城乡一体化学术研讨会

2013 年 9 月 14 日，中国区域经济学会 2013 年会暨区域与城乡一体化学术研讨会在重庆市大足区召开。此次会议由中国区域经济学会、重庆工商大学与重庆市大足区人民政府共同主办，由教育部人文社会科学重点研究基地重庆工商大学长江上游经济研究中心、成渝经济区城市群产业发展协同创新中心、西南财经大学成渝经济区发展研究院、重庆市区域经济学会承办。大会采取主题演讲和专题讨论的方式，还特设了主题为"大足区在重庆城市新区发展中的功能定位研究"的圆桌会议，来自全国各地 170 余名专家学者参会并围绕"区域一体化与区域合作、城乡一体化与城乡统筹"进行了深入探讨。

会议中，关于区域一体化与区域合作，有学者认为，遵循公平竞争、优胜劣汰的市场经济规律，坚持宏观政策稳定、微观经济搞活，才能有助于形成与国际接轨的国内统一市场。有学者认为，长江上游经济区的构建有利于优化配置长江上游经济区的资源，加快川南、黔西北和滇东北贫困地区的发展。有学者认为，产业采取链式化转移与承接是实现区域合作的一种可行模式，即以价值链为基础，按照纵向、横向价值链或不同地点，拆分产品各个价值段，实现产业转移与承接。

关于城乡一体化与城乡统筹，有学者认为，要结合资源环境承载力、人口吸纳能力和农民迁移意愿等因素，重构中国城镇化规模格局，充分发挥市场经济的极化效应，同时充分发挥政府的宏观调控作用。有学者认为，中国城市吸纳就业能力失衡问题突出是一个不可回避的事实。有学者认为，长江三角洲城乡协调发展的空间差异显著，经济越发达的地区城乡协调度越高，经济发展水平较低的地区城乡协调度较差。

关于新型城镇化模式与实践，有学者认为，当前庞大的"候鸟型农民工"为城市发展做出了贡献，但频繁奔波于城乡的"候鸟型"生活终究艰辛，也给真正实现城乡统筹带来负效应。有学者认为，城乡一体化发展视野下中心镇的功能定位是集聚能力强、经济发达的建制镇。有学者认为，城镇品牌建设能够提升农民和外部投资者的区位利润，从而更容易得到农民和外部投资者的选择，提升该城镇的集聚程度和扩大其规模。

关于区域发展与落后地区开发，有学者认为，中国区域经济呈现布局改善、结构优化、协调性增强的良好局面，但不同类型区域的经济发展仍面临不同的问题和挑战。有学者认为，中国区域金融发展水平大幅上升，区域金融发展差异不断扩大，并且区域内金融发展差异是全国金融发展差异形成的主要原因。有学者认为，中国资本形成机制中，政府预算资金形成渠道在东部地区已经相对弱化，但所起作用仍然十分关键。

关于产业转移、产业升级与开发区建设，有学者认为，对于各地区工业发展，应加强规划引导和政策支持，积极引导区域产业转移，加快推进地区工业转型升级，大力发展循环经济和低碳经济，建立和完善区域合作协调机制。有学者认为，引入环境变量对经济增长核算结果具有显著影响,且环境变量的产出弹性为负数。多位学者指出,开发区建设驱动城市化发展是一种双向、互动、循环的作用机制,其核心是"集聚效应"作为一种传导机制在起关键作用。

(供稿人:杨继瑞　周立新)

中国区域经济学会 2014 年会暨全面深化改革背景下的中国区域发展学术研讨会

2014 年 10 月 25 日,中国区域经济学会 2014 年会暨全面深化改革背景下的中国区域发展学术研讨会在浙江省杭州市浙江理工大学召开。此次会议由中国区域经济学会与浙江理工大学共同主办,由浙江省高校人文社会科学重点研究基地(应用经济学)和浙江理工大学区域与城市经济研究所承办。大会采取了主题演讲和专题讨论的形式,来自中国社会科学院、国务院发展研究中心、中国企业联合会、中国国际交流中心、各大高校及科研单位、学术期刊等机构的 150 余位专家学者参会并围绕"全面深化改革背景下的中国区域发展"进行了深入探讨。

会议中,关于区域发展的体制机制创新,有学者认为,我国要形成以"新型国有企业"为主的国有经济,这些"新国企"将适应新形势的发展要求,日益与市场在资源配置中发挥决定性作用条件下的成熟社会主义市场经济体制相融合。有学者认为,在未来的新常态形势下,动力机制仍然是一个核心问题。有学者认为,在经济发展新常态下,科学开发利用海洋资源、大力发展海洋经济具有重大战略意义。有学者认为,区域治理问题是国家治理体系下不可分割的一部分,应由国家管理转变为国家治理。

关于区域协调发展,有学者认为,中国区域经济发展呈现新格局,中西部地区经济提速,弥补东部地区经济增速的下滑,东西部地区经济发展差距缩小,区域经济实力明显增强,区域合作的范围不断扩大。有学者认为,京津冀一体化进程坎坷,消除行政及地方本位主义壁垒,是实现区域一体化发展所面临的最大挑战,山区治理亟须提上政府议事日程。有学者认为,"文化落差"是京津冀协同发展过程中必须面对的问题。有学者认为,经济集聚理论研究的逻辑起点应该是经济空间的再认识,认为集聚必然是非区域性要素在区域性要素禀赋基础之上,在非区域性要素与区域性要素之间的相互匹配即配置效率不断提升的过程中产生。

关于城乡发展,有学者认为,中国应该以发展都市工业为抓手,通过规划引导、政策扶持、园区建设,促进都市工业在规模和内容上的发展,推动工业与服务业融合,将是提高产业和城市竞争力,实现新型城镇化和新型工业化的有效途径。有学者认为,要大力发展现代服务业,还应加快发展先进制造业,取得与"首位城市"相匹配的"体量"。

关于生态文明建设,有学者认为,可将能源结构优化上升至战略高度,植入经济发展转型全程。有学者认为,加大水资源水质监控力度,反馈水质信息,利于以后补助、合作项目。

有学者认为,再生资源行业可依靠体制创新走集团化发展道路、技术创新推动清洁生产和节能减排、提高再生资源深加工率(度),通过拉长产业链条三种方法节能减排。

(供稿人:陆根尧　智瑞芝　李太龙)

中国区域经济学会 2015 年会暨"一带一路"战略与中国区域经济发展学术研讨会

2015年9月19日，中国区域经济学会2015年会暨"一带一路"战略与中国区域经济发展学术研讨会在北京市中央民族大学召开。此次会议由中国区域经济学会和中央民族大学共同主办，中央民族大学发展规划处、北京产业经济学会、北京区域经济学会共同承办。大会采取主题发言和专题讨论的方式，来自各大高校及科研单位、学术期刊等机构的150余位专家学者参会并围绕"'一带一路'倡议战略与中国区域经济协调发展"进行了深入探讨。

会议中，关于"一带一路"倡议与中国对外开放和区域协调发展，有学者认为，"一带一路"倡议是将新时期进一步深化对外开放、加强对外合作的要求，与国内各区域板块的发展战略相对接，能够更好地实现各区域板块的发展。有学者认为，当前世界已进入了全球化的3.0时代，中国的战略边界也在不断扩大，需要用全球思维看待国家发展。

关于"一带一路"倡议下中国各地区的行动与发展构想，有学者认为，西南地区因其空间区位、历史积淀、资源人口市场、长期对外开放基础而成为构建中国"一带一路"倡议核心枢纽的首选区域。有学者认为，适应经济新常态，立足经济实际，着力打造经济转型新发展是江西的前进战略。

关于长江经济带建设，有学者认为，长江中游城市群联动发展对打造长江经济带国家战略具有支撑作用，可以为长江经济带提供硬件基础、市场条件、产业支撑、动力源泉、创新驱动、打造生态廊道等条件。有学者认为，在"一带一路"倡议与长江经济带战略机遇面前，江苏应与国内沿线省（区、市）及国外沿线国家探索共建合作园区。有学者认为，重庆金融竞争实力总体来讲还不强，集聚和辐射带动能力有限，实体经济仍显薄弱，金融人才严重缺乏。

关于自由贸易区与开放型经济发展，有学者认为，"一带一路"倡议应以自由贸易区为载体，充分发挥中国在自由贸易区建设以及区域合作等方面已有的优势，加快自由贸易区建设，进而推动"一带一路"倡议的实施，形成全方位开放格局。有学者认为，中国（上海）自由贸易试验区创新发展现代服务业应该推进政府管理服务创新，加速产业政策的转型，发展高技术服务业，构建智慧自由贸易区的区域企业集群式创新平台。

关于区域经济的实证研究，有学者认为，中国与中亚五国的金融发展水平差异显著，中国的金融综合发展水平最高，哈萨克斯坦次之，其他四国发展水平均较低。有学者认为，中国–东盟自由贸易区以及海上丝绸之路将有力推动东盟共同体的经济发展，并且，由于东盟内部不同的结构层次，从长期看，东盟具有与中国贸易合作的巨大潜力。有学者认为，中国工业在长江三角洲、环渤海地区的集聚趋势进一步增强，集聚范围进一步扩大，工业向中西部地区跨省区转移的同时，还呈现明显的省内转移迹象。

（供稿人：马胜春　黄基鑫）

中国区域经济学会 2016 年会暨"十三五"区域发展新理念、新空间与新动能学术研讨会

2016 年 10 月 29 日，中国区域经济学会 2016 年会暨"十三五"区域发展新理念、新空间与新动能学术研讨会在福建省福建师范大学召开。此次会议由中国区域经济学会、福建师范大学和中国工业经济杂志社共同主办，福建师范大学经济学院和福建师范大学福建自贸区综合研究院承办，中智科学技术评价研究中心和全国经济综合竞争力研究中心福建师范大学分中心协办。大会采取主旨发言、高峰论坛、平行论坛和总结讨论的形式，来自中国社会科学院、国务院发展研究中心、中国企业联合会、中国国际交流中心、各大高校及科研单位、学术期刊等机构的 300 余位专家学者参会，并围绕区域经济理论与政策、区域发展与开放战略、区域产业转型升级与经济增长、区域城市群建设、精准扶贫与落后地区发展、"一带一路"与区域发展、开放型经济与自贸区建设、区域竞争新格局、飞地经济、经济社会环境协调发展等进行了深入探讨。

会议中，关于对区域发展新理念、新空间与新动能有了新认识，有学者认为，供给侧结构性改革要找准着力点，培育新动能、发展新经济。有学者认为，在各地区融入全球化的过程中，产业文化因素将深刻影响区域发展，各地区应正视和深入研究本地区的产业文化特质。

关于区域经济协调发展是区域发展战略的重点方向，有学者认为，"飞地经济"在整合产业链方面具有重要作用。有学者认为，增强经济社会环境协调发展能力的途径在于转变经济发展方式、提高经济运行质量、健全社会保障制度、提高社会治理水平、有效治理环境污染和加快建设生态文明。

关于"一带一路"与自贸区建设形成发展新局面，有学者认为，"一带一路"建设不仅能够推动我国西部地区的经济发展，也可以促进"一带一路"沿线国家的产业发展。

关于长江经济带建设的理论、路径与政策研究，有学者认为，长江经济带制造业集聚水平与环境效率存在明显的地区差异，制造业集聚的正外部性大于负外部性，对环境效率的提高具有正向驱动效应。有学者认为，从空间维度看，长江经济带工业绿色全要素生产率的空间格局经历了从"三足鼎立"向"多点支撑"的转变。

关于对精准扶贫内涵的认识有了新突破，有学者认为，产业结构与贫困减缓的关系影响着贫困地区产业发展的政策制定。有学者认为，地区经济发展不平衡是资本主义经济发展不平衡的空间表现形式。

关于城市转型与城市群发展是必然选择，有学者认为，长三角城市群战略升级的方向是一体化、同城化、国际化，这"三化"相互联系、相互促进。

关于供给侧结构性改革推动区域产业转型升级，有学者认为，长三角地区的产业集群转型升级将对我国的经济转型起到至关重要的作用。

关于区域创新体系建设与促进经济增长迎来新机遇，有学者认为，区域经济增长动力转换

必须把握好新技术革命下要素禀赋变化这一关键，建立在新要素禀赋基础上的生产方式、聚集方式才是新阶段推动区域经济增长的关键动力。有学者认为，地理因素和空间效应对区域的创新效率有重要影响，创新效率与人口密度之间存在倒"U"型关系。

（供稿人：黄茂兴　李军军）

中国区域经济学会2017年会暨区域创新驱动与产业转型升级学术研讨会

2017年9月23日，中国区域经济学会2017年会暨区域创新驱动与产业转型升级学术研讨会在安徽省马鞍山市召开。此次会议由中国区域经济学会、安徽工业大学和中国工业经济杂志社主办，安徽工业大学商学院、安徽工业大学安徽创新驱动发展研究院、安徽工业大学安徽创新驱动与产业结构优化与转型升级研究中心承办，经济管理杂志社、区域经济评论杂志社协办。年会包括主旨报告、高峰论坛和分论坛三大板块，来自全国各地110余家单位的300余位专家学者参会，并围绕区域经济研究的新导向、区域创新驱动机制与政策、区域产业结构优化与转型升级、区域协同发展与开放战略、城镇化和城市群发展模式、区域精准扶贫的理论与实践等进行了深入探讨。

会议中，关于当前我国区域经济研究的新导向，有学者认为，工具理性在市场经济中占据主导地位，区域经济学的发展面临着诸多严峻挑战。有学者认为，随着长三角经济一体化的发展，上海的中心地位突出，但长三角区域也会由一个中心发展到多个中心。

关于区域创新驱动发展的机理与路径，有学者认为，转型升级必须坚持发展实体经济不动摇，转型升级必须把创新摆在首要位置。有学者认为，我国正处于发展方式转变的关键时期，迫切需要加快构建新兴技术突破的区域创新体系。

关于区域产业结构优化与转型升级，有学者认为，新经济必将在产业技术、产业结构和产业绩效等层面产生巨大影响。有学者认为，区域性要素与非区域性要素间优化配置所实现的效率提升是聚集的内生动力。

关于重大区域战略布局与实施策略，有学者认为，生态优先、绿色发展的指导理念对于长江经济带的发展具有重大意义。有学者认为，对"一带一路"经济学基础理论研究，应聚焦马克思主义经济学理论中的国际经济交往理论、资本空间理论和世界历史理论，国际经济学理论中的国际贸易与投资理论、世界工业化与全球化理论和区域空间理论，以及民族经济学理论。

关于城镇化和城市群发展模式，有学者认为，我国在新一轮城镇化建设中要充分发挥政府的宏观调控作用；以逆城市化为契机，改革户籍制度和土地制度，消融因不合理制度产生的逆城市化；坚持大中小城市协调发展的城市化空间组织形式和城乡统筹的城市化模式。

关于区域精准经济绿色发展之路，有学者认为，成渝城市群16市复合生态位空间差异较大，呈现以成都和重庆为中心的"双核联动"的区域特点。有学者认为，相较于环境集权而言，环境分权更有利于降低我国的环境污染水平，意味着环境分权是实现我国节能减排、绿色发展的有效举措。

关于区域精准扶贫的理论与实践，有学者认为，包容性发展把脱贫致富视为微观主体与宏观变革相互支持的经济自由度扩展与福利改善过程，将贫困群体与贫困区域视为经济的新增长点加以培育，而不只是一个经济下渗或外溢过程。

（供稿人：方大春　成祖松）

中国区域经济学会2018年会暨提升区域发展质量与促进区域协调发展的学术研讨会

2018年5月26日，在全面宣传贯彻党的十九大精神背景下，中国区域经济学会2018年会暨提升区域发展质量与促进区域协调发展的学术研讨会在河南省郑州市召开。此次大会由中国区域经济学会、河南省社会科学院主办，区域经济评论杂志社协办。年会包括主旨报告、高峰论坛和专题论坛三大板块，来自中国社会科学院、北京市社会科学院、河南省社会科学院、南开大学、中央财经大学、武汉大学、中国地质大学、北京工商大学、上海财经大学等全国各地研究院所和高校等机构的300余位专家学者参会，并围绕区域发展质量与现代化经济体系建设、区域协调发展与区域合作、长江经济带建设与绿色发展、对外开放与区域经济发展、城市发展与都市圈建设、乡村振兴与城乡融合发展等进行了深入探讨。

会议中，关于区域发展质量与现代化经济体系建设，有学者认为，在解决产业、环境、土地、动能转换和民生问题上，要有更具方向和自觉性的动能，这个动能就是要以创新的思维来促进高质量发展。有学者认为，实现高质量的区域协调发展，重点要在构建更加有效的区域协调机制上做文章。

关于区域协调发展与区域合作，有学者认为，建设现代化经济体系要转变观念，新时代、新发展理念下的区域发展的核心问题是质量问题，从数量型发展到质量型发展，各地要对标现代化经济体系，找准位置。

关于长江经济带建设与绿色发展，有学者认为，长江经济带的发展路径应从经济产业、生态安全、政策法律等方面全方位考虑。有学者认为，建立与高质量发展阶段相适应的协调发展新机制，既是制度创新也是理论创新。

关于对外开放与区域经济发展，有学者认为，内陆地区巨大的市场、丰富的人力资源、完善的产业体系、较低的商务成本、良好的交通等基础设施都在对外开放的竞争中成为突出的优势。有学者认为，对全球化层面的研究，需要高度关注全球化与逆全球化的两种趋势，正视以美国为首的大国政治经济格局的重大变化，积极稳妥应对中美之间发生的一系列贸易纠纷。

关于城市发展与都市圈建设，有学者认为，城市更新需要注重规划政策和法律引领，保持城市更新的整体性。有学者认为，城市行政区划调整是提高治理能力和促进经济社会发展的重要途径，中国城市行政区划调整面临"四个不适应"的现实难题，明显滞后于经济社会发展需求。

关于乡村振兴与城乡融合发展，有学者认为，农民增收主要依赖于工资性收入和转移净收入增长。有学者认为，对土地市场制度尤其是征地市场制度进行改进和创新，会促进城乡一体化土地市场的形成，进而提升土地市场化水平。

（供稿人：崔志新）

中国区域经济学会 2019 年会暨"区域协调发展新征程、新战略、新机制"学术研讨会

2019 年 11 月 14 日，在新中国成立 70 周年且我国区域经济发展和理论研究开启了历史新征程的背景下，中国区域经济学会 2019 年会暨"区域协调发展新征程、新战略、新机制"学术研讨会在重庆市重庆工商大学召开。此次会议由中国区域经济学会、重庆工商大学主办，教育部人文社会科学重点研究基地——重庆工商大学长江上游经济研究中心、重庆市人文社会科学重点研究基地——重庆工商大学区域经济研究院和重庆工商大学产业经济研究院承办，中国社会科学院西部发展研究中心、重庆市区域经济学会、区域经济评论杂志社、改革杂志社、《西部论坛》编辑部协办。此次年会采取主题演讲和专题讨论的方式，来自全国各地的 300 余位专家学者参会，并围绕区域协调发展战略与政策、区域经济理论与实证研究、区域经济一体化与城乡统筹、区域经济高质量发展与对策研究等进行了深入探讨。

会议中，关于区域协调发展战略与政策，有学者认为，区域协调发展既要守正又要创新。有学者认为，中美贸易摩擦对宏观经济的影响不仅影响了中美双方而且影响了全球经济。有学者认为，随着"一带一路"建设的推进和全方位对外开放格局的逐步形成，沿边地区正由"边缘地带"变为"开放前沿"，正由边陲之地变为全方位对外开放格局的"先棋"和"排头兵"。

关于区域经济理论与实证研究，有学者认为，强省会战略有利于带动全省经济发展、拉高省会城市排名和推动城市化进程。有学者认为，西南地区的崛起对全国打赢脱贫攻坚战、全面建成小康社会至关重要，对保持全国宏观经济持续健康发展至关重要，对实施国家长江经济带发展战略至关重要，对"一带一路"国际合作的推进至关重要。

关于区域经济一体化与城乡统筹，有学者认为，我国新型城镇化的趋势性问题表现在城镇化增速放缓，农民工落户意愿不高，城市群成为主体形态，人口加速向城市群、都市圈集聚，中小城市出现收缩，以及进城模式呈现新变化。有学者认为，长三角更高质量区域一体化是"三性"特征、"四高"标准的一体化。有学者认为，相比长三角城市群，成渝城市群至少存在城市群中间塌陷、竞争大于合作、城际交通缺乏快捷通勤、创新实力差距明显、跨行政区域协调缺乏常态化制度安排等五大问题。

关于区域经济高质量发展与对策研究，有学者认为，运用共生理论来指导"一带一路"高质量建设应该着力构建以中国为枢纽的双环流价值体系，不断完善相关机制的设计，并构建三方合作机制以及合作模式升级机制。有学者认为，推动长江经济带工业高质量发展需充分发挥创新驱动的引领作用，因地制宜推动绿色发展顶层设计精准落地，打造全方位的协同发展和开放发展新格局，强化质量与效率协同驱动的目标导向。

（供稿人：刘霜 李敬）

中国区域经济学会2021年会暨新时代中国区域高质量发展学术研讨会

2021年12月11日，中国区域经济学会2021年会暨新时代中国区域高质量发展学术研讨会在南京市召开。此次会议由中国区域经济学会、南京审计大学主办，南京审计大学经济学院和南京审计大学经济监督研究中心承办，中国社会科学院西部发展研究中心与区域经济评论杂志社协办。此次年会设立主题报告、分论坛和专题论坛三个板块，采用线上与线下相结合的形式，来自中国社会科学院、中国科学院、国务院发展研究中心、中国宏观经济研究院、北京大学、南开大学、武汉大学和南京审计大学等全国各地研究院所和高校等机构的500余位专家学者参会，并围绕区域高质量发展的方向、区域要素高质量发展、区域产业高质量发展以及新型城镇化高质量发展等进行了深入探讨。

此次会议吸引了中国区域经济学领域的众多学者参会，国家发展和改革委员会原副秘书长范恒山教授、中国社会科学院工业经济研究所所长史丹研究员、中国社会科学院农村发展研究所所长魏后凯研究员等学者应邀先后在大会主题报告环节发言。此外，共有40多位学者在分论坛和专题论坛报告各自的最新研究成果。《中国工业经济》编辑部主任王燕梅研究员和区域经济评论杂志社社长任晓莉研究员对期刊的选题与写作提出了富有价值的建议与指导。

会议中，关于中国区域经济高质量发展，有学者认为，地区性的经济发展有其客观的规律、秩序和态势，区域经济是无数个体行动的结果。有学者认为，在区域协调发展战略的推动下，中国的东中西部地区及东北地区间的经济发展差距正在逐步缩小，但南北方地区的发展差距呈现扩大的趋势。

关于中国区域要素高质量发展，有学者认为，工业能够带动地区发展和缓冲疫情冲击，成为中国赶超其他国家的重要途径，其中要素供给对工业的发展具有重要影响。有学者认为，人口的空间流动，影响到要素在空间的分布，从而影响地区经济的发展。有学者认为，人才的流失关注的是人口流失的质量，更加直接影响到区域经济发展的质量。有学者认为，政府应加大对北方地区尤其是东北地区的政策支持力度，从财政、金融、产业等方面采取措施促进县域经济发展。

关于中国区域产业高质量发展，有学者认为，地区产业结构的差异，造成了不同地区在全球产业链和国内产业链中所处的地位。有学者认为，区域产业的发展与地区生态水平息息相关，产业的高质量发展需要与实施区域重大战略如长江经济带发展战略相结合，注重地区生态发展问题。有学者认为，产业的增长具有内生的动力，但生态的保护需要外生驱动。

关于中国新型城镇化高质量发展，有学者认为，新型城镇化是以人为核心的城镇化，农业转移人口的市民化是当前新型城镇化的高质量发展最为重要的任务。有学者认为，随着中国经济空间格局的变化，完善城镇化空间布局正成为当前新型城镇化发展的重要方向。有学者认为，出台长江中游地区发展战略，有助于推动长江中游地区发展。

（供稿人：颜银根　冀宇星　张森）

中国区域经济学会 2022 年会暨新时代区域协调发展与共同富裕学术研讨会

2022 年 10 月 30 日，为进一步深入探讨走向共同富裕的区域协调发展战略，中国区域经济学会 2022 年会暨新时代区域协调发展与共同富裕学术研讨会在武汉市召开。此次会议由中国区域经济学会、中国地质大学（武汉）主办，中国地质大学（武汉）经济管理学院、中国区域经济学会区域创新专业委员会、中国地质大学（武汉）区域经济与投资环境研究中心、湖北省区域创新能力监测与分析软科学研究基地承办，中国社会科学院西部发展研究中心与区域经济评论杂志社协办。此次年会设立主题报告和分论坛两个板块，采用线上与线下相结合的形式开展，来自中国社会科学院、国务院发展研究中心、北京大学、复旦大学和中国地质大学（武汉）等全国各地研究院所和高校等机构的 1100 余位专家学者参会并围绕新时代区域协调发展与共同富裕进行了深入探讨。

此次会议开幕式由中国区域经济学会副会长兼秘书长、中国社会科学院工业经济研究所陈耀研究员，中国区域经济学副会长、中国社会科学院工业经济研究所张世贤研究员和中国区域经济学会区域创新专业委员会主任邓宏兵教授分别主持大会开幕式和发布主题报告，中国地质大学（武汉）原党委副书记成金华教授和中国社会科学院工业经济研究所副所长、中国区域经济学会副会长张其仔研究员分别致辞。

会议中，关于区域协调发展与共同富裕的重要意义，有学者认为，中国式现代化呈现的五大特征表明实现共同富裕现代化、防止收入差距过大既是由社会主义基本制度所决定的，也是稳定推进现代化进程的客观需求。有学者认为，未来人口规模巨大是中国最大的国情，必须抓住现阶段这一重要机遇期，通过提高人口素质使其成为实现高质量发展的有利条件。有学者认为，对于发展中国家甚至人口收缩的发达国家，要实现碳达峰、碳中和目标，空间紧凑度、物质强度和交通运输技术都是不可忽视的重要因素。

关于区域协调发展与共同富裕的关键机制，有学者认为，新产品与现有产品倾向于使用相似的知识、技术、资源、制度等，新产业的发展应从行为主体出发，发挥集体能动性，重视制度环境的建设，提升制度厚度。有学者认为，共建共享一体化发展协同机制的重构路径，需要围绕共同富裕目标，在构建区域共同发展、以内需为动力建立统一大市场、以创新链为主建设科技创新策源力、以功能链为主配置资源功能和以产业链为主的世界级产业集群发展五个方面开展协同机制研究。

关于推进区域协调发展与共同富裕面临的主要问题，有学者认为，当前我国区域发展差距与实现共同富裕的要求还有距离，同时，也应该看到国际形势的严峻性和复杂性，构建新发展格局所需要打破的体制机制障碍仍然存在，区域新旧动能转换还未完全到位，推动区域高质量发展仍面临一些新的问题。有学者认为，当前我国城乡收入和地区收入差距呈现缩小趋势，但也要看到不同收入分组的可支配收入增长差距仍然较大，我国在实现共同富裕的道路上仍然有较长的路要走。

关于深入推进区域协调发展与共同富裕的政策建议，有学者认为，要协调联系、分段打通经济带连接线，构建双向互动的全域旅游辐射线路，发挥特色优势，削弱高铁带来的负向效益影响，使中国中西部绿色经济带成为"以国内大循环为主体、国内国际双循环相互促进的新发展格局"的重要载体。有学者认为，在市场和政府的双重作用下，通过形成区域间互相促进影响的行为，推动产品、要素和资源的区际合理流动，从而推动共同富裕目标的逐步实现。

（供稿人：郑坤　邓宏兵　易明）

中英"一带一路"战略合作论坛

2016年10月19日，为贯彻落实国家"一带一路"倡议，充分利用中英合作"黄金时代"的历史机遇，促进深化中英人文交流、产业合作、产能对接，探讨建立中英国际合作新模式，中英"一带一路"战略合作论坛在郑州市召开，此次会议由中国区域经济学会、英国区域研究协会、区域研究协会中国分会主办，由河南省社会科学院、河南省人民政府发展研究中心承办。大会采取主旨报告、大会专题报告、分组研讨的形式，来自英国、澳大利亚、意大利、奥地利、瑞典、国际经济合作组织和国内的200余位专家学者参会并围绕"一带一路"倡议与中英合作进行了深入探讨。

会议中，关于河南省融入"一带一路"倡议成效显著，有学者认为，随着"一带一路"建设的推进，我国对外开放战略格局发生了重大变化，新常态下河南省的开放环境、开放任务、开放基础和开放条件已今非昔比，主动融入"一带一路"倡议，迫切要求河南省实施更加积极主动的开放带动战略。

关于"一带一路"是包容性发展的全球化战略，有学者认为，当前全球化正面临一个"十字路口"，中国等新兴大国正带动全球秩序重建。有学者认为，地理空间上的"一带一路"没有界限，它包括多个规模或者多个角度，总体上来说就是建立一种高水平的合作平台，包括所有国家。

关于全球化新时代带给工业化新阶段的挑战，有学者认为，在市场体制机制上，大力推行以商事便利化和竞争公平化为主要内容的改革，不仅要为企业"松绑"，而且要为人才"松绑"，为创新"松绑"。有学者认为，"一带一路"是中国外向化思维的重大构想，但是在推进过程中也会遭遇各种各样内向化思维、制度、文化习俗等障碍。"一带一路"沿线或者沿路国家也会有这些问题，关键在于中英要形成互联互通的观念。

关于中英"一带一路"倡议合作是历史趋势，有学者认为，实施"一带一路"倡议，重在采用绿色发展模式，为全球化探索新途径。有学者认为，航空运输与经济发展的关系非常密切，而内陆航空枢纽城市的航空运输发展速度更快，变化更加明显。有学者认为，大学对于城市和区域发展都具有重要作用，而大学本身也要积极融入当地经济社会发展的重大问题之中。有学者认为，"一带一路"倡议合作面临一系列挑战，要系统研究应对策略。

（供稿人：张占仓）

2017年中国区域经济高峰论坛暨十九大后中国区域经济发展学术研讨会

2017年12月9日,为响应党的十九大精神,紧紧跟随党的十九大把区域协调发展作为中国特色社会主义进入新时代的重要方略之一的步伐,2017年中国区域经济高峰论坛暨十九大后中国区域经济发展学术研讨会在厦门举办。此次会议由中国区域经济学会和集美大学共同主办,集美大学财经学院、厦门市社会科学院、集美大学区域经济研究中心共同承办,区域经济评论杂志社协办。来自中国社会科学院、中国人民大学、吉林大学、遵义市委党校、四川省国土勘测规划研究院等单位的专家学者参会,并围绕区域经济合作与协调发展、城市群与区域创新发展、区域经济发展模式与转型升级、现代服务业发展与区域经济转型等进行了深入探讨。

会议中,关于党的十九大引领区域经济新发展,有学者认为,党的十九大开启了新时代的伟大征程,为中国经济的发展指明了方向,对中国区域经济的发展做出了新的论证。

关于区域经济发展态势与展望,有学者认为,中国矛盾的显著变化是已不再"落后",更加突出的问题是发展不平衡不充分,这已经成为满足人民日益增长的美好生活需要的主要制约因素。有学者认为,未来中国区域政策的协调主基调不会改变,但在促进区域协调发展的同时,将更加注重城市群内部的协同和一体化发展,更加强调有效协调机制的建立。有学者认为,当前应该结合城市群理念,促进厦门市、泉州市、龙岩市经济的共同发展,增强区域发展的协同性和整体性。

关于区域经济合作与协调发展,有学者认为,由对口支援发展到地区协调发展,涵盖的地区越来越广,可称之为国内发展伙伴关系。有学者认为,广东省的产业结构发展水平的空间已逐渐形成以珠三角为核心,向四周递减的空间格局,呈现出圈层式发展的趋势。有学者认为,应该借鉴国内外典型经济区产业协调发展经验,加快推进新时代成都平原经济区产业协调发展。

关于城市群与区域创新发展,这有学者认为,应以"生态优先、以绿色发展"定位长江经济带发展,这有利于更好地发挥长江水道的黄金效益。有学者认为,吸引外商投资和对外直接投资对区域技术创新能力都存在正向影响,且吸引外商直接投资的正向促进作用大于对外直接投资的促进作用。

关于区域经济发展模式与转型升级,有学者认为,应以生态保护为优先、以绿色发展为导向,科学编制空间规划,合理安排生产、生活、生态用地,促进区域经济绿色发展,空间规划应更加强调资源环境承载能力。有学者认为,转型的决策体制机制创新的实质是政府与市场关系的变化。

关于现代服务业发展与区域经济转型,有学者认为,高铁发展整体上促进了城市经济增长,但城市之间、线路之间、城市群之间的高铁经济增长效应差异明显。有学者认为,大型城市主要表现为制造业FDI对生产性服务业FDI的追逐,中小型城市生产性服务业FDI和制造业FDI还未形成协同效应。

(供稿人:黄阳平 杨霞 黄怡潇)

首届区域经济学科发展学术研讨会

2017年4月22日，为提升我国区域经济学科建设水平，促进区域经济学科适应我国时代发展要求和服务国家区域战略和地方发展需要，首届区域经济学科发展学术研讨会在浙江省杭州市召开。此次会议由中国区域经济学会主办，浙江工商大学经济学院承办，区域经济评论杂志社协办。来自中国社会科学院、北京大学、中国人民大学、南开大学、武汉大学、吉林大学、上海财经大学、浙江工商大学、浙江理工大学等全国20多所高校和研究院所等单位的专家学者参会，并围绕中国区域经济学科的发展、使命与展望进行了深入探讨。

此次会议开幕式由浙江工商大学经济学院院长赵连阁教授主持。中国社会科学院学部委员、中国区域经济学会会长金碚致开幕词。北京大学秘书长、中国区域科学协会会长、中国区域经济学会副会长杨开忠，中国区域经济学会副会长郝寿义，中国区域科学协会副理事长张可云，浙江工商大学经济学院院长赵连阁分别作了专题发言。

会议中，关于区域经济学的学科溯源与探索，有学者认为，区域经济学是在传统经济学的劳动和土地要素中引入了区位因素，研究要素的区位分布对企业生产经营活动的影响，而后的区域经济学发展逐渐关注异质性问题。有学者认为，区域间竞争格局对区域发展有深刻影响，要协同好京津冀、长三角和珠三角内部与区域间的发展，避免区域竞争导致产能过剩、资源浪费。

关于区域经济学科建设与理论探讨，有学者认为，我国区域经济发展的不平衡问题比较突出，区域的经济发展差距在一定程度上存在扩大趋势。有学者认为，中国区域经济学科发展应以新发展理念为指导，从基础理论和实践热点两个层面创新完善研究内容体系。有学者认为，在全球化、区域一体化及产业空间分工深化的背景下，区域发展时间的不断创新对区域经济学理论体系构建与培养模式变革提出更高要求。有学者认为，互联网和信息的无边界性使得城市间的相互联系不再被有形的组织结构所束缚，呈现出一种高度发达的网络化关联结构，出现了城市间的复杂网络范式。

关于区域经济协调发展的实证与经验分析，有学者认为，在区域与城市经济学方法论上，其与经济学、数量经济学、社会学、地理学等学科的联系日益紧密。除传统的实证研究方法外，政策评估、准实验、因果推断等越来越受到国外区域与城市经济学研究者的青睐。有学者认为，同一省份内邻接的两县域间金融发展水平差距比位于不同省份的两邻接县域在长期内更容易缩小。有学者认为，根植性基准在主导产业选择过程中有纠错补漏的作用，即淘汰落后和衰退产业，发掘新兴产业和处于成长阶段的产业。有学者认为，特色小镇作为介于城市和农村之间的缓冲地区，通过充分发挥其"亚核心"效应，能够集聚产业和资源，并逐步实现区位优势极化，从而有效推进新型城镇化建设和城乡一体化进程。

(供稿人：程艳　胡宵路　袁益)

第三届珠江-西江经济带发展高端论坛暨中国区域经济学会珠江-西江经济带专业委员会成立大会

2018年12月5日,为扎实推动新时代珠江-西江经济带高质量发展以及流域经济一体化发展研究,加强学界同仁学术交流,第三届珠江-西江经济带发展高端论坛暨中国区域经济学会珠江-西江经济带专业委员会成立大会在广西桂林举办。此次会议由中国区域经济学会与广西师范大学珠江-西江经济带发展研究院、广西师范大学经济管理学院共同举办。来自中国社会科学院、中国区域经济学会、广东外语外贸大学、贵州财经大学、贵州商学院、广西社会科学院、新华通讯社广西分社、广西产业与技术经济研究会、广西大学、广西师范大学、广西民族大学、桂林旅游发展委员会等单位的70余位专家学者参会,并围绕推动新时代珠江-西江经济带高质量发展与流域经济一体化发展进行了深入探讨。

会议中,关于高质量发展是珠江-西江经济带新时代发展的主题,有学者认为,高质量发展是比较宽泛的概念,应该从多层次、多维度对它进行认识与理解。有学者认为,区域间竞争格局对区域发展有深刻影响,要协同好京津冀、长三角和珠三角内部与区域间的发展,避免区域竞争导致产能过剩、资源浪费。

关于流域经济一体化是珠江-西江经济带新时代发展的趋势,有学者认为,旅游业从诞生开始,便主要依赖于大市场、依赖于客流条件。有学者认为,珠江-西江经济带建设的重要背景之一是深入统筹两广资源市场,建立市场导向、政府推动的省际合作,深化流域内经济、社会、生态协同发展的机制。有学者认为,要积极规避流域核心城市群的"极化陷阱"效应,发展流域经济带应坚持科学、绿色、可持续高质量发展之路,沿线省(区、市)亟待打破地理界限和行政壁垒,强化全流域协同,共建生态优美、交通顺畅、经济协调、市场有序、机制科学的黄金经济带。

关于珠江-西江经济带高质量、一体化发展的区域战略布局,有学者认为,城镇化的实质是人的城镇化,要提高城镇化质量就要实施社会保障的均等化,确保珠江-西江经济带城市能积极承接发达地区产业转移,推动区域经济发展。有学者认为,产业转移改变了生产的空间布局,对物流提出了更高、更新的要求。有学者认为,黔南和黔西南山地生态文化旅游区与桂林地理位置临近,通过打造以高铁旅游为支撑的旅游带,有利于形成山地旅游特色经济走廊。

(供稿人:蒋团标 陆凤娟 刘慧)

第二届国家中心城市建设高层论坛

2019年5月10日,第二届国家中心城市建设高层论坛在郑州市举办。此次会议由中国区域经济学会、郑州师范学院、河南省社会科学院、河南省高校智库联盟主办，区域经济评论杂志社等承办。来自国内数十家高校和研究智库的百余名专家学者参会，并围绕国家中心城市高质量发展、现代都市圈建设与区域协调发展，以及国家中心城市高质量发展的内涵、特征及实现路径等进行了深入探讨。

会议中，关于推动国家中心城市高质量发展，有学者认为，要着力补齐我国在城乡建设方面存在的短板，在提高新建房屋的标准和质量的同时，着力对老旧小区进行改造，重视解决影响农村居民生活和制约农业生产转型升级的突出问题。有学者认为，国家中心城市要充分用好国家战略优势和政策叠加优势，完善城市功能，补齐发展短板，提升城市品质，尤其在科技创新、对外贸易、产业迭代、消费升级方面聚心汇力，带动大都市圈发展，拓展辐射影响力，培育具有国际竞争力的都市圈群。有学者认为，应对标国际城市，把北京、上海、广州培育成为世界城市，把九个国家中心城市培育成未来中国经济发展的新支撑，形成"世界城市—国家中心城市—区域性中心城市—中小城市—特色城镇"的新型城镇体系。

关于推进现代都市圈建设，有学者认为，城市群的内核应是都市圈，而都市圈的内核则是大都市，这三者之间是一种耦合关系。有学者认为，都市圈是提高城市承载能力和运行效率，避免出现城市病的一种重要空间战略。有学者认为，在促进城市群和区域协调发展中，应更加突出都市圈融合发展的作用，特别是在产业协作、基础设施、生态环境、公共服务等领域，推动核心城市与周边城市及毗邻区域的一体化发展，促进核心城市与周边城市和毗邻区域的融合。

关于促进区域协调发展，有学者认为，当前中国区域发展不平衡出现了新的阶段性特征，已由过去的东部和西部的发展不平衡，演变成了以黄河为界的南北区域发展不平衡。有学者认为，产业转移改变了生产的空间布局，对物流提出了更高、更新的要求。有学者认为，改革开放以来的发展是城镇化扩张阶段，形成的城镇化人口、产业基本布局还不全面，供应链还在调整过程中，一些产业要素还在从沿海往里面转。有学者认为，发展不平衡主要指发展中的结构性问题，可分为区域间不平衡、领域间不平衡和群体间不平衡，其中区域发展不平衡是关键。

（供稿人：石玉）

首届中国北部湾发展论坛暨新时代高水平开放与西部陆海新通道建设理论研讨会

2019年6月27日，为助力全方位扩大高水平开放、推进西部陆海新通道建设，首届中国北部湾发展论坛暨新时代高水平开放与西部陆海新通道建设理论研讨会在广西钦州举办。此次会议由中国区域经济学会和北部湾大学主办，获得中国民主建国会广西壮族自治区委员会和中国-马来西亚钦州产业园区管理委员会的大力支持，北部湾大学钦州发展研究院、中国区域经济学会北部湾发展专业委员会和中国民主建国会广西壮族自治区委员会经济委员会承办，区域经济评论杂志社、中国社会科学院西部发展研究中心、经济管理出版社和北部湾大学经济管理学院等协办。来自国家发展和改革委员会、国务院发展研究中心、中国社会科学院、广西社会科学院、吉林大学、新疆大学、重庆工商大学、中国-马来西亚钦州产业园区管理委员会等单位的专家学者和政企负责人围绕高水平开放、新通道建设、高质量发展等进行了深入探讨。

会议中，关于高水平开放态势和未来展望，有学者认为，西部地区高水平开放顺应国家战略需求、符合区域经济发展规律，可依托陆海新通道建设、贸易产业转型升级及输出、自贸区（港）等开放型政策供给予以纵深推进。有学者认为，扩大外资市场准入、加强知识产权国际保护合作、提升商品和服务贸易质量、开辟新的通道经济等是"一带一路"倡议背景下实现高水平开放的有效推进方式。有学者认为，目前存在发展水平不高、基础设施建设滞后、口岸通关效率不高、区域协调发展不足等现实问题。有学者认为，新时期的钦州实现开放发展，应加快与粤港澳大湾区对接合作，深化区域产业合作以及推动政策规划衔接、基础设施连接等。

关于陆海新通道建设与区域协调发展，有学者认为，陆海新通道建设将有助于推动提升西南地区的改革开放程度、城镇化和工业化水平，有助于西南地区强抓新技术革命和产业转移的机遇。有学者认为，通过西部陆海新通道建设，既可重塑亚太区域经济新格局，也可助力中国西部地区形成多元化、多层次、全方位的开放经济网络有机系统。

关于高质量发展模式及转型升级，有学者认为，区域高质量开发阶段具有三大动力特征：即创新驱动、绿色推动、开放拉动。有学者认为，在区域高质量发展阶段，要充分发挥法治在提升区域营商环境中的作用。有学者认为，高质量发展背景下，建设现代化经济体系，需要处理好中央政府与地方政府、实体经济与虚拟经济、安全性与效率性、政府与市场等重要关系。有学者认为，产业高质量发展阶段，仍要重视防范区域金融风险及其可能带来的负面影响，完善科技金融体系以助推企业自主创新与转型升级。有学者认为，应以协同发展理念切实推进京津冀文化共兴和文化产业高质量发展、外向型发展。

（供稿人：傅远佳　隋博文　冯海英）

第二届中国北部湾发展论坛暨新型全球化与民族地区自贸区建设研讨会

2020年11月26日，第二届中国北部湾发展论坛暨新型全球化与民族地区自贸区建设研讨会在广西钦州北部湾大学举办。此次会议由中国区域经济学会北部湾发展专业委员会、中国区域经济学会少数民族地区经济专业委员会和北部湾大学主办。大会采取主题演讲、高峰对话和分会场讨论的形式，来自全国各地的专家学者参会并围绕"新型全球化与民族地区自贸区建设"进行了深入探讨。

会议中，关于新型全球化与"一带一路"高质量发展，有学者认为，应对经济全球化应坚持双循环发展战略，积极参与国际经济政治治理改革，促进"一带一路"国家的经贸关系深入和高质量发展。有学者认为，打造西南地区国内国际双循环的联动载体有重大意义，应加强宣传舆论引导，推进西南地区国内国际双循环联动载体的建设。有学者认为，新疆应对新型全球化趋势，须紧扣以"一港、两区、五大中心、口岸经济带"为主线，以扩大对内对外开放为引领，加快新疆商品"卖全球"步伐。多位学者指出，在应对经济全球化问题上，应坚持双循环发展战略，畅通国内大循环，与"一带一路"沿线国家共赴高质量发展之路。

关于民族地区的高质量发展，有学者认为，应加大对少数民族经济的帮扶力度，推动少数民族经济尽快高质量融入国民经济及全球化，融入"一带一路"倡议，增强少数民族经济发展的外在动力。有学者认为，必须加强政策对接和民心沟通，提高投资质量，进行差异化竞争，创新区域合作模式，以加快推进"一带一路"倡议下民族地区经济高质量发展。有学者认为，应从顶层设计和制度安排上加大力度支持革命老区、民族地区、边疆地区、贫困地区加快发展，构建更有利于边疆民族地区经济可持续高质量发展的新机制新格局。

关于民族地区的自贸区建设，有学者认为，随着中国加入RCEP，与东盟、日本、韩国、澳大利亚、新西兰、印度会有密切经济联系，钦州和"一带一路"直接相连，在"十四五"期间要通过先进制造业，一方面和内地联系，另一方面带动进出口。有学者认为，广西自贸区既为国内循环之"终点"，亦为国际循环之"始点"，应探索和构建国际商事法庭解决商事争端，加快广西自贸区国际国内双循环发展。有学者认为，钦州自贸试验区应认清形势，改变观念，规划设计先行，并在关键领域和关键环节争取国家支持。多位学者指出，自贸区应在法律法规的监管和政策措施的支持下，完善各项基础设施条件，优化营商环境，加强内外联动，形成民族地区的特色产业集群，加快自贸区发展。

关于西部陆海新通道建设与向海经济发展，有学者认为，在新一轮西部大开发过程中，西部地区要注重高等级陆路交通干线建设，助力边缘城市和口岸城市交通发展，提升区域交通网络均衡性。有学者认为，西部陆海新通道建设有深刻的时代背景，广西应当加强物流业管理协调，加快现代物流规划与建设，构建综合立体交通集疏运体系，完善物流基础设施，培育一批重点物流企业。

（供稿人：陈锦山　黄桂媛　沈奕）

第三届中国北部湾发展论坛暨新理念新格局与西部向海高质量发展研讨会

2021年10月23日，在国家新阶段、新理念和新格局背景下，第三届中国北部湾发展论坛暨新理念新格局与西部向海高质量发展研讨会在南宁市广西民族大学举办。此次会议由中国区域经济学会北部湾发展专业委员会、广西民族大学和北部湾大学共同主办。大会采取主题演讲和分会场讨论形式，来自全国各地的专家学者参会并围绕着新理念、新格局与西部向海高质量发展进行了深入探讨。

会议中，关于高质量发展与区域协调，有学者认为，西部地区要以西部陆海新通道为牵引，构建西部高水平开放型经济新体制，注重抓好大保护和大开放，贯彻落实新发展理念，深化供给侧结构性改革，促进西部地区经济社会发展与人口、资源、环境相协调。有学者认为，区域布局的升级是中国经济持续发展的动力，应加大对边境地区的投入和帮扶力度，使边境地区与全国其他地区同步协调发展。有学者认为，广西应充分运用自身优势，推进"一带一路"建设、参与中国-东盟合作、陆海新通道建设，融入国家全方位对外开放的格局，构筑沿边开发开放新高地。有学者认为，西部陆海新通道是西部地区实现高质量发展新格局的重要抓手，应利用西部陆海新通道加快西部地区一体化协调发展。有学者认为，北部湾城市群服务业合作发展应抓住北部湾产业结构升级以及服务业发展的差异性等机遇，实现区域高质量发展。

关于向海经济与海洋强区，有学者认为，发展向海经济，需坚持陆海统筹，推动海洋与陆地经济资源的双向互动。有学者认为，广西应通过完善港口设施、优化向海经济产业体系、加强区域交流合作、建设高层次涉海人才队伍等措施，应加强基础设施建设，通过强化海陆协同发展、数字赋能等发展路径，利用好 RCEP 签订带来的发展机遇。

关于中国东盟贸易与外向型经济发展，多位学者在分析中国-东盟自由贸易区的体制、合作机制、投资、贸易、产业发展等方面的基础上，提出了外向型经济发展的一系列战略构想与思路。多位学者指出，应践行创新发展理念，优化营商环境，提升贸易便利化，参与中国-东盟自由贸易区建设，推动外向型经济发展，为国家对外开放战略目标的实现作出贡献。

关于粤港澳大湾区发展与北部湾城市群建设，主动对接粤港澳大湾区是向海经济发展的重要内容和条件。多位学者指出，应该主动对接粤港澳大湾区，做好区域经济一体化发展的规划，利用高水平的协同创新平台，重构自身发展新动能，实现高质量"两湾联动"，以推动北部湾城市群高质量发展。

（供稿人：黄桂媛　沈奕　郑雅元）

民族地区经济与"一带一路"战略研讨会暨2016年中国区域经济学会少数民族地区经济专业委员会年会

2016 年 7 月 10 日，民族地区经济与"一带一路"战略研讨会暨 2016 年中国区域经济学会少数民族地区经济专业委员会年会在锡林郭勒职业学院召开。此次会议由中国区域经济学会少数民族地区经济专业委员会和内蒙古自治区锡林郭勒盟行政公署共同主办，北京产业经济学会和内蒙古少数民族经济研究会协办，锡林郭勒职业学院、锡林郭勒盟口岸办承办。来自中国社会科学院、内蒙古社会科学院、宁夏社会科学院、河南社会科学院、贵州社会科学院、甘肃社会科学院、北京产业经济学会、内蒙古少数民族经济研究会、中央民族大学、对外经济贸易大学、西安交通大学、石河子大学、内蒙古财经大学、锡林郭勒职业学院以及《民族研究》编辑部、《区域经济评论》编辑部、《经济管理》编辑部、经济管理出版社等科研机构、学术团体、高等院校、新闻出版机构的 130 余名专家学者和政府官员参会，并围绕民族地区经济发展、锡林郭勒盟经济社会发展和"一带一路"战略研究的最新进展等议题进行了深入探讨。

会议中，关于民族地区经济与"一带一路"倡议理论，有学者认为，作为少数民族地区企业，要了解企业"走出去"区域变动影响因素，进而形成相应的对策和措施。有学者认为，少数民族地区"走出去"的产业选择应紧跟世界潮流，并结合中国经济发展的实际情况，适时做出科学的战略选择。

关于"一带一路"倡议框架下的民族地区经济发展，有学者认为，运用经济视角研究长城不能完全抽象掉政治、文化和民族变迁的这样一个背景，民族视角的研究也不能离开经济的分析，民族经济学可以发挥很好的作用。有学者认为，工业化、科研经费占比和城镇化率是少数民族自治区实现小康社会的重要因素。

关于"一带一路"倡议下中国民族地区人口社会流动与精准脱贫问题，有学者认为，合理的社会流动应该是以社会职能空缺为导向，以后置性原则为根据，以机会平等为前提，同时对弱者进行必要的帮扶和保护。有学者认为，农牧民土地和草场抵押缺乏有效法律保障。有学者指出，金融扶贫存在贷款金融机构单一、扶贫贷款面临较大合同到期风险的问题，并据此提出对策建议。

关于"一带一路"倡议下锡林郭勒盟经济社会发展实践，有学者认为，锡林郭勒盟应立足区位、人文、资源和政策优势，主动融入国家"一带一路"倡议，全面考量对外开放的基础，充分发掘市场资源和潜力，努力打造区域经济引擎，进一步增强区域经济持续增长的动力。有学者认为，应鼓励内蒙古农畜产品加工企业到蒙古国投资合作；建立高产、优质和高效的绿色农畜产品生产基地；建立新的加工生产模式，灵活应用优惠关税制度等。

(供稿人：邓光奇 王国洪 陈景昭 丁姝予)

民族地区融入"一带一路"倡议研讨会暨2017年中国区域经济学会少数民族地区经济专业委员会年会

2017年7月20日，为推动"一带一路"倡议与民族地区经济发展的理论与实践创新，充分借助"一带一路"倡议实施，为新疆、生产建设兵团和各民族地区的经济社会发展提供决策咨询和智力支持，民族地区融入"一带一路"倡议研讨会暨2017年中国区域经济学会少数民族地区经济专业委员会年会在新疆维吾尔自治区石河子市召开。此次会议由中国区域经济学会少数民族地区经济专业委员会和石河子大学经济与管理学院共同主办，区域经济评论杂志社、新疆农垦经济杂志社等6家单位协办，石河子大学经济与管理学院承办。来自全国各地的专家学者参会并围绕"一带一路"倡议研究，民族地区经济发展，新疆、生产建设兵团经济发展三个专题进行了深入探讨。

关于"一带一路"倡议理论研究，有学者认为，美国退缩为实施以美国利益居先的战略具有不可持续性，将产生新的全球化模式。市场经济必然导致全球化，并且要推进到欧亚大陆的腹地，扩大工业化的空间，这也是中国提出"一带一路"倡议的最根本的原因。有学者认为，民族经济学运用经济学理论研究民族过程政治文化效果的学说，可以研究现实理论研究中的空白点，运用民族的要素来推进自由市场规模与范围的扩大，从而弥补现实世界中非经济因素对自由市场经济的制约。

关于"一带一路"倡议框架下的民族地区经济发展，有学者认为，对于贸易的开放程度与地区发展，在开放与增长方面，实现开放促增长而非贫困化的增长；在开放与减贫方面，要实现开放的益贫性；在开放与不平等方面，要通过开放实现各民族福利水平基本同步提高，进而缩小收入差距。有学者认为，民族地区在融入"一带一路"的发展过程中都需要构建与自身特点相适应的战略，在具体落实战略方面，要构建中尼印经济走廊和环喜马拉雅经济合作带产业体系。

关于"一带一路"倡议下中国民族地区经济社会发展与精准脱贫问题，有学者认为，造成贫困群体失去创收机会与能力的根本原因是贫困者在参与正常的社会、政治、经济活动时所面临的社会排斥现象。有学者认为，民族贫困地区要想脱贫首先要找准贫困的症结所在，通过构建金融扶贫效果指标体系，健全金融扶贫机构体系，创新金融扶贫产品和服务手段以及对于贫困村和非贫困村应采取差异化的金融扶贫措施，找准贫困症结并扶贫。

关于"一带一路"倡议下新疆经济社会发展实践，有学者认为，要从提升自我发展能力的角度反思援疆政策。有学者认为，新疆要融入"一带一路"是国家战略的重大需求，同时也是地方发展的重大需求。关于如何融入，一是抓住融入机遇，二是创新融入环境，三是积极主动融入，四是学界推动。有学者认为，哈萨克斯坦在劳动力禀赋和资本方面优于新疆，技术处于相对劣势，新疆与哈萨克斯坦差异化的要素禀赋条件表明两者具有较强的潜在产能契合性。

(供稿人：邓光奇　李昌龙)

"一带一路"背景下的中国区域现代化发展战略理论研讨会暨2018年中国区域经济学会少数民族地区经济专业委员会年会

2018年7月24日，为落实党的十九大报告提出的基本方略，总结宁夏回族自治区成立60周年以来的发展经验，"一带一路"背景下的中国区域现代化发展战略理论研讨会暨2018年中国区域经济学会少数民族地区经济专业委员会年会在宁夏回族自治区银川市召开。此次会议由中国区域经济学会少数民族地区经济专业委员会和宁夏社会科学院共同主办，宁夏师范学院、宁夏大学经济管理学院、北方民族大学经济学院、区域经济评论杂志社、新疆农垦经济杂志社、财经理论研究杂志社协办，宁夏社会科学院"一带一路"研究院承办。来自中国社会科学院、河南省社会科学院、贵州省社会科学院、宁夏社会科学院、中国社会科学院工业经济研究所、内蒙古社会科学院锡林郭勒分院、对外经济贸易大学、中央民族大学、北京工商大学等全国50余家科研机构、高等院校、政府部门、出版机构、企事业单位的140余位专家学者参会，并围绕党的十九大报告提出的基本方略，在实施区域协调发展战略，建设现代化经济体系，积极推动西部地区融入"一带一路"，加快民族地区现代化建设进程，总结宁夏回族自治区成立60周年以来的发展经验等方面进行了深入探讨。

此次会议开幕式由宁夏社会科学院副院长段庆林研究员主持，宁夏社会科学院院长张廉教授、内蒙古财经大学校长、中国区域经济学会少数民族地区经济专业委员会顾问杜金柱教授，中国区域经济学会少数民族地区经济专业委员会主任委员李曦辉教授，宁夏回族自治区党委宣传部副部长彭生选分别致辞。

在主旨报告阶段，有学者认为，经济学的经济人假设带有较强的随意性，由于目标和手段过于单一、简化，难以反映人性和社会的多面性，与现实存在较大的差距，难以解决与非经济因素相关的问题，文化因素是弥补经济学逻辑断点的最佳方式。有学者认为，不同国家之间是互为核心、互为边缘、互为起源的，消除了隔阂，国家间便具有"平起平坐"的关系。

在主题发言环节，11位从事区域经济、民族经济研究的专家学者分别就以下议题进行了主题发言：在"一带一路"背景下探讨了西藏边境旅游的现状并提出了建议；基于新疆近10年来的生态环境，阐述了实施环境保护税对新疆的影响；对民族地区企业技术创新、企业社会责任与竞争优势的关系进行了实证分析并得出了启示；通过分析现状，介绍了中国东盟国际旅游合作内容；以新思维为宁夏的内陆开放型经济建设之路提出了建议；介绍了民族经济学四十年的历史；分析了新疆丝路核心区建设的意义、成果与前景；介绍了海南自由贸易试验区的特色，提出了自由贸易港建设的发展思路；从民族经济学的角度出发，阐述了民族地区宏观调控的依据和目标；从加快民族地区特色小镇培育和建设的必要性出发，提出了五点建议；以广西东兴口岸为例，进行了模式分析并得出结论。

关于分组讨论，主要围绕"'一带一路'与西部大开发"和"区域现代化与高质量发展"两个主题展开，分别分为两个阶段，就民族地区如何融入"一带一路"倡议、打造内陆开放型经济高地，如何构建区域城乡协调发展新格局，如何促进民族地区全面现代化建设，如何加快西部地区融入"一带一路"倡议及实现区域现代化，提出了战略性、前瞻性的政策建议，为推进民族地区经济发展提供了决策参考和理论依据，为民族地区的经济社会发展与"一带一路"倡议实施提供了学术支持。

（供稿人：邓光奇　李昌龙　丁凌之）

2019年中国区域经济学会少数民族地区经济专业委员会年会暨全球化与民族地区经济发展研讨会

2019年8月16日，为加强科研院所、出版机构、政府部门和企事业单位等人员的学术交流，推动民族地区精准脱贫步伐、实现民族地区全面建成小康社会和高质量发展，2019年中国区域经济学会少数民族地区经济专业委员会年会暨全球化与民族地区经济发展研讨会在拉萨召开。此次会议由中国区域经济学会少数民族地区经济专业委员会和西藏大学共同主办，区域经济评论杂志社、新疆农垦经济杂志社、财经理论研究杂志社和西藏大学学报编辑部共同协办。来自全国各地的专家学者围绕教育部、财政部、国家发展和改革委员会印发了《关于公布世界一流大学和一流学科建设高校及建设学科名单的通知》，公布42所世界一流大学和95所一流学科建设高校及建设学科名单进行了深入探讨。

会议中，关于一流学科建设与全球化，有学者认为，生态管理学是一门交叉学科，在青藏高原的西藏讲生态管理学意义更为重大，并指出生态经济领域管理的研究重点为生态产业布局、生态企业（绿色企业）培育、生态区域涵养三个方面。有学者认为，民族经济学应该以西方经济学分工理论、规模范围理论和全球化理论为一种基础理论，以马克思主义分工与国际交往理论为另一种基础理论。有学者认为，正确认识以人为中心的生产力-生产关系（经济基础）-上层建筑之间的矛盾运动，通过教育全方位提升人的能力，通过全方位提升人的能力实现生产力、生产关系、上层建筑全要素的良性互动。

关于民族地区的高质量发展，有学者认为，中国西北地区经济高质量发展综合水平总体呈现上升趋势，但低于全国平均水平，呈现以甘肃为凹分界岭，东高西中的"V"型区域格局。有学者认为，民族地区欠发达地区发展路径选择适当，实现技术蛙跳不仅可能，而且可行，并提出了差别化的区域政策选择。有学者认为，应提高企业民族多元化水平，尤其在民族地区，通过引进等方式，需要国家给予政策支持。

关于西藏民主改革60余年经济社会发展，有学者认为，家庭抵御风险的能力低是导致穷人持续贫困的一个原因。有学者认为，当前失地农民仍处在传统性与现代性二元共存与互动的传统向现代过渡的阶段。有学者认为，不同于其他现有的"二元化"经济论，西藏经济呈现出"城镇与农村、公有与非公、传统与现代"三重二元化的独特结构性特征。有学者认为，通过分析差异与经济增长的关联、后果与成因，提出西藏应探寻经济增长与适度差异间的"均衡"，以促进区域经济协调、合理发展。

（供稿人：张建伟　图登　克珠）

中国区域经济学会少数民族地区经济专业委员会2021年年会暨新发展格局下民族地区经济发展线上主题研讨会

2021年12月4日，中国区域经济学会少数民族地区经济专业委员会2021年年会暨新发展格局下民族地区经济发展线上主题研讨会在中央民族大学召开。此次会议由中国区域经济学会少数民族地区经济专业委员会主办，吉首大学商学院、"民族地区绿色减贫与发展"国家民委人文社会科学重点研究基地、武陵山片区扶贫与发展湖南省普通高校2011协同创新中心、民族地区扶贫与发展湖南省专业特色智库承办，区域经济评论杂志社、《吉首大学学报（社会科学版）》编辑部协办。来自全国各地的110余位专家学者参会并围绕"新发展格局下民族地区经济发展"进行了深入探讨。

会议中，关于民族地区经济高质量发展的理论探索，有学者认为，国家支持是民族地区高质量发展的机遇。有学者认为，"三新一高"为西部地区发展提供了新机遇，西部地区发展应以经世济民的中国经济学为指导，形成以人与自然协调发展为前提，以地区经济自循环为基础，以融入国内大循环为主导，以参与并引领周边国家共同循环为补充，为共享发展、共同富裕起示范和带头作用的新发展格局。

关于新发展格局下民族地区特色产业发展的动力解析，有学者认为，发展民族地区传统工艺是推动民族地区实施乡村振兴的有力抓手，黔东南苗族传统工艺代表了中国苗族传统工艺的领先水平。

关于新发展格局下民族地区经济发展的实证研究，有学者认为，丝绸之路经济带核心区空间布局总体向好，但区域内差异依然明显，提出了丝绸之路经济带核心区的三点发展思路。有学者认为，中国服务贸易的竞争力明显弱于东盟，不具备国际竞争力。

关于区域脱贫攻坚与乡村振兴有效衔接的行动建议，有学者认为，乡村发展要建立片区脱贫攻坚与乡村振兴有效衔接、脱贫攻坚加速乡村重构、乡村重构推动乡村转型、乡村转型支撑乡村振兴的系统工程。有学者认为，建设边境小康村要正确把握乡村振兴战略与边境城镇化、生态保护与兴边富民、当前利益与长远发展、全面小康与个人富裕等五对关系。

关于新发展格局下民族地区经济发展的路径思考，有学者认为，走节能减排的低碳发展道路是中西部民族地区可持续发展的必然要求。有学者认为，自主创新问题需要上升到企业战略，并依靠持续发展模式解决。

（供稿人：李曦辉　陈温　都苏　杨新文）

中国区域经济学会少数民族地区经济专业委员会2022年年会暨中国式现代化与民族地区高质量发展学术研讨会

2022年12月11日，中国区域经济学会少数民族地区经济专业委员会2022年年会暨中国式现代化与民族地区高质量发展学术研讨会在北京召开。会议由中国区域经济学会少数民族地区经济专业委员会主办，铜仁学院经济管理学院承办，经济管理杂志社、区域经济评论杂志社、财经理论研究杂志社协办。大会采取线上的形式，来自全国各地的百余位专家学者参会，并围绕中国式现代化与民族地区高质量发展进行了深入探讨。

关于中国式现代化背景下民族经济学新范式意识形态建设，有学者认为，人类经济社会发展已经进入了新型全球化阶段，需要建立全球统一市场，关注经济-文化范式的民族经济学范式创新就显得更加重要。有学者认为，民族地区发展呈现以人为本全面发展、利用优势不唯优势、人才引领数字化、重视研发深度挖掘、内外一体共同发展五个特点。

关于中国式现代化背景下民族地区高质量发展的理论探索，有学者认为，新时期，社会主要矛盾发生转变，对口支援的工作重点也应转移到"人"的发展上，核心在于筑牢中华民族共同体意识，实现人的全面发展和社会全面进步。有学者认为，中国式农业农村现代化是中国式现代化的剖面，其现代化历程嵌入以序次推进的温饱型社会、小康型社会、富裕型社会等国家现代化建设过程中。

关于中国式现代化背景下民族地区高质量发展的实证研究，有学者认为，近年来畜禽养殖业逐渐成了广大农村地区农民创业增收的有效途径，但是畜禽养殖业所带来的污染已经严重威胁生态环境。有学者认为，沪滇合作加强了区域性联动合作。

关于中国式现代化背景下民族地区高质量发展的实践路径，有学者认为，非正式制度变迁下乡村振兴面临传统文化约束弱化、乡村社会资本流散、社会舆论监督消减以及非正式制度变迁滞后等现实问题，并据此提出非正式制度资源助推乡村振兴的四条实践路径。有学者认为，对口支援政策促进受援地的经济增长，并通过促进基础设施建设来推动受援地经济增长。

关于中国式现代化背景下期刊媒体的定位与发展，有学者分享了《经济管理》的发展史特点，以及该刊特点和投稿流程、投稿须知。《财经理论研究》主编谈到了当前期刊肩负的历史使命和责任担当，介绍了该期刊开设的丝路经济和民族经济两个特色栏目。《区域经济评论》主编谈到了近期的经济研究热点和初审问题，并对该期刊进行了简要介绍。

（供稿人：霍煜钰　刘培涵）

学科建设

安徽大学长三角一体化发展研究院

一、机构介绍

安徽大学长三角一体化发展研究院是由安徽大学与安徽省人民政府发展研究中心共建的高端智库。研究院以"立足安徽省,服务长三角"为目标,服务长三角一体化发展国家区域发展战略,多学科交叉合作,聚焦长三角一体化发展与安徽社会经济发展重大问题,力争通过5-10年努力,打造特色鲜明、国内一流的研究智库和人才培养高地,有力支撑学校"双一流"建设,为推动安徽省经济高质量发展和长三角一体化发展提供智力支持。

研究院以安徽大学经济学、管理学及其他相关学科平台为核心,依托安徽省人民政府发展研究中心等机构优势资源,汇聚国内外相关高校、科研院所的学科和专家力量,现有专兼职人员共42人,其中教授13名,副教授16名,拥有博士学位34人。围绕智库平台建设,研究院与安徽省各相关政府部门、长三角地区各政府部门、国家与地方相关智库以及国内外各高校与研究机构建立互动机制。在咨政建言方面,创办《区域经济与城市发展智库专报》内刊,连续出版《区域经济与城市发展研究报告》。

近年来,研究院始终紧抓科研成果,夯实智库建设基础。课题研究方面,团队主要成员主持各类纵向课题(项目)科研项目70余项,其中国家级课题7项,省部级项目25项,共获得科研经费超1200万元。咨政服务方面,围绕安徽省经济社会发展和长三角一体化建设,该院成员高质量地完成一系列政策咨询任务,其中19篇研究报告获得省、市相关领导的高度评价。论文专著方面,在《管理世界》、《统计研究》、Transport Policy等国内外期刊上发表论文200余篇,主编长三角相关著作30余部,获安徽省社会科学奖一等奖、二等奖多项。

二、优势领域

研究院成立以来,围绕安徽省经济社会发展和长三角一体化建设为核心,通力合作,聚焦长三角区域高质量发展、长三角城市群一体化发展与都市圈建设、制度创新与体制改革、生态保护与绿色发展四个重点研究方向,致力于学术成果向应用层面转化,积极拓展与长三角地方政府、重点高校及国内外相关科研机构的长期合作关系,高质量完成一系列政策咨询研究任务。

围绕上述四个重点研究方向,研究院致力于打造两个优势学科平台。一是区域经济学优势学科平台,重点聚焦长三角城市群、长江经济带、合肥都市圈等区域,遵循新发展理念,围绕长三角地区公共政策、城市贫困与社区治理、城市规划与管理、城市空间政策与治理、大数据与智慧城市等领域进行交叉学科研究。二是产业经济学优势学科平台,重点关注区域产业政策、产业组织和产业集群发展,对长三角现代产业体系与价值链升级、区域协调发展、长三角科技创新共同体、碳中和碳达峰等重大课题进行交叉学科研究。

三、课程设置

依托安徽大学应用经济学一级学科博士点,研究院开设区域经济理论、区域经济规划、区域经济学前沿讲座、空间经济学等区域经济学硕士生课程,开设高级区域经济学、区域经济学前沿讲座等区域经济学博士生课程。

四、人才培养

依托安徽大学应用经济学一级学科博士点，研究院每年招收 1—2 名区域经济学博士研究生，招收 7—9 名区域经济学硕士研究生。研究院高度重视研究生教育培养工作，采取"大师+团队+讲座"的研究生培养模式，设立研究生创新项目，整合校内外各种优势资源，强化人才培养质量。2019 年以来，已培养区域经济学专业研究生 30 余名，其中博士生毕业 3 人，硕士生毕业 14 人。研究生共发表学术论文 30 余篇，其中 CSSCI 类 18 篇；30 余项研究生创新项目立项；多人次获硕士、博士研究生国家奖学金。

五、智库活动

研究院每年定期举办"长三角一体化发展高峰论坛"，目前已成功举办四届，牵头联合相关高校和研究机构成立中国区域经济学会长三角一体化专业委员会。定期举办一系列与长三角相关的学术讲座和决策咨询活动，邀请全国著名区域经济学专家金碚研究员、肖金成研究员、赵作权教授等开办 REUD 高端学术沙龙，已举办 29 场。定期举办香樟经济学 Seminar（合肥），为青年学者提供学术交流的机会。举办中国区域经济高峰论坛、首届全国区域经济学博士后论坛等全国性学术会议 10 余场。

研究院积极参加一系列长三角一体化发展相关咨政座谈会，并在《光明日报》《学习时报》《中国社会科学报》《安徽日报》等报刊上发表相关文章，为长三角一体化发展提供智力支持。相关研究报告获得省、市相关领导的高度评价，例如，咨政报告《安徽推进长三角一体化应着力六个抓手》获安徽省委主要负责领导批示；研究报告《安徽构建"双碳"技术创新策源地的建议》获安徽省政府主要负责领导批示，并被安徽省生态环境厅采纳运用。

近年来，研究院完成各类规划和政府委托重大课题，取得积极成效。研究院每年完成合肥市人民政府委托招标课题 10-12 项，完成合肥市、阜阳市等相关政府部门"十三五""十四五"专项规划 20 余项，完成安徽省发展改革委课题"皖江城市带承接产业转移示范区规划（修订）"中期评估、"大别山革命老区振兴发展规划"实施情况中期评估报告、"对标长三角推进我省体制机制改革"、安徽省统计局"安徽经济高质量发展评价研究"等各类政府咨询课题，累计经费超过 1000 万元。

（撰稿人：胡艳　杨仁发　李彦）

安徽财经大学经济学院

一、机构介绍

安徽财经大学区域经济学专业，由政治经济学硕士专业中的城市经济学方向演化而来，2006 年获得硕士学位授予权，2007 年招收硕士研究生。区域经济学教学科研队伍主要分布在经济学院，研究团队现有科研和行政人员 20 人，教授 7 名，副教授 6 名，博士 17 名；其中，经济学二级教授 1 人，国务院特殊津贴获得者 1 人，博士生导师 3 人，国家社会科学基金理论经济学科组评审专家1人，安徽省省教学名师1人，安徽省高校优秀青年拔尖人才1人。

近年来，在周加来教授主持的国家社科重大招标项目的引领下，在城市经济、县域经济、城镇化理论、农民工市民化、乡村发展、生态环境保护、安徽经济发展研究等方面，安徽财经大学经济学院取得了丰硕的研究成果，获得国家社科基金重点和一般项目12项，教育部和安徽省等省部级课题30多项。在《中国农村经济》《中国工业经济》《管理科学学报》《统计研究》《经济理论与经济管理》《经济学家》《改革》《南开经济研究》《农业经济问题》《财经研究》《国际贸易问题》等国内重点期刊发表学术论文20多篇，在CSSCI期刊发表学术论文150多篇，出版学术专著30多部，在《人民日报》（理论版）、《光明日报》（理论版）、《解放日报》、《中国青年报》等重要报纸上刊发理论文章10多篇。

二、优势领域

安徽财经大学区域经济学为校级重点学科和B类学科特区学科，安徽省A类重点学科、重大学科、高峰学科，入选省一流学科建设项目。学科发展努力聚焦国内外区域经济形势和热点问题，积极推动中国区域经济发展经验的学理化，努力产出"中国特色、世界水准"的原创性科研成果，同时扎根安徽大地开展服务地方经济发展的科研和社会服务。区域经济学学科建设主要依托安徽财经大学经济学院、安徽城市经济学会（省级学会、秘书处设在安徽财经大学）、城市与县域经济研究中心、城市与县域分析实验室开展科研和社会服务活动，并与国内外相关研究机构、专家学者进行交流，不断提升研究能力。学科平台建设逐步形成"研究特色鲜明、智库成果丰富、社会服务扎实、人才培养有效"的产学研深度融合发展局面。

在学科建设早期阶段，研究方向主要以安徽城市经济和县域经济研究为重点。针对安徽省的实际情况和发展目标，分析城镇发展过程中存在的问题，从经济、社会、环境和空间结构等多方面提出政策建议。在安徽县域经济研究方面，主要以《安徽县域经济竞争力报告》为抓手，从多维度评价安徽省县域经济的发展情况，提出推动县域经济发展的政策建议。取得的代表性成果有：论文《城市化·城镇化·农村城市化·城乡一体化——城市化概念辨析》（《中国农村经济》2001年第5期）获安徽省人民政府社会科学文学艺术奖二等奖；专著《县域经济：理论与安徽实践》获安徽省人民政府社会科学文学艺术出版奖三等奖。近年来，学科建设紧跟国家脱贫攻坚、乡村振兴战略以及绿色发展战略，在脱贫攻坚、乡村振兴、资源环境保护方面也取得了较多的科研成果。在脱贫攻坚、乡村振兴科研方面，获得国家社科基金重点项目1项、一般项目2项，省部级项目10多项。在资源环境保护科研方面，获得国家社科基金后期资助项目1项，省部级项目8项。

三、课程设置

该学科课程分为学位课（公共学位课、专业学位课）、非学位课（专业选修课、公共选修课），其中公共学位课包括政治和外语类课程。总学分不超过43学分，其中课程学分不超过30学分，非学位课每门课不得超过1学分，文献综述与开题报告1学分，学科竞赛2学分，学术活动1学分，实践活动1学分，毕业论文8学分。

公共学位课：英语高级听说（外教）、学术交流英语、学术英语阅读、学术英语写作、商务英语、中国特色社会主义理论与实践、习近平新时代中国特色社会主义思想概论、自然辩证法概论、马克思主义与社会科学方法论。专业学位课：中级微观经济学、中级宏观经济学、中级计量经济学、区域经济理论与前沿专题、城市经济理论与前沿专题、发展经济学、制度经济学。专业选修课：宏观经济分析与 stata 应用、经济地理理论与方法、区域经济分析与 arcgis 应用、区域规划与政策、区域资源与环境、城市经济专题、县域与农村经济专题、空间经济学。

四、人才培养

区域经济学硕士点设有区域经济理论与实践、城市经济理论与实践、区域资源环境与规划、县域经济与乡村发展 4 个人才培养方向。学科发展和人才培养形成了"科学研究+社会服务+团队建设+人才培养"四位一体的良好态势。硕士生的培养采取课程学习、实践教学和论文研究工作相结合的方式，以使学生系统掌握学科领域的理论知识，培养学生分析问题和解决问题的能力。近年来硕士研究生招生规模扩大较快，2020 年之前在 20 人以下，2020 年、2021 年、2022 年分别达到 21 人、24 人、25 人。学生就业或考博率 100%，就业去向主要是银行、政府部门、企业单位，近年来每年升学读博人数达到 3 人以上。

五、智库活动

安徽财经大学区域经济学专业始终坚持推进新型智库建设，目前已经形成了有特色的智库建设，在全国同类智库中产生了较大影响。由周加来教授主持撰写的《安徽经济发展系列研究报告》入选安徽省重点建设智库，每年定期发布《安徽县域经济竞争力报告》《安徽城市发展报告》。李刚教授撰写的文章《切实把扶贫同扶志扶智结合起来》《推进城镇化不可丢了"精神"》分别在《人民日报》《光明日报》上刊发。朱道才教授撰写的研究报告《关于加快我省农村空心化问题治理的建议》获时任安徽省常务副省长的批示，被安徽省住房和城乡建设厅采纳，《领略淮河风情 建设美丽庄台》获安徽省人民政府副省长批示，被阜阳市、颍上县采纳。另外，在《解放日报》《农民日报》《中国青年报》等报纸刊物发表多篇理论文章。学科点科研队伍近年来承担安徽省政府重大招标课题、市县五年规划等各级政府部门委托课题 50 多项，得到了地方政府的高度认同和采纳。

（撰稿人：汪增洋）

安徽工业大学商学院

一、学科介绍

1. 历史沿革

安徽工业大学区域经济学学科溯源于 1983 年原冶金部在华东地区开设的工业统计专业，2001 年在安徽率先招收"数量经济学"研究生，2005 年招收"产业经济学"研究生，2010 年获得应用经济学一级硕士点授予权，同年设区域经济学二级学科硕士点。该学科遵循数字经济和大数据时代应用经济学学科发展趋势，立足国家、区域发展现实需求，围绕长江经济带、长三角、安徽省等区域创新驱动与产业转型升级、经济高质量发展等重大现实问题，开展科学研究和人才培养。

2. 师资团队

目前区域经济学学科拥有专任教师20人，其中教授6人，副教授8人，博士14人，博士生导师3人，硕士生导师12人。团队中，洪功翔、方大春为中国区域经济学会常务理事，江小国、贾兴梅、李俊为中国区域经济学会理事。党的十八大以来，该学科共获批国家基金项目15项（含2项社科重点），省部级课题30余项，发表SSCI、CSSCI等高水平论文80余篇，出版学术专著10部。在《人民日报》《经济日报》发表理论文章3篇，在《安徽日报》发表理论文章12篇。获中央领导批示和被中央决策部门采纳1项、获安徽省领导批示6项，被教育部、科技部采纳3项，被安徽省委宣传部、安徽省科技厅采纳2项。获安徽省社科二等奖1项，三等奖4项。

3. 代表性学者

洪功翔教授（二级）为安徽省学术与技术带头人，获批国家社科基金重点项目2项、国家软科学项目1项，获安徽省社会科学二等奖1项、三等奖1项，在《人民日报》、CSSCI等报刊上发表论文120余篇。方大春教授为安徽省学术与技术带头人后备人选，主持国家社科基金、教育部人文社科规划项目、中国博士后科学基金特别资助等10多项，在《经济日报》、CSSCI等报刊发表论文80余篇。陈东教授为安徽省学术与技术带头人后备人选，主持国家社科基金、教育部人文社科规划项目、中国博士后科学基金特别资助、安徽省经济社会重大招标项目等10多项，在《管理世界》《中国工业经济》《经济日报》等报刊上发表论文50余篇，主持完成的《新时代中小企业创新发展的路径和支撑条件研究》于2021年获中央领导批示，被中央决策部门采纳。

4. 代表性教学成果

在研究生培养过程中，该学位点毫不动摇、坚定不移地贯彻落实习近平总书记关于高校思想政治工作的方针，把立德树人作为教育教学的中心环节，把思想政治教育工作贯穿教育教学全过程，积极推进课程思政、专业思政、学科思政的有机融合，实现全员育人、全程育人、全方位育人。教学成果丰富，其中《"无边界"育人：商科人才培养模式创新与实践》（第一完成人：洪功翔）获2019年安徽省教学成果一等奖，《区域经济学教学内容创新与实践应用》（第一完成人：方大春）获2017年安徽省教学成果二等奖。

二、学科优势

1. 重点研究方向

该学科依托学校工科背景和行业特色，立足国家、区域发展现实需求，围绕长江经济带、长三角、安徽省等区域创新驱动与产业转型升级、经济高质量发展等重大现实问题，开展科学研究。主要研究领域：区域经济理论与方法，区域经济发展与政策，城市发展与区域一体化。特色与优势：持续关注长三角地区和安徽省产业经济以及区域经济发展中的重要现实问题，先后就安徽马鞍山市、博望区等如何融入南京都市圈、长三角提供战略咨询和学理支持。从产业转移和承接、产业布局探讨区域间协同发展动力，从区域空间结构角度研究优化空间要素配置。

2. 优势学科平台

该学科目前拥有安徽省委宣传部重点培育智库"安徽创新驱动发展研究院"和安徽省高校重点建设智库"安徽创新驱动与产业转型升级发展研究中心"。依托两大省级智库平台，该学科教师在理论研究、政策咨询等方面围绕国家重大规划和地方经济发展需要，主动对接长三角一体化、长江经济带等国家发展战略，以及安徽省经济发展战略，注重与学校传统优势学科的融合，集中力量建设智库平台，为地方产业发展和区域经济建言献策，扩大区域经济学学科影响力。年均承担各类横向课题20余项，取得了良好的经济和社会效益。持续关注长三角地区和安徽产业经济和区域经济发展中的重要现实问题，先后就安徽马鞍山市、博望区等如何融入南京都市圈、长三角提供战略咨询和学理支持。如，对"江宁-博望等省际毗邻区域开展深度合作"纳入中共中央、国务院印发的《长江三角洲区域一体化发展规划纲要》起到了积极的推动作用。

3. 标志性学术活动

为了深入研讨供给侧结构性改革与区域发展新动能，推动我国区域经济理论与实践创新，2017年9月23日，由中国区域经济学会、安徽工业大学和中国工业经济杂志社主办，安徽工业大学商学院、安徽工业大学安徽创新驱动发展研究院、安徽工业大学安徽创新驱动与产业转型升级研究中心承办，《经济管理》杂志社、《区域经济评论》杂志社协办的2017年中国区域经济学会年会暨区域创新驱动与产业转型升级学术研讨会在安徽省马鞍山市举行。来自国务院研究室、国务院发展研究中心、国家发展和改革委员会、中国社会科学院、河南省社会科学院、安徽省社会科学院、江西省社会科学院、中共安徽省委党校、中共贵州省委党校、中国人民大学、复旦大学、浙江大学、武汉大学、南开大学、南京大学、吉林大学、湖南大学、四川大学、上海财经大学、中国地质大学、苏州大学、安徽大学、南通大学、四川师范大学、安徽财经大学、内蒙古科技大学、经济管理出版社等政府、科研院所、高校和出版社的110余家单位的300多位专家学者出席了此次会议。

此次会议的主题是"区域创新驱动与产业转型升级"。研讨会的主要内容包括三大块：主旨报告、高峰论坛和分论坛。中国区域经济学会会长、中国社会科学院学部委员金碚研究员做了题为"区域经济发展进入本真价值理性时代"的主旨报告，结合区域经济的发展对人的理性追求从交换价值和使用价值两方面进行了探讨。国务院研究室信息司司长刘应杰研究员、国家发展和改革委员会国土开发与地区经济研究所肖金成研究员、南京大学原党委书记洪银兴教授、安徽省政协科教文体卫委员会主任韦伟教授、国务院发展研究中心发展战略和区域经济研究部刘云中研究员、安徽工业大学商学院副院长方大春教授分别就沿江区域经济一体化、梯度跨域"中等收入陷阱"、合肥的创新驱动与转型发展、长江经济带的绿色发展、区域经济发展的动能转化、雄安新区建设对京津冀城市群的影响等问题做了主旨报告。

高峰论坛和分论坛在当天下午举行。在高峰论坛环节，成都市社会科学界联合会主席杨继瑞教授、中国区域经济学会顾问程必定研究员、中国社会科学院工业经济研究所副所长李海舰研究员、四川师范大学党委书记丁任重教授、中央民族大学规划处处长李曦辉教授、武汉大学吴传清教授、中国区域经济学会副会长兼秘书长、中国社会科学院工业经济研究所陈耀研究员、河南省政协学习和文史委员会副主任喻新安研究员、南通大学原党委书记、江苏长江经济带研究院院长成长春教授和贵州省委党校副校长汤正仁教授，就当前区域经济学研究中的热点难点问题进行了热烈探讨。此次研讨会的分论坛主题有四个，分别是区域协同发展与开放战略、企业创新驱动机制与政策、区域产业转型升级与经济增长、区域经济理论与政策。共有30多位专家学者在分论坛上分享讨论了自己的研究成果。

此次大会，主题既有理论高度，又紧密结合当前区域经济发展实际，专家学者们展示了丰硕的研究成果，新思路、新观点得到激烈碰撞，尤其是年轻学者们旺盛的研究热情和扎实的研究功底给参会人员留下了深刻的印象，会议取得圆满成功。

三、课程设置

该学科要求区域经济学研究生修课程及实践等环节不少于27学分，开设的学位课包括中级微观经济学、中级宏观经济学、中级计量经济学、社会主义经济理论等课程，非学位课包括空间分析方法、数量分析方法、产业经济理论与实践、区域经济问题专题等课程。该学科一直重视学风建设，积极开展科学道德和学术规范教育，学生学习和科研态度端正。积极引导和指导研究生加强学习，夯实专业基础，把握区域经济学前沿动态。

四、研究生培养

近年来每年招收区域经济学研究生6-8人。在研究生培养过程中，细化并执行学位授予质量标准，制定研究生培养方案，做到培养环节设计合理，学制、学分和学术要求切实可行。实行研究生培养全过程评价制度，关键节点突出学术规范和学术道德要求。严格审核研究生培养各环节是否达到规定要求。设立研究生培养指导委员会，负责落实研究生培养方案、监督培养计划执行、指导课程教学、评价教学质量等工作。加强研究生入学教育，把学术道德、学术伦理和学术规范作为必修内容纳入研究生培养计划。坚持质量检查关口前移，完善考核组织流程，落实监督责任。

人才培养质量逐年提升，所有毕业研究生均在CSSCI、中文核心期刊、本科学报等报刊上发表论文。近年来毕业研究生就业率（含升学、创业）为100%，主要去向为政府部门、长三角区域大型企业、高校及科研单位等，一批研究生进入南京大学、中国农业大学、东北大学、上海财经大学等国内高水平大学攻读博士学位。目前很多毕业研究生已成为单位的中高层领导或业务骨干，受用人单位好评。

（撰稿人：方大春　江小国）

北京大学政府管理学院

一、学科介绍

北京大学区域经济学专业最早可以溯源至1952年院系调整中建立的北京大学经济地理学本科专业，以及于1980年代末建立的北京大学经济地理硕士专业。1997年，在中国区域经济学主要创始人杨开忠教授的推动下，根据国务院学位委员会专业目录调整精神，北京大学经济地理专业硕士点调整为区域经济学专业硕士点，并与光华管理学院联合成功申请获得了应用经济学一级学科博士学位授权，设立区域经济学专业博士点。1999年，该专业与北京大学光华管理学院联合申请设立了应用经济学博士后流动站，并作为核心学科支撑建立了服务首都的高端智库——北京大学首都发展研究院。

2001年，北京大学政治学与行政管理系与北京大学城市与环境学系区域经济学专业共同成立了北京大学政府管理学院。2003年，区域经济专业结合公共管理学科建设需要设立全国首个城市管理本科专业。2007年，北京大学区域经济专业获批成为北京市重点学科。同年，北京大学城市管理专业成为我国高校同类专业中迄今唯一的国家级特色专业，并同时获批北京市特色专业，并从2021开始连续两年获软科中国大学专业排名第一。2022年获国家级一流本科专业建设点。区域经济学作为二级学科，隶属于应用经济学。北京大学应用经济学在国务院学位办组织的历年一级学科评估中，均被评为全国第一名。

二、学科优势

北京大学区域经济专业秉承"综合交叉"、"国际前沿"和"国家需求"三大学科发展理念，坚持以理论、方法和实践应用三者协同发展为基础，不断开拓和深化新的专业方向和研究领域，先后承担了国家自然科学基金重点项目、国家社会科学基金重大项目、国家重点研发计划项目等100多项重要科研项目，发表了近500篇（部）高水平科研成果，培养了200余名区域经济学人才和200多名城市管理专业人才，为我国城市与区域发展做出了重要贡献。

经过20多年来的努力开拓与建设，北京大学区域经济学专业已经发展成为融经济学、管理学、地理学为一体的、本土化和全球化相结合的国内领先学科专业。目前，该学科现有专职教师7人，其中教授4人、副教授2人、助理教授1人。同时，该学科秉持开放与交流促进学科建设和学术发展的思路，依托全国一级学会——中国区域科学协会（RSAC）的优势，深耕本土，运筹全球，北京大学区域经济学专业与美国、日本、英国、德国、巴西、印度等国著名大学的相关专业建立了广泛的学术联系，学术枢纽地位不断提升。

三、课程设置

北京大学区域经济学科开辟了"城市与区域经济理论""城市与区域分析方法""区域规划与公共政策"三大核心方向，在空间经济学、城市计算与政策模拟、空间计量经济学、城市与区域发展规划、城市经济与管理等领域设立相关课程。

四、人才培养

目前，该专业每年招收区域经济学专业博士生1人、硕士生3-5人和公共管理（城市与区域管理）博士生3人、硕士生2-3人。毕业生主要就业去向包括高校、中央和地方机关事业单位、各类金融机构、中央和地方国有企业、外资企业等。

（撰稿人：薛领）

重庆工商大学长江上游经济研究中心

一、机构介绍

1. 机构沿革

重庆工商大学长江上游经济研究中心（下文简称"中心"）是教育部人文社科重点研究基地，也是全国唯一系统研究长江上游地区经济社会重大战略问题的国家级学术平台。1993年，面对因三峡工程建设启动带来的"库区百万移民的安稳致富"这一世界级难题，中心的前身——原重庆商学院经济研究所应运而生。1997年10月，更名为重庆商学院区域发展研究中心。2000年12月，区域经济学被批准为重庆市首批重点学科。2002年10月，成立区域经济研究院。2003年1月，区域经济研究院被遴选为重庆市首批人文社科重点研究基地。2004年11月，中心被教育部批准为重庆市唯一部市共建的"普通高等学校人文社会科学重点研究基地"，成为国家级学术平台。2006年12月，产业经济研究院获批为重庆市人文社会科学重点研究基地。2009年9月，荣获"全国教育系统先进集体荣誉称号"。2012年12月，"三峡库区百万移民安稳致富国家战略"服务国家特殊需求博士人才培养项目获国务院学位办批准。2014年10月，应用经济学博士后科研流动站获批。

2. 教学科研队伍

中心全力打造"人才特区"，已经形成以国家"万人计划"人才为引领的12支科研（智库）团队和5支重庆市高校哲学社会科学协同创新团队、培育团队。现有专兼职研究人员90余人，具有省部级及以上人才称号领军人物33人次，同时涌现出以王崇举、杨继瑞、孙芳城、廖元和、黄志亮、李敬为代表的一批资深学者（见表1）。

表1 代表性学者一览

学者姓名	学者简介
王崇举	重庆工商大学原校长、长江上游经济研究中心名誉主任，教授，博士生导师，享受国务院特殊津贴专家，"全国五一劳动奖章"获得者，"振兴重庆争光贡献奖"获得者，长期从事区域经济学、数量经济学、宏观经济决策理论与方法等研究
杨继瑞	重庆工商大学原校长、长江上游经济研究中心名誉主任，教授，博士生导师，享受国务院特殊津贴专家，教育部跨世纪优秀人才，国土资源部跨世纪优秀人才，长期从事中国经济改革与发展、农村经济、国土资源与房地产经济等方面的研究
孙芳城	重庆工商大学校长、长江上游经济研究中心主任，教授，博士生导师，享受国务院特殊津贴专家，获"全国优秀教师""全国先进会计工作者"称号，重庆市宣传文化"五个一批"人才，主要从事会计学和公司监管等方面的研究
廖元和	重庆工商大学原副校长，教授，博士生导师，享受国务院特殊津贴专家，曾获"蒋一苇企业改革与发展"学术基金首届优秀论文奖，长期从事理论经济学、产业经济学和区域经济学研究
黄志亮	重庆工商大学原副校长，教授，博士生导师，享受国务院特殊津贴专家，国内贸易部有突出贡献专家，国家社科基金优秀专家，主要从事区域经济、城乡统筹与移民安稳致富、新型城镇化与小城镇发展研究
李 敬	重庆工商大学副校长、长江上游经济研究中心常务副主任，教授，博士生导师，享受国务院特殊津贴专家，入选国家"万人计划"哲社领军人才（2016）等多项人才工程，主要从事区域经济学、农村经济学、国际经济学等领域研究

3. 学术成果

"十三五"以来，中心专兼职人员共获得省部级科研成果奖27项，其中高校第八届高等学校科学研究优秀成果奖（人文社会科学）一、二、三等奖各 1 项，重庆市第九次社会科学优秀成果奖一等奖 3 项，第六届重庆市发展研究优秀成果奖一等奖 1 项，第七重庆市发展研究优秀成果奖一等奖 1 项；新增主持国家社科基金项目 49 项（含国家社科基金重点项目 3 项），教育部哲学社会科学研究项目 17 项，省部级以上科研项目 253 项；组织实施教育部人文社科重点研究基地重大项目 5 项、自主招标项目 81 项；在《经济研究》、《管理世界》、《新华文摘》以及 SSCI 源刊等重要学术刊物上发表学术论文 639 篇；公开出版学术专著 150 余本，其中，"一带一路"研究系列丛书、长江上游地区经济丛书、三峡库区可持续发展研究丛书均产生了较大的学术影响力。

二、优势领域

1. 重点研究方向

中心紧扣国家和地方重大战略问题，服务经济社会发展，以"立足长江上游，服务国家战略"为统领，以长江上游内陆开放与"一带一路"建设研究、长江上游绿色发展与长江经济带战略研究、长江上游城市群与双城经济圈战略研究等为重点研究方向。

2. 优势研究平台

中心下辖区域经济研究院和产业经济研究院两个重庆市人文社会科学重点研究基地，入选第四批国家级专家服务基地、重庆市首批新型重点智库，是中国区域经济学会的会员单位、重庆市区域经济学会挂靠单位、长江技术经济学会的常务理事单位。中心的公开出版物《西部论坛》是知名综合经济类专业学术期刊，已成为"CSSCI 扩展版来源期刊"和"中文核心期刊"。

3. 优势学科平台

中心从 2003 年开始招收第一批区域经济学硕士研究生，经过多年的耕耘，目前形成了应用经济学的高层次完备人才培养体系，并拥有应用经济学博士后科研流动站。中心拥有应用经济学一级学科硕士点，并于 2020 年和 2021 年连续两年在"软科中国最好学科排名"公布的应用经济学学科排名中位列前 20%。中心拥有"三峡库区百万移民安稳致富国家战略博士人才培养项目"，对接国家战略特殊需求，致力于三峡库区特需人才"产学研"培养任务，培育服务库区特殊需求的博士人才。中心与重庆市综合经济研究院、重庆银行、重庆综合产权交易所集团等多家单位签订联合培养协议，共同培养高层次科研人才。

三、课程设置

中心注重区域经济学硕博研究生的政治思想理论学习，开设了马克思主义与当代、习近平新时代中国特色社会主义思想研究等公共课程。同时，设置区域经济学等专业必修课、区域经济学前沿问题等专业选修课及 GIS 与经济地理、Python 经济学应用等方法应用课程，培养高层次、复合型、创新性人才。

四、人才培养

中心区域经济学专业近五年招收硕士研究生 93 人，博士研究生 72 人。中心的博士和硕士均实行全日制培养方式，其中硕士研究生学习年限为 3 年，博士研究生学习年限为 3-6 年。就业去向主要为高校、科研院所、银行、企事业单位等，优质就业率 100%。

五、智库活动

1. 咨政批示

中心积极开展从中央到区县的全链条新型咨政服务。"十三五"以来，研究人员撰写的咨询类成果获得省部级领导批示 40 余项，其中获得党和国家领导人批示 16 项。同时，中心创新推进特色咨政平台建设，创办《南山智库》决策咨询内参，截至目前共打造 34 期咨政征稿，其中获得省部级领导批示 13 项。

2. 社会服务

中心先后承担地方政府和企事业单位委托项目 150 余项，总经费近 3000 万元，完成决策咨询研究成果近 200 份，被应用采纳研究报告 100 余份。与此同时，中心不断发挥智库社会服务功能，研究人员为重庆酉阳县、彭水县等 10 余个区县，贵州遵义、安顺、六盘水，四川邻水等地的政府机关干部，以及为重庆商社、农村商业银行、中邮保险等企业的高管举办专题培训达百余次。

3. 舆论引导

中心紧扣国家重大战略，积极解读公共政策，引导社会舆论，在《光明日报》、《经济日报》、《重庆日报》、《四川日报》以及新华网、《瞭望》、《中国经济时报》、《中国经营报》、《重庆日报》、重庆新闻联播等省部级以上重要媒体发表理论文章 100 余篇次，接受采访 300 余人次。

4. 对外交流

近年来，中心围绕"一带一路"建设、长江经济带建设、成渝地区双城经济圈建设、三峡库区建设等主题共举办包括"2019 年中国区域经济学会年会"在内的大型国际国内学术研讨会 10 余次，学术讲座、学术沙龙 50 余场，吸引了来自国内外知名专家及高校、科研机构等师生的踊跃参加。

5. 社会影响

中心不断推动新型智库建设，社会影响力持续提升。2016 年 12 月，中心入选中国智库索引（CTTI）来源智库。2017 年 1 月，中心入选中国核心智库（AMI）。2018 年 5 月，中心入选第四批国家级专家服务基地。2019 年 12 月，再次入选中国智库索引（CTTI）来源智库（2019 年—2022 年）。2020 年 12 月，中心入选首批重庆市新型重点智库。

（撰稿人：林细妹　邓勇　高娟）

成都理工大学商学院

一、机构介绍

学校与矿产、油气资源相关的应用经济学研究起步较早，在 20 世纪 50 年代末即开设了矿产技术经济、地质矿产资源调查等专业；2001 年开始陆续招收经济学、国际经济与贸易、投资学本科生；2011 年获批应用经济学一级学科硕士学位授权点，下设区域经济学、产业经济学、金融学等方向，并形成了灾害经济学、资源经济学的特色。

立足中国经济发展重大战略，聚焦西部地区资源丰富但环境脆弱条件下的经济发展问题，运用数量统计方法和信息技术手段，为西部地区资源合理开发利用、生态环境保护、川藏铁路建设等国家重大战略和工程建设提供方案优化支持，在解决经济社会发展问题的同时，丰富有中国特色的应用经济理论。

近年来，学院引育并举，形成了一支规模适度、高学历结构、以中青年教师为主的师资团队。近3年来，通过珠峰引才计划引进了德国洪堡大学、英国伦敦大学、北京大学及清华大学等国内外知名高校的博士及博士后15人，师资队伍规模达60人，具有博士学位的教师占比64%，45岁以下中青年教师占比51%，具有海外经历的教师占25%；形成了包括国务院政府特殊津贴专家1人、四川省学术和技术带头人2人、四川省学术和技术带头人后备人选6人、"天府峨眉计划"2人在内的较为合理的师资队伍；2021年学科点所在的应用经济系教工党支部入选"第三批全国党建工作样板党支部"。

通过完善成果分级与奖励制度，教师聚焦主要研究方向产出的高端成果积累较快。主持国家社会科学基金、国家自然科学基金及教育部人文社科基金等项目37项，承担其他科研项目200余项；在 Sustainable Cities and Society、Energy Economics、Ecological Economics、《管理科学学报》、《世界经济》、《数量经济技术经济研究》等国内外权威刊物上发表学术论文100余篇，2021年围绕灾害经济和资源经济等发表SSCI论文15篇；出版学术专著20余部（英文专著2部）；获四川省社会科学优秀成果奖10余项、四川省教学成果特等奖及二等奖各1项。

二、优势领域

该学科依托成都理工大学资源能源、地质矿产等优势学科，充分利用"资源与环境价值计量和决策"中央与地方共建实验室、四川省矿产资源中心、资源与环境经济普及基地、四川省灾害经济研究中心等科研平台，通过学科交叉融合，将经济理论、技术方法与实际应用有机结合，在防灾减灾与灾后重建、绿色产业与区域可持续发展、能源金融风险评价等领域形成了学科特色。

该学科聚焦学科前沿，坚持特色发展。在现有区域经济学、产业经济学、金融学传统方向的基础上，依托学校资源环境学科优势，形成资源经济学和灾害经济学的特色方向（具体见表2）。

表2 学科研究领域与优势

序号	培养方向	主要研究领域、特色与优势
1	区域经济学	该方向立足于西部地区特别是成渝地区双城经济圈，试图厘清区域经济协调发展机制、城乡经济不平衡与融合机理及区域经济高质量发展路径等重点问题，凸显了区域特色的学理价值和政策意义。承担了国家社科基金"城乡经济不平衡的内在逻辑与对策研究"等国家级项目6项及省部级项目20余项，撰写了多份能落地的智库报告，不仅在西部地区协调发展与融合科学问题上形成丰富的学理价值，且为西部地区高质量发展提供智库支撑

续表

序号	培养方向	主要研究领域、特色与优势
2	产业经济学	该方向聚焦绿色产业发展、文旅产业规划与布局、军民产业融合发展等产业发展与优化问题，开展一系列应用基础研究和对策研究，产出了一定的学科特色成果。承担了国家社科基金"产业结构演进视域下贫困地区绿色发展实践路径与推进策略研究""基于数据库的灾害景区旅游市场恢复机制与恢复周期研究"等国家级项目4项及其他省部级项目20余项，在《世界经济》等权威期刊发表学术论文20余篇，竭力探索西部地区产业高质量发展的关键科学问题，提出有实践价值的政策建议，为制定突破西部地区产业融合与发展瓶颈的策略提供了借鉴与参考
3	金融学	该方向聚焦金融风险控制与管理、公司金融分析、金融投资决策等研究领域，注重推进与人工智能、大数据及非线性分析等学科间的深度融合，在金融风险传染与预警和金融量化投资等领域形成了一定的学科优势。承担了国家自然科学基金"结构突变下金融风险传染的高维动态藤Copula方法构建及应用研究"等国家级项目6项，在《管理科学学报》、*Energy Economics* 等权威刊物发表了学术论文20余篇，不仅在一定程度上聚焦科学前沿和凸显研究科学问题，同时也为政府风险防控和企业风险规避提供了理论参考与方法支撑
4	资源经济学	该方向紧扣资源开发有效性与最优性配置方面的经济问题，聚焦资源集约开发利用、资源经济评价与管理等研究领域，对西南地区矿产资源开发利用中的经济问题进行了深入探讨，也对矿产资源城市（企业）的经济效率和效果评价展开了大量研究，产出了一批有特色的研究成果。承担了国家社科基金"基于包容性增长视域的西部资源型地区产业空间重构及协同发展研究"等国家级项目3项及其他省部级项目10余项，在 *Ecological Economics*、*Journal of Environmental Management* 等权威期刊上发表学术论文20余篇，为解决西部地区资源经济管理、资源优化配置及资源利用等重大问题提供智力支持和参考依据
5	灾害经济学	该方向围绕自然灾害引发的经济问题，形成了自然灾害风险评估、灾害经济影响及灾害社会经济成因等主要研究领域，对灾害频发的西南地区的地质灾害风险和经济影响展开了评估与研判，也对极端气象灾害的经济影响与适应策略进行了实证研究。近年来，围绕灾害风险评估、灾后重建与产业等相关主题，主持了国家自然科学基金"农户生计与滑坡灾害互馈机制及减灾路径优化——以黄土高原灌溉诱发型滑坡区为例"等国家级项目3项及其他省部级项目20余项，在《中国人口资源与环境》等期刊发表了学术论文10余篇，不仅在聚焦交叉学科发展前沿和关键科学问题上蕴含了学术价值，而且为我国制定灾害防御防治与灾后重建策略提供科学依据

三、课程设置

要求学生通过三年的学习，深入理解习近平新时代中国特色社会主义经济思想，系统掌握金融学、产业经济学、区域经济学、资源经济学及灾害经济学理论知识，熟悉该领域国内外最新研究动态和经济实践中的重大问题，具有过硬的思想政治素质、优秀的道德品格、敬业精神及独立的自主学习和科研能力，成为能在政府部门、金融机构及科研院所等从事公共管理、经济决策服务的高层次创新人才。围绕培养目标设定专业课程如表3所示。

表3 专业课程设置

专业课	专业必修课	学科基础课
		中级微观经济学
		中级宏观经济学
		中级计量经济学
		学科核心课
		金融学
		区域经济学
		产业经济学
		资源经济学
		灾害经济学
		学科素养课
		应用经济学研究方法
		学术道德与学术规范
		文献综述与科技论文写作
	专业选修课	学科选修课
		金融前沿研究专题
		区域经济前沿研究专题
		产业经济前沿研究专题
		低碳经济前沿研究专题
		灾害经济前沿研究专题
		学科交叉课程
		绿色金融
		大数据在经济研究的应用
		国际化课程
		国际金融理论与实务

四、人才培养

加强招生宣传，规模逐步扩大和优质生源不断增加。2021年，应用经济学学位点招生规模达到43人，较2019年和2020年招生规模分别提高了15%和8%，其中来自一流学科建设高校的生源比例占40%。

坚持立德树人根本任务，构建了科教协同、产教协同、学科交叉协同的育人体系，学生的知识创新能力和实践创新能力不断提升。近年来，研究生获四川省人民政府社会科学优秀成果奖6人次、各类科技竞赛70余项；在《管理科学学报》、*Energy Economics*等权威期刊上发表论文20余篇；毕业生平均就业率达95%，其中，在党政机关、科研高校、国有企业等企事业单位就业达到80%左右，在中国人民大学、天津大学、南开大学及东南大学等重点高校攻读博士学位达10%。

五、智库活动

积极参与地方规划、决策咨询、行业标准制定；深入西部地区开展乡村振兴服务，在特色产业发展、生态环境保护、农民创业增收等经济发展问题上为地方"把脉问诊"；发挥学科优势，为地方企业、事业单位开展业务培训；通过图文展览、知识讲座和竞赛、宝玉石鉴赏、科普剧表演等形式，推进资源与环境经济科普教育。

近年来，在灾后重建、乡村振兴、环境治理及民营经济发展等方面的社会服务成果积累丰富，13项研究报告或政策咨询报告获省部级以上领导批示，多项政策建议被采纳。积极承担地方服务业发展规划、产业发展规划、"十四五"招商引资规划等项目20余项；为遂宁市税务局、宜宾市高县、阿坝州黑水县等部门开展了多期财税培训和乡村产业振兴培训。

（撰稿人：黄寰）

东北大学中国东北振兴研究院

一、机构介绍

在中央对东北地区等老工业基地振兴做出新一轮战略部署的大背景下，2015年10月由东北大学和中国（海南）改革发展研究院联合发起设立"中国东北振兴研究院"。2016年4月13日，国家发改委办公厅复函东北大学和中国（海南）改革发展研究院，同意国家发改委作为中国东北振兴研究院的指导单位，指定振兴司作为日常联系协调单位。中国东北振兴研究院（以下简称"振兴院"）是以东北振兴理论和政策研究为特色，为中央和东北地区各地方政府提供政策咨询的新型高端智库。

原国务院振兴东北办公室副主任宋晓梧为振兴院首任理事长；时任东北大学校长赵继、中国（海南）改革发展研究院院长迟福林为首任院长；现任院长为中国工程院院士、东北大学副校长唐立新和中国（海南）改革发展研究院院长迟福林。振兴院现有智库专家27人。

振兴院先后被评为"辽宁省首批省级重点新型智库""辽宁省高等学校新型智库""沈阳市人大常委会咨询机构""沈阳市哲学社会科学研究基地"；荣获"2020CTTI来源智库年度优秀成果"；入选"2021年中国智库参考案例（咨政建言类别）"；同时，被评为"首批辽宁科技创新发展智库研究基地"。

二、优势领域

一是在东北老工业基地全面振兴进程评价领域。自2016年起，连续6年利用中央高校基本科研业务费开展"东北老工业基地全面振兴进程评价研究"课题研究，相继出版研究成果《2016/2017/2018/2019/2020东北老工业基地全面振兴进程评价报告》5部蓝皮书，受到了国家发改委及地方政府乃至社会各界的广泛关注；2017年，承担国家发改委委托课题"新一轮东北振兴政策落实进展及效果评估研究"；2018年，举办《2017东北老工业基地全面振兴进程评价报告》发布会；2020年，承担国家发改委委托课题"东北全面振兴指标体系研究"。

二是在教育服务东北振兴领域。2019年，教育部委托振兴院开展了"东北教育服务东北全面振兴发展战略的重大理论和实践问题研究"工作，形成《教育服务东北振兴产学研用合作重点方向领域研究报告》，作为教育部《关于推进新时代东北教育发展新突破增强服务全面振兴战略能力的实施意见》（教发〔2019〕8号）文件的附件报送国务院分管领导同志，得到批示，同时报送国务院其他领导同志，并得到圈阅；2022年3月，报送的《关于进一步推进教育服务东北振兴的建议》被教育部社会科学司采纳；同年，承接教育部委托课题"教育服务东北振兴有效模式和路径研究"。

三是在RCEP与东北振兴领域。2022年2月提交的《抓住RCEP机遇 在深化中日韩合作中推进东北振兴》咨政建议，得到了国务院主要领导、其他领导和东北三省一区主要领导批示，相关政府部门积极和该校对接，落实批示精神。随即，振兴院联合中共辽宁省委辽宁省人民政府决策咨询委员会，以"RCEP与中国企业的发展机遇"为主题举办了第二十一期东北振兴大讲堂，中国工程院院士、东北大学副校长唐立新出席大讲堂并致辞。以"抢抓RCEP实施新机遇 推动辽宁振兴发展取得新突破"为主题，召开了专家座谈会，邀请了北京、海南、辽宁等地的专家进行了深入研讨。沈阳市商务局邀请振兴院专家参加RCEP工作研讨会，并针对《沈阳市推进落实RCEP重点任务实施方案》给予指导。辽宁省商务厅邀请振兴院专家针对即将出台的相关工作方案给予指导。同时，振兴院专家受邀参加由海南省委宣传部、中国日报社、中国人民外交学会、中国（海南）改革发展研究院共同主办的"2022 RCEP区域发展媒体智库论坛"和辽宁省商务厅举办的"东北海陆大通道工作座谈会"，并做专家发言。

三、人才培养

一是干部培训工作。2016年11月，由国家发改委振兴司主办、振兴院承办的"第一期东北地区县区负责同志发展和改革工作培训班"在东北大学举办，来自东北三省一区的130名县区发展改革负责同志参加培训班。2022年1月，由振兴院与东北大学继续教育学院合作举办的处级领导干部数字经济培训进阶班第1期和第2期在沈阳数字经济培训基地举行，来自市委网信办、市发展改革委、市信息中心等相关部门负责数字经济相关处级领导干部，各区、县（市）负责数字经济部门主要领导及市委党校相关领导共计60名学员参加。

二是博士生培养工作。东北大学与中国（海南）改革发展研究院依托振兴院平台，招收并正在培养区域经济博士研究生3名，下一步还将继续招收该专业博士生。

四、智库活动

1. 举办东北振兴论坛

2015-2017年，在国家发改委的指导下，振兴院联合沈阳、长春、哈尔滨、大连四个城市，举办了三场东北振兴论坛；2018-2019年，联合中国经济体制改革研究会、辽宁省国资委举办了两场东北振兴论坛；2020-2021年，以"东北亚区域经济合作与东北振兴"为主题，举办了两场东北振兴国际论坛，其中2021年的论坛是联合辽宁省人民政府外事办公室、辽宁省人民对外友好协会共同举办。此外，还举办了两场专题论坛，联合辽宁省发展和改革委员会、辽宁省国有资产监督管理委员会共同主办国有企业改革专题论坛；联合抚顺市政府举办抚顺专题论坛。论坛成果经媒体广泛传播，形成了良好的舆论氛围，进一步凝聚了思想共识，为政府部门决策提供了有益参考。

2. 举办东北振兴大讲堂

举办了21场"东北振兴大讲堂",并与辽宁省委组织部合作,将其纳入辽宁省干部日常培训计划,直接受众7000余人次。大讲堂邀请到中国银行原副行长张燕玲、清华大学苏世民书院院长薛澜、华夏新供给经济学研究院首席经济学家贾康、中国人事科学研究院原院长吴江、商务部原国际贸易经济合作研究院院长霍建国等专家学者做专题演讲。

3. 举办东北振兴专家研讨活动

为了及时回应东北振兴进程中的热点难点问题,引导社会舆论,举办了"推动东北地区高质量发展专家座谈会""东北振兴与京津冀协同发展战略对接研讨会""全球'战疫'下的东北振兴""东北振兴与国家安全""构建新发展格局下的东北对外开放"等30次专家座谈活动。

4. 积极建言献策

截至目前,振兴院编制了202期东北振兴简报、9期参阅件和3期东北经济运行数据专报,积极报送相关政府部门。咨政建议得到中央领导及全国政协经济委、国家发改委、教育部、辽宁省、沈阳市、大连市领导的肯定性批示50余次。此外,还有多篇咨政建议、专家观点在《辽宁政协信息》《咨询文摘》《新华社内参》上刊登。振兴院专家多次受邀到中央财经办、中央深改办、国务院研究室、国家发改委、教育部、辽宁省、沈阳市参加座谈会并做专家发言。

为了提高咨政建言的质量,振兴院开展了大量政策研究工作。承接并高质量完成国家发改委、教育部、国务院国资委、辽宁省发改委、辽宁省财政厅等部门委托的"新一轮东北振兴政策落实进展及效果评估研究""东北教育服务东北全面振兴发展战略的重大理论和实践问题研究"等38项重点课题研究。此外,振兴院与大连市营商环境建设局、沈阳市统计局、辽阳市营商环境建设局、营口自贸区等政府部门合作,开展33项营商环境评估工作。

5. 出版东北振兴研究著作

利用中央高校基本科研业务费开展了"新中国成立70周年国家东北振兴发展的政策变迁及其政策启示研究""东北地区科技创新一体化发展研究""东北高新区营商环境优化的制度设计与实现路径"等66项课题研究。依托课题研究成果出版了《东北老工业基地全面振兴的文化创新》《东北装备制造业高端服务化提升路径研究》《从"十三五"到"十四五"辽宁产业研究》等专著36本,其中组织编写的8本《东北振兴研究系列丛书》被列为"十三五"国家重点图书出版规划项目和国家出版基金资助项目,荣获"第一届辽宁省出版政府奖"。与辽宁省政府发展研究中心合作,每月编辑、出版学术刊物《辽宁经济》,面向全国公开发行。

(撰稿人:张文烨)

湖南大学经济与贸易学院

一、机构介绍

湖南大学经济与贸易学院成立于2002年,为原湖南大学与原湖南财经学院在2000年两校合并后对相关学科进行整合新建而成。原湖南大学的经济学科源于1903年的湖南高等学堂,之后逐步发展成为国内经济学重镇。原湖南财经学院为中国人民银行直属高校，其经济学科源于1960年，在其发展历史中形成了独特的财经品牌特色。湖南大学经济与贸易学院成立20年以来，在师资队伍、人才培养、科学研究、社会服务等方面均实现了快速发展。

学院拥有一支学术造诣高、科研能力强、教学经验丰富的师资队伍。现有全职专任教师89人，具有博士学位及有出国留学经历者占90%以上，近年新引进全职海归博士28人。教师队伍中有教育部长江学者特聘教授、国家杰出青年科学基金获得者赖明勇，国家"万人计划"哲学社会科学领军人才张亚斌、许和连等一批高层次人才。

学院先后承担"211工程"重点建设项目、"985工程"哲学社会科学创新基地及湖南大学经济与商学"双一流"学科群建设任务，拥有国际贸易学国家重点学科。学院设有应用经济学和理论经济学2个一级学科博士授权点、博士后流动站和科学学位硕士授权点，国际商务和税务2个专业硕士学位授权点，设有国际经济与贸易、经济学、财政学、数字经济4个本科专业。其中，国际经济与贸易为国家特色专业，国际经济与贸易、经济学、财政学入选国家级一流专业建设点，国际经济与贸易专业教学团队为国家级教学团队；建有经济学国家级人才培养模式创新实验区，多次获国家教学成果奖等重要奖励。

近年来承担了国家社科基金重大和重点项目、教育部重大项目等重要课题15项，主持国家社科基金项目、国家自科基金等国家级项目80余项，在《中国社会科学》《经济研究》《管理世界》等中文权威期刊，及 *Review of Economics and Statistics*、*Journal of Development Economics*、*Journal of Urban Economics* 等国际一流SSCI源刊发表学术论文300余篇，获国家科技进步奖、教育部人文社科成果奖及其他省部级奖励40余项。

为实现学院"格物致知，培育精英，经世济民，引领未来"的使命，学院将以立德树人为根本，以重大理论与实践问题为牵引，以经济学科知识体系与前沿创新为支撑，以高水平师资队伍建设为抓手，持续巩固国际贸易学国家重点学科领先地位，培育区域经济学、产业经济学、财政学等新的学科增长点，强化学科特色，着力推进经济学世界一流学科建设，创建国内领先、国际知名的高水平经济学院。

二、优势领域

在区域经济学领域，学院依托湖南省物流信息与仿真技术重点实验室、湖南省国际贸易研究基地、中非经贸合作研究院、民建经贸研究院等高水平研究平台，形成了以柯善咨教授、罗能生教授、李琳教授、邹璇教授、王良健教授、徐航天教授、文嫮教授、华岳副教授、刘懿副教授等为代表的科研能力突出、年龄结构合理的教授团队，围绕产业集群与区域发展、区域创新与区域政策、区域发展方式转变与高质量发展、内陆开放型经济、空间经济学理论建模、土地政策与地产经营管理、旅游资源规划与开发、交通基础设施的经济社会效应评估、城市住房政策与内部空间结构演化、大数据与城市空间分析、创意产业空间分布演化等方向，获国家社科基金重大项目立项3项，国家级一般项目立项15项，在《经济研究》《管理世界》《世界经济》《地理研究》《地理科学》《中国土地科学》等中文权威期刊，以及 *Journal of Urban Economics*、*Regional Science and Urban Economics*、*Journal of Regional Science*、*Real Estate Economics*、*Urban Studies*、*Regional Studies*、*Papers in Regional Science*、*International Regional Science Review* 等区域经济学国际一流期刊上发表了系列研究成果。

三、课程设置

以"宽口径、厚基础、精专业、重实践"为指导,为区域经济学专业硕士生开设了中级微观经济学、中级宏观经济学、中级计量经济学、博弈论与信息经济学、学术与职业素养等学科基础课程,中级区域经济学、经济地理学、城市经济学、房地产经济学、当代中国经济、应用经济学前沿、实验经济学等学科方向课程,重视区域经济教学实践环节的嵌入。为区域经济学专业博士生设置了高级微观经济学、高级宏观经济学和高级计量经济学等学科基础课程,空间经济学、大数据分析与应用、中国经济改革与发展等学科方向课程。

四、人才培养

在区域经济学二级学科设置"区域经济理论与政策""城市经济与区域发展""土地资源管理与区域发展""经济地理与一体化"4个研究方向,年均招收全日制硕士研究生15-20人,全日制博士研究生5-7人。硕士毕业生有的进入清华大学、中国人民大学、中国科学院大学、日本大阪大学等国内外一流高校升学深造,有的进入国家发改委、中国人民银行、国家开发银行等党政机关和国有企事业单位,以及进入阿里巴巴等世界500强企业工作。博士毕业生有的进入中南大学、华中农业大学等高校任教,进入清华大学、北京大学等高校从事博士后研究,有的进入国家发改委、国家统计局等单位工作。

五、智库活动

区域经济学研究队伍中有全国政协委员1人,湖南省政协委员4人,省政府参事2人,省智库领军人才1人。以习近平新时代中国特色社会主义思想为指导,坚持"四个面向",研究以满足国家重大战略和区域经济社会发展需求为导向,服务"国之大者",近年来获省部级及以上领导肯定性批示15次,其中获中央政治局常委肯定性批示3次,获湖南省"十大金策"3篇,2016-2018年连续3年提交湖南省政协1号提案,相关建议成为"两型"社会建设标准、湖南建设创新型省份方案等系列政策文件的重要内容,社会服务能力快速提升。

(撰稿人:徐航天)

华中师范大学经济与工商管理学院

一、机构介绍

华中师范大学经济与工商管理学院前身可追溯到1912年的中华大学政治经济别科,1931年的华中大学商业系和社会科学系经济组,1949年12月的中原大学财经学院金融系、贸易系、工厂管理系。改革开放以后,为适应社会经济发展,学校于1985年成立城市经济管理系,在全国率先开设房地产专业。1993年恢复经济系。1996年,经济系与城市经济管理系共同组建经济学院。2012年5月,学校整合财务会计教育、人力资源管理专业,同时设立金融系,组建新的经济与工商管理学院。

经济与工商管理学院下设6个系(经济系、城市经济管理系、工商管理系、国际经济与贸易系、会计系、金融系）和 5 个研究中心。学院现有 1 个二级博士点专业（经济统计学），2 个一级硕士学位点（应用经济学、工商管理），9 个二级硕士学位点（区域经济学、产业经济学、数量经济学、政府经济学、金融学、国际贸易、企业管理、人力资源管理、会计学），4 个专业硕士学位点（MBA、金融、农业发展、MPACC）。现有 1 个省一级重点学科（应用经济学），1 个湖北省重点人文社科研究基地（湖北省房地产研究中心），1 个省级品牌专业（房地产开发与管理），7 个本科专业（其中经济学、房地产开发与管理 2 个专业为湖北省一流本科专业），2 个交叉培养班（数学-经济学交叉班、法学-经济学交叉班），1 个省级优秀基层教学组织。区域经济学硕士点每年招收 5~6 名学术型研究生，产业经济学硕士点每年招收 10 名学术型研究生。

学院现有在职教职工 97 人，其中专任教师 81 人（教授 22 人、副教授 31 人、硕士生导师 53 人、博士生导师 12 人），行政教辅人员 16 人；中组部"万人计划"哲学社会科学领军人才 1 人，中宣部文化名家暨"四个一批"人才 1 人，国务院政府特殊津贴获得者 2 人，教育部新世纪优秀人才支持计划 2 人，住房建设部专家咨询委员会副主任委员 1 人，楚天讲座教授 2 人，桂子学者特聘教授 1 人，桂子青年学者 2 人。现有在校学生 1500 余人，其中本科生近 1000 人，硕士生、博士生（含 MBA 硕士）500 余人，国际留学生 40 余人。

学院有一批潜心治学的专家学者，教学、科研实力强劲，成果丰硕。近年来，教师科研成果先后荣获省部级科研奖励 10 多项，如高等学校人文社科优秀成果二等奖、三等奖，湖北省人文社科优秀成果一等奖，钱学森城市学金奖等，先后在《中国社会科学》、《经济研究》、《管理世界》、China Economic Review 等权威期刊发表论文 30 余篇，入选国家社科文库 1 项，承担国家社科基金重大项目 3 项、教育部重大攻关课题 1 项，国家社科基金、自科基金 30 余项，其他省部级项目 100 多项。

华中师范大学区域经济学科教学团队主要包括以下教师。

涂正革，华中师范大学经济与工商管理学院教授、博士生导师、院长。主要从事数量经济学以及与此相关的工业生产力、环境经济学、能源经济学的研究。先后承担过 4 项国家和省部级科研项目，其中国家社科基金重点项目 1 项、国家社科基金一般项目 1 项、教育部和湖北省社科经济各 1 项。在《中国社会科学》（3 篇）、《经济研究》（3 篇）、《管理世界》、《世界经济》（5 篇）、《经济学（季刊）》（2 篇）、《中国工业经济》、《金融研究》等权威刊物上发表了 50 多篇学术论文。

陈淑云，华中师范大学经济与工商管理学院副院长，教授，博士生导师。2013 年入选教育部新世纪优秀人才。主要从事城市经济、房地产经济、住房政策研究。在《改革》《产业经济研究》等十几种学术期刊上发表论文近 50 篇，主持并参与教育部重大攻关项目、国家社科基金重大招标课题、国家社科基金项目、教育部规划基金、湖北省自科基金等科研项目近 30 项。完成调研报告 20 多份，获省级领导批示，多份调研报告被相关政府部门采纳。

刘圣欢，华中师范大学经济与工商管理学院教授、博士生导师。主要从事房地产经济、管理工程和新制度经济学研究。研究成果获武汉市科技进步二等奖、湖北省科技进步三等奖和湖北省人文社科优秀成果三等奖。

董利民，华中师范大学经济与工商管理学院教授，博士生导师，兼任城乡一体化湖北省协同创新中心副秘书长、中国环境科学学会水环境分会常务理事、湖北省农村经济发展研究会副会长。近十年来，主持包括国家科技重大专项课题、国家自然科学基金项目、国家社会科学基金重点项目、联合国发展计划署（UNDP）资助项目、湖北省科技攻关计划项目和武汉市软科学计划项目等在内的40余项纵向课题研究。

汤学兵，华中师范大学经济与工商管理学院经济学系副教授、硕士生导师。主要从事经济理论与政策分析，环境保护和公共政策分析，数字经济与数字治理研究，农业发展研究。主持并参与国家社科基金重大招标课题、国家社科基金项目、国家发改委课题等科研项目10多项。完成调研报告10多份，获省级领导批示，多份调研报告被相关政府部门采纳。

胡继亮，华中师范大学经济与工商管理学院副教授、硕士生导师，湖北省"青年讲师团"成员，湖北省委讲师团专家。主持了包括国家社会科学基金在内的近20项科研项目；在SSCI、《中国农村经济》等权威期刊上发表了20余篇学术论文。

湛仁俊，华中师范大学经济与工商管理学院副教授，经济系副主任，华中师范大学低碳经济与环境政策研究中心副研究员，华中师范大学桂子青年学者入选者，硕士生导师，担任国家自然科学基金通讯评审专家，是《经济研究》、《世界经济》、*China Economic Review* 等学术期刊匿名审稿人。长期致力于环境经济学和工业生产力的理论与实证研究，主持国家自然科学基金面上项目和青年项目各1项，近年来针对相关研究领域已经在《经济研究》《中国工业经济》等国内权威期刊以及 *China Economic Review* 等SSCI来源期刊上发表学术论文数十篇。

陈峰，华中师范大学经济与工商管理学院副教授，先后主持和参与7项国家和省部级科研项目，其中国家社科基金重点项目、青年项目、重大项目子课题各1项，在《世界经济》、《数量经济技术经济研究》、《中国行政管理》、《统计研究》、《财贸经济》、全国社科规划办《成果要报》等重要学术期刊与重要报纸及简报上发表了30多篇论文。

二、优势领域

学院第二课堂氛围活跃，平台众多，发展全面，学生会、艺术团、创业社团、学术社团异彩纷呈。学院在香港、深圳、杭州、武汉等多地众多名企建立了实习实践基地，每年有一批在校学生出国、出境进行交换学习、学术访问和参观考察，学生在各类高级别赛事中屡获佳绩，如"创青春"全国大学生创业大赛金奖、"挑战杯"大学生课外学术作品大赛全国决赛一等奖、中国大学生计算机设计大赛一等奖、"互联网+"大学生创业大赛全国银奖、亚太高校商业大赛全国五强等。

三、课程设置

华中师范大学经济与工商管理学院为区域经济学专业硕士研究生和博士研究生开设了宏观经济学、区域经济学理论与政策、数量经济学、城市经济学、中国经济史、公共管理学、区域经济学发展前沿问题等课程，并且定期开展学术讲座、学术论坛、读书会等学术交流活动。

四、人才培养

长期以来，经济与工商管理学院在人才培养上坚持"厚基础、宽口径、高素质、创新型"的办学理念，人才培养质量不断提升，赢得了家长和社会的赞誉。学院各类学生就业率一直稳定在93%以上，每年有超过40%的毕业生保送、考取国内外知名大学的硕士、博士研究生，有一大批毕业生签约进入世界500强企业。

五、智库活动

最近5年来，一共有50余篇调查报告获得副省级以上领导批示，产生重要社会影响，部分成果如下。(1) 2019年4月，汤学兵副教授与乔倩影同学合作完成的《树立品牌强农理念，推动品牌做大做强》报告获得湖北省省长等人批示。(2) 2021年2月，李闻一、汤学兵等提出的《湖北生猪产业链如何拓展？》获得湖北省委书记、省委常委等人批示。(3) 2021年12月，李闻一、汤学兵等提出的《打造我省产业园区数智化营商环境的"541"模式》获得湖北省副省长批示。(4) 2017年，邓宏乾与陈峰提出的构建房地产长效机制的若干政策建议，被中央宣传部国家社科规划办公室《成果要报》采纳；提出的加快推进我省住房保障制度改革，被湖北省人民政府政策研究室采纳。

（撰稿人：汤学兵）

合肥工业大学经济学院

一、机构介绍

合肥工业大学经济学院成立于2011年，其办学历史可以追溯到20世纪80年代中期。经济学科于1999年获批产业经济学二级学科硕士授权点，2006年获批区域经济学和数量经济学二级硕士授权点，2010年获批应用经济学一级学科硕士授权点，2014年获批金融硕士（MF）专业学位授权点，2018年获批理论经济学一级学科硕士授权点，2021年实现一流本科专业（金融工程、国际经济与贸易、经济学）全覆盖。经过多年的发展，学院的经济学科已经在国内外获得良好声誉，在"2021软科世界一流学科排名"中位居国内第37—49名。

学院目前拥有教职工近百人，其中专任教师83人，博士生导师4人，硕士生导师48人，高级职称占71.1%，拥有博士学位老师占90.4%，拥有黄山学者特聘教授3人，黄山青年学者2人，国家外专局海外专家6人，教育部"海外名师"1人，安徽省教学名师（教坛新秀）6人。学院吴华清教授为国家社科基金重大项目首席专家、安徽省城市经济学会副会长、安徽省教学名师，代表性科研和教研成果曾获第八届高等学校科学研究优秀成果奖（人文社会科学）二等奖1项、第八届安徽省自然科学优秀学术论文二等奖1项和安徽省教学成果奖一等奖2项。学院洪进教授为国家社科基金重点项目首席专家、澳大利亚科庭大学（Curtin University）兼职高级研究员。

二、优势领域

学院目前在生产率评价与高质量发展、创新与知识经济、产业创新与区域发展、国际经贸新规则与高水平开放、金融科技与数据挖掘、大数据与经济分析等领域形成了具有一定影响力的特色研究方向。学院拥有安徽省高等学校人文社会科学重点研究基地（工业信息与经济研究中心）、省级工程中心（安徽省生态工程技术研究中心），以及工业信息研究院和安徽高质量发展研究院等校级研究平台。学院下设创新经济、区域经济、数量经济等7个研究所。近5年来，围绕区域创新、城市群经济、区域金融、城市移民、能源环境与经济高质量发展等研究命题，共获批包括国家社科基金重大项目、国家社科基金重点项目在内的国家级基金项目40余项，在《经济研究》、《经济学（季刊）》、《中国工业经济》、《数量经济与技术经济》、*Environmental and Resource Economics*、*Technovation*、*China Economic Review*、*Economic Modelling* 等国内外高质量期刊上发表学术论文 100 余篇，出版学术专著 30 余部，获省级教学与科研成果奖 10 余项。

三、课程设置

学院区域经济学专业设有区域经济理论与方法、城市与区域经济规划、区域金融与产业组织、区域创新与可持续发展 4 个研究方向。硕士研究生学制 3 年，最长不超过 4 年。学术型研究生的课程总学分原则上为 28-32 学分，学位课程总学分原则上为 16-20 学分。课程设置旨在激发学生从我国区域经济的现实中发现突出问题，总结区域经济发展规律，探索促进区域经济发展的途径和措施，充分利用现代信息技术和数据，为政府决策和公共政策制定提供依据。

该专业的公共学位课包括马克思主义与社会科学方法论、中国特色社会主义理论与实践研究、英语、应用经济学研究方法、英语口语、学术论文写作、经济数据分析与软件应用、区域经济学前沿问题。该专业的专业学位课包括高级微观经济学、高级宏观经济学、高级微观经济学。该专业的专业选修课包括城市经济学、高级区域经济学、空间经济学、城市与区域地理信息系统、博弈论、生产率评估理论与方法、区域经济规划、产业经济学、城市管理学专题、城市金融管理与投资专题、可持续发展理论专题、资源与环境经济学。

四、人才培养

学院坚持培养具有良好政治素质、严谨科学态度和求实创新精神，掌握扎实的区域经济学理论知识，能够很好把握区域经济学学科理论前沿，能够系统掌握和运用区域经济学研究方法，具备分析研究和解决区域经济领域的现实问题的能力，德、智、体、美、劳全面发展的区域经济学高层次专门人才。

在人才培养方面坚持以导师为核心的研究生指导小组制，以研究所为载体每周坚持组织学术研讨。学院特别注重国际化发展战略以及学术氛围的营造，近年来先后举办"2018 年中国留美经济学会年会"和"现代化都市圈与先进制造业论坛"等国际性学术交流活动，同时重点推出了卓越讲坛、经济学院新文科建设前沿讲坛、经济学院新文科经济大讲堂等学术品牌讲座活动，年均举办学术讲座近百场。另外，学院与美国克拉克大学达成了经济学本硕博联合培养协议，第一批联合培养的博士生已经赴美留学。

近三年学院共招收区域经济学专业硕士研究生 40 余名，毕业硕士生 23 人，就业率 100%。有多名硕士研究生到克拉克大学、上海财经大学等国内外名校继续攻读博士学位。就业学生受到中国移动通信集团、安徽电信规划设计有限责任公司、中国银行、中国工商银行、中国建设银行、中国光大银行、徽商银行、海恒国际物流有限公司等高质量单位的青睐。

五、智库活动

近三年，学院洪进教授、吴华清教授分别应邀参加时任省委书记李锦斌与省长李国英主持的专家座谈会，并对《安徽省国民经济和社会发展第十四个五年规划和 2035 年远景目标纲要》（征求意见稿）和安徽省政府工作报告以及省政府工作提出意见建议。学院吴华清教授等撰写的《下好巢湖湿地治理"五步棋" 打造合肥最好名片》获安徽省领导王清宪省长肯定性批示，李欣婷老师撰写的咨政报告获时任安徽省委常委、常务副省长邓向阳肯定性批示。学院教师分别于《经济日报》《安徽日报》等党报党刊理论版发表文章共 12 篇。其中冯奎研究员、洪进教授、庄德林教授合作撰写的《培育发展现代化都市圈》在《经济日报》理论版发表。洪进教授与彭飞教授分别撰写的咨政报告《构筑"六创"一体化政策体系 深度融入长三角科技创新共同体》与《对标先进 补齐短板 打造一流营商环境》被安徽省社会科学界联合会《学界兴皖》采用。

近三年，学院教师共获安徽省社会科学界联合会"三项课题"研究成果奖9项，获安徽省社会科学界学术年会论文奖11项，其中吴华清教授等撰写的《合肥争创国际湿地城市研究》获安徽省社会科学界联合会"三项课题"研究成果一等奖。

（撰稿人：朱晨）

暨南大学经纬粤港澳大湾区经济发展研究院

一、机构介绍

1. 机构沿革

暨南大学是我国最早从事特区经济、珠三角经济发展和港澳台经济研究的高校之一，在粤港澳大湾区经济发展领域拥有丰富的学术积淀，研究水平处于国内领先地位。目前，暨南大学已经成为粤港澳大湾区经济发展研究的重镇，在相关学术研究和决策研究，以及高层次人才培养方面发挥主力军的作用。经知名工商界领袖及社会活动家、第十二届全国政协经济委员会副主任及第十一届全国工商联副主席、香港中国商会主席、暨南大学董事会副董事长陈经纬先生倡议，为了响应粤港澳大湾区建设重大国家战略，暨南大学于2017年底建立了暨南大学经纬粤港澳大湾区经济发展研究院（以下简称"研究院"）。研究院入选CTTI来源智库，是国家区域重大战略高校智库联盟首批发起成员单位。

2. 研究队伍

研究院设立专职研究员、高级研究员、特聘研究员等研究岗位。专职研究员由研究院依据学校有关政策公开招聘，在研究院领导下全职承担有关研究工作及其他工作。高级研究员、特聘研究员由研究院根据需要聘请知名学者和专家担任，承担研究院委托的有关研究工作及其他工作。

3. 代表性学者

覃成林教授是暨南大学经纬粤港澳大湾区经济发展研究院创始院长，暨南大学二级教授，区域经济专业博士生导师，兼任中国区域经济学会常务理事及学科建设委员会副主任、中国区域科学协会常务理事及区域经济学专业委员会副主任、全国经济地理研究会顾问，主要研究领域为区域经济增长、区域经济协调发展、经济活动空间组织。主持国家社科基金重大项目2项、重点项目2项；在《中国社会科学》《管理世界》等期刊发表10多篇有重要影响力的论文，出版了《多极网络空间发展格局：引领中国区域经济2020》《中国区域协调发展机制体系研究》《中国区域经济差异研究》等多部有影响力的著作；在供中央领导参阅的《成果要报》上发决策建议报告3篇，多篇决策建议报告被省部级及以上领导正面批示；获得教育部人文社会科学优秀成果三等奖1项、广东省哲学社会科学优秀成果一等奖3项。主要学术贡献：（1）开创了多极网络空间组织领域，提出了中国多极网络空间发展格局的构想；（2）提出了区域接力增长的思想;(3)在空间俱乐部趋同的概念及机制,区域经济协调发展的概念、评价方法及机制体系等方面做出了开拓性贡献。

贾善铭博士是暨南大学经纬粤港澳大湾区经济发展研究院副院长、高级研究员,暨南大学经济学院副研究员、区域经济专业博士生导师。研究领域为区域经济多极增长、区域协调发展、交通与区域经济、湾区经济发展。兼任全国经济地理研究会常务理事、中国区域经济学会理事、中国国土经济学会理事。主持在研国家社会科学基金一般项目1项、重大项目子课题1项;主持完成国家自然科学基金青年项目1项,国家社会科学基金重点项目子课题1项,省部级课题多项。以第一作者或独立作者身份在国内外匿名审稿期刊发表论文20余篇,合作出版著作4部;获广东省第八届哲学社会科学优秀成果一等奖。

二、研究特色

研究院旨在充分发挥暨南大学在粤港澳大湾区经济发展研究方面的比较优势,坚持多学科、综合性、应用型的发展特色,搭建开放型研究合作平台,积极整合校内外相关资源,以经济发展为研究主题和研究特色,开展高水平的决策咨询研究、学术理论研究、学术交流和高层次人才培养工作,既重视学术研究,又服务于政府决策参考,积极为中央政府、港澳特区政府及广东省政府就区域经济合作和发展战略提供建设性和前瞻性建议。按照港澳研究创新基地和国家思想库的要求,逐步形成机构开放、人员流动、内外联合、竞争创新、产学研一体化的运作机制,努力将研究院建设成为粤港澳经济研究领域的科学研究、人才培养、学术交流和资料信息以及咨询服务的研究院,发挥"思想库"、"信息库"和"人才库"的作用,努力建设成为有重要影响力的粤港澳大湾区经济发展研究型智库,为国家和粤港澳三地有关部门推动粤港澳大湾区建设提供高水平的决策支持,为把粤港澳大湾区建设成为国际一流湾区和世界级城市群提供强有力的智力支持。

三、智库活动

研究院紧密围绕粤港澳大湾区建设重大国家战略,开展相关研究和撰写决策咨询报告,取得以下成绩:(1)由研究院成员完成的3份决策研究报告分别获得党和国家主要领导人批示,被中共中央办公厅等采纳。(2)《关于支持香港把北部都会区建设成为融入粤港澳大湾区重大平台的建议》获得中央统战部主要领导正面批示。(3)《粤港澳大湾区建设中可能出现问题的提前研判和应对》发表在《广州研究内参》(广州市社会科学界联合会编),获得中共广东省委常委、广州市委、广州市人民政府主要领导批示。(4)通过学校社科处,向中共中央办公厅报送了《关于加强粤港澳大湾区创新驱动发展的几点建议》《关于促进东部地区率先高质量发展的建议》《融入粤港澳大湾区 破解香港收入差距陷阱》三份研究报告。(5)撰写《关于粤港澳大湾区建设若干重大问题的建议》,由台盟中央上报党和国家领导人。同时,得到广东省政协主要领导正面批示。(6)推出《创新机制体制,加快推进粤港澳大湾区建设》。该决策建议报告由研究院与广东省台盟合作完成,获得广东省政协主要领导正面批示。(7)撰写《关于广州增强粤港澳大湾区核心增长极能力的建议》,获得广州市人大常委会主要领导正面批示。(8)《粤港澳大湾区城市竞合格局及其启示》发表在《广州研究内参》(广州市社会科学界联合会编),获得广州市人大常委会主要领导正面批示。(9)《应提前研判和应对粤港澳大湾区建设中可能出现的问题》发表在《决策参考》(粤港澳大湾区发展广州智库主办)。(10)《粤港澳大湾区建设存在的困难和对策建议》，由学校社科处呈送广东省委政研室。（11）《关于规划建设广州大都市圈的建议》发表在《广州研究内参》（广州市社会科学界联合会编），获得广州市人大常委会主要领导正面批示。

研究院围绕粤港澳大湾区等领域形成一批具有标志性的研究成果，出版或发布了《粤港澳大湾区高质量发展报告（2018）》《以点带面实施区域重大战略》《粤港澳大湾区多极网络空间发展格局研究》《推动港澳更好融入粤港澳大湾区》《积极谋划新形势下粤港澳大湾区建设》《新引擎新动能：广州现代服务业的跃升》《探索以经济腹地共享为基础的深港合作新模式》《香港经济转型路径研究——基于空间经济学的视角》等专著或报告。同时，研究院还主办和承办了以粤港澳大湾区建设为主题的学术会议，包括"粤港澳大湾区创新发展：广州抉择与行动圆桌会议"（2018年6月27日）、"中国区域发展四十年暨粤港澳大湾区建设学术研讨会"（2018年12月9日）、"粤港澳大湾区建设机遇与广州策略圆桌会议"（2018年12月13日）、"国家发展大局中的粤港澳大湾区建设研讨会"（2019年3月24日）、"区域合作的比较与借鉴：粤港澳大湾区与长三角学术研讨会"（2019年10月29日）、"第十八届全国区域经济学科建设年会"（2019年11月16-17日）、"深圳建设先行示范区与粤港澳大湾区发展新路径学术研讨会"（2019年11月30日）等。

（撰稿人：覃成林　贾善铭）

集美大学财经学院

一、机构介绍

集美大学财经学院源于爱国华侨领袖陈嘉庚先生于1920年8月创办的集美学校商科，至今已有100多年的历史。学院设有财税系、金融系、国贸系、经济系、会计系和数字经济系6个专业系，拥有财政学、金融学、国际经济与贸易、投资学、经济学、会计学、数字经济学7个本科专业，拥有应用经济学一级学科硕士学位授权点和税务、会计、金融、国际商务4个专业硕士学位授权点。自2004年开始招收研究生。自2012年起，在应用经济学一级硕士授权点下，招收区域经济学研究生，应用经济学科被列入集美大学优势学科培育计划。2018年，区域经济与管理学科群入选福建省高原学科。会计学、经济学专业于2021年、2022年相继获批入选国家级一流本科专业建设点。

学院现有专任教师94人，其中教授19人，副教授28人；具有博士学位教师50人。拥有闽江学者特聘教授2人，闽江学者讲座教授4人，福建省哲学社会科学领军人才、福建省高校新世纪优秀人才计划、福建省高校杰出青年科研人才计划、厦门市拔尖人才、福建省管理型会计拔尖人才等高级别人才多人；8人次获得福建省高校优秀党务工作者、厦门市优秀思政工作者等综合性奖项，5位教师获评集美大学"学生最喜爱的优秀教师"。

代表性的学者包括黄阳平、高春亮、王丽萍、庄赟、曾卫锋、施晓丽、李娜、朱文涛、易巍等。

代表性的教学成果包括：（1）地方高校开放式应用型创新人才培养体系构建与实践（省级

教学成果一等奖）；（2）以嘉庚精神为引领，构建应用型人才培养体系的探索与实践（省级教学成果一等奖）；（3）内化嘉庚精神，培养"诚毅"品质的创业型财经人才（省级教改项目成果）；（4）新文科背景下数字经济专业建设探索与实践（省级教改项目成果）；（5）新文科经管法跨界融合创新人才培养模式探索与实践（省级教改项目成果）；（6）新高考背景下地方综合性大学本科专业建设的挑战与对策研究（省级教改项目成果）；（7）以一流专业目标为导向的大学生创新创业团队建设（省级教改项目成果）；（8）"以学生为中心"的专创融合人才培养模式研究与实践（省级教改项目成果）；（9）创业型高级财经职业人才培养体系（省级教改项目成果）。

二、优势领域

集美大学财经学院区域经济学学科点的研究重点聚焦区域经济学理论前沿、大都市区合作与发展、海峡两岸区域经济合作、城市治理与发展、城市化问题、总部经济发展、产业集群发展战略、厦门融入"一带一路"的发展研究、区域投融资体制和自贸区相关政策研究、海洋新兴产业发展、现代服务业发展等。

集美大学财经学院设有福建省社会科学研究基地——地方财政绩效研究中心，厦门市人文社会科学研究基地——产业与区域经济研究中心、金融资产配置与管理研究中心，福建省高校人文社会科学研究基地——海西经济运行效率与风险测评研究中心，以及经济研究所、城市与区域发展研究所、集美大学海洋产业经济研究院、财经专业实验教学中心等研究平台与基地。

各研究平台与基地始终坚持以重大区域现实问题为主攻方向，坚持基础研究与应用研究并重，坚持科学研究与社会服务紧密结合，运用区域经济学前沿的研究方法与手段，与政府有关职能部门建立良好的合作关系，聚焦福建省、厦门市区域经济发展，厦漳泉大都市区合作与发展、海峡西岸经济区发展等的研究，致力于构建福建省区域经济研究与实践的重要创新基地，取得了丰硕的研究成果，多次获得福建省、厦门市的社科优秀成果奖。

近年来，集美大学财经学院的研究平台与基地更加注重高级别课题项目申报和高质量学术论文发表，获得国家社会科学规划基金重点项目1项、一般项目4项、青年项目1项，教育部社会科学规划基金、福建省社会科学规划基金等省部级项目多项；在《经济学动态》《经济学（季刊）》《中国工业经济》《财贸经济》《国际贸易问题》《中国人口•资源与环境》等CSSCI刊物上发表相关论文130多篇，出版学术专著10余部，且有多部成果被《新华文摘》、人大复印报刊资料全文转载；承接福建省"十四五"海洋新兴产业发展规划、福建省"十三五"前期重大课题、厦门市"十三五"前期课题、福建省"十三五"重点专项规划、厦门市人文社会科学重点课题等多项咨询项目，关于海洋经济发展、自贸区建设的研究成果还得到省领导的批示，在学术界产生了良好的影响。

三、课程设置

区域经济学专业的硕士研究生课程设置由必修课（公共必修课、专业必修课）和选修课组成。课程设置体现区域经济学的基础理论、专业知识和相关技能方法。实行学分制，硕士研究生在攻读学位期间，总学分不低于32学分，其中公共课不少于7学分，基础课至少12学分，专业课8学分，选修课至少3学分，学术活动1学分，实践环节1学分。

区域经济学专业的硕士研究生的主干课程包括：区域经济理论专题、区域经济研究方法、区域发展战略与区域规划、中级计量经济学、中级微观经济学、中级宏观经济学、经济学前沿专题讲座、马克思主义与社会科学方法论等。

四、人才培养

区域经济学专业硕士研究生的培养采取课程学习和论文研究工作相结合的方式。通过课程学习与研讨、学术论文和学位论文撰写，系统掌握学科领域的理论知识，培养学生分析问题和解决问题的能力。硕士研究生的培养采用导师个别指导或导师组集体培养相结合的方式。

近5年的平均招生规模为15人/年，学制为全日制3年，研究生就业情况良好，毕业去向主要包括企业、政府部门与升学深造等。

五、智库活动

近年来，集美大学财经学院注重发挥地方政府新型智库作用，紧紧围绕党和政府决策急需的课题开展前瞻性、针对性的研究，提出专业化、建设性与契合现实的政策建议，相关决策咨询成果被各级政府广泛采纳，被采纳的成果包括：（1）关于推进福建省海洋经济高质量发展的建议（福建省人民政府采纳）；（2）福建省"十四五"海洋新兴产业发展规划（福建省海洋与渔业局采纳）；（3）加快建设"海洋强市"推进海洋经济高质量发展三年行动方案（2021—2023年）（厦门市人民政府采纳）；（4）福建省"十三五"服务业发展研究（福建省发改委采纳）；（5）福建自贸试验区抢抓RCEP发展机遇的建议（福建省新型智库建设工作领导小组办公室采纳）；（6）RCEP框架下的自贸区金融创新（厦门自贸片区管委会采纳）；（7）我省应对新冠疫情及恢复经济发展的几点建议（福建省新型智库建设工作领导小组办公室采纳）；（8）先行探索建设厦门数字自由港 提升"海丝"核心区发展能级（福建省委改革办采纳）；（9）厦门逐步实施自由港政策与建设自由港型经济特区问题研究（厦门市委改革办采纳）；（10）CAI对厦门外向型经济的影响及对策（厦门市商务局采纳）；（11）泉厦漳大都市区下的晋江城市发展路径研究（晋江市委办公室采纳）；（12）福建自贸区背景下建立闽台高科技产业协同合作机制研究（福建省领导批示、省政协采纳）。

（撰稿人：黄阳平　施晓丽　朱文涛）

吉首大学商学院

一、机构介绍

吉首大学于1986年开办商科教育，1987年筹办经济管理系，2002年撤系建成商学院，目前拥有全日制在校本科1800余人、硕士研究生200余人。学院设有经济学、工商管理、会计学、国际经济与贸易4个本科专业，其中经济学、工商管理为国家一流专业，会计学为湖南省一流专业；拥有应用经济学、工商管理2个一级学科硕士点、中国少数民族经济二级学科硕士点，以及会计专业硕士点（MPAcc）。学院有教职工65人，其中教授、副教授占比60%以上，博士和在读博士占比70%以上，拥有教育部"新世纪人才支持计划"人选3人、中宣部宣传思想文化青年英才人选1人、享受国务院政府特殊津贴专家2人、"宝钢"优秀教师1人、国家民委优秀中青年专家1人、湖南省优秀青年社会科学专家1人、湖南省杰出青年科学基金获得者1人、湖南省工商管理教学指导委员会副主任委员1人、湖南省学科带头人3人、湖南省"新世纪121人才工程"人选3人、湖南省级骨干教师15人。学院有冷志明、丁建军、蒋辉、李琼、张琰飞等一批中青年学者。学院获得国家民委优秀教学成果一等奖（1项）、湖南省优秀教学成果一等奖（4项）等奖项16项，"积极推动'三通协同'，着力汇聚思政工作合力"的做法与经验获得中宣部、教育部肯定和推介。学院连续10年发布出版连片特困区蓝皮书《中国连片特困区发展报告》，在《光明日报》《湖南日报》等发表理论文章20余篇，有10余项智库报告获万宝瑞（时任农业部常务副部长）、乌兰（时任湖南省委副书记）、朱国贤（湖南省委副书记）等省部级领导的重要批示。

二、优势领域

学院拥有"应用经济学"省级重点学科和省级一流建设学科、"工商管理"校级重点学科，形成了"区域减贫与发展""欠发达地区创新创业"两大稳定的研究方向，在连片欠发达地区（连片特困地区）、省际边界区域（武陵山片区）的多维减贫、协同发展、旅游产业、农业经济、创新创业等领域有一定的积累和影响力。近年来，学院获得国家社科基金课题25项、国家自科基金课题17项、全国教育规划课题3项、国家软科学基金课题4项以及教育部、湖南省自科基金、湖南省社科基金等各类课题立项资助120余项，出版学术专著30余部，在《中国工业经济》《地理学报》等国内外期刊发表高水平科研论文200余篇。教师团队获国家民委人文社会科学优秀成果奖一等奖、湖南省社科成果奖一等奖、湖南省科技进步奖等各类奖项30余项。学院学术氛围浓厚，建有"风雨湖大讲堂"学术沙龙，下设博士分论坛、校友分论坛和研究生分论坛。

学院设有武陵山区可持续发展院士专家工作站（与中国科学院地理科学与资源研究所共建，领衔院士为陆大道院士）、"武陵山片区扶贫与发展"湖南省普通高校2011协同创新中心、"民族地区扶贫与发展研究中心"湖南省专业特色智库、"武陵山民族地区绿色减贫与发展研究中心"国家民委人文社科重点研究基地、武陵山片区扶贫与发展协同创新中心博士后科研流动站协作研究中心、"区域旅游发展与管理"湖南省首届高校创新团队、"生态旅游应用技术"省级重点实验室、湖南西部经济发展研究中心、湖南省自然与文化遗产研究中心、湖南省民族经济研究基地、"区域减贫与发展"系列课程湖南省优秀研究生教学团队、区域经济学湖南省一流本科课程团队、"民族地区'两民企业'发展"研究生培养创新基地、"村镇银行发展与治理创新"研究生培养创新基地等16个省部级平台与基地。

三、课程设置

2003年，学院在中国少数民族经济二级学科硕士点下设区域经济学方向，重点培养服务民族地区经济发展的高级专门人才，2011年在应用经济学一级学科硕士点下设区域经济学方向，进一步加大区域经济学硕士生培养力度。近20年来，区域经济学方向已成为学院研究生培养的重点方向、优势方向和特色方向。该方向围绕区域经济领域的相关理论和实践问题开展科学研究和人才培养，主要涉及区域经济理论前沿、区域发展战略与政策、区际经济竞合与协同发展、区域经济空间结构演变等，并结合西部地区、民族地区实际突出区域可持续发展、绿色发展以及特殊类型区域发展等特色内容。课程设置方面，公共课7个学分，开设研究生英语（Ⅰ、Ⅱ）、中国特色社会主义理论与实践研究、马克思主义与社会科学方法论等3门课程；专业基础课9个学分，开设中级微观经济学、中级宏观经济学、中级计量经济学、中级发展经济学、学术规范与论文写作等5门课程；专业方向课6个学分，开设区域经济学、经济地理研究专题、区域发展战略与政策专题等3门课程；专业选修课4个学分，开设区域经济协同发展专题、空间经济与GIS技术应用、贫困与绿色（可持续）发展专题、"三农"问题与乡村振兴专题等4门课程供选择。

四、人才培养

自2003年招收中国少数民族经济二级学科硕士点的区域经济方向硕士研究生以来，学院已有近20年的区域经济学方向研究生培养经验。近5年来，年均招收区域经济学方向（含中国少数民族经济二级学科硕士点的区域经济学方向）硕士研究生8人左右，实施"导师+项目团队"联合培养模式，即"日常培养由导师负责，重要环节项目团队共同把关"，充分发挥学院省级平台较多和导师项目较多的优势，开设"风雨湖大讲堂"学术沙龙研究生分论坛，实施项目引领、每周学习会和师生双周沟通登记制度，强化过程培养；注重研究生经世济民情怀和务实调研作风培养，组织研究生走进武陵山、下沉乡村开展社会实践，熟悉欠发达地区经济社会发展实际。近3年该方向毕业的22名研究生中有6人考入厦门大学、中央民族大学、中南财经政法大学、江西财经大学等高校继续攻读博士学位，有14人以高层次人才引进的方式进入西部地区党政机关、国有企业、高等院校工作，有2人自主创业。此外，该方向导师作为教育部"服务国家特殊需求博士人才培养项目——国家连片特困地区（武陵山区）生态扶贫人才培养项目"的博士生导师参与了学校生态扶贫博士研究生的培养，已毕业4人。

五、智库活动

学院建有"民族地区扶贫与发展研究中心"湖南省专业特色智库（2019年入选CTTI来源智库），积极开展服务民族地区、贫困地区、武陵山片区经济社会发展的智库研究。近年来，学院团队承担并完成国务院扶贫办、国家乡村振兴局、湖南省委和省政府、湘西州委和州政府等的各类委托项目20余项，提交各类研究报告、提案、建议等近100余项，其中20余项获得各级领导批示或被相关部门采纳，10余项智库研究成果在《光明日报》《湖南日报》等主流媒体上刊发。学院团队高质量完成了贵州、湖北、湖南三省八县（区）贫困县退出第三方评估，云南等三省东西部协作交叉考核评估，以及贵州江口、云南双江等案例县脱贫经验总结工作。学院研究生多次受邀参与农业农村部等部门和单位组织的专项调研活动。主要由学院教师完成的《中国连片特困区发展报告》蓝皮书产生了广泛的社会影响，位列全国皮书综合影响力指数TOP100的前列。此外，作为精准扶贫首倡地十八洞村所在地的高校智库，受湖南省委宣传部、湘西州委宣传部的委托，学院团队完成了十八洞村精准扶贫经验模式总结、十八洞精神提炼、十八洞村在中国共产党百年减贫史中的地位和作用、湘西州摆脱千年贫困的探索与实践等一系列专题理论报告。

（撰稿人：丁建军）

辽宁师范大学海洋可持续发展研究院

一、机构介绍

辽宁师范大学海洋可持续发展研究院是教育部人文社会科学重点研究基地，隶属于辽宁师范大学，是我国最早的专门从事区域海洋经济研究的实体性科研机构。"六五"至"七五"期间，辽宁师范大学地理系承担了"全国海岸带和海涂资源综合调查"、"中国海洋区域经济"和"辽宁省海岛资源基础调查"等国家科技攻关项目，于1989年成立了辽宁师范大学海洋资源研究所，即研究院前身，研究所首任所长为张耀光教授。"八五"至"九五"期间，研究所相继承担了"辽宁海岛资源调查与评价""中国海岸带土地利用""中国海岛资源基础调查""黄海海洋开发与保护"等国家级重大项目，在科学探索与科研实践中逐步确立了区域海洋经济的特色研究领域。

2000年海洋资源研究所更名为海洋经济与可持续发展研究中心，2002年被确定为教育部人文社会科学重点研究基地，2007年被提升为教育部省部共建人文社会科学重点研究基地（相当于理工领域的教育部重点实验室）。研究中心依托地理学、区域经济学、产业经济学等学科，不断拓展区域海洋经济研究，整体研究水平已经居于全国领先，连续三次被评为辽宁省高校创新团队。近年来，研究中心与大连市政府发展研究中心共建"决策创新研究基地"，2014年与多家单位合作成立"东北地区面向东北亚区域开放协同创新中心"，2018年研究中心入选首批辽宁省重点新型智库和辽宁省高校新型智库。2019年，经学校党政办公会议审定，海洋经济与可持续发展研究中心升级为海洋可持续发展研究院。

海洋可持续发展研究院始终坚持区域海洋经济问题的研究方向，利用濒海区位优势和扎实的海洋经济地域系统基础理论，重点开展海洋资源与环境经济、区域海洋经济与产业布局、港口航运与交通经济、海洋地缘经济与地缘政治、沿海城乡融合与海岛振兴、海洋科技创新与技术经济等多方面涉及沿海区域经济发展的研究，取得了许多标志性成果，奠定了在国内突出的学术地位。历经几代人的砥砺耕耘与术业专攻，目前海洋研究院已形成了由张耀光、韩增林、孙才志等领军专家，盖美、孙康、狄乾斌、郭建科、王泽宇、彭飞、赵良仕、闫晓露等中青年博士科研骨干，共同组成的老、中、青相结合的学术梯队，研究水平得到了学术界的认可。

"十三五"时期，研究院承担各类科研项目100多项，实现了国家基金重点项目的突破。国家级基金项目共12项，包括国家社科基金重点项目3项（含后期资助项目1项），国家自然科学基金项目9项；教育部人文社科基金项目5项，其中，基地重大项目3项。辽宁省社科基金14项，其他辽宁省、大连市各类地方科研项目、横向委托项目70余项。发表学术论文467篇，其中，SCI/SSCI论文32篇，CSCD/CSSCI核心论文249篇。出版学术专著15部。

二、优势领域

辽宁师范大学海洋可持续发展研究院拥有1个教育部科研平台（教育部人文社科重点研究基地）、3个辽宁省科研平台（1个辽宁省高校协同创新中心、1个辽宁省重点新型智库、1个辽宁省社科联研究基地），2个教育厅科研平台（教育厅高校新型智库和人文社科重点研究基地）和2个大连市科研平台（大连市社科联研究基地和大连市科协智库基地）。这些平台为高端成果产出提供了支撑。升级为研究院后，仍保留教育部人文社科重点研究基地——海洋经济与可持续发展研究中心的机构设置，作为研究院的科研平台。在长期发展历程中，基于这些科研平台，研究院完成了不同阶段大量实证课题研究的积累，不断总结提升，形成了系统的人海关系地域系统理论基础，构建了完整的区域海洋经济的理论体系和学科体系，培育了六大优势研究领域。

1. 海洋资源与生态经济：（1）海洋资源的综合评价及合理开发利用规划，包括全国、省、市的海洋发展规划；（2）在海岸带复合生态系统的基础上，研究如何把海洋产业与相关陆域产业统一起来，即海陆经济一体化研究；（3）海岸带资源承载力与环境脆弱性研究，将陆域资源环境承载力与脆弱性理论方法引入海岸带资源评价中，科学指导海岸带资源开发、利用与管理；（4）从可持续发展与陆海统筹的视角，针对海洋经济与产业发展的资源约束和环境容量，探讨经济发展与生态环境间的耦合协调关系；（5）围绕碳达峰和碳中和，聚焦海洋经济发展中的能源消耗与节能减排、碳源与碳汇等关键问题，对不同区域的海洋经济、海洋产业的生态能值进行评估测算，并研究其循环机理。

2. 区域海洋经济与海洋空间规划：主要围绕沿海区域开发、区域产业布局、海洋产业发展等核心议题开展空间规划研究和发展规划研究。从产业门类看，主要对海洋资源开发活动而形成的物质生产和非物质生产事业（包括海洋运输、海洋水产、滨海旅游、新兴海洋产业等）展开研究。（1）海洋产业结构的基本演变规律、特点及调整方向，沿海地区及海岛区域经济发展战略、政策及空间管制；（2）区域海洋产业的空间组织、空间布局及空间模式，区域海洋产业发展规划、产业集聚与产业链识别与构建；（3）区域海洋产业体系发展与产业转型；（4）区域海洋产业发展的要素支撑、要素联系及要素配置。

3. 港口航运经济与海洋交通运输地理：主要关注沿海交通运输与物流的产业要素、空间组织及网络；探讨交通运输对沿海地区及区域海洋经济发展的影响及响应；研究港口体系、航运网络与海洋运输的区域过程及空间联系；重视沿海城市与内陆城市、港口门户与腹地中心间的交通网络、点轴系统发育及演化。

4. 海洋地缘经济与地缘政治：把地缘政治与地缘经济结合起来研究，研究我国与周边邻国间的海洋地缘政治格局、过程与机理，分析我国如何适应地缘政治、战略及经济中心由大西洋向太平洋转移的趋势，开拓国家的利益空间和安全空间，维护我国的海洋权益和西太平洋的安全形势。

5. 沿海城乡融合、美丽渔村建设与海岛振兴：主要针对沿海地区新型城镇化过程中的城乡经济转型与融合发展问题；研究三渔问题与沿海地区美丽乡村建设中的产业转型与区域治理；探讨海岛在海洋经济发展、海洋技术开发、海洋地缘建构、海洋权益维护中的作用；研究海岛经济地域系统的形成、发展、演化及海岛的开发保护、发展振兴。

6. 海洋地理信息系统与海洋大数据空间分析：主要运用数字地球、数字海洋等平台，运用遥感、GIS技术对海量的海洋地理大数据、经济数据、网络数据等进行识别、挖掘、集成并进行系统的空间解译、空间分析，为海洋国土空间规划、海洋战略决策、海洋经济社会统计分析提供基础和技术支撑。

三、课程设置

研究院拥有人文地理学专业博士学位授予点,以及区域经济学、产业经济学、国际贸易学和人文地理学硕士学位授予点。其中区域经济学专业硕士学位授予点招生已有19年,主要开设课程包括中级宏观经济学、中级微观经济学、区域经济学、中级计量经济学、GIS空间分析基础、区域发展战略、区域海洋经济、区域能源经济学、城市经济学、海洋经济统计学、资源环境经济学、海岛循环经济等。另外,研究院其他专业还开设众多区域经济学相关课程,如发展经济学、交通经济学、空间计量方法与应用、经济地理学导论、城市地理学等。为保证培养质量,这些课程的任课教师均为副教授及以上职称者或博士学位获得者,教学经验足,学术水平较高。

四、人才培养

研究院区域经济学硕士学位授权点于2003年获批,自2004年开始独立招生。初期学科带头人为韩增林教授,目前带头人是狄乾斌教授。目前,研究院区域经济领域拥有教授9人,副教授5人,讲师5人。其中,博士生导师8人,硕士生导师9人。专职教师队伍年龄优势明显,学缘结构合理。近5年区域经济学专业硕士共招收全日制研究生24人。

该专业结合自然、社会、经济实践和理论工作对区域经济学人才的需求,坚持德、智、体全面发展的方针,坚持培养具备如下知识技能和能力的研究生:扎实的经济学基础理论和较系统的区域经济学及其各分支的专业知识和专门技能;可以理论联系实际,观察分析区域经济问题,制定和实施某些区域经济发展方针政策的能力;创新能力和独立从事科学研究、教学工作或地区经济管理工作的能力。

研究院特别重视青年人才培养,有序展开团队建设,积极推荐团队科研人员遴选各级各类科研人才。2016年以来,入选各类科技人才计划6人次。其中,孙才志教授入选国务院政府特殊津贴专家和辽宁省哲学社科领军人才,郭建科教授入选辽宁省百千万人次工程百层次,王泽宇教授、郭建科教授入选"兴辽英才"青年拔尖人才,狄乾斌教授、王泽宇教授入选辽宁省百千万人才工程千层次,狄乾斌教授入选辽宁省高校优秀人才,彭飞、赵良仕等青年教师入选大连市青年科技之星。

五、智库活动

海洋可持续发展研究院响应教育部号召,不断加快高校新型智库建设。先后进入辽宁省委省政府重点新型专业智库和辽宁省高校新型智库两个智库平台。通过基础研究与应用研究双轮驱动,围绕不同区域融入海洋强国、东北老工业基地全面振兴、"一带一路"等国家战略的具体问题和具体情况,理论联系实际,针对地方政府部门关心的应用热点难点,提出具有可操作性的对策建议和资政报告。

"十三五"时期,研究院共提交研究报告50多份,其中,在教育部《成果要报》选登1篇,辽宁省委内参《咨询文摘》发表咨政建议20多篇。获得省部级正职领导批示1次,副省级领导批示6次。其中,《关于高质量发展辽宁海洋经济打造国家东北亚海洋经济示范区的建议》获得辽宁省政协主席夏德仁批示;《关于我国海洋经济高质量发展的建议》受国家发改委副部级领导罗文批示;《关于加快建设辽宁现代化港口航运服务体系的建议》受辽宁省副省长王明玉批示;《建议对河口海岸区域重金属沉积进行普查》被中共中央统战部最高级别内参《零讯》

采纳，实现该校建校以来该级别内参零突破。《以科技创新驱动辽宁海洋经济高质量发展的对策建议》获辽宁省委原秘书长、省委常委，现农业农村部副部长刘焕鑫批示，《关于我省"十四五"时期海洋经济发展重点的建议》获辽宁省委副书记周波批示，《关于新时代东北亚国际航运中心高质量发展的对策建议》获得大连市政协主席王启尧批示。

（撰稿人：刘桂春）

南开大学经济学院和经济与社会发展研究院

一、学科介绍

南开大学城市与区域经济学科是全国唯一的"985工程"区域经济国家哲学社会科学创新基地，全国首批区域经济学科国家重点学科三个单位之一，是南开大学应用经济学一流学科的重要支撑。回溯历史，1984年南开大学经济地理专业获得国家第二批博士学位学科点授权、是国内最早招收经济地理博士生的两个单位之一，城市经济学专业于1993年成为全国第一个拥有该学科博士学位授予权的单位，1998年南开大学的经济地理和城市经济两个博士点根据国务院学位委员会新的学科目录进行合并调整后组建城市与区域经济学科。目前，已形成了"理论创新、服务社会、国际化拓展与实验室建设"四位一体的突出学科特色，成为积极推进城市与区域经济理论研究高地、精英人才培养的摇篮、国家级区域经济智库和国际化的学术交流平台。

团队现有专职研究人员共15人，由教授6人、副教授5人、讲师4人组成，其中刘秉镰教授入选南开大学杰出教授、江曼琦教授入选南开大学英才教授、李兰冰教授入选教育部重大人才工程青年学者。在此基础上，与国内外知名区域学者之间建立广泛而密切的学术交流网络，构建了高度国际化的研究团队。

二、优势领域

近年来，南开大学城市与区域经济研究团队取得丰硕成果。

（1）重要奖励。该学科团队多项成果获得第八届高等学校科学研究优秀成果奖（人文社会科学）一等奖、二等奖和三等奖，天津市第十七届天津社科优秀成果特等奖、第十六届天津社科优秀成果一等奖、第十五届天津社科优秀成果一等奖，以及国家发改委优秀成果二等奖等。

（2）科研项目。该学科团队承担国家社科基金项目以及教育部哲学社会科学研究重大课题攻关项目5项，国家科技支撑计划、中宣部特别委托项目、国家自然科学基金、国家社科基金等百余项国家和省部级科研项目。

（3）教材著作。该学科团队组织编写《区域经济学》马工程教材，出版区域经济学、空间经济学以及城市经济学等一系列具有影响力的教材，翻译出版《区域和城市经济学手册》（第1卷-第5卷）等，出版《南开大学区域产业经济研究丛书》《南开大学城市经济学丛书》等著作。

（4）期刊论文。该学科团队在《中国社会科学》、《经济研究》、《管理世界》、《世界经济》、《经济学（季刊）》、Economic Geography、International Journal of Industrial Organization 和

Regional Science and Urban Economics 等国内外重要期刊发表论文数十篇，多篇论文获得重要学术奖励。

（5）实验室建设。该学科团队与伊利诺伊大学香槟分校 REAL 实验室共建南开大学中国区域经济应用实验室（China REAL），积极推进城市空间大数据系统与云计算平台建设，致力于建成集设计、预测、模拟与评估功能于一体的区域政策研究平台，已获批天津市首批社科实验室，成为教育部首批社科重点实验室"经济行为与政策模拟实验室"的重要组成部分。

（6）社会服务。该学科团队积极服务区域重大战略，发起成立区域重大战略高校智库联盟，刘秉镰教授入选京津冀协同发展专家咨询委员会成员，带领南开大学城市与区域经济学科团队深度参与国家重大战略咨询，多项研究成果被中央部委及地方政府部门采纳，40 余篇咨询建议获中央及省部级领导重要批示，京津冀协同发展专家咨询委员会、天津市委研究室以及河北省委研究室等多次致函感谢。

三、课程设置

南开大学经济学院城市与区域经济研究所和南开大学经济与社会发展研究院招收区域经济学专业博士、硕士，包括以下主要教学研究领域。（1）区域经济理论：着重开展区域经济增长理论、经济地理理论、区域创新经济学、区域经济史等研究；（2）区域经济发展与政策：着重开展区域协调发展、区域经济政策评估与分析、区域差距理论、数字经济与区域经济发展等研究；（3）城市经济与城市管理：着重开展土地与房地产、城市经济理论与发展、城市管理等研究；（4）区域产业分析：着重开展区域产业结构、区域产业发展、区域产业布局、区域产业规划等研究；（5）空间经济理论与应用：着重开展空间集聚理论、空间计量分析、空间统计以及经济地理等研究。

四、人才培养

南开大学每年招收 15 名区域经济学专业博士生和若干名应用经济学（区域经济学、城市经济学方向）硕士生，博士毕业生主要去向为高校、科研机构、党政机关等，硕士毕业生主要去向为金融机构、党政机关、事业单位、国有企业等。

（撰稿人：李兰冰　王家庭）

南京大学经济学院

一、机构介绍

1. 机构沿革

南京大学经济学院起源于 1902 年三江师范学堂时期的商科，1952 年中国大学院系调整时，南京大学的经济学科调整到其他院校。1978 年，南京大学恢复经济学系；1988 年，成立南京大学国际商学院，经济学院隶属于国际商学院；2000 年，国际商学院更名为商学院。

目前经济学院有经济学系、国际经济贸易系、金融与保险学系、产业经济学系 4 个系以及人口研究所、苏州校区数字经济与管理科学方向研究中心。学院有一级学科博士学位授权点 2

个（理论经济学、应用经济学），二级学科博士点12个，博士后流动站2个（理论经济学、应用经济学），国家级一流本科专业建设点4个（经济学、国际经济与贸易、金融学、金融工程），国家级一流本科课程1个（中国经济史），国家重点学科1个（政治经济学），国家重点培育学科1个（世界经济），国家级基础学科人才培养基地1个（经济学），教育部人文社会科学重点研究基地1个（南京大学长江三角洲经济社会发展研究中心），国家级协同创新中心1个（参与南开大学牵头的"中国特色社会主义经济建设协同创新中心"），首批江苏省高校协同创新中心1个（牵头成立建设"区域经济转型与管理变革协同创新中心"）。国家级教学团队1个，教育部长江学者创新团队1个。

2. 教学科研队伍

南京大学经济学院拥有一支学术水平高、影响力大、年富力强的师资队伍。全院教师88人，其中博士生导师29人，硕士生导师26人；南京大学人文社科资深教授1人，教育部"长江学者奖励计划"特聘教授4人，教育部"高等学校教学名师奖"获得者3人，"万人计划"教学名师1人，"万人计划"哲学社会科学领军人才1人。该学院从事区域经济研究的主要代表性学者包括洪银兴、刘志彪、张二震、范从来、沈坤荣、安同良、郑江淮、吴福象、高波、魏守华等知名教授。

二、优势领域

南京大学经济学院区域经济学科建设立足传统优势领域，积极服务国家发展，形成了中国特色社会主义政治经济学构建、全球价值链下的中国产业转型升级、区域协调与新型城镇化高质量发展、高质量发展中的绿色发展和共享发展等研究领域。同时，在中央和地方政府的支持下，设立了教育部人文社科重点研究基地"长三角经济社会发展研究中心"、国家高端智库建设培育单位"长江产经研究院"等国内具有较高知名度的研究平台。

三、课程设置

南京大学经济学院区域经济学专业博士和硕士研究生课程注重经济学基础培养，主要课程包括高级宏观经济学、高级微观经济学、高级计量经济学、经济学数学基础、中国经济研究、产业经济研究、计量经济学前沿等。

四、人才培养

南京大学经济学院每年招收应用经济学专业（区域经济方向）博士研究生6-10人，博士毕业生主要就业去向为高校、党政机关和国有企业。该学院目前未设立区域经济学专业硕士点，没有培养此专业方向的硕士研究生。

五、智库活动

南京大学经济学院长期以来重视理论服务实践发展，努力服务中央和地方重要决策，搭建了一些特色的智库平台。1997年，时任江苏省委书记陈焕友与时任南京大学副校长洪银兴共同创办了"江苏发展高层论坛"。宗旨是"两个服务"：为各级党委、政府的科学决策提供超前的咨询服务，为江苏企业发展提供战略咨询和诊断服务。该论坛已经成功举办37届，成为江苏经济社会发展中重大问题决策咨询的最重要平台，是政府决策科学化、民主化的范例。省委书记和（或）省长每次都亲临现场，全程参与。论坛每次围绕一个主题进行研讨，发言的专家学者和政府官员必须事先提供一篇具有相当研究水准的、符合当前需要的研究报告。

另外，该学院以国家级培育智库长江产经研究院为依托，为国家经济发展建言献策。自从进入国家高端智库建设轨道，刘志彪教授领衔团队迄今已完成相关决策咨询报告240余份、政府研究课题130余项；近20份报告获党和国家领导人肯定性批示，50余份报告获省部级领导肯定性批示，多份报告入选《国家高端智库报告》《国家社会科学基金项目成果要报》，近百篇文章被"三报一刊"、"学习强国"、新华社等国家媒体平台转载并单篇文章有数百万阅读量；至今共有近20本著作被美国国会图书馆收藏。

（撰稿人：段巍）

南通大学江苏长江经济带研究院

一、机构介绍

南通大学江苏长江经济带研究院（以下简称"研究院"）智库建设历程主要经历了四个阶段：一是智库建设起步阶段（2009年10月—2014年11月）。2009年10月，南通大学秉承先校长张謇"学必期于用，用必适于地"的教育理念，充分利用学科优势、人才优势和所在城市南通"通江通海通上海"的独特区位优势，抢抓江苏沿海开发上升为国家战略机遇，成立正处级建制研究机构"江苏沿海沿江发展研究院"，着力开展沿海沿江发展研究。二是智库特色确立阶段（2014年12月—2016年6月）。2014年12月，南通大学深入贯彻落实习近平总书记关于加强智库建设的重要批示精神和教育部《中国特色新型高校智库建设推进计划》（教社科〔2014〕1号）的部署要求，主动策应长江经济带发展国家重大战略，依托江苏沿海沿江发展研究院成立"江苏长江经济带研究院"特色新型智库，着力开展长江经济带发展特色研究。三是智库内涵建设阶段（2016年7月—2020年3月）。2016年7月，江苏长江经济带研究院获批成为江苏省首批重点培育智库，以此为契机，研究院以"对接国家战略 服务江苏发展"为宗旨，从基础建设、决策咨询、理论创新和舆论引导、智库活动、内部治理等各方面加强智库内涵建设，着力打造国内长江经济带研究领域有重要影响的特色新型智库。2019年12月，学校正处级建制研究机构江苏沿海沿江发展研究院更名为江苏长江经济带研究院。四是智库品牌提升阶段（2020年4月至今）。2020年4月，江苏长江经济带研究院在省重点培育智库三年培育期满考评中名列第一，成功晋级成为江苏省重点高端智库（目前江苏全省共12家，省会城市之外仅此1家）。以此为契机，研究院在持续加强智库基础建设和决策咨询的同时，着力打造长江经济带发展论坛、长江经济带协调性均衡发展指数报告、长江经济带专业数据库等智库品牌。

研究院实行理事会领导下的院长负责制，南通大学主要领导担任理事会理事长。研究院充分整合校内资源，目前，设有8个研究所，分别是：长江经济带生态与可持续发展研究所、长江经济带综合交通运输研究所、长江经济带产业创新发展研究所、长江经济带农业农村现代化研究所、长江经济带开放经济研究所、区域治理政策与法律研究所、长江经济带空间数据分析与应用研究所、沿海沿江发展战略研究所。研究院聘请南京大学原党委书记洪银兴、国务院研究室综合司原司长陈文玲、中国社会科学院学部委员金碚担任学术委员会主任和副主任，聘请上海社会科学院原常务副院长左学金、上海社会科学院原副院长何建华、江苏省政府研究室原副主任沈和、东南大学首席教授徐康宁、南京大学长江产业经济研究院开放经济研究方向首席专家张二震、《光明日报》江苏记者站原站长郑晋鸣等担任特聘研究员，聘请华东师范大学长江流域发展研究院原常务副院长徐长乐担任特聘教授，在校内打造了一支以南通大学原党委书记成长春教授为院长兼首席专家、以常务副院长杨凤华教授和8个研究所所长为中坚力量的专兼结合、专业互补、富有活力的科研团队，现有校内专兼职研究人员76人，其中教授20名、博士60名。

二、优势领域

截至2021年底，研究院智库团队聚焦长江经济带和江苏发展重大理论与现实问题开展研究和咨政服务，先后承担研究阐释党的十九届六中全会精神国家社科基金重大项目"新时代实施区域协调发展战略研究"、国家社科基金重点项目"长江经济带协调性均衡发展研究"、教育部哲社研究重大课题攻关项目"推动长江经济带发展重大战略研究"、中宣部马工程项目子课题"长江经济带世界级产业群战略研究"等省部级以上项目42项；在《中国社会科学》《求是》《人民日报》《光明日报》《经济日报》等权威报刊发表理论文章167篇，在人民出版社出版的专著《协调性均衡发展：长江经济带发展新战略与江苏探索》由施普林格出版社在海外发行，并获省哲社优秀成果一等奖；发表的决策咨询报告中5篇受到国家级领导人肯定性批示、26篇受到省部级以上领导肯定性批示，研究观点被国家发改委、工信部采纳应用10余次，决策咨询工作荣获江苏省发改委感谢信。其中，2021年度，智库团队主要聚焦长江经济带和江苏生态优先绿色发展、长江经济带与共建"一带一路"融合等特色领域开展深入调研，发表决策咨询报告16篇，其中7篇报告获省部级以上领导肯定性批示；在《人民日报》《光明日报》《经济日报》等发表理论文章30篇。由首席专家成长春教授领衔的教育部哲学社会科学研究重大课题攻关项目"推动长江经济带发展重大战略研究"，经教育部社会科学司审定，以免检通过结项；承担国家社科基金5项、省部级课题10项、地方"十四五"专项等横向课题10项；认领2021年度江苏省重点智库研究课题6项。研究成果在省、市党代会报告及省、市相关"十四五"规划中被采纳。

三、智库活动

2021年度，研究院联合上海社会科学院主办"第六届长江经济带发展论坛"，国家领导人、国家部委、高校及科研院所专家学者线上线下相结合与会指导交流，就"迈向现代化的长江经济带高质量发展"碰撞智慧、建言献策。新华网、《光明日报》、《经济日报》、《新华日报》、《中国社会科学报》等媒体对论坛专家观点集中报道，产生积极广泛影响；成功组织召开"同饮一江水 共护长江美——智库专家共话推动长江经济带发展座谈会召开五周年"研讨会，学习强国平台、中国社会科学网、《新华日报》、交汇点新闻等多家媒体关注报道；成功召开以"凝聚法治共识 筑牢长江保护之基"为主题的长江保护法实施学术研讨会，得到中国社会科学网、新华网江苏频道、交汇点新闻、新江苏、南通发布等媒体关注并广泛报道；另外，内设研究所在中国加入WTO二十周年、2021年中央农村工作会议召开、通州湾集装箱运输新出海口吕四起步港区通用码头开港之际，结合长江经济带发展实际，分别成功组织召开了"新形势下的中国对外开放""中国农业农村现代化""第二届'对话通州湾'""长江经济带生态产品价值实现路径的探索与展望"等专题智库论坛,国内知名专家参会交流,交汇点新闻等广为报道。

2021年,研究院公众号平台先后策划推出"智库专家谈两会""全面推动长江经济带发展系列研讨""南通市第十三次党代会精神解读"等系列研讨活动,邀请专家学者对国家重大战略及重要会议精神进行分析解读,为开启全面建设社会主义现代化国家新征程建言献策。智库专家应邀参加省委常委、南京市委书记韩立明主持的南京市推动长江经济带发展领导小组会议及时任常务副省长樊金龙主持的专题座谈会等各类咨政、辅导活动60余次,接受人民网、新华网、学习强国平台等媒体专访50余次。智库团队2位专家作为江苏省委宣讲团成员,深入高校、政府机关、企业、街道社区等上百家单位开展习近平总书记"七一"重要讲话和党的十九届六中全会精神宣讲,听众多达数万人,产生积极广泛社会影响。成长春的宣讲报告《让以人民为中心的发展思想深入基层落地生根》获评中宣部"优秀理论宣讲报告"。同时,为深入学习宣传贯彻落实南通市第十三次党代会精神,研究院还与南通广电传媒集团、县市区融媒体中心联合推出"'智'进赶考路、对话'当家人'"大型融媒体行动,围绕南通市委、市政府中心工作,通过评论员、智库学者、市民代表同场"对话"各县市区书记访谈形式,生动展示南通各县市区贯彻落实南通市第十三次党代会精神的思考与行动。

(撰稿人:杨凤华)

四川大学经济学院

一、机构介绍

四川大学经济学院有百余年的历史渊源和学术积淀,承袭彭迪先、蒋学模、陶大镛、胡代光、刘诗白、周春先生等一批我国老一辈经济学家的学风,前身脱胎于四川大学1905年建立的经济科、1924年成立的经济系。四川大学区域经济研究学科由著名经济学家杜肯堂先生创始,于1984年成立四川省区域经济专业人才培养基地,1990年开始在国民经济学硕士点下招收区域经济发展方向硕士研究生,1998年获批硕士点并被评为四川省重点优势学科。四川大学经济学院区域经济学科以解决区域经济发展实际问题为目标,长期致力于西部大开发与生态文明的区域发展理论研究及实践探索,不断发展完善,已形成了老中青结合的学术梯队结构。至今,区域经济学专业在职教学科研人员有10名,全部具有博士学位,其中正高职称5名。杜肯堂教授、邓玲教授等老一辈专家学者奠定了四川大学区域经济学发展壮大的基础。杜肯堂、邓玲学者在四川大学经济学院任职期间,为该校区域经济学专业培养了一大批优秀的中青年人才,如龚勤林教授、黄勤教授、邓丽副教授、曾武佳副教授、余川江副研究员等。在师资队伍建设中,四川大学区域经济学不仅通过内部培养,还积极从外部吸收优秀人才以充实师资力量,近年来从北京大学、香港中文大学等名校引进了新一代中青年人才,如周沂副教授、崔传涛副教授等。

以杜肯堂、邓玲为首的老教授带领中青年教师结合中国实际进行探索创新,对区域经济学科进行扩充和创新,取得了一批优秀的成果。现在,区域经济学青年教师的教学和科研才华日益展露,已经成为该学科强劲的中坚力量。学科团队在汶川地震灾后重建中提出创设"龙门山生态文明建设试验区"的建议。杜肯堂教授主持四川省"十五"重大委托课题"四川省统筹区域经济发展，走可持续发展道路系列研究"并获四川省哲学会科学优秀成果一等奖，主持完成教育部哲学社会科学重大课题攻关项目"西部经济发展与生态环境重建研究"，为该机构学科首个国家级重大课题。2000年至今，邓玲教授接连主持完成"中国七大经济区产业结构比较研究""长江上游生态屏障建设研究""长江上游生态屏障与长江上游经济共建及其协调机制研究""我国生态文明发展战略及其区域实现研究""城市生态文明协同创新体系研究"等一系列国家社科基金重大、重点和一般项目，诸多独家观点陆续刊登于《人民日报》（理论版）、《光明日报》等重要报刊，《汶川地震灾区主要江河流域生态修复问题的调查报告》《关于尽快编制长江上游生态屏障建设规划的建议》等诸多政策建议先后得到国家领导人和省委、省政府肯定性批示，代表性专著《我国生态文明发展战略及其区域实现研究》获得四川省哲学社会科学优秀成果一等奖、教育部人文社科优秀成果二等奖。

2000年以来，以邓翔教授、龚勤林教授、黄勤教授为代表的第二代学人努力开拓，注重推动本土学派与国际接轨。邓翔教授在2003年所著的《经济趋同理论与中国地区经济差距的实证研究》，是国内最早利用经济趋同理论分析中国地区差距问题的研究成果，南开大学、中国人民大学均将其作为研究生指定参考书；2014年，邓翔教授成功获得了欧盟委员会授予的"让·莫内讲席教授"。龚勤林教授在2004年首创区域与城乡产业链构建理论范畴，相关论文在CNKI累计被引1200余次，单篇被引用450余次。担任中国区域经济学会常务理事和学科建设专委会副主任委员、全国经济地理研究会长江经济带建设专委会副主任委员、四川省区域经济学会副会长、四川省区域发展学会副会长、四川省城市经济学会副秘书长等学会职务。先后获教育部人文社科优秀成果三等奖1项；四川省哲学社会科学优秀成果奖一等奖2项，二、三等奖多项；国家级教学成果二等奖1项；四川省教学成果一等奖3项，二、三等奖多项。黄勤教授主要研究循环经济与国土规划，担任中国区域科学协会理事、四川省区域经济研究会秘书等学会职务；主持完成国家社科基金项目"资源环境约束下西部产业结构调整优化研究"；在《中国人口·资源与环境》、《改革》等期刊和《光明日报》等报刊发表多篇文章；完成学术专著3部，先后获哲学社会科学优秀成果奖、统计研究优秀成果一等奖、邓小平生平与思想研究优秀论文奖多项。2017年以来，新生代持续深耕经济理论与实证，力求将低碳转型、高水平开放、数字经济等新动能纳入区域经济学分析框架，研究纵深趋于精细化，拓展了"环境经济地理""内陆开放高地""数字经济""产业集群"等多个新的细分领域，不断扩大学科队伍和提升学界地位。

二、优势领域

四川大学区域经济学人一直以顺应国家发展大势和服务地方经济为导向，教学与科研并重，理论与实践并举，立足学校地处西部地区与长江经济带上游的区位优势，始终关注西部大开发和长江经济带发展，不断拓展学科研究领域，分别在生态文明、区域产业、城乡关系等重点方向上积累了斐然成果和学术声誉。第一，长江上游生态文明建设的重大理论创新研究。从全球战略高度出发，对生态文明建设若干理论问题进行了大胆创新，较早地针对生态文明建设理论开展系统深入研究，受到国内各界普遍关注，诸多创新成果陆续通过专著出版、论文发表、《人民日报》（理论版）刊登、中央电视台采访等多种形式发布，观点鲜明、影响广泛。第二，服务区域经济发展实践探索产业发展道路。四川大学学者对区域产业的研究主要包括主导产业、产业结构、产业链或区域具体产业发展的问题，从区域主导产业的选择问题、产业链空间分布等视角研究主导产业和产业链的理论建构，基于我国具体区域的现实情况出发探讨产业结构和区域具体产业发展问题。第三，应用区域经济学科范式丰富城乡统筹理论。针对城乡发展差距问题，我国形成了城乡统筹理论。为破除城乡二元结构，对城乡统筹背景下的区域经济发展进行了大量研究，从产业互动、区域协调、成渝地区双城经济圈建设等区域经济视角探究城乡融合的理论思路。

四川大学区域经济学科依托国民经济管理学、财政学两个国家级一流本科专业，四川大学"长江上游生态文明建设学派"、四川省教育厅高校哲学社会科学重点研究基地"成渝地区双城经济圈高质量发展研究院"等两个优势研究平台。优势学科平台和优势研究平台的融合互促，形成了集科学研究、咨询服务、学术交流和人才培养等功能为一体的综合性、创新性、开放性的软科学教学与科研载体，为四川大学区域经济学科发展提供了良好的空间。

三、课程设置

四川大学区域经济学专业研究生设置了区域经济理论、国土开发与空间规划、城市经济学、区域产业经济分析、空间分析方法与技术等课程。

四、人才培养

四川大学经济学院区域经济学专业硕士生招收规模每年 8 名左右，博士生每年 2 名左右，培养方式均为全日制，毕业主要是去高校、科研院所、行政事业单位、大型房地产公司、金融机构等。

五、智库活动

近年，与四川省推进成德眉资同城化发展领导小组办公室、四川省科技厅、重庆市科协等相关部门积极合作，注重成果转化，提交的《成渝地区双城经济圈应在立破并举中寻求出路》等 7 篇决策咨询成果分别报送中办、国办、中财办、成都市委和市政府，参与成渝地区双城经济圈建设的部分方案文件撰写，举办和承办了成渝地区双城经济圈建设研讨会。

(撰稿人：龚勤林　余川江)

上海财经大学城市与区域科学学院（财经研究所）

一、机构介绍

1984 年 12 月，上海财经大学财经研究所成立。1998 年，设立区域经济学博士学位和硕士学位授权点，开启了学科建设与研究生教育的新历程。2000 年成立了上海财经大学重点研究基地——上海财经大学区域经济研究中心。2012 年 5 月，为体现学科发展特色，上海财经大学城市与区域科学学院成立，是与财经研究所并列设置运行的，作为学校建立高水平研究型大学的一种改革试验，是区域经济学、城市经济与管理等学科的主要发展平台。城市与区域科学学院（财经研究所）的区域与城市经济学方向，成为上海财经大学应用经济学一级学科下的四个支柱方向之一。

学院共有专职教师 30 人，其中正高职称 12 人，副高职称 13 人，5 名中级职称人员。教师全部获得博士学位。学科方面有区域经济学城市经济与管理、农业经济学 3 个博士学位授权点，区域经济学、城市经济与管理、农业经济学以及能源经济 4 个硕士学位授权点。

为适应社会服务的战略需求，学院依托主要学科成立了 3 个智库平台，即自由贸易区研究院、三农研究院、长三角与长江经济带发展研究院。2013 年 10 月 8 日，依托城市经济与管理学科，上海财经大学自由贸易区研究院成立，以对接国家急需、开展公共政策研究为主要职能，围绕中国（上海）自由贸易试验区、上海建设"四个中心"、推进"创新驱动、转型发展"等重大战略，深入开展自由贸易区、未来 30 年上海发展战略研究。2017 年 6 月，依托农业经济学科，上海财经大学三农研究院成立，立足"咨政、启民、育才"，紧密围绕区域与国家"三农"领域的现实问题与改革需求，深入开展科学研究以及社会服务，为上海和国家的发展献计献策。以上海财经大学"千村调查"项目为依托，搭建面向国内研究者的"三农"数据平台，为农业经济研究提供数据支撑。2019 年 4 月 13 日，依托于区域经济学学科，上海财经大学长三角与长江经济带发展研究院成立，以服务中央各部委以及长江经济带沿线各级政府需求为宗旨，围绕经济新常态与高质量发展背景下长三角区域一体化发展与长江经济带发展国家战略的重大和前瞻性问题，聚焦相关领域的重大战略举措与机制体制改革，组织开展高水平的理论研究、决策咨询、社会服务与政策储备，形成具有重大影响的决策咨询研究高地与城市群理论研究重镇，努力建设成为国家级新型智库和国际高端智库。

在院所发展过程中，全国知名经济学家胡寄窗教授、梅汝和教授、印堃华教授等为学院发展打下了良好基础。孙海鸣教授作为区域经济学专业的首位专业负责人及博士生导师，为学院区域经济学科的建立与发展奠定了基础。根据学校学科建设的需要，院所又增设了城市经济与管理、能源经济、国防经济、农业经济等多学科。学院发展过程中也培养了一批区域经济专业的中青年学者，如豆建民、张学良、邓涛涛、黄赜琳、刘乃全等。从 2003 年开始，院所就针对国家重大区域经济发展问题撰写《中国区域经济发展报告》，一直持续到现在。而撰写的相关决策咨询报告也多次得到中央领导人批示。

二、优势领域

1. 研究重点方向

主要研究领域包括：（1）区域经济理论与政策，重点追踪区域经济前沿理论及方法，分析区域经济发展的理论及现实问题，寻求理论及方法上的创新；（2）区域经济发展与规划，结合区域经济发展的理论与中国区域经济发展的实践，分析中国区域经济发展的重大命题，为区域经济发展战略等提供理论支撑与数据支持；（3）城市经济理论与城市群研究，重点研究以长三角为核心的城市群相关理论及实践问题，探讨长三角地区区域经济一体化的内在动力及相应机制，等等；（4）园区规划与管理，结合微观区位及区域经济发展理论，分析区域经济发展中的园区发展、规划及管理问题；（5）区域财政与金融，从区域经济发展及管理的宏观视角，探讨区域经济发展过程中的财政及金融政策等的不同效应，为促进区域经济的协调发展及政策制定提供理论上的支撑；（6）房地产经济与管理，从房地产的微观视角探讨城市经济与区域经济中相应的理论及实践问题，并结合企业区位选择及居民居住空间选择等相关理论命题进行研究。

2. 优势学科平台

区域经济学是上海市重点学科，是上海财经大学应用经济学的重要支柱之一。该学科在学校"211 工程"第一期、第二期建设的基础上，被纳入"211 工程"三期建设平台与重点发展学科，2007年通过上海市重点学科的评审，成为上海市重点学科，也是上海市重点发展的特色学科。2012年5月，上海财经大学城市与区域科学学院成立，是与财经研究所并列设置运行的，是区域经济学、城市经济与管理等学科的主要发展平台。2015年入选为上海高校一流学科（B类）。2019年4月，长三角与长江经济带发展研究院成立，是上海财经大学响应长三角一体化发展与长江经济带发展两大国家战略成立的高水平学术机构和高端智库。2019年12月，研究院获批为上海市一类高校智库。

三、课程设置

1. 硕士研究生课程设置

学位公共课包括马克思主义与社会科学方法论、习近平新时代中国特色社会主义思想专题研究、新时代中国特色社会主义理论与实践、交际英语。学位基础课包括高级计量经济学、高级微观经济学、高级宏观经济学、研究生论文写作讲坛。专业必修课包括区域经济学、产业经济学、城市经济学、经济政策原理、区域经济发展战略。专业选修课包括区域经济学前沿专题、城市与区域经济学前沿、经济学说史、应用经济学研究方法论、经济计量模型分析、空间统计与GIS应用、Stata软件分析与应用、公司地理学、房地产经济学、房地产法律专题研究、国际经济学、国际贸易政策研究、能源经济学、投资经济学、投资项目可行性研究、资源经济学、城市经济规划管理、城市金融、金融经济学、财政政策专题、城市交通经济分析。其他方面包括任意选修课与实践教学环节。

2. 博士研究生课程设置

学位公共课包括中国马克思主义与当代、英语。学位基础课包括高级计量经济学、高级微观经济学、高级宏观经济学、研究生论文写作讲坛。专业必修课包括区域经济学概论、区域经济发展与比较研究、区域经济理论与政策研究、区域经济分析方法。专业选修课包括应用经济学研究方法论、SAS系统和数据分析方法、统计建模研究、博弈论、技术进步经济学、国际经济学专题、城市经济学、循环经济研究、公共政策研究、能源和环境经济理论与政策、区域经济学前沿专题、城市与区域经济学前沿、经济学说史。其他培养环节包括中期综合考试、学术讲座与报告。

四、人才培养

近年来该学院招收博士生10名左右、硕士生15名左右。研究生学制2年，硕士研究生必修课以课堂讲授为主，选修课可采用教师讲授、专题研究、课堂讨论三部分相结合的方式，并均须进行考试。博士生培养时间为基本修业年限为4年，最长学习年限一般不超过6年。允许成绩优秀的博士研究生在完成所要求的学分、相应的科研任务和学位论文后，经导师和院（所）领导同意，报研究生院审批，提前进入论文答辩和提前毕业。博士毕业生就业去向为高校、党校、党政机关等，硕士毕业生就业去向为金融机构、党政机关等。

五、智库活动

2019年4月成立的长三角与长江经济带发展研究院，是上海财经大学响应长三角一体化发展与长江经济带发展两大国家战略成立的高水平学术机构和高端智库，上海财经大学党委书记许涛兼任秘书处秘书长与研究院院长，中国区域经济50人论坛成员、上海财经大学讲席教授张学良任研究院执行院长。2019年12月，研究院获批为上海市一类高校智库。2020年以来，上报或完成教育部、国家发改委、上海市与各地政府约稿170余篇，其中获得获国家级、省部级常委以上领导批示33篇，相关部门采纳70余篇，决策影响力凸显。

同时，该学院打造"长三角一体化发展高端论坛"品牌，至今已连续主办4届，新华社、中新社、《中国社会科学报》、《上海证券报》等权威媒体对会议成果进行专题报道，传播影响力大。此外，该学院还协办"长三角国际论坛"（2019年），主办三届"中国镇长论坛"，开展系列高端论坛、专题研讨会、学术报告60余次。2021年，该学院与《经济研究》杂志社联合主办第三届中国区域经济学者论坛，承办黄河流域生态保护和郑洛西高质量发展合作带建设座谈会暨首届黄河流域生态保护与郑洛西高质量发展会议，主办乡村振兴与公共服务专题研讨会等活动。

在人才培养上，该学院创新性地将智库思政、智库党建与智库育人相结合，发布智库育人课题，开设智库通识课、田野调查思政课，开展"千村调查""示范区百村田野调查""博士宣讲团进示范区"等系列活动，走出一条"智库党建""智库育人"的新路径。

（撰稿人：刘乃全　费怡婷）

首都经济贸易大学城市经济与公共管理学院

一、机构介绍

首都经济贸易大学城市经济与公共管理学院区域经济学科是北京市重点学科，是该校北京市高精尖学科、北京市与中央高校共建一流学科项目应用经济学的重要组成部分，在教育部两轮学科评估中对该校应用经济学一级学科评定发挥了重要的支撑作用。首都经济贸易大学区域经济学科历史悠久，20世纪90年代，即在城市经济专业和房地产经济专业招收区域经济学研究生，2005年初城市学院成立时继续招收区域经济学专业硕士生；2008年开始招收博士生，目前已经形成了本科、硕士、博士、博士后完整的培养体系，也是国内唯一有本科教学做支撑的区域经济学专业。2022年，区域经济学科共有教师15人，其中93.3%的教师具有博士学位，教授5人、副教授8人，有博士生导师7人、硕士生导师14人。近年来，在人才培养、科学研究、服务社会等方面做出了突出贡献。

首都经济贸易大学城市经济与公共管理学院区域经济学科有国内资深的城乡关系研究专家、北京市人民政府参事、北京城市经济学会会长、区域经济学负责人二级教授张强，有新成长起来的二级教授安树伟，以及具有丰富研究经验的刘安国教授、张贵祥教授、叶堂林教授、刘正恩副教授、周伟副教授、章浩副教授、单吉坤副教授、赵文副教授、邬晓霞副教授、李青淼副教授、孙瑜康副教授、陈飞博士、龚维进博士等。安树伟教授、叶堂林教授分别获批国家社会科学基金重大项目，并分别入选"北京市长城学者培养计划人选"。安树伟教授还担任《中国大百科全书》（经济学卷区域经济学分册）副主编、教育部首批中国经济学教材《中国区域经济学》副主编，并兼任中国农村发展学会副会长、中国区域科学协会副理事长。

2020年，安树伟教授任副主编、邬晓霞副教授参与的教育部首批中国经济学教材《中国区域经济学》获准立项，该教材被列入教育部马工程重点建设教材，由高等教育出版社出版后作为全国不同类型高校经济学专业核心课程教材、高校相关公选修课程教材使用。2014年，赵文副教授和陈飞博士等翻译出版了意大利罗伯塔·卡佩罗的《区域经济学》，是国内区域经济学专业的重要参考书。

二、优势领域

首都经济贸易大学区域经济学科较好地实现了理论与实践的统一，已经形成了四个稳定的研究方向。(1) 城乡关系。以张强教授为代表，主要培养在我国先行发展改革地区进行超前性理论研究与管理实践的人才，尤以面向全面建成小康、乡村振兴、进入工业化后的城乡治理为特色，这是目前国内唯一的关于城乡关系的区域经济学专业研究方向，已长期成为支撑地方改革发展决策研究的理论平台。(2) 城市与区域发展。借助杨开忠教授的学术影响力，以及安树伟教授等一批学术骨干，紧紧围绕国家重大战略，在区域与城市经济理论、都市圈与城市群、区域政策等领域开展研究，取得了重要成绩，在国内学术界有重要的影响力。(3) 首都圈发展与治理。在文魁教授、祝尔娟教授等奠定的雄厚基础上，经过张贵祥教授、叶堂林教授等的学术传承，尤其注重成果应用转化，积极服务国家战略，在国内服务社会方面具有较重要的地位。(4) 城市经济与土地利用。以王德起教授和彭文英教授为代表，围绕生态文明、城市经济、不动产经济、土地利用等问题进行深入研究，在国内学术界具有影响力。

首都经济贸易大学区域经济学科拥有教育部省部共建协同创新中心"特大城市经济社会发展研究协同创新中心"、北京市首批首都高端智库"特大城市经济社会发展研究院"、北京市哲学社会科学研究基地"北京市经济社会发展政策研究基地"等服务社会平台，近年来在社会服务方面贡献突出，《京津冀蓝皮书》已经成为该研究领域的知名学术品牌和标志性研究成果。区域经济学科对大城市郊区和农村问题进行了长期跟踪研究，在城乡一体化、城镇化、都市型农业等领域产出了一批先进成果，在服务北京发展方面成效尤为突出。

三、课程设置

1. 硕士生课程设置

公共课包括研究生综合英语、区域经济学专业英语、中国特色社会主义理论与实践研究、马克思主义与社会科学方法论；学科基础课包括中级微观经济学、中级宏观经济学、计量经济学；专业课包括区域经济理论与方法、城市经济学、外义文献阅读与论文写作、统计学；选修课包括中国经济地理、空间经济学、城市地理学、首都区域经济、城乡关系与城乡一体化研究、历史地理与中国传统文化、北京历史地理研究、生态学原理与应用、区域资源与环境分析、区域规划的理论与方法、创新与区域发展、空间统计分析、遥感与 GIS 应用。

2. 博士生课程设置

公共课包括博士研究生英语听说、中国马克思主义与当代；学科基础课包括高级微观经济学、高级宏观经济学、高级计量经济学；专业课包括外文文献阅读与论文写作、高级区域经济学；专业选修课包括应用统计学、城乡关系理论与实践、城市经济与土地利用、生态城市与区域规划、区域生态文明与生态经济、首都区域经济与京津冀协同发展、城市与区域发展专题。

四、人才培养

首都经济贸易大学是国内仅有的本科设置区域经济学（区域经济管理）专业的院校，2009年招收第一届本科生，至今已连续13年招生，在公共管理大类分流中最优秀的学生进入了区经济管理专业。"十三五"时期，区域经济学科共培养了 120 名本科毕业生，授予硕士学位 55 人，授予博士学位 20 人，学生对专业的认可度和满意度高。在区域经济系各位老师的精心培育下，区域经济专业学生培养质量高。"十三五"时期，共有 2 位博士生、9 位硕士生荣获研究生国家奖学金。2021 年度，有 1 位博士生、2 位硕士生荣获研究生国家奖学金。现在硕士生招生规模每年 15 人左右，博士生招生规模每年 7-8 人。从 2022 年开始，区域经济学科还招收应用经济学师资博士后，出站考核达到优秀标准即可留校任教。

（撰稿人：章浩　邬晓霞）

西南大学经济管理学院

一、机构介绍

1. 机构沿革

西南大学经济管理学院发轫于 1952 年成立的西南农学院农经系，是全国首批农业经济管理博士学位授权单位（1986 年）。2005 年西南师范大学和西南农业大学合并组建西南大学，2006 年由西南农业大学经济管理学院，西南师范大学经济学院、数学财经学院的会计专业、历史文化与旅游管理学院的旅游管理专业合并组建成西南大学经济管理学院。学院学科涵盖经济学和管理学两大门类，拥有 2 个一级博士学位授权点和博士后流动站（农林经济管理、应用经济学）、3 个重庆市重点学科（农林经济管理、应用经济学、工商管理）、3 个一级学科硕士学位授权点（农林经济管理、应用经济学、工商管理）、9 个二级硕士学位授权点（区域经济学、农业经济管理、企业管理、会计学、旅游管理、国民经济学、金融学、经济统计、产业经济学）。

西南大学区域经济学科缘起于原西南农业大学经济管理学院区域经济学硕士学位授权点（2003 年）和原西南师范大学资源环境科学学院（现地理科学学院）区域经济学硕士学位授权点（2003 年）。两校合并后，区域经济学硕士学位授权点划归经济管理学院，两个学院采取"统一培养方案、分开独立招生"的方式共同建设该学位点（2020 年西南大学地理科学学院停止招收区域经济学硕士研究生）。2017 年获批应用经济学一级学科博士授权点后，区域经济学作为二级学科被纳入应用经济学一级学科统一建设和管理。

2. 教学科研队伍

截至 2022 年 5 月，西南大学经济管理学院共有专任教师 158 人，其中教授 40 人，副教授 57 人，博士生导师 26 人，硕士生导师 75 人。区域经济学科现有教授 8 人，副教授 6 人，讲师 1 人。该学院区域经济学科代表性学者包括张卫国教授、涂建军教授、王志章教授、刘新智教授、黄林秀教授等。

3. 代表性成果

该学院近年来取得一系列高水平的教学成果，主要包括：（1）《综合性大学框架下农科人才培养改革实践》，获 2021 年重庆市高等教育教学特等奖，获奖人张卫国（1/9）；（2）《落实立德树人创建"四理贯通四环相扣双线融合"的经济学课程思政教学新模式》，获 2021 年重庆市高等教育教学一等奖，获奖人刘新智（6/9）；（3）《公租房社区五方面社会治安隐患亟待重视》，2017年11月获重庆市市长张国清，重庆市委常委、副市长陈绿平肯定性批示，执笔人涂建军；（4）《强化沿江化工企业污染整治的建议》，2019年10月获中共重庆市委常委、万州区委书记莫恭明肯定性批示，执笔人为涂建军；（5）《关于构建生态安全约束下的长江经济带"五维"城镇化体系的建议》，2020年4月经重庆市委办公厅上报中央办公厅，执笔人为涂建军。

二、优势领域

该学院区域经济学专业的重点研究方向：（1）区域经济理论与政策：研究国内外区域经济理论与方法的演进、我国区域经济运行规律，以及新时代背景下我国区域经济政策制定的理论基础与区域经济政策工具效应；（2）城乡统筹与区域协调发展：立足西部地区特别是西南地区区域特点，开展乡村振兴、城乡融合、脱贫地区包容性发展、可持续发展以及区域协调发展等研究；（3）区域分工合作与城市发展：面向长江经济带、"一带一路"、西部大开发、成渝地区双城经济圈等国家需求，开展都市圈与城市群建设、区域一体化发展、内陆开放等研究。

该学院区域经济学优势学科平台包括：（1）重庆市重点学科——应用经济学；（2）国家级一流本科建设专业、重庆市一流本科建设专业——经济学。该学院涉及区域经济教学研究的重点研究平台包括：（1）省部级平台——中国西部非公有制经济研究中心、西南大学农村经济与管理研究中心（重庆市人文社科重点研究基地）、西南大学农业教育发展研究中心（重庆市人文社科重点研究基地）、西南大学重庆市技术转移示范中心；（2）校级科研平台——中国西部非公经济发展与扶贫反哺协同创新研究中心、区域经济发展研究中心、经济研究中心、农村经济研究中心。

三、课程设置

该学院区域经济学专业硕士生课程按区域经济学二级学科设置，课程体系包括必修和选修两大模块。其中必修课程包括公共课、学科核心课程（中外主文献研读、中级微观经济学、中级宏观经济学、中级计量经济学）、专业课（区域经济学理论与方法、空间经济学、经济学研究方法论）；选修课程主要有发展经济学、制度经济学、产业经济学、区域经济学前沿专题、ArcGIS空间分析、区域发展战略与政策、区域规划理论与实践、城市经济学。

区域经济学专业博士生课程按应用经济学一级学科设置，课程体系包括学位公共课、学位基础课（经济学发展理论前沿、中外主文献研读）、学科专业课（高级微观经济学、高级宏观经济学、高级计量经济学）、学科选修课（与区域经济学专业相关的选修课有经济分析数学方法与应用专题、人口资源与环境经济专题、区域经济理论与政策、产业组织理论与政策、区域经济学前沿专题等）。

四、人才培养

该学院2020-2022年区域经济学专业共招收硕士研究生29名、博士研究生10名。该专业培养方式为硕士研究生基本学制为3年，学习年限2-5年；博士研究生基本学制为4年，学习年限3-6年。主要培养环节包括：（1）研究生在入学之后一个月内进行师生"双向选择"，确定导师；（2）采取导师负责与导师组、学科团队、跨学科培养等多样化培养方式；（3）研究生在导师（组）和任课教师的指导下进行研究性学习；（4）导师（组）指导研究生完成学位论文选题、开题、中期检查和学位论文的研究和撰写；（5）研究生培养的全过程贯穿学术道德教育和学术规范训练，培养研究生严谨的治学态度和求实的科学精神。该专业博士生和硕士研究生毕业去向为继续深造、党政机关、高等院校、科研设计单位、事业单位和企业等。

五、智库活动

2017—2021年，该学院区域经济学科团队向省部级以上部门提交并获得肯定性批示的咨政报告共计32份，其中调研报告《兰考普惠金融改革的专题调研报告》获得中央领导肯定性批示，建议被吸纳进中央一号文件。

（撰稿人：涂建军　刘新智）

中国人民大学应用经济学院

一、机构介绍

中国人民大学区域与城市经济研究所是国内最早创立、并始终处在学科发展前沿的区域经济学专业学科点，前身可以溯源至1950年中国人民大学命名组建时的经济地理教研室。1978年中国人民大学复校，经济地理教研室更名为生产布局教研室，1984年更名为区域经济发展战略研究所，1994年在区域经济发展战略研究所的基础上，成立校属区域经济研究所（软科学研究所），2001年作为创始单位进入公共管理学院，更名为区域经济与城市管理研究所，之后于2010年调整进入经济学院，成立区域与城市经济研究所（简称"区域所"），2019年与国民经济管理系、能源经济系共同组成了中国人民大学应用经济学院。

长期以来，中国人民大学区域与城市经济研究所为我国区域经济学学科的理论体系建设做出了重要的学术贡献，推动了该学科的前沿发展和多领域的应用实践，涌现出孙敬之教授、刘再兴教授、张敦富教授、杨树珍教授、孙久文教授、张可云教授等一批对区域经济学学科发展具有重要贡献的学者。该学科现有在职教师12位，其中有6位教授、5位副教授和1位讲师，教师全部具有博士学位。

中国人民大学区域经济学科点是全国首批硕士点和博士点，其区域经济学科2002年被教育部评为全国重点学科。2007年教育部重点学科（二级学科）评估排名第一。2012年后的一级学科评估中，中国人民大学应用经济学科始终排名全国第一，区域经济学是其中的骨干学科。区域经济学专业的主要研究方向包括区域经济理论与方法、区域经济政策与产业布局、区域规划、区域可持续发展和区域投融资。未来区域经济学科主要的研究任务为在巩固和发展区域经济理论与方法研究的基础上，重点研究区域发展重大战略、区域协调发展战略和主体功能区战略。

二、优势领域

改革开放以来，中国人民大学区域经济学科团队出版了一系列具有广泛影响的区域经济学教材。1989年由周起业、刘再兴、祝诚、张可云编著了国内第一部《区域经济学》教材，奠定了区域经济学教学体系的基础；1999—2001年在张敦富教授和孙久文教授的主持下推出国内第一套"区域经济系列丛书"（16本），总结了当时国内区域经济研究的成果，对国内区域经济学的发展起到了推动作用；2004—2008年在陈秀山教授和张可云教授的主持下编写与出版了"区域经济学专业研究生系列教材"（商务印书馆出版），这是国内第一套高水平的区域经济学专业研究生系列教材；2018年孙久文教授作为首席专家、区域所数位老师参编的教育部马克思主义理论研究与建设工程教材《区域经济学》出版并在全国使用。

同时，中国人民大学区域经济学科点是全国区域经济学教学研究中心、区域经济专业教师培训中心、国际国内区域经济学术研究与交流中心、全国经济地理研究会（国家一级学会）会长单位。2000年之后，全国经济地理研究会每年召开一次经济地理和区域经济研讨会，组织编纂"全国经济地理丛书（40卷）"，在国内学术界具有重大影响。从2002年起，中国人民大学、南开大学和兰州大学共同召开每年一届的全国区域经济学科建设年会，聚集了大量的区域经济学者参会。

三、课程设置

进入21世纪以来，为了适应社会主义市场经济建设和发展的需要，本着"宽口径、厚基础"的原则，区域所对硕、博士生的培养方案进行了多次修改和完善，强调学生对基础理论的掌握和前沿方法的运用能力，注重学生综合素质的提高，形成了较为成熟的课程体系。在巩固宏观经济学、微观经济学、数理经济学、计量经济学等经济学核心课程建设的基础上，加强了区域经济学专业核心课程建设，构建了区域经济重大问题研究、区域经济学主文献研读课、区域经济学前沿三大专业核心课程体系，同时还提高了技术方法课分量，开设了应用计量经济学：时间序列和空间计量、GIS及大数据在城市与区域经济中的应用、Python数据分析与建模等方法课程。在培养过程中注重提高学生对中国区域经济发展实践的认识和理解，开设了中国经济地理和中国自然地理两门先修课程。

四、人才培养

2010年以来，区域经济学学科点已经培养了180余名硕士、120余名博士。毕业生在国家经济管理部门、政策研究机构，以及该学科的相关教学和研究单位都发挥着重要作用，成为区域经济发展和管理领域的骨干，多人成为国家级有突出贡献的专家，在政府部门担任重要领导职务。新时期，区域经济专业的学生培养目标是：第一，掌握马克思主义的基本理论和专业知识，具有良好的道德品质、严谨的科学态度和敬业精神。第二，掌握经济学基础理论和区域经济学基础理论，具有独立从事创新性科学研究工作的能力。第三，掌握区域经济学全面而坚实的专门知识，成为具有较强的实践能力的区域经济学专业应用型人才。

五、智库建设

近年来，区域所教师承担了国家社科基金重大课题3项，国家社科基金重点课题2项，以及国家社科基金一般课题、国家自然科学基金课题多项；完成了教育部社科课题、北京市社科基金课题、国家发改委课题以及各地区的委托课题多项。区域经济专业教师在完成教学任务的同时，为地方政府制定多个区域发展战略规划，承接了北京、深圳、青岛、成都等城市和河北、山西、安徽、河南、浙江、贵州等省有关市县地区的地方政府发展规划和专项产业发展的研究课题多项，为国家或地方区域规划与城市发展的决策提供了重要支撑。

（撰稿人：席强敏）

中国社会科学院大学应用经济学院

一、机构介绍

中国社会科学院大学应用经济学院区域经济学科具有深厚的学术积淀，是全国设立较早、知名度较高的专业培养点之一。该学科发展起步较早，学术优势突出，人才梯队合理，综合实力较强，在全国具有举足轻重的学术地位，在学术研究、学科建设、人才培养、决策咨询等领域具有较大的影响力。20世纪80年代中期，中国社会科学院工业经济研究所陈栋生研究员带领团队从事生产力布局研究，率先提出了东中西三大地带，该成果被写入"七五"计划；20世纪90年代，陈栋生研究员主编的《区域经济学》奠定了我国区域经济学科的基本框架；进入21世纪，魏后凯研究员主编的《现代区域经济学》被我国众多高校列为研究生专业教材。

中国社会科学院大学区域经济学专业建设注重科教融合。目前，该专业分别在工业经济系、农村发展系和城乡建设系设立区域经济学硕士点、博士点。区域经济学专业依托三个系的学术资源和平台优势，集聚了一批长期从事区域经济、区域战略、农村发展、城市经济、城乡关系、土地经济等多个领域学术研究或政策研究的优秀硕士生、博士生导师。目前，区域经济学领域共有教学科研人员24人，其中博士研究生导师8人，硕士研究生导师10人。现有国家"万人计划"哲学社会科学领军人才1人、国际欧亚科学院院士1人。

中国社会科学院大学区域经济学科教师取得突出科研业绩。党的十八大以来，中国社会科学院大学区域经济学专业教师队伍紧跟新时代的步伐，科研育人两手抓，成绩斐然。在课题研究方面，该学科教师承担国家社科基金重大招标项目2项和国家社科基金一般项目10多项，完成中央有关部门交办的各类课题数十项，承担教育部首批中国经济学教材《中国区域经济学》的编写。在科研获奖方面，魏后凯研究员获得第三届全国创新争先奖状表彰，多人多次获得中国社会科学院优秀对策信息奖特等奖、一等奖、二等奖和三等奖，魏后凯研究员等人的学术成果多次获得中国社会科学院优秀科研成果奖二等奖、三等奖。

二、优势领域

中国社会科学院大学利用资源优势建设区域经济学科高地。随着科教融合步伐加快，中国社会科学院大学区域经济学科依托中国区域经济学会、中国社会科学西部发展研究中心、中国社会科学院雄安发展研究智库、中国社会科学院城乡一体化发展智库等平台，举办了一批标志性、全国性、高水平的学术会议。

中国社会科学院大学探索科教融合发展新模式。中国社会科学院大学区域经济学科依托中国社会科学院工业经济研究所、中国社会科学院农村发展研究所和中国城乡建设经济研究所相关专业的科研力量和学术平台，建立了教学与科研相辅相成的培养体制，使得在校硕士生、博士生能够理论联系实际，培养学生的大国意识、问题意识和政策意识，让学生在校期间熟悉国情。

三、课程设置

中国社会科学院大学应用经济学院区域经济学专业硕士生课程根据研究机构专业方向进行设置。工业经济系侧重于区域经济学、产业布局学、产业经济学、中国区域经济问题等方向课程，农村发展系侧重于区域经济学、农村经济学、农业经济管理、土地经济学等方向课程，城乡建设系侧重于城市经济学、房地产经济学、城市建设管理等方向课程。

四、人才培养

中国社会科学院大学应用经济学院每年招收区域经济专业博士生7人和硕士生6人，毕业生去向为高校、科研机构、机关事业单位、金融机构等。中国社会科学院大学应用经济学院区域经济学教学实行导师负责与集体培养相结合的办法，针对每位博士生和硕士生的培养需要，由3-5名该专业和相关学科专业的专家组成指导小组，由该生的导师任组长。在研究生培养过程中，合理安排课程学习、社会实践、科学研究、学术交流等环节，优化知识结构，夯实专业理论基础。教学方式注重课程学习与研究实践相结合、理论研究与应用研究相结合，重视培养学生严谨治学、学术创新精神。严格博士和硕士全培养周期的考试、考核制度，建立健全必要的竞争与淘汰机制，提高研究生的培养质量。同时，根据区域经济学科的基础理论、研究方法、社会需求以及学科前沿进展，建立区域经济学科主文献资料库，开设学科前沿文献课程，提高研究生专业素养。此外，中国社会科学院大学教师带领学生到全国各地深入调研，把学问"写在祖国的大地上"，从中国式现代化的广泛实践中选题，使学生能够熟悉中国国情，同时也能通过"干中学"这一途径找到破题的思路。

五、智库活动

中国社会科学院大学教师队伍努力推动理论与实践相结合、科研与教学相融合，在学术研究和调查研究中及时向党中央、国务院报送了一批重大决策咨询成果，多次获得习近平等中央领导同志的肯定性批示，也被中央有关部门和有关省（市、区）采纳，在区域重大战略、区域协调发展、区域高质量发展、农业强国建设等多个领域具有较大的决策影响力。

（撰稿人：叶振宇）

中央财经大学经济学院

一、机构介绍

中央财经大学经济学科是在1952年北京大学、清华大学、燕京大学、辅仁大学经济系科合并的基础上发展起来的，陈岱孙等老一辈经济学家为学校经济学科发展奠定了坚实的基础。改革开放以来，涌现了刘光第、孙开铸、闻潜、侯荣华等一批知名经济学家，为国家和社会发展做出了重要贡献。1984年，经济管理系正式成立，在侯荣华、金哲松、赵丽芬等历任领导的带领下，经济学科取得了长足进步。2000年，在经济管理系基础上成立了经济系，开启了经济学科全面发展的探索之路。2003年，经济系和经济管理系国民经济专业合并成立经济学院，是中央财经大学实行学院制以来成立的第一批学院之一。

经济学院成立以来，在学校和兄弟单位的大力支持下，在金哲松、计金标、黄少安、杨运杰、李涛等历任院长及现任陈斌开院长和班子成员的共同努力下，学科建设取得长足进步，人才培养特色愈加鲜明、培养质量稳步提高，科学研究向高质量、高层次、高产出方向发展，服务社会与文化传承的能力日益增强，对外交流与合作的领域不断扩大，逐步成为在国内外有较大影响力和较高知名度的经济学院。

二、优势领域

目前，经济学院拥有理论经济学和应用经济学一级学科的博士后流动站、博士学位授权点和硕士学位授权点，拥有4个国家级重点学科、2个北京市重点学科。经济学院是中央财经大学理论经济学的主要建设单位和应用经济学的重要建设单位，承担了国民经济学、区域经济学、产业经济学、劳动经济学4个应用经济学二级学科点和政治经济学、西方经济学、经济史、经济思想史、世界经济、人口资源与环境经济学6个理论经济学二级学科点的建设任务。在2017年教育部第四轮学科评估中，中央财经大学应用经济学学科与北京大学、中国人民大学排名并列第一，理论经济学学科在财经类院校中排名并列第一。

中央财经大学经济学院区域经济学科同时招收硕士生和博士生，现设区域经济理论与政策、城市经济理论与政策两个研究方向，目前重点致力于京津冀协同发展、中心城市科技创新、城市群高质量发展等方面的研究。该学科硕士生学习年限为3年，博士生学习年限为4年。

三、课程设置

区域经济学专业硕士生课程必修课包括专业英语、高级微观经济学、高级计量经济学、高级宏观经济学、高级政治经济学、论文写作指导、实证研究方法、区域经济理论专题、城市经济理论专题、区域经济学前沿等；选修课包括区域经济分析与规划、投入产出分析、应用计量经济学、博弈论与信息经济学、中国宏观经济管理研究、产业组织理论等。

区域经济学专业博士生课程必修课包括专业英语、高级微观经济学、高级计量经济学、高级宏观经济学、高级政治经济学、论文写作指导（上、下）、实证研究方法、城市经济前沿专题、区域经济学前沿专题等；选修课包括理论经济学专题研究、应用经济学专题研究、产业结构理论与政策、应用计量经济学、制度经济学与中国经济发展、中国宏观经济若干问题研究、经济预期与行为研究等。

四、人才培养

中央财经大学经济学院致力于培养具有家国情怀和世界胸怀、优秀的科学素质和人文涵养、扎实的经济学理论基础和良好的实践能力、开阔的国际视野和浓厚的本土意识并具备批判性思维能力和创新精神的经济学拔尖创新人才。学院人才培养成效显著，经济学和国民经济管理两个本科专业全部入选国家级一流本科专业，数字经济时代经济学拔尖学生培养基地为教育部首批基础学科拔尖学生培养计划2.0基地。

经济学院近年区域经济学专业招生规模为硕士生每年10人左右，博士生每年2人左右；培养方式为全日制。区域经济专业硕、博士生多人次获国家级及省市级奖学金或被评为北京市优秀毕业生，毕业去向为国家发改委、中共北京市委等政府机关，中国建设银行总行、招商银行、中信银行等金融机构，以及烟草公司等大型国企。

五、智库活动

中央财经大学经济学院区域经济研究团队发挥学科优势，秉承"把论文写在祖国大地上"的精神，积极参与建言献策并服务地方经济发展。

戴宏伟教授参加甘肃省"十四五"决策咨询课题评审及咨询讨论，史宇鹏教授承担甘肃省决策咨询课题，为当地发展建言献策。戴宏伟、杨宏昌撰写的决策咨询报告《我国区域经济分化现状、问题及对策建议》被教育部采用上报并被评为中央财经大学优秀成果转化奖（2020-2021）。戴宏伟教授结合北京冬奥会召开及河北省实际，撰写《打好后冬奥时代京北经济发展"组合牌"》，发表于《河北日报》（理论版）（2022年4月22日）并报送河北省委。戴宏伟于2021年8月为洛阳市委理论中心组（扩大）学习做主题报告，在深入调研的基础上剖析洛阳市高质量发展中的问题及解决思路，在当地干部中引起强烈反响。

苏雪串教授于2020年10月参加北京市委全面深化改革领导小组专家座谈会，讨论如何扩大北京市中等收入群体问题。根据北京市所处的经济发展阶段、城市功能定位等因素，从产业结构优化和升级、信息经济时代如何增加就业、扩大居民增收途径特别是提升居民金融素养增加财富等方面提出了促进北京市扩大中等收入群体的对策思路。

中央财经大学副教授俞剑、副教授杨龙见参与教育部社会科学司关于如何实现"双碳目标"的决策咨询，于2022年4月撰写的决策咨询报告《加快XXX行业绿色转型 助力"双碳"目标实现》被教育部采用上报，供有关领导同志参阅。2021年11月，中国人民大学副教授刘晓光、中央财经大学副教授俞剑参与国家社科基金规划办关于"高碳资产搁浅的测算与影响"的决策咨询，撰写的决策咨询报告《防范高碳资产搁浅 引发XXXXXX风险》被国家社科基金规划办《成果要报》采用，供有关领导同志参阅。2021年1月，俞剑参与国务院研究室关于"国际大宗商品价格波动"的决策咨询，撰写的决策咨询报告曾被国务院研究室采用上报，供国务院领导同志参阅。路乾副教授于2021年提交关于种子安全问题与立法问题的报告，获得中央领导同志批示；同年提交关于新型城镇化发展模式的论文及报告，获得成都市委领导的批示。

（撰稿人：戴宏伟）

中央财经大学财经研究院

一、机构介绍

财经研究院的前身是财经研究所，成立于1978年11月，2005年更名为财经研究院，是中央财经大学复校后最早创办的集科研、教学、社会服务于一体的跨学科研究机构。

财经研究院现有北京市首批哲学社会科学研究基地——北京财经研究基地，教育部国别和区域研究中心——俄罗斯东欧中亚研究中心和欧盟研究中心，北京市高校高精尖学科——战略经济与军民融合交叉学科等。研究院下设财政、金融、区域经济、世界经济、国防经济5个研究团队以及17个研究中心（所），现有区域经济学和国防经济2个硕士点、世界经济和国防经济2个博士点。

财经研究院自成立以来，始终秉持"厚德载物、守正出新"的院训和"求真求是、追求卓越"的办学理念，围绕着创建"国家一流新型财经研究智库"的目标，紧密结合不同时期经济社会发展情况，打造具有中财特色的高端高校财经研究智库，开展财经理论与对策研究，为经济和社会发展建言献策，为政府与企业决策提供智力支持与咨询建议。

在科研方面，研究院近十年共发表888篇学术论文，出版各类著作130部，承担国家社会科学基金重大项目、教育部哲学社会科学研究重大课题攻关项目3项，国家社会科学基金项目、国家自然科学基金项目、省部级等纵向科研项目90项，横向科研项目302项；获得国家级、省部级、学会级等研究奖项48项，有65份研究报告获中央领导、省部级领导批示，或被国家、省部级单位、企事业单位采纳。

在人才方面，涌现了姜维壮、凌大珽、商季光、陈嘉亮、程玉英、孙翊刚、王雍君、袁东、陈波、陈灵、童伟、韩世君、郝秉健、王卉彤、王遥、昌忠泽、李军、林光彬等一批享誉学界的知名经济学家、财政学家和财经专家，为国家的财经事业做出了突出贡献。"十三五"以来，王雍君教授被聘为"国家审计署特约审计员""国家审计指南专家委员会委员""国家开发银行高级财务评审专家"；袁东教授被选为民革中央经济委员会委员，多份研究报告获国家主要领导人批示；王遥研究员荣获《亚洲货币》年度中国卓越绿色金融"杰出贡献奖"、"中国侨联特聘专家建言献策一等奖"；童伟研究员荣获第七届中俄经济类大学联盟年会"杰出贡献奖"、被聘为财政部预算绩效评价专家，以及国家开发银行投融资评估专家、北京市人大财经委外部专家，以及北京市海淀区、西城区、朝阳区人大预算监督顾问；王卉彤研究员被聘为世界银行、亚洲开发银行项目绩效评价专家，被选为昌平区政协常委；林光彬研究员被《当代经济研究》宣传为"当代马克思主义经济学家"；曹明星教授当选国际财税协会（IFA）总会执行委员及中国分会秘书长；许寅硕副研究员获得德国"洪堡学者"称号。

研究院现有教职工42人，其中专任教师36人，正高11人，副高21人，博士生导师和博士后导师9人，硕士生导师31人，有享受国务院政府特殊津贴专家1人，教育部"新世纪优秀人才支持计划"入选者5人，聘请了一批政府机构和国内外知名高校的专家学者担任兼职教授；拥有经济类硕士点、博士点，与国内外高校、科研机构、政府部门、企事业单位有着广泛的交流与合作。

二、优势领域

中央财经大学财经研究院的研究重点方向包括财政绩效评价、绿色金融、科技金融、京津冀财经协同发展、城市与区域经济、俄罗斯东欧中亚与欧盟国别研究、国防经济等。

优势学科与研究平台包括：国家应用经济学重点建设学科、双一流建设学科，教育部国别和区域研究中心——俄罗斯东欧中亚研究中心和欧盟研究中心，北京市首批哲学社会科学研究基地——北京财经研究基地，北京市高校高精尖学科——战略经济与军民融合交叉学科，政府预算研究中心、环境经济研究所、中央财经大学-北京银行双碳与金融研究中心等。研究院连续发布《北京财经发展报告》《俄罗斯财经研究报告》《中国绿色金融发展报告》《国防经济研究报告》等系列著作或报告。

三、课程设置

中央财经大学财经研究院区域经济学硕士生专业课程包括高级微观经济学、高级宏观经济学、高级计量经济学、区域经济学、区域经济史、区域经济前沿专题、城市投融资管理、城市经济理论专题、区域经济分析与规划、国际经济学理论与前沿问题、专业英语、论文写作与指导、经济学前沿方法应用等。

四、人才培养

中央财经大学财经研究院按照"求真求是、追求卓越"的办学理念，创建"小而精、研究型"的研究生培养模式，重视经典文献和前沿文献研读，以项目带学生。近5年招收区域经济学专业硕士研究生72名，一批学生获得国家奖学金、北京市三好学生、优秀毕业生等荣誉称号，毕业生就业率100%。

五、智库活动

中央财经大学财经研究院围绕财税、金融、京津冀财经协同、国际税务、国别研究、国防研究等积极建言献策、咨询问政，65项研究报告被中央办公厅、国务院办公厅、中央军委办公厅、全国政协、中央统战部、民革中央、全国侨联、国家发改委、财政部、央行、教育部等所采纳，多项成果获国家主要领导人、财政部长、央行行长等肯定性批示，多份研究报告被《中央办公厅〈观点摘编〉》《人民日报内参》《教育部〈高校智库专刊〉》等采用；研究院每年为中央和地方政府提供咨询服务60余人次，参加各类政策效果评价百余次，举办"财经格致"系列论坛、名家名师讲座，发挥了财经智库作用。

（撰稿人：欧阳和霞　闫昊生　林光彬）

中国地质大学（武汉）经济管理学院

一、学科介绍

1. 历史沿革

中国地质大学（武汉）区域经济学学科溯源于1983年该校创办的矿产经济管理本科专业。2006年获批应用经济学一级学科硕士学位授予权，2011年获得应用经济学一级学科博士学位授予权。学校在博士学位点和硕士学位点均专门设置了区域经济学学科方向。经过多年的建设发展，该学科以长江经济带、城镇化、生态文明与绿色发展、区域创新为主要研究对象的区域经济研究在国内有一定的显示度。目前承担了中国区域经济学会区域创新专业委员会等3个专委会的建设工作。

2. 师资团队

目前区域经济学学科拥有专任教师18人，其中教授7人，副教授11人，博士生导师7人，硕士生导师18人。团队中，邓宏兵为中国区域经济学会副理事长，白永亮、易明为中国区域经济学会理事。近5年来，该学科共获批国家基金项目5项，教育部人文社会科学研究规划基金项目等省部级课题20余项，发表SSCI、CSSCI等高水平论文100余篇，在《人民日报》（理论版）、《光明日报》（理论版）、《经济日报》（理论版）发表文章10篇，出版学术专著20部。《加强新冠肺炎疫情防控国际合作战线我国国际担当的建议》等专报被中办、国办和教育部采纳,《创新乡村营商环境促进新"乡镇企业"大发展》《以特色产业为核心推动产业扶贫与乡村经济高质量发展》等 8 项决策咨询建议获得湖北省委、省政府主要领导批示,被政府部门采纳。获湖北发展研究奖二等奖 1 项、三等奖 5 项。目前,该学科的代表性学者包括邓宏兵、白永亮、易明等教授。

3. 代表性教学成果

该学位点高度重视优质教材建设,明确要求课程教材优先选用马克思主义理论研究和建设工程教材、国家级重点规划教材和国际前沿教材。并对所有研究生教材进了思想倾向的审查,重点对外文教材采取任课教师自审和学院审查相结合的方式对教材进行意识形态审核。同时,采取教材建设立项、资助出版经费等激励措施推进自编核心和辅助教材建设。邓宏兵教授主编的《区域经济学》教材由科学出版社 2022 年修订出版。

二、学科优势

1. 重点研究方向

该学科重点关注长江经济带绿色转型发展、新型城镇化发展模式、区域创新、营商环境优化等问题。

2. 优势学科平台

该学科目前拥有湖北省区域创新能力监测与分析软科学基地和湖北省委改革智库湖北省生态文明研究中心。其中,湖北省区域创新能力监测与分析软科学基地以湖北省区域创新能力研究为重点,对湖北省区域创新能力进行动态学科评估。湖北省生态文明研究中心主要从事区域生态文明经济理论与实践研究,为湖北省委、省政府推进全面深化改革提供决策参考。

3. 标志性学术活动

2012 年以来,中国地质大学(武汉)经济管理学院多次举办了全国性学术研讨会,主要包括第十一届全国区域经济学学科建设年会暨生态文明与区域经济发展学术研讨会(2012 年 10 月 12-17 日)、第十七届全国经济地理研究会年会暨城乡发展一体化与生态文明建设学术研讨会(2014 年 4 月 11-13 日)、首届全国生态文明建设与区域创新发展战略学术研讨会(2015 年 6 月 20-21 日)、2022 年中国区域经济学会年会(2022 年 10 月 30 日)等。

三、课程设置

该学科要求博士研究生实行弹性修业年限,基本修业年限为 4 年,本科直博生基本修业年限为 6 年。开设的学位公共课包括中国马克思主义与当代、专业英语写作与交流,学位课包括科学方法论、研究方向文献综述与论文写作、应用经济学前沿,实践环节要求学生完成中期耦合、资格考核、学位论文开题和学术报告活动。要求硕士研究生完成高级微观经济学、高级宏观经济学和高级计量经济学、区域经济学专题等学位课程,以及产业经济专题等选修课程。

该学科突出课堂育德,制定了《经济管理学院"课程思政"实施指导书》,推进研究生课程思政全覆盖。一是认真组织研究生导师和各任课教师参加各类课程思政专题培训。二是要求任课教师必须根据"课程思政"目标设计相应教学环节,在教学团队、课程内容、教学组织、教学方法等方面,将"课程思政"元素融入课程教学任务中,并形成一体化反映课程教学大纲、课程教学方法等思政内容的教案和教学文档。三是在教学督导过程中,由督导组把课程思政建设情况作为随机听课的重点督导内容,对教师提交的课程教学执行计划和教学进度计划进行专项检查，检查结果通过简报、会议等方式进行公布。

四、研究生培养

该学科每年招生区域经济学方向博士生 8 名，硕士生 20 名。在研究生培养过程中，始终坚持落实立德树人根本任务，推进研究生教育治理体系和治理能力现代化，坚持将思想政治工作贯穿研究生教育教学全过程。一是严格规范研究生考试招生工作。成立了以学院党委书记和院长为组长的研究生招生工作领导小组，严格落实试卷安全保密、考场监督管理等制度要求，将招生纪律约束贯穿于命题、初试、评卷、复试、调剂、录取全过程。二是严抓培养全过程监控与质量保证。及时修订完善研究生培养方案。实行研究生培养全过程评价制度，建立了以教师自评为主、以教学督导和研究生评教为辅的研究生教学评价机制，对研究生教学全过程和教学效果进行监督和评价。严格分流淘汰机制，对不合适继续培养的研究生分流，对不合适的导师进行淘汰。三是强化指导教师质量管控责任，加强学位论文和学位授予管理。明确导师是研究生思政教育中的"第一责任人"，要求各导师加强对研究生学位论文的学术指导和质量把关。充分发挥选题报告、中期检查、年度进展报告等培养环节对研究生学位论文研究的进展督促和质量把关作用。加强学位论文查重检测，全面启用教育部学位中心"学位论文送审平台"送审博士和硕士学位论文。充分发挥答辩委员会和学位评定分委员会在研究生学位论文学术评价中的关键作用。调查显示，研究生对学校教育教学的满意度为 98.99%，对导师的满意度为 99.45%，对科研条件的满意度为 98.06%，对学习研究氛围的满意度为 98.94%。近年来人才培养质量逐年提升，毕业研究生主要去向为高校、科研院所、政府部门和大型企业。

（撰稿人：邓宏兵　易明　白永亮）